A DEMOCRACIA NA AMÉRICA

Copyright da tradução e desta edição © 2019 by Edipro Edições Profissionais Ltda.

Título original: *De la démocratie en Amérique*. Publicado originalmente na França em 1835, por Saunders and Otley. Traduzido com base na 10ª edição.

Todos os direitos reservados. Nenhuma parte deste livro poderá ser reproduzida ou transmitida de qualquer forma ou por quaisquer meios, eletrônicos ou mecânicos, incluindo fotocópia, gravação ou qualquer sistema de armazenamento e recuperação de informações, sem permissão por escrito do editor.

Grafia conforme o novo Acordo Ortográfico da Língua Portuguesa.

1ª edição, 1ª reimpressão 2025.

Editores: Jair Lot Vieira e Maíra Lot Vieira Micales
Coordenação editorial: Fernanda Godoy Tarcinalli
Produção editorial: Carla Bitelli
Edição de texto: Marta Almeida de Sá
Assistente editorial: Thiago Santos
Preparação: Daniel Rodrigues Aurélio
Revisão: Thiago de Christo
Diagramação: Estúdio Design do Livro
Capa: Karine Moreto de Almeida
Crédito da imagem da capa: scyther5/ iStock/ Getty Images

Dados Internacionais de Catalogação na Publicação (CIP)
(Câmara Brasileira do Livro, SP, Brasil)

Tocqueville, Alexis de, 1805-1859.

A democracia na América / Alexis de Tocqueville; tradução de Julia da Rosa Simões. — São Paulo: Edipro, 2019.

Título original: De la démocratie en Amérique.

ISBN 978-85-521-0075-1 (impresso)
ISBN 978-85-521-0076-8 (e-pub)

1. Democracia 2. Estados Unidos — Condições sociais 3. Estados Unidos — Política e governo I. Título.

19-25023   CDD-321.80420973

Índice para catálogo sistemático:
1. Estados Unidos : Democracia :
Ciência política 321.80420973

Iolanda Rodrigues Biode — Bibliotecária
— CRB-8/10014

São Paulo: (11) 3107-7050 • Bauru: (14) 3234-4121
www.edipro.com.br • edipro@edipro.com.br
@editoraedipro   @editoraedipro

O livro é a porta que se abre para a realização do homem.

Jair Lot Vieira

ALEXIS DE TOCQUEVILLE

A DEMOCRACIA NA AMÉRICA

EDIÇÃO INTEGRAL COM NOTAS DO AUTOR

Tradução
JULIA DA ROSA SIMÕES
Doutora em História pela Universidade Federal do Rio Grande do Sul (UFRGS)
e tradutora com mais de oitenta títulos publicados entre romances, contos,
biografias, crítica literária, história, filosofia, quadrinhos e divulgação científica.

PRIMEIRO TOMO

SUMÁRIO DO PRIMEIRO TOMO

Advertência 11

Introdução 12

Capítulo 1
Configuração externa da América do Norte 24

Capítulo 2
Do ponto de partida e de sua importância para o futuro dos anglo-americanos 32
Razões de algumas singularidades apresentadas pelas leis e pelos costumes dos anglo-americanos 48

Capítulo 3
Estado social dos anglo-americanos 50
Que o ponto fundamental do estado social dos anglo-americanos é ser essencialmente democrático 50
Consequências políticas do estado social dos anglo-americanos 57

Capítulo 4
Do princípio de soberania do povo na América 58

Capítulo 5
Necessidade de estudar o que acontece nos estados específicos antes de falar do governo da União 60
Do sistema comunal na América 61
Circunscrição da comuna 63
Poderes comunais na Nova Inglaterra 63
Da existência comunal 65
Do espírito comunal na Nova Inglaterra 68
Do condado na Nova Inglaterra 70
Da administração na Nova Inglaterra 71
Ideias gerais sobre a administração nos Estados Unidos 80
Do estado 84

Poder Legislativo do Estado 84
Do Poder Executivo do Estado 86
Dos efeitos políticos da descentralização administrativa nos Estados Unidos 87

Capítulo 6
Do Poder Judiciário nos Estados Unidos e de sua ação sobre a sociedade
política 98
Outros poderes concedidos aos juízes americanos 103

Capítulo 7
Do julgamento político nos Estados Unidos 105

Capítulo 8
Da Constituição Federal 110
Histórico da Constituição Federal 110
Quadro-sumário da Constituição Federal 112
Atribuições do governo federal 113
Poderes federais 115
Poderes legislativos 115
Outra diferença entre o Senado e a Câmara dos Representantes 117
Do Poder Executivo 118
Em que a posição do presidente da república nos Estados Unidos
difere da de um rei constitucional na França 119
Causas acidentais que podem aumentar a influência do Poder
Executivo 122
Por que o presidente dos Estados Unidos não precisa, para conduzir
os negócios, da maioria nas câmaras 123
Da eleição do presidente 124
Modo de eleição 128
Crise da eleição 131
Da reeleição do presidente 132
Dos tribunais federais 135
Maneira de estabelecer a competência dos tribunais federais 138
Diferentes casos de jurisdição 139
Maneira de proceder dos tribunais federais 143
Posição elevada ocupada pela Suprema Corte entre os grandes poderes
do Estado 145
Em que a Constituição Federal é superior à Constituição dos estados 147

O que distingue a Constituição Federal dos Estados Unidos da América de todas as outras constituições federais 151

Das vantagens do sistema federativo em geral e de sua utilidade específica para a América 154

O que faz com que o sistema federal não esteja ao alcance de todos os povos e o que permitiu aos anglo-americanos adotá-lo 159

Notas 166

Constituições dos Estados Unidos e do estado de Nova York 187

ADVERTÊNCIA

Por maiores e mais repentinos que sejam os acontecimentos que acabam de sobrevir diante de nossos olhos, o autor da presente obra tem o direito de dizer que não foi surpreendido por eles. Este livro foi escrito há quinze anos sob a preocupação constante de um único pensamento: o advento iminente, irresistível e universal da democracia no mundo. Que seja relido: nele se encontrará, a cada página, uma advertência solene que lembra aos homens que a sociedade muda de formas, a humanidade, de condição, e que novos tempos se aproximam.

A introdução apresentava as seguintes palavras:

> O desenvolvimento gradual da igualdade das condições é um fato providencial, e possui as principais características: é universal, duradouro, escapa cada dia ao poder humano; todos os acontecimentos, como todos os homens, servem a seu desenvolvimento. Seria sensato acreditar que um movimento social que vem de tão longe poderá ser suspenso pelos esforços de uma geração? Acredita-se que depois de ter destruído o feudalismo e vencido os reis, a democracia recuará diante dos burgueses e dos ricos? Deter-se-á agora que se tornou tão forte e seus adversários, tão fracos?

O homem que, em presença de uma monarquia mais fortalecida do que abalada pela Revolução de Julho, escreveu essas linhas, tornadas proféticas pelos acontecimentos, pode hoje sem medo trazer sua obra novamente à atenção do público.

Devemos permitir-lhe acrescentar que as circunstâncias do momento conferem a seu livro um interesse atual e uma utilidade prática que este não tinha quando foi publicado pela primeira vez.

A realeza existia à época. Hoje, está destruída. As instituições da América, que nada mais eram que objeto de curiosidade para a França monárquica, devem ser objeto de estudo para a França republicana. Não é apenas a força que estabelece um governo novo; são as boas leis. Depois do combatente, o legislador. Um destruiu; o outro funda. A cada um, sua obra. Não se trata mais, é verdade, de saber se teremos na França a monarquia ou a república; resta-nos saber se teremos uma república agitada ou uma república tranquila, uma república regular ou uma república irregular, uma república pacífica ou uma república belicosa, uma república liberal ou uma república opressiva, uma república que ameace os direitos sagrados da propriedade e da família ou uma república que os reconheça e consagre. Terrível problema, cuja solução não interessa apenas à França, mas a todo o universo civilizado. Se salvarmos a nós mesmos, salvaremos ao mesmo tempo todos os povos que nos cercam. Se nos perdermos, nós os perderemos conosco. Conforme tenhamos a liberdade democrática ou a tirania democrática, o destino do mundo será diferente, e podemos dizer que hoje depende de nós que a república seja estabelecida por toda parte ou abolida por toda parte.

Ora, esse problema que apenas começamos a enunciar já foi solucionado pela América há mais de sessenta anos. Há sessenta anos o princípio da soberania do povo, que introduzimos ontem entre nós, reina ali sem restrições. Ele é posto em prática da maneira mais direta, mais ilimitada, mais absoluta. Há sessenta anos o povo que fez dele a fonte comum de todas as suas leis cresce constantemente em população, território e riqueza; e note-se bem, além de ter sido durante esse período o mais próspero, também foi o mais estável de todos os povos da Terra. Enquanto todas as nações da Europa eram devastadas pela guerra ou despedaçadas por discórdias civis, o povo americano era o único do mundo civilizado a manter-se em paz. Quase toda a Europa era abalada por revoluções; a América não tinha nem mesmo motins: a república não era perturbadora, mas conservadora de todos os direitos; a propriedade individual gozava de mais garantias do que em qualquer país do mundo; a anarquia mantinha-se tão desconhecida quanto o despotismo.

Onde poderíamos encontrar, aliás, maiores esperanças e maiores lições? Voltemos, portanto, nossos olhares para a América, não para copiar servilmente as instituições que ela criou para si, mas para compreender melhor as que nos convêm; menos para buscar exemplos do que ensinamentos, mais para tomar de empréstimo os princípios do que os detalhes de suas leis. As leis da república francesa podem e devem, em muitos casos, ser diferentes das que regem os Estados Unidos, mas os princípios sobre os quais as constituições americanas repousam, esses princípios de ordem, de ponderação dos poderes, de liberdade real, de respeito sincero e profundo pelo direito, são indispensáveis a todas as repúblicas, devem ser comuns a todas, e podemos dizer de antemão que quando não estiverem presentes, a república logo deixará de existir.

INTRODUÇÃO

Entre os novos objetos que, durante minha estada nos Estados Unidos, chamaram minha atenção, nenhum me impressionou tanto quanto a igualdade de condições. Descobri sem dificuldade a influência prodigiosa exercida por esse primeiro fato no andamento da sociedade; ele confere ao espírito público uma certa direção, um certo curso às leis; aos governantes, novas máximas; aos governados, hábitos particulares.

Logo reconheci que esse mesmo fato estende sua influência muito além dos costumes políticos e das leis, e que não tem menos império sobre a sociedade civil do que sobre o governo: ele cria opiniões, faz nascer sentimentos, sugere usos e modifica tudo o que não é produzido por ele.

Assim, então, à medida que estudava a sociedade americana, eu via cada vez mais na igualdade de condições o fato gerador de que cada fato particular parecia decorrer e encontrava-o constantemente diante de mim como um ponto central para o qual todas as minhas observações convergiam.

Tornei então a trazer meu pensamento para nosso hemisfério e pareceu-me que distinguia nele algo análogo ao espetáculo que o Novo Mundo me oferecia. Via igualdade de condições que, sem terem atingido, como nos Estados Unidos, seus limites extremos, aproximava-se deles cada dia mais; e essa mesma democracia, que reinava sobre as sociedades americanas, pareceu-me na Europa avançar rapidamente rumo ao poder.

A partir desse momento concebi a ideia do livro que se vai ler.

Uma grande revolução democrática opera-se entre nós, todos a veem; mas nem todos a julgam da mesma maneira. Uns a consideram uma coisa nova e, tomando-a por um acidente, esperam ainda poder detê-la; enquanto outros a julgam irresistível, porque ela lhes parece o fato mais contínuo, mais antigo e mais permanente que se conhece na história.

Recuo por um momento ao que era a França há setecentos anos: encontro-a dividida entre um pequeno número de famílias que possuem a terra e governam os habitantes; o direito de comandar é transmitido então de geração em geração com as heranças; os homens só têm um meio de agir uns sobre os outros, a força; descobre-se uma única origem para o poder, a propriedade da terra.

Mas eis o poder político do clero, que consegue se estabelecer e, logo, se ampliar. O clero abre suas fileiras a todos, ao pobre e ao rico, ao plebeu e ao senhor; a igualdade começa a penetrar por meio da Igreja no seio do governo, e aquele que teria vegetado como servo numa eterna escravidão coloca-se como sacerdote no meio dos nobres, e muitas vezes vai sentar-se acima dos reis.

A sociedade torna-se com o passar do tempo mais civilizada e mais estável, e as diferentes relações entre os homens tornam-se mais complicadas e mais numerosas. A necessidade de leis civis faz-se sentir vivamente. Então nascem os legistas; eles saem do recinto obscuro dos tribunais e do reduto empoeirado dos cartórios, e eles vão ter assento na corte do príncipe, ao lado dos barões feudais cobertos de arminho e de ferro.

Os reis se arruínam nos grandes empreendimentos; os nobres se esgotam nas guerras privadas; os plebeus enriquecem no comércio. A influência do dinheiro começa a se fazer sentir nas questões do Estado. O negócio é uma nova fonte que se abre ao poder e os financistas se tornam um poder político que é desprezado ou bajulado.

Pouco a pouco, as luzes se espalham; vê-se despertar o gosto pela literatura e pelas artes; o espírito torna-se então um elemento de sucesso; a ciência é um meio de governo, a inteligência, uma força social; os letrados chegam aos negócios.

À medida, porém, que são descobertos novos caminhos para se chegar ao poder, vê-se diminuir o valor do nascimento. No século XI, a nobreza tinha um preço inestimável; no século XIII, ela foi comprada; o primeiro enobrecimento ocorreu em 1270, e a igualdade, enfim, se introduziu no governo pela própria aristocracia.

Durante os setecentos anos que acabam de passar, algumas vezes aconteceu de, para lutar contra a autoridade real ou para retirar o poder de seus rivais, os nobres darem um poder político ao povo.

Com mais frequência ainda, viu-se os reis fazerem as classes inferiores do Estado participar do governo a fim de rebaixar a aristocracia.

Na França, os reis se revelaram os mais ativos e mais constantes niveladores. Quando eles foram ambiciosos e fortes, trabalharam para elevar o povo ao nível dos nobres; e quando foram moderados e fracos, permitiram que o povo se colocasse acima deles mesmos. Uns ajudaram a democracia com seus talentos, outros, com seus vícios. Luís XI e Luís XIV tiveram o cuidado de tudo igualar abaixo do trono, e Luís XV, por fim, desceu pessoalmente com sua corte até a poeira.

Assim que os cidadãos começaram a possuir a terra de outra maneira além da posse feudal, e que a riqueza mobiliária, sendo conhecida, pôde por sua vez criar a influência e dar o poder, não se fez mais descobertas nas artes e não se introduziram mais aperfeiçoamentos no comércio e na indústria sem criar outros tantos novos elementos de igualdade entre os homens. A partir desse momento, todos os procedimentos que são descobertos, todas as necessidades que vêm a nascer, todos os desejos que exigem ser satisfeitos, são progressos rumo ao nivelamento universal. O gosto pelo luxo, o amor à guerra, o império da moda, as paixões mais superficiais do coração humano, bem como as mais profundas, parecem trabalhar juntos para empobrecer os ricos e enriquecer os pobres.

Depois que os trabalhos da inteligência se tornaram fontes de força e de riquezas, foi preciso considerar cada desenvolvimento da ciência, cada novo conhecimento, cada ideia nova, como um germe de poder posto ao alcance do povo. A poesia, a eloquência, a memória, as graças do espírito, os fogos da imaginação, a profundidade do pensamento, todos esses dons que o céu distribuiu ao acaso, foram proveitosos para a democracia, e, mesmo quando se viram na posse de seus adversários, ainda assim serviram sua causa, colocando em relevo a grandeza natural do homem; suas conquistas se ampliaram, portanto, junto com as da civilização e das luzes, e a literatura foi um arsenal aberto a todos, ao qual os fracos e os pobres vieram a cada dia buscar armas.

Quando percorremos as páginas de nossa história, não encontramos, por assim dizer, grandes acontecimentos que nos últimos setecentos anos não tenham revertido em benefício da igualdade.

As cruzadas e as guerras dos ingleses dizimam os nobres e dividem suas terras; a instituição das comunas introduz a liberdade democrática no seio da monarquia feudal; a descoberta das armas de fogo igualiza o vilão e o nobre no campo de batalha; a imprensa oferece fontes iguais a suas inteligências; o correio vem depositar a luz tanto à soleira da cabana do pobre como à porta dos palácios; o protestantismo sustenta que todos os homens têm igual condição de encontrar o caminho do céu. A América, que se descobre, oferece à fortuna mil novos caminhos, e entrega ao obscuro aventureiro as riquezas e o poder.

Se, a partir do século XI, examinardes o que acontece na França de cinquenta em cinquenta anos, não deixareis de perceber que, ao fim de cada um desses períodos, uma dupla revolução se operou no estado da sociedade. O nobre terá baixado na escala social, o plebeu terá sido elevado; um desce, o outro sobe. Cada meio século os aproxima, e eles logo se tocarão.

E isso não é apenas particular à França. Para onde quer que olhemos, percebemos a mesma revolução que se prolonga em todo o universo cristão.

Em toda parte se viram os diversos incidentes da vida dos povos reverterem em benefício da democracia; todos os homens ajudaram-na com seus esforços: os que combateram por ela e mesmo os que se declararam seus inimigos; todos foram levados desordenadamente pelo mesmo caminho e todos trabalharam em comum, uns a contragosto, outros sem o saber, cegos instrumentos nas mãos de Deus.

O desenvolvimento gradual da igualdade das condições é um fato providencial, possui as principais características de um: é universal, duradouro, escapa cada dia ao poder humano; todos os acontecimentos, como todos os homens, servem a seu desenvolvimento.

Seria sensato acreditar que um movimento social que vem de tão longe poderá ser suspenso pelos esforços de uma geração? Acredita-se que depois de ter destruído o feudalismo e vencido os reis, a democracia recuará diante dos burgueses e dos ricos? Deter-se-á agora que se tornou tão forte e seus adversários, tão fracos?

Aonde vamos, então? Ninguém saberia dizer; pois já nos faltam os termos de comparação: as condições são mais iguais em nossos dias entre os cristãos do que jamais o foram em tempo algum e em qualquer país do mundo; assim, a grandeza do que já foi feito impede de prever o que ainda se pode fazer.

O livro inteiro que se vai ler foi escrito sob a impressão de uma espécie de terror religioso despertado na alma do autor pela visão dessa revolução irresistível que marcha há tantos séculos sobre todos os obstáculos e que ainda hoje vemos avançar por entre as ruínas que produziu.

Não é necessário que o próprio Deus fale para discernirmos sinais indiscutíveis de sua vontade; basta examinarmos a marcha habitual da natureza e a tendência contínua dos acontecimentos; sei, sem que o Criador erga a voz, que os astros seguem no espaço curvas que seu dedo traçou.

Se longas observações e meditações sinceras levassem os homens de nossos dias a reconhecer que o desenvolvimento gradual e progressivo da igualdade é tanto o passado quanto o futuro de sua história, esta singular descoberta daria a esse desenvolvimento o caráter sagrado da vontade do soberano mestre. Querer deter a democracia pareceria então lutar contra o próprio Deus, e nada mais restaria às nações que se acomodar ao estado social que lhes impõe a Providência.

Os povos cristãos me parecem oferecer, em nossos dias, um espetáculo assustador; o movimento que os carrega já é forte o bastante para que não possa ser suspenso, e ele ainda não é rápido o suficiente para que se perca a esperança de dirigi-lo: o destino está em suas mãos; mas logo lhes escapará.

Instruir a democracia, reavivar, se possível, suas crenças, purificar seus costumes, regular seus movimentos, pouco a pouco substituir sua inexperiência pela ciência dos negócios, seus instintos cegos pelo conhecimento de seus verdadeiros interesses; adaptar seu governo aos tempos e aos lugares; modificá-lo de acordo com as circunstâncias e os homens: esse é o primeiro dever imposto em nossos dias aos que dirigem a sociedade.

Uma nova ciência política é necessária a um mundo completamente novo.

Mas pouco pensamos nisso; postados no meio de um rio veloz, fixamos obstinadamente os olhos em alguns destroços que ainda percebemos nas margens, enquanto a corrente nos arrasta e nos empurra para trás rumo ao abismo.

Não há povo na Europa em que a grande revolução social que acabo de descrever tenha feito progressos mais rápidos do que entre nós; aqui, porém, ela sempre marchou ao acaso.

Os chefes do Estado nunca pensaram em preparar algo de antemão para ela; ela se fez apesar deles ou sem que soubessem. As classes mais poderosas, as mais inteligentes e as mais morais da nação não procuraram se apoderar dela, a fim de dirigi-la. A democracia foi portanto abandonada a seus instintos selvagens; ela cresceu como essas crianças privadas dos cuidados paternos, que se educam sozinhas nas ruas de nossas cidades e que só conhecem da sociedade seus vícios e misérias. Sua existência parecia ainda ignorada quando ela se apoderou subitamente do poder. Cada um se submeteu, então, com servilismo a seus mínimos desejos; ela foi adorada como a imagem da força; quando a seguir ela se enfraqueceu devido a seus próprios excessos, os legisladores conceberam o imprudente projeto de destruí-la em vez de procurar instruí-la e corrigi-la, e, sem querer ensinar-lhe a governar, só pensaram em repeli-la do governo.

O resultado foi que a revolução democrática operou-se no material da sociedade, sem que ocorresse, nas leis, nas ideias, nos hábitos e nos costumes, a mudança que teria sido necessária para tornar essa revolução útil. Assim temos a democracia, menos o que deve atenuar seus vícios e destacar suas vantagens naturais; e já vendo os males que ela provoca, ainda ignoramos os bens que ela pode trazer.

Quando o poder real, apoiado na aristocracia, governava pacificamente os povos da Europa, a sociedade, em meio a suas misérias, gozava de vários tipos de felicidade, que dificilmente podemos conceber e apreciar em nossos dias.

O poder de alguns súditos erguia barreiras intransponíveis à tirania do príncipe; e os reis, sentindo-se, aliás, investidos aos olhos da multidão de um caráter quase divino, retiravam do próprio respeito que despertavam a vontade de não abusar de seu poder.

Situados a uma distância imensa do povo, os nobres, no entanto, tinham pela sorte do povo essa espécie de interesse benevolente e tranquilo que o pastor admite por seu rebanho; e, sem ver no pobre um igual, velavam por seu destino como se por um depósito confiado pela Providência a suas mãos.

Não tendo concebido a ideia de um outro estado social que o seu, não imaginando que algum dia pudesse se igualar a seus chefes, o povo recebia-lhes as dádivas e não lhes discutia os direitos. Ele os amava quando eram clementes e justos, e submetia-se sem dificuldade e sem baixeza a seus rigores, como a males inevitáveis enviados pelo braço de Deus. O uso e os costumes haviam, de resto, estabelecido limites para a tirania e fundado uma espécie de direito mesmo em meio à força.

Uma vez que o nobre não pensava que quisessem arrancar-lhe privilégios que ele acreditava legítimos, e uma vez que o servo olhava para sua inferioridade como um efeito da ordem imutável da natureza, compreende-se que foi possível estabelecer-se uma espécie de benevolência recíproca entre essas duas classes tão diferentemente tocadas pela sorte.

Não é o uso do poder ou o hábito da obediência que deprava os homens, mas o uso de um poder considerado por eles ilegítimo e a obediência a um poder tido por eles como usurpado e opressor.

De um lado estavam os bens, a força, os lazeres e, com eles, os requintes do luxo, os refinamentos do gosto, os prazeres do espírito, o culto das artes; do outro, o trabalho, a grosseria e a ignorância.

Mas no seio dessa multidão ignorante e grosseira encontravam-se paixões enérgicas, sentimentos generosos, crenças profundas e virtudes selvagens.

O corpo social, assim organizado, podia ter estabilidade, força e, acima de tudo, glória.

Mas eis que as posições se confundem; as barreiras erigidas entre os homens diminuem, as propriedades se dividem, o poder se partilha, as luzes se espalham, as inteligências se igualam; o estado social torna-se democrático e o império da democracia estabelece-se enfim pacificamente nas instituições e nos costumes.

Concebo então uma sociedade em que todos, vendo a lei como obra sua, a amariam e se submeteriam a ela sem custo; em que, sendo a autoridade do governo respeitada como necessária e não como divina, o amor sentido pelo chefe de Estado não seria uma paixão, mas um sentimento razoável e tranquilo. Tendo cada um os seus direitos, e a garantia de conservar seus direitos, surgiria entre todas as classes uma confiança vigorosa e uma espécie de condescendência recíproca, tão distante do orgulho quanto da baixeza.

Sabedor de seus verdadeiros interesses, o povo compreenderia que, para tirar proveito dos bens da sociedade, é preciso submeter-se a seus encargos. A associação livre dos cidadãos poderia substituir então o poder individual dos nobres e o Estado ficaria ao abrigo da tirania e do excesso.

Compreendo que num Estado democrático, constituído dessa maneira, a sociedade não será imóvel; mas os movimentos do corpo social poderão ser regrados e progressivos; se nele encontramos menos esplendor que no seio de uma aristocracia, descobriremos menos misérias; os prazeres serão menos extremos, e o bem-estar, mais geral; as ciências menos grandiosas e a ignorância mais rara; os sentimentos menos enérgicos e os hábitos mais suaves; nele observaremos mais vícios e menos crimes.

Na ausência do entusiasmo e do ardor das crenças, as luzes e a experiência às vezes obterão dos cidadãos grandes sacrifícios; cada homem, sendo igualmente fraco, sentirá igual necessidade de seus semelhantes; e sabendo que só pode obter o apoio deles se lhes prestar seu auxílio, descobrirá sem dificuldade que para ele o interesse particular se confunde com o interesse geral.

A nação tomada em conjunto será menos brilhante, menos gloriosa, menos forte talvez; mas a maioria dos cidadãos desfrutará de um destino mais próspero, e o povo se mostrará pacífico, não por falta de esperança de ser melhor, mas porque sabe estar bem.

Se nem tudo fosse bom e útil em tal ordem de coisas, a sociedade ao menos se apropriaria de tudo o que ela pode apresentar de útil e bom, e os homens, abandonando para sempre as vantagens sociais que a aristocracia pode fornecer, tomariam da democracia todos os bens que esta pode oferecer.

Mas nós, abandonando o estado social de nossos antepassados, jogando desordenadamente para trás suas instituições, suas ideias e seus costumes, o que tomamos no lugar?

O prestígio do poder real desvaneceu-se sem ser substituído pela majestade das leis; em nossos dias, o povo despreza a autoridade, mas teme-a, e o medo arranca-lhe mais do que outrora davam o respeito e o amor.

Percebo que destruíamos as existências individuais que podiam lutar separadamente contra a tirania; mas vejo o governo que herda sozinho todas as prerrogativas arrancadas das famílias, das corporações ou dos homens: à força, às vezes opressiva, mas com frequência conservadora; de um pequeno número de cidadãos seguiu-se a fraqueza de todos.

A divisão das fortunas diminuiu a distância que separava o pobre do rico; aproximando-se, porém, parecem ter encontrado novas razões para se odiarem, e, lançando um ou outro olhar cheio de terror e inveja, eles se repelem mutuamente do poder; tanto para um como para outro a ideia dos direitos não existe e a força se apresenta, aos dois, como a única razão do presente e a única garantia do futuro.

O pobre manteve a maioria dos preconceitos de seus pais, sem suas crenças; sua ignorância, sem suas virtudes; ele admitiu, como regra para suas ações, a doutrina do interesse, sem conhecer sua ciência, e seu egoísmo é tão desprovido de luzes quanto o era outrora sua dedicação.

A sociedade é tranquila não porque tem consciência de sua força e de seu bem-estar, mas, ao contrário, porque se acredita fraca e enferma; ela teme morrer ao se esforçar; cada um sente o mal, mas ninguém tem a coragem e a energia necessárias para buscar o melhor; temos desejos, arrependimentos, tristezas e alegrias que não produzem nada de visível, nem de duradouro, como as paixões dos velhos que só levam à impotência.

Assim, abandonamos o que o Estado antigo podia apresentar de bom, sem adquirir o que o Estado atual poderia oferecer de útil; destruímos uma sociedade aristocrática e, detendo-nos complacentemente no meio dos escombros do antigo edifício, parecemos querer nos estabelecer ali para sempre.

O que acontece no mundo intelectual não é menos deplorável.

Incomodada em sua marcha ou abandonada sem apoio às suas paixões desordenadas, a democracia da França derrubou tudo o que ficava em sua passagem, abalando o que não destruía. Não a vimos apoderar-se aos poucos da sociedade, a fim de nela estabelecer tranquilamente seu império; ela não cessou de marchar no meio das desordens e da agitação do combate. Animado pelo calor da luta, impelido além dos limites naturais de sua opinião, pelas opiniões e pelos excessos de seus adversários, cada um perde de vista o próprio objeto de suas buscas e emprega uma linguagem que mal corresponde a seus verdadeiros sentimentos e instintos secretos.

Daí a estranha confusão que somos forçados a testemunhar.

Procuro em vão em minhas lembranças, não encontro nada que mereça despertar mais dor e mais piedade do que o que se passa sob nossos olhos; parece que rompemos, em nossos dias, o laço natural que une as opiniões aos gostos e os atos às crenças; a simpatia que se fez notar em todos os tempos entre os sentimentos e as ideias dos homens parece destruída, e dir-se-ia que todas as leis da analogia moral foram abolidas.

Ainda encontramos entre nós cristãos cheios de zelo, cuja alma religiosa gosta de se alimentar das verdades da outra vida; estes vão sem dúvida se animar a favor da liberdade humana, fonte de toda grandeza moral. O cristianismo, que tornou todos os homens iguais perante Deus, não relutará em ver todos os cidadãos iguais perante a lei. Mas, por concurso de estranhos acontecimentos, a religião encontra-se momentaneamente engajada entre as potências que a democracia derruba e com frequência acontece-lhe de repelir a igualdade que ela ama e maldizer a liberdade como uma adversária, ao passo que, tomando-a pela mão, poderia consagrar-lhe os esforços.

Ao lado desses homens religiosos descubro outros cujos olhares se voltaram para a terra, em vez de para o céu; partidários da liberdade, não apenas por verem nela a origem das mais nobres virtudes, mas principalmente por considerarem-na a fonte dos maiores bens, eles desejam sinceramente assegurar seu império e fazer os homens experimentarem seus benefícios: compreendo que estes vão se precipitar a chamar a religião em seu auxílio, pois devem saber que não se pode estabelecer o reino da liberdade sem o dos costumes nem fundar os costumes sem as crenças. Mas avistaram a religião nas fileiras de seus adversários, e isso é o bastante para eles: uns a atacam e os outros não ousam defendê-la.

Os séculos passados viram almas baixas e venais preconizarem a escravidão, enquanto espíritos independentes e corações generosos lutavam sem esperança para salvar a liberdade humana. Em nossos dias, porém, com frequência encontramos homens naturalmente nobres e dignos, cujas opiniões estão em oposição direta com seus gostos e que louvam o servilismo e a baixeza que nunca conheceram para si mesmos. Outros, ao contrário, falam da liberdade como se pudessem sentir o que há nela de sagrado e grandioso, e reivindicam ruidosamente para a humanidade os direitos que eles nunca conheceram.

Percebo homens virtuosos e pacatos cujos costumes puros e hábitos tranquilos, cujas facilidades e luzes situam-se naturalmente à frente das populações que os cercam. Cheios de um amor sincero pela pátria, estão prontos a fazer por ela grandes sacrifícios; no entanto, a civilização com frequência neles encontra adversários; eles confundem seus abusos com suas beneficências, e em seu espírito a ideia do mal está indissoluvelmente ligada à do novo.

Perto disso vejo outros que, em nome dos progressos, esforçando-se para materializar o homem, querem encontrar o útil sem se preocupar com o justo, a ciência longe das crenças e o bem-estar separado da virtude: estes são chamados de campeões da civilização moderna e colocam-se insolentemente à frente dela, usurpando um lugar abandonado a eles e do qual sua indignidade os repele.

Onde estamos, então?

Os homens religiosos combatem a liberdade e os amigos da liberdade atacam as religiões; espíritos nobres e generosos louvam a escravidão e almas baixas e servis preconizam a independência; cidadãos honestos e esclarecidos são inimigos de todos os progressos, enquanto homens sem patriotismo e sem costumes se fazem apóstolos da civilização e das luzes!

Então todos os séculos se pareceram com o nosso? O homem sempre teve sob os olhos, como em nossos dias, um mundo em que nada se encadeia, em que a virtude não tem gênio e o gênio não tem honra; em que o amor pela ordem se confunde com o gosto dos tiranos e o culto sagrado da liberdade com o desprezo às leis; em que a consciência não lança mais que uma claridade duvidosa sobre as ações humanas; em que nada mais parece proibido nem permitido, nem honesto nem vergonhoso, nem verdadeiro nem falso?

Deverei pensar que o Criador fez o homem para deixá-lo debater-se sem fim no meio das misérias intelectuais que nos cercam? Eu não poderia acreditar nisso: Deus prepara para as sociedades europeias um futuro mais fixo e mais calmo; ignoro seus desígnios, mas não cessarei de acreditar neles porque não posso penetrá-los, e preferirei duvidar de minhas luzes a duvidar de sua justiça.

Há um país no mundo em que a grande revolução social de que falo parece ter mais ou menos alcançado seus limites naturais; ela se realizou de maneira simples e fácil, ou melhor, podemos dizer que esse país vê os resultados da revolução democrática que se realiza entre nós sem ter tido a revolução em si.

Os emigrantes que vieram se estabelecer na América no início do século XVII de certo modo libertaram o princípio da democracia de todos aqueles contra os quais este lutava no seio das velhas sociedades da Europa, e transplantaram-no sozinho nas praias do Novo Mundo. Lá, ele pôde crescer em liberdade e, marchando com os costumes, desenvolver-se pacificamente dentro das leis.

Parece-me indubitável que cedo ou tarde chegaremos, como os americanos, à igualdade quase completa das condições. Não concluo, a partir disso, que um dia necessariamente seremos chamados a tirar de semelhante estado social as consequências políticas que os americanos tiraram. Estou muito longe de acreditar que eles tenham encontrado a única forma de governo em que possa se dar a democracia; mas basta que nos dois países a causa geradora das leis e dos costumes seja a mesma para que tenhamos um interesse imenso em saber o que ela produziu em cada um deles.

Portanto, não é apenas para satisfazer a uma curiosidade, aliás, legítima, que examinei a América; eu quis nela encontrar ensinamentos dos quais possamos nos beneficiar. Faria um estranho engano quem pensasse que quis fazer um panegírico; quem ler este livro ficará bastante convencido de que esse não foi meu intuito; meu objetivo tampouco foi preconizar tal forma de governo em geral, pois sou daqueles que acreditam que quase nunca há excelência absoluta nas leis; não pretendi nem mesmo julgar se a revolução social, cuja marcha parece-me irresistível, era vantajosa ou funesta à humanidade; admiti esta revolução como um fato consumado ou prestes a se consumar, e, entre os povos que a viram realizar-se em seu seio, procurei aquele em que ela atingiu o desenvolvimento mais completo e mais pacífico, a fim de discernir com clareza suas consequências naturais e perceber, se possível, os meios de torná-la proveitosa aos homens. Confesso que na América vi mais que a América; nela busquei uma imagem da própria democracia, de suas propensões, de seu caráter, de seus preconceitos, de suas paixões; quis conhecê-la, ainda que para só saber o que devemos esperar ou temer dela.

Na primeira parte desta obra, tentei, portanto, mostrar a direção que a democracia, entregue na América a suas propensões e abandonada quase sem coação a seus instintos, dava naturalmente às leis, a marcha que imprimia ao governo e, em geral, a força que adquiria sobre os negócios. Eu quis saber quais eram os bens e os males produzidos por ela. Averiguei de quais precauções os americanos haviam feito uso para dirigi-la e quais eles haviam omitido, e tentei distinguir as causas que lhe permitem governar a sociedade.

Meu objetivo era pintar, numa segunda parte, a influência exercida na América pela igualdade das condições e pelo governo da democracia sobre a sociedade civil, sobre os hábitos, as ideias e os costumes; mas começo a sentir menos ardor para a realização desse propósito. Assim, antes que eu possa preencher a tarefa a que me havia proposto, meu trabalho terá se tornado quase inútil. Outro logo mostrará aos leitores os principais traços do caráter americano e, ocultando sob um leve véu a gravidade dos quadros, emprestará à verdade encantos com que eu não poderia tê-la ornado.[1]

Não sei se consegui dar a conhecer o que vi na América, mas tenho certeza de ter tido o sincero desejo de fazê-lo e de nunca ter cedido, salvo sem me dar conta, à necessidade de adaptar os fatos às ideias, em vez de submeter as ideias aos fatos.

Quando um ponto podia ser estabelecido com o auxílio de documentos escritos, tomei o cuidado de recorrer aos textos originais e às obras mais autênticas e mais estimadas.[2] Indiquei minhas fontes em notas e todos poderão verificá-las. Quando se tratou de opiniões, de usos políticos, de observações de costumes, procurei consultar os homens mais esclarecidos. Se acontecia de a coisa ser importante ou incerta, não me contentava com um testemunho, decidia-me somente após um conjunto de testemunhos.

Aqui é absolutamente preciso que o leitor acredite em minha palavra. Eu muitas vezes poderia ter citado, em apoio ao que afirmo, a autoridade

---

1. Na época em que publiquei a primeira edição desta obra, o senhor Gustave de Beaumont, meu companheiro de viagem na América, ainda trabalhava em seu livro intitulado *Marie, ou l'Esclavage aux États-Unis* [*Maria, ou a escravidão nos Estados Unidos*], publicado mais tarde. O objetivo principal do senhor de Beaumont foi colocar em relevo e dar a conhecer a situação dos negros no meio da sociedade anglo-americana. Sua obra lançará uma viva e nova luz sobre a questão da escravidão, questão vital para as repúblicas unidas. Não sei se me engano, mas parece-me que o livro do senhor de Beaumont, depois de ter interessado vivamente os que quiserem dele tirar emoções e procurar quadros, deve alcançar um sucesso mais sólido e mais duradouro ainda entre os leitores que, acima de tudo, desejarem observações verídicas e verdades profundas.

2. Os documentos legislativos e administrativos foram-me fornecidos com uma gentileza cuja lembrança sempre despertará minha gratidão. Entre 251 dos funcionários americanos que assim favoreceram minhas pesquisas, citarei sobretudo o senhor Edward Livingston, então secretário de Estado (agora ministro plenipotenciário em Paris). Durante minha estada no seio do Congresso, o senhor Livingston fez o obséquio de me entregar a maioria dos documentos que possuo sobre o governo federal. O senhor Livingston é um desses homens raros de que gostamos ao ler seus escritos, que admiramos e que honramos antes mesmo de conhecê-los, e aos quais ficamos felizes de dever nosso reconhecimento.

de nomes que lhe são conhecidos, ou que ao menos são dignos de sê-lo; no entanto, abstive-me de fazê-lo. O estrangeiro com frequência aprende junto à lareira de seu anfitrião importantes verdades, que este talvez ocultasse ao amigo; com ele, desencarrega-se de um silêncio forçado; não teme sua indiscrição, porque ele está de passagem. Cada uma dessas confidências era registrada por mim assim que recebida, mas elas jamais sairão de minha pasta; prefiro prejudicar o sucesso de meus relatos do que acrescentar meu nome à lista dos viajantes que devolvem desgostos e embaraços em troca da generosa hospitalidade que receberam.

Sei que, apesar de meus cuidados, nada será mais fácil do que criticar este livro, se alguém um dia pensar em criticá-lo.

Os que quiserem olhar para ele de perto encontrarão, penso eu, na obra inteira, um pensamento-mãe que une, por assim dizer, todas as suas partes. Mas a diversidade dos objetos que tive de tratar é muito grande e aquele que se dispor a opor um fato isolado ao conjunto dos fatos que cito, uma ideia destacada ao conjunto das ideias, conseguirá sem dificuldade. Eu gostaria, portanto, que me concedessem a graça de ser lido no mesmo espírito que presidiu meu trabalho e que julgassem o livro pela impressão geral deixada por ele, assim como eu mesmo me decidi, não por uma dada razão, mas pela massa das razões.

Tampouco se deve esquecer que o autor que quer se fazer compreender é obrigado a levar cada uma de suas ideias a todas as suas consequências teóricas e, muitas vezes, aos limites do falso e do impraticável; pois se algumas vezes é necessário afastar-se das regras da lógica na ação, não se poderia fazer o mesmo na fala, e o homem encontra quase tantas dificuldades ao ser inconsequente em suas palavras quanto, em geral, ao ser consequente em seus atos.

Concluo apontando eu mesmo algo que grande número de leitores considerará um defeito capital da obra. Este livro não segue rigorosamente os passos de ninguém; ao escrevê-lo, não pretendi servir nem combater nenhum partido; tentei ver, não de outra maneira, mas mais longe que os partidos; e enquanto eles se ocupam do amanhã, eu quis pensar no futuro.

CAPÍTULO 1
CONFIGURAÇÃO EXTERNA DA AMÉRICA DO NORTE

A América do Norte dividida em duas vastas regiões, uma descendo ao polo, a outra ao equador — Vale do Mississippi — Vestígios que encontramos das revoluções do globo — Costa do Oceano Atlântico, na qual foram fundadas as colônias inglesas — Diferente aspecto que apresentavam a América do Sul e a América do Norte na época do descobrimento — Florestas da América do Norte — Pradarias — Tribos errantes de indígenas: seu aspecto externo, seus costumes, suas línguas — Vestígios de um povo desconhecido

A América do Norte apresenta, em sua configuração externa, traços gerais fáceis de identificar ao primeiro olhar.

Uma espécie de ordem metódica presidiu a separação das terras e das águas, das montanhas e dos vales. Um arranjo simples e majestoso revela-se em meio à confusão de objetos e entre a extrema variedade de paisagens.

Duas vastas regiões dividem-na de modo quase igual.[3]

Uma tem como limite setentrional o polo ártico; a leste, a oeste, os dois grandes oceanos. Ela a seguir avança para o sul e forma um triângulo cujas arestas irregularmente traçadas se encontram abaixo dos grandes lagos do Canadá.

A segunda tem início onde acaba a primeira e se estende sobre todo o restante do continente.

Uma está ligeiramente inclinada para o polo, a outra, para o equador.

As terras compreendidas na primeira região descem ao norte por um declive tão imperceptível que quase poderíamos dizer que elas formam um planalto. No interior dessa imensa plataforma não se encontram nem altas montanhas nem vales profundos.

As águas ali serpenteiam como ao acaso; os rios se misturam, se unem, se separam, se encontram de novo, perdem-se em mil pântanos, somem a cada instante no meio de um labirinto úmido criado por eles e só depois de inúmeros circuitos atingem enfim os mares polares. Os grandes lagos que terminam essa primeira região não são encaixados, como a maioria dos do antigo mundo, em colinas ou rochedos; suas margens são planas e só se elevam alguns pés acima do nível da água. Cada um deles forma, portanto, como uma ampla taça cheia até a borda; as mais leves mudanças na estrutura do globo precipitariam suas ondas ao polo ou ao mar dos trópicos.

A segunda região é mais acidentada e está mais preparada para tornar-se a morada permanente do homem; duas longas cadeias de montanhas a dividem em todo seu comprimento: uma, sob o nome de Allegheny, segue a costa do Oceano Atlântico; a outra corre paralelamente ao mar do sul.

---

3. Ver o mapa ao fim do livro. [p. 766 desta edição]

O espaço encerrado entre as duas cadeias de montanhas compreende 228.843 léguas quadradas.[4] Sua superfície, portanto, é cerca de seis vezes maior do que a da França.[5]

Esse vasto território, no entanto, forma um único vale, que, descendo do topo arredondado dos montes Allegheny, torna a subir, sem encontrar obstáculos, até os cimos das Montanhas Rochosas.

Ao fundo do vale corre um rio imenso. É para ele que vemos acorrer de todas as partes as águas que descem das montanhas.

Outrora os franceses o haviam chamado de rio São Luís, em memória da pátria ausente; e os índios, em sua pomposa linguagem, chamaram-no de Pai das Águas, ou Mississippi.

O Mississippi tem sua nascente nos limites das duas grandes regiões de que falei acima, perto do cume do planalto que as separa.

Perto dele nasce outro rio,[6] que vai desembocar nos mares polares. O próprio Mississippi parece por algum tempo incerto do caminho que deve tomar: várias vezes volta sobre seus passos, e somente depois de desacelerar seu curso no seio dos lagos e pântanos, enfim decide-se e traça lentamente sua rota rumo ao sul.

Ora tranquilo no fundo do leito argiloso que a natureza escavou para ele, ora transbordando pelas tempestades, o Mississippi banha mais de mil léguas em seu curso.[7]

Seiscentas léguas[8] acima de sua foz, o rio já tem uma profundidade média de 15 pés, e embarcações de 300 toneladas sobem por ele num espaço de quase 200 léguas.

Cinquenta e sete grandes rios navegáveis vêm trazer-lhe suas águas. Contamos, entre os tributários do Mississippi, um rio de 1.300 léguas de curso,[9] um de 900,[10] um de 600,[11] um de 500,[12] quatro de 200,[13] sem falar da miríade inumerável de riachos que acorrem de todas as partes para se perder em seu seio.

---

4. Ou 1.341.649 milhas. Ver William Darby, *A view of the United States*, p. 499. Reduzi essas milhas a léguas de 2.000 toesas.

5. A França tem 35.181 léguas quadradas.

6. O rio Vermelho.

7. 2.500 milhas, 1.032 léguas. Ver *Description Statistique, Historique et Politique des États-Unis de L'Amérique*, por David Bailie Warden, vol. 1, p. 166.

8. 1.364 milhas, 563 léguas. Ver Ibidem, vol. 1, p. 169.

9. O Missouri. Ver Ibidem, vol. 1, p. 132 (1.278 léguas).

10. O Arkansas. Ver Ibidem, vol. 1, p. 188 (877 léguas).

11. O rio Vermelho. Ver Ibidem, vol. 1, p. 190 (598 léguas).

12. O Ohio. Ver Ibidem, vol. 1, p. 193 (490 léguas).

13. O Illinois, o São Pedro, o São Francisco e o Moingona.

O vale que o Mississippi banha parece ter sido criado só para ele; ele ali distribui à vontade o bem e o mal, e é como seu deus. Nas proximidades do rio a natureza exibe uma inesgotável fecundidade; à medida que nos afastamos de suas margens, as forças vegetais se esgotam, os terrenos emagrecem, tudo languesce ou morre. Em lugar algum as grandes convulsões do globo deixaram vestígios mais evidentes do que no Vale do Mississippi. O aspecto inteiro do país atesta o trabalho das águas. Sua esterilidade e sua abundância são obra delas. As ondas do oceano primitivo acumularam no fundo do vale enormes camadas de terra vegetal que elas tiveram o tempo de nivelar. Encontramos na margem direita do rio planícies imensas, unidas como a superfície de um campo no qual o lavrador teria feito passar seu rolo. À medida que nos aproximamos das montanhas, o terreno, ao contrário, torna-se cada vez mais irregular e estéril; o solo ali está, por assim dizer, perfurado em mil lugares, e rochas primitivas aparecem aqui e ali, como os ossos de um esqueleto depois que o tempo consumiu em torno deles os músculos e a carne. Uma areia granítica, pedras irregularmente talhadas, cobrem a superfície da terra; algumas plantas germinam com grande dificuldade seus brotos através desses obstáculos; dir-se-ia um campo fértil coberto com os escombros de um vasto edifício. Analisando essas pedras e essa areia, é fácil de fato observar uma analogia perfeita entre suas substâncias e as que compõem os cimos áridos e partidos das Montanhas Rochosas. Depois de precipitarem a terra no fundo do vale, as águas sem dúvida acabaram carregando consigo uma parte das próprias rochas; rolaram-nas pelas encostas mais próximas; e, depois de tê-las triturado umas contra as outras, salpicaram a base das montanhas com esses destroços arrancados de seus picos. (A)

O vale do Mississippi é, no fim das contas, a mais magnífica morada que Deus jamais preparou para o homem habitar, e, no entanto, podemos dizer que ela ainda não forma mais que um vasto deserto.

Na encosta oriental dos Allegheny, entre o pé de suas montanhas e o Oceano Atlântico, estende-se uma longa faixa de rochas e areia que o mar parece ter esquecido ao retirar-se. Esse território tem apenas 48 léguas de largura média,[14] mas conta com 390 léguas de comprimento.[15] O solo, nessa parte do continente americano, só se presta com dificuldade aos trabalhos do lavrador. Sua vegetação é magra e uniforme.

É nessa costa inóspita que primeiro se concentraram os esforços da indústria humana. Nessa língua de terra árida nasceram e cresceram as colônias

---

14. 100 milhas.
15. Cerca de 900 milhas.

inglesas que um dia se tornariam os Estados Unidos da América. É também ali que hoje se encontra o centro ativo da potência, enquanto atrás dele reúnem-se quase em segredo os verdadeiros elementos do grande povo ao qual sem dúvida pertence o futuro do continente.

Quando os europeus abordaram as praias das Antilhas e, mais tarde, a costa da América do Sul, acreditaram-se transportados às regiões fabulosas que os poetas haviam celebrado. O mar cintilava sob os raios do trópico; a transparência extraordinária de suas águas revelava pela primeira vez, aos olhos do navegador, a profundeza dos abismos.[16] Aqui e ali se mostravam pequenas ilhas perfumadas que pareciam flutuar como cestos de flores na superfície tranquila do oceano. Tudo o que, nesses lugares encantados, se oferecia à vista, parecia preparado para as necessidades do homem ou calculado para seus prazeres. A maioria das árvores estava carregada de frutos nutritivos e as menos úteis ao homem encantavam seus olhos com o brilho e a variedade de suas cores. Numa floresta de limoeiros odoríferos, de figueiras selvagens, de murtas de folhas redondas, de acácias e oleandros, todos entrelaçados por lianas floridas, uma miríade de pássaros desconhecidos à Europa fazia luzir suas asas púrpuras e azuis, e misturava o concerto de suas vozes às harmonias de uma natureza cheia de movimento e vida. (B)

A morte se escondia sob esse manto brilhante; mas não era percebida então, e reinava no ar desses climas; aliás, não sei que influência debilitante que prendia o homem ao presente e tornava-o despreocupado com o futuro.

A América do Norte mostrou-se sob outro aspecto: tudo ali era grave, sério, solene; dir-se-ia que havia sido criada para tornar-se o reino da inteligência, assim como a outra, a morada dos sentidos.

Um oceano turbulento e brumoso envolvia sua costa; rochedos graníticos ou praias de areia serviam-lhe de orla; os bosques que cobriam suas margens apresentavam uma folhagem escura e melancólica; via-se crescer apenas o pinheiro, o lariço, a azinheira, a oliveira selvagem e o loureiro.

Depois de penetrar essa primeira faixa, entrava-se sob as sombras da floresta central; ali se encontravam confundidas as maiores árvores que crescem nos dois hemisférios. O plátano, a catalpa, o bordo-açucareiro e o choupo da Virgínia entrelaçavam seus galhos com os do carvalho, da faia e da tília.

---

16. As águas são tão transparentes no mar das Antilhas, diz Malte-Brun, vol. 3, p. 726, que distinguimos os corais e os peixes a 60 braças de profundidade. A embarcação parece planar no ar; uma espécie de vertigem invade o viajante cujo olho mergulha no fluido cristalino no meio dos jardins submarinos onde conchas e peixes dourados brilham entre tufos de fucos e bosques de algas marinhas.

Assim como nas florestas submetidas ao domínio do homem, a morte fustigava ali sem descanso; mas ninguém se encarregava de retirar os restos que ele havia deixado. Eles se acumulavam então uns sobre os outros: o tempo não podia bastar para reduzi-los ao pó de modo rápido suficiente e preparar novos espaços. Mas, no meio desses restos, o trabalho da reprodução prosseguia incessante. Trepadeiras e ervas de toda espécie emergiam através dos obstáculos; alastravam-se pelas árvores derrubadas, insinuavam-se em sua poeira, erguiam e rompiam a casca seca que ainda as cobria, e abriam caminho a seus jovens brotos. Assim a morte vinha de certo modo ajudar a vida. Ambas estavam presentes, pareciam ter desejado misturar e confundir suas obras.

Essas florestas encerravam uma escuridão profunda; mil córregos, cujo curso a indústria humana ainda não havia direcionado, mantinham uma umidade constante. Quando muito viam-se algumas flores, alguns frutos selvagens, alguns pássaros.

A queda de uma árvore derrubada pela idade, a catarata de um rio, o mugido dos búfalos e o assobio dos ventos eram os únicos a perturbar o silêncio da natureza.

A leste do grande rio, os bosques em parte desapareciam; em seu lugar estendiam-se pradarias sem limites. A natureza, em sua infinita variedade, havia recusado a semente das árvores a esses férteis campos, ou será que a floresta que as cobria havia sido destruída antigamente pela mão do homem? É algo que nem as tradições nem as pesquisas da ciência puderam descobrir.

Esses imensos desertos não eram, porém, inteiramente privados da presença do homem; algumas tribos vagavam havia séculos sob as copas da floresta ou entre as pastagens da pradaria. Da Foz do São Lourenço até o Delta do Mississippi, do Oceano Atlântico até o mar do sul, esses selvagens tinham semelhanças entre si que atestavam sua origem comum. Mas, de resto, eles diferiam de todas as raças conhecidas:[17] não eram nem brancos como os europeus, nem amarelos como a maioria dos asiáticos, nem pretos como os negros; sua pele era avermelhada, seus cabelos, compridos e luzidios, seus lábios, finos, e as maçãs do rosto, muito salientes. As línguas que falavam as tribos selvagens da América diferiam entre si pelas palavras, mas estavam todas submetidas às mesmas regras gramaticais. Essas regras

---

17. Descobriu-se, desde então, algumas semelhanças entre a constituição física, a língua e os hábitos dos índios da América do Norte e os dos tungues, dos manchus, dos mongóis, dos tártaros e de outras tribos nômades da Ásia. Esses últimos ocupam uma região perto do Estreito de Bering, o que permite supor que numa época antiga eles puderam vir povoar o continente deserto da América. Mas a ciência ainda não conseguiu esclarecer esse ponto. Ver, a esse respeito, Malte-Brun, vol. 5; as obras do senhor Alexander von Humboldt; Fischer, *Conjectures sur l'origine des américains*; James Adair, *History of the american indians*.

afastavam-se em diversos pontos das que até então haviam parecido presidir a formação da linguagem entre os homens.

O idioma dos americanos parecia o produto de novas combinações; ele anunciava, da parte de seus inventores, um esforço de inteligência de que os índios de nossos dias parecem pouco capazes. (C)

O estado social desses povos também diferia em diversos aspectos do que se via no mundo antigo: dir-se-ia que tinham se multiplicado livremente em seus desertos, sem contato com raças mais civilizadas que a sua. Não havia, portanto, entre eles essas noções duvidosas e incoerentes de bem e mal, essa corrupção profunda que em geral se mescla à ignorância e à rudeza dos costumes em nações civilizadas que voltaram a ser bárbaras. O índio não devia nada a ninguém além de si mesmo; suas virtudes, seus vícios, seus preconceitos eram sua própria obra, ele havia crescido na independência selvagem de sua natureza.

A grosseria dos homens do povo, nos países civilizados, não decorre apenas de que são ignorantes e pobres, mas de que, sendo assim, encontram-se diariamente em contato com homens esclarecidos e ricos.

A visão de seu infortúnio e fraqueza, que a cada dia vem contrastar com a felicidade e a força de alguns de seus semelhantes, desperta ao mesmo tempo em seus corações a cólera e o temor; o sentimento de inferioridade e dependência os irrita e humilha. Esse estado interior da alma se reproduz em seus costumes, assim como em sua linguagem; são ao mesmo tempo insolentes e baixos.

A verdade disso se prova facilmente por meio da observação. O povo é mais grosseiro nos países aristocráticos do que em qualquer outro lugar; nas cidades opulentas mais do que nos campos.

Nesses lugares onde se encontram homens tão fortes e ricos, os fracos e os pobres se sentem como que esmagados por sua baixeza; sem descobrir nenhum ponto pelo qual possam recuperar a igualdade, perdem completamente a esperança em si mesmos e deixam-se cair abaixo da dignidade humana.

Esse lastimável efeito do contraste das condições não existe na vida selvagem: os índios, ao mesmo tempo que ignorantes e pobres, são todos iguais e livres.

Quando da chegada dos europeus, o indígena da América do Norte ainda ignorava o preço das riquezas e mostrava-se indiferente ao bem-estar que o homem civilizado adquire com elas. No entanto, não se percebia nele nada de grosseiro; reinava em suas maneiras de agir, ao contrário, uma reserva habitual e uma espécie de polidez aristocrática.

Doce e hospitaleiro na paz, impiedoso na guerra, além mesmo dos limites conhecidos da ferocidade humana, o índio expunha-se a morrer de fome para socorrer o estrangeiro que batia à noite à porta de sua cabana, e decepava com as próprias mãos os membros palpitantes de seu prisioneiro. As mais famosas repúblicas antigas jamais admiraram coragem mais firme, almas mais orgulhosas, amor mais intratável pela independência, do que escondiam então os bosques selvagens do Novo Mundo.[18] Os europeus causaram pouca impressão ao abordar a costa da América do Norte; sua presença não fez nascer nem inveja nem medo. Que influência poderiam ter sobre tais homens? O índio sabia viver sem necessidades, sofrer sem se queixar e morrer cantando.[19] Como todos os outros membros da grande família humana, esses selvagens acreditavam de resto na existência de um mundo melhor e adoravam sob diferentes nomes o Deus criador do universo. Suas noções sobre as grandes verdades intelectuais eram em geral simples e filosóficas. (D)

Por mais primitivo que pareça o povo do qual traçamos aqui o caráter, não se poderia duvidar, porém, que outro povo mais civilizado, mais avançado que ele em todas as coisas, não o tenha precedido nas mesmas regiões.

Uma tradição obscura, mas difundida na maioria das tribos indígenas da costa do Atlântico, nos ensina que outrora a morada dessas mesmas tribos ficava a oeste do Mississippi. Ao longo das margens do Ohio e em todo o vale central, ainda são encontrados todos os dias montículos erigidos pela mão do homem. Quando se escava até o fundo desses monumentos, dizem que nunca se deixa de encontrar ossadas humanas, instrumentos estranhos, armas, utensílios de todo tipo, feitos de metal ou que evoquem usos ignorados pelas raças atuais.

Os índios de nossos dias não podem dar nenhuma informação sobre a história desse povo desconhecido. Os que viviam há trezentos anos, durante a descoberta da América, também nada disseram de que se pudesse inferir sequer uma hipótese. As tradições, esses monumentos perecíveis e sempre renascentes do mundo primitivo, não trazem nenhuma luz. Ali, porém, viveram milhares de nossos semelhantes; disso não se poderia duvidar. Quando chegaram, qual sua origem, seu destino, sua história? Quando e como pereceram? Ninguém poderia dizer.

---

18. "Viu-se entre os iroqueses, atacados por forças superiores", disse o presidente Thomas Jefferson (*Notes sur la Virginie*, p. 148), "os velhos desdenharem de recorrer à fuga ou de sobreviver à destruição de seu país e enfrentar a morte como os antigos romanos no saque de Roma pelos gauleses". Mais adiante, p. 150: "Não há exemplo", diz ele, "de índio caído nas mãos de seus inimigos que tenha pedido por sua vida. Vê-se, pelo contrário, o prisioneiro procurar, por assim dizer, a morte das mãos de seus vencedores, insultando-os e provocando-os de todas as maneiras".

19. Ver *Histoire de la Louisiane*, por Antoine-Simon Le Page du Pratz, Pierre-François-Xavier Charlevoix, *Histoire de la Nouvelle-France*; cartas do reverendo John Gottlieb Ernestus Heckewelder, *Transactions of the American philosophical society*, vd. 1; Thomas Jefferson, *Notes sur la Virginie*, p. 135-190. O que diz Jefferson é especialmente de grande peso, devido ao mérito pessoal do escritor, a sua posição particular e ao século positivo e exato no qual escreveu.

Coisa estranha! Há povos que desapareceram tão completamente da Terra que mesmo a lembrança de seu nome se apagou; suas línguas se perderam, sua glória se evaporou como um som sem eco; mas não sei se existe um só que não tenha ao menos deixado um túmulo em memória de sua passagem. Assim, de todas as obras do homem, a mais duradoura ainda é aquela que melhor descreve seu fim e suas misérias!

Apesar de o vasto país que acabamos de descrever ter sido habitado por numerosas tribos indígenas, podemos dizer com justiça que à época do descobrimento ele ainda não formava mais que um deserto. Os índios o ocupavam, mas não o possuíram. É pela agricultura que o homem se apropria do solo, e os primeiros habitantes da América do Norte viviam do produto da caça. Seus implacáveis preconceitos, suas paixões indomadas, seus vícios e talvez mais ainda suas selvagens virtudes expunham-nos a uma destruição inevitável. A ruína desses povos começou no dia em que os europeus abordaram sua costa; não parou desde então; acaba de concluir-se em nossos dias. A Providência, colocando-os no meio das riquezas do Novo Mundo, parecia não ter-lhes dado mais que um breve usufruto; de certa forma, estavam ali *enquanto isso*. Essa costa, tão bem preparada para o comércio e a indústria, esses rios tão profundos, esse inesgotável Vale do Mississippi, esse continente inteiro, surgiam então como o berço ainda vazio de uma grande nação.

Era ali que os homens civilizados deviam tentar erigir a sociedade sobre novas bases e, aplicando pela primeira vez teorias até então desconhecidas ou consideradas inaplicáveis, dar ao mundo um espetáculo a que a história do passado não o havia preparado.

CAPÍTULO 2
DO PONTO DE PARTIDA E DE SUA IMPORTÂNCIA PARA O FUTURO DOS ANGLO-AMERICANOS

Utilidade de conhecer o ponto de partida dos povos para compreender seu estado social e suas leis — A América é o único país em que se pôde perceber com clareza o ponto de partida de um grande povo — Em que aspecto todos os homens que foram povoar a América inglesa se pareciam — Em que aspecto eles diferiam — Observação aplicável a todos os europeus que foram se estabelecer na costa do Novo Mundo — Colonização da Virgínia — Colonização da Nova Inglaterra — Caráter original dos primeiros habitantes da Nova Inglaterra — Sua chegada — Suas primeiras leis — Contrato social

— Código penal tomado da legislação de Moisés — Ardor religioso — Espírito republicano — União íntima do espírito de religião e do espírito de liberdade

Um homem nasce; seus primeiros anos passam obscuramente entre os prazeres ou os trabalhos da infância. Ele cresce; a virilidade começa; as portas do mundo enfim se abrem para recebê-lo; ele entra em contato com seus semelhantes. Então é estudado pela primeira vez e acredita-se ver formar-se nele o germe dos vícios e das virtudes de sua idade madura.

Este, se não me engano, é um grande erro.

Voltem no tempo; examinem o menino nos braços de sua mãe; vejam o mundo exterior refletir-se pela primeira vez no espelho ainda obscuro de sua inteligência; contemplem os primeiros exemplos que marcam seu olhar; ouçam as primeiras palavras que despertam nele as forças adormecidas do pensamento; assistam enfim às primeiras lutas que ele tem de enfrentar; somente então compreenderão de onde vêm seus preconceitos, os hábitos e as paixões que vão dominar sua vida. O homem, por assim dizer, já está inteiro nos cueiros de seu berço.

Acontece uma coisa análoga com as nações. Os povos sempre sentem os efeitos de suas origens. As circunstâncias que acompanharam seu nascimento e serviram a seu desenvolvimento influenciam todo o restante de seu curso.

Se nos fosse possível voltar até os elementos das sociedades e examinar os primeiros monumentos de sua história, não tenho dúvida de que poderíamos descobrir a causa primeira dos preconceitos, dos hábitos, das paixões dominantes, de tudo o que compõe, enfim, aquilo que chamamos de caráter nacional; aconteceria de encontrarmos a explicação para usos que, hoje, parecem contrários aos costumes reinantes, para leis que parecem em oposição aos princípios reconhecidos, para opiniões incoerentes encontradas aqui e ali na sociedade, como esses fragmentos de correntes quebradas que ainda vemos pender das abóbadas de um velho edifício e que não sustentam mais nada. Assim se explicaria o destino de certos povos que parecem arrastados por uma força desconhecida rumo a um objetivo que eles mesmos ignoram. Mas até aqui faltaram fatos para semelhante estudo; o espírito de análise só chegou às nações à medida que elas envelheciam, e quando elas enfim pensaram em contemplar seu berço, o tempo já o havia envolvido numa nuvem, a ignorância e o orgulho o haviam cercado de fábulas, atrás das quais se ocultava a verdade.

A América é o único país em que se pôde assistir aos desenvolvimentos naturais e tranquilos de uma sociedade e em que foi possível precisar a influência exercida pelo ponto de partida sobre o futuro dos Estados.

Na época em que os povos europeus desembarcaram na costa do Novo Mundo, os traços de seu caráter nacional já estavam bem demarcados; cada um deles tinha uma fisionomia distinta; e como já haviam chegado a esse grau de civilização que leva os homens ao estudo de si mesmos, transmitiram-nos o quadro fiel de suas opiniões, de seus costumes e de suas leis. Os homens do século XV nos são quase tão bem conhecidos quanto os do nosso. A América revela, portanto, aos olhos de todos, aquilo que a ignorância ou a barbárie das primeiras eras subtraiu a nossos olhos.

Perto o bastante da época em que as sociedades americanas foram fundadas para conhecer em detalhe seus elementos, longe o bastante desse tempo para já poder julgar o que esses germes produziram, os homens de nossos dias parecem destinados a ver mais longe do que seus precursores nos acontecimentos humanos. A Providência colocou a nosso alcance uma chama que faltava a nossos pais e nos permitiu discernir, no destino das nações, causas primeiras que a obscuridade do passado lhes ocultava.

Quando, depois de termos estudado atentamente a história da América, examinamos com cuidado seu estado político e social, sentimo-nos profundamente convencidos desta verdade: não há uma opinião, um hábito, uma lei, eu poderia dizer um acontecimento, que o ponto de partida não explique sem dificuldade. Os que lerem este livro encontrarão no presente capítulo, portanto, o germe do que virá a seguir e a chave de quase toda a obra.

Os emigrantes que vieram, em diferentes períodos, ocupar o território que cobre hoje a União Americana diferiam uns dos outros em vários pontos; seu objetivo não era o mesmo e eles se governavam segundo princípios diversos.

Esses homens, porém, tinham traços comuns entre eles e encontravam-se todos numa situação semelhante.

O laço da linguagem talvez seja o mais forte e o mais duradouro que possa unir os homens. Todos os emigrantes falavam a mesma língua; todos eram filhos de um mesmo povo. Nascidos num país há séculos agitado pela luta dos partidos e onde as facções haviam sido sucessivamente obrigadas a colocar-se sob a proteção das leis, sua educação política havia ocorrido nessa rude escola, e viam-se difundidas entre eles mais noções dos direitos, mais princípios de verdadeira liberdade do que na maioria dos povos da Europa. À época das primeiras emigrações, o governo comunal, esse germe fecundo das instituições livres, já havia penetrado profundamente os hábitos ingleses, e com ele o dogma da soberania do povo se introduzira no próprio seio da monarquia dos Tudor.

Estava-se então no meio das querelas religiosas que agitaram o mundo cristão. A Inglaterra se precipitava com uma espécie de furor nesse novo caminho. O caráter dos habitantes, que sempre havia sido grave e ponderado, tornara-se austero e argumentador. A instrução aumentara muito nessas lutas intelectuais; o espírito havia recebido uma cultura mais profunda. Enquanto estava-se ocupado falando de religião, os costumes se tornaram mais puros. Todos esses traços gerais da nação encontravam-se mais ou menos na fisionomia daqueles entre seus filhos que tinham vindo buscar um novo futuro na costa oposta do oceano.

Uma observação, aliás, à qual teremos oportunidade de voltar mais tarde, aplica-se não apenas aos ingleses, mas também aos franceses, aos espanhóis e a todos os europeus que vieram sucessivamente estabelecer-se nas terras do Novo Mundo. Todas as novas colônias europeias continham, se não o desenvolvimento, ao menos o germe de uma completa democracia. Duas causas levavam a esse resultado: podemos dizer que, em geral, ao partirem da pátria-mãe, os emigrantes não tinham qualquer ideia de superioridade de uns sobre os outros. Não são os felizes e os poderosos que se exilam, e tanto a pobreza quanto o infortúnio são as melhores garantias de igualdade que se conhece entre os homens. Aconteceu, porém, de várias vezes grandes senhores transferirem-se à América em consequência de querelas políticas ou religiosas. Fizeram-se leis para estabelecer a hierarquia das condições, mas logo percebeu-se que o solo americano repelia absolutamente a aristocracia territorial. Viu-se que para desbravar essa terra rebelde não era preciso nada menos que os esforços constantes e interessados do próprio interessado. Aparelhada a propriedade, descobriu-se que seus produtos não eram numerosos o suficiente para enriquecer ao mesmo tempo um proprietário e um agricultor. A terra, portanto, fragmentou-se naturalmente em pequenos domínios que o proprietário cultivava sozinho. Ora, é à terra que a aristocracia se prende, é ao solo que ela se apega e nele que se apoia; não são os privilégios em si que a estabelecem, não é o nascimento que a constitui, mas a propriedade de terras hereditariamente transmitida. Uma nação pode apresentar imensas fortunas e grandes misérias, mas se essas fortunas não são territoriais, vemos em seu seio pobres e ricos; não há, a bem dizer, aristocracia.

Todas as colônias inglesas tinham entre si, portanto, à época de seu nascimento, um grande ar de família. Todas, desde o início, pareciam destinadas a oferecer o desenvolvimento da liberdade, não da liberdade aristocrática da pátria-mãe, mas a liberdade burguesa e democrática de que a história do mundo ainda não apresentava um modelo completo.

Em meio a esse tom geral, percebiam-se, porém, fortes nuanças que é necessário mostrar.

Podemos distinguir na grande família anglo-americana dois rebentos principais que, até o presente, cresceram sem se confundir totalmente, um no sul, outro no norte.

A Virgínia recebeu a primeira colônia inglesa. Os emigrantes chegaram em 1607. A Europa, nessa época, ainda estava singularmente preocupada com a ideia de que minas de ouro e prata fazem a riqueza dos povos: ideia funesta que mais empobreceu as nações europeias que se dedicaram a ela, e que destruiu mais homens na América do que a guerra e todas as más leis juntas. Foram, portanto, garimpeiros que se enviaram à Virgínia,[20] gente sem recursos e sem modos, cujo espírito inquieto e turbulento perturbou a infância da colônia[21] e tornou seus progressos incertos. Em seguida chegaram os industriais e os lavradores, raça mais moral e mais tranquila, mas que quase não se elevava em nada acima do nível das classes inferiores da Inglaterra.[22] Nenhum pensamento nobre, nenhuma organização imaterial presidiu a fundação dos novos estabelecimentos. Assim que a colônia foi criada, nela introduziram a escravidão;[23] foi este o fato capital que exerceria uma influência enorme no caráter, nas leis e em todo o futuro do sul.

A escravidão, como explicaremos mais tarde, desonra o trabalho; introduz a ociosidade na sociedade e, com ela, a ignorância e o orgulho, a pobreza e o luxo. Ela debilita as forças da inteligência e esmorece a atividade humana. A influência da escravidão, combinada com o caráter inglês, explica os costumes e o estado social do Sul.

Sobre esse mesmo fundo inglês pintavam-se, no norte, nuanças em tudo contrárias. Aqui, permitam-me alguns detalhes.

Foi nas colônias inglesas do norte, mais conhecidas como estados da Nova Inglaterra, que se combinaram as duas ou três ideias principais que hoje formam as bases da teoria social dos Estados Unidos.

---

20. A Carta outorgada pela coroa da Inglaterra, em 1609, apresentava em suas cláusulas que os colonos pagariam à coroa um quinto do produto das minas de ouro e prata. Ver *Vida de Washington*, Marshalls, vol. 1, p. 18-66.

21. "Grande parte dos novos colonos", disse William Stith (*History of Virginia*), "era de jovens de famílias desequilibradas, que os pais haviam embarcado para protegê-los de uma sorte ignominiosa; antigos serviçais, bancarroteiros fraudulentos, devassos e outros dessa espécie, mais próprios a pilhar e destruir do que a consolidar o estabelecimento, formavam o restante. Líderes sediciosos arrastaram com facilidade esse bando para todo tipo de extravagância e excesso". Ver, em relação à história da Virgínia, as seguintes obras: John Smith, *History of Virginia from the first Settlements in the year 1624*; William Stilk, *History of Virginia*; Robert Beverly Jr., *History of Virginia from the earliest period*, traduzido para o francês em 1807.

22. Somente mais tarde um certo número de ricos proprietários ingleses veio se estabelecer na colônia.

23. A escravidão foi introduzida por volta do ano de 1620 por um navio holandês que desembarcou vinte negros nas margens do rio James. Ver Charmer.

Os princípios da Nova Inglaterra primeiro se difundiram pelos estados vizinhos; depois, alcançaram gradualmente os mais afastados, e acabaram, se assim posso dizer, por *penetrar* a confederação inteira. Eles agora exercem sua influência além de seus limites, sobre todo o mundo americano. A civilização da Nova Inglaterra foi como esses fogos acesos nas alturas, que, depois de difundir o calor a seu redor, ainda tingem com suas luzes os últimos confins do horizonte.

A fundação da Nova Inglaterra apresentou um espetáculo novo; tudo nele foi singular e original.

Quase todas as colônias tiveram como seus primeiros habitantes homens sem educação e sem recursos, que a miséria e a má conduta conduziam para fora do país que os havia visto nascer, ou especuladores ávidos e empreendedores da indústria. Há colônias que não podem sequer reivindicar tal origem: São Domingos foi fundada por piratas e, em nossos dias, os tribunais de justiça da Inglaterra se encarregam de povoar a Austrália.

Os emigrantes que vieram estabelecer-se na costa da Nova Inglaterra pertenciam todos às classes confortáveis da pátria-mãe. Sua reunião no solo americano apresentou, desde a origem, o singular fenômeno de uma sociedade em que não se encontravam nem grandes senhores nem povo e, por assim dizer, nem pobres nem ricos. Havia, guardadas as devidas proporções, uma maior massa de luzes difundida entre esses homens do que no seio de qualquer nação europeia de nossos dias. Todos, sem talvez nenhuma exceção, haviam recebido uma educação bastante avançada e vários haviam-se tornado conhecidos na Europa por seus talentos e sua ciência. As outras colônias foram fundadas por aventureiros sem família; os emigrantes da Nova Inglaterra traziam consigo admiráveis elementos de ordem e moralidade; dirigiam-se para o deserto acompanhados de suas mulheres e de seus filhos. Mas o que mais os distinguia de todos os outros era o objetivo de sua empreitada. Não era a necessidade que os obrigava a abandonar seu país; lá deixavam uma posição social apreciável e meios de viver garantidos; tampouco transferiam-se ao Novo Mundo a fim de melhorar sua situação ou aumentar suas riquezas; arrancavam-se das doçuras da pátria para obedecer a uma necessidade puramente intelectual; expondo-se às inevitáveis misérias do exílio, queriam fazer triunfar *um ideia*.

Os emigrantes, ou como eles mesmos tão bem se chamavam, os *peregrinos* (*pilgrims*), pertenciam a essa seita inglesa cuja austeridade de princípios havia granjeado o nome de puritana. O puritanismo não era apenas uma doutrina religiosa; ele se confundia em vários pontos com as teorias democráticas e republicanas mais absolutas. Disso lhe vieram seus mais perigosos adversários. Perseguidos pelo governo da pátria-mãe, feridos no rigor de seus princípios pelo funcionamento cotidiano da sociedade no seio da qual viviam, os puritanos buscaram uma terra tão bárbara e tão abandonada do mundo que nela ainda fosse permitido viver à sua maneira e rezar a Deus em liberdade.

Algumas citações darão a conhecer o espírito desses piedosos aventureiros melhor do que tudo que poderíamos acrescentar.

Nathaniel Morton, o historiador dos primeiros anos da Nova Inglaterra, entra assim no assunto:[24]

> Sempre acredite que era um dever sagrado para nós, cujos pais receberam garantias tão numerosas e tão memoráveis da bondade divina no estabelecimento desta colônia, perpetuar por escrito sua lembrança. O que vimos e o que nos foi contado por nossos pais, devemos dar a conhecer a nossos filhos, a fim de que as gerações futuras aprendam a louvar o Senhor; a fim de que a linhagem de Abraão, seu servidor, e os filhos de Jacó, seu eleito, guardem sempre a memória das milagrosas obras de Deus (Salmos CV, 5,6). É preciso que eles saibam como o Senhor trouxe sua vinha para o deserto; como a plantou e dela afastou os pagãos; como preparou-lhe um lugar, enterrou profundamente suas raízes e depois deixou-a estender-se e cobrir ao longe a terra (Salmos LXXX, 15,13); e não apenas isso, mas ainda como guiou seu povo a seu sagrado tabernáculo e estabeleceu-o na montanha de sua herança (Êxodos XV, 13). Esses fatos devem ser conhecidos para que Deus deles retire a honra que lhe é devida e para que alguns raios de sua glória possam cair sobre os veneráveis nomes dos santos que lhe serviram de instrumentos.

É impossível ler esse início sem involuntariamente sentir-se penetrado de uma impressão religiosa e solene; parece que aspiramos nele um ar de antiguidade e uma espécie de perfume bíblico.

A convicção que anima o escritor eleva sua linguagem. Não se trata mais, a seus olhos como aos dele, de um pequeno bando de aventureiros em busca de fortuna além dos mares; é a semente de um grande povo que Deus vem depositar com as próprias mãos numa terra predestinada.

O autor continua e pinta desta maneira a partida dos primeiros emigrantes:[25]

> Foi assim que eles deixaram essa cidade (Delft-Haleft) que havia sido para eles um lugar de descanso; nesse momento estavam calmos; sabiam que

---

24. Nathaniel Morton, *New-England's memorial*. Boston, 1826, p. 14. Ver também *Histoire de Hutchinson*, vol. 2, p. 440.
25. Ibidem, p. 22.

> eram peregrinos e estrangeiros nesse mundo. Não se apegavam às coisas da Terra, mas erguiam os olhos ao céu, sua querida pátria, onde Deus havia preparado para eles sua cidade sagrada. Enfim chegaram ao porto em que o navio os aguardava. Um grande número de amigos que não podiam partir com eles havia ao menos desejado segui-los até ali. A noite transcorreu sem sono; passou-se em efusões de amizade, em piedosos discursos, em expressões cheias de verdadeira ternura cristã. No dia seguinte, subiram a bordo; seus amigos quiseram acompanhá-los; foi então que se ouviram suspiros profundos, que se viram lágrimas escorrendo de todos os olhos, que se escutaram longos abraços e ardentes orações com que mesmo os estrangeiros se comoveram. Dado o sinal da partida, eles caíram de joelhos, e seu pastor, erguendo os olhos cheios de lágrimas ao céu, recomendou-os à misericórdia do Senhor. Eles finalmente se despediram uns dos outros e pronunciaram esse adeus que, para muitos, seria o último.

Os emigrantes eram em número de 150, mais ou menos, tanto homens quanto mulheres e crianças. Seu objetivo era fundar uma colônia nas margens do Hudson; no entanto, depois de vagarem por muito tempo no oceano, viram-se enfim obrigados a atracar nas costas áridas da Nova Inglaterra, no lugar onde hoje se ergue a cidade de Plymouth. Ainda se aponta o rochedo onde desceram os peregrinos.[26]

"Antes de seguir em frente, porém", diz o historiador que citei, "consideremos por um instante a condição presente desse pobre povo e admiremos a bondade de Deus, que o salvou."[27]

> Eles agora tinham atravessado o vasto oceano, chegavam ao fim da viagem, mas viam amigos para recebê-los, habitação para oferecer-lhes abrigo; estava-se em pleno inverno e os que conhecem nosso clima sabem como os invernos são rigorosos e que furiosos tufões assolam nossa costa. Nessa estação, é difícil atravessar lugares conhecidos, e mais ainda estabelecer-se em novas paragens. Em torno via-se apenas um deserto horrível e desolado, cheio de animais e homens selvagens, cujo grau de ferocidade e número eles ignoravam. A terra estava congelada; o solo, coberto de florestas e arbustos.

---

26. Esse rochedo tornou-se um objeto de veneração nos Estados Unidos. Vi seus fragmentos conservados com cuidado em várias cidades da União. Isso não demonstra com clareza que a força e a grandeza do homem está por inteiro em sua alma? Eis uma pedra tocada por um instante pelos pés de alguns miseráveis e que se torna famosa; ela atrai os olhares de um grande povo; seus restos são venerados, sua poeira é disseminada ao longe. O que é feito da entrada de tantos palácios? Quem se preocupa com isso?

27. Ibidem, p. 33.

O conjunto tinha um aspecto bárbaro. Atrás deles, discerniam apenas o imenso oceano que os separava do mundo civilizado. Para encontrar um pouco de paz e esperança, só podiam voltar seus olhares para o alto.

Não se deve acreditar que a devoção dos puritanos fosse apenas especulativa, nem que se mostrasse alheia à marcha das coisas humanas. O puritanismo, como disse acima, era quase tanto uma teoria política quanto uma doutrina religiosa. Assim que desembarcam nessa costa inóspita, Morton acaba de descrever, o primeiro cuidado dos emigrantes é organizar-se em sociedade. Eles imediatamente aprovam um ato que diz:[28]

> Nós, cujos nomes seguem e que, para a glória de Deus, para o desenvolvimento da fé cristã e para a honra de nossa pátria, dispomo-nos a estabelecer a primeira colônia nessas paragens recuadas, acordamos, por meio deste, por consentimento mútuo e solene, e diante de Deus, constituir-nos num corpo de sociedade política, com o objetivo de nos governarmos e trabalhar para a realização de nossos propósitos; e, em virtude desse contrato, acordamos promulgar leis, atos, decretos e instituir, segundo as necessidades, magistrados aos quais prometemos submissão e obediência.

Isso acontecia em 1620. Desde essa época, a emigração não parou mais. As paixões religiosas e políticas, que dilaceraram o império britânico ao longo de todo o reinado de Carlos I, levaram cada ano à costa da América novos bandos de sectários. Na Inglaterra, o foco do puritanismo continuava localizado nas classes médias; era do seio das classes médias que saía a maioria dos emigrantes. A população da Nova Inglaterra crescia rapidamente e, enquanto a hierarquia das posições ainda classificava despoticamente os homens na pátria-mãe, a colônia apresentava cada vez mais o novo espetáculo de uma sociedade homogênea em todas as suas partes. A democracia, tal como a Antiguidade não havia ousado sonhar, emanava grande e armada do meio da velha sociedade feudal.

Contente de afastar de si germes de perturbações e elementos de novas revoluções, o governo inglês via sem queixas essa numerosa emigração. Favorecia-a inclusive com todo o seu poder e mal parecia preocupar-se com o destino dos que vinham ao solo americano buscar asilo contra a dureza de suas leis. Dir-se-ia que via a Nova Inglaterra como uma região entregue aos sonhos da imaginação e que se devia abandonar às livres experimentações dos inovadores.

---

28. Os emigrantes que criaram o estado de Rhode Island em 1638, os que se estabeleceram em New Haven em 1637, os primeiros habitantes de Connecticut em 1639 e os fundadores de Providence em 1640 também começaram por redigir um contrato social que foi submetido à aprovação de todos os interessados. *Pitkin's History*, p. 42 e 47.

As colônias inglesas, e essa foi uma das principais causas de sua prosperidade, sempre usufruíram mais liberdade interna e mais independência política do que as colônias dos outros povos; mas em nenhum outro lugar esse princípio de liberdade foi mais completamente aplicado do que nos estados da Nova Inglaterra.

Era então geralmente admitido que as terras do Novo Mundo pertenciam à nação europeia que primeiro as descobrisse.

Quase todo o litoral da América do Norte tornou-se, desse modo, possessão inglesa por volta do fim do século XVI. Os meios empregados pelo governo britânico para povoar esses novos territórios foram de diferentes naturezas: em certos casos, o rei submetia uma parte do Novo Mundo a um governador de sua escolha, encarregado de administrar a região em seu nome e sob suas ordens imediatas;[29] é o sistema colonial adotado no restante da Europa. Outras vezes, ele concedia a um homem ou a uma companhia a propriedade de certas porções de terra.[30] Todos os poderes civis e políticos encontravam-se então concentrados nas mãos de um ou de vários indivíduos que, sob a inspeção e o controle da coroa, vendiam as terras e governavam os habitantes. Um terceiro sistema, por fim, consistia em dar a certo número de emigrantes o direito de formar-se em sociedade política sob a proteção da pátria-mãe e de governar-se por conta própria em tudo o que não fosse contrário às leis desta.

Esse modo de colonização, tão favorável à liberdade, só foi posto em prática na Nova Inglaterra.[31]

Já em 1628,[32] uma Carta dessa natureza foi concedida por Carlos I a emigrantes que vieram fundar a colônia de Massachusetts.

Em geral, porém, só foram outorgadas Cartas às colônias da Nova Inglaterra muito tempo depois que sua existência se tornara um fato consumado. Plymouth,

---

29. Esse foi o caso do estado de Nova York.

30. Maryland, as Carolinas, Pensilvânia, Nova Jersey estavam sob esse caso. Ver *Pitkin's History*, vol. 1, p. 11-31.

31. Ver, na obra intitulada *Historical collection of state papers and other authentic documents intended as materials for an history of the United Sates of America,* por Ebeneser Hasard, impresso na Philadelphia MDCCXCII, um grande número de documentos preciosos por seu conteúdo e sua autenticidade, relativos à primeira época das colônias, entre outros as diferentes Cartas de seus governos. Ver também a análise de todas essas Cartas pelo senhor Joseph Story, juiz da Suprema Corte dos Estados Unidos, na introdução de seu comentário à Constituição dos Estados Unidos. Resulta de todos esses documentos o fato de que os princípios do governo representativo e as formas exteriores da liberdade política foram introduzidos em todas as colônias quase desde que nasceram. Esses princípios haviam recebido mais desenvolvimento ao norte do que ao sul, mas existiam em toda parte.

32. Ver *Pitkin's History*, p. 35, t. 1. Ver *The History of the colony of Massachusetts*, by Hutchinson, vol. 1, p. 9.

Providence, New Haven, o estado de Connecticut e o de Rhode Island[33] foram fundados sem o concurso e, de certo modo, sem o conhecimento da pátria-mãe. Os novos habitantes, sem negar a supremacia da metrópole, não foram buscar em seu seio a fonte dos poderes; constituíram-nos por si mesmos, e foi somente trinta ou quarenta anos depois, sob Carlos II, que uma Carta régia veio legalizar sua existência.

Assim, muitas vezes, é difícil, ao percorrerem-se os primeiros momentos históricos e legislativos da Nova Inglaterra, perceber o vínculo que liga os emigrantes ao país de seus antepassados. Podemos vê-los, a cada instante, exercendo sua soberania; nomeiam seus magistrados, fazem a paz e a guerra, estabelecem as regras de policiamento, criam-se leis como se só devessem algo a Deus.[34]

Nada mais singular e ao mesmo tempo mais instrutivo que a legislação dessa época; é sobretudo nela que se encontra o resumo do grande enigma social que os Estados Unidos constituem ao mundo de nossos dias.

Entre esses monumentos, distinguiremos particularmente, como um dos mais característicos, o código de leis que o pequeno estado de Connecticut atribuiu-se em 1650.[35]

Os legisladores de Connecticut[36] ocupam-se primeiro das leis penais; e, para compô-las, concebem a estranha ideia de recorrer aos textos sagrados:

"Quem adorar outro Deus que não o Senhor", dizem ao começar, "será condenado à morte".

Seguem-se dez ou doze disposições de mesma natureza retiradas *textualmente* do Deuteronômio, do Êxodo e do Levítico.

A blasfêmia, a bruxaria, o adultério,[37] o estupro são punidos com a morte; o ultraje feito por um filho a seus pais é punido com a mesma pena. Assim era transportada a legislação de um povo rude e semicivilizado para o seio de

---

33. Ver *Pitkin's History*, p. 42-47.

34. Os habitantes de Massachusetts, ao estabelecerem leis criminais e civis dos processos e dos tribunais de justiça, haviam-se afastado dos usos seguidos na Inglaterra: em 1650, o nome do rei ainda não aparecia no cabeçalho dos mandados judiciais. Ver Hutchinson, vol. 1, p. 452.

35. *Code of 1650*, p. 28 (Hartford, 1830).

36. Ver também na *Histoire de Hutchinson*, vol. 1, p. 435-456, a análise do Código Penal adotado em 1648 pela colônia de Massachusetts; esse código é redigido sobre princípios análogos ao de Connecticut.

37. O adultério também era punido com a morte pela lei de Massachusetts, e Hutchinson, op, cit., vol. 1, p. 41, diz que várias pessoas de fato foram mortas por esse crime; ele cita a esse respeito uma anedota curiosa, que se refere ao ano de 1663. Uma mulher casada havia tido relações amorosas com um jovem; ela enviuvou e desposou-o; vários anos se passaram: o público começou a suspeitar a intimidade que outrora havia reinado entre os esposos, eles foram processados criminalmente, presos e por pouco não foram ambos condenados à morte.

uma sociedade cujo espírito era esclarecido, e os costumes, amenos: nunca se viu, portanto, a pena de morte mais prodigalizada nas leis, nem aplicada a menos culpados.

Os legisladores, nesse corpo de leis penais, preocuparam-se principalmente em manter a ordem moral e os bons costumes na sociedade; assim, constantemente penetraram no âmbito da consciência e quase que não há pecado que não consigam submeter à censura do magistrado. O leitor pôde observar com que severidade essas leis puniam o adultério e o estupro. A simples relação entre pessoas não casadas é severamente reprimida. Atribui-se ao juiz o direito de infligir aos culpados uma dessas três penas: multa, chicote ou casamento;[38] e a crer nos registros dos antigos tribunais de New Haven, os processos dessa natureza não eram raros; encontramos, à data de 1º de maio de 1660, um julgamento imputando multa e reprimenda a uma jovem acusada de ter pronunciado algumas palavras indiscretas e de ter-se deixado beijar.[39] O *Código de 1650* abunda em medidas preventivas. A preguiça e a embriaguez nele são severamente punidas.[40] Os taberneiros não podem fornecer mais que uma certa quantidade de vinho a cada consumidor; a multa ou o chicote reprimem a simples mentira quando esta pode prejudicar.[41] Em outros lugares, o legislador, esquecendo-se completamente dos grandes princípios de liberdade religiosa exigidos por ele mesmo na Europa, força, com o temor a multas, a participação no serviço divino[42] e chega a decretar penas severas[43] e muitas vezes de morte aos cristãos que querem adorar a Deus sob outra fórmula que não a sua.[44] Algumas vezes, por

---

38. Code of 1650, p. 48. Às vezes, ao que parece, acontecia de os juízes pronunciarem cumulativamente essas diversas penas, como vemos num mandato de 1643 (*New Haven antiquities*, p. 114), que "decretou que Marguerite Bedfort, culpada de ter-se dedicado a atos repreensíveis, sofrerá a pena do chicote, e que lhe será imposto casar-se com Nicolas Jemmings, seu cúmplice".

39. *New Haven antiquities*, p. 104. Ver também na *Histoire de Hutchinson*, vol. 1, p. 435, vários julgamentos tão extraordinários quanto esse.

40. Code of 1650, p. 50-57.

41. Ibidem, p. 64.

42. Ibidem.

43. Isso não era particular ao Connecticut. Ver entre outras a lei promulgada em 13 de setembro de 1644, em Massachusetts, que condena ao banimento os anabatistas. *Historical collection of state papers*, vol. 1, p. 538. Ver também a lei publicada em 14 de outubro de 1656 contra os quakers: "Visto que acaba de surgir uma seita maldita de heréticos chamados quakers...". Seguem-se as disposições que condenam a uma pesadíssima multa os capitães de navios que trouxerem quakers para a região. Os quakers que conseguirem penetrar suas terras serão chicoteados e encerrados numa prisão, para lá trabalhar. Os que defenderem suas opiniões serão, primeiro, multados e, depois, condenados à prisão e expulsos da província. Idem, vol. 1, p. 630.

44. Na lei-pena de Massachusetts, o padre católico que coloca o pé na colônia depois de ter sido expulso é punido com a morte.

fim, o ardor regulador que o possui leva-o a tratar dos cuidados mais indignos de sua pessoa. É assim que encontramos no mesmo código uma lei que proíbe o uso do tabaco.[45] Não devemos, de resto, perder de vista que essas leis estranhas ou tirânicas não eram impostas; elas eram votadas pelo livre concurso de todos os interessados e os costumes eram ainda mais austeros e puritanos que as leis. No ano de 1649 vemos surgir em Boston uma associação solene com o objetivo de prevenir o luxo mundano dos cabelos compridos.[46] (E)

Tais desvios, sem dúvida, envergonham o espírito humano; eles atestam a inferioridade de nossa natureza, que, incapaz de apreender com firmeza o verdadeiro e o justo, na maioria das vezes é reduzida a escolher entre dois excessos.

Ao lado dessa legislação penal tão fortemente marcada pelo estreito espírito de seita e por todas as paixões religiosas que a perseguição havia exaltado e que ainda fermentavam no fundo das almas, vemos colocado, e de certo modo atrelado a elas, um corpo de leis políticas que, traçado há duzentos anos, ainda parece superar em muito o espírito de liberdade de nossa era.

Os princípios gerais sobre os quais repousam as constituições modernas, princípios que a maioria dos europeus do século XVII pouco compreendia, e que triunfavam então de maneira incompleta na Grã-Bretanha, são todos reconhecidos e fixados pelas leis da Nova Inglaterra: a intervenção do povo nos assuntos públicos, o voto livre de imposto, a responsabilidade dos agentes do poder, a liberdade individual e o julgamento por júri nelas são estabelecidos sem discussão e de fato.

Esses princípios geradores ali recebem uma aplicação e desenvolvimentos que nenhuma nação da Europa ousou dar-lhes até o momento.

Em Connecticut, o corpo eleitoral era composto, desde a origem, pela universalidade dos cidadãos, e isso é fácil de conceber.[47] Junto a esse povo nascente reinava então uma igualdade quase perfeita entre as fortunas e mais ainda entre as inteligências.[48]

Em Connecticut, nessa época, todos os agentes do Poder Executivo eram eleitos, até o governador do estado.[49]

---

45. Code of 1650, p. 96.

46. *New England's memorial*, 316.

47. Constituição de 1638, p. 17.

48. Em 1641, a assembleia geral de Rhode Island declarava por unanimidade que o governo do estado consistia numa democracia e que o poder repousava no conjunto dos homens livres, que detinham o direito de fazer as leis e de vigiar sua execução. *Code of 1650*.

49. *Pitkin's History*, p. 47.

Os cidadãos acima de 16 anos eram obrigados a portar armas; formavam uma milícia nacional que nomeava seus oficiais e devia estar pronta a qualquer momento para marchar em defesa do país.[50]

É nas leis de Connecticut, como em todas as da Nova Inglaterra, que vemos nascer e desenvolver-se essa independência comunal que forma ainda em nossos dias como que o princípio e a vida da liberdade americana.

Na maior parte das nações europeias, a existência política começou nas regiões superiores da sociedade e pouco a pouco comunicou-se, sempre de maneira incompleta, com as diversas partes do corpo social.

Na América, ao contrário, pode-se dizer que a comuna foi organizada antes do condado, o condado, antes do estado, o estado, antes da União.

Na Nova Inglaterra, desde 1650, a comuna está completa e definitivamente constituída. Em torno da individualidade comunal vêm unir-se e ligar-se fortemente interesses, paixões, deveres e direitos. No seio da comuna vê-se reinar uma vida política real, ativa, plenamente democrática e republicana. As colônias ainda reconhecem a supremacia da metrópole; a monarquia é a lei do Estado, mas a república já está absolutamente viva na comuna.

A comuna nomeia seus magistrados de todo tipo; ela se tributa; ela reparte e arrecada o imposto sobre si mesma.[51] Na comuna da Nova Inglaterra, a lei da representação não é aceita. É na praça pública e no seio da assembleia geral dos cidadãos que são tratados, como em Atenas, os assuntos que dizem respeito ao interesse de todos.

Quando estudamos com atenção as leis que foram promulgadas durante essa primeira era das repúblicas americanas, impressiona a inteligência governamental e as teorias avançadas do legislador.

É evidente que ele tem dos deveres da sociedade para com seus membros uma ideia mais elevada e mais completa do que os legisladores europeus da época, e que lhe impõe obrigações às quais ela ainda escapava em outros lugares. Nos estados da Nova Inglaterra, desde o início, o destino dos pobres está garantido;[52] medidas severas são tomadas para a manutenção das estradas, nomeiam-se funcionários para vigiá-las;[53] as comunas têm registros públicos em que são inscritos o resultado das deliberações gerais, os óbitos, os casamentos, os nascimentos dos cidadãos;[54] escrivães são nomeados para a reali-

---

50. Constituição de 1638, p. 12.
51. Code of 1650, p. 80.
52. Code of 1650, p. 78.
53. Code of 1650, p. 49.
54. Ver a *Histoire de Hutchinson*, vol. 1, p. 455.

zação desses registros;[55] oficiais são encarregados de administrar as sucessões sem herdeiros, outros para fiscalizar os limites das heranças; vários têm como função principal a manutenção da tranquilidade pública na comuna.[56]

A lei entra em mil detalhes variados para prevenir e satisfazer a uma miríade de necessidades sociais, a respeito das quais ainda em nossos dias só se tem um sentimento confuso na França.

Mas é nas prescrições relativas à educação pública que, desde o início, vemos revelar-se em todo seu esplendor o caráter original da civilização americana.

"Visto que Satã", diz a lei, "o inimigo do gênero humano, encontra na ignorância dos homens suas armas mais poderosas, e que é importante que as luzes trazidas por nossos pais não permaneçam sepultadas em seus túmulos; visto que a educação das crianças é um dos primeiros interesses do Estado, com a assistência do Senhor...".[57] Seguem-se disposições que criam escolas em todas as comunas e obrigam os habitantes, sob pena de pesadas multas, a tributar-se para sustentá-las. Escolas superiores são fundadas do mesmo modo nos distritos mais populosos. Os magistrados municipais devem cuidar para que os pais enviem seus filhos às escolas; eles têm o direito de atribuir multas aos que se recusarem; e se a resistência continuar, a sociedade, colocando-se então no lugar da família, apodera-se da criança e retira dos pais os direitos que a natureza lhes havia conferido mas que eles utilizavam tão mal.[58] O leitor sem dúvida terá notado o preâmbulo desses decretos: na América, é a religião que leva às luzes; é a observância das leis divinas que conduz o homem à liberdade.

Quando, depois de termos lançado esse olhar rápido sobre a sociedade americana de 1650, examinamos o estado da Europa e, particularmente, o do continente por volta da mesma época, sentimo-nos tomados por um grande espanto: no continente europeu, no início do século XVII, triunfava em toda parte a monarquia absoluta sobre os escombros da liberdade oligárquica e feudal da Idade Média. No seio dessa Europa brilhante e literária, talvez a ideia dos direitos jamais tenha sido mais completamente ignorada; jamais os povos haviam vivido menos da vida política; jamais as noções da verdadeira liberdade haviam menos preocupado os espíritos; e era então que esses mesmos princípios, desconhecidos pelas nações europeias ou desprezados por elas, eram proclamados nos desertos do Novo Mundo e tornavam-se o símbolo

---

55. Code of 1650, p. 86.
56. Code of 1650, p. 40.
57. Code of 1650, p. 90.
58. Code of 1650, p. 83.

futuro de um grande povo. As mais ousadas teorias do espírito humano eram convertidas em prática nessa sociedade tão humilde em aparência e da qual nenhum homem de Estado sem dúvida aceitaria então se ocupar; entregue à originalidade de sua natureza, a imaginação do homem ali improvisava uma legislação sem precedentes. No seio dessa obscura democracia, que ainda não havia dado à luz nem generais, nem filósofos, nem grandes escritores, um homem podia erguer-se na presença de um povo livre e dar, sob a aclamação de todos, esta bela definição da liberdade:

> Não nos enganemos a respeito do que devemos entender como nossa independência. Há de fato uma espécie de liberdade corrompida, cujo uso é comum tanto aos animais quanto aos homens, e que consiste em fazer tudo o que lhe agrada. Essa liberdade é inimiga de toda autoridade; ela sofre com impaciência todas as regras; com ela, tornamo-nos inferiores a nós mesmos; ela é inimiga da verdade e da paz; e Deus acreditou dever elevar-se contra ela! Mas há uma liberdade civil e moral que encontra sua força na união, e que é missão do poder proteger: é a liberdade de fazer sem medo tudo o que é justo e bom. Devemos defender essa santa liberdade contra todos os acasos e, se preciso, expormos nossa vida por ela.[59]

Já falei o suficiente para trazer à sua verdadeira luz o caráter da civilização anglo-americana. Ela é o produto (e devemos ter esse ponto de partida constantemente presente em mente) de dois elementos perfeitamente distintos, que, aliás, muitas vezes, entraram em confronto, mas que, na América, foram incorporados de certo modo um ao outro e combinados maravilhosamente. Estou falando do *espírito de religião* e do *espírito de liberdade*.

Os fundadores da Nova Inglaterra eram ao mesmo tempo sectários ardorosos e inovadores exaltados. Presos à trama mais estreita de certas crenças religiosas, eram livres de todos os preconceitos políticos.

Daí duas tendências diversas, mas não contrárias, de que é fácil encontrar o vestígio por toda parte, tanto nos costumes quanto nas leis.

Homens sacrificam a uma opinião religiosa seus amigos, sua família e sua pátria; podemos acreditá-los absorvidos na busca desse bem intelectual que vieram comprar a um preço tão alto. No entanto, vemo-los procurar com um

---

59. *Mathew's magnalia Christi americana*, vol. 2, p. 13. Esse discurso foi pronunciado por John Winthrop; ele havia sido acusado de cometer, enquanto magistrado, atos arbitrários; depois de pronunciar o discurso do qual acabo de evocar um fragmento, ele foi absolvido com aplausos e, desde então, sempre reeleito governador do estado. Ver *Marshall*, vol. 1, p. 166.

ardor quase igual as riquezas materiais e os prazeres morais, o céu no outro mundo e o bem-estar e a liberdade neste.

Sob sua mão, os princípios políticos, as leis e as instituições humanas parecem coisas maleáveis, que podem ser movidas e combinadas à vontade.

Diante deles caem as barreiras que aprisionavam a sociedade no seio da qual eles nasceram; as velhas opiniões, que havia séculos dirigiam o mundo, se desvanecem; um caminho quase sem limites e um campo sem horizonte se revelam: o espírito humano a eles se precipita; percorre-os em todos os sentidos; mas, chegando aos limites do mundo político, detém-se sozinho; desiste trêmulo do uso de suas faculdades mais temidas; abjura a dúvida; renuncia à necessidade de inovar; abstém-se mesmo de levantar o véu do santuário; inclina-se com respeito diante de verdades que admite sem discutir.

Assim, no mundo moral, tudo é classificado, coordenado, previsto, decidido de antemão. No mundo político, tudo é agitado, contestado, incerto; num, obediência passiva, ainda que voluntária, no outro, independência, desprezo à experiência e despeito contra toda autoridade.

Longe de se prejudicarem, essas duas tendências de aparência tão oposta caminham juntas e parecem apoiar uma à outra.

A religião vê na liberdade civil um nobre exercício das faculdades do homem; no mundo político, um campo entregue pelo Criador aos esforços da inteligência. Livre e poderosa em sua esfera, satisfeita com o lugar que lhe está reservado, ela sabe que seu império está tão bem estabelecido porque ela reina apenas com suas próprias forças e domina, sem auxílio, os corações.

A liberdade vê na religião a companheira de suas lutas e triunfos; o berço de sua infância, a fonte divina de seus direitos. Ela considera a religião a salvaguarda dos costumes; os costumes, a garantia das leis e a caução de sua própria duração. (F)

RAZÕES DE ALGUMAS SINGULARIDADES APRESENTADAS PELAS LEIS E PELOS COSTUMES DOS ANGLO-AMERICANOS

> Alguns resquícios de instituições aristocráticas no seio da mais completa democracia — Por quê? — É preciso distinguir com cuidado o que tem origem puritana e o que tem origem inglesa

Não deve o leitor tirar conclusões gerais demais e absolutas demais do que precede. A condição social, a religião e os costumes dos primeiros emigrantes sem dúvida exerceram uma influência enorme sobre o destino da nova pátria. No entanto, não dependeu deles fundar uma sociedade cujo ponto de partida só estivesse localizado em si mesmo; ninguém poderia livrar-se inteiramente do passado; aconteceu-lhes de misturar, seja voluntariamente, seja inconscientemente, às ideias e aos usos que lhes eram próprios, outros usos e outras ideias que vinham de sua educação ou das tradições nacionais de seu país.

Quando queremos conhecer e julgar os anglo-americanos de nossos dias, devemos, portanto, distinguir com cuidado o que é de origem puritana ou de origem inglesa.

Com frequência encontramos nos Estados Unidos leis ou costumes que contrastam com tudo o que os cerca. Essas leis parecem redigidas num espírito oposto ao espírito dominante da legislação americana; seus costumes parecem contrários ao conjunto do estado social. Se as colônias inglesas tivessem sido fundadas num século de trevas, ou se sua origem já se perdesse na noite dos tempos, o problema seria insolúvel.

Citarei um único exemplo para que se compreenda meu pensamento.

A legislação civil e criminal dos americanos só conhece dois modos de ação: a *prisão* ou a *fiança*. O primeiro ato de um processo consiste em obter fiança do réu, ou, se ele se recusar, em mandá-lo prender; discute-se a seguir a validade do título ou a gravidade das acusações.

É evidente que tal legislação é dirigida contra o pobre e só favorece o rico.

O pobre nem sempre consegue pagar a fiança, mesmo em matéria civil, e, se é obrigado a esperar pela justiça na prisão, sua inação forçada logo o reduz à miséria.

O rico, ao contrário, sempre consegue escapar do encarceramento em matéria civil; mais que isso, quando comete um delito, facilmente se subtrai da punição que deve atingi-lo: depois de pagar a fiança, desaparece. Assim, podemos dizer que, para ele, todas as penas infligidas pela lei se reduzem a multas.[60] O que seria mais aristocrático do que tal legislação?

Na América, porém, são os pobres que fazem a lei, e eles geralmente reservam para si as maiores vantagens da sociedade.

É na Inglaterra que devemos buscar a explicação para esse fenômeno: as leis de que falo são inglesas.[61] Os americanos não as mudaram, embora elas se oponham ao conjunto de sua legislação e à massa de suas ideias.

A coisa menos mudada por um povo, depois de seus usos, é sua legislação civil. As leis civis só são familiares aos legistas, isto é, aos que têm um interesse direto em mantê-las tais como são, boas ou ruins, porque eles as conhecem. A maior parte da nação pouco as conhece; só as vê agir em casos

---

60. Sem dúvida, há crimes para os quais não existe fiança, mas são poucos.
61. Ver William Blackstone e Jean-Louis Delolme, livro 1, capítulo x.

particulares, tem dificuldade para apreender suas tendências e se submete a elas sem pensar.

Citei um exemplo, poderia ter assinalado vários outros.

O quadro apresentado pela sociedade americana está, se assim posso dizer, coberto por uma camada democrática sob a qual vemos de tempos em tempos irromper as antigas cores da aristocracia.

CAPÍTULO 3
ESTADO SOCIAL DOS ANGLO-AMERICANOS

O estado social é geralmente produto de um fato, às vezes, das leis, na maioria das vezes, dessas duas causas reunidas; mas, assim que existe, podemos considerá-lo em si mesmo como a causa primeira da maioria das leis, dos costumes e das ideias que regulam a conduta das nações; o que não produz, ele modifica.

Para conhecer a legislação e os costumes de um povo, é preciso começar pelo estudo de seu estado social, portanto.

QUE O PONTO FUNDAMENTAL DO ESTADO SOCIAL DOS ANGLO-AMERICANOS É SER ESSENCIALMENTE DEMOCRÁTICO

> Primeiros emigrantes da Nova Inglaterra — Iguais entre eles — Leis aristocráticas introduzidas no sul — Época da revolução — Mudança das leis de sucessão — Efeitos produzidos por essa mudança — Igualdade levada a seus limites extremos nos novos estados do oeste — Igualdade entre as inteligências

Poderíamos fazer várias observações importantes sobre o estado social dos anglo-americanos, mas há uma que domina todas as outras.

O estado social dos americanos é eminentemente democrático. Ele teve esse caráter desde o nascimento de suas colônias; ele o tem mais ainda em nossos dias.

Eu disse no capítulo anterior que reinava uma grande igualdade entre os emigrantes que vieram se estabelecer nas costas da Nova Inglaterra. A semente da aristocracia nunca foi plantada nessa parte da União. Ali só puderam germinar influências intelectuais. O povo habituou-se a reverenciar certos nomes, como emblemas de luzes e virtudes. A voz de alguns cidadãos obteve sobre ele um poder que talvez com razão pudéssemos chamar de aristocrático se ele pudesse se transmitir invariavelmente de pai para filho.

Isso se dava a leste do Hudson; a sudoeste desse rio e descendo até a Flórida era diferente.

Na maioria dos estados situados a sudoeste do Hudson, grandes proprietários ingleses vieram se estabelecer. Os princípios aristocráticos, e com eles as leis inglesas sobre as sucessões, haviam sido importados. Dei a conhecer as razões que impediram que um dia se pudesse estabelecer na América uma aristocracia poderosa. Essas razões, ainda que tenham subsistido a sudoeste do Hudson, ali tinham menos força que a leste desse rio. Ao sul, um único homem podia, com a ajuda de escravos, cultivar uma grande extensão de terreno. Viam-se nessa parte do continente, portanto, ricos proprietários de terras; mas sua influência não era exatamente aristocrática, como se entende na Europa, pois não possuíam nenhum privilégio e o cultivo pelos escravos não lhes proporcionava arrendatários, consequentemente nenhum patronato. Todavia, os grandes proprietários, ao sul do Hudson, formavam uma classe superior, com ideias e gostos próprios, e, em geral, concentrando a ação política em seu seio. Era uma espécie de aristocracia pouco diferente da massa do povo, cujas paixões e cujos interesses ela abraçava com facilidade, sem despertar amor ou ódio; em suma, débil e pouco vivaz. Foi essa classe que, no sul, pôs-se à frente da insurreição: a revolução da América lhe deve seus maiores homens.

Nessa época, a sociedade inteira foi abalada: o povo, em nome do qual havia-se combatido, o povo, que se tornara potência, concebeu o desejo de agir por conta própria; os instintos democráticos despertaram; rompendo o jugo da metrópole, tomou-se gosto por todo tipo de independência: as influências individuais aos poucos deixaram de se fazer sentir, os hábitos e as leis começaram a marchar de comum acordo rumo ao mesmo objetivo.

Mas foi a lei a respeito das sucessões que fez a igualdade dar seu último passo.

Espanta-me que os publicistas antigos e modernos não tenham atribuído às leis sobre as sucessões[62] uma maior influência na marcha dos assuntos humanos. Essas leis competem, é verdade, à ordem civil; mas deveriam ser colocadas à frente de todas as instituições políticas, pois influenciam incrivelmente sobre o estado social dos povos, de que as leis políticas não são

---

62. Entendo por leis a respeito das sucessões todas as leis cujo objetivo principal é regular o destino dos bens depois da morte do proprietário. A lei sobre as substituições é uma dessas; ela também tem como resultado impedir o proprietário de dispor de seus bens antes de sua morte, mas também lhe impõe a obrigação de conservá-los apenas em vista de fazê-los chegar intactos a seu herdeiro. O objetivo principal da lei das substituições é, portanto, regular o destino dos bens depois da morte do proprietário. O restante diz respeito ao meio que ela emprega.

mais que a expressão. Além disso, elas têm uma maneira segura e uniforme de operar sobre a sociedade; de certo modo, apoderam-se das gerações antes de seu nascimento. Por elas, o homem é armado com um poder quase divino sobre o futuro de seus semelhantes. O legislador resolve uma vez a sucessão dos cidadãos e repousa por séculos; tendo dado movimento à sua obra, pode dela retirar a mão; a máquina age por suas próprias forças e se dirige como que sozinha rumo a um objetivo indicado de antemão. Constituída de determinada maneira, ela reúne, concentra, agrupa em torno de alguma cabeça a propriedade e, logo depois, o poder; é como se ela fizesse a aristocracia brotar do solo. Conduzida por outros princípios e lançada em outro caminho, sua ação é ainda mais rápida; ela divide, partilha, dissemina os bens e o poder; às vezes tem-se medo da velocidade de sua marcha; sem esperanças de deter seu movimento, busca-se ao menos interpor-lhe dificuldades e obstáculos; quer-se contrabalançar sua ação com esforços contrários. Cuidados inúteis! Ela esmaga ou faz voar em pedaços tudo que aparece em seu caminho, levanta-se e volta a cair incessantemente no chão, até que este não apresente mais que uma poeira ondulante e impalpável sobre a qual assenta a democracia.

Quando a lei das sucessões permite e principalmente ordena a partilha igual dos bens do pai entre todos os filhos, seus efeitos são de dois tipos; é importante distingui-los com cuidados, embora tendam ao mesmo fim.

Em virtude da lei das sucessões, a morte de cada proprietário causa uma revolução na propriedade; não apenas os bens mudam de senhores, eles também mudam, por assim dizer, de natureza; eles constantemente se fracionam em pedaços menores.

Esse é o efeito direto e até material da lei. Nos países em que a legislação estabelece a igualdade das partilhas, os bens, e particularmente as fortunas territoriais, devem ter uma tendência constante à diminuição. Todavia, os efeitos dessa legislação só se fariam sentir com o tempo se a lei fosse abandonada às suas próprias forças; pois, por mais que a família seja composta de não mais que duas crianças (e a média das famílias de um país povoado como a França não passa, dizem, de apenas três), esses filhos, dividindo a fortuna do pai e da mãe, não serão mais pobres que cada um destes individualmente.

Mas a lei da partilha igual não exerce sua influência apenas sobre o destino dos bens; ela age sobre a própria alma dos proprietários e convoca suas paixões em auxílio. Seus efeitos indiretos é que destroem rapidamente as grandes fortunas e, sobretudo, as grandes propriedades.

Nos povos em que a lei das sucessões está baseada no direito de primogenitura, as propriedades territoriais passam, na maioria das vezes, de geração em geração sem serem divididas. Resulta disso que o espírito de família se materializa de certo modo na terra. A família representa a terra, a terra representa a família; ela perpetua seu nome, sua origem, sua glória, sua potência, suas virtudes. Ela é uma testemunha imperecível do passado e uma garantia preciosa da existência vindoura.

Quando a lei das sucessões estabelece a partilha igual, ela destrói a ligação íntima que existia entre o espírito de família e a conservação da terra, a terra cessa de representar a família, pois, não podendo deixar de ser dividida ao cabo de uma ou duas gerações, é evidente que ela deve constantemente diminuir e acabar por desaparecer totalmente. Os filhos de um grande proprietário de terras, se forem poucos, ou se a sorte lhes for favorável, podem conservar a esperança de não serem menos ricos que seu genitor, mas não de possuir os mesmos bens que este; sua riqueza será necessariamente composta por elementos diferentes.

Ora, a partir do momento em que se retira dos proprietários fundiários um grande interesse de sentimento, de lembranças, de orgulho, de ambição em conservar a terra, pode-se ter certeza de que cedo ou tarde eles a venderão, pois têm grande interesse pecuniário em vendê-la, visto que os capitais mobiliários produzem mais lucros que os outros, e prestando-se com muito mais facilidade a satisfazer as paixões do momento.

Uma vez divididas, as grandes propriedades fundiárias não se refazem mais; pois o pequeno proprietário tira mais rendimento de seu campo,[63] guardadas as proporções, que o grande proprietário do seu; este o vende, portanto, muito mais caro do que aquele. Assim, os cálculos econômicos que levaram o homem rico a vender vastas propriedades o impedirão, mais ainda, de comprar pequenas propriedades para recompor grandes.

O que chamamos de espírito de família funda-se com frequência numa ilusão do egoísmo individual. As pessoas procuram se perpetuar e se imortalizar de certo modo em seus sobrinhos-netos. Onde termina o espírito de família, o egoísmo individual entra na realidade de suas inclinações. Como a família só se apresenta ao espírito como uma coisa vaga, indeterminada, incerta, cada um se concentra nos confortos do presente; pensa-se em estabelecer a geração seguinte e nada mais.

---

63. Não quero dizer que o pequeno proprietário cultiva melhor, mas ele cultiva com mais ardor e cuidado, e recupera pelo trabalho o que lhe falta do lado da arte.

Não se procura perpetuar a família, ou ao menos se procura perpetuá-la com outros meios que não pela propriedade fundiária.

Assim, não apenas a lei das sucessões torna difícil às famílias conservar intactas mesmas propriedades como também lhes retira o desejo de tentar fazê-lo e leva-as, de certo modo, a cooperar com ela para sua própria ruína.

A lei da partilha igual procede por duas vias: agindo sobre a coisa, ela age sobre o homem; agindo sobre o homem, ela chega à coisa.

Das duas maneiras ela consegue atacar profundamente a propriedade fundiária e fazer desaparecer com rapidez tanto as famílias quanto as fortunas.[64]

Sem dúvida, não cabe a nós, franceses do século XIX, testemunhas cotidianas das mudanças políticas e sociais que a lei das sucessões gera, colocar em dúvida seu poder. Cada dia nós a vemos passar e repassar constantemente em nosso solo, derrubando ao passar os muros de nossas casas e destruindo as cercas de nossos campos. Mas se a lei das sucessões já fez muito entre nós, ainda lhe resta muito a fazer. Nossas lembranças, nossas opiniões e nossos hábitos lhe opõem poderosos obstáculos.

Nos Estados Unidos, sua obra de destruição está quase terminada. É lá que podemos estudar seus principais resultados.

A legislação inglesa sobre a transmissão dos bens foi abolida em quase todos os Estados na época da revolução.

A lei sobre as substituições foi modificada de maneira a perturbar apenas de maneira insensível a livre circulação de bens. (G)

A primeira geração passou; as terras começaram a ser divididas. O movimento tornou-se cada vez mais rápido, à medida que o tempo avançava. Hoje, quando transcorreram apenas sessenta anos, o aspecto da sociedade já é irreconhecível; quase todas as famílias dos grandes proprietários fundiários foram engolidas pela massa comum. No estado de Nova York, onde contava-se um grande número destas, duas mantêm-se com dificuldade sobre o abismo prestes a engoli-las. Os filhos desses opulentos

---

64. Sendo a terra a propriedade mais sólida, de tempos em tempos encontram-se homens ricos que estão dispostos a fazer grandes sacrifícios para adquiri-la e que de bom grado perderão uma porção considerável de seus rendimentos para garantir o resto. Mas esses são acidentes. O amor pela propriedade imobiliária em geral só se encontra no pobre. O pequeno proprietário fundiário, que tem menos luzes, menos imaginação e menos paixões que o grande, em geral só se preocupa com o desejo de aumentar seus domínios, e, muitas vezes, acontece de as sucessões, os casamentos ou as chances de comércio lhe fornecerem mais ou menos os meios para fazê-lo. Ao lado da tendência que leva os homens a dividir a terra, existe, portanto, outra que o leva a acumulá-la. Essa tendência, que basta para impedir que as propriedades se dividam ao infinito, não é forte o bastante para criar grandes fortunas territoriais nem para mantê-las nas mesmas famílias.

cidadãos hoje são comerciantes, advogados, médicos. A maioria caiu na obscuridade mais profunda. O último vestígio das posições e das distinções hereditárias foi destruído; a lei das sucessões passou por toda parte seu nivelador.

Não é que nos Estados não existam ricos como em outros lugares — não conheço, inclusive, nenhum país em que o amor pelo dinheiro ocupe tanto lugar no coração do homem e em que se professe um desprezo mais profundo pela teoria da igualdade permanente dos bens —, mas a fortuna ali circula com incrível rapidez, e a experiência ensina que é raro ver duas gerações colherem seus favores.

Esse quadro, por mais colorido que o imaginem, passa apenas uma ideia incompleta do que acontece nos novos estados do oeste e do sudoeste.

No fim do século passado, ousados aventureiros começaram a penetrar os vales do Mississippi. Foi como uma nova descoberta da América: logo o grosso da emigração dirigiu-se para lá; viram-se então sociedades desconhecidas saírem de repente do deserto. Estados cujo nome nem mesmo existia poucos anos antes ocuparam posição no seio da União americana. É no oeste que podemos observar a democracia atingindo seus limites extremos. Nesses estados, improvisados de certo modo pela sorte, os habitantes chegaram ontem ao solo que ocupam. Eles mal se conhecem uns aos outros, e cada um ignora a história de seu vizinho mais próximo. Nessa parte do continente americano, a população escapa, portanto, não apenas à influência dos grandes nomes e das grandes riquezas, como também a essa natural aristocracia que decorre das luzes e da virtude. Ninguém exerce esse respeitável poder que os homens concedem à lembrança de uma vida inteira passada a fazer o bem sob seus olhos. Os novos estados do oeste já têm habitantes; a sociedade ainda não existe.

Mas não são apenas as fortunas que são iguais na América, a igualdade se estende até certo ponto sobre as próprias inteligências.

Não acredito que exista país no mundo em que, guardadas as proporções com a população, encontremos tão poucos ignorantes e menos sábios do que na América.

A instrução primária está ao alcance de todos; a instrução superior quase não está ao alcance de ninguém.

Isso se compreende sem dificuldade, e é, por assim dizer, o resultado necessário do que afirmamos acima.

Quase todos os americanos vivem com conforto; podem, portanto, facilmente buscar os primeiros elementos dos conhecimentos humanos.

Na América, há poucos ricos; quase todos os americanos precisam exercer uma profissão. Ora, toda profissão exige um aprendizado. Os americanos só podem dedicar à cultura geral da inteligência, portanto, os primeiros anos de vida; aos 15 anos, eles entram numa carreira; assim sua educação com frequência acaba na época em que a nossa começa. Se continua para além disso, dirige-se apenas a uma matéria especial e lucrativa; estuda-se uma ciência assim como se aprende um ofício; e só são apreendidas as aplicações cuja utilidade presente é reconhecida.

Na América, a maioria dos ricos começou pobre; quase todos os que não precisam trabalhar foram, na juventude, pessoas ocupadas; disso resulta que, quando poderiam ter gosto pelo estudo, não têm tempo para ele; e quando adquiriram o tempo de se dedicar a ele, não têm mais gosto por ele.

Não existe na América classe na qual o pendor pelos prazeres intelectuais se transmita com facilidade e lazeres hereditários, e que tenha em alta conta os trabalhos da inteligência.

Assim, a vontade de dedicar-se a esses trabalhos falta tanto quanto o poder de dedicar-se a eles.

Estabeleceu-se na América, nos conhecimentos humanos, um certo nível mediano. Todos os espíritos se aproximaram; uns elevando-se, outros rebaixando-se.

Encontra-se assim uma multidão imensa de indivíduos que têm mais ou menos as mesmas noções em matéria de religião, história, ciências, economia política, legislação e governo.

A desigualdade intelectual vem diretamente de Deus, e o homem não poderia impedir que ela existisse para sempre.

Mas ao menos acontece o que acabamos de dizer, as inteligências, mantendo-se desiguais, como o quis o Criador, encontram à sua disposição meios iguais.

Assim, na América de nossos dias, o elemento aristocrático, sempre fraco desde seu nascimento, é, se não destruído, ao menos enfraquecido de tal modo que é difícil atribuir-lhe uma influência qualquer no andamento das coisas.

O tempo, os acontecimentos e as leis tornaram, ao contrário, o elemento democrático não apenas preponderante como, por assim dizer, único. Nenhuma influência de família ou de grupo se deixa perceber; muitas vezes, até, não poderíamos descobrir uma influência individual um pouco mais duradoura.

A América apresenta em seu estado social, então, o fenômeno mais estranho. Os homens se revelam mais iguais por sua fortuna e sua inteligência, ou, em outras palavras, mais igualmente fortes do que em qualquer país do mundo e do que em qualquer século de que a história guarde a lembrança.

CONSEQUÊNCIAS POLÍTICAS DO ESTADO SOCIAL DOS ANGLO-AMERICANOS

As consequências políticas de tal estado social são fáceis de deduzir.

É impossível compreender que a igualdade não acabe por penetrar no mundo político como em outros lugares. Não poderíamos conceber os homens eternamente desiguais entre si num único ponto e iguais nos outros; em dado momento, portanto, eles o serão em todos.

Ora, só conheço duas maneiras de fazer reinar a igualdade no mundo político: é preciso dar direitos a cada cidadão ou não dar a ninguém.

Para os povos que alcançaram o mesmo estado social que os anglo-americanos, é, portanto, muito difícil perceber um termo médio entre a soberania de todos e o poder absoluto de um só.

Não se deve dissimular que o estado social que acabo de descrever se presta tão facilmente a uma e outra dessas duas consequências.

Há de fato uma paixão viril e legítima pela igualdade que anima todos os homens a querer ser fortes e estimados. Essa paixão tende a elevar os pequenos à categoria dos grandes, mas também encontramos no coração humano um gosto depravado pela igualdade, que leva os fracos a querer atrair os fortes para seu nível e que reduz os homens a preferir a igualdade na servidão à desigualdade na liberdade. Não que os povos cujo estado social é democrático desprezem naturalmente a liberdade; eles têm, ao contrário, um gosto instintivo por ela. Mas a liberdade não é objeto principal e contínuo de seu desejo; o que eles amam com amor eterno é a igualdade; atiram-se na direção dela num impulso rápido e em esforços repentinos, e, se erram o alvo, resignam-se; mas nada poderia satisfazê-los sem a igualdade e eles antes consentiriam em perecer do que em perdê-la.

Por outro lado, quando os cidadãos são todos mais ou menos iguais, torna-se difícil para eles defender sua independência contra as agressões do poder. Visto que nenhum deles é forte o suficiente para lutar sozinho com vantagem, somente a combinação das forças de todos pode garantir a liberdade. Ora, nem sempre se encontra semelhante combinação.

Os povos podem tirar, portanto, duas grandes consequências políticas do mesmo estado social: essas consequências diferem prodigiosamente entre elas, mas decorrem ambas do mesmo fato.

Primeiros submetidos a essa temível alternativa que acabo de descrever, os anglo-americanos foram bastante felizes em escapar ao poder absoluto. As circunstâncias, a origem, as luzes e, principalmente, os costumes permitiram-lhes fundar e manter a soberania do povo.

CAPÍTULO 4
DO PRINCÍPIO DE SOBERANIA DO POVO NA AMÉRICA

> Ele domina toda a sociedade americana — Aplicação que os americanos já faziam desse princípio antes de sua revolução — Desenvolvimento que lhe deu essa revolução — Diminuição gradual e irresistível do censo

Quando se quer falar das leis políticas dos Estados Unidos, é sempre pelo dogma da soberania do povo que se deve começar.

O princípio da soberania do povo, que sempre se encontra mais ou menos na base de quase todas as instituições humanas, em geral ali permanece como que sepultado. Obedecem a ele sem reconhecê-lo, ou, se às vezes acontece de o verem por um instante à luz do dia, apressam-se em voltar a mergulhá-lo nas trevas do santuário.

A vontade nacional é um dos termos de que os conspiradores de todos os tempos e os déspotas de todas as épocas mais amplamente abusaram. Uns viram sua expressão nos sufrágios comprados de alguns agentes do poder; outros, nos votos de uma minoria interessada ou temerosa; há mesmo quem a tenha descoberto formulada no silêncio dos povos e tenha pensado que do *fato* da obediência nascia para eles o *direito* do comando.

Na América, o princípio da soberania dos povos não está escondido ou é estéril como em certas nações; ele é reconhecido pelos costumes, proclamado pelas leis; estende-se com liberdade e atinge sem obstáculos suas últimas consequências.

Se há um único país no mundo onde se possa esperar apreciar em seu justo valor o dogma da soberania do povo, estudá-lo em sua aplicação às questões da sociedade e julgar suas vantagens e seus perigos, esse país é com certeza a América.

Eu disse anteriormente que, desde o início, o princípio da soberania do povo havia sido o princípio gerador da maioria das colônias inglesas da América.

Faltou muito, porém, para que ele dominasse então o governo da sociedade como o faz em nossos dias.

Dois obstáculos, um externo, outro interno, retardavam seu avanço imperioso.

Ele não podia se revelar ostensivamente no seio das leis porque as colônias ainda eram obrigadas a obedecer à metrópole; estava, portanto, reduzido a esconder-se nas assembleias provinciais e principalmente na comuna. Ali, desenvolvia-se em segredo.

A sociedade americana da época ainda não estava preparada para adotá-la em todas as suas consequências. As luzes na Nova Inglaterra e as riquezas ao sul do Hudson exerceram por muito tempo, como mostrei no capítulo anterior, uma espécie de influência aristocrática que tendia a restringir a poucas mãos o exercício dos poderes sociais. Ainda faltava muito para que todos os funcionários públicos fossem eletivos e todos os cidadãos, eleitores. O direito eleitoral estava em toda parte encerrado dentro de certos limites e subordinado à existência de um censo. Esse censo era muito fraco no norte, mais considerável no sul.

A revolução da América estourou. O dogma da soberania do povo saiu da comuna e apoderou-se do governo; todas as classes se comprometeram com sua causa; combateram e triunfaram em seu nome; ele se tornou a lei das leis.

Uma mudança quase tão rápida efetuou-se no interior da sociedade. A lei das sucessões acabou de destruir as influências locais.

No momento em que esse efeito das leis e da revolução começou a se revelar a todos os olhos, a vitória já havia sido irrevogavelmente pronunciada em favor da democracia. O poder estava, de fato, em suas mãos. Não era nem mesmo permitido lutar contra ela. As altas classes se submeteram sem queixas e sem combate a um mal doravante inevitável. Aconteceu-lhes o que acontece em geral às potências que caem: o egoísmo individual apoderou-se de seus membros; como não se podia mais arrancar a força das mãos do povo e visto que não se detestava o bastante a multidão para sentir-se prazer em enfrentá-la, só se pensou em obter sua benevolência a qualquer preço. As leis mais democráticas foram, portanto, votadas à exaustão pelos homens cujos interesses elas mais feriam. Desse modo, as altas classes não despertaram contra si as paixões populares, mas elas mesmas precipitaram o triunfo da nova ordem. Assim, coisa singular!, viu-se o impulso democrático ainda mais irresistível nos estados em que a aristocracia tinha mais raízes.

O estado de Maryland, que havia sido fundado por grandes senhores, foi o primeiro a proclamar o voto universal[65] e introduziu em seu governo como um todo as formas mais democráticas.

Quando um povo começa a tocar no censo eleitoral, pode-se prever que ele chegará, num prazo mais ou menos longo, a fazê-lo desaparecer completamente. Essa é uma das regras mais invariáveis que regem as sociedades. À medida que o limite dos direitos eleitorais é recuado, sente-se a necessidade de recuá-lo ainda mais; pois depois de cada nova concessão as forças da democracia aumentam e suas exigências crescem com seu novo poder. A ambição dos que são deixados abaixo do censo inflama-se proporcionalmente ao grande número dos que se encontram acima. A exceção enfim se torna a

---

65. Emendas feitas à Constituição de Maryland em 1801 e 1809.

regra; as concessões se sucedem sem descanso e só se interrompem quando chegam ao sufrágio universal.

Em nossos dias, o princípio da soberania do povo apresentou nos Estados Unidos todos os desenvolvimentos práticos que a imaginação pode conceber. Ele se desembaraçou de todas as ficções com que se teve o cuidado de cercá-lo em outros lugares; vemo-lo assumir sucessivamente todas as formas, conforme a necessidade de cada caso. Ora o povo em massa faz as leis como em Atenas; ora deputados, criados pelo voto universal, representam-no e agem em seu nome sob sua vigilância quase imediata.

Há países em que um poder, de certo modo externo ao corpo social, age sobre ele e o força a seguir certa via.

Em outros, a força é dividida, estando ao mesmo tempo dentro e fora da sociedade. Nada parecido se vê nos Estados Unidos; ali, a sociedade age por si mesma e sobre si mesma. Só existe força em seu seio; não se encontra quase ninguém que ouse conceber e, acima de tudo, expressar a ideia de buscá-la algures. O povo participa da composição das leis por meio da escolha dos legisladores, de sua aplicação por meio da eleição dos agentes do Poder Executivo; pode-se dizer que governa a si mesmo, tanto a parte deixada à administração é fraca e restrita quanto esta reconhece sua origem popular e obedece à força da qual emana. O povo reina sobre o mundo político americano como Deus sobre o universo. Ele é a causa e o fim de todas as coisas: tudo sai dele e tudo é absorvido por ele. (H)

CAPÍTULO 5
NECESSIDADE DE ESTUDAR O QUE ACONTECE NOS ESTADOS ESPECÍFICOS ANTES DE FALAR DO GOVERNO DA UNIÃO

Propomo-nos a examinar, no capítulo seguinte, qual a forma, na América, do governo fundado no princípio da soberania do povo; quais seus meios de ação, seus obstáculos, suas vantagens e seus perigos.

Uma primeira dificuldade se apresenta: os Estados Unidos têm uma Constituição complexa; notamos duas sociedades distintas envolvidas e, se assim posso dizer, encaixadas uma dentro da outra; vemos dois governos completamente separados e praticamente independentes: um, habitual e indefinido, que responde às necessidades cotidianas da sociedade; o outro, excepcional e circunscrito, que só se dedica a certos interesses gerais. São, em suma, 24 pequenas nações soberanas, cujo conjunto forma o grande corpo da União.

Examinar a União antes de estudar o estado é enveredar por um caminho semeado de obstáculos. A forma do governo federal nos Estados Unidos foi a última a surgir; ela não foi mais que uma modificação da república, um resumo dos princípios políticos disseminados por toda a sociedade antes dela e que subsistem independentemente dela. O governo federal, aliás, como acabo de dizer, não passa de uma exceção; o governo dos estados é a regra comum. O escritor que gostaria de dar a conhecer o conjunto de um quadro como este antes de ter mostrado seus detalhes fatalmente cairia em obscuridades ou repetições.

Os grandes princípios políticos que hoje regem a sociedade americana nasceram e se desenvolveram no *estado*; não há dúvida a respeito disso. É, portanto, o estado que devemos conhecer para obter a chave de todo o resto.

Os estados que em nossos dias compõem a União americana apresentam, todos, quanto ao aspecto exterior das instituições, o mesmo espetáculo. A vida política ou administrativa encontra-se concentrada em três focos de ação, que poderíamos comparar aos diversos centros nervosos que movem o corpo humano.

No primeiro degrau está a *comuna*, mais acima, o *condado*, por fim, o *estado*.

DO SISTEMA COMUNAL NA AMÉRICA

Por que o autor começa o exame das instituições políticas pela comuna — A comuna é encontrada em todos os povos — Dificuldade de estabelecer e conservar a liberdade comunal — Sua importância — Por que o autor escolheu a organização comunal da Nova Inglaterra como objeto principal de seu exame

Não é por acaso que primeiro examino a comuna.

A comuna é a única associação que existe tão naturalmente que, onde quer que haja homens reunidos, forma-se por si mesma.

A sociedade comunal existe em todos os povos, quaisquer que sejam seus usos e suas leis; é o homem que forma reinos e cria repúblicas; a comuna parece sair diretamente das mãos de Deus. Mas se a comuna existe desde que há homens, a liberdade comunal é coisa rara e frágil. Um povo sempre pode estabelecer grandes assembleias políticas, porque em geral encontra-se em seu seio certo número de homens nos quais as luzes até certo ponto substituem o exercício dos negócios. A comuna é composta por elementos grosseiros que muitas vezes se recusam à ação do legislador. A dificuldade de fundar a independência das comunas aumenta com suas luzes, em vez de diminuir à medida que as nações se esclarecem. É difícil para uma sociedade muito civilizada tolerar as tentativas de liberdade comunal; ela se revolta ante a visão de seus numerosos desvios e perde a esperança de sucesso antes de atingir o resultado final da experiência.

Entre todas as liberdades, a das comunas, que se estabelece tão dificilmente, é também a mais exposta às invasões do poder. Entregues a si mesmas, as instituições comunais não poderiam lutar contra um governo empreendedor e forte; para se defenderem com sucesso, é preciso que tenham atingido todos os seus desenvolvimentos e que estejam mescladas às ideias e aos hábitos nacionais. Assim, enquanto a liberdade comunal não faz parte dos costumes, é fácil destruí-la, e ela só pode fazer parte dos costumes depois de subsistir por muito tempo nas leis.

A liberdade comunal, portanto, escapa, por assim dizer, ao esforço do homem. Assim, é raro que seja criada; ela de certo modo nasce de si mesma. Desenvolve-se quase que em segredo no seio de uma sociedade semibárbara. É a ação contínua das leis e dos costumes, as circunstâncias e, principalmente, o tempo em que conseguem consolidá-la. De todas as nações do continente europeu, podemos dizer que não há uma que a conheça.

No entanto, é na comuna que reside a força dos povos livres. As instituições comunais são para a liberdade o mesmo que as escolas primárias são para a ciência; elas a colocam ao alcance do povo, elas o fazem experimentar seu uso pacífico e o acostumam a utilizá-las. Sem instituições comunais uma nação pode atribuir-se um governo livre, mas ela não tem o espírito da liberdade. Paixões passageiras, interesses de momento e o acaso das circunstâncias podem fornecer-lhes as formas exteriores da independência; mas o despotismo reprimido dentro do corpo social cedo ou tarde vem à tona.

Para que o leitor compreenda bem os princípios gerais sobre os quais repousa a organização política da comuna e do condado nos Estados Unidos, acreditei ser útil tomar como modelo um estado em particular, examinar com detalhe o que acontece nele e, em seguida, lançar um olhar rápido sobre o resto do país.

Escolhi um dos estados da Nova Inglaterra.

A comuna e o condado não são organizados da mesma maneira em todas as partes da União; é fácil reconhecer, porém, que em toda a União os mesmos princípios, mais ou menos, presidiram a formação de ambos.

Ora, pareceu-me que esses princípios haviam recebido na Nova Inglaterra desenvolvimentos mais consideráveis e atingido consequências mais amplas que em qualquer outro lugar. Eles ali se mostram, por assim dizer, mais em relevo, e por isso se mostram mais facilmente à observação do estrangeiro.

As instituições comunais da Nova Inglaterra formam um conjunto completo e regular; elas são antigas, elas são fortes por suas leis, mais fortes ainda por seus costumes; elas exercem uma influência prodigiosa sobre a sociedade inteira.

Por todos esses motivos elas merecem atrair nossa atenção.

CIRCUNSCRIÇÃO DA COMUNA

A comuna da Nova Inglaterra (*township*) é um meio-termo entre o cantão e a comuna da França. Contam-se em geral de 2 mil a 3 mil habitantes;[66] não é extensa o suficiente para que todos os seus habitantes não tenham mais ou menos os mesmos interesses e, por outro lado, é povoada o bastante para que sempre se tenha a certeza de encontrar em seu seio os elementos de uma boa administração.

PODERES COMUNAIS NA NOVA INGLATERRA

> O povo, origem de todos os poderes na comuna e alhures — Ele cuida dos principais negócios por si mesmo — Não há conselho municipal — A maior parte da autoridade comunal concentrada na mão dos *selectmen* — Como os *selectmen* agem — Assembleia geral dos habitantes da comuna (*town meeting*) — Enumeração de todos os funcionários comunais — Funções obrigatórias e retribuídas

Na comuna, como em toda parte, o povo é a fonte dos poderes sociais, mas em nenhum outro lugar ele exerce sua força de maneira mais imediata. O povo, na América, é um senhor ao qual foi preciso agradar até os últimos limites do possível.

Na Nova Inglaterra, a maioria age por meio de representantes quando é preciso tratar dos assuntos gerais do estado. Era necessário que assim fosse; mas, na comuna, onde a ação legislativa e governamental está mais perto dos governados, a lei da representação não é admitida. Não há conselho municipal; o conjunto dos eleitores, depois de nomear seus magistrados, dirige-os ele mesmo em tudo o que não é execução pura e simples das leis do estado.[67]

---

66. O número de comunas, no estado de Massachusetts, era, em 1830, de 305; o número de habitantes, 610.014; o que dá mais ou menos uma média de 2 mil habitantes por comuna.

67. As mesmas regras não se aplicam às grandes comunas. Estas têm, em geral, um prefeito e um corpo municipal dividido em dois ramos. Mas essa é uma exceção que precisa ser autorizada por uma lei. Ver a lei de 22 de fevereiro de 1822, que regula poderes da cidade de Boston. *Laws of Massachusetts*, vol. 2, p. 588. Isso se aplica às grandes cidades. Com frequência também acontece de

Essa ordem das coisas é tão contrária a nossas ideias e tão oposta a nossos hábitos que é necessário fornecer aqui alguns exemplos para que seja possível compreendê-la de modo adequado.

As funções públicas são extremamente numerosas e muito divididas dentro da comuna, como veremos a seguir; no entanto, a maior parte dos poderes administrativos está concentrada nas mãos de um pequeno número de indivíduos eleitos a cada ano e chamados de *selectmen*.[68]

As leis gerais do estado impuseram aos *selectmen* um determinado número de obrigações. Eles não precisam da autorização de seus administrados para preenchê-las e não podem furtar-se a elas sem comprometer sua responsabilidade pessoal. A lei do estado encarrega-os, por exemplo, de formar, na comuna, as listas eleitorais; se eles deixam de fazê-lo, tornam-se culpados de um delito. Mas, em todas as coisas que são entregues à direção do poder comunal, os *selectmen* são os executores das vontades populares, como entre nós o prefeito é o executor das deliberações do conselho municipal. Na maioria das vezes eles agem sob sua responsabilidade privada e apenas seguem, na prática, a consequência dos princípios que a maioria decidiu previamente. Se quiserem, porém, introduzir uma mudança qualquer na ordem estabelecida, se desejarem dedicar-se a um novo empreendimento, precisarão voltar à fonte de seu poder. Suponhamos que se trate de abrir uma escola; os *selectmen* convocam para certo dia, num lugar indicado de antemão, a totalidade dos eleitores; ali, expõem a necessidade que se fez sentir, apresentam os meios de satisfazê-la, o dinheiro que é preciso investir, o lugar que convém escolher. A assembleia, consultada sobre todos esses pontos, adota o princípio, fixa o lugar, vota o imposto e entrega a execução de suas vontades nas mãos dos *selectmen*.

Os *selectmen* são os únicos com o direito de convocar a reunião comunal (*town meeting*), mas podem ser incitados a fazê-lo. Se dez proprietários concebem um novo projeto e querem submetê-lo à aprovação da comuna, eles solicitam uma convocação geral dos habitantes; os *selectmen* são obrigados a aceitá-la e conservam apenas o direito de presidir a assembleia.[69]

---

as pequenas cidades estarem submetidas a uma administração particular. Contavam-se, em 1832, 104 comunas administradas dessa maneira no estado de Nova York (*William's Register*).

68. Três são eleitos nas menores comunas, nove, nas maiores. Ver *The town officer*, p. 186. Ver também as principais leis de Massachusetts relativas aos *Selectmen*: Lei de 20 de fevereiro de 1786, vol. 1, p. 219; 24 de fevereiro de 1796, vol. 1, p. 488; 7 de março de 1801, vol. 2, p. 45; 16 de junho de 1795, vol. 1, p. 475; 12 de março de 1808, vol. 2, p. 186; 28 de fevereiro de 1787, vol. 1, p. 302; 22 de junho de 1797, vol. 1, p. 539.

69. Ver *Laws of Massachusetts*, vol. 1, p. 150; lei de 22 de março de 1796.

Esses costumes políticos e esses usos sociais estão sem dúvida muito distantes de nós. Não quero nesse momento julgá-los nem apresentar as causas ocultas que os produzem e vivificam; limito-me a expô-los.

Os *selectmen* são eleitos todos os anos no mês de abril ou maio. A assembleia comunal escolhe ao mesmo tempo um grande número de outros magistrados municipais,[70] encarregados de certos detalhes administrativos importantes. Uns, chamados de assessores, devem estabelecer o imposto; outros, chamados de coletores, devem arrecadá-lo. Um oficial, chamado *constable*, é encarregado de policiar, de zelar pelos locais públicos e de ocupar-se ativamente da execução material das leis. Outro, nomeado escrivão da comuna, registra todas as deliberações; ele toma nota dos atos do estado civil. Um caixa guarda os fundos comunais. Acrescentemos a esses funcionários um fiscal dos pobres, cujo dever, bastante difícil de cumprir, é fazer executar a legislação relativa aos indigentes, comissários de escolas — que dirigem a instrução pública —, inspetores das estradas — encarregados de todos os detalhes das grandes e pequenas vias —, e teremos a lista dos principais agentes da administração comunal. Mas a divisão das funções não se detém aí: ainda encontramos, entre os oficiais municipais,[71] comissários de paróquias que devem regular as despesas do culto, inspetores de vários tipos, encarregados uns de dirigir os esforços dos cidadãos em caso de incêndio e outros de zelar pelas colheitas; estes, de suspender provisoriamente as dificuldades que podem surgir em relação aos cercamentos, aqueles, de supervisionar a mensuração da madeira ou inspecionar pesos e medidas.

Contamos ao todo dezenove funções principais na comuna. Todo habitante é obrigado, sob pena de multa, a aceitar essas diferentes funções; mas a maioria delas é retribuída, a fim de que os cidadãos pobres possam dedicar seu tempo a elas sem sofrer prejuízos. De resto, o sistema americano não é de dar um vencimento fixo aos funcionários. Em geral, cada ato de seu ministério tem um preço e eles só são remunerados na medida do que fizeram.

DA EXISTÊNCIA COMUNAL

> Cada um é o melhor juiz daquilo que só diz respeito a si mesmo — Corolário do princípio da soberania do povo — Aplicação que as comunas americanas

---

70. Ibidem.

71. Todos esses magistrados existem de fato na prática. Para conhecer os detalhes das funções de todos esses magistrados comunais, ver o livro intitulado *Town officer,* por Isaac Goodwin, Worcester, 1827, e a coleção das leis gerais de Massachusetts em três volumes, Boston, 1823.

> fazem dessas doutrinas — A comuna da Nova Inglaterra, soberana em tudo o que diz respeito somente a ela, súdita em todo o resto — Obrigação da comuna para com o Estado — Na França, o governo empresta seus agentes à comuna — Na América, a comuna empresta os seus ao governo

Eu disse anteriormente que o princípio da soberania do povo paira sobre todo o sistema político dos anglo-americanos. Cada página desse livro fará com que se conheçam algumas novas aplicações dessa doutrina.

Nas nações em que reina o dogma da soberania do povo, cada indivíduo constitui uma parte igual do soberano e participa igualmente do governo do Estado.

Cada indivíduo é, portanto, considerado tão esclarecido, tão virtuoso, tão forte quanto qualquer outro de seus semelhantes.

Por que então ele obedece à sociedade e quais são os limites naturais dessa obediência?

Ele obedece à sociedade não porque é inferior aos que a dirigem, ou menos capaz que outro homem de governar a si mesmo; ele obedece à sociedade porque a união com seus semelhantes lhe parece útil e porque ele sabe que essa união não pode existir sem um poder regulador.

Em tudo o que concerne aos deveres dos cidadãos entre eles, ele, portanto, tornou-se um súdito. Em tudo o que só diz respeito a ele mesmo, permanece senhor: ele é livre e só deve contas de suas ações a Deus. Daí a máxima que o indivíduo é o melhor como único juiz de seu interesse particular e que a sociedade só tem o direito de dirigir suas ações quando se sente lesada por um feito seu ou quando ela precisa solicitar seu concurso.

Essa doutrina é universalmente aceita nos Estados Unidos. Examinarei em outro lugar a influência geral que ela exerce sobre as ações ordinárias da vida; nesse momento, porém, falo das comunas.

A comuna, considerada em massa e em relação ao governo central, não passa de um indivíduo como outro qualquer, ao qual se aplica a teoria que acabo de indicar.

A liberdade comunal decorre, então, nos Estados Unidos, do próprio dogma da soberania do povo; todas as repúblicas americanas reconheceram mais ou menos essa independência; mas nos povos da Nova Inglaterra as circunstâncias favoreceram particularmente seu desenvolvimento.

Nessa parte da União, a vida política surgiu no próprio seio das comunas; quase poderíamos dizer que em sua origem cada uma delas era uma nação independente. A seguir, quando os reis da Inglaterra exigiram sua parte da soberania, eles se limitaram a tomar o poder central. Deixaram a comuna no estado em que a encontraram; agora, as comunas da Nova Inglaterra são súditas; mas no início não eram ou eram pouco. Elas não receberam seus poderes, portanto; foram elas, ao contrário, que parecem ter renunciado, em favor do Estado, a uma porção de sua independência: distinção importante que deve manter-se presente no espírito do leitor.

As comunas em geral só se submetem ao Estado quando se trata de um interesse que chamarei de *social*, ou seja, que elas compartilham com outros.

Para tudo o que só diz respeito a elas, as comunas mantiveram-se corpos independentes; e entre os habitantes da Nova Inglaterra não se encontra nenhum, creio eu, que reconheça ao governo do Estado o direito de intervir na direção dos interesses puramente comunais.

Vemos, assim, as comunas da Nova Inglaterra vender e comprar, atacar e defender-se perante os tribunais, aumentar seu orçamento ou reduzi-lo sem que nenhuma autoridade administrativa pense em opor-se a elas.[72]

Quanto aos deveres sociais, espera-se que os cumpram. Assim, quando o Estado precisa de dinheiro, a comuna não é livre para conceder-lhe ou recusar-lhe auxílio.[73] O Estado quer abrir uma estrada, a comuna não tem autoridade para fechar-lhe seu território. Quando ele faz um regulamento de polícia, a comuna deve executá-lo. Quando ele quer organizar a instrução num plano uniforme em toda a extensão do país, espera-se que a comuna crie as escolas determinadas pela lei.[74] Veremos, quando falarmos da administração nos Estados Unidos, como e por quem as comunas, em todos esses diferentes casos, são obrigadas à obediência. Quero aqui apenas estabelecer a existência da obrigação. Essa obrigação é estreita, mas o governo do Estado, impondo-a, não faz mais que decretar um princípio; para sua execução, a comuna volta em geral a todos os seus direitos de individualidade. Assim, a taxa é de fato votada pela legislatura, mas é a comuna que a reparte e arrecada; a existência de uma escola é imposta, mas é a comuna que a constrói, paga e dirige.

Na França, o coletor do Estado arrecada as taxas comunais; na América, o coletor da comuna arrecada a taxa do Estado.

Entre nós, o governo central empresta seus agentes à comuna; na América, a comuna empresta seus funcionários ao governo. Isso é suficiente para se compreender a que ponto as duas sociedades diferem.

---

72. Ver *Laws of Massachusetts*, lei de 23 de março de 1796, vol. 1, p. 250.
73. Ibidem, lei de 20 de fevereiro de 1786, vol. 1, p. 217.
74. Ver na mesma coleção as leis de 25 de junho de 1789 e de 8 de março de 1827, vol. 1, p. 367, e vol. 3, p. 179.

DO ESPÍRITO COMUNAL NA NOVA INGLATERRA

Por que a comuna da Nova Inglaterra desperta o afeto dos que a habitam — Dificuldade que encontramos na Europa para criar o espírito comunal — Direitos e deveres comunais que concorrem na América para formar esse espírito — A pátria tem mais fisionomia nos Estados Unidos que alhures — Em que o espírito comunal se manifesta na Nova Inglaterra — Que felizes efeitos ele ali produz

Na América, além de haver instituições comunais, também existe um espírito comunal que as sustenta e vivifica.

A comuna da Nova Inglaterra reúne duas vantagens que, onde quer que se encontrem, atiçam vivamente o interesse dos homens, a saber: a independência e a força. Ela age, por certo, num círculo do qual não pode sair, mas seus movimentos ali são livres. Essa independência por si só já lhe daria uma importância real, caso sua população e sua extensão não a garantissem.

Devemos convencer-nos de que as afeições dos homens em geral só se dirigem para onde há força. Não vemos o amor à pátria reinar por muito tempo num país conquistado. O habitante da Nova Inglaterra apega-se à sua comuna, não tanto porque ali nasceu quanto porque vê nessa comuna uma corporação livre e forte da qual faz parte e que é digna do esforço de tentar ser dirigida.

Acontece com frequência, na Europa, de os próprios governantes lamentarem a ausência de espírito comunal; pois todo mundo concorda que o espírito comunal é um grande elemento de ordem e tranquilidade pública; mas não sabem como produzi-lo. Ao tornar a comuna forte e independente, temem dividir a força social e expor o Estado à anarquia. Ora, retirem a força e a independência da comuna e só encontrarão administrados, nunca cidadãos.

Observem, a propósito, um fato importante: a comuna da Nova Inglaterra está constituída de modo a poder servir de foco a vivas afeições e, ao mesmo tempo, não se encontra nada a seu lado que atraia fortemente as ambiciosas paixões do coração humano.

Os funcionários do condado não são eleitos e sua autoridade é restrita. O próprio estado tem uma importância apenas secundária; sua existência é obscura e tranquila. Há poucos homens que, para obter o direito de administrá-lo, consentem em afastar-se do centro de seus interesses e perturbar sua existência.

O governo federal confere poder e glória aos que o dirigem; mas os homens a quem é dado influenciar seus destinos são em número muito pequeno. A Presidência é uma alta magistratura que só é alcançada em idade avançada;

e quando se chega às outras funções federais de ordem elevada, é de certo modo por acaso e depois que já se é célebre em outra carreira. A ambição não pode considerá-las como o objetivo permanente de seus esforços. É na comuna, no centro das relações cotidianas da vida, que se concentram o desejo de estima, a necessidade de ganhos reais, o gosto do poder e da fama; essas paixões, que tantas vezes perturbam a sociedade, mudam de caráter quando podem ser exercidas perto do lar e, de certo modo, no seio da família.

Vejam com que arte, na comuna americana, tem-se o cuidado, se assim posso dizer, de *dispersar* o poder, a fim de interessar o maior número de pessoas pela coisa pública. Independentemente dos eleitores convocados de tempos em tempos a executar atos de governo, muitas são as diversas funções, os diferentes magistrados, todos aqueles que, no círculo de suas atribuições, representam a corporação poderosa em nome da qual agem! Muitos exploram assim para seu próprio proveito o poder comunal e se interessam por si mesmos!

O sistema americano, ao mesmo tempo que divide o poder municipal entre um grande número de cidadãos, não teme multiplicar os deveres comunais. Nos Estados Unidos pensa-se com razão que o amor à pátria é uma espécie de culto a que os homens se apegam por meio das práticas.

Desse modo, a vida comunal de certa forma se faz sentir a cada instante; manifesta-se a cada dia pela realização de um dever ou pelo exercício de um direito. Essa existência política imprime à sociedade um movimento contínuo, mas ao mesmo tempo tranquilo, que agita sem conturbar.

Os americanos apegam-se à cidade por uma razão análoga à que faz os habitantes das montanhas amarem sua região. Para eles, a pátria tem traços marcantes e característicos; ela possui mais fisionomia que em outros lugares.

As comunas da Nova Inglaterra em geral têm uma existência feliz. Seu governo está a seu gosto tanto quanto é de sua escolha. No seio da paz profunda e da prosperidade material que reinam na América, os órgãos da vida municipal são pouco numerosos. A direção dos interesses comunais é fácil. Além disso, há muito tempo a educação política do povo está feita, ou melhor, ele já chegou instruído ao solo que ocupa. Na Nova Inglaterra, a divisão das posições sociais não existe nem mesmo em lembrança; portanto não há porção da comuna que seja tentada a oprimir a outra, e as injustiças, que só atingem indivíduos isolados, perdem-se em meio ao contentamento geral. O governo apresentando defeitos, e por certo é fácil assinalá-los, eles não afligem os olhares, porque o governo emana de fato dos governados e basta-lhe funcionar "assim-assim" para que uma espécie de orgulho paterno o preteja. Eles nada têm, aliás, a que compará-lo. A Inglaterra outrora reinou sobre o conjunto das colônias, mas o povo sempre dirigiu os assuntos comunais. A soberania do povo na comuna não é apenas um estado antigo, mas um estado primitivo.

O habitante da Nova Inglaterra apega-se à sua comuna porque ela é forte e independente; interessa-se por ela porque contribui para dirigi-la; ama-a porque não tem de que se queixar de sua sorte: coloca nela sua ambição e seu futuro; envolve-se com cada um dos incidentes da vida comunal. Nessa esfera restrita que está a seu alcance, exercita-se em governar a sociedade; habitua-se às formas sem as quais a liberdade só atua por meio de revoluções, impregna-se do espírito delas, toma gosto pela ordem, compreende a harmonia dos poderes e reúne, por fim, ideias claras e práticas sobre a natureza de seus deveres bem como sobre a extensão de seus direitos.

DO CONDADO NA NOVA INGLATERRA

> O condado da Nova Inglaterra, análogo ao *arrondissement* da França — Criado num espírito puramente administrativo — Não tem representação — É administrado por funcionários não elegíveis

O condado americano tem muitas analogias com o *arrondissement* da França. Atribuíram-lhe, como a este último, uma circunscrição arbitrária; ele forma um corpo cujas diferentes partes não têm entre si vínculos necessários e ao qual não se associam nem afeto, nem lembrança, nem comunidade de existência. É criado num espírito puramente administrativo.

A comuna tinha uma extensão restrita demais para que se pudesse nela incluir a administração da justiça. O condado forma, assim, o primeiro centro judiciário. Cada condado tem um tribunal de justiça,[75] um xerife para executar as sentenças dos tribunais e uma prisão para abrigar os criminosos.

Algumas necessidades são sentidas de maneira mais ou menos igual por todas as comunas do condado; era natural que uma autoridade central fosse encarregada de provê-las. Em Massachusetts, essa autoridade reside nas mãos de um certo número de magistrados, designados pelo governador do estado segundo o parecer[76] de seu conselho.[77]

Os administradores do condado têm um poder limitado e excepcional, que só se aplica a um número muito pequeno de casos previsto de antemão.

---

75. Ver a lei de 14 de fevereiro de 1821, *Laws of Massachusetts*, vol. 1, p. 551.
76. Ver a lei de 20 de fevereiro de 1819, *Laws of Massachusetts*, vol. 2, p. 494.
77. O conselho do governador é um corpo elegível.

O estado e a comuna são suficientes para o andamento ordinário das coisas. Esses administradores não fazem mais que preparar o orçamento do condado, a legislatura o vota.[78] Não há assembleia que represente direta ou indiretamente o condado.

O condado, portanto, não tem, a bem dizer, existência política.

Observa-se, na maioria das constituições americanas, uma dupla tendência que leva os legisladores a dividir o Poder Executivo e a concentrar a força legislativa. A comuna da Nova Inglaterra tem, por si mesma, um princípio de existência de que não pode ser despojada, mas seria preciso criar ficticiamente essa vida no condado, e a utilidade disso não foi sentida: todas as comunas reunidas têm uma única representação, o Estado, centro de todos os poderes nacionais; fora da ação comunal e nacional, podemos dizer que só há as forças individuais.

DA ADMINISTRAÇÃO NA NOVA INGLATERRA

> Na América, não se percebe a administração — Por quê — Os europeus acreditam fundar a liberdade retirando do poder social alguns de seus direitos; os americanos, dividindo seu exercício — Quase toda a administração propriamente dita contida na comuna é dividida entre os funcionários comunais — Não se percebem vestígios de uma hierarquia administrativa nem na comuna nem acima dela — Por que é assim — Como acontece, porém, de o estado ser administrado de maneira uniforme — Quem é encarregado de fazer as administrações da comuna e do condado obedecerem à lei — Da introdução do Poder Judiciário na administração — Consequência do princípio de eleição estendido a todos os funcionários — Do juiz de paz na Nova Inglaterra — Por quem é nomeado — Administra o condado — Assegura a administração das comunas — Tribunal de sessão — Maneira como age — Quem o requisita — O direito de inspeção e de queixa, disperso como todas as funções administrativas — Denunciadores encorajados pela partilha das multas

O que mais impressiona o europeu que percorre os Estados Unidos é a ausência do que chamamos de governo ou administração. Na América, vemos leis escritas, percebemos sua execução diária, tudo se move a nosso redor e não avistamos em parte alguma o motor. A mão que dirige a máquina social escapa a cada instante.

---

78. Ver a lei de 2 de novembro de 1791, *Laws of Massachusetts*, vol. 1, p. 61.

Porém, assim como todos os povos são obrigados, para expressar seus pensamentos, a recorrer a certas formas gramaticais constitutivas das línguas humanas, assim também todas as sociedades, para subsistir, são obrigadas a submeter-se a certa dose de autoridade, sem a qual caem na anarquia. Essa autoridade pode ser distribuída de diferentes maneiras, mas sempre precisa estar em algum lugar.

Há dois meios de diminuir a força da autoridade numa nação.

O primeiro é enfraquecer o próprio princípio do poder, retirando da sociedade o direito ou a faculdade de defender-se em alguns casos: enfraquecer a autoridade dessa maneira é em geral o que chamamos na Europa de fundar a liberdade.

Há um segundo meio de diminuir a ação da autoridade: este não consiste em despojar a sociedade de alguns de seus direitos ou em paralisar seus esforços, mas em dividir o uso de suas forças entre várias mãos, em multiplicar os funcionários atribuindo a cada um todo o poder de que necessita para fazer o que lhe é destinado fazer. Há povos nos quais essa divisão dos poderes sociais ainda pode levar à anarquia; em si mesma, porém, ela não é anárquica. Dividindo assim a autoridade, tornamos, na verdade, sua ação menos irresistível e menos perigosa, mas não a destruímos.

A revolução nos Estados Unidos foi produzida por um gosto maduro e refletido pela liberdade e não por um instinto vago e indefinido de independência. Ela não se apoiou em paixões por desordem; ao contrário, avançou com o amor pela ordem e pela legalidade.

Nos Estados Unidos, portanto, não se pretendeu que o homem num país livre tivesse o direito de fazer qualquer coisa; foram-lhe impostas, ao contrário, obrigações sociais mais variadas que em outros lugares; não se teve a ideia de atacar o poder da sociedade em seu princípio e em contestar-lhe seus direitos, apenas foi dividido em seu exercício. Quis-se chegar dessa maneira a que a autoridade fosse grande e o funcionário, pequeno, a fim de que a sociedade continuasse a ser bem conduzida e permanecesse livre.

Não existe no mundo país em que a lei fale uma linguagem tão absoluta quanto na América e tampouco existe um em que o direito de aplicá-la seja dividido entre tantas mãos.

O Poder Administrativo nos Estados Unidos não propõe em sua Constituição nada central ou hierárquico; é o que faz com que não seja percebido. O poder existe, mas não sabemos onde encontrar seu representante.

Vimos acima que as comunas da Nova Inglaterra não estavam sob tutela. Elas mesmas cuidam de seus interesses particulares.

Os magistrados municipais também são, na maioria das vezes, encarregados de zelar pela execução das leis gerais do estado ou de executá-las eles mesmos.[79]

Independentemente das leis gerais, o estado às vezes elabora regulamentos gerais de polícia; mas, de ordinário, são as comunas e os oficiais comunais, conjuntamente com os juízes de paz e conforme as necessidades das localidades, que regulam os detalhes da existência social e promulgam as prescrições relativas à saúde pública, à boa ordem e à moralidade dos cidadãos.[80]

Os magistrados municipais, enfim, por si mesmos e sem a necessidade de receber um impulso externo, atendem às necessidades imprevistas que muitas vezes assaltam as sociedades.[81]

Resulta do que acabamos de dizer que, em Massachusetts, o Poder Administrativo está quase que inteiramente contido dentro da comuna,[82] mas dividido entre várias mãos.

Na comuna francesa, a bem dizer há um único funcionário administrativo, o prefeito.

Vimos que contavam-se dezenove na comuna da Nova Inglaterra.

Esses dezenove funcionários em geral não dependem uns dos outros. A lei traçou com cuidado em torno de cada um desses magistrados um círculo de ação. Nesse círculo, eles são onipotentes para cumprir os deveres de seu cargo e não dependem de nenhuma autoridade comunal.

Se levarmos os olhos acima da comuna, mal percebemos os vestígios de uma hierarquia administrativa. Às vezes acontece de os funcionários do condado reformarem a decisão tomada pelas comunas ou pelos magistrados comunais,[83] mas em geral pode-se dizer que os administradores do condado

---

79. Ver *Town officer*, sobretudo as palavras *selectmen, assessors, collectors, schools, surveyors of highways*... Um exemplo entre mil: o estado proíbe viajar sem motivo aos domingos. Os *tythingmen*, oficiais comunais, são especialmente encarregados de zelar pela execução da lei. Ver a lei de 8 de março de 1792, *Laws of Massachusetts*, vol. 1, p. 410. Os *selectmen* elaboram listas eleitorais para a eleição do governador e transmitem o resultado do escrutínio ao secretário da República. Lei de 24 de fevereiro de 1796, vol. 1, p. 488.

80. Exemplo: os *selectmen* autorizam a construção de esgotos, designam os locais onde podem ser construídos abatedouros e onde é possível estabelecer um determinado tipo de comércio cuja vizinhança é desagradável. Ver a lei de 7 de junho de 1785, vol. 1, p. 193.

81. Exemplo: os *selectmen* zelam pela saúde pública em caso de doenças contagiosas e tomam as medidas necessárias junto com os juízes de paz. Lei de 22 de junho de 1797, vol. 1, p. 539.

82. Digo *quase* porque há vários incidentes da vida comunal que são regulados seja pelos juízes de paz em sua capacidade individual, seja pelos juízes de paz reunidos na sede do condado. Exemplo: os juízes de paz é que concedem as licenças. Ver a lei de 28 de fevereiro de 1787, vol. 1, p. 297.

83. Exemplo: concede-se licença apenas aos que apresentam um certificado de boa conduta emitido pelos *selectmen*. Se os *selectmen* se recusarem a emitir esse certificado, a pessoa pode se queixar aos

não têm o direito de dirigir a conduta dos administradores da comuna.[84] Eles só comandam nas coisas que se referem ao condado.

Espera-se que os magistrados da comuna e do condado, num pequeno número de casos previstos de antemão, comuniquem o resultado de suas operações aos oficiais do governo central.[85] Mas o governo central não é representado por um homem encarregado de fazer regulamentos gerais de polícia ou despachos para a execução das leis, de comunicar-se assiduamente com os administradores do condado da comuna, de inspecionar sua conduta, de dirigir seus atos e punir seus erros.

Não existe em parte alguma um centro ao qual os raios do Poder Administrativo venham convergir.

Então como se consegue conduzir a sociedade num plano mais ou menos uniforme? Como fazer os condados e seus administradores, as comunas e seus funcionários obedecerem?

Nos estados da Nova Inglaterra, o Poder Legislativo estende-se a mais objetos do que entre nós. O legislador de certo modo penetra no próprio seio da administração; a lei desce a detalhes minuciosos; ela prescreve tanto os princípios quanto o meio de aplicá-los; ela encerra os corpos secundários e seus administradores numa miríade de obrigações estreitas e rigorosamente definidas.

Resulta disso que, quando todos os corpos secundários e todos os funcionários se conformam à lei, a sociedade procede de maneira uniforme em todas as suas partes; mas resta ainda saber como é possível forçar os corpos secundários e seus funcionários a se conformarem à lei.

Pode-se dizer, de maneira geral, que a sociedade tem à sua disposição apenas dois meios de obrigar os funcionários a obedecer às leis:

Ela pode confiar a um deles o poder discricionário de dirigir todos os outros e de destituí-los em caso de desobediência;

Ou ela pode encarregar os tribunais de impor penas judiciárias aos contraventores.

---

juízes de paz reunidos em tribunal de sessões e estes podem conceder a licença. Ver a lei de 12 de março de 1808, vol. 2, p. 136. As comunas têm o direito de criar regulamentos (*by-laws*) e de obrigar ao cumprimento desses regulamentos com multas de taxa fixa; mas esses regulamentos precisam ser aprovados pelo tribunal de sessões. Ver a lei de 23 de março de 1786, vol. 1, p. 284.

84. Em Massachusetts, os administradores do condado muitas vezes são convocados a avaliar os atos dos administradores da comuna; veremos mais adiante, porém, que se dedicam a esse exame enquanto Poder Judiciário e não enquanto autoridade administrativa.

85. Exemplo: espera-se que os comitês comunais das escolas façam um relatório do estado da escola ao secretário da República. Ver a lei de 10 de março de 1827, vol. 3, p. 183.

Nem sempre se está livre para escolher um desses meios.

O direito de comandar o funcionário supõe o direito de destituí-lo se ele não seguir as ordens que lhe são transmitidas, ou de promovê-lo se ele preencher com zelo todos os seus deveres. Ora, não se poderia nem destituir nem promover um magistrado eleito. É da natureza das funções eletivas serem irrevogáveis até o fim do mandato. Na verdade, o magistrado eleito só tem algo a esperar ou temer dos eleitores quando todas as funções públicas são produto de eleição. Não poderia existir, portanto, uma verdadeira hierarquia entre os funcionários, visto que não se pode reunir no mesmo homem o direito de ordenar e o direito de reprimir com eficácia a desobediência, e não se poderia associar ao poder de comandar o de recompensar e punir.

Os povos que introduzem a eleição nas engrenagens secundárias de seu governo são assim forçosamente levados a fazer grande uso das penas judiciárias como meio de administração.

É o que se descobre ao primeiro olhar. Os governantes consideram como uma primeira concessão tornar as funções eletivas e como uma segunda concessão submeter o magistrado eleito às sentenças dos juízes. Eles também temem essas duas inovações; e, como são mais solicitados a fazer a primeira em vez da segunda, concedem a eleição ao funcionário e o tornam independente do juiz. No entanto, uma dessas medidas é o único contrapeso possível à outra. Prestemos muita atenção, um poder eletivo que não é submetido a um Poder Judiciário cedo ou tarde escapa a todo controle ou é destruído. Entre o poder central e os corpos administrativos eleitos, somente os tribunais podem servir de intermediário. Somente eles podem obrigar o funcionário eleito à obediência sem violar o direito do eleitor.

A extensão do Poder Judiciário no mundo político deve assim ser correlativa à extensão do poder eletivo. Se essas duas coisas não andarem juntas, o Estado acaba caindo na anarquia ou na servidão.

Observou-se em todos os tempos que os hábitos judiciários preparavam bastante mal os homens ao exercício do Poder Administrativo.

Os americanos herdaram de seus pais, os ingleses, a ideia de uma instituição sem nenhuma analogia com o que conhecemos no continente europeu, a dos juízes de paz.

O juiz de paz fica a meio caminho entre o homem mundano e o magistrado, o administrador e o juiz. O juiz de paz é um cidadão esclarecido, mas não necessariamente versado no conhecimento das leis. Assim, é encarregado apenas de policiar a sociedade, coisa que exige mais bom senso e retidão do que ciência. O juiz de paz traz à administração, ao tomar parte dela, certo gosto pelas formas e pela publicidade, o que o torna um instrumento bastante incômodo para o despotismo; mas ele não se revela o escravo dessas superstições legais que tornam os magistrados pouco capazes de governar.

Os americanos se apropriaram da instituição dos juízes de paz, retirando-lhe o caráter aristocrático que a distinguia na pátria-mãe.

O governador de Massachusetts[86] nomeia, em todos os condados, certo número de juízes de paz, cujas funções devem durar sete anos.[87]

Ademais, entre esses juízes de paz, indica três que formam em cada condado o que chamamos *tribunal de sessão*.

Os juízes de paz tomam parte individualmente na administração pública. Ora são encarregados concomitantemente com os funcionários eleitos de certos atos administrativos,[88] ora formam um tribunal diante do qual os magistrados acusam sumariamente o cidadão que se recusa a obedecer ou o cidadão denuncia os delitos dos magistrados. Mas é no tribunal de sessão que os juízes de paz exercem suas funções administrativas mais importantes.

O tribunal de sessão se reúne duas vezes por ano na sede do condado. É ela, em Massachusetts, a encarregada de manter o maior número[89] de funcionários públicos sob obediência.[90]

É preciso atentar para o fato de que em Massachusetts o tribunal de sessão é tanto um corpo administrativo propriamente dito quanto um tribunal político.

Dissemos que o condado só tinha existência administrativa. É o tribunal de sessão que dirige por si mesmo o pequeno número de interesses que se referem tanto a várias comunas quanto a todas as comunas do condado ao mesmo

---

86. Veremos logo mais o que é um governador; devo dizer, aqui, que o governador representa o Poder Executivo de todo o estado.

87. Ver a Constituição de Massachusetts, cap. II, seção I, § 9; cap. III, § 3.

88. Exemplo entre vários outros: um estrangeiro chega a uma comuna vindo de uma região assolada por uma doença contagiosa. Ele adoece. Dois juízes de paz podem dar ao xerife do condado, sob parecer dos *selectmen*, a ordem de transferi-lo para outro lugar e de vigiá-lo. Lei de 22 de junho de 1797, vol. 1, p. 540. Em geral, os juízes de paz intervêm em todos os atos importantes da vida administrativa e conferem a ela um caráter semijudiciário.

89. Digo *o maior número* porque, na verdade, certos delitos administrativos são deferidos nos tribunais ordinários. Exemplo: quando uma comuna se recusa a juntar os fundos necessários para suas escolas ou a nomear o comitê das escolas, ela é condenada uma multa bastante considerável. É a corte chamada *supreme judicial court* ou a corte de *common pleas* que decreta essa multa. Ver a lei de 10 de março de 1827, vol. 3, p. 190. Idem quando uma comuna se omite de fazer provisão de munições de guerra. Lei de 21 de fevereiro de 1822, vol. 2, p. 570.

90. Os juízes de paz tomam parte, dentro de sua capacidade individual, no governo das comunas e dos condados. Os atos mais importantes da vida comunal em geral só ocorrem com a participação de um deles.

tempo, e que consequentemente não pode ser encarregado de nenhuma delas em particular.[91]

Quando se trata do condado, os deveres do tribunal de sessão são puramente administrativos, portanto, e se muitas vezes introduz formas judiciárias em sua maneira de proceder, esse é apenas um meio de instruir-se[92] e uma garantia que dá aos administrados. Mas quando é preciso garantir a administração das comunas, ela quase sempre age como corpo judiciário e, em alguns raros casos, como corpo administrativo.

A primeira dificuldade que se apresenta é fazer a própria comuna obedecer, poder quase independente, às leis gerais do estado.

Vimos que as comunas devem nomear a cada ano um certo número de magistrados que, sob o nome de assessores, distribuem o imposto. Uma comuna tenta fugir à obrigação de pagar o imposto deixando de nomear os assessores. O tribunal de sessão condena-a a uma pesada multa.[93] A multa é cobrada de todos os habitantes. O xerife do condado, oficial de justiça, faz com que a sentença seja executada. É assim que, nos Estados Unidos, o poder parece cioso de furtar-se aos olhares. O comando administrativo quase sempre se oculta sob o mandato judiciário, o que faz com que seja ainda mais poderoso, pois tem a força quase irresistível que os homens atribuem à forma legal.

É fácil seguir esse movimento e compreendê-lo sem dificuldade. Exige-se da comuna, em geral, algo nítido e definido; consiste num fato simples e não complexo, num princípio e não numa aplicação de detalhe.[94] Mas a dificuldade tem início quando se trata de fazer obedecer não a comuna, mas os funcionários comunais.

Todas as ações repreensíveis que um funcionário público pode cometer definitivamente entram numa dessas categorias:

---

91. Os objetos que se referem ao condado, e dos quais o tribunal de sessões se ocupa, podem ser reduzidos aos seguintes: 1) construção de prisões e tribunais de justiça; 2) o projeto do orçamento do condado (é a legislatura do estado que o vota); 3) a divisão dessas taxas assim votadas; 4) a distribuição de certas patentes; 5) a criação e a reparação das estradas do condado.

92. É assim que, quando se trata de uma estrada, o tribunal de sessões escalona quase todas as dificuldades de execução com o auxílio do júri.

93. Ver a lei de 20 de fevereiro de 1786, vol. 1, p. 117.

94. Há uma maneira indireta de fazer a comuna obedecer. As comunas são obrigadas pela lei a manter as estradas em bom estado. Se elas deixam de votar os fundos exigidos para essa manutenção, o magistrado comunal encarregado das estradas é então autorizado a cobrar em ofício o dinheiro necessário. Como ele mesmo é responsável em relação aos particulares pelas más condições das estradas e pode ser levado por eles perante o tribunal de sessões, tem-se certeza de que usará contra a comuna o direito extraordinário que a lei lhe concede. Assim, ameaçando o funcionário, o tribunal de sessões força a comuna à obediência. Ver a lei de 5 de março de 1787, vol. 2, p. 305.

Ele pode fazer, sem ardor e sem zelo, o que a lei lhe ordena.
Ele pode não fazer o que a lei lhe ordena.
Por fim, ele pode fazer o que a lei lhe proíbe.

Um tribunal só poderia alcançar a conduta de um funcionário nos dois últimos casos. É preciso um fato positivo e apreciável para servir de base à ação judiciária.

Assim, se os *selectmen* se omitem de cumprir as formalidades exigidas pela lei em caso de eleição comunal, eles podem ser condenados a pagar uma multa.[95]

Mas quando o funcionário público cumpre sem inteligência seu dever, quando segue sem ardor e sem zelo as prescrições da lei, ele fica completamente fora do alcance de um corpo judiciário.

O tribunal de sessão, mesmo quando munido de suas atribuições administrativas, é impotente para forçá-lo, nesse caso, a cumprir inteiramente suas obrigações. Somente o medo da exoneração pode prevenir esses quase delitos, e o tribunal de sessão não tem em si a origem dos poderes comunais; ele não pode exonerar funcionários que não nomeia.

Para ter certeza, aliás, de que existe negligência e falta de zelo, seria preciso exercer sobre o funcionário inferior uma vigilância contínua. Ora, o tribunal de sessão só se reúne duas vezes por ano; ele não inspeciona, julga os fatos repreensíveis que lhe são denunciados.

Somente o poder arbitrário de destituir os funcionários públicos pode garantir, de sua parte, essa espécie de obediência esclarecida e ativa que a repressão judicial não pode impor-lhes.

Na França, buscamos essa última garantia na *hierarquia administrativa*; na América, ela é buscada na *eleição*.

Assim, para resumir em algumas palavras o que acabo de expor:

Quando o funcionário público da Nova Inglaterra comete um *crime* no exercício de suas funções, os tribunais ordinários são *sempre* chamados a julgá-lo.

Quando comete uma *falta administrativa*, um tribunal puramente administrativo é encarregado de puni-lo, e, quando a coisa é grave ou premente, o juiz faz o que o funcionário deveria ter feito.[96]

Por fim, quando o mesmo funcionário se torna culpado de um desses delitos intangíveis que a justiça humana não pode nem definir nem apreciar, ele

---

95. *Laws of Massachusetts*, vol. 2, p. 45.

96. Exemplo: se uma comuna se obstina a não nomear assessores, o tribunal de sessões os nomeia e os magistrados assim escolhidos recebem os mesmos poderes dos magistrados eleitos. Ver a lei anteriormente citada, de 20 de fevereiro de 1787.

comparece anualmente diante de um tribunal sem apelação, que pode reduzi-lo subitamente à impotência; seu poder lhe escapa junto com seu mandato.

Esse sistema sem dúvida encerra em si mesmo grandes vantagens, mas encontra para sua execução uma dificuldade prática a qual é necessário apontar.

Já observei que o tribunal administrativo chamado tribunal de sessões não tinha o direito de fiscalizar os magistrados comunais; ele só pode agir, segundo um termo de direito, quando requisitado. Ora, esse é o ponto delicado do sistema.

Os americanos da Nova Inglaterra não instituíram um ministério público junto ao tribunal de sessões;[97] deve-se compreender que lhes era difícil estabelecer um. Se tivessem se limitado a colocar na sede de cada condado um magistrado acusador e não lhe tivessem dado agentes nas comunas, por que esse magistrado teria sido mais instruído daquilo que acontecia no condado do que os membros do tribunal de sessões? Se lhe tivessem dado agentes em cada comuna, ele centralizaria em suas mãos o mais temível dos poderes, o de administrar judicialmente. As leis, aliás, são filhas dos hábitos, e nada semelhante existia na legislação inglesa.

Os americanos, portanto, separaram o direito de fiscalização e o de queixa, como todas as outras funções administrativas.

Os membros do grande júri devem, segundo os termos da lei, informar o tribunal junto ao qual agem dos delitos de todo tipo que podem ser cometidos em seu condado.[98] Há certos grandes delitos administrativos que o ministério público ordinário tem o dever de processar automaticamente;[99] na maioria das vezes, a obrigação de punir os delinquentes é imposta ao oficial fiscal encarregado de recolher o produto da multa; assim, o tesoureiro da comuna é encarregado de processar a maioria dos delitos administrativos cometidos sob seus olhos.

Mas é principalmente ao interesse particular que a legislação americana faz apelo;[100] esse é o grande princípio com que nos deparamos sem cessar quando estudamos as leis dos Estados Unidos.

---

97. Digo *junto ao tribunal de sessões*. Há um magistrado que preenche junto aos tribunais ordinários algumas das funções do ministério público.

98. Os grandes jurados são obrigados, por exemplo, a informar o curso do mau estado das estradas. *Laws of Massachusetts*, vol. 1, p. 308.

99. Quando, por exemplo, o tesoureiro do condado não apresenta suas contas. *Laws of Massachusetts*, vol. 1, p. 406.

100. Exemplo entre mil: um particular danifica seu veículo ou se fere numa estrada sem manutenção; ele tem o direito de pedir indenização ao tribunal de sessões, à comuna ou ao condado encarregado da estrada. *Laws of Massachusetts*, vol. 1, p. 309.

Os legisladores americanos demonstram pouca confiança na honestidade humana; mas sempre supõem a inteligência do homem. Baseiam-se quase sempre, portanto, no interesse pessoal para a execução das leis.

Quando um indivíduo é positiva e efetivamente lesado por um delito administrativo, compreende-se de fato que o interesse pessoal garanta a queixa.

Mas é fácil prever que, tratando-se de uma prescrição legal que, apesar de útil à sociedade, não tem uma utilidade efetiva para um indivíduo, o indivíduo hesitará em abrir processo. Desse modo, e por uma espécie de acordo tácito, as leis bem poderiam cair em desuso.

Nesse extremo em que o sistema os coloca, os americanos são obrigados a interessar os denunciadores, convidando-os em certos casos à partilha das multas.[101]

Meio perigoso que garante a execução das leis degradando os costumes.

Acima dos magistrados do condado não há Poder Administrativo, a bem dizer, apenas um poder governamental.

IDEIAS GERAIS SOBRE A ADMINISTRAÇÃO NOS ESTADOS UNIDOS

> Em que os Estados da União diferem pelo sistema administrativo — Vida comunal menos ativa e menos completa à medida que se desce para o sul — O poder do magistrado torna-se maior, o do eleitor, menor — A administração passa da comuna ao condado — Estados de Nova York, Ohio, Pensilvânia — Princípios administrativos aplicáveis a toda a União — Eleição dos funcionários públicos ou inamovibilidade de suas funções — Ausência de hierarquia — Introdução dos meios judiciários na administração

Anunciei previamente que, depois de examinar em detalhe a Constituição da comuna e do condado na Nova Inglaterra, lançaria um olhar geral para o restante da União.

---

101. Em caso de invasão ou de insurreição, quando os oficiais comunais deixam de fornecer à milícia os objetos e as munições necessárias, a comuna pode ser condenada a uma multa de 200 a 500 dólares (1.000 a 2.780 francos). Compreende-se muito bem que, em tal caso, pode acontecer de ninguém ter o interesse ou o desejo de assumir o papel de acusador. Por isso a lei acrescenta: "Todos os cidadãos terão o direito de proceder judicialmente à punição de tais delitos, e a metade da multa caberá ao acusador". Ver a lei de 6 de março de 1810, vol. 2, p. 236. Às vezes, não é o particular que a lei incita dessa maneira a processar os funcionários públicos; é o funcionário que ela encoraja a punir a desobediência dos particulares. Exemplo: um habitante recusa-se a fazer sua parte do trabalho que lhe foi reservado numa grande estrada. O fiscal das estradas deve processá-lo; se ele for condenado, metade da multa caberá ao fiscal. Ver as leis precitadas, vol. 1, p. 308.

Existem comunas e vida comunal em cada estado; mas em nenhum dos estados confederados encontramos uma comuna identicamente semelhante à da Nova Inglaterra.

À medida que se desce para o sul, percebe-se que a vida comunal se torna menos ativa; a comuna tem menos magistrados, direitos e deveres; a população não exerce uma influência tão direta sobre os negócios; as assembleias comunais são menos frequentes e se estendem a menos objetos. O poder do magistrado eleito é, portanto, comparativamente maior e o do eleitor é menor, o espírito comunal é menos ativo e menos intenso.[102]

Começa-se a notar essas diferenças no estado de Nova York; elas já são muito perceptíveis na Pensilvânia, mas tornam-se menos marcantes quando se avança a noroeste. A maioria dos emigrantes que vão fundar os estados do noroeste saem da Nova Inglaterra e levam consigo os hábitos administrativos da pátria-mãe em sua pátria adotiva. A comuna de Ohio tem várias analogias com a comuna de Massachusetts.

Vimos que em Massachusetts o princípio da administração pública está na comuna. A comuna é o foco que reúne os interesses e as afeições dos homens. Mas deixa de sê-lo à medida que descemos para os estados em que as luzes não foram tão universalmente disseminadas e em que, consequentemente, a comuna oferece menos garantias de sabedoria e menos elementos de administração. À medida que nos afastamos da Nova Inglaterra, a vida comunal de certo modo passa para o condado. O condado torna-se o grande centro administrativo e forma o poder intermediário entre o governo e os simples cidadãos.

Afirmei que em Massachusetts as atividades do condado são dirigidas pelo tribunal de sessões. O tribunal de sessões é composto de certo número de magistrados nomeados pelo governador e seu conselho. O condado não tem representação e seu orçamento é votado pela legislatura nacional.

No grande estado de Nova York, ao contrário, no estado de Ohio e no da Pensilvânia, os habitantes de cada condado elegem um determinado número

---

102. Ver, para obter mais detalhes, *The revised statutes of the state of New York*, parte 1, cap. XI, intitulado *Of the powers, duties and privileges of towns* (*Dos direitos, obrigações e privilégios das comunas*, vol. 1, p. 336-364). Ver na coletânea intitulada *Digest of the laws of Pensylvania* as palavras *assessors, collectores, constables, overseers of the poor, supervisor of highway*. E na coletânea intitulada *Acts of a general nature of the state of Ohio*, a lei de 25 de fevereiro de 1834, relativa às comunas, p. 412. E depois as disposições particulares relativas aos diversos oficiais comunais, tais como *township's clerks, trustees, overseers of the poor, fence-niewers, appraisers of property, township's treasure, constables, supervisors of highways*.

de deputados; a reunião desses deputados forma uma assembleia representativa do condado.[103]

A assembleia do condado tem, dentro de certos limites, o direito de tributar os habitantes; ela constitui, sob esse aspecto, uma verdadeira legislatura; é ela, ao mesmo tempo, que administra o condado, dirige em vários casos a administração das comunas e encerra seus poderes dentro de limites muito mais estreitos que em Massachusetts.

Essas são as principais diferenças apresentadas pela Constituição da comuna e do condado nos diversos estados confederados. Se quisesse descer até os detalhes dos meios de execução, eu teria várias outras dissemelhanças a assinalar. Mas meu objetivo não é escrever um curso de direito administrativo americano.

Disse o suficiente, acredito, para que se compreenda sobre que princípios gerais se baseia a administração nos Estados Unidos. Esses princípios são aplicados diversamente; apresentam consequências mais ou menos numerosas segundo os lugares; no fundo, porém, são os mesmos por toda parte. As leis variam, sua fisionomia muda, um mesmo espírito as anima.

A comuna e o condado não são constituídos em toda parte da mesma maneira, mas podemos dizer que a organização da comuna e do condado, nos Estados Unidos, repousa em toda parte numa mesma ideia, a de que cada um é o melhor juiz do que só concerne a si mesmo e o é em melhores condições de prover suas necessidades particulares. A comuna e o condado são encarregados de zelar por seus interesses especiais. O estado governa e não administra. Encontramos exceções a esse princípio, mas não um princípio contrário.

A primeira consequência dessa doutrina foi fazer com que fossem escolhidos, pelos próprios habitantes, todos os administradores da comuna e do condado, ou ao menos com que fossem escolhidos esses magistrados exclusivamente entre eles.

Sendo os administradores eleitos em toda parte, ou ao menos não exoneráveis, o resultado disso é que em lugar algum pôde-se introduzir as regras da hierarquia. Houve, portanto, quase tantos funcionários independentes quanto funções. O Poder Administrativo se viu disseminado numa miríade de mãos.

Visto que a hierarquia administrativa não existe em parte alguma e que os administradores são eleitos e não exoneráveis até o fim do mandato, seguiu-se

---

103. Ver *Revisited statutes of the state of New York*, parte I, cap. XI, vol. 1, p. 340. Idem, cap. XII; idem, p. 336. Idem, *Acts of the state of Ohio*. Lei de 25 de fevereiro de 1824, relativa aos *county commissioners*, p. 262. Ver *Digest of the laws Pensylvania*, nas palavras *county-states, and levies*, p. 170. No estado de Nova York, cada comuna elege um deputado e esse mesmo deputado participa tanto da administração do condado quanto da comuna.

disso a obrigação de mais ou menos introduzir os tribunais na administração. Daí o sistema de multas, por meio das quais os corpos secundários e seus representantes são obrigados a obedecer às leis. Encontramos esse sistema de uma ponta à outra da União.

De resto, o poder de reprimir os delitos administrativos, ou de realizar atos administrativos quando necessário, não foi concedido em todos os estados aos mesmos juízes.

Os anglo-americanos buscaram numa fonte comum a instituição dos juízes de paz; ela é encontrada em todos os estados. Mas nem tiraram dela o mesmo partido.

Em toda parte, os juízes de paz concorrem à administração das comunas e dos condados,[104] seja administrando, seja reprimindo certos delitos administrativos; mas, na maior parte dos estados, os mais graves desses delitos são submetidos aos tribunais ordinários.

Assim, eleição dos funcionários administrativos, ou inamovibilidade de suas funções, ausência de hierarquia administrativa, introdução dos meios judiciários no governo secundário da sociedade são as principais características que reconhecemos na administração americana, do Maine até a Flórida.

Em alguns estados começamos a perceber sinais de uma centralização administrativa. O estado de Nova York é o mais avançado nessa via.

Nele, os funcionários do governo central exercem, em certos casos, uma espécie de vigilância e de controle sobre a conduta dos corpos secundários.[105] Eles formam, em outros casos, uma espécie de tribunal de apelações para a decisão das atividades.[106] No estado de Nova York, as penas judiciá-

---

104. Há até mesmo estados do sul em que os magistrados das *county-courts* são encarregados de todos os detalhes da administração. Ver *The statute of the state of Tennessee* nos artigos *Judiciary, Taxes...*

105. Exemplo: a direção da instrução pública é centralizada nas mãos do governo. A legislatura nomeia os membros da universidade, chamados regentes; os governados e o tenente-governador do estado necessariamente participam (*Revised statutes*, vol. 1, p. 456). Os regentes da universidade visitam todos os anos os colégios e as academias e fazem um relatório anual à legislatura; sua inspeção não é ilusória, pelas razões particulares a seguir: os colégios, a fim de tornarem-se corpos constituídos (corporações) que possam comprar, vender e possuir, precisam de uma Constituição; ora, essa Constituição só é concedida pela legislatura a partir do parecer dos regentes. Cada ano o estado distribui aos colégios e academias os lucros de um fundo especial criado para o encorajamento dos estudos. Os regentes são os distribuidores desse dinheiro. Ver o capítulo xv, Instrução Pública, de *Revised statutes*, vol. 1, p. 455. Todo ano os comissários das escolas públicas devem enviar um relatório da situação ao superintendente da República. Idem, p. 488. Um relatório semelhante deve ser enviado anualmente sobre o número e o estado dos pobres. Idem, p. 681.

106. Quando alguém se acredita lesado por certos atos dos comissários das escolas (que são funcionários comunais), ele pode apelar ao superintendente das escolas primárias, cuja decisão é final. *Revised statutes*, vol. 1, p. 487. Encontramos, de quando em quando, nas leis do estado de Nova

rias são menos utilizadas que alhures como meio administrativo. O direito de processar os delitos administrativos também está, ali, em menos mãos.[107]

A mesma tendência se faz levemente notar em alguns outros estados.[108] Em geral, porém, podemos dizer que a característica mais saliente da administração pública nos Estados Unidos é ser prodigiosamente descentralizada.

DO ESTADO

Falei das comunas e da administração, resta-me falar do Estado e do governo.

Aqui posso me apressar sem temer não ser compreendido; o que tenho a dizer já foi traçado em constituições escritas que todos podem facilmente encontrar. Essas constituições repousam por sua vez sobre uma teoria simples e racional.

A maioria das formas que indicam foi adotada por todos os povos constitucionais; tornaram-se familiares a nós.

Basta-me fazer uma breve exposição, portanto. Mais tarde tratarei de julgar o que vou escrever.

PODER LEGISLATIVO DO ESTADO

Divisão do corpo legislativo em duas câmaras — Senado — Câmara dos Representantes — Diferentes atribuições desses dois corpos

O Poder Legislativo do Estado é confiado a duas assembleias; a primeira em geral tem o nome de Senado.

O Senado é habitualmente um corpo legislativo; mas às vezes ele se torna um corpo administrativo e judiciário.

York, disposições análogas às que venho citar como exemplos. Em geral, porém, essas tentativas de centralização são fracas e pouco produtivas. Concedendo aos grandes funcionários do estado o direito de fiscalizar e dirigir os agentes inferiores, não lhes é dado o direito de recompensá-los ou de puni-los. O mesmo homem quase nunca é encarregado de dar ordens e reprimir a desobediência; ele tem o direito de comandar, mas não a faculdade de fazer-se obedecer. Em 1830, o superintendente das escolas, em seu relatório anual à legislatura, queixava-se de que vários comissários das escolas não lhe haviam transmitido, apesar de seus avisos, as contas que lhe eram devidas. "Se essa omissão se repetir", acrescentava, "serei obrigado a processá-los, segundo os termos da lei, nos tribunais competentes".

107. Exemplo: o oficial do ministério em cada condado (*district attorney*) é encarregado de processar a arrecadação de todas as multas acima de cinco dólares, a menos que o direito tenha sido expressamente dado por lei a outro magistrado. *Revised statutes*, parte 1, cap. x, vol. 1, p. 383.

108. Há vários sinais de centralização administrativa em Massachusetts. Exemplo: os comitês das escolas comunais são encarregados de fazer a cada ano um relatório ao secretário de estado. *Laws of Massachusetts*, vol. 1, p. 367.

Ele participa da administração de várias maneiras, segundo as diferentes constituições;[109] mas é colaborando na escolha dos funcionários que ele normalmente penetra na esfera do Poder Executivo.

Ele participa do Poder Judiciário pronunciando-se sobre certos delitos políticos e às vezes estatuindo sobre certas causas civis.[110]

Seus membros são sempre pouco numerosos.

O outro ramo da legislatura, que em geral chamamos de Câmara dos Representantes, não participa em nada do Poder Administrativo e só toma parte do Poder Judiciário acusando os funcionários públicos perante o Senado.

Os membros das duas câmaras são submetidos quase que em toda parte às mesmas condições de elegibilidade. Uns e outros são eleitos da mesma maneira e pelos mesmos cidadãos.

A única diferença que existe entre eles decorre do fato de que o mandato dos senadores é em geral mais longo que o dos representantes. Estes raramente permanecem na função por mais de um ano; os primeiros normalmente têm mandatos de dois ou três anos.

Concedendo aos senadores o privilégio de serem nomeados por vários anos, e renovando-os por série, a lei tomou o cuidado de manter no seio dos legisladores um núcleo de homens já acostumados às atividades e que podem exercer uma influência útil sobre os recém-chegados.

Pela divisão do corpo legislativo em dois ramos, os americanos não quiseram criar uma assembleia hereditária e outra eletiva, não pretenderam fazer de uma um corpo aristocrático e da outra um representante da democracia; seu objetivo tampouco foi dar na primeira um apoio ao poder, deixando à segunda os interesses e as paixões do povo.

Dividir a força legislativa, retardar com isso o movimento das assembleias políticas e criar um tribunal de apelação para a revisão das leis, estas são as únicas vantagens que resultam da atual constituição de duas câmaras nos Estados Unidos.

O tempo e a experiência fizeram os americanos perceber que, reduzida a essas vantagens, a divisão dos poderes legislativos ainda é uma necessidade de primeira ordem. Entre todas as repúblicas unidas, somente a Pensilvânia havia a princípio tentado estabelecer uma assembleia única. O próprio Franklin, levado pelas consequências lógicas do dogma da soberania do povo, havia contribuído para essa medida. Logo foi necessário mudar a lei e constituir as duas câmaras. O princípio da divisão do poder legislativo recebeu assim

---

109. Em Massachusetts, o Senado não tem nenhuma função administrativa.

110. Como no estado de Nova York. Ver a Constituição ao fim do volume. [p. 187 desta edição]

sua derradeira consagração; podemos doravante considerar a necessidade de dividir a ação legislativa entre vários corpos como uma verdade demonstrada. Essa teoria, mais ou menos ignorada pelas repúblicas antigas, introduzida no mundo quase por acaso, bem como a maioria das grandes verdades, ignorada por vários povos modernos, por fim tornou-se um axioma da ciência política de nossos dias.

DO PODER EXECUTIVO DO ESTADO

> O que é o governador num estado americano — Que posição ele ocupa em relação à legislatura — Quais são seus direitos e seus deveres — Sua dependência do povo

O Poder Executivo do estado tem como representante o governador.

Não escolhi a palavra representante ao acaso. O governador do estado representa de fato o Poder Executivo; mas ele só exerce alguns de seus direitos.

O magistrado supremo, chamado governador, é colocado ao lado da legislatura como um moderador e um conselheiro. É dotado de um veto suspensivo que lhe permite deter ou ao menos retardar os movimentos à sua vontade. Ele expõe ao corpo legislativo as necessidades da região e informa-lhe sobre os meios que julga útil empregar a fim de atendê-las; é o executor natural de suas vontades por todos os empreendimentos de interesse para a nação inteira.[111] Na ausência da legislatura, ele deve tomar todas as medidas próprias a proteger o estado dos choques violentos e dos perigos imprevistos.

O governador reúne em suas mãos todo o poder militar do estado. Ele é o comandante das milícias e o chefe da força armada.

Quando a força de opinião, que os homens acordaram conceder à lei, não é reconhecida, o governador avança à frente da força material do estado; ele rompe a resistência e restabelece a ordem de costume.

De resto, o governador não entra na administração das comunas e dos condados, ou só participa dela de maneira muito indireta nomeando juízes de paz que a seguir não pode exonerar.[112]

---

111. Na prática, nem sempre é o governador que executa os empreendimentos que a legislatura concebeu; com frequência esta última, além de votar um princípio, nomeia agentes especiais para fiscalizar sua execução.

112. Em vários estados, os juízes de paz não são nomeados pelo governador.

O governador é um magistrado eletivo. Em geral, toma-se inclusive o cuidado de elegê-lo apenas por um ou dois anos, de modo que ele sempre se mantenha em estreita dependência da maioria que o elegeu.

DOS EFEITOS POLÍTICOS DA DESCENTRALIZAÇÃO ADMINISTRATIVA NOS ESTADOS UNIDOS

Distinção a estabelecer entre a centralização governamental e a centralização administrativa — Nos Estados Unidos, não há centralização administrativa, mas grande centralização governamental — Alguns efeitos prejudiciais que resultam, nos Estados Unidos, da extrema descentralização administrativa — Vantagens administrativas dessa ordem de coisas — A força que administra a sociedade, menos regulamentada, menos esclarecida, menos sábia, bem maior do que na Europa — Vantagens políticas da mesma ordem de coisas — Nos Estados Unidos, a pátria se faz sentir em toda parte — Apoio que os governados dão ao governo — As instituições provinciais mais necessárias à medida que o estado social se torna mais democrático — Por quê

A centralização é uma palavra constantemente repetida em nossos dias, mas em geral ninguém procura especificar seu sentido.

Existem, porém, dois tipos de centralização muito diferentes, e é importante conhecê-los.

Alguns interesses são comuns a todas as partes da nação, como a formação de leis gerais e as relações do povo com os estrangeiros.

Outros interesses são específicos a certas partes da nação, como por exemplo os empreendimentos comunais.

Concentrar num mesmo lugar ou numa mesma mão o poder de dirigir os primeiros é fundar o que chamarei de centralização governamental.

Concentrar do mesmo modo o poder de dirigir os segundos é fundar o que chamarei de centralização administrativa.

Há pontos em que esses dois tipos de centralização chegam a se confundir. Contudo, tomando em conjunto os objetos que caem mais especificamente no âmbito de cada um, consegue-se distingui-los com facilidade.

Compreende-se que a centralização governamental adquire uma força imensa quando se une à centralização administrativa. Ela acostuma os homens a fazer abstração completa e contínua de suas vontades; a obedecer, não uma vez e a respeito de um ponto, mas em tudo e todos os dias. Não apenas ela os doma pela força como também os prende por seus hábitos; ela os isola e em seguida captura um a um na massa comum.

Esses dois tipos de centralização prestam-se mútuo socorro, atraem um ao outro, mas eu não poderia crer que sejam inseparáveis.

Sob Luís XIV, a França conheceu a maior centralização governamental que se possa conceber, visto que o mesmo homem fazia as leis gerais e tinha o poder de interpretá-las, representava a França no exterior e agia em seu nome. "O Estado sou eu", ele dizia; e tinha razão.

Contudo, sob Luís XIV havia muito menos centralização administrativa que em nossos dias.

Em nossa época, vemos uma potência, a Inglaterra, onde a centralização governamental é levada a um nível altíssimo: o Estado parece mover-se como um só homem; inflama à sua vontade massas imensas, reúne e leva aonde quiser toda a influência de seu poder.

A Inglaterra, que em cinquenta anos fez coisas grandiosas, não goza de centralização administrativa.

De minha parte, eu não saberia conceber uma nação que possa viver, e sobretudo prosperar, sem uma forte centralização governamental.

Mas penso que a centralização administrativa serve apenas para debilitar os povos que a ela se submetem, porque tende constantemente a diminuir entre eles o espírito de cidadania. A centralização administrativa consegue, é verdade, reunir em dada época, e em dado local, todas as forças disponíveis da nação, mas prejudica a reprodução das forças. Ela a faz triunfar no dia do combate, mas a longo prazo diminui seu poder. Pode, portanto, concorrer admiravelmente para a grandeza passageira de um homem, mas não à prosperidade duradoura de um povo.

Preste-se muita atenção: quando se diz que um Estado não pode agir porque não possui centralização, quase sempre se está falando, sem perceber, da centralização governamental. O império da Alemanha, repete-se, nunca pôde tirar de suas forças todo o partido possível. De acordo. Mas por quê? Porque sua força nacional nunca foi centralizada; porque o Estado nunca pôde fazer obedecer às suas leis gerais; porque as partes separadas desse grande corpo sempre tiveram o direito ou a possibilidade de recusar seu concurso aos depositários da autoridade comum, mesmo nas coisas que interessavam a todos os cidadãos; em outras palavras, porque não havia centralização governamental. A mesma observação se aplica à Idade Média: o que produziu todas as misérias da sociedade feudal foi que o poder, não apenas de administrar como também o de governar, era dividido entre mil mãos e fracionado de mil maneiras; a ausência de toda centralização governamental impedia as nações da Europa de marchar com energia rumo a algum objetivo.

Vimos que nos Estados Unidos não existia centralização administrativa. Mal encontramos vestígios de alguma hierarquia. A descentralização foi levada a um grau que nenhuma nação europeia poderia suportar, penso, sem um profundo mal-estar e que produz efeitos nocivos mesmo na América. Nos Estados Unidos, porém, a centralização governamental existe no mais alto grau. Seria fácil provar que o poder nacional ali é mais concentrado do que jamais foi em qualquer das antigas monarquias da Europa. Além de haver em cada estado um único corpo que faça as leis, além de existir um único poder que possa criar a vida política a seu redor, em geral também evitou-se reunir numerosas assembleias de distritos ou de condados, por medo de que essas assembleias fossem tentadas a sair de suas atribuições administrativas e entravar o andamento do governo. Na América, a legislatura de cada estado não tem diante de si nenhum poder capaz de resistir-lhe. Nada poderia detê-la em seu caminho, nem privilégios, nem imunidade local, nem influência pessoal, nem mesmo a autoridade da razão, pois ela representa a maioria que se pretende o único órgão da razão. Ela, portanto, não tem outros limites, em sua ação, além de sua própria vontade. Ao lado dela, e sob sua mão, encontra-se o representante do Poder Executivo, que, com o auxílio da força material, deve obrigar os descontentes à obediência.

A fraqueza só é encontrada em certos detalhes da ação governamental.

As repúblicas americanas não possuem força armada permanente para reprimir as minorias; ali, as minorias nunca foram reduzidas, até o momento, a fazer a guerra, e a necessidade de um exército ainda não se fez sentir. O estado serve-se, na maioria das vezes, dos funcionários da comuna ou do condado para agir sobre os cidadãos. Assim, por exemplo, na Nova Inglaterra é o assessor da comuna que distribui o imposto, o coletor da comuna que o recolhe, o caixa da comuna que faz o produto chegar ao tesouro público, e as reclamações que surgem são submetidas aos tribunais ordinários. Tal maneira de recolher o imposto é lenta, atravancada; ela atravancaria a todo momento a marcha de um governo que tivesse grandes necessidades pecuniárias. Em geral, deve-se desejar que, para tudo o que é essencial à sua existência, o governo tenha funcionários próprios, escolhidos por ele, exoneráveis por ele, e formas rápidas de proceder. Mas sempre será fácil ao poder central, organizado assim como na América, introduzir, segundo as necessidades, meios de ação mais enérgicos e mais eficazes.

Portanto, não é por não haver centralização nos Estados Unidos, como tanto se repete, que as repúblicas do Novo Mundo perecerão; longe de não serem suficientemente centralizados, podemos afirmar que os governos americanos o são demasiadamente; provarei isso mais tarde. As assembleias legislativas absorvem a cada dia alguns destroços dos poderes governamentais; elas tendem a reunir todos eles em si mesmas, como a Convenção havia feito. O poder social, assim centralizado, muda sempre de mãos, porque está subordinado ao poder popular. Muitas vezes acontece de faltar-lhe sabedoria e previdência, porque ele pode tudo. Nisso reside, para ele, o perigo. Assim, é por causa de sua força, e não em consequência de sua fraqueza, que ele corre o risco de perecer um dia.

A descentralização administrativa produz na América vários efeitos diferentes.

Vimos que os americanos haviam quase completamente isolado a administração do governo; nisso, parecem-me ter ultrapassado os limites da sã consciência; pois a ordem, mesmo em coisas secundárias, ainda é um interesse nacional.[113]

Como o estado não tem funcionários administrativos seus, colocados em postos fixos nos diferentes pontos do território e aos quais ele possa dar um impulso comum, resulta que ele raramente tenta estabelecer regras gerais de polícia. Ora, a necessidade dessas regras se faz sentir intensamente. O europeu nota com frequência sua ausência. Essa aparente desordem que reina na superfície o convence, à primeira vista, da anarquia total da sociedade; somente ao examinar o fundo das coisas ele sai de seu engano.

Alguns empreendimentos interessam ao estado inteiro e não podem ser executados porque não há administração nacional a dirigi-los. Abandonados aos cuidados das comunas e dos condados, entregues a agentes eleitos e temporários, não levam a nenhum resultado ou não produzem nada de duradouro.

Os defensores da centralização na Europa afirmam que o poder governamental administra melhor as localidades do que elas poderiam administrar a si mesmas; isso pode ser verdade quando o poder central é esclarecido e as localidades não, quando ele é ativo e elas são inertes, quando ele tem o hábito de agir, e elas, o de obedecer. Compreende-se até que, quanto mais a centralização aumenta, mais essa dupla tendência cresce e mais a capacidade de um lado e a incapacidade do outro tornam-se salientes.

Mas nego que isso aconteça quando o povo é esclarecido, consciente de seus interesses e acostumado a pensar neles como na América.

---

113. A autoridade que representa o estado, mesmo quando não administra por ela mesma, não deve, penso, renunciar ao direito de inspecionar a administração local. Suponhamos, por exemplo, que um agente do governo, colocado num posto fixo em cada condado, possa remeter ao Poder Judiciário delitos cometidos nas comunas e no condado; a ordem não seria mais uniformemente seguida sem que a independência das localidades fosse comprometida? Ora, não existe nada parecido na América. Acima dos tribunais dos condados não há nada; e esses tribunais, de certo modo, só são surpreendidos pelo acaso do conhecimento dos delitos administrativos que eles devem reprimir.

Estou convencido, ao contrário, de que nesse caso a força coletiva dos cidadãos terá sempre mais poder para produzir o bem-estar social do que a autoridade do governo.

Confesso que é difícil indicar o meio certo de despertar um povo que dorme para lhe dar as paixões e as luzes que ele não tem; convencer os homens de que eles devem ocupar-se de seus interesses é, não o ignoro, uma empresa árdua. Muitas vezes seria menos difícil interessá-los pelos detalhes de etiqueta de uma corte do que pelo reparo de sua casa comum.

Penso também, contudo, que quando a administração central pretende substituir completamente a livre contribuição dos primeiros interessados, ela se engana ou quer enganar.

Um poder central, por mais esclarecido que seja, por mais sábio que o imaginemos, não pode abarcar sozinho todos os detalhes da vida de um grande povo. Não pode fazê-lo porque tal trabalho excede as forças humanas. Quando quer, apenas por seus cuidados, criar e fazer funcionar tantos meios diversos, ele se contenta com um resultado bastante incompleto ou exaure-se em esforços inúteis.

A centralização consegue facilmente, é verdade, submeter as ações exteriores ao homem a certa uniformidade que acabamos apreciando por ela mesma, independentemente das coisas a que se aplica, como devotos que adoram a estátua esquecendo-se da divindade que ela representa. A centralização consegue imprimir sem dificuldade um movimento regular às atividade correntes; reger sensatamente os detalhes da polícia social; reprimir as pequenas desordens e os pequenos delitos; manter a sociedade num *status quo* que não é propriamente nem uma decadência nem um progresso; manter no corpo social uma espécie de sonolência administrativa que os administradores costumam chamar de boa ordem e tranquilidade pública.[114] Ela é excelente, em suma, em impedir, não em fazer. Quando se trata de remexer em profundidade a sociedade, ou de imprimir-lhe uma marcha rápida, sua força a abandona. Por menos que suas medidas necessitem do concurso dos indivíduos, sempre nos surpreendemos com a fraqueza dessa imensa máquina; ela se vê subitamente reduzida à impotência.

---

114. A China parece oferecer o mais perfeito emblema da espécie de bem-estar social que uma administração muito centralizada pode fornecer aos povos que se submetem a ela. Os viajantes contam-nos que os chineses gozam de tranquilidade sem felicidade, de indústria sem progresso, de estabilidade sem força e de ordem material sem moralidade pública. Lá, a sociedade anda sempre bem o bastante, nunca muito bem. Imagino que quando a China abrir-se aos europeus, estes encontrarão o mais belo modelo de centralização administrativa do universo.

Às vezes acontece de a centralização tentar, em desespero de causa, apelar ao auxílio dos cidadãos, mas ela lhes diz: "Vocês agirão como eu quiser, o quanto eu quiser e exatamente no sentido que eu quiser. Vocês serão encarregados desses detalhes sem aspirar a dirigir o conjunto; trabalharão nas trevas e mais tarde julgarão minha obra por seus resultados". Não é sob tais condições que se obtém o concurso da vontade humana. Ela requer liberdade em seus movimentos, responsabilidade em seus atos. O homem é feito de tal modo que prefere manter-se imóvel a avançar sem independência rumo a um objetivo que ignora.

Não negarei que nos Estados Unidos muitas vezes lamentamos não encontrar essas regras uniformes que parecem zelar por cada um de nós.

De tempos em tempos encontramos grandes exemplos de indiferença e incúria social. De longe em longe surgem manchas grosseiras que parecem em desacordo completo com a civilização circundante.

Empreendimentos úteis que exigem cuidado constante e exatidão rigorosa para triunfar acabam muitas vezes sendo abandonados; pois, na América tanto quanto alhures, o povo procede por meio de esforços momentâneos e impulsos súbitos.

O europeu, acostumado a sempre encontrar a seu alcance um funcionário que se ocupa mais ou menos de tudo, dificilmente se habitua a essas diferentes engrenagens da administração comunal. Em geral, podemos dizer que os pequenos detalhes da polícia social que tornam a vida tranquila e cômoda são negligenciados na América, mas as garantias essenciais ao homem em sociedade ali existem tanto quanto em qualquer outro lugar. Entre os americanos, a força que administra o Estado é bem menos regulamentada, menos esclarecida, menos sábia, mas cem vezes maior do que na Europa. Não existe país no mundo em que os homens façam, em definitivo, tantos esforços para criar o bem-estar social. Não conheço nenhum povo que tenha chegado a estabelecer escolas tão numerosas e tão eficazes; templos mais em relação com as necessidades religiosas dos habitantes; estradas comunais mais bem conservadas. Não se deve buscar nos Estados Unidos, portanto, a uniformidade e a permanência dos pontos de vista, o cuidado minucioso com detalhes, a perfeição dos procedimentos administrativos;[115] o que encontramos é a imagem da força,

---

115. Um escritor de talento que, numa comparação entre as finanças dos Estados Unidos e da França, provou que o espírito nem sempre podia substituir o conhecimento dos fatos, critica com razão os americanos pela espécie de confusão que reina em seus orçamentos comunais, e, depois de apresentar o modelo de um orçamento departamental da França, acrescenta: "Graças à centralização, criação admirável de um grande homem, os orçamentos municipais, de uma ponta à outra do reino, os das grandes cidades e os das mais humildes comunas, não apresentam menos ordem e método". Eis por

um pouco selvagem, é verdade, mas cheia de vigor; da vida, cheia de acidentes, mas também de movimentos e esforços.

Admitirei, de resto, se quiserem, que as cidades e os condados dos Estados Unidos seriam mais utilmente administrados por uma autoridade central situada longe deles, e que lhes permanecesse externa, do que por funcionários de seu próprio seio. Reconhecerei, se assim exigirem, que reinaria mais segurança na América e que se faria um uso mais sensato e mais judicioso dos recursos sociais se a administração de todo o país fosse concentrada numa única mão. As vantagens *políticas* que os americanos obtêm do sistema de descentralização ainda me fariam preferi-lo ao sistema contrário.

Que me importa, no fim das contas, que haja uma autoridade sempre constituída que zele para que meus prazeres sejam tranquilos, que ande à frente de meus passos para afastar todos os perigos, sem que eu nem mesmo precise pensar neles; se essa autoridade, ao mesmo tempo que retira assim os menores espinhos à minha passagem, for dona absoluta de minha liberdade e de minha vida; se ela monopoliza o movimento e a existência a tal ponto que seja preciso que tudo decline a seu redor quando ele declina, que tudo durma quando ela dorme, que tudo pereça quando ela morre?

Tais nações existem na Europa em que o habitante se considera uma espécie de colono indiferente ao destino do lugar que habita. As maiores mudanças acontecem em seu país sem seu concurso; ele nem sabe ao certo o que aconteceu; desconfia, ouviu falar do acontecimento por acaso. Mais que isso, a fortuna de sua aldeia, a polícia de sua rua, o destino de sua igreja e de seu presbitério não o tocam em nada; pensa que essas coisas não lhe dizem respeito de modo algum e que cabem a um estranho poderoso chamado governo. Ele goza desses bens como um usufrutuário, sem espírito de propriedade e sem qualquer ideia de melhoria. Esse desinteresse de si mesmo vai tão longe que se sua própria segurança ou a de seus filhos for comprometida, em vez de tratar de afastar o perigo, ele cruza os braços para esperar que a

---

certo um resultado que admiro. Mas vejo a maioria dessas comunas francesas, cuja contabilidade é tão perfeita, mergulhadas numa profunda ignorância de seus verdadeiros interesses e entregues a uma apatia tão invencível que a sociedade parece antes vegetar do que viver; por outro lado, percebo nessas mesmas comunas americanas, cujos orçamentos não são elaborados sobre planos metódicos, muito menos uniformes, uma população esclarecida, ativa, empreendedora; ali vejo a sociedade sempre trabalhando. Esse espetáculo me espanta, pois a meus olhos o objetivo principal de um bom governo é produzir o bem-estar dos povos e não estabelecer certa ordem no seio de sua miséria. Pergunto-me, portanto, se não seria possível atribuir à mesma causa a prosperidade da comuna americana e a desordem aparente de suas finanças, a desgraça da comuna francesa e a perfeição de seu orçamento. Em todo caso, desconfio de um bem que considero mesclado a tantos males e consolo-me com facilidade com um mal que é compensado por tanto bem.

nação inteira venha a seu socorro. Esse homem, de resto, apesar de ter feito um sacrifício tão completo de seu livre-arbítrio, nem por isso gosta mais da obediência do que os outros. Ele se submete, é verdade, ao bel-prazer de um funcionário, mas gosta de afrontar a lei como um inimigo vencido assim que a força se retira. Portanto, nós o vemos oscilar constantemente entre a servidão e a licenciosidade.

Quando as nações chegam a esse ponto, elas precisam modificar suas leis e seus costumes ou perecer, pois a fonte das virtudes públicas está como que esgotada: ainda encontramos súditos, mas não vemos mais cidadãos.

Digo que essas nações estão prontas para serem conquistadas. Se não desaparecem da cena do mundo é porque estão cercadas de nações semelhantes ou inferiores a elas; e porque ainda resta em seu seio uma espécie de instinto indefinível de pátria, não sei que orgulho irrefletido do nome que esta carrega, que vaga lembrança de sua glória passada, que, sem se deter precisamente em nada, basta para imprimir-lhes, se preciso, um impulso de conservação.

Seria um erro nos tranquilizarmos pensando que certos povos fizeram prodigiosos esforços para defender uma pátria onde viviam, por assim dizer, como estrangeiros. Prestemos muita atenção e veremos que a religião quase sempre era seu principal móbil.

A duração, a glória ou a prosperidade da nação haviam se tornado dogmas sagrados e, defendendo sua pátria, eles também defendiam essa cidade sagrada em que todos eram cidadãos.

As populações turcas jamais tomaram parte alguma na direção dos assuntos da sociedade, no entanto, realizaram imensos empreendimentos enquanto viram o triunfo da religião de Maomé nas conquistas dos sultões. Hoje a religião se vai; só lhes resta o despotismo: elas caem.

Montesquieu, atribuindo ao despotismo uma força própria, prestou-lhe, penso, uma honra que ele não merecia. O despotismo, por si só, nada pode manter de duradouro. Quando o consideramos de perto, percebemos que aquilo que faz os governos absolutos prosperarem por tanto tempo é a religião e não o medo.

Nunca encontraremos, não importa o que façamos, um verdadeiro poder entre os homens que não no livre concurso das vontades. Ora, não existe no mundo nada além do patriotismo ou da religião para fazer marchar rumo a um mesmo objetivo a totalidade dos cidadãos.

Não depende das leis reavivar as crenças que se extinguem, mas depende delas interessar os homens pelos destinos de seu país. Depende das leis despertar e dirigir esse vago instinto da pátria que nunca abandona o coração do homem e, ligando-o aos pensamentos, às paixões, aos hábitos de cada dia, dele fazer um sentimento ponderado e duradouro. E que não venham dizer que é tarde demais para tentar fazer isso; as nações não envelhecem da mesma maneira que os homens. Cada geração que nasce em seu seio é como um povo novo que vem oferecer-se à mão do legislador.

O que mais admiro na América não são os efeitos *administrativos* da descentralização, são seus efeitos *políticos*. Nos Estados Unidos, a pátria se faz sentir em toda parte. Ela é um objeto de empenho da aldeia até a União como um todo. O habitante apega-se a cada um dos interesses de seu país do mesmo modo que aos seus. Glorifica-se com a glória da nação; nos sucessos que obtém, acredita reconhecer sua própria obra e se orgulha dela; regozija-se da prosperidade geral que aproveita. Tem por sua pátria um sentimento análogo ao que sentimos por nossa família e é por uma espécie de egoísmo que se interessa pelo Estado.

Muitas vezes o europeu só vê no funcionário público a força; o americano vê o direito. Podemos dizer, portanto, que na América o homem nunca obedece ao homem, mas à justiça ou à lei.

Assim, concebeu de si mesmo uma opinião geralmente exagerada, mas quase sempre salutar. Confia sem medo em suas próprias forças, que lhe parecem suficientes para tudo. Um particular concebe a ideia de um empreendimento qualquer; mesmo que esse empreendimento tenha uma relação direta com o bem-estar da sociedade, não lhe ocorre dirigir-se à autoridade pública para obter sua colaboração. Ele dá a conhecer seu plano, oferece-se para executá-lo, chama as forças individuais em auxílio da sua e luta corpo a corpo contra todos os obstáculos. Com frequência, sem dúvida, obtém menos sucesso do que se o Estado estivesse em seu lugar; mas, a longo prazo, o resultado geral de todos os empreendimentos individuais supera muitíssimo o que o governo poderia fazer.

Como a autoridade administrativa está situada ao lado dos administrados e os representa de certo modo, ela não desperta nem ciúme nem ódio. Como seus meios de ação são limitados, cada um sente que não pode depender unicamente dela.

Quando o Poder Administrativo intervém no círculo de suas atribuições, ele não se vê abandonado a si mesmo como na Europa. Ninguém pensa que os deveres dos particulares tenham cessado porque o representante do público começou a agir. Cada um, ao contrário, o guia, apoia e sustenta.

Quando a ação das forças individuais se une à ação das forças sociais, consegue-se com frequência fazer o que a administração mais concentrada e mais enérgica não teria condições de executar. (I)

Eu poderia citar muitos fatos em apoio ao que estou dizendo, mas prefiro apropriar-me de um só e escolher aquele que melhor conheço.

Na América, os meios colocados à disposição da autoridade para descobrir os crimes e processar os criminosos existem em pequeno número.

Não existe polícia administrativa; desconhecem-se os passaportes. A polícia judiciária, nos Estados Unidos, não poderia ser comparada à nossa; os agentes do ministério público são pouco numerosos, nem sempre têm a iniciativa dos processos; a instrução é rápida e oral. Duvido, porém, que em qualquer outro país o crime escape tão raramente à punição.

A razão para isso é que todo mundo se acredita interessado em fornecer as provas do delito e em capturar o delinquente.

Vi, durante minha permanência nos Estados Unidos, os habitantes do condado onde um grande crime havia sido cometido formarem espontaneamente comitês com o objetivo de perseguir o culpado e entregá-lo aos tribunais.

Na Europa, o criminoso é um desafortunado que luta para livrar a cabeça dos agentes do poder; a população de certo modo assiste à luta. Na América, ele é um inimigo do gênero humano e tem contra si todo o restante da humanidade.

Creio que as instituições provinciais são úteis a todos os povos, mas nenhum me parece ter uma necessidade mais real dessas instituições do que aquele cujo estado social é democrático.

Numa aristocracia, sempre se tem a certeza da manutenção de certa ordem no seio da liberdade.

Tendo os governantes muito a perder, a ordem é de grande interesse para eles.

Também podemos dizer que numa aristocracia o povo está ao abrigo dos excessos do despotismo, porque sempre há forças organizadas dispostas a resistir ao déspota.

Uma democracia sem instituições provinciais não possui nenhuma garantia contra tais males.

Como fazer a liberdade nas grandes coisas ser suportada por uma multidão que não aprendeu a utilizar-se dela nas pequenas?

Como resistir à tirania num país em que cada indivíduo é fraco e em que os indivíduos não são unidos por nenhum interesse comum?

Os que temem a licenciosidade e os que receiam o poder absoluto também devem desejar o desenvolvimento gradual das liberdades provinciais, portanto.

Estou convencido, de resto, de que não existem nações mais expostas a cair sob o jugo da centralização administrativa do que aquelas cujo estado social é democrático.

Várias causas concorrem para esse resultado; entre outras, a seguinte:

A tendência permanente dessas nações é concentrar toda a potência governamental nas mãos do único poder que representa diretamente o povo, porque para além do povo não se veem mais que indivíduos iguais amalgamados numa massa comum.

Ora, quando um mesmo poder já está dotado de todos os atributos do governo, é-lhe bastante difícil não buscar penetrar nas minúcias da administração e ele não deixa de encontrar, a longo prazo, ocasiões de fazê-lo. Fomos testemunhas disso entre nós.

Houve, na Revolução Francesa, dois movimentos em sentido contrário que não devem ser confundidos: um favorável à liberdade, outro favorável ao despotismo.

Na antiga monarquia, o rei fazia sozinho a lei, abaixo do poder soberano encontravam-se alguns resquícios, quase destruídos, de instituições provinciais. Essas instituições provinciais eram incoerentes, mal ordenadas e, com frequência, absurdas. Nas mãos da aristocracia, por vezes haviam sido instrumentos de opressão.

A revolução se pronunciou tanto contra a realeza quanto contra as instituições provinciais. Ela confundiu num mesmo ódio tudo o que a havia precedido, o poder absoluto e o que podia temperar seus rigores; ela foi republicana e ao mesmo tempo centralizante.

Esse duplo caráter da Revolução Francesa é um fato do qual os amigos do poder absoluto se apoderaram com grande zelo. Quando eles defendem a centralização administrativa, vocês pensam que trabalham a favor do despotismo? De modo algum. Eles defendem uma das grandes conquistas da revolução. Portanto, é possível ser democrático e inimigo dos direitos do povo; servidor oculto da tirania e amante confesso da liberdade. (J)

Visitei as duas nações que desenvolveram no mais alto grau o sistema das liberdades provinciais e ouvi a voz dos partidos que dividem essas nações.

Na América, encontrei homens que aspiravam em segredo destruir as instituições democráticas de seu país. Na Inglaterra, encontrei outros que atacavam abertamente a aristocracia; não encontrei uma única pessoa que não considerasse a liberdade provincial um grande bem.

Vi, nesses dois países, os males dos Estados serem imputados a uma infinidade de causas diversas, mas nunca à liberdade comunal.

Ouvi os cidadãos atribuírem a grandeza ou a prosperidade de sua pátria a uma infinidade de razões; mas ouvi todos colocarem em primeiro lugar e à frente de todas as outras vantagens a liberdade provincial.

Como eu poderia acreditar que homens naturalmente tão divididos, a ponto de não se entenderem nem sobre as doutrinas religiosas nem sobre as teorias políticas, concordam sobre um único fato, justamente aquele que melhor podem julgar, porque ocorre a cada dia sob seus olhos, e que esse fato esteja errado?

Somente os povos que têm poucas instituições provinciais, ou que não têm nenhuma, negam sua utilidade; ou seja, somente os que não conhecem a coisa e a maldizem.

CAPÍTULO 6
DO PODER JUDICIÁRIO NOS ESTADOS UNIDOS E DE SUA AÇÃO SOBRE A SOCIEDADE POLÍTICA

> Os anglo-americanos conservaram no Poder Judiciário todas as características que o distinguem dos outros povos — Contudo, dele fizeram um grande poder político — Como — Em que o sistema judiciário dos anglo-americanos difere de todos os outros — Por que os juízes americanos têm o direito de declarar as leis inconstitucionais — Como os juízes americanos fazem uso desse direito — Precauções tomadas pelo legislador para impedir o abuso desse direito

Acreditei necessário dedicar um capítulo à parte ao Poder Judiciário. Sua importância política é tão grande que me pareceu que o diminuiria aos olhos dos leitores se falasse dele de passagem.

Houve confederações em lugares que não a América; viram-se repúblicas em outra parte que não na costa do Novo Mundo; o sistema representativo é adotado em vários Estados da Europa; mas não creio que até o presente alguma nação do mundo tenha constituído o Poder Judiciário da mesma maneira que os americanos.

O que um estrangeiro mais tem dificuldade para compreender nos Estados Unidos é a organização judiciária. Não existe, por assim dizer, acontecimento político em que não ouça ser invocada a autoridade do juiz; ele conclui naturalmente que nos Estados Unidos o juiz é uma das primeiras forças políticas. Quando, a seguir, examina a constituição dos tribunais, só descobre neles, à primeira vista, atribuições e hábitos judiciários. A seus olhos, o magistrado sempre parece introduzir-se nos assuntos públicos por acaso; mas esse acaso repete-se todos os dias.

Quando o Parlamento de Paris fazia admoestações e recusava-se a registrar um decreto, quando ele mesmo processava um funcionário prevaricador, percebia-se a descoberto a ação política do Poder Judiciário. Mas nada de parecido se vê nos Estados Unidos.

Os americanos conservaram no Poder Judiciário todas as características que temos o costume reconhecer-lhe. Eles o encerraram no círculo onde ele costuma movimentar-se.

A primeira característica do poder judiciário, em todos os povos, é servir de árbitro. Para que haja ação da parte dos tribunais, é preciso que haja contestação. Para que haja juiz, é preciso que haja processo. Enquanto uma lei não levar a uma contestação, o Poder Judiciário não tem ocasião de ocupar-se dela. Ele existe, mas não a vê. Quando um juiz, a propósito de um processo, ataca uma lei relativa a esse processo, ele amplia o círculo de suas atribuições, mas não sai dele, pois de certo modo precisou julgar a lei para chegar a julgar o processo. Quando se pronuncia sobre uma lei, sem partir de um processo, ele sai completamente de sua esfera e penetra na do Poder Legislativo.

A segunda característica do Poder Judiciário é pronunciar-se sobre casos particulares e não sobre princípios gerais. Quando um juiz, arbitrando uma questão particular, destrói um princípio geral, devido à certeza que temos de que o princípio se torna estéril, pois cada uma das consequências desse mesmo princípio é afetada da mesma maneira, ele permanece no círculo natural de sua ação. Mas quando o juiz ataca diretamente o princípio geral e o destrói sem ter em vista um caso particular, ele sai do círculo em que todos os povos concordaram encerrá-lo. Ele se torna algo mais importante, mais útil talvez que um magistrado, mas deixa de representar o Poder Judiciário.

A terceira característica do Poder Judiciário é só poder agir quando é chamado ou, segundo a expressão, quando requisitado. Essa característica não é encontrada de maneira tão geral quanto as outras duas. Acredito, porém, que apesar das exceções, podemos considerá-la essencial. Por sua natureza, o Poder Judiciário não tem ação; é preciso colocá-lo em movimento para que se mova. Denunciam-lhe um crime e ele pune o culpado; convocam-no a corrigir uma injustiça e ele a corrige; submetem-lhe um ato e ele o interpreta; mas ele não vai por conta própria perseguir os criminosos, procurar a injustiça e examinar os fatos. O Poder Judiciário faria de certo modo violência a essa natureza passiva se tomasse por si mesmo a iniciativa e se estabelecesse como um censor das leis.

Os americanos conservaram no Poder Judiciário essas três características distintivas. O juiz americano só pode se pronunciar quando há litígio. Ele sempre se ocupa de casos particulares; para agir, sempre precisa esperar que o solicitem.

O juiz americano assemelha-se perfeitamente, portanto, aos magistrados das outras nações. No entanto, é revestido de um imenso poder político.

De onde vem isso? Ele se move no mesmo círculo e se serve dos mesmos meios que os outros juízes: por que possui um poder que estes não possuem?

A causa reside num único fato: os americanos reconheceram aos juízes o direito de basear seus decretos na *Constituição*, mais do que nas *leis*. Em outras palavras, permitiram-lhes não aplicar as leis que lhe pareçam inconstitucionais.

Sei que um direito como esse foi algumas vezes reclamado pelos tribunais de outros países; mas nunca foi concedido. Na América, ele é reconhecido por todos os poderes; não encontramos nenhum partido, nem mesmo um homem, que o conteste.

A explicação para isso deve residir no próprio princípio das constituições americanas.

Na França, a Constituição é uma obra imutável ou assim considerada. Nenhum poder poderia mudá-la em coisa alguma: essa é a teoria reconhecida. (K)

Na Inglaterra, reconhece-se ao Parlamento o direito de modificar a Constituição. Na Inglaterra, a Constituição pode então mudar o tempo todo, ou melhor, ela não existe. O Parlamento, ao mesmo tempo que é corpo legislativo, é corpo constituinte. (L)

Na América, as teorias políticas são mais simples e mais racionais.

Uma Constituição americana não é considerada imutável como na França; tampouco poderia ser modificada pelos poderes ordinários da sociedade, como na Inglaterra. Ela forma uma obra à parte, que, representando a vontade de todo o povo, sujeita tanto os legisladores quanto os simples cidadãos, mas pode ser modificada pela vontade do povo, seguindo formas estabelecidas e em casos previstos.

Na América, a Constituição pode variar; enquanto existe, porém, ela é a origem de todos os poderes. A força predominante reside nela apenas.

É fácil perceber em que medida essas diferenças influenciam a posição e os direitos do corpo judiciário nos três países que citei.

Se, na França, os tribunais pudessem desobedecer as leis, baseados no fato de as considerarem inconstitucionais, o poder constituinte de fato estaria em suas mãos, pois seriam os únicos a ter o direito de interpretar uma Constituição cujos termos ninguém poderia mudar. Eles se colocariam, então, no lugar da nação e dominariam a sociedade, ao menos tanto quanto a fraqueza inerente ao Poder Judiciário lhes permitisse.

Sei que, recusando aos juízes o direito de declarar as leis inconstitucionais, damos indiretamente ao corpo legislativo o poder de mudar a Constituição, pois este não encontra mais barreira legal para detê-lo. Mais vale, porém, conceder o poder de mudar a Constituição do povo a homens que representam imperfeitamente as vontades do povo do que a outros que só representam a si mesmos.

Seria muito mais insensato conceder aos juízes ingleses o direito de resistir às vontades do corpo legislativo, pois o Parlamento, que redige a lei, também redige a Constituição, e, consequentemente, não se pode, em caso algum, chamar uma lei de inconstitucional quando ela emana dos três poderes.

Nenhum desses dois argumentos se aplica à América.

Nos Estados Unidos, a Constituição domina tanto os legisladores como os simples cidadãos. Ela é a primeira das leis e não poderia ser modificada por uma lei. É justo, portanto, que os tribunais obedeçam à Constituição, preferencialmente a todas as leis. Isso se deve à própria essência do Poder Judiciário: escolher, entre as disposições legais, as que o submetem mais estreitamente constitui, de certo modo, o direito natural do magistrado.

Na França, a Constituição também é a primeira das leis, e os juízes têm um direito igual de tomá-la por base de seus decretos; ao exercer esse direito, porém, não podem deixar de invadir outro, ainda mais sagrado que o deles: o da sociedade em nome da qual agem. Aqui a razão ordinária deve ceder diante da razão de Estado.

Na América, onde a nação sempre pode, mudando sua Constituição, reduzir os magistrados à obediência, um perigo como esse não é de se temer. Sobre esse ponto, a política e a lógica estão de acordo, e o povo e o juiz conservam igualmente seus privilégios.

Quando se invoca, perante os tribunais dos Estados Unidos, uma lei que o juiz estima contrária à Constituição, ele pode se recusar a aplicá-la. Esse poder é o único específico ao magistrado americano, mas uma grande influência política decorre dele.

Há, de fato, poucas leis que sejam de natureza a escapar por muito tempo à análise judiciária, pois há muito poucas que não firam um interesse individual e que os pleiteantes não possam ou não devam invocar perante os tribunais.

Ora, no dia em que o juiz se recusar a aplicar uma lei num processo, ela perde instantaneamente uma parte de sua força moral. Aqueles que ela lesou são então avisados de que existe um meio de subtrair-se à obrigação de obedecê-la: os processos se multiplicam e ela se torna impotente. Acontece então uma dessas duas coisas: o povo muda sua Constituição ou a legislatura revoga sua lei.

Os americanos confiaram a seus tribunais um imenso poder político; obrigando-os a combater as leis somente por meios judiciários, porém, diminuíram muito os perigos desse poder.

Se o juiz pudesse combater as leis de maneira teórica e geral, se pudesse tomar a iniciativa e censurar o legislador, ele entraria com estrondo na cena política; tornando-se o campeão ou o adversário de um partido, convocaria todas as paixões que dividem o país a tomar parte na luta. Mas quando o juiz combate uma lei dentro de um debate obscuro e a respeito de uma aplicação específica, ele em parte dissimula a importância do ataque aos olhares do público. Sua decisão tem como único objetivo atingir um interesse individual; a lei só é ferida por acaso.

Além disso, a lei assim criticada não é destruída: sua força moral é diminuída, mas seu efeito material não é suspenso. Pouco a pouco, e sob os repetidos golpes da jurisprudência, é que enfim sucumbe.

De resto, é fácil compreender que ao encarregar o interesse particular de provocar a crítica das leis, ao ligar intimamente o processo contra a lei ao processo contra o homem, garante-se que a legislação não seja nem levemente atacada. Nesse sistema, ela não está mais exposta às agressões diárias dos partidos. Assinalando as faltas ao legislador, obedece-se a uma necessidade real: parte-se de um fato positivo e apreciável, visto que este deve servir de base a um processo.

Não sei se a maneira de agir dos tribunais americanos, ao mesmo tempo que é a mais favorável à ordem pública, também não é a mais favorável à liberdade.

Se o juiz só pudesse combater os legisladores de frente, haveria épocas em que temeria fazê-lo, haveria outras em que o espírito de partido o levaria a ousar fazê-lo a cada dia. Assim, as leis acabariam atacadas quando o poder do qual emanam fosse fraco, e haveria submissão a elas sem queixas quando este fosse forte; ou seja, muitas vezes as leis seriam atacadas quando fosse mais útil respeitá-las e seriam respeitadas quando se tornasse fácil oprimir em seu nome.

Mas o juiz americano é levado contra a sua vontade para o terreno da política. Ele só julga a lei porque deve julgar um processo, e não pode impedir-se de julgar um processo. A questão política que precisa resolver está ligada ao interesse dos pleiteantes e ele não poderia recusar-se a resolvê-la sem cometer uma denegação de justiça. É cumprindo os deveres estritos impostos à profissão do magistrado que ele age como cidadão. É verdade que, dessa maneira, a censura judiciária, exercida pelos tribunais sobre a legislação, não pode estender-se sem distinção a todas as leis, pois algumas nunca podem levar a esse tipo de contestação nitidamente formulada chamada processo. E quando tal contestação é possível, ainda podemos conceber que não haja ninguém que queira levá-la aos tribunais.

Os americanos sentiram esse inconveniente muitas vezes, mas deixaram o remédio incompleto, por medo de deixá-lo, em todos os casos, com uma eficácia perigosa.

Encerrado em seus limites, o poder concedido aos tribunais americanos de pronunciar-se sobre a inconstitucionalidade das leis ainda constitui uma das mais potentes barreiras que jamais foram elevadas contra a tirania das assembleias políticas.

OUTROS PODERES CONCEDIDOS AOS JUÍZES AMERICANOS

> Nos Estados Unidos todos os cidadãos têm o direito de acusar os funcionários públicos perante os tribunais ordinários — Como eles fazem uso desse direito — Art. 75 da Constituição francesa do Ano VIII — Os americanos e os ingleses não podem compreender o sentido desse artigo

Não sei se preciso dizer que entre um povo livre como os americanos todos os cidadãos têm o direito de acusar os funcionários públicos perante os juízes ordinários e que todos os juízes têm o direito de condenar os funcionários públicos; isso é natural.

Permitir-lhes punir os agentes do Poder Executivo quando estes violam a lei não significa conceder um privilégio particular aos tribunais. Proibi-los de fazer isso é que significa retirar-lhes um direito natural.

Não me pareceu que, nos Estados Unidos, tornando todos os funcionários responsáveis pelos tribunais se tenha enfraquecido as instâncias do governo.

Pareceu-me, ao contrário, que os americanos, agindo assim, haviam aumentado o respeito devido aos governantes, pois estes cuidavam muito mais de escapar à crítica.

Tampouco observei que nos Estados Unidos se empreendesse muitos processos políticos e posso explicar isso sem dificuldade. Um processo sempre é, qualquer que seja sua natureza, um empreendimento difícil e custoso. É fácil acusar um homem público nos jornais, mas não é sem graves motivos que se decide levá-lo à justiça. Para processar juridicamente um funcionário, portanto, é preciso ter um justo motivo de queixa; e os funcionários não fornecem tal motivo quando temem ser processados.

Isso não se deve à forma republicana que os americanos adotaram, pois a mesma experiência pode ser feita todos os dias na Inglaterra.

Esses dois povos não acreditaram assegurar sua independência ao permitir o julgamento dos principais agentes do poder. Eles pensaram que era muito mais por meio de pequenos processos, colocados a cada dia ao alcance dos menores cidadãos, que se chegava a assegurar a liberdade, do que por grandes processos a que nunca se tem recurso ou que são empregados tarde demais.

Na Idade Média, quando era muito difícil atingir os criminosos, quando os juízes alcançavam alguns, com frequência acontecia-lhes de infligir a esses infelizes suplícios terríveis; o que não diminuía o número de culpados. Descobriu-se, desde então, que tornando a justiça ao mesmo tempo mais certa e mais suave, ela ao mesmo tempo se tornava mais efetiva.

Os americanos pensam que é preciso tratar o arbitrário e a tirania como o roubo: facilitar o processo judiciário e abrandar a pena.

No Ano VIII da república francesa surgiu uma Constituição cujo artigo 75 fora assim concebido: "Os agentes do governo, que não os ministros, só podem ser processados por fatos relativos a suas funções em virtude de uma decisão do Conselho de Estado; nesse caso, o processo ocorre perante os tribunais ordinários".

A Constituição do Ano VIII passou, mas não esse artigo, que foi mantido; ele é contraposto, a cada dia, às justas reclamações dos cidadãos.

Muitas vezes tentei fazer o sentido desse artigo 75 ser compreendido por americanos ou ingleses, mas sempre me foi muito difícil conseguir explicá-lo.

O que eles percebiam, a princípio, é que sendo o Conselho de Estado, na França, um grande tribunal estabelecido no centro do reino, havia uma espécie de tirania ao se remeter preliminarmente todos os pleiteantes a ele.

Mas quando eu buscava fazê-los compreender que o Conselho de Estado não era um corpo judiciário, no sentido ordinário da palavra, mas um corpo administrativo, cujos membros dependiam do rei, de tal modo que o rei, depois de ordenar soberanamente a um de seus servidores, chamado prefeito, que cometesse uma iniquidade, podia comandar soberanamente outro de seus servidores, chamado conselheiro de Estado, que impedisse que o prefeito fosse punido, quando eu lhes mostrava o cidadão, lesado pela ordem do príncipe, reduzido a pedir ao próprio príncipe autorização para obter justiça, eles se recusavam a acreditar em tais enormidades e me acusavam de mentira e ignorância.

Acontecia com frequência, na antiga monarquia, que o Parlamento decretasse o encarceramento do funcionário público que se tornasse culpado de um delito. Às vezes a autoridade real, intervindo, anulava o processo. O despotismo mostrava-se então a descoberto e, mesmo quando obedeciam a ele, só se submetiam à força.

Retrocedemos bastante, portanto, do ponto em que nossos pais haviam chegado, pois deixamos acontecer, sob ares de justiça, e consolidar em nome da lei aquilo que somente a violência impunha a eles.

CAPÍTULO 7
DO JULGAMENTO POLÍTICO NOS ESTADOS UNIDOS

O que o autor entende por julgamento político — Como se compreende o julgamento político na França, na Inglaterra, nos Estados Unidos — Na América, o juiz político só se ocupa dos funcionários públicos — Ele pronuncia destituições em vez de penas — O julgamento político, meio habitual do governo — O julgamento político tal como entendido nos Estados Unidos é, apesar de sua brandura, e talvez por causa dela, uma arma muito poderosa nas mãos da maioria

Entendo por julgamento político a decisão pronunciada por um corpo político momentaneamente investido do direito de julgar.

Nos governos absolutos, é inútil dar aos julgamentos formas extraordinárias: o príncipe, em nome do qual o acusado é processado, sendo senhor dos tribunais e de todo o resto, só precisa buscar garantias na ideia que se tem de seu poder. Os únicos temores que ele pode conceber são o de que não sejam mantidas as aparências externas da justiça e o de que sua autoridade seja desonrada ao querer-se fortalecê-la.

Na maior parte dos países livres, onde a maioria nunca pode agir nos tribunais como faria um príncipe absoluto, aconteceu algumas vezes de se colocar momentaneamente o Poder Judiciário nas mãos dos próprios representantes da sociedade. Preferiu-se confundir momentaneamente os poderes a violar o princípio necessário da unidade do governo. A Inglaterra, a França e os Estados Unidos introduziram o julgamento político em suas leis: é curioso examinar o partido que esses três grandes povos tiraram dele.

Na Inglaterra e na França, a Câmara dos Pares forma a alta corte criminal[116] da nação. Ela não julga todos os delitos políticos, mas pode julgar todos.

Ao lado da Câmara dos Pares encontra-se outro poder político investido do direito de acusar. A única diferença que existe entre os dois países nesse

---

116. A corte dos pares na Inglaterra forma, ademais, o último estágio de apelação em certos assuntos civis. Ver Blackstone, livro III, cap. IV.

ponto é a seguinte: na Inglaterra, os deputados podem acusar quem eles quiserem perante os pares; na França, eles só podem processar dessa maneira os ministros do rei.

De resto, nos dois países a Câmara dos Pares tem à sua disposição todas as leis penais para punir os delinquentes.

Nos Estados Unidos, como na Europa, um dos dois ramos da legislatura é investido do direito de acusar e o outro do direito de julgar. Os representantes denunciam o culpado, o Senado o pune.

Mas o Senado só pode ser *requisitado* pelos *representantes*, e os representantes só podem acusar diante dele os *funcionários públicos*. Assim, o Senado tem uma competência mais restrita que a corte dos pares da França, e os representantes têm um direito de acusação mais amplo que nossos deputados.

Mas eis a maior diferença entre a América e a Europa: nesta, os tribunais políticos podem aplicar todas as disposições do Código Penal; naquela, quando estes retiraram de um culpado o caráter público de que ele estava investido e o declararam indigno de ocupar quaisquer funções políticas no futuro, o direito deles se esgota e a tarefa dos tribunais ordinários tem início.

Suponhamos que o presidente dos Estados Unidos tenha cometido um crime de alta traição.

A Câmara dos Representantes o acusa, os senadores pronunciam sua destituição. Em seguida, ele comparece perante um júri, que é o único que pode retirar-lhe a liberdade ou a vida.

Isso vem lançar uma grande luz sobre o assunto que nos ocupa.

Introduzindo o julgamento político em suas leis, os europeus quiseram atingir os grandes criminosos, qualquer que fosse seu nascimento, condição ou poder no Estado. Para chegar a tanto, reuniram momentaneamente, no seio de um grande corpo político, todas as prerrogativas dos tribunais.

O legislador transformou-se então em magistrado; pôde estabelecer o crime, classificá-lo e puni-lo. Dando-lhe direitos de juiz, a lei impôs-lhe todas as suas obrigações e ligou-o à observação de todas as formas de justiça.

Quando um tribunal político, francês ou inglês, tem um funcionário público sob sua jurisdição e pronuncia contra ele uma condenação, retira-lhe com isso suas funções e pode declará-lo indigno de ocupar qualquer outra no futuro; aqui, porém, a destituição e a interdição políticas são uma consequência da decisão e não a decisão em si.

Na Europa, portanto, o julgamento político é mais um ato judiciário do que uma medida administrativa.

O contrário se vê nos Estados Unidos, e é fácil convencer-se de que lá o julgamento político é muito mais uma medida administrativa do que um ato judiciário.

É verdade que a decisão do Senado é judiciária na forma; para tomá-la, os senadores são obrigados a se conformar à solenidade e aos usos do procedimento judicial. Ela também é judiciária pelos motivos sobre os quais se baseia; o Senado é, em geral, obrigado a tomar como base de sua decisão um delito de direito comum. Mas é administrativa por seu objeto.

Se o objetivo principal do legislador americano fosse de fato dotar um corpo político de um grande Poder Judiciário, ele não teria encerrado sua ação no círculo dos funcionários públicos, pois os mais perigosos inimigos do Estado podem não estar investidos de nenhuma função: isso é verdade principalmente nas repúblicas, onde o favor dos partidos é o primeiro dos poderes e onde com frequência se é mais forte quanto menos se exerce legalmente algum poder.

Se o legislador americano quisesse dar à própria sociedade o direito de prevenir os grandes crimes, à maneira do juiz, pelo medo da punição, ele teria colocado à disposição dos tribunais políticos todos os recursos do Código Penal; mas ele só lhes forneceu uma arma incompleta e que não poderia atingir os mais perigosos dos criminosos. Pois pouco importa um julgamento de interdição política àquele que quer derrubar as próprias leis.

O principal objetivo do julgamento político, nos Estados Unidos, é retirar o poder daquele que faz mau uso dele e impedir que esse mesmo cidadão o receba no futuro. Como vemos, trata-se de um ato administrativo ao qual atribuiu-se a solenidade de uma sentença.

Nessa matéria, os americanos criaram algo misto. Deram à destituição administrativa todas as garantias do julgamento político e retiraram do julgamento político seus maiores rigores.

Estabelecido esse ponto, tudo decorre dele; descobrimos então por que as constituições americanas submetem todos os funcionários civis à jurisdição do Senado e eximem dela os militares, cujos crimes são, no entanto, mais temíveis. Na ordem civil, os americanos não têm, por assim dizer, funcionários exoneráveis: uns são inamovíveis, outros devem seus direitos a um mandato que não pode ser revogado. Para retirar-lhes o poder, é preciso julgar a todos. Os militares, porém, dependem do chefe do Estado, que é ele mesmo um funcionário civil. Atingindo o chefe do Estado, eles são atingidos com o mesmo golpe.[117]

---

117. Não que se possa retirar o grau de um oficial, mas pode-se retirar seu comando.

Agora, se quisermos comparar o sistema europeu e o sistema americano nos efeitos que cada um produz ou pode produzir, descobrimos diferenças não menos sensíveis.

Na França e na Inglaterra, considera-se o julgamento político uma arma extraordinária de que a sociedade só deve se servir para salvar-se em momentos de grande perigo.

Não podemos negar que o julgamento político, tal como entendido na Europa, não viola o princípio conservador da divisão dos poderes e que não ameaça constantemente a liberdade e a vida dos homens.

O julgamento político, nos Estados Unidos, só atinge de maneira indireta o princípio da divisão dos poderes; ele não ameaça a existência dos cidadãos; ele não plana, como na Europa, sobre todas as cabeças, pois só toca aqueles que, aceitando funções públicas, se submeterem previamente a seus rigores.

Ele é ao mesmo tempo menos temível e menos eficaz.

Assim, os legisladores dos Estados Unidos não o consideraram um remédio extremo aos grandes males da sociedade, mas um meio habitual de governo.

Sob esse ponto de vista, ele talvez exerça mais influência real sobre o corpo social na América do que na Europa. De fato, não devemos nos prender à aparente brandura da legislação americana no que diz respeito aos julgamentos políticos. Deve-se observar, em primeiro lugar, que nos Estados Unidos o tribunal que pronuncia esses julgamentos é composto pelos mesmos elementos e está submetido às mesmas influências que o corpo encarregado de acusar, o que dá um impulso quase irresistível às paixões vindicativas dos partidos. Embora os juízes políticos nos Estados Unidos não possam pronunciar penas tão severas quanto os juízes políticos da Europa, há menos chances de absolvição por eles. A condenação é menos temível e mais certa.

Os europeus, estabelecendo os tribunais políticos, tiveram como principal objetivo *punir* os culpados; os americanos, *retirar-lhes o poder*. O julgamento político, no Estados Unidos, é de certo modo uma medida preventiva. Ele não deve, portanto, prender o juiz a definições criminais muito exatas.

Não há nada mais assustador que a imprecisão das leis americanas quando definem os crimes políticos propriamente ditos. "Os crimes que motivarão a condenação do presidente", diz a Constituição dos Estados Unidos, seção 4, artigo I, "são a alta traição, a corrupção ou outros grandes crimes e delitos". Grande parte das constituições dos Estados é mais obscura ainda.

"Os funcionários públicos", diz a Constituição de Massachusetts, "serão condenados pela conduta culpada que mantiverem e por sua má administração".[118]

---

118. Cap. I, seção 2, § 8.

"Todos os funcionários que colocarem o Estado em perigo, por má administração, corrupção ou outros delitos", diz a Constituição da Virgínia, "poderão ser acusados pela Câmara dos Deputados." Algumas constituições não especificam crime algum, a fim de deixar pesar sobre os funcionários públicos uma responsabilidade ilimitada.[119]

Mas o que torna, nessa matéria, as leis americanas tão temíveis, eu ousaria dizer, nasce de sua própria brandura.

Vimos que na Europa a destituição de um funcionário e sua interdição política era uma das consequências da pena, e que na América era a própria pena. Resulta disso o seguinte: na Europa, os tribunais políticos são dotados de direitos terríveis que eles às vezes não sabem como usar; acontece-lhes de não punir, por medo de punir demais. Na América, porém, não se recua diante de uma pena que não faz a humanidade tremer: condenar um inimigo político à morte, para retirar-lhe o poder, é aos olhos de todos um assassinato terrível; declarar seu adversário indigno de possuir esse mesmo poder e retirá-lo dele, deixando-lhe a liberdade e a vida, pode parecer o resultado honesto da luta.

Ora, esse julgamento tão fácil de ser pronunciado não deixa de ser o cúmulo do infortúnio para o comum daqueles a quem se aplica. Os grandes criminosos sem dúvida enfrentarão seus falsos rigores; os homens comuns verão nele uma sentença que destrói sua posição, macula sua honra e os condena a uma vergonhosa ociosidade pior que a morte.

O julgamento político, nos Estados Unidos, exerce uma influência tanto maior sobre a marcha da sociedade porque parece menos temível. Ele não age diretamente sobre os governados, mas torna a maioria inteiramente senhora dos que governam; ele não dá à legislatura um poder imenso que ela só poderia exercer em momento de crise, deixa-a exercer um poder moderado e regular, de que pode servir-se todos os dias. Se a força é menor, por outro lado seu emprego é mais cômodo, e seu abuso, mais fácil.

Ao impedir os tribunais políticos de pronunciar penas judiciárias, os americanos parecem-me ter antecipado as consequências mais terríveis da tirania legislativa, mais do que a própria tirania. E não sei se, no fim das contas, o julgamento político, tal como entendido nos Estados Unidos, não é a arma mais formidável que jamais se pôs nas mãos da maioria.

Quando as repúblicas americanas começarem a degenerar, creio que será fácil reconhecermos esse fato: bastará ver se o número de julgamentos políticos aumenta. (M)

---

119. Ver a Constituição de Illinois, do Maine, de Connecticut e da Geórgia.

CAPÍTULO 8
DA CONSTITUIÇÃO FEDERAL

Considerei até agora cada estado como um todo completo e mostrei as diferentes instâncias que o povo coloca em movimento, bem como os meios de ação de que se serve. Mas todos esses estados que encarei como independentes são forçados a obedecer, em certos casos, a uma autoridade superior, a União. É chegado o momento de examinar a parte de soberania que foi concedida à União e lançar um rápido olhar à Constituição Federal.[120]

HISTÓRICO DA CONSTITUIÇÃO FEDERAL

> Origem da primeira União — Sua fraqueza — O Congresso apela ao poder constituinte — Intervalo de dois anos que decorre entre esse momento e aquele em que a nova Constituição é promulgada

As treze colônias que se livraram simultaneamente do jugo da Inglaterra no fim do século passado tinham, como já foi dito, a mesma religião, a mesma língua, os mesmos costumes, quase as mesmas leis; lutavam contra um inimigo comum; deviam ter, portanto, fortes razões para unirem-se intimamente umas às outras e absorver-se numa mesma e única nação.

Cada uma delas, tendo sempre mantido uma existência à parte e um governo a seu alcance, criara para si interesses e usos particulares, rejeitando uma união sólida e completa que faria sua importância individual desaparecer numa importância comum. Disso surgiram duas tendências opostas: uma que levava os anglo-americanos a se unir, outra que os levava a se dividir.

Enquanto durou a guerra com a pátria-mãe, a necessidade fez prevalecer o princípio de união. E embora as leis que constituíam essa união fossem defeituosas, o laço comum subsistiu apesar delas.

Mas assim que a paz foi pronunciada, os vícios da legislação se mostraram a descoberto: o Estado pareceu dissolver-se subitamente. Cada colônia, tendo se tornado uma república independente, apoderou-se da soberania inteira. O governo federal, que sua própria Constituição condenava à fraqueza, e que não era mais sustentado pelo sentimento de perigo público, viu sua bandeira abandonada aos ultrajes dos grandes povos da Europa, enquanto não podia encontrar recursos suficientes para fazer frente às nações indígenas e pagar os juros das dívidas contraídas durante a guerra de

---

120. Ver ao fim do volume o texto da Constituição Federal. [p. 187 desta edição]

independência. Prestes a perecer, declarou oficialmente sua impotência e apelou ao poder constituinte.[121]

Se alguma vez a América soube elevar-se por alguns momentos a esse alto grau de glória em que a imaginação orgulhosa de seus habitantes gostaria de mostrá-la a nós sem cessar, foi nesse momento supremo em que o poder nacional chegou de certo modo a abdicar de seu império.

Um povo lutando com energia para conquistar sua independência é um espetáculo que todos os séculos puderam fornecer. Muito se exagerou, aliás, os esforços que os americanos fizeram para se subtrair ao jugo dos ingleses. Separados por 1.300 léguas de mar de seus inimigos, socorridos por um poderoso aliado, os Estado Unidos deveram a vitória muito mais à sua posição do que ao valor de seus exércitos ou ao patriotismo de seus cidadãos. Quem ousaria comparar a guerra da América às guerras da Revolução Francesa e os esforços dos americanos aos nossos, enquanto a França, alvo dos ataques da Europa inteira, sem dinheiro, sem crédito, sem aliados, lançava um vigésimo de sua população contra seus inimigos, apagando com uma mão o incêndio que devorava suas entranhas e com a outra passeando a tocha a seu redor? Mas a novidade na história das sociedades é ver um grande povo, advertido por seus legisladores de que as engrenagens do governo paravam, voltar sem precipitação e sem medo seus olhos para si mesmo, sondar a amplitude do mal, conter-se ao longo de dois anos inteiros, a fim de encontrar com calma seu remédio e, quando esse remédio é indicado, submeter-se a ele voluntariamente sem que isso custe uma lágrima ou uma gota de sangue da humanidade.

Quando a insuficiência da primeira Constituição federal se fez sentir, a efervescência das paixões políticas que fizera nascer a revolução estava em parte serenada, e todos os grandes homens que ela havia criado ainda existiam. Essa foi uma dupla felicidade para a América. A assembleia pouco numerosa[122] que foi encarregada de redigir a segunda Constituição continha os mais belos espíritos e os mais nobres caracteres que jamais surgiram no Novo Mundo. George Washington a presidia.

Essa comissão nacional, após longas e ponderadas deliberações, ofereceu enfim à adoção do povo o corpo de leis orgânicas que ainda hoje rege a União. Todos os estados o adotaram sucessivamente.[123] O novo governo federal foi

---

121. Foi em 21 de fevereiro de 1787 que o Congresso fez essa declaração.

122. Era composta de apenas 25 membros. Washington, Madison, Hamilton e os dois Morris faziam parte dela.

123. Não foram os legisladores que o adotaram. O povo nomeou deputados com esse único objetivo. A nova Constituição foi, em cada uma dessas assembleias, objeto de discussões aprofundadas.

investido de suas funções em 1789, depois de dois anos de interregno. A revolução da América acabou no exato momento em que começava a nossa.

QUADRO-SUMÁRIO DA CONSTITUIÇÃO FEDERAL

>Divisão dos poderes entre a soberania federal e a dos estados — O governo dos estados constitui o direito comum; o governo federal, a exceção

Uma primeira dificuldade deve ter se apresentado ao espírito dos americanos. Era preciso dividir a soberania de tal modo que os diferentes estados que formavam a União continuassem a governar a si mesmos em tudo o que dissesse respeito à sua prosperidade interna, sem que a nação inteira, representada pela União, deixasse de existir e de prover a todas as suas necessidades gerais. Questão complexa e difícil de resolver.

Era impossível estabelecer com antecedência e de maneira exata e completa a quantidade de poder que devia caber a cada um dos dois governos entre os quais a soberania seria dividida. Quem poderia prever todos os detalhes da vida de um povo?

Os deveres e os direitos do governo federal eram simples e bastante fáceis de definir, porque a União havia sido formada com o objetivo de responder a algumas grandes necessidades gerais. Os deveres e direitos do governo dos estados eram, ao contrário, múltiplos e complicados, porque esse governo penetrava em todos os detalhes da vida social.

Definiu-se com cuidado as atribuições do governo federal e declarou-se que tudo o que não estivesse compreendido naquela definição faria parte das atribuições do governo dos estados. Assim, o governo dos estados constituiu o direito comum; o governo federal, a exceção.[124]

Mas como previu-se que, na prática, questões poderiam surgir em relação aos limites exatos desse governo excepcional e que seria perigoso deixar a solução dessas questões aos tribunais ordinários instituídos nos diferentes estados pelos próprios estados, criou-se uma Suprema Corte[125] federal, tribunal único que tinha como uma de suas atribuições manter

---

124. Ver a emenda à Constituição Federal, *Fédéraliste*, n. 32. Story, p. 711. *Kent's commentaries*, vol. 1, p. 364. Observar que todas as vezes que a Constituição não reservou ao Congresso o direito *exclusivo* de resolver certas matérias, os estados podem fazê-lo, até que ele queira ocupar-se delas. Exemplo: o Congresso tem o direito de criar uma lei geral da bancarrota, mas não o faz: cada estado poderia criar uma à sua maneira. De resto, esse ponto só foi estabelecido após discussões perante os tribunais. Ele é apenas uma jurisprudência.

125. A ação dessa corte é indireta, como veremos a seguir.

entre os dois governos rivais a divisão dos poderes tal qual a Constituição havia estabelecido.[126]

ATRIBUIÇÕES DO GOVERNO FEDERAL

Poder concedido ao governo federal de firmar a paz, declarar guerra e estabelecer impostos gerais — Objeto de política interna de que ele pode se ocupar — O governo da União, mais centralizado em certos pontos do que havia sido o governo real sob a antiga monarquia francesa

Os povos entre si não passam de indivíduos. É acima de tudo para parecer ter vantagens sobre os estrangeiros que uma nação precisa de um governo único.

À União foi concedido o direito exclusivo de firmar a paz e de declarar a guerra, assinar tratados de comércio, recrutar exércitos, equipar frotas.[127]

A necessidade de um governo nacional não se faz tão imperiosamente sentir na direção dos assuntos internos da sociedade.

Contudo, há certos interesses gerais a que somente uma autoridade geral pode prover adequadamente.

À União foi entregue o direito de regular tudo o que diz respeito ao valor do dinheiro; ela foi encarregada do serviço postal; recebeu o direito de estabelecer as grandes comunicações que uniriam as diversas partes do território.[128]

---

126. É assim que o *Fédéraliste*, no n. 45, explica essa partilha da soberania entre a União e os estados particulares: "Os poderes que a Constituição delega ao governo federal são definidos e em pequeno número. Os que permanecem à disposição dos estados particulares são, ao contrário, indefinidos e em grande número. Os primeiros se exercem principalmente nos objetos externos, como a paz, a guerra, as negociações, o comércio. Os poderes que os estados particulares reservam para si estendem-se a todos os objetos que seguem o curso ordinário dos negócios, dizem respeito à vida, à liberdade e à prosperidade do estado.". Com frequência terei ocasião de citar o *Fédéraliste* nesta obra. Quando o projeto de lei que mais tarde se tornou a Constituição dos Estados Unidos ainda estava diante do povo, e submetido à sua adoção, três homens já célebres, e que se tornaram mais ainda depois, John Jay, Hamilton e Madison, associaram-se com o objetivo de ressaltar aos olhos da nação as vantagens do projeto que lhes fora submetido. Nesse intuito, eles publicaram sob a forma de jornal uma série de artigos cujo conjunto forma um tratado completo. Eles haviam dado a seu jornal o nome de *Fédéraliste*, que foi mantido na obra. O *Fédéraliste* é um belo livro, que, embora específico à América, deveria ser conhecido pelos homens de Estado de todos os países.

127. Ver a Constituição, seção VIII. *Fédéraliste*, n. 41 e 42. *Kent's commentaries*, vol. 1, p. 207 e ss. *Story*, p. 358-382; ibidem, p. 409-426.

128. Há vários outros direitos dessa espécie, como o de criar uma lei geral sobre as bancarrotas, conceder brevês de invenção... Percebe-se bastante o que tornava necessária a intervenção da União inteira nessas questões.

Em geral, o governo dos diferentes estados foi considerado livre em sua esfera; contudo, ele podia abusar dessa independência e comprometer, com medidas imprudentes, a segurança da União inteira; para esses casos raros e previamente definidos, permitiu-se ao governo federal intervir nas questões internas dos estados.[129] Portanto, ainda que se reconhecesse a cada uma das repúblicas confederadas o poder de modificar e mudar sua legislação, era-lhes proibido promulgar leis retroativas e criar em seu seio um corpo dos nobres.[130]

Por fim, como era preciso que o governo federal pudesse cumprir as obrigações que lhe eram impostas, concederam-lhe o direito ilimitado de arrecadar impostos.[131]

Quando atentamos para a divisão dos poderes tal qual estabelecido pela Constituição Federal, quando, por um lado, examinamos a parte de soberania que os estados particulares reservaram para si e, por outro, a parte de potência que a União obteve, descobrimos facilmente que os legisladores federais tinham ideias muito claras e muito justas daquilo que chamei anteriormente de centralização governamental.

Não apenas os Estados Unidos formam uma república como também uma confederação. Contudo, a autoridade nacional é, em certos aspectos, mais centralizada do que era à mesma época em várias monarquias absolutas da Europa. Citarei apenas dois exemplos.

A França contava com treze cortes soberanas, que na maioria das vezes tinham o direito de interpretar a lei sem apelação. Possuía, além disso, certas províncias chamadas *pays d'états* [regiões de estados], que, depois que a autoridade soberana, encarregada de representar a nação, tivesse ordenado a arrecadação de um imposto, podiam recusar sua contribuição.

A União tem um único tribunal para interpretar a lei, bem como uma única legislatura para fazê-la; o imposto votado pelos representantes da nação é obrigatório para todos os cidadãos. A União é, portanto, mais centralizada nesses dois pontos essenciais do que era a monarquia francesa; porém, a União nada mais é que uma reunião de repúblicas confederadas.

Na Espanha, certas províncias tinham o poder de estabelecer um sistema alfandegário próprio, poder que estava ligado, por sua essência, à soberania nacional.

---

129. Mesmo nesse caso, sua intervenção é indireta. A União intervém por meio de seus tribunais, como veremos adiante.

130. Constituição Federal, seção x, artigo i.

131. Constituição Federal, seção viii, ix e x; *Fédéraliste*, n. 30-36, inclusive; 41-44. *Kent's commentaries*, vol. 1, p. 207 e 381; *Story*, idem, p. 329, 514.

Na América, somente o Congresso tem o direito de regular as relações comerciais entre os estados. O governo da confederação é, portanto, mais centralizado nesse ponto do que o reino da Espanha.

É verdade que estando o poder real na França e na Espanha sempre em condições de, quando necessário, executar por meio da força aquilo que a Constituição do reino recusava-lhe o direito de fazer, chegava-se, definitivamente, ao mesmo ponto. Mas estou falando da teoria.

PODERES FEDERAIS

Depois de conter o governo federal num círculo de ações nitidamente traçado, era preciso saber como fazê-lo mover-se.

PODERES LEGISLATIVOS

> Divisão do corpo legislativo em dois ramos — Diferenças na maneira de formar as duas câmaras — O princípio da independência dos estados triunfa na formação do Senado — O dogma da soberania nacional na composição da Câmara dos Representantes — Efeitos singulares que resultam do fato de as constituições só serem lógicas quando os povos são jovens

Na organização dos poderes da União, seguiu-se em muitos pontos o plano que havia sido traçado previamente pela Constituição específica de cada estado.

O corpo legislativo federal da União compôs-se de um Senado e de uma Câmara dos Representantes.

O espírito de conciliação fez com que fossem seguidas, na formação de cada uma dessas assembleias, regras diferentes.

Destaquei acima que, quando foi estabelecida a Constituição federal, dois interesses opostos haviam sido confrontados. Esses dois interesses tinham feito surgir duas opiniões.

Uns queriam fazer da União uma liga de estados independentes, uma espécie de congresso em que os representantes de povos distintos viessem discutir certos pontos de interesse comum.

Outros queriam reunir todos os habitantes das antigas colônias num único e mesmo povo e dar-lhes um governo que, embora tivesse uma esfera de ação limitada, pudesse agir dentro dessa esfera como o único representante da nação. As consequências práticas dessas duas teorias eram muito diferentes.

Assim, caso se organizasse uma liga e não um governo nacional, caberia à maioria dos estados fazer a lei, e não à maioria dos habitantes da União. Pois cada estado, grande ou pequeno, conservava seu caráter de potência independente e participava na União em perfeito pé de igualdade.

Caso se considerasse, ao contrário, os habitantes dos Estados Unidos como formando um único e mesmo povo, seria natural que somente a maioria dos cidadãos da União fizesse a lei.

Compreende-se que os pequenos estados não podiam consentir com a aplicação dessa doutrina sem abdicar totalmente de sua existência, no que diz respeito à soberania federal; pois de potência correguladora passavam à fração insignificante de um grande povo. O primeiro sistema lhes concedia um poder excessivo; o segundo os anulava.

Nesse estado de coisas, aconteceu o que quase sempre acontece quando os interesses se opõem aos argumentos: as regras da lógica foram adaptadas. Os legisladores adotaram um meio-termo que conciliava à força dois sistemas teoricamente inconciliáveis.

O princípio da independência dos estados triunfou na formação do Senado; o dogma da soberania nacional, na composição da Câmara dos Representantes.

Cada estado enviaria dois senadores ao Congresso e um certo número de representantes, na proporção de sua população.[132]

Resulta desse arranjo que, em nossos dias, o estado de Nova York tem no Congresso quarenta representantes e apenas dois senadores; o estado de Delaware, dois senadores e apenas um representante. O estado de Delaware, portanto, é igual ao estado de Nova York no Senado, enquanto este tem, na Câmara dos Representantes, quarenta vezes mais influência que o primeiro. Assim, pode acontecer de a minoria da nação, dominando o Senado, paralise completamente as vontades da maioria, representada pela outra câmara, o que é contrário ao espírito dos governos constitucionais.

Tudo isso mostra bem a que ponto é raro e difícil ligar de maneira lógica e racional todas as partes da legislação.

O tempo sempre acaba, num mesmo povo, dando origem a interesses diferentes e consagrando direitos diversos. Quando se trata, a seguir, de estabelecer uma Constituição geral, cada um desses interesses e direitos forma obstáculos

---

132. A cada dez anos, o Congresso fixa novamente o número de deputados que cada estado deve enviar à Câmara dos Representantes. O número total era de 69 em 1789; em 1833, era de 240. (*American almanac*, 1834, p. 194) A Constituição havia dito que não haveria mais de um representante por cada 30 mil pessoas; mas ela não havia fixado um limite mínimo. O congresso não achou necessário aumentar o número de representantes na proporção do crescimento da população. Com a primeira lei que interveio sobre a questão, em 14 de abril de 1792 (ver *Laws of the United States*, by Story, vol. 1, p. 235), decidiu-se que haveria um representante para cada 33 mil habitantes. A última lei, que interveio em 1832, fixou o número de um representante para cada 48 mil habitantes. A população compõe-se de todos os homens livres e de três quintos do número de escravos.

naturais que se opõem a que qualquer princípio político alcance todas as suas consequências. Portanto, é somente no nascimento das sociedades que se pode ser completamente lógico nas leis. Quando vemos um povo usufruir dessa vantagem, nos precipitamos em concluir que é sábio; pensemos antes que é jovem.

À época em que a Constituição Federal foi formada, existiam entre os anglo-americanos apenas dois interesses positivamente opostos um ao outro: o interesse de individualidade para os estados particulares e o interesse de união para o povo inteiro; foi preciso chegar a um compromisso.

Devemos reconhecer, porém, que essa parte da Constituição não produziu, até o momento, os males que podíamos esperar.

Todos os estados são jovens, são próximos uns dos outros, têm costumes, ideias e necessidades homogêneas; a diferença que resulta de sua maior ou menor grandeza não é suficiente para deixá-los com interesses extremamente opostos. Nunca se viu os pequenos estados se unirem, no Senado, contra os intuitos dos grandes. Aliás, há uma força tão irresistível na expressão legal das vontades de todo um povo que, chegando a maioria a se expressar por meio da voz da Câmara dos Representantes, o Senado se descobre muito fraco em sua presença.

Além disso, não devemos esquecer que não dependia dos legisladores americanos fazer uma única e mesma nação do povo para o qual faziam as leis. O objetivo da Constituição Federal não era destruir a existência dos estados, apenas restringi-la. A partir do momento em que se deixava um poder real a esses corpos secundários (e que não podia ser retirado), renunciava-se de antemão a habitualmente empregar a coerção para dobrá-los às vontades da maioria. Isso posto, a introdução de suas forças individuais nas engrenagens do governo federal nada tinha de extraordinário. Ela apenas fazia com que se constatasse um fato existente, o de um poder reconhecido que era preciso administrar e não violentar.

OUTRA DIFERENÇA ENTRE O SENADO E A CÂMARA DOS REPRESENTANTES

O Senado é nomeado pelos legisladores provinciais — Os representantes, pelo povo — Dois graus de eleição para o primeiro — Um só para o segundo — Duração dos diferentes mandatos — Atribuições

O Senado não difere da outra Câmara apenas pelo princípio de representação, mas também pelo modo de eleição, pela duração do mandato e pela diversidade das atribuições.

A Câmara dos Representantes é nomeada pelo povo; o Senado, pelos legisladores de cada estado.

Uma é o resultado de eleição direta, o outro; de eleição em dois graus.

O mandato dos representantes só dura dois anos; o dos senadores, seis.

A Câmara dos Representantes só tem funções legislativas; ela só participa do Poder Judiciário ao acusar os funcionários públicos. O Senado concorre para a formação das leis; ele julga os delitos políticos que lhe são deferidos pela Câmara dos Representantes; além disso, ele é o grande conselho executivo da nação. Os tratados firmados pelo presidente devem ser validados pelo Senado; a escolhas do presidente, para serem definitivas, precisam receber a aprovação do mesmo corpo.[133]

DO PODER EXECUTIVO

Dependência do presidente — Eletivo e responsável — Livre em sua esfera, o Senado o vigia e não o dirige — A remuneração do presidente é fixada quando ele exerce suas funções — Veto suspensivo

Os legisladores americanos tinham uma tarefa difícil a cumprir: eles queriam criar um Poder Executivo que dependesse da maioria e que, no entanto, fosse forte o bastante por si mesmo para agir com liberdade em sua esfera.

A manutenção da forma republicana exigia que o representante do Poder Executivo fosse submetido à vontade nacional.

O presidente é um magistrado eletivo. Sua honra, seus bens, sua liberdade e sua vida respondem o tempo todo ao povo pelo bom uso que ele fará de seu poder. Exercendo esse poder, ele, aliás, não é de todo independente: o Senado o vigia em suas relações com as potências estrangeiras, bem como na distribuição dos empregos, de tal modo que não pode ser corrompido nem corromper.

Os legisladores da União reconheceram que o Poder Executivo não poderia cumprir de maneira digna e útil sua tarefa se não conseguissem proporcionar-lhe mais estabilidade e mais força do que os estados particulares lhe haviam concedido.

O presidente foi nomeado por quatro anos e pôde ser reeleito. Com esse tempo, teve coragem de trabalhar para o bem público e meios de agir.

Fez-se do presidente o único representante do Poder Executivo da União. Deixou-se de subordinar suas vontades às de um conselho: meio perigoso, que, enfraquecendo a ação do governo, diminui a responsabilidade dos governantes.

---

133. Ver *Fédéraliste*, n. 52-56, inclusive. *Story*, p. 199-314. Constituição, seção II e III.

O Senado tem o direito de tornar estéreis alguns atos do presidente; mas não poderia forçá-lo a agir nem dividir com ele seu Poder Executivo.

A ação da legislatura sobre o Poder Executivo pode ser direta; acabamos de ver que os americanos haviam tomado o cuidado de que não o fosse. Ela também pode ser indireta.

As câmaras, privando o funcionário público de sua remuneração, retiram-lhe uma parte de sua independência; senhoras da elaboração das leis, deve-se temer que aos poucos dele retirem a porção de poder que a Constituição decidira manter-lhe.

Essa dependência do Poder Executivo é um dos vícios inerentes às constituições republicanas. Os americanos não puderam destruir a tendência que leva as assembleias legislativas a se apoderarem do governo, mas tornaram essa tendência menos irresistível.

A remuneração do presidente é fixada, quando ele entra em suas funções, por todo o tempo que deve durar sua magistratura. Além disso, o presidente é munido de um veto suspensivo que lhe permite deter o avanço das leis que poderiam destruir a porção de independência que a Constituição lhe concedeu. Mas só poderia haver uma luta desigual entre o presidente e a legislatura, pois esta, perseverando em seus intuitos, é sempre capaz de vencer a resistência que lhe opõem; o veto suspensivo ao menos a força a voltar sobre seus passos, obriga-a a considerar novamente a questão, e, depois disso, ela só pode resolvê-la com a maioria de dois terços dos votantes. O veto, aliás, é uma espécie de apelo ao povo. O Poder Executivo, que poderia, sem essa garantia, ser oprimido em segredo, defende sua causa e faz ouvir suas razões.

Mas se a legislatura perseverar em seus intuitos, ela não vencerá sempre a resistência que lhe opõem? A isso responderei que existe, na Constituição de todos os povos, qualquer que seja sua natureza, um ponto em que o legislador é obrigado a remeter-se ao bom senso e à virtude dos cidadãos. Esse ponto está mais perto e mais visível nas repúblicas, mais afastado e oculto com mais cuidado, nas monarquias; mas sempre está em algum lugar. Não há país em que a lei possa prever tudo e em que as instituições devam substituir a razão e os costumes.

EM QUE A POSIÇÃO DO PRESIDENTE DA REPÚBLICA NOS ESTADOS UNIDOS DIFERE DA DE UM REI CONSTITUCIONAL NA FRANÇA

O Poder Executivo, nos Estados Unidos, limitado e excepcional como a soberania em nome da qual ele age — O Poder Executivo na França estende-se a tudo, como a soberania — O rei é um dos autores da lei — O presidente é apenas o executor da lei — Outras diferenças que nascem da duração dos dois poderes — O presidente é controlado na esfera do Poder Executivo — O rei é livre — A França, apesar dessas diferenças, assemelha-se mais a uma república do que a União, a uma monarquia — Comparação do número de funcionários que, nos dois países, dependem do Poder Executivo

O Poder Executivo desempenha um papel tão grande no destino das nações que quero me deter um instante para que se compreenda melhor o lugar que ocupa entre os americanos.

A fim de conceber uma ideia clara e precisa da posição do presidente dos Estados Unidos, convém compará-la à do rei numa das monarquias constitucionais da Europa.

Nessa comparação, vou me ater aos sinais externos do poder; eles mais enganam os olhos do observador do que o guiam.

Quando uma monarquia pouco a pouco se transforma em república, o Poder Executivo conserva títulos, honrarias, respeitos, e mesmo dinheiro, por muito tempo depois de ter perdido a realidade desse poder. Os ingleses, depois de terem cortado a cabeça de um de seus reis e de terem expulsado outro do trono, ainda se ajoelhavam para falar com os sucessores desses príncipes.

Por outro lado, quando as repúblicas caem sob o jugo de um só homem, o poder continua a mostrar-se simples, unido e modesto em suas maneiras, como se já não se elevasse acima de todos. Quando os imperadores dispunham despoticamente da fortuna e da vida de seus concidadãos, ainda eram chamados de César por eles e iam cear familiarmente na casa de seus amigos.

Devemos, portanto, abandonar a superfície e penetrar mais fundo.

A soberania, nos Estados Unidos, é dividida entre a União e os estados, ao passo que, entre nós, ela é una e compacta; disso nasce a primeira e maior diferença que percebo entre o presidente dos Estados Unidos e o rei da França.

Nos Estados Unidos, o Poder Executivo é limitado e excepcional, como a própria soberania em nome da qual ele age; na França, ele se estende a tudo, como ela.

Os americanos têm um governo federal, nós temos um governo nacional.

Eis uma primeira causa de inferioridade que resulta da própria natureza das coisas, mas ela não é a única. A segunda e mais importante é esta: podemos, com propriedade, definir a soberania como o direito de fazer as leis.

O rei, na França, constitui de fato uma parte da soberania, visto que as leis não existem quando ele se recusa a sancioná-las; ademais, é o executor dessas leis.

O presidente também é o executor da lei, mas não concorre de fato para fazê-la, visto que, mesmo recusando seu reconhecimento, ele não pode impedi-la de existir. Ele não participa da soberania, é apenas seu agente.

Não apenas o rei, na França, constitui uma parte da soberania como também participa da formação da legislatura, que é a outra parte. Dela participa nomeando os membros de uma câmara e fazendo cessar à sua vontade a duração do mandato da outra. O presidente dos Estados Unidos não concorre em nada para a composição do corpo legislativo e não poderia dissolvê-lo.

O rei divide com as câmaras o direito de propor a lei.

O presidente não tem iniciativa semelhante.

O rei é representado, no âmbito das câmaras, por certo número de agentes que expõem seus pontos de vista, apoiam suas opiniões e fazem prevalecer suas máximas de governo.

O presidente não tem entrada no Congresso; seus ministros deste são excluídos, como ele mesmo, e somente por vias indiretas ele faz penetrar nesse grande corpo sua influência e suas opiniões.

O rei da França anda de igual para igual com a legislatura, que não pode agir sem ele, assim como ele não saberia agir sem ela.

O presidente está colocado ao lado da legislatura, como um poder inferior e dependente.

No exercício do Poder Executivo propriamente dito, ponto no qual sua posição parece mais próxima da do rei da França, o presidente ainda tem várias e enormes causas de inferioridade.

O poder do rei, na França, tem, em primeiro lugar, sobre o poder do presidente, a vantagem da duração. Ora, a duração é um dos primeiros elementos da força. Só amamos e tememos aquilo que deve existir por muito tempo.

O presidente dos Estados Unidos é um magistrado eleito por quatro anos. O rei da França é um líder hereditário.

No exercício do Poder Executivo, o presidente dos Estados Unidos está constantemente submetido a uma vigilância estreita. Ele prepara os tratados, mas não os faz; ele designa para os cargos, mas não nomeia.[134]

O rei da França é senhor absoluto dentro da esfera do Poder Executivo.

O presidente dos Estados Unidos é responsável por seus atos. A lei francesa diz que a pessoa do rei da França é inviolável.

---

134. A Constituição havia deixado em dúvida o ponto de saber se esperava que o presidente consultasse o Senado em caso de discussão e em caso de nomeação de um funcionário federal. O *Fédéraliste*, em seu n. 77, parecia estabelecer que sim; em 1789, porém, o Congresso decidiu, com toda razão, que, visto que o presidente era responsável, não se podia obrigá-lo a fazer uso de agentes que não gozassem de sua confiança. Ver *Kent's commentaries*, vol. 1, p. 289.

No entanto, acima de ambos se encontra um poder dirigente, o da opinião pública. Esse poder é menos definido na França do que nos Estados Unidos: menos reconhecido, menos formulado nas leis, mas, de fato, existe. Na América, ele age por meio de eleições e sentenças, na França, por meio de revoluções. A França e os Estados Unidos, apesar da diferença de suas constituições, têm, portanto, em comum o fato de que a opinião pública, no fim das contas, é o poder dominante. O princípio gerador das leis é, a bem dizer, o mesmo nos dois povos, ainda que seus desenvolvimentos sejam mais ou menos livres e que as consequências deles tiradas sejam, com frequência, diferentes. Esse princípio, por natureza, é essencialmente republicano. Foi por isso que pensei que a França, com seu rei, assemelha-se mais a uma república do que a União, com seu presidente, a uma monarquia.

Em tudo o que precede, tomei o cuidado de destacar apenas os pontos essenciais de diferença. Se tivesse entrado em detalhes, o quadro teria sido mais indiscutível ainda. Mas tenho muito a dizer para não querer ser breve.

Observei que o poder do presidente dos Estados Unidos só é exercido na esfera de uma soberania restrita, enquanto o do rei, na França, age no círculo de uma soberania completa.

Eu poderia ter mostrado o poder governamental do rei na França ultrapassando, inclusive, seus limites naturais, por mais amplos que sejam, e penetrando, de mil formas diferentes, na administração dos interesses individuais.

A esse motivo de influência eu poderia acrescentar o que resulta do grande número de funcionários públicos que, quase todos, devem seu mandato ao Poder Executivo. Esse número ultrapassa, entre nós, todos os limites conhecidos; eleva-se a 138 mil.[135] Cada uma dessas 138 mil nomeações deve ser considerada um elemento de força. O presidente não tem o direito absoluto de nomear aos cargos públicos e esses cargos não excedem o número de 12 mil.[136]

CAUSAS ACIDENTAIS QUE PODEM AUMENTAR A INFLUÊNCIA DO PODER EXECUTIVO

Segurança externa de que goza a União — Política expectante — Exército de 6 mil soldados — Apenas algumas embarcações — O presidente detém

---

135. As somas pagas pelo Estado a esses diversos funcionários elevam-se a cada ano a 200 milhões de francos.

136. Todo ano publica-se nos Estados Unidos um almanaque chamado *National calendar*, onde encontramos o nome de todos os funcionários federais. O *National calendar* de 1833 forneceu-me o número que apresento aqui. Resultaria do que precede que o rei da França dispõe de onze vezes mais colocações que o presidente dos Estados Unidos, embora a população da França seja apenas uma vez e meia maior que a da União.

grandes prerrogativas de que não tem ocasião de se servir — Naquilo que tem ocasião de executar, é fraco

Se o Poder Executivo é menos forte na América do que na França, é preciso atribuir a causa disso mais às circunstâncias do que, talvez, às leis.

É principalmente em suas relações com os estrangeiros que o Poder Executivo de uma nação encontra ocasião de exibir habilidade e força.

Se a vida da União fosse constantemente ameaçada, se seus grandes interesses estivessem todos os dias mesclados aos de outros povos poderosos, veríamos o Poder Executivo crescer junto à opinião, pelo que seria esperado dele e pelo que ele executaria.

O presidente dos Estados Unidos é o chefe do exército de fato, mas esse exército é composto de 6 mil soldados; ele comanda a frota, mas a frota conta com apenas algumas embarcações; ele dirige os interesses da União na relação com os povos estrangeiros, mas os Estados Unidos não têm vizinhos. Separados do resto do mundo pelo oceano, ainda fracos demais para querer dominar o mar, eles não têm inimigos, e seus interesses só raramente entram em contato com os das outras nações do globo.

Isso mostra perfeitamente que não se deve julgar a prática do governo pela teoria.

O presidente dos Estados Unidos detém prerrogativas quase reais de que não tem ocasião de se servir, e os direitos de que, até o momento, ele pode fazer uso são muito circunscritos: as leis permitem-lhe ser forte, as circunstâncias o mantêm fraco.

São as circunstâncias, ao contrário, que, mais ainda que as leis, dão à autoridade real da França sua maior força.

Na França, o Poder Executivo luta incessantemente contra imensos obstáculos e dispõe de enormes recursos para vencê-los. Ele cresce pela grandeza das coisas que executa e pela importância dos acontecimentos que comanda, sem por isso modificar sua Constituição.

Se as leis criadas o tivessem criado tão fraco e tão circunscrito quanto a União, sua influência logo se tornaria muito maior.

POR QUE O PRESIDENTE DOS ESTADOS UNIDOS NÃO PRECISA, PARA CONDUZIR OS NEGÓCIOS, DA MAIORIA NAS CÂMARAS

É um axioma estabelecido na Europa que um rei constitucional não pode governar quando a opinião das câmaras legislativas não concorda com a sua.

Vimos vários presidentes dos Estados Unidos perderem o apoio da maioria no corpo legislativo sem serem obrigados a abandonar o poder e sem que resultasse disso um grande mal para a sociedade.

Ouvi esse fato ser citado para provar a independência e a força do Poder Executivo na América. Basta refletir por alguns instantes para ver nisso, ao contrário, a prova de sua impotência.

Um rei da Europa precisa obter o apoio do corpo legislativo para cumprir a tarefa que a Constituição lhe impõe, porque essa tarefa é imensa. Um rei constitucional da Europa não é apenas o executor da lei: o cuidado com sua execução cabe-lhe tão completamente que ele poderia, se ela lhe fosse contrária, paralisar suas forças. Ele precisa das câmaras para fazer a lei, as câmaras precisam dele para executá-la: são duas forças que não podem viver uma sem a outra; as engrenagens do governo são paralisadas assim que há desacordo entre elas.

Na América, o presidente não pode impedir a criação das leis; ele não poderia subtrair-se à obrigação de executá-las. Sua participação zelosa e sincera sem dúvida é útil, mas não é necessária à marcha do governo. Em tudo o que faz de essencial, é submetido direta ou indiretamente à legislatura; nas coisas em que é completamente independente dela, não pode quase nada. Essa sua fraqueza, portanto, e não sua força, que lhe permite viver em oposição ao Poder Legislativo.

Na Europa, é preciso que haja acordo entre o rei e as câmaras, porque pode haver um embate vigoroso entre eles. Na América, o acordo não é obrigatório, porque o embate é impossível.

DA ELEIÇÃO DO PRESIDENTE

O perigo do sistema de eleição aumenta na proporção da extensão das prerrogativas do Poder Executivo — Os americanos podem adotar esse sistema porque podem dispensar um Poder Executivo forte — Como as circunstâncias favorecem o estabelecimento do sistema eletivo — Por que a eleição do presidente não faz variarem os princípios do governo — Influência que a eleição do presidente exerce sobre o destino dos funcionários secundários

O sistema de eleição, aplicado ao chefe do Poder Executivo de um grande povo, apresenta perigos que a experiência e os historiadores enfatizaram o bastante.

Assim, quero falar apenas em relação à América.

Os perigos que tememos do sistema de eleição são maiores ou menores conforme o lugar que o Poder Executivo ocupa e sua importância no Estado, conforme o modo de eleição e as circunstâncias em que o povo que elege se encontra.

O que se critica, não sem razão, no sistema de eleição aplicado ao chefe de Estado é o fato de oferecer um atrativo tão grande às ambições particulares e inflamá-las tanto em busca do poder que, muitas vezes, quando os meios legais não são mais suficientes, elas apelam à força quando lhes falta o direito.

Está claro que quanto mais prerrogativas tem o Poder Executivo, maior o atrativo; quanto mais a ambição dos pretendentes é excitada, mais ela encontra apoio numa miríade de ambições secundárias que esperam partilhar o poder depois do triunfo de seu candidato.

Os perigos do sistema de eleição crescem, portanto, na proporção direta da influência exercida pelo Poder Executivo nos negócios do Estado.

As revoluções da Polônia não devem apenas ser atribuídas ao sistema eletivo em geral, mas ao fato de que o magistrado eleito era o chefe de uma grande monarquia.

Antes de discutir o valor absoluto do sistema eletivo, há sempre uma questão prévia a determinar: saber se a posição geográfica, as leis, os hábitos, os costumes e as opiniões do povo no qual se quer que ele seja introduzido permitem estabelecer um Poder Executivo fraco e dependente; pois querer que o representante do Estado seja dotado de um amplo poder e, ao mesmo tempo, que seja eleito é expressar, a meu ver, duas vontades contraditórias. De minha parte, conheço um único meio de fazer a monarquia hereditária passar ao estado de poder eletivo: é preciso limitar previamente sua esfera de ação, diminuir gradualmente suas prerrogativas e pouco a pouco habituar o povo a viver sem seu auxílio. Mas disso os republicanos da Europa não se ocupam. Como muitos deles só odeiam a tirania porque são alvo de seus rigores, a extensão do Poder Executivo não os fere; atacam apenas sua origem, sem perceber o laço estreito que une essas duas coisas.

Ainda não se viu ninguém que se preocupasse por expor sua honra e sua vida para tornar-se presidente dos Estados Unidos, porque o presidente tem apenas um poder temporário, limitado e dependente. A sorte deve colocar um prêmio imenso em jogo para que se apresentem a essa disputa jogadores desesperados. Nenhum candidato, até o momento, conseguiu despertar a seu favor ardentes simpatias e perigosas paixões populares. A razão para isso é simples: chegando à frente do governo, ele não pode distribuir a seus amigos nem muito poder, nem muitas riquezas, nem muita glória, e sua influência no Estado é fraca demais para que as facções vejam seus próprios sucessos ou ruínas em sua chegada ao poder.

As monarquias hereditárias têm uma grande vantagem: estando o interesse particular de uma família ligado de maneira contínua e estreita ao interesse do Estado, nunca há um único momento em que este seja entregue a si mesmo. Não sei se nessas monarquias os negócios são mais bem geridos do que em outros lugares; ao menos, porém, há sempre alguém que, bem ou mal, segundo sua capacidade, ocupa-se deles.

Nos estados eleitorais, ao contrário, com a proximidade da eleição e muito antes dela, as engrenagens do governo passam a funcionar, de certo modo, por si próprias. Sem dúvida é possível organizar as leis de modo que, ocorrendo a eleição de uma só vez e com rapidez, o Poder Executivo nunca fique, por assim dizer, vago; mas não importa o que se faça, o vazio existe nos espíritos apesar dos esforços do legislador.

Com a proximidade da eleição, o chefe do Poder Executivo só pensa na luta que se prepara; ele não tem mais futuro; nada pode fazer e dá seguimento com frouxidão ao que outro talvez conclua.

"Estou tão perto do momento de minha retirada", escrevia o presidente Jefferson em 21 de janeiro de 1809 (seis semanas antes da eleição), "que só tomo parte nos negócios expressando minha opinião. Parece-me justo deixar a meu sucessor a iniciativa das medidas cuja execução ele deverá seguir e cuja responsabilidade deverá suportar."

A nação, por sua vez, só tem olhos para um único ponto; ocupa-se apenas em acompanhar o trabalho de parto que se prepara.

Quanto mais vasto é o lugar que o Poder Executivo ocupa na direção dos negócios, mais sua ação habitual é grande e necessária, e mais um tal estado de coisas é perigoso. Num povo que contraiu o hábito de ser governado pelo Poder Executivo e, mais ainda, de ser administrado por ele, a eleição não poderia deixar de produzir uma profunda perturbação.

Nos Estados Unidos, a ação do Poder Executivo pode afrouxar impunemente, porque essa ação é fraca e circunscrita.

Quando o chefe do governo é eleito, quase sempre resulta disso uma falta de estabilidade na política interna e externa do Estado. Esse é um dos principais vícios desse sistema.

Mas esse vício é mais ou menos perceptível dependendo da quantidade de poder concedido ao magistrado eleito. Em Roma, os princípios do governo não variavam nunca, embora os cônsules fossem trocados todos os anos, porque o Senado era o poder dirigente e era um corpo hereditário. Na maior parte das monarquias da Europa, se o rei fosse eleito, o reino mudaria de cara a cada nova escolha.

Na América, o presidente exerce uma influência bastante grande nos negócios do Estado, mas não os conduz; o poder preponderante reside na representação nacional como um todo. É a massa do povo que é preciso mudar, portanto, e não apenas o presidente, para que as máximas da política variem. Da mesma forma, na América o sistema de eleição, aplicado ao chefe do Poder Executivo, não prejudica de maneira muito sensível a fixidez do governo.

De resto, a falta de fixidez é um mal tão inerente ao sistema eletivo que também se faz sentir intensamente na esfera de ação do presidente, por mais circunscrita que esta seja.

Os americanos pensaram com razão que o chefe do Poder Executivo, para cumprir sua missão e carregar o peso de toda a responsabilidade, devia permanecer, tanto quanto possível, livre para escolher seus agentes e dispensá-los à vontade; o corpo legislativo mais vigia o presidente do que o comanda. Segue-se disso que, a cada nova eleição, o destino de todos os funcionários federais é como que suspenso.

Há queixas, nas monarquias constitucionais da Europa, de que a sorte dos agentes obscuros da administração com frequência depende da sorte dos ministros. É muito pior nos Estados em que o chefe do governo é eleito. A razão para isso é simples: nas monarquias constitucionais, os ministros se sucedem rapidamente, mas o representante do Poder Executivo não muda nunca, o que encerra o espírito de inovação dentro de certos limites. Os sistemas administrativos variam mais a respeito dos detalhes do que dos princípios; não poderíamos substituir bruscamente uns pelos outros sem causar uma espécie de revolução. Na América, essa revolução acontece a cada quatro anos em nome da lei.

Quantos às misérias individuais que são a consequência natural de uma legislação como essa, é preciso admitir que a falta de fixidez no destino dos funcionários não produz na América os males que poderíamos esperar alhures. Nos Estados Unidos, é tão fácil criar para si uma existência independente que retirar de um funcionário o cargo que ele ocupa às vezes significa retirar-lhe o conforto na vida, mas nunca os meios de mantê-la.

Eu disse no início desse capítulo que os perigos do modo de eleição aplicado ao chefe do Poder Executivo eram maiores ou menores dependendo das circunstâncias em que se encontra o povo que o elege.

Por mais que nos esforcemos para diminuir o papel do Poder Executivo, existe uma coisa sobre a qual esse poder exerce grande influência, qualquer que seja o lugar que as leis lhe tenham atribuído: a política externa — uma negociação só pode ser iniciada e seguida com sucesso por um único homem.

Quanto mais um povo se encontra numa posição precária e perigosa, e quanto mais a necessidade de continuidade e fixidez se faz sentir na direção dos negócios estrangeiros, mais a aplicação do sistema de eleição ao chefe de Estado se torna perigosa.

A política dos americanos em relação ao restante do mundo é simples; quase poderíamos dizer que ninguém precisa deles e que eles não precisam de ninguém. Sua independência nunca é ameaçada.

Para eles, o papel do Poder Executivo é, portanto, tão restrito pelas circunstâncias quanto pelas leis. O presidente pode mudar frequentemente de ponto de vista sem que o Estado sofra ou pereça.

Quaisquer que sejam as prerrogativas de que o Poder Executivo esteja dotado, devemos sempre considerar o tempo que precede imediatamente a eleição, e aquele em que esta ocorre, como uma época de crise nacional.

Quanto mais a situação interior de um país é confusa e quanto mais seus perigos externos são grandes, mais esse momento de crise é perigoso para ele. Entre os povos da Europa há muito poucos que não precisariam temer a conquista ou a anarquia toda vez que escolhessem um novo líder.

Na América, a sociedade está constituída de tal forma que pode sustentar a si mesma e sem ajuda; os perigos externos nunca são prementes. A eleição do presidente é causa de agitação, não de ruína.

MODO DE ELEIÇÃO

> Habilidade de que os legisladores americanos fizeram prova na escolha do modo de eleição — Criação de um corpo eleitoral especial — Voto separado dos eleitores especiais — Em que caso a Câmara dos Representantes é chamada a escolher o presidente — O que aconteceu nas doze eleições ocorridas desde que a Constituição está em vigor

Independentemente dos perigos inerentes ao princípio, há vários outros que nascem das próprias formas de eleição e que podem ser evitados pelos cuidados do legislador.

Quando um povo se reúne em armas na praça pública para escolher seu líder, não apenas se expõe aos perigos apresentados intrinsecamente pelo sistema eletivo como também a todos os da guerra civil, que nascem de tal modo de eleição.

Quando as leis polonesas faziam a escolha do rei depender do veto de um único homem, elas convidavam ao assassinato desse homem ou instituíam a anarquia antecipadamente.

À medida que estudamos as instituições dos Estados Unidos e lançamos um olhar mais atento à situação política e social desse país, observamos um maravilhoso acordo entre o acaso e os esforços do homem. A América era uma região nova, contudo, o povo que a habitava já havia feito, em outro lugar, longo uso da liberdade: duas grandes causas da ordem interna. Além disso, a América não temia ser conquistada. Os legisladores americanos, apoderando-se dessas circunstâncias favoráveis, não tiveram dificuldade para estabelecer um Poder Executivo fraco e dependente; tendo-o criado assim, puderam sem perigo torná-lo eletivo.

Restava-lhes apenas escolher, entre os diferentes sistemas de eleição, o menos perigoso; as regras que traçaram a esse respeito completam admiravelmente bem as garantias que a Constituição física e política do país já fornecia.

O problema a resolver consistia em encontrar o modo de eleição que, expressando as vontades reais do povo, também inflamasse pouco suas paixões e o mantivesse o mínimo possível em suspenso. Admitiu-se, primeiro, que a maioria *simples* resolveria. Mas ainda era coisa muito difícil obter essa maioria sem precisar temer a demora que, acima de tudo, queria-se evitar.

É raro, de fato, ver um homem reunir de primeira a maioria dos sufrágios de um grande povo. A dificuldade cresce ainda mais numa república de estados confederados, onde as influências locais estão muito mais desenvolvidas e fortes.

Para evitar esse segundo obstáculo, apresentava-se um meio: delegar os poderes eleitorais da nação a um corpo que a representasse.

Esse modo de eleição tornava a maioria mais provável; pois, quanto menos numerosos os eleitores, mais fácil seu entendimento. Ele também apresentava mais garantias para a qualidade da escolha.

Mas devia-se confiar o direito de eleger ao próprio corpo legislativo, representante habitual da nação, ou era preciso, pelo contrário, formar um colégio eleitoral cujo único objetivo fosse proceder à nomeação do presidente?

Os americanos preferiram essa última opção. Pensaram que os homens designados para elaborar as leis ordinárias representariam de maneira incompleta dos desejos do povo na eleição de seu primeiro magistrado. Sendo, aliás, eleitos por mais de um ano, teriam podido representar uma vontade já modificada. Julgaram que, se a legislatura fosse encarregada de eleger o chefe do Poder Executivo, seus membros se tornariam, muito antes da eleição, objeto de manobras corruptoras e joguete de intrigas; ao passo que, semelhantes a jurados, os eleitores especiais permaneceriam desconhecidos na multidão até o dia em que deveriam agir, e só apareceriam por um instante para pronunciar sua decisão.

Estabeleceu-se, assim, que cada estado nomearia um determinado número de eleitores,[137] que por sua vez elegeriam o presidente. E como notara-se que as assembleias encarregadas de escolher os chefes do governo nos países eletivos inevitavelmente tornavam-se focos de paixões e intrigas, que às vezes elas se apoderavam de poderes que não lhes cabiam e que com frequências suas operações, e a incerteza resultante, se prolongavam por tempo suficiente para colocar o Estado em perigo, decidiu-se que os eleitores votariam todos num dia determinado, mas sem estarem reunidos.[138]

O modo de eleição em duas etapas tornava a maioria provável, mas não a garantia, pois era possível que os eleitores divergissem entre si, como seus comitentes poderiam ter feito.

Caso isso acontecesse, seria necessário tomar uma dessas três medidas: nomear novos eleitores, consultar novamente os já nomeados ou, por fim, deferir a escolha a uma nova autoridade.

Os dois primeiros métodos, independentemente do fato de serem pouco seguros, provocavam demoras e perpetuavam uma agitação sempre perigosa.

Decidiu-se então pelo terceiro e admitiu-se que os votos dos eleitores seriam transmitidos lacrados ao presidente do Senado e que, no dia fixado e na presença das duas câmaras, este os abriria. Se nenhum dos candidatos tivesse reunido a maioria, a própria Câmara dos Representantes procederia imediatamente à eleição; mas cuidou-se de limitar seu direito. Os representantes só poderiam eleger um dos três candidatos que haviam obtido mais sufrágios.[139]

Como se vê, somente num caso raro e difícil de prever com antecipação a eleição é confiada aos representantes ordinários da nação, e mesmo assim eles só podem escolher um cidadão já designado por uma grande minoria de eleitores especiais; feliz combinação, que concilia o respeito devido à vontade do povo com a rapidez de execução e com as garantias de ordem que o interesse do Estado exige. De resto, fazendo a questão ser decidida pela Câmara dos Representantes, em caso de impasse, ainda não se chegava à solução completa

---

137. Tantos quanto os membros do Congresso que enviava. O número de eleitores da eleição de 1833 foi de 288 (*The National calendar*).

138. Os eleitores do mesmo estado se reuniam, mas transmitiam à sede do governo central a lista dos votos individuais e não o produto do voto da maioria.

139. Nessa circunstância, é a maioria dos estados, e não a maioria dos membros, que decide a questão. De tal modo que Nova York não tem mais influência sobre a deliberação do que Rhode Island. Assim, primeiro consulta-se os cidadãos da União como formando um único e mesmo povo; quando eles não podem chegar a um consenso, revive-se a divisão por estado e dá-se a cada um destes um voto separado e independente. Essa é uma das anomalias da Constituição Federal, que somente pode ser explicada pelo choque de interesses contrários.

de todas as dificuldades; pois a maioria podia, por sua vez, ser duvidosa na Câmara dos Representantes e para isso a Constituição não apresentava nenhum remédio. Mas estabelecendo candidaturas obrigatórias, restringindo seu número a três e remetendo-se à escolha de alguns homens esclarecidos, ela havia aplainado todos os obstáculos[140] sobre os quais podia ter algum poder; os outros eram inerentes ao próprio sistema eletivo.

Nos quarenta anos que se passaram desde que a Constituição Federal existe, os Estados Unidos já elegeram doze vezes seu presidente.

Dez eleições foram feitas num instante, pelo voto simultâneo dos eleitores especiais situados em diferentes pontos do território.

A Câmara dos Representantes só fez uso duas vezes do direito excepcional de que está investida em caso de impasse. A primeira, em 1801, quando da eleição do senhor Jefferson; a segunda, em 1825, quando o senhor Quincy Adams foi nomeado.

CRISE DA ELEIÇÃO

> Podemos considerar o momento da eleição do presidente como um momento de crise nacional — Por quê — Paixão do povo — Preocupação do presidente — Calma que sucede a agitação da eleição

Mencionei dentro de que circunstâncias favoráveis se encontravam os Estados Unidos para a adoção do sistema eletivo e mostrei as precauções que os legisladores haviam tomado a fim de diminuir os perigos. Os americanos estão acostumados a conduzir todo tipo de eleição. A experiência ensinou-lhes a que grau de agitação eles podem chegar e devem deter-se. A grande extensão de seu território e a disseminação dos habitantes torna uma colisão entre os diferentes partidos menos provável e menos perigosa do que em qualquer outro lugar. As circunstâncias políticas em meio às quais a nação se viu durante as eleições até agora nunca apresentaram nenhum perigo real.

No entanto, ainda podemos considerar o momento de eleição do presidente dos Estados Unidos como uma época de crise nacional.

A influência exercida pelo presidente no andamento dos negócios é sem dúvida fraca e indireta, mas estende-se por toda a nação; a escolha do presidente importa apenas moderadamente a cada cidadão, mas importa a todos os cidadãos. Ora, um interesse, por menor que seja, adquire uma grande importância assim que se torna um interesse geral.

---

140. Jefferson, em 1801, só foi nomeado, contudo, na 36ª rodada de escrutínio.

Comparado a um rei da Europa, o presidente sem dúvida tem poucos meios para granjear partidários; contudo, os cargos de que dispõe são em número grande o suficiente para que vários milhares de eleitores estejam direta ou indiretamente interessados por sua causa.

Ademais, os partidos, nos Estados Unidos e em outros países, sentem a necessidade de se agrupar em torno de um homem, a fim de chegar mais facilmente à inteligência da multidão. Eles em geral se servem do nome do candidato à Presidência como de um símbolo; personificam nele suas teorias. Assim, os partidos têm um grande interesse em determinar a eleição a seu favor, não tanto para fazer suas doutrinas triunfarem com o auxílio do presidente eleito quanto para mostrar, com sua eleição, que essas doutrinas obtiveram a maioria.

Muito tempo antes da chegada do momento fixado, a eleição se torna o maior e, por assim dizer, a única coisa a preocupar os espíritos. As facções redobram seu ardor; todas as paixões factícias que a imaginação pode criar, num país feliz e tranquilo, agitam-se nesse momento aos olhos de todos.

O presidente, por sua vez, é absorvido pela preocupação de defender-se. Ele não governa mais no interesse do Estado, mas no de sua reeleição; ele se curva diante da maioria e, muitas vezes, em vez de resistir a suas paixões, como seu dever o obriga, corre ao encontro de seus caprichos.

À medida que a eleição se aproxima, as intrigas se tornam mais ativas, a agitação, mais viva e mais disseminada. Os cidadãos se dividem em vários campos, cada qual com o nome de seu candidato. A nação inteira entra num estado febril, a eleição é o texto diário dos jornais, o tema das conversas privadas, o objetivo de todas as ações, o objeto de todos os pensamentos, o único interesse presente.

Assim que a sorte é pronunciada, é verdade, esse ardor se dissipa, tudo se acalma, e o rio, que havia extravasado por um momento, volta serenamente a seu leito. Mas não devemos nos espantar que tenha sido possível a tempestade nascer?

DA REELEIÇÃO DO PRESIDENTE

Quando o chefe do Poder Executivo é reelegível, é o próprio Estado que intriga e corrompe — Desejo de ser reeleito que domina todos os pensamentos do presidente dos Estados Unidos — Inconveniente da reeleição especial na América — O vício natural das democracias é a sujeição gradual de todos os poderes aos mínimos desejos da maioria — A reeleição do presidente favorece esse vício

Os legisladores dos Estados Unidos erraram ou acertaram ao permitir a reeleição do presidente?

Impedir que o chefe do Poder Executivo possa ser reeleito parece, à primeira vista, contrário à razão. Sabemos a influência que os talentos ou o caráter de um único homem exercem sobre o destino de todo um povo, principalmente em circunstâncias difíceis e em tempos de crise. As leis que proibissem os cidadãos de reeleger seu primeiro magistrado retirariam deles a melhor maneira de fazer o Estado prosperar ou salvá-lo. Chegaríamos, aliás, ao estranho resultado de que um homem seria excluído do governo no exato momento em que teria acabado de provar que era capaz de governá-lo bem.

Essas razões são poderosas, sem dúvida, contudo, não poderíamos opor-lhes outras ainda mais fortes?

A intriga e a corrupção são vícios naturais aos governos eletivos. Mas quando o chefe do Estado pode ser reeleito, esses vícios se estendem indefinidamente e comprometem a própria existência do país. Se um simples candidato quer vencer por meio da intriga, suas manobras só seriam exercidas num espaço circunscrito. Se, ao contrário, o próprio chefe do Estado entra na disputa, ele toma para seu uso pessoal a força do governo.

No primeiro caso, é um homem com seus parcos meios; no segundo, é o próprio Estado, com seus imensos recursos, que intriga e corrompe.

O simples cidadão que emprega manobras condenáveis para chegar ao poder só pode prejudicar de maneira indireta a prosperidade pública; mas se o representante do Poder Executivo entra na disputa, o cuidado com o governo torna-se para ele um interesse secundário; o interesse principal é sua eleição. As negociações, como as leis, tornam-se apenas combinações eleitorais; os cargos se tornam a recompensa por serviços prestados, não à nação, mas a seu chefe. Ainda que nem sempre a ação do governo seja contrária aos interesses do país, não serve mais a eles. No entanto, foi feita apenas para esse uso.

É impossível considerar o andamento ordinário das coisas nos Estados Unidos sem perceber que o desejo de ser reeleito domina os pensamentos do presidente, que toda a política de sua administração tende a isso, que suas mínimas ações estão subordinadas a esse objetivo, que, acima de tudo, à medida que o momento da crise se aproxima, o interesse individual substitui em seu espírito o interesse geral.

O princípio da reeleição torna, então, a influência corruptora dos governos eletivos mais ampla e mais perigosa. Ele tende a degradar a moral política do povo e a substituir o patriotismo pela habilidade.

Na América, ele ataca mais de perto ainda as fontes da existência nacional.

Cada governo carrega em si mesmo um vício natural que parece ligado ao princípio de sua existência; o gênio do legislador consiste em discerni-lo bem. Um Estado pode triunfar sobre muitas leis ruins, e muitas vezes exagera-se o mal que elas causam. Mas toda lei cujo efeito é desenvolver esse germe da morte não poderia deixar, a longo prazo, de se tornar fatal, ainda que seus efeitos nocivos não se façam sentir imediatamente.

O princípio da ruína, nas monarquias absolutas, é a extensão ilimitada e insensata do poder real. Uma medida que retirasse os contrapesos que a Constituição havia aplicado a esse poder seria radicalmente ruim, portanto, embora seus efeitos se mantivessem, por muito tempo, imperceptíveis.

Da mesma forma, nos países em que a democracia governa e em que o povo chama constantemente tudo para si, as leis que tornam sua ação cada vez mais rápida e irresistível atacam de maneira direta a existência do governo.

O grande mérito dos legisladores americanos é ter percebido com clareza essa verdade e ter tido a coragem de colocá-la em prática.

Eles conceberam que era preciso haver fora do povo um determinado número de poderes que, sem ser completamente independentes dele, gozassem, no entanto, em sua própria esfera, de um grau bastante elevado de liberdade; de tal modo que, forçados a obedecer à direção permanente da maioria, ainda pudessem lutar contra seus caprichos e recusar suas exigências perigosas.

Para esse fim, concentraram todo o Poder Executivo da nação numa única mão, deram ao presidente prerrogativas amplas e dotaram-no do poder de veto para resistir aos abusos da legislatura.

Contudo, ao introduzirem o princípio de reeleição, destruíram em parte sua obra. Concederam ao presidente um grande poder e retiraram-lhe a vontade de utilizá-lo.

Não reelegível, o presidente não era independente do povo, pois não cessava de ser responsável perante ele; mas o favor do povo não lhe era tão necessário que ele precisasse se curvar a todas as suas vontades.

Reelegível (e isso é verdade, principalmente nos dias de hoje, em que a moral política afrouxa e em que os grandes caracteres desaparecem), o presidente dos Estados Unidos nada mais é que um instrumento dócil nas mãos da maioria. Ele aprecia o que ela aprecia, odeia o que ela odeia; ele antecipa suas vontades, prevê suas queixas, curva-se a seus menores desejos: os legisladores queriam que a guiasse, mas ele a segue.

Assim, para não privar o Estado dos talentos de um homem, tornaram esses talentos quase inúteis; e para garantirem um recurso em circunstâncias extraordinárias, expuseram o país a perigos diários.

DOS TRIBUNAIS FEDERAIS[141]

Importância política do Poder Judiciário nos Estados Unidos — Dificuldade de abordar esse tema — Utilidade da justiça nas confederações — De que tribunais a União podia se servir — Necessidade de estabelecer tribunais de justiça federal — Organização da justiça federal — A Suprema Corte — Em que ela difere de todos os tribunais de justiça que conhecemos

Examinei o Poder Legislativo e o Poder Executivo da União. Resta-me analisar o Poder Judiciário.

Devo aqui expor meus temores aos leitores.

As instituições judiciárias exercem uma grande influência sobre o destino dos anglo-americanos; elas ocupam um lugar muito importante entre as instituições políticas propriamente ditas. Sob esse ponto de vista, merecem atrair nossa atenção em especial.

Mas como fazer compreender a ação política dos tribunais americanos sem entrar em alguns detalhes técnicos sobre sua constituição e suas formas; e como aprofundar os detalhes sem repelir, com a aridez natural de tal assunto, a curiosidade do leitor? Como manter a clareza sem perder a brevidade?

Não me gabo de ter escapado desses diversos perigos. Os homens do mundo ainda acharão que me estendo demais, os legistas pensarão que sou breve demais. Mas esse é um inconveniente ligado a meu tema, em geral, e à matéria especial de que trato nesse momento.

A maior dificuldade não era saber como constituir o governo federal, mas como fazer suas leis serem obedecidas.

Os governos, em geral, dispõem de apenas dois meios de vencer a resistência dos governados: a força material que encontram em si mesmos e a força moral que as sentenças dos tribunais lhes emprestam.

Um governo que só dispusesse da guerra para fazer suas leis serem obedecidas estaria muito perto da ruína. É provável que lhe acontecesse uma destas duas coisas: se fosse fraco e moderado, faria uso da força somente em última instância e deixaria passar despercebido um grande número de desobediências parciais; assim, o Estado aos poucos cairia na anarquia. Se fosse audacioso e potente, todos os dias recorreria ao uso da violência e logo o veríamos

---

141. Ver o capítulo 4, intitulado "Do poder judiciário nos Estados Unidos". Esse capítulo apresenta os princípios gerais dos americanos em matéria de justiça. Ver também a Constituição Federal, artigo 3. Ver a obra intitulada *The federalist*, n. 78-83, inclusive, Thomas Sergeant, *Constitutional law, being a view of the practice and jurisdiction of the courts of the United States*.

degenerar em puro despotismo militar. Sua inação e sua atividade seriam igualmente funestas aos governados.

O grande objetivo da justiça é substituir a ideia da violência pela do direito, colocar intermediários entre o governo e o emprego da força material.

É surpreendente a força da opinião geral concedida pelos homens à intervenção dos tribunais. Essa força é tão grande que continua ligada à forma judiciária mesmo quando a substância já não existe; ela dá corpo à sombra.

A força moral de que os tribunais estão investidos torna o emprego da força material infinitamente mais raro, substituindo-se a ela na maioria dos casos; quando finalmente é preciso que esta última entre em ação, aquela duplica seu poder unindo-se a ela.

Um governo federal deve desejar mais que outro obter o apoio da justiça, porque é mais fraco, por natureza, e porque é mais fácil organizar resistências contra ele.[142] Se sempre precisasse recorrer, e de saída, ao emprego da força, não conseguiria preencher sua tarefa.

Para fazer os cidadãos obedecerem a suas leis, ou repelir as agressões de que estas seriam objeto, a União tinha, portanto, uma necessidade particular de tribunais.

Mas de quais tribunais devia servir-se? Cada estado tinha o próprio poder judiciário organizado. Devia recorrer a seus tribunais? Devia criar uma justiça federal? É fácil provar que a União não podia adaptar para seu uso o Poder Judiciário estabelecido nos estados.

Sem dúvida é importante, para a segurança e liberdade de todos, que o Poder Judiciário seja separado de todos os outros; mas não é menos necessário à existência nacional que os diferentes poderes do Estado tenham a mesma origem, sigam os mesmos princípios e ajam na mesma esfera, em suma, que sejam *correlativos* e *homogêneos*. Ninguém, imagino, jamais pensou em julgar por tribunais estrangeiros os delitos cometidos na França a fim de obter maior certeza da imparcialidade dos magistrados.

Os americanos formam um só povo, em relação a seu governo federal; mas, no meio desse povo, deixaram-se subsistir corpos políticos dependentes do governo nacional em alguns pontos, independentes em todos os outros, cada um com sua origem particular, suas doutrinas próprias e seus meios especiais de agir. Confiar a execução das leis da União aos tribunais instituídos por esses corpos políticos seria entregar a nação a juízes estrangeiros.

---

142. As leis federais são as que mais precisam de tribunais, no entanto, são as que menos os admitiram. A causa disso é que a maioria das confederações foi formada por estados independentes que não tinham a intenção real de obedecer ao governo central e que, embora lhe concedessem o direito de comandar, reservavam-se zelosamente a faculdade de desobedecer-lhe.

Mais que isso, cada estado não é apenas um estrangeiro em relação à União como também um adversário de todos os dias, visto que a soberania da União só poderia perder em proveito da dos estados.

Ao fazer as leis da União serem aplicadas pelos tribunais dos estados particulares, a nação seria entregue não apenas a juízes estrangeiros como também a juízes parciais.

Ademais, não era apenas o caráter dos tribunais dos estados que os tornava incapazes de servir um objetivo nacional, era principalmente seu número.

No momento em que a Constituição Federal foi composta, já existiam nos Estados Unidos treze tribunais de justiça que julgavam sem apelação. Hoje são 24. Como admitir que um Estado possa subsistir quando suas leis fundamentais podem ser interpretadas e aplicadas de 24 maneiras diferentes ao mesmo tempo! Tal sistema é tão contrário à razão quanto às lições da experiência.

Os legisladores da América acordaram, então, criar um Poder Judiciário federal para aplicar as leis da União e decidir certas questões de interesse geral que foram definidas previamente com cuidado.

Todo o Poder Judiciário da União foi concentrado num único tribunal, chamado de Suprema Corte dos Estados Unidos. Para facilitar a expedição das causas, associaram-lhe tribunais internos encarregados de julgar soberanamente as causas pouco importantes ou estatuir, em primeira instância, contestações mais graves. Os membros da Suprema Corte não foram eleitos pelo povo ou pela legislatura; o presidente dos Estados Unidos escolheu-os após consultar o parecer do Senado.

A fim de torná-los independentes dos outros poderes, foram decretados inamovíveis e decidiu-se que sua remuneração, uma vez fixada, escaparia ao controle da legislatura.[143]

---

143. A União foi dividida em distritos; a cada um desses distritos atribuiu-se definitivamente um juiz federal. O tribunal presidido por esse juiz foi chamado de Corte Distrital (*district court*). Além disso, cada um dos juízes que compunha a Suprema Corte devia percorrer todos os anos uma determinada porção de território da república, a fim de decidir no próprio local certos processos mais importantes: o tribunal presidido por esse magistrado foi designado sob o nome de Corte de Circuito (*circuit court*). Por fim, os maiores casos chegavam, seja diretamente, seja por apelação, à Suprema Corte, em cuja sede todos os juízes de circuito se reuniam uma vez por ano para uma sessão solene. O sistema de júri foi introduzido nos tribunais federais, assim como nos tribunais de Estado, e para casos semelhantes. Quase não há analogia, como se vê, entre a Suprema Corte dos Estados Unidos e nossa Cour de Cassation. A Suprema Corte pode ser solicitada em primeira instância e a Cour de Cassation só pode sê-lo em segunda ou terceira. A Suprema Corte forma, na realidade, como a Cour de Cassation, um tribunal único encarregado de estabelecer uma jurisprudência uniforme, mas a Suprema Corte julga tanto o fato como o direito e pronuncia, *ela mesma*, a sentença, sem remeter-se a outro tribunal; duas coisas que a Cour de Cassation não poderia fazer. Ver a lei orgânica de 24 de setembro de 1789, *Laws of the United States*, por Story, vol. 1, p. 53.

Era bastante fácil proclamar em princípio o estabelecimento de uma justiça federal, mas as dificuldades nasciam em grande número assim que se tentava estabelecer suas atribuições.

MANEIRA DE ESTABELECER A COMPETÊNCIA DOS TRIBUNAIS FEDERAIS

> Dificuldade de estabelecer a competência dos diversos tribunais nas confederações — Os tribunais da União obtiveram o direito de estabelecer sua própria competência — Por que essa regra afronta a porção de soberania que os estados particulares reservavam para si — A soberania desses estados é restringida pelas leis e pela interpretação das leis — Os estados particulares correm um perigo mais aparente do que real, portanto

Uma primeira questão se apresentava: visto que a Constituição dos Estados Unidos colocava frente a frente duas soberanias distintas, representadas, quanto à justiça, por duas ordens de tribunais diferentes, por mais que se tomasse o cuidado de estabelecer a jurisdição de cada uma dessas duas ordens de tribunais, não era possível impedir que houvesse colisões frequentes entre eles. Ora, nesse caso, a quem deveria caber o direito de estabelecer a competência?

Nos povos que formam uma única e mesma sociedade política, quando uma questão de competência surge entre dois tribunais, ela em geral é levada a um terceiro, que serve de árbitro.

Isso acontece sem dificuldades, porque, para esses povos, as questões de competência judiciária não têm relação alguma com as questões de soberania nacional.

No entanto, acima do tribunal superior de um estado particular e do tribunal superior dos Estados Unidos, era impossível estabelecer um tribunal qualquer que não fosse este ou aquele.

Precisava-se necessariamente atribuir a um desses dois tribunais o direito de julgar em causa própria e aceitar ou rejeitar a competência do que lhe era contestado. Não era possível conceder esse privilégio aos diversos tribunais dos estados; seria o mesmo que destruir a soberania da União de fato após tê-la estabelecido de direito, pois a interpretação da Constituição logo devolveria aos estados particulares a porção de independência que os termos da Constituição lhe tiravam.

Criando um tribunal federal, tentou-se retirar dos tribunais dos estados o direito de resolver, cada um à sua maneira, questões de interesse nacional, e chegar assim à formação de um corpo de jurisprudência uniforme para a interpretação das leis da União. O objetivo não teria sido alcançado se os tribunais dos estados particulares, embora abstendo-se de julgar os processos federais, tivessem sido capazes de julgá-los apenas dizendo que não eram federais.

A Suprema Corte dos Estados Unidos foi, portanto, investida do direito de decidir sobre todas as questões de competência.[144]

Esse foi o mais perigoso golpe infligido à soberania dos estados. Esta se viu restringida, não apenas pelas leis como também pela interpretação das leis; por um limite conhecido e por outro que não o era; por uma regra fixa e por uma regra arbitrária. A Constituição havia imposto, é verdade, limites precisos à soberania federal; mas toda vez que essa soberania entra em conflito com a dos estados, um tribunal federal deve se pronunciar.

De resto, os perigos com que essa maneira de proceder parecia ameaçar a soberania dos estados não eram tão grandes, na verdade, quanto pareciam.

Veremos mais adiante que, na América, a força real reside nos governos provinciais, mais que no governo federal. Os juízes federais sentem a fraqueza relativa do poder em nome do qual agem e estão mais dispostos a abandonar um direito de jurisdição nos casos em que a lei o dá a eles do que a reclamá-lo ilegalmente.

DIFERENTES CASOS DE JURISDIÇÃO

> A matéria e a pessoa, bases da jurisdição federal — Processo contra embaixadores, contra a União, contra um estado particular — Por quem são julgados — Processos que nascem das leis da União — Por que são julgados pelos tribunais federais — Processos relativos à inexecução dos contratos julgados pela justiça federal — Consequência disso

Depois de reconhecer o meio de estabelecer a competência federal, os legisladores da União determinaram os casos de jurisdição sobre os quais ela devia ser exercida.

Admitiu-se que havia certos pleiteantes que só podiam ser julgados pelos tribunais federais, qualquer que fosse, aliás, o objeto do processo.

---

144. De resto, para tornar esses processos de competência menos frequentes, decidiu-se que, num número enorme de processos federais, os tribunais dos estados particulares teriam o direito de se pronunciar junto aos tribunais da União; assim, porém, a parte condenada sempre teria a faculdade de apelar à Suprema Corte dos Estados Unidos. A Suprema Corte da Virgínia contestou à Suprema Corte dos Estados Unidos o direito de julgar a apelação de suas sentenças, mas inutilmente. Ver *Kent's commentaries*, vol. 1, p. 300, 370 ss. Ver *Story's commentaries*, p. 646, e a lei orgânica de 1789; *Laws of the United States*, vol. 1, p. 53.

A seguir estabeleceu-se que havia certos processos que só podiam ser decididos por esses mesmos tribunais, qualquer que fosse, aliás, a qualidade dos pleiteantes.

A pessoa e a matéria tornaram-se, assim, as duas bases da competência federal.

Os embaixadores representam as nações amigas da União; tudo o que interessa aos embaixadores interessa de certo modo à União inteira. Quando um embaixador é parte de um processo, o processo se torna uma questão que diz respeito ao bem-estar da nação; é natural que seja um tribunal federal a julgá-lo.

A própria União pode ser processada: nesse caso, seria contrário à razão, bem como ao uso das nações, recorrer ao julgamento dos tribunais representando outra soberania que não a sua. Cabe apenas aos tribunais federais pronunciar seus julgamentos.

Quando dois indivíduos, pertencentes a dois estados diferentes, sofrem um processo, não se pode, sem inconvenientes, fazê-los ser julgados pelos tribunais de um dos dois estados. É mais seguro escolher um tribunal que não possa despertar dúvidas de nenhuma das partes, e o tribunal que surge naturalmente é o da União.

Quando os dois pleiteantes não são mais indivíduos isolados, mas estados, à mesma razão de equidade vem somar-se uma razão política de primeira ordem. Aqui, a qualidade dos pleiteantes confere uma importância nacional a todos os processos; a menor questão litigiosa entre dois estados diz respeito à paz da União inteira.[145]

Muitas vezes, a própria natureza dos processos precisou servir de regra à competência. Assim, todas as questões relacionadas ao comércio marítimo eram arbitradas pelos tribunais federais.[146]

É fácil apontar a razão para isso: quase todas essas questões cabem à apreciação do direito das pessoas. Sob esse aspecto, elas concernem essencialmente à União inteira perante os estrangeiros. Além disso, visto que o mar não está

---

145. A Constituição também diz que os processos que poderão nascer entre um estado e os cidadãos de outro estado serão da alçada dos tribunais federais. Logo surgiu a questão de saber se a Constituição quisera falar de todos os processos que podem nascer entre um estado e os cidadãos de outro estado, ou seja, que uns ou outros fossem *requerentes*. A Suprema Corte se pronunciou pela afirmativa, mas essa decisão alarmou os estados particulares, que temeram ser processados apesar deles, por qualquer motivo, diante da justiça federal. Uma emenda foi então introduzida na Constituição, em virtude da qual o Poder Judiciário da União não pôde estender-se até julgar os processos que teriam sido *movidos* contra um dos Estados Unidos pelos cidadãos de outro. Ver *Story's commentaries*, p. 624

146. Exemplo: todos os atos de pirataria.

mais encerrado dentro de uma circunscrição judiciária do que de outra, somente a justiça nacional poderia ter competência para julgar processos que tenham origem marítima.

A Constituição encerrou numa única categoria quase todos os processos que, por sua natureza, devam caber aos tribunais federais.

A regra que ela indica para isso é simples, mas compreende em si mesma um vasto sistema de ideias e uma infinidade de fatos.

Os tribunais federais, diz ela, deverão julgar todos os processos que *nascerem das leis dos Estados Unidos*.

Dois exemplos tornarão perfeitamente compreensível o pensamento do legislador.

A Constituição veda aos estados o direito de agir sobre a circulação do dinheiro; apesar dessa proibição, um estado faz uma lei semelhante. As partes interessadas se recusam a obedecer, pois a lei é contrária à Constituição. Deve-se comparecer perante um tribunal federal, porque o objeto de contestação vem das leis dos Estados Unidos.

O Congresso estabelece uma tarifa aduaneira. Dificuldades surgem na cobrança dessa tarifa. É de novo perante os tribunais federais que se deve comparecer, porque a causa do processo está na interpretação de uma lei dos Estados Unidos.

Essa regra está perfeitamente de acordo com as bases adotadas para a Constituição Federal.

A União, tal como foi constituída em 1789, só tem, é verdade, uma soberania restrita, mas quis-se que nesse círculo ela formasse um único e mesmo povo.[147] Nesse círculo, ela é soberana. Estabelecido e admitido esse ponto, todo o resto se torna fácil; pois se reconhecemos que os Estados Unidos, nos limites impostos por sua Constituição, formam um só povo, é preciso conceder-lhes os direitos que cabem a todos os povos.

Ora, desde a origem das sociedades concorda-se sobre esse ponto: cada povo tem o direito de julgar por seus tribunais todas as questões que se referem à execução de suas próprias leis. Mas pode-se replicar: a União está numa posição singular porque só forma um povo em relação a certos objetos, para todos os outros, ela não é nada. O que resulta disso? Que, ao menos para todas as leis que se referem a esses objetos, ela tem direitos que concederíamos a uma soberania completa. O real ponto de dificuldade é saber quais são esses

---

147. Algumas restrições foram apresentadas a esse princípio, introduzindo-se os estados particulares como poder independente dentro do Senado, e fazendo-os votar separadamente na Câmara dos Representantes em caso de eleição do presidente; mas são exceções. O princípio contrário é dominante.

objetos. Resolvido esse ponto (e vimos acima, ao tratar da competência, como havia sido resolvido), não resta, a bem dizer, mais nenhuma questão; pois uma vez estabelecido que um processo é federal, ou seja, que cabe à parte de soberania reservada à União pela Constituição, seguia-se naturalmente disso que um tribunal federal deveria ser o único a pronunciar-se.

Todas as vezes que se quer contestar as leis dos Estados Unidos, ou invocá-las para defender-se, é aos tribunais federais que se deve apelar.

Assim, a jurisdição dos tribunais da União se amplia ou se restringe conforme a soberania da União se restringe ou se amplia, por sua vez.

Vimos que o objetivo principal dos legisladores de 1789 havia sido dividir a soberania em duas partes distintas. Numa, colocaram a direção de todos os interesses gerais da União, na outra, a direção de todos os interesses especiais a algumas de suas partes.

Seu principal cuidado foi armar o governo federal com poderes suficientes para que este pudesse, em sua esfera, defender-se das intromissões dos estados particulares.

Quanto a estes, adotou-se como princípio geral deixá-los livres em suas esferas. O governo central não pode dirigi-los e nem mesmo inspecionar sua conduta.

Indiquei no capítulo sobre a divisão dos poderes que esse último princípio nem sempre havia sido respeitado. Há certas leis que um estado particular não pode fazer, mesmo que aparentemente só digam respeito a ele.

Quando um estado da União cria uma lei dessa natureza, os cidadãos lesados pela execução dessa lei podem recorrer aos tribunais federais.

Assim, a jurisdição dos tribunais federais estende-se não somente a todos os processos que se originem nas leis da União como também em todos os que nascem nas leis que os estados particulares criaram contrariamente à Constituição.

Proibiu-se que os estados promulgassem leis retroativas em matéria criminal; o homem que é condenado em virtude de uma lei dessa espécie pode apelar à justiça federal.

A Constituição também proibiu os estados de elaborarem leis que possam destruir ou alterar os direitos adquiridos em virtude de um contrato (*impairing the obligations of contracts*).[148]

---

[148]. É perfeitamente claro, diz o senhor, que toda lei que amplie, restrinja ou mude de qualquer maneira que for a intenção das partes, tais como resultam das estipulações contidas num contrato, altera (*impairs*) esse contrato. O mesmo autor define com cuidado no mesmo lugar o que a jurisprudência federal entende por contrato. A definição é bastante ampla. Uma concessão feita pelo estado a um particular e aceita por ele é um contrato e não pode ser cancelada por uma nova lei. Uma licença

Assim que um particular acredita que uma lei de seu estado fere um direito dessa espécie, ele pode se recusar a obedecer e recorrer à justiça federal.[149]

Esse dispositivo parece-me atacar mais profundamente que todo o resto a soberania dos estados.

Os direitos conferidos ao governo federal, com objetivos evidentemente nacionais, são definidos e fáceis de compreender. Os que lhe são conferidos indiretamente pelo artigo que acabo de citar não são facilmente discerníveis e seus limites não estão nitidamente traçados. Há de fato uma infinidade de leis políticas que repercutem sobre a existência dos contratos e que poderiam fornecer matéria a uma intromissão do poder central.

MANEIRA DE PROCEDER DOS TRIBUNAIS FEDERAIS

Fraqueza natural da justiça nas confederações — Esforços que os legisladores devem fazer para só colocar, tanto quanto possível, indivíduos isolados, e não estados, diante dos tribunais federais — Como os americanos chegaram a isso — Ação direta dos tribunais federais sobre os simples particulares — Ataque indireto contra os estados que violam as leis da União — A sentença da justiça federal não destrói a lei provincial, enfraquece-a

Dei a conhecer quais eram os direitos dos tribunais federais; não menos importante é saber como eles os exercem.

A força irresistível da justiça, nos países em que a soberania não é dividida, decorre do fato de que os tribunais, nesses países, representam a nação inteira em luta com um único indivíduo atingido pela sentença. À ideia do direito une-se a ideia da força que apoia o direito.

---

concedida pelo estado a uma companhia é um contrato e submete tanto o estado quanto o concessionário. O artigo da Constituição de que falamos garante, portanto, a existência de uma grande parte de *direitos adquiridos*, mas não de todos. Posso possuir muito legitimamente uma propriedade sem que ela tenha passado para minhas mãos por um contrato. Sua posse é para mim um direito adquirido, mas esse direito não é garantido pela Constituição Federal. Story, p. 503.

149. Eis um exemplo notável. O colégio de Darmouth, em New Hampshire, havia sido fundado em virtude de uma licença concedida a certos indivíduos antes da revolução americana. Seus administradores formavam, em virtude dessa licença, um corpo constituído ou, de acordo com a expressão americana, uma *corporation*. A legislatura de New Hampshire achou necessário mudar os termos da licença original e transpôs a novos administradores todos os direitos, privilégios e franquias que resultavam daquela licença. Os antigos administradores resistiram e recorreram ao tribunal federal, que lhes deu ganho de causa, visto que a licença original era um verdadeiro contrato entre o estado e seus concessionários e a nova lei não podia mudar as disposições dessa licença sem violar os direitos adquiridos em virtude de um contrato e, consequentemente, violar o artigo 1, seção x, da Constituição dos Estados Unidos. Story, p. 508.

Nos países em que a soberania é dividida, porém, nem sempre é assim. A justiça encontra na maioria das vezes diante de si não um indivíduo isolado, mas uma fração da nação. Seu poder moral e sua força material tornam-se menores.

Nos estados federais, portanto, a justiça é naturalmente mais fraca e o jurisdicionado, mais forte.

O legislador, nas confederações, deve trabalhar constantemente para dar aos tribunais um lugar análogo ao que eles ocupam nos povos que não dividiram a soberania; em outras palavras, seus esforços mais constantes devem tender a que a justiça federal represente a nação, e o jurisdicionado, um interesse particular.

Um governo, qualquer que seja sua natureza, precisa agir sobre os governados para forçá-los a dar-lhe o que lhe é devido; precisa agir contra eles para se defender de seus ataques.

Quanto à ação direta do governo sobre os governados, para forçá-los a obedecer às leis, a Constituição dos Estados Unidos fez com que (e essa foi sua obra-prima) os tribunais federais, agindo em nome dessas leis, tivessem apenas que lidar com indivíduos. De fato, como havia sido declarado que a confederação formava um único e mesmo povo no círculo traçado pela Constituição, resultava disso que o governo criado por essa Constituição e agindo dentro de seus limites estava investido de todos os direitos de um governo nacional, sendo o principal deles fazer suas injunções chegarem sem intermediário até o simples cidadão. Quando a União ordenava o recolhimento de um imposto, por exemplo, não era aos estados que ela se dirigia para recebê-los, mas a cada cidadão americano, de acordo com sua cota. A justiça federal, por sua vez, encarregada de assegurar a execução dessa lei da União, devia condenar não o estado recalcitrante, mas o contribuinte. Como a justiça dos outros povos, ela só encontrava diante de si o indivíduo.

Note-se que a própria União escolheu seu adversário. Escolheu-o fraco; é natural que ele sucumba.

Mas quando a União, em vez de atacar, é reduzida a defender-se, a dificuldade aumenta. A Constituição reconhece aos estados o poder de fazer leis. Essas leis podem violar os direitos da União. Aqui, necessariamente, esta se vê em luta contra a soberania do estado que fez a lei. Resta-lhe apenas escolher, entre os meios de ação, o menos perigoso. Esse meio era indicado de antemão pelos princípios gerais que enuncia anteriormente.[150]

Concebe-se que, no caso que acabo de supor, a União poderia processar o estado num tribunal federal, que teria declarado a lei nula; isso seria seguir

---

150. Ver o capítulo intitulado "Do poder judiciário na América".

a marcha natural das ideias. Mas, assim fazendo, a justiça federal se teria encontrado diretamente diante de um estado, coisa que se queria, tanto quanto possível, evitar.

Os americanos pensaram ser quase impossível que uma nova lei não lesasse, em sua execução, algum interesse particular.

É sobre esse interesse particular que os autores da Constituição Federal se baseiam para atacar a medida legislativa que pode fazer a União se queixar. É a ele que oferecem um abrigo.

Um estado vende terras a uma companhia, um ano depois, uma nova lei dispõe outra coisa sobre as mesmas terras e viola, assim, essa parte da Constituição que proíbe mudar os direitos adquiridos por um contrato. Quando aquele que comprou em virtude da nova lei se apresenta para tomar posse, o possuidor, que deve seus direitos à antiga lei, aciona-a diante dos tribunais da União e faz com que o novo título seja declarado nulo.[151] Assim, na realidade, a justiça federal se vê lutando com a soberania do estado; mas só a ataca indiretamente e a respeito de uma aplicação de detalhe. Ela também atinge a lei em suas consequências, não em seus princípios; ela não a destrói, enfraquece-a.

Restava enfim uma última hipótese:

Cada estado formava uma corporação que tinha uma existência e direitos civis à parte; consequentemente, ele podia acionar ou ser acionado perante os tribunais. Um estado podia, por exemplo, processar judicialmente outro estado.

Nesse caso, não se tratava mais para a União de contestar uma lei provincial, mas de julgar um processo em que um estado era parte envolvida. Era um processo como qualquer outro; somente a qualidade dos pleiteantes era diferente. Aqui, o perigo assinalado no início do capítulo continua existindo, mas, dessa vez, não se poderia evitá-lo; ele é inerente à essência das constituições federais, cujo resultado sempre será criar, no seio da nação, particulares poderosos o bastante para que a justiça se exerça contra eles com dificuldade.

POSIÇÃO ELEVADA OCUPADA PELA SUPREMA CORTE ENTRE OS GRANDES PODERES DO ESTADO

> Nenhum povo constituiu um Poder Judiciário tão grande quanto os americanos — Extensão de suas atribuições — Sua influência política — A paz e a própria existência da União dependem da sabedoria dos sete juízes federais

---

151. Ver *Kent's commentaries*, vol. 1, p. 387.

Quando, depois de termos examinado em detalhe a organização da Suprema Corte, consideramos em conjunto as atribuições que lhe foram dadas, logo descobrimos que nunca um Poder Judiciário mais imenso foi constituído em nenhum povo.

A Suprema Corte tem uma posição mais elevada que qualquer outro tribunal conhecido, pela *natureza* de seus direitos e pela *espécie* de seus jurisdicionados.

Em todas as nações civilizadas da Europa, o governo sempre demonstrou grande repugnância em deixar a justiça ordinária resolver questões que diziam respeito a ele mesmo. Essa repugnância é naturalmente maior quando o governo é mais absoluto. À medida, ao contrário, que a liberdade aumenta, o círculo das atribuições dos tribunais vai se alargando; mas nenhuma das nações europeias jamais pensou que toda questão judiciária, qualquer que fosse sua origem, pudesse ser abandonada aos juízes de direito comum.

Na América, essa teoria foi colocada em prática. A Suprema Corte dos Estados Unidos é o único tribunal da nação.

Ela é encarregada da interpretação das leis e dos tratados; as questões relativas ao comércio marítimo e todas as que em geral se referem ao direito das pessoas são de sua competência exclusiva. Pode-se inclusive dizer que suas atribuições são quase inteiramente políticas, embora sua Constituição seja inteiramente judiciária. Seu único objetivo é fazer com que as leis da União sejam executadas. A União só regula as relações do governo com os governados e da nação com os estrangeiros; as relações dos cidadãos entre eles são quase todas regidas pela soberania dos estados.

A essa primeira causa de importância é preciso acrescentar outra ainda maior. Nas nações da Europa, os tribunais só têm particulares como jurisdicionados; mas pode-se dizer que a Suprema Corte dos Estados Unidos faz soberanos comparecerem a seu tribunal. Quando o oficial de justiça, tendo subido os degraus do tribunal, pronuncia essas poucas palavras, "o estado de Nova York contra o de Ohio", sentimos não estar dentro dele um tribunal de justiça ordinário. E quando pensamos que um dos pleiteantes representa um milhão de homens, ficamos espantados com a responsabilidade que pesa sobre os sete juízes, cuja decisão vai alegrar ou entristecer um tão grande número de concidadãos.

Nas mãos dos sete juízes federais incessantemente repousam a paz, a prosperidade, a própria existência da União. Sem eles, a Constituição é uma obra morta; é a eles que o Poder Executivo apela para resistir às intromissões do corpo legislativo; a legislatura, para se defender dos ataques do Poder Executivo; a União, para ser obedecida pelos estados; os estados, para repelir as pretensões exageradas da União; o interesse público contra o interesse privado; o espírito de conservação contra a instabilidade democrática. O poder deles é imenso, mas é um poder de opinião. Eles são onipotentes enquanto o povo consente em obedecer à lei; não podem nada assim que este a despreza. Ora, o poder de opinião é o mais difícil de fazer uso, porque é impossível dizer com exatidão onde estão seus limites. Com frequência é tão perigoso manter-se aquém deles quanto ultrapassá-los.

Os juízes federais, portanto, não devem apenas ser bons cidadãos, homens instruídos e probos, qualidades necessárias a todos os magistrados, como também é preciso encontrar neles homens de Estado; é preciso que saibam detectar o espírito do tempo em que vivem, enfrentar os obstáculos que podem ser vencidos e desviar da correnteza quando as águas ameaçam carregar junto com eles mesmos a soberania da União e a obediência devida a suas leis.

O presidente pode falhar sem que o Estado sofra, porque o presidente tem um poder limitado. O Congresso pode errar sem que a União pereça, porque acima do Congresso reside o corpo eleitoral que pode mudar o espírito mudando seus membros.

Mas se a Suprema Corte um dia viesse a ser composta de homens imprudentes ou corrompidos, a confederação teria a temer a anarquia ou a guerra civil.

De resto, não nos enganamos, a causa originária do perigo não está na constituição do tribunal, mas na própria natureza dos governos federais. Vimos que em parte alguma é mais necessário constituir fortemente o Poder Judiciário quanto nos povos confederados, porque em parte alguma as existências individuais, que podem lutar contra o corpo social, são maiores e têm mais condições de resistir ao emprego da força material do governo.

Ora, quanto mais é necessário que um poder seja forte, mais é preciso dar-lhe extensão e independência. Quanto mais um poder é extenso e independente, mais o abuso que se pode fazer dele é perigoso. A origem do mal não está, portanto, na Constituição desse poder, mas na própria Constituição do Estado, que necessita da existência de um poder como esse.

EM QUE A CONSTITUIÇÃO FEDERAL É SUPERIOR À CONSTITUIÇÃO DOS ESTADOS

> Como podemos comparar a Constituição da União à dos estados particulares — Devemos particularmente atribuir à sabedoria dos legisladores federais a superioridade da Constituição da União — A legislatura da União é menos dependente do povo do que a dos estados — O Poder Executivo é mais livre em sua esfera — O Poder Judiciário está menos sujeito às vontades da maioria

— Consequências práticas disso — Os legisladores federais atenuaram os perigos inerentes ao governo da democracia; os legisladores dos estados aumentaram esses perigos

A Constituição Federal difere essencialmente da Constituição dos estados pelo objetivo que propõe, mas aproxima-se muito dela quanto aos meios de atingir esse objetivo. O objetivo do governo é diferente, mas as formas de governo são as mesmas. Sob esse ponto de vista especial, torna-se útil compará-las.

Penso que a Constituição Federal é superior a todas as constituições de estado. Essa superioridade se deve a várias causas.

A Constituição atual da União foi formada posteriormente às constituições da maioria dos estados; pôde-se, portanto, tirar proveito da experiência adquirida.

Ficaremos convencidos, porém, de que essa causa é secundária se pensarmos que, desde o estabelecimento da Constituição Federal, a confederação americana cresceu em onze novos estados, e que estes quase sempre mais exageraram do que atenuaram os defeitos existentes nas constituições de seus precursores.

A grande causa da superioridade da Constituição Federal está no próprio caráter dos legisladores.

Na época em que foi criada, a ruína da confederação parecia iminente; existia, por assim dizer, a todos os olhos. Nesse extremo, o povo escolheu, quem sabe, não os homens que mais amava, mas os que o povo mais estimava.

Já observei anteriormente que quase todos os legisladores da União haviam sido notáveis por suas luzes, mais notáveis ainda por seu patriotismo.

Todos tinham se sobressaído em meio à crise social, durante a qual o espírito de liberdade precisara lutar continuamente contra uma autoridade forte e dominadora. Terminada a luta, e enquanto, como de costume, as paixões excitadas da multidão ainda se apegavam a combater perigos que havia muito não existiam, eles pararam; haviam lançado um olhar mais tranquilo e mais penetrante sobre sua pátria; haviam visto que uma revolução definitiva fora realizada e que, doravante, os perigos que ameaçavam o povo só podiam nascer dos abusos da liberdade. Aquilo que pensavam, tiveram a coragem de dizer, porque sentiam no fundo de seus corações um amor sincero e ardente por essa mesma liberdade; ousaram falar em restringi-la, porque tinham certeza de não querer destruí-la.[152]

---

152. Na época, o célebre Alexandre Hamilton, um dos redatores mais influentes da Constituição, não temia publicar o que se segue no *Fédéraliste*, n. 71:

A maioria das constituições dos estados confere ao mandato da Câmara dos Representantes apenas um ano de duração e dois ao do Senado. De modo que os membros do corpo legislativo estão constantemente ligados, e da maneira mais estreita, aos mínimos desejos de seus constituintes.

Os legisladores da União pensaram que essa extrema dependência da legislatura desnaturava os principais efeitos do sistema representativo, colocando no próprio povo não apenas a origem dos poderes como também o governo.

Eles aumentaram a duração do mandato eleitoral para deixar ao deputado um maior emprego de seu livre-arbítrio.

A Constituição Federal, como as diferentes constituições estaduais, dividiu o corpo legislativo em dois ramos.

Nos estados, porém, compuseram-se essas duas partes da legislatura com os mesmos elementos e segundo o mesmo modo, a eleição. Resultou disso que as paixões e as vontades da maioria vieram a dia com a mesma facilidade e encontraram com a mesma rapidez um órgão e um instrumento nas duas câmaras. O que conferiu um caráter violento e precipitado à criação das leis.

A Constituição Federal também fez as duas câmaras nascerem dos votos do povo, mas variou as condições de elegibilidade e o modo de eleição para que um dos dois ramos da legislatura, embora não representasse interesses

---

"Sei que há pessoas junto às quais o Poder Executivo não poderia recomendar-se melhor do que se curvando com servilismo aos desejos do povo ou da legislatura; mas esses me parecem possuir noções bastante grosseiras a respeito do objeto de qualquer governo, bem como sobre os verdadeiros meios de produzir a prosperidade pública.

Que as opiniões do povo, quando razoáveis e maduras, dirijam a conduta daqueles a quem ele confia seus assuntos, é o que resulta do estabelecimento de uma Constituição republicana; mas os princípios republicanos não exigem deixar-se levar ao menor vento das paixões populares, nem apressar-se a obedecer a todos os impulsos momentâneos que a multidão pode receber pela mão artificiosa dos homens que adulam seus preconceitos para trair seus interesses.

O povo só quer, mais geralmente falando, chegar ao bem público, é verdade; mas ele se engana com frequência ao buscá-lo. Se viessem dizer-lhe que sempre julga sensatamente os meios a empregar para produzir a prosperidade nacional, seu bom senso o faria desprezar tais lisonjas; pois aprendeu por experiência própria que às vezes pode se enganar; devemos nos espantar é que não se engane com mais frequência, pois é perseguido pelas astúcias dos parasitas e sicofantas; cercado de armadilhas que tantos homens ávidos e sem recursos lhe preparam sem cessar, decepcionado a cada dia pelos artifícios daqueles que gozam de sua confiança sem merecê-la ou que buscam possuí-la mais do que se tornarem dignos dela.

Quando os verdadeiros interesses do povo são contrários a seus desejos, o dever de todos os que ele designou para guardar esses interesses é combater o erro de que ele momentaneamente é vítima, a fim de dar-lhe o tempo de reconhecer-se e de encarar as coisas com sangue-frio. Aconteceu mais de uma vez que um povo, salvo assim das fatais consequências de seus próprios erros, deleitou-se em erguer monumentos de seu reconhecimento aos homens que haviam tido a magnânima coragem de expor-se a desagradá-lo para servi-lo.".

diferentes do outro, como em certas nações, ao menos representasse uma sabedoria superior.

Foi preciso ter atingido uma idade madura para ser senador, e uma assembleia já escolhida e pouco numerosa foi encarregada de elegê-lo.

As democracias são naturalmente levadas a concentrar toda a força social nas mãos do corpo legislativo. Sendo este o poder que emana mais diretamente do povo, também é o que mais participa de sua onipotência.

Observa-se nele uma tendência habitual que o leva a reunir todo tipo de autoridade em seu seio.

Além de prejudicar singularmente a boa condução dos negócios, essa concentração dos poderes funda o despotismo da maioria.

Nos estados, o Poder Executivo é posto nas mãos de um magistrado aparentemente situado ao lado da legislatura, mas que, na realidade, não passa de um agente cego e um instrumento passivo de suas vontades. De onde retiraria sua força? Da duração de suas funções? Em geral, ele é nomeado por um só ano. De suas prerrogativas? Ele não tem nenhuma, por assim dizer. A legislatura pode reduzi-lo à impotência, encarregando comissões especiais tiradas de seu seio da execução de suas leis. Se quisesse, poderia de certo modo anulá-lo suprimindo sua remuneração.

A Constituição Federal concentrou todos os direitos do Poder Executivo, bem como toda sua responsabilidade, num único homem. Ela deu ao presidente quatro anos de existência; garantiu-lhe, por toda a duração de sua magistratura, o recebimento de sua remuneração; arranjou-lhe uma clientela e armou-o de um veto suspensivo. Em suma, depois de ter cuidadosamente traçado a esfera do Poder Executivo, procurou dar-lhe tanto quanto possível, dentro dessa esfera, uma posição forte e livre.

O Poder Judiciário, de todos os poderes, é aquele que, nas constituições estaduais, manteve-se menos dependente do Poder Legislativo.

Todavia, em todos os estados a legislatura permaneceu capaz de fixar os emolumentos dos juízes, o que necessariamente os submete a sua influência imediata.

Em certos estados, os juízes são nomeados apenas por certo tempo, o que lhes retira outra grande parte de sua força e liberdade.

Em outros, vê-se os poderes Legislativo e Judiciário inteiramente confundidos. O Senado de Nova York, por exemplo, forma para certos processos o tribunal superior do estado.

A Constituição Federal tomou o cuidado, ao contrário, de separar o Poder Judiciário de todos os outros. Além disso, tornou os juízes independentes, declarando sua remuneração fixa e suas funções irrevogáveis.

As consequências práticas dessas diferenças são fáceis de perceber. É evidente, para todo observador atento, que os assuntos da União são infinitamente mais bem conduzidos que os assuntos particulares de qualquer estado.

O governo federal é mais justo e mais moderado em sua marcha do que o dos estados. Há mais sabedoria em seus pontos de vista, mais durabilidade e hábil composição em seus projetos, mais habilidade, encadeamento e firmeza na execução de suas medidas.

Bastam poucas palavras para resumir esse capítulo.

Dois perigos principais ameaçam a existência das democracias:

A sujeição completa do Poder Legislativo às vontades do corpo eleitoral.

A concentração, no Poder Legislativo, de todos os outros poderes do governo.

Os legisladores dos estados favoreceram o desenvolvimento desses perigos. Os legisladores da União fizeram o possível para torná-los menos temíveis.

O QUE DISTINGUE A CONSTITUIÇÃO FEDERAL DOS ESTADOS UNIDOS DA AMÉRICA DE TODAS AS OUTRAS CONSTITUIÇÕES FEDERAIS

> A confederação americana aparentemente se parece com todas as outras confederações — Contudo, seus efeitos são diferentes — De onde vem isso — Em que essa confederação se afasta de todas as outras — O governo americano não é um governo federal, mas um governo nacional incompleto

Os Estados Unidos da América não deram o primeiro e único exemplo de confederação. Sem falar da Antiguidade, a Europa moderna forneceu vários. A Suíça, o Império Germânico e a República dos Países Baixos foram e ainda são confederações.

Quando estudamos as constituições desses diferentes países, observamos com surpresa que os poderes conferidos por elas ao governo federal são mais ou menos os mesmos que os concedidos pela Constituição americana ao governo dos Estados Unidos. Como esta última, conferem ao poder central o direito de firmar a paz e declarar a guerra, o direito de recrutar homens e arrecadar dinheiro, de prover às necessidades gerais e pautar os interesses comuns da nação.

No entanto, o governo federal, nesses diferentes povos, quase sempre se manteve débil e impotente, enquanto o da União conduz os negócios com vigor e facilidade.

Ademais, embora a primeira União americana não tenha subsistido devido à excessiva fraqueza de seu governo, esse governo tão fraco havia recebido direitos tão amplos quanto o governo federal de nossos dias. Podemos inclusive dizer que, em certos aspectos, seus privilégios eram maiores.

Encontram-se, portanto, na Constituição atual dos Estados Unidos, alguns princípios novos que de início não chamam atenção, mas cuja influência se faz sentir profundamente.

Essa Constituição, que à primeira vista tentou-se confundir com as constituições federais que a precederam, repousa na verdade sobre uma teoria absolutamente nova e que se deve destacar como uma grande descoberta da ciência política de nossos dias.

Em todas as confederações que precederam a confederação americana de 1789, os povos que se aliavam sob um objetivo comum consentiam em obedecer às injunções do governo federal, mas eles conservavam o direito de ordenar e fiscalizar em seus domínios a execução das leis da União.

Os Estados americanos que se uniram em 1789 não apenas consentiram em que o governo federal lhes ditasse leis como também em que fizesse ele mesmo executar suas leis.

Nos dois casos o direito é o mesmo, somente o exercício do direito é diferente. Mas essa única diferença produz imensos resultados.

Em todas as confederações que precederam a União americana de nossos dias, o governo federal, a fim de prover a suas necessidades, dirigia-se aos governos particulares. No caso de a medida prescrita desagradar a um deles, este sempre podia subtrair-se à necessidade de obedecer. Se fosse forte, recorria às armas; se fosse fraco, tolerava a resistência às leis da União que haviam se tornado suas, pretextava impotência e recorria à força da inércia.

Assim, frequentemente vimos acontecer uma dessas duas coisas: o mais poderoso dos povos unidos, tomando nas mãos os direitos da autoridade federal, dominou todos os outros em seu nome;[153] ou o governo federal ficou abandonado às suas próprias forças e então a anarquia se instalou entre os confederados e a União caiu na impotência de agir.[154]

Na América, a União tem como governados não estados, mas simples cidadãos. Quando quer recolher uma taxa, ela não se dirige ao governo de

---

153. É o que vimos entre os gregos, sob Filipe, quando esse príncipe se encarregou de executar o decreto da anfictionia. Foi o que aconteceu à República dos Países Baixos, onde a província da Holanda sempre fez a lei. A mesma coisa ainda acontece em nossos dias no conjunto germânico. A Áustria e a Prússia se fazem as agentes do regime e dominam toda a confederação em seu nome.

154. Sempre foi assim para a confederação suíça. A Suíça não existiria mais há séculos sem as invejas de seus vizinhos.

Massachusetts, mas a cada habitante de Massachusetts. Os antigos governos federais tinham povos diante de si, o governo da União tem indivíduos. Ele não toma sua força de empréstimo, tira-a de si mesmo. Ele tem seus próprios administradores, seus tribunais, seus oficiais de justiça e seu exército.

Sem dúvida o espírito nacional, as paixões coletivas e os preconceitos provinciais de cada estado ainda tendem de maneira singular a diminuir a extensão do poder federal assim constituído, e a criar centros de resistência a suas vontades; restrito em sua soberania, ele não teria como ser tão forte como aquele que a possui por inteiro; mas esse é um mal inerente ao sistema federativo.

Na América, cada estado tem muito menos ocasiões e tentações de resistir; e se o pensamento disso lhe vem, ele só pode colocá-lo em execução violando abertamente as leis da União, interrompendo o curso ordinário da justiça, erguendo o estandarte da revolta; ele precisa, em suma, tomar de uma só vez um partido extremo, coisa que os homens hesitam fazer por muito tempo.

Nas antigas confederações, os direitos acordados à União eram para ela causas de guerra e não de poder, pois esses direitos multiplicavam suas exigências sem aumentar seus meios de se fazer obedecer. Assim, quase sempre se viu a fraqueza real dos governos federais crescer em razão direta de seu poder nominal.

Isso não acontece na União americana; como a maioria dos governos ordinários, o governo federal pode fazer tudo o que lhe dão o direito de executar.

O espírito humano inventa mais facilmente as coisas do que as palavras: daí vem o uso de tantos termos impróprios e expressões incompletas.

Várias nações formam uma liga permanente e estabelecem uma autoridade suprema que, sem ter ação sobre os simples cidadãos, como poderia fazer um governo nacional, tem, no entanto, ação sobre cada um dos povos confederados, considerados em conjunto.

Esse governo, tão diferente de todos os outros, recebe o nome de federal.

Descobre-se a seguir uma forma de sociedade em que vários povos se fundem realmente num único quanto a certos interesses comuns e mantêm-se separados e apenas confederados em todos os outros.

Aqui o poder central age sem intermediário sobre os governados e julga-os por si mesmo, como fazem os governos nacionais, mas só age assim dentro de um círculo restrito. Evidentemente, não se trata mais de um governo federal, mas de um governo nacional incompleto. Assim, encontrou-se uma forma de governo que não era exatamente nem nacional nem federal; mas parou-se aí, e a nova palavra que deve expressar a nova coisa ainda não existe.

É por não ter conhecido esse novo tipo de confederação que todas as Uniões chegaram à guerra civil, à escravidão ou à inércia. A todos os povos que as compõem faltaram luzes para ver o remédio para seus males, ou coragem para aplicá-lo.

A primeira União americana também havia caído nos mesmos defeitos.

Na América, porém, os estados confederados, antes de chegarem à independência, haviam feito parte do mesmo império por muito tempo; ainda não tinham, portanto, contraído o hábito de governarem completamente a si mesmos, e os preconceitos nacionais não haviam conseguido criar raízes profundas; mais esclarecidos que o resto do mundo, entre si eles eram iguais em luzes, sentiam apenas suavemente as paixões que, em geral, se opõem à extensão do poder federal, e essas paixões eram combatidas pelos mais ilustres cidadãos. Ao mesmo tempo que sentiram o mal, os americanos encararam com firmeza o remédio. Corrigiram suas leis e salvaram o país.

DAS VANTAGENS DO SISTEMA FEDERATIVO EM GERAL E DE SUA UTILIDADE ESPECÍFICA PARA A AMÉRICA

> Felicidade e liberdade de que usufruem as pequenas nações — Potência das grandes nações — Os grandes impérios favorecem os desenvolvimentos da civilização — Que a força é muitas vezes para as nações o primeiro elemento de prosperidade — O sistema federal tem por objetivo unir as vantagens que os povos tiram da grandeza e da pequenez de seu território — Vantagens que os Estados Unidos retiram desse sistema — A lei se dobra às necessidades das populações e as populações não se dobram às necessidades da lei — Atividade, progresso, gosto e uso da liberdade entre os povos americanos — O espírito público da União nada mais é que o resumo do patriotismo provincial — As coisas e as ideias circulam livremente no território dos Estados Unidos — A União é livre e feliz como uma pequena nação, respeitada como uma grande

Nas pequenas nações, o olho da sociedade penetra em tudo; o espírito de melhoria chega aos mínimos detalhes: sendo a ambição do povo fortemente temperada por sua fraqueza, seus esforços e seus recursos se voltam quase inteiramente para seu bem-estar interior e não estão sujeitos a se dissipar em vã fumaça de glória. Ademais, sendo as faculdades de cada um em geral limitadas, os desejos também o são. A mediocridade dos êxitos torna as condições mais ou menos iguais; os costumes têm maneiras simples e pacatas. Assim, considerando todos os aspectos e levando em conta os diversos graus de moralidade e luzes, em geral encontramos nas pequenas nações mais conforto, população e tranquilidade do que nas grandes.

Quando a tirania se estabelece no seio de uma pequena nação, ela é mais incômoda do que em qualquer outro lugar, porque, agindo num círculo mais restrito, estende-se a tudo dentro desse círculo. Não podendo dedicar-se a algum grande objeto, ocupa-se de uma miríade de pequenos; mostra-se ao mesmo tempo violenta e insistente. Do mundo político, que é, propriamente falando, seu domínio, ela penetra na vida privada. Depois das ações, ela aspira controlar os gostos; depois do Estado, ela quer governar as famílias. Mas isso raramente acontece; a liberdade forma, a bem dizer, a condição natural das pequenas sociedades. Nelas, o governo oferece poucos atrativos à ambição, os recursos dos particulares são limitados demais para que o poder soberano se concentre com facilidade nas mãos de um só. Quando isso acontece, não é difícil aos governados se unirem e, por meio de um esforço comum, derrubarem tanto o tirano quanto a tirania.

As pequenas nações desde sempre foram, portanto, o berço da liberdade política. Aconteceu de a maioria delas ter perdido essa liberdade ao crescer, o que confirma que esta se devia à pequenez do povo e não ao povo em si.

A história do mundo não fornece exemplo de uma grande nação que se tenha mantido república por muito tempo,[155] o que levou a dizer que era impraticável. De minha parte, penso que é bastante imprudente o homem querer limitar o possível e julgar o futuro, pois o real e o presente lhe escapam todos os dias e ele a todo momento é inesperadamente surpreendido nas coisas que mais conhece. O que podemos dizer com certeza é que a existência de uma grande república estará sempre infinitamente mais exposta do que a de uma pequena.

Todas as paixões fatais, nas repúblicas, crescem com a extensão do território, enquanto as virtudes que lhes servem de apoio não crescem segundo a mesma medida.

A ambição dos particulares aumenta com o poder do Estado; a força dos partidos, com a importância do objetivo a que eles se propõem; mas o amor pela pátria, que deve lutar contra essas paixões destrutivas, não é mais forte numa vasta república do que numa pequena. Seria inclusive fácil provar que é menos desenvolvido e menos potente. As grandes riquezas e as profundas misérias, as metrópoles, a depravação dos costumes, o egoísmo individual e a complicação dos interesses são perigos que quase sempre nascem da grandeza do Estado. Várias dessas coisas não prejudicam a existência de uma monarquia, algumas podem mesmo concorrer para seu prolongamento. Nas monarquias, aliás, o governo tem uma força que lhe é própria; ele se serve do

---

155. Não estou falando de uma confederação de pequenas repúblicas, mas de uma grande república consolidada.

povo e não depende dele; quanto maior o povo, mais o príncipe é forte; mas o governo republicano só pode opor a esses perigos o apoio da maioria. Ora, esse elemento de força, guardadas as proporções, não é mais poderoso numa vasta república do que numa pequena. Assim, enquanto os meios de ataque aumentam constantemente em número e potência, a força de resistência continua a mesma. Podemos até mesmo dizer que diminui, pois quanto mais numeroso o povo e mais a natureza dos espíritos e interesses se diversifica, mais difícil é formar, consequentemente, uma maioria compacta.

Pôde-se notar, ademais, que as paixões humanas adquiriam intensidade não apenas pela grandeza do objetivo que queriam atingir, mas também pela quantidade de indivíduos que as sentem ao mesmo tempo. Não há quem não tenha se sentido mais emocionado no meio de uma multidão agitada que partilhava de sua emoção do que se estivesse sozinho a experimentá-la. Numa grande república, as paixões políticas se tornam irresistíveis, não apenas porque o objeto que elas perseguem é imenso como também porque milhões de homens as sentem da mesma maneira e no mesmo momento.

É possível dizer, portanto, que de maneira geral nada é tão contrário ao bem-estar e à liberdade dos homens quanto os grandes impérios.

Os grandes estados, porém, têm grandes vantagens que lhes são específicas e que se devem reconhecer.

Assim como o desejo de poder ali é mais ardente entre os homens vulgares do que em outros lugares, o amor à glória também é ali mais desenvolvido em certas almas que encontram nos aplausos de um grande povo um objeto digno de seus esforços e próprio a elevá-las, de certa forma, acima delas mesmas. Ali, o pensamento recebe em todas as coisas um impulso mais rápido e mais potente, as ideias circulam mais livremente, as metrópoles são como grandes centros intelectuais em que brilham e se combinam todos os raios do espírito humano: esse fato nos explica por que as grandes nações fazem as luzes e a causa geral da civilização ter progressos mais rápidos do que nas pequenas. É preciso acrescentar que as descobertas importantes exigem muitas vezes um desenvolvimento da força nacional de que o governo de um pequeno povo é incapaz; nas grandes nações, o governo tem mais ideias gerais, livra-se mais completamente da rotina dos antecedentes e do egoísmo das localidades. Há mais gênio em suas concepções, mais ousadia em sua conduta.

O bem-estar interior é mais completo e mais disseminado nas pequenas nações, enquanto elas se mantêm em paz; o estado de guerra lhes é mais prejudicial do que às grandes. Nestas, a distância das fronteiras às vezes permite à massa do povo permanecer por séculos longe do perigo. Para ela, a guerra é mais uma causa de mal-estar do que de ruína.

Apresenta-se, aliás, nesta matéria como em várias outras, uma consideração que domina todo o resto: a da necessidade.

Se só existissem pequenas nações e nenhuma grande, a humanidade com certeza seria mais livre e mais feliz; mas não podemos fazer com que não existam grandes nações.

Isso introduz no mundo um novo elemento de prosperidade nacional, que é a força. De que importa um povo apresentar a imagem do conforto e da liberdade quando a cada dia se vê exposto a ser devastado ou conquistado? De que importa que seja manufatureiro e comerciante quando um outro domina os mares e faz a lei em todos os mercados? As pequenas nações com frequência são miseráveis não porque são pequenas, mas porque são fracas; as grandes prosperam não porque são grandes, mas porque são fortes. A força, portanto, é muitas vezes para as nações uma das primeiras condições para a felicidade e mesmo para a existência. Decorre disso que, a não ser por circunstâncias particulares, os pequenos povos sempre acabam violentamente incorporados aos grandes ou se incorporam a eles por vontade própria. Não sei de condição mais deplorável do que a de um povo que não pode se defender nem se bastar.

É para unir as diversas vantagens que resultam da grandeza e da pequenez das nações que o sistema federativo foi criado.

Basta lançar um olhar sobre os Estados Unidos da América para perceber todos os bens que decorrem para eles da adoção desse sistema.

Nas grandes nações centralizadas, o legislador é obrigado a dar às leis um caráter uniforme que não comporta a diversidade dos locais e dos costumes; jamais informado dos casos particulares, só pode proceder por meio de regras gerais; homens são então obrigados a se curvar às necessidades da legislação, pois a legislação não sabe acomodar-se às necessidades e aos costumes dos homens, o que é uma grande causa de perturbações e misérias.

Esse inconveniente não existe nas confederações: o Congresso conduz os principais atos da existência social; todo o detalhe é relegado às legislações provinciais.

Não se pode imaginar a que ponto essa divisão da soberania serve ao bem-estar de cada um dos estados que compõem a União. Nessas pequenas sociedades que não se preocupam com o cuidado de defender-se ou de engrandecer-se, todo o poder público e toda a energia individual são voltados para melhorias internas. O governo central de cada estado, situado bem ao lado dos governados, é diariamente advertido sobre as necessidades que se fazem sentir: assim, vê-se a cada ano surgirem novos planos que, discutidos nas assembleias comunais ou diante da legislatura do estado, e reproduzidos a seguir pela imprensa, despertam o interesse universal e o zelo dos cidadãos. Essa necessidade de melhoria agita constantemente as repúblicas americanas e não as perturba; a ambição pelo poder dá lugar ao amor pelo bem-estar, paixão mais vulgar, mas menos perigosa. É opinião comumente disseminada na América que a existência e a duração das formas republicanas no Novo Mundo dependem da existência e da duração do sistema federativo. Atribui-se grande parte das misérias em que estão mergulhados os novos estados da América do Sul ao fato de terem escolhido criar grandes repúblicas em vez de fracionar a soberania.

É incontestável, de fato, que nos Estados Unidos o gosto e o uso do governo republicano nasceram nas comunas e no seio das assembleias provinciais. Numa pequena nação, como em Connecticut, por exemplo, onde o grande assunto político é a abertura de um canal e o traçado de uma estrada, onde o estado não tem exército a pagar, nem guerra a sustentar, e não saberia dar aos que os dirigem nem muitas riquezas nem muita glória, não se pode imaginar nada de mais natural e mais apropriado à natureza das coisas que a república. Ora, é esse mesmo espírito republicano, são esses mesmos costumes e hábitos de um povo livre que, depois de terem nascido e se desenvolvido nos diversos estados, a seguir são aplicados sem dificuldade ao conjunto do país. O próprio espírito público da União não passa, de certo modo, de um resumo do patriotismo provincial. Cada cidadão dos Estados Unidos coloca o interesse que lhe inspira sua pequena república, por assim dizer, no amor pela pátria comum. Defendendo a União, ele defende a prosperidade crescente de seu cantão, o direito de dirigir os negócios e a esperança de fazer prevalecer planos de melhoramento que enriqueçam a ele mesmo: coisas que, em geral, atraem mais os homens do que os interesses gerais do país e a glória da nação.

Por outro lado, se o espírito e os costumes dos habitantes os tornam mais próprios que outros a fazer prosperar uma grande república, o sistema federativo tornou a tarefa bem menos difícil. A confederação de todos os estados americanos não apresenta os inconvenientes habituais das inúmeras aglomerações de homens. A União é uma grande república quanto à extensão; mas poderíamos de certa forma equipará-la a uma pequena república devido aos poucos objetos com que se ocupa seu governo. Seus atos são importantes, mas são raros. Como a soberania da União é entravada e incompleta, o uso dessa soberania não é perigoso para a liberdade. Ele tampouco desperta esses desejos imoderados de poder e renome que são tão funestos para as grandes repúblicas. Como nem tudo necessariamente converge para um centro comum, não vemos grandes metrópoles, nem riquezas imensas, nem grandes misérias, nem súbitas revoluções. As paixões políticas, em vez de se espalharem num instante, como uma nuvem de fogo, sobre toda a superfície do país, se despedaçam ao encontro dos interesses e das paixões individuais de cada estado.

Na União, contudo, como num único e mesmo povo, circulam livremente as coisas e as ideias. Nada detém o impulso do espírito empreendedor. Seu governo chama a si os talentos e as luzes. Dentro das fronteiras da União reina uma paz profunda, como no interior de um país submetido ao mesmo império; fora, ela ocupa uma posição entre as mais poderosas nações da Terra; oferece ao comércio estrangeiro mais de 800 léguas de costa e, mantendo em suas mãos as chaves de todo um mundo, faz sua bandeira ser respeitada até os confins dos mares.

A União é livre e feliz como uma pequena nação, gloriosa e forte como uma grande.

O QUE FAZ COM QUE O SISTEMA FEDERAL NÃO ESTEJA AO ALCANCE DE TODOS OS POVOS E O QUE PERMITIU AOS ANGLO-AMERICANOS ADOTÁ-LO

> Existem vícios inerentes a todo sistema federal que o legislador não pode combater — Complicação de todo sistema federal — Ele exige dos governados um uso diário de suas inteligências — Ciência prática dos americanos em matéria de governo — Fraqueza relativa do governo da União, outro vício inerente ao sistema federal — Os americanos o tornaram menos grave, mas não puderam destruí-lo — A soberania dos estados particulares é mais fraca em aparência, mas na realidade é mais forte que a da União — Por quê — É preciso que existam, portanto, independentemente das leis, causas naturais de união nos povos confederados — Quais são essas causas entre os anglo-americanos — O Maine e a Geórgia, distantes 400 léguas um do outro, mais naturalmente unidos do que a Normandia e a Bretanha — Que a guerra é o principal escolho das confederações — Isso é provado pelo próprio exemplo dos Estados Unidos — A União não tem grandes guerras a temer — Por quê — Perigos que os povos da Europa correm ao adotar o sistema federal dos americanos

O legislador às vezes consegue, após mil esforços, exercer uma influência indireta sobre o destino das nações, e, então, celebramos seu gênio enquanto, com frequência, a posição geográfica do país, a respeito da qual ele nada pode fazer — um estado social que se criou sem seu concurso e um ponto de partida que ele não conhece —, imprime à sociedade movimentos irresistíveis contra os quais ele luta em vão e que o carregam, por sua vez.

O legislador se assemelha ao homem que traça sua rota nos mares. Ele também pode dirigir o barco que o transporta, mas não poderia mudar sua estrutura, criar os ventos ou impedir o oceano de se encapelar a seus pés.

Mostrei as vantagens que os americanos obtêm do sistema federal. Resta-me fazer com que se compreenda o que lhes permitiu adotar esse sistema, pois nem todos os povos podem gozar de seus benefícios.

Encontramos no sistema federal vícios acidentais que nascem das leis, estes podem ser corrigidos pelos legisladores. Encontramos outros que, sendo inerentes ao sistema, não poderiam ser destruídos pelos povos que o adotam. Esses povos precisam, então, encontrar em si mesmos a força necessária para suportar as imperfeições naturais de seu governo.

Entre os vícios inerentes a todo sistema federal, o mais visível de todos é a complicação dos meios que emprega. Esse sistema necessariamente coloca duas soberanias frente a frente. O legislador consegue tornar os movimentos dessas duas soberanias o mais simples e iguais possível, e pode encerrar as duas em esferas de ação nitidamente delimitadas; mas não poderia fazer com que houvesse apenas uma nem impedir que elas se toquem em algum ponto.

O sistema federativo repousa, assim, não importa o que se faça, sobre uma teoria complicada, cuja aplicação exige, dos governados, um uso diário das luzes de sua razão.

Em geral, somente as concepções simples conquistam o espírito do povo. Uma ideia falsa, porém clara e precisa, sempre terá mais força no mundo do que uma ideia verdadeira, porém complexa. Por isso os partidos, que são como pequenas nações dentro de uma grande, sempre se apressam a adotar como símbolo um nome ou um princípio que muitas vezes só representa de maneira muito incompleta o objetivo almejado e os meios empregados, mas sem o qual não seria possível subsistir ou se movimentar. Os governos que repousam sobre uma única ideia ou sobre um único sentimento fácil de definir talvez não sejam os melhores, mas com certeza são os mais fortes e os mais duradouros.

Quando examinamos a Constituição dos Estados Unidos, a mais perfeita de todas as constituições federais conhecidas, ficamos assustados, ao contrário, com a infinidade de conhecimentos diferentes e com o discernimento que ela supõe naqueles que deve reger. O governo da União repousa quase que inteiramente em ficções legais. A União é uma nação ideal que, por assim dizer, só existe nos espíritos, e cuja extensão e limites somente a inteligência pode descobrir.

Estando bem compreendida a teoria geral, restam as dificuldades de aplicação; elas são inumeráveis, pois a soberania da União está tão empenhada na dos estados que é impossível, à primeira vista, perceber seus limites. Tudo é convencional e artificial em semelhante governo e ele só conviria a um povo acostumado há muito tempo a dirigir seus assuntos por conta própria, e no qual a ciência política tenha descido até as últimas camadas da sociedade. Nunca admirei tanto o bom senso e a inteligência prática dos americanos quanto na maneira com que eles escapam às inúmeras dificuldades que nascem de sua Constituição Federal. Quase nunca encontrei homem do povo, na América, que não discernisse com surpreendente facilidade as obrigações nascidas das leis do Congresso e as que têm origem nas leis de seu estado, e que, depois de distinguir os objetos pertencentes às atribuições gerais da União dos que a legislatura local deve comandar, não pudesse indicar o ponto em que tem início a competência dos tribunais federais e o limite da dos tribunais do estado.

A Constituição dos Estados Unidos se assemelha a uma dessas belas criações da indústria humana que cumulam de glória e bens aqueles que as inventam, mas que permanecem estéreis em outras mãos.

Foi o que o México mostrou em nossos dias.

Os habitantes do México, querendo estabelecer o sistema federativo, tomaram por modelo e copiaram quase inteiramente a Constituição Federal dos anglo-americanos, seus vizinhos.[156] Mas, ao transportarem a letra da lei, não puderam transportar ao mesmo tempo o espírito que a vivifica. Nós os vimos, por isso, se complicarem a todo momento nas engrenagens de seu duplo governo. A soberania dos estados e a da União, saindo do círculo que a Constituição havia traçado, penetravam a cada dia uma na outra. Hoje ainda, o México é constantemente arrastado da anarquia ao despotismo militar, e do despotismo militar à anarquia.

O segundo e mais funesto de todos os vícios, que considero inerente ao próprio sistema federal, é a fraqueza relativa do governo da União.

O princípio sobre o qual repousam todas as confederações é o fracionamento da soberania. Os legisladores tornam esse fracionamento pouco perceptível; eles inclusive o ocultam por certo tempo aos olhares, mas não poderiam fazer com que não existisse. Ora, uma soberania fracionada será sempre mais fraca que uma soberania completa.

Vimos, na exposição da Constituição dos Estados Unidos, com que arte os americanos, ao mesmo tempo que encerrando o poder da União no círculo restrito dos governos federais, também conseguiram dar-lhe a aparência e, até certo ponto, a força de um governo nacional.

---

156. Ver a Constituição mexicana de 1824.

Agindo assim, os legisladores da União diminuíram o perigo natural das confederações; mas não puderam fazê-lo desaparecer completamente.

O governo americano, dizem, não se dirige aos estados: ele faz suas injunções chegarem diretamente aos cidadãos e os faz curvarem-se isoladamente sob o esforço da vontade comum.

Mas se a lei federal se chocasse violentamente com os interesses e as preocupações de um estado, não deveríamos temer que cada um dos cidadãos desse Estado se considerasse mais interessado pela causa do homem que se recusa a obedecer? Se todos os cidadãos do estado se vissem lesados ao mesmo tempo e da mesma maneira pela autoridade da União, em vão o governo federal tentaria isolá-los para combatê-los; eles sentiriam instintivamente que deveriam se unir para se defender e encontrariam uma organização já pronta na porção de soberania deixada a seu estado. A ficção desapareceria para dar lugar à realidade e poderíamos ver a potência organizada de uma parte do território em luta com a autoridade central.

Eu diria o mesmo da justiça federal. Se, num processo particular, os tribunais da União violassem uma importante lei de um estado, a luta, se não aparente, ao menos real, seria entre o estado lesado representado por um cidadão e a União representada por seus tribunais.[157]

É preciso ter pouquíssima experiência das coisas desse mundo para imaginar, depois de se deixar às paixões dos homens um meio de se satisfazerem, que, com o auxílio de ficções legais, sempre será possível impedi-los de percebê-lo e utilizá-lo.

Os legisladores americanos, tornando menos provável a luta entre as duas soberanias, não destruíram suas causas.

Podemos inclusive ir mais longe e dizer que não puderam, em caso de luta, garantir ao poder federal a preponderância.

Eles deram à União dinheiro e soldados, mas os estados mantiveram o amor e os preconceitos dos povos.

A soberania da União é um ser abstrato ligado a apenas um pequeno número de objetos exteriores. A soberania dos estados é evidente; pode-se

---

157. Exemplo: a Constituição deu à União o direito de vender por sua conta as terras desocupadas. Imaginemos que o estado de Ohio reivindique esse mesmo direito para as terras dentro de seus limites, sob o pretexto de que a Constituição só falou do território ainda não submetido a nenhuma jurisdição de Estado, e que consequentemente ele mesmo queria vendê-las. A questão judiciária se colocará, é verdade, entre os compradores que recebem seu título da União e os compradores que recebem seu título do estado, e não entre a União e Ohio. Caso o tribunal dos Estados Unidos ordenasse que o comprador federal obtivesse a posse e que os tribunais de Ohio mantivessem os bens de seu concorrente, então o que seria da ficção legal?

compreendê-la sem dificuldade; vê-se sua ação a todo instante. Uma é nova, a outra nasceu com o próprio povo.

A soberania da União é obra da arte. A soberania dos estados é natural; ela existe por si mesma, sem esforços, como a autoridade do pai de família.

A soberania da União só alcança os homens por meio de alguns grandes interesses; ela representa uma parte imensa, distante, um sentimento vago e indefinido. A soberania dos estados envolve cada cidadão, de certo modo, e a cada dia considera-o em detalhe. É ela que se encarrega de garantir sua propriedade, sua liberdade, sua vida; influencia a todo momento seu bem-estar ou sua miséria. A soberania dos estados se baseia em lembranças, hábitos, preconceitos locais, no egoísmo provincial e familiar; em suma, em todas as coisas que tornam o instinto patriótico tão poderoso no coração do homem. Como duvidar de suas vantagens?

Visto que os legisladores não podem impedir que ocorram, entre as duas soberanias que o sistema federal confronta, colisões perigosas, é preciso que, a seus esforços para desviar os povos confederados da guerra, juntem-se dispositivos particulares que levem estes à paz.

Resulta disso que o pacto federal não poderá ter uma longa existência se não encontrar nos povos aos quais se aplica um determinado número de condições de união que lhes tornem confortável essa vida comum e que facilitem a tarefa do governo.

Assim, o sistema federal, para ter êxito, não precisa apenas de boas leis, as circunstâncias também precisam favorecê-lo.

Todos os povos que vimos se tornarem confederações tinham certo número de interesses comuns, que formavam como que os laços intelectuais da associação.

Mas além dos interesses materiais, o homem ainda tem ideias e sentimentos. Para que uma confederação subsista por muito tempo, não é menos necessário haver homogeneidade tanto na civilização quanto nas necessidades dos diversos povos que a compõem. Entre a civilização do cantão de Vaud e a do cantão de Uri, há uma diferença como do século XIX ao XV: por isso a Suíça jamais teve, a bem dizer, um governo federal. A união entre esses diferentes cantões só existe no mapa; perceberíamos isso com clareza se uma autoridade central quisesse aplicar as mesmas leis a todo o território.

Há um fato que facilita admiravelmente, nos Estados Unidos, a existência do governo federal. Os diferentes estados não apenas têm mais ou menos os mesmos interesses, a mesma origem e a mesma língua, como também o mesmo grau de civilização; o que quase sempre torna o acordo entre eles coisa fácil. Não sei se existe uma nação europeia tão pequena que não apresente um aspecto menos homogêneo em suas diferentes partes do que o povo americano, cujo território é tão grande quanto metade da Europa. Do estado do Maine ao estado da Geórgia são cerca de 400 léguas. Há menos diferenças, porém, entre a civilização do Maine e a da Geórgia do que entre a civilização da Normandia e a da Bretanha. O Maine e a Geórgia, localizados em dois extremos de um vasto império, têm naturalmente mais facilidades reais para formar uma confederação do que a Normandia e a Bretanha, separadas por um simples riacho.

A essas facilidades, que os costumes e os hábitos do povo ofereciam aos legisladores americanos, juntavam-se outras que nasciam da posição geográfica do país. Deve-se atribuir principalmente a estas últimas a adoção e a manutenção do sistema federal.

O mais importante de todos os atos que podem marcar a vida de um povo é a guerra. Na guerra, um povo age como um único indivíduo em relação aos povos estrangeiros: luta por sua própria existência.

Enquanto for apenas questão de manter a paz no interior de um país e de favorecer sua prosperidade, a habilidade do governo, a razão dos governados e um certo apego natural que os homens quase sempre têm pela pátria podem facilmente bastar; mas para que uma nação encontre-se em condição de fazer uma grande guerra, os cidadãos devem impor-se inúmeros e penosos sacrifícios. Acreditar que um grande número de homens será capaz de submeter a si mesmo a tais exigências sociais é conhecer muito pouco a humanidade.

É por isso que todos os povos que enfrentaram grandes guerras foram levados, quase que a contragosto, a aumentar as forças do governo. Os que não conseguiram fazer isso foram conquistados. Uma longa guerra quase sempre coloca às nações essa triste alternativa: a derrota os entrega à destruição e o triunfo, ao despotismo.

É na guerra, portanto, que em geral se revela, de uma maneira mais visível e perigosa, a fraqueza de um governo; mostrei, aliás, que o vício inerente dos governos federais era serem muito fracos.

No sistema federativo, além de não existir centralização administrativa nem nada que se aproxime dela, a centralização governamental em si mesma só existe de maneira incompleta, o que é sempre uma grande causa de fraqueza quando é preciso defender-se de povos em que ela é completa.

Na Constituição Federal dos Estados Unidos, aquela em que o governo central é mais revestido de forças reais, esse mal ainda se faz sentir intensamente.

Um único exemplo permitirá ao leitor julgar por si mesmo.

A Constituição confere ao Congresso o direito de convocar a milícia dos diferentes estados ao serviço ativo, quando se trata de sufocar uma insurreição ou de repelir uma invasão; outro artigo diz que, nesse caso, o presidente dos Estados Unidos é o comandante-geral da milícia.

Durante a guerra de 1812, o presidente ordenou às milícias do norte que se deslocassem até as fronteiras; Connecticut e Massachusetts, cujos interesses a guerra lesava, recusaram-se a enviar seu contingente.

A Constituição, afirmaram, autorizava o governo federal a fazer uso das milícias em caso de *insurreição* e de *invasão*; ora, não havia, naquele momento, nem insurreição nem invasão. Acrescentaram que a mesma Constituição que dava à União o direito de convocar as milícias ao serviço ativo deixava aos estados o direito de nomear os oficiais; seguia-se disso, segundo esses estados, que mesmo durante a guerra nenhum oficial da União tinha o direito de comandar as milícias, exceto o presidente em pessoa. Ora, tratava-se de servir num exército comandado por outra pessoa que não o presidente.

Essas absurdas e destrutivas doutrinas receberam não apenas a sanção dos governadores e da legislatura, como também a dos tribunais de justiça desses dois estados; e o governo federal foi obrigado a procurar alhures as tropas que lhe faltavam.[158]

Como é que a União americana, toda protegida pela perfeição relativa de suas leis, não se dissolve no meio de uma grande guerra? É que ela não tem grandes guerras a temer.

Situada no centro de um continente imenso, onde a indústria humana pode estender-se sem limites, a União está quase tão isolada do mundo quanto se estivesse cercada de todos os lados pelo oceano.

O Canadá conta com apenas 1 milhão de habitantes; sua população está dividida em duas nações inimigas. Os rigores do clima limitam a extensão de seu território e fecham seus portos por seis meses.

Do Canadá ao Golfo do México, ainda encontramos algumas tribos selvagens quase dizimadas que 6 mil soldados empurram diante de si.

Ao sul, a União toca o império do México num ponto; é dali provavelmente que virão um dia as grandes guerras. Mas, por muito tempo ainda, o estado pouco avançado da civilização, a corrupção dos costumes e a miséria

---

158. *Kent's commentaries*, vol. 1, p. 244. Note-se que escolhi o exemplo citado acima em época posterior ao estabelecimento da atual Constituição. Se quisesse voltar à época da primeira confederação, poderia indicar fatos mais conclusivos ainda. Reinava então um verdadeiro entusiasmo na nação; a revolução era representada por um homem eminentemente popular e, no entanto, à época, o Congresso não dispunha, propriamente falando, de nada. Faltavam-lhe homens e dinheiro a todo momento; os planos mais bem organizados por ele fracassavam; a União, sempre a ponto de perecer, foi salva muito mais pela fraqueza de seus inimigos do que por sua própria força.

impedirão o México de assumir uma posição elevada entre as nações. Quanto às potências da Europa, sua distância as torna pouco temíveis. (N)

A grande felicidade dos Estados Unidos não se deve ao fato de terem encontrado uma Constituição Federal que lhes permite sustentar grandes guerras, mas de terem uma localização que não os faz ter medo de nada.

Ninguém poderia apreciar mais que eu as vantagens do sistema federativo. Vejo nele uma das mais potentes combinações a favor da prosperidade e da liberdade humana. Invejo o destino das nações a que foi permitido adotá-lo. Mas recuso-me a crer que povos confederados possam lutar por muito tempo, com igualdade de forças, contra uma nação com o poder governamental centralizado.

O povo que, em presença das grandes monarquias militares da Europa, viesse a fracionar sua soberania, pareceria abdicar, com esse único fato, de seu poder e, quem sabe, de sua existência e de seu nome.

Admirável posição do Novo Mundo, que faz com que o homem não tenha outros inimigos além de si mesmo! Para ser feliz e livre, basta-lhe querer.

NOTAS

(A) página 27

Ver, sobre as regiões do oeste em que os europeus ainda não penetraram, as duas viagens empreendidas pelo major Stephen Harriman Long, à custa do Congresso.

O senhor Long diz especialmente, a respeito do grande deserto americano, que é preciso traçar uma linha mais ou menos paralela ao 20º grau de longitude (meridiano de Washington),[159] partindo do rio Vermelho e desembocando no rio da Prata. Dessa linha imaginária até as Montanhas Rochosas, que limitam o Vale do Mississippi a oeste, estendem-se imensas planícies, em geral cobertas de areia, o que proíbe a cultura, ou semeadas de pedras graníticas. Elas são privadas de água no verão. Só se encontram nelas grandes rebanhos de búfalos e cavalos selvagens. Também se veem algumas tribos de índios, mas em pequeno número.

O major Long ouviu dizer que acima do rio da Prata, na mesma direção, sempre encontraríamos à esquerda o mesmo deserto; mas ele não pôde verificar por si mesmo a exatidão desse testemunho. *Long's expedition*, vol. 2, p. 361.

---

159. O 20º grau de longitude, seguindo o meridiano de Washington, equivale mais ou menos ao 99º grau seguindo o meridiano de Paris.

Por maior confiança que mereça o relato do major Long, não devemos nos esquecer de que ele apenas atravessou a região de que estamos falando, sem ter realizado grandes zigue-zagues para além da linha que seguia.

(B) página 28

A América do Sul, em suas regiões intertropicais, produziu com incrível profusão essas trepadeiras conhecidas pelo nome genérico de lianas. A flora das Antilhas apresenta sozinha mais de quarenta espécies diferentes.

Entre os mais graciosos desses arbustos está o maracujá. Essa bonita planta, diz Descourtiz em sua descrição do reino vegetal nas Antilhas, por meio das gavinhas que possui, se agarra nas árvores e nelas forma arcadas móveis, colunatas ricas e elegantes pela beleza das flores púrpuras tingidas de azul que as decoram e que agradam as narinas pelo perfume que exalam. Ibidem, vol. 1, p. 265.

A acácia de grandes vagens é uma liana muito grossa que se desenvolve rapidamente e, correndo de árvore em árvore, às vezes se estende por meia légua. Ibidem, vol. 3, p. 227.

(C) página 30

Sobre as línguas americanas

As línguas americanas faladas pelos índios da América, do polo ártico ao Cabo Horn, foram todas formadas, dizem, sobre o mesmo modelo e submetidas às mesmas regras gramaticais, por isso é possível concluir com grande probabilidade que todas as nações indígenas tiveram a mesma origem.

Cada tribo do continente americano fala um dialeto diferente, mas as línguas propriamente ditas existem em pequeníssimo número, o que tende de novo a provar que as nações do Novo Mundo não têm uma origem muito antiga.

Por fim, as línguas da América têm uma extrema regularidade; é provável, portanto, que os povos que as utilizem ainda não tenham sido submetidos a grandes revoluções e não tenham se misturado, à força ou por vontade própria, a nações estrangeiras; pois em geral é a união de várias línguas numa só que produz as irregularidades da gramática.

Não faz muito tempo que as línguas americanas, e em particular as línguas da América do Norte, atraíram a séria atenção dos filólogos. Descobriu-se, pela primeira vez, que esse idioma de um povo bárbaro era o produto de um sistema de ideias muito complicadas e de combinações muito complexas. Percebeu-se que essas línguas eram muito ricas e que, ao serem formadas, havia-se tomado grande cuidado em considerar a delicadeza do ouvido.

O sistema gramatical dos americanos difere de todos os outros em vários pontos, mas principalmente nos aspectos que se descrevem a seguir.

Alguns povos da Europa, entre outros os alemães, têm a faculdade de combinar, se preciso, diferentes expressões e dar assim um sentido complexo a certas palavras. Os índios estenderam da maneira mais surpreendente essa mesma faculdade e chegaram a fixar, por assim dizer, sobre único ponto, um enorme número de ideias. Isso se compreenderá sem dificuldade graças a um exemplo citado pelo senhor Du Ponceau em *Mémoires de la Société philosophique d'Amérique*.

Quando uma mulher *delaware* brinca com um gato ou com um cachorrinho, ela às vezes pronuncia a palavra *kuligatschis*. Essa palavra tem a seguinte composição: *K* é o signo da segunda pessoa e significa *tu* ou *teu*; *uli* é um fragmento da palavra *wulit*, que significa *belo, bonito*; *gat* é outro fragmento, da palavra *wichgat*, que significa *pata*; por fim, *schis* é uma terminação diminutiva que carrega consigo a ideia de pequenez. Assim, numa única palavra, a mulher indígena disse: "tua bonita patinha".

Eis outro exemplo que mostra com que felicidade os selvagens da América sabem compor suas palavras.

Um jovem homem em *delaware* é chamado de *pilapé*. Essa palavra é formada por *pilsit*, casto, inocente; e por *lénapé*, homem: ou seja, o homem em sua pureza e inocência.

Essa faculdade de combinar as palavras se faz notar de maneira bastante estranha, sobretudo, na formação dos verbos. A ação mais complicada com frequência é formulada por um único verbo; quase todas as nuances da ideia agem sobre o verbo e o modificam.

Os que quiserem analisar com mais detalhe esse assunto, que abordei de maneira muito superficial, deverão ler:

1) A correspondência do senhor Du Ponceau com o reverendo Hecwelder a respeito das línguas indígenas. Essa correspondência pode ser encontrada no primeiro volume de *Mémoires de la Société philosophique d'Amérique*, publicado na Filadélfia em 1819 por Abraham Small, p. 356-464.

2) A gramática da língua *delaware* ou *lenape*, por David Zeisberger, com o prefácio de Du Ponceau. Os dois podem ser encontrados na mesma coleção, vol. 3.

3) Um resumo muito bem-feito desses trabalhos, presente ao fim do volume 6 da *Encyclopédie américaine*.

(D) página 31

Encontramos na obra citada de Pierre-François-Xavier de Charlevoix, tomo 1, p. 235, a história da primeira guerra que os franceses do Canadá precisaram travar, em 1610, contra os iroqueses. Estes, apesar de armados de arcos e flechas, opuseram uma resistência desesperada aos franceses e seus aliados. Charlevoix, que, no entanto, não é um grande escritor, mostra muito bem nessa obra o contraste que ofereciam os costumes dos europeus e os dos selvagens, bem como as diferentes maneiras com que essas duas raças compreendiam a honra. Ele diz:

> Os franceses apoderaram-se das peles de castor com que os iroqueses, que viam estendidos no chão, estavam cobertos. Os huronianos, seus aliados, ficaram escandalizados ante esse espetáculo. Estes, por sua vez, começaram a praticar suas crueldades habituais com os prisioneiros e devoraram um dos que haviam sido mortos, o que causou horror aos franceses. Assim, esses bárbaros vangloriavam-se de um desinteresse que eles ficavam surpresos de não encontrar em nossa nação, mas não compreendiam que houvesse menos mal em despojar os mortos do que comer suas carnes como animais ferozes.

O mesmo Charlevoix, em outro texto da obra, vol. 1, p. 230, descreve da seguinte maneira o primeiro suplício testemunhado por Champlain e o retorno dos huronianos para sua aldeia:

> "Depois de percorrerem 8 léguas, nossos aliados se detiveram e, pegando um de seus cativos, censuraram-lhe todas as crueldades que ele havia praticado em guerreiros de sua nação que haviam caído em suas mãos, e disseram-lhe que ele devia esperar ser tratado da mesma maneira, acrescentando que, se ele tivesse coração, testemunharia cantando: ele imediatamente entoou sua canção de guerra e todas as que ele conhecia, mas num tom muito triste", disse Champlain, que ainda não tivera tempo de perceber que toda a música dos selvagens tem algo de lúgubre. O suplício, acompanhado de todos os horrores de que falaremos a seguir, assustou os franceses, que em vão fizeram de tudo para interrompê-lo. Na noite seguinte, tendo um huroniano sonhado que estavam sendo perseguidos, a retirada transformou-se numa verdadeira fuga e os selvagens não pararam em mais nenhum lugar até se sentirem completamente fora de perigo.
> Assim que avistaram as tendas de sua aldeia, eles cortaram longos bastões aos quais prenderam os escalpos que tinham dividido entre si e os carregaram como um troféu. Ao verem isso, as mulheres acorreram, atiraram-se no rio a nado e, tendo alcançado as canoas, pegaram os escalpos sangrentos das mãos de seus maridos e prenderam-nos no pescoço.
> Os guerreiros ofereceram um desses horríveis troféus a Champlain e também presentearam-no com alguns arcos e flechas, únicos despojos dos iroqueses que quiseram tomar, rogando-lhe que os mostrasse ao rei da França.

Champlain viveu sozinho um inverno inteiro no meio desses bárbaros, sem que sua pessoa ou suas posses fossem comprometidas por um instante sequer.

(E) página 44

Embora o rigorismo puritano que presidiu o nascimento das colônias inglesas da América já tenha se enfraquecido consideravelmente, ainda encontramos nos hábitos e nas leis alguns vestígios extraordinários de sua presença.

Em 1792, na época em que a república anticristã da França começava sua existência efêmera, o corpo legislativo de Massachusetts promulgava a lei que veremos abaixo para forçar os cidadãos à observância do domingo. Eis o preâmbulo e as principais disposições dessa lei, que merece toda a atenção do leitor. Diz o legislador:

> Dado que a observação do domingo é de interesse público; que ela produz uma suspensão útil nos trabalhos; que ela leva os homens a refletir sobre os deveres da vida e sobre os erros a que a humanidade está tão sujeita; que ela permite honrar em particular e em público o Deus criador e governador do universo e dedicar-se aos atos de caridade que constituem o ornamento e o consolo das sociedades cristãs;
>
> Dado que as pessoas irreligiosas ou levianas, esquecendo os deveres que o domingo impõe e a vantagem que a sociedade deles retira, profanam a santidade dedicando-se a seus prazeres ou a seus trabalhos; que essa maneira de agir é contrária a seus próprios interesses enquanto cristãos; que, ademais, ela é de natureza a perturbar aqueles que não seguem seu exemplo e causa um prejuízo real à sociedade inteira ao introduzir em seu seio o gosto pela dissipação e pelos hábitos dissolutos;
>
> O Senado e a Câmara dos Representantes ordenam o que se segue:
>
> 1º. Ninguém poderá, no dia de domingo, manter aberta sua loja ou seu ateliê. Ninguém poderá, no mesmo dia, ocupar-se de nenhum trabalho ou quaisquer negócios, assistir a nenhum concerto, baile ou espetáculo de qualquer gênero. A multa não será menor que 10 xelins e não excederá 20 xelins por contravenção.
>
> 2º. Nenhum viajante, condutor, carreteiro, exceto em caso de necessidade, poderá viajar no domingo, sob pena da mesma multa.
>
> 3º. Os taberneiros, varejistas e estalajadeiros impedirão que qualquer habitante domiciliado em sua comuna vá a seus estabelecimentos no domingo para passar o tempo em prazeres ou negócios. Em caso de contravenção, o estalajadeiro e seu cliente pagarão a multa. Além disso, o estalajadeiro poderá perder sua licença.

4º. Aquele que, estando em boa saúde e sem motivo suficiente, omitir-se durante três meses de prestar a Deus um culto público, será condenado a 10 xelins de multa.

5º. Aquele que, no recinto de um templo, portar-se de maneira inconveniente, pagará uma multa de 5 a 40 xelins.

6º. São encarregados de zelar pela execução da presente lei os *tythingmen* das comunas.[160] Eles têm o direito de visitar no domingo todos os aposentos das estalagens ou os lugares públicos. O estalajadeiro que recusar-lhes a entrada de sua casa será condenado por esse fato a 40 xelins de multa.

Os *tythingmen* deverão deter os viajantes e informar-se da razão que os obrigou a pegar a estrada no domingo. Aquele que se recusar a responder será condenado a uma multa que poderá ser de 5 libras esterlinas.

Se a razão dada pelo viajante não parecer suficiente ao *tythingman*, ele processará o dito viajante perante o juiz de paz do cantão.

Lei de 8 de março de 1792. *General Laws of Massachusetts*,
vol. 1, p. 410.

Em 11 de março de 1797, uma nova lei veio aumentar o valor das multas, sendo que a metade caberia a quem processasse o delinquente. Ibidem, vol. 1, p. 525.

Em 16 de fevereiro de 1816, uma nova lei confirmou essas mesmas medidas. Ibidem, vol. 2, p. 405.

Dispositivos análogos existem nas leis do estado de Nova York, revisadas em 1827 e 1828 (Ver *Revised statutes*, parte 1, cap. 20, p. 675). É dito que no domingo ninguém poderá caçar, pescar, jogar nem frequentar as casas onde se servem bebidas. Ninguém poderá viajar, a não ser em caso de necessidade.

Esse não é o único vestígio que o espírito religioso e os costumes austeros dos primeiros emigrantes deixaram nas leis.

Lê-se nos estatutos revisados do estado de Nova York, vol. 1, p. 662, o seguinte artigo:

> Quem ganhar ou perder no espaço de 24 horas, jogando ou apostando, a quantia de 25 dólares (cerca de 132 francos), será considerado culpado de um delito (*misdemeanor*), e com a prova do feito, será condenado a uma multa igual a no mínimo cinco vezes o valor da quantia perdida ou ganha; multa essa que será paga ao inspetor dos pobres da comuna.

---

160. Oficiais eleitos a cada ano e que, por suas funções, se aproximam tanto do guarda-florestal quanto do oficial da polícia judiciária na França.

Aquele que perder 25 dólares ou mais pode reclamá-los em justiça. Se omitir-se de fazê-lo, o inspetor dos pobres poderá acionar o ganhador e fazê-lo pagar, em proveito dos pobres, a quantia ganha e outra três vezes maior que esta.

As leis que acabamos de citar são muito recentes; mas quem poderia compreendê-las sem voltar à própria origem das colônias? Não duvido que em nossos dias a parte penal dessa legislação só seja muito raramente aplicada; as leis conservam sua inflexibilidade quando os costumes já se dobraram ao movimento do tempo. No entanto, a observância do domingo na América ainda é o que espanta mais vivamente o estrangeiro.

Há particularmente uma grande cidade americana em que, a partir do sábado à noite, o movimento social é como que suspenso. Percorremos seus muros à hora que parece convidar a idade madura aos negócios e a juventude, aos prazeres, e vemo-nos em meio a uma profunda solidão. Não apenas ninguém trabalha como ninguém parece viver. Não ouvimos nem o movimento da indústria, nem os acentos da alegria, nem mesmo o murmúrio confuso que se eleva a todo momento de uma grande cidade. Correntes são estendidas nos arredores das igrejas; as janelas semifechadas só deixam penetrar a muito custo um raio de sol nas casas dos cidadãos. Apenas de longe em longe veremos um homem isolado que desliza sem ruído pelos cruzamentos desertos e ao longo das ruas abandonadas.

No dia seguinte, ao raiar do dia, a circulação dos veículos, o barulho dos martelos, os gritos da população voltam a se fazer ouvir; a cidade desperta; uma multidão inquieta se precipita para os centros ativos do comércio e da indústria; tudo se movimenta, tudo se precipita a nosso redor. A uma espécie de embotamento letárgico sucede uma atividade febril, como se cada um tivesse um único dia a sua disposição para adquirir a riqueza e dela usufruir.

(F) página 48

É inútil dizer que, no capítulo que acabamos de ler, não pretendi fazer uma história da América. Meu único objetivo foi tornar o leitor capaz de apreciar a influência que haviam exercido as opiniões e os costumes dos primeiros emigrantes no destino das diferentes colônias e da União em geral. Limitei-me, portanto, a citar alguns fragmentos soltos.

Não sei se me engano, mas parece-me que, seguindo o caminho que nada mais fiz que indicar aqui, seria possível apresentar sobre a primeira idade das repúblicas americanas quadros que não seriam indignos de atrair os olhares do público e que sem dúvida dariam matéria de reflexão aos homens de Estado.

Não podendo dedicar-me pessoalmente a esse trabalho, tentei ao menos facilitar o de outros. Assim, achei que devia apresentar aqui uma breve nomenclatura e uma análise resumida das obras a que me parece mais útil recorrer.

Entre os inúmeros documentos gerais que poderiam ser consultados com proveito, colocarei primeiro a obra intitulada *Historical collection of state-papers and other authentic documents, intended as materials for a history of the United States of America*, por Ebenezer Hazard.

O primeiro volume dessa coletânea, que foi impressa na Filadélfia em 1792, contém a cópia textual de todas as cartas constitucionais concedidas pela coroa da Inglaterra aos emigrantes, bem como os principais decretos dos governos coloniais durante os primeiros tempos de sua existência. Entre outros, encontramos grande número de documentos autênticos sobre os negócios da Nova Inglaterra e da Virgínia durante esse período.

O segundo volume é dedicado quase inteiramente aos decretos da Confederação de 1643. Esse pacto federal, que ocorreu entre as colônias da Nova Inglaterra com o objetivo de resistir aos índios, foi o primeiro exemplo de união dado pelos anglo-americanos. Houve várias outras confederações da mesma natureza, até a de 1776, que levou à independência das colônias.

A coleção histórica da Filadélfia encontra-se na Biblioteca Real.

Cada colônia tem, além disso, seus monumentos históricos, alguns muito preciosos. Começo meu exame pela Virgínia, que é o estado povoado há mais tempo.

O primeiro de todos os historiadores da Virgínia foi seu fundador, o capitão John Smith. O capitão Smith deixou-nos um volume in-quarto intitulado *The general history of Virginia and New England, by Captain John Smith, some time governor in those countries and admiral of New England*, impresso em Londres em 1627 (esse volume se encontra na Biblioteca Real). A obra de Smith é ornada de mapas e gravuras muito curiosas, que datam da época em que ela foi impressa. O relato do historiador estende-se do ano 1584 até 1626. O livro de Smith é estimado e merece sê-lo. O autor é um dos mais famosos aventureiros que existiram no século cheio de aventuras ao fim do qual ele viveu: o próprio livro exala esse ardor de descobertas e esse espírito de empreendimento que caracterizavam os homens de então, nele encontramos esses costumes cavalheirescos que eram mesclados aos negócios e que se fazia servir à aquisição de riquezas.

Mas o que é mais notável no capitão Smith é que ele mistura às virtudes de seus contemporâneos qualidades que se mantiveram estrangeiras à maioria deles; seu estilo é simples e claro, seus relatos têm toda a marca da verdade, suas descrições não são exageradas.

Esse autor lança, sobre a condição dos índios à época da descoberta da América do Norte, luzes preciosas.

O segundo historiador a ser consultado é Robert Beverley Jr. Sua obra *The history and present state of Virginia, in four parts* (1705), que forma um volume in-doze, foi traduzida para o francês e impressa em Amsterdã em 1707. O autor começa seus relatos no ano de 1585 e os encerra no ano de 1700. A primeira parte do livro contém documentos históricos propriamente ditos relativos à infância da colônia. A segunda encerra um quadro curioso da condição dos índios nessa época remota. A terceira dá uma ideia muito clara dos costumes, do estado social, das leis e dos hábitos políticos dos virginianos da época do autor.

Beverley era originário da Virgínia, o que o faz dizer, no início, que ele "suplica aos leitores que não examinem sua obra" como críticos rígidos demais, pois, tendo nascido nas Índias, ele não aspira "à pureza da linguagem". Apesar dessa modéstia de colono, o autor atesta, ao longo de todo o livro, suportar com impaciência a supremacia da pátria-mãe. Também encontramos na obra de Beverley numerosos vestígios desse espírito de liberdade civil que já animava as colônias inglesas da América. Encontramos igualmente o vestígio das divisões que por tanto tempo existiram entre elas e que retardaram sua independência. Beverley detesta seus vizinhos católicos de Maryland mais do que ao governo inglês. O estilo desse autor é simples; seus relatos muitas vezes são cheios de interesse e inspiram a confiança. A tradução francesa da história de Beverley encontra-se na Biblioteca Real.

Vi na América, mas não pude encontrar na França, uma obra que também mereceria ser consultada; é intitulada *History of Virginia*, de William Stith. Esse livro apresenta detalhes curiosos, mas pareceu-me longo e prolixo.

O mais antigo e melhor documento que podemos consultar sobre a história das Carolinas é um livro pequeno in-quarto intitulado *The History of Carolina* by John Lawson, impresso em Londres em 1718.

A obra de Lawson contém primeiro uma viagem de descobertas, no oeste da Carolina. Essa viagem é escrita em forma de diário; os relatos do autor são confusos; suas observações são muito superficiais; encontramos apenas um retrato bastante impressionante dos danos causados pela varíola e pela aguardente entre os selvagens dessa época, e um quadro curioso da corrupção dos costumes que reinava entre eles e era favorecido pela presença dos europeus.

A segunda parte da obra de Lawson é dedicada a traçar o estado físico da Carolina e a divulgar suas produções.

Na terceira parte, o autor faz uma descrição interessante dos costumes, dos usos e do governo dos índios da época. Muitas vezes há espírito e originalidade nessa parte do livro.

A história de Lawson termina com a Carta Constitucional concedida à Carolina na época de Carlos II.

O tom geral da obra é leve, muitas vezes licencioso, e forma um contraste perfeito com o estilo profundamente grave das obras publicadas à mesma época na Nova Inglaterra.

A história de Lawson é um documento extremamente raro na América, mas pode ser obtida na Europa. Existe um exemplar na Biblioteca Real.

Do extremo sul dos Estados Unidos, passo imediatamente ao extremo norte. O espaço intermediário só foi povoado mais tarde.

Devo indicar, primeiro, uma compilação muito curiosa intitulada *Collection of the Massachusetts historical society*, impressa pela primeira vez em Boston em 1792, reimpressa em 1806. Essa obra não existe na Biblioteca Real nem, acredito, em nenhuma outra.

Essa coleção encerra um grande número de documentos muito preciosos sobre a história dos diferentes estados da Nova Inglaterra. Encontramos correspondências inéditas e peças autênticas que estavam perdidas nos arquivos provinciais. A obra inteira de Daniel Gookin relativa aos índios foi ali inserida.

Indiquei várias vezes ao longo do capítulo ao qual se refere esta nota a obra de Morton intitulada *New England's memorial*. O que disse basta para provar que ela merece atrair a atenção dos que gostariam de conhecer a história da Nova Inglaterra. O livro forma um volume in-oitavo, reimpresso em Boston em 1826. Ele não existe na Biblioteca Real.

O autor dividiu sua obra em sete livros.

O primeiro apresenta a história do que preparou e conduziu à criação da Nova Inglaterra.

O segundo contém a vida dos primeiros governadores e dos principais magistrados que administraram essa região.

O terceiro é dedicado à vida e aos trabalhos dos ministros evangélicos, que, durante o mesmo período, conduziram as almas.

No quarto, o autor apresenta a fundação e o desenvolvimento da Universidade de Cambridge (Massachusetts).

No quinto, expõe os princípios e a disciplina da Igreja da Nova Inglaterra.

O sexto é consagrado a retraçar certos fatos que indicam, seguindo Cotton Mather, a ação benéfica da Providência sobre os habitantes da Nova Inglaterra.

No sétimo, por fim, o autor nos informa das heresias e perturbações a que foi exposta a Igreja da Nova Inglaterra.

Mather era um ministro evangélico que, tendo nascido em Boston, ali passou a vida.

Todo o ardor e todas as paixões religiosas que levaram à fundação da Nova Inglaterra animam e vivificam seus relatos. Frequentemente percebemos sinais de mau gosto em sua maneira de escrever: mas ele é cativante, porque está cheio de um entusiasmo que acaba passando ao leitor. Muitas vezes é intolerante, mais vezes ainda é crédulo; mas nunca percebemos nele a vontade de enganar; por vezes, sua obra tem inclusive belas passagens e pensamentos verdadeiros e profundos, como estes:

> Antes da chegada dos puritanos — Ibidem, vol. 1, cap. IV, p. 61 — IV —, os ingleses haviam tentado várias vezes povoar o país que habitamos; como, porém, não visavam mais alto do que ao sucesso de seus interesses materiais, logo foram vencidos pelos obstáculos; o mesmo não ocorreu com os homens que chegaram à América levados e mantidos por um elevado pensamento religioso. Embora estes tenham encontrado mais inimigos do que talvez jamais tenham encontrado os fundadores de qualquer colônia, persistiram em seu desígnio e o estabelecimento que formaram subsiste ainda em nossos dias.

Mather às vezes mistura à austeridade de seus quadros imagens cheias de suavidade e ternura: depois de falar de uma dama inglesa cujo ardor religioso havia levado junto com o marido à América, e que logo sucumbiu às fadigas e misérias do exílio, ele acrescenta: "Quanto a seu virtuoso esposo, Isaac Johnson, ele tentou viver sem e, não tendo conseguido, morreu" (Ibidem, vol. 1, p. 71).

O livro de Mather nos faz conhecer de maneira admirável a época e a região que ele procura descrever.

Quando quer nos ensinar os motivos que levaram os puritanos a buscar asilo além dos mares, diz:

> O Deus do céu fez um apelo àqueles de seu povo que habitavam a Inglaterra. Falando ao mesmo tempo a milhares de homens que nunca tinham visto uns aos outros, encheu-os do desejo de deixar os confortos da vida que encontravam em sua pátria, de atravessar um terrível oceano para se estabelecer no meio de desertos mais formidáveis ainda, com o único objetivo de submeter-se sem obstáculo a suas leis.
>
> Antes de seguir adiante é bom que sejam conhecidos os motivos desse empreendimento, a fim de que sejam bem compreendidos pela posteridade; é importante, acima de tudo, lembrá-los aos homens de nossos dias, por medo de que, perdendo de vista o objeto que seus pais perseguiam, eles não negligenciem os verdadeiros interesses da Nova Inglaterra. Colocarei aqui, portanto, o que se encontra num manuscrito em que alguns desses motivos foram expostos.

Primeiro motivo: seria prestar um enorme serviço à Igreja levar o Evangelho a essa parte do mundo (a América do Norte) e erguer uma muralha que possa defender os fiéis do Anticristo, cujo império trabalha para fundar no resto do universo.

Segundo motivo: todas as outras igrejas da Europa foram atingidas pela desolação e é de se temer que Deus tenha decidido o mesmo contra a nossa. Quem sabe se ele não tomou o cuidado de preparar esse lugar (a Nova Inglaterra) para servir de refúgio aos que quer salvar da destruição geral?

Terceiro motivo: o país em que vivemos parece cansado de habitantes; o homem, que é a mais preciosa das criaturas, tem aqui menos valor do que o solo que tem sob seus passos. Consideramos um pesado fardo ter filhos, vizinhos, amigos; fugimos do pobre; os homens repelem o que deveria causar as maiores satisfações desse mundo se as coisas seguissem a ordem natural.

Quarto motivo: nossas paixões chegaram ao ponto de não haver fortuna que possa deixar um homem em condição de manter sua posição entre seus iguais. No entanto, aquele que não pode vencer está exposto ao desprezo: resulta disso que em todas as profissões os homens procuram enriquecer por meios ilícitos e torna-se difícil às pessoas de bem viver com conforto e sem desonra.

Quinto motivo: as escolas em que se ensinam ciências e religião estão tão corrompidas que a maioria das crianças, e muitas vezes as melhores, mais distintas dentre elas, e as que fazem nascer as mais legítimas esperanças, encontram-se completamente pervertidas pela miríade de maus exemplos de que são testemunhas e pela licenciosidade que os cerca.

Sexto motivo: a Terra inteira não é o jardim do Senhor? Deus não a deu aos filhos de Adão para que a cultivassem e embelezassem? Por que nós a deixamos morrer de fome por falta de espaço enquanto vastas regiões igualmente próprias ao uso do homem permanecem desabitadas e incultas?

Sétimo motivo: erguer uma Igreja reformada e mantê-la em sua infância: unir nossas forças com as de um povo fiel para fortalecê-la, fazê-la prosperar e salvá-la dos acasos, e talvez da miséria completa a que ela estaria exposta sem esse apoio; haverá obra mais nobre e mais bela, haverá empresa mais digna de um cristão?

Oitavo motivo: se os homens cuja piedade é conhecida e que vivem aqui (na Inglaterra) no meio da riqueza e da felicidade abandonassem essas vantagens para trabalhar no estabelecimento dessa Igreja reformada e consentissem em dividir com ela um destino obscuro e penoso, esse seria um grande e útil exemplo que reanimaria a fé dos fiéis nas orações que eles dirigem a Deus em favor da colônia e que levaria muitos outros homens a se juntar a eles.

Mais adiante, expondo os princípios da Igreja da Nova Inglaterra em matéria de moral, Mather ergue-se com violência contra o costume de brindar à saúde na mesa, o que ele chama de hábito pagão e abominável.

Ele proscreve com o mesmo rigor todos os ornamentos que as mulheres podem vir a colocar nos cabelos e condena sem piedade a moda que existe entre elas, diz ele, de descobrir o pescoço e os braços.

Em outra parte de sua obra, ele nos descreve longamente vários fatos de bruxaria que assustaram a Nova Inglaterra. Vemos que a ação visível do demônio nas questões desse mundo lhe parece uma verdade incontestável e demonstrada.

Em grande número de passagens desse mesmo livro revela-se o espírito de liberdade civil e de independência política que caracterizava os contemporâneos do autor. Seus princípios em matéria de governo se revelam a cada passo. É assim, por exemplo, que vemos os habitantes de Massachusetts, desde 1630, dez anos depois da fundação de Plymouth, dedicar 400 libras esterlinas à fundação da Universidade de Cambridge.

Se eu passar dos documentos gerais relativos à história da Nova Inglaterra aos que se referem aos diversos estados compreendidos dentro de seus limites, terei primeiro que indicar a obra intitulada *The History of the colony of Massachusetts, by Hutchinson, lieutenant-governor of the Massachusetts province*, 2 volumes, in-oitavo. Encontra-se na Biblioteca Real um exemplar desse livro: é uma segunda edição impressa em Londres em 1765.

A história de Hutchinson, que citei várias vezes no capítulo a que essa nota se refere, começa no ano de 1628 e acaba em 1750. Reina em toda a obra um grande ar de veracidade; o estilo é simples e sem afetação. É uma história muito detalhada.

O melhor documento a consultar, quanto a Connecticut, é a história de Benjamin Trumbull, intitulada *A complete History of Connecticut, civil and ecclesiastical, 1630-1764*. São 2 volumes, in-oitavo, impressos em 1818 em New Haven. Não creio que a obra de Trumbull encontre-se na Biblioteca Real.

Essa história contém uma exposição clara e fria de todos os acontecimentos ocorridos em Connecticut durante o período indicado no título. O autor consultou as melhores fontes, e seus relatos conservam o selo da verdade. Tudo o que ele diz sobre os primeiros tempos de Connecticut é extremamente curioso. Ver especialmente em sua obra a *Constitution* de 1639, vol. 1, cap. VI, p. 100; e também *Lois pénales du Connecticut*, vol. 1, cap. VII, p. 123.

Estima-se com razão a obra de Jeremy Belknap intitulada *History of New Hampshire*, 2 volumes, in-oitavo, impressa em Boston em 1792. Ver particularmente o capítulo III do primeiro volume. Nesse capítulo, o autor dá detalhes extremamente preciosos sobre os princípios políticos e religiosos dos puritanos, sobre as causas de sua emigração e sobre suas leis. Encontramos a seguinte citação curiosa de um sermão pronunciado em 1663:

> É preciso que a Nova Inglaterra se lembre a todo momento que foi fundada com um objetivo religioso e não com um objetivo comercial. Lemos em sua fronte que ela fez profissão de pureza em matéria de doutrina e de disciplina. Que os comerciantes e todos os que se dedicaram a empilhar moeda sobre moeda se lembrem, portanto, que foi a religião e não o ganho o objeto da fundação dessas colônias. Se houver alguém entre nós que, na avaliação que faz do mundo e da religião, olhe o primeiro como treze e a segunda apenas como doze, este homem não estará animado pelos sentimentos de um verdadeiro filho da Nova Inglaterra.

Os leitores encontrarão em Belknap mais ideias gerais e mais força de pensamento do que as apresentadas até o momento pelos outros historiadores americanos.

Ignoro se esse livro se encontra na Biblioteca Real.

Entre os estados do centro cuja existência já é antiga e que merecem nossa atenção, distinguem-se, sobretudo, o estado de Nova York e a Pensilvânia. A melhor história que temos do estado de Nova York é intitulada *History of New York*, por William Smith, impressa em Londres em 1757. Existe uma tradução francesa, também impressa em Londres, em 1767, 1 volume in-doze. Smith nos fornece úteis detalhes sobre as guerras dos franceses e dos ingleses na América. De todos os historiadores americanos, é o que nos faz conhecer melhor a famosa confederação dos iroqueses.

Quanto à Pensilvânia, eu não poderia fazer nada melhor que indicar a obra de Proud intitulada *The history of Pensylvania, from the original institution and settlement of that province, under the first proprietor and governor William Penn, in 1681, till after the year 1742*, em 2 volumes, in-oitavo, impressos na Filadélfia em 1797.

Esse livro merece particularmente atrair a atenção do leitor; contém um grande número de documentos muito curiosos sobre Penn, a doutrina dos quakers, o caráter, os costumes e os usos dos primeiros habitantes da Pensilvânia. Ele não existe, que eu saiba, na Biblioteca.

Não preciso acrescentar que entre os documentos mais importantes relativos à Pensilvânia estão as obras do próprio Penn e as de Franklin. Elas são conhecidas por um grande número de leitores.

A maior parte desses livros que acabo de citar já havia sido consultada por mim durante minha estada na América. A Biblioteca Real aceitou confiar-me alguns; os outros me foram emprestados pelo senhor David Bailie Warden, antigo cônsul-geral dos Estados Unidos em Paris, autor de uma excelente obra sobre a América. Não posso encerrar essa nota sem rogar ao senhor Warden que aceite aqui meu reconhecimento.

(G) página 54

Encontramos o seguinte nas *Memórias de Jefferson*:

> Nos primeiros tempos do estabelecimento dos ingleses na Virgínia, quando se obtinham terras por pouca coisa, ou mesmo nada, alguns indivíduos previdentes haviam adquirido grandes concessões e, desejando manter o esplendor de suas famílias, haviam legado por substituição seus bens a seus descendentes. A transmissão dessas propriedades de geração em geração a homens que carregavam o mesmo nome havia acabado por elevar uma classe distinta de famílias que, obtendo da lei o privilégio de perpetuar suas riquezas, formavam dessa maneira uma espécie de ordem de patrícios distintos pela grandeza e pelo luxo de seus estabelecimentos. Era entre essa ordem que o rei geralmente escolhia seus conselheiros de Estado.

Nos Estados Unidos, as principais disposições da lei inglesa em relação às sucessões foram universalmente rejeitadas.

"A primeira regra que seguimos em matéria de sucessão", diz Kent, "é a seguinte: quando um homem morre sem testamento, seu bem passa a seus herdeiros em linha direta; se houver apenas um herdeiro ou uma herdeira, ele ou ela recebe sozinho toda a herança. Se houver vários herdeiros de mesmo grau, eles dividem igualmente entre eles a herança, sem distinção de sexo".

Essa regra foi prescrita pela primeira vez no estado de Nova York por um estatuto de 23 de fevereiro de 1786 (ver *Revised Statutes*, vol. 3; "Appendix", p. 48); ela foi adotada desde então nos estatutos revisados do mesmo estado. Hoje, prevalece em toda a extensão dos Estados Unidos, com a única exceção do estado de Vermont, em que o herdeiro homem recebe parte dupla (*Kent's commentaries*, vol. 4, p. 370).

O senhor Kent, na mesma obra, vol. 4, p. 1-22, faz um histórico da legislação americana relativa às heranças por substituição. Antes da revolução da América, as leis inglesas sobre as substituições formavam o direito comum nas colônias. As substituições propriamente ditas (*Estates's tail*) foram abolidas na Virgínia em 1776 (essa abolição ocorreu por moção de Jefferson; ver *Jefferson's Memoirs*); no estado de Nova York, em 1786. A mesma abolição ocorreu a seguir na Carolina do Norte, no Kentucky, no Tennessee, na Geórgia, no Missouri. No

Vermont, em Indiana, Illinois, na Carolina do Sul e na Louisiana, as substituições nunca foram usuais. Os estados que acreditaram dever conservar a legislação inglesa relativa às substituições modificaram-na de maneira a tirar-lhe suas principais características aristocráticas: "Nossos princípios gerais em matéria de governo", diz Kent, "tendem a favorecer a livre circulação da propriedade".

O que espanta de modo singular o leitor francês que estuda a legislação americana relativa às sucessões é que nossas leis sobre o mesmo assunto são infinitamente mais democráticas que as deles.

As leis americanas dividem igualmente os bens do pais, mas apenas no caso em que sua vontade não for conhecida: "pois cada homem", diz a lei, no estado de Nova York (*Revised Statutes*, vol. 3; "Appendix", p. 51), "tem plena liberdade, poder e autoridade, de dispor de seus bens por testamento, de legar, dividir, em favor de qualquer pessoa que seja, desde que não teste em favor de um corpo político ou de uma sociedade organizada".

A lei francesa faz da partilha igual ou quase igual a regra do testador.

A maioria das repúblicas americanas ainda admitem as substituições e se limitam a restringir seus efeitos.

A lei francesa não permite substituições em caso algum.

Embora o estado social dos americanos seja ainda mais democrático do que o nosso, nossas leis são mais democráticas que as deles. É mais fácil explicar isso do que parece: na França, a democracia ainda está ocupada em demolir; na América, ela reina tranquilamente sobre ruínas.

(H) página 60
Resumo das condições eleitorais nos Estados Unidos

Todos os estados acordam o uso dos direitos eleitorais aos 21 anos. Em todos os estados, é preciso ter residido por certo tempo no distrito onde se vota. Esse tempo varia de três meses a dois anos.

Quanto ao censo: no estado de Massachusetts, é preciso, para ser eleitor, ter 3 libras esterlinas de rendimento, ou 60 de capital.

Em Rhode Island, é preciso possuir uma propriedade fundiária no valor de 133 dólares (704 francos).

Em Connecticut, é preciso ter uma propriedade cuja renda seja de 17 dólares (cerca de 90 francos). Um ano de serviço na milícia também concede o direito eleitoral.

Em Nova Jersey, o eleitor deve ter 50 libras esterlinas de fortuna.

Na Carolina do Sul e em Maryland, o eleitor deve possuir 50 acres de terra.

No Tennessee, ele deve possuir uma propriedade qualquer.

Nos estados de Mississippi, Ohio, Geórgia, Virgínia, Pensilvânia, Delaware e Nova York, basta, para ser eleitor, pagar taxas: na maioria desses estados, o serviço da milícia equivale ao pagamento das taxas.

No Maine e em New Hampshire, basta não constar da lista de indigentes.

Por fim, nos estados de Missouri, Alabama, Illinois, Louisiana, Indiana, Kentucky e Vermont não se exige nenhuma condição que tenha relação com a fortuna do eleitor.

Penso que somente a Carolina do Norte impõe aos eleitores do Senado condições diferentes para os eleitores da Câmara dos Representantes. Os primeiros devem possuir uma propriedade de 50 acres de terra. Basta, para poder eleger os representantes, pagar uma taxa.

(I) página 95

Existe nos Estados Unidos um sistema proibitivo. O pequeno número de fiscais aduaneiros e a grande extensão da costa tornam o contrabando muito fácil; no entanto, há muito menos do que em outros lugares, porque todos trabalham para reprimi-lo.

Como não há polícia preventiva nos Estados Unidos, vemos mais incêndios do que na Europa; em geral, porém, são apagados mais cedo, porque a população circundante não deixa de comparecer com rapidez ao lugar do perigo.

(J) página 97

Não é justo dizer que a centralização tenha nascido da Revolução Francesa; ela aperfeiçoou-a, mas não a criou. O gosto da centralização e a mania regulatória remontam, na França, à época em que os legistas entraram no governo; o que nos remete ao tempo de Filipe, o Belo. Desde então, essas duas coisas nunca cessaram de crescer. Eis o que o senhor de Malhesherbes, falando em nome da Cour des Aides, dizia ao rei Luís XVI em 1775:[161]

> (...) restava a cada corpo, a cada comunidade de cidadãos, o direito de administrar seus próprios negócios; direito que não dizemos fazer parte da Constituição primitiva do reino, pois remonta a muito antes: é o direito natural, é o direito da razão. Contudo, ele foi retirado de seus súditos, majestade, e não temeremos dizer que a administração caiu nesse ponto em excessos que podemos chamar pueris.

---

161. Ver *Mémoires pour servir à l'histoire du droit public de la France en matière d'impôts*, p. 654, impresso em Bruxelas, em 1779.

Desde que ministros poderosos tiveram como princípio político não deixar convocar a assembleia nacional, passamos de consequência em consequência até declarar nulas as deliberações dos habitantes de uma aldeia quando não autorizadas por um intendente; de modo que, se essa comunidade tem uma despesa a fazer, é preciso solicitar o consentimento do subdelegado do intendente, consequentemente seguir o plano que ele adotou, empregar os trabalhadores que ele favorece, pagá-los seguinte seu arbítrio; e se a comunidade precisa manter um processo, ela também precisa da autorização do intendente. A causa precisa ser levada a esse primeiro tribunal antes de ser levada à justiça. E se a opinião do intendente é contrária aos habitantes, ou se o adversário deles tem crédito junto à intendência, a comunidade é deposta de sua faculdade de defender seus direitos. Eis, majestade, por que meios trabalhou-se para sufocar, na França, qualquer espírito municipal, a apagar, quando possível, até mesmo os sentimentos cidadãos; a nação inteira foi, por assim dizer, *interditada* e recebeu tutores.

O que poderíamos dizer de melhor hoje, quando a Revolução Francesa fez o que chamamos de *suas conquistas* em matéria de centralização?

Em 1789, Jefferson escrevia de Paris a um de seus amigos: "Não há país em que a mania de governar demais tenha criado mais raízes do que na França, e onde ela cause mais mal" (*Lettres à Madison*, 28 de agosto de 1789).

A verdade é que, na França, há vários séculos, o poder central sempre fez tudo o que pôde para estender a centralização administrativa; ele nunca teve, nessa empresa, outros limites além de suas próprias forças.

O poder central nascido da Revolução Francesa avançou mais do que qualquer de seus predecessores, porque foi mais forte e mais sábio do que qualquer um deles. Luís XIV submetia os detalhes da existência comunal aos bons prazeres de um intendente; Napoleão submeteu-os aos do ministro. É sempre o mesmo princípio, levado a consequências mais ou menos recuadas.

[K] página 100

Essa imutabilidade da Constituição na França é uma consequência forçada de nossas leis.

E para falar primeiro da mais importante de todas as leis, a que regula a ordem de sucessão ao trono, o que há de mais imutável em seu princípio do que uma ordem política fundada na ordem natural de sucessão de pai para filho? Em 1814, Luís XVIII havia feito com que se reconhecesse esse perpetuidade da lei de sucessão política em favor de sua família; os que regularam as consequências da revolução de 1830 seguiram seu exemplo: a única coisa é que estabeleceram a perpetuidade da lei em proveito de uma outra família; nisso imitaram o chanceler Meaupou, que, instituindo o novo parlamento sobre as ruínas do antigo, tomou o cuidado de declarar na mesma ordenação que os novos magistrados seriam inamovíveis, como haviam sido seus predecessores.

As leis de 1830, não mais que as de 1814, não indicam nenhum meio de mudar a Constituição. Ora, é evidente que os meios ordinários da legislação não bastariam para isso.

De quem o rei recebe seus poderes? Da Constituição. E seus pares? Da Constituição. E os deputados? Da Constituição. Então como o rei, os pares e os deputados, reunindo-se, poderiam mudar qualquer coisa de uma lei em virtude da qual eles governam? Fora da Constituição eles não são nada: em que terreno se colocariam, então, para mudar a Constituição? De duas, uma: ou seus esforços são impotentes contra a Carta, que continua existindo a despeito deles, e então eles continuam a reinar em seu nome; ou eles conseguem mudar a Carta, e então a lei pela qual existiam, cessando de existir, faz com que eles mesmos não sejam mais nada. Destruindo a Carta, eles destruíram a si mesmos.

Isso é ainda mais visível nas leis de 1830 do que nas de 1814. Em 1814, o poder real se situava de certo modo fora e acima da Constituição; em 1830, ele admite ser criado por ela e não é absolutamente nada sem ela.

Assim, uma parte de nossa Constituição é imutável, porque foi unida ao destino de uma família; o conjunto da Constituição é igualmente imutável porque não se percebem meios legais de mudá-la.

Nada disso é aplicável à Inglaterra. Como a Inglaterra não tem uma Constituição escrita, quem pode dizer que mudam sua Constituição?

(L) página 100

Os autores mais estimados que escreveram sobre a Constituição inglesa estabelecem, como que competindo, essa onipotência do parlamento.

Jean-Louis Delolme diz, cap. x, p. 77: *It is a fundamental principle with the English lawyers, that parliament can do everything; except making a woman a man or a man a woman.*

William Blackstone explica-se mais categoricamente ainda, se não mais energicamente que Delolme; eis em que termos:

> O poder e a jurisdição do Parlamento são tão extensos e tão absolutos, segundo o senhor Edward Coke (4 Hist. 36), seja sobre as pessoas, seja sobre os negócios, que nenhum limite pode lhe ser atribuído... Podemos dizer com verdade sobre essa corte: *Si antiquitatem spectes, est vetustissima; si*

dignitatem, est honoritissima; si jurisdictionem, est capacissima. Sua autoridade, soberana e sem controle, pode confirmar, estender, restringir, abreviar, revogar, renovar e interpretar as leis sobre as matérias de todas as denominações eclesiásticas, temporais, civis, militares, marítimas, criminais. É ao Parlamento que a Constituição desse reino confiou esse poder despótico e absoluto que, em todo governo, deve residir em algum lugar. Os danos, os remédios a utilizar, as determinações fora do curso ordinário das leis, tudo é alcançado por esse tribunal extraordinário. Ele pode regular ou mudar a sucessão ao trono, como fez sob os reinados de Henrique VIII e Guilherme III; ele pode alterar a religião nacional estabelecida, como fez em diversas circunstâncias sob os reinados de Henrique VIII e seus filhos; ele pode *mudar e criar de novo a Constituição do reino* e dos próprios parlamentos, como fez pelo ato de união da Inglaterra e da Escócia, e por diversos estatutos para as eleições trienais e septenais. Em suma, ele pode fazer tudo o que não é naturalmente impossível: assim, não temos escrúpulo de chamar seu poder, por uma figura talvez ousada demais, de *onipotência* do Parlamento.

(M) página 109

Não há matéria sobre a qual as constituições americanas concordem mais do que sobre o julgamento político.

Todas as constituições que se ocupam desse objeto dão à Câmara dos Representantes o direito exclusivo de acusar; a única exceção é a Constituição da Carolina do Norte, que concede esse mesmo direito aos grandes júris (artigo 23).

Quase todas as constituições dão ao Senado, ou à assembleia que ocupa seu lugar, o direito exclusivo de julgar.

As únicas penas que os tribunais políticos podem pronunciar são: a destituição ou a interdição das funções públicas no futuro. Somente a Constituição da Virgínia permite pronunciar todo tipo de penas.

Os crimes que podem dar lugar ao julgamento político são: na Constituição Federal (seção IV, artigo 1), na do Indiana (artigo 3, p. 23-24), de Nova York (artigo 5), de Delaware (artigo 5), a alta traição, a corrupção e outros grandes crimes ou delitos; na Constituição de Massachusetts (capítulo 1, seção 2), da Carolina do Norte (artigo 23) e da Virgínia (p. 252), a má conduta e a má administração; na Constituição de New Hampshire (p. 105), a corrupção, as manobras culposas e a má administração; em Vermont (capítulo II, artigo 24), a má administração; na Carolina do Sul (artigo 5), no Kentucky (artigo 5), no Tennessee (artigo 4), em Ohio (artigo 1, § 23-24), na Louisiana (artigo 5), no Mississippi (artigo 5), no Alabama (artigo 6), na Pensilvânia (artigo 4), os delitos cometidos nas funções; e nos estados de Illinois, Geórgia, Maine e Connecticut, não se especifica nenhum crime.

(N) página 166

É verdade que as potências da Europa podem declarar à União grandes guerras marítimas; mas sempre há mais facilidade e menos perigo em sustentar uma guerra marítima do que uma guerra continental. A guerra marítima exige um único tipo de esforço. Um povo comerciante que consentir em dar a seu governo o dinheiro necessário é a certeza de sempre ter frotas. Ora, pode-se muito mais facilmente ocultar às nações os sacrifícios monetários do que os sacrifícios humanos e os esforços pessoais. Além disso, derrotas em mar raramente comprometem a existência ou a independência do povo que as padece.

Quanto às guerras continentais, é evidente que os povos da Europa não podem travá-las com perigo para a União americana.

É muito difícil transportar ou manter na América mais de 25 mil soldados; o que representa mais ou menos uma nação de 2 milhões de homens. A maior nação europeia que lutasse dessa maneira contra a União estaria na mesma posição em que estaria uma nação de 2 milhões de habitantes em guerra contra uma de 12 milhões. Some-se a isso que o americano tem a seu alcance todos os seus recursos e o europeu os têm a 1.500 léguas de distância, e que a imensidão do território dos Estados Unidos seria em si um obstáculo intransponível à conquista.

CONSTITUIÇÕES DOS ESTADOS UNIDOS E DO ESTADO DE NOVA YORK

CONSTITUIÇÃO DOS ESTADOS UNIDOS[162]

Nós, o povo dos Estados Unidos, a fim de formar uma união mais perfeita, estabelecer a justiça, assegurar a tranquilidade interna, prover a defesa comum, promover o bem-estar geral e tornar duradouros, para nós e para nossa posteridade, os benefícios da liberdade, criamos, decretamos e estabelecemos esta Constituição para os Estados Unidos da América.

ARTIGO PRIMEIRO
SEÇÃO 1

Um Congresso dos Estados Unidos, composto por um Senado e uma Câmara de Representantes, será investido de todos os poderes legislativos determinados pelos representantes.

SEÇÃO 2

1. A Câmara dos Representantes será composta de membros eleitos a cada dois anos pelo povo dos diversos estados e os eleitores de cada estado deverão ter as qualificações exigidas dos eleitores do ramo mais numeroso da legislatura do estado.

2. Ninguém poderá ser representante a menos que tenha atingido a idade de 25 anos, que tenha sido cidadão dos Estados Unidos por setes anos e que seja, no momento de sua eleição, habitante do estado que o eleger.

3. Os representantes e os impostos diretos serão divididos entre os diversos estados que poderão fazer parte da União, segundo o número respectivo de seus habitantes, número que será determinado acrescentando-se ao número total das pessoas livres, inclusive os servos por tempo determinado e inclusive os índios não taxados, três quintos de todas as

---

162. A tradução que se lerá encontra-se na obra de M. L. P. Conseil, intitulada *Mélanges politiques et philosophiques des memoires et la correspondance de Thomas Jefferson*. Sabe-se da grande influência que este exerceu sobre o destino de seu país. O objetivo do senhor Conseil foi dar a conhecer a vida e as principais opiniões de Jefferson. O livro do senhor Conseil sem dúvida constitui o documento mais precioso que se publicou na França sobre a história e a legislação dos Estados Unidos.

outras pessoas. O recenseamento para a época atual será feito três anos depois da primeira reunião do Congresso dos Estados Unidos e, a seguir, de dez em dez anos, segundo o modo que será regulado por uma lei. O número de representantes não excederá o de um por 30 mil habitantes; mas cada estado terá no mínimo um representante. Até que o recenseamento tenha sido feito, o estado de New Hampshire enviará três; Massachusetts, oito; Rhode Island e as plantações de Providence, um; Connecticut, cinco; Nova York, seis; Nova Jersey, quatro; Pensilvânia, oito; Delaware, um; Maryland, seis; Virgínia, dez; Carolina setentrional, cinco; Carolina meridional, cinco; e Geórgia, três.

4. Quando lugares vierem a vagar na representação de um estado no Congresso, a autoridade executiva do estado convocará o corpo eleitoral para preenchê-los.

5. A Câmara dos Representantes elegerá seus oradores e demais oficiais; ela exercerá sozinha o poder de indiciar por causa política (*impeachments*).

SEÇÃO 3

1. O Senado dos Estados Unidos será composto por dois senadores de cada estado, eleitos por sua legislatura, e cada senador terá um voto.

2. Imediatamente depois da reunião, decorrente da primeira eleição, eles serão divididos, tão igualmente quanto possível, em três classes. As cadeiras dos senadores da primeira classe ficarão vagas ao fim do segundo ano; os da segunda classe, ao fim do quarto ano; e os da terceira, ao fim do sexto ano, de modo que a cada dois anos um terço do Senado seja reeleito. Se cadeiras se tornarem vagas por demissão ou qualquer outra causa, durante o intervalo entre as sessões da legislatura de cada estado, o Poder Executivo desse estado fará uma nomeação provisória até que a legislatura possa preencher a cadeira vaga.

3. Ninguém poderá ser senador a menos que tenha atingido a idade de 30 anos, que tenha sido por nove anos cidadão dos Estados Unidos e que seja, no momento de sua eleição, habitante do estado que o terá escolhido.

4. O vice-presidente dos Estados Unidos será presidente do Senado, mas não terá o direito de votar, a menos que os votos estejam empatados.

5. O Senado nomeará seus outros oficiais, bem como um presidente *pro tempore*, que presidirá na ausência do vice-presidente ou quando este exercer as funções de presidente dos Estados Unidos.

6. Somente o Senado terá o poder de julgar as acusações feitas pela Câmara dos Representantes (*impeachments*). Quando agir com essa função, seus

membros prestarão juramento ou compromisso. Se o presidente dos Estados Unidos for julgado, o chefe da justiça presidirá. Nenhum acusado pode ser declarado culpado a não ser com dois terços dos membros presentes.

7. Os julgamentos realizados em caso de indiciamento não terão outro efeito além de privar o acusado do cargo que ocupa, declará-lo incapaz de exercer qualquer função de honra, de confiança ou remunerada nos Estados Unidos; mas a parte condenada poderá ser processada, julgada e punida segundo as leis pelos tribunais ordinários.

SEÇÃO 4

1. O tempo, o local e o modo de proceder às eleições dos senadores e dos representantes serão estabelecidos em cada estado pela legislatura; mas o Congresso pode, por uma lei, mudar essas regras ou fazer novas, exceto no que concerne ao local onde os senadores devem ser eleitos.

2. O Congresso se reunirá ao menos uma vez por ano e essa reunião será fixada para a primeira segunda-feira de dezembro, a menos que uma lei a designe para outro dia.

SEÇÃO 5

1. Cada câmara será juiz das eleições e dos direitos e títulos de seus membros. A maioria de cada uma será suficiente para deliberar; mas um número menor que a maioria pode adiar a sessão dia a dia e está autorizada a forçar os membros ausentes a comparecer, com uma penalidade que cada câmara poderá estabelecer.

2. Cada câmara fará seu regulamento, punirá seus membros por conduta inconveniente e poderá, com a maioria de dois terços, excluir um membro.

3. Cada câmara manterá um registro de suas deliberações e o publicará de tempos em tempos, com exceção do que lhe parecer dever continuar secreto; os votos negativos ou aprovativos dos membros de cada câmara sobre uma questão qualquer serão, a pedido de um quinto dos membros presentes, consignados no registro.

4. Nenhuma das duas câmaras poderá, durante a sessão do Congresso, e sem o consentimento da outra câmara, adiar por mais de três dias suas sessões e transferi-las para outro local que não aquele em que as duas câmaras funcionam.

SEÇÃO 6

1. Os senadores e os representantes receberão por seus serviços uma indenização que será fixada por uma lei e paga pelo tesouro dos Estados Unidos. Em todos os casos, exceto os de traição, felonia e perturbação da paz pública, eles não poderão ser presos, seja durante sua presença em sessão, seja na ida ou regresso a seus lares; em nenhum outro local eles poderão ser investigados ou interrogados em razão de discursos ou opiniões pronunciadas em suas respectivas câmaras.

2. Nenhum senador ou representante poderá, durante o período para o qual foi eleito, ser nomeado para cargo na ordem civil sob a autoridade dos Estados Unidos quando esse cargo tiver sido criado ou quando sua remuneração tiver sido aumentada durante esse período. Nenhum indivíduo ocupando um cargo sob a autoridade dos Estados Unidos poderá ser membro de uma das duas câmaras enquanto permanecer nesse cargo.

SEÇÃO 7

1. Todos os projetos de lei que estabeleçam impostos devem ser criados na Câmara dos Representantes; mas o Senado pode contribuir com emendas, como faz com os outros projetos de lei.

2. Todo projeto de lei que receber a aprovação do Senado e da Câmara dos Representantes será, antes de tornar-se lei, apresentado ao presidente dos Estados Unidos; se o aprovar, ele o assinará, caso contrário o reenviará com suas objeções à câmara pela qual foi proposto; esta consignará as objeções na íntegra em seus registros e discutirá de novo o projeto de lei. Se, após essa segunda discussão, dois terços da câmara se pronunciarem a favor do projeto, ele será enviado, com as objeções do presidente, à outra câmara, que também o discutirá; e se a mesma maioria aprová-lo, ele se tornará lei: em tal caso, porém, os votos das câmaras devem ser dados por sim e por não, e os nomes das pessoas que votarem a favor ou contra serão inscritos no registro de suas respectivas câmaras. Se em dez dias (com exceção dos domingos) o presidente não devolver um projeto de lei que lhe tiver sido apresentado, esse projeto terá força de lei, como se ele o tivesse assinado, a menos, porém, que o Congresso, adiando sua sessão, impeça a devolução do projeto; este, nesse caso, não passará a lei.

3. Toda ordem, toda resolução ou voto para o qual o concurso das duas câmaras for necessário (salvo, porém, para adiamento de sessões), deverá ser apresentado ao presidente dos Estados Unidos e aprovado por ele antes de receber sua execução; se for rejeitado, deve ser novamente aprovado por

dois terços das duas câmaras, de acordo com as regras prescritas para os projetos de lei.

SEÇÃO 8

O Congresso terá o poder de:

1. Estabelecer e arrecadar taxas, tributos, impostos e sisas; de pagar as dívidas públicas e de prover a defesa comum e o bem geral dos Estados Unidos; mas os tributos, impostos e sisas deverão ser os mesmos em todos os Estados Unidos.

2. Tomar empréstimos a crédito dos Estados Unidos.

3. Regulamentar o comércio com as nações estrangeiras, entre os diversos estados e com as tribos indígenas.

4. Estabelecer uma regra geral para as naturalizações e leis gerais de falência nos Estados Unidos.

5. Cunhar moeda e regulamentar seu valor, bem como o das moedas estrangeiras, e fixar o padrão de pesos e medidas.

6. Assegurar a punição da falsificação de valores e de moeda corrente dos Estados Unidos.

7. Estabelecer agências de correio e estradas postais.

8. Encorajar o progresso das ciências e das artes úteis, garantindo, por períodos limitados, aos autores e inventores, o direito exclusivo sobre seus escritos e descobertas.

9. Constituir tribunais subordinados à Suprema Corte.

10. Definir e punir as piratarias e as felonias cometidas em alto-mar, e as ofensas à lei das nações.

11. Declarar a guerra, conceder cartas de corso e represálias, e criar regulamentos para as capturas em terra e mar.

12. Recrutar e manter exércitos; mas nenhum direito para tanto poderá ser votado por mais de dois anos.

13. Criar e manter uma força marítima.

14. Estabelecer regras para a administração e a organização das forças de terra e mar.

15. Fazer com que a milícia seja convocada para executar as leis da União, para reprimir as insurreições e repelir as invasões.

16. Fazer com que a milícia seja organizada, armada e disciplinada, e dispor da parte da milícia que pode ser empregada a serviço dos Estados Unidos, deixando aos estados respectivos a nomeação dos oficiais e o cuidado de estabelecer na milícia a disciplina prescrita pelo congresso.

17. Exercer a legislação exclusiva em todos os casos, em dado distrito (não ultrapassando as 10 milhas quadradas), que poderá, por cessão dos estados particulares e aceitação do Congresso, tornar-se a sede do governo dos Estados Unidos, e exercer uma autoridade semelhante sobre todos os locais adquiridos por compra, após o consentimento da legislatura do estado onde eles serão situados, e que servirão ao estabelecimento de fortalezas, depósitos, arsenais, estaleiros e outros estabelecimentos de utilidade pública.

18. Por fim, o Congresso terá o poder de fazer todas as leis necessárias ou convenientes para colocar em execução os poderes que lhe foram acordados, e todos os outros poderes com que essa Constituição investiu o governo dos Estados Unidos, ou um de seus ramos.

SEÇÃO 9

1. A migração ou a importação de pessoas cuja admissão pode parecer conveniente aos estados atualmente existentes não será proibida pelo Congresso antes do ano de 1808; mas uma taxa ou um tributo que não excede dez dólares por pessoa pode ser cobrado sobre essa importação.

2. O privilégio do *habeas corpus* só será suspenso em caso de rebelião ou invasão, e quando a segurança pública assim exigir.

3. Nenhum *bill of attainder* ou lei retroativa *ex post facto* poderão ser decretados.

4. Nenhuma capitação ou outro imposto direto será estabelecido, a não ser na medida do recenseamento prescrito em seção precedente.

5. Nenhum imposto ou tributo será estabelecido sobre artigos exportados de um estado qualquer, nenhuma preferência será dada por regulamentos comerciais ou fiscais aos portos de um estado sobre os de um outro; os navios destinados a um estado ou saindo de seus portos não poderão ser forçados a entrar nos de um outro ou de ali pagar tributos.

6. Nenhum dinheiro será tirado da tesouraria, a não ser em consequência de disposições tomadas por alguma lei, e de tempos em tempos se publicará um quadro regular das receitas e das despesas públicas.

7. Nenhum título de nobreza será concedido pelos Estados Unidos e nenhuma pessoa com um cargo remunerado ou de confiança sob sua autoridade poderá, sem o consentimento do Congresso, aceitar qualquer presente, remuneração, posição ou título de um rei, príncipe ou Estado estrangeiro.

SEÇÃO 10

1. Nenhum estado poderá assinar tratados, alianças ou confederações, conceder cartas de corso, cunhar moedas, emitir títulos de crédito, declarar que outra coisa além da moeda de ouro e prata pode ser aceita em pagamento de dívidas, passar qualquer *bill of attainder* ou lei retroativa *ex post facto* ou de enfraquecimento das obrigações dos contratos e conceder qualquer título de nobreza.

2. Nenhum estado poderá, sem o consentimento do Congresso, estabelecer qualquer imposto ou tributo sobre as importações ou exportações, com exceção do que lhe for absolutamente necessário para a execução de suas leis de inspeção; e o produto líquido de todos os tributos e impostos estabelecidos por qualquer estado sobre as importações e exportações ficará à disposição da tesouraria dos Estados Unidos, e toda lei semelhante estará sujeita à revisão e ao controle do Congresso. Nenhum estado poderá, sem o consentimento do Congresso, estabelecer qualquer tributo sobre a tonelagem, manter tropas ou embarcações de guerra em tempos de paz, assinar qualquer tratado ou união com outro estado ou com uma potência estrangeira, ou engajar-se numa guerra, a não ser em casos de invasão ou de perigo iminente o suficiente para não admitir delongas.

ARTIGO SEGUNDO
SEÇÃO 1

1. O presidente dos Estados Unidos será investido do Poder Executivo; ele ocupará seu cargo por quatro anos; sua eleição e a do vice-presidente, nomeado pelo mesmo prazo, ocorrerão da seguinte forma:

2. Cada estado nomeará, da maneira que será prescrita por sua legislatura, um número de eleitores igual ao número total de senadores e de representantes que o estado envia ao Congresso; mas nenhum senador ou representante, nem qualquer pessoa que exerça um cargo remunerado ou de confiança sob a autoridade dos Estados Unidos, poderá ser nomeado seu eleitor.

3. Os eleitores se reunirão em seus respectivos estados e votarão por escrutínio em dois indivíduos, dos quais ao menos um não será habitante do mesmo estado. Eles farão uma lista de todas as pessoas que obtiveram votos e do número de votos que cada uma delas obteve; eles assinarão e autenticarão essa lista e a transmitirão selada à sede do governo dos Estados Unidos, endereçada ao presidente do Senado, que, na presença do Senado e da Câmara dos Representantes, abrirá todos os certificados e contará os votos. Aquele que

tiver obtido o maior número de votos será presidente, se esse número constituir a maioria dos eleitores. Se vários obtiverem essa maioria, e dois ou mais reunirem a mesma quantidade de votos, então a Câmara dos Representantes escolherá um deles para presidente pela via do escrutínio. Se ninguém tiver reunido essa maioria, a câmara pegará as cinco pessoas que mais tiverem se aproximado dela e escolherá entre elas o presidente da mesma maneira. Mas, ao escolher o presidente assim, os votos serão computados por estado, a representação de cada estado recebendo um voto: um membro ou membros de dois terços dos estados deverão estar presentes, e a maioria de todos esses estados será indispensável para que a escolha seja válida. Em todos os casos, após a escolha do presidente, aquele que reunir o maior número de votos será o vice-presidente. Se dois ou vários candidatos obtiverem um número igual de votos, o Senado escolherá entre esses candidatos o vice-presidente por meio de escrutínio.

4. O Congresso pode determinar a época da reunião dos eleitores e o dia em que votarão, dia esse que será o mesmo para todos os Estados Unidos.

5. Nenhum indivíduo que não seja um cidadão nascido nos Estados Unidos, ou que seja cidadão quando da adoção desta Constituição, pode ser elegível para o cargo de presidente; nenhuma pessoa será elegível para esse cargo a menos que tenha alcançado a idade de 35 anos e que tenha residido por catorze anos nos Estados Unidos.

6. No caso de o presidente ser privado de seu cargo, em caso de morte, renúncia ou inabilidade para preencher as funções e os deveres desse cargo, este será confiado ao vice-presidente e o Congresso poderá, por meio de uma lei, em caso de destituição, morte, renúncia ou inabilidade, tanto do presidente quanto do vice-presidente, indicar que funcionário público assumirá em tais casos a Presidência, até que a causa da inabilidade não exista mais ou que um novo presidente seja eleito.

7. O presidente receberá por seus serviços, em épocas determinadas, uma remuneração que não poderá ser aumentada nem diminuída durante o período para o qual ele for eleito e durante o mesmo período ele não poderá receber qualquer outro emolumento dos Estados Unidos ou de um dos estados.

8. Antes de assumir suas funções, ele prestará o juramento ou a afirmação que segue:

9. "Juro (ou afirmo) solenemente que preencherei fielmente o cargo de presidente dos Estados Unidos, e que empregarei todos os meus cuidados para conservar, proteger e defender a Constituição dos Estados Unidos".

SEÇÃO 2

1. O presidente será comandante-geral do exército e das frotas dos Estados Unidos e da milícia dos diversos estados, quando esta for convocada para o serviço ativo dos Estados Unidos; ele poderá requisitar a opinião escrita do principal funcionário de cada um dos departamentos executivos sobre todo objetivo relativo aos deveres de suas respectivas atribuições, e terá o poder de conceder diminuição de pena e perdão para delitos contra os Estados Unidos, exceto em caso de *impeachment*.

2. Ele terá o poder de assinar tratados, mediante parecer e consentimento do Senado, desde que dois terços dos senadores presentes deem sua aprovação; ele nomeará e designará, mediante parecer e consentimento do Senado, os embaixadores, os outros ministros públicos e os cônsules, os juízes das supremas cortes e todos os outros funcionários dos Estados Unidos cujas nomeações não tenham sido previstas nesta Constituição e que forem instituídas por uma lei. Mas o Congresso poderá, por uma lei, atribuir as nomeações desses funcionários subalternos apenas ao presidente, aos tribunais de justiça ou aos chefes dos departamentos.

3. O presidente terá o poder de preencher todos os cargos vagos durante o recesso das sessões do Senado, acordando comissões que expirarão ao fim da próxima sessão.

SEÇÃO 3

1. De tempos em tempos, o presidente passará ao Congresso informações sobre o estado da União e recomendará as medidas que julgar necessárias e convenientes; ele poderá, em ocasiões extraordinárias, convocar as duas câmaras, ou uma delas, e, em caso de desentendimentos entre elas a respeito do período de recesso, ele poderá adiar as medidas para a época que lhe parecer mais conveniente. Ele receberá os embaixadores e os outros ministros públicos; zelará pelo fiel cumprimento das leis e comissionará todos os funcionários dos Estados Unidos.

SEÇÃO 4

O presidente, o vice-presidente e todos os funcionários civis poderão ser destituídos de suas funções se, como resultado de um processo, eles forem condenados por traição, dilapidação do tesouro público ou outros grandes crimes e más condutas (*misdemeanors*).

ARTIGO TERCEIRO
SEÇÃO 1

O Poder Judiciário dos Estados Unidos será confiado a uma Suprema Corte e aos outros tribunais inferiores que o Congresso poderá, de tempos em tempos, criar e estabelecer. Os juízes, tanto das supremas cortes quanto dos tribunais inferiores, conservarão seus cargos enquanto sua conduta for boa e receberão por seus serviços, em épocas determinadas, uma remuneração que não poderá ser diminuída enquanto eles se mantiverem no cargo.

SEÇÃO 2

1. O Poder Judiciário se estenderá a todas as causas em matéria de leis e de equidade que surgirem sob a vigência desta Constituição, das leis dos Estados Unidos e dos tratados assinados ou que serão assinados sob sua autoridade; a todas as causas relativas a embaixadores, outros ministros públicos ou cônsules; a todas as causas do almirantado ou da jurisdição marítima; às contestações entre dois ou vários estados, entre um estado e cidadãos de um outro estado, entre cidadãos de estados diferentes, entre cidadãos do mesmo estado reclamando terras em virtude de concessões provenientes de diferentes estados, e entre um estado ou os cidadãos desses estado e estados, cidadãos ou súditos estrangeiros.

2. Em todos os casos relativos aos embaixadores, outros ministros públicos ou cônsules, e nas causas em que um estado será parte, a Suprema Corte exercerá a jurisdição original. Em todos os outros casos supracitados a Suprema Corte terá a jurisdição de apelação, tanto sobre o direito quanto sobre os fatos, com as exceções e normas que o Congresso estabelecer.

3. O julgamento de todo tipo de crime, exceto em caso de *impeachment*, será feito por um júri: esse julgamento será realizado no estado em que o crime tiver sido cometido; mas se o crime não tiver sido cometido num dos estados, o julgamento ocorrerá no local que o Congresso designar para esse efeito segundo a lei.

SEÇÃO 3

1. A traição contra os Estados Unidos consistirá unicamente em pegar em armas contra eles ou em reunir-se a seus inimigos prestando-lhes auxílio e socorro. Nenhuma pessoa será culpada de traição senão mediante depoimento de duas testemunhas sobre o mesmo ato ou mediante confissão perante o tribunal.

2. O Congresso terá o poder de fixar a pena da traição; mas esse crime não levará a uma corrupção do sangue, nem ao confisco de bens, a não ser durante a vida do condenado.

ARTIGO QUARTO
SEÇÃO 1

Plena confiança e crédito serão dados em cada estado aos atos públicos e procedimentos judiciários de qualquer outro estado, e o Congresso poderá, por meio de leis gerais, determinar qual será a forma autêntica desses atos e procedimentos, e os efeitos a eles relacionados.

SEÇÃO 2

1. Os cidadãos de cada estado terão o direito a todos os privilégios e imunidades ligados ao título de cidadão nos outros estados.

2. Um indivíduo acusado num estado de traição, felonia ou outro crime, que fugir da justiça e for encontrado em outro estado, será, a pedido da autoridade executiva do estado do qual tiver fugido, preso e conduzido para o estado que tiver jurisdição sobre o crime.

3. Nenhuma pessoa mantida em regime de servidão ou de trabalho num estado, sob as leis desse estado, e que fugir para outro, poderá, em virtude de uma lei ou de uma norma do estado em que ela se refugiou, ser dispensada dessa servidão ou desse trabalho, mas será devolvida, mediante pedido da parte a que essa servidão e esse trabalho são devidos.

SEÇÃO 3

1. O Congresso poderá admitir novos estados a esta União; mas nenhum novo estado será erigido ou formado na jurisdição de outro estado, nenhum estado será formado da reunião de dois ou vários estados, nem de partes de estados, sem o consentimento da legislatura dos estados interessados e sem o consentimento do Congresso.

2. O Congresso terá o poder de dispor do território e das outras propriedades pertencentes aos Estados Unidos, e de adotar a esse respeito todas as normas e medidas convenientes; e nada desta Constituição será interpretado em sentido prejudicial aos direitos dos Estados Unidos ou de quaisquer estados particulares.

SEÇÃO 4

Os Estados Unidos garantirão a todos os estados da União uma forma de governo republicano e protegerão cada um deles contra qualquer invasão e também contra qualquer violência interna, a pedido da legislatura ou do Poder Executivo, se a legislatura não puder ser convocada.

ARTIGO QUINTO

O Congresso, todas as vezes que dois terços das duas câmaras julgarem necessário, proporá emendas a esta Constituição; ou, a pedido de dois terços das legislaturas dos diversos estados, ele convocará uma convenção para propor emendas que, nos dois casos, serão válidas para todos os fins como parte desta Constituição quando ratificadas pelas legislaturas de três quartos dos diferentes estados, ou por três quartos das convenções formadas no seio de cada um deles, conforme um ou outro modo de ratificação que tiver sido prescrito pelo Congresso, desde que nenhuma emenda feita antes do ano de 1808 afete de qualquer maneira a primeira e a quarta cláusula da Seção 9 do Artigo I, e que nenhum estado seja privado, sem seu consentimento, de seu sufrágio no Senado.

ARTIGO SEXTO

1. Todas as dívidas contraídas e os compromissos assumidos antes da existência desta Constituição serão válidos contra os Estados Unidos sob a presente Constituição, tanto quanto sob a confederação.

2. Esta Constituição, e as leis dos Estados Unidos que foram feitas em consequência dela, e todos os tratado assinados ou que forem assinados sob a autoridade dos ditos Estados Unidos, constituirão a lei suprema do país; os juízes de cada estado deverão conformar-se a ela, não obstante as disposições que, nas leis ou na Constituição de um estado qualquer, se oponham a esta lei suprema.

3. Os senadores e os representante supracitados e os membros das legislaturas dos estados e todos os oficiais do Poder Executivo e Judiciário, tanto dos Estados Unidos quanto dos diversos estados, deverão, por juramento ou por afirmação, defender esta Constituição; mas nenhum juramento religioso jamais será admitido como condição para preencher uma função ou cargo público sob a autoridade dos Estados Unidos.

ARTIGO SÉTIMO

1. A ratificação dada pelas convenções de nove estados será suficiente para o estabelecimento desta Constituição nos estados que assim a terão ratificado.

2. Feito em convenção, com o consentimento unânime dos estados presentes, no 17º dia de setembro, o ano do Nosso Senhor de 1787 e 12º da Independência dos Estados Unidos; em testemunho do que abaixo assinamos os nossos nomes.

George Washington,
presidente e deputado da Virgínia

EMENDAS
ARTIGO I

O Congresso não poderá criar nenhuma lei relativa ao estabelecimento de uma religião ou para proibir uma; ele tampouco poderá restringir a liberdade de expressão ou de imprensa, nem atacar o direito que o povo tem de reunir-se pacificamente e de dirigir petições ao governo para obter a reparação de seus danos.

ARTIGO II

Sendo necessária uma milícia bem organizada para a segurança de um estado livre, não se poderá restringir o direito que o povo tem de possuir e portar armas.

ARTIGO III

Nenhum soldado poderá, em tempos de paz, alojar-se numa casa sem o consentimento do proprietário; nem em tempos de guerra, a não ser da maneira que for prescrita por uma lei.

ARTIGO IV

O direito que os cidadãos têm de gozar da integridade de suas pessoas, de seu domicílio, de seus papéis e bens, ao abrigo das buscas e apreensões arbitrárias, não poderá ser violado; nenhum mandato será emitido, a não ser por razões fundamentadas, corroboradas por juramento ou afirmação; e esses mandatos deverão conter a designação especial do local onde as perquisições deverão ser feitas e das pessoas ou objetos a serem apreendidos.

ARTIGO V

Nenhuma pessoa deverá ser presa para responder a uma acusação capital ou infamante, a menos que seja acusada diante de um grande júri, com exceção dos delitos cometidos por indivíduos pertencentes às tropas de terra ou de mar, ou à milícia, quando esta está em serviço ativo em tempos de guerra ou de perigo público; a mesma pessoa não poderá ser submetida duas vezes pelo mesmo delito a um processo que comprometeria sua vida ou um de seus membros. Em nenhuma causa criminal, o acusado poderá ser forçado a prestar testemunho contra si mesmo; ele não poderá ser privado da vida, da liberdade ou de sua propriedade, a não ser como consequência de um procedimento legal. Nenhuma propriedade privada poderá ser utilizada para uso público sem justa compensação.

ARTIGO VI

Em todo processo criminal, o acusado terá o direito de ser julgado prontamente e publicamente por um júri imparcial do estado e do distrito em que o crime for cometido, distrito cujos limites terão sido traçados por uma lei prévia; ele será informado da natureza e do motivo da acusação; será confrontado com as testemunhas de acusação; terá a faculdade de fazer testemunhas deporem a seu favor e terá a assistência de um conselho para sua defesa.

ARTIGO VII

Nas causas que deverão ser decididas segundo a lei comum (*in suits at common law*), o julgamento por júri será mantido desde que o valor dos objetos em litígio exceder 20 dólares; e nenhum fato julgado por um júri poderá ser submetido ao exame de outro tribunal nos Estados Unidos senão de acordo com a lei comum.

ARTIGO VIII

Não se poderá exigir fianças exageradas, impor multas excessivas ou infligir punições cruéis e inabituais.

ARTIGO IX

A enumeração de certos direitos nesta Constituição não poderá ser interpretada de maneira a excluir ou enfraquecer outros direitos conservados pelo povo.

ARTIGO X

Os poderes não delegados aos Estados Unidos pela Constituição, ou os que esta não proíbe os estados de exercer, são reservados aos respectivos estados ou ao povo.

ARTIGO XI

O Poder Judiciário dos Estados Unidos não será organizado de maneira a poder ser estendido, por lei ou equidade, a um processo qualquer iniciado contra um dos estados pelos cidadãos de um outro estado, ou pelos cidadãos ou súditos de um Estado estrangeiro.

ARTIGO XII

1. Os eleitores se reunirão em seus respectivos estados e votarão por escrutínio para a nomeação do presidente e do vice-presidente, dos quais ao menos um não será habitante do mesmo estado que eles; em suas cédulas eles nomearão a pessoa em que estarão votando para presidente, e em cédulas diferentes das que usarão para a vice-presidência: farão listas distintas de todas as pessoas votadas para a Presidência e de todas as designadas para a Vice-Presidência, e do número de votos para cada uma delas; essas listas serão assinadas e certificadas, e transmitidas seladas à sede do governo dos Estados Unidos, endereçadas ao presidente do Senado. O presidente do Senado, na presença das duas câmaras, abrirá todos os certificados e os votos serão contados. A pessoa que receber o maior número de votos para a Presidência será presidente se esse número formar a maioria de todos os eleitores reunidos; e se nenhuma pessoa alcançar essa maioria, então, entre os três candidatos que tiverem recebido o maior número de votos para a presidência, a Câmara dos Representantes escolherá imediatamente o presidente por meio de escrutínio. Nessa escolha do presidente os votos serão contados por estado, tendo a representação de cada estado um único voto; um membro ou membros de dois terços dos estados deverão estar presentes para tanto, e a maioria de todos os estados será necessária para a escolha. E se a Câmara dos Representantes não escolher o presidente, quando essa escolha lhe couber, antes do quarto dia do mês de março seguinte, o vice-presidente será presidente, como em caso de morte ou outra incapacidade constitucional do presidente.

2. A pessoa que reunir o maior número de votos para a Vice-Presidência será vice-presidente se esse número formar a maioria do número total de eleitores reunidos; e se ninguém tiver obtido essa maioria, então o Senado escolherá o vice-presidente entre os dois candidatos que tiverem o maior número de votos; a presença de dois terços dos senadores e a maioria do número total são necessárias para essa escolha.

3. Nenhuma pessoa constitucionalmente inelegível ao cargo de presidente será elegível para o de vice-presidente dos Estados Unidos.

CONSTITUIÇÃO DO ESTADO DE NOVA YORK

Imbuídos de reconhecimento pela bondade divina que nos permitiu escolher nossa forma de governo, nós, o povo do estado de Nova York, estabelecemos a presente Constituição.

ARTIGO I

1. O Poder Legislativo do estado será confiado a um Senado e a uma Câmara de Representantes.

2. O Senado será composto por 32 membros.

Os senadores serão escolhidos entre os proprietários fundiários e serão nomeados por quatro anos.

A Assembleia dos Representantes terá 128 membros que serão submetidos, todos os anos, a uma nova eleição.

3. Nas duas câmaras, a maioria absoluta decidirá.

Cada uma elaborará seus regulamentos internos e confirmará os poderes de seus membros.

Cada uma nomeará seus oficiais.

O Senado escolherá um presidente temporário quando o vice-governador não presidir ou quando este cumprir as funções de governador.

4. Cada câmara registrará em ata suas sessões. Essas atas serão publicadas na íntegra, a menos que se torne necessário manter alguma parte secreta.

As sessões serão públicas; no entanto, podem ocorrer a portas fechadas se for do interesse geral.

Uma câmara não poderá suspender seus trabalhos por mais de dois dias sem o consentimento da outra.

5. O estado será dividido em oito distritos, que terão o nome de distritos senatoriais. Em cada um serão escolhidos quatro senadores.

Assim que o Senado se reunir, depois das primeiras eleições que ocorrerem em consequência desta Constituição, ele se dividirá em quatro classes. Cada uma dessas classes será composta por oito senadores, de modo que, em cada classe, haja um senador de cada distrito. Essas classes serão numeradas e chamadas primeira, segunda, terceira e quarta.

Os assentos da primeira classe ficarão vagos no fim do primeiro ano; os da segunda, ao fim do segundo; os da terceira, ao fim do terceiro; e os da quarta, ao fim do quarto ano. Assim, um senador será nomeado anualmente em cada distrito senatorial.

6. O recenseamento dos habitantes do estado será feito em 1825, sob a direção do Poder Legislativo; a seguir, será feito a cada dez anos.

A cada sessão que se seguir ao recenseamento, a legislatura fixará novamente a circunscrição dos distritos, a fim de que sempre haja, se possível, um número igual de habitantes em cada um deles. Os estrangeiros, os indigentes e os homens de cor que não pagam impostos não serão computados nesses cálculos. A circunscrição dos distritos só poderá ser modificada nas épocas determinadas acima. Cada distrito senatorial terá um território compacto; para formá-lo, os condados não serão divididos.

7. Os representantes serão eleitos pelos condados, cada condado nomeará um número de deputados proporcional a seu número de habitantes. Os estrangeiros, os pobres e os homens de cor que não pagarem impostos não serão compreendidos nesse cálculo. Na sessão que se seguir a um recenseamento, a legislatura determinará o número de deputados que cada condado deve enviar, e esse número se manterá o mesmo até o próximo recenseamento.

Cada um dos condados previamente formados e organizados separadamente enviará um membro à Assembleia dos Representantes. Não serão formados novos condados, a menos que sua população lhes garanta o direito de eleger ao menos um representante.

8. As duas câmaras possuem igual direito de iniciativa para todos os projetos de lei.

Um projeto adotado por uma câmara pode receber emendas da outra.

9. Será concedido aos membros da legislatura, como remuneração, uma quantia que será fixada por uma lei e paga pelo tesouro público.

A lei que aumentar o montante dessa remuneração só poderá ser executada no ano seguinte ao que ela terá sido criada. Só se poderá aumentar o montante da remuneração concedida aos membros do corpo legislativo até a quantia de três dólares (16 francos e cinco centavos).

10. Nenhum membro das duas câmaras, enquanto durar seu mandato, poderá ser nomeado para funções da ordem civil pelo governador, pelo Senado ou pela legislatura.

11. Nenhum membro do Congresso nem qualquer pessoa exercendo uma função judiciária ou militar para os estados poderão ter assento nas duas câmaras.

Se um membro da legislatura for chamado ao Congresso ou for nomeado para um cargo civil ou militar a serviço dos Estados Unidos, sua opção por essas novas funções tornará seu assento vago.

12. Todo projeto de lei que receber a sanção do Senado e da Câmara dos Representantes deverá ser apresentado ao governador antes de se tornar lei estadual.

Se o governador sancionar o projeto de lei, ele o assinará; se, ao contrário, desaprová-lo, ele o devolverá, explicando os motivos de sua recusa, à câmara que o havia proposto. Esta inserirá na íntegra os motivos do governador nas atas das sessões e procederá a novo exame. Se, depois de discutir o projeto de lei pela segunda vez, dois terços dos membros presentes se pronunciarem de novo a seu favor, o projeto será então enviado, com as objeções do governador, à outra câmara; esta fará por sua vez um novo exame; e se dois terços dos membros presentes o aprovarem, esse projeto terá força de lei; mas, nesses últimos casos, os votos serão expressos por sim ou não, e o voto de cada membro será registrado em ata.

Todo projeto de lei que, depois de ter sido apresentado ao governador, não for devolvido por ele em dez dias (sem contar os domingos), terá força de lei como se o governador o tivesse assinado, a menos que, no intervalo desses dez dias, o corpo legislativo suspenda suas sessões. Nesse caso, o projeto de lei se manterá sem valor.

13. Os magistrados cujas funções não são temporárias (*holding their offices during good behaviour*) podem, contudo, ser exonerados pelo voto simultâneo das duas câmaras. Mas é preciso que dois terços de todos os representantes eleitos e a maioria dos membros do Senado consintam com a exoneração.

14. O ano político começará em 1º de janeiro e o corpo legislativo deverá se reunir anualmente na primeira terça-feira de janeiro, a menos que outro dia seja designado por uma lei.

15. As eleições para a nomeação do governador, do vice-governador, dos senadores e dos representantes terão início na primeira segunda-feira de novembro de 1822.

Todas as eleições subsequentes ocorrerão sempre mais ou menos à mesma época, ou seja, em outubro ou novembro, assim como a legislatura determinar por uma lei.

16. O governador, o vice-governador, os senadores e os representantes que forem os primeiros eleitos após esta Constituição entrarão no exercício de suas respectivas funções no dia 1º de janeiro de 1823.

O governador, o vice-governador, os senadores e os membros da Câmara dos Representantes atualmente no cargo continuarão a exercê-lo até o dia 1º de janeiro de 1823.

ARTIGO II

1. Terá o direito de votar na cidade ou no bairro de sua residência, e não alhures, para a nomeação de todos os funcionários que atualmente ou

no futuro serão eleitos pelo povo, todo cidadão com idade de 21 anos que tiver residido nesse estado por um ano antes da eleição da qual ele quer participar, e que, além disso, tiver residido nos últimos seis meses na cidade ou no condado onde ele pode votar, e que, no ano anterior às eleições, tiver pago ao estado ou ao condado um imposto fundiário ou pessoal; ou que, estando armado e equipado, tenha ao longo do ano cumprido um serviço militar na milícia. Essas últimas condições não serão exigidas daqueles que a lei isenta de qualquer taxação, ou que não façam parte da milícia porque servem como bombeiros.

Também terão o direito de votar os cidadãos de 21 anos que residirem no estado durante os três anos que precederam uma eleição e durante o último ano na cidade ou no condado onde eles podem votar, e que além disso tiverem ao longo do mesmo ano contribuído com sua pessoa na reparação de estradas ou que tiverem pago o equivalente de seu trabalho, segundo o que foi determinado pela lei.

Nenhum homem de cor terá o direito de votar, a menos que ele seja há três anos cidadão do estado e que possua um ano antes das eleições uma propriedade fundiária no valor de 250 dólares (1.337 francos e 50 centavos) livre de dívidas e hipotecas. O homem de cor que tiver sido taxado por essa propriedade e que tiver pago o imposto poderá votar em toda eleição.

Se os homens de cor não possuírem um bem fundiário como designado acima, eles não pagarão nenhuma contribuição direta.

2. Leis posteriores poderão excluir do direito de sufrágio qualquer pessoa que foi ou for condenada por um crime infamante.

3. Leis regularão a maneira como os cidadãos devem estabelecer o direito do eleitor cujas condições acabam de ser determinadas.

4. Todas as eleições ocorrerão por meio de cédulas escritas, exceto as dos funcionários municipais. A maneira com que estas últimas deverão ser feitas será determinada por uma lei.

ARTIGO III

1. O Poder Executivo será confiado a um governador, cujas funções terão duração de dois anos.

Um vice-governador será escolhido ao mesmo tempo e pelo mesmo período.

2. Para ser elegível ao cargo de governador, é preciso ser cidadão nato dos Estados Unidos, ser proprietário, ter atingido os 30 anos de idade e ter residido por cinco anos no estado, a menos que, durante esse tempo,

sua ausência tenha sido motivada por um serviço público ao estado ou aos Estados Unidos.

3. O governador e o vice-governador serão eleitos ao mesmo tempo e nos mesmos locais que os membros da legislatura, com pluralidade de votos. Em caso de igualdade de votos entre dois ou mais candidatos para os cargos de governador ou vice-governador, as duas câmaras da legislatura escolherão entre esses candidatos, por meio de um escrutínio de maioria simples e pluralidade de votos, o governador e o vice-governador.

4. O governador será comandante-geral da milícia e almirante da Marinha do Estado; ele poderá, sob circunstâncias extraordinárias, convocar a legislatura ou apenas o Senado. Ele deverá, à abertura de cada sessão, comunicar por meio de uma mensagem à legislatura a situação do estado e recomendar-lhe as medidas que julgar necessárias; ele dirigirá os assuntos administrativos, civis ou militares com os funcionários do governo, promulgará as decisões da legislatura e zelará cuidadosamente pela fiel execução das leis.

Em remuneração por seus serviços, receberá, em épocas determinadas, uma quantia que não poderá ser aumentada ou diminuída durante o período para o qual tiver sido eleito.

5. O governador terá o direito de perdoar ou suspender a execução após uma condenação, exceto em caso de traição ou *impeachment*; neste último caso, a suspensão só poderá chegar até a próxima sessão da legislatura, que pode ou perdoar, ou ordenar a execução da sentença, ou prolongar a pena.

6. Em caso de *impeachment*, destituição, renúncia, morte ou ausência do estado, os direitos e os deveres do cargo serão entregues ao vice-governador, que os conservará durante o restante do tempo determinado, ou, se a vacância for ocasionada por um processo ou uma ausência, até a absolvição ou o retorno do governador.

No entanto, o governador continuará sendo o comandante-geral de todas as forças militares do estado, quando sua ausência for motivada pela guerra e autorizada pela legislatura, para comandar a força armada do estado.

7. O vice-governador será presidente do Senado, mas só terá voz deliberativa em caso de igualdade de votos. Se, durante a ausência do governador, o vice-governador se ausentar, abdicar, morrer ou for processado ou destituído, o presidente do Senado[163] ocupará o cargo de governador até que se proceda à substituição ou até que a interdição tenha cessado.

---

163. Trata-se do presidente temporário nomeado de acordo com o parágrafo 3 do Artigo I da Constituição.

ARTIGO IV

1. Os oficiais da milícia serão eleitos e nomeados da seguinte maneira:

Os suboficiais e oficiais até o posto de capitão, inclusive, pelos votos escritos dos membros de suas respectivas companhias.

Os chefes de batalhão e oficiais superiores dos regimentos, pelos votos escritos dos oficiais de seus batalhões e regimentos.

Os brigadeiros-generais, pelos oficiais superiores de suas respectivas brigadas.

Por fim, os majores-generais, os brigadeiros-generais e os coronéis dos regimentos ou chefes de batalhão nomearão os oficiais do estado-maior de suas divisões, brigadas, regimentos ou batalhões respectivos.

2. O governador nomeará e, com autorização do Senado, empossará os majores-generais, os inspetores de brigadas e os chefes de Estado-maior, exceto o comissário-geral e o ajudante-geral. Este último será empossado apenas pelo governador.

3. A legislatura determinará por uma lei a época e o modo de eleição dos oficiais de milícia e a maneira de anunciá-los ao governador.

4. Os oficiais receberão seus diplomas do governador. Nenhum oficial diplomado poderá ser privado de seu emprego a não ser pelo Senado e a pedido do governador, indicando os motivos pelos quais se exige a destituição, ou por decisão de um tribunal marcial, de acordo com a lei.

Os oficiais atuais da milícia conservarão seus diplomas e empregos segundo as condições acima.

5. No caso em que o modo de eleição e de nomeação acima citado não produzir melhorias na milícia, a legislatura poderá ab-rogá-lo e substituí-lo por uma lei, desde que com o consentimento de dois terços dos membros presentes em cada câmara.

6. O secretário de estado, o controlador, o tesoureiro, o advogado-geral, o inspetor-geral e o comissário-geral serão nomeados da seguinte maneira:

O Senado e a assembleia apresentarão um candidato cada para cada uma dessas funções, depois se reunirão. Se as escolhas recaírem nos mesmos candidatos, as pessoas assim escolhidas serão empossadas nos cargos para os quais terão sido nomeadas. Se houver divergência nas propostas, a escolha será feita por escrutínio comum e por maioria dos votos do Senado e da Assembleia reunidos.

O tesoureiro será eleito todo ano. O secretário de estado, o controlador, o advogado-geral, o inspetor-geral e o comissário-geral conservarão seus cargos por três anos, a menos que sejam exonerados por uma decisão comum do Senado e da Assembleia.

7. O governador nomeará por mensagem escrita e, com o consentimento do Senado, empossará todos os oficiais judiciários, com exceção dos juízes de paz, que serão nomeados como segue:

A comissão dos *supervisores (supervisors)*[164] de cada condado do estado se reunirá em dia determinado pela legislatura e designará, por maioria de votos, um número de pessoas igual ao número de juízes de paz a serem estabelecidos nas cidades do condado; os juízes dos tribunais de condado também se reunirão e nomearão da mesma forma um igual número de candidatos; depois, à época e local indicados pela legislatura, os supervisores e juízes de paz do condado se reunião e examinarão suas respectivas escolhas. Quando houver unanimidade, eles a consignarão por um certificado a ser depositado nos arquivos do secretário do condado, e a pessoa ou as pessoas nomeadas nesses certificados serão juízes de paz.

Se houver dissenção total ou parcial nas escolhas, a comissão dos supervisores e juízes deverá transmitir suas escolhas diferentes ao governador, que escolherá e empossará entre esses candidatos tantos juízes de paz quantos serão necessários para preencher os cargos vagos.

Os juízes de paz permanecerão no cargo por quatro anos, a menos que sejam destituídos pelos tribunais dos condados, que deverão especificar os motivos da destituição; mas essa destituição não poderá ocorrer sem que, previamente, o juiz de paz tenha sido notificado dos fatos imputados a ele e tenha apresentado sua defesa.

8. Os xerifes, escrivães dos condados e arquivistas, bem como o escrivão da cidade-condado de Nova York, serão escolhidos em todos os três anos, ou quando houver vacância, pelos eleitores desses respectivos condados. Os xerifes não poderão exercer nenhuma outra função e só poderão ser reeleitos três anos após saírem do serviço. Pode-se exigir deles, de acordo com a lei, que renovem de tempos em tempos suas fianças e, se não o fizerem, seu emprego será considerado vago.

O condado nunca será responsável pelos atos do xerife. O governador pode destituir esse magistrado tanto quanto os escrivães e os arquivistas dos condados, mas nunca sem ter-lhes comunicado as acusações feitas contra eles e sem ter-lhes dado a faculdade de se defender.

9. Os escrivães dos tribunais, com exceção dos abordados pela seção anterior, serão nomeados pelos tribunais junto dos quais exercerão suas funções, e os procuradores de distritos, pelos tribunais de condado. Esses escrivães e

---

164. Os supervisores são magistrados encarregados em parte da administração das comunas e, além disso, formam, ao se reunir, o Poder Legislativo de cada condado.

esses procuradores ficarão no cargo por três anos, a menos que sejam exonerados pelos tribunais que os nomearem.

10. Os prefeitos de todas as cidades deste estado serão nomeados pelos conselhos comunais dessas respectivas cidades.

11. Os *coroners* serão eleitos da mesma maneira que os xerifes e pelo mesmo tempo; só serão destituídos do mesmo modo. A legislatura determinará seu número, que, porém, não poderá ser superior a quatro por condado.

12. O governador nomeará e, com o consentimento do Senado, empossará os mestres e auditores da chancelaria, que conservarão suas funções por três anos, a menos que sejam destituídos pelo Senado, a pedido do governador. Os escrivães e subescrivães serão nomeados e substituídos à vontade pelo chanceler.

13. O escrivão do tribunal *oyer and terminer*, e das sessões gerais de paz, para a cidade e condado de Nova York, será nomeado pelo tribunal de sessões gerais da cidade, e exercerá sua função por tanto tempo quanto o tribunal quiser. Os outros funcionários e empregados dos tribunais, cuja nomeação não for determinada aqui, caberão à escolha dos diferentes tribunais, ou do governador, com o consentimento do Senado, seguindo o que disser a lei.

14. Os juízes especiais e seus adjuntos, bem como seus escrivães na cidade de Nova York, serão nomeados pelo conselho comunal dessa cidade. Suas funções terão a mesma duração que a dos juízes de paz dos outros condados e eles só poderão ser destituídos segundo o mesmo modo.

15. Todos os funcionários que hoje são nomeados pelo povo continuarão a ser nomeados por ele. As funções cuja nomeação não foi especificada por esta Constituição, ou que poderão ser criadas no futuro, serão igualmente nomeadas pelo povo, a menos que a lei disponha em contrário.

16. A duração das funções não determinada pela presente Constituição poderá ser determinada por uma lei, caso contrário ela dependerá da vontade da autoridade que nomeará para essas funções.

ARTIGO V

1. O tribunal ao qual devem ser deferidas as acusações políticas (*trials by impeachments*)[165] e os processos relativos à correção de erros (*correction of errors*) será composto pelo presidente do Senado, pelos senadores, pelo chanceler, pelos juízes da Suprema Corte ou da maior parte deles. Quando esta

---

165. Trata-se aqui do caso em que a Câmara dos Representantes acusa um funcionário público perante o Senado.

acusação for intentada contra o chanceler ou um juiz da Suprema Corte, a pessoa acusada será suspensa de suas funções até o fim do julgamento.

Nos recursos de decretos da chancelaria, o chanceler informará o tribunal sobre os motivos de sua primeira decisão, mas não terá voz deliberativa; e se o recurso ocorrer por erro num julgamento da Suprema Corte, os juízes desse tribunal também deverão expor os motivos de seu decreto, mas não tomarão parte na deliberação.

2. A Câmara dos Representantes tem o direito de processar todos os funcionários civis do estado, por corrupção ou malversação no exercício de suas funções, por crimes ou por delitos; para isso, porém, será preciso o consentimento da maioria de todos os membros eleitos.

Os membros do tribunal encarregados de pronunciar-se sobre esse processo se engajarão por juramento ou afirmação, no início do processo, a julgar e decidir segundo as provas. A condenação só poderá ser pronunciada com dois terços dos votos dos membros presentes. A pena a ser pronunciada só poderá ser a revogação das funções e uma declaração de incapacidade de o condenado preencher qualquer função ou gozar de qualquer honra ou vantagem no estado; mas o condenado poderá então ser acusado de novo, segundo as formas ordinárias, e punido de acordo com a lei.

3. O chanceler e os juízes da Suprema Corte exercerão suas funções enquanto as cumprirem adequadamente (*during good behaviour*),[166] mas não além da idade de 60 anos.

4. A Suprema Corte será composta por um presidente e dois juízes; mas apenas um dos três pode presidir a audiência.

5. O estado será, por uma lei, dividido num número proporcional de circuitos. Não haverá menos de quatro e mais de oito. A legislatura poderá, de tempos em tempos, dependendo da necessidade, mudar essa divisão. Cada circuito terá um juiz que será nomeado da mesma maneira e pelo mesmo período que os juízes da Suprema Corte. Esses juízes de circuito terão o mesmo poder que os juízes da Suprema Corte julgando sozinhos, e nos julgamentos das causas em primeira instância na Suprema Corte, e nas cortes *oyer and terminer* e penais. A legislatura poderá, além disso, dependendo da necessidade, conceder a esses juízes ou aos tribunais do condado, ou aos tribunais inferiores, uma jurisdição de equidade (*equity powers*), mas subordinando-a sempre ao recurso do chanceler.

---

166. Esta é a forma utilizada para indicar que os juízes não podem ser exonerados e só podem perder seu cargo em virtude de um decreto.

6. Os juízes dos tribunais do condado e os *recorders* das cidades serão nomeados por cinco anos; mas eles podem ser destituídos pelo Senado a pedido do governador.

7. O chanceler, os juízes da Suprema Corte e os juízes de circuito não poderão exercer nenhuma outra função pública; todo voto que lhes for dado para funções eletivas, pela legislatura ou pelo povo, será nulo.

ARTIGO VI

1. Os membros da legislatura e todos os funcionários administrativos ou judiciários, com exceção dos funcionários subalternos isentos pela lei, deverão, antes de entrar em exercício, pronunciar e subscrever a seguinte fórmula de juramento ou afirmação:

"Juro solenemente (ou, dependendo do caso, afirmo) que manterei a Constituição dos Estados Unidos e a Constituição do estado de Nova York, e que cumprirei fielmente, tanto quanto me for possível, as funções de...".

Nenhum outro juramento, declaração ou prova poderão ser exigidos para nenhuma função ou serviço público.

ARTIGO VII

1. Nenhum membro do estado de Nova York poderá ser privado dos direitos e privilégios garantidos a todos os cidadãos do estado, a não ser pelas leis do país e pelos julgamentos de seus pares.

2. O julgamento por júri será inviolavelmente e para sempre conservado em todas as coisas em que foi aplicado até hoje. Nenhum novo tribunal será estabelecido, a não ser para proceder segundo a lei comum, com exceção das *court of equity*, que a legislatura é autorizada a estabelecer pela presente Constituição.

3. A profissão e o livre exercício de todas as crenças religiosas e de todos os cultos, sem nenhuma preeminência, são permitidos a todos e o serão sempre; mas a liberdade de consciência garantida por esse artigo não pode se estender a ponto de permitir atos licenciosos e práticas incompatíveis com a paz e a segurança do estado.

4. Dado que os ministros do Evangelho são, por sua profissão, devotados ao serviço de Deus e ao cuidado das almas, e dado que eles não devem ser distraídos dos grandes deveres de seu estado, nenhum ministro do Evangelho ou sacerdote de nenhuma denominação poderá, sob qualquer circunstância e por qualquer motivo que seja, ser convocado, por eleição ou outro modo, para nenhuma função civil ou militar.

5. A milícia do estado sempre deverá estar armada, disciplinada e pronta para o serviço; mas todo habitante do estado que pertença a qualquer religião em que escrúpulos de consciência condenam o uso de armas será eximido dela, pagando em dinheiro uma compensação que a legislatura determinará por meio de uma lei e que será avaliada segundo a despesa de tempo e dinheiro com um bom miliciano.

6. O privilégio do *habeas corpus* só poderá ser suspenso em caso de rebelião ou invasão, quando a segurança pública requer essa suspensão.

7. Ninguém poderá ser levado a julgamento por uma acusação capital ou infamante, a não ser por acusação ou decisão de um grande júri. Há várias exceções a esse princípio: a primeira, quando se trata de um caso de *impeachment*; a segunda, quando se processa um miliciano em serviço ativo e um soldado em tempo de guerra (ou em tempo de paz, se o Congresso permitiu ao estado manter tropas); a terceira, quando só se trata de pequenos roubos (*little larceny*): a legislatura fixará quais.

Em todo julgamento por *impeachment* ou grande júri, o acusado sempre poderá ser assistido por um conselho, como nas causas civis.

Ninguém poderá ser julgado duas vezes pela mesma acusação capital, nem ser forçado a prestar testemunho contra si mesmo num caso criminal, nem ser privado de sua liberdade, de sua propriedade ou de sua vida, de acordo com a lei.

A expropriação por causa de utilidade pública só poderá ocorrer depois de uma justa compensação.

8. Todo cidadão pode livremente expressar, escrever e publicar sua opinião sobre qualquer assunto, e torna-se responsável pelo abuso que vier a cometer com esse direito. Nenhuma lei poderá ser feita para restringir a liberdade de expressão ou de imprensa. Em todos os processos ou acusações por libelo, admitir-se-á a evidência dos fatos; e se o júri pensar que os fatos são verídicos, que foram publicados por bons motivos e para um objetivo útil, o acusado será absolvido. O júri, nessas causas, decidirá em matéria de direito e de fato.

9. O consentimento de dois terços dos membros eleitos de cada ramo da legislatura é necessário para a aplicação das rendas e para a disposição das propriedades do estado, para as leis de interesse particular ou local, para criar, prolongar, renovar ou modificar as associações políticas ou privadas.

10. O produto da venda ou cessão de todas as terras pertencentes ao estado, com exceção daquelas reservadas ou apropriadas para uso público, ou cedidas aos Estados Unidos, e o fundo das escolas comunais, formarão e continuarão sendo um fundo perpétuo, cujo lucro será inviolavelmente aplicado na manutenção das escolas comunais do estado.

Um tributo de passagem será arrecadado de todas as partes navegáveis do canal, entre os grandes lagos do oeste e do norte e o Oceano Atlântico, já estabelecidos ou que vierem a ser. Esses tributos não serão inferiores aos decididos pelos comissários dos canais e especificados em seu relatório à legislatura de 12 de março de 1831.

Esse tributo, bem como aquele sobre todas as salinas, estabelecido pela lei de 15 de abril de 1817, e os tributos sobre as vendas a leilão (com exceção de uma quantia de 33.500 dólares, estabelecida por esta mesma lei), e, por fim, o montante do rendimento estabelecido por decisão da legislatura de 13 de março de 1820 (em vez da taxa sobre os passageiros das embarcações a vapor), são e continuarão sendo inviolavelmente aplicados à conclusão das comunicações por água, ao pagamento dos juros e ao reembolso dos empréstimos já feitos, ou que venham a ser feitos, para concluir esses trabalhos.

Esses tributos de passagem sobre as comunicações navegáveis, sobre as salinas, sobre as vendas a leilão, estabelecidos pela lei de 15 de abril de 1817, não mais que o montante do rendimento fixado pela lei de 13 de março de 1820, não poderão ser reduzidos ou aplicados de outro modo, até o completo e perfeito pagamento dos juros e dos empréstimos feitos ou a fazer referentes a esses trabalhos.

A legislatura nunca poderá vender ou alienar as fontes salinas pertencentes ao estado, nem as terras contíguas que podem ser necessárias à sua exploração, nem em tudo, nem em parte, as comunicações navegáveis, tudo isso sendo e devendo permanecer sempre propriedade do estado.

11. Nenhuma loteria será autorizada; e a legislatura proibirá por lei a venda nesse estado de bilhetes de loteria que não as já autorizadas por lei.

12. Nenhum contrato, para aquisição de terrenos com os índios, que tiver sido ou será feito no estado, a datar de 14 de outubro de 1775, será válido a não ser pelo consentimento e com a autorização da legislatura.

13. Continuarão a ser leis do estado, com as mudanças que a legislatura julgar conveniente fazer, as partes do direito comum (*common law*) e dos decretos da legislatura da colônia de Nova York, que formavam a lei desta colônia, em 19 de abril de 1775, e as resoluções do congresso desta colônia e da convenção do estado de Nova York, em vigor em 20 de abril de 1777, que continuarem em curso ou que não tenham sido revogadas ou modificadas, bem como os decretos da legislatura deste estado, em vigor hoje; mas todas as partes desse direito comum e dos decretos acima mencionados que não estiverem de acordo com a presente Constituição estão anulados

14. Toda concessão de terra feita no estado pelo rei da Grã-Bretanha, ou pelas pessoas exercendo sua autoridade, após 14 de outubro de 1775, é nula ou

inexistente; mas nada, na presente Constituição, invalidará as concessões de terra feitas anteriormente por esse rei e seus predecessores, ou anulará as cartas concedidas, antes dessa época, por ele ou por eles, nem as concessões e cartas concedidas depois pelo estado ou pelas pessoas exercendo sua autoridade, nem enfraquecerá as obrigações ou dívidas contraídas pelo estado, pelos indivíduos e pelas corporações, nem os direitos de propriedade, os direitos eventuais, as reivindicações ou qualquer procedimento nos tribunais de justiça.

ARTIGO VIII

1. É permitido ao Senado ou à Câmara dos Representantes propor uma ou várias emendas à presente Constituição. Se a proposta de emenda for apoiada pela maioria dos membros eleitos das duas câmaras, a emenda ou as emendas propostas serão transcritas em seus registros, com os votos a favor e contra, e enviados para a decisão da legislatura seguinte.

Três meses antes da eleição dessa legislatura, essas emendas serão publicadas; e se, quando essa nova legislatura assumir suas funções, as emendas propostas forem aceitas por dois terços de todos os membros eleitos em cada câmara, a legislatura deverá submetê-las ao povo, na época e da mesma maneira que ela prescreverá.

Se o povo, ou seja, se a maioria de todos os cidadãos com direito de voto para a eleição dos membros da legislatura, aprovar e ratificar essas emendas, elas se tornarão parte integrante da Constituição.

ARTIGO IX

1. A presente Constituição tornar-se-á executória no dia 31 de dezembro de 1822. Tudo o que se referir ao direito de sufrágio, à divisão do estado em distritos senatoriais, ao número de membros a eleger para a Câmara dos Representantes e à convocação dos eleitores para a primeira segunda-feira de novembro de 1822, ao prolongamento das funções da legislatura atual até 1º de janeiro de 1823, à proibição das loterias ou à proibição de empregar propriedades e rendimentos públicos a interesses locais ou privados, à criação, mudança, renovação ou prorrogação das cartas das corporações políticas, será executório a datar do último dia de fevereiro próximo.

Na primeira segunda-feira de março próximo, os membros da presente legislatura prestarão e assinarão o juramento ou a obrigação de manter a Constituição em vigor.

Os xerifes, escrivães de condado e *coroners* serão eleitos nas eleições fixadas pela presente Constituição para a primeira segunda-feira de novembro de 1822;

mas eles só assumirão suas funções no 1º de janeiro seguinte. Os diplomas de todas as pessoas ocupando empregos civis em 31 de dezembro de 1822 expirarão nesse dia; mas os titulares poderão continuar suas funções até que as novas nomeações ou eleições prescritas pela presente Constituição ocorram.

2. As leis hoje existentes sobre a convocação das eleições, sobre sua ordem, o modo de votar, de recolher os votos e de proclamar o resultado serão observadas nas eleições fixadas pela presente Constituição para a primeira segunda-feira de novembro de 1822, em tudo o que for aplicável, e a legislatura atual fará as leis que ainda poderão ser necessárias para essas eleições, conforme a presente Constituição.

Elaborada em convenção, no capitólio da cidade de Albany, em 10 de novembro de 1821, o 46º da Independência dos Estados Unidos da América.

Em fé da qual abaixo assinamos.

Daniel D. Tompkins, presidente
John F. Bacon e Samuel S. Gardiner, secretários

FIM DO PRIMEIRO TOMO

SEGUNDO TOMO

Até o momento, examinei as instituições, percorri as leis escritas, descrevi as formas atuais da sociedade política nos Estados Unidos.

Acima de todas as instituições e fora de todas as formas, porém, reside um poder soberano, o do povo, que as destrói ou modifica segundo sua vontade.

Resta-me dar a conhecer por que vias procede esse poder, dominador das leis; quais seus instintos, suas paixões; que meios secretos o impelem, retardam ou dirigem em seu avanço irresistível; que efeito produz sua onipotência e que futuro lhe está reservado.

SUMÁRIO DO SEGUNDO TOMO

Capítulo 1
Como se pode rigorosamente dizer que nos Estados Unidos é o povo que governa 223

Capítulo 2
Dos partidos nos Estados Unidos 223
Dos restos do partido aristocrático nos Estados Unidos 228

Capítulo 3
Da liberdade de imprensa nos Estados Unidos 229

Capítulo 4
Da associação política nos Estados Unidos 237
Das diferentes maneiras com que se entende o direito de associação na Europa e nos Estados Unidos e do diferente uso que se faz dele 241

Capítulo 5
Do governo da democracia na América 244
Do voto universal 245
Das escolhas do povo e dos instintos da democracia americana em suas escolhas 245
Das causas que podem corrigir em parte esses instintos da democracia 247
Influência exercida pela democracia americana sobre as leis eleitorais 250
Dos funcionários públicos sob o império da democracia americana 251
Da arbitrariedade dos magistrados sob o império da democracia americana 253
Instabilidade administrativa nos Estados Unidos 255
Dos cargos públicos sob o império da democracia americana 257
Dos instintos da democracia americana na fixação da remuneração dos funcionários 260
Dificuldade de discernir as causas que levam o governo americano à economia 263
Podemos comparar as despesas públicas dos Estados Unidos com as da França? 263
Da corrupção e dos vícios dos governantes na democracia; dos efeitos que resultam sobre a moralidade pública 268

De que esforços a democracia é capaz 270
Do poder que a democracia americana em geral exerce sobre si mesma 272
Da maneira como a democracia americana conduz os negócios exteriores
do Estado 274

Capítulo 6
Quais as reais vantagens que a sociedade americana retira do governo
da democracia 278
Da tendência geral das leis sob o império da democracia americana
e do instinto dos que as aplicam 279
Do espírito público nos Estados Unidos 282
Da ideia de direitos nos Estados Unidos 285
Do respeito pela lei nos Estados Unidos 287
Atividade que reina em todas as partes do corpo político nos Estados Unidos;
influência que ela exerce na sociedade 289

Capítulo 7
Da onipotência da maioria nos Estados Unidos e de seus efeitos 293
Como a onipotência da maioria aumenta, na América, a instabilidade
legislativa e administrativa que é natural às democracias 295
Tirania da maioria 297
Efeitos da onipotência da maioria sobre a arbitrariedade dos funcionários
públicos americanos 300
Do poder que a maioria exerce na América sobre o pensamento 301
Efeitos da tirania da maioria sobre o caráter nacional dos americanos;
do espírito cortesão nos Estados Unidos 303
Que o maior perigo das repúblicas americanas vem da onipotência da maioria ... 305

Capítulo 8
Daquilo que, nos Estados Unidos, tempera a tirania da maioria 307
Ausência de centralização administrativa 307
Do espírito legista nos Estados Unidos e como ele serve de contrapeso
à democracia 309
Do júri nos Estados Unidos considerado como instituição política 316

Capítulo 9
Das principais causas que tendem a manter a república democrática
nos Estados Unidos 322
Das causas acidentais ou providenciais que contribuem para a manutenção
da república democrática nos Estados Unidos 322

Da influência das leis sobre a manutenção da república democrática
nos Estados Unidos 332
Da influência dos costumes sobre a manutenção da república democrática
nos Estados Unidos 332
Da religião considerada como instituição política. Como ela serve
poderosamente à manutenção da república democrática entre
os americanos 333
Influência indireta exercida pelas crenças religiosas sobre a sociedade política
nos Estados Unidos 336
Das principais causas que tornam a religião poderosa na América 340
Como as luzes, os hábitos e a experiência prática dos americanos contribuem
para o sucesso das instituições democráticas 346
As leis servem mais à manutenção da república democrática nos
Estados Unidos do que as causas físicas, e os costumes, mais que as leis 350
As leis e os costumes bastariam para manter as instituições democráticas
em outro lugar que não na América? 354
Importância do que precede em relação à Europa 357

Capítulo 10
Algumas considerações sobre o estado atual e o futuro provável das três
raças que habitam o território dos Estados Unidos 361
Estado atual e futuro provável das tribos indígenas que habitam o território
possuído pela União 366
Posição ocupada pela raça negra nos Estados Unidos: perigo que sua presença
faz os brancos correrem 383
Quais são as chances de duração da União americana, que perigos
a ameaçam 407
Das instituições republicanas nos Estados Unidos — Quais são suas chances
de continuidade 437
Algumas considerações sobre as causas da grandeza comercial dos
Estados Unidos 443

Conclusão 450

Notas 456

CAPÍTULO 1
COMO SE PODE RIGOROSAMENTE DIZER QUE NOS ESTADOS UNIDOS É O POVO QUE GOVERNA

Na América, o povo nomeia quem faz a lei e quem a executa; ele próprio constitui o júri que pune as infrações à lei. Não apenas as instituições são democráticas em seus princípios como também em todos os seus desdobramentos; assim, o povo nomeia *diretamente* seus representantes e em geral escolhe-os *todos os anos*, a fim de mantê-los mais completamente sob sua dependência. Portanto, é realmente o povo que dirige e, embora a forma de governo seja representativa, fica evidente que as opiniões, os preconceitos, os interesses e mesmo as paixões do povo não podem encontrar obstáculos duradouros que os impeçam de ocorrer no comando diário da sociedade.

Nos Estados Unidos, como em todos os países em que o povo reina, é a maioria que governa em nome do povo.

Essa maioria é essencialmente composta pelos cidadãos pacatos que, seja por gosto, seja por interesse, desejam com sinceridade o bem do país. Em torno deles agitam-se incessantemente os partidos, que buscam atraí-lo para si e obter seu apoio.

CAPÍTULO 2
DOS PARTIDOS NOS ESTADOS UNIDOS

> É preciso fazer uma grande divisão entre os partidos — Partidos que são, entre si, como nações rivais — Partidos propriamente ditos — Diferença entre os grandes e os pequenos partidos — Em que época eles nascem — Suas diversas características — A América teve grandes partidos — Não os tem mais — Federalistas — Republicanos — Derrota dos federalistas — Dificuldade de criar partidos nos Estados Unidos — O que se faz para criá-los — Caráter aristocrático ou democrático encontrado em todos os partidos — Luta do general Jackson contra o banco

Primeiro, preciso estabelecer uma grande divisão entre os partidos.

Há países tão vastos que as diferentes populações que os habitam, embora reunidas sob a mesma soberania, têm interesses contraditórios, por isso nasce entre elas uma oposição permanente. As diversas frações de um mesmo povo não formam, nesse caso, partidos propriamente ditos, mas nações distintas; e se a guerra civil vem a ocorrer, há antes conflito entre os povos rivais do que luta entre facções.

Mas quando os cidadãos diferem entre si sobre pontos que interessam igualmente a todas as partes do país, como, por exemplo, sobre os princípios gerais do governo, então vemos nascer o que eu chamaria verdadeiramente de partidos.

Os partidos são um mal inerente aos governos livres; mas eles não têm em todas as épocas o mesmo caráter e os mesmos instintos.

Em certas épocas as nações se sentem atormentadas por males tão grandes que a ideia de uma mudança total em sua constituição política se apresenta a elas. Em outras, o mal-estar é ainda mais profundo e em que o próprio estado social é comprometido. É a época das grandes revoluções e dos grandes partidos.

Entre esses séculos de desordens e misérias, há outras épocas em que as sociedades descansam e em que a raça humana parece recuperar o fôlego. Esta não passa, a bem dizer, de uma aparência; o tempo não suspende sua marcha para os povos mais do que para os homens; uns e outros avançam cada dia rumo a um futuro que ignoram; e quando os acreditamos estacionários, é porque seus movimentos nos escapam. São pessoas que marcham; elas parecem imóveis aos que correm.

Seja como for, há certas épocas em que as mudanças que se operam na constituição política e no estado social dos povos são tão lentos e tão imperceptíveis que os homens pensam ter chegado a um estado final, o espírito humano se acredita tão firmemente assente em certas bases e não leva seus olhares para além de um certo horizonte.

É a época das intrigas e dos pequenos partidos.

O que chamo de grandes partidos políticos são os que se apegam aos princípios mais do que a suas consequências; às generalidades e não aos casos particulares; às ideias e não aos homens. Esses partidos têm, em geral, traços mais nobres, paixões mais generosas, convicções mais reais, uma maneira mais franca e mais ousada que os outros. O interesse particular, que sempre desempenha o papel mais importante nas paixões políticas, esconde-se aqui mais habilmente sob o véu do interesse público e consegue até, por vezes, ocultar-se aos olhares dos que ele anima e faz agir.

Os pequenos partidos, ao contrário, em geral não têm fé política. Como não se sentem elevados e sustentados por grandes objetivos, seu caráter é marcado por um egoísmo que se produz ostensivamente a cada um de seus atos.

Eles sempre se inflamam do nada; têm uma linguagem violenta, mas sua marcha é tímida e incerta. Os meios que empregam são miseráveis como o próprio objetivo que propõem. Resulta disso que, quando um tempo de calmaria sucede a uma revolução violenta, os grandes homens parecem desaparecer subitamente e as almas parecem se fechar em si mesmas.

Os grandes partidos subvertem a sociedade, os pequenos, agitam-na; uns a dilaceram e os outros a depravam; os primeiros às vezes a salvam, abalando-a, os segundos sempre a perturbam sem proveito.

A América teve grandes partidos; hoje, eles não existem mais — fizeram-na ganhar muito em felicidade, mas não em moralidade.

Quando a guerra de independência chegou ao fim e tratou-se de estabelecer as bases do novo governo, a nação se viu dividida entre duas opiniões. Essas opiniões eram tão antigas quanto o mundo e podem ser encontradas em diferentes formas e com nomes diversos em todas as sociedades livres. Uma queria restringir o poder popular, a outra queria estendê-lo indefinidamente.

A luta entre essas duas opiniões nunca adquiriu, entre os americanos, o caráter de violência que muitas vezes a marcou em outras partes. Na América, os dois partidos concordavam sobre os pontos mais essenciais. Nenhum dos dois, para vencer, precisava destruir uma ordem antiga, nem subverter todo um estado social. Nenhum dos dois, consequentemente, fazia o triunfo de seus princípios a um grande número de existências individuais. Mas abordavam interesses imateriais de primeira ordem, como o amor da igualdade e da independência. Era o suficiente para despertar paixões violentas.

O partido que queria restringir o poder popular buscou acima de tudo aplicar suas doutrinas à Constituição da União, o que lhe valeu o nome de *Federal*.

O outro, que se dizia amante exclusivo da liberdade, tomou o nome de Republicano.

A América é a terra da democracia. Os federalistas sempre foram minoria, portanto; mas contavam em suas fileiras quase todos os grandes homens que a guerra de independência fizera nascer, e seu poder moral era muito extenso. As circunstâncias, aliás, foram-lhes favoráveis. A ruína da primeira confederação fez o povo temer cair na anarquia e os federalistas tiraram proveito dessa disposição passageira. Ao longo de dez ou doze anos, dirigiram os negócios e puderam aplicar não todos os seus princípios, mas alguns dentre eles; pois a corrente oposta tornava-se a cada dia mais violenta para que se ousasse lutar contra ela.

Em 1801, os republicanos finalmente se apoderaram do governo. Thomas Jefferson foi nomeado presidente; trouxe a eles o apoio de um nome célebre, de um grande talento e de uma imensa popularidade.

Os federalistas sempre tinham se mantido apenas por meios artificiais e com o auxílio de recursos momentâneos; a virtude ou os talentos de seus líderes, bem como o concurso das circunstâncias, é que os haviam levado ao poder. Quando os republicanos chegaram a ele, por sua vez, o partido contrário foi como que submergido por uma súbita inundação. Uma imensa maioria declarou-se contra ele, que se viu imediatamente em tão pequena minoria que logo perdeu as próprias esperanças. Depois disso, o Partido Republicano ou democrático avançou de conquista em conquista e tomou a sociedade inteira.

Os federalistas, sentindo-se vencidos, sem recursos e vendo-se isolados na nação, dividiram-se; uns se uniram aos vencedores, outros depositaram suas bandeiras e mudaram de nome. Faz um bom número de anos que cessaram absolutamente de existir como partido.

A chegada dos federalistas ao poder foi, a meu ver, um dos acontecimentos mais felizes a acompanhar o nascimento da grande união americana. Os federalistas lutavam contra a queda irresistível de seu século e de seu país. Qualquer que fosse a qualidade ou o vício de suas teorias, elas tinham o problema de não ser aplicáveis por inteiro à sociedade que eles queriam reger; o que aconteceu sob Jefferson teria, portanto, acontecido, mais cedo ou mais tarde. Mas seu governo ao menos deixou à nova república o tempo de assentar-se e permitiu-lhe a seguir suportar sem inconveniente o rápido desenvolvimento das doutrinas que eles tinham combatido. Um grande número de seus princípios acabou, aliás, introduzindo-se no símbolo de seus adversários; e a Constituição Federal, que subsiste até hoje, é um monumento duradouro de seu patriotismo e sabedoria.

Em nossos dias, portanto, não vemos nos Estados Unidos grandes partidos políticos. Encontramos partidos que ameaçam o futuro da União, mas não existe algum que pareça condenar a forma atual de governo e a marcha geral da sociedade. Os partidos que ameaçam a União não repousam em princípios, mas em interesses materiais. Esses interesses constituem, nas diferentes províncias de um império tão vasto, antes nações rivais do que partidos. Por isso recentemente vimos o norte apoiar o sistema de proibições comerciais e o sul pegar em armas a favor da liberdade de comércio, pela simples razão de que o norte é manufatureiro e o sul, cultivador, e de que o sistema restritivo age em proveito de um e em detrimento do outro.

Na ausência de grandes partidos, os Estados Unidos fervilham de pequenos, e a opinião pública se fraciona ao infinito sobre questões mínimas. Não poderíamos imaginar a dificuldade que existe para se criar os partidos; não é coisa fácil em nossa época. Nos Estados Unidos, não há ódio religioso, porque a religião é universalmente respeitada e nenhuma seita é dominante; não há ódio de classes, porque o povo é tudo e porque ninguém ousa lutar contra ele; por fim, não há misérias públicas a explorar, porque o estado material do país oferece uma carreira tão grande à indústria que basta deixar o homem por si para que ele faça prodígios. É preciso, porém, que a ambição consiga criar partidos, pois é difícil derrubar aquele que detém o poder somente porque se quer tomar o seu lugar. Toda habilidade dos homens políticos consiste em compor partidos: um homem político, nos Estados Unidos, procura primeiro discernir seu interesse e os interesses análogos que poderiam reunir-se em torno do seu; depois, ocupa-se em descobrir se por acaso não existiria no mundo uma doutrina ou um princípio que pudesse ser convenientemente colocado à frente da nova associação, para dar-lhe o direito de se realizar e circular livremente. É como o privilégio do rei, que nossos pais antigamente imprimiam na primeira página de suas obras, e que incorporavam ao livro ainda que não fizesse parte dele.

Feito isso, introduziu-se a nova potência no mundo político.

Para um estrangeiro, quase todas as querelas domésticas dos americanos parecem, à primeira vista, incompreensíveis ou pueris, e não sabemos se devemos sentir pena de um povo que se ocupa seriamente com tais misérias ou invejar-lhe a felicidade de poder ocupar-se delas.

Mas quando chegamos a estudar com cuidado os instintos secretos que, na América, governam as facções, descobrimos com facilidade que a maior parte delas se liga mais ou menos a um dos dois grandes partidos que dividem os homens desde que existem sociedades livres. À medida que penetramos mais profundamente no pensamento íntimo desses partidos, percebemos que uns trabalham para restringir o uso do poder público, os outros, para estendê-lo.

Não digo que os partidos americanos tenham sempre por objetivo ostensivo, ou mesmo por objetivo oculto, fazer a aristocracia ou a democracia prevalecer no país; digo que as paixões aristocráticas ou democráticas são facilmente encontradas na base de todos os partidos; e que embora não se revelem aos olhares, formam como que seu ponto sensível e sua alma.

Citarei um exemplo recente: o presidente ataca o banco dos Estados Unidos; o país comove-se e divide-se; as classes esclarecidas em geral colocam-se ao lado do banco; o povo, a favor do presidente. Poderíamos pensar que o povo soube discernir as razões de sua opinião em meio aos meandros de uma questão tão difícil, em que os homens experientes hesitam. De modo algum. Mas o banco é um grande estabelecimento, com existência independente; o povo, que destrói ou eleva todas as potências, nada pode sobre ele, e isso o surpreende. No meio do movimento universal da sociedade, esse ponto imóvel choca seus olhos e ele quer ver se não conseguirá abalá-lo como faz com o restante.

DOS RESTOS DO PARTIDO ARISTOCRÁTICO NOS ESTADOS UNIDOS

> Oposição secreta dos ricos à democracia — Eles se retiram para a vida privada — Gosto que revelam dentro de suas casas pelos prazeres exclusivos e pelo luxo — Sua simplicidade fora dela — Sua afetada condescendência pelo povo

Pode acontecer, entre um povo dividido em suas opiniões, que o equilíbrio entre os partidos se rompa e que um deles adquira uma preponderância irresistível. Ele derruba todos os obstáculos, esmaga o adversário e explora a sociedade inteira em proveito próprio. Os vencidos, perdendo a esperança de sucesso, escondem-se ou calam-se. Faz-se uma imobilidade e um silêncio universais. A nação parece reunida num mesmo pensamento. O partido vencedor se ergue e diz: "Devolvi a paz ao país, devo receber ações de graças.".

Sob essa aparente unanimidade, porém, ocultam-se divisões profundas e uma real oposição.

Foi o que aconteceu na América: quando obteve a preponderância, o partido democrático apoderou-se da direção exclusiva dos negócios. Desde então, não cessou de modelar os costumes e as leis conforme seus desejos.

Em nossos dias, podemos dizer que nos Estados Unidos as classes ricas da sociedade encontram-se quase que inteiramente fora dos negócios políticos e que a riqueza, longe de ser um direito, é uma causa real de desfavor e um obstáculo para se chegar ao poder.

Os ricos preferem abandonar a arena a sustentar uma luta frequentemente desigual contra os mais pobres de seus concidadãos. Não podendo ocupar na vida pública uma posição análoga à que ocupam na vida privada, abandonam a primeira para concentrar-se na segunda. Formam, dentro do Estado, como que uma sociedade particular com gostos e prazeres à parte.

O rico se submete a esse estado de coisas como a um mal irremediável; inclusive, evita com grande cuidado demonstrar que se sente ferido; assim, elogia em público as doçuras do governo republicano e as vantagens das formas democráticas. Pois, depois do fato de odiar os inimigos, o que há de mais natural no homem do que elogiá-los?

Estão vendo aquele opulento cidadão? Não parece um judeu da Idade Média, que teme suspeitarem de suas riquezas? Sua aparência é simples, seu comportamento é modesto; entre as quatro paredes de sua casa, adora-se o luxo; ele só deixa penetrar nesse santuário alguns hóspedes escolhidos que chama solenemente de seus iguais. Não encontramos na Europa nobre que se mostre mais exclusivo em seus prazeres e mais ávido das mínimas vantagens garantidas por uma posição privilegiada. Mas ei-lo que sai de casa para ir trabalhar num reduto empoeirado que ocupa no centro da cidade e dos negócios, e onde todos são livres para abordá-lo. No meio do caminho, seu sapateiro passa, eles se detêm e começam a conversar. O que podem dizer? Esses dois cidadãos metem-se nos negócios do Estado e não se despedirão sem um aperto de mãos.

Na base desse falso entusiasmo e no meio dessas formas obsequiosas para com o poder dominante, é fácil perceber nos ricos um grande desgosto pelas instituições democráticas de seu país. O povo é um poder que eles temem e desprezam. Se o mau governo da democracia um dia levasse a uma crise política e se a monarquia alguma vez se apresentasse aos Estados Unidos como uma coisa praticável, logo descobriríamos a verdade do que afirmo.

As duas grandes armas empregadas pelos partidos para vencer são os *jornais* e as associações.

CAPÍTULO 3
DA LIBERDADE DE IMPRENSA NOS ESTADOS UNIDOS

Dificuldade de restringir a liberdade de imprensa — Razões particulares que alguns povos têm para prezar essa liberdade — A liberdade de imprensa é uma consequência necessária da soberania do povo como entendida na América — Violência da linguagem da imprensa periódica nos Estados Unidos — A imprensa periódica tem instintos que lhe são próprios; o exemplo dos Estados Unidos é uma prova disso — Opinião dos americanos sobre a repressão judiciária dos delitos da imprensa — Por que a imprensa é menos poderosa nos Estados Unidos do que na França

O poder da liberdade de imprensa não se faz sentir apenas sobre as opiniões políticas, mas também sobre todas as opiniões dos homens. Ela não modifica apenas as leis, mas os costumes. Em outra parte desta obra, procurarei determinar o grau de influência que a liberdade de imprensa exerceu sobre a sociedade civil nos Estados Unidos; tratarei de discernir a direção que ela deu às ideias, os hábitos que passou ao espírito e aos sentimentos dos americanos. Neste momento, quero examinar apenas os efeitos produzidos pela liberdade de imprensa no mundo político.

Confesso que não sinto pela liberdade de imprensa esse amor completo e instantâneo que se atribui às coisas soberanamente boas de sua natureza. Prezo-a muito mais em consideração aos males que impede do que aos bens que faz.

Se alguém me mostrasse, entre a independência completa e a sujeição total do pensamento, uma posição intermediária em que eu pudesse esperar me manter, talvez me estabelecesse nela; mas quem descobrirá essa posição intermediária? Você parte da liberdade de imprensa e segue na direção da ordem: o que você faz? Primeiro, submete os escritores aos jurados; mas os jurados absolvem, e aquilo que não passava da opinião de um homem isolado torna-se a opinião do país. Você fez demais e de menos, portanto; precisa seguir procurando. Entrega os autores a magistrados permanentes; mas os juízes são obrigados a ouvir antes de condenar: o que se temia confessar num impresso é proclamado impunemente no tribunal, o que se teria dito obscuramente num texto é repetido em mil outros. A expressão é a forma externa e, por assim dizer, o corpo do pensamento, mas não o próprio pensamento. Os tribunais prendem o corpo, mas a alma lhes escapa e escorre sutilmente por entre suas mãos. Você fez demais e de menos, portanto; ainda precisa seguir procurando. Por fim, você entrega os escritores aos censores; muito bem!, está esquentando. Mas a tribuna política não é livre? Então você ainda não fez nada; engano-me, aumentou o mal. Você consideraria, por acaso, o pensamento como uma dessas forças materiais que aumentam com o número de seus agentes? Contaria os escritores como os soldados de um exército? Ao contrário de todas as forças materiais, o poder do pensamento muitas vezes aumenta por meio do pequeno número dos que o expressam. A palavra de um homem poderoso, que penetra sozinha as paixões de uma assembleia muda, tem mais força que os gritos confusos de mil oradores; e por pouco que possamos falar livremente num simples lugar público, é como se falássemos publicamente em cada aldeia. Você precisa, portanto, destruir tanto a liberdade de falar quanto a de escrever; dessa vez, chegou lá: todos se calam. Mas aonde chegou? Você tinha partido dos abusos da liberdade, agora eu o encontro sob os pés de um déspota.

Você foi da extrema independência à extrema servidão sem encontrar, em tão amplo espaço, um único local onde pudesse descansar.

Há povos que, independentemente das razões gerais que acabo de enunciar, têm outras particulares que devem prendê-los à liberdade de imprensa.

Em certas nações que se pretendem livres, cada um dos agentes do poder pode impunemente violar a lei sem que a Constituição do país dê aos oprimidos o direito de se queixarem perante a justiça. Nesses povos, não se pode mais considerar a independência da imprensa como uma das garantias, mas como a única garantia que resta da liberdade e da segurança dos cidadãos.

Portanto, se os homens que governam essas nações falassem em acabar com a independência da imprensa, o povo inteiro poderia responder-lhes: deixem-nos proceder contra seus crimes diante de juízes ordinários e talvez concordemos em não apelar ao tribunal da opinião pública.

Num país em que reina ostensivamente o dogma da soberania do povo, a censura não é apenas um perigo como também é um grande absurdo.

Quando se concede a cada um o direito de governar a sociedade, é preciso reconhecer-lhe a capacidade de escolher entre as diferentes opiniões que agitam seus contemporâneos e de apreciar os diferentes fatos cujo conhecimento pode guiá-lo.

A soberania do povo e a liberdade de imprensa são, assim, duas coisas inteiramente correlativas; a censura e o voto universal são, ao contrário, duas coisas que se contradizem e não podem existir por muito tempo nas instituições políticas de um povo. Entre os 12 milhões de homens que vivem no território dos Estados Unidos, não há *um só* que tenha proposto restringir a liberdade de imprensa.

O primeiro jornal que caiu sob meus olhos, ao chegar à América, continha o seguinte artigo, que traduzo fielmente:

> Em toda essa questão, a linguagem utilizada por Jackson (o presidente) foi a de um déspota sem coração, preocupado apenas em conservar seu poder. A ambição é seu crime e será sua punição. A intriga é sua vocação, e a intriga confundirá seus desígnios e lhe arrancará a força. Ele governa por meio da corrupção, e suas manobras culpadas resultarão em sua confusão e sua vergonha. Ele se mostrou na arena política como um jogador sem pudor e sem freio. Teve êxito, mas a hora da justiça se aproxima; logo precisará devolver o que ganhou, jogar fora seus dados viciados e acabar em algum refúgio onde possa blasfemar em liberdade contra sua loucura; pois o arrependimento não é uma virtude que seu coração alguma vez tenha conhecido.
>
> Vincennes Gazette

Muitas pessoas na França imaginam que a violência da imprensa se deve, entre nós, à instabilidade do estado social, a nossas paixões políticas e ao decorrente mal-estar geral. Estão constantemente esperando, assim, uma época em que, voltando a sociedade a uma situação tranquila, a imprensa por sua vez se torne calma. De minha parte, de bom grado atribuiria às causas indicadas acima a extrema ascendência que ela tem sobre nós; mas não penso que essas causas tenham muita influência sobre sua linguagem. A imprensa periódica me parece ter instintos e paixões próprios, independentemente das circunstâncias em que age. O que acontece na América acaba de prová-lo a mim.

A América talvez seja, neste momento, o país do mundo que menos encerra em seu seio germes de revolução. Na América, porém, a imprensa tem os mesmos gostos destrutivos que na França e a mesma violência sem as mesmas causas de cólera. Na América, como na França, ela é essa força extraordinária, tão estranhamente entremeada de bens e de males que, sem ela, a liberdade não poderia existir, e, com ela, a ordem mal consegue ser mantida.

O que se deve dizer é que a imprensa tem muito menos poder nos Estados Unidos do que entre nós. Nada, porém, é mais raro nesse país do que ver uma ação judicial dirigida contra ela. A razão para isso é simples: os americanos, admitindo entre eles o dogma da soberania do povo, aplicaram-no com sinceridade. Não tiveram a ideia de fundar, com elementos que mudam todos os dias, constituições cuja duração fosse eterna. Atacar as leis existentes não é um crime, portanto, desde que não se tente fugir delas por meio da violência.

Eles acreditam, aliás, que os tribunais são impotentes para moderar a imprensa e que, como a maleabilidade da linguagem humana sempre escapa à análise judiciária, os delitos dessa natureza de certo modo se esquivam diante da mão que se estende para apreendê-los. Eles pensam que, a fim de poder agir com eficácia sobre a imprensa, seria preciso encontrar um tribunal que não apenas fosse devotado à ordem existente como também pudesse se colocar acima da opinião pública que se agita a seu redor; um tribunal que julgasse sem admitir a publicidade, se pronunciasse sem motivar suas decisões e punisse a intenção mais do que as palavras. Quem tivesse o poder de criar e manter um tribunal como esse perderia seu tempo perseguindo judicialmente a liberdade de imprensa; pois então ele seria senhor absoluto da própria sociedade e poderia livrar-se tanto dos escritores quanto de seus escritos. Em matéria de imprensa, não há de fato meio entre a servidão e a licença. Para colher os bens inestimáveis que a liberdade de imprensa garante, é preciso saber submeter-se aos males inevitáveis que ela cria. Querer obter uns escapando dos outros é entregar-se a uma dessas fantasias com que normalmente as nações doentes se iludem, quando, cansadas de lutas e esgotadas por seus esforços, procuram os meios de fazer coexistir, no mesmo solo, opiniões inimigas e princípios contrários.

O pouco poder dos jornais na América deve-se a várias causas, sendo as principais as seguintes:

A liberdade de escrever, como todas as outras, é tanto mais temível quanto mais nova for; um povo que nunca ouviu tratarem diante de si os assuntos do Estado acredita no primeiro tribuno que se apresenta. Entre os anglo-americanos, essa liberdade é tão antiga quanto a fundação das colônias; a imprensa, aliás, que sabe tão bem inflamar as paixões humanas, não pode, contudo, criá-las sozinha. Ora, na América a vida política é ativa, variada, agitada mesmo, mas é raramente perturbada por paixões profundas; é raro elas se sublevarem quando os interesses materiais não estão comprometidos, e nos Estados Unidos esses interesses prosperam. Para julgar a diferença que existe nesse ponto entre os anglo-americanos e nós, bastar dar uma olhada nos jornais dos dois povos. Na França, os anúncios comerciais ocupam um espaço bastante restrito, as próprias notícias são pouco numerosas; a parte vital de um jornal é aquela em que se encontram as discussões políticas. Na América, três quartos do imenso jornal que temos diante dos olhos são preenchidos por anúncios, o resto é quase sempre ocupado por notícias políticas ou simples anedotas; somente de quando em quando avistamos num canto ignorado uma dessas discussões ardentes que entre nós são o alimento diário dos leitores.

Todo poder aumenta a ação de suas forças à medida que centraliza sua direção; essa é uma lei geral da natureza, que o exame demonstra ao observador e que um instinto mais certo ainda sempre revelou aos menores déspotas.

Na França, a imprensa reúne dois tipos diferentes de centralização.

Quase todo seu poder é concentrado num mesmo lugar e, por assim dizer, nas mesmas mãos, pois seus órgãos existem em pequeníssimo número.

Assim constituída no meio de uma nação cética, o poder da imprensa deve ser quase ilimitado. Ela é um inimigo com quem o governo pode estabelecer tréguas mais ou menos longas, mas diante do qual é difícil viver por muito tempo.

Nenhum dos dois tipos de centralização de que acabo de falar existem na América.

Os Estados Unidos não têm capital: as luzes e o poder estão disseminados por todas as partes desse vasto país; os raios da inteligência humana, em vez de partirem de um centro comum, cruzam-se em todos os sentidos; os americanos não situaram em lugar algum a direção geral do pensamento, não mais que o dos negócios.

Isso se deve a circunstâncias locais que não dependem dos homens; mas eis o que vem das leis:

Nos Estados Unidos, não há diplomas para os impressores, nem selo ou registro para os jornais; enfim, a regra das cauções é desconhecida.

Resulta disso que a criação de um jornal é um empreendimento simples e fácil; poucos assinantes bastam para que o jornalista possa cobrir seus custos: assim, o número de escritos periódicos ou semiperiódicos nos Estados Unidos supera todas as previsões. Os americanos mais esclarecidos atribuem a essa incrível disseminação das forças da imprensa seu pequeno poder: é um axioma da ciência política nos Estados Unidos que o único meio de neutralizar os efeitos dos jornais seja multiplicar seu número. Eu não saberia dizer por que uma verdade tão evidente ainda não se tornou mais conhecida entre nós. Que aqueles que querem fazer revoluções com o auxílio da imprensa procurem dar-lhe apenas alguns órgãos poderosos, eu compreendo sem dificuldade; mas que os defensores oficiais da ordem estabelecida e os apoiadores naturais das leis existentes acreditem atenuar a ação da imprensa concentrando-a, eis o que eu não saberia absolutamente conceber. Os governos da Europa parecem-me agir em relação à imprensa da mesma maneira que outrora agiam os cavaleiros com seus adversários: eles observaram por uso próprio que a centralização era uma arma poderosa e querem prover seu inimigo com ela, sem dúvida a fim de receber mais glórias por resistir-lhe.

Nos Estados Unidos, quase não há aldeia que não tenha seu jornal. É fácil conceber que, entre tantos combatentes, não se possa estabelecer disciplina nem unidade de ação: vemos, assim, cada um erguer sua própria bandeira. Não é que todos os jornais políticos da União sejam a favor ou contra a administração; mas eles a atacam e defendem de cem maneiras diferentes. Os jornais não conseguem estabelecer nos Estados Unidos as grandes correntes de opinião que levantam ou derrubam os diques mais poderosos. Essa divisão das forças da imprensa produz outros efeitos não menos notáveis: como a criação de um jornal é uma coisa fácil, todo mundo pode realizá-la; por outro lado, a concorrência faz com que um jornal não possa esperar grandes lucros, o que impede as altas capacidades industriais de se interessarem por essas empresas. Ademais, mesmo que os jornais fossem fonte de riquezas, como são excessivamente numerosos, os escritores de talento não bastariam para dirigi-los. Os jornalistas, nos Estados Unidos, em geral, ocupam uma posição pouco elevada, sua educação foi apenas esboçada e a construção de suas ideias com frequência é vulgar. Ora, em todas as coisas a maioria faz lei; ela estabelece certas condutas a que todos a seguir se conformam; o conjunto desses hábitos comuns se chama espírito: há o espírito de tribunal, o espírito de corte. O espírito do jornalista, na França, é discutir de maneira violenta, mas elevada, e com frequência eloquente, os grandes interesses do

Estado; se nem sempre isso ocorre, é porque toda regra tem suas exceções. O espírito do jornalista, na América, é atacar grosseiramente, sem afetação e sem arte, as paixões daqueles a quem se dirige, abandonar os princípios para agarrar os homens; segui-los em sua vida privada e colocar a nu suas fraquezas e vícios.

É preciso deplorar tal abuso do pensamento; mais tarde, terei ocasião de procurar a influência exercida pelos jornais sobre o gosto e a moralidade do povo americano; mas, repito, ocupo-me nesse momento apenas do mundo político. Não podemos dissimular que os efeitos políticos dessa licença da imprensa contribuem indiretamente para a manutenção da tranquilidade pública. Resulta disso que os homens que já ocupam uma posição elevada na opinião de seus concidadãos não ousam escrever nos jornais e perdem, com isso, a arma mais temível de que podem dispor para agitar em seu proveito as paixões populares.[1] Acima de tudo, resulta que os pontos de vista pessoais expressos pelos jornalistas não têm, por assim dizer, nenhum peso aos olhos dos leitores. O que estes buscam num jornal é o conhecimento dos fatos; somente alterando ou desnaturando esses fatos é que o jornalista pode obter para sua opinião alguma influência.

Reduzida a esses poucos recursos, a imprensa ainda exerce um poder imenso na América. Ela faz a vida política circular em todas as partes desse vasto território. É ela, cujos olhos, sempre abertos, constantemente desvelam as engrenagens secretas da política e força os homens públicos a comparecer sucessivamente diante do tribunal da opinião pública. É ela que une os interesses em torno de certas doutrinas e formula o símbolo dos partidos; é por meio dela que estes se falam sem se ver, se ouvem sem entrar em contato. Quando um grande número de órgãos da imprensa consegue seguir no mesmo caminho, sua influência a longo prazo se torna quase irresistível e a opinião pública, fustigada sempre no mesmo lugar, acaba cedendo sob seus golpes.

Nos Estados Unidos, cada jornal tem individualmente pouco poder, mas a imprensa periódica ainda é, depois do povo, a primeira potência. (A)

As opiniões que se estabelecem sob o império da liberdade de imprensa nos Estados Unidos são, com frequência, mais tenazes do que as que se formam em outros lugares sob o império da censura.

---

1. Eles só escrevem nos jornais nos raros casos em que querem dirigir-se ao povo e falar em seu próprio nome: quando, por exemplo, espalhou-se a seu respeito imputações caluniosas e quando desejam restabelecer a verdade dos fatos.

Nos Estados Unidos, a democracia constantemente leva homens novos à direção dos negócios; o governo, portanto, dá pouca continuidade e ordem a suas medidas. Mas os princípios gerais do governo são mais estáveis do que em muitos outros países e as principais opiniões que regem a sociedade revelam-se mais duradouras. Depois que uma ideia se apossou do espírito do povo americano, seja ela justa ou insensata, não há nada mais difícil do que extirpá-la.

O mesmo fato foi observado na Inglaterra, o país da Europa onde vimos por um século a maior liberdade de pensar e os mais invencíveis preconceitos.

Atribuo esse efeito à mesma causa que, à primeira vista, pareceria dever impedi-lo de ocorrer: a liberdade de imprensa. Os povos que convivem com essa liberdade se apegam às suas opiniões tanto por orgulho quanto por convicção. Elas são apreciadas porque parecem-lhes justas e também porque são escolhidas por eles, e agarram-se a elas não apenas como a uma coisa verdadeira mas também como a uma coisa que lhes é própria.

Há várias outras razões ainda.

Um grande homem disse que a *ignorância estava nas duas pontas da ciência*. Talvez fosse mais acertado dizer que as convicções profundas só se encontram nas duas pontas e que no meio está a dúvida. Podemos considerar, de fato, a inteligência humana em três estados distintos e com frequência sucessivos.

O homem crê firmemente porque adota sem se aprofundar. Ele duvida quando as objeções se apresentam. Muitas vezes, consegue resolver todas as suas dúvidas, então volta a crer. Dessa vez, não apreende mais a verdade ao acaso e nas trevas; vê-a de frente e avança diretamente para sua luz.[2]

Quando a liberdade de imprensa encontra os homens no primeiro estado, deixa-lhes por muito tempo ainda esse hábito de acreditar firmemente sem refletir; a cada dia, porém, muda o objeto de suas crenças irrefletidas. Em todo o horizonte intelectual, o espírito do homem continua a ver um único ponto por vez; mas esse ponto varia sem cessar. É o tempo das revoluções súbitas. Ai das gerações que forem as primeiras a admitir subitamente a liberdade de imprensa!

Logo, porém, o círculo das ideias novas foi mais ou menos todo percorrido. A experiência chega e o homem mergulha numa dúvida e numa desconfiança universal.

Podemos contar que a maioria dos homens sempre se deterá em um destes dois estados: acreditar sem saber por quê ou não saber ao certo no que deve acreditar.

---

2. Ainda não sei se essa convicção refletida e senhora de si eleva o homem ao grau de ardor e devotamento inspirado pelas crenças dogmáticas.

Quanto a essa outra espécie de convicção refletida e senhora de si que nasce da ciência e se eleva das próprias agitações de dúvida, somente será concedido aos esforços de um pequeníssimo número de homens alcançá-la.

Ora, observou-se que, nos séculos de fervor religioso, os homens às vezes mudavam de crença, enquanto nos séculos de dúvida cada um mantinha obstinadamente a sua. O mesmo acontece na política, sob o reino da liberdade de imprensa. Todas as teorias sociais tendo sido contestadas e combatidas sucessivamente, os que se fixaram em uma delas a mantêm não tanto por terem certeza de que é boa quanto por não terem certeza de haver uma melhor.

Nesses séculos, ninguém é morto tão facilmente por suas opiniões; mas elas não são mudadas e, ao mesmo tempo, encontramos menos mártires e apóstatas.

Acrescente-se a essa razão uma outra mais potente ainda: em dúvida em relação às opiniões, os homens acabam prendendo-se unicamente aos instintos e aos interesses materiais, que são muito mais visíveis, mais apreensíveis e mais permanentes por natureza do que as opiniões.

É uma questão muito difícil de resolver saber quem governa melhor, a democracia ou a aristocracia. Mas está claro que a democracia incomoda um e que a aristocracia oprime o outro.

Essa é uma verdade que se estabelece por si mesma e que não é preciso discutir: você é rico e eu sou pobre.

CAPÍTULO 4
DA ASSOCIAÇÃO POLÍTICA NOS ESTADOS UNIDOS

> Uso diário que os anglo-americanos fazem do direito de associação — Três tipos de associações políticas — Como os americanos aplicam o sistema representativo às associações — Perigos resultantes para o Estado — Grande convenção de 1831, relativa à tarifa — Caráter legislativo dessa convenção — Por que o exercício ilimitado do direito de associação não é tão perigoso nos Estados Unidos quanto alhures — Por que podemos considerá-lo necessário ali — Utilidade das associações nos povos democráticos

A América é o país do mundo onde mais se tirou partido da associação e onde se aplicou esse poderoso meio de ação a uma maior diversidade de objetos.

Independentemente das associações permanentes criadas pela lei sob o nome de comunas, cidades e condados, existe um grande número de outras, que devem seu surgimento e desenvolvimento a vontades individuais.

O habitante dos Estados Unidos aprende desde o nascimento que precisa contar consigo mesmo para lutar contra os males e as dificuldades da vida; ele lança à autoridade social um olhar desconfiado e inquieto, e só apela a seu poder quando não pode dispensá-la. Isso começa a ser percebido na escola, onde as crianças se submetem, até nas brincadeiras, a regras que elas estabelecem e punem os delitos definidos por elas mesmas. O mesmo espírito é encontrado em todas as ações da vida social. Um problema sobrevém na via pública, a passagem é interrompida, a circulação para; os vizinhos imediatamente se estabelecem em corpo deliberante; dessa assembleia improvisada sairá um Poder Executivo que remediará o mal, antes da ideia de uma autoridade preexistente à dos interessados se apresentar à imaginação de alguém. Quando se trata de prazer, as pessoas se associam para dar mais esplendor e regularidade à festa. Elas se unem, por fim, para resistir a inimigos intelectuais, combater em comum a intemperança. Nos Estados Unidos, as pessoas se associam com fins de segurança pública, comércio e indústria, moral e religião. Não há nada que a vontade humana perca as esperanças de atingir pela livre ação do poder coletivo dos cidadãos.

Terei ocasião, mais tarde, de falar dos efeitos que a associação produz na vida civil. Devo ater-me nesse momento ao mundo político.

Reconhecido o direito de associação, os cidadãos podem fazer uso dele de diferentes maneiras.

Uma associação consiste simplesmente na adesão pública que certo número de indivíduos dá a tais ou tais doutrinas e no compromisso que eles assumem de concorrer de determinado modo para fazê-las prevalecer. O direito de se associar, portanto, quase que se confunde com a liberdade de escrever; mas associação tem mais força que a imprensa. Quando uma opinião é representada por uma associação, é obrigada a assumir uma forma mais nítida e mais precisa. Ela conta seus partidários e compromete-os com sua causa. Estes aprendem a se reconhecerem uns aos outros e seu ardor cresce com seu número. A associação reúne em feixe os esforços dos espíritos divergentes e empurra-os com vigor na direção de um único objetivo claramente traçado por ela.

O segundo grau no exercício do direito de associação é poder reunir-se. Quando se deixa uma associação política situar em certos pontos importantes do país focos de ação, sua atividade torna-se maior e sua influência, mais extensa. Nela, os homens se veem; os meios de execução se combinam, as opiniões se desdobram com a força e o calor que o pensamento escrito nunca consegue alcançar.

Por fim, há no exercício do direito de associação, em matéria política, um último grau: os partidários de uma mesma opinião podem se reunir em colégios eleitorais e nomear mandatários para representá-los numa assembleia central. Esse é, propriamente falando, o sistema representativo aplicado a um partido.

Assim, no primeiro caso, os homens que professam a mesma opinião estabelecem entre si um laço puramente intelectual; no segundo, reúnem-se em pequenas assembleias que representam apenas uma pequena fração do partido; no terceiro, formam uma nação à parte dentro da nação, um governo dentro do governo. Seus mandatários, semelhantes aos verdadeiros mandatários da maioria, representam sozinhos toda a força coletiva de seus partidários; como estes últimos, chegam com uma aparência de nacionalidade e com toda a potência moral que dela resulta. É verdade que não têm, como aqueles, o direito de fazer a lei; mas têm o poder de atacar a que existe e formular previamente a que deve existir.

Suponho um povo que não esteja perfeitamente habituado ao uso da liberdade ou no qual fermentem profundas paixões políticas. Ao lado da maioria que faz as leis, coloco uma minoria que se encarrega apenas dos *considerandos* e se detém no *dispositivo*; e não posso impedir-me de acreditar que a ordem pública está exposta a grandes acasos.

Entre provar que uma lei é em si melhor que outra e provar que deve substituir essa outra, sem dúvida, há muita diferença. Mas ali onde o espírito de homens esclarecidos ainda vê uma grande distância, a imaginação da multidão já não a vê mais. Há épocas, aliás, em que a nação se divide quase que exatamente entre dois partidos, cada um afirmando representar a maioria. Se um poder, cuja autoridade moral é quase tão grande quanto a do poder dirigente, vem estabelecer-se perto dele, podemos acreditar que se limitará por muito tempo a falar sem agir?

Será que sempre se deterá diante da consideração metafísica de que o objetivo das associações é dirigir as opiniões e não constrangê-las, aconselhar a lei e não fazê-la?

Quanto mais considero a liberdade de imprensa em seus principais efeitos, mais me convenço de que entre os modernos a independência da imprensa é o elemento capital e, por assim dizer, constitutivo da liberdade. Um povo que quer permanecer livre tem, portanto, o direito de exigir que ela seja respeitada a qualquer preço. Mas a liberdade *ilimitada* de associação em matéria política não deve ser inteiramente confundida com a liberdade de escrever. A primeira é ao mesmo tempo menos necessária e mais perigosa que a segunda. Uma nação pode limitá-la sem deixar de ser senhora de si; deve às vezes fazê-lo para continuar a sê-lo.

Na América, a liberdade de associação com objetivos políticos é ilimitada.

Um exemplo mostrará, melhor do que tudo o que eu poderia acrescentar, até que grau ela é tolerada.

Lembramos o quanto a questão da tarifa ou da liberdade de comércio agitou os espíritos na América. A tarifa favorecia ou atacava não apenas opiniões, mas interesses materiais muito poderosos. O norte atribuía a ela parte de sua prosperidade, o sul, quase todas as suas misérias. Podemos dizer que por muito tempo a tarifa criou as únicas paixões políticas que agitavam a União.

Em 1831, quando a querela estava mais virulenta, um obscuro cidadão de Massachusetts decidiu propor a todos os inimigos da tarifa, por meio dos jornais, que enviassem deputados à Filadélfia para que encontrassem juntos meios de devolver ao comércio sua liberdade. Essa proposta circulou em poucos dias graças à força da imprensa, do Maine até Nova Orleans. Os inimigos da tarifa adotaram-na com ardor. Reuniram-se vindos de todas as partes e nomearam deputados. A maioria destes era formada por homens conhecidos, alguns tinham se tornado célebres. A Carolina do Sul, que mais tarde vimos pegar em armas pela mesma causa, enviou 63 delegados. Em 1º de outubro de 1831, a assembleia que, seguindo o hábito americano, havia tomado o nome de Convenção constituiu-se na Filadélfia; ela contava com mais de duzentos membros. Suas discussões eram públicas e assumiram, desde o primeiro dia, um caráter legislativo; discutiu-se a extensão dos poderes do Congresso, as teorias da liberdade do comércio e, por fim, as diversas disposições da tarifa. Ao cabo de dez dias, a assembleia separou-se depois de redigir uma mensagem ao povo americano. Nessa mensagem, expunha-se: 1) que o Congresso não tinha o direito de criar uma tarifa e que a tarifa existente era inconstitucional; 2) que não era do interesse de nenhum povo, em especial do povo americano, que o comércio não fosse livre.

É preciso reconhecer que a liberdade ilimitada de se associar em matéria política não produziu até o momento, nos Estados Unidos, os resultados funestos que poderíamos esperar alhures. O direito de associação é uma importação inglesa e existiu desde sempre na América. O uso desse direito hoje passou para os hábitos e costumes do país.

Em nossa época, a liberdade de associação tornou-se uma garantia necessária contra a tirania da maioria. Nos Estados Unidos, uma vez que um partido se tornou dominante, todo o poder público passa para suas mãos; seus amigos particulares ocupam todos os empregos e dispõem de todas as forças organizadas. Visto que os homens mais distintos do partido contrário não podem ultrapassar a barreira que os separa do poder, é preciso que eles possam estabelecer-se fora dela; é preciso que a minoria oponha sua força moral inteira à força material que a oprime. Portanto, opõe-se um perigo a um perigo ainda mais temível.

A onipotência da maioria me parece um perigo tão grande para as repúblicas americanas que o perigoso meio utilizado para limitá-la ainda me parece um bem.

Expressarei aqui um pensamento que lembrará o que afirmei em outro lugar a respeito das liberdades comunais: não há país em que as associações sejam mais necessárias para impedir o despotismo dos partidos ou a arbitrariedade do príncipe do que aquele em que o estado social é democrático. Nas nações aristocráticas, os corpos secundários formam associações naturais que impedem os abusos de poder. Nos países em que tais associações não existem, se os particulares não podem criar artificial e momentaneamente alguma coisa que se assemelhe a elas, não percebo mais barreira alguma a nenhum tipo de tirania, e um grande povo pode ser oprimido impunemente por um punhado de facciosos ou por um só homem.

A reunião de uma grande convenção política (pois existem de todos os tipos), que muitas vezes pode se tornar uma medida necessária, é sempre, mesmo na América, um acontecimento grave que os amigos do país necessariamente encaram com temor.

Isso se viu claramente na convenção de 1831, quando todos os esforços dos homens distintos que faziam parte da assembleia tenderam a moderar sua linguagem e restringir seus objetivos. É provável que a convenção de 1831 tenha exercido de fato uma grande influência sobre o espírito dos descontentes e que os tenha preparado para a revolta aberta que ocorreu em 1832 contra as leis comerciais da União.

Não podemos dissimular que a liberdade ilimitada de associação, em matéria política, não seja, de todas as liberdades, a última que um povo pode suportar. Se não o faz cair na anarquia, o afeta, por assim dizer, a cada instante. Essa liberdade, tão perigosa, contudo oferece garantias num ponto: nos países em que as associações são livres, as sociedades secretas são desconhecidas. Na América, há facciosos, mas não conspiradores.

DAS DIFERENTES MANEIRAS COM QUE SE ENTENDE O DIREITO DE ASSOCIAÇÃO NA EUROPA E NOS ESTADOS UNIDOS E DO DIFERENTE USO QUE SE FAZ DELE

Depois da liberdade de agir sozinho, a mais natural ao homem é a de combinar seus esforços com os esforços de seus semelhantes e agir em comum.

O direito de associação me parece, assim, quase tão inalienável por sua natureza quanto a liberdade individual. O legislador não poderia querer destruí-lo sem atacar a própria sociedade. No entanto, se há povos em que a liberdade de se unir só é benéfica e fecunda em prosperidade, há outros também que, por seus excessos, desnaturam-na e de um elemento de vida fazem uma causa de destruição. Pareceu-me que a comparação dos diversos caminhos seguidos pelas associações, nos países em que a liberdade é compreendida e naqueles em que essa liberdade se transforma em licença, seria útil tanto aos governos quanto aos partidos.

A maioria dos europeus ainda vê na associação uma arma de guerra constituída às pressas para ser imediatamente testada num campo de batalha.

Os homens se associam com o objetivo de falar, mas a intenção de agir preocupa todos os espíritos. Uma associação é um exército; os homens falam para contar uns com os outros e se animarem, depois avançam contra o inimigo. Aos olhos dos que a compõem, os recursos legais podem parecer meios, mas nunca são o único meio de ter êxito.

Essa não é a maneira como se entende o direito de associação nos Estados Unidos. Na América, os cidadãos que formam a minoria se associam primeiro para constatar seu número e enfraquecer com isso o império moral da maioria; o segundo objetivo dos associados é reunir e descobrir os argumentos mais próprios a causar impressão sobre a maioria; pois eles sempre têm a esperança de atrair para si esta última e a seguir dispor, em seu nome, do poder.

As associações políticas nos Estados Unidos são, portanto, pacíficas em seu objetivo e legais em seus meios; e quando afirmam só querer triunfar por meio das leis, em geral dizem a verdade.

A diferença que se observa nesse ponto entre os americanos e nós deve-se a várias causas.

Existem, na Europa, partidos que diferem tanto da maioria que nunca podem esperar encontrar nela um apoio, e esses mesmos partidos se acreditam suficientemente fortes para lutar contra ela. Quando um partido desse tipo forma uma associação, ele não quer convencer, mas combater. Na América, os homens situados muito longe da maioria por suas opiniões não podem nada contra seu poder: todos os outros esperam conquistá-la.

O exercício do direito de associação torna-se, assim, perigoso na medida da impossibilidade dos grandes partidos de se tornarem maioria. Num país como os Estados Unidos, onde as opiniões só diferem por nuanças, o direito de associação pode permanecer, por assim dizer, ilimitado.

O que nos leva a ver na liberdade de associação apenas o direito de combater os governantes é nossa inexperiência em matéria de liberdade. A primeira ideia que se apresenta ao espírito de um partido ou de um homem, quando as forças lhe cabem, é a ideia de violência: a ideia de persuasão só chega mais tarde; ela nasce da experiência.

Os ingleses, que são divididos entre si de maneira profunda, raramente abusam do direito de associação, porque têm um uso mais extenso dela.

Além disso, temos, entre nós, um gosto tão apaixonado pela guerra que não há empreendimento insensato, mesmo que transtornando o Estado, em que não considerasse glorioso morrer de arma em punho.

Mas de todas as causas que concorrem nos Estados Unidos a moderar as violências da associação política, a mais poderosas talvez seja o voto universal. Nos países em que o voto universal é admitido, a maioria nunca é posta em dúvida, porque nenhum partido poderia estabelecer-se sensatamente como o representante dos que não votaram. As associações sabem, portanto, e todo mundo também, que elas não representam a maioria. Isso resulta do próprio fato de elas existirem; pois se a representassem, elas mesmas mudariam a lei, em vez de pedir sua reforma.

A força moral do governo que elas atacam vê-se muito aumentada; a sua, bastante enfraquecida.

Na Europa, quase não há associações que não pretendam ou não acreditem representar as vontades da maioria. Essa pretensão ou essa crença aumenta prodigiosamente sua força e serve maravilhosamente para legitimar seus atos. Pois o que seria mais desculpável do que a violência para fazer triunfar a causa oprimida do direito?

É assim que, na imensa complicação das leis humanas, às vezes acontece de a extrema liberdade corrigir os abusos da liberdade, e a extrema democracia prevenir os perigos da democracia.

Na Europa, as associações de certo modo se consideram o conselho legislativo e executivo da nação, que por si mesma não pode elevar sua voz; partindo dessa ideia, elas agem e comandam. Na América, onde só representam, aos olhos de todos, uma minoria da nação, elas falam e peticionam.

Os meios de que se servem as associações na Europa estão de acordo com o objetivo a que elas se propõem.

Sendo o objetivo principal dessas associações agir e não falar, combater e não convencer, elas são naturalmente levadas a atribuir-se uma organização que nada tem de civil e a introduzir em seu seio os hábitos e as máximas militares; assim, vemo-las centralizar, o máximo possível, a direção de suas forças, e colocar o poder de todos nas mãos de um pequeníssimo número.

Os membros dessas associações respondem a uma palavra de ordem como soldados em campanha; professam o dogma da obediência passiva, ou melhor, unindo-se, fazem de um só golpe o sacrifício inteiro de seu julgamento e de seu livre arbítrio: assim, com frequência reina no seio dessas associações uma tirania mais insuportável do que a exercida na sociedade em nome do governo que se ataca.

Isso diminui bastante sua força moral. Elas também perdem o caráter sagrado ligado à luta dos oprimidos contra os opressores. Porque aquele que consente em obedecer servilmente em certos casos a alguns de seus semelhantes, que lhes entrega sua vontade e submete-lhes até seu pensamento, como este homem pode afirmar que quer ser livre?

Os americanos também estabeleceram um governo dentro das associações; mas este, se assim posso dizer, é um governo civil. A independência individual ali encontra seu lugar: como na sociedade, todos os homens caminham ao mesmo tempo rumo ao mesmo objetivo; mas não se espera que cada um caminhe exatamente pelos mesmos caminhos. Não se faz, nelas, o sacrifício da vontade e da razão; mas aplica-se a vontade e a razão em fazer o êxito de um empreendimento comum.

CAPÍTULO 5
DO GOVERNO DA DEMOCRACIA NA AMÉRICA

Sei que avanço aqui em terreno pantanoso. Cada palavra deste capítulo deve ofender em alguns pontos os diferentes partidos que dividem meu país. Não deixarei de expressar todo meu pensamento.

Na Europa, temos dificuldade para julgar o verdadeiro caráter e os instintos permanentes da democracia, porque na Europa há luta entre dois princípios contrários e porque não sabemos ao certo que parte é preciso atribuir aos princípios e às paixões que o combate faz nascer.

Na América isso não acontece. Lá, o povo domina sem obstáculos; ele não tem perigos a temer nem injúrias a vingar.

Na América, a democracia está entregue às suas próprias inclinações. Suas atitudes são naturais e todos os seus movimentos são livres. É nisso que se deve julgá-la. E para quem esse estudo seria interessante e proveitoso se não para nós, que somos levados por um movimento irresistível que nos arrasta a cada dia e caminhamos às cegas, talvez rumo ao despotismo, talvez rumo à república, mas com certeza rumo a um estado social-democrático?

DO VOTO UNIVERSAL

Afirmei anteriormente que todos os estados da União haviam admitido o voto universal. Encontramos esse fato em populações situadas em diferentes graus da escala social. Tive a oportunidade de ver seus efeitos em diversos lugares e entre raças de homens cuja língua, religião ou costume tornam quase estrangeiros uns aos outros: tanto na Louisiana quanto na Nova Inglaterra, na Geórgia como no Canadá. Observei que o voto universal estava longe de produzir, na América, todos os bens e todos os males que esperamos na Europa, e que seus efeitos eram em geral diferentes dos imaginados.

DAS ESCOLHAS DO POVO E DOS INSTINTOS DA DEMOCRACIA AMERICANA EM SUAS ESCOLHAS

> Nos Estados Unidos, os homens mais notáveis raramente são chamados para dirigir os assuntos públicos — Causas desse fenômeno — A inveja que anima as classes inferiores da França contra os superiores não é um sentimento francês, mas democrático — Por que, na América, os homens distintos com frequência se afastam da carreira política por vontade própria

Muitas pessoas, na Europa, acreditam sem dizer ou dizem sem acreditar que uma das grandes vantagens do voto universal é chamar homens dignos da confiança pública para a direção dos negócios. O povo não saberia governar a si mesmo, dizem, mas sempre quer sinceramente o bem do Estado, e seu instinto não deixa de lhe apontar os que são animados por um mesmo desejo e os mais capazes de deter o poder.

De minha parte, devo dizer que o que vi na América não me autoriza a pensar assim. À minha chegada nos Estados Unidos, fiquei tomado de surpresa ao descobrir a que ponto o mérito era comum entre os governados, e como era parco entre os governantes. É um fato constante que, em nossos dias, nos Estados Unidos, os homens mais notáveis raramente são convocados às funções públicas, e precisamos reconhecer que isso aconteceu à medida que a democracia ultrapassava todos os seus antigos limites. É visível que a raça dos homens de Estado americanos encolheu de maneira singular no último meio século.

Podemos indicar várias causas para esse fenômeno.

É impossível, não importa o que se faça, elevar as luzes do povo acima de certo nível. Por mais que se facilitem os acessos aos conhecimentos humanos, que se melhore os métodos de ensino e que se coloque a ciência ao alcance de todos, nunca se fará com que os homens se instruam e desenvolvam sua inteligência sem dedicarem tempo para isso.

A maior ou menor facilidade que o povo encontra para viver sem trabalhar constitui, portanto, o limite necessário de seus progressos intelectuais. Esse limite está situado mais longe em certos países, menos longe em outros; mas, para que não existisse de todo, seria preciso que o povo não tivesse que se dedicar aos cuidados materiais da vida, ou seja, que ele não fosse mais o povo. Portanto, é tão difícil conceber uma sociedade em que todos os homens sejam muito esclarecidos quanto um Estado em que todos os cidadãos sejam ricos; essas são duas dificuldades correlativas. Admitirei sem dificuldade que a massa dos cidadãos quer muito sinceramente o bem do país; vou inclusive mais longe e digo que as classes inferiores da sociedade me parecem mesclar a esse desejo, em geral, menos combinações de interesse pessoal do que as classes superiores; mas o que sempre lhes falta, mais ou menos, embora querendo sinceramente o fim, é a arte de julgar os meios. Que longo estudo e quantas noções diversas são necessários para se ter uma ideia exata do caráter de um único homem! Os maiores gênios se perdem e a multidão conseguiria? O povo nunca encontra tempo e meios para se dedicar a esse trabalho. Sempre precisa julgar às pressas e apegar-se aos objetos mais salientes. Por isso os charlatães de todo tipo conhecem tão bem o segredo de agradar, enquanto seus verdadeiros amigos, na maioria das vezes, fracassam.

De resto, nem sempre falta à democracia a capacidade de escolher os homens de mérito, mas o desejo e o gosto de fazê-lo.

Não se deve dissimular que as instituições democráticas desenvolvem num grau altíssimo o sentimento de inveja no coração humano. Não tanto porque oferecem, a cada um, meios de se igualar aos outros, mas porque esses meios falham constantemente para os que os empregam. As instituições democráticas despertam e bajulam a paixão de igualdade sem jamais poder satisfazê-la inteiramente. Essa igualdade completa escapa todos os dias das mãos do povo no momento em que ele acredita apreendê-la, e foge, como disse Pascal, numa fuga eterna; o povo se exalta em busca desse bem tanto mais precioso porque perto o suficiente para ser conhecido e longe o suficiente para não ser experimentado. A chance de ter êxito o comove, a incerteza do sucesso o irrita; ele se agita, se cansa, se amarga. Tudo o que o supera por alguma coisa lhe parece então um obstáculo a seus desejos e não há superioridade tão legítima cuja visão não canse seus olhos.

Muitas pessoas imaginam que esse instinto secreto, que entre nós leva as classes a afastarem o máximo possível os superiores da direção dos negócios, só existe na França, mas isso é um erro: o instinto de que falo não é francês, ele é democrático; as circunstâncias políticas puderam lhe conferir um caráter particular de amargura, mas não o criaram.

Nos Estados Unidos, o povo não sente ódio pelas classes elevadas da sociedade; mas sente pouca benevolência por elas e mantém-nas com cuidado fora do poder; ele não teme os grandes talentos, mas pouco os aprova. Em geral, observamos que tudo o que se eleva sem seu apoio dificilmente obtém seu favor.

Enquanto os instintos naturais da democracia levam o povo a afastar os homens distintos do poder, um instinto não menos forte leva estes a se afastar da carreira política, em que lhes é difícil permanecer completamente íntegros e avançar sem se aviltarem. Esse é o pensamento expresso de maneira bastante ingênua pelo chanceler Kent. O famoso autor de que falo, depois de fazer grandes elogios à parte da Constituição que concede ao Poder Executivo a nomeação dos juízes, acrescenta: "É provável, de fato, que os homens mais próprios a preencher esses cargos teriam reserva demais nas maneiras e severidade demais nos princípios para poder reunir a maioria dos sufrágios numa eleição baseada no voto universal" (*Kent's commentaries*, vol. 1, p. 272). Eis o que se imprimia sem contestação na América no ano de 1830.

DAS CAUSAS QUE PODEM CORRIGIR EM PARTE ESSES INSTINTOS DA DEMOCRACIA

> Efeitos contrários produzidos sobre os povos e sobre os homens pelos grandes perigos — Por que a América viu tantos homens notáveis à frente de seus negócios há cinquenta anos — Influência que as luzes e os costumes exercem sobre as escolhas do povo — Exemplo da Nova Inglaterra — Estados do sudoeste — Como certas leis influenciam as escolhas do povo — Eleição em dois graus — Seus efeitos na composição do Senado

Quando grandes perigos ameaçam o Estado, com frequência vemos o povo escolher com alegria os cidadãos mais aptos a salvá-lo.

Observou-se que o homem sob perigo premente raramente permanecia em seu nível habitual; ele se eleva muito acima ou cai bem abaixo. O mesmo acontece com os povos. Os perigos extremos, em vez de elevar uma nação, por vezes acabam de derrubá-la, despertam suas paixões sem conduzi-las e perturbam sua inteligência, longe de esclarecê-las. Os judeus continuavam se esganando em meio aos escombros fumegantes do Templo. Mas é mais comum ver, tanto nas nações quanto nos homens, as virtudes extraordinárias nascerem da própria iminência dos perigos. Os grandes caracteres aparecem então em relevo, como os monumentos ocultos pela escuridão da noite e que vemos se desenharem subitamente à luz de um incêndio. O gênio não desdenha mais de reproduzir a si mesmo e o povo; preocupado com seus próprios perigos, se esquece por um tempo de suas paixões invejosas. Não é raro, nessas horas, ver sair da urna eleitoral nomes célebres. Afirmei anteriormente que na América os homens de Estado de nossos dias parecem muito inferiores aos que estavam, há cinquenta anos, à frente dos negócios. Isso não se deve apenas às leis, mas às circunstâncias. Quando a América lutava pela mais justa das causas, a de um povo escapando ao jugo de outro povo, quando se tratava de dar uma nova nação ao mundo, todas as almas se elevavam para alcançar a altura do objetivo de seus esforços. Nessa excitação geral, os homens superiores corriam à frente do povo e o povo, pegando-os nos braços, colocava-os no comando. Mas tais acontecimentos são raros; é pelo andamento comum das coisas que devemos julgar.

Se acontecimentos passageiros às vezes conseguem combater as paixões da democracia, as luzes e, principalmente, os costumes, exercem sobre suas inclinações uma influência não menos poderosa, mas mais duradoura. Isso se percebe muito bem nos Estados Unidos.

Na Nova Inglaterra, onde a educação e a liberdade são filhas da moral e da religião, onde a sociedade, já antiga e estabelecida há muito tempo, pôde constituir-se máximas e hábitos, o povo, ao mesmo tempo que escapa de todas as superioridades que a riqueza e o nascimento criaram entre os homens, habituou-se a respeitar as superioridades intelectuais e morais e a submeter-se a elas sem desprazer; assim, vemos que a democracia na Nova Inglaterra faz melhores escolhas que em qualquer outro lugar.

À medida que descemos para o sul, aos estados onde o laço social é menos antigo e menos forte, onde a instrução se disseminou menos e onde os princípios da moral, da religião e da liberdade se combinaram de maneira menos feliz, percebemos que os talentos e as virtudes se tornam cada vez mais raros entre os governantes.

Quando enfim penetramos nos novos estados do sudoeste, onde o corpo social, formado ontem, constitui apenas uma reunião de aventureiros ou especuladores, ficamos confusos ao ver a que mãos o poder público é entregue e nos perguntamos por qual força independente da legislação e dos homens o estado pode crescer e a sociedade prosperar.

Há certas leis cuja natureza é democrática e que, no entanto, conseguem corrigir em parte esses instintos perigosos da democracia.

Quando você entra na sala dos representantes, em Washington, fica espantado com o aspecto vulgar dessa grande assembleia. O olho busca em vão um homem célebre ali dentro. Quase todos os seus membros são personagens obscuros, cujo nome não diz nada ao pensamento. Em sua maioria, são advogados de aldeia, comerciantes ou mesmo homens pertencentes às últimas classes. Num país em que a instrução foi quase universalmente disseminada, diz-se que os representantes do povo nem sempre sabem escrever corretamente.

A dois passos dali abre-se a sala do Senado, cujo estreito recinto encerra uma grande parte das celebridades da América. Mal avistamos um só homem que não desperte a ideia de uma ilustração recente. São advogados eloquentes, generais distintos, hábeis magistrados ou estadistas conhecidos. Todas as palavras que emanam dessa assembleia honrariam os maiores debates parlamentares da Europa.

De onde vem esse estranho contraste? Por que a elite da nação se encontra nessa sala e não na outra? Por que a primeira assembleia reúne tantos elementos vulgares enquanto a segunda parece deter o monopólio dos talentos e das luzes? As duas, porém, emanam do povo, as duas são produto do sufrágio universal e nenhuma voz, até o momento, elevou-se na América para dizer que o Senado fosse inimigo dos interesses populares. De onde vem tão enorme diferença? Vejo um único fato que explique isso: a eleição que constitui a Câmara dos Representantes é direta; a que elege o Senado está submetida a dois graus. A universalidade dos cidadãos nomeia a legislatura de cada estado e a Constituição Federal, transformando cada uma dessas legislaturas em corpos eleitorais, destes recebe os membros do Senado. Os senadores expressam, assim, ainda que indiretamente, o resultado do voto universal; pois a legislatura, que nomeia os senadores, não é um corpo aristocrático ou privilegiado que obtém seu direito eleitoral de si mesmo; ela depende essencialmente da universalidade dos cidadãos; é geralmente eleita por eles todos os anos e eles sempre podem dirigir suas escolhas a membros novos para compô-la. Mas basta que a vontade popular passe por essa assembleia escolhida para, de certo modo, ser elaborada e dela sair revestida com formas mais nobres e mais belas. Os homens assim eleitos representam, portanto, sempre com exatidão, a maioria da nação que governa; mas só representam os pensamentos elevados que nela existem, os instintos generosos que a animam, e não as pequenas paixões que muitas vezes a agitam e os vícios que a desonram.

É fácil perceber no futuro um momento em que as repúblicas americanas serão forçadas a multiplicar os dois graus de seu sistema eleitoral, sob pena de se perderem miseravelmente entre os escolhos da democracia.

Não tenho dificuldade de confessar que vejo no duplo grau eleitoral o único meio de colocar o uso da liberdade política ao alcance de todas as classes do povo. Os que esperam fazer desse meio a arma exclusiva de um partido, e os que o temem, parecem-me cair no mesmo erro.

INFLUÊNCIA EXERCIDA PELA DEMOCRACIA AMERICANA SOBRE AS LEIS ELEITORAIS

> A raridade das eleições expõe o Estado a grandes crises — Sua frequência o mantém numa agitação febril — Os americanos escolheram o segundo desses dois males — Versatilidade da lei — Opiniões de Hamilton, Madison e Jefferson a esse respeito

Quando as eleições ocorrem com longos intervalos, a cada eleição o Estado corre o risco de perturbação.

Os partidos fazem então prodigiosos esforços para capturar uma fortuna que passa muito raramente a seu alcance; se sendo o mal quase irremediável para os candidatos que fracassam, é preciso temer tudo de suas ambições levadas ao desespero. Se, ao contrário, a luta legal logo deve se renovar, os vencidos pacientam.

Quando as eleições se sucedem rapidamente, sua frequência mantém na sociedade um movimento febril e conserva os negócios públicos num estado de contínua versatilidade.

Assim, por um lado há para o Estado chance de mal-estar; do outro, chance de revolução; o primeiro sistema prejudica a qualidade do governo, o segundo ameaça sua existência.

Os americanos preferiram se expor ao primeiro mal do que ao segundo. Nisso guiaram-se muito mais pelo instinto do que pela razão, a democracia levando o gosto da variedade até a paixão. Resulta disso uma singular mutabilidade na legislação.

Muitos americanos consideram a instabilidade de suas leis a consequência necessária de um sistema cujos efeitos gerais são úteis. Mas não há ninguém nos Estados Unidos, acredito, que pretenda negar que a existência dessa instabilidade ou que não a considere um grande mal.

Hamilton, depois de demonstrar a utilidade de um poder que pudesse impedir ou ao menos atrasar a promulgação das más leis, acrescenta: "Talvez me respondam que o poder de prevenir más leis implica o poder de prevenir as boas. Essa objeção não poderia satisfazer os que foram capazes de examinar todos os males que decorrem para nós da inconstância e da mutabilidade da lei. A instabilidade legislativa é a grande mácula que podemos assinalar em nossas instituições" ("Form the greatest blemish in the character and genius of our government". *Federalist*, n. 73).

"A facilidade que se encontra para mudar as leis", diz Madison, "e o excesso que se pode fazer do Poder Legislativo parecem-me as doenças mais perigosas a que nosso governo está exposto" (*Federalist*, n. 62).

O próprio Jefferson, o maior democrata que jamais saiu da democracia americana, assinalou os mesmos perigos.

> A instabilidade de nossas leis é realmente um inconveniente muito grave. Penso que deveríamos tê-la evitado decidindo que sempre haveria um intervalo de um ano entre a apresentação de uma lei e o voto definitivo. Ela a seguir seria discutida e votada sem que se pudesse mudar-lhe uma só palavra, e se as circunstâncias parecessem exigir uma resolução mais rápida, a proposta não poderia ser adotada com uma maioria simples, mas com a maioria de dois terços das duas câmaras.[3]

DOS FUNCIONÁRIOS PÚBLICOS SOB O IMPÉRIO DA DEMOCRACIA AMERICANA

Simplicidade dos funcionários americanos — Ausência de uniforme — Todos os funcionários são remunerados — Consequências políticas desse fato — Na América, não existe carreira pública — O que resulta disso

Os funcionários públicos, nos Estados Unidos, confundem-se no meio da multidão de cidadãos; não têm palácios, nem guardas, nem uniformes pomposos. Essa simplicidade dos governantes não se deve apenas a um traço particular do espírito americano, mas aos princípios fundamentais da sociedade.

Aos olhos da democracia, o governo não é um bem, mas um mal necessário. Deve-se conceder aos funcionários um determinado poder; pois, sem esse poder, de que eles serviriam? Mas as aparências externas do poder não são indispensáveis à marcha dos negócios; elas ferem inutilmente os olhos do público.

Os próprios funcionários sentem perfeitamente que só obtiveram o direito de se colocar acima dos outros por seu poder com a condição de descer ao nível de todos por suas maneiras.

Eu não saberia imaginar ninguém mais calmo em sua maneira de agir, mais acessível a todos, mais atento às solicitações e mais civil em suas respostas do que um homem público nos Estados Unidos.

Gosto desse comportamento natural do governo da democracia; nessa força interna que está mais ligada à função do que ao funcionário, mais ao homem do que aos sinais externos do poder, percebo algo viril que admiro.

---

3. Carta a Madison, 20 de dezembro de 1787, tradução do senhor Conseil.

Quanto à influência que as roupas podem exercer, creio que exageramos muito a importância que elas devem ter num século como o nosso. Não observei que na América o funcionário, no exercício de seu poder, fosse tratado com menos consideração e respeito por estar reduzido apenas a seu mérito.

Por outro lado, duvido muito que uma roupa específica leve os homens públicos a respeitarem a si mesmos quando não estiverem naturalmente dispostos a fazê-lo; pois eu não poderia acreditar que tenham mais consideração por seus trajes do que por sua pessoa.

Quando vejo, entre nós, certos magistrados tratarem bruscamente as partes ou dirigirem-lhes pilhérias, darem de ombros para os meios da defesa e sorrirem com complacência para a enumeração das acusações, eu gostaria que se tentasse tirar-lhes a toga para descobrir se, vendo-se vestidos como os simples cidadãos, isso não os devolveria à dignidade natural da espécie humana.

Nenhum dos funcionários públicos dos Estados Unidos tem uniforme, mas todos recebem salário.

Isso decorre, ainda mais naturalmente do que precede, dos princípios democráticos. Uma democracia pode cercar de pompa seus magistrados e cobri-los de seda e ouro sem atacar diretamente o princípio de sua existência. Tais privilégios são passageiros; devem-se ao cargo e não ao homem. Estabelecer funções gratuitas, porém, é criar uma classe de funcionários ricos e independentes, é formar o núcleo de uma aristocracia. Se o povo ainda conserva o direito de escolha, portanto, o exercício desse direito tem limites necessários.

Quando vemos uma república democrática tornar gratuitas as funções remuneradas, creio que podemos concluir que caminha para a monarquia. E quando uma monarquia começa a remunerar as funções gratuitas, é o sinal certeiro de que se caminha para um estado despótico ou para um estado republicano.

A substituição das funções gratuitas pelas funções assalariadas me parece, assim, por si só, constituir uma verdadeira revolução.

Considero como um dos sinais mais visíveis do império absoluto que a democracia exerce na América a ausência completa de funções gratuitas. Os serviços prestados ao público, quaisquer que sejam, são pagos: assim, cada um tem não apenas o direito como também a possibilidade de prestá-los.

Se, nos estados democráticos, todos os cidadãos podem obter empregos, nem todos se sentem tentados a disputá-los. Não são as condições de candidatura, mas o número e a capacidade dos candidatos que muitas vezes limitam a escolha dos eleitores.

Nos povos em que o princípio de eleição se estende a tudo, não existe, propriamente falando, carreira pública. Os homens de certo modo só chegam aos cargos por acaso e não têm certeza nenhuma de se manterem neles. Isso é verdade principalmente quando as eleições são anuais. Resulta disso que, nos tempos de calmaria, as funções públicas oferecem poucos atrativos à ambição. Nos Estados Unidos, são as pessoas moderadas em seus desejos que se engajam nos meandros da política. Os grandes talentos e as grandes paixões em geral se afastam do poder para perseguir a riqueza; e muitas vezes acontece de só se encarregarem de dirigir a fortuna do Estado quando se sentem pouco capazes de conduzir os próprios negócios.

É a essas causas, tanto quanto às más escolhas da democracia, que se deve atribuir o grande número de homens vulgares que ocupam as funções públicas. Nos Estados Unidos, não sei se o povo escolheria os homens superiores que cobiçassem seus sufrágios, mas é certo que estes não os cobiçam.

DA ARBITRARIEDADE DOS MAGISTRADOS[4] SOB O IMPÉRIO DA DEMOCRACIA AMERICANA

> Por que a arbitrariedade dos magistrados é maior sob as monarquias absolutas e nas repúblicas democráticas do que nas monarquias temperadas — Arbitrariedade dos magistrados na Nova Inglaterra

Há duas espécies de governo sob os quais mescla-se muita arbitrariedade à ação dos magistrados; isso ocorre sob o governo absoluto de um só e sob o governo da democracia.

Esse mesmo efeito provém de causas quase análogas.

Nos estados despóticos, o destino de ninguém está garantido, o dos funcionários públicos não mais que o dos simples particulares. O soberano, tendo sempre nas mãos a vida, a fortuna e, às vezes, a honra dos homens que emprega, pensa não ter nada a temer deles e permite-lhes uma grande liberdade de ação, por se acreditar seguro de que nunca abusarão dela contra ele.

Nos estados despóticos, o soberano está tão enamorado de seu poder que teme o incômodo de suas próprias regras; e gosta de ver seus agentes

---

4. Entendo aqui a palavra *magistrados* em sua acepção mais extensa: aplico-a a todos os que estão encarregados de fazer executar as leis.

avançarem mais ou menos ao acaso, para ter certeza de nunca encontrar neles uma tendência contrária a seus desejos.

Nas democracias, como a maioria pode a cada ano retirar o poder das mãos a que o confiou, ela tampouco teme que abusem dele contra ela. Mestra em fazer os governantes conhecerem a cada instante suas vontades, ela prefere abandoná-los a seus próprios esforços do que prendê-los a uma regra invariável que, limitando-os, de certo modo limitaria a si mesma.

Descobrimos até, olhando de perto, que sob o império da democracia a arbitrariedade do magistrado deve ser ainda maior do que nos estados despóticos.

Nesses estados, o soberano pode punir num instante todos os erros que percebe, mas não poderia vangloriar-se de perceber todos os erros que deveria punir. Nas democracias, ao contrário, o soberano, ao mesmo tempo que é onipotente, é onipresente: assim, vemos que os funcionários americanos são muito mais livres no círculo de ação que a lei lhes prescreve do que qualquer funcionário europeu. Muitas vezes, apenas se indica a eles o objetivo para o qual devem seguir, deixando-os livres para escolher os meios.

Na Nova Inglaterra, por exemplo, entrega-se aos *selectmen* de cada comuna o cuidado de formar a lista do júri; a única regra que lhes é dada é a seguinte: eles devem escolher os jurados entre os cidadãos que gozam dos direitos eleitorais e que têm uma boa reputação.[5]

Na França, acreditaríamos a vida e a liberdade dos homens em perigo se confiássemos a um funcionário, qualquer que fosse, o exercício de um direito tão temível.

Na Nova Inglaterra, esses mesmos magistrados podem mandar afixar nos cabarés o nome dos bêbados e impedir os habitantes, sob pena de multa, de fornecer-lhes vinho.[6]

Semelhante poder censório revoltaria o povo na monarquia mais absoluta; aqui, porém, submete-se a ela sem dificuldade.

Em lugar algum a lei deixou tanto espaço à arbitrariedade do que nas repúblicas democráticas, porque a arbitrariedade não parece temível.

---

5. Ver a lei de 27 de fevereiro de 1813. *Coleção geral das leis de Massachusetts*, vol. 2, p. 331. Devemos dizer que a seguir os jurados são sorteados com base nas listas.

6. A lei de 28 de fevereiro de 1787. Ver *Coleção geral das leis de Massachusetts*, vol. 1, p. 302. Eis o texto: "Os *selectmen* de cada comuna mandarão afixar nas lojas dos cabareteiros, estalajadeiros e varejistas uma lista dos considerados bêbados, jogadores e que têm o hábito de perder seu tempo e sua fortuna nessas casas; e os donos dessas casas que, depois desse aviso, tiverem deixado que as ditas pessoas bebam e joguem em seus estabelecimentos, ou tiverem vendido licores alcoólicos a elas, serão condenados a multa."

Podemos inclusive dizer que o magistrado nelas se torna mais livre, à medida que o direito eleitoral desce mais baixo e que o tempo da magistratura é mais limitado.

Por isso é tão difícil fazer uma república democrática passar para o estado de monarquia. O magistrado, cessando de ser eletivo, conserva em geral os direitos e os usos do magistrado eleito. Chega-se então ao despotismo.

Somente nas monarquias temperadas a lei traça um círculo de ação em torno dos funcionários públicos e, ao mesmo tempo, ainda toma o cuidado de guiá-los a cada passo. A causa para esse fato é fácil de determinar.

Nas monarquias temperadas, o poder é dividido entre o povo e o príncipe. Um e outro têm interesse em que a posição do magistrado seja estável.

O príncipe não quer colocar o destino dos funcionários nas mãos do povo, por medo de que aqueles traiam sua autoridade; o povo, por sua vez, teme que os magistrados, sob a dependência absoluta do príncipe, sirvam para oprimir a liberdade; assim, faz-se com que, de certo modo, não dependam de ninguém.

A mesma causa que leva o príncipe e o povo a tornar o funcionário independente leva-os a buscar garantias contra os abusos de sua independência, a fim de que ele não a volte contra a autoridade de um ou a liberdade do outro. Ambos concordam, portanto, sobre a necessidade de traçar de antemão uma linha de conduta ao funcionário público e consideram de seu interesse impor-lhe regras das quais lhe seja impossível afastar-se.

INSTABILIDADE ADMINISTRATIVA NOS ESTADOS UNIDOS

> Na América, os atos da sociedade com frequência deixam menos vestígios que as ações de uma família — Jornais, únicos monumentos históricos — Como a extrema instabilidade administrativa prejudica a arte de governar

Visto que os homens não fazem mais que passar um instante no poder, para em seguida se perderem no meio de uma multidão que muda a cada dia, o resultado é que os atos da sociedade, na América, muitas vezes deixam menos vestígios do que as ações de uma simples família. A administração pública, lá, é de certo modo oral e tradicional. Nada é escrito, ou o que é escrito é carregado pelo menor vento, como as filhas da Sibila, e desaparece para sempre.

Os únicos monumentos históricos dos Estados Unidos são os jornais. Se um número chega a faltar, a cadeia do tempo é como que rompida: o presente e o passado não se encontram mais. Não duvido que dentro de cinquenta anos não seja mais difícil reunir documentos autênticos sobre os detalhes da existência social dos americanos de nossos dias do que sobre a administração dos franceses na Idade Média; e se uma invasão dos bárbaros viesse a surpreender os Estados Unidos, seria preciso, para saber alguma coisa do povo que o habita, recorrer à história das outras nações.

A instabilidade administrativa começou penetrando nos hábitos; eu quase poderia dizer que, hoje, todos acabaram desenvolvendo um gosto por ela. Ninguém se preocupa com o que foi feito antes de si mesmo. Não se adota um método; não se compõe uma coleção; não se reúnem documentos, ainda que fosse fácil fazê-lo. Quando por acaso são possuídos, não se tem interesse por eles. Tenho em meus papéis peças originais que me foram dadas em administrações públicas para responder a algumas de minhas perguntas. Na América, a sociedade parece viver dia a dia, como um exército em campanha. No entanto, a arte de administrar com certeza é uma ciência; e todas as ciências, para fazerem progressos, precisam interligar as descobertas das diferentes gerações, à medida que elas se sucedem. Um homem, no curto espaço da vida, observa um fato, outro concebe uma ideia; este inventa um meio, aquele encontra uma fórmula; a humanidade colhe ao passar esses diversos frutos da experiência individual e constitui as ciências. É muito difícil que os administradores americanos aprendam o que quer que seja uns dos outros. Assim, trazem à condução da sociedade as luzes que encontram disseminadas em seu seio, e não conhecimentos que lhes sejam próprios. A democracia, portanto, levada a seus últimos limites, prejudica o progresso da arte de governar. Sob esse ponto de vista, ela convém mais a um povo cuja educação administrativa já esteja pronta do que a um povo novato na prática dos negócios.

Isso, de resto, não diz respeito apenas à ciência administrativa. O governo democrático, que se baseia numa ideia tão simples e tão natural, sempre supõe, no entanto, a existência de uma sociedade muito civilizada e muito sábia.[7] A princípio poderíamos acreditá-lo contemporâneo das primeiras eras do mundo; olhando mais de perto, facilmente descobrimos que deve ter vindo por último.

---

7. Desnecessário dizer que estou falando, aqui, do governo democrático aplicado a um povo e não a uma pequena tribo.

DOS CARGOS PÚBLICOS SOB O IMPÉRIO DA DEMOCRACIA AMERICANA

Em todas as sociedades, os cidadãos se dividem em certo número de classes — Instinto que cada uma dessas classes leva à direção das finanças do Estado — Por que as despesas públicas tendem a aumentar quando o povo governa — O que torna as profusões da democracia menos temíveis na América — Emprego do erário público sob a democracia

O governo da democracia é econômico? Primeiro, é preciso saber com o que pretendemos compará-lo.

A questão seria fácil de responder se quiséssemos estabelecer um paralelo entre uma república democrática e uma monarquia absoluta. Descobriríamos que as despesas públicas na primeira são mais consideráveis do que na segunda. Mas isso acontece em todos os estados livres, comparados aos que não o são. É certo que o despotismo arruína os homens impedindo-os de produzir, mais do que lhes retirando os frutos da produção, ele seca a fonte das riquezas e quase sempre respeita a riqueza adquirida. A liberdade, ao contrário, gera mil vezes mais bens do que destrói, e, nas nações que a conhecem, os recursos do povo sempre crescem mais rápido do que os impostos.

O importante, nesse momento, é comparar dois povos livres e, neles, constatar a influência exercida pela democracia sobre as finanças do Estado.

As sociedades, bem como os corpos organizados, seguem em sua formação certas regras fixas das quais não poderiam se afastar. São compostas por certos elementos que encontramos por toda parte e em todos os tempos.

Sempre será fácil dividir idealmente cada povo em três classes.

A primeira classe será composta pelos ricos. A segunda compreenderá os que, sem serem ricos, vivem com conforto em todas as coisas. Na terceira serão encerrados os que têm poucas propriedades ou nenhuma, e que vivem principalmente do trabalho que as duas primeiras lhe fornecem.

Os indivíduos encerrados nessas diferentes categorias podem ser mais ou menos numerosos, dependendo do estado social; mas não poderíamos fazer com que essas categorias não existissem.

É evidente que cada uma dessas classes levará para o manejo das finanças do Estado certos instintos que lhe serão próprios.

Suponha que a primeira, sozinha, faça as leis: é provável que se preocupe bem pouco em economizar o erário público, porque um imposto que venha a incidir sobre uma fortuna considerável só retira o supérfluo e produz um efeito pouco sensível.

Admita, ao contrário, que as classes médias façam a lei. Podemos contar que não prodigalizarão impostos, porque não há nada mais desastroso do que uma grande taxa vindo a incidir sobre uma pequena fortuna.

O governo das classes médias me parece ser, entre os governos livres, não direi o mais esclarecido, nem o mais generoso, mas o mais econômico.

Supondo, agora, que a última classe seja exclusivamente encarregada de fazer a lei, vejo muitas chances para que os cargos públicos aumentem, em vez de diminuírem, e isso por duas razões:

Como a maioria dos que então votam a lei não tem nenhuma propriedade tributável, todo o dinheiro gasto no interesse da sociedade só parece poder beneficiá-la e nunca prejudicá-la; e os que têm poucas propriedades encontram facilmente os meios de assentar o imposto de maneira a que ele só incida sobre os ricos e só beneficie os pobres, coisa que os ricos não poderiam fazer, por sua vez, quando à frente do governo.

Os países em que os pobres[8] fossem exclusivamente encarregados de fazer a lei não poderiam esperar, portanto, uma grande economia nas despesas públicas: essas despesas sempre serão consideráveis, seja porque os impostos não podem atingir aqueles que os votam, seja porque são estabelecidos de modo a não atingi-los. Em outras palavras, o governo da democracia é o único em que aquele que vota o imposto pode escapar à obrigação de pagá-lo.

Em vão objetaremos que é de interesse do povo ser cuidadoso com a fortuna dos ricos, porque não tardaria a sofrer as consequências do incômodo que cria. Mas também não é de interesse dos reis tornar seus súditos felizes, e dos nobres saber abrir oportunamente suas posições? Se o interesse distante pudesse prevalecer sobre as paixões e as necessidades do momento, nunca teria havido soberanos tirânicos ou aristocracia exclusiva.

Ainda vão me interromper para dizer: quem jamais imaginou encarregar os pobres de fazer a lei sozinhos? Quem? Os que estabeleceram o voto universal. É a maioria ou a minoria que faz a lei? A maioria, sem dúvida; e se eu provar que os pobres sempre formam a maioria, não terei razão de acrescentar que, nos países em que eles votam, os pobres fazem a lei sozinhos?

---

8. Compreende-se que a palavra *pobre*, aqui, como no resto do capítulo, tem um sentido relativo e não um significado absoluto. Os pobres da América, comparados aos da Europa, muitas vezes poderiam parecer ricos: no entanto, temos razão em chamá-los de pobres quando os opomos a seus concidadãos que são mais ricos que eles.

Ora, é certo que, até o momento, em todas as nações do mundo, o maior número sempre foi composto por aqueles que não tinham propriedade, ou por aqueles cuja propriedade era restrita demais para que eles pudessem viver com conforto sem trabalhar. O voto universal, portanto, realmente dá o governo da sociedade aos pobres.

A influência desagradável que o poder popular às vezes pode exercer sobre as finanças do Estado se fez perceber em certas repúblicas democráticas da Antiguidade, em que o tesouro público era esgotado socorrendo os cidadãos indigentes ou organizando jogos e espetáculos ao povo.

É correto dizer que o sistema representativo era quase desconhecido na Antiguidade. Em nossos dias, as paixões populares se produzem mais dificilmente nos negócios públicos; podemos contar, porém, que a longo prazo o mandatário sempre acabará se conformando ao espírito de seus comitentes e fará prevalecer tanto suas inclinações quanto seus interesses.

As profusões da democracia são, de resto, menos temíveis à medida que o povo se torna proprietário, porque então, de um lado, o povo tem menos necessidade do dinheiro dos ricos, e, por outro, ele encontra mais dificuldades para não atingir a si mesmo ao estabelecer o imposto. Sob esse ponto de vista, o voto universal seria menos perigoso na França do que na Inglaterra, onde quase toda a propriedade tributável está reunida em poucas mãos. A América, onde a grande maioria dos cidadãos é proprietária, encontra-se numa situação mais favorável do que a França.

Há outras causas que podem elevar a soma das despesas públicas nas democracias.

Quando a aristocracia governa, os homens que conduzem os negócios do Estado escapam por sua posição a todas as necessidades; contentes de sua sorte, eles querem da sociedade, acima de tudo, poder e glória; situados acima da obscura multidão dos cidadãos, nem sempre percebem com clareza de que modo o bem-estar geral deve concorrer para sua própria grandeza. Não é que vejam sem piedade os sofrimentos do pobre, mas não saberiam sentir suas misérias como se as compartilhassem; desde que o povo pareça acomodar-se com seu destino, dão-se por satisfeitos e não esperam mais nada do governo. A aristocracia pensa em manter mais do que em aperfeiçoar.

Quando, ao contrário, o poder público está nas mãos do povo, o soberano procura em toda parte o melhor, porque se sente mal.

O espírito de melhoramento estende-se então a mil objetos diferentes; desce a detalhes infinitos e, acima de tudo, dedica-se a espécies de melhoramentos que só poderiam ser obtidos pagando; pois trata-se de melhorar a condição do pobre que não pode ajudar a si mesmo.

Além disso, existe nas sociedades democráticas uma agitação sem objetivo preciso; reina uma espécie de febre permanente que se transforma em inovação de todo gênero, e as inovações quase sempre são custosas.

Nas monarquias e nas aristocracias, os ambiciosos adulam o gosto natural que leva o soberano ao renome e ao poder, e, muitas vezes, o levam, assim, a grandes despesas.

Nas democracias, em que o soberano é necessitoso, só é possível granjear sua benevolência aumentando seu bem-estar; o que quase sempre só pode ser feito com dinheiro.

Ademais, quando o próprio povo começa a refletir sobre sua posição, nasce-lhe um grande número de necessidades que ele nunca havia sentido e que só podem ser satisfeitas recorrendo aos recursos do Estado. É por isso que, em geral, os cargos públicos parecem aumentar com a civilização e que vemos os impostos se elevarem à medida que as luzes se ampliam.

Há por fim uma última causa que muitas vezes torna o governo democrático mais caro que outros. Às vezes, a democracia quer economizar em suas despesas mas não consegue fazê-lo porque não domina a arte de ser econômica.

Como muda frequentemente de ponto de vista e mais frequentemente ainda de agentes, acontece de seus empreendimentos serem mal conduzidos ou permanecerem inacabados: no primeiro caso, o Estado faz despesas desproporcionais à grandeza do objetivo que quer atingir; no segundo, faz despesas improdutivas.

DOS INSTINTOS DA DEMOCRACIA AMERICANA NA FIXAÇÃO DA REMUNERAÇÃO DOS FUNCIONÁRIOS

> Nas democracias, os que instituem as grandes remunerações não têm chance de aproveitá-las — Tendência da democracia americana para elevar a remuneração dos funcionários secundários e baixar a dos principais — Por que é assim — Quadro comparativo da remuneração dos funcionários públicos nos Estados Unidos e na França

Há uma grande razão que leva, em geral, as democracias a economizar nas remunerações dos funcionários públicos.

Nas democracias, os que instituem as remunerações, sendo em grande número, têm pouquíssimas chances de algum dia chegar a recebê-las.

Nas aristocracias, ao contrário, os que instituem as grandes remunerações quase sempre têm a vaga esperança de tirar proveito delas. São capitais que criam para si mesmos ou, ao menos, recursos que preparam para seus filhos.

É preciso admitir, porém, que a democracia só se mostra parcimoniosa para com seus principais agentes.

Na América, os funcionários de ordem secundária são mais bem remunerados que em outros lugares, mas os altos funcionários o são muito menos.

Esses efeitos contrários são produzidos pela mesma causa; o povo, nos dois casos, fixa o salário dos funcionários públicos; ele pensa em suas próprias necessidades, e essa comparação esclarece-o. Como ele mesmo vive com grande conforto, parece-lhe natural que aqueles dos quais se serve a partilhem.[9] Mas quando chega a fixar o destino dos grandes funcionários do Estado, sua regra lhe escapa e ele procede ao acaso.

O pobre não tem uma ideia distinta das necessidades que as classes superiores da sociedade podem sentir. O que pareceria uma soma módica para um rico parece uma soma prodigiosa a ele, que se contenta com o necessário; e ele estima que o governador do Estado, provido de seus 2 mil escudos, deve, além disso, considerar-se feliz e despertar a inveja.[10]

Quando você tenta fazê-lo entender que o representante de uma grande nação deve aparecer com certo esplendor aos olhos dos estrangeiros, ele a princípio o compreende; mas quando, depois de pensar em sua simples casa e nos modestos frutos de seu penoso trabalho, ele imaginar tudo o que poderia fazer com o mesmo salário que você julga insuficiente, ele ficará surpreso e como que assustado com a visão de tantas riquezas.

Some-se a isso que o funcionário secundário está quase no nível do povo, enquanto o outro o domina. O primeiro pode, portanto, despertar seu interesse; o outro, porém, faz nascer sua inveja.

Isso se vê com clareza nos Estados Unidos, onde os salários parecem de certo modo diminuir à medida que o poder dos funcionários aumenta.[11]

---

9. O conforto em que vivem os funcionários secundários nos Estados Unidos deve-se ainda a outra causa; esta é estrangeira aos instintos gerais da democracia: toda sorte de carreira privada é muito produtiva; o Estado não encontraria funcionários secundários se não consentisse em pagá-los bem. Está, portanto, na posição de uma empresa comercial, obrigada, quaisquer que sejam seus gostos econômicos, a manter uma concorrência onerosa.

10. O estado de Ohio, que conta com 1 milhão de habitantes, concede ao governador apenas 1.200 dólares de salário, ou 6.504 francos.

11. Para tornar essa verdade perceptível a nós, basta examinar as remunerações de alguns dos agentes do governo federal. Considerei necessário colocar ao lado o salário ligado às funções análogas na França, a fim de que a comparação possa esclarecer o leitor.

ESTADOS UNIDOS
MINISTÉRIO DAS FINANÇAS (*Treasury Department*)

O contínuo (*messager*) 3.734
O funcionário com menor remuneração 5.420

Sob o império da aristocracia, ao contrário, os altos funcionários recebem emolumentos elevadíssimos, enquanto os pequenos com frequência mal recebem o suficiente para viver. É fácil encontrar a razão para esse fato em causas análogas às que indicamos acima.

Se a democracia não concebe os prazeres do rico ou os inveja, a aristocracia, por sua vez, não compreende as misérias do pobre, ou melhor, ela as ignora. O pobre não é, propriamente falando, o semelhante do rico; ele é um ser de outra espécie. A aristocracia se preocupa bem pouco com a sorte de seus agentes inferiores. Ela só eleva os salários quando eles se recusam a servi-la por preços baixos demais.

É a tendência parcimoniosa da democracia para com os principais funcionários que fez com que atribuíssem a ela as grandes inclinações poupadoras que ela não tem.

É verdade que a democracia mal proporciona aos que a governam o suficiente para viver honestamente, mas ela gasta somas enormes para socorrer as necessidades ou facilitar os prazeres do povo.[12] Esse é um emprego melhor do produto do imposto, não uma economia.

O funcionário com maior remuneração 8.672
O secretário-geral (*chief clerk*) 10.840
O ministro (*secretary of state*) 32.520
O chefe do governo (o presidente) 135.000

FRANÇA
MINISTÉRIO DAS FINANÇAS
Contínuo do ministro 1.500
O funcionário com menor remuneração .... 1.000 a 1.800
O funcionário com maior remuneração .... 3.200 a 3.600
O secretário-geral 20.000
O ministro 80.000
O chefe do governo (o rei) 12.000.000

Talvez tenha sido um erro tomar a França como comparação. Na França, onde os instintos democráticos penetram a cada dia mais no governo, já percebemos uma forte tendência que leva as câmaras a elevar os pequenos salários e, principalmente, a diminuir os grandes. Assim, o ministro das Finanças, que, em 1834, recebe 80 mil francos, sob o Império recebe 160 mil; os diretores-gerais das Finanças, que recebem 20 mil, recebiam, à época, 50 mil.

12. Ver, entre outros, nos orçamentos americanos, o quanto custa manter os indigentes e a instrução gratuita. Em 1831, gastou-se, no estado de Nova York, para o sustento dos indigentes, a soma de 1.290.000 francos. E a soma dedicada à instrução pública foi estimada em 5.420.000 francos, no mínimo (*William's New York annual register*, 1832, p. 205 e 243). O estado de Nova York só tinha 1.900.000 habitantes em 1830, o que não constitui nem o dobro da população do departamento do norte.

Em geral, a democracia dá pouco aos governantes e muito aos governados. O contrário ocorre nas aristocracias, onde o dinheiro do Estado beneficia sobretudo a classe que dirige os negócios.

DIFICULDADE DE DISCERNIR AS CAUSAS QUE LEVAM O GOVERNO AMERICANO À ECONOMIA

Aquele que procura nos fatos a influência real exercida pelas leis sobre o destino da humanidade está exposto a grandes equívocos, pois não há nada mais difícil de apreciar do que um fato.

Um povo é naturalmente leviano e entusiasta, outro é sensato e calculista. Isso se deve à sua constituição física ou a causas remotas que desconheço.

Vemos povos que apreciam a representação, a pompa e a alegria, e que não lamentam 1 milhão gasto em fumaça. Vemos outros que só prezam os prazeres solitários e que parecem envergonhados de parecer contentes.

Em certos países, atribui-se grande valor à beleza dos edifícios. Em outros, não se dá valor algum aos objetos de arte e se despreza o que não dá lucro algum. Há aqueles, por fim, em que se preza a fama, outros em que se coloca o dinheiro acima de tudo.

Independentemente das leis, todas essas causas influenciam de maneira muito forte a condução das finanças do Estado.

Se nunca aconteceu de os americanos gastarem o dinheiro do povo em festas públicas, não é apenas porque, entre eles, o povo vota o imposto, é porque o povo não gosta de se divertir.

Se rejeitam ornamentos em sua arquitetura e só prezam as vantagens materiais e positivas, não é apenas porque formam uma nação democrática, é também porque são um povo comerciante.

Os hábitos da vida privada se prolongaram à vida pública; e é preciso distinguir, entre eles, as economias que dependem das instituições daquelas que decorrem dos hábitos e dos costumes.

PODEMOS COMPARAR AS DESPESAS PÚBLICAS DOS ESTADOS UNIDOS COM AS DA FRANÇA?

Dois pontos a estabelecer para apreciar a extensão dos gastos públicos: a riqueza nacional e o imposto — Não se conhece com exatidão a fortuna e os gastos da França — Por que não se pode esperar conhecer a fortuna e os gastos da União — Pesquisas do autor para aprender o montante dos impostos da Pensilvânia — Sinais gerais por meio dos quais podemos reconhecer a extensão dos gastos de um povo — Resultado desse exame no caso da União

Muitos se ocuparam, nos últimos tempos, em comparar as despesas públicas dos Estados Unidos com as nossas. Todos esses trabalhos se revelaram infrutíferos e poucas palavras bastarão, creio, para provar que deveriam sê-lo.

A fim de poder apreciar a extensão dos gastos públicos de um povo, duas operações são necessárias: primeiro, é preciso saber qual é a riqueza desse povo, e, a seguir, que porção dessa riqueza ele reserva às despesas do Estado. Aquele que procurasse o montante das taxas, sem revelar a extensão dos recursos que devem prover a elas, teria um trabalho improdutivo pela frente; pois não é a despesa, mas a relação da despesa com a renda, que é interessante conhecer.

O mesmo imposto que um contribuinte rico suporta com facilidade acabará de reduzir um pobre à miséria.

A riqueza dos povos se compõe de vários elementos: os fundos imobiliários formam o primeiro, os bens mobiliários constituem o segundo.

É difícil conhecer a extensão das terras cultiváveis que uma nação possui e seu valor natural ou adquirido. É mais difícil ainda estimar todos os bens mobiliários de que um povo dispõe. Estes, por sua diversidade e por seu número, escapam a quase todas as tentativas de análise.

Assim, vemos que as nações mais antigamente civilizadas da Europa, as mesmas nas quais a administração é centralizada, até o momento não estabeleceram de maneira precisa o estado de suas fortunas.

Na América, não se concebeu nem mesmo a ideia de tentar fazer isso. E como seria possível gabar-se de fazê-lo nesse país novo em que a sociedade ainda não tomou uma forma tranquila e definitiva, em que o governo nacional não encontra à sua disposição, como o nosso, um grande número de agentes cujos esforços ele possa comandar e dirigir ao mesmo tempo, em que a estatística não é cultivada, porque não há ninguém com a faculdade de reunir documentos ou o tempo de examiná-los.

Os elementos constitutivos de nossos cálculos não poderiam ser obtidos, portanto. Ignoramos a fortuna comparativa da França e da União. A riqueza de uma ainda não é conhecida e os meios de estabelecer a da outra não existem.

Mas aceito afastar, por um momento, esse termo necessário da comparação; renuncio a saber qual a relação do imposto com a renda e limito-me a querer estabelecer qual o imposto.

O leitor reconhecerá que mesmo restringindo o círculo de minhas pesquisas não tornei minha tarefa mais simples.

Não tenho dúvida de que a administração central da França, auxiliada por todos os funcionários de que dispõe, consiga descobrir com exatidão o montante dos impostos diretos ou indiretos que pesam sobre os cidadãos. Mas esses trabalhos, que um particular não pode empreender, o próprio governo francês ainda não os concluiu, ou ao menos não divulgou seus resultados. Sabemos quais são os gastos do Estado; o total das despesas departamentais nos é conhecido; ignoramos o que acontece nas comunas: ninguém poderia dizer, hoje, a que quantia se elevam as despesas públicas na França.

Se retorno agora à América, percebo que as dificuldades se tornam mais numerosas e mais intransponíveis. A União me faz conhecer com exatidão o montante de seus gastos; posso obter os orçamentos particulares dos 24 estados que a compõem; mas quem me informará o que os cidadãos gastam com a administração do condado e da comuna?[13]

A autoridade federal não pode chegar a obrigar os governos provinciais a nos esclarecer a respeito desse ponto; e mesmo se esses governos quisessem nos prestar seu auxílio simultaneamente, duvido que estivessem em condições de nos satisfazer. Independentemente da dificuldade natural do empreendimento, a organização política do país também se oporia ao sucesso de seus esforços. Os magistrados da comuna e do condado não são nomeados pelos administradores do Estado e não dependem deste. Portanto, é possível acreditar que, se o estado quisesse obter as informações que nos são necessárias,

---

13. Os americanos, como se vê, têm quatro tipos de orçamento: a União tem o seu; os estados, os condados e as comunas também têm o seu. Durante minha estada na América, fiz amplas pesquisas para conhecer o montante das despesas públicas nas comunas e nos condados principais dos estados da União. Com facilidade consegui o orçamento das maiores comunas, mas foi-me impossível obter o das pequenas. Não posso, portanto, formar uma ideia exata das despesas comunais. No que concerne às despesas dos condados, possuo alguns documentos que, embora incompletos, talvez sejam de natureza a merecer a curiosidade do leitor. Devo à bondade do senhor Richard, antigo prefeito da Filadélfia, os orçamentos de treze condados da Pensilvânia para o ano de 1830: Libanon, Centre, Franklin, Lafayette, Montgommery, La Luzerne, Dauphin, Buttler, Allegheny, Colúmbia, Northumberland, Northampton, Filadélfia. Havia 495.207 habitantes em 1830. Se examinarmos um mapa da Pensilvânia, veremos que esses treze condados estão dispersos em todas as direções e submetidos a todas as causas gerais que podem influenciar o estado da região, de modo que seria impossível dizer por que eles não forneceriam uma ideia exata do estado financeiro dos condados da Pensilvânia. Ora, esses mesmos condados gastaram 1.800.221 francos durante o ano de 1830, o que dá 3 francos e 64 centavos por habitante. Calculei que cada um desses mesmos habitantes, durante o ano de 1830, havia consagrado às necessidades da União federal 12 francos e 10 centavos, e às necessidades da Pensilvânia, 3 francos e 80 centavos; donde resulta que, no ano de 1830, esses mesmos cidadãos deram à sociedade, para suprir todas as despesas públicas (exceto as despesas comunais), a quantia de 20 francos e 14 centavos. Esse resultado é duplamente incompleto, como se vê, porque se aplica a um único ano e a uma parte das despesas públicas; porém, tem o mérito de ser exato.

encontraria grandes obstáculos na negligência dos funcionários inferiores de que seria obrigado a se servir.[14]

É inútil, aliás, procurar o que os americanos poderiam fazer em semelhante matéria, pois é certo que, até o momento, nada fizeram.

Hoje não existe, portanto, na América ou na Europa, um único homem que possa nos informar o que cada cidadão da União paga anualmente para prover os gastos da sociedade.[15]

Concluamos que é tão difícil comparar com proveito as despesas sociais dos americanos com as nossas, a riqueza da União com a da França.

---

14. Os que quiseram estabelecer um paralelo entre as despesas dos americanos e as nossas perceberam que era impossível comparar o total das despesas públicas da França com o total das despesas públicas da União; mas eles tentaram comparar porções isoladas dessas despesas. É imperioso provar que essa segunda maneira de operar não é menos defeituosa do que a primeira. A que eu compararia, por exemplo, nosso orçamento nacional? Ao orçamento da União? Mas a União se ocupa com muito menos objetos do que nosso governo central e seus gastos devem naturalmente ser muito menores. Eu poderia opor nossos orçamentos departamentais aos orçamentos dos estados particulares que compõem a União? Mas em geral os estados particulares zelam por interesses mais importantes e mais numerosos do que a administração de nossos departamentos; suas despesas são naturalmente mais consideráveis. Quanto aos orçamentos dos condados, não encontramos nada em nosso sistema de finanças que se assemelhe a eles. Somaríamos a eles as despesas que constam do orçamento do estado ou no das comunas? As despesas comunais existem nos dois países, mas nem sempre são análogas. Na América, a comuna se encarrega de vários cuidados que, na França, ela entrega ao departamento ou ao Estado. O que se deve entender, aliás, por despesas comunais na América? A organização da comuna difere segundo os estados. Tomaríamos por regra o que acontece na Nova Inglaterra ou na Geórgia, na Pensilvânia ou em Illinois? É fácil perceber, entre certos orçamentos dos dois países, uma espécie de analogia; mas visto que os elementos que os compõem sempre diferem mais ou menos, não poderíamos estabelecer entre eles comparações razoáveis.

15. Se conseguíssemos conhecer a soma precisa que cada cidadão francês ou americano paga ao tesouro público, teríamos apenas uma parte da verdade. Os governos não exigem dos contribuintes apenas dinheiro, mas também esforços pessoais apreciáveis e dinheiro. O Estado recruta um exército; independentemente do salário que a nação inteira se encarrega de pagar, ainda é preciso que o soldado dê seu tempo, que tem um valor maior ou menor dependendo do uso que ele poderia fazer dele se permanecesse livre. Direito o mesmo do serviço da milícia. O homem que faz parte da milícia dedica momentaneamente um tempo precioso à segurança pública e dá realmente ao Estado aquilo que ele mesmo deixa de adquirir. Citei esses exemplos, mas poderia ter citado muitos outros. O governo da França e o da América cobram impostos dessa natureza: esses impostos pesam sobre os cidadãos — mas quem poderia avaliar com exatidão o montante nos dois países? Esta não é a última das dificuldades que o deterá se você quiser comparar as despesas públicas da União às nossas. O Estado atribui-se na França certas obrigações que ele não se impõe na América, e vice-versa. O governo francês paga o clero; o governo americano entrega esse cuidado aos fiéis. Na América, o Estado se encarrega dos pobres; na França, ele os entrega à caridade do público. Damos a todos os nossos funcionários um tratamento fixo, os americanos permitem-lhes receber certos direitos. Na França, as prestações de serviços em espécie só ocorrem num pequeno número de estados; nos Estados Unidos, em quase todos os caminhos. Nossas estradas são abertas aos viajantes, que podem percorrê-las sem pagar nada; nos Estados Unidos, encontram-se muitas estradas com barreiras. Todas essas diferenças na maneira com que o contribuinte chega a pagar os custos da sociedade tornam a comparação entre esses dois países muito difícil; pois há certas despesas que os cidadãos não fariam ou que seriam menores se o Estado não se encarregasse de agir em seu nome.

Acrescento que seria até perigoso tentar fazê-lo. Quando a estatística não está baseada em cálculos rigorosamente verdadeiros, ela desvia em vez de direcionar. O espírito facilmente se deixa enganar pelos falsos ares de exatidão que ela conserva mesmo em seus erros, e repousa sem culpa sobre erros que foram revestidos pelas formas matemáticas da verdade.

Abandonemos os números, portanto, e tratemos de encontrar nossas provas alhures.

Um país tem o aspecto da prosperidade material; depois de pagar o Estado, o pobre conserva recursos, e o rico, supérfluos; ambos parecem satisfeitos com seu destino e a cada dia procuram melhorá-lo ainda mais, de modo que nunca faltam capitais à indústria, que, por sua vez, nunca falta aos capitais: tais são os signos a que, por falta de documentos positivos, é possível recorrer para saber se os gastos públicos que pesam sobre um povo são proporcionais à sua riqueza.

O observador que se limitasse a esses testemunhos sem dúvida julgaria que o americano dos Estados Unidos dá ao Estado uma parte menor de sua renda do que o francês.

Mas como conceber outra coisa?

Uma parte da dívida francesa é o resultado de duas invasões; a União nunca precisou temer uma. Nossa posição nos obriga a manter um exército e um número constantemente em armas; o isolamento da União lhe permite ter apenas 6 mil soldados. Nós mantemos cerca de trezentos navios; os americanos só têm 52.[16] Como o habitante da União poderia pagar ao Estado o mesmo que o habitante da França?

Portanto, não há paralelo a ser estabelecido entre as finanças de países tão diversamente situados.

É examinando o que acontece na União, e não comparando a União à França, que podemos julgar se a democracia americana é verdadeiramente econômica.

Olho para cada uma das diversas repúblicas que formam a confederação e descubro que muitas vezes falta ao governo perseverança em seus desígnios e que ele não exerce uma vigilância contínua sobre os homens que emprega. Tiro naturalmente como consequência disso que muitas vezes deve gastar inutilmente o dinheiro dos contribuintes ou consagrar mais do que o necessário a seus empreendimentos.

---

16. Ver os orçamentos detalhados do Ministério da Marinha na França e, para a América, o *National calendar* de 1833, p. 228.

Vejo que, fiel à sua origem popular, ele faz prodigiosos esforços para suprir as necessidades das classes inferiores da sociedade, abrir-lhes os caminhos do poder e disseminar em seu seio o bem-estar e as luzes. Ele sustenta os pobres, distribui cada ano milhões às escolas, paga todos os serviços e remunera com generosidade seus mínimos agentes. Embora tal maneira de governar me pareça útil e razoável, sou obrigado a reconhecer que é dispendiosa.

Vejo o pobre dirigindo os assuntos públicos e dispondo dos recursos nacionais; não posso deixar de acreditar que, tirando proveito das despesas do Estado, ele muitas vezes não o leve a novas despesas.

Concluo, portanto, sem recorrer a números incompletos e sem querer estabelecer comparações arriscadas, que o governo democrático dos americanos não é, como às vezes se afirma, um governo barato; e não temo prever que, se grandes dificuldades viessem um dia assaltar os povos dos Estados Unidos, veríamos os impostos se elevarem tanto quanto na maioria das aristocracias ou das monarquias da Europa.

DA CORRUPÇÃO E DOS VÍCIOS DOS GOVERNANTES NA DEMOCRACIA; DOS EFEITOS QUE RESULTAM SOBRE A MORALIDADE PÚBLICA

> Nas aristocracias, os governantes às vezes procuram corromper — Muitas vezes, nas democracias, eles mesmos se revelam corrompidos — Nas aristocracias, os vícios afetam diretamente a moralidade do povo — Eles exercem sobre ele, nas segundas, uma influência indireta que é mais temível ainda

A aristocracia e a democracia criticam-se mutuamente por facilitar a corrupção; é preciso distinguir:

Nos governos aristocráticos, os homens que chegam aos negócios são pessoas ricas que só desejam poder. Nas democracias, os homens de Estado são pobres e têm sua fortuna por fazer.

Resulta disso que, nos estados aristocráticos, os governantes são pouco acessíveis à corrupção e têm um gosto bastante moderado pelo dinheiro, enquanto o contrário acontece nos povos democráticos.

Nas aristocracias, porém, como os que querem chegar à frente dos negócios dispõem de grandes riquezas e o número dos que podem fazê-los alcançar seu objetivo é muitas vezes restrito, o governo de certo modo se encontra em leilão. Nas democracias, ao contrário, os que disputam o poder quase nunca são ricos e o número dos que o formam é enorme. Talvez nas democracias não haja menos homens à venda, mas quase não se encontram compradores; além disso, seria preciso comprar gente demais ao mesmo tempo para alcançar o objetivo.

Entre os homens que ocuparam o poder na França nos últimos quarenta anos, vários foram acusados de ter feito fortuna à custa do Estado e de seus aliados, crítica que raramente foi dirigida aos homens públicos da antiga monarquia. Contudo, na França quase não há exemplos de se comprar o voto de um eleitor por dinheiro, enquanto isso acontece notória e publicamente na Inglaterra.

Nunca ouvi falar que nos Estados Unidos alguém usasse suas riquezas para ganhar os governados; mas muitas vezes vi duvidarem da probidade dos funcionários públicos. Mais vezes ainda ouvi atribuírem o sucesso deles a intrigas mesquinhas ou a manobras culposas.

Se os homens que dirigem as aristocracias às vezes buscam corromper, os chefes das democracias se mostram eles próprios corrompidos. Em umas ataca-se diretamente a moralidade do povo; em outras, exerce-se sobre a consciência pública uma ação indireta que é preciso temer ainda mais.

Nos povos democráticos, os que estão à frente do Estado, quase sempre alvos de suspeitas nefastas, de certo modo concedem o apoio do governo aos crimes de que são acusados. Também apresentam perigosos exemplos à virtude que ainda luta e fornecem comparações gloriosas ao vício que se oculta.

Em vão diríamos que as paixões desonestas são encontradas em todos os níveis, que elas muitas vezes sobem ao trono por direito de nascença, que podemos encontrar homens desprezíveis tanto à frente das nações aristocráticas quanto no seio das democracias.

Essa resposta não me satisfaz: há, na corrupção dos que chegam por acaso ao poder, algo de grosseiro e vulgar que a torna contagiosa para a multidão; reina, ao contrário, mesmo na depravação dos grandes senhores, um certo refinamento aristocrático, um ar de grandeza que muitas vezes a impede de se propagar.

O povo nunca penetrará o labirinto obscuro do espírito cortesão; sempre terá dificuldade para descobrir a baixeza que se esconde sob a elegância das maneiras, o refinamento dos gostos e as graças da linguagem. Mas roubar o tesouro público ou vender os favores do Estado em troca de dinheiro, isso qualquer miserável compreende, e pode se gabar de fazer o mesmo por sua vez.

O que se deve temer, aliás, não é tanto a visão da imoralidade dos grandes quanto a da imoralidade levando à grandeza. Na democracia, os simples cidadãos veem um homem de seu nível e que em poucos anos alcança a riqueza e o poder; esse espetáculo provoca sua surpresa e inveja; eles procuram saber como aquele, que ontem era seu igual, hoje está investido do direito de comandá-los. Atribuir sua elevação a seus talentos ou a suas virtudes é incômodo, pois é confessar que eles mesmos são menos virtuosos e menos hábeis que ele. Atribuem, então, a principal causa a um de seus vícios e, muitas vezes, têm razão de fazê-lo. Opera-se, com isso, não sei que odiosa mistura entre as ideias de baixeza e de poder, de indignidade e de sucesso, de utilidade e de desonra.

DE QUE ESFORÇOS A DEMOCRACIA É CAPAZ

A União lutou uma única vez por sua existência — Entusiasmo no início da guerra — Arrefecimento no fim — Dificuldade de estabelecer na América o alistamento militar ou a inscrição marítima — Por que um povo democrático é menos capaz do que outro de grandes esforços contínuos

Previno o leitor de que falo aqui de um governo que segue as vontades reais do povo, não de um governo que se limite apenas a comandar em nome do povo.

Não há nada mais irresistível que um poder tirânico que comanda em nome do povo, porque estando investido do poder moral da vontade da maioria, ele ao mesmo tempo age com a decisão, a prontidão e a tenacidade de um só homem.

É bastante difícil dizer o grau de esforço de que é capaz um governo democrático em tempos de crise nacional.

Nunca se viu, até o momento, uma grande república democrática. Seria uma ofensa às repúblicas chamar por esse nome a oligarquia que reinou sobre a França em 1793. Os Estados Unidos são os únicos a apresentar esse novo espetáculo.

Ora, no meio século que passou desde que a União se formou, sua existência só foi posta em questão uma única vez, quando da guerra de independência. No início dessa longa guerra, houve traços extraordinários de entusiasmo pelo serviço da pátria.[17] Mas à medida que a luta se prolongava, via-se ressurgir o egoísmo individual: o dinheiro não chegava mais ao tesouro público, os homens não se apresentavam mais ao exército, o povo ainda queria a independência mas recuava diante dos meios para alcançá-la. "Em vão multiplicamos as taxas, tentamos novos métodos de recolhê-las", disse Hamilton no *Fédéraliste*, n. 12:

---

17. Um dos mais singulares, em minha opinião, foi a decisão dos americanos de renunciar momentaneamente ao uso do chá. Os que sabem que os homens em geral valorizam mais seus hábitos do que sua vida, sem dúvida, ficarão espantados com esse grande e obscuro sacrifício obtido de todo um povo.

[...] a expectativa pública sempre foi desapontada e o tesouro dos estados permaneceu vazio. As formas democráticas da administração, inerentes à natureza democrática de nosso governo, combinadas à raridade do numerário produzido pelo estado languescente de nosso comércio, tornaram até o momento inúteis todos os esforços que pudemos fazer para coletar somas consideráveis. As diferentes legislaturas finalmente compreenderam a loucura de tais tentativas.

Desde essa época, os Estados Unidos não tiveram que enfrentar uma única guerra séria.

Para julgar os sacrifícios que as democracias sabem impor-se, será preciso esperar, portanto, a nação americana ser obrigada a colocar nas mãos de seu governo a metade das rendas dos bens, como a Inglaterra, ou levar um vigésimo de sua população a campos de batalha, como fez a França.

Na América, o alistamento militar é desconhecido; os homens são recrutados por uma quantia em dinheiro. O recrutamento forçado é tão contrário às ideias e tão estranho aos hábitos do povo dos Estados Unidos que duvido que, algum dia, ousem introduzi-lo nas leis. Aquilo que, na França, chamamos de alistamento militar, sem dúvida, constitui o mais pesado de todos os nossos impostos; contudo, sem o alistamento, como poderíamos manter uma grande guerra continental?

Os americanos não adotaram o recrutamento forçado de marinha inglesa. Eles não têm nada que se assemelha a nossa inscrição marítima. A marinha do Estado, como a marinha mercante, é recrutada por meio de engajamentos voluntários.

Ora, não é fácil conceber que um povo possa manter uma grande guerra marítima sem recorrer a um dos dois meios indicados acima: por isso a União, que já combateu no mar com glória, nunca teve uma frota numerosa, e o armamento do pequeno número de suas embarcações sempre lhe custou muito caro.

Ouvi estadistas americanos confessar que a União terá dificuldade para manter sua posição nos mares se não recorrer ao recrutamento forçado ou à inscrição marítima; mas a dificuldade reside em obrigar um povo, que governa, a sofrer esse recrutamento forçado ou essa inscrição marítima.

É incontestável que os povos livres em geral exibem, nos momentos de perigo, uma energia infinitamente maior do que os que não o são; mas sou levado a crer que isso é verdade, sobretudo, para os povos livres em que domina o elemento aristocrático. A democracia me parece muito mais própria a dirigir uma sociedade pacífica ou a fazer em caso de necessidade um súbito e vigoroso esforço do que enfrentar por longo tempo as grandes tempestades da vida política dos povos. A razão para isso é simples: os homens se expõem aos perigos e às privações por entusiasmo, mas só permanecem muito tempo expostos a eles por reflexão. Há no que se chama de coragem instintiva mais cálculo do que se pensa; e embora somente as paixões levem a se fazer os primeiros esforços, é em vista do resultado que eles são continuados. Arrisca-se uma parte do que é importante para salvar o resto.

Ora, é essa clara percepção do futuro, baseada nas luzes e na experiência, que muitas vezes deve faltar à democracia. O povo mais sente do que pensa; e se os males atuais são grandes, é de se temer que ele esqueça os males ainda maiores que talvez o aguardem em caso de derrota.

Existe ainda outra causa que deve tornar os esforços de um governo democrático menos duradouros que os esforços de uma aristocracia.

O povo, além de enxergar com menos clareza do que as altas classes aquilo que pode esperar ou temer do futuro, também sofre de maneira muito diferente delas os males do presente. O nobre, expondo sua pessoa, tem tantas chances de glória quanto corre perigos. Entregando ao Estado a maior parte de sua renda, ele se priva momentaneamente de alguns prazeres da riqueza; para o pobre, porém, a morte não traz prestígio e o imposto que incomoda o rico muitas vezes ataca suas próprias fontes da vida.

Essa relativa fraqueza das repúblicas democráticas, em tempo de crise, talvez seja o maior obstáculo que se opõe a que uma semelhante república seja fundada na Europa. Para que a república democrática subsistisse sem dificuldade junto a um povo europeu, seria preciso que ao mesmo tempo fosse estabelecida em todos os outros.

Creio que o governo da democracia deve, a longo prazo, aumentar as forças reais da sociedade; mas ele não poderia reunir, ao mesmo tempo, em dado ponto e em dado tempo, tantas forças quanto um governo aristocrático ou que uma monarquia absoluta. Se um país democrático permanecesse submetido por um século ao governo republicano, podemos acreditar que ao fim de um século ele seria mais rico, mais populoso e mais próspero que os estados despóticos que o circundam; durante esse século, porém, várias vezes teria corrido o risco de ser conquistado por eles.

DO PODER QUE A DEMOCRACIA AMERICANA EM GERAL EXERCE SOBRE SI MESMA

> Que o povo americano só se presta a longo prazo, e por vezes se recusa, a fazer o que é útil a seu bem-estar — Faculdade que os americanos têm de cometer erros corrigíveis

A dificuldade encontrada pela democracia de vencer as paixões e calar as necessidades do momento tendo em vista o futuro se observa nos Estados Unidos nas mínimas coisas.

O povo, cercado de bajuladores, dificilmente consegue triunfar por si mesmo. Cada vez que se quer obter dele uma privação ou um incômodo, mesmo para um objetivo que sua razão aprova, ele quase sempre começa recusando-se. Louva-se com razão a obediência que os americanos prestam às leis. É preciso acrescentar que, na América, a legislação é feita pelo povo e para o povo. Nos Estados Unidos, a lei se mostra favorável, portanto, àqueles que, em qualquer outro lugar, têm maior interesse em violá-la. Assim, poderíamos acreditar que uma lei incômoda, cuja utilidade a maioria não percebesse, não teria efeito ou não seria obedecida.

Nos Estados Unidos, não existe legislação relativa às falências fraudulentas. Será por que lá não há falências? Não, pelo contrário, é porque há muitas. O medo de ser processado por falência supera, no espírito da maioria, o medo de ser arruinado por falências; surge na consciência pública uma espécie de tolerância culpada pelo delito que cada um, individualmente, condena.

Nos novos estados do sudoeste, os cidadãos quase sempre fazem justiça por si mesmos e os assassinatos são constantes. Isso ocorre porque os hábitos do povo são rudes demais e porque as luzes foram muito pouco disseminadas nesses desertos para que se sinta a utilidade de dar força à lei: ainda prefere-se os duelos aos processos.

Alguém me dizia, certo dia, na Filadélfia, que quase todos os crimes, na América, eram causados pelo abuso de bebidas fortes, que o povinho podia consumir à vontade porque eram vendidas a baixíssimo preço. Por que, perguntei, vocês não criam uma taxa sobre a aguardente? Nossos legisladores pensaram nisso várias vezes, responderam-me, mas seria difícil. Teme-se uma revolta; além disso, os membros que votassem tal lei poderiam ter a certeza de não serem reeleitos. Então, retomei, os beberrões são maioria entre vocês e a temperança é impopular.

Quando observamos essas coisas aos homens de Estado, eles se limitam a responder: deixe o tempo agir; a experiência do mal esclarecerá o povo e lhe mostrará suas necessidades. Isso muitas vezes é verdade: se a democracia tem mais chances de se enganar do que um rei ou um conjunto de nobres, ela também tem mais chances de voltar à verdade depois de chegada à luz, pois em geral não existem em seu seio interesses contrários aos da maioria ou que lutem contra a razão. Mas a democracia só pode alcançar a verdade a partir da experiência, e muitos povos não seriam capazes de esperar os resultados de seus erros sem perecer.

O grande privilégio dos americanos, portanto, não é apenas serem mais esclarecidos que outros, mas terem a faculdade de cometer erros corrigíveis.

Some-se a isso que, para tirar mais facilmente proveito da experiência do passado, é preciso que a democracia já tenha alcançado certo grau de civilização e de luzes.

Vemos povos cuja primeira educação foi tão viciosa e cujo caráter apresenta uma tão estranha mistura de paixões, ignorância e noções errôneas sobre todas as coisas, que por si mesmos não saberiam discernir a causa de suas misérias; sucumbem de todos os males que ignoram.

Percorri vastas regiões outrora habitadas por poderosas nações indígenas que hoje não existem mais; morei com tribos já mutiladas que a cada dia veem seu número decrescer e o brilho de sua glória selvagem desaparecer; ouvi os próprios índios preverem o destino final reservado à sua raça. Mas não há europeu que não perceba o que se deveria fazer para preservar esses povos desafortunados de uma destruição inevitável. Os índios, porém, não veem; eles sentem os males que, a cada ano, se acumulam sobre suas cabeças, e perecerão, até o último, rejeitando o remédio. Seria preciso empregar a força para obrigá-los a viver.

Ficamos surpresos ao ver as novas nações da América do Sul se agitando, há um quarto de século, em revoluções que se renovam constantemente, e a cada dia esperamos vê-la entrar no que chamamos de seu *estado natural*. Mas quem pode afirmar que as revoluções não são, em nosso tempo, o estado mais natural dos espanhóis da América do Sul? Nesses países, a sociedade se debate no fundo de um abismo do qual seus próprios esforços não podem tirá-la.

O povo que habita essa bela metade de um hemisfério parece obstinadamente engajado em se dilacerar as entranhas; nada poderia desviá-lo disso. O esgotamento o faz cair por um momento no repouso, e o repouso logo o devolve a novos furores. Quando venho a considerá-lo neste estado de sucessivas misérias e crimes, fico tentado a crer que, para ele, o despotismo seria um bem.

Mas essas duas palavras nunca poderão estar unidas em meu pensamento.

DA MANEIRA COMO A DEMOCRACIA AMERICANA CONDUZ OS NEGÓCIOS EXTERIORES DO ESTADO

Direção dada à política externa dos Estados Unidos por Washington e Jefferson — Quase todos os defeitos naturais da democracia se fazem sentir na direção dos negócios externos, e suas qualidades são pouco perceptíveis

Vimos que a Constituição federal colocava a direção permanente dos interesses exteriores da nação nas mãos do presidente e do Senado,[18] o que coloca até certo ponto a política geral da União fora da influência direta e diária do povo. Não podemos dizer de maneira absoluta, portanto, que a democracia na América conduz os negócios exteriores do Estado.

Dois homens imprimiram à política dos americanos uma direção ainda seguida em nossos dias; o primeiro é Washington, e Jefferson é o segundo.

Washington dizia, na admirável carta endereçada a seus concidadãos, e que constitui como que o testamento político desse grande homem:

> Ampliar nossas relações comerciais com os povos estrangeiros e estabelecer o mínimo de relações políticas possível entre eles e nós, tal deve ser a regra de nossa política. Devemos cumprir com fidelidade os compromissos já assumidos, mas devemos nos abster de assumir outros.
>
> A Europa tem um determinado número de interesses que lhe são próprios e que não têm relação com os nossos, ou apenas uma relação muito indireta com eles; ela com frequência precisa se comprometer em querelas que nos são naturalmente estranhas; prender-nos por laços artificiais às vicissitudes de sua política, entrar nas diferentes combinações de suas amizades e de seus ódios, e tomar parte nas lutas resultantes, seria agir com imprudência.
>
> Nosso isolamento e nossa distância dela nos convidam a adotar uma marcha contrária e nos permitem seguir nela. Embora continuemos a formar uma só nação, regida por um governo forte, não está longe o tempo em que não teremos nada a temer de ninguém. Então poderemos tomar uma atitude que faça nossa neutralidade ser respeitada; as nações beligerantes, sentindo a impossibilidade de obter algo de nós, temerão nos provocar sem motivo; e estaremos em condição de escolher a paz ou a guerra sem tomar outros guias para nossas ações que nosso interesse e a justiça.
>
> Por que abandonaríamos as vantagens que podemos obter de uma situação tão favorável? Por que deixaríamos um terreno que nos é próprio para irmos nos estabelecer num terreno que nos é estranho? Por que, enfim, ligando nosso destino ao de uma porção qualquer da Europa, exporíamos nossa paz e nossa prosperidade à ambição, às rivalidades, aos interesses ou aos caprichos dos povos que a habitam?

---

18. "O presidente", diz a Constituição, art. II, seção 2, § 2, "fará os tratados segundo a deliberação e com o consentimento do Senado". O leitor não deve perder de vista que o mandato dos senadores dura seis anos e que, sendo escolhidos pelos legisladores de cada estado, eles são o produto de uma eleição em dois graus.

> Nossa verdadeira política é não fazer aliança permanente com nenhuma nação estrangeira, ao menos enquanto ainda somos livres para não fazê-la, pois estou muito longe de querer que faltemos aos compromissos existentes. A honestidade sempre é a melhor política; essa é uma máxima que considero aplicável tanto aos negócios das nações quanto aos dos indivíduos. Coloquemo-nos sempre de maneira a fazer nossa posição ser respeitada e alianças temporárias bastarão para nos permitir fazer frente a todos os perigos.

Anteriormente, Washington havia enunciado essa bela e justa ideia: "A nação que se entrega a sentimentos habituais de amor ou de ódio por outra nação torna-se de certo modo escrava. Ela é escrava de seu ódio ou de seu amor".

A conduta política de Washington sempre foi dirigida de acordo com essas máximas. Ele conseguiu manter seu país em paz enquanto todo o resto do universo estava em guerra e estabeleceu como ponto de doutrina que o interesse natural dos americanos era jamais tomar partido em querelas internas da Europa.

Jefferson foi ainda mais longe e introduziu na política da União esta outra máxima: "Que os americanos não deviam jamais pedir privilégios às nações estrangeiras, a fim de não serem obrigados a concedê-los por sua vez".

Esses dois princípios, facilmente colocados ao alcance da multidão por sua evidente justeza, simplificaram ao extremo a política externa dos Estados Unidos.

A União, deixando de se meter nos negócios da Europa, por assim dizer, deixa de ter interesses externos a debater, pois ela ainda não tem vizinhos poderosos na América. Colocada, tanto por sua situação quanto por sua vontade, fora das paixões do Antigo Mundo, ela não precisa proteger-se delas nem adotá-las. Quanto às paixões do Novo Mundo, o futuro ainda as oculta.

A União está livre de compromissos anteriores: ela tira proveito da experiência dos velhos povos da Europa sem ser obrigada, como eles, a tirar partido do passado e de adaptá-lo ao presente; como eles, não é forçada a aceitar uma imensa herança legada por seus pais, mescla de glória e miséria, amizades e ódios nacionais. A política externa dos Estados Unidos é eminentemente expectante, consiste muito mais em abster-se do que em fazer.

É, portanto, muito difícil saber, no momento, que habilidade a democracia americana desenvolverá na condução dos negócios externos do Estado. A esse respeito, seus adversários, bem como seus amigos, devem adiar seu julgamento.

Quanto a mim, não terei dificuldade para dizê-lo: é na direção dos interesses externos da sociedade que os governos democráticos me parecem decididamente inferiores aos outros. A experiência, os costumes e a instrução quase sempre acabam criando na democracia essa espécie de sabedoria prática de todos os dias e essa ciência dos pequenos acontecimentos da vida que chamamos bom senso. O bom senso é suficiente para o andamento ordinário da sociedade; e num povo cuja educação está feita, a liberdade democrática aplicada aos negócios internos do Estado produz mais bens do que os males que os erros do governo da democracia poderiam causar. Mas nem sempre é assim nas relações entre os povos.

A política externa não exige o uso de quase nenhuma das qualidades próprias à democracia e, ao contrário, ordena o desenvolvimento de quase todas as que lhe faltam. A democracia favorece o crescimento dos recursos internos do Estado, dissemina o conforto, desenvolve o espírito público, fortalece o respeito à lei nas diferentes classes da sociedade: coisas que têm apenas uma influência indireta sobre a posição de um povo em relação a outro. Mas a democracia muito dificilmente poderia coordenar os detalhes de um grande empreendimento, ater-se a um objetivo e persegui-lo obstinadamente por entre os obstáculos. Ela é pouco capaz de combinar medidas em segredo e de esperar seu resultado com paciência. Essas são qualidades que pertencem mais particularmente a um homem ou a uma aristocracia. Ora, são justamente essas qualidades que a longo prazo fazem com que um povo, como indivíduo, acabe dominando.

Se, ao contrário, prestarmos atenção nos defeitos naturais da aristocracia, veremos que o efeito que eles podem produzir quase não é perceptível na direção dos negócios exteriores do Estado. O vício capital que se critica à aristocracia é o fato de esta trabalhar apenas para si mesma e não para a massa. Na política externa, é muito raro que a aristocracia tenha um interesse diferente daquele do povo.

A tendência que leva a democracia a obedecer, em política, mais a sentimentos do que à razão, e a abandonar um objetivo amadurecido por longo tempo pela satisfação de uma paixão momentânea, fez-se sentir na América quando a Revolução Francesa eclodiu. As mais simples luzes da razão eram suficientes, tanto à época quanto hoje, para fazer os americanos compreenderem que não era de seu interesse engajar-se na luta que iria cobrir a Europa de sangue e com a qual os Estados Unidos não podiam sofrer prejuízo algum.

As simpatias do povo a favor da França se declararam com tanta violência, porém, que foi preciso nada menos que o caráter inflexível de Washington e a imensa popularidade de que ele gozava para impedir que a guerra fosse declarada à Inglaterra. Ainda assim, os esforços da austera razão desse grande homem para lutar contra as paixões generosas, mas irrefletidas, de seus concidadãos por pouco não lhe tiraram a única recompensam que ele jamais reservara para si, o amor de seu país. A maioria pronunciou-se contra sua política; agora, o povo inteiro a aprova.[19]

Se a Constituição e o favor do público não tivessem dado a Washington a direção dos negócios exteriores do Estado, é certo que a nação teria feito exatamente o que condena hoje.

Quase todos os povos que agiram com força sobre o mundo, os que conceberam, seguiram e executaram grandes propósitos, dos romanos até os ingleses, eram dirigidos por uma aristocracia — e como se espantar com isso?

O que há de mais fixo no mundo em seus pontos de vista é uma aristocracia. A massa do povo pode ser seduzida por sua ignorância ou suas paixões; pode-se capturar o espírito de um rei e fazê-lo vacilar em seus projetos; além disso, um rei não é imortal. Mas um corpo aristocrático é grande demais para ser atraído, pequeno demais para ceder com facilidade à embriaguez de paixões irrefletidas. Um corpo aristocrático é um homem firme e esclarecido que nunca morre.

CAPÍTULO 6
QUAIS AS REAIS VANTAGENS QUE A SOCIEDADE AMERICANA RETIRA DO GOVERNO DA DEMOCRACIA

Antes de começar este capítulo, preciso lembrar ao leitor de algo que já indiquei várias vezes ao longo deste livro.

A constituição política dos Estados Unidos parece-me uma das formas que a democracia pode dar a seu governo; mas não considero as instituições as únicas ou as melhores que um povo democrático deva adotar.

---

19. Ver o quinto volume de *Vie de Washington*, por Marshall. "Num governo constituído como o dos Estados Unidos", ele diz à página 314, "o primeiro magistrado não pode, qualquer que seja sua firmeza, opor por muito tempo um dique à torrente da opinião popular; e a que prevalecia então parecia levar à guerra. De fato, nas sessões do Congresso mantidas à época percebeu-se com muita frequência que Washington havia perdido a maioria na Câmara dos Representantes". Fora delas, a violência da linguagem utilizada contra ele era extrema: em reuniões políticas, não se temia compará-lo indiretamente ao traidor Arnold (p. 265). "Os que faziam parte da oposição", disse ainda Marshall (p. 355), "afirmaram que os partidários da administração compunham uma facção aristocrática que estava submetida à Inglaterra e que, querendo estabelecer a monarquia, era, portanto, inimiga da França; uma facção cujos membros constituíam uma espécie de nobreza, que tinha por títulos as ações do banco e que temia tanto qualquer medida que pudesse influenciar os fundos que era insensível às afrontas que a honra e o interesse da nação exigiam repelir".

Ao mostrar os bens que os americanos retiram do governo da democracia, portanto, estou longe de afirmar ou pensar que semelhantes vantagens só possam ser obtidas com o auxílio das mesmas leis.

DA TENDÊNCIA GERAL DAS LEIS SOB O IMPÉRIO DA DEMOCRACIA AMERICANA E DO INSTINTO DOS QUE AS APLICAM

> Os vícios da democracia são vistos de uma só vez — Suas vantagens só são percebidas a longo prazo — A democracia americana com frequência é inábil, mas a tendência geral de suas leis é proveitosa — Os funcionários públicos, sob a democracia americana, não têm interesses permanentes que difiram dos da maioria — O que resulta disso

Os vícios e as fraquezas do governo da democracia são facilmente vistos; podem ser demonstrados por fatos patentes, enquanto sua influência salutar se exerce de maneira imperceptível e, por assim dizer, oculta. Seus defeitos surpreendem na hora, mas suas qualidades só são descobertas a longo prazo.

As leis da democracia americana são muitas vezes defeituosas ou incompletas; acontece-lhes de violar direitos adquiridos ou de sancionar direitos perigosos: mesmo que fossem boas, sua frequência ainda seria um grande mal. Tudo isso se percebe à primeira vista.

Como, então, as repúblicas americanas se mantêm e prosperam?

Devemos diferenciar com cuidado, nas leis, o objetivo que elas perseguem da maneira como se dirigem a ele; sua qualidade absoluta daquela que é apenas relativa.

Imaginemos que o objetivo do legislador seja favorecer os interesses da minoria à custa dos da maioria; suas disposições seriam combinadas de maneira a obter o resultado a que ele se propõe no menor tempo e com o mínimo de esforços possíveis. A lei seria bem-feita, e seu objetivo, ruim; ela seria perigosa na medida de sua eficácia.

As leis da democracia em geral tendem ao bem da maioria, pois emanam da maioria de todos os cidadãos, que pode se enganar mas não poderia ter um interesse contrário a si mesma.

As da aristocracia, ao contrário, tendem a monopolizar nas mãos da minoria a riqueza e o poder, porque a aristocracia sempre forma, por sua natureza, uma minoria.

Podemos dizer, portanto, de modo geral, que o objetivo da democracia, em sua legislação, é mais útil à humanidade do que o objetivo da aristocracia na sua.

Mas aí terminam suas vantagens.

A aristocracia é infinitamente mais hábil na ciência do legislador do que a democracia poderia ser. Senhora de si mesma, ela não está sujeita a impulsos passageiros; ela tem objetivos de longo prazo que sabe amadurecer até que a ocasião favorável se apresente. A aristocracia procede sabiamente; ela conhece a arte de fazer convergir, ao mesmo tempo, para um mesmo ponto, a força coletiva de todas as suas leis.

O mesmo não ocorre com a democracia: suas leis são quase sempre defeituosas ou intempestivas.

Os meios da democracia são, portanto, mais imperfeitos do que os da aristocracia: muitas vezes ela trabalha, sem querer, contra si mesma; mas seu objetivo é mais útil.

Imagine uma sociedade que a natureza, ou sua constituição, tenha organizado de maneira a suportar a ação passageira de leis ruins e que possa esperar sem perecer o resultado da *tendência geral* das leis, e você compreenderá que o governo da democracia, apesar de seus defeitos, ainda é, de todos, o mais apropriado a fazer prosperar essa sociedade.

É justamente o que acontece nos Estados Unidos. Repito aqui o que já expressei em outro lugar: o grande privilégio dos americanos é poder cometer erros corrigíveis.

Direi algo análogo sobre os funcionários públicos.

É fácil ver que a democracia americana se engana com frequência na escolha dos homens a quem confia o poder; mas não é tão fácil dizer por que o Estado prospera em suas mãos.

Observe, primeiro, que embora no Estado democrático os governantes sejam menos honestos ou menos capazes, os governados são mais esclarecidos e mais atentos.

O povo, nas democracias, constantemente ocupado com seus negócios, e zeloso de seus direitos, impede seus representantes de se afastar de uma certa linha geral traçada por seu interesse.

Observe também que, embora o magistrado democrático faça pior uso que um outro do poder, ele em geral o exerce por menos tempo.

Mas há uma razão mais geral que essa, e mais satisfatória.

Sem dúvida é importante para o bem das nações que os governantes tenham virtudes ou talentos; mas o mais importante ainda, talvez, é que os governantes não tenham interesses contrários à massa dos governados; pois, nesse caso, as virtudes poderiam se tornar quase inúteis, e os talentos, funestos.

Eu disse que era importante que os governantes não tivessem interesses contrários ou diferentes da massa dos governados; não disse que era importante que tivessem interesses semelhantes aos de *todos* os governados, pois que eu saiba isso nunca aconteceu.

Até agora não se descobriu forma política que favorecesse igualmente o desenvolvimento e a prosperidade de todas as classes que compõem a sociedade. Essas classes continuaram a formar como que nações distintas dentro da mesma nação, e a experiência provou que era quase tão perigoso entregar completamente a uma delas o destino das outras quanto fazer de um povo o árbitro dos destinos de um outro povo. Quando somente os ricos governam, o interesse dos pobres sempre está em perigo; e quando os pobres fazem a lei, o dos ricos corre grandes riscos. Qual a vantagem da democracia, então? A real vantagem da democracia não é, como se disse, favorecer a prosperidade de todos, mas apenas servir ao bem-estar da maioria.

Aqueles que, nos Estados Unidos, são encarregados de dirigir os negócios do público, muitas vezes são inferiores em capacidade e em moralidade aos homens que a aristocracia levaria ao poder; mas seu interesse se confunde e se identifica com o da maioria de seus concidadãos. Eles podem cometer infidelidades frequentes e erros graves, portanto, mas nunca seguirão sistematicamente uma tendência hostil a essa maioria; e eles não poderiam imprimir ao governo uma conduta exclusiva e perigosa.

A má administração de um magistrado, sob a democracia, é aliás um fato isolado que só tem influência durante a curta duração dessa administração. A corrupção e a incapacidade não são interesses comuns que possam ligar entre si os homens de maneira permanente.

Um magistrado corrompido, ou incapaz, não combinará seus esforços com outro magistrado pela simples razão de que este último é incapaz e corrompido como ele, e esses dois homens nunca trabalharão juntos de maneira a fazer florescer a corrupção e a incapacidade em seus descendentes. A ambição e as manobras de um servirão, ao contrário, para desmascarar o outro. Os vícios do magistrado, nas democracias, em geral lhe são absolutamente pessoais.

Os homens públicos sob o governo da aristocracia, no entanto, têm um interesse de classe que, embora às vezes se confunda com o da maioria, permanece com frequência distinto deste. Esse interesse forma entre eles um laço comum e duradouro; convida-os a unir e a combinar seus esforços para um objetivo que nem sempre é a felicidade da maioria: ele não liga apenas os governantes uns aos outros, também os une a uma parte considerável dos governados, pois muitos cidadãos, mesmo sem exercer qualquer cargo, fazem parte da aristocracia.

O magistrado aristocrático encontra apoio constante na sociedade, ao mesmo tempo que o encontra no governo.

Esse objetivo comum, que, nas aristocracias, une os magistrados ao interesse de uma parte de seus contemporâneos, também os identifica e submete, por assim dizer, ao das raças futuras. Eles trabalham para o futuro tanto quanto para o presente. O magistrado aristocrático é, portanto, levado ao mesmo tempo e para um mesmo ponto pelas paixões dos governados, pelas suas próprias e, eu quase poderia dizer, pelas paixões da posteridade.

Como espantar-se se ele não resiste? Com frequência vemos, nas aristocracias, o espírito de classe arrastar os mesmos que ele não corrompe e fazer com que estes, sem perceber, aos poucos acomodem a sociedade para seu uso e a preparem para seus descendentes.

Não sei se jamais existiu uma aristocracia tão liberal quanto a da Inglaterra e que tenha, sem interrupção, fornecido ao governo do país homens tão dignos e tão esclarecidos.

No entanto, é fácil reconhecer que na legislação inglesa o bem do pobre com frequência acabou sacrificado ao do rico, e os direitos da maioria, aos privilégios de alguns: assim, a Inglaterra de nossos dias reúne em seu seio tudo o que a fortuna tem de mais extremo, e nela encontramos misérias que quase igualam sua potência e sua glória.

Nos Estados Unidos, onde os funcionários públicos não têm interesses de classe a fazer prevalecer, o andamento geral e contínuo do governo é benéfico, embora os governantes muitas vezes sejam inábeis e, também, desprezíveis.

Há, portanto, no fundo das instituições democráticas, uma tendência oculta que muitas vezes faz os homens concorrerem à prosperidade geral apesar de seus vícios ou erros, ao passo que nas instituições aristocráticas por vezes descobre-se uma inclinação secreta que, apesar dos talentos e das virtudes, leva-os a contribuir para as misérias de seus semelhantes. É por isso que pode acontecer de, nos governos aristocráticos, os homens públicos fazerem o mal sem querer, e, nas democracias, eles produzirem o bem sem terem pensado nele.

DO ESPÍRITO PÚBLICO NOS ESTADOS UNIDOS

Amor instintivo pela pátria — Patriotismo ponderado — Suas diferentes características — Que os povos devem tender com todas as suas forças para o segundo quando o primeiro desaparece — Esforços que os americanos fizeram para consegui-lo — O interesse do indivíduo intimamente ligado ao do país

Existe um amor pela pátria que tem sua principal fonte nesse sentimento irrefletido, desinteressado e indefinível que liga o coração do homem ao lugar em que ele nasceu. Esse amor instintivo se confunde com o gosto pelos costumes antigos, com o respeito pelos antepassados e pela memória do passado; aqueles que o sentem prezam seu país como se ama a casa paterna. Amam a tranquilidade que ali desfrutam, prezam os hábitos pacatos que ali adquiriram, apegam-se às lembranças que este lhes apresenta e encontram até mesmo certa doçura em viver na obediência. Muitas vezes esse amor pela pátria é ainda exaltado pelo zelo religioso e, então, vemo-lo operar prodígios. Ele próprio é uma espécie de religião; não raciocina, crê, sente, age. Houve povos que, de certo modo, personificaram a pátria e a enxergaram no príncipe. Transferiram a ele uma parte dos sentimentos que compõem o patriotismo, orgulharam-se de seus triunfos e sentiram orgulho de seu poder. Houve um tempo, sob a antiga monarquia, em que os franceses sentiam uma espécie de alegria por se sentirem entregues, sem recurso, ao arbítrio do monarca, e diziam com orgulho: "Vivemos sob o mais poderoso rei do mundo".

Como todas as paixões irrefletidas, esse amor pelo país leva mais a grandes esforços passageiros do que à continuidade dos esforços. Depois de salvar o Estado em tempo de crise, ele muitas vezes o deixa definhar em meio à paz.

Quando os povos ainda são simples em seus costumes e firmes em suas crenças, quando a sociedade repousa suavemente sobre uma antiga ordem de coisas cuja legitimidade não é contestada, vemos reinar esse amor instintivo pela pátria.

Há outro mais racional que este, menos generoso, talvez menos ardente, mas mais fecundo e mais duradouro; este nasce das luzes, desenvolve-se com o auxílio das leis, cresce com o exercício dos direitos e acaba, de certo modo, confundindo-se com o interesse pessoal. Um homem compreende a influência que o bem-estar do país exerce sobre seu próprio, ele sabe que a lei lhe permite contribuir para produzir esse bem-estar e ele se interessa pela prosperidade de seu país, primeiro como uma coisa que lhe é útil e, depois, como obra sua.

Mas às vezes acontece, na vida dos povos, um momento em que os costumes antigos são mudados, os costumes são destruídos, as crenças, abaladas, o prestígio das lembranças, apagado, e em que, no entanto, as luzes permanecem incompletas e os direitos políticos, mal garantidos ou restritos. Os homens, então, só percebem a pátria sob uma luz fraca e duvidosa; não a colocam mais nem no solo, que se tornou a seus olhos uma terra inanimada, nem nos usos dos antepassados, que aprenderam a ver como um jugo, nem na religião, da qual duvidam, nem nas leis, que não fazem, nem no legislador, que temem e desprezam. Eles não a veem em parte alguma, portanto, nem sob seus próprios traços nem sob qualquer outro, e se refugiam num egoísmo estreito e sem luz. Esses homens escapam dos prejuízos sem reconhecer o império da razão; não têm nem o patriotismo instintivo da monarquia nem o patriotismo ponderado da república; detiveram-se entre os dois, no meio da confusão e das misérias.

    O que fazer em semelhante estado? Recuar. Mas os povos não voltam aos sentimentos de sua juventude, assim como os homens não voltam aos gostos inocentes de sua primeira infância; eles podem sentir falta deles, mas não fazê-los renascer. É preciso seguir em frente e apressar-se para unir, aos olhos do povo, o interesse individual ao interesse do país, pois o amor desinteressado pela pátria foge sem retorno.

    Com certeza estou longe de afirmar que, para chegar a esse resultado, deva-se conceder subitamente o exercício dos direitos políticos a todos os homens; mas digo que o meio mais poderoso, e talvez o único que nos reste, de interessar os homens pelo destino de sua pátria é fazê-los participar de seu governo. Em nossos dias, o espírito de cidadania me parece inseparável do exercício dos direitos políticos; e penso que doravante veremos aumentar ou diminuir na Europa o número de cidadãos, na medida da extensão de seus direitos.

    De onde vem que, nos Estados Unidos, onde os habitantes chegaram ontem à terra que ocupam, para a qual não levaram nem usos nem lembranças, onde se encontram pela primeira vez sem se conhecer, onde, para dizer em uma palavra, o instinto patriótico mal pode existir, de onde vem que cada um se interesse pelos negócios de sua comuna, de seu cantão e do Estado inteiro como pelos seus próprios? É que cada um, em sua esfera, toma uma parte ativa no governo da sociedade.

    O homem do povo, nos Estados Unidos, compreendeu a influência que a prosperidade geral exerce sobre sua felicidade, ideia tão simples e, no entanto, tão pouco conhecida do povo. Ademais, ele se acostumou a olhar para essa prosperidade como obra sua. Ele vê na fortuna pública a sua, portanto, e trabalha para o bem do Estado não apenas por dever ou por orgulho, mas, eu quase ousaria dizer, por cupidez.

    Não precisamos estudar as instituições, a história dos americanos, para conhecer a verdade do que precede, os costumes o confirmam suficientemente. O americano, tomando parte em tudo o que se faz em seu país, acredita-se interessado em defender tudo o que se critica nele; pois não é apenas seu país que é atacado então, mas ele mesmo: assim, vemos seu orgulho nacional recorrer a todos os artifícios e descer a todas as puerilidades da vaidade individual.

Não há nada mais incômodo num hábito de vida do que esse patriotismo irritadiço dos americanos. O estrangeiro aceitaria louvar muitas coisas no país deles, mas gostaria que lhe permitissem criticar alguma coisa, e é o que lhe recusam terminantemente.

A América é, portanto, um país de liberdade onde, para não ferir ninguém, o estrangeiro não deve falar livremente nem dos particulares, nem do Estado, nem dos governados, nem dos governantes, nem dos empreendimentos públicos, nem dos empreendimentos privados; de nada do que encontra, enfim, senão talvez do clima e do solo; sempre encontramos americanos prontos a defender um e outro, como se tivessem ajudado a formá-los.

Em nossos dias, é preciso saber tomar partido e ousar escolher entre o patriotismo de todos e o governo da minoria, pois não se pode reunir a força e a atividade sociais que o primeiro concede às garantias de tranquilidade às vezes fornecidas pelo segundo.

DA IDEIA DE DIREITOS NOS ESTADOS UNIDOS

> Não há grandes povos sem ideia de direitos — Qual é o meio de dar ao povo a ideia de direitos — Respeito aos direitos nos Estados Unidos — De onde ele nasce

Depois da ideia geral de virtude, não conheço uma mais bela do que a de direitos. Ou melhor, essas duas ideias se confundem. A ideia de direitos nada mais é que a ideia de virtude introduzida no mundo político.

É com a ideia de direitos que os homens definiram o que eram a licença e a tirania. Esclarecido por ela, cada um pôde se mostrar independente sem arrogância e submisso sem impudência. O homem que obedece à violência se curva e se abaixa; mas quando se submete ao direito de comandar que reconhece a seu semelhante, ele de certo modo se eleva acima daquele que o comanda. Não há grandes homens sem virtude; sem respeito pelos direitos não há grande povo: quase podemos dizer que não há sociedade; pois o que é uma reunião de seres racionais e inteligentes que têm a força como único vínculo?

Pergunto-me qual a maneira, em nossos dias, de inculcar nos homens a ideia de direitos e fazê-la, por assim dizer, ser-lhes óbvia. Vejo uma só: dar a todos o tranquilo exercício de certos direitos. Vemos isso com as crianças, que são homens, a não ser pela força e pela experiência. Quando uma criança começa a se mover no meio dos objetos externos, o instinto faz com que faça uso de tudo o que se encontra sob suas mãos; ela não faz ideia da propriedade dos outros, nem mesmo a da existência, mas à medida que aprende o valor das coisas e descobre que pode por sua vez ser despojada, torna-se mais circunspecta e acaba por respeitar em seus semelhantes aquilo que querem que se respeite nela.

O que acontece com a criança e seus brinquedos acontece mais tarde com o homem e todos os objetos que lhe pertencem. Por que, na América, país de democracia por excelência, ninguém presta contra a propriedade em geral as queixas que tantas vezes ecoam na Europa? Será necessário dizer? É que na América não há proletários. Cada homem tendo um bem particular a defender, em princípio o direito de propriedade é reconhecido.

No mundo político ocorre o mesmo. Na América, o homem do povo tem os direitos políticos em alta conta porque tem direitos políticos; ele não ataca os dos outros para que não violem os seus. E enquanto na Europa esse mesmo homem subestima até a autoridade soberana, o americano se submete sem murmurar ao poder do menor de seus magistrados.

Essa verdade aparece nos mínimos detalhes da existência dos povos. Na França, existem poucos prazeres exclusivamente reservados às classes superiores da sociedade; o pobre é admitido em quase todos os lugares onde o rico pode entrar: por isso o vemos portar-se com decência e respeitar tudo o que serve aos prazeres que ele compartilha. Na Inglaterra, onde a riqueza tem o privilégio da alegria e o monopólio do poder, queixam-se de que, quando o pobre consegue introduzir-se furtivamente no lugar destinado aos prazeres do rico, ele gosta de causar estragos inúteis. Como espantar-se com isso? Tomaram o cuidado de que ele nada tivesse a perder.

O governo da democracia faz a ideia de direitos políticos chegar até o menor dos cidadãos, assim como a divisão dos bens coloca a ideia do direito de propriedade em geral ao alcance de todos os homens. Esse é um de seus maiores méritos, a meu ver.

Não digo que seja coisa fácil ensinar a todos os homens a se servirem dos direitos políticos; digo apenas que, quando isso pode acontecer, os efeitos resultantes são grandes.

E acrescento que, se há um século em que semelhante coisa deva ser tentada, esse século é o nosso.

Você não está vendo que as religiões se enfraquecem e que a noção divina dos direitos desaparece? Não observa que os costumes se alteram e que com eles se apaga a noção moral dos direitos?

Não percebe em toda parte as crenças darem lugar ao raciocínio, e os sentimentos, ao cálculo? Se, no meio desse abalo universal, você não consegue ligar a ideia de direitos ao interesse pessoal que se oferece como o único ponto imóvel no coração humano, o que lhe restará para governar o mundo senão o medo?

Quando me dizem, portanto, que as leis são fracas e os governados, turbulentos, que as paixões são vivas e a virtude, sem poder, e que nessa situação não se deve pensar em aumentar os direitos da democracia, respondo que é exatamente por essas coisas que acredito que se deve pensar nisso e, na verdade, penso que os governos têm mais interesse nisso que a sociedade, pois os governos perecem e a sociedade não poderia morrer. De resto, não quero abusar do exemplo da América.

Na América, o povo foi investido de direitos políticos numa época em que lhe era difícil fazer mau uso deles, porque os cidadãos eram pouco numerosos e simples nos costumes. Ao crescerem, os americanos não aumentaram por assim dizer os poderes da democracia, antes ampliaram seus domínios.

Não podemos duvidar de que o momento em que direitos políticos são concedidos a um povo que deles foi privado até então não seja um momento de crise, muitas vezes necessária, mas sempre perigosa.

A criança mata quando ignora o preço da vida; ela tira a propriedade do outro antes de saber que podem tirar a sua. O homem do povo, ao receber direitos políticos, encontra-se, em relação a seus direitos, na mesma posição da criança em relação a toda a natureza, e é o caso de aplicar-lhe essa conhecida máxima: *Homo puer robustus*.

Essa verdade se revela na própria América. Os estados em que os cidadãos usufruem há mais tempo de seus direitos são aqueles em que ainda sabem melhor servir-se deles.

Sempre vale repetir: não há nada mais fecundo em maravilhas do que a arte de ser livre; mas não há nada mais difícil do que o aprendizado da liberdade. O mesmo não ocorre no despotismo. O despotismo muitas vezes se apresenta como o remediador de todos os males sofridos; ele é o apoio do direito, o sustento dos oprimidos e o fundador da ordem. Os povos adormecem em meio à prosperidade momentânea que ele cria; quando despertam, são miseráveis. A liberdade, ao contrário, em geral nasce em meio a tempestades, estabelece-se penosamente entre as discórdias civis e somente quando já está velha podemos conhecer seus benefícios.

DO RESPEITO PELA LEI NOS ESTADOS UNIDOS

Respeito dos americanos pela lei — Amor paterno que sentem por ela — Interesse pessoal que cada um encontra em aumentar a potência da lei

Nem sempre é possível apelar ao povo inteiro, seja direta ou indiretamente, para a elaboração da lei; mas não podemos negar que, quando isso é praticável, a lei adquire uma grande autoridade. Essa origem popular, que muitas vezes prejudica a qualidade e a sabedoria da legislação, contribui de maneira singular para seu poder.

Existe na expressão das vontades de todo um povo uma força prodigiosa. Quando ela se revela à luz do dia, a própria imaginação dos que gostariam de lutar contra ela é como que obliterada.

A verdade disso é bem conhecida pelos partidos.

Por isso vemo-los contestar a maioria em tudo que podem. Quando não a obtêm entre os que votaram, colocam-na entre os que se abstiveram de votar, e quando aí também ela vem a escapar-lhes, encontram-na em meio aos que não tinham o direito de votar.

Nos Estados Unidos, com exceção dos escravos, dos criados e dos indigentes alimentados pelas comunas, não há ninguém que não seja eleitor e que, a esse título, não contribua indiretamente com a lei. Os que querem atacar as leis são obrigados a fazer ostensivamente uma dessas duas coisas: mudar a opinião da nação ou pisotear suas vontades.

Some-se a essa primeira razão outra mais direta e mais potente: nos Estados Unidos, cada um tem uma espécie de interesse pessoal a que todos obedeçam às leis, pois aquele que hoje não faz parte da maioria talvez amanhã esteja em suas fileiras; e esse respeito que agora professa pelas vontades do legislador, ele logo terá ocasião de exigi-lo para as suas. Por mais desagradável que seja a lei, o habitante dos Estados Unidos se submete a ela sem dificuldade, portanto, não apenas enquanto obra da maioria, mas também como obra sua; ele a considera sob o ponto de vista de um contrato do qual ele faria parte.

Não vemos nos Estados Unidos, portanto, uma multidão numerosa e sempre turbulenta que, considerando a lei um inimigo natural, lance a ela olhares de temor e suspeita. É impossível, ao contrário, não perceber que todas as classes demonstram grande confiança na legislação que rege o país e sentem por ela uma espécie de amor paterno.

Engano-me ao dizer todas as classes. Na América, estando a escala europeia dos poderes invertida, os ricos se veem numa posição análoga à dos pobres na Europa; são eles que muitas vezes desconfiam da lei. Afirmei-o em outro momento: a real vantagem do governo democrático não é garantir os interesses de todos, como às vezes se afirmou, mas apenas proteger os da maioria. Nos Estados Unidos, onde o pobre governa, os ricos sempre temem que este abuse de seu poder contra eles.

Essa disposição de espírito dos ricos pode produzir um surdo descontentamento; mas a sociedade não é violentamente perturbada, pois a mesma razão que impede o rico de conceder sua confiança ao legislador impede-o de enfrentar seus comandos. Ele não faz a lei porque é rico e não ousa violá-la por causa de sua riqueza. Nas nações civilizadas, em geral, somente os que nada têm a perder se revoltam. Assim, embora as leis da democracia nem sempre sejam respeitáveis, elas quase sempre são respeitadas; pois os que em geral violam as leis não podem deixar de obedecer às que eles mesmos fizeram e das quais tiram proveito, e os cidadãos que poderiam ter interesse em infringi-las são levados por caráter e por posição a submeter-se a quaisquer vontades do legislador. De resto, o povo, na América, não obedece à lei apenas porque ela é obra sua, mas também porque pode mudá-la quando por acaso o fere; ele primeiro se submete a ela como a um mal que se impôs a si mesmo e, depois, como a um mal passageiro.

ATIVIDADE QUE REINA EM TODAS AS PARTES DO CORPO POLÍTICO NOS ESTADOS UNIDOS; INFLUÊNCIA QUE ELA EXERCE NA SOCIEDADE

> É mais difícil conceber a atividade política que reina nos Estados Unidos do que a liberdade ou a igualdade ali encontrada — O grande movimento que constantemente agita os legisladores não passa de um episódio, um prolongamento desse movimento universal — Dificuldade que o americano encontra para se ocupar apenas de seus próprios negócios — A agitação política se propaga à sociedade civil — A atividade industrial dos americanos vem em parte dessa causa — Vantagens indiretas que a sociedade obtém do governo da democracia

Quando passamos de um país livre para outro que não o é, ficamos surpresos com um espetáculo muito extraordinário: lá, tudo é atividade e movimento; aqui, tudo parece calmo e imóvel. Num, só se trata de melhorias e progresso; no outro, a sociedade parece, depois de ter adquirido todos os bens, apenas aspirar a descansar ou usufruir deles. No entanto, o país que se agita tanto para ser feliz é em geral mais rico e mais próspero do que aquele que parece se satisfazer com seu destino. Considerando um e outro, é difícil compreender como tantas novas necessidades se fazem sentir a cada dia no primeiro, ao passo que se parece sentir tão poucas no segundo.

Se essa observação se aplica aos países livres que conservaram a forma monárquica e àqueles onde a aristocracia domina, ela o é mais ainda às repúblicas democráticas. Nelas, não é mais uma parte do povo que empreende melhorar o estado da sociedade; o povo inteiro se encarrega disso. Não se trata apenas de prover às necessidades e aos confortos de uma classe, mas de todas as classes ao mesmo tempo.

Não é impossível conceber a imensa liberdade de que gozam os americanos; também podemos ter uma ideia de sua extrema igualdade; mas o que não poderíamos compreender sem já havê-la testemunhado é a atividade política que reina nos Estados Unidos.

Assim que desce no solo da América, você se vê no meio de uma espécie de tumulto; um clamor confuso eleva-se de todos os lados; mil vozes chegam ao mesmo tempo a seus ouvidos: cada uma expressa algumas necessidades sociais. A seu redor, tudo se agita: aqui, o povo de um bairro está reunido para saber se deve construir uma igreja; lá, trabalha-se na escolha de um representante; mais adiante, os deputados de um cantão acorrem às pressas à cidade, a fim de prover a certas melhorias locais; em outro lugar, são os cultivadores de uma aldeia que abandonam seus campos para discutir o projeto de uma estrada ou de uma escola. Cidadãos se reúnem com o único objetivo de declarar que desaprovam a marcha do governo; ao passo que outros se reúnem a fim de proclamar que os homens no poder são os pais da pátria. E eis outros ainda que, considerando a embriaguez a principal fonte dos males do Estado, engajam-se solenemente em dar o exemplo da temperança.[20]

O grande movimento político que sem cessar agita as legislaturas americanas, a única que se percebe de fora, não passa de um episódio e de uma espécie de prolongamento desse movimento universal que começa nas últimas camadas do povo e que a seguir conquista, uma a uma, todas as classes dos cidadãos. Não se poderia trabalhar com mais afinco para ser feliz.

É difícil dizer que lugar os cuidados com a política ocupam na vida de um homem nos Estados Unidos. Meter-se no governo da sociedade e falar dele é o maior assunto e, por assim dizer, o único prazer que um americano conhece. Percebe-se isso nos menores hábitos de sua vida: as próprias mulheres comparecem com frequência às assembleias públicas e se distraem, ouvindo discursos políticos, das preocupações com a casa. Para elas, os clubes até certo ponto substituem os espetáculos. Um americano não sabe conversar, mas discutir; ele não discorre, disserta. Sempre fala com você como se estivesse diante de uma assembleia; e se por acaso acontece de inflamar-se, dirá "senhores", dirigindo-se a seu interlocutor.

---

20. As sociedades de temperança são associações cujos membros se comprometem a abster-se de bebidas fortes. Em minha passagem pelos Estados Unidos, as sociedades de temperança já contavam com mais de 270 mil membros, e seu efeito havia sido o de diminuir, apenas no estado da Pensilvânia, o consumo de bebidas fortes em 500 mil galões por ano.

Em certos países, o habitante só aceita com uma espécie de repugnância os direitos políticos que a lei lhe concede; parece-lhe que roubam seu tempo ao fazê-lo ocupar-se dos interesses comuns, ele prefere fechar-se num egoísmo estreito cujos limites exatos são quatro valas encimadas por sebes.

A partir do momento em que o americano, pelo contrário, fosse obrigado a ocupar-se apenas de seus próprios negócios, metade de sua existência lhe seria roubada; ele sentiria como que um vazio imenso em seus dias e se tornaria incrivelmente infeliz.[21]

Estou convencido de que se o despotismo um dia conseguir se estabelecer na América, ele encontrará mais dificuldades para vencer os hábitos que a liberdade criou do que para superar o próprio amor pela liberdade.

Essa agitação constantemente renovada que o governo da democracia introduziu no mundo político passa a seguir para a sociedade civil. Não sei se, considerando tudo, esta não é a maior vantagem do governo democrático, que louvo muito mais pelo que faz fazer do que pelo que faz.

É incontestável que o povo muitas vezes dirige bastante mal os negócios públicos; mas ele não poderia meter-se nos negócios públicos sem que o círculo de suas ideias viesse a ampliar-se e sem que se visse seu espírito sair da rotina ordinária. O homem do povo que é chamado ao governo da sociedade passa a sentir certa estima por si mesmo. Como ele se torna um poder, inteligências muito esclarecidas colocam-se a serviço da sua. As pessoas constantemente se dirigem a ele para encontrar apoio e, procurando enganá-lo de mil maneiras diferentes, esclarecem-no. Em política, ele toma parte em empreendimentos que não concebeu, mas que lhe dão o gosto geral por empreendimentos. Todos os dias indicam-lhe novas melhorias a serem feitas à propriedade comum; ele sente nascer o desejo de melhorar aquela que lhe é pessoal. Ele talvez não seja nem mais virtuoso nem mais feliz, mas é mais esclarecido e ativo que seus predecessores. Não duvido que as instituições democráticas, somadas à natureza física do país, sejam a causa, não direta, como tantos afirmam, mas indireta do prodigioso movimento de indústria que se observa nos Estados Unidos. Não são as leis que o fazem nascer, o povo aprende a produzi-lo fazendo a lei.

Quando os inimigos da democracia afirmam que um só faz melhor aquilo pelo qual se encarrega do que o governo de todos, parece-me que têm razão. O governo de um só, supondo de ambas as partes igualdade de luzes, dá mais

---

21. O mesmo fato já foi observado em Roma sob os primeiros césares. Montesquieu observa em algum lugar que nada igualou o desespero de certos cidadãos romanos que, depois das agitações de uma existência política, voltaram subitamente à tranquilidade da vida privada.

continuidade a seus empreendimentos do que a multidão, demonstra mais perseverança, mais ideia de conjunto, mais perfeição de detalhe, um discernimento mais justo na escolha dos homens. Os que negam essas coisas nunca viram uma república democrática ou só julgaram baseados num pequeno número de exemplos. A democracia, mesmo quando as circunstâncias locais e as disposições do povo lhe permitem manter-se, não tem o olhar da regularidade administrativa e da ordem metódica no governo; isso é verdade. A liberdade democrática não executa cada um de seus empreendimentos com a mesma perfeição que o despotismo inteligente; muitas vezes, abandona-os antes de colher seus frutos, ou arrisca-se em empreendimentos perigosos. A longo prazo, porém, produz mais que ele. Faz menos bem cada coisa, mas faz mais coisas. Sob seu império, não é principalmente aquilo que a administração pública executa que é grande, é o que se executa sem ela e fora dela. A democracia não dá ao povo o governo mais hábil, mas faz aquilo que o governo mais hábil muitas vezes é incapaz de criar; ela dissemina por todo o corpo social uma inquieta atividade, uma força superabundante e uma energia que nunca existem sem ela e que, por menos favoráveis que sejam as circunstâncias, podem gerar maravilhas. Essas são suas verdadeiras vantagens.

Nesse século, em que os destinos do mundo cristão parecem em suspenso, uns se apressam a atacar a democracia como uma potência inimiga, enquanto ela ainda cresce, outros já adoram nela um novo deus que surge do nada; uns e outros, porém, só conhecem de maneira imperfeita o objeto de seu ódio ou de seu desejo; lutam em meio às trevas e golpeiam ao acaso.

O que vocês querem da sociedade e de seu governo? É preciso saber.

Querem dar ao espírito humano uma determinada altura, uma maneira generosa de considerar as coisas desse mundo? Querem inspirar aos homens uma espécie de desprezo pelos bens materiais? Desejam inspirar ou manter convicções profundas e preparar grandes devotamentos?

Trata-se, para vocês, de polir os costumes, de elevar as maneiras, de fazer brilhar as artes? Querem poesia, renome, glória?

Pretendem organizar um povo de maneira a agir com força sobre todos os outros? Vocês o destinam a tentar grandes empreendimentos e, qualquer que seja o resultado de seus esforços, a deixar uma marca profunda na história?

Se tal for, para vocês, o objetivo principal a que os homens em sociedade devem se propor, não escolham o governo da democracia; ele certamente não os conduziria ao objetivo.

Mas se lhes parece útil desviar a atividade intelectual e moral do homem para as necessidades da vida material e empregá-las na produção do bem-estar; se a razão lhes parece mais proveitosa aos homens do que o gênio; se seu objetivo não é criar virtudes heroicas, mas hábitos pacatos; se vocês preferem ver vícios a crimes e encontrar menos grandes ações, mas também menos desistências; se, em vez de agir no seio de uma sociedade brilhante, basta-lhes viver no meio de uma sociedade próspera; se, por fim, o objetivo principal de um governo não é, para vocês, dar ao corpo inteiro da nação o máximo de força ou glória possível, mas proporcionar a cada um dos indivíduos que a compõem o máximo de bem-estar e evitar-lhe ao máximo as misérias, então igualem as condições e constituam o governo da democracia.

Se não há mais tempo de fazer uma escolha e uma força superior ao homem já os arrasta para um dos dois governos, sem consultar seus desejos, procurem ao menos tirar-lhe todo o bem que ele pode proporcionar; conhecendo seus bons instintos, bem como suas tendências ruins, esforcem-se por restringir os efeitos dos segundos e por desenvolver os primeiros.

CAPÍTULO 7
DA ONIPOTÊNCIA DA MAIORIA NOS ESTADOS UNIDOS E DE SEUS EFEITOS

Força natural da maioria nas democracias — A maior parte das constituições americanas aumentou artificialmente essa força natural — Como — Mandatos imperativos — Império moral da maioria — Opinião de sua infalibilidade — Respeito por seus direitos — O que o aumenta nos Estados Unidos

É da própria essência dos governos democráticos o império da maioria neles ser absoluto, pois fora da maioria não há o que resista nas democracias.

A maior parte das constituições americanas procurou aumentar artificialmente essa força natural da maioria.[22]

A legislatura, de todos os poderes políticos, é o que obedece com mais boa vontade à maioria. Os americanos quiseram que os membros da legislatura fossem nomeados *diretamente* pelo povo e por um *prazo muito curto*, a fim de obrigá-los a se submeter não apenas aos pontos de vista gerais como também às paixões cotidianas de seus constituintes.

---

22. Vimos, quando do exame da Constituição Federal, que os legisladores da União haviam feito esforços em sentido contrário. O resultado desses esforços foi tornar o governo federal mais independente em sua esfera do que o dos estados. Mas o governo federal só se ocupa dos negócios estrangeiros: os governos dos estados é que dirigem de fato a sociedade americana.

Eles tiraram das mesmas classes e nomearam da mesma maneira os membros das duas câmaras, de tal modo que os movimentos do corpo legislativo são quase tão rápidos e não menos irresistíveis do que os de uma assembleia única.

Constituída a legislatura, eles reuniram em seu seio quase todo o governo.

Ao mesmo tempo que a lei aumentava a força dos poderes que eram naturalmente fortes, ela enfraquecia cada vez mais os que eram naturalmente fracos. Ela não concedia aos representantes do Poder Executivo nem estabilidade nem independência e, submetendo-os completamente aos caprichos da legislatura, retirava-lhes o pouco de influência que a natureza do governo democrático lhes teria permitido exercer.

Em vários estados, ela entregava o Poder Judiciário à eleição da maioria e, em todos, de certo modo fazia sua existência depender do Poder Legislativo, deixando aos representantes o direito de a cada ano fixar o salário dos juízes.

Os usos foram ainda mais longe do que as leis.

Difunde-se cada vez mais nos Estados Unidos um costume que acabará tornando vãs as garantias do governo representativo: com muita frequência acontece de os eleitores, ao nomear um deputado, determinar-lhe um plano de conduta e lhe impor um determinado número de obrigações positivas das quais ele poderia absolutamente afastar-se. Com a diferença do tumulto, é como se a própria maioria deliberasse em praça pública.

Várias circunstâncias particulares ainda tendem a tornar, na América, o poder da maioria não apenas predominante como irresistível.

O império moral da maioria se baseia em parte na ideia de que há mais luzes e sabedoria em muitos homens reunidos do que num só, no número de legisladores do que na escolha. É a teoria da igualdade aplicada às inteligências. Essa doutrina ataca o orgulho do homem em seu último refúgio: por mais que a minoria dificilmente o admita, só nos acostumamos a ela com o passar do tempo. Como todos os poderes, e talvez mais que qualquer outro, o poder da maioria precisa durar, portanto, para parecer legítimo. Quando começa a se estabelecer, faz-se obedecer pela coerção; somente depois de ter por muito tempo vivido sob suas leis é que se começa a respeitá-lo.

A ideia do direito que a maioria tem, por suas luzes, de governar a sociedade foi levada ao solo dos Estados Unidos por seus primeiros habitantes. Essa ideia, que em si bastaria para criar um povo livre, hoje se transmitiu aos costumes e pode ser encontrada nos mínimos hábitos da vida.

Os franceses, sob a antiga monarquia, tinham certeza de que o rei nunca podia falhar, e quando lhe acontecia de errar, eles pensavam que a culpa era de seus conselheiros. Isso facilitava maravilhosamente a obediência. Podia-se murmurar contra a lei sem deixar de amar e respeitar o legislador. Os americanos têm a mesma opinião da maioria.

O império moral da maioria ainda se baseia no princípio de que os interesses da maioria devem ser preferidos aos da minoria. Ora, é fácil compreender que o respeito que se professa por esse direito da maioria aumenta ou diminui naturalmente dependendo do estado dos partidos. Quando uma nação está dividida entre vários grandes interesses inconciliáveis, o privilégio da maioria muitas vezes é ignorado porque se torna penoso demais submeter-se a ele.

Se existisse na América uma classe de cidadãos que o legislador se esforçasse por despojar de certas vantagens exclusivas, possuídas por séculos, e quisesse os fazer descer de uma situação elevada para trazê-los às fileiras da multidão, é provável que a minoria não se submetesse com facilidade a suas leis.

Mas como os Estados Unidos foram povoados por homens iguais entre si, ainda não se encontra dissidência natural e permanente entre os interesses de seus vários habitantes.

Há um estado social em que os membros da minoria não podem esperar atrair a maioria para si, porque seria preciso abandonar o próprio objetivo da luta que eles mantêm contra ela. Uma aristocracia, por exemplo, não poderia se tornar maioria conservando seus privilégios exclusivos e não poderia deixar seus privilégios escaparem sem deixar de ser uma aristocracia.

Nos Estados Unidos, as questões políticas não podem ser feitas de maneira tão geral e tão absoluta, e todos os partidos estão dispostos a reconhecer os direitos da maioria, porque todos esperam um dia poder exercê-los em proveito próprio.

A maioria tem, portanto, nos Estados Unidos, um imenso poder de força de fato e um poder de opinião quase igualmente grande; e quando ela se constituiu a respeito de uma questão, não há, por assim dizer, obstáculos que possam, eu não diria deter, mas nem mesmo desacelerar sua marcha e dar-lhe tempo para ouvir as queixas dos que ela esmaga ao passar.

As consequências desse estado de coisas são funestas e perigosas para o futuro.

COMO A ONIPOTÊNCIA DA MAIORIA AUMENTA, NA AMÉRICA, A INSTABILIDADE LEGISLATIVA E ADMINISTRATIVA QUE É NATURAL ÀS DEMOCRACIAS

Como os americanos aumentam a instabilidade legislativa, que é natural à democracia, mudando todo ano de legislador e armando-o de um poder quase ilimitado — O mesmo efeito produzido sobre a administração — Na América, dá-se às melhorias sociais uma força infinitamente maior, mas menos contínua, do que na Europa

Falei anteriormente dos vícios que são naturais ao governo da democracia; não há um só que não cresça ao mesmo tempo que o poder da maioria.

Para começar pelo mais aparente de todos:

A instabilidade legislativa é um mal inerente ao governo democrático, porque é da natureza das democracias levar homens novos ao poder. Mas esse mal é maior ou menor dependendo do poder e dos meios de ação que se concede ao legislador.

Na América, confia-se à autoridade que faz as leis um poder soberano. Ela pode se entregar rápida e irresistivelmente a cada um de seus desejos, e todos os anos dão-lhe outros representantes. Ou seja: adotou-se exatamente a combinação que mais favorece a instabilidade democrática e que permite que a democracia aplique suas vontades cambiantes aos objetos mais importantes.

Assim, em nossos dias, a América é o país em que as leis têm a menor duração do mundo. Quase todas as constituições americanas foram emendadas nos últimos trinta anos. Não há estado americano, portanto, que não tenha, durante esse período, modificado os princípios de suas leis.

Quanto às próprias leis, basta lançar um olhar sobre os arquivos dos diferentes estados da União para se convencer de que na América a ação do legislador nunca desacelera. Não que a democracia americana seja por natureza mais instável que outra, mas deram-lhe o meio de seguir, na formação das leis, a instabilidade natural de suas inclinações.[23]

A onipotência da maioria e a maneira rápida e absoluta com que suas vontades são executadas nos Estados Unidos não apenas tornam a lei instável como exercem a mesma influência sobre a execução da lei e sobre a ação da administração pública.

Sendo a maioria a única potência a que é importante satisfazer, contribui-se com ardor às obras que ela empreende; mas assim que sua atenção vai para outra coisa, todos os esforços cessam, ao passo que nos estados livres da Europa, onde o Poder Administrativo tem uma existência independente e uma posição garantida, as vontades do legislador continuam a ser executadas mesmo quando ele se ocupa de outros objetos.

---

23. Os atos legislativos promulgados apenas no estado de Massachusetts, de 1780 até nossos dias, já enchem três grossos volumes. Ainda é preciso observar que a coletânea de que falo foi revisada em 1823 e que foram retiradas muitas leis antigas ou que se tornaram sem objeto. Ora, o estado de Massachusetts, que não é mais povoado do que um de nossos departamentos, pode ser considerado o mais estável de toda a União e o que mais busca continuidade e sabedoria em seus empreendimentos.

Na América, coloca-se em certas melhorias muito mais zelo e atividade do que em outros lugares.

Na Europa, emprega-se nessas mesmas coisas uma força social infinitamente menor, mas mais contínua.

Alguns homens religiosos tentaram, há vários anos, melhorar o estado das prisões. O público comoveu-se e a regeneração dos criminosos tornou-se uma obra popular.

Novas prisões foram construídas. Pela primeira vez, a ideia de recuperação do culpado entrou num calabouço, junto com a ideia de penitência. Mas a feliz revolução a que o público se associara com tanto ardor, e que os esforços simultâneos dos cidadãos tornavam irresistível, não podia se operar num instante.

Ao lado das novas penitenciárias, cujo desenvolvimento o desejo da maioria apressava, as antigas prisões ainda subsistiam e continuavam a encerrar um grande número de culpados. Estas pareciam se tornar mais insalubres e mais corruptoras à medida que as novas se tornavam mais reformadoras e mais sadias. Esse duplo efeito pode ser facilmente entendido: a maioria, preocupada com a ideia de fundar o novo estabelecimento, havia esquecido aquele que já existia. Com todos desviando os olhos do objeto que não atraía mais a atenção do mestre, a vigilância cessou. Primeiro viu-se o afrouxamento e, logo depois, o rompimento dos salutares laços da disciplina. E, ao lado da prisão, monumento duradouro da suavidade e das luzes de nosso tempo, via-se um calabouço que lembrava a barbárie da Idade Média.

TIRANIA DA MAIORIA

Como entender o princípio da soberania do povo — Impossibilidade de conceber um governo misto — O poder soberano precisa estar em algum lugar — Precauções que se devem tomar para moderar sua ação — Essas precauções não foram tomadas nos Estados Unidos — O resultado disso

Considero ímpia e detestável a máxima que diz que em matéria de governo a maioria de um povo tem o direito de fazer tudo; no entanto, coloco nas vontades da maioria a origem de todos os poderes. Estou em contradição comigo mesmo?

Existe uma lei geral que foi feita, ou ao menos adotada, não apenas pela maioria deste ou daquele povo, mas pela maioria de todos os homens. Essa lei é a justiça.

A justiça constitui, portanto, o limite do direito de cada povo.

Uma nação é como um júri encarregado de representar a sociedade universal e de aplicar a justiça que é sua lei. O júri, que representa a sociedade, deve ter mais poder que a própria sociedade cujas leis aplica?

Quando me recuso a obedecer a uma lei injusta, não nego à maioria o direito de comandar, apenas apelo à soberania do gênero humano em vez de à soberania do povo.

Algumas pessoas não temeram dizer que um povo, nos objetos que só interessavam a ele mesmo, não podia sair inteiramente dos limites da justiça e da razão, e que assim não se devia temer dar todo o poder à maioria que o representa. Mas essa é uma linguagem de escravos.

O que é uma maioria tomada coletivamente senão um indivíduo que tem opiniões e, na maioria das vezes, interesses contrários aos de outro indivíduo chamado minoria? Ora, se admitirmos que um homem investido da onipotência pode abusar dela contra seus adversários, por que não admitiríamos a mesma coisa para a maioria? Os homens, reunindo-se, mudaram de caráter? Tornaram-se mais pacientes com os obstáculos ao se tornarem mais fortes?[24] De minha parte, não posso acreditar nisso; e o poder de fazer tudo, que recuso a um só de meus semelhantes, nunca o concederei a vários.

Não que, para conservar a liberdade, eu acredite que se possa misturar vários princípios num mesmo governo, de maneira a realmente opô-los uns aos outros.

O governo que chamamos misto sempre me pareceu uma quimera. Não existe, a bem dizer, governo misto (no sentido que se dá a essa palavra), porque em cada sociedade acaba-se por descobrir um princípio de ação que domina todos os outros.

A Inglaterra do século passado, particularmente citada como exemplo desse tipo de governo, era um Estado essencialmente aristocrático, embora se encontrassem em seu seio grandes elementos de democracia; pois as leis e os costumes estavam estabelecidos de tal modo que a aristocracia sempre devia, com o tempo, predominar e dirigir segundo sua vontade os assuntos públicos.

O erro veio do fato de que, vendo os interesses dos grandes constantemente em confronto com os do povo, só se pensou na luta, em vez de se prestar atenção ao resultado dessa luta, que era o ponto importante. Quando uma sociedade chega realmente a ter um governo misto, isto é, igualmente dividido entre princípios contrários, ela entra em revolução ou se dissolve.

---

24. Ninguém poderia afirmar que um povo não pode abusar da força em relação a outro povo. Ora, os partidos se formam como pequenas nações dentro de uma grande; entre eles, têm relações de estrangeiros. Se admitimos que uma nação pode ser tirânica com outra nação, como negar que um partido possa sê-lo com outro partido?

Penso, portanto, que sempre se deve colocar em algum lugar um poder social superior a todos os outros, mas acredito a liberdade em perigo quando esse poder não encontra diante de si nenhum obstáculo que possa deter seu avanço e dar-lhe tempo para moderar a si próprio.

A onipotência me parece em si uma coisa ruim e perigosa. Seu exercício me parece acima das forças do homem, quem quer que seja, e só vejo Deus que possa sem perigo ser onipotente, porque sua sabedoria e sua justiça são sempre iguais a seu poder. Não existe sobre a Terra, portanto, autoridade tão respeitável em si mesma, ou revestida de um direito tão sagrado, que eu deixasse agir sem controle e dominar sem obstáculos. Quando vejo concederem o direito e a faculdade de fazer tudo a um poder qualquer, quer o chamem de povo ou rei, democracia ou aristocracia, quer o exerçam numa monarquia ou numa república, digo que aí está o germe da tirania e procuro ir viver sob outras leis.

O que mais critico ao governo democrático, tal como organizado nos Estados Unidos, não é, como muitos afirmam na Europa, sua fraqueza, mas, ao contrário, sua força irresistível. E o que mais me desagrada na América não é a extrema liberdade que ali reina, é a pouca garantia que encontramos contra a tirania.

Quando um homem ou um partido sofre uma injustiça nos Estados Unidos, a quem você quer que ele se dirija? À opinião pública? É ela que forma a maioria. Ao corpo legislativo? Ele representa a maioria e obedece-lhe cegamente. Ao Poder Executivo? Ele é nomeado pela maioria e serve-lhe de instrumento passivo. À força pública? A força pública nada mais é que a maioria em armas. Ao júri? O júri é, em sua maioria, investido do direito de pronunciar sentenças; os próprios juízes, em certos estados, são eleitos pela maioria. Por mais iníqua e insensata que seja a medida que o atinge, você precisa se submeter a ela.[25]

---

25. Viu-se, em Baltimore, durante a guerra de 1812, um exemplo marcante dos excessos a que pode levar o despotismo da maioria. À época, a guerra era muito popular em Baltimore. Um jornal que se mostrava muito oposto a ela despertou com sua conduta a indignação dos habitantes. O povo se reuniu, quebrou as prensas e atacou a casa dos jornalistas. Quis-se reunir a milícia, mas ela não respondeu ao chamado. A fim de salvar os infelizes ameaçados pelo furor público, decidiu-se levá-los à prisão como criminosos. Essa precaução foi inútil: durante a noite, o povo se reuniu novamente; tendo os magistrados fracassado de novo em reunir a milícia, a prisão foi invadida, um dos jornalistas foi morto no local e os outros ficaram para morrer: os culpados levados a júri foram inocentados. Eu disse um dia a um habitante da Pensilvânia: "Explique-me, por favor, como, num estado fundado por Quaker, e renomado por sua tolerância, os negros libertos não são admitidos a exercer os direitos de cidadãos. Eles pagam impostos, não seria justo que votassem?". "Não nos faça essa injúria", respondeu-me ele, "de acreditar que nossos legisladores teriam cometido um ato tão grosseiro de injustiça e intolerância". "Então, para vocês, os negros têm o direito de votar?" "Sem dúvida alguma." "Então por que no colégio eleitoral dessa manhã não vi um único na Assembleia?" "Isso não é culpa da lei", me disse o americano, "os negros têm, é verdade, o direito de se apresentar às eleições, mas eles se abstêm voluntariamente de aparecer".

Imagine, ao contrário, um corpo legislativo composto de tal modo a representar a maioria sem necessariamente ser o escravo de suas paixões, um Poder Executivo que tenha uma força que lhe seja própria e um Poder Judiciário independente dos dois outros poderes; você ainda terá um governo democrático, mas nele não haverá praticamente mais nenhuma chance de tirania.

Não digo que na época atual se faça na América um uso frequente da tirania, digo que não encontramos garantia contra ela e que é preciso buscar as causas para a suavidade do governo nas circunstâncias e nos costumes, mais do que nas leis.

EFEITOS DA ONIPOTÊNCIA DA MAIORIA SOBRE A ARBITRARIEDADE DOS FUNCIONÁRIOS PÚBLICOS AMERICANOS

> Liberdade que a lei americana dá aos funcionários no círculo que ela traçou — Seu poder

É preciso distinguir a arbitrariedade da tirania. A tirania pode se exercer por meio da própria lei, e então não é arbitrária; a arbitrariedade pode se exercer no interesse dos governados, e então não é tirânica.

A tirania em geral se serve da arbitrariedade, mas se preciso sabe ficar sem ela.

Nos Estados Unidos, a onipotência da maioria favorece o despotismo legal do legislador e, ao mesmo tempo, a arbitrariedade do magistrado. A maioria sendo a senhora absoluta de fazer a lei e de zelar por sua execução, tendo um igual controle sobre governantes e governados, considera os funcionários públicos como seus agentes passivos e de bom grado deposita neles o cuidado de servir aos seus desígnios. Portanto, não entra de antemão no detalhe de seus deveres e não se preocupa em definir seus direitos. Trata-os como um senhor poderia fazer com seus criados se, vendo-os sempre agir sob seus olhos, pudesse dirigir ou corrigir sua conduta a cada instante.

Em geral, a lei deixa os funcionários americanos muito mais livres do que os nossos no círculo que traça em torno deles. Às vezes, acontece inclusive de a maioria permitir-lhes sair dele. Garantidos pela opinião da maioria e

---

"Eis muita modéstia da parte deles." "Oh! Não é que se recusem a ir, mas temem ser maltratados. Às vezes acontece de faltar força à lei, quando a maioria não a apoia. Ora, a maioria está imbuída dos maiores prejuízos contra os negros e os magistrados não sentem a força de garantir a eles o direito que o legislador lhes conferiu." "Ora! A maioria, que tem o privilégio de fazer a lei, ainda quer o de desobedecer à lei?".

fortalecidos por seu concurso, eles ousam então coisas com que um europeu, habituado ao espetáculo da arbitrariedade, ainda se espanta. Assim, formam-se no seio da liberdade hábitos que um dia poderão se tornar funestos.

DO PODER QUE A MAIORIA EXERCE NA AMÉRICA SOBRE O PENSAMENTO

> Nos Estados Unidos, quando a maioria se decide irrevogavelmente a respeito de uma questão, não se discute mais — Por quê — Poder moral que a maioria exerce sobre o pensamento — As repúblicas democráticas imaterializam o despotismo

Quando examinamos qual é o exercício do pensamento nos Estados Unidos é que percebemos com muita clareza a que ponto o poder da maioria supera todos os poderes que conhecemos na Europa.

O pensamento é um poder invisível e quase inapreensível que faz pouco de todas as tiranias. Em nossos dias, os soberanos mais absolutos da Europa não poderiam impedir certos pensamentos hostis a suas autoridades de circular surdamente em seus estados e mesmo dentro de suas cortes. O mesmo não acontece na América: enquanto a maioria estiver em dúvida, fala-se; mas assim que ela se pronuncia irrevogavelmente, todos se calam, amigos e inimigos parecem atrelar-se de comum acordo a seu carro. A razão para isso é simples: não há monarquia tão absoluta que possa reunir em sua mão todas as forças da sociedade e vencer a resistência como pode fazê-lo uma maioria investida do direito de fazer as leis e de executá-las.

Um rei, além disso, tem apenas um poder material que age sobre as ações e não poderia alcançar as vontades; mas a maioria está investida de uma força ao mesmo tempo material e moral que age sobre a vontade tanto quanto sobre as ações, e que também impede o fato e o desejo de fazer.

Não conheço país onde reine em geral menos independência de espírito e verdadeira liberdade de discussão do que na América.

Não há teoria religiosa ou política que não se possa pregar livremente nos estados constitucionais da Europa e que não penetre nos outros, pois não há país na Europa tão submetido a um único poder a ponto de aquele que quiser dizer a verdade não encontre um apoio capaz de garanti-lo contra os resultados de sua independência. Se tiver a infelicidade de viver sob um governo absoluto, muitas vezes terá o povo consigo; se habitar um país livre, poderá ser necessário abrigar-se atrás da autoridade real. A fração aristocrática da sociedade o apoia nas regiões democráticas, e a democracia, nas outras. Mas no seio de uma democracia organizada como a dos Estados Unidos encontramos um único poder, um único elemento de força e de sucesso, e nada fora dele.

Na América, a maioria traça um círculo imponente em torno do pensamento. Dentro desses limites, o escritor é livre; mas ai dele se ousar sair. Não que ele precise temer um auto de fé, mas terá desgostos de todos os gêneros e se verá alvo de perseguições todos os dias. A carreira política lhe será fechada: ele ofendeu o único poder com a faculdade de abri-la. Tudo lhe será recusado, até a glória. Antes de publicar suas opiniões, ele acreditava ter partidários; parece-lhe não tê-los mais agora que se revelou a todos; pois os que o criticam se expressam em altas vozes e os que pensam como ele, sem terem sua coragem, calam-se e afastam-se. Ele cede, curva-se por fim sob o esforço de cada dia e cai no silêncio, como se sentisse remorso por ter dito a verdade.

Correntes e carrascos são instrumentos grosseiros que a tirania empregava antigamente; em nossos dias, a civilização aperfeiçoou o próprio despotismo, que, no entanto, parecia não ter mais nada a aprender.

Os príncipes tinham, por assim dizer, materializado a violência; as repúblicas democráticas de nossos dias tornaram-na tão intelectual quanto a vontade humana que ela quer coagir. Sob o governo absoluto de um só, o despotismo, para chegar à alma, golpeava grosseiramente o corpo; a alma, escapando a seus golpes, elevava-se gloriosa acima dele. Nas repúblicas democráticas, porém, não é assim que procede a tirania; ela deixa o corpo e vai direto até a alma. O senhor não diz mais: "Você pensará como eu ou morrerá". Ele diz:

> Você é livre para não pensar como eu; sua vida, seus bens, tudo continua sendo seu, mas a partir de hoje você é um estrangeiro entre nós. Você conservará seus privilégios na cidade, mas eles lhe serão inúteis, porque se ambicionar o voto de seus concidadãos, eles não o concederão, e se pedir-lhes apenas sua estima, eles também a recusarão. Você permanecerá entre os homens, mas perderá seus direitos à humanidade. Quando você se aproximar de seus semelhantes, eles fugirão como de um ser impuro; e os que acreditam em sua inocência também o abandonarão, porque fugirão deles por sua vez. Vá em paz, deixo-lhe a vida, mas deixo-a pior do que a morte.

As monarquias absolutas haviam desonrado o despotismo; cuidemos para que as repúblicas democráticas não o restabeleçam e para que, tornando-o mais pesado para alguns, não lhe tirem, aos olhos da maioria, seu aspecto odioso e seu caráter aviltante.

Nas nações mais orgulhosas do Velho Mundo, publicaram-se obras destinadas a retratar com fidelidade os vícios e os ridículos dos contemporâneos; La Bruyère morava no palácio de Luís XIV quando escreveu seu capítulo sobre os grandes e Molière criticava a corte em peças que eram representadas para os cortesãos. Mas o poder que domina nos Estados Unidos não quer que zombem dele assim. A crítica mais leve o fere, a mínima verdade mordaz o amedronta; é preciso que o louvem desde as formas de sua linguagem até suas mais sólidas virtudes. Nenhum escritor, qualquer que seja seu renome, pode escapar a essa obrigação de incensar seus concidadãos. A maioria vive, portanto, em perpétua adoração de si mesma; somente os estrangeiros ou a experiência podem fazer certas verdades chegarem aos ouvidos dos americanos.

Se a América ainda não teve grandes escritores, não devemos procurar alhures as razões para tanto: não existe gênio literário sem liberdade de espírito, e não existe liberdade de espírito na América.

A Inquisição nunca conseguiu impedir a circulação de livros contrários à religião da maioria na Espanha. O império da maioria faz melhor nos Estados Unidos: ela suprimiu até mesmo a ideia de publicá-los. Encontramos incrédulos na América, mas a incredulidade não encontra, por assim dizer, seu órgão.

Vemos governos que se esforçam para proteger os costumes condenando os autores de livros licenciosos. Nos Estados Unidos, ninguém é condenado por esse tipo de obra, mas ninguém se sente tentado a escrevê-la. Não que todos os cidadãos tenham costumes puros, mas a maioria é regular nos seus.

Lá, o uso do poder é bom, sem dúvida: por isso falei apenas do poder em si. Esse poder irresistível é um fato contínuo e seu bom emprego não passa de um acidente.

EFEITOS DA TIRANIA DA MAIORIA SOBRE O CARÁTER NACIONAL DOS AMERICANOS; DO ESPÍRITO CORTESÃO NOS ESTADOS UNIDOS

> Os efeitos da tirania da maioria se fazem sentir, até o momento, mais sobre os costumes do que sobre a condução da sociedade — Eles detêm o desenvolvimento dos grandes caracteres — As repúblicas democráticas organizadas, como a dos Estados Unidos, colocam o espírito cortesão ao alcance da maioria — Provas da existência desse espírito nos Estados Unidos — Por que há mais patriotismo no povo do que naqueles que governam em seu nome

A influência do que precede ainda se faz sentir fracamente na sociedade política; mas já se observam efeitos perigosos sobre o caráter nacional dos americanos. Penso que é principalmente à ação sempre crescente do despotismo da maioria, nos Estados Unidos, que se deve atribuir o pequeno número de homens notáveis que hoje ali surgem na cena política.

Quando a revolução da América eclodiu, eles surgiram em massa; a opinião pública dirigia então as vontades e não as tiranizava. Os homens célebres daquela época, associando-se livremente ao movimento dos espíritos, tiveram uma grandeza que lhes foi própria; disseminaram seu brilho sobre a nação e não o tiraram dela.

Nos governos absolutos, os grandes próximos ao trono bajulam as paixões do senhor e se dobram voluntariamente a seus caprichos. Mas a massa da nação não se presta à servidão, muitas vezes ela se submete por fraqueza, por hábito ou por ignorância; algumas vezes, por amor à realeza ou ao rei. Viram-se povos sentir uma espécie de prazer e de orgulho em sacrificar sua vontade à do príncipe e ter, com isso, uma espécie de independência de alma em meio à própria obediência. Nesses povos, encontra-se menos degradação do que misérias. Existe, aliás, uma grande diferença entre fazer o que não aprovamos ou fingir aprovar o que fazemos: uma vem de um homem fraco, mas a outra cabe apenas aos hábitos de um lacaio.

Nos países livres, em que cada um é mais ou menos chamado a dar sua opinião sobre os negócios do Estado; nas repúblicas democráticas, em que a vida pública é constantemente mesclada à vida privada, em que o soberano é abordável de todos os lados e em que basta elevar a voz para chegar ao ouvido dele, encontramos muito mais pessoas que procuram especular sobre as fraquezas e viver à custa dessas paixões do que nas monarquias absolutas. Não que os homens sejam naturalmente piores que em outros lugares, mas a tentação ali é mais forte e se oferece a mais gente ao mesmo tempo. Resulta disso um declínio muito mais geral das almas.

As repúblicas democráticas põem o espírito cortesão ao alcance da maioria e o fazem penetrar em todas as classes ao mesmo tempo. Essa é uma das principais críticas que podemos fazer-lhes.

Isso é verdade principalmente nos estados democráticos organizados como as repúblicas americanas, em que a maioria exerce um império tão absoluto e tão irresistível que é preciso de certo modo renunciar a seus direitos de cidadão e, por assim dizer, à sua qualidade de homem quando se quer sair do caminho traçado por ela.

Entre a imensa multidão que, nos Estados Unidos, busca a carreira política, vi pouquíssimos homens que demonstrassem a viril candura e a enérgica independência de pensamento que tanto distinguiram os americanos nas épocas anteriores e que, sempre que encontradas, formam o traço saliente dos grandes caracteres. À primeira vista, poderíamos dizer que na América os espíritos foram todos formados com base no mesmo modelo, portanto, seguem exatamente os mesmos caminhos. O estrangeiro às vezes encontra, é verdade, americanos que se afastam do rigor das fórmulas; pode acontecer de estes deplorarem o vício das leis, a versatilidade da democracia e sua falta de luzes; eles chegam até a notar os defeitos que alteram o caráter nacional e indicam os meios que poderiam ser tomados para corrigi-los; mas ninguém, exceto você, lhes dá ouvidos; e você, a quem eles confiam esses pensamentos secretos, é apenas um estrangeiro, e você passa. Eles, de bom grado, compartilham com você verdades que lhe são inúteis e, chegando à praça pública, mudam sua linguagem.

Se essas linhas um dia chegarem à América, tenho certeza de duas coisas: primeira, que todos os leitores elevarão a voz para me condenar; segunda, que muitos me absolverão no fundo de suas consciências.

Ouvi falar da pátria nos Estados Unidos. Encontrei um verdadeiro patriotismo no povo; procurei-o muitas vezes em vão nos que o dirigem. Isso se entende facilmente por analogia: o despotismo deprava muito mais aquele que se submete a ele do que aquele que o impõe. Nas monarquias absolutas, o rei com frequência tem grandes virtudes; os cortesãos, porém, sempre são vis.

É verdade que os cortesãos, na América, não dizem "Sire e Vossa Majestade", grande e capital diferença, mas falam constantemente das luzes naturais de seu senhor. Eles não levantam a questão de saber qual das virtudes do príncipe merece ser admirada, pois garantem que ele possui todas as virtudes, sem tê-las adquirido e, por assim dizer, sem querer; não lhe dão suas mulheres e suas filhas para que ele as eleve à categoria de amantes; porém, sacrificando-lhe suas opiniões, prostituem a si mesmos.

Os moralistas e os filósofos, na América, não são obrigados a envolver suas opiniões com os véus da alegoria; antes, porém, de ousar proferir uma verdade desagradável, eles dizem: "Sabemos que falamos a um povo muito acima das fraquezas humanas para não se manter sempre senhor de si mesmo. Não manteríamos semelhante linguagem se nos dirigíssemos a homens cujas virtudes e luzes tornam-nos os únicos, entre todos os outros, dignos de permanecer livres".

Como os bajuladores de Luís XIV poderiam fazer melhor?

De minha parte, creio que em todos os governos, quaisquer que sejam, a baixeza se agarrará à força, e a bajulação, ao poder. E conheço um único meio de impedir que os homens se degradem: não conceder a ninguém, com a onipotência, o soberano poder de aviltá-los.

QUE O MAIOR PERIGO DAS REPÚBLICAS AMERICANAS VEM DA ONIPOTÊNCIA DA MAIORIA

É pelo mau uso de sua potência, e não por impotência, que as repúblicas democráticas se expõem a perecer — O governo das repúblicas americanas é mais centralizado e mais enérgico do que o das monarquias da Europa — Perigo que resulta disso — Opinião de Madison e de Jefferson a esse respeito

Os governos normalmente perecem por impotência ou por tirania. No primeiro caso, o poder lhes escapa; no outro, é-lhes arrancado.

Muitas pessoas, vendo os estados democráticos caírem na anarquia, pensaram que o governo, nesses estados, era naturalmente fraco e impotente. A verdade é que, depois que a guerra entre os partidos se inflama, o governo perde sua ação sobre a sociedade. Mas não penso que a natureza de um poder democrático seja carecer de força e de recursos; creio, ao contrário, que é quase sempre o abuso de suas forças e o mau uso de seus recursos que o fazem perecer. A anarquia quase sempre nasce de sua tirania ou de sua inabilidade, mas não de sua impotência.

Não se deve confundir a estabilidade com a força, a grandeza da coisa com sua duração. Nas repúblicas democráticas, o poder que dirige[26] a sociedade não é estável, pois muda muitas vezes de mãos e de objetos. Mas aonde quer que se dirija, sua força é quase irresistível.

O governo das repúblicas americanas me parece tão centralizado quanto, e mais enérgico, o das monarquias absolutas da Europa. Não penso, portanto, que pereça por fraqueza.[27]

Se um dia a liberdade for perdida na América, será preciso culpar a onipotência da maioria, que terá levado as minorias ao desespero e as terá forçado a apelar à força material. Veremos então a anarquia, mas ela chegará como consequência do despotismo.

O presidente James Madison expressou os mesmos pensamentos. (Ver o *Fédéraliste*, n. 51.). Diz ele:

> É de grande importância nas repúblicas não apenas defender a sociedade da opressão dos que a governam como ainda proteger uma parte da sociedade da injustiça da outra. A justiça é o objetivo para o qual deve tender todo governo; é o objetivo a que se propõem os homens ao se reunirem. Os povos fizeram e sempre farão esforços para esse objetivo até que tenham conseguido alcançá-lo ou que tenham perdido sua liberdade.

---

26. O poder pode ser centralizado numa assembleia: então será forte, mas não estável; ele pode ser centralizado num homem: então será menos forte, mas mais estável.

27. É inútil, penso, avisar o leitor que, aqui, como em todo o restante do capítulo, estou falando não do governo federal, mas dos governos particulares de cada estado dirigido despoticamente pela maioria.

Se existisse uma sociedade na qual o partido mais poderoso estivesse em condições de reunir com facilidade suas forças e oprimir o mais fraco, poderíamos considerar que a anarquia reina em semelhante sociedade tanto quanto no estado de natureza, em que o indivíduo mais fraco não tem nenhuma garantia contra a violência do mais forte; e da mesma forma que, no estado de natureza, os inconvenientes de um destino incerto e precário levam os mais fortes a se submeterem a um governo que protege os fracos, num governo anárquico os mesmos motivos conduzirão pouco a pouco os partidos mais poderosos a desejar um governo que possa proteger com igualdade todos os partidos, o forte e o fraco. Se o estado de Rhode Island fosse separado da confederação e entregue a um governo popular, exercido soberanamente dentro de estreitos limites, não poderíamos duvidar que a tirania das maiorias tornaria o exercício dos direitos tão incerto que se viria a exigir um poder inteiramente independente do povo. As próprias facções, que o teriam tornado necessário, se apressariam em apelar a ele.

Jefferson também dizia: "O Poder Executivo, em nosso governo, não é o único e talvez não seja o principal objeto de minha solicitude. A tirania dos legisladores é hoje, e será por muitos anos ainda, o perigo mais temível. A do Poder Executivo acontecerá, por sua vez, mas numa época mais distante".[28]

Nessa matéria, gosto de citar Jefferson de preferência a todos os outros porque considero-o o mais poderoso apóstolo que a democracia jamais teve.

CAPÍTULO 8
DAQUILO QUE, NOS ESTADOS UNIDOS, TEMPERA A TIRANIA DA MAIORIA
AUSÊNCIA DE CENTRALIZAÇÃO ADMINISTRATIVA

A maioria nacional não pensa fazer tudo. Ela é obrigada a servir-se dos magistrados da comuna e dos condados para executar suas vontades soberanas.

Distingui previamente dois tipos de centralização; chamei uma de governamental e a outra, administrativa.

Somente a primeira existe na América; a segunda, lá, é praticamente desconhecida.

---

28. Carta de Jefferson a Madison, 15 de março de 1789.

Se o poder que dirige as sociedades americanas tivesse à sua disposição esses dois meios de governo e juntasse, ao direito de tudo, comandar a faculdade e o hábito de tudo executar por si mesmo, se, depois de estabelecer os princípios gerais do governo, ele penetrasse nos detalhes da aplicação e se, depois de decidir os grandes interesses do país, ele pudesse descer até o limite dos interesses individuais, a liberdade logo seria banida do Novo Mundo.

Contudo, nos Estados Unidos, a maioria, que muitas vezes tem os gostos e os instintos de um déspota, ainda carece dos instrumentos mais perfeitos da tirania.

Em nenhuma das repúblicas americanas o governo central alguma vez se ocupou de outra coisa que não um pequeno número de objetos, cuja importância atraía seu olhar. Ele nunca procurou resolver as coisas secundárias da sociedade. Nada indica que tenha sequer tido o desejo de fazê-lo. A maioria, tornando-se cada vez mais absoluta, não aumentou as atribuições do poder central; apenas tornou-o onipotente em sua esfera. Assim, o despotismo pode ser muito pesado em dado ponto, mas não poderia estender-se a todos.

Por mais arrastada por suas paixões, aliás, que a maioria nacional possa ser, por mais ardente que ela seja em seus projetos, não poderia fazer com que, em todos os lugares, da mesma maneira e no mesmo momento, todos os cidadãos se curvassem a seus desejos. Quando o governo central que a representa ordena soberanamente, ele precisa recorrer, para a execução de sua ordem, a agentes que muitas vezes não dependem dele e que ele não pode dirigir a cada instante. Os corpos municipais e as administrações dos condados formam, portanto, como que inúmeros escolhos ocultos que atrasam ou dividem a frota da vontade popular. Se a lei fosse opressiva, a liberdade ainda encontraria um abrigo na maneira como a executaria; e a maioria não poderia descer aos detalhes e, se ouso dizer, às puerilidades da tirania administrativa. Ela sequer imagina que possa fazer isso, pois não tem total consciência de seu poder. Até o momento, conhece apenas suas forças naturais e ignora a que ponto a arte poderia estender os limites destas.

Isso merece ser refletido. Se jamais viesse a ser fundada uma república democrática como a dos Estados Unidos num país em que o poder de um só já tivesse estabelecido e difundido a centralização administrativa tanto aos hábitos quanto às leis, não temo dizer que, em semelhante república, o despotismo se tornaria mais intolerável do que em qualquer monarquia absoluta da Europa. Seria preciso ir à Ásia para encontrar algum a que se pudesse compará-lo.

DO ESPÍRITO LEGISTA NOS ESTADOS UNIDOS E COMO ELE SERVE DE CONTRAPESO À DEMOCRACIA

Utilidade de buscarmos os instintos naturais do espírito legista — Os legistas chamados a desempenhar um papel importante na sociedade que tenta nascer — Como o gênero de trabalhos a que se dedicam os legistas confere um ar aristocrático a suas ideias — Causas acidentais que podem se opor ao desenvolvimento dessas ideias — Facilidade que a aristocracia encontra de unir-se aos legistas — Partido que um déspota poderia tirar dos legistas. Como os legistas formam o único elemento aristocrático que seja de natureza a combinar-se com os elementos naturais da democracia — Causas particulares que tendem a dar um ar aristocrático ao espírito do legista inglês e americano — A aristocracia americana está no banco dos advogados e no assento dos juízes — Influência exercida pelos legistas sobre a sociedade americana — Como seu espírito penetra nas legislaturas, na administração, e acaba por dar ao próprio povo algo dos instintos dos magistrados

Quando visitamos os americanos e estudamos suas leis, vemos que a autoridade que eles conferiram aos legistas e a influência que deixaram que tomassem no governo constituem, hoje, a mais potente barreira contra os desvios da democracia. Esse efeito parece-me decorrer de uma causa geral que é útil buscarmos, pois ela pode se reproduzir em outros lugares.

Os legistas envolveram-se em todos os movimentos da sociedade política, na Europa, nos últimos quinhentos anos. Ora serviram de instrumento aos poderes políticos, ora usaram os poderes políticos como instrumentos. Na Idade Média, os legistas cooperaram maravilhosamente para estender a dominação dos reis; depois disso, trabalharam intensamente para restringir esse mesmo poder. Na Inglaterra, vimo-los se unirem intimamente à aristocracia; na França, revelaram-se seus inimigos mais perigosos. Os legistas então cedem a impulsos repentinos e momentâneos ou obedecem mais ou menos, dependendo das circunstâncias, a instintos que lhes são naturais e que se reproduzem constantemente? Eu gostaria de esclarecer esse ponto, pois talvez os legistas sejam chamados a desempenhar o papel principal na sociedade política que procura nascer.

Os homens que fizeram um estudo especial das leis retiraram desses trabalhos hábitos de ordem, um determinado gosto das formas, uma espécie de amor instintivo pelo encadeamento regular das ideias, que os tornam naturalmente muito opostos ao espírito revolucionário e às paixões irrefletidas da democracia.

Os conhecimentos especiais que os legistas adquirem ao estudar a lei garantem-lhes uma posição à parte na sociedade, eles formam uma espécie de classe privilegiada entre as inteligências. Todos os dias deparam-se com a ideia dessa superioridade no exercício de sua profissão; são mestres de uma ciência necessária, cujo conhecimento não é difundido; servem de árbitros entre os cidadãos e o hábito de dirigir as paixões cegas dos pleiteantes confere-lhes certo desprezo pelo julgamento da multidão. Some-se a isso o fato de naturalmente formarem *um corpo*. Não que se entendam entre si e que se dirijam de comum acordo a um mesmo ponto, mas os estudos em comum e a unidade de métodos ligam seus espíritos uns aos outros, assim como o interesse poderia unir suas vontades.

Encontramos, assim, escondida no fundo da alma dos legistas, uma parte dos gostos e dos hábitos da aristocracia. Eles têm, como ela, um pendor instintivo pela ordem, um amor natural pelas formas; como ela, sentem grande repulsa pelas ações da multidão e desprezam secretamente o governo do povo.

Não quero dizer que esses pendores naturais dos legistas sejam fortes o suficiente para submetê-los de maneira irresistível. O que domina nos legistas, como em todos os homens, é o interesse particular e, principalmente, o interesse do momento.

Há sociedades em que os homens de lei não podem ocupar no mundo político uma posição análoga à que ocupam na vida privada; podemos ter certeza de que, numa sociedade organizada dessa maneira, os legistas serão agentes muito ativos da revolução. Mas é preciso descobrir se a causa que o leva então a destruir ou a mudar nasce, neles, de uma disposição permanente ou de um acidente. É verdade que os legistas contribuíram singularmente para derrubar a monarquia francesa em 1789. Resta saber se agiram assim porque tinham estudado as leis ou porque não podiam ajudar a fazê-las.

Há quinhentos anos, a aristocracia inglesa colocava-se à frente do povo e falava em seu nome; hoje, ela sustenta o trono e faz-se defensora da autoridade real. A aristocracia tem, no entanto, instintos e pendores que lhe são próprios.

Também se deve evitar considerar os membros isolados do corpo pelo próprio corpo.

Em todos os governos livres, qualquer que seja sua forma, encontraremos legistas nas primeiras posições de todos os partidos. Essa mesma observação ainda se aplica à aristocracia. Quase todos os movimentos democráticos que agitaram o mundo foram dirigidos por nobres.

Um corpo de elite nunca pode satisfazer a todas as ambições que encerra; ele sempre tem mais talentos e paixões do que usos, e não deixamos encontrar um grande número de homens que, não conseguindo crescer rápido o suficiente servindo-se dos privilégios do corpo, procuram fazê-lo atacando esses privilégios.

Não afirmo, portanto, que há uma época em que *todos* os legistas devem se mostrar amigos da ordem e inimigos das mudanças, nem que em *todos* os tempos a maioria deles deve fazê-lo.

Afirmo que numa sociedade em que os legistas ocupem sem contestação a posição elevada que lhes cabe naturalmente, seu espírito será eminentemente conservador e se mostrará antidemocrático.

Quando a aristocracia fecha suas fileiras aos legistas, encontra neles inimigos tanto mais perigosos porque, abaixo dela por sua riqueza e seu poder, eles são independentes dela por seus trabalhos e se sentem no mesmo nível que ela por suas luzes.

Mas todas as vezes que os nobres quiseram compartilhar com os legistas alguns de seus privilégios, essas duas classes encontraram grandes facilidades para se unir e, por assim dizer, descobriram-se da mesma família.

Também sou levado a crer que sempre será fácil a um rei fazer dos legistas os instrumentos mais úteis de seu poder.

Há infinitamente mais afinidade natural entre os homens de lei e o Poder Executivo do que entre eles e o povo, ainda que os legistas tenham muitas vezes ajudado a derrubar o primeiro; assim como há mais afinidade natural entre os nobres e o rei do que entre os nobres e o povo, ainda que muitas vezes tenhamos visto as classes superiores da sociedade se unirem às outras para lutar contra o poder real.

O que os legistas preferem acima de todas as coisas é uma vida de ordem, e a maior garantia de ordem é a autoridade. Não devemos esquecer, aliás, que embora prezem a liberdade, em geral colocam a legalidade muito acima dela; eles temem menos a tirania do que a arbitrariedade e, desde que seja o próprio legislador a retirar a independência dos homens, ficam mais ou menos satisfeitos.

Penso, portanto, que o príncipe, que, em presença de uma democracia invasora, tentasse derrubar o Poder Judiciário em seus estados e diminuir a influência política dos legistas, cometeria um grande erro. Ele largaria a substância da autoridade para agarrar sua sombra.

Não tenho dúvida de que lhe seria mais proveitoso introduzir os legistas no governo. Depois de confiar-lhes o despotismo sob a forma da violência, talvez voltassem a encontrá-lo em suas mãos sob os traços da justiça e da lei.

O governo da democracia é favorável ao poder político dos legistas. Quando o rico, o nobre e o príncipe são excluídos do governo, os legistas a ele chegam, por assim dizer, de pleno direito, pois constituem então os únicos homens esclarecidos e hábeis que o povo pode escolher fora dele.

Se os legistas são naturalmente levados por seus gostos para a aristocracia e o príncipe, eles são naturalmente levados para o povo por seu interesse.

Assim, os legistas apreciam o governo da democracia sem partilhar de suas inclinações e sem imitar suas fraquezas, dupla causa para terem poder por ela e sobre ela.

O povo, na democracia, não desconfia dos legistas porque sabe que eles têm interesse em servir a sua causa; ele os ouve sem cólera porque não supõe que tenham segundas intenções. De fato, os legistas não querem derrubar o governo que a democracia criou para si, mas eles se esforçam constantemente em dirigi-lo segundo uma tendência que não é a dele e por meios que lhe são estrangeiros. O legista pertence ao povo por seu interesse e por seu nascimento, e à aristocracia por seus hábitos e por seus gostos; ele é como a ligação natural entre essas duas coisas, como o elo que as une.

O corpo dos legistas forma o único elemento aristocrático que pode se mesclar sem esforço aos elementos naturais da democracia e combinar-se de maneira feliz e duradoura com eles. Não ignoro os defeitos inerentes ao espírito legista; sem essa mistura do espírito legista ao espírito democrático, duvido que a democracia pudesse governar por muito tempo a sociedade, e não poderia acreditar que em nossos dias uma república pudesse esperar conservar sua existência se a influência dos legistas nos negócios não crescesse na mesma proporção que o poder do povo.

Esse caráter aristocrático que percebo no espírito legista é mais pronunciado ainda nos Estados Unidos e na Inglaterra do que em qualquer outro país. Isso não se deve apenas ao estudo que os legistas ingleses e americanos fazem das leis, mas à própria natureza da legislação e à posição que esses intérpretes ocupam nesses dois povos.

Os ingleses e os americanos conservaram a legislação dos precedentes, isto é, continuam a buscar nas opiniões e nas decisões legais de seus pais as opiniões a ter em matéria de lei e as decisões a tomar.

Num legista inglês ou americano, o gosto e o respeito pelo que é antigo quase sempre se unem ao amor pelo que é regular e legal.

Isso tem outra influência sobre o ânimo dos legistas e, consequentemente, sobre o andamento da sociedade.

O legista inglês ou americano procura o que foi feito, o legista francês, o que deveriam ter feito; um quer sentenças, o outro quer razões.

Quando ouvimos um legista inglês ou americano, ficamos surpresos de vê-lo citar com tanta frequência a opinião dos outros e de ouvi-lo falar tão pouco de sua própria, enquanto o contrário acontece entre nós.

Não há causa tão pequena que o advogado francês consinta tratar sem introduzir um sistema de ideias que lhe pertença, e ele discutirá até mesmo os princípios constitutivos das leis para que o tribunal aceite recuar uma toesa do limite da herança contestada.

Essa espécie de abnegação do próprio juízo que os legistas inglês e americano fazem para se reportar ao juízo de seus pais; essa espécie de servidão, em que se é obrigado a manter seu pensamento, deve dar ao espírito legista hábitos mais contidos e fazê-lo contrair pendores mais estacionários na Inglaterra e na América do que na França.

Nossas leis escritas são muitas vezes difíceis de compreender, mas todos podem lê-las; não há nada, ao contrário, mais obscuro para o vulgo e menos a seu alcance do que uma legislação baseada em precedentes. Essa necessidade que se tem do legista na Inglaterra e nos Estados Unidos, essa grande ideia que se tem de suas luzes, separam-no cada vez mais do povo e acabam colocando-o numa classe à parte. O legista francês não passa de um erudito; mas o homem de lei inglês ou americano se assemelha de certo modo aos sacerdotes do Egito; como eles, é o único intérprete de uma ciência oculta.

A posição que os homens de lei ocupam, na Inglaterra e na América, exerce uma influência não menos importante sobre seus hábitos e suas opiniões. A aristocracia inglesa, que tomou o cuidado de atrair para si tudo o que tivesse alguma analogia natural com ela, concedeu aos legistas uma grande dose de consideração e poder. Na sociedade inglesa, os legistas não estão no topo, mas sentem-se satisfeitos com a posição que ocupam. Eles constituem como que o ramo mais novo da aristocracia inglesa, e amam e respeitam os mais velhos sem partilhar todos os seus privilégios. Os legistas ingleses mesclam aos interesses aristocráticos de sua profissão as ideias e os gostos aristocráticos da sociedade em que vivem.

Assim, é sobretudo na Inglaterra que podemos ver em relevo esse tipo legista que tento pintar: o legista inglês estima as leis, não tanto por serem boas quanto por serem velhas; e, quando vê-se obrigado a modificá-las em algum ponto, para adaptá-las às mudanças que o tempo fez as sociedades sofrerem, ele recorre às mais incríveis sutilezas a fim de se convencer de que, acrescentando alguma coisa à obra de seus pais, não faz mais que desenvolver o pensamento deles e completar seus trabalhos. Não esperem fazê-lo reconhecer que é inovador; ele preferirá se tornar absurdo a se confessar culpado de crime tão grande. Foi na Inglaterra que nasceu esse espírito legal, que parece indiferente ao fundo das coisas, para só prestar atenção à letra, e que prefere fugir da razão e da humanidade do que da lei.

A legislação inglesa é como uma árvore antiga, na qual os legistas constantemente enxertaram os rebentos mais estranhos, na esperança de que, ainda que dando frutos diferentes, ao menos confundissem sua folhagem com o caule venerável que os suporta.

Na América, não há nobres nem literatos, e o povo desconfia dos ricos. Os legistas constituem, então, a classe política superior e a porção mais intelectual da sociedade. Assim, eles só perderiam se inovassem: isso acrescenta um interesse conservador ao gosto natural que sentem pela ordem.

Se me perguntassem onde situo a aristocracia americana, eu responderia sem hesitar que não entre os ricos, que não têm nenhum laço comum que os reúna. A aristocracia americana está no banco dos advogados e no assento dos juízes.

Quanto mais refletimos sobre o que acontece nos Estados Unidos, mais nos sentimos convencidos de que o corpo dos legistas constitui nesse país o mais poderoso e, por assim dizer, o único contrapeso da democracia.

É nos Estados Unidos que descobrimos sem dificuldade quanto o espírito legista, por suas qualidades, e eu diria mesmo por seus defeitos, está apto a neutralizar os vícios inerentes ao governo popular.

Quando o povo americano se deixa embriagar por suas paixões, ou se entrega ao arrebatamento de suas ideias, os legistas o fazem sentir um freio quase invisível que o modera e detém. A seus instintos democráticos, eles opõem secretamente suas inclinações aristocráticas; a seu amor pela novidade, seu respeito supersticioso pelo que é antigo; à imensidão de seus propósitos, seus estreitos pontos de vista; a seu desprezo das regras, seu gosto pelas formas; e a seu ímpeto, seu hábito de proceder com lentidão.

Os tribunais são os órgãos mais visíveis de que se servem os legistas para agir sobre a democracia.

O juiz é um legista que, independentemente do gosto pela ordem e pelas regras, adquirido no estudo das leis, ainda retira o amor pela estabilidade da inamovibilidade de suas funções. Seus conhecimentos legais já lhe haviam garantido uma posição elevada entre seus semelhantes; seu poder político acaba por colocá-lo num lugar à parte e conferir-lhe os instintos das classes privilegiadas.

Armado do direito de declarar as leis inconstitucionais, o magistrado americano constantemente penetra nos assuntos políticos.[29] Ele não pode for-

---

29. Ver no primeiro volume o que digo sobre o Poder Judiciário. [a partir da p. 98 desta edição]

çar o povo a fazer leis, mas pode ao menos obrigá-lo a não ser infiel a suas próprias leis e a manter-se coerente consigo mesmo.

Não ignoro que existe nos Estados Unidos uma tendência secreta que leva o povo a reduzir o Poder Judiciário; na maioria das constituições particulares de Estado, o governo, a pedido das duas câmaras, pode destituir os juízes de seu cargo. Algumas constituições fazem os membros dos tribunais serem *eleitos* e submetem-nos a frequentes reeleições. Ouso predizer que cedo ou tarde essas inovações apresentarão resultados funestos e que um dia se perceberá que, diminuindo a independência dos magistrados, não se atacou apenas o Poder Judiciário como a própria república democrática.

Não se deve acreditar, de resto, que nos Estados Unidos o espírito legista esteja encerrado unicamente dentro dos tribunais; ele se estende muito além.

Os legistas, formando a única classe esclarecida de que o povo não desconfia, são naturalmente chamados a ocupar a maioria das funções públicas. Eles enchem as legislaturas e estão à frente das administrações; exercem, portanto, uma grande influência sobre a criação da lei e sobre sua execução. No entanto, os legistas são obrigados a ceder à corrente de opinião pública que os arrasta; mas é fácil encontrar indícios do que fariam se fossem livres. Os americanos, que tanto inovaram em suas leis políticas, só conseguiram introduzir leves mudanças, e com grande dificuldade, em suas leis civis, embora várias dessas leis sejam fortemente opostas a seu estado social. Isso decorre do fato de que, em matéria de direito civil, a maioria sempre é obrigada a recorrer aos legistas; e os legistas americanos, entregues a seu próprio arbítrio, não inovam.

É coisa bastante singular para um francês ouvir as queixas que se elevam, nos Estados Unidos, contra o espírito estacionário e os preconceitos dos legistas a favor do que está estabelecido.

A influência do espírito legista se estende muito além dos limites precisos que acabo de traçar.

Quase não há questão política, nos Estados Unidos, que cedo ou tarde não se resolva em questão judiciária. Daí a obrigação em que se encontram os partidos, em sua polêmica cotidiana, de tomar emprestadas da justiça suas ideias e sua linguagem. A maioria dos homens públicos, sendo ou tendo sido legista, faz passar ao manejo dos negócios os usos e as ideias que lhe são próprios. O júri conclui a familiarização de todas as classes com eles. A linguagem judiciária torna-se, assim, de certo modo, a linguagem vulgar; o espírito legista, nascido dentro das escolas e dos tribunais, aos poucos se difunde para fora de seus recintos; infiltra-se, por assim dizer, em toda a sociedade, desce às últimas camadas e o povo inteiro acaba contraindo uma parte dos hábitos e dos gostos do magistrado.

Os legistas formam, nos Estados Unidos, um poder pouco temido, pouco perceptível, sem bandeira própria, que se dobra com flexibilidade às exigências do tempo e que se deixa levar sem resistência por todos os movimentos do corpo social; no entanto, ele cobre a sociedade inteira, penetra em cada uma das classes que a compõem, trabalha-a em segredo, age constantemente sobre ela sem seu conhecimento e acaba por modelá-la segundo seus desejos.

DO JÚRI NOS ESTADOS UNIDOS CONSIDERADO COMO INSTITUIÇÃO POLÍTICA

> O júri, que é um dos modos da soberania do povo, deve ser relacionado às outras leis que estabelecem essa soberania — Composição do júri nos Estados Unidos — Efeitos produzidos pelo júri sobre o caráter nacional. Educação que dá ao povo — Como tende a estabelecer a influência dos magistrados e a disseminar o espírito legista

Visto que meu tema me levou naturalmente a falar da justiça nos Estados Unidos, não abandonarei o assunto sem me ocupar do júri.

É preciso distinguir duas coisas no júri: uma instituição judiciária e uma instituição política.

Se quiséssemos saber a que ponto o júri, principalmente o júri em matéria civil, serve à boa administração da justiça, eu confessaria que sua utilidade poderia ser contestada.

A instituição do júri nasceu numa sociedade pouco avançada, em que só eram submetidas aos tribunais simples questões de fato. Não é tarefa fácil adaptá-la às necessidades de um povo muito civilizado, em que as relações entre os homens se multiplicaram singularmente e assumiram um caráter erudito e intelectual.[30]

---

30. Já seria algo útil e curioso considerar o júri enquanto instituição judiciária, apreciar os efeitos que ele produz nos Estados Unidos e descobrir de que modo os americanos tiraram partido dele. Poderíamos encontrar no exame dessa questão o tema para um livro inteiro, e um livro interessante para a França. Descobriríamos, por exemplo, que porção das instituições americanas relativas ao júri poderiam ser introduzidas entre nós e com que gradação. O estado americano que mais traria luzes sobre esse assunto seria o estado da Louisiana. A Louisiana tem uma população composta por franceses e ingleses. As duas legislações convivem, como os dois povos, e pouco a pouco se amalgamam uma à outra. Os livros mais úteis a consultar seriam a coletânea de leis da Louisiana em dois volumes, intitulada *Digeste des lois de la Louisiane*, e, mais ainda, talvez, um curso de processo civil escrito nas duas línguas e intitulado *Traité sur les règles des actions civiles*, impresso em 1830 em Nova Orleans por Pierre Benjamin Buisson. Essa obra apresenta uma vantagem especial, pois fornece aos franceses uma explicação correta e autêntica dos termos legais ingleses. A linguagem das leis constitui uma linguagem à parte em todos os povos, e nos ingleses mais do que em qualquer outro.

Meu objetivo principal, nesse momento, é considerar o lado político do júri: outro caminho me afastaria de meu tema. Quanto ao júri considerado enquanto meio judiciário, direi apenas duas coisas. Quando os ingleses adotaram a instituição do júri, constituíam um povo semibárbaro; tornaram-se, desde então, uma das nações mais esclarecidas do globo, e seu apego pelo júri pareceu crescer junto com suas luzes. Eles saíram de seu território e se espalharam por todo o universo: uns formaram colônias; outros, estados independentes; o corpo da nação conservou um rei; vários emigrantes fundaram repúblicas poderosas; mas em toda parte os ingleses preconizaram a instituição do júri.[31] Estabeleceram-na por toda parte ou apressaram-se em restabelecê-la. Uma instituição judiciária que obtém assim os sufrágios de um grande povo durante uma longa sequência de séculos, que é reproduzida com zelo em todas as épocas da civilização, em todos os climas e sob todas as formas de governo, não poderia ser contrária ao espírito da justiça.[32]

Mas deixemos esse tema de lado. Seria restringir de modo singular o pensamento limitar-se a considerar o júri como uma instituição judiciária; pois embora exerça grande influência sobre a sorte dos processos, ele exerce uma ainda maior sobre os próprios destinos da sociedade. O júri, portanto, é acima de tudo uma instituição política. É sob esse ponto de vista que sempre devemos nos colocar para julgá-lo.

---

31. Todos os legistas ingleses e americanos são unânimes nesse ponto. Story, juiz na Suprema Corte dos Estados Unidos, em seu *Traité de la constitution fédérale*, retorna à excelência da instituição do júri em matéria civil. "*The inestimable privilege of a trial by Jury in civil cases*", diz ele, "*a privilege scarcely inferior to that in criminal cases, which is counted by all persons to be essential to political and a civil liberty*" (Story, liv. III, cap. XXXVIII).

32. Se quiséssemos estabelecer a utilidade do júri enquanto instituição judiciária, teríamos vários outros argumentos a dar; dentre os quais, os seguintes:

À medida que os jurados são introduzidos nos assuntos, pode-se sem inconveniente diminuir o número de juízes; isso é uma grande vantagem. Quando os juízes são numerosos demais, cada dia a morte cria um vazio na hierarquia judiciária e nela se abrem novos lugares para os que sobrevivem. A ambição dos magistrados fica, portanto, continuamente na expectativa, e faz com que eles dependam naturalmente da maioria ou do homem que nomeia aos cargos vagos; progride-se então nos tribunais como se galgam postos num exército. Esse estado de coisas é inteiramente contrário à boa administração da justiça e às intenções do legislador. Queremos que os juízes sejam inamovíveis para que permaneçam livres; mas de que importa que ninguém possa retirar-lhes a independência se eles mesmos a sacrificam voluntariamente?

Quando os juízes são muito numerosos, é impossível que não se encontrem entre eles muitos incapazes, pois um grande magistrado não é um homem ordinário. Ora, não sei se um tribunal semiesclarecido não é a pior de todas as combinações para se chegar aos fins propostos com o estabelecimento dos tribunais de justiça.

De minha parte, preferiria entregar a decisão de um processo a jurados ignorantes dirigidos por um magistrado hábil do que entregá-la a juízes que em sua maioria só tivessem um conhecimento incompleto da jurisprudência e das leis.

Entendo por júri um determinado número de cidadãos escolhidos ao acaso e momentaneamente investidos do direito de julgar.

Utilizar o júri na repressão dos crimes me parece introduzir no governo uma instituição eminentemente republicana. Explico-me:

A instituição do júri pode ser aristocrática ou democrática, dependendo da classe em que são escolhidos os jurados; mas ela sempre conserva um caráter republicano, no sentido de que coloca a direção real da sociedade nas mãos dos governados ou de uma parte deles, e não na dos governantes.

A força nunca é mais que um elemento passageiro de sucesso: depois dela, logo vem a ideia de direito. Um governo reduzido a só poder atingir seus inimigos no campo de batalha logo seria destruído. A verdadeira sanção das leis políticas encontra-se, portanto, nas leis penais; se falta a sanção, a lei cedo ou tarde perde sua força. O homem que julga no tribunal *criminal* é de fato o senhor da sociedade. Ora, a instituição do júri coloca o próprio povo, ou ao menos uma classe de cidadãos, no assento do juiz. A instituição do júri coloca, portanto, de fato a direção da sociedade nas mãos do povo ou dessa classe.[33]

Na Inglaterra, o júri é recrutado na porção aristocrática da nação. A aristocracia faz as leis, aplica as leis e julga as infrações às leis. (B) Tudo se alinha: por isso a Inglaterra é, a bem dizer, uma república aristocrática. Nos Estados Unidos, o mesmo sistema é aplicado ao povo inteiro. Cada cidadão americano é eleito, elegível e jurado. (C) O sistema do júri, tal como compreendido na América, parece-me uma consequência tão direta e tão extrema do dogma da soberania do povo quanto o voto universal. São dois meios igualmente potentes de fazer reinar a maioria.

Todos os soberanos que quiseram tirar de si mesmos a fonte de seu poder e dirigir a sociedade em vez de se deixar dirigir por ela destruíram a instituição do júri ou a enfraqueceram. Os Tudors mandavam prender os jurados que não queriam condenar e Napoleão fazia com que fossem escolhidos por seus agentes.

Por mais evidentes que sejam a maioria das verdades que precedem, elas não alcançam todos os espíritos e, muitas vezes, parece haver entre

---

33. É preciso, porém, fazer uma observação importante: a instituição do júri confere ao povo, é verdade, um direito geral de controle sobre as ações dos cidadãos, mas não lhe fornece os meios de exercer esse controle em todos os casos nem de maneira sempre tirânica. Quando um príncipe absoluto tem a faculdade de fazer os crimes serem julgados por seus delegados, a sorte do acusado é, por assim dizer, determinada de antemão. Por outro lado, mesmo que o povo estivesse decidido a condenar, a composição do júri e sua irresponsabilidade ainda ofereceriam chances favoráveis para inocentar o acusado.

nós apenas uma ideia confusa da instituição do júri. Quando querem saber de que elementos deve se compor a lista dos jurados, limitam-se a discutir quais são as luzes e a capacidade dos convocados de integrá-lo, como se fosse apenas uma instituição judiciária. Na verdade, parece-me que isso seria preocupar-se com a menor parte da coisa; o júri é acima de tudo uma instituição política; deve-se considerá-lo como um modo da soberania do povo; deve-se rejeitá-lo inteiramente quando se repele a soberania do povo ou relacioná-lo às outras leis que estabelecem essa soberania. O júri forma a parte da nação encarregada de garantir a execução das leis, assim como as câmaras são a parte da nação encarregada de fazer as leis. Para que a sociedade seja governada de maneira fixa e uniforme, é necessário que a lista dos jurados se amplie ou se restrinja com a dos eleitores. É esse ponto de vista que, a meu ver, deve sempre atrair a atenção principal do legislador. O resto é, por assim dizer, acessório.

Estou tão convencido de que o júri é, acima de tudo, uma instituição política que o considero dessa mesma maneira quando o aplicam em matéria civil.

As leis sempre oscilam enquanto não se apoiam nos costumes; os costumes são o único poder resistente e duradouro de um povo.

Quando o júri é reservado às questões criminais, o povo só o vê agir de longe em longe e em casos particulares; ele se acostuma a prescindir dele no curso ordinário da vida e o considera um meio e não o único meio de obter justiça.[34]

Quando, ao contrário, o júri é estendido às questões civis, sua aplicação fica a todo instante diante dos olhos; ele toca todos os interesses, cada um contribui com sua ação; penetra, assim, nos usos da vida; molda o espírito humano a suas formas e se confunde, por assim dizer, com a própria ideia de justiça.

A instituição do júri, limitada às questões criminais, corre perigo; uma vez introduzida nas matérias civis, ela enfrenta o tempo e os esforços dos homens. Se tivesse sido possível eliminar o júri dos costumes dos ingleses tão facilmente quanto de suas leis, ele teria sucumbido completamente sob os Tudors. Foi, portanto, o júri civil que de fato salvou as liberdades da Inglaterra.

Seja como for que se aplique o júri, ele não pode deixar de exercer uma grande influência sobre o caráter nacional; e essa influência cresce infinitamente à medida que ele é introduzido mais fundo nas matérias cíveis.

---

34. Isso é ainda mais verdade quando o júri só é aplicado a certas questões criminais.

O júri, principalmente o júri civil, serve para dar ao espírito de todos os cidadãos uma parte dos hábitos do espírito do juiz; e esses hábitos são justamente os que mais bem preparam o povo para ser livre.

Ele dissemina por todas as classes o respeito pela coisa julgada e pela ideia de direito. Retire essas duas coisas e o amor pela independência não será mais que uma paixão destrutiva.

Ele ensina aos homens a prática da equidade. Cada um, ao julgar seu vizinho, lembra que poderá ser julgado por sua vez. Isso é verdade sobretudo para o júri em matéria cível: não há quase ninguém que tema um dia ser objeto de um processo criminal, mas todo mundo pode sofrer um processo cível.

O júri ensina cada homem a não recuar diante da responsabilidade de seus próprios atos; disposição viril sem a qual não existe virtude política.

Ele investe cada cidadão de uma espécie de magistratura; faz todos sentirem que têm deveres a cumprir para com a sociedade e que participam de seu governo. Ao forçar os homens a se ocuparem de outra coisa que não seus próprios negócios, ele combate o egoísmo individual, que é como a ferrugem das sociedades.

O júri serve de maneira incrível a formar o julgamento e a aumentar as luzes naturais do povo. Essa, a meu ver, é sua maior vantagem. Devemos considerá-lo como uma escola gratuita e sempre aberta, que cada jurado frequenta para se instruir de seus direitos, em que ele entra em comunicação cotidiana com os membros mais instruídos e mais esclarecidos das classes elevadas, em que as leis lhe são ensinadas de maneira prática e colocadas ao alcance de sua inteligência pelos esforços dos advogados, pelos pareceres do juiz e mesmo pelas paixões das partes. Penso que se deve atribuir acima de tudo à inteligência prática e ao bom senso político dos americanos o longo uso que fizeram do júri em matéria cível.

Não sei se o júri é útil para os que são processados, mas tenho certeza de que é muito útil para os que os julgam. Considero-o um dos meios mais eficazes que a sociedade pode utilizar para a educação do povo.

O que foi dito acima se aplica a todas as nações, mas agora veremos o que é especial aos americanos e geral aos povos democráticos.

Afirmei acima que nas democracias os legistas, e entre eles os magistrados, formam o único corpo aristocrático que pode moderar os movimentos do povo. Essa aristocracia não é investida de nenhum poder material, ela só exerce sua influência conservadora sobre os espíritos. Ora, é na instituição do júri civil que ela encontra suas principais fontes de poder.

Nos processos criminais, em que a sociedade luta contra um homem, o júri é levado a ver no juiz o instrumento passivo do poder social e desconfia de seus pareceres. Ademais, os processos criminais repousam inteiramente sobre fatos simples que o bom senso consegue apreciar com facilidade. Nesse âmbito, juiz e jurado são iguais.

O mesmo não acontece nos processos civis: o juiz aparece então como um árbitro desinteressado entre as paixões das partes. Os jurados olham-no com confiança e ouvem-no com respeito, pois aqui sua inteligência domina completamente a deles. É ele que desenvolve diante deles os diversos argumentos que cansaram suas memórias, ele que os pega pela mão para guiá-los pelos meandros do processo; é ele que os circunscreve ao ponto de fato e que lhes ensina a resposta que devem dar à questão de direito. Sua influência sobre eles é quase ilimitada.

Será preciso dizer, por fim, por que me sinto pouco comovido com os argumentos a respeito da incapacidade dos jurados em matéria civil?

Nos processos civis, todas as vezes, ao menos, em que não se trata de questões de fato, o júri tem apenas a aparência de um corpo judiciário.

Os jurados pronunciam a sentença que o juiz proferiu. Eles conferem a essa sentença a autoridade da sociedade que representam, e o juiz, a da razão e da lei. (D)

Na Inglaterra e na América, os juízes exercem sobre o destino dos processos criminais uma influência que o juiz francês jamais conheceu. É fácil compreender a razão para essa diferença: o magistrado inglês ou americano estabeleceu seu poder em matéria civil, ele apenas o exerce a seguir em outro palco; ele não o adquire ali.

Há casos, e esses são muitas vezes os mais importantes, em que o juiz americano tem o direito de decidir sozinho.[35] Ele se encontra então, na ocasião, na posição em que geralmente se encontra o juiz francês; mas seu poder moral é muito maior: as lembranças do júri ainda o seguem e sua voz tem quase tanta força quanto a da sociedade da qual os jurados eram o órgão.

Sua influência se estende muito além do recinto dos tribunais: tanto nos descansos da vida privada quanto nos trabalhos da vida política, e tanto em praça pública dentro das legislaturas, o juiz americano constantemente encontra a seu redor homens que se acostumaram a ver em sua inteligência algo superior à deles; e, depois de se exercer sobre o processo, seu poder se faz sentir em todos os hábitos do espírito e até sobre a própria alma dos que contribuíram com ele para julgá-los.

---

35. Os juízes federais quase sempre decidem sozinhos as questões que tocam mais de perto ao governo do país.

O júri, que parece diminuir os direitos da magistratura, na verdade funda seu império, e não há país em que os juízes sejam tão poderosos quanto naqueles em que o povo partilha de seus privilégios.

É sobretudo com a ajuda do júri em matéria cível que a magistratura americana faz penetrar o que chamei de espírito legista nas últimas camadas da sociedade.

O júri, assim, que é o meio mais enérgico de fazer o povo reinar, também é o meio mais eficaz de ensiná-lo a reinar.

CAPÍTULO 9
DAS PRINCIPAIS CAUSAS QUE TENDEM A MANTER A REPÚBLICA DEMOCRÁTICA NOS ESTADOS UNIDOS

A república democrática subsiste nos Estados Unidos. O principal objetivo deste livro foi fazer compreender as causas desse fenômeno.

Entre essas causas, há várias para as quais a corrente de meu tema me arrastou a contragosto, e que apenas indiquei de longe, brevemente. Há outras de que não pude me ocupar; aquelas sobre as quais pude estender-me ficaram para trás, como que sepultadas sob os detalhes.

Pensei, portanto, que antes de seguir em frente e falar do futuro devia reunir num quadro estreito todas as razões que explicam o presente.

Nessa espécie de resumo serei breve, pois terei o cuidado de lembrar muito sumariamente ao leitor o que ele já conhece e, entre os fatos que ainda não tive ocasião de expor, escolherei somente os principais.

Pensei que todas as causas que tendem à manutenção da república democrática nos Estados Unidos podiam ser reduzidas a três.

A situação particular e acidental em que a Providência colocou os americanos constitui a primeira.

A segunda provém das leis.

A terceira decorre dos hábitos e dos costumes.

DAS CAUSAS ACIDENTAIS OU PROVIDENCIAIS QUE CONTRIBUEM PARA A MANUTENÇÃO DA REPÚBLICA DEMOCRÁTICA NOS ESTADOS UNIDOS

A União não tem vizinhos — Nenhuma grande capital — Os americanos têm a seu favor o acaso do nascimento — A América é um país vazio

— Como essa circunstância serve fortemente à manutenção da república democrática — Maneira como são povoados os desertos da América — Avidez dos anglo-americanos para se apoderarem das solidões do Novo Mundo — Influência do bem-estar material sobre as opiniões políticas dos americanos

Há mil circunstâncias independentes da vontade dos homens que, nos Estados Unidos, tornam a república democrática fácil. Umas são conhecidas, outras são fáceis de conhecer: limitar-me-ei a expor as principais.

Os americanos não têm vizinhos, consequentemente, não têm que temer grandes guerras, crise financeira, pilhagens ou conquistas; não precisam de grandes impostos, nem de exército numeroso, nem de grandes generais; quase nada têm a temer de um flagelo mais terrível para as repúblicas do que esses, a glória militar.

Como negar a incrível influência que a glória militar exerce sobre o espírito do povo? O general Jackson, que os americanos escolheram duas vezes para colocar à sua frente, é um homem de caráter violento e de capacidade mediana; nada em todo o curso de sua carreira jamais provara que ele tivesse as qualidades necessárias para governar um povo livre: por isso, a maioria das classes esclarecidas da União sempre lhe foi contrária. Mas então quem o colocou no cargo de presidente e ali ainda o mantém? A lembrança de uma vitória obtida por ele, há vinte anos, diante dos muros de Nova Orleans. Ora, essa vitória de Nova Orleans é um feito de armas bastante comum, que só seria possível abordar por muito tempo num país onde não ocorrem batalhas, e o povo, que se deixa assim levar pelo prestígio da glória, é com certeza o mais frio, o mais calculista, o menos militar e, se assim posso dizer, o mais prosaico de todos os povos do mundo.

A América não tem uma grande capital[36] cuja influência direta ou indireta se faça sentir sobre toda a extensão do território, o que considero uma

---

36. A América ainda não tem capital, mas já tem cidades muito grandes. Filadélfia contava, em 1830, com 161 mil habitantes, Nova York contava com 202 mil. O povinho que habita essas vastas cidades forma uma gentalha mais perigosa que a da Europa. Ela é composta primeiro de negros libertos, que a lei e a opinião pública condenam a um estado de degradação e de miséria hereditárias. Também encontramos em seu seio uma miríade de europeus que o infortúnio e a má conduta levam a cada dia para as costas do Novo Mundo; esses homens levam aos Estados Unidos nossos maiores vícios e não têm nenhum dos interesses que poderiam combater sua influência. Habitando o país sem serem cidadãos, estão dispostos a tirar partido de todas as paixões que o agitam; assim, vemos há algum tempo revoltas preocupantes estourarem na Filadélfia e em Nova York. Tais desordens são desconhecidas no restante do país, que não se preocupa com elas porque a população das cidades não exerceu até o momento nenhum poder ou influência sobre a população dos campos.

das primeiras causas para a manutenção das instituições republicanas nos Estados Unidos. Nas cidades, não se pode impedir os homens de se porem de acordo, de se inflamarem juntos, de tomarem decisões súbitas e apaixonadas. As cidades formam como grandes assembleias de que todos os habitantes fazem parte. O povo ali exerce uma influência prodigiosa sobre seus magistrados e muitas vezes executa suas vontades sem intermediário.

Submeter as províncias à capital, portanto, é colocar o destino de todo o império não apenas nas mãos de uma porção do povo, o que é injusto, como também nas mãos do povo agindo por si mesmo, o que é muito perigoso. A preponderância das capitais prejudica grandemente o sistema representativo. Ela faz as repúblicas modernas incorrerem no mesmo erro das repúblicas da Antiguidade, que pereceram por não terem conhecido esse sistema.

Seria fácil enumerar um grande número de causas secundárias que favoreceram o estabelecimento e que garantem a manutenção da república democrática nos Estados Unidos. Mas no meio dessa multidão de circunstâncias felizes, percebo duas principais e me apresso a indicá-las.

Afirmei anteriormente que via na origem dos americanos, naquilo que chamei de seu ponto de partida, a primeira e mais eficaz de todas as causas a que podemos atribuir a prosperidade atual dos Estados Unidos. Os americanos tiveram a seu favor o acaso do nascimento: seus pais outrora importaram para o solo que eles habitam a igualdade de condições e de inteligências, das quais a república democrática devia um dia surgir como de sua fonte natural. Mas isso não é tudo; com um estado social republicano, eles legaram a seus descendentes os hábitos, as ideias e os costumes mais propícios ao florescimento da república. Quando penso no que esse fato original produziu, parece-me ver todo o destino da América contido no primeiro puritano a atracar em suas costas, assim como toda a raça humana no primeiro homem.

Entre as circunstâncias felizes que também favoreceram o estabelecimento e garantem a manutenção da república democrática nos Estados Unidos, a primeira em importância é a escolha do próprio país que os americanos habitam. Seus pais lhes deram o amor pela igualdade e pela liberdade, mas foi o próprio Deus que, entregando-lhes um continente ilimitado, concedeu-lhes os meios de permanecerem iguais e livres por muito tempo.

Considero, porém, o tamanho de certas cidades americanas e, principalmente, a natureza de seus habitantes como um verdadeiro perigo que ameaça o futuro das repúblicas democráticas do Novo Mundo, e não temo predizer que é por ele que elas perecerão, a menos que seu governo consiga criar uma força armada que, mantendo-se submetida às vontades da maioria nacional, seja independente do povo das cidades e possa restringir seus excessos.

O bem-estar geral favorece a estabilidade de todos os governos, mas particularmente do governo democrático, que repousa nas disposições da maioria e, em especial, nas disposições dos que estão mais expostos às necessidades. Quando o povo governa, ele precisa ser feliz para não perturbar o Estado. A miséria produz, nele, o mesmo que a ambição causa nos reis. Ora, as causas materiais e independentes das leis que podem levar ao bem-estar são mais numerosas na América do que jamais foram em qualquer país do mundo em qualquer época da história.

Nos Estados Unidos, não é apenas a legislação que é democrática, a própria natureza trabalha a favor do povo.

Onde encontrar, entre as lembranças do homem, algo parecido ao que acontece sob nossos olhos na América do Norte?

As sociedades célebres da Antiguidade foram todas fundadas no meio de povos inimigos, que precisaram ser vencidos para elas poderem se estabelecer em seu lugar. Os próprios modernos encontraram, em algumas partes da América do Sul, vastas regiões habitadas por povos menos esclarecidos que eles, mas que já haviam se apropriado do solo, cultivando-o. Para fundar seus novos estados, precisaram destruir ou escravizar populações numerosas, fazendo a civilização ter vergonha de seus triunfos.

A América do Norte, porém, era habitada apenas por tribos errantes que não pensavam em utilizar as riquezas naturais do solo. A América do Norte ainda era, propriamente falando, um continente vazio, uma terra deserta, à espera de habitantes.

Tudo é extraordinário nos americanos, tanto seu estado social quanto suas leis; mas mais extraordinário ainda é o solo que os carrega.

Quando a terra foi entregue aos homens pelo Criador, ela era jovem e inesgotável, mas eles eram fracos e ignorantes; depois que eles aprenderam a tirar partido dos tesouros que ela continha, já cobriam sua face e logo precisaram combater para ter o direito de nela ter um asilo e poder descansar em liberdade.

Foi então que a América do Norte foi descoberta, como se Deus a tivesse reservado e ela acabasse de sair das águas do dilúvio.

Ela apresenta, como nos primeiros dias da criação, rios cuja fonte nunca seca, verdes e úmidas solidões, campos ilimitados que nunca foram revolvidos pelo arado do lavrador. Nesse estado, ela não se oferece mais ao homem isolado, ignorante e bárbaro das primeiras eras, mas ao homem já senhor dos segredos mais importantes da natureza, unido a seus semelhantes e instruído por uma experiência de cinquenta séculos.

Enquanto falo, 13 milhões de europeus civilizados espalham-se tranquilamente por desertos férteis cujas fontes e extensão ainda não conhecem com exatidão. Três mil ou 4 mil soldados empurram à sua frente a raça errante dos indígenas; atrás dos homens armados avançam lenhadores que derrubam florestas, afastam animais ferozes, exploram o curso dos rios e preparam a marcha triunfante da civilização pelo deserto.

Muitas vezes, no decorrer desta obra, fiz alusão ao bem-estar material de que gozam os americanos; indiquei-o como uma das grandes causas do sucesso de suas leis. Essa razão já havia sido dada por mil outros antes de mim: é a única que, sendo de certa forma compreensível aos europeus, tornou-se popular entre nós. Não me estenderei sobre um assunto tantas vezes abordado e tão bem compreendido; apenas acrescentarei alguns novos fatos.

Geralmente imaginamos que os desertos da América são povoados com a ajuda dos emigrantes europeus que chegam todo ano às costas do Novo Mundo, enquanto a população americana cresce e se multiplica no solo ocupado por seus pais: esse é um grande erro. O europeu que desembarca nos Estados Unidos chega sem amigos e, muitas vezes, sem recursos; é obrigado, para viver, a alugar seus serviços, e é raro vê-lo ultrapassar a grande zona industrial que se estende ao longo do oceano. Não seria possível desbravar o deserto sem um capital ou sem crédito; antes de se arriscar no meio de florestas, o corpo preciso estar acostumado aos rigores de um clima novo. São, portanto, os americanos que, abandonando a cada dia seu local de nascimento, vão para longe conquistar vastos domínios. Assim, o europeu deixa sua choupana para habitar as costas transatlânticas, e o americano que nasceu nessas mesmas costas adentra por sua vez nas solidões da América Central. Esse duplo movimento de emigração nunca cessa: começa nos confins da Europa, continua no grande oceano e segue pelas solidões do Novo Mundo. Milhões de homem marcham juntos rumo ao mesmo ponto no horizonte: sua língua, sua religião e seus costumes diferem, seu objetivo é comum. Disseram-lhes que a fortuna se encontrava em algum lugar do oeste e eles vão com pressa a seu encontro.

Nada poderia se comparar a esse deslocamento contínuo da espécie humana, senão talvez o que aconteceu quando da queda do Império Romano. Viu-se à época, como hoje, os homens acorrerem em massa ao mesmo ponto e se encontrarem tumultuosamente nos mesmos lugares; mas os desígnios da Providência eram diferentes. Cada recém-chegado levava consigo a destruição e a morte; hoje, cada um traz consigo um germe de prosperidade e vida.

As consequências remotas dessa migração dos americanos para o ocidente ainda estão encobertas pelo futuro, mas seus resultados imediatos são fáceis de reconhecer: visto que parcelas dos antigos habitantes se afastam a cada ano dos estados em que nasceram, esses estados só se povoam muito lentamente, apesar de envelhecerem; é por isso que em Connecticut, que ainda conta com 59 habitantes por milha quadrada, a população cresceu apenas um quarto nos últimos quarenta anos, ao passo que na Inglaterra aumentou um terço no mesmo período. O emigrante da Europa sempre desembarca, portanto, num país cheio pela metade, onde faltam braços para a indústria; ele se torna um operário abastado; seu filho vai buscar fortuna numa região vazia e se torna um rico proprietário. O primeiro acumula o capital que o segundo faz render e não há miséria nem para o estrangeiro nem para o nativo.

A legislação, nos Estados Unidos, favorece tanto quanto possível a divisão da propriedade; mas uma causa mais poderosa que a legislação impede que a propriedade se divida além da conta.[37] Percebe-se isso muito bem nos estados que finalmente começam a se encher. Massachusetts é a região mais populosa da União; contam-se oitenta habitantes por milha quadrada, o que é infinitamente menos do que na França, onde encontram-se 162 habitantes no mesmo espaço.

Em Massachusetts, porém, já é raro as pequenas propriedades serem divididas: o primogênito em geral fica com a terra e os mais novos vão buscar fortuna no deserto.

A lei aboliu o direito de primogenitura, mas podemos dizer que a Providência o restabeleceu sem que ninguém precise se queixar — e dessa vez ele ao menos não fere a justiça.

Podemos avaliar por um único fato o número prodigioso de indivíduos que assim deixam a Nova Inglaterra para transferir seus lares para o deserto. Garantiram-nos que, em 1830, entre os membros do Congresso havia 36 que haviam nascido no estado de Connecticut. A população de Connecticut, que forma apenas a 43ª parte da população dos Estados Unidos, fornecia assim um oitavo de seus representantes.

O estado de Connecticut, porém, envia apenas cinco deputados ao Congresso: os outros 31 figuram como representantes dos novos estados do oeste. Se esses 31 indivíduos tivessem permanecido em Connecticut, é provável que, em vez de serem ricos proprietários, tivessem continuado a ser pequenos lavradores, vivido na obscuridade sem poder chegar à carreira política e, longe de se tornarem legisladores úteis, tivessem sido perigosos cidadãos.

Essas considerações não escapam ao espírito dos americanos nem ao nosso.

---

37. Na Nova Inglaterra, o solo é partilhado em pequeníssimas propriedades, mas não é dividido.

Diz o chanceler Kent em seu *Tratado sobre o direito americano* (vol. IV, p. 380):

> Não pode haver dúvida de que a divisão das propriedades produz grandes males quando levada ao extremo, de tal modo que cada porção de terra não possa mais prover à subsistência de uma família; mas esses inconvenientes nunca foram sentidos nos Estados Unidos e muitas gerações passarão antes que sejam sentidos. A extensão de nosso território inabitado, a abundância das terras que nos cabem e a contínua corrente de emigrações que, partindo das costas do Atlântico, se dirige sem cessar para o interior do país, bastam e bastarão por muito tempo ainda para impedir a fragmentação das heranças.

Seria difícil retratar a avidez com que o americano se lança sobre essa presa imensa que a fortuna lhe oferece. Para persegui-la, ele enfrenta sem medo a flecha do índio e as doenças do deserto; o silêncio dos bosques nada têm que o assuste, a aproximação dos animais ferozes não o inquieta: uma paixão mais forte que o amor pela vida o estimula constantemente. Diante dele se estende um continente quase ilimitado, mas, temendo já não encontrar lugar, ele parece se apressar com medo de chegar tarde demais. Falei da emigração dos antigos estados; mas o que dizer da dos novos? Não faz cinquenta anos que Ohio foi fundado; a maioria de seus habitantes não nasceu ali; sua capital não tem trinta anos de existência e uma imensa extensão de campos desertos ainda cobre seu território; no entanto, a população de Ohio já se pôs em marcha para o oeste: a maioria dos que descem para as férteis pradarias de Illinois são habitantes de Ohio. Esses homens deixaram sua primeira pátria para viver bem; eles deixam a segunda para viver melhor ainda: em quase toda parte encontram a fortuna, mas não a felicidade. Neles, o desejo de bem-estar se tornou uma paixão inquieta e ardente que cresce ao ser satisfeita. Eles romperam os laços que os prendiam à terra natal; desde então, não criaram novos. Para eles, a emigração começou como uma necessidade; hoje, ela se tornou para eles uma espécie de jogo de azar, de que eles apreciam tanto as emoções quanto os ganhos.

Às vezes o homem avança tão rápido que o deserto reaparece atrás dele. A floresta não fez mais que deitar-se sob seus pés; assim que ele passa, ela volta a se erguer. Não é raro, ao percorrer-se os novos estados do oeste, encontrar casas abandonadas no meio dos bosques; muitas vezes encontramos os escombros de uma cabana nas profundezas do isolamento e nos espantamos ao atravessar o início de um desbravamento, que atesta tanto a força quanto a inconstância humana. Entre esses campos abandonados, sobre essas ruínas de um dia, a antiga floresta não tarda a brotar novamente; os animais retomam a posse de seu império: a natureza, sorrindo, vem cobrir com ramos verdes e flores os vestígios do homem e logo faz seus vestígios efêmeros desaparecerem.

Lembro-me que, ao atravessar um dos cantões desertos que ainda cobrem o estado de Nova York, cheguei às margens de um lago todo cercado de florestas, como no início do mundo. Uma pequena ilha se elevava no meio das águas. O bosque que a cobria, estendendo em torno dela sua folhagem, escondia completamente seus contornos. Nas margens do lago, nada anunciava a presença do homem; percebia-se apenas, no horizonte, uma coluna de fumaça que, subindo perpendicularmente da copa das árvores até as nuvens, parecia antes pender do céu do que subir até ele.

Uma piroga indígena estava jogada na areia; aproveitei para visitar a ilha que primeiro atraíra meus olhares e logo cheguei a sua margem. A ilha inteira formava um desses deliciosos refúgios do Novo Mundo que quase fazem o homem civilizado sentir falta da vida selvagem. Uma vegetação vigorosa anunciava com suas maravilhas as incomparáveis riquezas do solo. Ali reinava, como em todos os lugares desertos da América do Norte, um silêncio profundo que só era interrompido pelo monótono arrulhar dos pombos-torcazes ou pelas batidas do pica-pau no tronco das árvores. Eu estava longe de acreditar que aquele lugar um dia havia sido habitado, tanto a natureza ainda parecia abandonada a si mesma; porém, chegando ao centro da ilha de repente pensei ter encontrado os vestígios do homem. Examinei com cuidado todos os objetos dos arredores e logo não tive mais dúvidas de que um europeu ali tivesse buscado refúgio. Mas como sua obra havia mudado! A madeira que ele tinha cortado às pressas para construir um abrigo havia desde então brotado, suas paredes tinham se tornado cercas vivas e a cabana se transformara num arvoredo. No meio desses arbustos, viam-se ainda algumas pedras enegrecidas pelo fogo, espalhadas em torno de um pequeno monte de cinzas; era sem dúvida ali que ficava a lareira: a chaminé, desmoronando, cobrira-a de destroços. Admirei em silêncio por algum tempo os recursos da natureza e a fraqueza do homem; quando enfim precisei me afastar daquele lugar encantado, ainda repeti com tristeza: "Como! Já em ruínas!".

Na Europa, estamos acostumados a considerar como um grande perigo social a inquietação do espírito, o desejo imoderado por riquezas, o amor extremo pela independência. São justamente todas essas coisas que garantem às repúblicas americanas um longo e tranquilo futuro. Sem essas paixões inquietas, a população se concentraria em torno de alguns locais e logo experimentaria, como entre nós, necessidades difíceis de satisfazer. Feliz país o Novo Mundo, onde os vícios do homem são quase tão úteis à sociedade quanto suas virtudes!

Isso exerce uma grande influência sobre a maneira como são julgadas as ações humanas nos dois hemisférios. Muitas vezes os americanos consideram uma louvável indústria algo que chamamos de amor pelo lucro, e veem uma certa covardia naquilo que consideramos uma moderação dos desejos.

Na França, consideramos a simplicidade dos gostos, a tranquilidade dos costumes, o espírito familiar e o amor pelo lugar de nascença como grandes garantias de tranquilidade e felicidade para o Estado; na América, porém, nada parece mais prejudicial à sociedade do que tais virtudes. Os franceses do Canadá, que fielmente conservaram as tradições dos antigos costumes, já encontram dificuldade para viver em seu território, e esse pequeno povo que acaba de nascer logo será presa das misérias das velhas nações. No Canadá, os homens que mais têm luzes, patriotismo e humanidade fazem esforços extraordinários para desviar o povo da simples felicidade que ainda lhe é suficiente. Eles celebram as vantagens da riqueza, da mesma forma que entre nós talvez louvassem os encantos de uma honesta mediocridade, e dedicam-se mais a incitar as paixões humanas do que em outros lugares se esforçam para acalmá-las. Trocar os prazeres puros e tranquilos que a pátria oferece ao pobre pelas estéreis fruições que o bem-estar proporciona sob um céu estrangeiro, fugir do lar paterno e dos campos onde repousam os antepassados, abandonar os vivos e os mortos para correr atrás da fortuna, não há nada que a seus olhos mereça mais louvores.

Em nossa época, a América entrega aos homens um fundo sempre mais vasto do que a indústria que o faz render poderia ser.

Na América, portanto, não se pode dar luzes o bastante; pois todas as luzes, ao mesmo tempo que podem ser úteis a quem as possui, também podem ser vantajosas aos que não as têm. As novas necessidades não devem ser temidas, pois todas são satisfeitas sem dificuldade; não se deve temer despertar paixões demais, pois todas as paixões encontram um alimento fácil e salutar; não se pode tornar os homens livres demais, porque eles nunca são tentados a fazer um mau uso da liberdade.

As repúblicas americanas de nossos dias são como companhias de negociantes formadas para explorar em comum as terras desertas do Novo Mundo e ocupadas num comércio que prospera.

As paixões que agitam mais profundamente os americanos são paixões comerciais e não paixões políticas, ou melhor, eles levam para a política os hábitos do negócio. Eles amam a ordem, sem a qual os negócios não poderiam prosperar, e prezam particularmente a regularidade dos costumes, que funda as boas casas; preferem o bom senso que cria as grandes fortunas ao gênio que muitas vezes as dissipa; as ideias gerais assustam seus espíritos acostumados aos cálculos positivos e entre eles a prática é mais valorizada do que a teoria.

É à América que se deve ir para compreender a força que exerce o bem-estar material sobre as ações políticas e até sobre as próprias opiniões, que deveriam submeter-se somente à razão. É sobretudo entre os estrangeiros que descobrimos a verdade disso. A maioria dos emigrantes da Europa leva para o Novo Mundo esse amor selvagem pela independência e pela mudança que tantas vezes nasce de nossas misérias. Encontrei algumas vezes nos Estados Unidos esses europeus que haviam sido obrigados a fugir de seu país por causa de opiniões políticas. Todos me espantavam com seus discursos; mas um deles me marcou mais que qualquer outro. Eu atravessava um dos distritos mais recuados da Pensilvânia quando fui surpreendido pela noite e pedi asilo à porta de um rico fazendeiro: era um francês. Ele me fez sentar junto ao fogo e começamos a discorrer livremente, como convém a pessoas que se encontram no fundo de um bosque a duas mil léguas do país que os viu nascer. Eu não ignorava que meu anfitrião havia sido um grande igualitário há quarenta anos e um ardente demagogo. Seu nome havia passado para a história.

Fiquei, portanto, estranhamente surpreso ao ouvi-lo discutir o direito de propriedade como teria feito um economista, eu quase ia dizer um proprietário; falou da hierarquia necessária que a fortuna estabelece entre os homens, da obediência à lei estabelecida, da influência dos bons costumes nas repúblicas e do auxílio que as ideias religiosas prestam à ordem e à liberdade: chegou até a citar, como por descuido, em apoio a uma de suas opiniões políticas, a autoridade de Jesus Cristo.

Eu admirava, ouvindo-o, a imbecilidade da razão humana. Tal coisa é verdadeira ou falsa: como descobri-lo em meio às incertezas da ciência e das diversas lições da experiência? Sobrevém um fato novo que suspende todas as minhas dúvidas. Eu era pobre, eis-me rico; se ao menos o bem-estar, agindo sobre minha conduta, deixasse meu julgamento em liberdade! Mas não, minhas opiniões são de fato modificadas junto com minha fortuna, e no feliz acontecimento de que tiro proveito, realmente descobri a razão determinante que até então me havia faltado.

A influência do bem-estar se exerce mais livremente ainda sobre os americanos do que sobre os estrangeiros. O americano sempre viu diante de si a ordem e a prosperidade pública encadearem-se uma à oura e seguirem no mesmo passo; ele não imagina que possam existir separadamente: nada tem a esquecer, portanto, e não deve perder, como tantos europeus, o que recebeu de sua primeira educação.

DA INFLUÊNCIA DAS LEIS SOBRE A MANUTENÇÃO DA REPÚBLICA DEMOCRÁTICA NOS ESTADOS UNIDOS

> Três causas principais da manutenção da república democrática — Forma federal — Instituições comunais — Poder Judiciário

O objetivo principal deste livro era dar a conhecer as leis dos Estados Unidos. Se esse objetivo foi alcançado, o leitor já pôde julgar por si mesmo quais são, entre essas leis, as que realmente tendem a manter a república democrática e quais a colocam em perigo. Se ainda não consegui em todo o curso do livro, conseguirei ainda menos num capítulo.

Não quero, portanto, percorrer o caminho que já percorri. Algumas linhas devem bastar para resumir-me.

Três coisas parecem concorrer mais que todas as outras para a manutenção da república democrática no Novo Mundo.

A primeira é a forma federal que os americanos adotaram e que permite à União usufruir o poder de uma grande república e a segurança de uma pequena.

Encontro a segunda nas instituições comunais, que, moderando o despotismo da maioria, ao mesmo tempo conferem ao povo o gosto da liberdade e a arte de ser livre.

A terceira encontra-se na constituição do Poder Judiciário. Mostrei o quanto os tribunais servem para corrigir os desvios da democracia e como, sem jamais deter os movimentos da maioria, eles conseguem retardá-los e dirigi-los.

DA INFLUÊNCIA DOS COSTUMES SOBRE A MANUTENÇÃO DA REPÚBLICA DEMOCRÁTICA NOS ESTADOS UNIDOS

Afirmei acima que considerava os costumes uma das grandes causas gerais a que podemos atribuir a manutenção da república democrática nos Estados Unidos.

Entendo aqui a expressão *costumes* no sentido que os antigos atribuíam à palavra *mores*. Não apenas aplico-a aos costumes propriamente ditos, que poderíamos chamar de hábitos do coração, mas também às diferentes noções que os homens têm, às diversas opiniões em vigor entre eles e ao conjunto das ideias que formam os hábitos do espírito.

Compreendo com essa palavra, portanto, todo o estado moral e intelectual de um povo. Meu objetivo não é pintar um quadro dos costumes americanos;

limito-me nesse momento a procurar entre eles o que é favorável à manutenção das instituições políticas.

DA RELIGIÃO CONSIDERADA COMO INSTITUIÇÃO POLÍTICA. COMO ELA SERVE PODEROSAMENTE À MANUTENÇÃO DA REPÚBLICA DEMOCRÁTICA ENTRE OS AMERICANOS

A América do Norte foi povoada por homens que professavam um cristianismo democrático e republicano — Chegada dos católicos — Por que, em nossos dias, os católicos formam a classe mais democrática e mais republicana

Ao lado de cada religião encontra-se uma opinião política que, por afinidade, lhe é conexa.

Deixemos o espírito humano seguir sua tendência e ele regulará de maneira uniforme a sociedade política e a cidade divina; buscará, se ouso dizer, *harmonizar* a Terra com o céu.

A maior parte da América inglesa foi povoada por homens que, depois de terem se subtraído à autoridade do papa, não se submeteram a nenhuma supremacia religiosa. Eles levaram ao Novo Mundo, portanto, um cristianismo que eu não saberia definir melhor do que o chamando de democrático e republicano: favoreceu singularmente o estabelecimento da república e da democracia nos negócios. Desde o princípio, a política e a religião estiveram de acordo e, desde então, não cessaram de estar.

Há cerca de cinquenta anos a Irlanda começou a despejar nos Estados Unidos uma população católica. O catolicismo americano, por sua vez, fez prosélitos: encontramos na União, hoje, mais de 1 milhão de cristãos que professam as verdades da Igreja romana.

Esses católicos demonstram grande fidelidade nas práticas de seu culto e são cheios de ardor e zelo por suas crenças; contudo, formam a classe mais republicana e mais democrática que existe nos Estados Unidos. Esse fato surpreende à primeira vista, mas uma reflexão a respeito facilmente revela suas causas ocultas.

Penso que é um erro considerar a religião católica uma inimiga natural da democracia. Entre as diferentes doutrinas cristãs, o catolicismo me parece, ao contrário, uma das mais favoráveis à igualdade de condições. Entre os católicos, a sociedade religiosa só se compõe de dois elementos: o padre e o povo. O padre eleva-se sozinho acima dos fiéis: tudo é igual abaixo dele.

Em matéria de dogmas, o catolicismo coloca todas as inteligências no mesmo nível; ele sujeita aos detalhes das mesmas crenças tanto o sábio quanto o ignorante, tanto o homem de gênio quanto o vulgar; ele impõe as mesmas práticas ao rico e ao pobre, inflige as mesmas austeridades ao poderoso e ao fraco; ele não transige com nenhum mortal e, aplicando a todos os humanos a mesma medida, gosta de misturar todas as classes da sociedade aos pés do mesmo altar, assim como elas estão misturadas aos olhos de Deus.

Embora o catolicismo predisponha os fiéis à obediência, ele não os prepara para a desigualdade. Eu diria o contrário do protestantismo, que, em geral, leva os homens muito menos à igualdade do que à independência.

O catolicismo é como uma monarquia absoluta. Retire o príncipe e as condições serão mais igualitárias do que nas repúblicas.

Muitas vezes aconteceu de o padre católico sair do santuário para penetrar como uma potência na sociedade e de vir sentar-se no meio da hierarquia social; algumas vezes, usou de sua influência religiosa para assegurar a duração de uma ordem política da qual fazia parte: então foi possível ver católicos partidários da aristocracia por espírito de religião.

Mas quando os padres são afastados ou se afastam do governo, como eles fazem nos Estados Unidos, não há homens que, por suas crenças, estejam mais predispostos do que os católicos a transpor ao mundo político a ideia de igualdade de condições.

Portanto, embora os católicos dos Estados Unidos não sejam levados violentamente pela natureza de suas crenças para opiniões democráticas e republicanas, eles ao menos não são naturalmente contrários a elas, e sua posição social, bem como seu pequeno número, faz-lhes mandatório abraçá-las.

A maioria dos católicos é pobre, e eles precisam que todos os cidadãos governem para eles mesmos chegarem ao governo. Os católicos são minoria e precisam que todos os direitos sejam respeitados para terem garantido o livre exercício dos seus direitos. Essas duas causas os levam, mesmo sem que tenham consciência delas, a doutrinas políticas que eles adotariam quem sabe com menos ardor se fossem ricos e predominantes.

O clero católico dos Estados Unidos não tentou lutar contra essa tendência política; ele antes procura justificá-la. Os padres católicos da América dividiram o mundo intelectual em duas partes: numa, deixaram os dogmas revelados e submetem-se a eles sem discuti-los; na outra, colocaram a verdade política e pensam que Deus abandonou-a à livre busca dos homens. Assim, os católicos dos Estados Unidos são tanto os fiéis mais submissos quanto os cidadãos mais independentes.

Podemos dizer, portanto, que nos Estados Unidos não existe uma única doutrina religiosa que se mostre hostil às instituições democráticas e republicanas. Todos os cleros utilizam a mesma linguagem, as opiniões estão de acordo com as leis e, por assim dizer, reina uma única corrente no espírito humano.

Eu morava temporariamente numa das maiores cidades da União quando fui convidado a assistir a uma reunião política cujo objetivo era socorrer os poloneses e fazer chegar armas e dinheiro até eles.

Encontrei de 2 mil a 3 mil pessoas reunidas numa ampla sala que havia sido preparada para recebê-las. Logo depois, um padre, vestido com seus trajes eclesiásticos, dirigiu-se até a frente do estrado destinado aos oradores. Os assistentes, depois de tirarem os chapéus, levantaram-se em silêncio e ele falou nos seguintes termos:

> Deus todo-poderoso! Deus dos exércitos! Tu que mantiveste o coração e conduziste o braço de nossos pais quando eles defendiam os direitos sagrados de sua independência nacional; tu que os fizeste triunfar sobre uma odiosa opressão e concedeste a nosso povo os benefícios da paz e da liberdade, oh, Senhor!, volta um olhar favorável ao outro hemisfério; olha com piedade um povo heroico que hoje luta, como fizemos outrora, pela defesa dos mesmos direitos! Senhor, criaste todos os homens segundo o mesmo modelo, não permitas que o despotismo venha deformar tua obra e manter a desigualdade sobre a Terra. Deus todo-poderoso! Zela pelos destinos dos poloneses, torna-os dignos de serem livres; que tua sabedoria reine em seus conselhos, que tua força esteja em seus braços; dissemina o terror sobre seus inimigos, divide as potências que tramam sua ruína e não permitas que a injustiça de que o mundo foi testemunha há cinquenta anos seja cometida hoje. Senhor, tens em tua mão poderosa o coração dos povos e o dos homens, suscita aliados à causa sagrada do direito; faz com que a nação francesa enfim se erga e, saindo do repouso em que seus chefes a mantêm, venha combater mais uma vez pela liberdade do mundo.
>
> Oh, Senhor! Nunca desvie de nós tua face; permita que sejamos sempre o povo mais religioso e o mais livre.
>
> Deus todo-poderoso, atenda hoje à nossa prece; salve os poloneses. Nós o pedimos em nome de teu filho bem-amado, Nosso Senhor Jesus Cristo, que morreu na cruz para a salvação de todos os homens. *Amém.*

Toda a assembleia repetiu *amém* com recolhimento.

INFLUÊNCIA INDIRETA EXERCIDA PELAS CRENÇAS RELIGIOSAS SOBRE A SOCIEDADE POLÍTICA NOS ESTADOS UNIDOS

> Moral do cristianismo encontrada em todas as seitas — Influência da religião sobre os costumes dos americanos — Respeito pelo laço do casamento — Como a religião encerra a imaginação dos americanos dentro de certos limites e modera neles a paixão de inovar — Opinião dos americanos sobre a utilidade política da religião — Seus esforços para estender e garantir seu império

Acabo de mostrar qual era, nos Estados Unidos, a ação direta da religião sobre a política. Sua ação indireta me parece ainda mais potente, e é quando não fala da liberdade que ela melhor ensina aos americanos a arte de ser livre.

Há uma incontável multidão de seitas nos Estados Unidos. Todas diferem no culto que se deve prestar ao Criador, mas todos concordam a respeito dos deveres dos homens uns em relação aos outros. Cada seita adora Deus à própria maneira, portanto, mas todas as seitas pregam a mesma moral em nome de Deus. Embora seja muito útil ao homem enquanto indivíduo que sua religião seja verdadeira, o mesmo não acontece para a sociedade. A sociedade nada tem a esperar ou a temer da outra vida; o mais importante para ela não é tanto que todos os cidadãos professem a verdadeira religião, mas que professem uma religião. Aliás, todas as seitas nos Estados Unidos se encontram na unidade cristã, e a moral do cristianismo é a mesma em toda parte.

Pode-se pensar que certo número de americanos siga, no culto que prestam a Deus, mais seus hábitos do que suas convicções. Nos Estados Unidos, aliás, o soberano é religioso e, consequentemente, a hipocrisia deve ser comum; mas a América ainda é o lugar do mundo em que a religião cristã mais conservou um verdadeiro poder sobre as almas; e nada demonstra melhor o quanto ela é útil e natural ao homem, pois o país onde em nossos dias ela mais exerce seu império é também o mais esclarecido e o mais livre.

Eu disse que os sacerdotes americanos de maneira geral se pronunciam a favor da liberdade civil sem isentar nem mesmo os que não admitem a liberdade religiosa; no entanto, não os vemos apoiar nenhum sistema político em particular. Tomam o cuidado de se manter fora dos negócios e não se intrometem nas combinações dos partidos. Não se pode dizer, portanto, que nos

Estados Unidos a religião exerça uma influência sobre as leis ou sobre o miúdo das opiniões políticas, mas ela dirige os costumes, e é regrando a família que ela trabalha no sentido de regrar o Estado.

Não duvido por um instante que a grande severidade de costumes que observamos nos Estados Unidos tenha sua fonte original nas crenças. A religião é com frequência impotente para deter o homem no meio das incontáveis tentações que a fortuna lhe apresenta. Ela não poderia moderar nele o ardor de enriquecer, que tudo vem excitar, mas ela reina soberana sobre a alma da mulher, e é a mulher que faz os costumes. A América é com certeza o país do mundo em que o laço do casamento é mais respeitado, e onde se tem na mais alta e justa conta a felicidade conjugal.

Na Europa, quase todas as desordens da sociedade nascem em torno do fogo doméstico e não longe do leito nupcial. É lá que os homens concebem o desprezo pelos laços naturais e pelos prazeres permitidos, o gosto pela desordem, a inquietude do coração, a instabilidade dos desejos. Agitado pelas paixões tumultuosas que muitas vezes perturbaram sua própria casa, é difícil para o europeu se submeter aos poderes legisladores do Estado. Quando, ao sair das agitações do mundo político, o americano volta para o seio da família, ele logo reencontra a imagem da ordem e da paz. Lá, todos os seus prazeres são simples e naturais, suas alegrias, inocentes e tranquilas; e como ele chega à felicidade pela regularidade da vida, ele facilmente se acostuma a regrar tanto suas opiniões quanto seus gostos.

Enquanto o europeu tenta escapar de suas tristezas domésticas perturbando a sociedade, o americano encontra em sua casa o amor pela ordem, que a seguir transpõe para os negócios do Estado.

Nos Estados Unidos, a religião não regula apenas os costumes, ela também estende seu império sobre a inteligência.

Entre os anglo-americanos, uns professam os dogmas cristãos porque acreditam neles, outros, porque temem não parecer acreditar. O cristianismo regula sem obstáculos, portanto, com aprovação de todos. Resulta disso, como já disse alhures, que tudo está certo e decidido no mundo moral, embora o mundo político pareça entregue à discussão e às tentativas dos homens. O espírito humano nunca percebe diante de si um campo ilimitado: qualquer que seja sua audácia, de tempos em tempos ele sente que deve se deter diante de barreiras intransponíveis. Antes de inovar, é obrigado a aceitar certos dados iniciais e a submeter suas concepções mais ousadas a certas formas que o atrasam e detêm.

A imaginação dos americanos, em seus maiores desvios, tem apenas uma marcha circunspecta e incerta; suas maneiras são travadas e suas obras, incompletas. Seus hábitos contidos se encontram na sociedade política e favorecem singularmente a tranquilidade do povo, bem como a duração das instituições a que ele se atribuiu. A natureza e as circunstâncias haviam feito do habitante dos Estados Unidos um homem audacioso; é fácil julgar, quando vemos de que maneira ele persegue sua fortuna. Se o espírito dos americanos estivesse livre de todos os entraves, não tardaríamos a encontrar entre eles os mais ousados inovadores e os mais implacáveis lógicos do mundo. Mas os revolucionários da América são obrigados a professar ostensivamente um determinado respeito pela moral e pela equidade cristãs que não lhe permitem violar com facilidade as leis quando elas se opõem à execução de seus planos; e se conseguissem se elevar acima de seus escrúpulos, ainda assim se sentiriam detidos pelo de seus defensores. Até o presente não se encontrou ninguém, nos Estados Unidos, que tenha ousado afirmar esta máxima: que tudo é permitido no interesse da sociedade. Máxima ímpia, que parece ter sido inventada num século de liberdade para legitimar todos os tiranos futuros.

Assim, ao mesmo tempo que a lei permite ao povo americano fazer tudo, a religião o impede de conceber tudo e o proíbe de ousar tudo.

A religião, que, nos americanos, nunca se envolve diretamente no governo da sociedade, deve, portanto, ser considerada como a primeira de suas instituições políticas; pois embora não lhes dê o gosto pela liberdade, ela facilita singularmente seu uso.

É também sob esse ponto de vista que os próprios habitantes dos Estados Unidos consideram as crenças religiosas. Não sei se todos os americanos têm fé em sua religião, pois quem pode ler no fundo dos corações? Mas tenho certeza de que a creem necessária à manutenção das instituições republicanas. Essa opinião não pertence a uma classe de cidadãos ou a um partido, mas à nação inteira; pode ser encontrada em todas as categorias.

Nos Estados Unidos, quando um político ataca uma seita, essa não é uma razão para que os adeptos dessa seita não o apoiem; mas se ele atacar todas as seitas juntas, todos fugirão dele e ele ficará sozinho.

Enquanto estive na América, uma testemunha se apresentou ao tribunal do condado de Chester (estado de Nova York), e declarou que não acreditava na existência de Deus e na imortalidade da alma. O presidente se recusou a receber seu juramento, porque, disse ele, a testemunha havia destruído de antemão toda a fé que se podia atribuir a suas palavras.[38] Os jornais relataram o caso sem comentários.

---

38. Eis em que termos o *New York Spectator* de 23 de agosto de 1831 relatou o fato: "O Tribunal Judicial de Primeira Instância do condado de Chester (Nova York) rejeitou há poucos dias uma

Os americanos confundem tão completamente em seu espírito o cristianismo e a liberdade que é quase impossível fazer com que concebam um sem o outro; e para eles não se trata de uma dessas crenças estéreis que o passado lega ao presente, e que parece menos viver do que vegetar no fundo da alma.

Vi americanos se associarem para enviar padres aos novos estados do oeste, e para lá fundar escolas e igrejas; eles temem que a religião venha a se perder no meio da floresta e que o povo que surge não possa ser tão livre quanto aquele do qual saiu. Encontrei ricos habitantes da Nova Inglaterra que abandonavam a região em que nasceram com o objetivo de lançar, nas margens do Missouri ou nas pradarias de Illinois, os fundamentos do cristianismo e da liberdade. É assim que, nos Estados Unidos, o zelo religioso arde constantemente no fogo do patriotismo. Você pensa que esses homens agem unicamente por consideração a outra vida, mas você se engana: a eternidade é apenas uma de suas preocupações. Se você interrogar esses missionários da civilização cristã, ficará muito surpresa de ouvi-los falar com tanta frequência dos bens desse mundo, e de encontrar políticos onde acreditava ver apenas religiosos. "Todas as repúblicas americanas são solidárias umas com as outras", eles dirão; "se as repúblicas do Oeste caíssem na anarquia ou sofressem o jugo do despotismo, as instituições republicanas que florescem nas margens do Oceano Atlântico estariam em grande perigo; temos interesse, portanto, em que os novos estados sejam religiosos, para que nos permitam continuar livres".

Essas são as opiniões dos americanos; mas seu erro é evidente: pois a cada dia provam-me muito doutamente que tudo está bem na América, exceto justamente esse espírito religioso que admiro; e descubro que só falta à liberdade e à felicidade da espécie humana, do outro lado do oceano, acreditar com Spinoza na eternidade do mundo e sustentar com Cabanis que o cérebro secreta o pensamento. A isso nada tenho a responder, na verdade, senão que aqueles que assim falam não estiveram na América e não viram povos religiosos nem povos livres. Espero-os, portanto, ao voltarem.

Há pessoas na França que consideram as instituições republicanas como o instrumento passageiro de sua grandeza. Medem com os olhos o espaço imenso que separa seus vícios e suas misérias do poder e das riquezas, e

---

testemunha que declarou sua descrença na existência de Deus. O juiz que presidia observou que nunca tinha sido informado que houvesse um homem vivo que não acreditasse na existência de Deus; que essa crença constituía a sanção de todo testemunho num tribunal de justiça e que não conhecia nenhuma causa em país cristão em que uma testemunha fosse permitida a testemunhar sem essa crença".

gostariam de encher de ruínas este abismo para tentar tapá-lo. Estes são, para a liberdade, o mesmo que os mercenários da Idade Média eram para os reis; guerreiam por sua própria conta, embora usassem suas cores. A república viverá por tempo suficiente para tirá-los de sua baixeza atual. Não é a eles que falo. Mas há outros que veem na república um estado permanente e tranquilo, um objetivo necessário para o qual as ideias e os costumes arrastam a cada dia as sociedades modernas, e que gostariam sinceramente de preparar os homens para serem livres. Quando estes atacam as crenças religiosas, seguem suas paixões e não seus interesses. É o despotismo que pode prescindir da fé, mas não a liberdade. A religião é muito mais necessária na república que eles preconizam do que na monarquia que eles atacam, e nas repúblicas democráticas mais do que em todas as outras. Como a sociedade poderia deixar de perecer se, enquanto o laço político afrouxa, o laço moral não se consolidasse? E o que fazer de um povo senhor de si mesmo se ele não está submetido a Deus?

DAS PRINCIPAIS CAUSAS QUE TORNAM A RELIGIÃO PODEROSA NA AMÉRICA

> Cuidados que os americanos tomaram de separar a Igreja do Estado — As leis, a opinião pública, os esforços dos próprios padres, concorrem para esse resultado — É a essa causa que se deve atribuir o poder que a religião exerce sobre as almas nos Estados Unidos — Por quê — Qual é, em nossos dias, o estado natural dos homens em matéria de religião — Que causa particular e acidental se opõe, em certos países, a que os homens se conformem a esse estado

Os filósofos do século XVIII explicavam de uma maneira muito simples o enfraquecimento gradual das crenças. O zelo religioso, diziam, deve se extinguir à medida que a liberdade e as luzes aumentam. Pena que os fatos não concordem com essa teoria.

Há certa população europeia cuja incredulidade só é igualada pelo embrutecimento e pela ignorância, enquanto na América vemos um dos povos mais livres e mais esclarecidos do mundo cumprir com ardor todos os deveres externos da religião.

Quando cheguei aos Estados Unidos, foi o aspecto religioso do país que primeiro chamou minha atenção. À medida que eu prolongava minha estadia, percebia as grandes consequências políticas que decorriam desses fatos novos.

Vi entre nós o espírito de religião e o espírito de liberdade quase sempre andando em sentido contrário. Lá, eu os encontrava intimamente unidos um ao outro: reinavam juntos no mesmo solo.

Cada dia eu sentia crescer meu desejo de conhecer a causa desse fenômeno.

Para descobri-lo, interroguei os fiéis de todas as comunhões; procurei sobretudo a sociedade dos padres, que conservam o depósito das diferentes crenças e que têm um interesse pessoal em sua duração. A religião que professo me aproximava especialmente do clero católico e não tardei a ter uma espécie de intimidade com vários de seus membros. A cada um deles eu expressava meu assombro e expunha minhas dúvidas: achei que todos esses homens só diferiam entre si a respeito de detalhes; mas todos atribuíam principalmente à completa separação da Igreja e do Estado o império pacífico que a religião exerce em seu país. Não temo afirmar que, durante minha estada na América, não encontrei um único homem, padre ou laico, que não tenha concordado sobre esse ponto.

Isso me levou a examinar com mais atenção a posição que os padres americanos ocupam na sociedade política. Reconheci com surpresa que não ocupam nenhum emprego público.[39] Não vi um único na administração, e descobri que não eram nem mesmo representados dentro das assembleias.

A lei, em vários estados, fechara-lhes a carreira política;[40] a opinião pública, em todos os outros.

Quando finalmente cheguei a pesquisar qual era o espírito do próprio clero, percebi que a maioria de seus membros parecia se afastar voluntariamente do poder e sentir uma espécie de orgulho profissional de manter-se alheia a ele.

Ouvi-os lançar o anátema sobre a ambição e a má-fé, quaisquer que fossem as opiniões políticas com que estas tentassem se cobrir. Mas aprendi,

---

39. A menos que se atribua esse nome às funções que muitos deles ocupam nas escolas. A maior parte da educação é confiada ao clero.

40. Ver a Constituição de Nova York, art. 7, § 4.
    Constituição da Carolina do Norte, art. 31.
    Constituição da Virgínia.
    Constituição da Carolina do Sul, art. 1, § 23.
    Constituição do Kentucky, art. 2, § 26.
    Constituição do Tennessee, art. 1, § 28.
    Constituição da Louisiana, art. 2, § 22.
    O artigo da Constituição de Nova York diz o seguinte:
"Os ministros do Evangelho, estando por sua profissão dedicados ao serviço de Deus, e devotados ao cuidado de dirigir as almas, não devem ser perturbados no exercício desses importantes deveres; consequentemente, nenhum ministro do Evangelho ou sacerdote, seja qual for a seita a que pertença, poderá ser designado para qualquer função pública, civil ou militar".

ouvindo-os, que os homens não podem ser condenáveis aos olhos de Deus por causa dessas mesmas opiniões, quando elas são sinceras, e que não há mais pecado em errar em matéria de governo do que em enganar-se na maneira como é preciso construir sua casa ou sulcar sua terra.

Vi-os se afastarem com cuidado de todos os partidos e fugirem de seu contato com todo o ardor do interesse pessoal.

Esses fatos acabaram de me provar que tinham me dito a verdade. Então decidi ir dos fatos às causas: perguntei-me como podia ser que, diminuindo a força aparente de uma religião, se conseguisse aumentar seu poder real, e pensei que não seria possível descobrir a resposta.

O breve intervalo de sessenta anos nunca poderá conter toda a imaginação do homem; as alegrias incompletas desse mundo nunca bastarão a seu coração. Único entre todos os seres, o homem demonstra um desgosto natural pela existência e um desejo imenso de existir: despreza a vida e teme o nada. Esses instintos diferentes constantemente levam sua alma à contemplação de um outro mundo, e é a religião que o conduz. A religião, portanto, nada mais é que uma forma específica da esperança, e é tão natural ao coração humano quanto a própria esperança. É por uma espécie de aberração da inteligência, e por meio de uma espécie de violência moral exercida sobre sua própria natureza, que os homens se afastam das crenças religiosas; uma propensão invencível os devolve a elas. A incredulidade é um acidente; somente a fé é o estado permanente da humanidade.

Considerando as religiões sob um ponto de vista puramente humano, podemos dizer, portanto, que todas as religiões retiram do próprio homem um elemento de força que nunca poderá faltar-lhes, porque decorre de um dos princípios constitutivos da natureza humana.

Sei que há épocas em que a religião pode acrescentar a essa influência que lhe é própria o poder artificial das leis e o apoio dos poderes materiais que dirigem a sociedade. Vimos religiões, intimamente unidas aos governos da Terra, dominar as almas tanto pelo terror quanto pela fé: mas quando uma religião faz uma aliança como essa, não temo dizer, ela age como um homem; sacrifica o futuro em vista do presente e, obtendo um poder que não lhe é devido, compromete o que lhe é legítimo.

Quando uma religião procura fundar seu império somente sobre o desejo de imortalidade que atormenta igualmente o coração de todos os homens, ela pode visar à universalidade; mas quando chega a se unir a um governo, ela precisa adotar máximas que só podem ser aplicadas a certos povos. Assim, aliando-se a um poder político, a religião aumenta seu poder sobre alguns e perde a esperança de reinar sobre todos.

Enquanto uma religião se apoiar apenas em sentimentos que são o consolo de todas as misérias, ela poderá atrair para si o coração do gênero humano. Misturada às paixões amargas deste mundo, às vezes será obrigada a defender aliados obtidos mais pelo interesse do que pelo amor, e precisará repelir como adversários homens que muitas vezes ainda a amam e combater aqueles a quem se uniu. A religião não poderia compartilhar da força material dos governantes, portanto, sem se sobrecarregar com uma parte dos ódios que eles despertam.

Os poderes políticos que parecem mais bem estabelecidos só têm como garantia de sua duração as opiniões de uma geração, os interesses de um século, muitas vezes a vida de um homem. Uma lei pode modificar o brilho social que parece mais definitivo e mais firme, e com ele tudo muda.

Todos os poderes da sociedade são mais ou menos fugidios, bem como nossos anos sobre a Terra; eles se sucedem com rapidez, como as diversas coisas da vida. E nunca se viu governo que tenha se apoiado sobre uma disposição invariável do coração humano, nem que tenha conseguido se fundar sobre um interesse imortal.

Enquanto uma religião encontrar sua força nos sentimentos, instintos e paixões que vemos reproduzidos da mesma maneira em todas as épocas da história, ela conseguirá enfrentar o esforço do tempo ou, no mínimo, só poderá ser destruída por outra religião. Mas quando a religião quer se apoiar nos interesses deste mundo, ela se torna quase tão frágil quanto todas as potências da Terra. Sozinha, ela pode esperar a imortalidade; ligada a poderes efêmeros, ela segue a fortuna deles e, muitas vezes, cai com as paixões de um dia que os sustentam.

Unindo-se às diferentes potências políticas, a religião faria uma aliança onerosa. Ela não precisa de seus socorros para viver e, servindo-as, ela pode morrer.

O perigo que acabo de assinalar existe em todas as épocas, mas nem sempre é tão visível.

Há séculos em que os governos parecem imortais e outros em que a existência da sociedade parece ser mais frágil do que a de um homem.

Certas constituições mantêm os cidadãos numa espécie de sono letárgico e outras os entregam a uma agitação febril.

Quando os governos parecem tão fortes e as leis, tão estáveis, os homens não percebem o perigo que a religião pode correr unindo-se ao poder.

Quando os governos se mostram tão fracos e as leis tão cambiantes, o perigo salta a todos os olhos, mas com frequência não há mais tempos de subtrair-se a ele. Portanto, é preciso aprender a avistá-lo de longe.

À medida que uma nação assume um estado social democrático, e que vemos as sociedades tenderem à república, torna-se cada vez mais perigoso unir a religião à autoridade; pois aproximam-se os tempos em que o poder passará de mão em mão, em que as teorias políticas se sucederão, em que os homens, as leis e as próprias constituições desaparecerão ou se modificarão a cada dia, e isso não por um breve momento, mas constantemente. A agitação e a instabilidade se devem à natureza das repúblicas democráticas, assim como a imobilidade e o adormecimento constituem a lei das monarquias absolutas.

Se os americanos, que mudam o chefe do Estado a cada quatro anos, que a cada dois anos escolhem novos legisladores e substituem os administradores provinciais a cada ano; se os americanos, que entregaram o mundo político às experiências dos inovadores, não tivessem colocado sua religião em algum lugar fora dele, a que ela poderia se segurar no fluxo e refluxo das opiniões humanas? Em meio à luta dos partidos, onde estaria o respeito que lhe é devido? O que seria de sua imortalidade quando tudo perecesse a seu redor?

Os padres americanos perceberam essa verdade antes de todos os outros e a ela conformam sua conduta. Eles viram que era preciso renunciar à influência religiosa se quisessem adquirir poder político, e preferiram perder o apoio do poder a partilhar suas vicissitudes.

Na América, a religião talvez seja menos poderosa do que ela foi por certo tempo e entre certos povos, mas sua influência é mais duradoura. Ela se reduziu a suas próprias forças, que ninguém poderia retirar-lhe; ela age dentro de um único círculo, mas ela o percorre por inteiro e o domina sem esforços.

Ouço vozes na Europa que se elevam de todos os lados; deploram a ausência de crenças e perguntam-se qual é o meio de devolver à religião algum resto de seu antigo poder.

Parece-me que, primeiro, deve-se procurar atentamente qual deveria ser, em nossos dias, o *estado natural* dos homens em matéria de religião. Conhecendo então o que podemos esperar e o que temos a temer, perceberíamos claramente o objetivo para o qual devem tender nossos esforços.

Dois grandes perigos ameaçam a existência das religiões: os cismas e a indiferença.

Nos séculos de fervor, às vezes pode acontecer de os homens abandonarem sua religião, mas eles só escapam a seu jugo para se submeter ao de outra. A fé muda de objeto, ela não morre. A antiga religião excita em todos os corações amores ardentes e ódios implacáveis; uns a deixam com raiva, outros se apegam a ela com novo ardor: as crenças diferem, a irreligião é desconhecida.

Mas nada disso acontece quando uma crença religiosa é surdamente minada por doutrinas que eu diria negativas porque afirmam a falsidade de uma religião e não estabelecessem a verdade de nenhuma outra.

Operam-se então prodigiosas revoluções no espírito humano sem que o homem pareça ajudá-las com suas paixões e, por assim dizer, sem que as perceba. Vemos homens que deixam escapar, como por esquecimento, o objeto de suas mais preciosas esperanças. Arrastados por uma corrente imperceptível contra a qual não têm coragem de lutar e à qual, portanto, cedem a contragosto, abandonam a fé que amam para seguir a dúvida que os conduz ao desespero.

Nos séculos que acabamos de descrever, essas crenças são abandonadas mais por frieza do que por ódio; elas não são rejeitadas, elas é que os abandonam. Cessando de crer na religião verdadeira, o incrédulo continua a julgá-la útil. Considerando as crenças religiosas sob um aspecto humano, ele reconhece seu império sobre os costumes, sua influência sobre as leis. Ele compreende como elas podem fazer os homens viver em paz e prepará-los suavemente para a morte. Portanto, sente falta da fé depois de tê-la perdido e, privado de um bem cujo preço conhece muito bem, teme tirá-lo daqueles que ainda o possuem.

Por sua vez, aquele que continua a crer não teme expor sua fé a todos os olhares. Nos que não compartilham de suas esperanças, vê infelizes mais do que adversários; ele sabe que pode conquistar sua estima sem seguir seu exemplo; portanto, não está em guerra com ninguém e, não considerando a sociedade em que vive como uma arena em que a religião deve lutar o tempo todo contra mil inimigos encarniçados, ele ama seus contemporâneos ao mesmo tempo que condena suas fraquezas e se aflige com seus erros.

Visto que aqueles que não acreditam escondem sua incredulidade e os que acreditam mostram sua fé, forma-se uma opinião pública a favor da religião; ela é amada, apoiada, honrada, e é preciso penetrar até o fundo das almas para descobrir as feridas que ela recebeu.

A massa dos homens, que nunca é abandonada pelo sentimento religioso, nada vê que a afaste das crenças estabelecidas. O instinto de uma outra vida a conduz sem dificuldade ao pé dos altares e entrega seu coração aos preceitos e aos consolos da fé.

Por que esse quadro não se aplica a nós?

Percebo entre nós homens que deixaram de crer no cristianismo sem terem se apegado a nenhuma religião.

Vejo outros que se detiveram na dúvida e já fingem não acreditar.

Mais longe, encontro cristãos que ainda acreditam e não ousam dizê-lo.

No meio desses vagos amigos e desses ardentes adversários, descubro por fim um pequeno número de fiéis dispostos a enfrentar todos os obstáculos e a desprezar todos os perigos por suas crenças. Estes venceram a fraqueza humana para se elevar acima da opinião comum. Levados por esse esforço, eles não sabem mais onde devem parar exatamente. Como viram que, em sua pátria, o primeiro uso que o homem fez da independência foi para atacar a religião, eles temem seus contemporâneos e se afastam com terror da liberdade que estes perseguem. A incredulidade lhes parece uma coisa nova, por isso envolvem num mesmo ódio tudo o que é novo. Estão em guerra, portanto, com seu século e seu país, e, em cada uma das opiniões neles professadas, veem uma inimiga professa da fé.

Esse não deveria ser, em nossos dias, o estado natural dos homens em matéria de religião.

Existe entre nós, portanto, uma causa acidental e particular que impede o espírito humano de seguir sua tendência e que o empurra para além dos limites em que ele deve naturalmente se deter.

Estou profundamente convencido de que esta causa particular e acidental é a união íntima entre política e religião.

Os incrédulos da Europa perseguem os cristãos como a inimigos políticos, em vez de como adversários religiosos: eles odeiam a fé como a opinião de um partido, muito mais do que como uma crença errônea; e é menos o representante de Deus que repelem no padre do que o amigo do poder.

Na Europa, o cristianismo permitiu que o unissem intimamente aos poderes da Terra. Hoje, esses poderes caem e ele é como que enterrado por seus escombros. Ele é um vivo que se quis prender a mortos: cortem os laços que o retém e ele se reerguerá.

Ignoro o que seria preciso fazer para devolver o cristianismo da Europa à energia da juventude. Somente Deus poderia fazê-lo; mas depende de os homens deixarem à fé o uso de todas as forças que ela ainda conserva.

COMO AS LUZES, OS HÁBITOS E A EXPERIÊNCIA PRÁTICA DOS AMERICANOS CONTRIBUEM PARA O SUCESSO DAS INSTITUIÇÕES DEMOCRÁTICAS

> O que devemos entender como luzes do povo americano — O espírito humano recebeu nos Estados Unidos uma cultura menos profunda do que na Europa — Mas ninguém ficou na ignorância — Por quê — Rapidez com que o pensamento circula nos estados semidesertos do oeste — Como a experiência prática serve aos americanos mais que os conhecimentos literários

Em mil lugares dessa obra observei aos leitores a influência exercida pelas luzes e pelos hábitos dos americanos sobre a manutenção das instituições políticas. Restam-me, agora, poucas coisas novas a dizer.

Até o momento, a América só teve um pequeníssimo número de escritores notáveis; ela não tem grandes historiadores e não conta com nenhum poeta. Seus habitantes veem a literatura propriamente dita com uma espécie de desfavor; e uma cidade de terceira ordem na Europa publica por ano mais obras literárias que os 24 estados da União considerados ao mesmo tempo.

O espírito americano se afasta das ideias gerais; ele não se dirige às descobertas teóricas. A própria política e a indústria não poderiam levá-lo a elas. Nos Estados Unidos, criam-se novas leis a todo momento; mas ainda não se viram grandes escritores para buscar os princípios gerais das leis.

Os americanos têm jurisconsultos e comentaristas, faltam-lhes publicistas; e em política eles dão ao mundo exemplos mais do que lições.

O mesmo se dá para as artes mecânicas.

Na América, as invenções europeias são aplicadas com sagacidade e, depois de aperfeiçoadas, elas são maravilhosamente adaptadas às necessidades do país. Os homens são industriosos, mas não cultivam a ciência da indústria. Lá encontramos bons operários e poucos inventores. Fulton por muito tempo levou seu gênio a povos estrangeiros antes de poder dedicá-lo a seu país.

Aquele que quiser julgar o estado das luzes dos anglo-americanos estará exposto, portanto, a ver o mesmo objeto sob dois diferentes aspectos. Se prestar atenção somente aos cientistas, ficará espantado com seu pequeno número; se contar os ignorantes, o povo americano lhe parecerá o mais esclarecido da Terra.

A população inteira está entre esses dois extremos: eu já o disse em outra parte.

Na Nova Inglaterra, cada cidadão recebe noções elementares dos conhecimentos humanos; ele aprende, além disso, quais são doutrinas e provas de sua religião: fazem-no conhecer a história de sua pátria e os traços principais da constituição que a rege. Em Connecticut e em Massachusetts, é muito raro encontrar um homem que só conheça essas coisas de maneira imperfeita, e aquele que as ignora absolutamente é de certo modo um fenômeno.

Quando comparo as repúblicas gregas e romanas às repúblicas da América, as bibliotecas manuscritas das primeiras e seu povo grosseiro aos mil jornais que percorrem as segundas e ao povo esclarecido que as habita; quando depois penso em todos os esforços que ainda fazemos para julgar uns com a ajuda dos outros, e prever, pelo que aconteceu há 2 mil anos, o que acontecerá em nossos dias, fico tentado a queimar meus livros, a fim de só aplicar ideias novas a um estado social tão novo.

Não se deve, de resto, estender indistintamente a toda a União o que digo da Nova Inglaterra. Quanto mais avançamos para o oeste ou para o sul, mais a instrução do povo diminui. Nos estados vizinhos ao Golfo do México, há, bem como entre nós, um certo número de indivíduos que são estrangeiros aos elementos dos conhecimentos humanos; procuraríamos em vão, porém, nos Estados Unidos, um único cantão que tivesse permanecido mergulhado na ignorância. A razão para isso é simples: os povos da Europa saíram das trevas e da barbárie para avançar rumo à civilização e às luzes. Seus progressos foram desiguais: uns correram nessa direção, outros de certo modo apenas caminharam; vários se detiveram e continuam dormindo no caminho.

O mesmo não ocorreu nos Estados Unidos.

Os anglo-americanos chegaram já civilizados ao solo ocupado por seus descendentes; eles não tiveram que aprender, bastou-lhes não esquecer. Ora, são os filhos desses mesmos americanos que, a cada ano, transportam para o deserto, com suas casas, os conhecimentos já adquiridos e a estima do saber. A educação os fez sentir a utilidade das luzes e deixou-os em condição de transmitir essas mesmas luzes a seus descendentes. Nos Estados Unidos, a sociedade não tem infância, portanto; ela nasce na idade viril.

Os americanos não fazem uso algum da palavra camponês; não empregam a palavra porque não têm ideia do que é; a ignorância das primeiras eras, a simplicidade dos campos, a rusticidade da aldeia, não são conservadas entre eles, e eles não concebem nem as virtudes, nem os vícios, nem os hábitos grosseiros, nem as graças ingênuas de uma civilização nascente.

Nos extremos limites dos estados confederados, nos confins da sociedade e do deserto, vive uma população de ousados aventureiros que, para fugir da pobreza prestes a atingi-los sob o teto paterno, não temeram se embrenhar nas solidões da América e lá buscar uma nova pátria. Recém-chegados no local que deve lhe servir de asilo, o pioneiro derruba algumas árvores às pressas e ergue uma cabana sob a folhagem. Não há nada que ofereça um aspecto mais miserável do que essas habitações isoladas. O viajante que se aproxima ao anoitecer vê brilhar de longe, por entre as paredes, a chama do fogo; e à noite, se o vento começa a soprar, ele ouve o teto de folhagens se agitar e fazer barulho, junto com as árvores da floresta. Quem não acreditaria que essa pobre choupana serve de asilo à grosseria e à ignorância? Não se deve, portanto, estabelecer relação alguma entre o pioneiro e o lugar que lhe serve de asilo. Tudo é primitivo e selvagem a seu redor, mas ele, por assim dizer, é o resultado de dezoito séculos de trabalhos e de experiência. Usa roupas da cidade, fala sua língua; conhece o passado, é curioso a respeito do futuro, argumenta sobre o presente; é um homem muito civilizado que, por certo tempo, se submete a viver no meio do mato e que se mete nos desertos do Novo Mundo com a Bíblia, um machado e jornais.

É difícil imaginar com que incrível velocidade o pensamento circula no seio desses desertos.[41]

Não creio que haja movimento intelectual tão intenso nos cantões da França, mais iluminados e mais povoados.[42]

Não há dúvida de que nos Estados Unidos a instrução do povo serve poderosamente para a manutenção da república democrática. Assim será, penso, em toda parte onde a instrução que ilumina o espírito não for separada da educação que regula os costumes.

No entanto, não exagero essa vantagem, e estou ainda mais longe ainda de acreditar, como grande número de pessoas na Europa, que basta ensinar os homens a ler e a escrever para transformá-los imediatamente em cidadãos.

As verdadeiras luzes nascem, sobretudo, da experiência, e se não tivéssemos aos poucos acostumado os americanos a governarem a si próprios, os conhecimentos literários que eles possuem não lhes seriam de grande socorro hoje para triunfar.

Vivi muito com o povo nos Estados Unidos e não saberia dizer o quanto admirei sua experiência e seu bom senso.

Não leve um americano a falar da Europa, ele normalmente mostrará uma grande presunção e um orgulho bastante tolo. Ele se contentará com as ideias gerais e indefinidas que, em todos os países, são um tão grande socorro aos

---

41. Percorri uma parte das fronteiras dos Estados Unidos numa espécie de charrete aberta chamada mala-posta. Seguíamos a grande velocidade noite e dia por caminhos mal abertos no meio de imensas florestas de árvores verdes; quando a escuridão se tornava impenetrável, meu condutor acendia galhos de lariço e seguíamos em frente em meio à claridade criada. De tempos em tempos, encontrávamos uma choupana no meio da floresta: era o hotel postal. O correio atirava na porta daquela casa isolada um enorme pacote de cartas e retomávamos o galope, deixando a cada morador das vizinhanças o cuidado de ir buscar sua parte do tesouro.

42. Em 1832, cada habitante de Michigan pagou 1 franco e 22 centavos para a taxa das cartas, e cada habitante da Flórida, 1 franco e 5 centavos. (Ver *National Calendar*, 1833, p. 244.) No mesmo ano, cada habitante do departamento do norte pagou ao Estado, pelo mesmo motivo, 1 franco e 4 centavos. Ver *Compte général de l'administration des finances*, 1833, p. 623.) Ora, Michigan contava na época com apenas sete habitantes por légua quadrada, e a Flórida, cinco: a instrução era menos disseminada e a atividade era menor nesses dois distritos do que na maioria dos estados da União, enquanto o departamento do norte, que encerra 3.400 indivíduos por légua quadrada, constitui uma das partes mais esclarecidas e mais industriais da França.

ignorantes. Mas interrogue-o sobre seu país e verá subitamente dissipar-se a nuvem que envolvia sua inteligência: sua linguagem se tornará clara, nítida e precisa, como seu pensamento. Ele lhe dirá quais são seus direitos e de que meios ele deve se servir para exercê-los; ele saberá por que meios o mundo político é dirigido. Você verá que as regras da administração lhe são conhecidas e que ele se familiarizou com o mecanismo das leis. O habitante dos Estados Unidos não tirou dos livros esses conhecimentos práticos e essas noções positivas: sua educação literária pôde prepará-lo para recebê-los, mas não os forneceu.

É enquanto participante da legislação que o americano aprende a conhecer as leis; é governando que ele se instrui sobre as formas de governo. A grande obra da sociedade se realiza a cada dia sob seus olhos e, por assim dizer, em suas mãos.

Nos Estados Unidos, o conjunto da educação dos homens é dirigido à política; na Europa, seu objetivo principal é prepará-los para a vida privada. A ação dos cidadãos nos negócios é um fato raro demais para ser previsto de antemão.

Assim que lançamos um olhar a essas duas sociedades, essas diferenças se revelam até mesmo em seu aspecto externo.

Na Europa, é comum fazermos as ideias e os hábitos da vida privada entrarem na vida pública e, como passamos subitamente do interior da família ao governo do Estado, com frequência discutimos os grandes interesses da sociedade da mesma maneira que conversamos com nossos amigos.

São, ao contrário, os hábitos da vida pública que os americanos quase sempre transportam para a vida privada. Para eles, a ideia do júri pode ser vista em jogos escolares e encontramos as formas parlamentares até mesmo na ordem de um banquete.

AS LEIS SERVEM MAIS À MANUTENÇÃO DA REPÚBLICA DEMOCRÁTICA NOS ESTADOS UNIDOS DO QUE AS CAUSAS FÍSICAS, E OS COSTUMES, MAIS QUE AS LEIS

Todos os povos da América têm um estado social democrático — No entanto, as instituições democráticas só se sustentam entre os anglo-americanos — Os espanhóis da América do Sul, tão favorecidos pela natureza física quanto os anglo-americanos, não podem suportar a república democrática — O México, que adotou a Constituição dos Estados Unidos, não pode — Os anglo-americanos do oeste a suportam com mais dificuldade do que os do leste — Razões dessas diferenças

Eu disse que era preciso atribuir a manutenção das instituições democráticas dos Estados Unidos às circunstâncias, às leis e aos costumes.[43]

A maioria dos europeus só conhece a primeira dessas três causas e lhe atribuem uma importância preponderante que ela não tem.

É verdade que os anglo-americanos trouxeram ao Novo Mundo a igualdade de condições. Nunca encontraremos entre eles plebeus ou nobres; os preconceitos de nascimento sempre foram tão desconhecidos quanto os preconceitos de profissão. Sendo o estado social democrático, a democracia não teve dificuldade para estabelecer seu império.

Mas esse fato não é particular aos Estados Unidos; quase todas as colônias da América foram fundadas por homens iguais entre si ou que assim se tornaram ao habitá-las. Não há uma única parte do Novo Mundo em que os europeus tenham conseguido criar uma aristocracia.

No entanto, as instituições democráticas só prosperam nos Estados Unidos.

A União americana não tem inimigos a combater. Ela está sozinha no meio dos desertos como uma ilha no meio do oceano.

Mas a natureza havia isolado da mesma maneira os espanhóis da América do Sul, e esse isolamento não os impediu de manter exércitos. Eles guerrearam entre si quando ficaram sem estrangeiros. A democracia americana foi a única, até o momento, que pôde se manter em paz.

O território da União apresenta um campo ilimitado à atividade humana; oferece um alimento inesgotável à indústria e ao trabalho. O amor pela riqueza toma o lugar da ambição, e o bem-estar apaga o ardor dos partidos.

Mas em que parte do mundo nós encontramos desertos mais férteis, rios mais extensos, riquezas mais intactas e mais inesgotáveis do que na América do Sul? Ainda assim, a América do Sul não pode suportar a democracia. Se bastasse aos povos, para ser felizes, ter sido colocados num canto do universo e poder se espalhar à vontade por terras desabitadas, os espanhóis da América Meridional não poderiam se queixar de sua sorte. E mesmo se não gozassem da mesma felicidade dos habitantes dos Estados Unidos, deveriam ao menos ser invejados pelos povos da Europa. Não há na Terra, porém, nações mais miseráveis do que as da América do Sul.

---

43. Lembro aqui ao leitor o sentido geral em que considero a palavra *costumes*. Entendo por essa palavra o conjunto das disposições intelectuais e morais que os homens manifestam no estado de sociedade.

Assim, além de as causas físicas não poderem produzir resultados análogos para os americanos do sul e do norte, elas tampouco poderiam produzir nos primeiros algo que não fosse inferior ao que vemos na Europa, onde elas agem em sentido contrário.

Portanto, as causas físicas não influenciam tanto quanto se supõe o destino das nações.

Conheci homens da Nova Inglaterra prontos a abandonar uma pátria onde poderiam ter encontrado conforto para partir em busca da fortuna no deserto. Perto dali, vi a população francesa do Canadá apertar-se num espaço estreito demais para ela, quando o mesmo deserto estava próximo; e enquanto o emigrante dos Estados Unidos adquiria ao preço de alguns dias de trabalho um grande domínio, o canadense pagava tão caro pela terra quanto teria pago se continuasse morando na França.

A natureza, assim, entregando aos europeus as solidões do Novo Mundo, oferece-lhes bens de que eles nem sempre sabem se utilizar.

Percebo em outros povos da América as mesmas condições de prosperidade que entre os anglo-americanos, menos suas leis e seus costumes; e esses povos são miseráveis. As leis e os costumes dos anglo-americanos formam, portanto, a razão especial de sua grandeza e a causa predominante que procuro.

Estou longe de afirmar que haja uma virtude absoluta nas leis americanas: não creio que sejam aplicáveis a todos os povos democráticos e, entre elas, existem várias que, mesmo nos Estados Unidos, me parecem perigosas.

No entanto, não poderíamos negar que a legislação dos americanos, considerada em conjunto, está bem adaptada ao gênio do povo que ela deve reger e à natureza do país.

As leis americanas são boas, portanto, e é preciso atribuir a elas grande parte do sucesso obtido na América pelo governo da democracia; mas não penso que elas sejam sua causa principal. E embora me pareçam ter mais influência na felicidade social dos americanos do que a natureza do país, por outro lado vejo razões para crer que exercem menos influência do que os costumes.

As leis federais certamente formam a parte mais importante da legislação dos Estados Unidos.

O México, que está tão afortunadamente localizado quanto a União anglo-americana, se apropriou dessas mesmas leis e não consegue se habituar ao governo da democracia.

Há, portanto, uma razão independente das causas físicas e das leis que faz com que a democracia possa governar os Estados Unidos.

Eis o que o comprova mais ainda. Quase todos os homens que habitam o território da União vêm do mesmo sangue. Eles falam a mesma língua, rezam a Deus da mesma maneira, estão submetidos às mesmas causas materiais, obedecem às mesmas leis.

Então de onde nascem as diferenças que se observam entre eles?

Por que, a leste da União, o governo republicano se mostra forte e regular, e procede com maturidade e lentidão? Que causa imprime a todos os seus atos um caráter e sabedoria e permanência?

Por que, ao contrário, a oeste, os poderes da sociedade parecem seguir ao acaso?

Por que, no movimento dos negócios, reina algo de desordenado, de apaixonado, quase poderíamos dizer de febril, que não prenuncia em nada um longo futuro?

Não comparo mais os anglo-americanos a povos estrangeiros; oponho agora os anglo-americanos uns aos outros e procuro entender por que eles não se assemelham. Aqui, todos os argumentos tirados da natureza do país e da diferença das leis me faltam ao mesmo tempo. É preciso recorrer a outra causa; e essa causa, onde a encontrar senão nos costumes?

É a leste que os anglo-americanos fizeram o mais longo uso do governo da democracia e que formaram os hábitos e conceberam as ideias mais favoráveis para sua manutenção. A democracia aos poucos penetrou nos usos, nas opiniões, nas formas; é encontrada em todo o detalhe da vida social, bem como nas leis. É a leste que a instrução literária e a educação prática do povo foram mais aperfeiçoadas e que a religião melhor se mesclou à liberdade. O que são todos esses hábitos, essas opiniões, esses usos, essas crenças, se não o que chamei de costumes?

A oeste, ao contrário, ainda falta uma parte das mesmas vantagens. Muitos americanos dos estados do oeste nasceram nos bosques e misturam à civilização de seus pais as ideias e os costumes da vida selvagem. Entre eles, as paixões são mais violentas, a moral religiosa, menos potente, as ideias, menos definidas. Os homens não exercem nenhum controle uns sobre os outros, pois mal se conhecem. As nações do oeste mostram, portanto, até certo ponto, a inexperiência e os hábitos desregrados dos povos nascentes. Porém, as sociedades do oeste são formadas por elementos antigos; mas o conjunto é novo.

São especialmente os costumes que tornam os americanos dos Estados Unidos únicos entre todos os americanos, capazes de suportar o império da democracia; e são eles também que fazem com que as diversas democracias anglo-americanas sejam mais ou menos regradas e prósperas.

Assim, exagera-se na Europa a influência que a posição geográfica do país exerce sobre a duração das instituições democráticas. Atribui-se importância demais às leis, importância de menos aos costumes. Essas três grandes causas servem sem dúvida para regular e dirigir a democracia americana; mas se fosse preciso classificá-las, eu diria que as causas físicas contribuem menos que as leis, e que as leis, infinitamente menos que os costumes.

Estou convencido de que a situação mais feliz e que as melhores leis não podem sustentar uma constituição, a despeito dos costumes, enquanto estes podem tirar partido das posições mais desfavoráveis e das piores leis. A importância dos costumes é uma verdade comum à qual nos levam o estudo e a experiência. Parece-me que a encontro situada em meu espírito como um ponto central; percebo-a na ponta de todas as minhas ideias.

Tenho uma última palavra a dizer sobre esse assunto.

Se não consegui fazer o leitor sentir, ao longo desta obra, a importância que atribuo à experiência prática dos americanos, a seus hábitos, a suas opiniões, numa palavra, a seus costumes, para a manutenção de suas leis, falhei no objetivo principal a que me propus ao escrevê-la.

AS LEIS E OS COSTUMES BASTARIAM PARA MANTER AS INSTITUIÇÕES DEMOCRÁTICAS EM OUTRO LUGAR QUE NÃO NA AMÉRICA?

> Os anglo-americanos, transportados para a Europa, seriam obrigados a modificar suas leis — É preciso distinguir as instituições democráticas das instituições americanas — Podem-se conceber leis democráticas melhores ou no mínimo diferentes das que a democracia americana se deu — O exemplo da América prova apenas que não se deve perder a esperança, com a ajuda das leis e dos costumes, de regular a democracia

Eu disse que o sucesso das instituições democráticas nos Estados Unidos se devia mais às próprias leis e aos costumes do que à natureza do país.

Mas decorrerá disso que essas mesmas causas, transportadas para outro lugar, terão sozinhas a mesma força, e que se o país não puder fazer valer as leis e os costumes, as leis e os costumes por sua vez poderão fazer valer o país?

Aqui, conceberemos sem dificuldade que nos faltam os elementos de prova: encontramos no Novo Mundo outros povos que não os anglo-americanos, e, como esses povos estão submetidos às mesmas causas materiais, pude compará-los.

Fora da América, porém, não há nações que, privadas das mesmas vantagens físicas que os anglo-americanos, tenham adotado suas leis e seus costumes.

Assim, não temos objeto de comparação nesse âmbito, só podemos arriscar opiniões.

Parece-me, em primeiro lugar, que é preciso distinguir com cuidado as instituições dos Estados Unidos das instituições democráticas em geral.

Quando penso no estado da Europa, em seus grandes povos, em suas populosas cidades, em seus formidáveis exércitos, nas complicações de sua política, eu não poderia acreditar que os anglo-americanos, transportados com suas ideias, sua religião e seus costumes para nosso solo, possam nele viver sem modificar consideravelmente suas leis.

Mas podemos supor a existência de um povo democrático organizado de uma maneira diferente da do povo americano.

Será, portanto, impossível conceber um governo fundado nas vontades reais da maioria; mas em que a maioria, violentando os instintos de igualdade que lhe são naturais, a favor da ordem e da estabilidade do Estado, consentiria em revestir em todas as atribuições do Poder Executivo uma família ou um homem? Não poderíamos imaginar uma sociedade democrática em que as forças nacionais seriam mais centralizadas do que nos Estados Unidos, em que o povo exerceria um império menos direto e menos irresistível sobre os negócios gerais, e em que, porém, cada cidadão, revestido de certos direitos, tomaria parte, em sua esfera, na marcha do governo?

O que vi entre os anglo-americanos me leva a crer que instituições democráticas dessa natureza, introduzidas prudentemente na sociedade, que pouco a pouco se mesclassem aos hábitos e gradualmente se fundissem às opiniões do povo, poderiam subsistir fora da América.

Se as leis dos Estados Unidos fossem as únicas leis democráticas que devemos imaginar, ou as mais perfeitas que seja possível encontrar, eu aceitaria que se pudesse concluir que o sucesso das leis dos Estados Unidos não prova nada do sucesso das leis democráticas em geral, num país menos favorecido pela natureza.

Mas embora as leis dos americanos me pareçam defeituosas em vários pontos, e me seja fácil concebê-las diferentes, a natureza especial do país não me prova que instituições democráticas não possam ter êxito num povo que, tendo circunstâncias físicas menos favoráveis, tenha leis melhores.

Se os homens se mostrassem diferentes na América do que são em outros lugares, se seu estado social fizesse nascer entre eles hábitos e opiniões contrários aos que nascem na Europa desse mesmo estado social, o que acontece nas democracias americanas não ensinaria nada sobre o que deve acontecer nas outras democracias.

Se os americanos mostrassem as mesmas tendências de todos os outros povos democráticos e seus legisladores se referissem à natureza do país e ao favor das circunstâncias para conter essas tendências dentro de limites justos, a prosperidade dos Estados Unidos, devendo ser atribuída a causas puramente físicas, não provaria nada em favor dos povos que gostariam de seguir seus exemplos sem ter suas vantagens naturais.

Mas nem uma nem outra dessas suposições são verificadas pelos fatos.

Encontrei na América paixões análogas às que vemos na Europa: umas se deviam à própria natureza do coração humano; outras, ao estado democrático da sociedade.

Assim, encontrei nos Estados Unidos a inquietude do coração, que é natural aos homens quando, sendo todas as condições mais ou menos iguais, cada um vê as mesmas chances de se elevar. Encontrei o sentimento democrático de inveja expresso de mil maneiras diferentes. Observei que o povo com frequência demonstrava, na condução dos negócios, um grande misto de presunção e ignorância. Concluí que, tanto na América quanto entre nós, os homens estavam sujeitos às mesmas imperfeições e expostos às mesmas misérias.

Mas quando comecei a examinar com atenção o estado da sociedade, descobri sem dificuldade que os americanos tinham feito grandes e felizes esforços para combater essas fraquezas do coração humano e corrigir esses defeitos naturais da democracia.

Suas diversas leis municipais me pareceram barreiras que mantinham dentro de uma esfera estreita a ambição inquieta dos cidadãos e dirigiam em proveito da comuna as mesmas paixões democráticas que poderiam derrubar o Estado. Pareceu-me que os legisladores americanos tinham conseguido opor, não sem sucesso, a ideia dos direitos aos sentimentos de inveja; aos movimentos contínuos do mundo político, a imobilidade da moral religiosa; à experiência do povo, à sua ignorância teórica; e o hábitos dos negócios ao ardor de seus desejos.

Os americanos, portanto, não se remeteram à natureza do país para combater os perigos que nascem de sua constituição e de suas leis políticas. Aos males que eles compartilham com todos os povos democráticos, eles aplicaram remédios que somente eles, até o momento, encontraram; e embora tenham sido os primeiros a experimentá-los, tiveram êxito.

Os costumes e as leis dos americanos são os únicos que convêm aos povos democráticos, mas os americanos mostraram que não se deve perder as esperanças de regrar a democracia com o auxílio das leis e dos costumes.

Se outros povos, tomando emprestada da América essa ideia geral e fecunda, sem de resto querer imitar seus habitantes na aplicação particular que dela fizeram, tentassem se tornar próprios ao estado social que a Providência impõe aos homens de nossos dias, e tentassem assim escapar ao despotismo ou à anarquia que os ameaça, que razões teríamos para acreditar que fracassariam em seus esforços?

A organização e o estabelecimento da democracia entre os cristãos são o grande problema político de nosso tempo. Os americanos não resolvem esse problema, sem de dúvida, mas fornecem úteis informações aos que querem resolvê-lo.

IMPORTÂNCIA DO QUE PRECEDE EM RELAÇÃO À EUROPA

Percebe-se facilmente por que me dediquei às pesquisas que precedem. A questão que levantei não interessa apenas aos Estados Unidos, mas ao mundo inteiro; não a uma nação, mas a todos os homens.

Se os povos cujo estado social é democrático só pudessem permanecer livres se habitassem desertos, seria preciso perder as esperanças da sorte futura da espécie humana; pois os homens avançam rapidamente rumo à democracia e os desertos se enchem.

Se fosse verdade que as leis e os costumes são insuficientes para a manutenção das instituições democráticas, que outro refúgio restaria às nações senão o despotismo de um só?

Sei que em nossos dias há muitas pessoas honestas que não se assustam com esse futuro e que, cansadas da liberdade, gostariam de finalmente descansar longe de suas tormentas.

Mas estes conhecem muito pouco o porto a que se dirigem. Preocupados com suas lembranças, julgam o poder absoluto pelo que foi outrora e não pelo que poderia ser em nossos dias.

Se o poder absoluto viesse a se estabelecer de novo nos povos democráticos da Europa, não tenho dúvida de que tomaria uma forma nova e de que se mostraria sob traços desconhecidos a nossos pais.

Houve um tempo na Europa em que a lei, bem como o consentimento do povo, investiram os reis de um poder quase ilimitado. Mas eles quase nunca faziam uso dele.

Não falarei das prerrogativas da nobreza, da autoridade das cortes soberanas, do direito das corporações, dos privilégios de província, que, amortecendo os golpes da autoridade, mantinham na nação um espírito de resistência.

Independentemente dessas instituições políticas, que, muitas vezes contrárias à liberdade dos indivíduos, no entanto serviam a manter o amor pela liberdade nas almas, e cuja utilidade, sob esse aspecto, concebe-se sem dificuldade, as opiniões e os costumes elevavam em torno do poder real barreiras menos conhecidas mas não menos poderosas.

A religião, o amor dos súditos, a bondade do príncipe, a honra, o espírito de família, os precedentes provinciais, o costume e a opinião pública, limitavam o poder dos reis e encerram num círculo invisível suas autoridades.

A constituição dos povos era despótica, e seus costumes, livres. Os príncipes tinham o direito mas não a faculdade nem o desejo de tudo fazer.

Das barreiras que outrora detinham a tirania, quais ainda nos restam?

Tendo a religião perdido seu império sobre as almas, o limite mais visível que dividia o bem e o mal foi derrubado; tudo parece duvidoso e incerto no mundo moral; os reis e os povos caminham ao acaso e ninguém saberia dizer onde estão os limites naturais do despotismo e as barreiras da licença.

Longas revoluções destruíram para sempre o respeito que cercava os chefes de Estado. Aliviados do peso da estima pública, os príncipes hoje podem se entregar sem medo à embriaguez do poder.

Quando os reis veem o coração dos povos à sua frente, eles são clementes, porque se sentem fortes; e cuidam do amor de seus súditos, porque o amor dos súditos é o apoio do trono. Estabelece-se então entre o príncipe e o povo uma troca de sentimentos cuja doçura lembra, no seio da sociedade, o interior da família. Os súditos, murmurando contra o soberano, ainda se afligem quando o desagradam, e o soberano pune seus súditos com mão leve, como um pai que castiga seus filhos.

Mas depois que o prestígio da realeza se dissipou no meio do tumulto das revoluções; depois que os reis, sucedendo-se no trono, sucessivamente expuseram aos olhos do povo a fraqueza do *direito* e a dureza do *fato*, ninguém mais vê no soberano o pai do Estado e todos o veem como um senhor. Quando ele é fraco, desprezam-no; odeiam-no quando ele é forte. Ele mesmo está cheio de cólera e medo; ele se vê, assim, como um estrangeiro em seu país e trata seus súditos como vencidos.

Quando as províncias e as cidades formavam nações diferentes no meio da pátria comum, cada uma delas tinha um espírito particular que se opunha ao espírito geral da servidão; hoje, porém, que todas as partes do mesmo império, depois de terem perdido suas franquias, seus usos, suas prerrogativas e até mesmo suas lembranças e seus nomes, acostumaram-se a obedecer às mesmas leis, não é mais difícil oprimir todas juntas do que oprimir cada uma separadamente.

Enquanto a nobreza gozava de seu poder, e por muito tempo ainda depois de ela o ter perdido, a honra aristocrática dava uma força extraordinária às resistências individuais.

Viam-se homens que, apesar de sua impotência, ainda tinham uma ideia elevada de seu valor individual e não ousavam resistir isoladamente ao esforço do poder público.

Em nossos dias, porém, em que todas as classes acabam de se confundir, em que o indivíduo desaparece cada vez mais no meio da multidão e se perde com facilidade no meio da obscuridade comum; hoje, quando a honra monárquica quase perdeu seu império, sem ter sido substituída pela virtude, nada mais sustenta o homem acima de si mesmo, quem pode dizer onde se deteriam as exigências do poder e as complacências da fraqueza?

Enquanto durou o espírito de família, o homem que lutava contra a tirania nunca esteve sozinho, ele encontrava a seu redor clientes, amigos hereditários, próximos. E quando esse apoio lhe faltava, ele ainda se sentia sustentado por seus antepassados e animado por seus descendentes. Mas quando os patrimônios se dividem e quando em poucos anos as raças se confundem, onde colocar o espírito de família?

Que força resta aos costumes num povo que mudou completamente e que continua mudando, em que todos os atos de tirania já têm um precedente, em que todos os crimes podem se apoiar num exemplo, em que não se pode encontrar nada de tão antigo que se possa temer destruir, nem conceber nada de tão novo que não se possa ousar fazer?

Que resistência oferecem costumes que já se curvaram tantas vezes?

O que pode a própria opinião pública quando não existem *vinte* pessoas unidas por um laço comum; quando não se encontra um homem, uma família, um corpo, uma classe, uma associação livre que possa representar e fazer agir essa opinião?

Quando cada cidadão, sendo igualmente impotente, igualmente pobre, igualmente isolado, só pode opor sua fraqueza individual à força organizada do governo?

Para conceber algo análogo ao que aconteceria então entre nós, não é a nossos anais que devemos recorrer. Talvez fosse preciso interrogar os monumentos da Antiguidade e reportar-se aos terríveis séculos da tirania romana, em que, estando os costumes corrompidos, as lembranças apagadas, os hábitos destruídos e as opiniões vacilantes, a liberdade expulsa das leis não soube mais onde se refugiar para encontrar asilo; em que, nada mais garantindo os cidadãos, e os cidadãos não se garantindo mais por si mesmos, vimos os homens zombarem da natureza humana e os príncipes cansarem a clemência do Céu mais do que a paciência de seus súditos.

Os que pensam reencontrar a monarquia de Henrique IV ou de Luís XIV me parecem bastante cegos. De minha parte, quando considero o estado a que já chegaram várias nações europeias e aquele para o qual todas as outras tendem, sinto-me levado a crer que logo só encontraremos entre elas lugar para a liberdade democrática ou para a tirania dos césares.

Isso não é digno de consideração? Se os homens devessem chegar, de fato, ao ponto de se tornarem todos livres ou todos escravos, todos iguais em direitos ou todos privados de direitos; se os que governam as sociedades fossem reduzidos à alternativa de elevar gradualmente a multidão até eles ou deixar todos os cidadãos caírem abaixo do nível da humanidade, isso não seria o suficiente para vencer muitas dúvidas, tranquilizar as consciências e preparar cada um para fazer facilmente grandes sacrifícios?

Não seria então necessário considerar o desenvolvimento gradual das instituições e dos costumes democráticos não como o melhor, mas como o único meio que nos resta de sermos livres; e, mesmo sem amar o governo da democracia, as pessoas não estariam dispostas a adotá-lo como o remédio mais aplicável e o mais honesto que podem opor aos males presentes da sociedade?

É difícil fazer o povo participar do governo; é mais difícil ainda fornecer-lhe a experiência e dar-lhe os sentimentos que lhe faltam para bem governar.

As vontades da democracia são cambiantes; seus agentes, grosseiros; suas leis, imperfeitas; reconheço. Mas se fosse verdade que logo não devesse existir nenhum intermediário entre o império da democracia e o jugo de um só, não deveríamos então tender para um em vez de nos submetermos voluntariamente ao outro? E se fosse enfim preciso chegar a uma completa igualdade, não seria melhor se deixar nivelar pela liberdade do que por um déspota?

Aqueles que, depois de ler este livro, julgarem que, ao escrevê-lo, eu quis propor que as leis e os costumes anglo-americanos fossem imitados por todos os povos que têm um estado social-democrata, terão cometido um grande erro; teriam se prendido à forma, abandonando a substância de meu pensamento. Meu objetivo foi mostrar, pelo exemplo da América, que as leis e principalmente os costumes podiam permitir que um povo democrático permanecesse livre. Estou, de resto, muito longe de acreditar que devemos seguir o exemplo que a democracia americana forneceu e imitar os meios que ela utilizou para alcançar esse objetivo de seus esforços; pois não ignoro a influência exercida pela natureza do país e pelos fatos antecedentes sobre as constituições políticas, e veria como um grande infortúnio para o gênero humano que a liberdade devesse em todos os lugares ocorrer com as mesmas características.

Mas penso que, se não conseguirmos aos poucos introduzir e por fim fundar entre nós instituições democráticas, e que se renunciarmos a dar a todos os cidadãos ideias e sentimentos que em primeiro lugar os preparem para a liberdade e, depois, lhes permitam fazer uso dela, não haverá independência para ninguém, nem para o burguês, nem para o nobre, nem para o pobre, nem para o rico, mas uma igual tirania para todos; e prevejo que, se não conseguirmos, com o tempo, fundar entre nós o império pacífico da maioria, cedo ou tarde chegaremos ao poder *ilimitado* de um só.

CAPÍTULO 10
ALGUMAS CONSIDERAÇÕES SOBRE O ESTADO ATUAL E O FUTURO PROVÁVEL DAS TRÊS RAÇAS QUE HABITAM O TERRITÓRIO DOS ESTADOS UNIDOS

A principal tarefa que eu havia imposto a mim mesmo foi cumprida; mostrei, ao menos da maneira que podia, quais eram as leis da democracia americana; dei a conhecer quais eram seus costumes. Eu poderia parar por aqui, mas o leitor talvez achasse que não satisfiz sua expectativa.

Encontramos na América mais do que uma imensa e completa democracia; podemos considerar sob mais de um ponto de vista os povos que habitam o Novo Mundo.

Ao longo desta obra, meu objeto várias vezes me levou a falar dos índios e dos negros, mas não tive tempo de me deter para mostrar a posição ocupada por essas duas raças entre o povo democrático que me dediquei a descrever; mostrei de acordo com que espírito e com o auxílio de que leis a confederação anglo-americana havia sido formada; só pude indicar de maneira passageira e bastante incompleta os perigos que ameaçam essa confederação, e me foi impossível expor em detalhe quais eram, independentemente das leis e dos costumes, suas chances de continuidade. Ao falar das repúblicas unidas, não arrisquei nenhuma conjectura sobre a permanência das formas republicanas no Novo Mundo e, ao aludir muitas vezes à atividade comercial que reina na União, não pude, no entanto, ocupar-me do futuro dos americanos enquanto povo comerciante.

Esses objetos, que dizem respeito a meu tema, não fazem parte dele; são americanos sem ser democráticos, e foi sobretudo a democracia que eu quis retratar. Portanto, precisei afastá-los num primeiro momento; mas devo voltar a eles ao concluir.

O território ocupado em nossos dias, ou reclamado pela União americana, estende-se desde o Oceano Atlântico até as praias do mar do sul. A leste ou a oeste, seus limites são os mesmos do continente; ao sul, ele avança até a margem dos trópicos e sobe em seguida ao meio dos gelos do norte.[44]

Os homens espalhados nesse espaço não constituem, como na Europa, descendentes de uma mesma família. Descobrimos entre eles, desde o primeiro contato, três raças naturalmente distintas, e eu quase poderia dizer inimigas. A educação, a lei, a origem e até a forma exterior dos traços haviam erguido entre elas uma barreira quase intransponível; o acaso reuniu-as no mesmo solo, mas misturou-as sem poder fundi-las, e cada um segue à parte seu destino.

Entre esses homens tão diferentes, o primeiro que atrai os olhares, o primeiro em luz, em força, em felicidade, é o homem branco, o europeu, o homem por excelência; abaixo dele aparecem o negro e o índio.

Essas duas raças desafortunadas não têm em comum nem o nascimento, nem a aparência, nem a linguagem, nem os costumes; somente seus infortúnios se parecem. Ambas ocupam uma posição igualmente inferior no país que habitam; ambas padecem os efeitos da tirania; e embora suas misérias sejam diferentes, elas podem ser imputadas aos mesmos autores.

Não diríamos, ao ver o que acontece no mundo, que o europeu é para os homens das outras raças o mesmo que o homem é para os animais? Ele os faz servir a seu uso e, quando não pode dobrá-los, ele os destrói.

A opressão retirou dos descendentes dos africanos, de uma só vez, quase todos os privilégios da humanidade! O negro dos Estados Unidos perdeu até a lembrança de seu país; ele não entende mais a língua que seus pais falaram; ele abjurou a religião e se esqueceu dos costumes deles. Deixando de pertencer à África, no entanto, não adquiriu nenhum direito aos bens da Europa; deteve-se entre as duas sociedades; permaneceu isolado entre os dois povos; foi vendido por um e repudiado pelo outro; só encontra no universo inteiro o lar de seu amo para lhe oferecer a imagem incompleta da pátria.

O negro não tem família; ele não saberia ver na mulher outra coisa que a companheira passageira de seus prazeres, e, ao nascerem, seus filhos são seus iguais.

Chamarei de dádiva de Deus ou de última maldição de sua cólera essa disposição da alma que torna o homem insensível às misérias extremas e que muitas vezes lhe dá mesmo uma espécie de gosto depravado pela causa de suas desgraças?

---

44. Ver o mapa ao fim do livro. [p. 766 desta edição]

Mergulhado nesse abismo de males, o negro mal sente seu infortúnio; a violência o havia colocado na escravidão, o uso da servidão lhe conferiu pensamentos e uma ambição de escravo; ele admira seus tiranos mais ainda do que os odeia e encontra sua alegria e seu orgulho na servil imitação daqueles que o oprimem.

Sua inteligência se rebaixou ao nível de sua alma.

O negro entra ao mesmo tempo na servidão e na vida. Que digo? Muitas vezes é comprado no ventre materno e começa, por assim dizer, a ser escravo antes de nascer.

Sem necessidade e sem prazer, inútil a si mesmo, ele compreende, com as primeiras noções que recebe da vida, que é propriedade de outro, cujo interesse é zelar por seus dias; ele percebe que o cuidado com sua própria sorte não lhe pertence; o próprio uso do pensamento lhe parece um dom inútil da Providência e ele usufrui tranquilamente de todos os privilégios de sua baixeza.

Quando ele se torna livre, a independência muitas vezes lhe parece uma corrente mais pesada que a própria escravidão; pois no curso de sua existência, ele aprender a se submeter a tudo, exceto à razão; e quando a razão se torna seu único guia, ele não sabe reconhecer sua voz. Mil novas necessidades o assediam e lhe faltam conhecimentos e energias necessárias para resistir a elas. As necessidades são amos que é preciso combater, mas ele só aprendeu a se submeter e a obedecer. Chegou, portanto, ao cúmulo da miséria, em que a servidão o embrutece e a liberdade o faz perecer.

A opressão não exerceu menos influência sobre as raças indígenas, mas seus efeitos são diferentes.

Antes da chegada dos brancos no Novo Mundo, os homens que habitavam a América do Norte viviam tranquilos nas florestas. Entregues às vicissitudes ordinárias da vida selvagem, apresentavam os vícios e as virtudes dos povos incivilizados. Os europeus, depois de dispersarem para longe as tribos indígenas, nos desertos, condenaram-nas a uma vida errante e vagabunda, cheia de inexprimíveis misérias.

As nações selvagens são governadas somente pelas opiniões e pelos costumes.

Ao enfraquecer, entre os índios da América do Norte, o sentimento de pátria, ao dispersar suas famílias, ao obscurecer suas tradições, ao interromper a cadeia das lembranças, ao mudar todos os seus hábitos e ao aumentar além da conta suas necessidades, a tirania europeia tornou-os mais desordenados e menos civilizados do que eles já eram. A condição moral e o estado físico desses povos não cessaram de decair e eles se tornaram mais bárbaros à medida que se tornavam mais infelizes. Todavia, os europeus não conseguiram modificar totalmente o caráter dos índios e, embora tivessem o poder de destruí-los, nunca tiveram o de civilizá-los ou submetê-los.

O negro está situado nos últimos confins da servidão; o índio, nos limites extremos da liberdade. A escravidão não produz no primeiro efeitos mais funestos do que a independência no segundo.

O negro perdeu até mesmo a propriedade de sua pessoa, e não saberia dispor de sua própria existência sem cometer uma espécie de roubo.

O negro está entregue a si mesmo assim que pode agir. Mal conheceu a autoridade da família; nunca dobrou sua vontade diante da de nenhum de seus semelhantes; ninguém o ensinou a discernir uma obediência voluntária de uma sujeição vergonhosa e ele ignora até mesmo o nome da lei. Para ele, ser livre é escapar a quase todos os laços das sociedades. Ele se compraz nessa independência bárbara e preferiria morrer a ter que sacrificar a mínima parte dela. A civilização tem pouca influência sobre tal homem.

O negro faz mil esforços inúteis para se introduzir numa sociedade que o repele; ele se dobra aos gostos de seus opressores, adota suas opiniões e aspira, ao imitá-los, confundir-se com eles. Disseram-lhe ao nascer que sua raça é naturalmente inferior à dos brancos e ele não está longe de acreditar nisso, portanto tem vergonha de si mesmo. Em cada um de seus traços, descobre um vestígio da escravidão e, se pudesse, consentiria com prazer repudiar-se por inteiro.

O índio, ao contrário, tem a imaginação cheia da pretensa nobreza de sua origem. Ele vive e morre no meio desses sonhos de seu orgulho. Longe de querer dobrar seus costumes aos nossos, ele se apega à barbárie como a um signo distintivo de sua raça e repele a civilização talvez menos por ódio a ela do que por medo de se assemelhar aos europeus.[45]

---

45. O indígena da América do Norte conserva suas opiniões e até o mínimo detalhe de seus hábitos com uma inflexibilidade sem igual na história. Há mais de duzentos anos que as tribos errantes da América do Norte têm contatos diários com a raça branca mas não lhe tomou emprestada, por assim dizer, nenhum ideia e nenhum uso. Os homens da Europa, porém, exerceram uma enorme influência sobre os selvagens. Tornaram o caráter indígena mais desordenado, mas não o tornaram mais europeu.

Encontrando-me, no verão de 1831 passado no lado Michigan, num local chamado Green Bay, que serve de fronteira extrema dos Estados Unidos ao lado dos índios do noroeste, conheci um oficial americano, o major H., que um dia, depois de me falar muito da inflexibilidade do caráter indígena, narrou o seguinte fato: "Conheci, antigamente, um jovem índio que havia sido educado num colégio da Nova Inglaterra. Obtivera grandes êxitos e assumira todo o aspecto externo de um homem civilizado. Quando estourou a guerra entre nós e os ingleses, em 1810, voltei a ver esse jovem homem; ele servia então em nosso exército, à frente dos guerreiros de sua tribo. Os americanos só tinham admitido os índios em suas fileiras com a condição de que eles

À perfeição de nossas artes, ele quer opor os recursos do deserto; à nossa tática, sua coragem indisciplinada; à profundidade de nossos objetivos, os instintos espontâneos de sua natureza selvagem. Ele sucumbe nessa luta desigual.

O negro gostaria de confundir-se com o europeu e não pode. O índio poderia, até certo ponto, mas desdenha tentá-lo. O servilismo de um o submete à escravidão, e o orgulho do outro, à morte.

Lembro-me que, percorrendo as florestas que ainda cobrem o estado do Alabama, cheguei um dia à cabana de um pioneiro. Não quis entrar na casa do americano, mas fui descansar por alguns instantes à beira de uma fonte que ficava não muito longe dali, na floresta. Enquanto estava nesse lugar, chegou uma índia (estávamos então perto do território ocupado pela nação dos creeks); ela segurava a mão de uma garotinha de cinco ou seis anos, da raça branca, que supus ser a filha do pioneiro. Uma negra as seguia. Havia no traje da índia uma espécie de luxo bárbaro: anéis de metal pendiam de suas narinas e orelhas; seus cabelos, trançados com contas de vidro, caíam livremente sobre os ombros; vi que ainda não era casada, pois ainda usava o colar de conchas que as virgens costumam deixar no leito nupcial. A negra usava roupas europeias quase em farrapos.

As três vieram sentar-se à beira da fonte, e a jovem selvagem, pegando a criança nos braços, fazia-lhe carícias que poderíamos crer ditadas pelo coração de uma mãe; a negra, por sua vez, buscava por mil artifícios inocentes chamar a atenção da pequena crioula. Esta demonstrava em seus menores movimentos um sentimento de superioridade que contrastava estranhamente com sua fraqueza e com sua idade; como se sentisse uma espécie de condescendência ao receber os cuidados de suas companheiras.

Agachada diante de sua ama, à espreita de cada um de seus desejos, a negra parecia igualmente dividida entre um apego quase materno e um temor servil; enquanto via-se reinar na efusão de ternura da mulher selvagem um ar livre, orgulhoso e quase feroz.

Aproximei-me e contemplei em silêncio esse espetáculo; minha curiosidade sem dúvida desagradou à índia, pois ela se levantou bruscamente, empurrou a criança para longe com um pouco de rudeza e, depois de me lançar um olhar irritado, desapareceu no bosque.

---

se abstivessem do horrível costume de escalpar os vencidos. Na noite da batalha de ***, C... veio sentar-se junto ao fogo de nossa barraca; perguntei-lhe como havia sido seu dia; ele me contou, aos poucos se animando com a lembrança de seus feitos, e acabou entreabrindo o casaco e dizendo: 'Não me traia, mas veja!'. Vi, de fato, entre seu corpo e sua camisa, a cabeleira de um inglês ainda pingando sangue".

Várias vezes me acontecera de ver reunidos nos mesmos lugares indivíduos pertencentes às três raças humanas que povoam a América do Norte; eu já reconhecera em mil efeitos diversos a preponderância exercida pelos brancos; mas havia, no quadro que acabo de descrever, uma coisa de particularmente tocante: um laço de afeição reunia aqui os oprimidos aos opressores, e a natureza, esforçando-se em aproximá-los, tornava mais impactante ainda o imenso espaço que os preconceitos e as leis haviam colocado entre eles.

ESTADO ATUAL E FUTURO PROVÁVEL DAS TRIBOS INDÍGENAS QUE HABITAM O TERRITÓRIO POSSUÍDO PELA UNIÃO

> Desaparecimento gradual das raças indígenas — Como ele se opera — Misérias que acompanham as migrações forçadas dos índios — Os selvagens da América do Norte só tinham duas maneiras de escapar à destruição: a guerra ou a civilização — Eles não podem mais fazer a guerra — Por que eles não querem se civilizar quando poderiam fazê-lo, e não o podem mais quando chegam a querê-lo — Exemplo dos *creeks* e dos *cherokees* — Política dos estados em relação a esses índios — Política do governo federal

Todas as tribos indígenas que outrora habitavam o território da Nova Inglaterra, os *narragansetts*, os moicanos, os *pecots*, agora só vivem na lembrança dos homens; os lenapes, que receberam Penn há 150 anos, nas margens do Delaware, hoje estão desaparecidos. Encontrei os últimos dos iroqueses: pediam esmola. Todas as nações que acabo de nomear se espalhavam outrora até a beira do mar; agora, é preciso percorrer mais de cem léguas para dentro do continente para encontrar um índio. Esses selvagens não apenas recuaram como foram destruídos.[46] À medida que os indígenas se afastam e morrem, em seu lugar surge e cresce sem cessar um povo imenso. Nunca se vira entre as nações um desenvolvimento tão prodigioso nem uma destruição tão rápida.

Quanto à maneira como essa destruição se opera, é fácil indicá-la.

Quando os índios habitavam sozinhos o deserto do qual são exilados hoje, suas necessidades eram ínfimas; eles fabricavam suas próprias armas, a água

---

46. Nos treze estados originários, não restam mais que 6.373 índios. (Ver *Documents législatifs*, 20º congresso, n. 117, p. 20).

dos rios era sua única bebida e eles vestiam as peles dos animais cuja carne usavam para se alimentar.

Os europeus introduziram entre os indígenas da América do Norte as armas de fogo, o ferro e a aguardente; ensinaram-lhes a substituir por nossos tecidos as vestimentas bárbaras com que a simplicidade indígena até então se contentara. Ao adquirir novos gostos, os índios não aprenderam a arte de satisfazê-los e precisaram recorrer à indústria dos brancos. Em retorno por esses bens que não sabia criar, o selvagem não podia oferecer nada, a não ser as ticas peles que seus bosques ainda encerravam. A partir desse momento, a caça precisou não apenas prover a suas necessidades, mas também às paixões frívolas da Europa. Ele não perseguiu mais os animais das florestas apenas para se alimentar, mas a fim de obter os únicos objetos de troca que podia nos dar.[47]

Enquanto as necessidades dos indígenas cresciam, seus recursos não cessavam de decrescer.

Assim que um estabelecimento europeu se forma na vizinhança do território ocupado pelos índios, a caça imediatamente se alarma.[48] Milhares de selvagens, vagando pelas florestas, sem morada fixa, não a assustavam; mas assim que os ruídos contínuos da indústria europeia se fazem ouvir em algum lugar, ela começa a fugir e a se retirar para o oeste, onde seu instinto lhe diz que

---

47. Os senhores William Clark e Lewis Cass, em seu relatório ao Congresso, em 4 de fevereiro de 1829, p. 23, diziam:
"Muito longe já está a época em que os índios podiam obter os objetos necessários à sua alimentação e à sua vestimenta sem recorrer à indústria dos homens civilizados. Para além do Mississippi, numa região onde ainda encontramos imensos rebanhos de búfalos, habitam tribos indígenas que seguem esses animais selvagens em suas migrações; os índios de que falamos ainda encontram meios de viver conformando-se a todos os usos de seus pais; mas os búfalos recuam constantemente. Só é possível atingir com fuzis ou armadilhas (*traps*) os animais selvagens de espécies menores, como o urso, o gamo, o castor, o rato-almiscarado, que fornecem aos índios o necessário para a sobrevivência.
É principalmente no noroeste que os índios são obrigados a se dedicar a trabalhos excessivos para alimentar suas famílias. Muitas vezes o caçador dedica vários dias seguidos a perseguir a caça sem sucesso; enquanto isso, sua família precisa se alimentar de cascas e raízes ou perecer: assim, há muitos que morrem de fome a cada inverno".
Os índios não querem viver como os europeus; no entanto, não podem ficar sem os europeus nem viver totalmente como seus pais. Podemos julgá-lo por meio de um único fato, que também retiro de uma fonte oficial. Homens pertencentes a uma tribo indígena das margens do lago superior haviam matado um europeu: o governo americano proibiu trocas com a tribo a que pertenciam os culpados até que estes fossem entregues, o que aconteceu.
48. "Há cinco anos", diz Volney em seu *Tableau des États-Unis*, p. 370, "indo de Vincennes a Kaskaskias, território hoje compreendido no Estado de Illinois, então inteiramente selvagem (1797), não se atravessavam campinas sem ver rebanhos de quatrocentos ou quinhentos búfalos: hoje não resta nenhum; eles cruzaram o Mississippi a nado, importunados pelos caçadores e, principalmente, pelos sinos das vacas americanas".

ela encontrará desertos ainda ilimitados. "Os rebanhos de bisões se retiram sem cessar", dizem Cass e Clark em seu relatório ao Congresso, em 4 de fevereiro de 1829; "há alguns anos, eles se aproximavam do sopé dos Allegheny; dentro de poucos anos, talvez seja difícil vê-los nas imensas planícies que se estendem ao longo das Montanhas Rochosas". Garantiram-me que esse efeito da aproximação dos brancos com frequência se fazia sentir a duzentas léguas de suas fronteiras. Sua influência se exerce, assim, sobre tribos cujos nomes mal são conhecidos e que sofrem os males da usurpação muito antes de conhecer seus autores.[49]

Logo ousados aventureiros penetram nas terras indígenas; eles avançam quinze ou vinte léguas das fronteiras dos brancos e constroem a morada do homem civilizado em meio à barbárie. É fácil fazer isso: os limites do território de um povo caçador são mal fixados. Esse território, aliás, pertence à nação inteira e não é exatamente propriedade de ninguém; o interesse individual não protege nenhuma de suas partes.

Algumas famílias europeias, ocupando pontos muito distantes, acabam expulsando para sempre os animais selvagens de todo o espaço intermediário que se estende entre elas. Os índios, que tinham vivido até então numa espécie de abundância, sentem dificuldade para subsistir, e mais ainda para conseguir os objetos de troca de que precisam. Pôr a caça em fuga é como tornar estéreis os campos de nossos cultivadores. Logo os meios de existência lhes faltam quase que inteiramente. Encontramos, então, esses desafortunados rondando como lobos esfomeados no meio de seus bosques desertos. O amor instintivo pela pátria os prende ao solo que os viu nascer,[50] mas nele só encontram a miséria e a morte. Eles enfim tomam uma decisão; partem e, seguindo de longe em sua fuga o alce, o búfalo e o castor, deixam a esses animais selvagens o cuidado de escolher para eles uma nova pátria. Não são propriamente os europeus, portanto, que expulsam os indígenas da América, é a fome: feliz distinção que havia escapado aos antigos casuístas e que os doutores modernos descobriram.

---

49. Podemos nos convencer da verdade do que afirmo aqui consultando o quadro geral das tribos indígenas dentro dos limites reclamados pelos Estados Unidos. (*Documents législatifs*, 20º congresso, n. 117, p. 90-105). Veremos que as tribos do centro da América decrescem rapidamente, ainda que os europeus ainda estejam muito distantes delas.

50. Os índios, dizem Clark e Cass em seu relatório ao Congresso, p. 15, sentem por seu país o mesmo sentimento de afeição que nos liga ao nosso; além disso, mesclam à ideia de alienar as terras que o grande Espírito deu a seus ancestrais certas ideias supersticiosas que exercem grande poder sobre as tribos que ainda não cederam ou que cederam apenas uma pequena parte de seu território aos europeus. "Não vendemos o local em que repousam as cinzas de nossos pais", esta é a primeira resposta que eles sempre dão àquele que propõe comprar seus campos.

Não poderíamos imaginar os terríveis males que acompanham essas emigrações forçadas. Quando os índios deixaram seus campos paternos, eles já estavam esgotados e reduzidos. A região em que eles vão se fixar está ocupada por povos que veem com inveja os recém-chegados. Atrás deles está a fome, diante deles, a guerra, por toda parte, a miséria. A fim de escapar a tantos inimigos, eles se dividem. Cada um procura se isolar para encontrar furtivamente os meios de sustentar sua existência, e vive na imensidão dos desertos como o proscrito no seio das sociedades civilizadas. O laço social há muito enfraquecido se rompe. Já não havia pátria para eles, logo não haverá mais povo; talvez restem apenas famílias; o nome comum se perde, a língua é esquecida, os vestígios da origem desaparecem. A nação deixou de existir. Ela vive apenas na lembrança dos antiquários americanos e só é conhecida por alguns eruditos da Europa.

Eu não gostaria que o leitor pudesse acreditar que estou exagerando meus quadros. Vi com meus próprios olhos as misérias que acabo de descrever; contemplei males que me seria impossível retraçar.

No fim do ano de 1831, encontrava-me na margem esquerda do Mississippi, num lugar chamado pelos europeus de Memphis. Enquanto estava nesse lugar, vi um bando numeroso de *coctaws* (os franceses da Louisiana os chamam de *chactas*); esses selvagens deixavam sua terra e tentavam passar para a margem direita do Mississippi, onde contavam encontrar um asilo que o governo americano lhes prometia. Estávamos então em pleno inverno e o frio castigava naquele ano com uma violência incomum; a neve havia endurecido na terra e o rio carregava enormes pedaços de gelo. Os índios levavam suas famílias; carregavam feridos, doentes, recém-nascidos e velhos que iam morrer. Não tinham tendas nem carruagens, apenas algumas provisões e armas. Vi-os embarcar para atravessar o grande rio e aquele espetáculo solene nunca sairá de minha memória. Não ouvíamos naquela multidão nem soluços nem queixas; eles se calavam. Suas desgraças eram antigas e eles as sentiam irremediáveis. Os índios já estavam todos dentro da embarcação que os levaria; seus cães ainda estavam na margem; quando esses animais finalmente perceberam que eles iam se afastar para sempre, soltaram ganidos terríveis e se atiraram nas águas geladas do Mississippi, seguindo seus donos a nado.

Em nossos dias, o desapossamento dos índios geralmente se opera de maneira regular e, por assim dizer, legal.

Quando a população europeia começa a se aproximar do deserto ocupado por uma nação selvagem, o governo dos Estados Unidos envia a esta última uma embaixada solene; os brancos reúnem os índios numa grande planície e, depois de comer e beber com eles, dizem-lhes: "O que fazem na terra de seus pais? Logo terão que desenterrar seus ossos para viver aqui. Por que a região que habitam vale mais que qualquer outra? Os bosques, pântanos e pradaria só existem onde vocês estão? Só sabem viver sob esse sol? Para além das montanhas que veem no horizonte, para além desse lago que limite a oeste seu território, encontramos vastas paragens em que animais selvagens ainda vivem em abundância; vendam-nos suas terras; e vivam felizes nesses lugares". Depois desse discurso, exibem aos índios armas de fogo, roupas de lã, barris de aguardente, colares de contas, pulseiras de estanho, brincos e espelhos.[51] Se, ante a visão de todas essas riquezas eles ainda hesitarem, insinuam-lhes que eles não poderiam recusar o consentimento que lhes é solicitado e que logo o próprio governo seria impotente para garantir-lhes o gozo de seus direitos. O que fazer? Pouco convencidos, semiobrigados, os índios partem; eles vão habitar novos desertos onde os brancos não os deixarão dez anos em paz. Foi assim que os americanos adquiriram a vil preço províncias inteiras, que os mais ricos soberanos da Europa não saberiam comprar.[52]

---

51. Ver nos *Documents législatifs du congrès*, doc. 117, o resumo do que acontece nessas circunstâncias. Esse excerto curioso encontra-se no já citado relatório de Clark e Cass ao Congresso, de 4 de fevereiro de 1829. O senhor Cass é, hoje, secretário de Estado de Guerra.

"Quando os índios chegam ao lugar onde o tratado deve ocorrer", dizem Clark e Cass, "eles estão pobres e quase nus. Lá, veem e examinam um grande número de objetos preciosos para eles, que os mercadores americanos tiveram o cuidado de trazer. As mulheres e as crianças, que desejam que suas necessidades sejam satisfeitas, começam então a atormentar os homens com mil pedidos inoportunos e empregam toda a influência que têm sobre estes últimos para que a venda das terras aconteça. A imprevidência dos índios é habitual e invencível. Satisfazer suas necessidades imediatas e gratificar seus desejos atuais é a paixão irresistível do selvagem: a espera de vantagens futuras age sobre ele de maneira muito fraca; ele esquece com facilidade o passado e não se preocupa com o futuro. Seria inútil pedir aos índios a cessão de uma parte de seu território se não se estivesse em condições de satisfazer necessidades imediatamente. Quando consideramos com imparcialidade a situação em que esses infelizes se encontram, não nos espantamos com o ardor que eles colocam na obtenção de alguns alívios a seus males".

52. Em 19 de maio de 1830, o senhor Ed Everett afirmava diante da Câmara dos Representantes que os americanos já haviam adquirido por *tratado*, a leste e a oeste do Mississippi, 230 milhões de acres.

Em 1808, os osages cederam 48 milhões de acres por uma venda de mil dólares.

Em 1818, os quapaws cederam 20 milhões de acres por 4 mil dólares; tinham reservado para si um território de 1 milhão de acres para caçar. Jurara-se solenemente que o respeitariam, mas ele logo foi invadido como o resto.

"A fim de nos apropriarmos das terras desertas de que os índios reclamam a propriedade", dizia o senhor Bell, relator do comitê de assuntos indígenas no Congresso, em 24 de fevereiro de 1830, "adotamos o uso de pagar às tribos indígenas o valor de seu território de caça (*hunting ground*) depois que a caça fugiu ou foi destruída. É mais vantajoso e certamente mais de acordo com as regras da justiça e mais humano agir assim do que se apoderar a mão armada do território dos selvagens.

Acabo de relatar grandes males, acrescento que eles me parecem irremediáveis. Creio que a raça indígena da América do Norte está condenada a perecer e não posso deixar de pensar que o dia em que os europeus tiverem se estabelecido às margens do Oceano Pacífico, ela terá desaparecido.[53]

Os índios da América do Norte tinham apenas duas vias de salvação: a guerra ou a civilização. Em outras palavras, precisavam destruir os europeus ou tornarem-se seus iguais.

Durante o nascimento das colônias, eles teriam podido, unindo suas forças, se livrar do pequeno número de estrangeiros que acabavam de desembarcar no continente.[54] Mais de uma vez eles tentaram fazer isso e se viram a ponto de conseguir. Hoje, a desproporção dos recursos é grande demais para que possam pensar em tal coisa. No entanto, ainda se elevam, entre as nações indígenas, homens de gênio que preveem o destino final reservado às populações selvagens e que procuram reunir todas as tribos no ódio comum aos europeus; seus esforços, porém, são impotentes. Os povos vizinhos aos brancos já estão enfraquecidos demais para oferecer uma resistência eficaz; os outros, entregando-se à despreocupação pueril com o amanhã que caracteriza a natureza selvagem, esperam que o perigo se apresente para se ocuparem dele; uns não podem, os outros não querem agir.

É fácil prever que os índios nunca vão querer se civilizar ou que tentarão fazê-lo tarde demais, se chegarem a querer que isso aconteça.

A civilização é o resultado de um longo trabalho social que se opera num mesmo lugar e que as diferentes gerações legam umas às outras ao se sucederem.

O costume de comprar dos índios seu título de propriedade nada mais é que um novo modo de aquisição que a humanidade e o interesse (*humanity and expediency*) substituíram à violência, e que deve igualmente nos tornar donos das terras que reclamamos em virtude da descoberta, e que aliás nos garante o direito que as nações civilizadas têm de se estabelecer em território ocupado por tribos selvagens.

Até esse dia, várias causas não cessaram de diminuir aos olhos dos índios o preço da terra que eles ocupam, e as mesmas causas os levaram a vendê-las para nós sem pesar. O costume de comprar dos selvagens seu direito de *ocupantes* (*right of occupancy*) nunca pôde retardar, portanto, num grau perceptível, a prosperidade dos Estados Unidos". (*Documents législatifs*, 21º congresso, n. 227, p. 6).

53. Essa opinião, de resto, nos pareceu a mesma de todos os homens de Estado americano.

"Se julgarmos o futuro pelo passado", dizia Cass ao Congresso, "devemos prever uma diminuição progressiva no número de índios e esperar a extinção final de sua raça. Para que esse acontecimento não ocorresse, seria preciso que nossas fronteiras cessassem de se estender e que os selvagens se fixassem além delas ou então que se operasse uma mudança completa em nossas relações com eles, o que seria pouco sensato esperar".

54. Ver, entre outras, a guerra empreendida pelos wampanoags, e as outras tribos confederadas, sob o comando de Métacom, em 1675, contra os colonos da Nova Inglaterra, e a que os ingleses tiveram que enfrentar em 1622 na Virgínia.

Os povos entre os quais a civilização consegue mais dificilmente fundar seu império são os povos caçadores. As tribos de pastores mudam de lugar, mas sempre seguem uma ordem regular em suas migrações, e voltam constantemente sobre os próprios passos. A morada dos caçadores varia como a dos animais que eles perseguem.

Várias vezes tentou-se fazer as luzes penetrarem entre os índios, deixando-lhes seus costumes errantes; os jesuítas fizeram isso no Canadá, os puritanos, na Nova Inglaterra.[55] Uns e outros nada fizeram de duradouro. A civilização nascia na cabana e ia morrer nos bosques. O grande erro desses legisladores dos índios foi não compreender que, para conseguir civilizar um povo, é preciso antes de tudo conseguir que ele se fixe, e ele só fará isso cultivando o solo; tratava-se primeiro, portanto, de transformar os índios em cultivadores.

Além dos índios não possuírem essa preliminar indispensável da civilização, é-lhes muito difícil adquiri-la.

Os homens que se dedicaram à vida ociosa e aventureira dos caçadores sentem uma aversão quase intransponível pelos trabalhos constantes e regulares que o cultivo exige. Podemos percebê-lo até mesmo em nossas sociedades; mas isso é ainda mais visível entre os povos para os quais os hábitos de caça se tornaram costumes nacionais.

Independentemente dessa causa geral, há uma não menos poderosa e que só é encontrada entre os índios. Já a indiquei, creio dever voltar a ela.

Os indígenas da América do Norte não consideram apenas o trabalho um mal, mas uma desonra, e seu orgulho luta contra a civilização quase tão obstinadamente quanto sua preguiça.[56]

Não há índio tão miserável que, sob sua cabana de casca de árvore, não alimente uma orgulhosa ideia de seu valor individual; ele considera os cuidados da indústria ocupações aviltantes; compara o cultivador ao boi que abre um sulco na terra e, em cada uma de nossas artes, vê apenas trabalhos de escravos. Não que ele não tenha concebido uma elevadíssima ideia do poder dos brancos e da grandeza de sua inteligência, mas embora admire o resultado de nossos esforços, despreza os meios que nos fizeram obtê-lo e, mesmo sofrendo nossa ascendência, ainda se acredita superior a nós. A caça e a guerra lhe

---

55. Ver os diferentes historiadores da Nova Inglaterra. Ver também *Histoire de la Nouvelle-Angleterre*, por Charlevoix, e as *Lettres édifiantes*.

56. "Em todas as tribos", diz Volney em seu *Tableau des États-Unis*, p. 423, "ainda existe uma geração de velhos guerreiros que, vendo o manejo da enxada, não cessam de alardear a degradação dos costumes antigos, e que afirmam que os selvagens devem sua decadência exclusivamente a essas inovações, e que, para reencontrar a glória e o poder, bastaria voltar a seus costumes primitivos".

parecem as únicas preocupações dignas de um homem.[57] O índio, no fundo da miséria de seus bosques, alimenta as mesmas ideias, as mesmas opiniões que o nobre da Idade Média em seu castelo, portanto, e só lhe falta, para finalizar a semelhança, tornar-se um conquistador. Assim, coisa singular!, é nas florestas do Novo Mundo, e não entre os europeus que povoam suas costas, que hoje encontramos os antigos preconceitos da Europa.

Procurei mais de uma vez, ao longo desta obra, fazer com que se compreenda a influência prodigiosa que me parecia exercer o estado social sobre as leis e os costumes dos homens. Que me permitam acrescentar a esse respeito uma única palavra.

Quando percebo a semelhança que existe entre as instituições políticas de nossos pais, os germanos, e as das tribos errantes da América do Norte, entre os costumes relatados por Tácito e aqueles que pude testemunhar algumas vezes, eu não poderia deixar de pensar que a mesma causa produziu, nos dois hemisférios, os mesmos efeitos, e que, em meio à aparente diversidade das coisas humanas, não é impossível encontrar um pequeno número de fatos geradores dos quais todos os outros decorrem. Em tudo que chamamos de instituições germânicas estou tentado a ver nada mais que hábitos bárbaros, e opiniões de selvagens em tudo que chamamos de ideias feudais.

Quaisquer que sejam os vícios e os preconceitos que impedem os índios da América do Norte de se tornarem cultivadores e civilizados, às vezes a necessidade os obriga a tanto.

Várias nações consideráveis do sul, entre outras a dos *cherokees* e dos *creeks*,[58] viram-se como que cercadas pelos europeus, que, desembarcando nas costas do oceano, descendo o Ohio e subindo o Mississippi, chegavam

---

57. Encontramos num documento oficial a seguinte descrição:
"Até que um jovem tenha estado em combate contra o inimigo e possa se vangloriar de algumas proezas, não se tem por ele nenhuma consideração: é visto mais ou menos como uma mulher.
Durante suas grandes danças de guerra, os guerreiros vão uns depois dos outros golpear o tronco, como eles dizem, e narram seus feitos. Nessa ocasião, o auditório é composto por parentes, amigos e companheiros do narrador. A impressão profunda que produzem sobre eles suas palavras aparece claramente em meio ao silêncio com que o ouvem e se manifesta ruidosamente pelos aplausos que acompanham o fim de seus relatos. O jovem que nada tem a contar em tais reuniões se considera muito infeliz, e há muitos exemplos de jovens guerreiros, cujas paixões foram assim despertadas, que se afastaram subitamente da dança e, partindo sozinhos, tenham ido buscar troféus que eles pudessem mostrar e aventuras das quais pudessem se vangloriar".

58. Essas nações se encontram hoje englobadas pelos estados de Geórgia, Tennessee, Alabama e Mississippi.
Antigamente, havia no sul (ainda vemos seus restos) quatro grandes nações: os *choctaws*, os *chikasaws*, os *creeks* e os *cherokees*. Os restantes dessas quatro nações ainda formavam, em 1830, cerca de 75 mil indivíduos.

juntos ao seu redor. Não foram expulsas de lugar em lugar como as tribos do norte, mas foram aos poucos encerradas dentro de limites estreitos demais, como os caçadores fazem ao primeiro cercar o mato antes de penetrarem ao mesmo tempo em seu interior. Os índios, deixados então entre a civilização e a morte, se viram reduzidos a viver vergonhosamente de seu trabalho, como os brancos; tornaram-se cultivadores, portanto; e sem abandonar completamente seus hábitos e costumes, sacrificaram o que era absolutamente necessário à sua existência.

Os *cherokees* foram mais longe. Eles criaram uma língua escrita, estabeleceram uma forma bastante estável de governo e, como tudo avança num passo precipitado no Novo Mundo, tiveram um jornal[59] antes de todos terem roupas.

O que favoreceu singularmente o rápido desenvolvimento dos hábitos europeus entre esses índios foi a presença dos mestiços.[60] Participando das luzes de seu pai sem abandonar completamente os costumes selvagens de sua raça materna, o mestiço forma o laço natural entre a civilização e a barbárie. Em todos os lugares onde os mestiços se multiplicaram, viu-se os selvagens aos poucos modificarem seu estado social e mudarem seus costumes.[61]

O sucesso dos *cherokees* prova, portanto, que os índios têm a faculdade de se civilizar, mas não prova de modo algum que consigam fazê-lo.

---

59. Eu trouxe para a França um ou dois exemplares dessa singular publicação.

60. Ver, no relatório do comitê de assuntos indígenas, 24º congresso, n. 227, p. 23, o que fez com que os mestiços se multiplicassem entre os *cherokees*; a causa principal remonta à guerra de independência. Muitos anglo-americanos da Geórgia haviam tomado o partido da Inglaterra e foram obrigados a se retirar para junto dos índios, onde se casaram.

61. Infelizmente, os mestiços existiram em menor número e exerceram uma influência menor na América do Norte do que em outros lugares. Duas grandes nações da Europa povoaram esta parte do continente americano: os franceses e os ingleses. Os primeiros não tardaram a se unir com as filhas indígenas; porém, quis o infortúnio que houvesse uma secreta afinidade entre o caráter indígena e o deles. Em vez de passar aos bárbaros o gosto e os hábitos da vida civilizada, eles é que muitas vezes se apegaram com paixão à vida selvagem: tornaram-se os senhores mais perigosos dos desertos e conquistaram a amizade do índio exagerando seus vícios e suas virtudes. O senhor de Sénouville, governador do Canadá, escreveu a Luís xiv, em 1685: "Por muito tempo acreditamos que devíamos aproximar os selvagens de nós para afrancesá-los; devemos reconhecer que nos enganamos. Os que se aproximaram de nós não se tornaram franceses, e os franceses que os frequentaram se tornaram selvagens. Querem se tornar como eles, viver como eles." (*Histoire de la Nouvelle-France*, por Charlevoix, vol. II, p. 345.) O inglês, ao contrário, permanecendo obstinadamente ligado às opiniões, aos usos e aos mínimos hábitos de seus pais, continuou no meio das solidões americanas o mesmo que era nas cidades da Europa; não quis estabelecer contato algum com selvagens que desprezava e evitou misturar seu sangue ao dos bárbaros. Assim, enquanto o francês não exerce nenhuma influência salutar sobre os índios, o inglês sempre foi um estrangeiro para eles.

A dificuldade que os índios encontram de se submeter à civilização nasce de uma causa geral à qual é quase impossível subtrair-se.

Se lançarmos um olhar atento sobre a história, descobriremos que em geral os povos bárbaros aos poucos se elevaram, por si mesmos e por seus próprios esforços, até a civilização.

Quando aconteceu de buscarem a luz numa nação estrangeira, eles ocupavam então diante dela a condição de vencedores e não a de vencidos.

Quando o povo conquistado é esclarecido e o povo conquistador é semisselvagem, como na invasão do Império Romano pelas nações do norte, ou na da China pelos mongóis, o poder que a vitória garante ao bárbaro basta para mantê-lo no nível do homem civilizado e para permitir-lhe caminhar como seu igual, até que ele se torne seu êmulo. Um tem para si a força, o outro, a inteligência; o primeiro admira as ciências e as artes dos vencidos, o segundo inveja o poder dos vencedores. Os bárbaros acabam por introduzir o homem civilizado em seus palácios, e o homem civilizado abre-lhe suas escolas. Mas quando aquele que possui a força material goza ao mesmo tempo da preponderância intelectual, é raro que o vencido se civilize; ele se retira ou é destruído.

É por isso que podemos dizer de maneira geral que os selvagens buscam a luz com as armas na mão, mas que não a recebem.

Se as tribos indígenas que hoje habitam o centro do continente tivessem encontrado em si mesmas energia suficiente para empreenderem civilizar-se, talvez triunfassem. Superiores às nações bárbaras que as cercavam, elas aos poucos adquiririam forças e experiência e, quando os europeus enfim surgissem em suas fronteiras, elas estariam em condições, se não de manter sua independência, ao menos de fazer seus direitos à terra serem reconhecidos e de se incorporarem aos vencedores. Mas o infortúnio dos índios é ter entrado em contato com o povo mais civilizado, e eu acrescentaria o mais ávido do globo, ao passo que ainda são semibárbaros; é ter encontrado senhores em seus professores, e ter recebido ao mesmo tempo a opressão e a luz.

Quando vivia em meio à liberdade dos bosques, o índio da América do Norte era miserável, mas não se sentia inferior a ninguém; a partir do momento em que quer penetrar na hierarquia social dos brancos, só pode ocupar a última posição; pois entra ignorante e pobre numa sociedade em que reinam a ciência e a riqueza. Depois de levar uma vida agitada, cheia de males e perigos, mas ao mesmo tempo cheia de emoções e grandeza,[62] ele precisa

---

62. Há na vida aventureira dos povos caçadores não sei que atrativo irresistível que invade o coração do homem e o arrasta a despeito da razão e da experiência. Podemos nos convencer desta verdade

submeter-se a uma existência monótona, obscura e degradada. Ganhar com trabalhos penosos e com ignomínia o pão que deve alimentá-lo, este é, a seus olhos, o único resultado desta civilização que lhe é louvada.

E mesmo esse resultado nem sempre está certo de obtê-lo.

Quando os índios decidem imitar os europeus seus vizinhos e cultivar como estes a terra, logo se veem expostos aos efeitos de uma concorrência muito funesta. O branco é senhor dos segredos da agricultura. O índio estreia grosseiramente numa arte que ignora. Um faz crescer sem dificuldade grandes colheitas, o outro só arranca frutos da terra com mil esforços.

O europeu está situado no meio de uma população cujas necessidades ele conhece e partilha.

O selvagem está isolado no meio de um povo inimigo cujos costumes, língua e leis ele só conhece de maneira incompleta, e que ele não pode dispensar. Somente trocando seus produtos com os dos brancos ele pode encontrar a abastança, pois seus compatriotas se tornaram apenas um frágil socorro.

Assim, portanto, quando o índio quer vender os frutos de seus trabalhos, ele nem sempre encontra o comprador que o cultivador europeu acha sem dificuldade, e ele só conseguiria produzir a grandes custos o que o outro oferece a baixo preço.

---

com a leitura das *Mémoires de Tanner*. Tanner é um europeu que foi raptado pelos índios aos 6 anos de idade e que viveu trinta anos nos bosques com eles. É impossível ver algo de mais terrível do que as misérias que ele descreve. Ele nos mostra tribos sem chefes, famílias sem nações, homens isolados, restos mutilados de tribos poderosas, errando ao acaso em meio ao gelo e pelas solidões desoladas do Canadá. A fome e o frio os perseguem; a vida parece prestes a lhes escapar a cada dia. Entre eles, os costumes perderam seu império, as tradições, seu poder. Os homens se tornam cada vez mais bárbaros. Tanner partilha de todos esses males; ele conhece sua origem europeia; ele não é mantido à força longe dos brancos; ao contrário, todo ano sai para traficar com eles, percorre suas casas, vê seu conforto; ele sabe que no dia em que quiser voltar à vida civilizada poderá facilmente fazê-lo, mas fica trinta anos nos desertos. Quando finalmente volta à sociedade civilizada, confessa que a existência cujas misérias havia descrito tem para ele encantos secretos que ele não saberia definir. Volta a ela constantemente depois de tê-la deixado; só consegue arrancar-se de tantos males com mil lamentos; e quando enfim se estabelece no meio dos brancos, vários de seus filhos se recusam a partilhar de sua tranquilidade e de seu conforto. Eu mesmo conheci Tanner na entrada do Lago Superior. Ele me pareceu mais com um selvagem do que com um homem civilizado. Não encontramos na obra de Tanner nem ordem nem gosto; mas o autor nela faz, mesmo sem perceber, uma pintura viva dos preconceitos, das paixões, dos vícios e principalmente das misérias daqueles entre os quais viveu. O senhor visconde Ernest de Blosseville, autor de uma excelente obra sobre as colônias penais da Inglaterra, traduziu as *Mémoires de Tanner*. O senhor de Blosseville acrescentou à sua tradução notas de grande interesse, que permitirão ao leitor comparar os fatos contados por Tanner aos já relatados por um grande número de observadores, antigos e modernos. Os que desejarem conhecer o estado atual e prever o destino futuro das raças indígenas da América do Norte devem consultar a obra do senhor de Blosseville.

Portanto, o índio só se subtraiu aos males a que estão expostas as nações bárbaras para se submeter às maiores misérias dos povos civilizados, e ele encontra quase tantas dificuldades para viver no meio de nossa abundância do que no meio de suas florestas.

Nele, porém, os hábitos da vida errante ainda não foram destruídos. As tradições não perderam seu império; o gosto pela caça não foi extinto. As alegrias selvagens que ele outrora experimentou no fundo dos bosques ainda se pintam com as cores mais vivas em sua imaginação perturbada; as privações que ele sofreu lhe parecem, ao contrário, menos terríveis, os perigos que ele encontrava, menores. A independência de que gozava junto a seus iguais contrasta com a posição servil que ele ocupa numa sociedade civilizada.

Por outro lado, a solidão em que viveu livre por tanto tempo ainda está perto; algumas horas de caminhada podem devolvê-la a ele. Pelo campo semidesbravado do qual ele tira apenas do que se alimentar, os brancos, seus vizinhos, oferecem-lhe um preço que lhe parece elevado. Talvez o dinheiro que os europeus lhe apresentam o faça viver feliz e tranquilo longe deles. Ele larga o arado, retoma as armas e volta para sempre ao deserto.[63]

Podemos avaliar a veracidade desse triste quadro pelo que acontece entre os *creeks* e os *cherokees*, acima citados.

---

63. Essa influência destrutiva exercida pelos povos muito civilizados sobre os que o são menos foi observada entre os próprios europeus. Franceses haviam fundado, cerca de um século antes, no meio do deserto, a cidade de Vincennes sobre o rio Wabash. Eles ali viveram em meio a grande abundância até a chegada dos emigrantes americanos. Estes logo começaram a arruinar os antigos habitantes pela concorrência; depois, compraram suas terras a vil preço. No momento em que o senhor de Volney, de quem tiro esses detalhes, atravessou Vincennes, o número de franceses se reduzira a uma centena de indivíduos, dentre os quais a maioria se dispunha a ir para a Louisiana e para o Canadá. Esses franceses eram homens honestos, mas sem luzes e sem indústria; tinham contraído uma parte dos hábitos selvagens. Os americanos, que talvez lhes fossem inferiores do ponto de vista moral, tinham sobre eles uma imensa superioridade intelectual: eram industriosos, instruídos, ricos e acostumados a governar a si mesmos. Eu mesmo vi, no Canadá, onde a diferença intelectual entre as duas raças é bem menos pronunciada, o inglês, senhor do comércio e da indústria no país dos canadenses, espalhar-se por todos os lados e empurrar os franceses para dentro de limites estreitos demais. Do mesmo modo, na Louisiana, quase toda atividade comercial e industrial se concentra nas mãos dos anglo-americanos. Uma coisa ainda mais espantosa acontece na província do Texas. O estado do Texas faz parte, como sabemos, do México, e serve-lhe de fronteira com os Estados Unidos. Há alguns anos, os anglo-americanos penetram individualmente nessa província ainda pouco povoada, compram as terras, se apoderam da indústria e rapidamente substituem a população local. Podemos prever que, se o México não se apressar a parar esse movimento, o Texas não tardará a lhe escapar. Se algumas diferenças, comparativamente pouco perceptíveis na civilização europeia, levam a tais resultados, é fácil de compreender o que deve acontecer quando a civilização mais aperfeiçoada da Europa entrar em contato com a barbárie indígena.

Esses índios, no pouco que fizeram, sem dúvida mostraram tanto gênio natural quanto os povos da Europa em seus maiores empreendimentos; mas as nações, como os homens, precisam de tempo para aprender, quaisquer que sejam sua inteligência e seus esforços.

Enquanto esses selvagens trabalhavam para se civilizar, os europeus continuavam a cercá-los de todos os lados e a limitá-los cada vez mais. Hoje, as duas raças finalmente se encontraram; elas se tocam. O índio já se tornou superior a seu pai selvagem, mas ainda é muito inferior a seu vizinho branco. Com o auxílio de seus recursos e de suas luzes, os europeus não tardaram a se apropriar da maioria das vantagens que a posse do sol podia fornecer aos indígenas; eles se estabeleceram no meio deles, se apoderaram da terra ou compraram-na a preço vil, e os arruinaram com uma concorrência que estes últimos não podiam de modo algum aguentar. Isolado em seu próprio país, os índios se transformaram numa pequena colônia de estrangeiros incômodos no meio de um povo numeroso e dominador.[64]

Washington havia dito, numa de suas mensagens ao Congresso: "Somos mais esclarecidos e mais poderosos que as nações indígenas; é uma questão de honra tratá-las com bondade e inclusive com generosidade".

Essa nobre e virtuosa política não foi seguida.

À avidez dos colonos se soma, em geral, a tirania do governo. Embora os cherokees e os creeks estivessem estabelecidos no solo que habitavam desde antes da chegada dos europeus, embora os americanos tenham muitas vezes tratado com eles como se fossem nações estrangeiras, os estados onde eles se encontram não quiseram reconhecê-los como povos independentes e decidiram submeter esses homens, recém-saídos das florestas, a seus magistrados, a seus costumes e a suas leis.[65] A miséria havia levado

---

64. Ver, nos documentos legislativos, 21º congresso, n. 89, os excessos de todo tipo cometidos pela população branca em território indígena. Ora os anglo-americanos se estabelecem numa parte do território, como se faltassem terras em outras partes, e as tropas do congresso precisam expulsá-los; ora eles retiram os animais, queimam as casas, cortam as frutas dos indígenas ou violentam sua população. Resulta de todas essas peças a prova de que os indígenas são a cada dia vítimas do abuso da força. A União geralmente mantém junto aos índios um agente encarregado de representá-la; o relatório do agente dos *cherokees* se encontra entre as peças que cito: a linguagem desse funcionário é quase sempre favorável aos selvagens. "A intrusão dos brancos nos territórios dos *cherokees*", ele diz, p. 12, "causará a ruína dos que ali habitam e levam uma existência pobre e inofensiva". Mais adiante, vemos que o estado da Geórgia, querendo restringir os limites dos *cherokees*, procede a uma delimitação; o agente federal observa que a delimitação, feita apenas por brancos, não tinha valor algum.

65. Em 1829, o estado do Alabama dividiu o território dos *creeks* em condados e submeteu a população indígena a magistrados europeus. Em 1830, o estado do Mississippi incorporou os *choctaws* e os *chickasas* aos brancos e declarou que os que assumissem o título de chefes seriam punidos com uma multa de mil dólares e com um ano de prisão. Quando o estado do Mississippi

esses índios desafortunados à civilização, a opressão hoje os devolve à barbárie. Muitos deles, deixando seus campos semidesbravados, voltam aos hábitos da vida selvagem.

Se prestarmos atenção às medidas tirânicas adotadas pelos legisladores dos estados do sul, à conduta de seus governantes e às decisões de seus tribunais, facilmente nos convenceremos de que a expulsão total dos índios é o objetivo final a que tendem simultaneamente todos os seus esforços. Os americanos dessa parte da União veem com inveja as terras que os indígenas possuem;[66] eles sentem que estes últimos ainda não perderam completamente as tradições da vida selvagem e, antes que a civilização os prenda solidamente ao solo, querem reduzi-los ao desespero e forçá-los a se afastar.

Oprimidos pelos estados particulares, os *creeks* e os *cherokees* se dirigiram ao governo central. Este não é insensível a seus males, gostaria sinceramente de salvar os indígenas restantes e garantir-lhes a livre posse do território que ele próprio lhes garantiu;[67] no entanto, quando tenta executar seu projeto, os estados particulares lhe opõem uma resistência formidável e, então, ele se decide sem dificuldade a deixar perecer algumas tribos selvagens já semidestruídas para não colocar a União americana em perigo.

Impotente para proteger os índios, o governo federal ao menos quis mitigar seu destino; com esse objetivo, transportou-os para outros lugares a sua custa.

Entre os graus 33 e 37 de latitude norte, estende-se uma vasta região que tomou o nome de Arkansas, como o rio principal que a banha. De um lado, faz fronteira com o México, do outro, com as margens do Mississippi. Um grande número de riachos e rios a percorrem de todos os lados, o clima é ameno e o solo, fértil. Encontram-se ali apenas algumas hordas errantes de selvagens. É para a parte dessa região que mais se aproxima do México, a uma grande distância dos estabelecimentos americanos, que o governo da União quer transportar os restos das populações indígenas do sul.

---

estendeu desse modo suas leis sobre os índios *chactas* que viviam dentro de suas fronteiras, estes se reuniram; seu chefe comunicou-lhes a pretensão dos brancos e leu-lhes algumas das leis a que queriam submetê-los: os selvagens declararam numa única voz que melhor seria voltar aos desertos. (*Mississippi papers*)

66. Os geórgios, que se veem tão incomodados com a vizinhança dos indígenas, ocupam um território que ainda não conta com sete habitantes por milha quadrada. Na França, há 162 indivíduos no mesmo espaço.

67. Em 1818, o Congresso ordenou que o território do Arkansas fosse visitado por comissários americanos, acompanhados de uma deputação de *creeks*, de *choctaws* e de *chickasas*. Essa expedição foi comandada por M.M. Kennerly, M. Coy, Wash Hood e John Bell. Ver os diferentes relatórios dos comissários e seu diário, nos papéis do Congresso, n. 87, *Houses of Representatives*.

No fim de 1831, garantiram-nos que 10 mil indígenas já haviam descido para as margens do Arkansas; outros chegavam a cada dia. Mas o Congresso ainda não conseguiu criar uma vontade unânime entre aqueles cujo destino quer regular: uns consentem com alegria em afastar-se do foco da tirania; os mais esclarecidos se recusam a abandonar suas colheitas e suas novas casas; eles pensam que se a obra da civilização for interrompida, não será mais retomada; temem que os hábitos sedentários, recém-adquiridos, se percam para sempre naquela região ainda selvagem, onde nada foi preparado para a subsistência de um povo cultivador; eles sabem que encontrarão nesses novos desertos hordas inimigas e que, para resistir a elas, não terão mais a energia da barbárie, embora ainda não tenham adquirido as forças da civilização. Os índios descobrem, aliás, sem dificuldade, tudo o que há de provisório na instauração do que lhe propõem. Quem lhes garantirá que poderão finalmente descansar em paz em seu novo asilo? Os Estados Unidos se comprometem a mantê-los lá; mas o território que eles agora ocupam lhe havia sido garantido pelos juramentos mais solenes.[68] Hoje, o governo americano não lhes retira suas terras, é verdade, mas deixa-as serem invadidas. Em poucos anos, sem dúvida, a mesma população branca que hoje se concentra em volta deles estará novamente atrás deles nas solidões do Arkansas; eles encontrarão então os mesmos males sem os mesmos remédios; e, cedo ou tarde, vindo a terra a lhes faltar, terão sempre que se resignar a morrer.

Há menos cupidez e violência na maneira de agir da União em relação aos índios do que na política seguida pelos Estados; mas os dois governos carecem de boa-fé.

Os estados, estendendo o que eles chamam de benefícios de suas leis aos índios, esperam que esses últimos prefiram se afastar a submeter-se; e o governo central, prometendo a esses desafortunados um asilo permanente no oeste, não ignora que não pode garanti-lo.[69]

---

68. Encontramos, no tratado assinado com os *creeks*, em 1790, a seguinte cláusula: "Os Estados Unidos garantem solenemente à nação dos *creeks* todas as terras que ela possui no território da União".

O tratado assinado em julho de 1791 com os *cherokees* contém o seguinte: "Os Estados Unidos garantem solenemente à nação dos *cherokees* todas as terras que ela não cedeu anteriormente. Se acontecer de um cidadão dos Estados Unidos, ou qualquer indivíduo que não um índio, vir a se estabelecer em território *cherokee*, os Estados Unidos declararão que retirarão desse cidadão sua proteção e que o entregarão à nação *cherokee* para puni-lo como bem lhe aprouver". (Art. 8)

69. O que não o impede de prometê-lo de maneira extremamente formal. Ver a carta do presidente dirigida aos *creeks* em 23 de março de 1829: (*Proceedings of the Indian Board in the city of New York*, p. 5) "Para além do grande rio [o Mississippi], vosso pai", ele diz, "preparou, para recebê-los uma vasta região. Lá, vossos irmãos brancos não irão perturbá-los; eles não terão nenhum direito sobre

Assim, os estados, com sua tirania, forçam os selvagens a fugir; a União, com suas promessas e com o auxílio de seus recursos, facilita essa fuga. São medidas diferentes que levam ao mesmo objetivo.[70] Diziam os *cherokees* em sua petição ao Congresso:[71]

> Pela vontade de nosso Pai celeste que governa o universo, a raça dos homens vermelhos da América se tornou pequena; a raça branca se tornou grande e renomada.
>
> Quando vossos ancestrais chegaram a nossas terras, o homem vermelho era forte e, embora fosse ignorante e selvagem, recebeu-os com bondade e permitiu-lhes descansar os pés cansados em terra seca. Nossos pais e os vossos se deram a mão em sinal de amizade e viveram em paz.
>
> Tudo o que pediu o homem branco para satisfazer suas necessidades, o índio se apressou a lhe dar. O índio era então o senhor e o homem branco, o suplicante. Hoje, a cena mudou: a força do homem vermelho se tornou sua fraqueza. À medida que seus vizinhos cresciam em número, seu poder diminuía cada vez mais; agora, das inúmeras tribos poderosas que cobriam a superfície do que chamais Estados Unidos, restam apenas algumas, poupadas do desastre universal. As tribos do norte, tão renomadas outrora entre nós por seu poder, já quase desapareceram. Este foi o destino do homem vermelho da América.
>
> Somos os últimos de nossa raça, deveremos também morrer?
>
> Desde tempos imemoriais nosso Pai comum, que está no céu, deu a nossos ancestrais a terra que ocupamos; nossos ancestrais a transmitiram a nós como sua herança. Nós a conservamos com respeito, pois ela contém suas cinzas. Alguma vez cedemos ou perdemos essa herança? Permiti-nos

---

vossas terras; podereis viver nelas com vossos filhos, em meio à paz e à abundância, por tanto tempo quanto a grama crescer e os rios correrem; elas vos *pertencerão para sempre*".

Numa carta escrita aos *cherokees* pelo secretário do Departamento de Guerra, em 18 de abril de 1829, esse funcionário declara que eles não devem se vangloriar de conservar o usufruto do território que eles ocupam naquele momento, mas dá-lhes a mesma garantia positiva do tempo em que eles viverem do outro lado do Mississippi (mesma obra, p. 6); como se o poder que lhe falta naquele momento não fosse lhe faltar também mais tarde!

70. Para termos uma ideia exata da política seguida pelos estados particulares e pela União em relação aos índios, é preciso consultar: 1) as leis dos estados particulares relativas aos índios (essa coletânea se encontra nos documentos legislativos, 21º congresso, n. 319); 2) as leis da União relativas ao mesmo objeto e, em particular, a de 30 de março de 1802 (essas leis se encontram na obra do senhor Story intitulada *Laws of the United States*; 3) por fim, para conhecer o estado atual das relações da União com todas as tribos indígenas, ver o relatório feito pelo senhor Cass, secretário de Estado da Guerra, em 29 de novembro de 1823.

71. Em 19 de novembro de 1829. Esse trecho foi traduzido textualmente.

perguntar-vos humildemente que melhor direito pode ter um povo a uma terra do que o direito de herança e a posse imemorial. Sabemos que o estado da Geórgia e o presidente dos Estados Unidos afirmam hoje que perdemos esse direito. Mas isso nos parece uma alegação gratuita. Em que época o teríamos perdido? Que crime cometemos que possa nos privar de nossa pátria? Culpam-nos por termos combatido sob as bandeiras do rei da Grã-Bretanha durante a guerra de independência? Se este for o crime de que se fala, por que, no primeiro tratado que seguiu essa guerra, não declarastes que tínhamos perdido a propriedade de nossas terras? Por que não inseristes então nesse tratado um artigo assim concebido: os Estados Unidos aceitam conceder a paz à nação dos *cherokees*, mas, para puni-los de ter tomado parte na guerra, declara-se que serão considerados apenas como caseiros da terra e que serão sujeitados a se afastar quando os estados vizinhos pedirem que assim o façam? Era o momento de falar assim; mas ninguém pensou nisso e nossos pais nunca consentiriam com um tratado cujo resultado fosse privá-los de seus direitos mais sagrados e arrebatar-lhes suas terras.

Essas são as palavras dos índios: o que dizem é verdade; o que preveem me parece inevitável.

Seja como for que consideremos o destino dos indígenas da América do Norte, vemos apenas males irremediáveis: se permanecem selvagens, são empurrados pelo avanço dos brancos; se querem se civilizar, o contato com homens mais civilizados que eles os entrega à opressão e à miséria. Se continuam a errar de deserto em deserto, perecem; se tentam fixar-se, perecem também. Só podem esclarecer-se com a ajuda dos europeus, mas a aproximação dos europeus os deprava e repele de volta à barbárie. Quando são deixados em suas solidões, recusam-se a mudar seus costumes, e quando são finalmente obrigados a fazê-lo, já é tarde demais.

Os espanhóis soltam seus cães sobre os índios como se eles fossem animais selvagens; eles pilham o Novo Mundo como fariam com uma cidade tomada de assalto, sem discernimento e sem piedade; mas não se pode destruir tudo; o furor tem um fim; o restante das populações indígenas que escapa ao massacre acaba se misturando a seus vencedores e a adotar sua religião e seus costumes.[72]

A conduta dos americanos dos Estados Unidos para com os indígenas, ao contrário, está imbuída do mais puro amor pelas formas e pela legalidade.

---

72. Não se deve, de resto, atribuir esse resultado aos espanhóis. Se as tribos indígenas não estivessem já fixas ao solo pela agricultura no momento da chegada dos europeus, elas sem dúvida teriam sido destruídas tanto na América do Sul como na América do Norte.

Contanto que os índios permaneçam no estado selvagem, os americanos não se intrometem nem um pouco em seus assuntos e os tratam como povos independentes; eles não se permitem ocupar suas terras sem antes adquiri-las devidamente por meio de um contrato; e se por acaso uma nação indígena não puder mais viver em seu território, eles a pegam fraternamente pela mão e a conduzem pessoalmente para morrer fora das terras de seus pais.

Os espanhóis, por meio de monstruosidades inigualáveis, cobrindo-se de uma vergonha indelével, não conseguiram exterminar a raça indígena nem mesmo impedi-la de partilhar de seus direitos; os americanos dos Estados Unidos conseguiram esse duplo feito com incrível facilidade, tranquilamente, legalmente, filantropicamente, sem derramar sangue, sem violar um único de seus grandes princípios de moral[73] aos olhos do mundo. Seria impossível destruir os homens respeitando as leis da humanidade melhor do que eles.

POSIÇÃO OCUPADA PELA RAÇA NEGRA NOS ESTADOS UNIDOS:[74] PERIGO QUE SUA PRESENÇA FAZ OS BRANCOS CORREREM

Por que é mais difícil abolir a escravidão e fazer seus vestígios desaparecerem entre os modernos do que entre os antigos — Nos Estados Unidos, o preconceito dos brancos contra os negros parece tornar-se mais forte à medida que a escravidão é destruída — Situação dos negros nos estados do norte e do sul

---

73. Ver, entre outros, o relatório do senhor Bell em nome do comitê de assuntos indígenas, em 24 de fevereiro de 1830, no qual se estabelece, à p. 5, por razões muito lógicas, e onde se prova muito doutamente que: "*The fundamental principle, that the Indians had no right by virtue of their ancient possession either of soil, or sovereignty, has never been abandoned either expressly or by implication*". Ou seja, que *os índios, em virtude de sua antiga posse, não adquiriram nenhum direito de propriedade nem de soberania, princípio fundamental que nunca foi abandonado, nem expressamente nem tacitamente*. Ao ler esse relatório, redigido, aliás, por uma mão hábil, fica-se surpreso com a facilidade e com a tranquilidade com que, desde as primeiras palavras, o autor se livra dos argumentos baseados no direito natural e na razão, que ele chama de princípios abstratos e teóricos. Quanto mais penso a respeito, mais penso que a única diferença que existe entre o homem civilizado e o que não o é, em relação à justiça, é a seguinte: um contesta à justiça direitos que o outro se contenta em violar.

74. Antes de abordar esse assunto, devo uma advertência ao leitor. Num livro de que já falei no início desta obra, e que está prestes a ser publicado, o senhor Gustave de Beaumont, meu companheiro de viagem, tem como principal objetivo tornar conhecida na França a posição dos negros no meio da população branca dos Estados Unidos. O senhor Beaumont analisou a fundo uma questão que meu assunto me permitiu apenas aflorar. Seu livro, cujas notas contêm um grande número de documentos legislativos e históricos, muito preciosos e absolutamente desconhecidos, apresenta, além disso, quadros cuja energia só é igualada pela verdade. É a obra do senhor Beaumont que deverão ler aqueles que quiserem compreender a que excessos de tirania são aos poucos levados os homens depois que começam a sair da natureza e da humanidade.

— Por que os americanos abolem a escravidão — A servidão, que embrutece o escravo, empobrece o senhor — Diferenças observadas entre a margem direita e a margem esquerda do Ohio — A que se deve atribuí-las — A raça negra recua para o sul, como o escravo — Como isso se explica — Dificuldades encontradas pelos estados do sul para abolir a escravidão — Perigos do futuro — Preocupação dos homens — Fundação de uma colônia negra na África — Por que os americanos do sul, ao mesmo tempo que se cansam da escravidão, aumentam seus rigores

Os índios morrerão no isolamento, como viveram; mas o destino dos negros está de certo modo enlaçado ao dos europeus. As duas raças estão ligadas uma à outra, sem, no entanto, se confundirem; é-lhes tão difícil se separar completamente quanto se unir.

O mais temível de todos os males que ameaçam o futuro dos Estados Unidos nasce da presença dos negros em seu território. Quando se busca a causa das dificuldades presentes e dos perigos futuros da União, quase sempre se chega a esse primeiro fato, qualquer que seja o ponto de partida.

Os homens em geral precisam de grandes e constantes esforços para criar males duradouros; mas há um mal que penetra no mundo furtivamente: primeiro mal é percebido entre os abusos comuns do poder; começa com um indivíduo cujo nome a história não conservou; é depositado como um germe maldito sobre algum ponto do solo; alimenta-se a seguir de si mesmo, alastra-se sem dificuldade e cresce naturalmente com a sociedade que o recebeu: esse mal é a escravidão.

O cristianismo havia destruído a servidão; os cristãos do século XVI a restabeleceram. No entanto, nunca a admitiram a não ser como uma exceção em seu sistema social, e tomaram o cuidado de restringi-la a apenas uma das raças humanas. Fizeram à humanidade uma ferida menos larga, mas infinitamente mais difícil de curar.

É preciso discernir duas coisas com cuidado: a escravidão em si mesma e suas repercussões.

Os males imediatos produzidos pela escravidão eram entre os antigos mais ou menos os mesmos do que entre os modernos, mas as repercussões desses males eram diferentes. Entre os antigos, o escravo pertencia à mesma raça de seu senhor e, muitas vezes, era superior a ele em educação e em luzes.[75]

---

75. Sabemos que vários dos autores mais célebres da Antiguidade eram ou tinham sido escravos: Esopo e Terêncio estão entre eles. Os escravos nem sempre eram feitos entre as nações bárbaras: a guerra levava homens extremamente civilizados à servidão.

A liberdade era a única coisa que os separava; com a liberdade, eles facilmente se confundiam.

Os antigos, portanto, tinham um meio muito simples de se livrar da escravidão e de suas repercussões; esse meio era a emancipação; assim que a empregaram de uma maneira geral, tiveram êxito.

Não que, na Antiguidade, os vestígios da servidão não tenham subsistido ainda por algum tempo depois que a servidão foi abolida.

Há um preconceito natural que leva o homem a desprezar aquele que foi seu inferior por um bom tempo depois de este ter se tornado seu igual; à desigualdade real produzida pela fortuna ou pela lei sempre é sucedida por uma desigualdade imaginária que tem suas raízes nos costumes; entre os antigos, porém, esse efeito secundário da escravidão tinha um fim. O liberto se parecia tanto com os homens de origem livre que logo se tornava impossível distinguir um dos outros.

O que havia de mais difícil entre os antigos era modificar a lei; entre os modernos, é fácil mudar os costumes e, para nós, a real dificuldade começa onde a Antiguidade a via terminar.

Isso ocorre porque entre os modernos o fato imaterial e fugidio da escravidão se combina da maneira mais funesta com o fato material e permanente da diferença de raça. A lembrança da escravidão desonra a raça, e a raça perpetua a lembrança da escravidão.

Não há africano que tenha vindo livremente ao Novo Mundo, donde se conclui que todos os que lá estão hoje são escravos ou libertos. Assim, o negro, junto com a vida, transmite a todos os seus descendentes o sinal externo de sua ignomínia. A lei pode destruir a servidão; mas somente Deus pode fazer seus vestígios desaparecerem.

O escravo moderno não difere do senhor apenas pela liberdade, mas também pela origem. Você pode tornar o negro livre, mas não pode fazer com que ele não esteja, em relação ao europeu, na posição de estrangeiro.

Isso não é tudo: nesse homem que nasceu rebaixado, nesse estrangeiro que a servidão introduziu entre nós, mal reconhecemos os traços gerais da humanidade. Seu rosto nos parece hediondo, sua inteligência nos parece limitada, seus gostos são baixos; pouco falta para que nós o consideremos um ser intermediário entre a besta e o homem.[76]

---

76. Para que os brancos abandonassem a opinião que conceberam da inferioridade intelectual e moral de seus antigos escravos, seria preciso que os negros mudassem, mas eles não podem mudar enquanto essa opinião persistir.

Os modernos, depois de terem abolido a escravidão, portanto ainda precisam destruir três preconceitos muito mais esquivos e tenazes: o preconceito do senhor, o preconceito de raça e, por fim, o preconceito do branco.

É muito difícil para nós, que tivemos a felicidade de nascer no meio de homens que a natureza havia feito nossos semelhantes, e a lei, nossos iguais; é muito difícil para nós, repito, compreender o espaço intransponível que separa o negro da América do europeu. Mas podemos ter uma vaga ideia ao raciocinar por analogia.

Vimos entre nós, antigamente, grandes desigualdades que tinham suas raízes apenas na legislação. O que pode haver de mais fictício do que uma inferioridade puramente legal? O que pode haver de mais contrário ao instinto do homem do que diferenças permanentes estabelecidas entre pessoas evidentemente semelhantes? Essas diferenças, porém, subsistiram por séculos; elas ainda subsistem em mil lugares; elas deixaram, por toda parte, vestígios imaginários que o tempo mal consegue apagar. Se a desigualdade criada unicamente pela lei é tão difícil de ser desenraizada, como destruir a que parece, além disso, tirar seus fundamentos imutáveis da própria natureza?

De minha parte, quando considero com que dificuldade os corpos aristocráticos, seja qual for sua natureza, conseguem se fundir na massa do povo, e o extremo zelo com que eles conservam por séculos as barreiras ideais que as separam deste, perco a esperança de ver desaparecer uma aristocracia fundada em sinais visíveis e imperecíveis.

Os que esperam que os europeus um dia se confundam com os negros me parecem, portanto, acalentar uma quimera. Minha razão não me leva a acreditar nisso, e nada vejo que indique isso nos fatos.

Até o momento, onde quer que tenham sido mais poderosos, os brancos mantiveram os negros no aviltamento ou na escravidão. Onde quer que tenham sido mais fortes, os negros destruíram os brancos. Este é o único cálculo que jamais se fez entre as duas raças.

Se eu considerar os Estados Unidos de nossos dias, vejo que, em certas partes do país, a barreira legal que separa as duas raças tende a diminuir, mas não a dos costumes: percebo a escravidão que recua, mas o preconceito que a fez nascer continua imóvel.

Na parte da União em que os negros não são mais escravos, eles terão se aproximado dos brancos? Qualquer homem que tenha vivido nos Estados Unidos notou que um efeito contrário se produziu.

O preconceito de raça me parece mais forte nos estados que aboliram a escravidão do que naqueles em que a escravidão ainda existe, e em parte alguma ele se revela tão intolerante quanto nos estados em que a servidão sempre foi desconhecida.

É verdade que ao norte da União a lei permite que negros e brancos contraiam alianças legítimas; mas a opinião pública declararia infame o branco que se unisse a uma negra, e seria muito difícil citar um exemplo de tal fato.

Em quase todos os estados em que a escravidão foi abolida o negro recebeu direitos eleitorais; mas se ele se apresentar para votar, correrá risco de vida. Oprimido, ele pode prestar queixas, mas só encontrará brancos entre seus juízes. A lei abre-lhe o banco dos jurados, mas o preconceito o afasta dele. Seu filho é excluído da escola onde vai se instruir o descendente dos europeus. Nos teatros, ele não poderia, nem a preço de ouro, comprar o direito de ficar ao lado daquele que foi seu senhor; nos hospitais, ele jaz à parte. Permite-se ao negro implorar ao mesmo Deus que os brancos, mas não rezar no mesmo altar. Ele tem seus padres e seus templos. As portas do Céu não lhe são fechadas, mas a desigualdade não deixa de ultrapassar as fronteiras do outro mundo. Quando o negro morre, seus ossos são atirados à parte, e a diferença de condições é encontrada até na igualdade da morte.

Assim, o negro é livre mas não pode compartilhar nem os direitos, nem os prazeres, nem os trabalhos, nem as dores, nem mesmo o túmulo daquele de quem foi declarado igual; não poderia se encontrar em nenhum lugar com ele, nem na vida nem na morte.

No sul, onde a escravidão ainda existe, os negros são mantidos menos zelosamente à parte; eles às vezes compartilham os trabalhos e os prazeres dos brancos; até certo ponto, aceita-se que se misturem a eles; a legislação é mais dura com eles, os hábitos são mais tolerantes e mais suaves.

No sul, o senhor não teme elevar seu escravo até ele, pois sabe que sempre poderá, se quiser, devolvê-lo ao pó. No norte, o branco não percebe mais com distinção a barreira que deve separá-lo de uma raça aviltada e se afasta do negro com tanto mais cuidado porque teme um dia chegar a se confundir com ele.

Entre os americanos do sul, a natureza às vezes retoma os seus direitos e restabelece por um momento a igualdade entre os brancos e os negros. No norte, o orgulho cala até a paixão mais imperiosa do homem. O americano do norte talvez consentisse em fazer da negra uma companheira passageira de seus prazeres, se os legisladores tivessem declarado que ela não deve aspirar a compartilhar seu leito; mas como ela pode se tornar sua esposa, ele se afasta dela com uma espécie de horror.

É por isso que nos Estados Unidos o preconceito que repele os negros parece crescer à medida que os negros cessam de ser escravos, e que a desigualdade se grava nos costumes à medida que se apaga das leis.

Mas embora a posição relativa das duas raças que habitam os Estados Unidos seja tal qual eu acabo de descrevê-la, por que os americanos aboliram a escravidão no norte da União, por que a conservam no sul, e por que agravam seus rigores?

É fácil responder. Não foi no interesse dos negros, mas no dos brancos, que a escravidão foi abolida nos Estados Unidos.

Os primeiros negros foram importados para a Virgínia por volta de 1621.[77] Na América, como em todo o resto do mundo, a servidão nasceu no sul. Dali foi se espalhando; mas à medida que a escravidão subia para o norte, o número de escravos decrescia;[78] sempre se viram pouquíssimos negros na Nova Inglaterra.

As colônias estavam fundadas; um século já se passara, e um fato extraordinário começava a atrair todos os olhares. As províncias que por assim dizer não tinham escravos cresciam em população, em riquezas e em bem-estar mais rapidamente do que as que tinham.

Nas primeiras, porém, o habitante era obrigado a cultivar pessoalmente a terra ou a contratar os serviços de outro; nas segundas, ele tinha à sua disposição trabalhadores a cujos esforços ele não retribuía. Havia trabalho e gastos de um lado, ócio e economia do outro. Ainda assim, a vantagem estava com os primeiros.

Esse resultado parecia ainda mais difícil de explicar porque os emigrantes, todos pertencentes à raça europeia, tinham os mesmos hábitos, a mesma civilização, as mesmas leis, e só diferiam por nuances pouco perceptíveis.

O tempo continuava passando. Ao deixar as costas do Oceano Atlântico, os anglo-americanos adentravam todos os dias mais nas solidões do oeste;

---

77. Ver *Histoire de la Virginie*, por Beverley. Ver também, nas *Mémoires de Jefferson*, curiosos detalhes sobre a introdução dos negros na Virgínia e sobre a primeira declaração que proibiu sua importação em 1778.

78. O número de escravos era menor no norte, mas as vantagens resultantes da escravidão não eram mais contestadas do que no sul. Em 1740, a legislatura do estado de Nova York declarou que se deve encorajar o máximo possível a importação direta de escravos, e que o contrabando deve ser severamente punido porque tende a desencorajar o comerciante honesto. (*Kent's commentaries*, vol. 2, p. 296.) Encontramos na *Coleção História de Massachusetts*, vol. 4, p. 193, pesquisas curiosas de Belknap sobre a escravidão na Nova Inglaterra. Resulta disso que, em 1630, os negros foram ali introduzidos, mas que desde então a legislação e os costumes se mostraram contrários à escravidão. Ver também nesse lugar a maneira com que a opinião pública, e depois a lei, conseguiu abolir a servidão.

ali encontravam terrenos e climas novos; precisavam vencer obstáculos de diversas naturezas; suas raças se misturavam, homens do sul subiam ao norte, homens do norte desciam ao sul. No meio de todas essas causas, o mesmo fato se repetia a cada passo, e, em geral, a colônia onde não havia escravos se tornava mais povoada e mais próspera do que aquela em que a escravidão vigorava.

À medida que se avançava, começava-se a perceber que a servidão, tão cruel para o escravo, era funesta para o senhor.

Mas essa verdade recebeu sua última demonstração quando se chegou às margens do rio Ohio.

O rio que os índios tinham chamado de Ohio por excelência, ou Belo Rio, banha com suas águas um dos vales mais magníficos onde o homem jamais morou. Nas duas margens do Ohio se estendem terrenos ondulados, onde o solo oferece, a cada dia, tesouros inesgotáveis ao lavrador; nas duas margens, o ar é igualmente são, e o clima, temperado; cada uma delas forma a última fronteira de um vasto estado: o que segue à esquerda as mil sinuosidades descritas pelo Ohio em seu curso se chama Kentucky; o outro tirou seu nome do próprio rio. Os dois estados diferem num único ponto: Kentucky admite escravos, Ohio rejeita a presença de todos.[79]

O viajante que, deixado no meio do rio Ohio, se deixasse levar pela corrente até a foz do rio no Mississippi, navegaria, por assim dizer, entre a liberdade e a servidão; e bastaria olhar em volta para avaliar num instante qual das duas é mais favorável à humanidade.

Na margem esquerda do rio, a população é esparsa; de tempos em tempos, avista-se um bando de escravos percorrendo com ar despreocupado campos quase desertos; a floresta primitiva reaparece sem cessar; a sociedade parece adormecida; o homem parece ocioso, somente a natureza oferece uma imagem de atividade e vida.

Da margem direita se eleva, ao contrário, um rumor confuso que proclama ao longe a presença da indústria; ricas plantações cobrem os campos; elegantes moradas anunciam o gosto e os cuidados do lavrador; em toda parte a abastança se revela; o homem parece rico e satisfeito; ele trabalha.[80]

---

79. Ohio não apenas não admite a escravidão como proíbe a entrada de negros livres em seu território, e proíbe-os de adquirir o que quer que seja ali. Ver os estatutos de Ohio.

80. Não é apenas o homem indivíduo que é ativo em Ohio; o próprio estado faz empreendimentos enormes: o estado de Ohio estabeleceu, entre o Lago Erie e o Ohio, um canal por meio do qual o Vale do Mississippi se comunica com o rio do Norte. Graças a esse canal, as mercadorias da Europa que chegam a Nova York podem descer por água até Nova Orleans, por mais de quinhentas léguas de continente.

O estado de Kentucky foi fundado em 1775, o estado de Ohio, somente doze anos mais tarde. Doze anos, na América, é mais que meio século na Europa. Hoje, a população de Ohio já ultrapassa em 250 mil habitantes a de Kentucky.[81]

Esses diferentes efeitos da escravidão e da liberdade podem ser facilmente compreendidos; eles são suficientes para explicar muitas diferenças entre a civilização antiga e a de nossos dias.

Na margem esquerda do Ohio, o trabalho se confunde com a ideia de escravidão; na margem direita, com a de bem-estar e progresso; lá ele é degradado, aqui é honrado. Na margem esquerda do rio, não encontramos trabalhadores pertencentes à raça branca, eles temeriam se parecer com os escravos; é preciso deixar tudo ao encargo dos negros. Na margem direita, em vão procuraríamos um homem ocioso; o branco estende a todos os trabalhos sua atividade e sua inteligência.

Assim, os homens que, em Kentucky, são encarregados de explorar as riquezas naturais do solo, não têm zelo nem luz; enquanto os que poderiam ter essas duas coisas não fazem nada, ou vão para Ohio, a fim de utilizar sua indústria e o poder de exercê-la sem vergonha.

É verdade que, em Kentucky, os senhores fazem os escravos trabalharem sem serem obrigados a pagá-los, mas tiram poucos frutos de seus esforços, enquanto o dinheiro que dessem aos trabalhadores livres seria recuperado com juros no preço de seus trabalhos.

O trabalhador livre é remunerado, mas trabalha mais rápido que o escravo, e a rapidez de execução é um dos grandes elementos da economia. O branco vende seus préstimos, mas estes só são comprados quando úteis; o negro nada tem a reclamar como preço de seus serviços, mas precisa ser alimentado o tempo todo; ele precisa ser mantido na velhice e na maturidade, na estéril infância e nos anos fecundos da juventude, na doença e na saúde. Assim, somente pagando é que obtém o trabalho desses dois homens: o trabalhador livre recebe um salário; o escravo, uma educação, alimentos, cuidados, roupas; o dinheiro que o senhor gasta para manter o escravo se vai aos poucos e constantemente, mal é percebido; o salário pago ao trabalhador é entregue de uma só vez e só parece enriquecer aquele que o recebe; na realidade, porém, o escravo custou mais que o homem livre e seus trabalhos foram menos produtivos.[82]

---

81. Número exato segundo o censo de 1830: Kentucky, 688.844; Ohio, 937.669.

82. Independentemente dessas causas, que, onde quer que abundem trabalhadores livres, tornam seu trabalho mais produtivo e mais econômico do que o dos escravos, é preciso destacar uma outra

A influência da escravidão se estende ainda mais longe: ela penetra até a alma do senhor e imprime uma direção particular a suas ideias e a seus gostos.

Nas duas margens do Ohio, a natureza conferiu ao homem um caráter empreendedor e enérgico; mas de cada lado do rio ela faz dessa qualidade comum um emprego diferente.

O branco da margem direita, obrigado a viver por seus próprios esforços, colocou o bem-estar material como o objetivo principal de sua existência; e como a região que ele habita apresenta à sua indústria recursos inesgotáveis, e oferece à sua atividade atrativos sempre renovados, seu ardor de adquirir ultrapassou os limites ordinários da cupidez humana: atormentado pelo desejo de riquezas, nós o vemos abrir com audácia todas as portas que a fortuna lhe abre; ele se torna indistintamente marinheiro, pioneiro, manufatureiro, agricultor, suportando com igual constância os trabalhos ou os perigos ligados a essas diferentes profissões; há algo de maravilhoso nos recursos de seu gênio e uma espécie de heroísmo em sua avidez pelo ganho.

O americano da margem esquerda não apenas despreza o trabalho como todos os empreendimentos que o trabalho propicia; vivendo em ociosa abundância, ele tem os gostos dos homens ociosos; o dinheiro perdeu uma parte de seu valor a seus olhos; ele persegue menos a fortuna que a agitação e o prazer, e dirige a eles a energia que seu vizinho gasta com outras coisas; ele ama apaixonadamente a caça e a guerra; compraz-se nos exercícios corporais mais violentos; o uso das armas lhe é familiar e, desde a infância, ele aprende a arriscar a vida em combates singulares. A escravidão não apenas impede os brancos de fazer fortuna como também os desvia de querer fazê-la.

As mesmas causas, operando continuamente há dois séculos e em sentido contrário nas colônias inglesas da América setentrional, acabaram criando uma diferença prodigiosa entre a capacidade comercial do homem do sul e a

---

que é específica aos Estados Unidos: em toda a superfície da União, só se encontraram meios de cultivar com sucesso a cana-de-açúcar nas margens do Mississippi, perto da foz do rio, no Golfo do México. Na Louisiana, a cultura da cana é extremamente vantajosa: em nenhum outro lugar o lavrador obtém um preço tão alto por seus trabalhos; e como sempre se estabelece uma relação entre os custos de produção e os produtos, o preço dos escravos é muito elevado na Louisiana. Ora, sendo Louisiana um dos estados confederados, pode-se levar até lá escravos de todas as partes da União; o preço de um escravo em Nova Orleans eleva, portanto, o preço dos escravos em todos os outros mercados. Resulta disso que, nas regiões em que a terra produz pouco, os custos do cultivo por escravos continuam a ser bastante consideráveis, o que traz grande vantagem à concorrência dos trabalhadores livres.

do homem do norte. Hoje, somente o norte tem navios, manufaturas, estradas de ferro e canais.

Essa diferença se nota não apenas comparando o norte e o sul, mas comparando entre eles os habitantes do sul. Quase todos os homens que, nos estados mais meridionais da União, se dedicam a empresas comerciais e procuram utilizar a escravidão vieram do norte; a cada dia, os homens do norte se espalham por essa parte do território americano, onde a concorr6encia é menos temível para eles; eles lá descobrem recursos que não eram percebidos pelos habitantes do lugar e, curvando-se a um sistema que desaprovam, conseguem tirar dele um melhor proveito do que aqueles que ainda o sustentam, depois de o terem fundado.

Se eu quisesse levar esse paralelo ainda mais longe, provaria com facilidade que quase todas as diferenças observadas entre o caráter dos americanos no sul e no norte nasceram da escravidão; mas fugiria de meu assunto; procuro, neste momento, não todos os efeitos da servidão, mas quais efeitos ela produziu sobre a prosperidade material daqueles que a admitiram.

Essa influência da escravidão sobre a produção das riquezas só podia ser conhecida de maneira muito imperfeita na Antiguidade. A servidão existia em todo o universo civilizado, e os povos que não a conheciam eram bárbaros.

Assim, o cristianismo só destruiu a escravidão ao fazer valer os direitos do escravo; em nossos dias, podemos atacá-la em nome do Senhor; neste ponto, o interesse e a moral estão de acordo.

À medida que essas verdades se manifestavam aos Estados Unidos, via-se a escravidão recuar pouco a pouco diante das luzes da experiência.

A servidão havia começado no sul e depois se estendera para o norte, hoje ela se retira. A liberdade, parte do norte, desce sem parar para o sul. Entre os grandes estados, a Pensilvânia forma hoje o limite extremo da escravidão ao norte, mas mesmo dentro desses limites ela está abalada; Maryland, que está imediatamente abaixo da Pensilvânia, prepara-se a cada dia para ficar sem ela, e a Virgínia, que segue Maryland, discute sua utilidade e seus perigos.[83]

---

83. Há uma razão particular que termina por separar da causa da escravidão os dois últimos estados que acabo de nomear. A antiga riqueza dessa parte da União estava baseada principalmente no cultivo do tabaco. Os escravos são particularmente apropriados para essa cultura: ora, acontece que faz alguns anos que o tabaco perde seu valor venal; o valor dos escravos, porém, continua sempre o mesmo. Assim, a relação entre os custos de produção e os produtos mudou. Os habitantes de Maryland e da Virgínia se sentem, portanto, mais inclinados do que há trinta

Não ocorre uma grande mudança nas instituições humanas sem que no meio das causas dessa mudança não se descubra a lei das sucessões.

Quando a desigualdade das partilhas reinava no sul, cada família era representada por um homem rico que não sentia nem a necessidade nem o gosto pelo trabalho; em volta dele viviam da mesma maneira, como plantas parasitas, os membros de sua família que a lei havia excluído da herança comum. Via-se então em todas as famílias do sul o que ainda vemos em nossos dias nas famílias nobres de certos países da Europa, nas quais os mais jovens, sem terem a mesma riqueza do mais velho, continuam tão ociosos quanto ele. Um efeito semelhante era produzido na América e na Europa por causas inteiramente análogas. No sul dos Estados Unidos, a raça inteira de brancos formava um corpo aristocrático à frente do qual se mantinha um determinado número de indivíduos privilegiados cuja riqueza era permanente, e os lazeres, hereditários. Esses chefes da nobreza americana perpetuavam no corpo do qual eram representantes os preconceitos tradicionais da raça branca e mantinham a importância da ociosidade. No seio dessa aristocracia, podíamos encontrar pobres, mas não trabalhadores; a miséria parecia preferível à indústria; os trabalhadores negros e escravos não tinham concorrentes, e, qualquer que fosse a opinião que se pudesse ter sobre a utilidade de suas forças, era preciso utilizá-las, pois eram as únicas.

A partir do momento em que a lei de sucessões foi abolida, todas as fortunas começaram a diminuir ao mesmo tempo, todas as famílias se aproximaram, num mesmo movimento, do estado em que o trabalho se torna necessário à existência; muitas delas desapareceram completamente; todas entreviram o momento em que seria necessário que cada um sustentasse a si mesmo. Hoje ainda vemos ricos, mas eles não mais constituem um corpo compacto e hereditário; eles não puderam adotar um espírito, perseverar nele e fazê-lo penetrar em todos os níveis. Começou-se a abandonar de comum acordo o preconceito que estigmatizava o trabalho; houve mais pobres, e os pobres puderam, sem corar, ocupar-se dos meios de ganhar suas vidas. Assim, um dos efeitos mais próximos da igualdade das partilhas foi a criação de uma classe de trabalhadores livres. A partir do momento em que o trabalhador livre entrou em concorrência com o escravo, a inferioridade deste último se fez sentir e a própria escravidão foi atacada em sua base, que é o interesse do senhor.

---

anos, seja a ficar sem escravos na cultura de tabaco, seja a abandonar tanto a cultura de tabaco quanto a escravidão.

À medida que a escravidão recua, a raça negra segue-a em sua marcha retrógrada e retorna com ela para os trópicos, de onde veio originalmente.

Isso pode parecer extraordinário à primeira vista, mas logo vamos compreendê-lo.

Ao abolir o princípio de servidão, os americanos não colocam os escravos em liberdade.

Talvez o leitor tivesse dificuldade para compreender o que vem a seguir se eu não citasse um exemplo. Escolho um do estado de Nova York. Em 1788, o estado de Nova York proíbe a venda de escravos em seu território. Era uma maneira enviesada de proibir sua importação. Desde então, o número de negros só cresce segundo o aumento natural da população negra. Oito anos depois, toma-se uma medida mais drástica e declara-se que a partir de 4 de julho de 1799 todas as crianças que nascerem de pais escravos serão livres. Toda via de crescimento é então fechada; ainda há escravos, mas pode-se dizer que a escravidão não existe mais.

A partir do momento em que um estado do norte também proíbe a importação de escravos, os negros do sul não são mais retirados para serem transportados para lá.

A partir do momento em que um estado do norte proíbe a venda de negros, o negro, não podendo mais sair das mãos daquele que o possui, torna-se uma propriedade incômoda, e surge o interesse de transportá-lo para o sul.

No dia em que um estado do norte declara que o filho do escravo nascerá livre, este último perde uma grande parte de seu valor venal; pois sua posteridade não pode mais entrar no mercado, e de novo surge o interesse de transportá-lo para o sul.

Assim, a mesma lei impede que os escravos do sul subam para o norte e empurra os do norte para o sul.

Mas eis outra causa mais poderosa do que todas as causas que acabo de mencionar.

À medida que o número de escravos diminui num estado, a necessidade de trabalhadores livres se faz sentir. À medida que os trabalhadores livres invadem a indústria, sendo menos produtivo o trabalho do escravo, este se torna uma propriedade medíocre ou inútil, e de novo há grande interesse em exportá-lo para o sul, onde a concorrência não precisa ser temida.

A abolição da escravidão, portanto, não faz o escravo chegar à liberdade; ela simplesmente o faz mudar de senhor: do norte, passa para o sul.

Quanto aos negros libertos e aos que nascem depois da abolição da escravidão, eles não deixam o norte para descer ao sul, mas se veem em relação aos europeus numa posição análoga à dos indígenas; permanecem semicivilizados e privados de direitos no meio de uma população que lhes é infinitamente superior em riquezas e em luzes; ficam expostos à tirania das leis[84] e à intolerância dos costumes. Mais infelizes, sob certo aspecto, que os índios, eles têm contra si as lembranças da escravidão e não podem exigir a posse de um único espaço de terra; muitos sucumbem à miséria;[85] outros se concentram nas cidades, onde, encarregando-se dos trabalhos mais grosseiros, levam uma vida precária e miserável.

Se, aliás, o número de negros continuasse a crescer da mesma maneira que na época em que eles ainda não detinham sua liberdade, enquanto o número de brancos aumentava com o dobro da velocidade depois da abolição da escravidão, os negros logo seriam como que engolidos pelas ondas de uma população estrangeira.

Um país cultivado por escravos é, em geral, menos povoado do que um país cultivado por homens livres; além disso, a América é uma região nova; quando um estado abole a escravidão, ele ainda está semipovoado. Assim que a servidão é destruída e a necessidade de trabalhadores livres se faz sentir, vemos acorrer, de todas as partes do país, uma multidão de ousados aventureiros; eles vêm aproveitar os novos recursos que vão se abrir à indústria. O solo é dividido entre eles; em cada porção se instala uma família de brancos, que se apossa da terra. É também para os estados livres que a emigração europeia se dirige. O que faria o pobre da Europa, que vem buscar conforto e felicidade no Novo Mundo, se morasse numa região onde o trabalho é considerado ignominioso?

Assim, a população branca cresce por seu movimento natural e, ao mesmo tempo, por uma imensa emigração, enquanto a população negra não recebe emigrantes e se enfraquece. Em pouco tempo, a proporção que existia entre as duas raças se inverte. Os negros não formam mais que um infeliz restolho, uma pequena tribo pobre e nômade perdida no meio de um povo imenso e dono da terra; sua presença só é percebida pelas injustiças e pelos rigores de que eles são objeto.

---

84. Os estados onde a escravidão foi abolida em geral se dedicam a tornar prejudicial aos negros livres a permanência em seu território; e como se estabelece a esse respeito uma espécie de emulação entre os diferentes estados, os infelizes negros precisam escolher um dos males.

85. Existe uma grande diferença entre a mortalidade dos brancos e a dos negros nos estados onde a escravidão foi abolida: de 1820 a 1831, morreu na Filadélfia um branco a cada 42 indivíduos pertencentes à raça branca, enquanto morreu um negro para cada 21 indivíduos pertencentes à raça negra. A mortalidade não é tão grande entre os negros escravos. (Ver *Emmerson's medical statistics*, p. 28).

Em muitos estados do oeste, a raça negra nunca apareceu; em todos os estados do norte, ela desaparece. A grande questão do futuro se encerra, portanto, dentro de um círculo estreito; ela se torna, assim, menos temível, mas não menos difícil de resolver.

À medida que descemos para o sul, torna-se mais difícil abolir proveitosamente a escravidão. Isso ocorre devido a várias causas materiais que precisamos expor.

A primeira é o clima: é certo que à medida que os europeus se aproximam dos trópicos, o trabalho se torna mais difícil para eles; muitos americanos afirmam que abaixo de certa latitude ele acaba sendo mortal, enquanto o negro se submete a ele sem perigos;[86] mas não creio que essa ideia, tão favorável à preguiça do homem do sul, esteja baseada na experiência. Não faz mais quente no sul da União do que no sul da Espanha e da Itália.[87] Por que o europeu não poderia ali realizar os mesmos trabalhos? E se a escravidão foi abolida na Itália e na Espanha sem que os senhores perecessem, por que não aconteceria o mesmo na União? Não creio, portanto, que a natureza tenha proibido, sob pena de morte, que os europeus da Geórgia ou da Flórida tirem sua subsistência do solo; mas esse trabalho sem dúvida lhes seria mais penoso e menos produtivo[88] do que para os habitantes da Nova Inglaterra. O trabalhador livre perde, no sul, uma parte de sua superioridade sobre o escravo, por isso torna-se menos útil abolir a escravidão.

Todas as plantas da Europa crescem no norte da União; o sul tem produtos especiais.

Foi observado que a escravidão é um meio dispendioso de cultivar cereais. Aquele que recolhe o trigo numa região em que a servidão é desconhecida normalmente tem a seu serviço um pequeno número de trabalhadores; na época da colheita e durante o plantio, ele reúne, é verdade, muitos outros; mas estes só moram momentaneamente em suas terras.

Para encher seus celeiros ou semear seus campos, o agricultor que vive num estado com escravos é obrigado a manter o ano inteiro um grande

---

86. Isso ocorre nos lugares onde se cultiva arroz. Os arrozais, que são insalubres em todos os países, são particularmente perigosos naqueles atingidos pelo sol ardente dos trópicos. Os europeus teriam muita dificuldade para cultivar a terra nessa parte do Novo Mundo se quisessem se obstinar a fazê-la produzir arroz. Mas não se pode ficar sem arrozais?

87. Esses estados estão mais perto do equador do que a Itália e a Espanha, mas o continente americano é infinitamente mais frio do que o europeu.

88. A Espanha outrora transportou para um distrito da Louisiana chamado Attakapas um determinado número de camponeses dos Açores. Não se introduziu a escravidão entre eles; era um experimento. Hoje, esses homens ainda cultivam a terra sem escravos; mas sua indústria é tão fraca que fornece apenas o suficiente para suas necessidades.

número de servidores, que lhe são necessários somente por alguns dias; pois, ao contrário dos trabalhadores livres, os escravos não poderiam esperar, trabalhando por si mesmos, o momento em que viessem alugar sua indústria. É preciso comprá-los para utilizá-los.

A escravidão, independentemente de seus inconvenientes gerais, é, portanto, naturalmente menos aplicável às regiões onde os cereais são cultivados do que naquelas em que são colhidos outros produtos.

O cultivo do tabaco, do algodão e principalmente da cana-de-açúcar exige, pelo contrário, cuidados contínuos. Eles podem empregar mulheres e crianças, que não poderiam ser utilizados no cultivo de trigo. Assim, a escravidão é naturalmente mais apropriada a regiões onde se cultivam os produtos que acabo de citar.

O tabaco, o algodão e a cana só crescem no sul; ali, constituem as principais fontes da riqueza da região. Destruindo a escravidão, os homens do sul se veriam numa dessas duas alternativas: ou seriam obrigados a mudar seu sistema de cultivo, e então entrariam em concorrência com os homens do norte, mais ativos e experientes do que eles; ou cultivariam os mesmos produtos sem escravos, e então teriam de suportar a concorrência de outros estados do sul, que os teriam conservado.

Assim, o sul tem razões particulares para manter a escravidão que o norte não tem.

Mas eis outro motivo, mais poderoso do que todos os outros. O sul poderia, a rigor, abolir a servidão; mas como se livraria dos negros? No norte, tanto a escravidão quanto os escravos são expulsos. No sul, não se pode esperar alcançar esse duplo resultado ao mesmo tempo.

Ao provar que a servidão era mais natural e mais vantajosa no sul do que no norte, indiquei suficientemente bem que o número de escravos devia ser muito maior lá. Foi para o sul que foram levados os primeiros africanos; foi lá que eles sempre chegaram em maior número. À medida que avançamos para o sul, o preconceito que valoriza a ociosidade se torna mais forte. Nos estados mais próximos dos trópicos, não há um único branco que trabalhe. Os negros são, portanto, naturalmente mais numerosos no sul do que no norte. A cada dia, como afirmei acima, eles crescem ainda mais; pois, à medida que se destrói a escravidão em um dos extremos da União, os negros se acumulam no outro. Assim, o número de negros aumenta no sul, não apenas pelo movimento natural da população, mas também pela emigração forçada dos negros do norte. A raça africana tem, para crescer nessa parte da União, causas análogas às que fazem crescer com tanta velocidade a raça europeia do norte.

No estado do Maine, conta-se um negro para cada trezentos habitantes; em Massachusetts, um para cada cem; no Estado de Nova York, dois para cada cem; na Pensilvânia, três; em Maryland, 34; 42 na Virgínia e 55 na Carolina do Sul.[89] Tal era a proporção dos negros em relação aos brancos no ano de 1830. Mas essa proporção muda constantemente: a cada dia, torna-se menor no norte e maior no sul.

É evidente que nos estados mais meridionais da União não se poderia abolir a escravidão como se fez nos estados do norte sem correrem-se grandes riscos, que estes não precisaram temer.

Vimos como os estados do norte faziam a transição entre a escravidão e a liberdade. Eles mantêm a geração presente nos grilhões e emancipam as raças futuras; dessa maneira, os negros são introduzidos aos poucos na sociedade e, enquanto mantém-se na servidão o homem que poderia fazer um mau uso de sua independência, liberta-se aquele que, antes de se tornar senhor de si mesmo, ainda pode aprender a arte de ser livre.

Seria difícil aplicar esse método ao sul. Quando se declara que, a partir de certa época, o filho do negro será livre, introduz-se o princípio e a ideia de liberdade dentro da própria servidão; os negros que o legislador mantém na escravidão e que veem seus filhos sair dela espantam-se com essa partilha desigual que o destino faz entre eles; inquietam-se e irritam-se. A partir de então, a escravidão perde aos seus olhos a espécie de força moral que o tempo e o costume lhe conferiam; ela é reduzida a um simples abuso visível da força. O norte nada tinha a temer desse contraste, porque no norte os negros eram em pequeno número, e os brancos, muito numerosos. Mas se essa primeira aurora da liberdade viesse iluminar ao mesmo tempo 2 milhões de homens, os opressores tremeriam.

Depois de emancipar os filhos de seus escravos, os europeus do sul logo seriam obrigados a estender a toda a raça negra o mesmo benefício.

No norte, como afirmei acima, assim que a escravidão é abolida ou assim que se torna provável que o momento de sua abolição se aproxima, ocorre um duplo movimento: os escravos deixam a região para serem transportados

---

89. Lê-se, na obra americana intitulada *Letters on the colonisation society*, por Mathew Carey, 1833, o seguinte: "Na Carolina do Sul, há 44 anos, a raça negra cresce mais rápido do que a dos brancos. Reunindo o conjunto da população dos cinco estados do sul que primeiro tiveram escravos", continua o senhor Carey, "Maryland, Virgínia, Carolina do Norte, Carolina do Sul e Geórgia, descobre-se que, de 1790 a 1830, os brancos aumentaram na relação de 80 para 100". Nos Estados Unidos, em 1830, os homens pertencentes às duas raças estavam distribuídos da seguinte maneira: Estados onde a escravidão foi abolida, 6.565.434 brancos, 120.520 negros. Estados onde a escravidão ainda persiste: 3.960.814 brancos, 2.208.102 negros.

mais para o sul; os brancos dos estados do norte e os emigrantes da Europa afluem a seus lugares.

Essas duas causas não podem operar da mesma maneira nos últimos estados do sul. Por um lado, a massa de escravos é grande demais para que se possa esperar fazê-los deixar a região; por outro, os europeus e os anglo-americanos do norte temem habitar uma região onde o trabalho ainda não foi reabilitado. Além disso, ele avalia com razão os estados onde a proporção de negros supera ou é igual a dos brancos como ameaçados por grandes infortúnios e se abstêm de levar sua indústria para lá.

Assim, ao abolir a escravidão, os homens do sul não conseguiriam, como seus irmãos do norte, levar gradualmente os negros à liberdade; eles não diminuiriam sensivelmente o número de negros e estariam sozinhos para contê-los. No decorrer de poucos anos, veríamos, então, um grande povo de negros livres vivendo no meio de uma nação mais ou menos igual de brancos.

Os mesmos abusos de poder que hoje mantêm a escravidão se tornariam, no sul, a fonte dos maiores perigos que os brancos deveriam temer. Hoje, o descendente dos europeus é o único dono da terra; ele é o senhor absoluto da indústria; somente ele é rico, esclarecido, armado. O negro não possui nenhuma dessas vantagens, mas pode ficar sem elas, é escravo. Tornando-se livre, pode continuar privado de todas essas coisas sem morrer? O que fazia a força do branco, quando existia a escravidão, o expõe então a mil perigos depois que a escravidão é abolida.

Deixando o negro em servidão, é possível mantê-lo numa condição vizinha do selvagem; livre, não se pode impedi-lo de instruir-se o suficiente para apreciar a extensão de seus males e entrever o remédio para eles. Há, aliás, um singular princípio de justiça relativa que encontramos profundamente cravado no coração humano. Os homens ficam muito mais chocados com a desigualdade que existe dentro de uma mesma classe do que com as desigualdades observadas entre as diferentes classes. Compreendemos a escravidão; mas como conceber a existência de vários milhões de cidadãos eternamente curvados sob a infâmia e entregues a misérias hereditárias? No norte, uma população de negros libertos padece desses males e sofre essas injustiças; mas ela é fraca e reduzida; no sul, ela seria numerosa e forte.

A partir do momento em que se admite que os brancos e os negros emancipados estão no mesmo solo, como povos estrangeiros um do outro, compreenderemos sem dificuldade que o futuro só tem duas possibilidades: é preciso que negros e brancos se confundam inteiramente ou se separem.

Já expressei acima qual era minha convicção a respeito do primeiro meio.[90] Não creio que a raça branca e a raça negra jamais venham a viver em pé de igualdade.

Mas creio que a dificuldade será muito maior nos Estados Unidos do que em qualquer outro lugar. Pode ser que um homem se encontre fora dos preconceitos de religião, país, raça; e se esse homem é rei, ele pode operar surpreendentes revoluções na sociedade: um povo inteiro, porém, não poderia colocar-se, de certo modo, acima de si mesmo.

Um déspota que viesse a confundir os americanos e seus antigos escravos sob o mesmo jugo talvez conseguisse misturá-los; enquanto a democracia americana permanecer à frente dos negócios, ninguém ousará tentar semelhante empreendimento, e podemos prever que, quanto mais os brancos dos Estados Unidos forem livres, mais eles tentarão se isolar.[91]

Afirmei em outro lugar que o verdadeiro laço entre o europeu e o índio era o mestiço; do mesmo modo, a verdadeira transição entre o branco e o negro é o mulato: onde quer que se encontre um grande número de mulatos, a fusão entre as duas raças não é impossível.

Há partes da América em que o europeu e o negro se cruzaram a tal ponto que é difícil encontrar um homem que seja totalmente branco ou totalmente negro; chegando a esse ponto, podemos de fato dizer que as raças se misturaram; ou melhor, que no lugar delas surgiu uma terceira, que herda das duas sem ser exatamente nem uma nem outra.

De todos os europeus, os ingleses são os que menos misturaram seu sangue ao dos negros. Vemos no sul da União mais mulatos do que no norte, mas infinitamente menos do que em qualquer outra colônia europeia; os mulatos são pouquíssimos numerosos nos Estados Unidos; não têm nenhuma força por si mesmos e, nas querelas raciais, em geral fazem causa comum com os brancos. É assim que, na Europa, muitas vezes vemos os lacaios dos grandes senhores bancarem os nobres perante o povo.

Esse orgulho de origem, natural ao inglês, é singularmente aumentado no americano pelo orgulho que a liberdade democrática faz nascer. O

---

90. Essa opinião, de resto, é baseada em autoridades muito mais sérias do que a minha. Lê-se, entre outros, nas *Mémoires de Jefferson*: "Nada foi escrito com mais clareza no livro dos destinos do que a emancipação dos negros, e é igualmente certo que as duas raças livres não poderão viver sob o mesmo governo. A natureza, o hábito e a opinião estabeleceram entre elas barreiras intransponíveis. (Ver *Extrait des Mémoires de Jefferson*, pelo senhor Conseil).

91. Se os ingleses das Antilhas tivessem governado a si mesmos, podemos ter certeza de que não teriam concedido o ato de emancipação que a pátria-mãe acaba de impor.

homem branco dos Estados Unidos tem orgulho de sua raça e tem orgulho de si mesmo.

Aliás, se os brancos e os negros não chegam a se misturar no norte da União, como eles se misturariam no sul? Pode-se supor um instante em que o americano do sul, situado, como sempre estará, entre o homem branco, com toda sua superioridade física e moral, e o negro, jamais possa pensar em se confundir com esse último? O americano do sul tem duas paixões enérgicas que sempre o levarão a isolar-se: ele teme se assemelhar ao negro, seu antigo escravo, e ficar abaixo do branco, seu vizinho.

Se fosse absolutamente necessário prever o futuro, eu diria que, seguindo o curso provável das coisas, a abolição da escravidão no sul aumentará a repugnância que a população branca sente pelos negros. Baseio essa opinião no que já observei de análogo no norte. Afirmei que os homens brancos do norte se afastam dos negros com tanto mais cuidado quanto menos separação legal o legislador coloca entre eles: por que o mesmo não ocorreria no sul? No norte, quando os brancos temem chegar a se confundir com os negros, eles temem um perigo imaginário. No sul, onde o perigo seria real, não creio que o temor seria menor.

Se, por um lado, se reconhece (e o fato não é duvidoso) que na extremidade sul os negros se acumulam sem cessar e crescem mais rápido do que os brancos; se, por outro, se admite que é impossível prever a época em que negros e brancos chegarão a se misturar e a obter da sociedade as mesmas vantagens, não se deve concluir que, nos estados do sul, os negros e os brancos acabarão cedo ou tarde entrando em conflito?

Qual será o resultado final desse conflito?

Compreende-se com facilidade que nesse ponto é preciso ficar na incerteza das conjecturas. O espírito humano mal consegue traçar, de certo modo, um grande círculo em torno do futuro; dentro desse círculo, porém, agita-se o acaso que escapa a todos os esforços. No quadro do futuro, o acaso sempre forma o ponto escuro em que o olhar da inteligência não pode penetrar. O que podemos dizer é o seguinte: nas Antilhas, a raça branca é que parece destinada a sucumbir; no continente, a raça negra.

Nas Antilhas, os brancos estão isolados no meio de uma imensa população de negros; no continente, os negros estão situados entre o mar e um povo inumerável, que já se estende acima deles como uma massa compacta, desde as geleiras do Canadá até as fronteiras da Virgínia, desde as margens do Missouri até a costa do Oceano Atlântico. Se os brancos da América permanecerem unidos, é difícil acreditar que os negros possam escapar à destruição que os ameaça; eles sucumbirão sob o ferro ou sob a miséria. Mas as populações negras, concentradas ao longo do Golfo do México, terão chances de salvação se o conflito entre as duas raças se estabelecer com a dissolução da confederação americana. Uma vez rompido o elo federal, os homens do sul cometerão um erro se contarem com um apoio duradouro da parte de seus irmãos do norte. Estes sabem que o perigo nunca pode atingi-los; se um dever positivo não os obrigar a marchar em socorro do sul, podemos prever que as simpatias de raça serão impotentes.

Qualquer que seja, de resto, a época do conflito, os brancos do sul, se abandonados a si mesmos, se apresentarão no confronto com uma imensa superioridade de luzes e de meios; mas os negros terão o número e a energia do desespero. Esses são grandes recursos quando se tem armas na mão. Talvez aconteça então à raça branca do sul o que mesmo que aconteceu aos mouros da Espanha. Depois de terem ocupado o país por séculos, ela se retirará pouco a pouco na direção da terra de onde seus antepassados vieram em outros tempos, abandonando aos negros a posse de uma região que a Providência parece destinar a estes, visto que nela vivem sem dificuldade e nela trabalham mais facilmente que os brancos.

O perigo, mais ou menos afastado, mas inevitável, de uma luta entre os negros e os brancos que povoam o sul da União, se apresenta sem cessar como um sonho penoso à imaginação dos americanos. Os habitantes do norte falam todos os dias desses perigos, embora diretamente nada tenham a temer. Tentam em vão encontrar um meio de conjurar as desgraças que eles preveem.

No estados do sul, todos se calam; não se fala do futuro com os estrangeiros; evita-se discuti-lo com os amigos; cada um, por assim dizer, esconde-o de si mesmo. O silêncio do Sul tem algo de mais assustados do que os temores ruidosos do norte.

Essa preocupação geral dos espíritos deu origem a uma empresa quase ignorada que pode mudar o destino de uma parte da raça humana.

Temendo os perigos que acabo de descrever, um certo número de cidadãos americanos se reuniriam em sociedade com o objetivo de importar, a suas custas, para as costas da Guiné, os negros livres que quiserem escapar à tirania que pesa sobre eles.[92]

Em 1820, a sociedade de que falou conseguiu fundar na África, no sétimo grau de latitude norte, um estabelecimento ao qual deu o nome de *Libéria*. As

---

92. Essa sociedade tomou o nome de Sociedade da Colonização dos Negros. Ver seus relatórios anuais e, em especial, o 15º. Ver também a brochura já indicada e intitulada *Letters on the colonisation Society and on its probable results*, por Carey, Filadélfia, abril de 1833.

últimas notícias anunciavam que 2.500 negros já se encontravam reunidos nesse local. Transportados para sua antiga pátria, os negros nela introduziram instituições americanas. A Libéria tem um sistema representativo, jurados negros, magistrados negros, sacerdotes negros; tem templos e jornais e, por uma inversão singular das vicissitudes desse mundo, é proibido aos brancos se fixarem dentro de seus muros.[93]

Eis com certeza um estranho jogo do destino! Dois séculos se passaram desde o dia em que o habitante da Europa empreendeu retirar os negros de sua família e de seu país para transportá-los à costa da América do Norte. hoje, vemos o europeu ocupado em carregar de novo pelo Oceano Atlântico os descendentes desses mesmos negros, a fim de devolvê-los ao solo de onde ele havia arrancado seus pais. Os bárbaros foram obter as luzes da civilização no seio da servidão e aprender, enquanto escravos, a arte de serem livres.

Até dias de hoje, a África esteve fechada às artes e às ciências dos brancos. As luzes da Europa, importadas por africanos, talvez nelas penetrem. Há, portanto, uma grande e bela ideia por trás da fundação da Libéria; mas essa ideia, que pode se tornar muito fecunda para o Velho Mundo, é estéril para o Novo.

Em doze anos, a sociedade de colonização dos negros transportou para a África 2.500 negros. Durante esse mesmo espaço de tempo, nasciam cerca de 700 mil nos Estados Unidos.

Se a colônia de Libéria estivesse em condição de receber a cada ano milhares de novos habitantes, e se estes pudessem ser levados para lá com proveito, se a União se colocasse no lugar da sociedade e empregasse anualmente seus tesouros[94] e seus navios para exportar negros à África, ela ainda assim não poderia contrabalançar o progresso natural da população entre os negros; e, sem conseguir tirar a cada ano o mesmo número de homens

---

93. Essa última regra foi traçada pelos próprios fundadores. Eles temeram que acontecesse na África uma coisa análoga à que acontece nas fronteiras dos Estados Unidos, e que os negros, como os índios, entrando em contato com uma raça mais esclarecida que a deles, fossem destruídos antes de poderem se civilizar.

94. Havia várias outras dificuldades em tal empresa. Se a União, para transportar os negros da América à África, empreendesse comprar os negros escravos de seus donos, o preço dos negros, aumentando na medida de sua raridade, logo se elevaria a somas enormes, e não é verossímil que os estados do norte consentissem com tal despesa, da qual eles não colheriam os frutos. Se a União se apoderasse à força ou adquirisse a um baixo preço fixado por ela os escravos do Sul, ela criaria uma resistência intransponível entre os estados situados nessa parte da União. Dos dois lados chega-se a uma impossibilidade.

que vêm ao mundo, ela não conseguiria nem mesmo suspender os desenvolvimentos do mal que cresce a cada dia em seu seio.[95]

A raça negra não deixará a costa do continente americano, para onde as paixões e os vícios da Europa a levaram; ela só desaparecerá do Novo Mundo se deixar de existir. Os habitantes dos Estados Unidos podem afastar os infortúnios que temem, mas não poderiam, hoje, destruir sua causa.

Sou obrigado a confessar que não considero a abolição da escravidão um meio de retardar, nos estados do sul, a luta entre as duas raças.

Os negros podem continuar escravos por muito tempo sem se queixar; mas quando se tornarem homens livres, eles ficarão indignados de serem privados de quase todos os direitos de cidadãos e, não podendo se tornar iguais aos brancos, não tardarão a se mostrar seus inimigos.

No norte, tinha-se todo o benefício de emancipar os escravos; ficava-se livre da escravidão sem ter nada a temer dos negros libertos. Estes eram pouco numerosos para jamais reclamar seus direitos. O mesmo não acontece no sul.

A questão da escravidão era, para os senhores do norte, uma questão comercial e manufatureira; no sul, é uma questão de vida ou de morte. Não se deve, portanto, confundir a escravidão do norte com a do sul.

Deus me guarde de tentar, como certos autores americanos, justificar o princípio da servidão dos negros; digo apenas que todos os que outrora admitiram esse terrível princípio não são hoje livres para abandoná-lo.

Confesso que quando considero a situação do sul, só vejo, para a raça branca que o habita, duas maneiras de agir: libertar os negros e fundir-se a eles; permanecer isolada deles e mantê-los o máximo de tempo possível na escravidão. Os meios-termos me parecem que levarão brevemente à mais horrível de todas as guerras civis, e, talvez, à ruína de uma das duas raças.

Os americanos do sul encaram a questão sob esse ponto de vista e agem em conformidade. Não querem se fundir aos negros, mas não querem libertá-los.

Não que todos os habitantes do sul considerem a escravidão necessária à riqueza do senhor; a esse respeito, vários deles concordam com os homens do norte e admitem de bom grado que a escravidão é um mal; mas eles pensam que é preciso conservar esse mal para viver.

---

95. Havia nos Estados Unidos, em 1830, o número de 2.010.327 escravos e 319.439 libertos; no total, 2.329.766 negros; o que constituía um pouco mais da quinta parte da população total dos Estados Unidos na mesma época.

As luzes, aumentando no sul, fizeram os habitantes dessa parte do território perceberem que a escravidão é prejudicial ao senhor, e essas mesmas luzes lhes mostram, com mais clareza do que eles jamais tinham visto, a quase impossibilidade de destruí-la. Por isso um singular contraste: a escravidão se firma cada vez mais nas leis, à medida que sua utilidade é mais contestada; e enquanto seu princípio é gradualmente abolido no norte, retiram-se no sul, desse mesmo princípio, consequências cada vez mais rigorosas.

A legislação dos estados do sul relativa aos escravos apresenta, em nossos dias, uma espécie de atrocidade inaudita, que revela uma profunda perturbação nas leis da humanidade. Basta ler a legislação dos estados do sul para avaliar a posição desesperada das duas raças que as habitam.

Não que os americanos dessa parte da União tenham justamente aumentado os rigores da servidão; pelo contrário, eles suavizaram a sorte material dos escravos. Os antigos só conheciam os grilhões e a morte para manter a escravidão; os americanos do sul da União encontraram garantias mais intelectuais para a duração de seu poder. Eles por assim dizer espiritualizaram o despotismo e a violência. Na Antiguidade, procurava-se impedir que o escravo rompesse seus grilhões; em nossos dias, retiram-lhe o desejo de fazê-lo.

Os antigos acorrentavam o corpo do escravo, mas deixavam seu espírito livre e permitiam-lhe esclarecer-se. Nisso, eram consequentes consigo mesmos; havia, então, uma saída natural à servidão: de um dia para outro, o escravo podia se tornar livre e igual a seu senhor.

Os americanos do sul, que não pensam que em qualquer época os negros possam se confundir com eles, proibiram, sob penas severas, que lhes ensinassem a ler e a escrever. Não querendo elevá-los até seu nível, deixam-nos o mais perto possível do selvagem.

Em todos os tempos, a esperança de liberdade foi plantada no seio da escravidão para atenuar seus rigores.

Os americanos do sul compreenderam que a emancipação sempre traz riscos quando o liberto não pode um dia se igualar ao senhor. O que significa dar a um homem a liberdade e deixá-lo na miséria e na ignomínia se não fornecer um chefe futuro à revolta dos escravos? Aliás, notara-se havia tempo que a presença do negro livre trazia uma vaga inquietude ao fundo da alma dos que não o eram, e nela fazia penetrar, como uma centelha de dúvida, a ideia de seus direitos. Os americanos do sul retiraram dos senhores, na maioria dos casos, a faculdade de emancipar.[96]

---

96. A emancipação não é proibida, mas está submetida a formalidades que a tornam difícil.

Encontrei, no sul da União, um ancião que outrora viveu num comércio ilegítimo com uma de suas negras. Ele tivera vários filhos que, vindo ao mundo, tornaram-se escravos de seu pai. Várias vezes, este pensara em legar-lhes ao menos a liberdade, mas anos se passaram antes que ele pudesse erguer os obstáculos colocados à emancipação pelo legislador. Enquanto isso, a velhice chegara e ele ia morrer. Ele imaginava então seus filhos arrastados de mercado em mercado, e passando da autoridade paterna à vara de um estrangeiro. Essas horríveis imagens deixavam sua imaginação moribunda em delírio. Vi-o presa das angústias do desespero e compreendi como a natureza sabia vingar-se das feridas que as leis lhe causavam.

Esses males são terríveis, sem dúvida, mas não são a consequência prevista e necessária do próprio princípio da servidão entre os modernos?

Quando os europeus fizeram escravos no seio de uma raça de homens diferente da sua, que muitos consideravam inferior às demais raças humanas, e para a qual todos encaram com horror a ideia de assimilação, eles supuseram a escravidão eterna; pois, entre a extrema desigualdade criada pela servidão e a completa igualdade produzida naturalmente entre os homens pela independência, não há ponto intermediário que seja duradouro. Os europeus sentiram vagamente essa verdade, mas sem confessá-la a si mesmos. Todas as vezes que se tratou dos negros, vimos que obedeciam ora a seu interesse ou a seu orgulho, ora a sua piedade. Eles violaram, em relação ao negro, todos os direitos da humanidade e, depois, instruíram-no sobre o valor e sobre a inviolabilidade desses direitos. Eles abriram suas posições a seus escravos, e quando estes tentaram penetrá-los, foram expulsos com ignomínia. Querendo a servidão, eles se deixaram levar, contra sua vontade e sem perceber, para a liberdade, sem ter a coragem de ser nem completamente iníquos nem completamente justos.

Se é impossível prever uma época em que os americanos do sul misturarão seu sangue ao dos negros, eles podem, sem se expor a perecer, permitir que estes últimos cheguem à liberdade? E se são obrigados, para salvar a própria raça, a mantê-los nos grilhões, não devemos desculpá-los por tomar as medidas mais eficazes para fazê-lo?

O que acontece no sul da União me parece ao mesmo tempo a consequência mais horrível e a mais natural da escravidão. Quando vejo a ordem da natureza invertida, quando ouço a humanidade gritando e se debatendo em vão sob as leis, confesso que não encontro indignação para condenar os homens de nossos dias, autores desses ultrajes; mas reúno todo meu ódio contra aqueles que, depois de mil anos de igualdade, introduziram novamente a servidão no mundo.

Quaisquer que sejam, de resto, os esforços dos americanos do sul para conservar a escravidão, eles nem sempre conseguirão. A escravidão, estreitada num único ponto do globo, atacada pelo cristianismo como injusta, pela economia política como funesta; a escravidão, no meio da liberdade democrática e das luzes de nossa era, não é uma instituição que possa durar. Ela cessará por ação do escravo ou por ação de seu senhor. Nos dois casos, devemos esperar grandes desgraças.

Se a liberdade for recusada aos negros do sul, eles acabarão por tomá-la violentamente; se ela lhes for concedida, eles não tardarão a abusar dela.

QUAIS SÃO AS CHANCES DE DURAÇÃO DA UNIÃO AMERICANA, QUE PERIGOS A AMEAÇAM

O que constitui a força preponderante reside nos estados, mais do que na União — A confederação só durará enquanto todos os estados que a compõem quiserem fazer parte dela — Causas que devem levá-los a permanecer unidos — Utilidade de estarem unidos para resistir aos estrangeiros e para não ter estrangeiros na América — A Providência não ergueu barreiras naturais entre os diferentes estados — Não existem interesses materiais que os dividam — Interesse que tem o norte na prosperidade e na união do sul e do oeste; o sul, na do norte e do oeste; o oeste, na dos dois outros — Interesses imateriais que unem os americanos — Uniformidade das opiniões — Os perigos da confederação nascem da diferença de caráter dos homens que a compõem e de suas paixões — Caráter dos homens do sul e do norte — O crescimento rápido da União é um de seus maiores perigos — Marcha da população para o noróeste — Gravitação da força nesse lado — Paixões que esses movimentos rápidos da fortuna fazem nascer — Subsistindo a União, seu governo tende a se fortalecer ou a enfraquecer? — Diversos sinais de enfraquecimento — *Internal improvements* — Terras desertas — Índios — Questão do banco — Questão da tarifa — O general Jackson

Da existência da União depende em parte a manutenção do que existe em cada um dos estados que a compõem. É preciso, portanto, examinar em primeiro lugar qual o provável destino da União. Mas, antes de tudo, é bom fixar-se num ponto: se a confederação atual viesse a se romper, parece-me incontestável que os estados que dela fazem parte não voltariam a suas individualidades originais. No lugar da União, várias se formariam. Não pretendo analisar sobre que bases essas novas uniões viriam a se estabelecer; o que quero mostrar são as causas que podem levar ao desmembramento da confederação atual.

Para fazê-lo, serei obrigado a percorrer de novo algumas das vias pelas quais segui anteriormente. Precisarei expor aos olhares vários objetos já conhecidos. Sei que, agindo assim, exponho-me às críticas do leitor; mas a importância da matéria que me falta abordar é minha desculpa. Prefiro repetir-me algumas vezes do que não ser compreendido, e prefiro prejudicar o autor do que o tema.

Os legisladores que criaram a Constituição de 1789 se esforçaram para dar ao poder federal uma existência à parte e uma força preponderante.

Mas eles estavam limitados pelas próprias condições do problema que precisavam resolver. Não haviam sido encarregados de constituir o governo de um povo único, mas de regulamentar a associação de vários povos; e quaisquer que fossem os seus desejos, eles sempre precisavam conseguir partilhar o exercício da soberania.

Para melhor entender quais foram as consequências dessa partilha, é necessário fazer uma breve distinção entre os atos da soberania.

Há objetos que são nacionais por natureza, isto é, que se referem à nação tomada como um todo, e que só podem ser confiados ao homem ou à assembleia que represente o mais completamente a nação inteira. Colocarei entre esses a guerra e a diplomacia.

Há outros que são provinciais por natureza, isto é, que se referem a certas localidades e só podem ser convenientemente tratados na própria localidade, como o orçamento das comunas.

Por fim, há objetos que têm uma natureza mista: eles são nacionais, porque dizem respeito a todos os indivíduos que compõem a nação; e eles são provinciais, pois não há necessidade que a nação os aborde. Esses são, por exemplo, os direitos que regulam o estado civil e político dos cidadãos. Não existe estado social sem direitos civis e políticos. Esses direitos, portanto, dizem respeito igualmente a todos os cidadãos; mas nem sempre é necessário à existência e à prosperidade da nação que esses direitos sejam uniformes e, consequentemente, que sejam regulados pelo poder central.

Dentre os objetos de que se ocupa a soberania, existem, portanto, duas categorias necessárias; elas são encontradas em todas as sociedades bem constituídas, qualquer que seja, de resto, a base sobre a qual o pacto social foi estabelecido.

Entre esses dois pontos extremos estão situados, como uma massa flutuante, os objetos gerais, mas não nacionais, que chamei mistos. Visto que esses objetos não são nem exclusivamente nacionais nem totalmente provinciais, a responsabilidade por eles pode ser atribuída ao governo nacional e ao governo provincial, de acordo com as convenções daqueles que se associam, sem que o objetivo da associação deixe de ser alcançado.

Na maioria das vezes, simples indivíduos se unem para constituir a soberania, e sua união constitui um povo. Abaixo do governo geral que eles se atribuem encontramos apenas forças individuais ou poderes coletivos, cada um representando uma fração mínima da soberania. Nesse caso, também o governo geral é o mais naturalmente chamado a regulamentar não apenas os objetos nacionais por sua essência, mas a maioria dos objetos mistos de que já falei. As localidades são reduzidas à porção de soberania que é indispensável a seu bem-estar.

Algumas vezes, por um fato anterior à associação, a soberania se vê composta por corpos políticos já organizados; acontece, então, de o governo provincial se encarregar não apenas dos objetos exclusivamente provinciais por natureza, mas também de todos ou parte dos objetos mistos de que se acaba de falar. Pois as nações confederadas, que formavam soberanias antes da União, e que continuam representando uma fração muito considerável da soberania, ainda que estejam unidas, só aceitaram ceder ao governo geral o exercício dos direitos indispensáveis à União.

Quando o governo nacional, independentemente das prerrogativas inerentes à sua natureza, vê-se investido do direito de regulamentar os objetos mistos da soberania, ele possui uma força preponderante. Além de ter muitos direitos, todos os direitos que ele não tem estão a seu dispor, e é de se temer que chegue a retirar dos governos provinciais suas prerrogativas naturais e necessárias.

Quando, ao contrário, o governo provincial é que se vê investido do direito de regulamentar os objetos mistos, reina na sociedade uma tendência oposta. A força preponderante reside então na província, não na nação; e deve-se temer que o governo nacional acabe sendo despojado dos privilégios necessários à sua existência.

Os povos únicos são, portanto, naturalmente levados à centralização, e as confederações, ao desmembramento.

Basta-nos aplicar essas ideias gerais à União americana.

Aos estados particulares cabia necessariamente o direito de regulamentar os objetos puramente provinciais.

Além disso, esses mesmos estados retiveram o direito de determinar a capacidade civil e política dos cidadãos, de regulamentar as relações dos homens entre si e de fazer a justiça; direitos que são gerais por natureza, mas que não necessariamente cabem ao governo nacional.

Vimos que ao governo da União foi delegado o poder de ordenar em nome de toda a nação, caso a nação tivesse que agir como um único e mesmo indivíduo. Ele a representou diante dos estrangeiros; ele dirigiu contra o inimigo comum as forças comuns. Em suma, ocupou-se dos objetos que chamei de exclusivamente nacionais.

Nessa partilha dos direitos da soberania, a parte da União ainda parece, à primeira vista, maior que a dos estados; um exame mais detido demonstra que, na verdade, é menor.

O governo da União executa empreendimentos mais vastos, mas raramente o sentimos agir. O governo provincial faz coisas menores, mas nunca descansa e revela sua existência a cada instante.

O governo na União zela pelos interesses gerais do país; mas os interesses gerais de um povo têm uma influência contestável sobre a felicidade individual.

Os assuntos da província, ao contrário, visivelmente influenciam o bem-estar dos que a habitam.

A União garante a independência e a grandeza da nação, coisas que não afetam imediatamente os particulares. O estado mantém a liberdade, regulamenta os direitos, garante a fortuna, assegura a vida, o futuro inteiro de cada cidadão.

O governo federal está situado a uma grande distância de seus sujeitos; o governo provincial está ao alcance de todos. Basta elevar a voz para ser ouvido por ele. O governo central tem para si as paixões de alguns homens superiores que aspiram dirigi-lo; do lado do governo provincial está o interesse dos homens de segunda ordem que só esperam obter poder em seu estado; e são estes que, estando perto do povo, exercem sobre ele o maior poder.

Os americanos têm, portanto, mais a esperar e a temer do estado do que da União; e, seguindo a marcha natural do coração humano, apegam-se muito mais vivamente ao primeiro do que à segunda.

Nisso, os hábitos e os sentimentos estão de acordo com os interesses.

Quando uma nação compacta fraciona sua soberania e chega ao estado de confederação, as lembranças, os usos e os hábitos lutam por muito tempo contra as leis e dão ao governo central uma força que estas lhe recusam. Quando povos confederados se reúnem numa só soberania, as mesmas causas agem em sentido contrário. Não tenho dúvida de que, se a França se tornasse uma república confederada como a dos Estados Unidos, o governo não se mostraria mais enérgico do que o da União; e se a União se constituísse em monarquia como a França, penso que o governo americano permaneceria por algum tempo mais fraco que o nosso. No momento em que a vida nacional foi criada entre os anglo-americanos, a existência provincial já era antiga, relações necessárias já estavam estabelecidas entre as comunas e os indivíduos dos mesmos estados; as pessoas estavam habituadas a considerar certos objetos sob um ponto de vista comum e a ocupar-se exclusivamente de certos assuntos como representando um interesse especial.

A União é um corpo imenso que oferece ao patriotismo um objeto vago a ser abraçado. O estado tem formas fixas e limites circunscritos; ele representa um certo número de coisas conhecidas e caras aos que o habitam. Ele se confunde com a própria imagem da terra, identifica-se com a propriedade, com a família, com as lembranças do passado, com os trabalhos do presente e com os sonhos de futuro. O patriotismo, que na maioria das vezes não passa de uma extensão do egoísmo individual, manteve-se no estado e, por assim dizer, não passou à União.

Assim, os interesses, os hábitos e os sentimentos se reúnem para concentrar a verdadeira vida política no estado, e não na União.

Podemos facilmente avaliar a diferença entre as forças dos dois governos ao ver cada um se mover no círculo de seu poder.

Todas as vezes que um governo de estado se dirige a um homem ou a uma associação de homens, sua linguagem é clara e imperativa; o mesmo ocorre com o governo federal quando ele fala com indivíduos. Mas assim que se vê diante de um estado, ele começa a parlamentar: explica seus motivos e justifica sua conduta; argumenta, aconselha, não ordena. Quando surgem dúvidas sobre os limites dos poderes constitucionais de cada governo, o governo provincial exige seu direito com ousadia e toma medidas rápidas e enérgicas para sustentá-lo. Enquanto isso, o governo da União argumenta; ele apela ao bom senso da nação, a seus interesses, a sua glória; ele temporiza, negocia; somente quando reduzido ao último extremo ele se decide a agir. À primeira vista, poderíamos acreditar que o governo provincial é que está armado com as forças de toda a nação e que o Congresso representa um Estado.

O governo federal, a despeito dos esforços daqueles que o constituíram, é, portanto, como afirmei em outro lugar, por sua própria natureza, um governo fraco, que, mais que qualquer outro, precisa do livre concurso dos governados para subsistir.

É fácil ver que seu objeto é realizar com facilidade a vontade que os estados têm de permanecer unidos. Preenchida essa primeira condição, ele é sensato, forte e ágil. Foi organizado de maneira a só encontrar diante de si, habitualmente, indivíduos, e a vencer facilmente as resistências que se opusessem à vontade comum; mas o governo federal não foi estabelecido com a previsão de que os estados ou vários deles deixariam de querer estar unidos.

Se a soberania da União entrasse hoje em conflito com a dos estados, podemos prever com facilidade que ela sucumbiria; duvido inclusive que o combate fosse travado com seriedade. Todas as vezes que opusermos uma resistência obstinada ao governo federal, veremos cedê-lo. A experiência provou até o momento que quando um estado queria obstinadamente uma coisa e a pedia com firmeza, ele nunca deixava de obtê-la; e que, quando ele se recusava abertamente a agir,[97] deixavam-no livre para fazê-lo.

Se o governo da União tivesse uma força que lhe fosse própria, a situação material do país tornaria seu uso bastante difícil.[98]

Os Estados Unidos cobrem um imenso território; longas distâncias os separam; a população está espalhada em regiões ainda semidesertas. Se a União empreendesse manter, por meio das armas, os confederados em obediência, sua posição seria análoga à que a Inglaterra ocupava durante a Guerra de Independência.

Aliás, um governo, ainda que forte, só poderia escapar com muito esforço das consequências de um princípio que ele mesmo admitiu como fundamento do direito público que deve regê-lo. A confederação foi formada por livre vontade dos estados; estes, unindo-se, não perderam a nacionalidade e não se fundiram num único e mesmo povo. Se, hoje, um desses mesmos estados quisesse retirar seu nome do contrato, seria bastante difícil provar-lhe que não pode fazê-lo. O governo federal, para combatê-lo, não se apoiaria de maneira evidente nem sobre a força nem sobre o direito.

Para que o governo federal triunfasse facilmente sobre a resistência que alguns de seus sujeitos lhe opusessem, seria preciso que o interesse particular de um ou de vários deles estivesse intimamente ligado à existência da União, como se viu muitas vezes acontecer na história das confederações.

Suponhamos que, entre os estados que o laço federal reúne, haja alguns que gozem sozinhos das principais vantagens da União, ou cuja prosperidade dependa inteiramente da existência da União; fica claro que o poder central encontrará neles um grande apoio para manter os outros na obediência. Mas então ele não tirará mais sua força de si mesmo, mas de um princípio que é contrário à sua natureza. Os povos só se confederam para obter vantagens

---

97. Ver a conduta dos estados do norte na guerra de 1812. "Durante essa guerra", disse Jefferson, numa cara de 17 de março de 1817 ao general Lafayette, "quatro dos estados do leste só estavam ligados ao restante da União como cadáveres a homens vivos" (*Correspondance de Jefferson*, publicada pelo sr. Conseil).

98. O estado de paz em que se encontra a União não lhe fornece nenhum pretexto para ter um exército permanente. Sem exército permanente, um governo não tem nada pronto de antemão para tirar proveito do momento favorável, vencer a resistência e raptar de surpresa o soberano poder.

iguais da União e, no caso citado acima, é porque a desigualdade reina entre as nações unidas que o governo federal é poderoso.

Também suponhamos que um dos estados confederados tenha adquirido uma preponderância grande o bastante para se apoderar sozinho do poder central; ele considerará os outros estados como seus sujeitos e fará respeitar, na pretensa soberania da União, sua própria soberania. Serão feitas então grandes coisas em nome do governo federal, mas, para falar a verdade, esse governo não existirá mais.[99]

Nesses dois casos, o poder que age em nome da confederação se torna mais forte quanto mais se afasta do estado natural e do princípio reconhecido das confederações.

Na América, a União atual é útil a todos os estados, mas não é essencial a nenhum deles. Se vários estados rompessem o laço federal, a sorte dos outros não seria comprometida, embora a soma de sua felicidade fosse menor. Como não existe estado cuja existência ou prosperidade esteja inteiramente ligada à confederação atual, também não há nenhum que esteja disposto a fazer grandes sacrifícios pessoais para conservá-la.

Por outro lado, não se percebe nenhum estado que tenha, no presente, uma grande ambição em manter a confederação tal qual a vemos em nossos dias. Nem todos exercem a mesma influência nos conselhos federais, sem dúvida, mas não se vê nenhum que deva se gabar por dominá-los e que possa tratar seus confederados como inferiores ou sujeitos.

Parece-me certo, portanto, que se uma porção da União quisesse seriamente se separar da outra, não apenas não se poderia impedi-la como nem mesmo se tentaria fazê-lo. A União atual só durará enquanto todos os estados que a compõem continuarem a querer fazer parte dela.

Estabelecido esse ponto, nos vemos mais à vontade: não se trata mais de procurar saber se os estados atualmente confederados poderão se separar, mas se vão querer permanecer unidos.

Dentre todas as razões que tornam a União atual útil aos americanos, encontramos duas principais cuja evidência salta a todos os olhos.

Embora os americanos estejam por assim dizer sozinhos no continente, o comércio lhes dá como vizinhos todos os povos com que eles negociam. Apesar de seu aparente isolamento, os americanos precisam ser fortes, portanto, e eles só podem ser fortes permanecendo unidos.

---

99. Foi assim que a província da Holanda, na República dos Países Baixos, e o imperador, na Confederação Germânica, algumas vezes se colocaram no lugar da União e exploraram, sem seu interesse particular, o poder federal.

Os estados, ao se desunirem, não diminuiriam apenas sua força diante dos estrangeiros, eles criariam estrangeiros em seu próprio território. Eles entrariam num sistema de alfândegas internas; dividiriam os valores com linhas imaginárias; sequestrariam o curso dos rios e atrapalhariam de todas as maneiras a exploração do imenso continente que Deus lhes concedeu como morada.

Hoje eles não têm invasão a temer, consequentemente, não têm exércitos a manter, impostos a cobrar; se a União viesse a se romper, a necessidade de todas essas coisas talvez não tardasse a se fazer sentir.

Os americanos têm, portanto, um interesse imenso em permanecer unidos.

Por outro lado, é quase impossível descobrir que espécie de interesse material uma porção da União teria, no presente, em se separar das outras.

Quando olhamos para um mapa dos Estados Unidos e vemos a cadeia dos montes Allegheny, que correm do noroeste para o sudoeste e percorrem a região numa extensão de 400 léguas, ficamos tentados a acreditar que o objetivo da Providência foi erguer entre a bacia do Mississippi e a costa do Oceano Atlântico uma dessas barreiras naturais que, opondo-se às relações permanentes entre os homens, formam como que os limites necessários dos diferentes povos.

Mas a altura média dos Allegheny não ultrapassa os 800 metros.[100] Seus picos arredondados e os espaços-vales que eles encerram em seus contornos possibilitam um acesso fácil em mil lugares. Além disso, os principais rios que derramam suas águas no Oceano Atlântico — o Hudson, o Susquehanna e o Potomac[101] — têm suas fontes além dos Allegheny, num planalto aberto que margeia a bacia do Mississippi. Partindo dessa região,[102] eles abrem caminho através da muralha que parecia dever lançá-los para o ocidente e traçam, no seio das montanhas, estradas naturais sempre abertas ao homem.

Nenhuma barreira se eleva, portanto, entre as diferentes partes do país ocupado em nossos dias pelos anglo-americanos. Longe de servir de limite aos povos, os Allegheny não delimitam nenhum estado. Nova York, Pensilvânia

---

100. Altura média dos Allegheny, segundo o conde Volney (*Tableau des États-Unis*, p. 33), 700 a 800 metros; 5 mil ou 6 mil pés, segundo William Darby: o maior pico dos Vosges chega a 1.400 metros acima do nível do mar.

101. Ver o mapa ao fim do livro. [p. 766 desta edição]

102. Ver *View of the United States*, por Darby, p. 64 e 79.

e Virgínia os encerram dentro de seus limites e se estendem tanto a ocidente quanto a oriente dessas montanhas.[103]

O território ocupado em nossos dias pelos 24 estados da União e pelos três grandes distritos que ainda não foram considerados estados, embora já tenham habitantes, cobre uma superfície de 131.144 léguas quadradas,[104] ou seja, ele já apresenta uma superfície quase igual a cinco vezes a da França. Dentro desses limites encontramos um solo variado, temperaturas diferentes e produtos muito diversos.

Essa grande extensão de território ocupado pelas repúblicas anglo-americanas fez surgir dúvidas a respeito da manutenção de sua união. Aqui é preciso fazer uma distinção: interesses contrários às vezes se criam nas diferentes províncias de um vasto império e acabam entrando em conflito; quando isso acontece, o tamanho do estado é o que mais compromete sua duração. Mas se os homens que cobrem esse vasto território não têm entre eles interesses contrários, essa mesma extensão serve a suas prosperidades, pois a unidade do governo facilita singularmente a troca que pode ser feita dos diferentes produtos do solo, e, tornando sua circulação mais fácil, aumenta seu valor.

Ora, vejo nas diferentes partes da União interesses diferentes, mas não vejo que sejam contrários uns aos outros.

Os estados do sul são quase exclusivamente cultivadores; os estados do norte são particularmente manufatureiros e comerciantes; os estados do oeste são tanto manufatureiros quanto cultivadores. No sul, colhem-se tabaco, arroz, algodão e açúcar; no norte e no oeste, milho e trigo. Estas são fontes diversas de riquezas; mas para servir-se dessas fontes há um meio comum e igualmente favorável a todos, a união.

O norte, que transporta as riquezas dos anglo-americanos para todas as partes do mundo, e as riquezas do universo para o seio da União, tem um interesse evidente em que a confederação subsista tal qual ela é em nossos dias, a fim de que o número de produtores e consumidores americanos que ele é chamado a servir continue sendo o maior possível. O norte é intermediário mais natural entre o sul e o oeste da União, por um lado, e com o resto do mundo, por outro; o norte deseja, portanto, que o sul e o oeste continuem unidos e

---

103. A cadeia dos Allegheny não é mais alta que a dos Vosges e não apresenta tantos obstáculos quanto esta última aos esforços da indústria humana. As regiões situadas na encosta oriental dos Allegheny estão, pois, tão naturalmente ligadas ao Vale do Mississippi quanto o Franco-Condado, a Alta Borgonha e a Alsácia estão à França.

104. 1.002.660 milhas quadradas. Ver *View of the United States*, por Darby, p. 435.

prósperos, a fim de que forneçam matérias-primas para suas manufaturas e frete para seus navios.

O sul e o oeste, por sua vez, têm um interesse mais direto ainda na conservação da União e na prosperidade do norte. Os produtos do sul são exportados, em grande parte, além-mar; o sul e o oeste precisam, portanto, dos recursos comerciais do norte. Eles querem que a União tenha uma grande potência marítima para poder protegê-los com eficácia. O sul e o oeste contribuem de bom grado com as despesas de uma marinha, embora não tenha navios; pois se as frotas da Europa viessem bloquear os portos do sul e o Delta do Mississippi, o que seria feito do arroz das Carolinas, do tabaco da Virgínia, do açúcar e do algodão que crescem nos vales do Mississippi? Não há, portanto, nenhuma porção do orçamento federal que não seja aplicada à conservação de um interesse material comum a todos os confederados.

Independentemente dessa utilidade comercial, o sul e o oeste da União encontram uma grande vantagem política em permanecer unidos entre eles e com o norte.

O sul encerra em seu seio uma imensa população de escravos, população ameaçadora no presente, mais ameaçadora ainda no futuro.

Os estados do oeste ocupam o fundo de um único vale. Os rios que banham o território desses estados, partindo das Montanhas Rochosas ou dos Allegheny, vêm todos misturar suas águas às do Mississippi, e correm com ele na direção do Golfo do México. Os estados do Oeste estão inteiramente isolados, por sua posição, das tradições da Europa e da civilização do Antigo Mundo.

Os habitantes do Sul desejam, portanto, conservar a União, para não ficarem sozinhos diante dos negros, e os habitantes do oeste para não se encontrarem encerrados no seio da América central sem livre comunicação com o universo.

O norte, por sua vez, quer que a União não se divida a fim de continuar sendo o elo que une esse grande corpo ao resto do mundo.

Existe, portanto, um laço estreito entre os interesses materiais de todas as partes da União.

Direi o mesmo a respeito das opiniões e dos sentimentos que poderíamos chamar de interesses imateriais do homem.

Os habitantes dos Estados Unidos falam muito de seu amor pela pátria; confesso que não confio muito nesse patriotismo refletido que se baseia no interesse, pois o interesse, mudando de objeto, pode destruí-lo.

Também não dou muita importância à linguagem dos americanos, que manifestam a cada dia a intenção de conservar o sistema federal adotado por seus pais.

O que mantém um grande número de cidadãos sob o mesmo governo é menos a sensata vontade de permanecer unidos do que o acordo instintivo e, de certo modo involuntário, que resulta da similitude de sentimentos e da semelhança de opiniões.

Nunca afirmarei que os homens formam uma sociedade pelo simples fato de reconhecerem o mesmo líder e obedecerem às mesmas leis; só existe sociedade quando os homens consideram um grande número de objetos sob o mesmo aspecto; quando, sobre um grande número de assuntos, têm as mesmas opiniões; quando, por fim, os mesmos fatos despertam neles as mesmas impressões e os mesmos pensamentos.

Aquele que, encarando a questão sob esse ponto de vista, estudasse o que acontece nos Estados Unidos, descobriria sem dificuldade que seus habitantes, divididos como estão em 24 soberanias distintas, constituem, porém, um único povo; e, talvez, também chegasse a penar que o estado de sociedade existe mais realmente no seio da União anglo-americana do que entre certas nações da Europa, que, no entanto, têm uma só legislação e se submetem a um só homem.

Embora os anglo-americanos tenham várias religiões, todos têm a mesma maneira de encarar a religião.

Eles nem sempre se entendem a respeito dos meios a seguir para bem governar, e variam a respeito de algumas das formas que convém dar ao governo; mas eles concordam sobre os princípios gerais que devem reger as sociedades humanas. Do Maine à Flórida, do Missouri ao Oceano Atlântico, acredita-se que a origem de todos os poderes legítimos está no povo. Concebem-se as mesmas ideias sobre a liberdade e a igualdade; professa-se as mesmas opiniões sobre a imprensa, o direito de associação, o júri, a responsabilidade dos agentes do poder.

Se passarmos das ideias políticas e religiosas às opiniões filosóficas e morais que regem as ações cotidianas da vida e dirigem todas as condutas, observaremos o mesmo consenso.

Os anglo-americanos[105] colocam na razão universal a autoridade moral, assim como o poder político na universalidade dos cidadãos, e estimam que é ao senso de todos que é preciso recorrer para discernir o que é permitido ou proibido, o que é verdadeiro ou falso. A maioria deles pensa que o conhecimento de seu interesse é suficiente para conduzir o homem ao que é justo e honesto. Eles acreditam que todos, ao nascer, recebem a faculdade de gover-

---

105. Não preciso, acredito, dizer que por meio da expressão *os anglo-americanos* falo apenas da grande maioria deles. Fora dessa maioria, sempre há indivíduos isolados.

nar a si mesmos, e que ninguém tem o direito de forçar seu semelhante a ser feliz. Todos têm uma viva fé na perfectibilidade humana; julgam que a difusão das luzes deve necessariamente produzir resultados úteis, e a ignorância, trazer consequências funestas; todos consideram a sociedade um corpo em progresso; a humanidade, como um quadro cambiante, onde nada está nem deve ser fixo para sempre, e eles admitem que aquilo que lhes parece bem hoje pode amanhã ser substituído pelo melhor, ainda oculto.

Não digo que todas essas opiniões sejam justas, mas elas são americanas.

Ao mesmo tempo que os anglo-americanos estão assim unidos entre si por ideias comuns, eles estão separados de todos os outros povos por um sentimento de orgulho.

Faz cinquenta anos que não cessam de repetir aos habitantes dos Estados Unidos que eles constituem o único povo religioso, esclarecido e livre. Eles vêm que em seu país, até o momento, as instituições democráticas prosperam, enquanto fracassam no resto do mundo; eles têm, portanto, uma excelente opinião de si mesmos e não estão longe de acreditar que formam uma espécie à parte no gênero humano.

Assim, portanto, os perigos que ameaçam a União americana não nascem nem da diversidade de opiniões nem da de interesses. É preciso buscá-los na variedade de caráter e nas paixões dos americanos.

Os homens que habitam o imenso território dos Estados Unidos são quase todos oriundos de um mesmo ramo comum; com o passar do tempo, porém, o clima e principalmente a escravidão produziram diferenças acentuadas no caráter dos ingleses do sul dos Estados Unidos e o caráter dos ingleses do norte.

É comum acreditar-se, entre nós, que a escravidão confere a uma porção da União interesses contrários aos da outra. Não foi o que observei. A escravidão não criou, no sul, interesses contrários aos do norte; mas modificou o caráter dos habitantes do sul e deu-lhes hábitos diferentes.

Apresentei, em outro lugar, a influência que a servidão havia exercido sobre a capacidade comercial dos americanos do sul; esta mesma influência também se estende a seus costumes.

O escravo é um servidor que não discute e que se submete a tudo sem reclamar. Algumas vezes, pode assassinar seu senhor, mas nunca resiste a ele. No sul, não há família tão pobre que não tenha escravos. O americano do sul, desde o nascimento, encontra-se investido, portanto, de uma espécie de ditadura doméstica; as primeiras noções que recebe da vida o fazem saber que nasceu para comandar, e o primeiro hábito que contrai é o de dominar sem embaraço. A educação, pois, tende fortemente a fazer do americano do sul um homem altivo, apressado, irascível, violento, ardente em seus desejos, impaciente dos obstáculos; mas fácil de se desencorajar quando não pode vencer de primeira.

O americano do norte não vê escravos acorrerem em torno de seu berço. Não vê nem mesmo servidores livres, pois na maioria das vezes é obrigado a prover sozinho a suas necessidades. Assim que vem ao mundo, a ideia de necessidade vem de todas as partes se apresentar a seu espírito; ele aprende muito cedo a conhecer exatamente, por si mesmo, o limite natural de seu poder; não espera dobrar à força as vontades que se oponham à sua e sabe que, para obter o apoio de seus semelhantes, precisa antes de tudo ganhar seus favores. Portanto, é paciente, ponderado, tolerante, lento a agir e perseverante em seus planos.

Nos estados meridionais, as necessidades mais prementes do homem sempre são satisfeitas. Assim, o americano do sul não se preocupa com os cuidados materiais da vida; outro se encarrega de pensar nele em seu lugar. Livre nesse aspecto, sua imaginação se dirige para outros objetos, maiores e menos definidos. O americano do sul ama a grandeza, o luxo, a glória, o barulho, os prazeres e, principalmente, a ociosidade; nada o leva a fazer esforços para viver, e como não tem trabalhos necessários, aquieta-se e não faz nem mesmo coisas úteis.

Visto que a igualdade de fortunas reina no norte e a escravidão ali não existe mais, o homem se vê como que absorvido por esses mesmos cuidados materiais que o branco desdenha no sul. Desde a infância, ele se dedica a combater a miséria, e aprende a colocar o conforto acima de todos os prazeres do espírito e do coração. Concentrada nos pequenos detalhes da vida, sua imaginação se apaga, suas ideias são menos numerosas e menos gerais, mas elas se tornam mais práticas, mais claras e mais precisas. Como dirige todos os esforços de sua inteligência apenas para o estudo do bem-estar, ele não tarda a brilhar nisso; ele sabe admiravelmente tirar partido da natureza e dos homens para produzir riqueza; compreende maravilhosamente a arte de fazer a sociedade contribuir para a prosperidade de cada um de seus membros e de extrair do egoísmo individual a felicidade de todos.

O homem do norte não tem apenas experiência, mas saber; porém, ele não aprecia a ciência como um prazer, estima-a como um meio, e só aprende com avidez as aplicações úteis.

O americano do sul é mais espontâneo, mais espirituoso, mais aberto, mais generoso, mais intelectual e mais brilhante.

O americano do norte é mais ativo, mais sensato, mais esclarecido e mais hábil.

Um tem os gostos, as fraquezas e a grandeza de todas as aristocracias. O outro tem as qualidades e os defeitos que caracterizam a classe média.

Reúna dois homens em sociedade, dê a esses dois homens os mesmos interesses e, em parte, as mesmas opiniões; se seu caráter, suas luzes e sua civilização diferem, há muitas chances de que eles não se entendam. A mesma observação se aplica a uma sociedade de nações.

A escravidão não ataca diretamente a confederação americana pelos interesses, mas indiretamente pelos costumes.

Os estados que aderiram ao pacto federal em 1790 eram treze; a confederação, hoje, conta com 24. A população que se elevava a quase 4 milhões, em 1790, quadriplicou no espaço de quarenta anos; ela se elevava, em 1830, a quase 13 milhões.[106]

Tais mudanças não podem acontecer sem perigo.

Para uma sociedade de nações tanto como para uma sociedade de indivíduos, há três possibilidades principais para sua duração: a sabedoria dos societários, sua fraqueza individual e seu pequeno número.

Os americanos que se afastam das costas do Oceano Atlântico para mergulhar no oeste são aventureiros impacientes com toda espécie de jugo, ávidos por riquezas, muitas vezes rejeitados pelos estados que os viram nascer. Eles chegam ao meio do deserto sem conhecer uns aos outros. Não encontram, para contê-los, nem tradições, nem espírito de família, nem exemplos. Entre eles, o império das leis é fraco, e o dos costumes, mais fraco ainda. Os homens que povoam a cada dia os vales do Mississippi são inferiores, portanto, em todos os aspectos, aos americanos que habitam os antigos limites da União. No entanto, exercem uma grande influência em seus conselhos e chegam ao governo dos negócios comuns antes de terem aprendido a dirigir a si mesmos.[107]

Quanto mais os societários são individualmente fracos, mais a sociedade tem chances de durar, pois eles só têm segurança permanecendo unidos. Quando, em 1790, a mais povoada das repúblicas americanas não tinha 500 mil habitantes,[108] cada uma delas sentia sua insignificância enquanto povo dependente, e esse pensamento lhe tornava mais fácil a obediência à autoridade federal, mas quando um dos estados confederados conta com 2 milhões de

---

106. Censo de 1790: 3.929.328. Censo de 1830: 12.856.165.

107. Esse não passa, é verdade, de um perigo passageiro. Não tenho dúvida de que, com o tempo, a sociedade possa vir a assentar-se e a regular-se no oeste, como ela já fez na costa do Oceano Atlântico.

108. A Pensilvânia tinha 431.373 habitantes em 1790.

habitantes, como o estado de Nova York, e ocupa um território cuja superfície é igual a um quarto da superfície da França,[109] ele se sente forte por si mesmo, e embora continue a desejar a União como algo útil para seu bem-estar, ele não mais a considera necessária para sua existência; ele pode dispensá-la; consentindo permanecer, ele logo deseja tornar-se preponderante.

A multiplicação dos membros da União já tenderia poderosamente, sozinha, a romper o laço federal. Nem todos os homens com o mesmo ponto de vista encaram da mesma maneira os mesmos objetos. Muito menos quando o ponto de vista é diferente. À medida, portanto, que o número de repúblicas americanas aumenta, vemos diminuir a chance de todas consentirem sobre as mesmas leis.

Hoje, os interesses das diferentes partes da União não são contrários entre si; mas quem poderia prever as diversas mudanças que um futuro próximo fará nascer num país onde cada dia vê o surgimento de cidades e cada quinquênio, nações?

Desde que as colônias inglesas foram fundadas, o número de habitantes dobra a cada 22 anos, mais ou menos; não percebo causas que, daqui a um século, possam deter esse movimento progressivo da população anglo-americana. Antes que cem anos se passem, penso que o território ocupado ou reclamado pelos Estados Unidos será coberto por mais de 100 milhões de habitantes e dividido em quarenta estados.[110]

Admito que esses 100 milhões de homens não têm interesses diferentes; atribuo a todos, ao contrário, igual vantagem de permanecerem unidos, e digo que, exatamente por serem 100 milhões, formando quarenta nações distintas e desigualmente poderosas, a manutenção do governo federal não passa de um feliz acidente.

Quero acreditar na perfeição humana, mas, até que os homens tenham mudado de natureza e tenham se transformado completamente, me recusarei

---

109. Superfície do estado de Nova York: 6.213 milhas quadradas (500 milhas quadradas). Ver *View of the United States*, por Darby, p. 435.

110. Se a população continuar a dobrar em 22 anos, por mais um século, como ela faz há duzentos anos, em 1852 contaremos nos Estados Unidos 24 milhões de habitantes, 48 milhões em 1875 e 96 milhões em 1896. Isso aconteceria mesmo se fossem encontrados na encosta oriental das Montanhas Rochosas terrenos impróprios para o cultivo. As terras já ocupadas podem com muita facilidade conter esse número de habitantes. Cem milhões de homens espalhados pelo solo ocupado nesse momento pelos 24 estados e pelos três territórios que compõem a União dariam apenas 762 indivíduos por légua quadrada, o que ainda estaria muito longe da população média da França, que é de 1.006; da Inglaterra, que é de 1.457; e estaria inclusive abaixo da população da Suíça. A Suíça, apesar de seus lagos e suas montanhas, conta com 783 habitantes por légua quadrada. Ver Malte-Brun, vol. 6, p. 92.

a acreditar na duração de um governo cuja função é manter unidos quarenta povos diversos espalhados por uma superfície igual à metade da Europa,[111] evitar as rivalidades entre eles, a ambição e os conflitos, e reunir a ação de suas vontades independentes para a realização dos mesmos projetos.

Contudo o maior perigo que a União corre ao crescer vem do contínuo deslocamento de forças em seu âmago.

Das margens do Lago Superior ao Golfo do México, contam-se, em linha reta, cerca de 400 léguas francesas. Ao longo dessa imensa linha serpenteia a fronteira dos Estados Unidos; às vezes ela entra para dentro de seus limites, quase sempre ela penetra bem fundo nos desertos. Calculou-se que, em toda essa vasta frente, os brancos avançavam cada ano, em média, sete léguas.[112] De tempos em tempos, apresenta-se um obstáculo: um distrito improdutivo, um lago, uma nação indígena, encontrados inopinadamente no meio do caminho. A coluna então se detém por um instante; suas duas extremidades se curvam sobre si mesmas e, depois de se unirem, voltam a avançar. Há nessa marcha gradual e contínua da ração europeia rumo às Montanhas Rochosas algo de providencial: é como um dilúvio de homens que sobe sem parar e que a cada dia é levantado pela mão de Deus.

Dentro dessa primeira linha de conquistadores, são construídas cidades e fundados amplos estados. Em 1790, havia apenas alguns milhares de pioneiros espalhados nos vales do Mississippi; hoje, esses mesmos vales contêm tantos homens quanto a União inteira encerrava em 1790. A população se eleva a quase 4 milhões de habitantes.[113] A cidade de Washington foi fundada em 1800, no centro da confederação americana; agora, está situada em um de seus extremos. Os deputados dos últimos estados do oeste,[114] para virem ocupar seus assentos no Congresso, são obrigados a percorrer um trajeto tão longo quanto o viajante que viajasse de Viena para Paris.

Todos os estados da União são arrastados ao mesmo tempo para a fortuna; mas nem todos poderiam crescer e prosperar na mesma proporção.

Ao norte da União, ramificações da cadeia dos Allegheny avançam até o Oceano Atlântico, formando baías, espaços e portos sempre abertos aos maiores navios. A partir do rio Potomac, pelo contrário, e seguindo a costa

---

111. O território dos Estados Unidos tem uma superfície de 295 mil léguas quadradas; o da Europa, segundo Malte-Brun, vol. 6, p. 4, é de 500 mil léguas quadradas.
112. Ver *Documents législatifs*, 20º Congresso, n. 117, p. 105.
113. Contagem de 1830: 3.672.317.
114. De Jefferson, capital do estado de Missouri, até Washington, contam-se 1.019 milhas, ou 420 léguas de costa (*American almanac*, 1831, p. 48).

da América até a foz do Mississippi, encontramos apenas um terreno plano e arenoso. Nessa parte da União, a saída de quase todos os rios está obstruída, e os portos que se abrem de longe em longe no meio dessas lagunas não oferecem aos navios a mesma profundidade e apresentam ao comércio facilidades muito menores do que as do norte.

A essa primeira inferioridade que nasce da natureza soma-se outra que vem das leis.

Vimos que a escravidão, abolida no norte, ainda existe no sul, e mostrei a influência funesta que ela exerce no bem-estar do próprio senhor.

O norte, portanto, deve ser mais comerciante[115] e mais industrioso que o sul. É natural que a população e a riqueza afluam mais rapidamente para lá.

Os estados situados à beira do Atlântico já estão semipovoados. A maior parte das terras ali tem dono; elas não poderiam receber, portanto, o mesmo número de emigrantes que os estados do oeste, que ainda apresentam um campo ilimitado à indústria. A bacia do Mississippi é infinitamente mais fértil que a costa do Oceano Atlântico. Essa razão, somada a todas as outras, leva energicamente os europeus para o oeste. Isso é rigorosamente demonstrado por números.

Se levarmos em conta o conjunto dos Estados Unidos, vemos que, em quarenta anos, o número de habitantes quase triplicou. Mas se considerarmos apenas a bacia do Mississippi, vemos que, no mesmo espaço de tempo, a população[116] se tornou 31 vezes maior.[117]

---

115. Para avaliar a diferença que existe entre o movimento comercial do sul e do norte, basta olhar para o seguinte quadro: em 1829, os navios de grande e pequeno comércio pertencentes à Virgínia, às duas Carolinas e à Geórgia (os quatro grandes estados do sul) transportavam um volume de 5.243 toneladas. No mesmo ano, os navios do estado de Massachusetts transportavam sozinhos 17.322 toneladas. (*Documents législatifs*, 21º Congresso, 2ª sessão, n. 140, p. 244). Assim, o estado de Massachusetts tinha sozinho três vezes mais navios que os quatro estados supracitados. No entanto o estado de Massachusetts tem apenas 959 léguas quadradas de superfície (7.335 milhas quadradas) e 610.014 habitantes, enquanto os quatro estados de que falo têm 27.204 léguas quadradas (210.000 milhas) e 3.047.767 habitantes. Assim, a superfície do estado de Massachusetts foi a trigésima parte da superfície dos quatro estados, e sua população é cinco vezes menor que a deles (*View of the United States*, por Darby). A escravidão prejudica de diversas maneiras a prosperidade comercial do sul: ela diminui o espírito empreendedor dos brancos e impede que eles tenham à sua disposição os marujos de que precisariam. Os marinheiros em geral são recrutados apenas nas últimas classes da população. Ora, são os escravos que, no sul, constituem essa classe, e é difícil utilizá-los no mar: seu serviço seria inferior ao dos brancos e sempre se deveria temer que eles se revoltassem no meio do oceano ou fugissem ao chegar à costa estrangeira.

116. *View of the United States*, por Darby, p. 444.

117. Note-se que, quando falo da bacia do Mississippi, não incluo a porção dos estados de Nova York, da Pensilvânia e da Virgínia, situados a oeste dos Allegheny, e que, no entanto, devem ser considerados como também fazendo parte dela.

A cada dia, o centro do poder federal se desloca. Há quarenta anos, a maioria dos cidadãos da União estava à beira-mar, nos arredores do lugar onde hoje se ergue Washington; agora, ela se encontra mais embrenhada nas terras e mais ao norte; não há dúvida de que em menos de vinte anos ela estará do outro lado dos Allegheny. Subsistindo a União, a bacia do Mississippi, por sua fertilidade e sua extensão, será necessariamente chamada a se tornar o centro permanente do poder federal. Em trinta ou quarenta anos, a bacia do Mississippi ocupará sua posição natural. É fácil calcular que, então, sua população, comparada à dos estados localizados à beira do Atlântico, estará na proporção de quarenta para onze, mais ou menos. Mais alguns anos, a direção da União escapará completamente aos estados que a fundaram, e a população dos vales do Mississippi dominará nos conselhos federais.

Essa contínua gravitação das forças e da influência federal para o noroeste se revela a cada dez anos, quando, depois de se fazer um recenseamento geral da população, fixa-se novamente o número de representantes que cada estado deve enviar ao Congresso.[118]

Em 1790, a Virgínia tinha dezenove representantes no Congresso. Esse número continuou a crescer até 1813, quando chegou a 23. Depois disso, ele começou a diminuir. Em 1833, não passava de 21. Durante o mesmo período, o estado de Nova York seguiu uma progressão contrária: em 1790, tinha no Congresso dez representantes; em 1813, 27; em 1823, 34; em 1833, quarenta. Ohio tinha um único representante em 1803; em 1833, dezenove.

É difícil conceber uma união duradoura entre dois povos, um pobre e fraco, o outro rico e forte, ainda que esteja provado que a força e a riqueza de um não são a causa da fraqueza e da pobreza do outro. A união é mais difícil ainda de ser mantida quando um perde forças e o outro as adquire.

Esse crescimento rápido e desproporcional de certos estados ameaça a independência dos outros. Se Nova York, com seus 2 milhões de habitantes e seus quarenta representantes, quisesse fazer a lei no Congresso, talvez conseguisse. Mas mesmo que os estados mais poderosos não quisessem oprimir os menores, o perigo ainda existiria, pois ele está quase tanto na possibilidade do fato quanto no fato em si.

---

118. Percebe-se então que, durante os dez anos que acabam de passar, tal estado cresceu sua população na proporção de cinco para cem, como o Delaware; tal outro na proporção de 250 para cem, como o território do Michigan. A Virgínia descobre que, durante o mesmo período, ela aumentou o número de seus habitantes na relação de treze para cem, enquanto o estado limítrofe de Ohio aumentou o número dos seus na proporção de 61 para cem. Ver a tabela geral contida no *National calendar*; fica-se espantado com tamanha diferença na fortuna dos diferentes estados.

Os fracos raramente confiam na justiça e na razão dos fortes. Os estados que crescem menos rapidamente que os outros olham com desconfiança e inveja, portanto, para os que são favorecidos pela fortuna. Daí esse profundo mal-estar e essa vaga inquietude que se observa numa parte da União, que contrastam com o bem-estar e com a confiança que reinam na outra. Creio que a atitude hostil assumida pelo sul não tem outras causas.

Os homens do sul são, entre todos os americanos, os que deveriam mais se apegar à União, pois são eles que mais sofreriam se abandonados a si mesmos; no entanto, eles são os únicos que ameaçam romper o feixe da confederação. De onde vem isso? É fácil responder: o sul, que forneceu quatro presidentes à confederação,[119] que sabe hoje que o poder federal lhe escapa, que, a cada ano, vê diminuir o número de seus representantes no Congresso e crescer os do norte e do oeste; o sul, povoado por homens ardentes e irascíveis, irrita-se e inquieta-se. Ele volta com tristeza seu olhar para si mesmo; interrogando o passado, pergunta-se a cada dia se não está sendo oprimido. Quando descobre que uma lei da União não lhe é claramente favorável, exclama que abusam da força para com ele; reclama com ardor e, se sua voz não é escutada, fica indignado e ameaça retirar-se de uma sociedade que tem os encargos sem ter os proveitos.

"As leis da tarifa", diziam os habitantes da Carolina, em 1832, "enriquecem o norte e arruínam o sul; pois, sem ela, como poderíamos conceber que o norte, com seu clima inóspito e seu solo árido, aumentasse sem cessar suas riquezas e seu poder, enquanto o sul, que forma como que o jardim da América, cai rapidamente em decadência?".[120]

Se as mudanças de que falei se operassem gradualmente, de maneira a que cada geração tivesse ao menos tempo de passar junto com a ordem de coisas de que foi testemunha, o perigo seria menor; mas há algo de precipitado, eu quase poderia dizer de revolucionário, nos progressos da sociedade na América. O mesmo cidadão pode ter visto seu estado avançar à frente da União e, a seguir, tornar-se impotente nos conselhos federais. Há uma república anglo-americana que se desenvolveu tão rápido quanto um homem, e que nasceu, cresceu e chegou à maturidade em 30 anos.

Não se deve imaginar, porém, que os estados que perdem poder se despovoam ou definham; sua prosperidade não se interrompe; eles crescem mais

---

119. Washington, Jefferson, Madison e Monroe.

120. Ver o relatório feito por seu comitê à Convenção, que proclamou a nulificação na Carolina do Sul.

prontamente do que em qualquer reino da Europa.[121] Parece-lhes, porém, que empobreçam, pois não enriquecem tão rapidamente quanto seu vizinho, e eles creem perder seu poder porque entram subitamente em contato com um poder maior do que o deles;[122] são, portanto, seus sentimentos e suas paixões que se veem feridos, mais do que seus interesses. Mas isso não é suficiente para que a confederação esteja em perigo? Se, desde o começo do mundo, os povos e os reis só tivessem em vista sua utilidade real, mas saberíamos o que é a guerra entre os homens.

Assim, o maior perigo que ameaça os Estados Unidos nasce de sua própria prosperidade: ela tende a criar em vários confederados a embriaguez que acompanha o rápido aumento da fortuna e, nos outros, a inveja, a desconfiança e os lamentos que geralmente seguem sua perda.

Os americanos se regozijam ao contemplar esse movimento extraordinário; eles deveriam, parece-me, encará-lo com pesar e medo. Os americanos dos Estados Unidos, não importa o que façam, se tornarão um dos maiores povos do mundo; eles cobrirão com seus rebentos quase toda a América do Norte; o continente que habitam é seu domínio e não poderá escapar-lhes. Quem os pressiona, então, a apossar-se dele hoje? A riqueza, o poder e a glória não podem lhes escapar, e eles se precipitam para essa imensa fortuna como se só lhes restasse um instante para se apoderar dela.

Creio ter demonstrado que a existência da confederação atual dependia inteiramente da aceitação de todos os confederados em permanecer unidos; partindo disso, procurei as causas que podiam levar os diferentes estados a querer se separar. Mas a União tem duas maneiras de perecer: um dos estados confederados pode querer se retirar do contrato e romper violentamente o laço comum. É a esse caso que se refere a maioria das observações que fiz acima; o governo federal pode perder progressivamente seu poder por uma tendência simultânea das repúblicas unidas de retomar o uso de suas independências. O poder central, sucessivamente privado de todas as suas prerrogativas, reduzido à impotência por um acordo tácito, se tornaria inábil para

---

121. A população de uma país com certeza constitui o primeiro elemento de sua riqueza. Durante esse mesmo período de 1821 a 1832, durante o qual a Virgínia perdeu dois deputados no Congresso, sua população aumentou na proporção de 13,7 para 100; a das Carolinas, na proporção de 15 para 100, e a da Geórgia, na proporção de 51,5 para 100 (Ver *American almanac*, 1832, p. 162). Ora, a Rússia, que é o país da Europa em que a população cresce mais rápido, em dez anos só aumentou o número de seus habitantes na proporção de 9,5 para 100; a França, na de 7 para 100, e a Europa em conjunto, na de 4,7 para 100 (ver Malte-Brun, vol. 6, p. 95).

122. É preciso confessar, porém, que a depreciação que ocorreu no preço do tabaco, nos últimos cinquenta anos, diminuiu notavelmente a abastança dos cultivadores do sul; mas esse fato é independente da vontade dos homens do norte, tanto quanto da deles.

preencher seu objetivo, e a segunda União pereceria como a primeira, por uma espécie de imbecilidade senil.

O enfraquecimento gradual do vínculo federal, que conduz por fim à anulação da União, é, em si mesmo, aliás, um fato distinto que pode levar a vários outros resultados menos extremos antes de conduzir a esse. A confederação ainda existiria e já a fraqueza de seu governo poderia reduzir a nação à impotência, causar a anarquia em seu interior e a desaceleração da prosperidade geral do país.

Depois de analisar o que leva os anglo-americanos a se desunir, torna-se importante, portanto, examinar se, subsistindo a União, seu governo aumenta sua esfera de ação ou a restringe, se ele se torna mais enérgico ou mais fraco.

Os americanos evidentemente têm um grande temor. Eles percebem que, na maioria dos povos do mundo, o exercício dos direitos de soberania tende a se concentrar em poucas mãos, e eles se assustam com a ideia de que o mesmo aconteça com eles. Os próprios homens de Estado sentem esses terrores, ou ao menos fingem senti-los; pois, na América, a centralização não é ponto popular e não se poderia cortejar mais habilmente a maioria do que se elevando contra as pretensas intromissões do poder central. Os americanos se recusam a ver que, nos países em que se manifesta essa tendência centralizadora que os assusta, encontramos um só povo, enquanto a União é uma confederação de povos diferentes; fato que basta para abalar todas as previsões baseadas na analogia.

Confesso que considero esses temores de grande número de americanos como absolutamente imaginários. Longe de temer a consolidação da soberania nas mãos da União, creio que o governo federal se enfraquece de maneira visível.

Para provar o que digo, não recorrerei a fatos antigos, mas a fatos de que pude ser testemunha ou que ocorreram em nossa época.

Quando se examina com atenção o que acontece nos Estados Unidos, descobre-se sem dificuldade a existência de duas tendências opostas, como duas correntes que percorrem o mesmo leito em sentido contrário.

Nos 45 anos de existência da União, o tempo refutou um grande número de preconceitos provinciais que a princípio militavam contra ela. O sentimento patriótico que ligava cada americano a seu estado tornou-se menos exclusivo. Conhecendo-se melhor, as diversas partes da União se aproximaram. O correio, esse grande vínculo dos espíritos, penetra hoje até os confins dos desertos;[123] barcos a vapor colocam em comunicação a cada dia

---

123. Em 1832, o distrito de Michigan, que tem apenas 31.639 habitantes e ainda forma um deserto recém-desbravado, apresentava o desenvolvimento de 940 milhas de estradas de posta. O território

todos os pontos da costa. O comércio desce e sobe os rios do interior com uma velocidade sem igual.[124] A essas facilidades que a natureza e a arte criaram, somam-se a instabilidade dos desejos, a inquietude do espírito, o amor às riquezas, que, levando sem cessar o americano para fora de sua casa, colocam-no em comunicação com um grande número de seus concidadãos. Ele percorre seu país em todos os sentidos; visita todas as populações que o habitam. Não se encontra província da França cujos habitantes se conheçam tão perfeitamente entre si quanto os 13 milhões de homens que cobrem a superfície dos Estados Unidos.

Ao mesmo tempo que se misturam, os americanos se integram; as diferenças que o clima, a origem e as instituições haviam colocado entre eles diminuem. Todos eles se aproximam, cada vez mais, de um tipo comum. A cada ano, milhares de homens, partindo do norte, se espalham por todas as partes da União: levam consigo suas crenças, suas opiniões, seus costumes; e, como suas luzes são superiores das dos homens entre os quais vão viver, eles não tardam a tomar conta dos negócios e a modificar a sociedade em seu proveito. Essa contínua emigração do norte para o sul favorece singularmente a fusão de todos os caracteres provinciais num só caráter nacional. A civilização do norte parece, portanto, destinada a se tornar a medida comum sobre a qual todo o resto deve se moldar um dia.

À medida que a indústria dos americanos progride, vemos o estreitamento dos laços comerciais que unem todos os estados confederados, e a união entra nos hábitos depois de ter estado nas opiniões. O tempo, avançando, acaba levando ao desaparecimento de um sem-número de terrores fantásticos que atormentavam a imaginação dos homens de 1789. O poder federal não se tornou opressor; ele não destruiu a independência dos estados; ele não conduz os confederados à monarquia; com a União, os pequenos estados não caíram na dependência dos grandes. A confederação continua crescendo sem parar em população, riqueza e poder.

Estou convencido, portanto, de que em nossa época os americanos têm menos dificuldades naturais para viver unidos do que encontraram em 1789; a União tem menos inimigos do que tinha.

---

quase completamente selvagem do Arkansas já era atravessado por 1.738 milhas de estradas de posta. Ver *The report of the post general* de 30 de novembro de 1833. A postagem dos jornais de toda a União produz, sozinha, por ano, 254.796 dólares.

124. Ao longo de dez anos, de 1821 a 1831, 271 barcos a vapor foram lançados apenas nos rios que banham o Vale do Mississippi. Em 1829, havia nos Estados Unidos 256 barcos a vapor. Ver *Documents législatifs*, n. 240, p. 274.

No entanto, se quisermos estudar com cuidado a história dos Estados Unidos nos últimos 45 anos, facilmente nos convenceremos de que o poder federal decresce.

Não é difícil indicar as causas desse fenômeno.

No momento em que a Constituição de 1789 foi promulgada, tudo perecia na anarquia; a União que sucedeu a essa desordem despertava muito medo e ódio; mas ela tinha ardorosos defensores, porque era a expressão de uma grande necessidade. Embora mais atacado do que nos dias de hoje, o poder federal atingiu rapidamente o auge de seu poder, assim como costuma acontecer a um governo que triunfa depois de ter exaltado suas forças na luta. Naquela época, a interpretação da Constituição pareceu muito mais estender do que restringir a soberania federal, e a União apresentou em vários aspectos o espetáculo de um único e mesmo povo, dirigido, tanto dentro como fora, por um só governo.

Mas, para chegar a esse ponto, o povo de certo modo se colocara acima de si mesmo.

A Constituição não havia destruído a individualidade dos estados, e todos os corpos, quaisquer que sejam, têm um instinto secreto que os leva à independência. Esse instinto é mais pronunciado ainda num país como a América, em que cada aldeia forma uma espécie de república habituada a governar-se a si mesma.

Houve, portanto, um esforço da parte dos estados que se submeteram à preponderância federal. E todo esforço, ainda que coroado por um grande sucesso, não pode deixar de enfraquecer com a causa que o faz nascer.

À medida que o governo federal consolidava seu poder, a América recuperava sua posição entre as nações, a paz renascia nas fronteiras, o crédito público se recuperava; à confusão se sucedia uma ordem fixa que permitia que a indústria individual seguisse seu curso natural e se desenvolvesse em liberdade.

Foi essa prosperidade que começou a fazer a causa que a havia produzido ser perdida de vista; passado o perigo, os americanos não encontraram mais em si a energia e o patriotismo que haviam ajudado a conjurá-lo. Livres dos temores que os preocupavam, eles voltaram facilmente ao curso de seus hábitos e se entregaram sem resistência à tendência ordinária de suas inclinações. A partir do momento em que um governo forte não pareceu mais necessário, recomeçou-se a pensar que ele era incômodo. Tudo prosperava com a União, e ninguém se separou dela; mas quis-se sentir bem pouco a ação do poder que a representava. Em geral, desejou-se permanecer unido, e em cada fato particular tendeu-se voltar a ser independente. O princípio da confederação foi a cada dia mais facilmente admitido e menos aplicado; assim, o governo federal, criando a ordem e a paz, levou ele mesmo à sua decadência.

Assim que essa disposição dos espíritos começou a ser manifestada, os homens de partido, que vivem das paixões do povo, começaram a explorá-la em proveito próprio.

O governo federal se viu, então, numa situação muito crítica; seus inimigos tinham o favor popular, e era prometendo enfraquecê-lo que se obtinha o direito de dirigi-lo.

A partir dessa época, todas as vezes que o governo da União entrou em conflito com os dos estados, ele nunca mais deixou de recuar. Quando foi preciso interpretar os termos da Constituição Federal, a interpretação na maioria das vezes foi contrária à União e favorável aos estados.

A constituição atribuía ao governo federal o cuidado de prover aos interesses nacionais: pensava-se que cabia a ele fazer ou facilitar, no interior, os grandes empreendimentos, de natureza a aumentar a prosperidade da União inteira (*internal improvements*), como, por exemplo, os canais.

Os estados se assustaram com a ideia de ver outra autoridade que não a sua dispor assim de uma parte de seu território. Eles temeram que o poder central, adquirindo dessa maneira em seu próprio seio um perigoso patronato, viesse a exercer uma influência que eles queriam reservar por inteiro a seus agentes.

O partido democrático, que sempre se opôs a todos os desenvolvimentos do poder federal, ergueu, portanto, sua voz; o Congresso foi acusado de usurpação; o chefe de estado, de ambição. O governo central, intimidado por esses clamores, acabou reconhecendo seu erro e encerrando-se exatamente na esfera que lhe era traçada.

A Constituição atribui à União o privilégio de lidar com os povos estrangeiros. A União havia, em geral, considerado desse ponto de vista as tribos indígenas que margeiam as fronteiras de seu território. Enquanto esses selvagens consentiram em fugir diante da civilização, o direito federal não foi contestado; mas, a partir do dia em que uma tribo indígena decidiu se fixar num ponto do território, os estados circundantes reclamaram um direito de posse dessas terras e um direito de soberania sobre os homens que dela faziam parte. O governo central apressou-se a reconhecer ambos, e, depois de tratar com os índios como com povos independentes, entregou-os como súditos à tirania legislativa dos estados.[125]

---

125. Ver nos documentos legislativos que citei no capítulo sobre os índios a carta do presidente dos Estados Unidos aos cherokees, sua correspondência a esse respeito com seus agentes e suas mensagens ao Congresso.

Entre os estados que tinham se formado na costa do Atlântico, vários se estendiam indefinidamente para oeste, nos desertos onde os europeus ainda não tinham penetrado. Aqueles cujos limites estavam irrevogavelmente fixados viam com inveja o imenso futuro aberto a seus vizinhos. Estes últimos, num espírito de conciliação, e a fim de facilitar a ação da União, consentiram em ter seus limites traçados e entregaram à confederação todo o território que se encontrasse além destes.[126]

Depois disso, o governo federal se tornou proprietário de todas as terras incultas que se encontram fora dos treze estados primitivamente confederados. Ele se encarrega de dividi-las e vendê-las, e o dinheiro obtido com isso vai exclusivamente para o tesouro da União. Com essa receita, o governo federal compra as terras dos índios, abre estradas nos novos distritos e facilita com todo seu poder o rápido desenvolvimento da sociedade.

Ora, aconteceu de, nesses mesmos desertos outrora cedidos pelos habitantes da costa do Atlântico, terem surgido, com o tempo, novos estados. O Congresso continuou a vender, em proveito da nação inteira, as terras incultas que esses estados ainda encerram. Hoje, porém, estes afirmam que, uma vez constituídos, eles devem ter o direito exclusivo de aplicar o produto dessas vendas para seu próprio uso. Visto que as reclamações se tornam cada vez mais ameaçadoras, o Congresso julgou necessário retirar da União uma parte dos privilégios de que ela havia desfrutado até então e, no fim do ano de 1832, instituiu uma lei pela qual, sem ceder às novas repúblicas do oeste a propriedade de suas terras incultas, ele, no entanto, aplicava em proveito delas a maior parte da receita obtida com elas.[127]

Basta percorrer os Estados Unidos para apreciar as vantagens que o país obtém do banco. Essas vantagens são de vários tipos; mas uma delas é especialmente impactante ao estrangeiro: as notas do Banco dos Estados Unidos são aceitas na fronteira dos desertos pelo mesmo valor que na Filadélfia, onde fica a sede de suas operações.[128]

---

126. O primeiro ato de cessão foi o do estado de Nova York, em 1780; Virgínia, Massachusetts, Connecticut, Carolina do Sul e Carolina do Norte seguiram seu exemplo em diferentes momentos; Geórgia foi o último estado, seu ato de cessão ocorre apenas em 1802.

127. O presidente se recusou, é verdade, a sancionar essa lei, mas admitiu seus princípios inteiramente. Ver *Message du 8 décembre 1833*.

128. O atual Banco dos Estados Unidos foi criado em 1816 com um capital de 35 milhões de dólares (185.500.000 de francos): seu privilégio expira em 1836. No ano passado, o Congresso fez uma lei para renová-lo, mas o presidente recusou sancioná-la. O conflito, hoje, é alimentado de ambos os lados com extrema violência, e é fácil pressagiar a queda iminente do Banco.

O Banco dos Estados Unidos é, no entanto, objeto de grandes ódios. Seus diretores se pronunciaram contra o presidente e são acusados, não sem verossimilhança, de ter abusado de sua influência para entravar a eleição presidencial. O presidente ataca, portanto, a instituição que estes últimos representam com todo o ardor de uma inimizade pessoal. O que encorajou o presidente a continuar com sua vingança é o fato de ele se sentir apoiado nos instintos secretos da maioria.

O Banco constitui o grande laço monetário da União, assim como o Congresso é o grande laço legislativo, e as mesmas paixões que tendem a tornar os estados independentes do poder central tendem à destruição do Banco.

O Banco dos Estados Unidos sempre tem em suas mãos um grande número de notas pertencentes aos bancos provinciais; ele pode, a qualquer dia, obrigar estes últimos a reembolsar suas notas em espécie. Para ele, porém, tal perigo não precisa ser temido; o tamanho de seus recursos disponíveis lhe permite fazer face a todas as exigências. Ameaçados assim em sua existência, os bancos provinciais são obrigados a fazer uso de contenção e a colocar em circulação um número de notas proporcional a seu capital. Os bancos provinciais suportam com impaciência esse controle salutar. Os jornais que lhes são vendidos, e o presidente, que se tornou órgão deles por seu interesse, atacam o Banco com uma espécie de furor. Atiçam contra ele as paixões locais e o cego instinto democrático do país. Segundo eles, os diretores do Banco constituem um corpo aristocrático e permanente cuja influência não deixa de se fazer sentir no governo e cedo ou tarde deve alterar os princípios de igualdade sobre os quais repousa a sociedade americana.

A luta do Banco contra seus inimigos não passa de um incidente do grande embate travado, na América, entre as províncias e o poder central; entre o espírito de independência e democracia, por um lado, e o espírito de hierarquia e subordinação, por outro. Não afirmo que os inimigos do Banco dos Estados Unidos sejam exatamente os mesmos indivíduos que, em outros aspectos, atacam o governo federal; mas digo que os ataques contra o Banco dos Estados Unidos são o produto dos mesmos instintos que militam contra o governo federal e que o grande número de inimigos do primeiro é um sintoma nefasto do enfraquecimento do segundo.

Mas a União nunca se mostrou mais fraca do que no famoso caso da tarifa.[129]

---

129. Ver, principalmente, para os detalhes deste caso, os *Documents législatifs*, 22º congresso, 2ª sessão, n. 30.

As guerras da Revolução Francesa e de 1812, impedindo a livre comunicação entre a América e a Europa, haviam levado à criação de manufaturas no norte da União. Quando a paz reabriu aos produtos da Europa o caminho do Novo Mundo, os americanos julgaram dever estabelecer um sistema de alfândegas que pudesse ao mesmo tempo proteger sua indústria nascente e quitar o montante das dívidas que a guerra os fizera contrair.

Os estados do sul, que não têm manufaturas a incentivar, e que só são cultivadores, não tardaram a se queixar dessa medida.

Não pretendo examinar, aqui, o que podia haver de imaginário ou real em suas queixas, apenas relato os fatos.

No ano de 1820, a Carolina do Sul, numa petição ao Congresso, declarou que a lei da tarifa era *inconstitucional, opressiva* e *injusta*. Depois, a Geórgia, a Virgínia, a Carolina do Norte e o estado do Alabama e do Mississippi fizeram reclamações mais ou menos enérgicas no mesmo sentido.

Longe de levar em conta essas queixas, o Congresso, nos anos de 1824 e 1828, elevou mais ainda os direitos da tarifa e confirmou novamente seu princípio.

Produziu-se, então, ou melhor, lembrou-se no sul de uma doutrina famosa que foi chamada de *nulificação*.

Mostrei que o objetivo da Constituição Federal não foi estabelecer uma liga, mas criar um governo nacional. Os americanos dos Estados Unidos, em todos os casos previstos por sua Constituição, formam um único e mesmo povo. Em todos esses pontos, a vontade nacional se expressa, como em todos os povos constitucionais, por meio da maioria. Depois que a maioria falou, o dever da minoria é submeter-se.

Esta é a doutrina legal, a única que está de acordo com o texto da Constituição e com a intenção daqueles que a estabeleceram.

Os *nulificadores* do sul disseram, ao contrário, que os americanos, ao se unirem, não quiseram se fundir num único e mesmo povo, mas que apenas quiseram formar uma liga de povos independentes; disso decorre que cada estado, conservando sua soberania completa, se não na ação ao menos em princípio, tem o direito de interpretar as leis do Congresso e de suspender em seu seio a execução daquelas que lhe parecem opostas à Constituição ou à justiça.

Toda a doutrina da nulificação foi resumida numa frase pronunciada em 1833 perante o Senado dos Estados Unidos pelo senhor Cahoun, líder confesso dos nulificadores do sul.

"A Constituição", ele disse, "é um contrato no qual os estados aparecem como soberanos. Ora, todas as vezes em que intervém um contrato entre partes que não conhecem comum arbítrio, cada uma delas detém o direito de julgar por si mesma a extensão de sua obrigação".

É evidente que tal doutrina destrói o laço federal, em princípio, e traz de volta a anarquia de que a Constituição de 1789 livrara os americanos.

Quando a Carolina do Sul viu que o Congresso se mostrava surdo a suas queixas, ela ameaçou aplicar à lei federal da tarifa a doutrina dos nulificadores. O Congresso persistiu em seus sistemas; por fim, a tempestade estourou.

Ao longo de 1832, o povo da Carolina do Sul[130] nomeou uma convenção nacional para decidir sobre os meios extraordinários a que restava empregar; no dia 24 de novembro do mesmo ano, essa convenção publicou, sob o nome de decreto, uma lei que anulava a lei federal da tarifa, proibia a cobrança de direitos ligados a ela e o recebimento de apelações aos tribunais federais.[131] Esse decreto deveria entrar em vigor apenas no mês de fevereiro seguinte, e indicava-se que, se o Congresso modificasse a tarifa antes dessa época, a Carolina do Sul poderia consentir em não dar seguimento a suas ameaças. Mais tarde, expressou-se, mas de maneira vaga e indeterminada, o desejo de submeter a questão a uma assembleia extraordinária de todos os estados confederados.

Enquanto isso, a Carolina do Sul armava suas milícias e se preparava para a guerra.

O que fez o Congresso? O Congresso, que não havia escutado seus sujeitos suplicantes, deu ouvidos a suas queixas assim que os viu de armas na mão.[132] Ele fez uma lei[133] segundo a qual os direitos da tarifa deviam

---

130. Ou seja, uma maioria do povo; pois o partido oposto, chamado *Union Party*, sempre contou com uma muito forte e muito ativa minoria a seu favor. A Carolina tem cerca de 47 mil eleitores, 30 mil favoráveis à nulificação e 17 mil contrários a ela.

131. Esse decreto foi precedido pelo relatório de um comitê encarregado de preparar sua redação; esse relatório encerra a exposição e o objetivo da lei. Lê-se, à página 34: "Quando os direitos reservados aos diferentes estados pela Constituição são violados com propósitos deliberados, o direito e o dever desses estados é intervir, a fim de interromper o progresso do mal, de opor-se à usurpação e de manter dentro de seus respectivos limites os poderes e privilégios que lhe cabem enquanto *soberanos independentes*. Se os estados não tivessem esse direito, em vão se pretenderiam soberanos. A Carolina do Sul declara não reconhecer em seu território nenhum tribunal que esteja acima dela. É verdade que ela assinou, junto com outros estados soberanos, um contrato solene de união (*a solemn contract of union*), mas ela reclama e exercerá o direito de explicar qual seu sentido a seus olhos, e quando esse contrato for violado por seus associados e pelo governo que eles criaram, ela fará uso do direito evidente (*unquestionable*) de julgar qual a extensão da infração e quais as medidas a serem tomadas para obter justiça".

132. O que acabou de decidir o Congresso por essa medida foi uma demonstração do poderoso estado da Virgínia, cuja legislatura se ofereceu para servir de árbitro entre a União e a Carolina do Sul. Até então, esta última havia parecido completamente abandonada, mesmo pelos estados que haviam reclamado ao seu lado.

133. Lei de 2 de março de 1833.

ser reduzidos progressivamente por dez anos, até chegarem a não ultrapassar as necessidades do governo. Assim, o Congresso abandonou completamente o princípio da tarifa. Substituiu um direito protetor da indústria por uma medida puramente fiscal.[134] Para dissimular sua derrota, o governo da União recorreu a um expediente que é muito comum em governos fracos: cedendo a respeito dos fatos, mostrou-se inflexível a respeito dos princípios. Ao mesmo tempo que o Congresso mudava a legislação da tarifa, ele aprovava uma outra lei em virtude da qual o presidente era investido de um poder extraordinário para vencer pela força as resistências que, desde então, não precisavam ser temidas.

A Carolina do Sul não consentiu nem mesmo em deixar à União essas fracas aparências de vitória; a mesma convenção nacional que havia decidido a nulidade da lei da tarifa, reunindo-se de novo, aceitou a concessão que era oferecida; ao mesmo tempo, porém, declarou persistir com ainda mais força na doutrina dos nulificadores, e, para prová-lo, anulou a lei que conferia poderes extraordinários ao presidente, embora fosse certo que ele não faria uso deles.

Quase todos os atos de que acabo de falar aconteceram sob a presidência do general Jackson. Não se poderia negar que, no caso da tarifa, este último sustentou com habilidade e vigor os direitos da União. Creio, no entanto, que é preciso considerar, entre os perigos que hoje o poder federal corre, a própria conduta daquele que o representa.

Algumas pessoas têm na Europa, a respeito da influência que o general Jackson pode exercer sobre os negócios de seu país, uma opinião que parece muito extravagante aos que viram as coisas de perto.

Ouviu-se dizer que o general Jackson tinha ganhado batalhas, que era um homem enérgico, levado ao uso da força por caráter e por hábito, ávido de poder e déspota por gosto. Tudo isso pode ser verdade, mas as consequências imaginadas a partir dessas verdades são grandes erros.

Imaginou-se que o general Jackson queria estabelecer nos Estados Unidos a ditadura, que faria reinar o espírito militar e dar ao poder central uma extensão perigosa para as liberdades provinciais. Na América, o tempo de tais empresas e o século de tais homens ainda não chegaram; se o general Jackson quisesse dominar desta maneira, com certeza teria perdido sua posição política e comprometido sua vida; assim, não foi imprudente para tentá-lo.

---

134. Essa lei foi sugerida pelo senhor Clay e foi aprovada em quatro dias, nas duas câmaras do Congresso, por uma imensa maioria.

Longe de querer estender o poder federal, o presidente atual representa, ao contrário, o partido que quer restringir esse poder aos termos mais claros e mais precisos da Constituição, e que não admite que a interpretação jamais possa ser favorável ao governo da União; longe de se apresentar como o defensor da centralização, o general Jackson é o agente das invejas provinciais; são as paixões *descentralizadoras* (se assim posso dizer) que o levaram ao poder soberano. É adulando essas paixões que ele se mantém e prospera. O general Jackson é o escravo da maioria: ele a segue em suas vontades, sem seus desejos, em seus instintos semiconhecidos, ou melhor, ele a adivinha e corre a colocar-se à frente dela.

Todas as vezes que o governo dos Estados entra em conflito com o da União, é raro o presidente não ser o primeiro a duvidar de seu direito; ele quase sempre se antecipa ao Poder Legislativo; quando cabe interpretação sobre a extensão do poder federal, ele se coloca, de certo modo, contra si mesmo; ele se diminui, ele se esconde, ele se apaga. Não que seja naturalmente fraco ou inimigo da União; quando a maioria se pronunciou contra as pretensões dos nulificadores do sul, ele se pôs à frente, formulou com clareza e energia as doutrinas que ela professava e foi o primeiro a apelar para a força. O general Jackson, para utilizar uma comparação tirada do vocabulário dos partidos americanos, me parece *federal* por gosto e *republicano* por cálculo.

Depois de ter assim se curvado diante da maioria para ganhar seu favor, o general Jackson se ergue; ele caminha na direção dos objetos que ela mesma persegue, ou daqueles que ela vê com cobiça, derrubando todos os obstáculos que encontra à sua frente. Fortalecido por um apoio que seus predecessores não tinham, ele pisa em seus inimigos pessoais onde quer que os encontre com uma facilidade que nenhum presidente encontrou antes; ele toma sob sua responsabilidade medidas que ninguém antes dele jamais ousaria tomar; acontece-lhe até de tratar a representação nacional com uma espécie de desdém quase insultante; ele se recusa a sancionar as leis do Congresso e muitas vezes omite responder a esse grande corpo. É um favorito que às vezes trata com rudeza seu senhor. O poder do general Jackson aumenta sem cessar, portanto; mas o do presidente diminui. Em suas mãos, o governo federal é forte; ele o passará enfraquecido a seu sucessor.

Ou me engano terrivelmente ou o governo federal dos Estados Unidos tende a cada dia a se enfraquecer; ele se retira sucessivamente dos negócios, restringe cada vez mais seu círculo de ação. Naturalmente fraco, ele abandona até mesmo as aparências da força. Por outro lado, julguei ver que nos Estados Unidos o sentimento de independência tornava-se cada vez mais intenso nos estados, o amor pelo governo provincial, cada vez mais pronunciado.

Quer-se a União, mas reduzida a uma sombra; querem-na forte em certos casos e fraca em todos os outros; pretende-se que, em tempos de guerra, ela possa reunir em suas mãos as forças nacionais e todos os recursos do país, e que em tempos de paz ela por assim dizer não exista; como se essa alternativa de debilidade e vigor estivesse em sua natureza.

Nada vejo que possa, no presente, deter esse movimento geral dos ânimos; as causas que o fizeram nascer continuam a operar no mesmo sentido. Ele continuará, portanto, e podemos prever que, se não sobrevier alguma circunstância extraordinária, o governo da União se enfraquecerá a cada dia.

Creio, porém, que ainda estamos longe do tempo em que o poder federal, incapaz de proteger sua própria existência e de trazer a paz ao país, de certo modo se apagará por si mesmo. A União está nos costumes, é desejada; seus resultados são evidentes, seus benefícios são visíveis. Quando se perceber que a fraqueza do governo federal compromete a existência da União, não tenho dúvida de que veremos nascer um movimento de reação a favor da força.

O governo dos Estados Unidos é, de todos os governos federais que foram estabelecidos até hoje, aquele que está mais naturalmente destinado a agir; enquanto for atacado apenas de maneira indireta pela interpretação de suas leis, enquanto não alterarem profundamente sua substância, uma mudança de opinião, uma crise interna, uma guerra, poderiam voltar a dar-lhe subitamente o vigor de que ele precisa.

O que quis constatar foi apenas o seguinte: muitas pessoas, entre nós, pensam que nos Estados Unidos há um movimento dos espíritos que favorece a centralização do poder nas mãos do presidente e do Congresso. Afirmo que observamos visivelmente um movimento contrário. Longe de o governo federal, envelhecendo, adquirir força e ameaçar a soberania dos estados, digo que ele tende a cada dia a se enfraquecer, e que somente a soberania da União corre perigo. Eis o que o presente revela. Qual será o resultado final dessa tendência, quais acontecimentos podem deter, retardar ou apressar o movimento que descrevi? O futuro os esconde e não tenho a pretensão de poder erguer seu véu.

DAS INSTITUIÇÕES REPUBLICANAS NOS ESTADOS UNIDOS — QUAIS SÃO SUAS CHANCES DE CONTINUIDADE

A União não passa de um acidente — As instituições republicanas têm mais futuro — A república é, no momento, o estado natural dos anglo-americanos

— Por quê — A fim de destruí-la, seria preciso mudar ao mesmo tempo todas as leis e modificar todos os costumes — Dificuldades que os americanos encontram para criar uma aristocracia

O desmembramento da União, introduzindo a guerra no seio dos estados hoje confederados, e com ela os exércitos permanentes, a ditadura e os impostos, poderia a longo prazo comprometer o destino das instituições republicanas.

No entanto, não se deve confundir o futuro da república com o da União.

A União é um acidente que durará enquanto as circunstâncias a favorecerem, mas a república me parece o estado natural dos americanos; somente a ação contínua de causas contrárias e que ajam sempre no mesmo sentido poderia substituí-la pela monarquia.

A União existe principalmente na lei que a criou. Uma única revolução ou uma mudança na opinião pública pode rompê-la para sempre. A república tem raízes mais profundas.

O que se entende por república nos Estados Unidos é a ação lenta e tranquila da sociedade sobre si mesma. É um estado regular realmente baseado na vontade esclarecida do povo. É um governo conciliador, em que as resoluções são amadurecidas por longo tempo, discutidas com calma e executadas com maturidade.

Os republicanos, nos Estados Unidos, valorizam os costumes, respeitam as crenças, reconhecem os direitos. Eles professam a opinião de que um povo deve ser moral, religioso e moderado, na mesma proporção em que é livre. O que chamamos de república nos Estados Unidos é o tranquilo reinado da maioria. A maioria, depois de ter tido o tempo de se reconhecer e constatar sua existência, é a fonte comum dos poderes. Mas a maioria em si não é onipotente. Acima dela, no mundo moral, encontram-se a humanidade, a justiça e a razão; no mundo político, os direitos adquiridos. A maioria reconhece essas duas barreiras, e, se lhe acontece de ultrapassá-la, é porque tem paixões, como todos os homens, e porque, como eles, pode fazer o mal discernindo o bem.

Mas fizemos na Europa estranhas descobertas.

A república, sendo alguns de nós, não é o reino da maioria, como se pensou até então, é o reino dos que respondem pela maioria. Não é o povo que dirige nesses tipos de governo, mas os que conhecem o bem maior para o povo: feliz distinção que permite agir em nome das nações sem consultá-las e exigir seu reconhecimento pisoteando-as. O governo republicano é, de resto, o único ao qual se pode reconhecer o direito de fazer tudo, e que pode desprezar o que até o momento os homens respeitaram, desde as mais altas leis da moral até as regras vulgares do senso comum.

Pensava-se, até agora, que o despotismo era odioso, quaisquer que fossem suas formas. Mas descobriu-se, em nossos dias, que havia no mundo tiranias legítimas e santas injustiças, desde que exercidas em nome do povo.

As ideias que os americanos fizeram da república lhes facilitam de maneira singular o seu uso e garantem sua continuidade. Entre eles, embora a prática do governo republicano seja com frequência ruim, ao menos a teoria é boa, e o povo sempre acaba se conformando a seus atos.

Era impossível, originalmente, e ainda seria muito difícil, estabelecer na América uma administração centralizada. Os homens estão dispersos num espaço grande demais e separados por demasiados obstáculos naturais para que um só possa empreender dirigir os detalhes de suas existências. A América, portanto, é por excelência o país do governo provincial e comunal.

A essa causa, cuja ação se fazia sentir igualmente sobre todos os europeus do Novo Mundo, os anglo-americanos acrescentaram várias outras que lhes eram particulares.

Quando as colônias da América do Norte foram estabelecidas, a liberdade municipal já havia penetrado tanto nas leis quanto nos costumes ingleses, e os emigrantes ingleses a adotaram não apenas como uma coisa necessária, mas como um bem cujo preço conheciam muito bem.

Vimos, além do mais, de que maneira as colônias haviam sido fundadas. Cada província, e, por assim dizer, cada distrito, foi povoado separadamente por homens estranhos uns aos outros ou associados em fins diferentes.

Os ingleses dos Estados Unidos se viram, portanto, desde o início, divididos num grande número de pequenas sociedades distintas que não se ligavam a nenhum centro comum, e foi preciso que cada uma dessas pequenas sociedades se ocupasse de seus próprios negócios, visto que não se percebia em parte alguma uma autoridade central que devesse naturalmente e que pudesse facilmente garanti-los.

Assim, a natureza do país, a própria maneira como as colônias inglesas foram fundadas, os hábitos dos primeiros emigrantes, tudo se reunia para ali desenvolver, a um grau extraordinário, as liberdades comunais e provinciais.

Nos Estados Unidos, o conjunto das instituições do país é, portanto, essencialmente republicano; para destruir de maneira duradoura as leis que fundam a república, seria preciso, de certo modo, abolir ao mesmo tempo todas as leis.

Se, em nossos dias, um partido tentasse fundar a monarquia nos Estados Unidos, ele estaria numa posição ainda mais difícil do que se quisesse proclamar desde este instante a república na França. A realeza não encontraria a legislação preparada de antemão para ela, e realmente veríamos, então, uma monarquia cercada de instituições republicanas.

O princípio monárquico também dificilmente penetraria nos costumes dos americanos.

Nos Estados Unidos, o dogma da soberania do povo não é uma doutrina isolada que não está presa nem aos hábitos nem ao conjunto de ideias dominantes; pode-se, ao contrário, encará-la como o último elo de uma cadeia de opiniões que engloba todo o mundo anglo-americano. A Providência deu a cada indivíduo, quem quer que ele seja, o grau de razão necessária para que ele possa conduzir a si mesmo nas coisas que lhe interessam exclusivamente. Esta é a grande máxima sobre a qual, nos Estados Unidos, repousa a sociedade civil e política; o pai de família aplica-a a seus filhos, o senhor, a seus empregados, a comuna, a seus administrados, a província, às comunas, o Estado, às províncias, a União, aos Estados. Estendida ao conjunto da nação, ela se torna o dogma da soberania do povo.

Assim, nos Estados Unidos, o princípio gerador da república é o mesmo que regula a maioria das ações humanas. A república penetra, portanto, se assim posso dizer, nas ideias, nas opiniões e em todos os hábitos dos americanos, ao mesmo tempo que se estabelece em suas leis; e, para chegar a mudar as leis, seria preciso que eles de certo modo viessem a se modificar por inteiro. Nos Estados Unidos, a própria religião da maioria é republicana; ela submete as verdades do outro mundo à razão individual, assim como a política entrega ao bom senso de todos o zelo pelos interesses deste, e ela consente que cada homem escolha livremente a via que deve conduzi-lo ao céu, do mesmo modo que a lei reconhece a cada cidadão o direito de escolher seu governo.

Evidentemente, somente uma longa série de fatos, todos com a mesma tendência, pode substituir esse conjunto de leis, de opiniões e de costumes por um conjunto de costumes, opiniões e leis contrários.

Se os princípios republicanos devem perecer na América, eles só sucumbirão depois de um longo trabalho social, frequentemente interrompido, seguidamente retomado; várias vezes, eles parecerão renascer, e só desaparecerão para sempre quando um povo absolutamente novo tiver tomado o lugar daquele que existe nos dias de hoje. Ora, nada leva a crer semelhante revolução, nenhum sinal a anuncia.

O que mais impressiona ao se chegar aos Estados Unidos é a espécie de movimento tumultuoso dentro do qual se encontra a sociedade política. As leis mudam sem parar e, à primeira vista, parece impossível que um povo tão pouco seguro de suas vontades logo não queira substituir a forma atual de seu governo por uma forma inteiramente nova. Esses temores são prematuros. Há, nas instituições políticas, duas espécies de instabilidades que não devemos confundir: uma está ligada às leis secundárias; esta pode durar por muito tempo numa sociedade bem assentada; a outra abala constantemente as próprias bases da Constituição e ataca os princípios geradores das leis; esta é sempre seguida por perturbações e revoluções; a nação que a sofre está num estado violento e transitório. A experiência nos faz descobrir que essas duas espécies de instabilidade legislativa não têm necessariamente um vínculo entre si, pois existem juntas ou separadas dependendo dos tempos e dos lugares. A primeira se encontra nos Estados Unidos, mas não a segunda. Os americanos mudam com frequência as leis, mas o fundamento da Constituição é respeitado.

Em nossos dias, o princípio republicano reina na América assim como o princípio monárquico dominava na França sob Luís XIV. Os franceses da época não eram apenas amigos da monarquia, mas não imaginavam que se pudesse colocar alguma coisa em seu lugar: aceitavam-na, assim como aceitamos o curso do Sol e as mudanças das estações. Entre eles, o poder não tinha mais advogados do que adversários.

É assim que a república existe na América, sem combate, sem oposição, sem prova, por um acordo tácito, uma espécie de *consensus universalis*.

No entanto, penso que, mudando tantas vezes quanto eles os procedimentos administrativos, os habitantes dos Estados Unidos comprometem o futuro do governo republicano.

Constantemente incomodados em seus projetos pela contínua versatilidade da legislação, é de temer que os homens acabem considerando a república uma maneira incômoda de viver em sociedade; o mal resultante da instabilidade das leis secundárias levaria então ao questionamento das leis fundamentais e produziria indiretamente uma revolução; mas essa época ainda está muito longe de nós.

O que podemos prever desde agora é que, saindo da república, os americanos rapidamente passariam ao despotismo, sem se deter por muito tempo na monarquia. Montesquieu disse que não havia nada mais absoluto do que a autoridade de um príncipe que sucede à república quando os poderes indefinidos que tinham sido entregues sem medo a um magistrado eleito são então colocados nas mãos de um chefe hereditário. Isso em geral é verdade, mas particularmente aplicável a uma república democrática. Nos Estados Unidos, os magistrados não são eleitos por uma classe específica de cidadãos, mas pela maioria da nação; eles representam diretamente as paixões da multidão e dependem inteiramente de suas vontades; portanto, não inspiram nem ódio nem medo. Por isso mencionei o pouco cuidado que se tomara em limitar seus poderes por limites a suas ações, e a parte imensa que se deixara ao arbítrio deles. Essa ordem de coisas criou hábitos que lhe sobreviveriam. O magistrado americano manteria seu poder indefinido cessando de ser responsável, e é impossível dizer onde pararia então a tirania.

Há pessoas entre nós que esperam ver o nascimento da aristocracia na América e que preveem, com exatidão, a época em que esta deve tomar o poder.

Como já disse, repito que o movimento atual da sociedade americana me parece cada vez mais democrático.

No entanto, não afirmo que um dia os americanos não cheguem a restringir entre eles o círculo dos direitos políticos ou a confiscar esses mesmos direitos para o benefício de um homem; mas não posso acreditar que jamais confiem seu uso exclusivo a uma classe particular de cidadãos ou, em outras palavras, que fundem uma aristocracia.

Um corpo aristocrático se compõe de certo número de cidadãos que, embora não muito longe da multidão, elevam-se de maneira permanente acima dela; que podem ser tocados, mas não atingidos; aos quais as pessoas se misturam a cada dia, mas com os quais não poderiam ser confundidas.

É impossível imaginar algo mais contrário à natureza e aos instintos secretos do coração humano do que uma sujeição dessa espécie: entregues a si mesmos, os homens sempre preferirão o poder arbitrário de um rei em vez da administração regular dos nobres.

Uma aristocracia, para durar, precisa fundar a desigualdade como um princípio, legalizá-la previamente e introduzi-la na família e, ao mesmo tempo, disseminá-la pela sociedade; coisas que repugnam tão fortemente a equidade natural que só poderiam ser obtidas dos homens por coerção.

Desde que as sociedades humanas existem, não creio que possamos citar o exemplo de um só povo que, entregue a si mesmo e por seus próprios esforços, tenha criado uma aristocracia em seu seio; todas as aristocracias da Idade Média são filhas da conquista. O vencedor era o nobre, o vencido, o servo. A força impunha então a desigualdade, que, uma vez penetrando os costumes, mantinha-se por si mesma e passava naturalmente para as leis.

Vimos sociedades que, em consequência de acontecimentos anteriores a sua existência, por assim dizer, nasceram aristocráticas, e que cada século as aproximava da democracia. Tal foi o destino dos romanos e dos bárbaros que se estabeleceram depois deles. Mas um povo que, tendo partido da civilização e da democracia, se aproximasse aos poucos da desigualdade de condições e acabasse por estabelecer privilégios invioláveis e categorias exclusivas seria uma novidade no mundo.

Nada indica que a América esteja destinada a ser a primeira a apresentar semelhante espetáculo.

ALGUMAS CONSIDERAÇÕES SOBRE AS CAUSAS DA GRANDEZA COMERCIAL DOS ESTADOS UNIDOS

Os americanos estão destinados pela natureza a ser um grande povo marítimo — Extensão de sua costa — Profundidade dos portos — Tamanho dos rios — No entanto, é bem menos a causas físicas do que a causas intelectuais e morais que devemos atribuir a superioridade comercial dos anglo-americanos — Razão para essa opinião — Futuro dos anglo-americanos como povo comerciante — A ruína da União não interromperia o impulso marítimo dos povos que a compõem — Por quê — Os anglo-americanos estão naturalmente destinados a servir às necessidades dos habitantes da América do Sul — Eles se tornarão, como os ingleses, transportadores de uma grande parte do mundo

Da Baía de Fundy até o rio Sabine, no Golfo do México, a costa dos Estados Unidos se estende por mais ou menos 900 léguas.

Essa costa forma uma linha ininterrupta, sob o mesmo domínio.

Não há um só povo no mundo que possa oferecer ao comércio portos mais profundos, mais vastos e mais seguros do que os americanos.

Os habitantes dos Estados Unidos constituem uma grande nação civilizada que a fortuna colocou no meio dos desertos, a 1.200 léguas do foco principal da civilização. A América, portanto, tem uma necessidade diária da Europa. Com o tempo, os americanos sem dúvida conseguirão produzir ou fabricar em suas terras a maioria dos objetos que lhe são necessários, mas os dois continentes nunca poderão viver completamente independentes um do outro: existem demasiados laços naturais entre suas necessidades, suas ideias, seus hábitos e seus costumes.

A União tem produtos que se tornaram necessários para nós e que nosso solo se recusa absolutamente a fornecer ou que só pode fornecê-los a grandes custos. Os americanos consomem apenas uma pequeníssima parte desses produtos; vendem-nos o resto.

A Europa, portanto, é o mercado da América, assim como a América é o mercado da Europa; e o comércio marítimo é tão necessário aos habitantes dos Estados Unidos para levar suas matérias-primas a nossos portos quanto para transportar nossos objetos manufaturados para suas terras.

Os Estados Unidos forneceriam um grande alimento à indústria dos povos marítimos se renunciassem ao comércio, como fizeram até o momento os espanhóis do México; ou se tornariam uma das primeiras potências marítimas do globo: essa alternativa era inevitável.

Os anglo-americanos sempre demonstraram um gosto decidido pelo mar. A independência, rompendo os laços comerciais que os uniam à Inglaterra, deu a seu gênio marítimo um novo e poderoso impulso. Desde essa época, o número de navios da União cresce numa progressão quase tão rápida quanto a do número de seus habitantes. Hoje, são os próprios americanos que transportam para suas terras nove décimos dos produtos da Europa.[135] São também os americanos que trazem aos consumidores da Europa três quartos das exportações do Novo Mundo.[136]

Os navios dos Estados Unidos enchem o porto de Havre e o de Liverpool. Vemos apenas um pequeno número de embarcações inglesas ou francesas no porto de Nova York.[137]

Assim, não apenas o comerciante americano enfrenta a concorrência em seu próprio solo, ele também combate com vantagem os estrangeiros no deles.

Isso pode ser explicado com facilidade: de todos os navios do mundo, os navios dos Estados Unidos são os que cruzam os mares ao menor custo. Enquanto a Marinha Mercante dos Estados Unidos conservar essa vantagem sobre as outras, não apenas manterá o que conquistou como aumentará suas conquistas a cada dia.

---

135. O valor total das importações do ano findo em 30 de setembro de 1832 foi de 101.129.266 dólares. As importações feitas em navios estrangeiros figuram apenas por uma quantia de 10.731.039 dólares, mais ou menos um décimo.

136. O valor total das exportações, durante o mesmo ano, foi de 87.176.943 dólares; o valor exportado em navios estrangeiros foi de 21.036.183 dólares, mais ou menos um quarto (*William's register*, 1833, p. 398).

137. Durante os anos de 1829, 1830 e 1831, entraram nos portos da União navios que continham, juntos, 3.307.719 toneladas. Os navios estrangeiros forneciam a esse total apenas 544.571 toneladas. Constituíam, portanto, a proporção de 16 para 100, mais ou menos (*National calendar*, 1833, p. 304). Durante os anos de 1820, 1826 e 1831, os navios ingleses atracados nos portos de Londres, Liverpool e Hull continham 443.800 toneladas. Os navios estrangeiros atracados nos mesmos portos durante os mesmos anos continham 159.430 toneladas. A relação entre eles era, portanto, de 36 para 100, mais ou menos (*Companion to the almanac*, 1834, p. 169). Em 1832, a relação entre navios estrangeiros e navios ingleses atracados nos portos da Grã-Bretanha era de 29 para 100.

É difícil resolver o problema de saber por que os americanos navegam por melhor preço que os outros homens. Tentou-se, a princípio, atribuir essa superioridade a algumas vantagens materiais que a natureza teria colocado somente ao alcance deles, mas não é o que acontece.

Os navios americanos custam quase tão caro quanto os nossos;[138] eles não são mais bem construídos e, em geral, duram menos.

O salário do marujo americano é mais alto do que o do marujo europeu; prova disso é o grande número de europeus encontrados na Marinha Mercante dos Estados Unidos.

Por que, então, os americanos navegam por melhor preço do que nós?

Penso que buscaríamos em vão as causas dessa superioridade em vantagens materiais; ela se deve a qualidades puramente intelectuais e morais.

Eis uma comparação que esclarecerá meu pensamento.

Durante as guerras da Revolução, os franceses introduziram na arte militar uma nova tática que perturbou os velhos generais e quase destruiu as mais antigas monarquias da Europa. Pela primeira vez, eles decidiram dispensar uma miríade de coisas que então eram julgadas indispensáveis para a guerra; eles exigiram de seus soldados novos esforços que as nações civilizadas nunca tinham pedido aos seus; foram vistos fazendo tudo correndo e arriscando sem hesitar a vida dos homens em vista do resultado a alcançar.

Os franceses eram menos numerosos e menos ricos que seus inimigos; possuíam infinitamente menos recursos; porém, foram constantemente vitoriosos, até que estes últimos acabaram decidindo imitá-los.

Os americanos introduziram algo análogo no comércio. O que os franceses faziam pela vitória, eles o farão pelo melhor preço.

O navegador europeu só se aventura nos mares com prudência; ele só parte quando o tempo convém; se lhe acontece um acidente imprevisto, ele volta ao porto; à noite, recolhe uma parte de suas velas e, quando vê o oceano embranquecer com a aproximação das terras, diminui sua velocidade e interroga o Sol.

O americano negligencia essas precauções e enfrenta esses perigos. Ele parte com a tempestade ainda alta; tanto à noite quanto de dia ele abre ao vento todas as suas velas; conserta em marcha seu navio cansado pela tempestade, continua voando até a costa, como se já avistasse o porto.

---

138. As matérias-primas, em geral, custam menos na América do que na Europa, mas o preço da mão de obra é muito mais elevado.

O americano com frequência naufraga; mas não há navegador que atravesse os mares mais rapidamente que ele. Fazendo as mesmas coisas que os outros em menos tempo, ele pode fazê-las a menor custo.

Antes de chegar ao fim de uma viagem de longo curso, o navegador europeu acredita dever aportar várias vezes em seu caminho. Ele perde um tempo precioso procurando o porto de escala ou esperando a ocasião para sair dele, e a cada dia paga o direito de ali ficar.

O navegador americano parte de Boston para ir comprar chá na China. Ele chega a Cantão, fica alguns dias e volta. Percorreu, em menos de dois anos, a circunferência inteira do globo e viu terra uma única vez. Durante uma travessia de oito ou dez meses, bebeu água salobra e viveu de carne salgada; lutou sem cessar contra o mar, contra a doença, contra o tédio; mas, ao voltar, vendeu a libra de chá um vintém mais barato que o mercador inglês: o objetivo foi alcançado.

Eu não saberia expressar melhor meu pensamento do que dizendo que os americanos colocam uma espécie de heroísmo em sua maneira de fazer comércio.

Será sempre muito difícil ao comerciante da Europa seguir seu concorrente da América. O americano, agindo da maneira que descrevi acima, não segue apenas um cálculo, ele acima de tudo obedece à sua natureza.

O habitante dos Estados Unidos sente todas as necessidades e todos os desejos que uma civilização avançada faz nascer e não encontra a seu redor, como na Europa, uma sociedade sabiamente organizada para satisfazê-los; portanto, muitas vezes é obrigado a procurar por si mesmo os diversos objetos que sua educação e seus hábitos lhe tornaram necessários. Na América, às vezes acontece de o mesmo homem lavrar seu campo, construir sua casa, fabricar suas ferramentas, fazer seus sapatos e costurar com suas mãos o tecido grosseiro que deve cobri-lo. Isso prejudica o aperfeiçoamento da indústria, mas serve poderosamente ao desenvolvimento da inteligência do operário. Não há nada que tenda mais a materializar o homem e a retirar de suas obras até os vestígios da alma do que a grande divisão do trabalho. Num país como a América, onde os homens especiais são tão raros, não se poderia exigir um longo aprendizado de cada um que abraça uma profissão. Os americanos encontram, portanto, uma grande facilidade em mudar de condição e tiram proveito dela, seguindo as necessidades do momento. Encontram-se homens que foram, sucessivamente, advogados, agricultores, comerciantes, ministros evangélicos e médicos. Embora o americano seja menos hábil que o europeu em cada indústria, não há quase nenhuma que lhe seja inteiramente estranha. Sua capacidade é mais geral, o círculo de sua inteligência é mais extenso. O habitante dos Estados Unidos nunca é detido por nenhum axioma de condição social; ele escapa a todos os preconceitos de profissão; ele não está ligado a nenhum sistema de operação mais do que a outro; não se sente mais ligado a um método antigo do que a um novo; não formou nenhum hábito e se exime com facilidade do império que os hábitos estrangeiros poderiam exercer sobre seu espírito, pois sabe que seu país não se assemelha a nenhum outro e que sua situação é nova no mundo.

O americano habita uma terra de prodígios; a seu redor tudo se move sem parar, e cada movimento parece um progresso. A ideia do novo está, portanto, intimamente ligada, em seu espírito, à ideia de melhor. Em nenhum lugar ele vê o limite que a natureza pode ter criado aos esforços do homem; a seus olhos, o que não existe é o que ainda não foi tentado.

Esse movimento universal que reina nos Estados Unidos, essas inversões frequentes da fortuna, esse deslocamento imprevisto das riquezas públicas e privadas, tudo se reúne para manter a alma numa espécie de agitação febril que a dispõe admiravelmente a todos os esforços e que a mantém, por assim dizer, acima do nível comum da humanidade. Para um americano, a vida inteira passa como a partida de um jogo, um momento de revolução, um dia de batalha.

Essas causas, operando ao mesmo tempo sobre todos os indivíduos, acabam dando um impulso irresistível ao caráter nacional. O americano, tomado ao acaso, é, portanto, um homem ardente em seus desejos, empreendedor, aventuroso, sobretudo inovador. Esse espírito se encontra, de fato, em todas as suas obras; ele o introduz em suas leis políticas, em suas doutrinas religiosas, em suas teorias de economia social, em sua indústria privada; ele o leva para todo lugar, tanto para o fundo dos bosques quanto para o meio das cidades. É esse mesmo espírito que, aplicado ao comércio marítimo, faz o americano navegar mais rápido e por melhor preço do que todos os comerciantes do mundo.

Enquanto os marinheiros dos Estados Unidos conservarem essas vantagens intelectuais e a superioridade prática derivada delas, eles não apenas continuarão a satisfazer as necessidades dos produtores e dos consumidores de seu país como também tenderão cada vez mais a se tornar, como os ingleses,[139] os transportadores dos outros povos.

---

[139] Não se deve acreditar que os navios ingleses estejam unicamente ocupados em transportar para a Inglaterra os produtos estrangeiros ou a transportar para os estrangeiros os produtos ingleses; em nossos dias, a Marinha Mercante da Inglaterra forma como que uma grande empresa de veículos públicos, prontos para servir todos os produtores do mundo e a colocar em

Isso começa a acontecer diante de nossos olhos. Já vemos os navegadores americanos se introduzirem como agentes intermediários no comércio de várias nações da Europa;[140] a América lhes oferece um futuro ainda maior.

Os espanhóis e os portugueses fundaram na América do Sul grandes colônias que, desde então, se tornaram impérios. A guerra civil e o despotismo desolam, hoje, esses vastos territórios. O movimento populacional se interrompe e o pequeno número de homens que os habitam, absorvido pela necessidade de se defender, mal sente a necessidade de melhorar seu destino.

Mas não será sempre assim. A Europa, entregue a si mesma, chegou, por seus próprios esforços, a sair das trevas da Idade Média. A América do Sul é cristã como nós; segue nossas leis, nossos usos; encerra todos os germes de civilização que se desenvolveram no seio das nações europeias e de seus rebentos. A América do Sul tem, mais do que tivemos, nosso exemplo: por que continuaria para sempre bárbara?

Não se trata aqui, evidentemente, de uma questão de tempo: uma época mais ou menos distante virá, sem dúvida, em que os americanos do sul formarão nações florescentes e esclarecidas.

Mas, quando os espanhóis e os portugueses da América Meridional começarem a sentir as necessidades dos povos civilizados, eles ainda estarão longe de poder satisfazê-las por si mesmos; últimos filhos da civilização, padecerão da superioridade já adquirida por seus irmãos mais velhos. Eles serão agricultores por muito tempo antes de se tornarem manufatureiros e comerciantes, e precisarão do intermédio de estrangeiros para vender seus produtos além dos mares e conseguir, em troca, os objetos cuja necessidade, nova, se fará sentir.

Não poderíamos duvidar que os americanos do norte da América serão um dia chamados a satisfazer as necessidades dos americanos do sul. A natureza os colocou perto deles. Ela lhes forneceu, assim, grandes facilidades para conhecer e avaliar as necessidades dos primeiros, para manter relações permanentes com esses povos e apoderar-se gradualmente de seus mercados. O comerciante dos Estados Unidos só poderia perder essas vantagens naturais se fosse muito inferior ao comerciante da Europa, mas ele, ao contrário, é superior em vários pontos. Os americanos dos Estados

---

comunicação todos os povos. O gênio marítimo dos americanos os leva a criar uma empresa rival à dos ingleses.

140. Uma parte do comércio do Mediterrâneo já é feita em navios americanos.

Unidos já exercem uma grande influência moral sobre todos os povos do Novo Mundo. É deles que parte a luz. Todas as nações que habitam o mesmo continente já se acostumaram a considerá-los como os filhos mais esclarecidos, mais poderosos e mais ricos da grande família americana. Voltam constantemente seus olhares para a União, portanto, e se assimilam, tanto quanto podem, aos povos que a compõem. Cada dia, vêm consultar as doutrinas políticas e copiar as leis dos Estados Unidos.

Os americanos dos Estados Unidos se encontram, em relação aos povos da América do Sul, exatamente na mesma situação que seus pais ingleses em relação aos italianos, espanhóis, portugueses e todos os povos da Europa que, sendo menos avançados em civilização e indústria, recebem de suas mãos a maior parte dos objetos de consumo.

A Inglaterra, hoje, é o foco natural do comércio de quase todas as nações que dela se aproximam; a União americana é chamada a preencher o mesmo papel no outro hemisfério. Cada povo que nasce ou que cresce no Novo Mundo, portanto, nasce e cresce de certo modo em proveito dos anglo-americanos.

Se a União viesse a se dissolver, o comércio dos estados que a formaram sem dúvida seria atrasado por algum tempo em seu desenvolvimento, mas menos do que pensaríamos. É evidente que, não importa o que aconteça, os estados comerciantes permanecerão unidos. Todos eles se tocam; há, entre eles, uma identidade perfeita de opiniões, interesses e costumes, e, sozinhos, eles podem compor uma enorme potência marítima. Mesmo que o sul da União se tornasse independente do norte, ele não poderia prescindir dele. Afirmei que o sul não é comerciante; nada indica, até o momento, que venha a se tornar. Os americanos do sul dos Estados Unidos seriam, portanto, obrigados por muito tempo a recorrer aos estrangeiros para exportar seus produtos e trazer-lhes objetos que lhes são necessários. Ora, de todos os intermediários que eles poderiam ter, seus vizinhos do norte com certeza são os que podem servi-los ao melhor preço. Eles os serviriam, portanto, pois o melhor preço é a lei suprema do comércio. Não há, portanto, vontade soberana nem preconceitos nacionais que possam lutar por muito tempo contra o melhor preço. Não há ódio mais envenenado do que aquele que existe entre os americanos dos Estados Unidos e os ingleses. A despeito desses sentimentos hostis, os ingleses ainda assim fornecem aos americanos a maior parte dos objetos manufaturados pela simples razão de que os fazem pagar mais barato do que os outros povos. A crescente prosperidade da América, portanto, apesar do desejo dos americanos, beneficia a indústria manufatureira da Inglaterra.

A razão indica e a experiência prova que não há grandeza comercial que seja duradoura se ela não puder se unir, quando necessário, a uma potência militar.

Essa verdade é mais bem compreendida nos Estados Unidos do que em qualquer outro lugar. Os americanos já estão em condições de fazer respeitar sua bandeira; logo poderão fazer com que seja temida.

Estou convencido de que o desmembramento da União, longe de diminuir as forças navais dos americanos, tenderia fortemente a aumentá-las. Hoje, os estados comerciantes estão vinculados aos que não o são, e estes últimos muitas vezes só se dispõem a contragosto a aumentar um poderio marítimo do qual só se aproveitam indiretamente.

Se, ao contrário, todos os estados comerciantes da União formassem um único e mesmo povo, o comércio se tornaria, para eles, um interesse nacional de primeira ordem; eles, portanto, estariam dispostos a fazer enormes sacrifícios para proteger seus navios e nada os impediria de seguir seus desejos nesse aspecto.

Penso que as nações, como os homens, quase sempre indicam, desde tenra idade, os principais traços de seu destino. Quando vejo com que espírito os anglo-americanos fazem comércio, as facilidades que encontram para fazê-lo, os sucessos que dele obtêm, não posso impedir-me de acreditar que um dia se tornará a primeira potência marítima do globo. Eles são impelidos a se apoderar dos mares como os romanos a conquistar o mundo.

CONCLUSÃO

Eis que me aproximo do fim. Até o momento, ao falar do futuro dos Estados Unidos, esforcei-me por dividir meu tema em várias partes, a fim de estudar com mais cuidado cada uma delas.

Gostaria, agora, de reunir todas num único ponto de vista. O que direi será menos detalhado, mas mais seguro. Considerarei com menos distinção cada objeto; abraçarei com mais certeza os fatos gerais. Serei como o viajante que, saindo dos muros de uma grande cidade, sobe a colina próxima. À medida que se afasta, os homens que ele acaba de deixar desaparecem a seus olhos; suas casas se confundem; ele não vê mais as praças públicas; discerne com dificuldade onde ficavam as ruas; mas seu olho segue com mais facilidade os contornos da cidade e, pela primeira vez, ele apreende sua forma. Parece-me que, do mesmo modo, descubro diante de mim o futuro inteiro da raça inglesa no Novo Mundo. Os detalhes desse imenso quadro ficaram na sombra, mas olhar compreende o conjunto e tenho uma ideia clara do todo.

O território ocupado ou possuído em nossos dias pelos Estados Unidos da América constitui mais ou menos a vigésima parte das terras habitadas.

Por mais extensos que sejam esses limites, seria enganoso acreditar que a raça anglo-americana se encerrará dentro deles para sempre; ela já se estende muito além.

Houve um tempo em que nós também podíamos criar nos desertos americanos uma grande nação francesa e contrabalançar com os ingleses os destinos do Novo Mundo. Antigamente, a França possuiu na América do Norte um território quase tão vasto quanto a Europa inteira. Os três maiores rios do continente corriam inteiros sob nossas leis. As nações indígenas que viviam desde a foz do São Lourenço até o Delta do Mississippi só ouviam nossa língua; todos os estabelecimentos europeus espalhados por esse imenso espaço lembravam a pátria: Louisbourg, Montmorency, Duquesne, Saint Louis, Vincennes, Nova Orleans, nomes caros à França e familiares a nossos ouvidos.

Mas um concurso de circunstâncias que seria longo demais enumerar[141] nos privou dessa magnífica herança. Onde os franceses eram pouco numerosos e estivessem mal estabelecidos, eles desapareceram. O restante se aglomerou num pequeno espaço e adotou outras leis. Os 400 mil franceses do Canadá formam, hoje, os restos de um antigo povo perdido no meio das ondas de uma nova nação. Em torno deles, a população estrangeira cresce sem parar; ela se espalha por todos os lados, penetra até mesmo entre os antigos donos da terra, domina em suas cidades e desnatura sua língua. Essa população é idêntica à dos Estados Unidos. Portanto, tenho razão em dizer que a raça inglesa não se detém nos limites da União e avança muito além deles, na direção nordeste.

No noroeste, encontramos apenas alguns estabelecimentos russos sem importância; a sudoeste, porém, o México se apresenta ao avanço dos anglo-americanos como uma barreira.

Assim, a bem dizer não há mais que duas raças rivais que se dividem, hoje, no Novo Mundo, os espanhóis e os ingleses.

---

141. Em primeiro lugar, a seguinte: os povos entregues e habituados ao regime municipal chegam mais facilmente que os outros a criar colônias florescentes. O hábito de pensar por si mesmo e de governar a si mesmo é indispensável num país novo, onde o sucesso necessariamente depende em grande parte dos esforços individuais dos colonos.

Os limites que devem separar as duas raças foram determinados por um tratado. Mas por mais favorável que esse tratado seja aos anglo-americanos, não duvido que eles logo venham a infringi-lo.

Para além das fronteiras da União se estendem, do lado do México, vastas províncias que ainda carecem de habitantes. Os homens dos Estados Unidos penetrarão nesses desertos antes mesmos daqueles que têm o direito de ocupá-los. Eles se apropriarão do solo, estabelecerão uma sociedade e, quando o legítimo proprietário enfim se apresentar, encontrará o deserto fertilizado e estrangeiros tranquilamente assentados em sua propriedade.

A terra do Novo Mundo pertence ao primeiro que ocupá-la, e o controle sobre ela é o preço da corrida.

Os próprios países já povoados terão dificuldade para se prevenir da invasão.

Já mencionei o que acontece na província do Texas. A cada dia, os habitantes dos Estados Unidos se introduzem um pouco mais no Texas, adquirem terras e, submetendo-se às leis da região, fundam o império de sua língua e de seus costumes. A província do Texas, ainda sob domínio do México; logo, porém, não encontraremos ali, por assim dizer, nenhum mexicano. O mesmo acontece em todos os pontos em que os anglo-americanos entram em contato com populações de origem diferente.

Não se pode dissimular que a raça inglesa adquiriu uma imensa preponderância sobre todas as outras raças europeias do Novo Mundo. Ela é muito superior em civilização, em indústria e em poder. Enquanto tiver à sua frente apenas regiões desertas ou pouco habitadas, enquanto só encontrar em seu caminho populações aglomeradas, por meio das quais lhe é impossível abrir passagem, nós a veremos estender-se constantemente. Ela não se deterá diante das linhas traçadas pelos tratados e transbordará por todos os lados desses diques imaginários.

O que facilita maravilhosamente esse desenvolvimento rápido da raça inglesa no Novo Mundo é a posição geográfica que ela ali ocupa.

Quando se sobe para o norte, acima de suas fronteiras setentrionais, encontram-se as geleiras polares, e quando se desce alguns graus abaixo de seus limites meridionais, entra-se no meio dos fogos do equador. Os ingleses da América estão posicionados, portanto, na zona mais temperada e na porção mais habitável do continente.

Pensa-se que o movimento prodigioso que se faz notar no crescimento da população nos Estados Unidos data apenas da Independência; trata-se de um erro. A população crescia tão rápido sob o sistema colonial quanto em nossos dias; ela duplicava mais ou menos a cada 22 anos. Mas falava-se então em milhares de habitantes; fala-se, agora, em milhões. O mesmo fato que passava despercebido há um século, hoje impressiona todos os espíritos.

Os ingleses do Canadá, que obedecem a um rei, crescem em número e se espalham quase tão rapidamente quanto os ingleses dos Estados Unidos, que vivem sob um governo republicano.

Durante os oito anos de duração da Guerra de Independência, a população não cessou de crescer de acordo com a proporção anteriormente indicada.

Embora ainda existissem, à época, nas fronteiras do oeste, grandes nações indígenas coligadas com os ingleses, o movimento de emigração para o ocidente, por assim dizer, nunca desacelerou. Enquanto o inimigo devastava a costa do Atlântico, o Kentucky, os distritos ocidentais da Pensilvânia, o estado de Vermont e o do Maine se enchiam de habitantes. A desordem que se seguiu à guerra tampouco impediu a população de crescer e não deteve sua marcha progressiva para o deserto. Assim, a diferença das leis, o estado de paz ou de guerra, a ordem ou a anarquia só influenciaram de maneira imperceptível o desenvolvimento sucessivo dos anglo-americanos.

Isso é fácil de entender: não existem causas gerais o suficiente para se fazerem sentir ao mesmo tempo em todos os pontos de território tão imenso. Assim, sempre há uma grande porção do país onde se pode ter a certeza de encontrar um abrigo contra as calamidades que atingem a outra, e por maiores que sejam os males, o remédio oferecido é sempre ainda maior.

Não se deve acreditar, portanto, que seja possível deter o impulso da raça inglesa do Novo Mundo. O desmembramento da União, trazendo a guerra para o continente, a abolição da república, introduzindo a tirania, podem desacelerar seus desenvolvimentos, mas não impedi-la de alcançar o complemento necessário de seu destino. Não há poder na Terra capaz de fechar diante dos passos dos emigrantes esses férteis desertos abertos em todas as partes à indústria, que constituem um asilo a todas as misérias. Os acontecimentos futuros, quaisquer que sejam, não tirarão dos americanos seu clima, nem seus mares internos, nem seus grandes rios, nem a fertilidade de seu solo. As más leis, as revoluções e a anarquia não poderiam destruir, entre eles, o gosto pelo bem-estar e o espírito empreendedor que parece o caráter distintivo de sua raça, nem apagar totalmente as luzes que os iluminam.

Em meio à incerteza do futuro, há ao menos um acontecimento certo. Numa época que podemos dizer próxima, pois se trata da vida dos povos, os anglo-americanos cobrirão sozinhos todo o imenso espaço compreendido entre as geleiras polares e os trópicos, eles se espalharão das praias do Oceano Atlântico às margens do mar do sul.

Penso que o território sobre o qual a raça anglo-americana deve um dia se estender é igual a três quartos da Europa.[142] O clima da União é, considerando todos os seus aspectos, é preferível ao da Europa; suas vantagens naturais são igualmente grandes; é evidente que sua população não poderia deixar de um dia ser proporcional à nossa.

A Europa, dividida em tantos povos diversos; a Europa, através das guerras que renascem constantemente e da barbárie da Idade Média, conseguiu chegar a 410 habitantes[143] por légua quadrada. Que causa poderosa poderia impedir os Estados Unidos de chegar ao mesmo número um dia?

Vários séculos se passarão antes que os diversos filhos da raça inglesa da América cessem de apresentar uma fisionomia comum. Não se pode prever a época em que o homem poderá estabelecer no Novo Mundo a desigualdade permanente das condições.

Quaisquer que sejam as diferenças que a paz ou a guerra, a liberdade ou a tirania, a prosperidade ou a miséria, um dia coloquem no destino dos diversos filhos da grande família anglo-americana, estes ao menos conservarão um estado social análogo e terão em comum os usos e as ideias que decorrem do estado social.

O simples vínculo da religião bastou, na Idade Média, para reunir numa mesma civilização as diversas raças que povoaram a Europa. Os ingleses do Novo Mundo têm entre eles mil outros vínculos e vivem num século em que tudo procura se igualizar entre os homens.

A Idade Média foi uma época de fracionamento. Cada povo, cada província, cada cidade, cada família tendia então fortemente a se individualizar. Em nossos dias, um movimento contrário se faz sentir, os povos parecem caminhar para a unidade. Laços intelectuais unem as partes mais afastadas da Terra e os homens não poderiam permanecer um único dia estranhos uns aos outros, ou ignorantes do que acontece em qualquer canto do universo; assim, notam-se hoje menos diferenças entre os europeus e seus descendentes do Novo Mundo, apesar do oceano que os separa, do que entre certas cidades do século XIII, que eram separadas apenas por um rio.

Se esse movimento de assimilação aproxima povos estrangeiros, ele se opõe mais fortemente ainda a que os filhos do mesmo povo se tornem estrangeiros uns aos outros.

---

142. Os Estados Unidos já cobrem sozinhos um espaço igual ao da metade da Europa. A superfície da Europa é de 500 mil léguas quadradas; sua população engloba 205 milhões de habitantes (Malte-Brun, livro CXIV, vol. 6, p. 4).

143. Ver Malte-Brun, livro CXVI, vol. 6, p. 92.

Chegará portanto a época em que poderemos ver na América do Norte 150 milhões de homens[144] iguais entre si, todos pertencentes à mesma família, que terão o mesmo ponto de partida, a mesma civilização, a mesma língua, a mesma religião, os mesmos hábitos, os mesmos costumes, e através dos quais o pensamento circulará sob a mesma forma e terá as mesmas cores. Todo o restante é incerto, mas isso é uma certeza. Ora, eis um fato inteiramente novo no mundo, cujo alcance nem mesmo a imaginação poderia apreender.

Há hoje na Terra dois grandes povos que, partindo de pontos diferentes, parecem avançar ao mesmo objetivo: os russos e os anglo-americanos.

Ambos cresceram obscuramente e, enquanto os olhares dos homens estavam ocupados em outras coisas, eles se colocaram subitamente na primeira linha das nações, e o mundo descobriu quase ao mesmo tempo seu nascimento e sua grandeza.

Todos os outros povos parecem ter atingido mais ou menos os limites traçados pela natureza, bastando-lhes apenas conservá-los; mas eles estão em crescimento.[145] Todos os outros pararam ou só avançam com muito esforço; somente eles avançam num passo confortável e rápido num caminho cujo fim o olho ainda não pode avistar.

O americano luta contra os obstáculos que a natureza lhe opõe; o russo luta contra os homens. Um combate o deserto e a barbárie; o outro, a civilização revestida de todas as suas armas; assim, as conquistas do americano são feitas com o arado do lavrador, as do russo, com a espada do soldado.

Para alcançar seu objetivo, o primeiro se apoia no interesse pessoal e deixa agir, sem dirigi-las, a força e a razão dos indivíduos.

O segundo, de certo modo, concentra num só homem todo o poder da sociedade.

Um tem como principal meio de ação a liberdade; o outro, a servidão.

O ponto de partida dos dois é diferente, seus caminhos são distintos; no entanto, ambos parecem destinados por um projeto secreto da Providência a um dia ter em mãos os destinos de metade do mundo.

---

144. Esta é a população proporcional à da Europa, tomando a média de 410 homens por légua quadrada.

145. A Rússia é, de todas as nações do Antigo Mundo, aquela cuja população aumentou mais rapidamente, guardadas as proporções.

NOTAS

(A) página 235

O primeiro jornal americano surgiu em abril de 1704, publicado em Boston. Ver *Collection de la société historique de Massachusetts*, vol. 6, p. 66.

Seria um erro acreditar que a imprensa periódica sempre foi inteiramente livre na América; tentou-se ali estabelecer algo análogo à censura prévia e à caução.

Eis o que encontramos nos documentos legislativos de Massachusetts, à data de 14 de janeiro de 1722.

O comitê nomeado pela assembleia geral (o corpo legislativo da província) para examinar o caso relativo ao jornal intitulado *New England courant* pensa que:

> A tendência do dito jornal é zombar da religião e fazê-la ser desprezada; que os santos autores ali são tratados de maneira profana e irreverente; que a conduta dos ministros do Evangelho é interpretada com malícia; que o governo de Sua Majestade é insultado e que a paz e a tranquilidade desta província são perturbadas pelo dito jornal; consequentemente, o comitê é da opinião que se proíba a James Franklin, impressor e editor, de imprimir e publicar no futuro o dito jornal ou qualquer outro escrito antes de submetê-los ao secretário da província. Os juízes de paz do cantão de Suffolk serão encarregados de obter do senhor Franklin uma caução que responderá por sua boa conduta durante o ano que correrá.

A proposta do comitê foi aceita e tornou-se lei, mas seu efeito foi nulo. O jornal enganou a defesa colocando o nome de *Benjamin* Franklin em vez de *James* Franklin abaixo de suas colunas, e a opinião pública acabou recusando a medida.

(B) página 318

Para ser eleitor dos condados (os que representam a propriedade territorial) antes da lei da reforma aprovada em 1832, era preciso ter a propriedade ou o arrendamento vitalício de terras com receita líquida de 40 xelins. Essa lei foi feita sob Henrique vi, por volta de 1450. Foi calculado que 40 xelins na época de Henrique vi podiam equivaler a 30 libras esterlinas de nossos dias. No entanto, deixou-se subsistir até 1832 essa base adotada no século xv, o que prova o quanto a Constituição inglesa se tornava democrática com o tempo, mesmo parecendo imóvel. Ver *Delolme*, livro i, cap. iv; ver também *Blackstone*, livro i, cap. iv.

Os jurados ingleses são escolhidos pelo xerife do condado (*Delolme*, tomo I, cap. XII). O xerife é em geral um homem considerável do condado; ele preenche as funções judiciárias e administrativas; ele representa o rei e é nomeado por ele todos os anos (*Blackstone*, livro I, cap. IX). Sua posição o coloca acima da suspeita de corrupção pelas partes; aliás, se a sua imparcialidade é colocada em dúvida, pode-se recusar em massa o júri que ele nomeou e, então, outro oficial é encarregado de escolher novos jurados. Ver *Blackstone*, livro III, cap. XXIII.

Para ter o direito de ser jurado, é preciso possuir terras no valor de no mínimo 10 xelins de renda (*Blackstone*, livro III, cap. XXIII). Observaremos que essa condição foi imposta sob o reinado de Guilherme e Maria, isto é, por volta de 1700, época em que o valor do dinheiro era infinitamente mais alto do que em nossos dias. Vê-se que os ingleses basearam seu sistema de júri não sobre a capacidade, mas sobre a propriedade fundiária, como todas as suas outras instituições políticas.

Acabou-se por admitir os arrendatários no júri, mas exigiu-se que seus arrendamentos fossem muito longos e que tivessem uma receita líquida de 20 xelins, independentemente da renda (Ibidem).

(C) página 318

A Constituição Federal introduziu o júri nos tribunais da União da mesma maneira que os estados o haviam introduzido em seus tribunais particulares; além disso, ela não estabeleceu regras próprias para a escolha dos jurados. Os tribunais federais recorrem à lista ordinária de jurados que cada estado redige para seu uso. São, portanto, as leis dos estados que se deve examinar para conhecer a teoria da composição do júri na América. Ver *Story's commentaries on the constitution*, livro III, cap. XXXVIII, p. 654-659. *Sergeant's constitutional law*, p. 165. Ver também as leis federais de 1789, 1800 e 1802 sobre o assunto.

Para conhecermos bem os princípios dos americanos no que concerne à composição do júri, recorri às leis de estados afastados uns dos outros. Eis as ideias gerais que podemos retirar desse exame.

Na América, todos os cidadãos que são eleitores têm o direito de ser jurados. O grande estado de Nova York, porém, estabeleceu uma leve diferença entre as duas capacidades; mas num sentido oposto ao das nossas leis, ou seja, há menos jurados no estado de Nova York do que eleitores. Em geral, podemos dizer que nos Estados Unidos o direito de fazer parte de um júri, assim como o direito de eleger deputados, estende-se a todo mundo; mas o exercício desse direito não é indistintamente colocado em todas as mãos.

A cada ano, um corpo de magistrados municipais ou cantonais, chamados *selectmen* na Nova Inglaterra e *supervisors* no estado de Nova York, *trustees* em Ohio, *sheriffs* da paróquia na Louisiana, escolhem para cada cantão um determinado número de cidadãos com o direito de ser jurados, aos quais supõem a capacidade de sê-lo. Esses magistrados, sendo eles mesmos eletivos, não despertam desconfiança; seus poderes são muito extensos e bastante arbitrários, como em geral os dos magistrados republicanos, e eles os utilizam com frequência, principalmente na Nova Inglaterra, para afastar os jurados indignos ou incapazes.

Os nomes dos jurados assim escolhidos são transmitidos ao tribunal do condado, e da totalidade desses nomes sorteia-se o júri, que deve pronunciar-se em cada caso.

De resto, os americanos buscaram por todos os meios possíveis colocar o júri ao alcance do povo e torná-lo o menos custoso possível. Os jurados, sendo muito numerosos, a vez de cada um só retorna a cada três anos. As sessões ocorrem na capital de cada condado, o condado responde mais ou menos a nosso Arrondissement. Assim, o tribunal vem se colocar perto do júri, em vez de chamar o júri para perto de si, como na França; por fim, os jurados são indenizados, seja pelo estado, seja pelas partes. Eles em geral recebem 1 dólar (5 francos e 42 centavos) por dia, independentemente dos custos de viagem. Na América, o júri ainda é visto como um encargo; mas um encargo fácil de suportar e ao qual as pessoas se submetem sem dificuldade.

Ver *Brevard's Digest of the public statute law of South Carolina*, vol. 2, p. 338; Id., vol. 1, p. 454 e 456; Ibidem, vol. 2, p. 218.

Ver *The general laws of Massachusetts revised and published by authority of the legislature*, vol. 2, p. 331, 187.

Ver *The revised statutes of the state of New York*, vol. 2, p. 720, 411, 717, 643.

Ver *The statue law of the state of Tennessee*, vol. 1, p. 209.

Ver *Acts of the state of Ohio*, p. 95 e 210.

Ver *Digeste général des actes de la législature de la Louisiane*, vol. 2, p. 55.

(D) página 321

Quando se examina de perto a constituição do júri civil entre os ingleses, descobre-se com facilidade que os jurados nunca escapam ao controle do juiz.

É verdade que o veredito do júri, tanto civil quanto criminal, compreende, em geral, numa simples enunciação, o fato e o direito. Exemplo: uma casa é reclamada por Pierre como tendo sido comprada por ele; eis o fato. Seu adversário lhe opõe a incapacidade do vendedor; eis o direito. O júri se limita a dizer que a casa será entregue nas mãos de Pierre; ele decide, assim, o fato e o direito. Ao introduzir no júri matéria civil, os ingleses não atribuíram à opinião dos jurados a infalibilidade que lhe concedem em matéria criminal quando o veredito é favorável.

Se o juiz pensar que o veredito fez uma falsa aplicação da lei, ele pode recusar-se a recebê-lo e enviar os jurados para deliberar.

Se o juiz deixar passar o veredito sem observação, o processo ainda não está inteiramente encerrado: há várias vias de recurso abertas contra a sentença. A principal consiste em pedir à justiça que o veredito seja anulado e que um novo júri seja reunido. É verdade dizer que tal solicitação é raramente concedida, e nunca o é mais de duas vezes; no entanto, vi o caso acontecer diante de meus olhos. Ver *Blackstone*, livro III, cap. XXIV; Ibidem, livro III, cap. XXV.

FIM DO SEGUNDO TOMO

TERCEIRO TOMO

SUMÁRIO DO TERCEIRO TOMO

PRIMEIRA PARTE
Influência da democracia no movimento intelectual dos Estados Unidos 467

Capítulo 1
Do método filosófico dos americanos 467

Capítulo 2
Da principal fonte de crenças nos povos democráticos 471

Capítulo 3
Por que os americanos demonstram mais aptidão e gosto pelas ideias gerais do que seus pais, os ingleses 475

Capítulo 4
Por que os americanos nunca foram tão apaixonados quanto os franceses pelas ideias gerais em matéria política 479

Capítulo 5
Como, nos Estados Unidos, a religião sabe se servir dos instintos democráticos 480

Capítulo 6
Dos progressos do catolicismo nos Estados Unidos 488

Capítulo 7
O que faz o espírito dos povos democráticos se inclinar para o panteísmo 489

Capítulo 8
Como a igualdade sugere aos americanos a ideia da perfectibilidade indefinida do homem 490

Capítulo 9
Como o exemplo dos americanos não prova que um povo democrático não poderia ter aptidão e gosto para as ciências, a literatura e as artes 492

Capítulo 10
Por que os americanos se dedicam mais à prática das ciências do que à teoria 496

Capítulo 11
Com que espírito os americanos cultivam as artes 502

Capítulo 12
Por que os americanos erguem monumentos tão pequenos e tão grandes ao mesmo tempo 507

Capítulo 13
Fisionomia literária dos séculos democráticos 508

Capítulo 14
Da indústria literária 513

Capítulo 15
Por que o estudo da literatura grega e latina é particularmente útil nas sociedades democráticas 514

Capítulo 16
Como a democracia americana modificou a língua inglesa 515

Capítulo 17
De algumas fontes de poesia nas nações democráticas 521

Capítulo 18
Por que os escritores e os oradores americanos com frequência são empolados 527

Capítulo 19
Algumas observações sobre o teatro dos povos democráticos 528

Capítulo 20
De algumas tendências particulares aos historiadores nos séculos democráticos 532

Capítulo 21
Da eloquência parlamentar nos Estados Unidos 536

SEGUNDA PARTE
Influência da democracia nos sentimentos dos americanos **541**

Capítulo 1
Por que os povos democráticos demonstram um amor mais ardente
e mais duradouro pela igualdade do que pela liberdade **541**

Capítulo 2
Do individualismo nos países democráticos **544**

Capítulo 3
Como o individualismo é maior ao sair de uma revolução democrática
do que em outra época **546**

Capítulo 4
Como os americanos combatem o individualismo com instituições livres **547**

Capítulo 5
Do uso que os americanos fazem da associação na vida civil **551**

Capítulo 6
Da relação entre associações e jornais **555**

Capítulo 7
Relação entre associações civis e associações políticas **558**

Capítulo 8
Como os americanos combatem o individualismo pela doutrina
do interesse bem compreendido **563**

Capítulo 9
Como os americanos aplicam a doutrina do interesse bem compreendido
em matéria de religião **566**

Capítulo 10
Do gosto pelo bem-estar na América **568**

Capítulo 11
Dos efeitos particulares que o amor pelos prazeres materiais produz
nos séculos democráticos **570**

Capítulo 12
Por que certos americanos exibem um espiritualismo tão exaltado **572**

Capítulo 13
Por que os americanos se mostram tão inquietos em meio a seu bem-estar **573**

Capítulo 14
Como o gosto pelos prazeres materiais se une, entre os americanos, ao amor pela liberdade e ao zelo pelos assuntos públicos **576**

Capítulo 15
Como as crenças religiosas de tempos em tempos desviam a alma dos americanos para os prazeres imateriais **579**

Capítulo 16
Como o amor excessivo pelo bem-estar pode prejudicar o bem-estar **583**

Capítulo 17
Como, nos tempos de igualdade e de dúvida, é importante recuar o objeto das ações humanas **584**

Capítulo 18
Por que, entre os americanos, todas as profissões honestas são consideradas honradas **586**

Capítulo 19
O que faz com que quase todos os americanos se inclinem para as profissões industriais **588**

Capítulo 20
Como a aristocracia poderia sair da indústria **591**

Nota **595**

PRIMEIRA PARTE
INFLUÊNCIA DA DEMOCRACIA NO MOVIMENTO INTELECTUAL DOS ESTADOS UNIDOS

CAPÍTULO 1
DO MÉTODO FILOSÓFICO DOS AMERICANOS

Penso não haver, no mundo civilizado, país em que as pessoas se ocupem menos de filosofia do que nos Estados Unidos.

Os americanos não têm escola filosófica que lhes seja própria e se preocupam muito pouco com todas as que dividem a Europa; mal sabem seus nomes.

É fácil ver, no entanto, que quase todos os habitantes dos Estados Unidos dirigem seu espírito da mesma maneira e o conduzem segundo as mesmas regras; ou seja, eles possuem, sem que jamais tenham se dado ao trabalho de definir suas regras, um determinado método filosófico comum a todos.

Escapar ao espírito de sistema, ao jugo dos hábitos, às máximas familiares, às opiniões de classe e, até certo ponto, aos preconceitos nacionais; considerar a tradição apenas uma informação, e os fatos presentes, um útil estudo para fazer diferente e melhor; procurar por si mesmo e em si a razão das coisas; tender ao resultado sem se deixar prender ao meio; visar o fundo através da forma; estes são os principais traços que caracterizam o que chamarei de método filosófico dos americanos.

Se eu for ainda mais longe e, entre esses diversos traços, procurar o principal e o que pode resumir quase todos os outros, descobrirei que, na maioria das operações do espírito, cada americano só apela ao esforço individual de sua razão.

A América, portanto, é um dos países do mundo em que menos são estudados e em que melhor são seguidos os preceitos de Descartes. Isso não deve surpreender.

Os americanos não leem as obras de Descartes, porque seu estado social os afasta dos estudos especulativos, e seguem suas máximas porque esse mesmo estado social dispõe naturalmente seu espírito a adotá-las.

Em meio ao movimento contínuo que reina no seio de uma sociedade democrática, o laço que une as gerações entre elas se afrouxa ou se rompe; cada uma facilmente perde o rastro das ideias de seus antepassados ou não se preocupa com elas.

Os homens que vivem em tal sociedade tampouco poderiam obter suas crenças das opiniões da classe à qual pertencem, pois não há mais classes, por assim dizer, e as que ainda existem são compostas de elementos tão cambiantes que o corpo nunca poderia exercer um verdadeiro poder sobre seus membros.

Quanto à ação que a inteligência de um homem pode ter sobre a de outro, ela é necessariamente muito restrita num país em que os cidadãos, que aos poucos se tornaram semelhantes, se veem todos bem de perto, sem perceber em nenhum deles sinais de grandeza ou superioridade incontestáveis, são constantemente devolvidos à própria razão como fonte mais visível e mais próxima da verdade. Não é apenas a confiança em tal homem que é destruída, mas o gosto de acreditar em qualquer homem com base na palavra.

Cada um se encerra em si mesmo, portanto, e pretende julgar o mundo daí.

O uso que os americanos têm de só tirar de si mesmos a regra para seus julgamentos conduz seu espírito a outros hábitos.

Como veem que conseguem resolver sem ajuda todas as pequenas dificuldades que a vida prática apresenta, eles facilmente concluem que tudo no mundo é explicável e que nada ultrapassa os limites da inteligência.

Assim, de bom grado negam o que não podem compreender; isso lhes dá pouca fé no extraordinário e uma repulsa quase invencível pelo sobrenatural.

Como é a seu próprio testemunho que costumam recorrer, gostam de ver com muita clareza o objeto do qual se ocupam; livram-no, portanto, o máximo que podem, de seu envoltório, afastam tudo o que os separa dele e retiram tudo o que o oculta de seus olhares, a fim de vê-lo mais de perto e em plena luz. Essa disposição de seu espírito logo os leva a desprezar as formas, que consideram véus inúteis e incômodos entre eles e a verdade.

Os americanos não sentiram necessidade, portanto, de obter seu método filosófico dos livros, encontraram-no em si mesmos. Direi o que aconteceu na Europa.

Esse mesmo método só se estabeleceu e vulgarizou na Europa à medida que as condições se tornaram mais iguais, e os homens, mais semelhantes.

Consideremos por um momento o encadeamento dos tempos:

No século XVI, os reformadores submetem à razão individual alguns dos dogmas da antiga fé; mas continuam a subtrair-lhe a discussão de todos os outros. No século XVII, Bacon, nas ciências naturais, e Descartes, na filosofia propriamente dita, abolem as fórmulas reconhecidas, destroem o império das tradições e derrubam a autoridade do mestre.

Os filósofos do século XVIII, generalizando o mesmo princípio, começam a submeter ao exame individual de cada homem o objeto de todas as suas crenças.

Quem não vê que Lutero, Descartes e Voltaire utilizaram o mesmo método, e que só diferem no maior ou menor uso que quiseram que dele se fizesse?

Por que os reformadores se encerraram tão estritamente no círculo das ideias religiosas? Por que Descartes, querendo utilizar seu método apenas em certas matérias, embora estivesse em condições de ser aplicado a todas, declarou que só se devia julgar por si mesmo as coisas de filosofia, e não de política? Como se deu que, no século XVIII, tenham retirado, desse mesmo método, aplicações gerais que Descartes e seus predecessores não tinham percebido ou tinham se recusado a descobrir? Por que, enfim, nessa época o método de que falamos subitamente saiu das escolas para penetrar na sociedade e se tornar a regra comum da inteligência e que, depois de ter sido popular entre os franceses, tenha sido ostensivamente adotado ou secretamente seguido por todos os povos da Europa?

O método filosófico de que falamos pôde nascer no século XVI, especificar-se e generalizar-se no século XVII; mas não podia ser comumente adotado em nenhum dos dois. As leis políticas, o estado social e os hábitos do espírito que decorrem dessas primeiras causas se opunham a isso.

Ele foi descoberto numa época em que os homens começavam a se igualar e assemelhar. Só podia ser seguido por todos em séculos em que as condições finalmente se tornaram mais ou menos iguais, e os homens, quase semelhantes.

O método filosófico do século XVIII não é apenas francês, portanto, mas democrático, o que explica por que foi tão facilmente admitido em toda a Europa, cuja face tanto contribuiu para mudar. Não é porque os franceses mudaram suas antigas crenças e modificaram seus antigos costumes que eles mudaram o mundo, é porque foram os primeiros a generalizar e realçar um método filosófico com a ajuda do qual podia-se facilmente atacar todas as coisas antigas e abrir caminho para todas as novas.

Se agora me perguntarem por que, em nossos dias, esse mesmo método é mais rigorosamente seguido e mais frequentemente aplicado entre os franceses do que entre os americanos, junto aos quais a igualdade é, no entanto, igualmente completa e mais antiga, responderei que isso em parte se deve a duas circunstâncias que precisam ser bem compreendidas.

Foi a religião que fez nascer as sociedades anglo-americanas; nunca se deve esquecer isso; nos Estados Unidos, a religião se confunde com todos os hábitos nacionais e com todos os sentimentos que a pátria faz nascer; isso lhe dá, portanto, uma força particular.

A essa razão poderosa some-se esta outra, que não o é menos: na América, a religião determinou, por assim dizer, seus próprios limites; a ordem religiosa permaneceu inteiramente distinta da ordem política, de tal modo que se pôde facilmente mudar as leis antigas sem abalar as antigas crenças.

O cristianismo conservou, portanto, um grande império sobre o espírito dos americanos e, o que desejo destacar acima de tudo, não reina apenas como uma filosofia adotada após exame, mas como uma religião em que se acredita sem discussão.

Nos Estados Unidos, as seitas cristãs variam ao infinito e se modificam incessantemente; mas o cristianismo é um fato estabelecido e irresistível que ninguém tenta atacar ou defender.

Os americanos, tendo admitido sem exame os principais dogmas da religião cristã, são obrigados a receber da mesma maneira um grande número de verdades morais que dela decorrem e a ela estão presas. Isso encerra em limites estreitos a ação da análise individual e lhe subtrai várias das mais importantes opiniões humanas.

A outra circunstância de que falei é a seguinte:

Os americanos têm um estado social e uma Constituição democráticos, mas não tiveram revolução democrática. Chegaram mais ou menos tal como os vemos ao solo que ocupam. Isso é de grande importância.

Não há revoluções que não abalem as antigas crenças, que não enfraqueçam a autoridade e não obscureçam as ideias comuns. Toda revolução tem, portanto, mais ou menos o efeito de entregar os homens a si mesmos e de abrir diante do espírito de cada um deles um espaço vazio e quase ilimitado.

Quando as condições se tornam iguais, após uma luta prolongada entre as diferentes classes que formavam a velha sociedade, a inveja, o ódio e o desprezo pelo vizinho, o orgulho e a confiança exagerada em si mesmo invadem o coração humano, por assim dizer, e fazem dele seu território por algum tempo. Isso, independentemente da igualdade, contribui poderosamente para dividir os homens; para fazer com que desconfiem do julgamento uns dos outros e com que busquem a luz apenas em si mesmos.

Cada um tenta então ser autossuficiente e se vangloria de ter a respeito de todas as coisas crenças próprias. Os homens se tornam ligados apenas por interesses, e não por ideias, e as opiniões humanas parecem não formar mais que uma espécie de poeira intelectual que se agita de todos os lados sem poder se juntar e fixar.

Assim, a independência de espírito que a igualdade supõe nunca é tão grande e nunca parece tão excessiva quanto no momento em que a igualdade começa a se estabelecer e durante o penoso trabalho que a institui. Devemos, portanto, distinguir com cuidado, da anarquia que a revolução produz, a espécie de liberdade intelectual que a igualdade pode trazer. É preciso considerar à parte cada uma dessas duas coisas, para não alimentar esperanças e temores exagerados em relação ao futuro.

Creio que os homens que viverão nas novas sociedades muitas vezes farão uso de sua razão individual; mas estou longe de acreditar que abusem dela com frequência.

Isso se deve a uma causa mais geralmente aplicável a todos os países democráticos e que, a longo prazo, deve manter dentro de limites fixos e às vezes estreitos a independência individual do pensamento.

Falarei sobre isso no próximo capítulo.

CAPÍTULO 2
DA PRINCIPAL FONTE DE CRENÇAS NOS POVOS DEMOCRÁTICOS

As crenças dogmáticas são mais ou menos numerosas, dependendo das épocas. Elas nascem de diferentes maneiras e podem mudar de forma e de objeto; mas não poderíamos fazer com que não existam crenças dogmáticas, isto é, opiniões que os homens recebem com confiança e sem discuti-las. Se cada um tentasse formar por conta própria todas as suas opiniões e perseguir isoladamente a verdade, em caminhos abertos apenas por ele, não é provável que um grande número de homens um dia se reunisse sob alguma crença comum.

Ora, é fácil ver que não há sociedade que possa prosperar sem crenças semelhantes, ou melhor, não há nenhuma que possa subsistir assim; pois sem ideias comuns não há ação comum, e sem ação comum ainda há homens, mas não corpo social. Para que haja sociedade e, mais do que isso, para que essa sociedade prospere, é preciso, portanto, que todos os espíritos dos cidadãos estejam sempre reunidos e mantidos juntos por algumas ideias principais; e isso só poderia acontecer se cada um deles viesse algumas vezes beber suas opiniões de uma mesma fonte e consentisse em receber um certo número de crenças já prontas.

Se eu agora considerar o homem à parte, verei que as crenças dogmáticas lhe são mais indispensáveis para viver sozinho do que para agir em comum com seus semelhantes.

Se o homem fosse obrigado a provar a si mesmo todas as verdades de que se serve a cada dia, não acabaria nunca; ele se extenuaria em demonstrações preliminares, sem avançar; como não tem tempo, devido à breve duração da vida, nem faculdade, devido aos limites de seu espírito, para agir assim, vê-se obrigado a ter por certa uma miríade de fatos e opiniões que não teve nem a possibilidade nem o poder de examinar e verificar por si mesmo, mas que homens mais hábeis descobriram ou que a multidão adota. É sobre esse primeiro fundamento que ele mesmo ergue o edifício de seus próprios pensamentos. Não é sua vontade que o leva a proceder dessa maneira; a lei inflexível de sua condição o obriga a tanto.

Não há filósofo tão grande no mundo que não acredita num milhão de coisas baseado em outrem, e que não suponha verdades muito mais do que as estabeleça.

Isso é não apenas necessário, mas desejável. Um homem que tentasse examinar tudo por conta própria só poderia conceder pouco tempo e atenção a cada coisa; esse trabalho deixaria seu espírito numa constante agitação que o impediria de penetrar profundamente em qualquer verdade e fixar-se com solidez em qualquer certeza. Sua inteligência seria ao mesmo tempo independente e fraca. É preciso, portanto, que entre os diversos objetos das opiniões humanas ele faça uma escolha e adote muitas crenças sem discuti-las, a fim de melhor aprofundar um pequeno número, cujo exame reservou-se.

É verdade que todo homem que recebe uma opinião baseada na palavra de outro coloca seu espírito em escravidão; mas trata-se de servidão salutar, que permite fazer bom uso da liberdade.

Portanto, é sempre necessário, não importa o que aconteça, que a autoridade esteja em algum lugar no mundo intelectual e moral. Seu lugar é variável, mas ela necessariamente tem um lugar. A independência individual pode ser maior ou menor; ela não poderia ser ilimitada. Assim, a questão não é saber se existe uma autoridade intelectual nos séculos democráticos, mas onde ela está depositada e qual será sua medida.

Mostrei, no capítulo anterior, como a igualdade das condições fazia os homens sentirem uma espécie de incredulidade instintiva pelo sobrenatural e uma ideia muito elevada e com frequência muito exagerada da razão humana.

Os homens que vivem nesses tempos de igualdade são, portanto, dificilmente levados a colocar a autoridade intelectual a que se submetem fora e acima da humanidade. É neles mesmos ou em seus semelhantes que em geral procuram as fontes da verdade. Isso bastaria para provar que uma nova religião não poderia se estabelecer nesses séculos e que todas as tentativas de fazê-la nascer não seriam apenas ímpias, mas ridículas e insensatas. Podemos prever que os povos democráticos não acreditarão com facilidade nas missões divinas, que de bom grado rirão dos novos profetas e que tentarão encontrar dentro dos limites da humanidade, e não além dela, o árbitro principal de suas crenças.

Quando as condições são desiguais, e os homens, dessemelhantes, há alguns indivíduos muito esclarecidos, muito sábios, muito poderosos em sua inteligência, e uma multidão muito ignorante e muito limitada. As pessoas que vivem nos tempos de aristocracia são, portanto, naturalmente levadas a tomar por guia de suas opiniões a razão superior de um homem ou de uma classe, estando pouco dispostas a reconhecer a infalibilidade da massa.

O contrário acontece nos séculos de igualdade.

À medida que os cidadãos se tornam mais iguais e mais semelhantes, a inclinação de cada um a acreditar cegamente em certo homem ou em certa classe diminui. A disposição para acreditar na massa aumenta, e é a opinião que cada vez mais conduz o mundo.

Não apenas a opinião comum é o único guia que resta à razão individual entre os povos democráticos, ela também tem, entre esses povos, um poder infinitamente maior do que entre qualquer outro. Nos tempos de igualdade, os homens não têm nenhuma fé uns nos outros, por causa de sua similitude; mas essa mesma similitude lhes dá uma confiança quase ilimitada no julgamento do público; pois não lhes parece verossímil que, todos tendo as mesmas luzes, a verdade não esteja do lado da maioria.

Quando o homem que vive nos países democráticos se compara individualmente a todos os que o cercam, ele sente com orgulho que é igual a cada um deles; mas quando encara o conjunto de seus semelhantes e se coloca ao lado desse grande corpo, logo se sente oprimido por sua própria insignificância e fraqueza.

Essa mesma igualdade, que o torna independente de cada um de seus concidadãos em particular, entrega-o isolado e indefeso à ação da maioria.

Portanto, o público tem, entre os povos democráticos, um poder singular que as nações aristocráticas não podiam sequer conceber. Ele não convence a respeito de suas crenças, ele as impõe e faz com que penetrem nas almas por uma espécie de imensa pressão do espírito de todos sobre a inteligência de cada um.

Nos Estados Unidos, a maioria se encarrega de fornecer aos indivíduos uma miríade de opiniões já prontas e, assim, os alivia da obrigação de formarem suas próprias. Existe um grande número de teorias em matéria de filosofia, moral ou política, que cada um adota sem exame, baseado na fé do público; e se olharmos bem de perto, veremos que a própria religião reina bem menos como doutrina revelada do que como opinião comum.

Sei que entre os americanos as leis políticas são mais do que a maioria que rege soberanamente a sociedade; o que aumenta muito o império que ela naturalmente exerce sobre a inteligência. Porque não há nada mais familiar ao homem do que reconhecer uma sabedoria superior naquele que o oprime.

Essa onipotência política da maioria nos Estados Unidos aumenta, de fato, a influência que as opiniões do público obteriam sem ela sobre o espírito de cada cidadão, mas ela não a funda. É na própria igualdade que se deve buscar as fontes dessa influência, e não nas instituições mais ou menos populares que homens iguais podem criar para si. É de crer que o império intelectual da maioria seria menos absoluto num povo democrático submetido a um rei do que no seio de uma pura democracia; mas ele será sempre muito absoluto, e, quaisquer que sejam as leis políticas a reger os homens nos séculos de igualdade, podemos prever que a fé na opinião comum se tornará uma espécie de religião cujo profeta será a maioria.

Assim, a autoridade intelectual será diferente, mas não será menor; e, longe de acreditar que deva desaparecer, prevejo que facilmente se tornaria grande demais e que poderia acontecer de ela finalmente encerrar a ação à razão individual dentro de limites mais estreitos do que convém à grandeza e à felicidade da espécie humana. Vejo com muita clareza duas tendências na igualdade; uma que leva o espírito de cada homem a novos pensamentos e outra que o reduziria a parar de pensar. E percebo como, sob o império de certas leis, a democracia apagaria a liberdade intelectual que o estado social democrático favorece, de tal modo que, depois de ter rompido todos os entraves que outrora lhe impunham as classes ou os homens, o espírito humano se acorrentaria estreitamente às vontades gerais da maioria.

Se, no lugar de todos os diversos poderes que atravancavam e retardavam o desenvolvimento da razão individual, os povos democráticos colocassem o poder absoluto de uma maioria, o mal apenas mudaria de caráter. Os homens não encontrariam o meio de viver independentes; teriam apenas descoberto, coisa difícil, uma nova fisionomia para a servidão. Há nisso, eu não me cansaria de repetir, o suficiente para fazer refletir profundamente os que veem na liberdade da inteligência uma coisa santa e que não odeiam apenas o déspota, mas o despotismo. De minha parte, quando sinto a mão do poder pesar em minha fronte, pouco me importa saber quem me oprime, e não estou mais disposto a deixar minha cabeça sob o jugo porque 1 milhão de braços o apresentam.

CAPÍTULO 3
POR QUE OS AMERICANOS DEMONSTRAM MAIS APTIDÃO E GOSTO PELAS IDEIAS GERAIS DO QUE SEUS PAIS, OS INGLESES

Deus não pensa no gênero humano em geral. Ele vê num só olhar e separadamente todos os seres que compõem a humanidade e percebe cada um deles com semelhanças que o aproximam de todos e diferenças que o isolam de todos.

Deus, portanto, não precisa de ideias gerais; isto é, ele nunca sente a necessidade de encerrar um grande número de objetos análogos sob uma mesma forma a fim de pensar sobre eles mais facilmente.

O mesmo não se dá com os homens. Se o espírito humano tentasse examinar e julgar individualmente todos os casos particulares que o afetam, ele logo se perderia no meio de uma imensidão de detalhes e não veria mais nada; nesse extremo, ele pode recorrer a um procedimento imperfeito, mas necessário, que ajuda sua fraqueza e que a prova.

Depois de ter considerado superficialmente um certo número de objetos e observado que eles se parecem, ele dá a todos o mesmo nome, coloca-os à parte e segue seu caminho.

As ideias gerais não atestam a força da inteligência humana, mas antes sua insuficiência, pois não existem seres exatamente semelhantes na natureza, não há fatos idênticos, não há regras aplicáveis indistintamente e da mesma maneira a vários objetos ao mesmo tempo.

As ideias gerais são admiráveis porque permitem ao espírito humano ter julgamentos rápidos sobre um grande número de objetos ao mesmo tempo; por outro lado, porém, elas nunca lhe fornecem mais que noções incompletas e sempre o fazem perder em exatidão aquilo que lhe conferem em extensão.

À medida que as sociedades envelhecem, elas adquirem o conhecimento de fatos novos e a cada dia se apoderam, quase sem saber, de algumas verdades particulares.

À medida que o homem apreende mais verdades dessa espécie, ele é naturalmente levado a conceber um maior número de ideias gerais. Não se poderia ver separadamente uma multidão de fatos particulares sem descobrir o laço comum que os une. Vários indivíduos permitem perceber a noção de espécie; várias espécies levam necessariamente à de gênero. O hábito e o gosto das ideias gerais serão, portanto, sempre ainda maiores num povo quanto mais antigas e numerosas forem suas luzes.

Mas há outras razões que também levam os homens a generalizar suas ideias ou que os afastam de fazê-lo.

Os americanos fazem uso das ideias gerais com muito mais frequência que os ingleses e se comprazem com elas muito mais que eles; isso parece muito singular à primeira vista, se considerarmos que esses dois povos têm uma mesma origem, que viveram por séculos sob as mesmas leis e que ainda constantemente se comunicam suas opiniões e costumes. O contraste parece ainda mais marcante quando concentramos nossos olhares na Europa e comparamos os dois povos mais esclarecidos que a habitam.

Entre os ingleses, o espírito humano parece se afastar apenas com pesar e dor da contemplação dos fatos particulares para ir deles às causas, e que só generaliza a despeito de si mesmo.

Parece, ao contrário, que entre nós o gosto pelas ideias gerais se tornou uma paixão tão desenfreada que é preciso a todo momento satisfazê-la. Descubro, toda manhã ao acordar, que acabam de descobrir uma certa lei geral e eterna da qual eu nunca tinha ouvido falar até então. Não há escritor tão medíocre que não queira, em sua primeira obra, descobrir verdades aplicáveis a um grande reino e que não fique insatisfeito consigo mesmo se não puder encerrar o gênero humano no tema de seu discurso.

Tal dessemelhança entre dois povos muito esclarecidos me espanta. Quando volto meu espírito para a Inglaterra e observo o que acontece há meio século em seu seio, creio poder afirmar que o gosto pelas ideias gerais se desenvolve à medida que a antiga constituição do país se enfraquece.

O estado mais ou menos avançado das luzes não basta, portanto, para explicar sozinho o que sugere ao espírito humano o amor pelas ideias gerais, ou que o desvia delas.

Quando as condições são muito desiguais e as desigualdades são permanentes, os indivíduos aos poucos se tornam tão dessemelhantes que parecem humanidades tão distintas quanto são as classes; nunca se descobre mais do que uma de cada vez e, perdendo de vista o laço geral que as reúne todas no vasto seio do gênero humano, não se consegue considerar mais que alguns homens, e nunca o homem.

Os que vivem nessas sociedades aristocráticas nunca concebem ideias gerais o suficiente em relação a si mesmos, e isso basta para os deixar desconfiados dessas ideias e com uma repulsa instintiva por elas.

O homem que habita os países democráticos, ao contrário, só descobre, perto de si, seres mais ou menos semelhantes; ele não pode pensar em parte alguma da espécie humana sem que seu pensamento cresça e se dilate até abarcar o conjunto. Todas as verdades que são aplicáveis a si mesmo lhe parece aplicar-se igualmente e da mesma maneira a cada um de seus concidadãos e de seus semelhantes. Tendo contraído o hábito das ideias gerais nos estudos de que mais se ocupa, e que mais o interessam, ele transporta esse mesmo hábito a todos os outros, e é assim que a necessidade de descobrir regras comuns em todas as coisas, de encerrar um grande número de objetos sob uma mesma forma e de explicar um conjunto de fatos por meio de uma única causa se torna uma paixão ardente e muitas vezes cega do espírito humano.

Nada demonstra melhor a verdade do que precede do que as opiniões da Antiguidade sobre os escravos.

Os gênios mais profundos e mais amplos de Roma e da Grécia nunca conseguiram chegar a essa ideia tão geral e, ao mesmo tempo, tão simples, da similitude dos homens e do direito igual que cada um deles traz, ao nascer, à liberdade; e eles muitas vezes se esforçaram em provar que a escravidão estava na natureza e que sempre estaria. Mais que isso, tudo indica que os antigos que foram escravos antes de se tornarem livres, dos quais vários nos deixaram belos escritos, também pensavam a servidão da mesma maneira.

Todos os grandes escritores da Antiguidade faziam parte da aristocracia dos senhores, ou no mínimo viam essa aristocracia estabelecida sem contestá-la; seu espírito, após estender-se para várias direções, viu-se então limitado nessa, e foi preciso que Jesus Cristo viesse à Terra para fazer compreender que todos os membros da espécie humana eram naturalmente semelhantes e iguais.

Nos séculos de igualdade, todos os homens são independentes uns dos outros, isolados e fracos; não vemos nenhum cuja vontade dirija de modo permanente os movimentos da turba; nesses tempos, a humanidade sempre parece caminhar por si mesma. Para explicar o que acontece no mundo, somos então obrigados a buscar algumas grandes causas que, agindo da mesma maneira sobre cada um de nossos semelhantes, levam-nos a seguir voluntariamente um mesmo caminho. Isso também leva o espírito humano a naturalmente conceber ideias gerais e a adquirir o gosto de fazê-lo.

Mostrei anteriormente como a igualdade de condições levava cada um a buscar a verdade por si mesmo. É fácil ver que tal método deve fazer o espírito humano insensivelmente tender para as ideias gerais. Quando repudio as tradições de classe, de profissão e de família, quando escapo ao império do exemplo para buscar, somente com o esforço de minha razão, o caminho a seguir, tendo a buscar os motivos de minhas opiniões na própria natureza do homem, o que necessariamente me conduz, quase sem eu perceber, para um grande número de noções muito gerais.

Tudo o que precede acaba de explicar por que os ingleses demonstram muito menos aptidão e gosto pela generalização das ideias do que seus filhos, os americanos, e principalmente do que seus vizinhos, os franceses, e por que os ingleses de nossos dias demonstram mais do que seus pais.

Os ingleses foram por muito tempo um povo muito esclarecido e, ao mesmo tempo, muito aristocrático; suas luzes os faziam tender constantemente para ideias muito gerais, e seus hábitos aristocráticos os detinham em ideias muito particulares. Daí decorre essa filosofia, ao mesmo tempo audaciosa e tímida, ampla e estreita, que dominou até agora a Inglaterra, e que ainda mantém tantos espíritos retraídos e imóveis.

Independentemente das causas que mostrei acima, também encontramos outras, menos aparentes, mas não menos eficazes, que produzem em quase todos os povos democráticos o gosto e muitas vezes a paixão pelas ideias gerais.

É preciso distinguir entre esses tipos de ideias. Há as que são produto de um trabalho lento, detalhado e conscencioso de inteligência, que ampliam a esfera dos conhecimentos humanos.

Há outras que facilmente nascem de um primeiro esforço rápido do espírito e que só levam a noções muito superficiais e muito incertas.

Os homens que vivem nos séculos de igualdade têm muita curiosidade e pouco tempo livre; sua vida é tão prática, tão complicada, tão agitada, tão ativa, que lhes resta pouco tempo para pensar. Os homens dos séculos democráticos apreciam as ideias gerais porque elas os dispensam de estudar os casos particulares; elas contêm, se assim posso dizer, muitas coisas dentro de um pequeno volume, e em pouco tempo geram um grande produto. Portanto, quando, após um exame desatento e breve, creem perceber entre certos objetos uma relação comum, eles não levam sua busca mais adiante e, sem examinar em detalhe como esses diversos objetos se assemelham ou diferem, apressam-se em classificar todos sob a mesma fórmula, a fim de passar adiante.

Uma das características distintivas dos séculos democráticos é o gosto que todos os homens sentem pelos sucessos fáceis e pelos prazeres imediatos. Encontramos isso tanto nas carreiras intelectuais quanto em todas as outras. A maioria dos que vivem nos tempos de igualdade está cheia de uma ambição ao mesmo tempo intensa e fraca; querem alcançar imediatamente grandes sucessos, mas desejariam se desobrigar de grandes esforços. Esses instintos contrários os levam diretamente à procura de ideias gerais, por meio das quais se orgulham de pintar amplos objetos a pouco custo e de atrair os olhares do público sem dificuldade.

Não sei se estão errados de pensar assim; pois seus leitores temem o aprofundamento tanto quanto eles e em geral só buscam nos trabalhos do espírito os prazeres fáceis e a instrução sem trabalho.

Enquanto as nações aristocráticas não fazem uso suficiente das ideias gerais e muitas vezes sentem por elas um desprezo inconsiderado, os povos democráticos, ao contrário, estão sempre dispostos a abusar desses tipos de ideias e a inflamar-se imprudentemente por elas.

CAPÍTULO 4
POR QUE OS AMERICANOS NUNCA FORAM TÃO APAIXONADOS QUANTO OS FRANCESES PELAS IDEIAS GERAIS EM MATÉRIA POLÍTICA

Afirmei acima que os americanos demonstravam um gosto menos vivo do que os franceses pelas ideias gerais. Isso é verdade principalmente no que tange às ideias gerais relativas à política.

Embora os americanos façam penetrar na legislação infinitamente mais ideias gerais do que os ingleses, e embora eles se preocupem muito mais do que estes em ajustar a prática dos assuntos humanos à teoria, nunca se viu nos Estados Unidos corpos políticos tão apaixonados pelas ideias gerais quanto, em nosso país, foram a Assembleia Constituinte e a Convenção; nunca a nação americana inteira se apaixonou por esses tipos de ideias do mesmo modo que o povo francês do século XVIII e não demonstrou uma fé tão cega na qualidade e na verdade absoluta de qualquer teoria.

Essa diferença entre os americanos e nós nasce de várias causas, mas principalmente da seguinte:

Os americanos formam um povo democrático que sempre dirigiu por si mesmo os assuntos públicos, e nós somos um povo democrático que, por muito tempo, só pôde pensar na melhor maneira de conduzi-los.

Nosso estado social já nos levava a conceber ideias muito gerais em matéria de governo, enquanto nossa constituição política ainda nos impedia de retificar essas ideias por meio da experiência e de aos poucos descobrir sua insuficiência: para os americanos, por sua vez, essas duas coisas se equilibram o tempo todo e se corrigem naturalmente.

Pode parecer, à primeira vista, que isso seja contrário ao que afirmei anteriormente a respeito das nações democráticas buscarem nas próprias agitações de sua vida prática o amor que elas demonstram pelas teorias. Um exame mais atento revela que não há nisso nada de contraditório.

Os homens que vivem nos países democráticos são muito ávidos de ideias gerais porque têm muito pouco tempo livre e porque essas ideias dispensam-nos de perder seu tempo examinando os casos particulares; isso é verdade, mas somente a respeito das matérias que não são o objeto habitual e necessário de seus pensamentos. Os comerciantes aceitarão com pressa e sem olhar de perto todas as ideias gerais que lhes forem apresentadas em relação à filosofia, à política, às ciências e às artes; mas só aceitarão depois de exame as que se referirem ao comércio e só as admitirão sob reserva.

A mesma coisa acontece com os homens de Estado quando se trata de ideias gerais relativas à política.

Quando há um assunto no qual é particularmente perigoso que os povos democráticos aceitem cega e desmesuradamente as ideias gerais, o melhor corretivo que se pode empregar é fazer com que se ocupem dele todos os dias e de maneira prática; eles necessariamente precisarão entrar nos detalhes, e os detalhes farão com que percebam os lados fracos da teoria.

O remédio muitas vezes é doloroso, mas seu efeito é certo.

É assim que as instituições democráticas, que forçam cada cidadão a ocupar-se do governo de maneira prática, moderam o gosto excessivo pelas teorias gerais em matéria política, que a igualdade sugere.

CAPÍTULO 5
COMO, NOS ESTADOS UNIDOS, A RELIGIÃO SABE SE SERVIR DOS INSTINTOS DEMOCRÁTICOS

Estabeleci, num dos capítulos anteriores, que os homens não podem dispensar as crenças dogmáticas e que era inclusive muito desejável que as tivessem. Acrescento aqui que, entre todas as crenças dogmáticas, as mais desejáveis me parecem ser as crenças dogmáticas em matéria de religião; isso se deduz claramente, mesmo quando só se quer prestar atenção nos interesses deste mundo.

Quase não há ação humana, por mais particular que seja, que não nasça de uma ideia muito geral que os homens conceberam de Deus, das relações com o gênero humano, da natureza da alma e dos deveres para com os semelhantes. Não se pode fazer com que essas ideias não estejam na fonte comum de que todo o resto decorre.

Os homens, portanto, têm um interesse enorme em ter ideias bem determinadas sobre Deus, sobre sua alma, sobre seus deveres gerais para com seu criador e seus semelhantes; pois a dúvida sobre esses primeiros pontos entregaria todas as suas ações ao acaso e os condenaria, de certo modo, à desordem e à impotência.

Essa é a matéria, portanto, sobre a qual é mais importante que cada um de nós tenha ideias determinadas, e infelizmente também é aquela em que é mais difícil que cada um entregue a si mesmo, e somente pelo esforço de sua razão consiga determinar suas ideias.

Somente os espíritos muito libertos das preocupações ordinárias da vida, muito perspicazes, muito desapegados, muito experientes, podem, com ajuda de muito tempo e muitos cuidados, desvendar essas verdades tão necessárias.

Mesmo assim, vemos que esses filósofos quase sempre estão rodeados de incertezas; que a cada passo a luz natural que os ilumina se obscurece e ameaça extinguir-se, e que, apesar de todos os seus esforços, eles só conseguiram descobrir um pequeno número de noções contraditórias, no meio das quais o espírito humano flutua sem cessar há milhares de anos, sem poder apreender com firmeza a verdade nem encontrar novos erros. Tais estudos estão muito acima da capacidade média dos homens, e mesmo que a maioria dos homens fosse capaz de se entregar a eles, é evidente que não teria tempo para tanto.

Ideias determinadas sobre Deus e a natureza humana são indispensáveis à prática diária de sua vida, e essa prática os impede de poder adquiri-las.

Isso me parece único. Entre as ciências, há algumas que, úteis à multidão, estão a seu alcance; outras só são abordáveis por poucas pessoas e não são cultivadas pela maioria, que só precisa de suas aplicações mais distantes; mas a prática cotidiana desta é indispensável a todos, embora seu estudo seja inacessível à maioria.

As ideias gerais relativas a Deus e à natureza humana são, entre todas as ideias, as que mais convém subtrair à ação habitual da razão individual, e para a qual há mais a ganhar e menos a perder ao se reconhecer uma autoridade.

O primeiro objeto, e uma das principais vantagens das religiões, é fornecer a cada uma dessas questões primordiais uma solução clara, precisa, inteligível para a multidão e muito duradoura.

Há religiões muito falsas e absurdas; no entanto, podemos dizer que toda religião que se mantenha no círculo que acabo de indicar e que não pretenda dele sair, como várias tentaram, para deter em todas as direções o livre desenvolvimento do espírito humano, impõe um jugo salutar à inteligência, e é preciso reconhecer que, mesmo que não salve os homens no outro mundo, ela ao menos é muito útil para sua felicidade e grandeza neste em que vivemos.

Isso é verdade principalmente para os homens que vivem nos países livres.

Quando a religião é destruída num povo, a dúvida invade as camadas mais elevadas da inteligência e paralisa metade de todas as outras. Cada um se acostuma a ter apenas noções confusas e cambiantes sobre as matérias que mais interessam a seus semelhantes e a ele mesmo; as próprias opiniões são mal defendidas ou abandonadas, e, como perde-se a esperança de conseguir, sozinho, resolver os maiores problemas apresentados pelo destino humano, o homem se limita covardemente a não pensar sobre eles.

Tal estado de coisas não pode deixar de enfraquecer as almas; ele afrouxa a energia da vontade e prepara os cidadãos à servidão.

Não apenas acontece então de estes deixarem sua liberdade ser tomada, como com frequência a entregam.

Quando não existe mais autoridade em matéria de religião, como tampouco em matéria política, os homens logo se assustam com o aspecto dessa independência sem limites. Essa perpétua agitação de todas as coisas os deixa inquietos e cansados. Como tudo se movimenta no mundo das inteligências, eles querem ao menos que tudo seja firme e estável na ordem material e, não podendo mais voltar a suas antigas crenças, atribuem-se um senhor.

De minha parte, duvido que o homem jamais possa suportar ao mesmo tempo uma completa independência religiosa e uma total liberdade política; e sou levado a pensar que, se ele não tem fé, é preciso que sirva, e que se é livre, que acredite.

Não sei, porém, se essa grande utilidade das religiões não é mais visível ainda nos povos em que as condições são iguais do que em todos os outros.

É preciso reconhecer que a igualdade que introduz grandes benefícios no mundo sugere aos homens, porém, como será mostrado mais tarde, instintos muito perigosos; ela tende a isolá-los uns dos outros para levar cada um a se ocupar apenas de si mesmo.

Ela abre desmesuradamente sua alma ao amor dos prazeres materiais.

A maior vantagem das religiões é inspirar instintos absolutamente contrários. Não há religião que não coloque o objeto dos desejos do homem além e acima dos bens da Terra, e que não eleve naturalmente sua alma a regiões muito superiores às dos sentidos. Tampouco há religião que não imponha a cada um deveres para com a espécie humana, ou em comum com ela, e que não o tire assim, de tempos em tempos, da contemplação de si mesmo. Isso se encontra nas religiões mais falsas e mais perigosas.

Os povos religiosos são naturalmente fortes, portanto, justamente onde os povos democráticos são fracos; o que mostra a importância de os homens conservarem sua religião ao se tornarem iguais.

Não tenho nem o direito nem a vontade de examinar os meios sobrenaturais de que Deus se serve para fazer uma crença religiosa chegar ao coração do homem. Nesse momento, considero as religiões sob um ponto de vista puramente humano; busco saber de que maneira elas podem mais facilmente conservar seu império nos séculos democráticos em que entramos.

Mostrei de que modo, nos tempos de luzes e igualdade, o espírito humano só consentia com dificuldade em receber crenças dogmáticas e que só sentia vivamente a necessidade delas em matéria de religião. Isso indica, primeiro, que nesses séculos as religiões devem se manter mais discretamente do que em todos os outros dentro dos limites que lhes são próprios, e não tentar sair deles, pois, ao tentar estender seu poder para além das matérias religiosas, elas correm o risco de não serem mais acreditadas em matéria nenhuma. Devem, portanto, traçar com cuidado o círculo no qual pretendem reter o espírito humano e, fora dele, deixá-lo inteiramente livre e abandoná-lo a si mesmo.

Maomé fez descer do Céu, e colocou no Alcorão, não apenas doutrinas religiosas, mas máximas políticas, leis civis e criminais, teorias científicas. O Evangelho só fala, ao contrário, das relações gerais dos homens com Deus e entre eles. Fora disso, não ensina nada e não obriga a acreditar em nada. Somente isso, entre mil outras razões, basta para mostrar que a primeiras dessas duas religiões não poderia dominar por muito tempo em tempos de luzes e de democracia, enquanto a segunda está destinada a reinar nesses séculos como em todos os outros.

Se levar mais adiante essa mesma pesquisa, verei que, para que as religiões possam, humanamente falando, manter-se nos séculos democráticos, é preciso não apenas que se encerrem com cuidado no círculo das matérias religiosas. Seu poder ainda depende muito da natureza das crenças que elas professam, das formas externas que adotam e das obrigações que impõem.

O que afirmei anteriormente, que a igualdade leva os homens a ideias muito gerais e muito amplas, deve principalmente ser entendido em matéria de religião. Homens semelhantes e iguais facilmente concebem a noção de um Deus único, impondo a cada um deles as mesmas regras e concedendo-lhes a felicidade futura ao mesmo preço. A ideia da unidade do gênero humano constantemente os devolve à ideia de unidade do Criador, ao passo que, ao contrário, os homens muito separados uns dos outros e muito dessemelhantes chegam naturalmente a criar tantas divindades quantos forem os povos, as castas, as classes e as famílias, e a traçar mil caminhos particulares para chegar ao céu.

Não podemos negar que o próprio cristianismo de certo modo sofreu essa influência que o estado social e político exerce sobre as crenças religiosas.

No momento em que a religião cristã surgiu na Terra, a Providência, que sem dúvida preparava o mundo para sua chegada, havia reunido uma grande parte da espécie humana, como um imenso rebanho, sob o cetro dos césares. Os homens que compunham essa multidão difeririam muito uns dos outros; eles tinham, contudo, o ponto comum de obedecerem todos às mesmas leis; e cada um deles era tão fraco e tão pequeno em relação à grandeza do príncipe que eles pareciam todos iguais quando comparados a ele.

É preciso reconhecer que esse estado novo e particular da humanidade deve ter disposto os homens a receber as verdades gerais que o cristianismo ensina, e serve para explicar a maneira fácil e rápida com que ele penetrou no espírito humano.

A contraprova se deu depois da destruição do império.

Depois que o mundo romano se quebrou, por assim dizer, em mil pedaços, cada nação voltou à sua individualidade original. Em pouco tempo, dentro dessas mesmas nações, as condições se graduaram ao infinito; as raças se tornaram mais marcadas; as castas dividiram cada nação em vários povos. No meio desse esforço comum que parecia levar as sociedades humanas a se subdividirem no máximo de fragmentos que fosse possível conceber, o cristianismo não perdeu de vista as principais ideias gerais que ele havia trazido à luz. Mas pareceu prestar-se, o quanto lhe era possível, às novas tendências que o fracionamento da espécie humana fazia nascer. Os homens continuaram a adorar um único Deus Criador e conservador de todas as coisas; mas cada povo, cada cidade e, por assim dizer, cada homem acreditou poder obter algum privilégio à parte e criar para si protetores particulares junto ao soberano mestre. Não podendo dividir a Divindade, seus agentes foram multiplicados e aumentados desmesuradamente; a homenagem devida aos anjos e aos santos tornou-se um culto idólatra para a maioria dos cristãos, e por um momento temeu-se que a religião cristã regredisse às religiões que ela havia vencido.

Parece-me evidente que quanto mais as barreiras que separavam as nações no seio da humanidade e os cidadãos dentro de cada povo tendem a desaparecer, mais o espírito humano se dirige, como por conta própria, para a ideia de um ser único e onipotente, que dispensa igualmente e da mesma maneira as mesmas leis a cada homem. É especialmente nesses séculos de democracia, portanto, que importa não permitir que a homenagem prestada aos agentes secundários se confunda com o culto devido apenas ao Criador.

Outra verdade me parece muito clara: que as religiões devem se encarregar menos de práticas exteriores nos tempos democráticos do que em todos os outros.

Mostrei, a propósito do método filosófico dos americanos, que nada revolta mais o espírito humano nos tempos de igualdade do que a ideia de se submeter a formas. Os homens que vivem nesses tempos suportam com impaciência as figuras; os símbolos lhes parecem artifícios pueris utilizados para velar ou ornar a seus olhos verdades que seria mais natural mostrar-lhes nuas e claramente; conservam-se frios diante das cerimônias e são naturalmente levados a atribuir uma importância apenas secundária aos detalhes do culto.

Os que estão encarregados de regular a forma externa das religiões nos séculos democráticos devem prestar muita atenção a esses instintos naturais da inteligência humana para não lutar sem necessidade contra eles.

Creio firmemente na necessidade das formas; sei que elas fixam o espírito humano na contemplação das verdades abstratas, e, ajudando-o a apreendê-las fortemente, fazem-no abraçá-las com ardor. Não imagino que seja possível manter uma religião sem práticas externas; mas, por outro lado, penso que, nos séculos em que entramos, seria particularmente perigoso multiplicá-las desmesuradamente; e que seria melhor restringi-las, e que só se deve conservar o que é absolutamente necessário à perpetuidade do dogma, que é a substância das religiões,[1] de que o culto é apenas a forma. Uma religião que se tornasse mais minuciosa, mais inflexível e mais cheia de pequenas observâncias, ao mesmo tempo que os homem se tornam mais iguais, logo se veria reduzida a um bando de zeladores apaixonados no meio de uma massa incrédula.

Sei que não deixarão de me objetar que todas as religiões têm por objeto verdades gerais e eternas, e que por isso não podem se curvar aos instintos móveis de cada século sem perder aos olhos dos homens o caráter de certeza;

---

1. Em todas as religiões há cerimônias que são inerentes à própria substância da crença e às quais é preciso impedir-se de mudar. Isso se vê particularmente no catolicismo, onde com frequência a forma e o fundo estão tão estreitamente unidos que formam uma só coisa.

responderei de novo aqui que é preciso distinguir com muito cuidado as opiniões principais, que constituem uma crença e que formam o que os teólogos chamam de artigos de fé, e as noções acessórias que a ela se prendem. As religiões são obrigadas a se manter sempre firmes nas primeiras, qualquer que seja o espírito particular do tempo; mas devem evitar se ligar da mesma maneira às segundas, nos séculos em que tudo muda constantemente de lugar e em que o espírito, habituado ao espetáculo cambiante das coisas humanas, suporta com pesar que o fixem. A imobilidade nas coisas externas e secundárias só me parece uma chance de duração quando a própria sociedade civil é imóvel; em todas as outras situações, sou levado a crer que é um perigo.

Veremos que, entre todas as paixões que a igualdade faz nascer ou favorece, há uma que ela torna particularmente viva e que ao mesmo tempo deposita no coração de todos os homens: o amor pelo bem-estar. O gosto pelo bem-estar forma como que o traço proeminente e indelével das eras democráticas.

É permitido acreditar que uma religião que empreendesse destruir essa paixão-mãe seria por fim destruída por ela; se ela quisesse arrancar inteiramente os homens da contemplação dos bens desse mundo para entregá-los unicamente ao pensamento dos bens do outro, podemos prever que as almas acabariam escapando de suas mãos para irem mergulhar, longe dela, unicamente nos prazeres materiais e presentes.

A principal ocupação das religiões é purificar, regulamentar e restringir o gosto ardente demais e exclusivo demais pelo bem-estar que os homens sentem em tempos de igualdade; mas creio que elas errariam se tentassem domá-lo completamente e destruí-lo. Elas não conseguirão desviar os homens do amor pelas riquezas; mas elas ainda podem persuadi-los a só enriquecer por meios honestos.

Isso me leva a uma última consideração, que de certo modo compreende todas as outras. Na medida em que os homens se tornam mais semelhantes e mais iguais, importante ainda mais que as religiões, mantendo-se cuidadosamente à parte do movimento diário das coisas, não se chocam sem necessidade com as ideias geralmente aceitas e com os interesses permanentes que reinam na massa; pois a opinião comum surge cada vez mais como a primeira e mais irresistível das forças, e não há fora dela apoio tão forte que permite resistir por muito tempo a seus golpes. Isso não é menos verdade para um povo democrático, submetido a um déspota, do que para uma república. Nos séculos de igualdade, os reis com frequência fazem obedecer, mas é sempre a maioria que faz acreditar; é, portanto, à maioria que se deve agradar em tudo o que não for contrário à fé.

Mostrei, em minha primeira obra, como os sacerdotes americanos se afastavam dos negócios públicos. Esse é o exemplo mais notável, mas não o único, de sua contenção. Na América, a religião é um mundo à parte em que o sacerdote reina, mas do qual ele tem o cuidado de nunca sair; dentro de seus limites, ele conduz a inteligência; fora deles, entrega os homens a si mesmos e abandona-os à independência e à instabilidade que são próprias à sua natureza e à época. Não vi país em que o cristianismo se revestisse de menos formas, práticas e figuras do que nos Estados Unidos e apresentasse ideias mais claras, simples e gerais ao espírito humano. Embora os cristãos da América estejam divididos numa miríade de seitas, todos veem sua religião sob essa mesma luz. Isso se aplica tanto ao catolicismo quanto às outras crenças. Não há sacerdotes católicos que demonstrem menos gosto pelas pequenas observâncias individuais, pelos métodos extraordinários e particulares de alcançar sua salvação, nem que se prendam mais ao espírito da lei e menos à sua letra dos que os sacerdotes católicos dos Estados Unidos; em nenhum lugar ensina-se mais claramente e segue-se mais a doutrina da Igreja que proíbe prestar aos santos o culto que só é reservado a Deus. No entanto, os católicos da América são muito submissos e muito sinceros.

Outra observação se aplica ao clero de todas as comunhões: os sacerdotes americanos não tentam atrair e fixar todos os olhares do homem para a vida futura; eles entregam de bom grado uma parte de seu coração aos cuidados com o presente; parecem considerar os bens do mundo como objetos importantes, ainda que secundários; embora não se associem à indústria, interessam-se por seus progressos e os aplaudem, e, ao mesmo tempo que demonstram constantemente ao fiel o outro mundo como o grande objeto de seus temores e de suas esperanças, não o proíbem de buscar honestamente o bem-estar neste aqui. Longe de mostrar como essas duas coisas são diferentes e contrárias, eles preferem se dedicar a encontrar em que ponto elas se tocam e se ligam.

Todos os sacerdotes americanos conhecem o império intelectual exercido pela maioria e o respeitam. Eles só travam contra ela lutas que sejam necessárias. Não se intrometem nas querelas das partidas, mas adotam de bom grado as opiniões gerais de seu país e de sua época, e se deixam levar sem resistência pela corrente de sentimento e ideias que carregam todas as coisas a seu redor. Eles se esforçam para corrigir seus contemporâneos, mas não se separam deles. A opinião pública nunca é sua inimiga, portanto; ela os apoia e protege, e suas crenças reinam tanto pelas forças que lhe são próprias quanto por aquelas tomadas de empréstimo da maioria.

É assim que, respeitando todos os instintos democráticos que não lhe sejam contrários e servindo-se de vários deles, a religião consegue lutar com vantagem contra o espírito de independência individual, que para ela é o mais perigoso de todos.

CAPÍTULO 6
DOS PROGRESSOS DO CATOLICISMO NOS ESTADOS UNIDOS

A América é a região mais democrática do mundo e, ao mesmo tempo, o país em que, segundo relatos dignos de fé, a religião católica mais faz progressos. Isso pode surpreender à primeira vista.

É preciso distinguir duas coisas: a igualdade dispõe os homens a querer julgar por si mesmos; por outro lado, ela lhes confere o gosto e a ideia de um poder social único, simples e igual para todos. Os homens que vivem nos séculos democráticos estão, portanto, muito inclinados a se subtrair a qualquer autoridade religiosa. Quando consentem em se submeter a uma autoridade semelhante, querem ao menos que ela seja una e uniforme; poderes religiosos que não levem todos a um mesmo centro se chocam naturalmente com suas inteligências, e eles concebem quase que com a mesma facilidade que não há uma religião, mas várias.

Vemos em nossos dias, mais do que nas épocas anteriores, católicos que se tornam incrédulos e protestantes que se tornam católicos. Se considerarmos o catolicismo por dentro, ele parece perder; se olharmos para fora, ele ganha. Isso pode ser explicado.

Os homens de nossos dias estão naturalmente pouco dispostos a acreditar; mas assim que adotam uma religião, logo encontram em si mesmos um instinto oculto que os leva, sem que percebam, ao catolicismo. Várias doutrinas e vários usos da Igreja romana os surpreendem; mas eles sentem uma admiração secreta por seu governo, e sua grande unidade os atrai.

Se o catolicismo finalmente conseguisse se subtrair aos ódios políticos que fez nascer, não duvido que esse mesmo espírito do século, que lhe parece tão contrário, não se lhe tornasse muito favorável e que subitamente ele fizesse grandes conquistas.

Uma das fraquezas mais familiares à inteligência humana é querer conciliar princípios contrários e comprar a paz à custa da lógica. Sempre houve e sempre haverá homens que, depois de terem submetido a uma autoridade algumas de suas crenças religiosas, decidirão esconder-lhe várias outras e deixarão seu espírito flutuar ao acaso entre a obediência e a liberdade. Mas sou levado a crer que o número desses homens será menor nos séculos democráticos do que nos outros séculos, e que nossos sobrinhos tenderão cada vez mais a se dividir em apenas duas partes, uns saindo totalmente do cristianismo e os outros entrando no seio da Igreja romana.

CAPÍTULO 7
O QUE FAZ O ESPÍRITO DOS POVOS DEMOCRÁTICOS SE INCLINAR PARA O PANTEÍSMO

Mostrarei mais tarde como o gosto predominante dos povos democráticos pelas ideias muito gerais é encontrado na política; mas quero antes indicar seu principal efeito em filosofia.

Não se poderia negar que o panteísmo fez grandes progressos em nossos dias. Os escritos de uma parte da Europa visivelmente carregam sua marca. Os alemães o introduzem na filosofia, e os franceses, na literatura. Dentre as obras de imaginação publicadas na França, a maioria encerra algumas opiniões ou algumas pinturas retiradas das doutrinas panteístas, ou deixam transparecer em seus autores uma espécie de tendência para essas doutrinas. Isso não me parece decorrer apenas de um acidente, mas deve-se a uma causa duradoura.

À medida que, tornando-se as condições mais iguais, cada homem em particular se torna mais semelhante a todos os outros, mais fraco e menor, habituamo-nos a não mais considerar os cidadãos para considerar apenas o povo; esquecemos os indivíduos para pensar somente na espécie.

Nesses tempos, o espírito humano gosta de abraçar ao mesmo tempo uma multidão de objetos diversos; ele constantemente aspira a poder atribuir uma miríade de consequências a uma única causa.

A ideia de unidade o obceca, ele a busca por toda parte e, quando acredita tê-la encontrado, deita-se de bom grado em seu seio e nela descansa. Ele não apenas chega a descobrir no mundo uma única criação e um criador; essa primeira divisão das coisas ainda o incomoda e ele busca aumentar e simplificar seu pensamento encerrando Deus e o universo num único todo. Se eu encontrasse um sistema filosófico segundo o qual as coisas materiais e imateriais, visíveis e invisíveis, que o mundo contém, são consideradas apenas como partes diversas de um ser imenso que permanece eterno em meio à mudança contínua e à transformação incessante de tudo que o compõe, eu não teria dificuldade em concluir que tal sistema, embora destrua a individualidade humana, ou melhor, porque a destrói, terá encantos secretos para os homens que vivem nas democracias; todos os seus hábitos intelectuais os preparam para concebê-lo e os colocam em vias de adotá-lo. Ele atrai naturalmente sua imaginação, fixando-a; ele alimenta o orgulho de seu espírito e encoraja sua preguiça.

Entre os diferentes sistemas por meio dos quais a filosofia busca explicar o universo, o panteísmo me parece um dos mais próprios a seduzir o espírito humano nos séculos democráticos; é contra ele que todos os que continuam movidos pela verdadeira grandeza do homem devem se reunir e combater.

CAPÍTULO 8
COMO A IGUALDADE SUGERE AOS AMERICANOS A IDEIA DA PERFECTIBILIDADE INDEFINIDA DO HOMEM

A igualdade sugere ao espírito humano várias ideias que não lhe ocorreriam sem ela e modifica quase todas as que ele já tinha. Tomo como exemplo a ideia de perfectibilidade humana, porque ela é uma das principais que a inteligência pode conceber e constitui em si mesma uma grande teoria filosófica cujas consequências são percebidas a todo momento na prática dos negócios.

Embora o homem se pareça em vários aspectos com os animais, um traço lhe é específico: ele se aperfeiçoa e eles não. A espécie humana não pôde deixar de descobrir, desde a origem, essa diferença. A ideia de perfectibilidade é, portanto, tão antiga quanto o mundo; a igualdade não a fez nascer, mas lhe confere um caráter novo.

Quando os cidadãos são classificados segundo o nível, a profissão, o nascimento, e quanto todos são obrigados a seguir o caminho no início do qual o acaso os colocou, cada um crê perceber perto de si os derradeiros limites da potência humana e ninguém procura lutar contra um destino inevitável. Não que os povos aristocráticos recusem absolutamente ao homem a faculdade de se aperfeiçoar; não a julgam indefinida; concebem a melhoria, não a mudança; imaginam a condição das sociedades futuras melhor, mas não diferente, e, ao mesmo tempo que admitem que a humanidade fez grandes progressos e que pode fazer mais alguns, eles a encerram previamente dentro de certos limites intransponíveis.

Eles não acreditam ter chegado ao soberano bem e à verdade absoluta (que homem ou que povo foi insensato o suficiente para pensar assim?), mas gostam de se convencer de que atingiram mais ou menos o grau de grandeza e de saber que nossa natureza imperfeita comporta; e como nada se move à volta deles, imaginam que tudo está no devido lugar. É nesse momento que o legislador decide promulgar leis eternas, que os povos e reis desejam erigir apenas monumentos seculares e que a geração presente se encarrega de poupar às gerações futuras o cuidado de dirigir seus destinos.

À medida que as castas desaparecem, que as classes se aproximam, que, com a mistura tumultuosa dos homens, os usos, costumes e leis variam, que sobrevêm fatos novos, que novas verdades são trazidas à luz, que antigas opiniões desaparecem e que outras tomam seu lugar, a imagem de uma perfeição ideal e sempre fugidia se apresenta ao espírito humano.

Mudanças contínuas ocorrem então a cada instante sob os olhos de cada homem. Uns perdem sua posição e compreendem bem demais que um povo, ou um indivíduo, por mais esclarecido que seja, não é infalível. Outros melhoram sua condição e concluem que o homem em geral é dotado da capacidade indefinida de se aperfeiçoar. Seus reveses os fazem ver que ninguém pode se gabar de ter descoberto o bem absoluto; seus sucessos o incitam a persegui-lo sem interrupção. Assim, sempre buscando, caindo, reerguendo-se, muitas vezes decepcionados, nunca desencorajados, eles tendem constantemente para essa grandeza imensa que entreveem confusamente ao fim da longa estrada que a humanidade ainda precisa percorrer.

É difícil acreditar na quantidade de fatos que decorrem naturalmente dessa teoria filosófica segundo a qual o homem é indefinidamente aperfeiçoável e na influência prodigiosa que ela exerce mesmo sobre aqueles que, apenas tendo se ocupado de agir e nunca de pensar, parecem conformar a ela suas ações sem conhecê-la.

Encontro um marujo americano e pergunto-lhe por que os navios de seu país são construídos de maneira a durar pouco e ele me responde sem hesitar que a arte da navegação faz progressos tão rápidos a cada dia que o mais belo navio logo se tornaria quase inútil se prolongasse sua existência além de alguns anos.

Nessas palavras pronunciadas ao acaso por um homem rude e a propósito de um fato específico, percebo a ideia geral e sistemática segundo a qual um grande povo conduz todas as coisas.

As nações aristocráticas são naturalmente levadas a estreitar em demasia os limites da perfectibilidade humana, e as nações democráticas às vezes os ampliam desmesuradamente.

CAPÍTULO 9
COMO O EXEMPLO DOS AMERICANOS NÃO PROVA QUE UM POVO DEMOCRÁTICO NÃO PODERIA TER APTIDÃO E GOSTO PARA AS CIÊNCIAS, A LITERATURA E AS ARTES

É preciso reconhecer que, entre os povos civilizados de nossos dias, há poucos entre os quais as altas ciências tenham feito menos progresso do que nos Estados Unidos, e que tenham fornecido menos grandes artistas, poetas ilustres e escritores famosos.

Vários europeus, impressionados com esse fato, consideraram-no um resultado natural e inevitável da igualdade e pensaram que, se o estado social e as instituições democráticas viessem um dia a prevalecer em toda a Terra, o espírito humano aos poucos veria as luzes que o iluminam se escurecerem e os homens voltarem a cair nas trevas.

Os que pensam assim confundem, acredito, várias ideias que seria importante distinguir e examinar à parte. Eles sem querer misturam o que é democrático com o que é americano.

A religião professada pelos primeiros emigrantes, e que eles legaram a seus descendentes, simples em seu culto, austera e quase selvagem em seus princípios, inimiga dos sinais externos e da pompa das cerimônias, é naturalmente pouco favorável às belas-artes e só permite a contragosto os prazeres literários.

Os americanos são um povo muito antigo e muito esclarecido, que encontrou um país novo e imenso no qual estende-se à vontade e que fecunda sem dificuldade. Isso não tem igual no mundo. Na América, cada um encontra facilidades, desconhecidas alhures, para fazer sua fortuna ou aumentá-la. A cobiça está sempre à espreita, e o espírito humano, distraído a todo momento dos prazeres da imaginação e dos trabalhos da inteligência, é incitado apenas à busca da riqueza. Vemos nos Estados Unidos, como em todos os outros países, classes industriais e comerciantes, mas também algo que nunca se viu antes, pois todos os homens se ocupam ao mesmo tempo da indústria e do comércio.

Todavia, estou convencido de que, se os americanos estivessem sozinhos no universo, com as liberdades e as luzes adquiridas por seus pais, e com as paixões que lhes são próprias, eles não tardariam a descobrir que não se pode fazer por muito tempo progressos na prática das ciências sem cultivar a teoria, que todas as artes se aperfeiçoam umas pelas outras, e que, por mais absortos que estivessem na busca do objeto principal de seus desejos, logo reconheceriam que, de tempos em tempos, seria preciso desviar-se dele para melhor alcançá-lo.

O gosto pelos prazeres do espírito, aliás, é tão natural ao coração do homem civilizado que, nas nações cultivadas menos dispostas a se entregar a ele, sempre se encontra um certo número de cidadãos que concebem fazê-lo. Essa necessidade intelectual, uma vez sentida, logo precisaria ser satisfeita.

Mas enquanto os americanos eram naturalmente propensos a querer da ciência apenas suas aplicações particulares às artes, apenas os meios de tornar a vida confortável, a douta e literária Europa se encarregava de voltar às fontes gerais da verdade e tanto aperfeiçoava tudo o que pudesse concorrer aos prazeres quanto tudo o que devesse servir às necessidades do homem.

À frente das nações esclarecidas do mundo antigo, os habitantes dos Estados Unidos distinguiam particularmente uma à qual eram unidos estreitamente por uma origem comum e hábitos análogos. Eles encontravam nesse povo célebres cientistas, artistas hábeis e grandes escritores, e podiam recolher os tesouros da inteligência sem precisar trabalhar para acumulá-los.

Não posso consentir em separar a América da Europa, apesar do oceano que as divide. Considero o povo dos Estados Unidos como a porção do povo inglês encarregada de explorar as florestas do Novo Mundo; enquanto o restante da nação, provida de mais tempo livre e menos preocupada com os cuidados materiais da vida, pode se entregar ao pensamento e desenvolver o espírito humano em todos os sentidos.

A situação dos americanos é, portanto, absolutamente excepcional, e é de se crer que nenhum povo democrático jamais a terá. A origem puritana, os hábitos exclusivamente comerciais, o próprio país que eles habitam e que parece desviar suas inteligências do estudo das ciências, das letras e das artes; a vizinhança da Europa, que lhes permite não estudá-los sem recair na barbárie; mil causas particulares, das quais só pude mencionar as principais, devem ter concentrado de maneira singular o espírito americano no cuidado com as coisas puramente materiais. As paixões, as necessidades, a educação, as circunstâncias, tudo parece, de fato, concorrer para inclinar o habitante dos Estados Unidos para a terra. A religião é a única que, de tempos em tempos, faz os olhares passageiros e distraídos se elevarem para o céu.

Cessemos, portanto, de ver todas as nações democráticas sob a figura do povo americano e tratemos de enfim considerá-las sob seus próprios traços.

Pode-se conceber um povo no seio do qual não haveria nem castas, nem hierarquia, nem classes; em que a lei, não reconhecendo privilégios, dividiria igualmente as heranças, e que, ao mesmo tempo, seria privado de luzes e de liberdade. Não se trata de uma hipótese vazia: um déspota pode ter interesse em tornar seus súditos iguais e a mantê-los ignorantes, a fim de torná-los escravos mais facilmente.

Não apenas um povo democrático dessa espécie não mostraria aptidão nem gosto pelas ciências, pela literatura e pelas artes, como é de se acreditar que nunca lhe aconteceria mostrá-la.

A própria lei das sucessões se encarregaria, a cada geração, de destruir as fortunas, e ninguém criaria novas. O pobre, privado de luzes e de liberdade, não conceberia nem mesmo a ideia de se elevar à riqueza, e o rico não deixaria de ser puxado para a pobreza sem saber defender-se. Logo surgiria entre esses dois cidadãos uma completa e invencível igualdade. Ninguém teria então tempo, nem gosto, de se dedicar aos trabalhos e aos prazeres da inteligência. Mas todos permaneceriam entorpecidos numa mesma ignorância e numa igual servidão.

Quando imagino uma sociedade democrática desse tipo, imediatamente me sinto num desses lugares escuros e sufocantes onde as luzes, trazidas de fora, não tardam a enfraquecer e a se apagar. Parece-me que um peso súbito me oprime e que me arrasto no meio das trevas que me cercam para encontrar a saída que deve me devolver ao ar livre e à luz do dia. Mas nada disso se aplicaria a homens já esclarecidos que, depois de terem destruído entre eles os direitos particulares e hereditários que fixavam perpetuamente os bens nas mãos de alguns indivíduos ou grupos, continuam livres.

Quando os homens que vivem no seio de uma sociedade democrática são esclarecidos, eles descobrem sem dificuldade que nada os limita nem fixa e que nada os obriga a se contentar com sua fortuna presente.

Todos eles, portanto, concebem a ideia de aumentá-la e, se forem livres, todos tentam fazê-lo, mas nem todos conseguem da mesma maneira. A legislatura não concede mais privilégios, é verdade, mas a natureza, sim. Sendo a desigualdade natural muito grande, as fortunas se tornam desiguais assim que cada um faz uso de todas as suas faculdades para enriquecer.

A lei de sucessões também se opõe a que se fundem família ricas, mas não impede mais que haja ricos. Ela constantemente leva os cidadãos a um nível comum ao qual eles escapam constantemente; eles se tornam mais desiguais em bens à medida que suas luzes são mais amplas e sua liberdade, maior.

Em nossos dias, erigiu-se uma seita célebre por seu gênio e suas extravagâncias que pretendia concentrar todos os bens nas mãos de um poder central e encarregá-lo de distribuí-los a seguir, segundo o mérito, a todos os particulares. Dessa maneira, eles se furtariam da completa e eterna desigualdade que parece ameaçar as sociedades democráticas.

Há outro remédio mais simples e menos perigoso que consiste em não conceder privilégio a ninguém, dar a todos luzes iguais e independência igual, e a deixar a cada um o cuidado de determinar seu lugar por si mesmo. A desigualdade natural logo se manifestará e a riqueza passará sozinha para os mais hábeis.

As sociedades democráticas e livres sempre encerram em seu seio uma multidão de pessoas opulentas ou abastadas. Esses ricos não serão tão estreitamente vinculados uns aos outros quanto os membros da antiga classe aristocrática; eles terão instintos diferentes e quase nunca terão um tempo livre tão assegurado e completo; mas serão infinitamente mais numerosos do que podiam ser aqueles que compunham essa classe. Esses homens não estarão estritamente encerrados nas preocupações da vida material e poderão, ainda que em graus variados, entregar-se aos trabalhos e aos prazeres da inteligência: coisa que farão, portanto, pois se é verdade que o espírito humano tende, por um lado, para o limitado, o material e o útil, pelo outro, ele naturalmente se eleva para o infinito, o imaterial e o belo. As necessidades físicas o prendem à terra, mas, assim que deixa de ser retido, ele se ergue por conta própria.

Não apenas o número dos que podem se interessar pelas obras do espírito será maior como o gosto pelos prazeres intelectuais descerá, pouco a pouco, até aqueles que, nas sociedades aristocráticas, não pareciam ter nem tempo nem capacidade para se dedicar a eles.

Quando não há mais riquezas hereditárias, privilégios de classes e prerrogativas de nascimento, e quando cada um tira sua força apenas de si mesmo, torna-se visível que o que constitui a principal diferença entre a fortuna dos homens é a inteligência. Tudo o que serve para fortalecer, ampliar e ornar a inteligência logo se torna muito valioso.

A utilidade do saber se descobre com uma clareza muito particular, mesmo aos olhos da turba. Os que não experimentam seus encantos prezam seus efeitos e fazem alguns esforços para alcançá-lo.

Nos séculos democráticos, esclarecidos e livres, os homens não têm nada que os separe ou que os mantenha em seu lugar; eles se elevam ou se rebaixam com singular rapidez. Todas as classes se veem o tempo todo porque são muito próximas. Elas se comunicam e se misturam todos os dias, se imitam e se invejam; isso sugere ao povo um grande número de ideias, noções e desejos que ele não teria se as posições fossem fixas, e a sociedade, imóvel. Nessas nações, o servidor nunca se considera inteiramente estranho aos prazeres e aos trabalhos do senhor, o pobre aos do rico; o homem do campo se esforça para se assemelhar ao das cidades, e as províncias, à metrópole.

Assim, ninguém se deixa facilmente reduzir somente aos cuidados materiais da vida, e o artesão mais humilde lança, de tempos em tempos, alguns olhares ávidos e furtivos para o mundo superior da inteligência. Não se lê no mesmo espírito e da mesma maneira que nos povos aristocráticos, mas o círculo de leitores se estende constantemente e acaba contendo todos os cidadãos.

A partir do momento em que a multidão começa a se interessar pelos trabalhos do espírito, ela descobre que um grande meio de alcançar a glória, o poder ou as riquezas é distinguir-se em alguma dessas coisas. A inquieta ambição que a igualdade faz nascer se volta imediatamente para esse lado como para todos os outros. O número dos que cultivam as ciências, as letras e as artes se torna imenso. Uma atividade prodigiosa se revela no mundo da inteligência; cada um tenta abrir um caminho para si e se esforça para atrair o olhar do público. Uma coisa análoga ao que acontece nos Estados Unidos na sociedade política; as obras muitas vezes são imperfeitas, mas são incontáveis; e embora os resultados dos esforços individuais sejam em geral muito pequenos, o resultado geral sempre é enorme.

Não é verdade dizer, portanto, que os homens que vivem nos séculos democráticos são naturalmente indiferentes às ciências, às letras e às artes; mas é preciso reconhecer que eles as cultivam à sua maneira e que nelas colocam as qualidades e os defeitos que lhe são próprios.

CAPÍTULO 10
POR QUE OS AMERICANOS SE DEDICAM MAIS À PRÁTICA DAS CIÊNCIAS DO QUE À TEORIA

Embora o estado social e as instituições democráticas não detenham o desenvolvimento do espírito humano, é ao menos incontestável que o dirigem para um lado mais do que para outro. Seus esforços, assim limitados, ainda são enormes, e eu espero ser perdoado por me deter por um momento para contemplá-los.

Fizemos, quando se tratou do método filosófico dos americanos, várias observações de que é preciso tirar proveito aqui.

A igualdade desenvolve em cada homem o desejo de julgar tudo por si mesmo; ela lhe confere, em todas as coisas, o gosto pelo tangível e pelo real, o desprezo pelas tradições e pelas formas. Esses instintos gerais se destacam sobretudo no objeto particular deste capítulo.

Os que cultivam as ciências entre os povos democráticos sempre temem perder-se em utopias. Eles desconfiam dos sistemas, gostam de se manter colados aos fatos e de estudá-los por eles mesmos; como não se deixam impor com facilidade o nome de nenhum de seus semelhantes, nunca estão dispostos a jurar pela palavra do mestre; ao contrário, vemos que se ocupam constantemente de buscar o lado frágil da doutrina deste. As tradições científicas têm sobre eles pouco império; eles nunca se detêm por muito tempo sobre as sutilezas de uma escola e dificilmente se satisfazem com palavras difíceis; penetram, tanto quanto podem, até as partes principais do tema que os ocupa e gostam de expô-lo em língua vulgar. As ciências adquirem então uma aparência mais livre e mais segura, mas menos elevada.

O espírito pode, parece-me, dividir a ciência em três partes.

A primeira contém os princípios mais teóricos, as noções mais abstratas, cuja aplicação não é conhecida ou está muito distante.

A segunda se compõe das verdades gerais que, ainda ligadas à teoria pura, levam por meio de um caminho direto e curto à prática.

Os procedimentos de aplicação e os meios de execução preenchem a terceira.

Cada uma dessas diferentes partes da ciência pode ser cultivada à parte, embora a razão e a experiência revelem que nenhuma delas poderia prosperar por muito tempo absolutamente separada das outras duas.

Na América, a parte puramente prática das ciências é admiravelmente cultivada e aborda-se com cuidado a parte teórica imediatamente necessária à aplicação; os americanos demonstram a esse respeito um espírito sempre claro, livre, original e fecundo; mas quase não há ninguém nos Estados Unidos que se dedique à parte essencialmente teórica e abstrata dos conhecimentos humanos. Os americanos demonstram, nisso, o excesso de uma tendência que encontraremos, penso eu, ainda que em menor grau, em todos os povos democráticos.

Nada é mais necessário à cultura das altas ciências, ou da parte elevada das ciências, do que a meditação, e não há nada menos adequado à meditação do que o interior de uma sociedade democrática. Nela não encontramos, como nos povos aristocráticos, uma classe numerosa que se mantém em repouso porque se encontra bem, e uma outra que não se move porque perdeu a esperanças de ficar melhor. Todos se agitam; uns querem chegar ao poder, outros, se apropriar da riqueza. No meio desse tumulto universal, desse choque repetido dos interesses contrários, dessa marcha contínua dos homens para a fortuna, onde encontrar a calma necessária às profundas composições da inteligência? Como deter o pensamento sobre um único ponto quando ao redor tudo se move e quando se é arrastado e balançado a cada dia pela corrente impetuosa que carrega todas as coisas?

É preciso discernir a espécie de agitação permanente que reina no seio de uma democracia tranquila e já constituída dos movimentos tumultuosos e revolucionários que quase sempre acompanham o nascimento e o desenvolvimento de uma sociedade democrática.

Quando uma violenta revolução tem lugar entre um povo muito civilizado, ela não pode deixar de dar um súbito impulso aos sentimentos e às ideias.

Isso é verdade principalmente para as revoluções democráticas, que, movimentando ao mesmo tempo todas as classes que compõem um povo, concomitantemente fazem nascer imensas ambições no coração de cada cidadão.

Se os franceses fizeram de repente progressos tão admiráveis nas ciências exatas, no exato momento em que acabavam de destruir os restos da antiga sociedade feudal, é preciso atribuir essa súbita fecundidade não à democracia, mas à revolução sem igual que acompanhava seus desenvolvimentos. O que aconteceu então foi um fato particular; seria imprudente ver nele o indício de uma lei geral.

As grandes revoluções não são mais comuns entre os povos democráticos do que entre os outros povos; sou inclusive levado a crer que o são menos. Mas reina no seio dessas nações um pequeno movimento incômodo, uma espécie de deslocamento incessante dos homens uns sobre os outros que perturba e distrai o espírito sem animá-lo nem elevá-lo.

Além de os homens que vivem nas sociedades democráticas dificilmente se dedicarem à meditação, eles naturalmente sentem pouco apreço por ela. O estado social e as instituições democráticas levam a maioria dos homens a agir constantemente; ora, os hábitos do espírito que convêm à ação nem sempre convêm ao pensamento. O homem que age vê-se obrigado a muitas vezes contentar-se com o quase, porque nunca chegaria ao fim de seu projeto se quisesse aperfeiçoar cada detalhe. Ele precisa constantemente apoiar-se em ideias que não tem tempo de aprofundar, pois é mais a oportunidade da ideia do que sua rigorosa precisão que o ajuda; e, no fim das contas, há menos risco em fazer uso de alguns princípios falsos do que em gastar seu tempo estabelecendo a verdade de todos os seus princípios. Não é por meio de longas e sábias demonstrações que se governa o mundo. A visão rápida de um fato particular, o estudo diário das paixões cambiantes da multidão, o acaso do momento e a habilidade de apreendê-lo é que decidem todos os assuntos.

Nos séculos em que quase todo mundo age, portanto, é-se geralmente levado a atribuir um preço excessivo às respostas rápidas e aos conceitos superficiais da inteligência, e, ao contrário, a depreciar em demasia seu trabalho profundo e lento.

Essa opinião pública influencia o julgamento dos homens que cultivam as ciências, ela os convence de que eles podem ter êxito sem meditação e os afasta das que a exigem.

Há várias maneiras de estudar as ciências. Encontramos em grande número de homens um gosto egoísta, mercantil e industrial pelas descobertas do espírito que não deve ser confundido com a paixão desinteressada que se acende no coração de um pequeno número; há um desejo de utilizar os conhecimentos e um puro desejo de conhecer. Não duvido que nasça em alguns, de tempos em tempos, um amor ardente e inesgotável pela verdade, que se alimenta de si mesmo e frui incessantemente sem nunca se satisfazer. É esse amor ardente, orgulhoso e desinteressado pelo verdadeiro que conduz os homens às fontes abstratas da verdade para delas obter as ideias-mães.

Se Pascal só tivesse considerado ter um grande lucro, ou mesmo se só tivesse sido movido pelo desejo de glória, não acredito que jamais pudesse ter conseguido reunir, como fez, todas as capacidades de sua inteligência para melhor descobrir os segredos mais ocultos do Criador. Quando o vejo de certa forma arrancar sua alma dos cuidados com a vida, a fim de vinculá-la por inteiro a essa busca, e, rompendo prematuramente os laços que a prendem ao corpo, morrer de velhice antes dos 40 anos, detenho-me estupefato e compreendo que uma causa ordinária não pode produzir esforços tão extraordinários.

O futuro provará se essas paixões, tão raras e tão fecundas, nascem e se desenvolvem com igual facilidade tanto nas sociedades democráticas quanto nas aristocracias. De minha parte, confesso que tenho dificuldade para acreditar nisso.

Nas sociedades aristocráticas, a classe que dirige a opinião e mesmo os negócios, estando de maneira permanente e hereditária acima da multidão, concebe naturalmente uma ideia magnífica de si mesma e do homem. Ela imagina para ele fruições gloriosas e fixa objetivos magníficos a seus desejos. As aristocracias muitas vezes executam ações muito tirânicas e muito desumanas, mas raramente têm pensamentos baixos e demonstram um certo desdém orgulhoso pelos pequenos prazeres, mesmo quando se dedicam a eles; isso eleva todas as almas a um nível bastante elevado. Nos tempos aristocráticos, em geral surgem ideias muito bastas sobre a dignidade, o poder e a grandeza do homem. Essas opiniões influenciam aqueles que cultivam as ciências e todos os outros; elas facilitam o impulso natural do espírito para as altas esferas do pensamento e o dispõem naturalmente a conceber o amor sublime e quase divino pela verdade.

Os cientistas dessas épocas são, portanto, atraídos para a teoria e acontece-lhes com frequência de sentir um desprezo inconsiderado pela prática. Disse Plutarco:

> Arquimedes teve um coração tão elevado que nunca se dignou a deixar por escrito nenhuma obra sobre a maneira de construir todas essas máquinas de guerra, e chamando toda a ciência de inventar e compor máquinas e, em geral, toda arte que traga alguma utilidade ao ser colocada em prática, de vil, baixa e mercenária, ele empregou seu espírito e seu estudo somente a escrever coisas cuja beleza e sutileza não tivessem nada a ver com a necessidade.

Eis a ambição aristocrática das ciências.

Ela não poderia ser a mesma nas nações democráticas.

A maioria dos homens que compõem essa nação é ávida de prazeres materiais e presentes; como sempre está descontente com a posição que ocupa, e sempre livre para abandoná-la, só pensa nos meios de mudar sua fortuna ou de aumentá-la. Para os espíritos assim orientados, qualquer novo método que leve por um caminho mais curto à riqueza, qualquer máquina que abrevie o trabalho, qualquer instrumento que diminua os custos de produção, qualquer descoberta que facilite os prazeres e os aumente, parece o mais magnífico esforço da inteligência humana. É principalmente por esse lado que os povos democráticos consideram, compreendem e honram as ciências. Nos séculos aristocráticos, espera-se particularmente das ciências os prazeres do espírito; nas democracias, os do corpo.

Quanto mais uma nação é democrática, esclarecida e livre, mais o número desses apreciadores interessados do gênio científico irá crescer e mais as descobertas imediatamente aplicáveis à indústria darão lucro, glória e mesmo poder a seus autores; pois, nas democracias, a classe que trabalha toma parte nos negócios públicos e os que a servem podem esperar dela tanto honrarias quanto dinheiro.

Pode-se facilmente conceber que numa sociedade organizada dessa maneira o espírito humano seja imperceptivelmente levado a negligenciar a teoria e deva, ao contrário, sentir-se empurrado com uma energia sem igual para a aplicação ou ao menos para essa parte da teoria que é necessária aos que aplicam.

Em vão um pendor instintivo o eleva para as mais altas esferas da inteligência, pois o interesse o devolve às medianas. É nelas que emprega sua força e sua inquieta atividade, e cria maravilhas. Esses mesmos americanos, que não descobriram uma única das leis gerais da mecânica, introduziram na navegação uma máquina nova que muda a face do mundo.

Sem dúvida estou longe de afirmar que os povos democráticos de nossos dias estão destinados a ver a ampliação das luzes transcendentes do espírito humano, e mesmo que novas não devam se acender em seu seio. Na era do mundo em que estamos, e entre tantas nações letradas, incessantemente atormentadas pelo ardor da indústria, os laços que as diferentes partes da ciência formam entre elas não deixam de chamar a atenção; e o próprio gosto pela prática, quando esclarecido, leva os homens a não negligenciar a teoria. Em meio a tantos ensaios de aplicações, de tantas experiências todo dia repetidas, é impossível que leis muito gerais não venham a aparecer; de tal modo que as grandes descobertas sejam frequentes, embora os grandes inventores sejam raros.

Creio, além disso, nas grandes vocações científicas. Embora a democracia não leve os homens a cultivar as ciências por elas mesmas, por outro lado ela aumenta imensamente o número daqueles que as cultivam. Não é possível que, entre tão grande multidão, de tempos em tempos não nasça algum gênio especulativo guiado tão somente pelo amor à verdade. Podemos ter certeza de que ele se esforçará para explicar os mistérios mais profundos da natureza, qualquer quer seja o espírito de seu país e de seu tempo. Não é preciso estimular seu desenvolvimento; basta não interrompê-lo. O que quero dizer é o seguinte: a desigualdade permanente de condições leva os homens a se encerrar na busca orgulhosa e estéril das verdades abstratas, enquanto o estado social e as instituições democráticas o dispõem a querer das ciências apenas suas aplicações imediatas e úteis.

Essa tendência é natural e inevitável. É curioso conhecê-la e pode ser necessário mostrá-la.

Se os que são chamados a dirigir as nações de nossos dias percebessem com clareza e de longe esses instintos novos que logo serão irresistíveis, eles compreenderiam que, com luzes e com liberdade, os homens que vivem nos séculos democráticos não podem deixar de aperfeiçoar a parte industrial das ciências e que, de agora em diante, todo o esforço do poder social deve se voltar a sustentar os altos estudos e a despertar grandes paixões científicas.

Em nossos dias, é preciso reter o espírito humano na teoria, ele corre sozinho para a prática, e, em vez de trazê-lo constantemente de volta ao exame detalhado dos efeitos secundários, é bom às vezes distraí-lo para elevá-lo à contemplação das causas primeiras.

Visto que a civilização romana pereceu em consequência da invasão dos bárbaros, talvez estejamos inclinados demais a acreditar que a civilização não poderia morrer de outra forma.

Se as luzes que nos iluminem um dia viessem a se apagar, elas pouco a pouco se obscureceriam, como que por si mesmas. De tanto se encerrar na aplicação, perderíamos de vista os princípios, e, quando os tivéssemos completamente esquecido, mal seguiríamos os métodos que deles derivam; não poderíamos mais inventar novos métodos e empregaríamos sem inteligência e sem arte procedimentos científicos que não entenderíamos mais.

Quando os europeus chegaram à China, há trezentos anos, eles encontraram quase todas as artes num certo grau de perfeição e se espantaram que, tendo chegado àquele ponto, não se tivesse ido mais longe. Mais tarde, descobriram os vestígios de alguns altos conhecimentos que tinham sido perdidos. A nação era industrial; a maioria dos métodos científicos tinha sido conservada; mas a ciência em si não existia mais. Isso explicou a espécie de imobilidade singular na qual haviam encontrado o espírito desse povo. Os chineses, ao seguirem os passos de seus pais, tinham esquecido as razões que os haviam dirigido. Ainda utilizavam a fórmula sem buscar seu sentido; conservavam o instrumento e não possuíam mais a arte de modificá-lo e reproduzi-lo. Os chineses não podiam mudar nada, portanto. Precisavam renunciar a melhorar. Eram obrigados a imitar seus pais, sempre e em tudo, para não cair em trevas impenetráveis caso se afastassem por um instante do caminho que estes últimos haviam traçado. A fonte dos conhecimentos humanos estava quase seca; e embora o rio ainda corresse, ele não podia mais engrossar suas águas ou mudar seu curso.

No entanto, a China sobrevivia tranquilamente havia séculos; seus conquistadores haviam assumido seus costumes; a ordem reinava. Uma espécie de bem-estar material se deixava perceber por todos os lados. As revoluções eram muito raras, e a guerra, por assim dizer, desconhecida.

Não devemos nos tranquilizar pensando que os bárbaros ainda estão longe de nós, portanto; pois se há povos que deixam a luz ser arrancada de suas mãos, há outros que por conta própria sufocam-na sob seus pés.

CAPÍTULO 11
COM QUE ESPÍRITO OS AMERICANOS CULTIVAM AS ARTES

Creio que perderia o tempo dos leitores e o meu se me dedicasse a mostrar como a mediocridade geral das fortunas, a ausência do supérfluo, o desejo universal pelo bem-estar e os constantes esforços a que todos se dedicam para obtê-lo fazem com que o gosto pelo útil predomine no coração do homem sobre o amor pelo belo. As nações democráticas, em que encontramos todas essas coisas, cultivarão, portanto, as artes que servem para tornar a vida cômoda, de preferência às que têm o objetivo de embelezá-la; em geral, preferirão o útil ao belo e desejarão que o belo seja útil.

Mas pretendo ir além e, depois de indicar a primeira característica, desenhar várias outras.

É comum que, nos séculos de privilégios, o exercício de quase todas as artes se torne um privilégio e que cada profissão seja um mundo à parte, onde nem todos podem entrar. E mesmo quando a indústria é livre, a imobilidade natural às nações aristocráticas faz com que todos os que se ocupem de uma mesma arte acabem formando uma classe distinta, sempre composta das mesmas famílias, em que todos os membros se conhecem e onde logo nasce uma opinião pública e um orgulho da corporação. Numa classe industrial desse tipo, cada artesão não tem apenas sua fortuna a fazer, mas seu renome a manter. Não é apenas seu interesse que dita a regra, nem mesmo o do comprador, mas o da corporação, e o interesse da corporação é que cada artesão produza obras-primas. Nos séculos aristocráticos, a ambição das artes é fazer o melhor possível, portanto, e não o mais rápido possível ou o mais barato possível.

Quando, ao contrário, cada profissão está aberta a todos, quando a multidão entra e sai constantemente e seus diferentes membros se tornam estranhos, indiferentes e quase invisíveis uns aos outros, devido a seu grande número, o laço social é destruído, e quando cada operário, devolvido para si mesmo, busca ganhar o máximo de dinheiro possível ao menor preço, a vontade do consumidor é a única coisa que o limita. Ora, acontece que, ao mesmo tempo, uma revolução correspondente se faz sentir neste último.

Nos países em que a riqueza, assim como o poder, está concentrada em algumas mãos e delas não sai, o uso da maioria dos bens desse mundo cabe a um pequeno número de indivíduos, sempre o mesmo; a necessidade, a opinião, a moderação dos desejos afastam todos os outros.

Visto que essa classe aristocrática se mantém imóvel no ponto de grandeza em que está colocada, sem diminuir nem aumentar, ela sempre tem as mesmas necessidades e sente-as da mesma maneira. Os homens que a compõem obtêm naturalmente da posição superior e hereditária que ocupam o gosto pelo que é muito bem-feito e muito duradouro.

Isso confere um rumo geral às ideias da nação em matéria de artes.

É comum acontecer de, entre esses povos, o próprio camponês preferir privar-se totalmente dos objetos que cobiça a adquiri-los imperfeitos.

Nas aristocracias, portanto, os operários trabalham apenas para um número limitado de compradores muito difíceis de satisfazer. É da perfeição de seus trabalhos que depende o ganho que eles esperam.

Isso não acontece mais quando, com a destruição de todos os privilégios, as posições se misturam, e quando todos os homens descem e sobem na escala social constantemente.

Sempre encontramos num povo democrático um grande número de cidadãos cujo patrimônio se divide e decresce. Eles contraíram, em tempos melhores, certas necessidades que continuam presentes depois que a capacidade de satisfazê-las deixou de existir e buscam com inquietude meios indiretos para tanto.

Por outro lado, sempre vemos nas democracias um número enorme de homens cuja fortuna aumenta, mas cujos desejos aumentam muito mais rápido do que a fortuna e que devoram com os olhos os bens que ela lhes promete muito antes de proporcioná-los. Estes buscam em toda parte encontrar caminhos mais curtos para esses prazeres próximos. Da combinação dessas duas causas resulta que sempre encontramos nas democracias uma multidão de cidadãos cujas necessidades estão acima de seus recursos e que de bom grado consentiriam em satisfazer-se de maneira incompleta a renunciar totalmente ao objeto de sua cobiça.

O operário facilmente compreende essas paixões, porque as compartilha: nas aristocracias, ele tentava vender seus produtos a um preço elevado a alguns; agora, ele percebe que haveria um meio mais rápido de enriquecer, que seria vendê-los barato a todos.

Ora, só há duas maneiras de se conseguir baixar o preço de uma mercadoria.

A primeira consiste em encontrar meios melhores, mais rápidos e mais hábeis de produzi-la. A segunda, em fabricar em maior quantidade objetos mais ou menos semelhantes, mas de menor valor. Entre os povos democráticos, todas as faculdades intelectuais do operário se dirigem a esses dois pontos.

Ele se esforça para inventar procedimentos que lhe permitam trabalhar não apenas melhor, mas mais rápido e com custos menores, e, se ele não conseguir, que lhe permitam diminuir as qualidades intrínsecas da coisa produzida sem torná-la totalmente imprópria ao uso a que se destina. Quando somente os ricos tinham relógios, quase todos eram excelentes. Hoje só se fazem relógios medíocres, mas todo mundo tem um. Assim, a democracia não tende apenas a dirigir o espírito humano para as artes úteis; ela leva os artesãos a fazer muito rapidamente várias coisas imperfeitas, e o consumidor a se contentar com elas.

Não que nas democracias a arte não seja capaz, se preciso, de produzir maravilhas. Isso às vezes se descobre quando surgem compradores que aceitam pagar o tempo e o esforço. Nessa luta de todas as indústrias, no meio dessa concorrência imensa e desse sem-número de tentativas, formam-se operários excelentes que vão aos últimos limites de sua profissão; mas raramente têm a oportunidade de mostrar o que sabem fazer: poupam seus esforços com cuidado, mantêm-se numa sábia mediocridade que julga a si mesma e que, podendo ir além do objetivo a que se propõe, visa apenas ao objetivo que alcança. Nas aristocracias, ao contrário, os operários sempre fazem tudo o que sabem fazer, e, quando param, é porque estão no limite de seu conhecimento.

Quando chego a um país e vejo as artes chegando a produtos admiráveis, isso não me diz nada sobre o estado social e a constituição política do país. Mas se percebo que os produtos das artes em geral são imperfeitos, em grande número e a baixo preço, fico com a certeza de que, no povo em que isso ocorre, os privilégios se enfraquecem, as classes começam a se mesclar e logo se confundirão.

Os artesãos que vivem nos séculos democráticos não buscam apenas colocar ao alcance de todos os cidadãos seus produtos úteis, eles também se esforçam para dar a todos os seus produtos qualidades brilhantes que estes não têm.

Na confusão de todas as classes, cada um espera poder parecer o que não é e faz grandes esforços para consegui-lo. A democracia não faz nascer esse sentimento, que é muito natural ao coração do homem; mas ela o aplica às coisas materiais: a hipocrisia da virtude existe em todos os tempos, a do luxo pertence mais particularmente aos séculos democráticos.

Para satisfazer a essas novas necessidades da vaidade humana, não há impostura a que as artes não recorram; a indústria às vezes vai tão longe nesse sentido que lhe acontece de prejudicar a si mesma. Já se conseguiu imitar tão perfeitamente o diamante que é fácil confundir-se. Assim que tiverem inventado a arte de fabricar diamantes falsos, de maneira a que não se possa mais diferenciá-los dos verdadeiros, provavelmente os dois serão abandonados e voltarão a ser pedras.

Isso me leva a falar daquelas artes que foram chamadas, por excelência, de belas-artes.

Não acredito que o efeito necessário do estado social e das instituições democráticas seja diminuir o número de homens que cultivam as belas-artes; mas essas causas influenciam fortemente a maneira como elas são cultivadas. Quando a maioria dos que já haviam contraído o gosto pelas belas-artes se torna pobre e, por outro lado, muitos dos que ainda não são ricos começam a desenvolver, por imitação, o gosto pelas belas-artes, a quantidade geral de consumidores cresce, e os consumidores muito ricos e muito refinados se tornam mais raros. Acontece então nas belas-artes uma coisa análoga ao que já mostrei quando falei das artes úteis. Elas multiplicam suas obras e diminuem o mérito de cada uma delas.

Não podendo mais visar ao grande, busca-se o elegante e o bonito; tende-se menos à realidade do que à aparência.

Nas aristocracias, fazem-se alguns grandes quadros e, nos países democráticos, um grande número de pequenas pinturas. Nas primeiras, elevam-se estátuas de bronze; nas segundas, moldam-se estátuas de gesso.

Quando cheguei a Nova York pela primeira vez, por essa parte do Oceano Atlântico chamada East River, fiquei surpreso de ver, ao longo da costa, a alguma distância da cidade, um certo número de pequenos palacetes de mármore branco, vários em arquitetura antiga; no dia seguinte, tendo ido conferir de perto o que havia atraído minha atenção, vi que suas paredes eram de tijolos brancos e que suas colunas eram de madeira pintada. O mesmo encontrei em todos os monumentos que tinha admirado na véspera.

O estado social e as instituições democráticas conferem a todas as artes de imitação, além disso, certas tendências particulares fáceis de assinalar. Eles muitas vezes as desviam da pintura da alma para vinculá-las à do corpo; e substituem a representação dos movimentos e das sensações à dos sentimentos e das ideias; no lugar do ideal, colocam o real.

Duvido que Rafael tenha feito um estudo tão aprofundado das mínimas partes do corpo humano quanto os desenhistas de nossos dias. Ele não atribuía a mesma importância que eles, nesse aspecto, à rigorosa exatidão, pois pretendia superar a natureza. Queria fazer do homem algo superior ao homem, tentava embelezar a própria beleza.

David e seus alunos eram, ao contrário, tão bons anatomistas quanto bons pintores. Representavam maravilhosamente bem os modelos que tinham sob os olhos, mas era raro que imaginassem qualquer coisa além; seguiam a natureza à risca, enquanto Rafael buscava algo melhor que ela. Eles nos deixaram uma pintura exata do homem, mas o primeiro nos fez entrever a Divindade em suas obras.

Podemos aplicar à própria escolha do tema o que falei a respeito da maneira de tratá-lo.

Os pintores da Renascença em geral buscavam, acima deles, ou longe de seu tempo, grandes temas que possibilitassem grande liberdade à sua imaginação. Nossos pintores com frequência empregam seu talento para reproduzir exatamente os detalhes da vida privada que constantemente têm sob os olhos e copiam em toda parte pequenos objetos que têm originais demais na natureza.

CAPÍTULO 12
POR QUE OS AMERICANOS ERGUEM MONUMENTOS TÃO PEQUENOS E TÃO GRANDES AO MESMO TEMPO

Acabo de dizer que, nos séculos democráticos, os monumentos das artes tendiam a se tornar mais numerosos e menos grandiosos. Apresso-me a indicar a exceção a essa regra.

Nos povos democráticos, os indivíduos são muito fracos, mas o Estado que a todos representa e mantém em sua mão é muito forte. Em nenhum outro lugar os cidadãos parecem menores do que numa nação democrática. Em nenhum outro lugar a própria nação não parece maior e o espírito não tem dela com mais facilidade um quadro amplo. Nas sociedades democráticas, a imaginação dos homens se estreita quando eles pensam em si mesmos; ela se amplia indefinidamente quando eles pensam no Estado. Decorre disso que os mesmos homens que vivem apertados em casas pequenas muitas vezes almejem ao gigantesco assim que se trata de monumentos públicos.

Os americanos abriram, no lugar que queriam transformar em sua capital, espaço para uma cidade imensa que ainda hoje não é mais povoada que Pontoise, mas que, segundo eles, deve um dia conter 1 milhão de habitantes; já desenraizaram árvores num raio de 10 léguas, com medo de que elas viessem a incomodar os futuros cidadãos dessa metrópole imaginária. Eles ergueram no centro da cidade um palácio magnífico para servir de sede ao Congresso e lhe deram o pomposo nome de Capitólio.

Todos os dias, os próprios estados particulares concebem e executam empreendimentos prodigiosos que assombrariam o engenho das grandes nações da Europa.

Assim, a democracia não apenas leva os homens a fazer um grande número de obras menores, ela também os leva a erguer um pequeno número de monumentos imensos. Entre esses dois extremos, porém, não há nada. Alguns restos esparsos de amplíssimos edifícios não anunciam nada, portanto, a respeito do estado social e das instituições do povo que os erigiu.

Acrescento, embora isso fuja de meu tema, que eles não fazem conhecer melhor sua grandeza, suas luzes e sua prosperidade real.

Todas as vezes que um poder qualquer for capaz de fazer todo um povo concorrer para uma única coisa, com pouca ciência e muito tempo conseguirá tirar do concurso de tão grandes esforços algo imenso, sem que para isso seja preciso concluir que o povo é muito feliz, muito esclarecido ou muito forte. Os espanhóis encontraram a Cidade do México cheia de templos magníficos e grandes palácios; o que não impediu Hernán Cortés de conquistar o império mexicano com seiscentos soldados de infantaria e dezesseis cavalos.

Se os romanos tivessem conhecido melhor as leis da hidráulica, não teriam erguido todos esses aquedutos que cercam as ruínas de suas cidades, teriam feito um melhor emprego de seu poderio e de sua riqueza. Se tivessem descoberto a máquina a vapor, talvez não tivessem estendido até os extremos de seu império esses longos rochedos artificiais chamados de estradas romanas.

Essas coisas são testemunhos magníficos de sua ignorância, bem como de sua grandeza.

O povo que não deixasse outros vestígios de sua passagem, além de alguns canos de chumbo dentro da terra e alguns trilhos de ferro na superfície, poderia ter sido mais senhor da natureza do que os romanos.

CAPÍTULO 13
FISIONOMIA LITERÁRIA DOS SÉCULOS DEMOCRÁTICOS

Quando entramos na loja de um livreiro nos Estados Unidos e examinamos os livros americanos que enchem suas prateleiras, o número de obras parece muito grande, enquanto o número de autores conhecidos parece, ao contrário, muito pequeno.

Encontramos, primeiramente, uma multidão de tratados elementares destinados a dar uma primeira noção dos conhecimentos humanos. A maioria dessas obras foi composta na Europa. Os americanos as reimprimem, adaptando-as a seu uso. A seguir vem uma quantidade quase incontável de livros de religião, bíblias, sermões, anedotas piedosas, controvérsias, relatórios de instituições de caridade. Por fim, surge o longo catálogo dos panfletos políticos; na América, os partidos não fazem livros para se combater, mas brochuras que circulam com incrível velocidade, vivem um dia e morrem.

No meio de todas essas obscuras produções do espírito humano, aparecem as obras mais notáveis de um pequeno número de autores que são conhecidos dos europeus, ou que deveriam sê-lo.

Embora a América talvez seja, em nossos dias, o país civilizado onde menos as pessoas se ocupam de literatura, encontramos uma grande quantidade de indivíduos que se interessam pelas coisas do espírito e que fazem delas, senão um estudo para toda a vida, ao menos o encanto de seus lazeres. Mas é a Inglaterra que lhes fornece a maioria dos livros que são procurados. Quase todas as grandes obras inglesas são reproduzidas nos Estados Unidos. O gênio literário da Grã-Bretanha ainda lança seus raios até as profundezas das florestas do Novo Mundo. Não há cabana de pioneiro em que não se encontrem alguns tomos dispersos de Shakespeare. Lembro-me de ter lido pela primeira vez o drama feudal *Henrique v* numa *log house*.

Não apenas os americanos bebem a cada dia dos tesouros da literatura inglesa como também podemos dizer que encontram a literatura da Inglaterra em seu próprio solo. Entre o pequeno número de homens que nos Estados Unidos se ocupam em compor obras de literatura, quase todos são ingleses quanto ao fundo e principalmente quanto à forma. Eles transportam para o meio da democracia as ideias e os usos literários em curso na nação aristocrática que tomaram por modelo. Pintam com cores emprestadas dos costumes estrangeiros; não representam quase nunca o país que os viu nascer em sua realidade, raramente gozando de popularidade.

Os próprios cidadãos dos Estados Unidos parecem tão convencidos que não é para eles que os livros são publicados que, antes de se deterem no mérito de um de seus escritores, eles em geral esperam que tenha sido apreciado na Inglaterra. É assim que, em matéria de quadros, deixa-se de bom grado ao autor do original o direito de julgar a cópia.

Os habitantes dos Estados Unidos ainda não têm, portanto, uma literatura propriamente dita. Os únicos autores que reconheço como americanos são jornalistas. Estes não são grandes escritores, mas falam a língua do país e se fazem entender. Nos outros, vejo apenas estrangeiros. Eles são, para os americanos, o que foram para nós os imitadores dos gregos e dos romanos na época do nascimento das letras, um objeto de curiosidade, não de geral simpatia. Eles distraem o espírito e não agem sobre os costumes.

Já afirmei que esse estado de coisas estava longe de decorrer apenas da democracia e que era preciso buscar suas causas em várias circunstâncias particulares e independentes a ela.

Se os americanos, conservando seu estado social e suas leis, tivessem uma outra origem e se vissem transportados para outro país, não tenho dúvida de que não teriam uma literatura. Tal como são, tenho certeza de que acabarão tendo uma; mas ela terá um caráter diferente daquele que se manifesta nos escritos americanos dos nossos dias e que lhe será próprio. Não é impossível traçar esse caráter de antemão.

Suponhamos um povo aristocrático em que se cultivem as letras; os trabalhos da inteligência, assim como os assuntos do governo, são dirigidos por uma classe soberana. A via literária, como a existência política, está quase que inteiramente concentrada nessa classe ou nas que mais se aproximam dela. Isso me basta para ter a chave de todo o resto.

Quando um pequeno número de homens, sempre os mesmos, se ocupa ao mesmo tempo dos mesmos objetos, eles se entendem com facilidade e decidem em comum certas regras principais que devem dirigir cada um deles. Se o objeto que atrair a atenção desses homens for a literatura, os trabalhos do espírito logo serão submetidos por eles a algumas leis precisas das quais não será mais permitido se afastar.

Se esses homens ocuparem no país uma posição hereditária, eles serão naturalmente levados não apenas a adotar para si mesmos um certo número de regras fixas, mas também a seguir as que tivessem sido impostas por seus antepassados; sua legislação seria ao mesmo tempo rigorosa e tradicional.

Como não estão necessariamente preocupados com coisas materiais, nem nunca estiveram, e muito menos seus pais, eles puderam se interessar, ao longo de várias gerações, pelos trabalhos do espírito. Eles compreenderam a arte literária e acabam por amá-la por si mesma e por sentir um instruído prazer ao ver que os outros a ela se conformam.

Mas não é tudo: os homens de que falo começaram a vida e chegam a seu fim na abastança e na riqueza; portanto, naturalmente conceberam o gosto pelas fruições requintadas e o amor pelos prazeres finos e delicados.

Mais que isso, uma certa moleza do espírito e do coração, que muitas vezes contraem no meio desse longo e pacato uso de tantos bens, leva-os a afastar de seus prazeres o que poderia haver neles de inesperado demais e intenso demais. Eles preferem ser divertidos a ser vivamente comovidos; querem se interessar, mas não se arrebatar.

Imaginemos agora um grande número de obras literárias executadas pelos homens que acabo de descrever, ou para eles, e entenderemos sem dificuldade uma literatura em que tudo será regular e coordenado de antemão. A menor obra será caprichada nos mínimos detalhes; a arte e o trabalho se mostrarão em todas as coisas; cada gênero terá suas regras específicas das quais não será possível se afastar e que o isolarão de todos os outros.

O estilo parecerá quase tão importante quanto a ideia, a forma quanto o fundo; o tom será polido, moderado, elevado. O espírito sempre terá uma aparência nobre, raramente uma atitude viva, e os escritores se dedicarão mais a aperfeiçoar do que a produzir.

Os membros da classe letrada, sempre vivendo apenas entre eles e só escrevendo para eles, poderão às vezes perder completamente de vista o resto do mundo, o que os lançará no rebuscado e no falso; eles se imporão pequenas regras literárias para uso próprio que imperceptivelmente os afastarão do bom senso e os conduzirão, por fim, para fora da natureza.

De tanto querer falar diferente do vulgar, eles se chegarão a uma espécie de jargão aristocrático que não está menos afastado da bela linguagem do que o dialeto do povo.

Esses são os obstáculos naturais da literatura nas aristocracias.

Toda aristocracia que se coloca inteiramente à parte do povo se torna impotente. Isso é verdade tanto nas letras quanto em política.[2]

Viremos agora o quadro e consideremos seu verso.

Transportemo-nos para o seio de uma democracia cujas antigas tradições e luzes presentes tornam sensíveis as fruições do espírito. As posições sociais estão misturadas e confundidas; os conhecimentos, como o poder, foram divididos ao infinito e, se ouso dizer, espalhados por todos os lados.

Essa é uma multidão confusa cujas necessidades intelectuais precisam ser satisfeitas. Esses novos apreciadores dos prazeres do espírito não receberam todos as mesmas luzes, eles não se assemelham a seus pais e, a cada instante, diferem de si mesmos; pois mudam constantemente de lugar, de sentimentos e de fortunas. O espírito de cada um deles não está, portanto, ligado ao de todos os outros pelas tradições e por hábitos comuns, e eles nunca tiveram nem o poder, nem a vontade, nem o tempo de se entenderem entre si.

É, no entanto, no meio dessa multidão incoerente e agitada que nascem os autores, e é ela que distribui a estes os lucros e a glória.

Não tenho dificuldade para compreender que, sendo as coisas desse jeito, devo esperar encontrar na literatura de tal povo apenas um pequeno número dessas convenções rigorosas reconhecidas nos séculos aristocráticos por leitores e escritores. Se acontecesse de os homens de uma época ficarem de acordo sobre algumas, isso não provaria nada para a época seguinte, pois nas nações democráticas cada nova geração é um novo povo. Nessas nações, as letras só poderiam muito dificilmente ser submetidas a regras estreitas, e é como que impossível que elas um dia sejam submetidas a regras permanentes.

---

2. Tudo isso é verdade, sobretudo, nos países aristocráticos que foram por muito tempo e pacatamente submetidos ao poder de um rei. Quando a liberdade reina numa aristocracia, as classes altas são constantemente obrigadas a se servir das baixas; e, fazendo isso, aproximam-se delas. Isso muitas vezes faz alguma coisa do espírito democrático penetrar em seu seio. Desenvolve-se, aliás, junto a um grupo privilegiado que governa, uma energia e um hábito empresarial, um gosto pelo movimento e pelo barulho, que não podem deixar de influenciar todos os trabalhos literários.

Nas democracias, falta muito para que todos os homens que se ocupam de literatura tenham recebido uma educação literária, e entre os que receberam e têm alguma noção de belas-letras, a maioria segue a carreira política ou abraça uma profissão da qual só pode se afastar por momentos para experimentar furtivamente os prazeres do espírito. Eles, portanto, não fazem desses prazeres o encanto principal de sua existência, mas os consideram como um descanso passageiro e necessário em meio aos sérios trabalhos da vida: tais homens nunca poderiam adquirir um conhecimento aprofundado o suficiente da arte literária para sentir suas delicadezas; as pequenas nuanças lhes escapam. Tendo apenas um tempo muito curto para dar às letras, eles querem aproveitá-lo totalmente. Gostam dos livros fáceis de conseguir, que se leem rapidamente, que não exigem pesquisas eruditas para serem compreendidos. Pedem belezas fáceis que se entregam por si mesmas e que possam ser usufruídas na hora; precisam sobretudo do inesperado e do novo. Habituados a uma existência prática, contestada, monótona, eles precisam de emoções intensas e rápidas, luzes súbitas, verdades ou erros brilhantes que os afastem de si mesmos e os introduzam subitamente, como que por violência, dentro do tema.

O que mais preciso dizer? E quem não compreende, sem que eu diga, o que vem a seguir?

Tomada em conjunto, a literatura dos séculos democráticos não poderia apresentar, assim como nos tempos de aristocracia, a imagem da ordem, da regularidade, da ciência e da arte; a forma seria, em geral, negligenciada e às vezes desprezada. O estilo muitas vezes se revelará estranho, incorreto, pesado e mole, e quase sempre ousado e veemente. Os autores visarão à rapidez de execução mais do que à perfeição dos detalhes. Os pequenos escritos serão mais frequentes que os grandes livros, o espírito, mais que a erudição, a imaginação, mais que a profundidade; reinará uma força inculta e quase selvagem no pensamento e, muitas vezes, uma variedade enorme e uma fecundidade singular em seus produtos. Tentarão surpreender mais do que agradar, e se esforçarão para arrebatar as paixões mais do que a encantar o gosto.

Sem dúvida encontraremos de longe em longe escritores que desejarão seguir em outra direção e, se eles tiverem um mérito superior, conseguirão, a despeito de seus defeitos e qualidades, ser lidos; mas essas exceções serão raras, e os mesmos que, no conjunto de suas obras, terão assim saído do uso comum, sempre voltarão a ele por alguns detalhes.

Acabo de pintar dois estados extremos; mas as nações não vão de repente do primeiro ao segundo; chegam a ele gradualmente e por meio de nuanças infinitas. Na passagem que conduz um povo letrado de um a outro, quase sempre surge um momento em que o gênio literário das nações democráticas, encontrando-se com o das aristocracias, ambos parecem querer reinar de comum acordo sobre o espírito humano.

Essas são épocas passageiras, mas muito brilhantes: tem-se fecundidade sem exuberância, e movimento sem confusão. Tal foi a literatura francesa do século XVIII.

Eu iria mais longe em meu pensamento se dissesse que a literatura de uma nação sempre está subordinada a seu estado social e a sua constituição política. Sei que, independentemente dessas causas, há várias outras que conferem certas características às obras literárias; mas essas me parecem as principais.

As relações que existem entre o estado social e político de um povo e o gênio de seus escritores são sempre muito numerosas; quem conhece um nunca ignora completamente o outro.

CAPÍTULO 14
DA INDÚSTRIA LITERÁRIA

A democracia não faz apenas o gosto pelas letras penetrar nas classes industriais, ela introduz o espírito industrial no seio da literatura.

Nas aristocracias, os leitores são difíceis e pouco numerosos; nas democracias, é menos difícil agradá-los e seu número é prodigioso. Resulta disso que, entre os povos aristocráticos, só se deve esperar vencer com esforços imensos, e esses esforços, que podem trazer muita glória, nunca poderiam proporcionar muito dinheiro; enquanto isso, nas nações democráticas, um escritor pode se gabar de obter a baixo custo um renome medíocre e uma grande fortuna. Não é necessário, para isso, que o admirem, basta que o leiam.

A multidão sempre crescente de leitores e a necessidade contínua que eles têm do novo garantem a produção de um livro que eles pouco estimam.

Nos tempos de democracia, o público com frequência age junto com os autores, como os reis costumam fazer com seus cortesãos; ele os enriquece e os despreza. De que mais precisam as almas venais que nascem nas cortes ou que são dignas de nelas viver?

As literaturas democráticas sempre pululam desses autores que só veem nas letras uma indústria e, para os poucos grandes escritores que nelas vemos, contamos os vendedores de ideias aos milhares.

CAPÍTULO 15
POR QUE O ESTUDO DA LITERATURA GREGA E LATINA É PARTICULARMENTE ÚTIL NAS SOCIEDADES DEMOCRÁTICAS

O que se chamava de povo nas repúblicas mais democráticas da Antiguidade não se parecia muito com o que nós chamamos de povo. Em Atenas, todos os cidadãos participavam dos negócios públicos; mas só havia 20 mil cidadãos nos mais de 350 mil habitantes; todos os outros eram escravos e preenchiam a maioria das funções que em nossos dias cabem ao povo e mesmo às classes médias.

Atenas, com seu sufrágio universal, não passava de uma república aristocrática, no fim das contas, onde todos os nobres tinham um direito igual ao governo.

Deve-se considerar a luta dos patrícios e dos plebeus de Roma sob a mesma luz e vê-la apenas como uma luta intestina entre os jovens e os velhos da mesma família. Todos de fato vinham da aristocracia e tinham o seu espírito.

Também deve-se observar que em toda a Antiguidade os livros foram raros e caros, e que era muito difícil reproduzi-los e fazê-los circular. Essas circunstâncias concentravam o gosto e o uso das letras num pequeno número de homens, que formavam como que uma pequena aristocracia literária da elite de uma grande aristocracia política. Assim, nada indica que entre os gregos e os romanos as letras tenham sido tratadas como uma indústria.

Esses povos, que não formavam apenas aristocracias, mas que também eram nações muito civilizadas e muito livres, devem ter passado a suas produções literárias os vícios específicos e as qualidades especiais que caracterizam a literatura nos séculos aristocráticos.

Basta, de fato, passar os olhos pelos escritos que a Antiguidade nos deixou para descobrir que embora os escritores às vezes tenham demonstrado pouca variedade e fecundidade nos temas, pouca ousadia, movimento e generalização no pensamento, eles sempre mostraram uma arte e um cuidado admiráveis nos detalhes; nada em suas obras parece feito às pressas ou ao acaso; tudo é escrito para os conhecedores, e a busca da beleza ideal se revela sem cessar. Não há literatura que coloque mais em relevo do que a dos antigos as qualidades que faltam naturalmente aos escritores das democracias. Portanto, não há literatura que mais convenha estudar nos séculos democráticos. Esse estudo é, entre todos, o mais adequado a combater os defeitos literários inerentes a esses séculos; quanto a suas qualidades naturais, elas nascerão sozinhas, sem que seja necessário aprender a adquiri-las.

É aqui que se precisa ser muito claro.

Um estudo pode ser útil à literatura de um povo e não ser apropriado a suas necessidades sociais e políticas.

Se nos obstinássemos a ensinar apenas as belas-letras numa sociedade em que cada um fosse habitualmente conduzido a fazer violentos esforços para aumentar sua fortuna, ou para mantê-la, teríamos cidadãos muito cultos e muito perigosos; pois o estado social e político lhes daria, todos os dias, necessidades que a educação nunca os ensinaria a satisfazer, e eles perturbariam o Estado em nome dos gregos e dos romanos, em vez de fecundá-lo com sua indústria.

É evidente que, nas sociedades democráticas, o interesse dos indivíduos, tanto quanto a segurança do Estado, exige que a educação da maioria seja científica, comercial e industrial, mais do que literária.

O grego e o latim não devem ser ensinados em todas as escolas; mas é importante que aqueles cuja natureza ou fortuna destinam a cultivar as letras, ou predispõem a apreciá-la, encontrem escolas onde seja possível tornar-se um perfeito mestre em literatura antiga e impregnar-se totalmente de seu espírito. Algumas excelentes universidades valeriam mais, para alcançar esse resultado, do que uma miríade de maus colégios, em que estudos supérfluos mal feitos impedem que os estudos necessários sejam bem-feitos.

Todos os que têm a ambição de brilhar nas letras, nas nações democráticas, devem com frequência se alimentar das obras da Antiguidade. É uma higiene salutar.

Não que eu considere as produções literárias dos antigos inatacáveis. Penso apenas que elas têm qualidades especiais que podem servir maravilhosamente bem para contrabalançar nossos defeitos particulares. Elas nos sustentam pelo lado em que declinamos.

CAPÍTULO 16
COMO A DEMOCRACIA AMERICANA MODIFICOU A LÍNGUA INGLESA

Se o que afirmei anteriormente, a propósito das letras em geral, foi bem compreendido pelo leitor, ele conceberá sem dificuldade que espécie de influência o estado social e as instituições democráticas podem exercer sobre a própria língua, que é o primeiro instrumento do pensamento.

Os autores americanos, a bem dizer, vivem mais na Inglaterra do que em seu próprio país, pois estudam constantemente os escritores ingleses e a cada dia tomam-nos por modelo. Isso não acontece com a população: esta é mais imediatamente submetida às causas particulares que podem agir sobre os Estados Unidos. Portanto, não é à linguagem escrita, mas à linguagem falada, que se deve prestar atenção se quisermos perceber as modificações que o idioma de um povo aristocrático pode sofrer ao se tornar a língua de uma democracia.

Ingleses instruídos e apreciadores mais competentes dessas nuanças delicadas do que eu mesmo posso ser me garantiram, muitas vezes, que as classes esclarecidas dos Estados Unidos diferiam de maneira notável, por sua linguagem, das classes esclarecidas da Grã-Bretanha.

Eles não se queixavam apenas de que os americanos tinham posto em uso muitas palavras novas; a diferença e a distância dos países seriam suficientes para explicá-lo; mas de que essas palavras novas eram particularmente retiradas seja do jargão dos partidos, seja das artes mecânicas ou da língua dos negócios. Acrescentavam que as antigas palavras inglesas eram muitas vezes utilizadas pelos americanos numa nova acepção. Diziam, por fim, que os habitantes dos Estados Unidos frequentemente misturavam os estilos de maneira singular e juntavam palavras que, na linguagem da pátria-mãe, costumava-se evitar.

Essas observações, que me foram feitas várias vezes por pessoas que me pareceram merecer ser acreditadas, levaram-me a refletir sobre o assunto, e minhas reflexões me levaram, pela teoria, ao mesmo ponto em que eles tinham chegado pela prática.

Nas aristocracias, a língua deve naturalmente participar do repouso em que são mantidas todas as coisas. Criam-se poucas palavras novas, porque criam-se poucas coisas novas; e se coisas novas fossem criadas, haveria um esforço para pintá-las com palavras conhecidas, cujo sentido a tradição teria fixado.

Se acontecer de o espírito humano se agitar por si próprio, ou de a luz, penetrando de fora, o acordar, as expressões novas criadas terão um caráter erudito, intelectual e filosófico, que indica que elas não devem seu nascimento a uma democracia. Quando a queda de Constantinopla fez as ciências e as letras refluírem para o ocidente, a língua francesa se viu quase subitamente invadida por uma multidão de palavras novas, todas com raízes no grego e no latim. Surgiu então, na França, um neologismo erudito que só era usado pelas classes esclarecidas e cujos efeitos nunca se fizeram sentir ou só chegaram ao povo depois de muito tempo.

Todas as nações da Europa viveram sucessivamente o mesmo espetáculo. Milton sozinho introduziu na língua inglesa mais de seiscentas palavras, quase todas tiradas do latim, do grego e do hebraico.

O movimento perpétuo que reina no seio de uma democracia tende, ao contrário, a renovar incessantemente a face da língua, como a dos negócios. No meio dessa agitação geral e desse concurso de todos os espíritos, foram-se um grande número de ideias novas; ideias antigas se perdem ou reaparecem; ou então elas se subdividem em pequenas nuanças infinitas.

Com frequência encontram-se palavras, portanto, que devem vir do uso e outras que devem ser nele introduzidas.

As nações democráticas apreciam, aliás, o movimento por ele mesmo. Isso se vê na língua tanto quanto na política. Quando não têm necessidade de mudar as palavras, às vezes sentem o desejo de fazê-lo.

O gênio dos povos democráticos não se manifesta apenas no grande número de novas palavras que eles colocam em uso, mas também na natureza das ideias que essas novas palavras representam.

Entre esses povos, é a maioria que faz a lei em matéria de língua, assim como em todo o resto. Seu espírito se revela nisso como em outras coisas. Ora, a maioria se ocupa mais com negócios do que com estudos, com interesses políticos e comerciais do que com especulações filosóficas ou belas-letras. A maioria das palavras criadas ou admitidas por ela carregará a marca desses hábitos; estas palavras servirão principalmente para expressar as necessidades da indústria, as paixões dos partidos ou os detalhes da administração pública. É para esse lado que a língua se estenderá sem parar, e, em sentido contrário, pouco a pouco abandonará o terreno da metafísica e da teologia.

Quanto à fonte onde as nações democráticas bebem suas palavras novas e à maneira como elas fazem para fabricá-las, é fácil dizê-las.

Os homens que vivem nos países democráticos não conhecem a língua que se falava em Roma e em Atenas, e não se preocupam em voltar até a Antiguidade para encontrar a expressão que lhes falta. Se às vezes recorrem às etimologias eruditas, em geral é a vaidade que os faz buscá-las nas línguas mortas; não é a erudição que as faz surgir naturalmente em seu espírito. Acontece, inclusive, de serem os mais ignorantes dentre eles os que mais recorrem a elas. O desejo muito democrático de sair de sua esfera muitas vezes os leva a querer elevar uma profissão muito grosseira com um nome grego ou latino. Quanto mais baixo e distante da ciência for o ofício, mais seu nome será pomposo e erudito. Por isso nossos dançarinos de corda se transformaram em acrobatas e funâmbulos.

Na falta de línguas mortas, os povos democráticos de bom grado recorrem a palavras das línguas vivas. Porque se comunicam sem cessar entre eles, e porque os homens dos diferentes países se imitam naturalmente, visto que a cada dia se parecem mais.

Mas é principalmente em sua própria língua que os povos democráticos buscam os meios de inovar. De tempos em tempos, retomam em seu vocabulário expressões esquecidas e trazem-nas à luz, ou retiram de uma classe particular de cidadãos um termo que lhe é próprio para fazê-lo adquirir um sentido figurado na linguagem corrente; um grande número de expressões que inicialmente pertenciam apenas à língua especial de um partido ou de uma profissão se veem colocadas em circulação geral.

O expediente mais comum que os povos democráticos empregam para inovar em matéria de linguagem consiste em dar a uma expressão já em uso um sentido inusitado. Esse método é muito simples, muito rápido e muito cômodo. Não é preciso ciência para dominá-lo, e a ignorância inclusive facilita seu uso. Mas ele coloca a língua em grandes perigos. Os povos democráticos, duplicando assim o sentido de uma palavra, tornam às vezes duvidoso tanto o que abandonam quanto o que criam.

Um autor começa alterando um pouco o sentido primitivo de uma expressão conhecida e, depois de assim modificá-lo, adapta-o como pode a seu tema. Outro desvia o significado para outro lado; um terceiro o arrasta consigo para um novo caminho; e, como não há árbitro comum nem tribunal permanente que possam fixar definitivamente o sentido da palavra, este se mantém numa situação cambiante. Isso faz com que os escritores quase nunca pareçam se prender a um só pensamento, mas sempre pareçam visar ao meio de um grupo de ideias, deixando ao leitor o cuidado de decidir aquela que foi tocada.

Isso é uma consequência inoportuna da democracia. Eu preferiria que enchessem a língua de palavras chinesas, tártaras ou huronianas a tornar incerto o sentido das palavras francesas. A harmonia e a homogeneidade não passam de belezas secundárias da língua. Há muitas convenções nesses tipos de coisas e, a rigor, podemos dispensá-las. Mas não há boa língua sem termos claros.

A igualdade necessariamente traz várias outras mudanças à linguagem.

Nos séculos aristocráticos, em que cada nação tende a se manter afastada de todas as outras e gosta de ter uma fisionomia que lhe seja própria, muitas vezes acontece de vários povos com origem comum se tornarem muito estranhos uns aos outros, de tal modo que, sem deixarem de poder se entender, não falam mais da mesma maneira.

Nesses mesmos séculos, cada nação é dividida em certo número de classes que se veem pouco e não se misturam; cada uma dessas classes toma e conserva, invariavelmente, hábitos intelectuais próprios somente a ela e de preferência adota certas palavras e certos termos que a seguir passam de geração em geração, como heranças. Encontramos, então, dentro do mesmo idioma, uma língua de pobres e uma língua de ricos, uma língua de plebeus e uma língua de nobres, uma língua erudita e uma língua vulgar. Quanto mais profundas as divisões e mais intransponíveis as barreiras, mais isso acontece. Eu apostaria de bom grado que entre as castas da Índia a linguagem varia prodigiosamente e que há quase tanta diferença entre a língua de um pária e a de um brâmane quanto entre seus trajes.

Quando, ao contrário, os homens não são mais mantidos em seus lugares e todo tempo se veem e se comunicam, quando as castas são abolidas e as classes se renovam e se confundem, todas as palavras da língua se misturam. As que não podem convir à maioria perecem; o resto forma uma massa comum da qual cada um se serve mais ou menos ao acaso. Quase todos os diferentes dialetos que dividiam os idiomas da Europa tendem visivelmente a se apagar; não há patoá no Novo Mundo, e a cada dia eles desaparecem do velho.

Essa revolução no estado social influencia tanto o estilo quanto a língua.

Além de utilizarem as mesmas palavras, todos se acostumam a empregar cada uma delas indiferentemente. As regras que o estilo havia criado são quase destruídas. Não encontramos expressões que, por sua natureza, pareçam vulgares, e outras que pareçam distintas. Visto que indivíduos de condições diversas levaram consigo, a todas as posições que ocuparam, as expressões e os termos que usavam, a origem das palavras se perdeu, assim como a dos homens, e deu-se uma confusão tanto na linguagem quanto na sociedade.

Sei que na classificação das palavras há regras que não se devem a uma forma de sociedade mais do que a outra, mas que derivam da própria natureza das coisas. Há expressões e estilos que são vulgares porque os sentimentos que expressam são realmente baixos, e outros que são elevados porque os objetos que retratam são naturalmente muito altos.

As classes, misturando-se, nunca farão essas diferenças desaparecerem. Mas a igualdade não pode deixar de destruir o que é puramente convencional e arbitrário nas formas do pensamento. Não sei se a classificação necessária, que indiquei acima, não será sempre menos respeitada num povo democrático do que em outro; porque, em tal povo, não há homens cuja educação, luzes e lazeres disponham de maneira permanente a estudar as leis naturais da linguagem e que as façam ser respeitadas, observando-as por sua vez.

Não quero abandonar esse tema sem retratar as línguas democráticas com um último traço que talvez as caracterize mais do que todos os outros.

Mostrei anteriormente que os povos democráticos tinham o gosto e muitas vezes a paixão pelas ideias gerais; isso se deve a qualidades e a defeitos que lhes são próprios. Esse amor pelas ideias gerais se manifesta, nas línguas democráticas, pelo uso contínuo de termos genéricos e palavras abstratas, e pela maneira como são empregados. Esse é o grande mérito e a grande fraqueza dessas línguas.

Os povos democráticos amam com paixão os termos genéricos e as palavras abstratas porque essas expressões ampliam o pensamento e, permitindo conter muitos objetos num espaço pequeno, ajudam o trabalho da inteligência.

Um escritor democrático de bom grado dirá, de maneira abstrata, *as capacidades* para se referir aos homens capazes, sem entrar no detalhe das coisas a que essa capacidade se aplica. Ele falará das *atualidades* para pintar de uma só vez as coisas que acontecem naquele momento sob seus olhos e compreenderá sob a palavra *eventualidades* tudo o que pode acontecer no universo a partir do momento em que está falando.

Os escritores democráticos constantemente criam palavras abstratas desse tipo ou consideram num sentido cada vez mais abstrato as palavras abstratas da língua.

Além disso, para tornar o discurso mais rápido, eles personificam o objeto dessas palavras abstratas e o fazem agir como um indivíduo real. Dirão que a *força das coisas quer que as capacidades governem*.

Eu gostaria apenas de explicar meu pensamento com meu próprio exemplo:

Muitas vezes empreguei a palavra igualdade num sentido absoluto; além disso, personifiquei a igualdade em vários pontos, e foi por isso que me aconteceu dizer que a igualdade fazia certas coisas ou se abstinha de fazer outras. Podemos afirmar que os homens do século de Luís XIV não teriam falado dessa maneira; nunca teria ocorrido a nenhum deles utilizar a palavra igualdade sem aplicá-la a alguma coisa específica, e eles teriam preferido desistir de empregá-la a consentir em fazer da igualdade uma pessoa viva.

Essas palavras abstratas que enchem as línguas democráticas e que são utilizadas a todo momento sem estarem ligadas a nenhum fato específico ampliam e velam o pensamento; elas tornam a expressão mais rápida e a ideia, menos nítida. Mas, em matéria de linguagem, os povos democráticos preferem a obscuridade ao trabalho.

Não sei, aliás, se o vago não possui um encanto secreto para os que falam e escrevem nesses povos.

Os homens que lá vivem, estando muitas vezes entregues aos esforços individuais de suas inteligências, quase sempre são atormentados pela dúvida. Além disso, como sua situação muda sem parar, eles nunca são mantidos à força em nenhuma de suas opiniões pela imobilidade de suas fortunas.

Os homens que vivem nos países democráticos com frequência têm pensamentos vacilantes; eles precisam de expressões muito amplas para contê-los. Como nunca sabem se a ideia que expressam hoje convirá à situação nova que terão amanhã, naturalmente sentem gosto pelos termos abstratos. Uma palavra abstrata é como uma caixa com fundo falso; nela depositamos as ideias que quisermos e podemos retirá-las sem que ninguém as veja.

Em todos os povos, os termos genéricos e abstratos formam a base da linguagem; não afirmo, portanto, que só encontramos essas palavras nas línguas democráticas; digo apenas que a tendência dos homens, nos tempos de igualdade, é aumentar o número de palavras desse tipo, sempre tomá-las isoladamente em sua acepção mais abstrata e fazer uso delas para qualquer coisa, mesmo quando a necessidade do discurso não o requer.

CAPÍTULO 17
DE ALGUMAS FONTES DE POESIA NAS NAÇÕES DEMOCRÁTICAS

Vários significados muito distintos foram dados à palavra poesia. Seria cansar os leitores procurar com eles qual desses diferentes sentidos mais convém escolher; prefiro dizer-lhes agora mesmo aquele que escolhi.

A poesia, a meus olhos, é a busca e a pintura do ideal.

Aquele que, retirando uma parte do que existe, acrescentando alguns traços imaginários ao quadro, combinando certas circunstâncias reais, cujo concurso, todavia, não existe, completa e amplia a natureza, é um poeta. Assim, a poesia não tem o objetivo de representar o real, mas de orná-lo e de oferecer ao espírito uma imagem superior.

Os versos me parecerão como o belo ideal da linguagem e, nesse sentido, serão eminentemente poéticos; mas, em si mesmos, não constituirão a poesia.

Quero saber se entre as ações, os sentimentos e as ideias dos povos democráticos não haverá alguns que se prestem à imaginação do ideal e que, por isso, devam ser considerados como fontes naturais de poesia.

É preciso reconhecer, primeiramente, que o gosto pelo ideal e pelo prazer de vê-lo retratado nunca são tão vivos e difundidos num povo democrático quanto no seio de uma aristocracia.

Nas nações aristocráticas, às vezes acontece de o corpo agir como que por conta própria, enquanto a alma segue mergulhada num repouso que lhe pesa. Nessas nações, o próprio povo muitas vezes revela gostos poéticos, e seu espírito às vezes se lança além e acima daquilo que o cerca.

Nas democracias, porém, o amor pelos prazeres materiais, a ideia do melhor, a concorrência e o encanto iminente do sucesso são como que estímulos que precipitam os passos de cada homem no caminho que ele abraçou e o proíbem de se afastar dele um só momento. O principal esforço da alma está nisso. A imaginação não está apagada, mas ela quase que exclusivamente se dedica a conceber o útil e a representar o real.

A igualdade não apenas desvia os homens da pintura do ideal; ela diminui o número de objetos a pintar.

A aristocracia, mantendo a sociedade imóvel, favorece a firmeza e a duração das religiões positivas, assim como a estabilidade das instituições políticas.

Não apenas ela mantém o espírito humano na fé, mas o dispõe a adotar uma fé e não outra. Um povo aristocrático estará sempre inclinado a colocar potências intermediárias entre Deus e o homem.

Podemos dizer que a aristocracia, nesse ponto, se mostra muito favorável à poesia. Quando o universo está povoado de seres sobrenaturais que não são compreensíveis pelos sentidos mas que o espírito pode descobrir, a imaginação se sente à vontade, e os poetas, encontrando mil temas a pintar, têm inúmeros espectadores prontos a se interessar por seus quadros.

Nos séculos democráticos, às vezes acontece, ao contrário, que as crenças sejam flutuantes, como as leis. A dúvida traz então a imaginação dos poetas para a Terra e os encerra no mundo visível e real.

Mesmo quando a igualdade não abala as religiões, ela as simplifica; desvia a atenção dos agentes secundários para levá-la sobretudo ao senhor soberano.

A aristocracia naturalmente conduz o espírito humano à contemplação do passado, fixando-o nele. A democracia, ao contrário, confere aos homens uma espécie de repulsa instintiva pelo que é antigo. Nisso, a aristocracia é muito mais favorável à poesia; pois em geral as coisas se ampliam e se velam à medida que se afastam; e, sob esse duplo aspecto, elas se prestam ainda mais à pintura do ideal.

Depois de retirar da poesia o passado, a igualdade em parte retirou-lhe o presente.

Nos povos aristocráticos, existe um certo número de indivíduos privilegiados cuja existência está, por assim dizer, fora e acima da condição humana; o poder, a riqueza, a glória, o espírito, a delicadeza e a distinção em todas as coisas parecem pertencer exclusivamente a eles. A multidão nunca os vê muito de perto; eles não são seguidos nos detalhes; há pouco a fazer para tornar poética a pintura desses homens.

Por outro lado, existem, nesses mesmos povos, classes ignorantes, humildes e servis; e estas se prestam à poesia pelo próprio excesso de sua rudeza e de sua miséria, do mesmo modo que as outras, por seu refinamento e por sua grandeza. Além disso, visto que as diferentes classes que compõem um povo aristocrático estão muito separadas umas das outras, e pouco se conhecem entre si, a imaginação sempre pode, ao representá-las, acrescentar ou subtrair alguma coisa do real.

Nas sociedades democráticas, em que os homens são todos muito pequenos e muito semelhantes, cada um, ao olhar para si mesmo, vê ao mesmo tempo todos os outros. Os poetas que vivem nos séculos democráticos nunca saberiam, portanto, tomar um homem em particular como tema de seu quadro; pois um objeto de grandeza medíocre, e que é visto distintamente por todos os lados, nunca se prestará ao ideal.

Assim, portanto, a igualdade, ao se estabelecer na Terra, esgota a maioria das antigas fontes da poesia.

Tentemos mostrar como ela descobre novas fontes.

Quando a dúvida despovoou o céu e os progressos da igualdade reduziram cada homem a proporções mais conhecidas e menores, os poetas, ainda sem conseguir imaginar o que colocar no lugar desses grandes objetos que fugiam com a aristocracia, voltaram os olhos para a natureza inanimada. Perdendo de vista os heróis e os deuses, começaram a pintar rios e montanhas.

Isso deu origem, no século passado, à poesia que foi chamada, por excelência, de descritiva.

Alguns disseram que essa pintura, embelezada pelas coisas materiais e inanimadas que cobrem a Terra, era a poesia própria aos séculos democráticos; de minha parte, penso que se trata de um erro. Creio que ela representa apenas uma época de passagem.

Estou convencido de que, com o tempo, a democracia desvia a imaginação de tudo o que é externo ao homem para fixá-la exclusivamente no homem.

Os povos democráticos podem se distrair um pouco considerando a natureza, mas só ficam realmente animados com a visão de si mesmos. É somente aí que se encontram nesses povos as fontes naturais da poesia, e é de se acreditar que todos os poetas que não quiserem beber dessas fontes perderão todo o império sobre a alma dos que pretendem encantar e acabarão recebendo apenas frios testemunhos de seus arrebatamentos.

Mostrei como a ideia do progresso e da perfectibilidade indefinida da espécie humana era própria das eras democráticas.

Os povos democráticos não se preocupam muito com o que foi, mas sonham de bom grado com o que será, e, nisso, sua imaginação não tem limites; ela se estende e se amplia desmesuradamente.

Isso oferece um vasto campo aos poetas e permite-lhes recuar o quadro para muito longe de seus olhos. A democracia, que fecha o passado à poesia, abre-lhe o futuro.

Visto que todos os cidadãos que compõem uma sociedade democrática são mais ou menos iguais e semelhantes, a poesia não poderia prender-se a nenhum deles; mas a própria nação se oferece a seu pincel. A similitude de todos os indivíduos, que torna cada um deles separadamente impróprio a se tornar objeto da poesia, permite que os poetas encerrem todos eles numa mesma imagem e contemplem, por fim, o próprio povo. As nações democráticas percebem mais claramente que todas as outras a sua própria figura, e essa grande figura se presta maravilhosamente bem à pintura do ideal.

Convirei facilmente que os americanos não têm poetas; não poderei admitir que não têm ideias poéticas.

Na Europa, há muita preocupação com os desertos da América, mas os americanos nem pensam neles. As maravilhas da natureza inanimada encontram-nos insensíveis, e eles, por assim dizer, só percebem as admiráveis florestas que os cercam no momento em que as derrubam. Os olhos deles se enchem com outro espetáculo. O povo americano se vê avançando por esses desertos, dragando os pântanos, retificando os rios, povoando os desertos e domando a natureza. Essa magnífica imagem de si mesmos não surge apenas de longe em longe na imaginação dos americanos; podemos dizer que ela segue cada um deles tanto em suas mínimas quanto em suas principais ações, e que está sempre suspensa diante de suas inteligências.

Não poderíamos conceber nada tão pequeno, tão apagado, tão cheio de interesses miseráveis, tão antipoético, em suma, do que a vida de um homem nos Estados Unidos; no entanto, entre os pensamentos que a dirigem, sempre há um cheio de poesia, e este é como o nervo escondido que confere vigor a todo o resto.

Nos séculos aristocráticos, cada povo, como cada indivíduo, tende a se manter imóvel e separado de todos os outros.

Nos séculos democráticos, a extrema mobilidade dos homens e seus impacientes desejos fazem com que eles mudem constantemente de lugar e com que os habitantes dos diferentes países se misturem, se vejam, se ouçam e se imitem. Portanto, não são apenas os membros de uma mesma nação que se tornam semelhantes; as próprias nações se assimilam, e, todas juntas, formam ao olho do espectador nada mais que uma vasta democracia em que cada cidadão é um povo. Isso pela primeira vez destaca a figura do gênero humano.

Tudo o que diz respeito à existência do gênero humano tomado por inteiro, a suas vicissitudes, a seu futuro, torna-se uma mina muito fecunda para a poesia.

Os poetas que viveram nas eras aristocráticas fizeram pinturas admiráveis tomando por tema certos incidentes da vida de um povo ou de um homem; mas nenhum deles jamais ousou incluir em seu quadro os destinos da espécie humana, enquanto os poetas que escrevem nas eras democráticas podem fazê-lo

Ao mesmo tempo que cada um, erguendo os olhos acima de seu país, finalmente começa a perceber a própria humanidade, Deus cada vez mais se manifesta ao espírito humano em sua plena e inteira majestade.

Se, nos séculos democráticos, a fé nas religiões positivas muitas vezes é vacilante, e as crenças em forças intermediárias, qualquer que seja o nome que tenham, se obscurecem, por outro lado, os homens estão dispostos a conceber uma ideia muito mais vasta da própria Divindade, e sua intervenção nos assuntos humanos lhes aparece sob uma luz nova e maior.

Percebendo o gênero humano como um todo, eles facilmente concebem um mesmo desígnio presidindo seus destinos; e, nas ações de cada indivíduo, são levados a reconhecer a marca desse plano geral e constante segundo o qual Deus conduz a espécie.

Isso ainda pode ser considerado como uma fonte muito abundante de poesia que se abre nesses séculos.

Os poetas democráticos sempre parecerão pequenos e frios se tentarem dar a Deus, demônios ou anjos formas corporais, e se tentarem fazê-los descer do Céu para disputar a Terra.

Mas se quiserem vincular os grandes acontecimentos que narram aos desígnios gerais de Deus sobre o universo, e, sem mostrar a mão do soberano mestre, fazer com que se penetre em seu pensamento, serão admirados e compreendidos, pois a imaginação de seus contemporâneos segue esse caminho por si só.

Pode-se também prever que os poetas que vivem nas eras democráticas pintarão antes paixões e ideias do que pessoas e ações.

A linguagem, o costume e as ações cotidianas dos homens nas democracias se recusam à imaginação do ideal. Essas coisas não são poéticas por si mesmas e, aliás, deixariam de sê-lo em razão de serem muito bem conhecidas por todos aqueles a quem se fosse narrá-las. Isso força os poetas a constantemente penetrar a superfície externa que os sentidos lhes revelam, a fim de entrever a própria alma. Ora, não há nada que se preste mais à pintura do ideal que o homem assim considerado nas profundezas de sua natureza imaterial.

Não preciso percorrer o Céu e a Terra para descobrir um objeto maravilhoso cheio de contrastes, grandezas e mesquinharias infinitos, escuridões profundas e clarezas singulares; capaz ao mesmo tempo de despertar a piedade, a admiração, o desprezo, o terror. Basta olhar para mim mesmo: o homem sai do nada, atravessa o tempo e desaparece para sempre em Deus. Nós o vemos errar por um momento no limite entre dois abismos, em que se perde.

Se o homem se ignorasse completamente, ele não seria nada poético; pois não se pode pintar aquilo de que não se tem ideia. Se ele se visse com clareza, sua imaginação permaneceria ociosa e nada teria a acrescentar ao quadro. Mas o homem é suficientemente conhecido para perceber algo de si mesmo, e suficientemente desconhecido para que o resto afunde em trevas impenetráveis nas quais ele mergulha sem cessar, e sempre em vão, a fim de acabar de se compreender.

Não se deve esperar, portanto, que nos povos democráticos a poesia viva de lendas, que se alimente de tradições e de antigas lembranças, que tente repovoar o universo com seres sobrenaturais nos quais os leitores e os próprios poetas não acreditam mais, nem que ela personifique friamente virtudes e vícios, que se quer ver sob sua própria forma. Todas essas fontes lhe faltam; resta-lhe o homem, porém, e isso é suficiente para ela. Os destinos humanos, o homem, considerado à parte de seu tempo e de seu país, e colocado diante da natureza e de Deus, com suas paixões, suas dúvidas, suas inauditas prosperidades e suas misérias incompreensíveis, se tornarão, para esses povos, o objeto principal e quase único da poesia; e disso já podemos nos assegurar se considerarmos o que escreveram os maiores poetas que surgiram desde que o mundo acabou rumando para a democracia.

Os escritores que, em nossos dias, tão admiravelmente reproduziram os traços de Childe Harold, de René e de Jocelyn, não quiseram narrar as ações de um homem; eles quiseram iluminar e ampliar certas facetas ainda obscuras do coração humano.

Esses são os poemas da democracia.

A igualdade não destrói todos os objetos da poesia; ela os torna menos numerosos e mais vastos.

CAPÍTULO 18
POR QUE OS ESCRITORES E OS ORADORES AMERICANOS COM FREQUÊNCIA SÃO EMPOLADOS

Observei muitas vezes que os americanos, que em geral tratam dos negócios numa linguagem clara e seca, desprovida de qualquer ornamento, e cuja extrema simplicidade costuma ser vulgar, de bom grado tornam-se empolados assim que querem abordar o estilo poético. Mostram-se, então, pomposos do início ao fim do discurso, e, vendo-os prodigalizar imagens a todo momento, temos a impressão de que simplesmente não disseram nada.

Os ingleses caem mais raramente em semelhante defeito.

A causa para isso pode ser indicada sem muita dificuldade.

Nas sociedades democráticas, cada cidadão está habituado a contemplar um pequeníssimo objeto, que é ele mesmo. Se chega a erguer um pouco os olhos, vê apenas a imensa imagem da sociedade ou a figura ainda maior do gênero humano. Ele só tem ideias muito particulares e muito claras ou noções muito gerais e muito vagas; o espaço intermediário está vazio.

Quando puxado para fora de si mesmo, sempre espera, portanto, que lhe ofereçam algum objeto prodigioso para contemplar, e somente a esse preço ele consente em sair por um momento dos pequenos e complicados cuidados que agitam e encantam sua vida.

Isso me parece explicar bastante bem por que os homens das democracias, que em geral têm interesses tão estreitos, pedem a seus poetas concepções tão vastas e pinturas tão desmedidas.

Os escritores, por sua vez, não deixam de obedecer a esses instintos, que compartilham: enchem sua imaginação sem cessar e, estendendo-a excessivamente, fazem-na alcançar o gigantesco, pelo qual ela muitas vezes abandona o grande.

Desse modo, eles esperam atrair de imediato os olhares da multidão e fixá-los com facilidade em torno de si, conseguindo fazê-lo com frequência, pois a multidão, que só busca na poesia objetos vastíssimos, não tem tempo de medir com exatidão as proporções de todos os objetos que lhe são apresentados, nem o gosto seguro o bastante para perceber com facilidade em que são desproporcionais. O autor e o público se corrompem ao mesmo tempo, um pelo outro.

Vimos, aliás, que nos povos democráticos as fontes da poesia eram belas, mas pouco abundantes. Logo acabam sendo esgotadas. Não encontrando mais matéria para o ideal no real e no verdadeiro, os poetas saem deles inteiramente e criam monstros.

Não temo que a poesia dos povos democráticos se mostre tímida nem que se mantenha perto demais do chão. Fico muito mais apreensivo que se perca a cada instante nas nuvens e que acabe pintando regiões inteiramente imaginárias. Temo que as obras dos poetas democráticos com frequência ofereçam imagens imensas e incoerentes, pinturas sobrecarregadas, composições bizarras, e que os seres fantásticos saídos de seu espírito às vezes façam sentir falta do mundo real.

CAPÍTULO 19
ALGUMAS OBSERVAÇÕES SOBRE O TEATRO DOS POVOS DEMOCRÁTICOS

Quando a revolução que mudou o estado social e político de um povo aristocrático começa a se mostrar na literatura, é no teatro que costuma se revelar primeiro e nele que se mantém sempre visível.

O espectador de uma obra dramática é, de certo modo, pego de surpresa pela impressão que lhe é sugerida. Ele não tem tempo de interrogar sua memória nem de consultar os mais sábios; ele não pensa em combater os novos instintos literários que começam a se manifestar em sua pessoa; cede a eles antes de conhecê-los.

Os autores não tardam a descobrir para que lado pende secretamente o gosto do público e voltam suas obras para ele. As peças de teatro, depois de servirem para fazer com que se perceba a revolução literária que se prepara, logo acabam de levá-la a cabo. Se quisermos julgar de antemão a literatura de um povo que se volta para a democracia, devemos estudar seu teatro.

As peças de teatro formam, aliás, nas próprias nações aristocráticas, a porção mais democrática da literatura. Não há prazer literário mais ao alcance da multidão do que aquele experimentado diante do palco. Não é preciso nem preparo nem estudo para senti-lo. Ele nos invade em meio a nossas preocupações e nossa ignorância. Quando o amor ainda meio grosseiro dos prazeres do espírito começa a penetrar numa classe de cidadãos, logo a leva ao teatro. Os teatros das nações aristocráticas sempre estiveram cheios de espectadores que não pertenciam à aristocracia. Foi somente no teatro que as classes superiores se misturaram com as médias e as inferiores, e que consentiram, senão em ouvir a opinião dessas últimas, ao menos a suportar que a dessem. Foi no teatro que os eruditos e os letrados sempre tiveram a maior dificuldade para fazer prevalecer seu gosto sobre o do povo, e para se proteger de serem arrastados pelo deste. A plateia muitas vezes ditou a lei aos camarotes.

Se é difícil a uma aristocracia não deixar o teatro ser invadido pelo povo, compreenderemos com facilidade que o povo deve nele reinar como senhor depois que os princípios democráticos penetraram nas leis e nos costumes, que as condições se confundem e que as inteligências se aproximam, assim como as fortunas, e que a classe superior perde, junto com suas riquezas hereditárias, seu poder, suas tradições e seus lazeres.

Os gostos e os instintos naturais aos povos democráticos, em matéria de literatura, se manifestarão primeiro no teatro, portanto, e podemos prever que nele se introduzirão com violência. Nos escritos, as leis literárias da aristocracia se modificarão aos poucos, de modo gradual e, por assim dizer, legal. No teatro, elas serão derrubadas por insurreições.

O teatro põe em relevo a maioria das qualidades e quase todos os vícios inerentes às literaturas democráticas.

Os povos democráticos não têm mais que uma estima muito medíocre pela erudição, e não se preocupam com o que acontecia em Roma e em Atenas; querem que falem deles mesmos, e é o quadro do presente que solicitam.

Assim, quando os heróis e os costumes da Antiguidade são reproduzidos com frequência no palco, e se tem o cuidado de permanecer muito fiel às tradições antigas, isso basta para concluir que as classes democráticas ainda não dominam no teatro.

Racine se desculpa com muita humildade no prefácio de *Britannicus* por ter colocado Junie entre as vestais, onde, segundo Aulo Gélio, diz ele, "não se recebia ninguém abaixo de seis anos nem acima de dez". É de crer que ele não teria pensado em se acusar ou em se defender de tal crime se tivesse escrito em nossos dias.

Esse fato me esclarece não apenas sobre o estado da literatura nos tempos em que ele acontece, mas também sobre a própria sociedade. Um teatro democrático não prova que a nação seja democrática, pois, como acabamos de ver, mesmo nas aristocracias pode acontecer de os gostos democráticos influenciarem os palcos; mas quando o espírito da aristocracia reina sozinho no teatro, isso demonstra irrefutavelmente que a sociedade inteira é aristocrática, e podemos ousadamente concluir que essa mesma classe erudita e letrada, que dirige os autores, comanda os cidadãos e mesmo os negócios.

É bastante raro que os gostos refinados e os pendores altivos da aristocracia, quando ela rege o teatro, não a levem a fazer, por assim dizer, uma escolha na natureza humana. Certas condições sociais interessam-lhe sobremaneira e ela aprecia encontrá-las pintadas no palco; certas virtudes, e mesmo certos vícios, parecem-lhe merecer mais particularmente ser nele reproduzidos; ela aceita seu quadro enquanto afasta dos olhos todos os outros. No teatro, como alhures, ela só quer encontrar grandes senhores, e só se comove com reis. O mesmo acontece com os estilos. Uma aristocracia naturalmente impõe aos autores dramáticos certas maneiras de dizer, ela quer que tudo seja dito nesse tom.

O teatro, portanto, muitas vezes só consegue pintar um dos lados do homem ou mesmo representar o que não se encontra na natureza humana; ele se eleva acima dela e dela se afasta.

Nas sociedades democráticas, os espectadores não têm tais preferências e raramente demonstram tais antipatias; eles gostam de encontrar no palco a confusa mistura de condições, sentimentos e ideias que encontram diante dos olhos; o teatro se torna mais impressionante, mais vulgar e mais verdadeiro.

Às vezes, porém, os que escrevem para o teatro, nas democracias, também se afastam da natureza humana, mas por um lado diferente de seus antecessores. De tanto querer reproduzir minuciosamente as pequenas singularidades do momento presente e a fisionomia particular de certos homens, eles esquecem de retraçar as características gerais da espécie.

Quando as classes democráticas reinam no teatro, elas introduzem a liberdade tanto na maneira de abordar o tema quanto na própria escolha desse tema.

Sendo o amor pelo teatro, de todos os gostos literários, o mais natural aos povos democráticos, o número de autores e de espectadores cresce sem cessar nesses povos, assim como o de espetáculos. Tal multidão, composta por elementos tão diversos e espalhados em tantos lugares diferentes, não poderia reconhecer as mesmas regras e se submeter às mesmas leis. Não há acordo possível entre juízes muito numerosos que, não sabendo onde se encontrar, pronunciam cada um a sua sentença. Se o efeito da democracia é, em geral, tornar duvidosas as regras e as convenções literárias, no teatro ela as abole completamente, para substituí-las pelo capricho de cada autor e de cada público.

É também no teatro que se mostra o que já afirmei em outro lugar, de maneira geral, a respeito do estilo e da arte nas literaturas democráticas. Quando lemos as críticas que as obras dramáticas do século de Luís XIV despertavam, ficamos surpresos de ver a grande estima do público pela verossimilhança e a importância que ele atribuía a que um homem, sempre se mantendo de acordo consigo mesmo, não fizesse nada que não pudesse ser facilmente explicado e compreendido. É igualmente surpreendente como se valorizava então as formas da linguagem e como surgiam pequenas brigas de palavras com os autores dramáticos.

Parece que os homens do século de Luís XIV atribuíam um valor muito exagerado a esses detalhes, que se percebem no gabinete mas que escapam no palco. Pois, no fim das contas, o principal objetivo de uma peça de teatro é ser representada, e seu primeiro mérito, comover. Isso acontecia porque os espectadores daquela época eram, ao mesmo tempo, leitores. Ao sair da representação, esperavam o escritor em suas casas a fim de concluir seu julgamento.

Nas democracias, as peças de teatro são vistas, mas não lidas. A maioria dos que assistem aos jogos de cena não buscam os prazeres do espírito, mas as vivas emoções do coração. Não esperam encontrar uma obra de literatura, mas um espetáculo, e desde que o autor fale corretamente o suficiente a língua do país para se fazer entender e que seus personagens excitem a curiosidade e despertem a simpatia, eles ficam contentes; sem nada mais pedir à ficção, voltam imediatamente ao mundo real. O estilo é menos necessário, portanto; pois, no palco, a observação de suas regras escapa ainda mais.

Quanto às verossimilhanças, é impossível ser frequentemente novo, inesperado e rápido mantendo-se fiel a elas. Portanto, elas são negligenciadas, coisa perdoada pelo público. Podemos contar que ele não se preocupará com os caminhos por onde for conduzido se por fim for levado a um objeto que o toca. Ele nunca criticará por ter sido comovido a despeito das regras.

Os americanos trazem aos olhos de todos os diferentes instintos que acabo de pintar quando vão ao teatro. Mas é preciso reconhecer que ainda é pequeno o número que vai. Embora os espectadores e os espetáculos tenham crescido prodigiosamente nos últimos quarenta anos nos Estados Unidos, a população só se entrega a esse tipo de diversão com extrema moderação.

Isso se deve a causas particulares que o leitor já conhece e que basta lembrar em duas palavras: os puritanos que fundaram as repúblicas americanas não eram apenas inimigos dos prazeres, eles também professavam um horror especial pelo teatro. Consideravam-no um divertimento abominável, e, enquanto seu espírito reinou sem restrição, as representações dramáticas ficaram absolutamente desconhecidas entre eles. Essas opiniões dos primeiros pais da colônia deixaram marcas profundas no espírito de seus descendentes.

A extrema regularidade de hábito e a grande rigidez de costumes que se veem nos Estados Unidos foram, além disso, até o presente, pouco favoráveis ao desenvolvimento da arte teatral.

Não há temas para dramas num país que não foi testemunho de grandes catástrofes políticas e onde o amor sempre leva por um caminho direto e fácil ao casamento. Pessoas que empregam todos os dias da semana para fazer fortuna e o domingo para rezar a Deus não se prestam à musa cômica.

Um único fato basta para mostrar que o teatro é pouco popular nos Estados Unidos.

Os americanos, cujas leis autorizam a liberdade e mesmo a licença da palavra em todas as coisas, ainda assim submeteram os autores dramáticos a uma espécie de censura. As representações teatrais só podem acontecer quando os administradores da comuna as permitem. Isso bem mostra que os povos são como os indivíduos. Eles se entregam sem restrição a suas principais paixões e, a seguir, evitam ceder demais ao arrebatamento dos gostos que não possuem.

Não há porção da literatura que se vincule por laços mais estreitos e mais numerosos ao estado atual da sociedade do que o teatro.

O teatro de uma época nunca poderá convir à época seguinte se, entre os dois, uma importante revolução tiver mudado os costumes e as leis.

Os grandes escritores de outro século ainda são estudados, mas as peças escritas para outro público não são mais assistidas. Os autores dramáticos do tempo passado só vivem nos livros.

O gosto tradicional de alguns homens, a vaidade, a moda e o gênio de um ator podem sustentar por algum tempo ou reerguer um teatro aristocrático dentro de uma democracia; mas ele logo cai por si mesmo. Ele não é derrubado, é abandonado.

CAPÍTULO 20
DE ALGUMAS TENDÊNCIAS PARTICULARES AOS HISTORIADORES NOS SÉCULOS DEMOCRÁTICOS

Os historiadores que escrevem nos séculos aristocráticos em geral fazem todos os acontecimentos dependerem da vontade particular e do humor de certos homens, e naturalmente vinculam aos mínimos acidentes as revoluções mais importantes. Destacam com sagacidade as menores causas e, muitas vezes, não percebem as maiores.

Os historiadores que vivem nos séculos democráticos demonstram tendências absolutamente contrárias.

A maioria deles não atribui quase nenhuma influência do indivíduo sobre o destino da espécie nem dos cidadãos sobre a sorte do povo. Em contrapartida, dão grandes causas gerais a todos os pequenos fatos particulares. Essas tendências opostas se explicam.

Quando os historiadores dos séculos aristocráticos dirigem seus olhares ao teatro do mundo, eles percebem primeiramente um pequeníssimo número de atores principais que conduzem toda a peça. Esses grandes personagens, que se mantêm à frente do palco, detêm seus olhares e o fixam; enquanto se dedicam a revelar os motivos secretos que os fazem agir e falar, esquecem o resto.

A importância das coisas que veem alguns homens fazer dá-lhes uma ideia exagerada da influência que um homem pode exercer e naturalmente os dispõe a acreditar que sempre se deve recuar à ação particular de um indivíduo para explicar os movimentos da multidão.

Quando, ao contrário, todos os cidadãos são independentes uns dos outros, e cada um deles é fraco, não se descobre quem exerce um poder muito grande nem sobretudo duradouro sobre a massa. À primeira vista, os indivíduos parecem absolutamente impotentes sobre ela; e a sociedade parece caminhar sozinha pelo livre e espontâneo concurso de todos os homens que a compõem.

Isso leva o espírito humano a naturalmente buscar a razão geral que pode ter assim atingido ao mesmo tempo tantas inteligências e voltá-las simultaneamente para o mesmo lado.

Estou bastante convencido de que, nas próprias nações democráticas, o gênio, os vícios ou as virtudes de certos indivíduos retardam ou precipitam o curso natural do destino do povo; mas esses tipos de causas fortuitas e secundárias são infinitamente mais variados, mais ocultos, mais complicados, menos potentes e, consequentemente, mais difíceis de desenredar e de seguir em tempos de igualdade do que em séculos de aristocracia, em que só se trata de analisar, no meio dos fatos gerais, a ação particular de um único homem ou de alguns.

O historiador logo se cansa de tal trabalho, seu espírito se perde no meio desse labirinto e, sem conseguir ver com clareza e iluminar suficientemente as influências individuais, ele as nega. Prefere nos falar sobre a natureza das raças, sobre a constituição física do país ou sobre o espírito da civilização. Isso abrevia seu trabalho e, a menor custo, deixa o leitor mais satisfeito.

O senhor de La Fayette disse em algum lugar, em suas *Memórias*, que o sistema exagerado das causas gerais proporcionava consolos maravilhosos aos homens públicos medíocres. Acrescento que proporciona incentivos admiráveis aos historiadores medíocres. Fornece-lhes sempre algumas grandes razões que os livram prontamente da questão no ponto mais difícil de seus livros e favorecem a fraqueza ou a preguiça de seus espíritos, ao mesmo tempo que honra sua profundidade.

De minha parte, penso que não há época em que não seja preciso atribuir uma parte dos acontecimentos desse mundo a fatos muito gerais e outra parte a influências muito particulares. Essas duas causas sempre são encontradas, a única coisa que difere é sua relação. Os fatos gerais explicam mais coisas nos séculos democráticos do que nos séculos aristocráticos, e as influências particulares, menos. Nos tempos de aristocracia, é o contrário: as influências particulares são mais fortes, e as causas gerais são mais fracas, a menos que consideremos como uma causa geral a própria desigualdade de condições, que permite a alguns indivíduos contrariar as tendências naturais de todos os outros.

Os historiadores que procuram pintar o que acontece nas sociedades democráticas têm, portanto, razão de conceder uma grande importância às causas gerais, mas erram ao negar completamente a ação particular dos indivíduos, por terem dificuldade de encontrá-la e segui-la.

Não apenas os historiadores que vivem nos séculos democráticos são levados a atribuir a cada fato uma grande causa, eles também são levados a ligar os fatos entre si e a retirar deles um sistema.

Nos séculos de aristocracia, a atenção dos historiadores é desviada a todo momento para os indivíduos, o encadeamento dos acontecimentos lhes escapa; ou melhor, eles não acreditam em tal encadeamento. A trama da história lhes parece, a cada instante, rompida pela passagem de um homem.

Nos séculos democráticos, ao contrário, o historiador vê muito menos os atores e muito mais os atos, podendo estabelecer com facilidade uma filiação e uma ordem metódica entre estes.

A literatura antiga, que nos deixou histórias tão belas, não oferece um único sistema histórico, ao passo que as mais miseráveis literaturas modernas estão cheias deles. Parece que os historiadores antigos não fazem uso suficiente dessas teorias gerais de que os nossos estão sempre prontos a abusar.

Os que escrevem nos séculos democráticos têm outra tendência, mais perigosa.

Quando a marca da ação dos indivíduos sobre as nações se perde, com frequência acontece de se ver o mundo se mover sem que se descubra o motor. Como se torna muito difícil perceber e analisar as razões que, agindo separadamente sobre a vontade de cada cidadão, acabam produzindo o movimento do povo, somos tentados a crer que esse movimento não é voluntário e que as sociedades, sem saber, obedecem a uma força superior que as domina.

Mesmo que se acredite descobrir o fato geral que dirige a vontade particular de todos os indivíduos na Terra, isso não poupa a liberdade humana. Uma causa vasta o bastante para se aplicar ao mesmo tempo a milhões de homens e forte o suficiente para inclíná-los todos juntos na mesma direção parece facilmente irresistível; depois de se constatar que cedem a ela, chega-se muito perto de crer que não é possível resistir a ela.

Portanto, os historiadores que vivem nos tempos democráticos não recusam apenas a alguns cidadãos o poder de agir sobre o destino do povo, eles também retiram dos povos a faculdade de modificar a própria sorte e os submetem, seja a uma providência inflexível, seja a uma espécie de fatalidade cega. Segundo eles, cada nação está invencivelmente presa, por sua posição, sua origem, seus antecedentes, sua natureza, a um certo destino que nem todos os seus esforços poderiam mudar. Eles tornam as gerações solidárias umas às outras e assim recuando, de era em era, e de acontecimentos necessários em acontecimentos necessários, até a origem do mundo, criam uma corrente estreita e imensa que envolve todo o gênero humano e o reúne.

Não lhes basta mostrar como os fatos aconteceram; também querem mostrar que eles não podiam ter acontecido de outra maneira. Consideram uma nação que chegou a um certo ponto de sua história e afirmam que ela foi obrigada a seguir o caminho que a conduziu até lá. Isso é mais fácil do que ensinar como ela poderia ter feito para seguir um caminho melhor.

Parece, ao lermos os historiadores das eras aristocráticas, particularmente os da Antiguidade, que para se tornar senhor de seu destino e poder governar seus semelhantes o homem só precisa saber domar a si mesmo. Ao percorrermos as histórias escritas de nosso tempo, diríamos que o homem não pode nada, nem sobre si mesmo nem sobre as coisas a seu redor. Os historiadores da Antiguidade ensinavam a comandar, os de nossos dias só ensinam a obedecer. Em seus escritos, o autor muitas vezes parece grande, mas a humanidade é sempre pequena.

Se essa doutrina da fatalidade, que tem tantos atrativos para os que escrevem a história nos séculos democráticos, passasse dos escritores a seus leitores, assim penetrando na massa inteira de cidadãos e se apoderando do espírito público, poderíamos prever que ela logo paralisaria o movimento das novas sociedades e reduziria os cristãos a turcos.

Direi ainda que tal doutrina é particularmente perigosa à época em que vivemos; nossos contemporâneos estão inclinados demais a duvidar do livre-arbítrio, pois cada um deles se sente limitado de todos os lados por sua fraqueza, mas eles ainda concedem de bom grado força e independência aos homens reunidos em corpo social. É preciso evitar obscurecer essa ideia, pois se trata de reerguer as almas e não de acabar de abatê-las.

CAPÍTULO 21
DA ELOQUÊNCIA PARLAMENTAR NOS ESTADOS UNIDOS

Nos povos aristocráticos, todos os homens se sustentam e dependem uns dos outros; existe entre todos um laço hierárquico com o auxílio do qual podemos manter cada um em seu lugar e o corpo inteiro na obediência. Algo análogo sempre se encontra no seio das assembleias políticas desses povos. Os partidos naturalmente se colocam sob certos líderes aos quais obedecem por uma espécie de instinto que nada mais é que o resultado de hábitos contraídos em outro lugar. Eles transportam para a pequena sociedade os costumes da maior.

Nos países democráticos, com frequência acontece de um grande número de cidadãos se dirigirem para um mesmo ponto; mas cada um só caminha, ou se gaba de caminhar, por si mesmo. Acostumado a regrar seus movimentos somente segundo seus impulsos pessoais, é com dificuldade que se curva a receber de fora sua regra. Esse gosto e esse uso da independência o seguem nos conselhos nacionais. Se consente em associar-se a outros para a busca do mesmo objetivo, ao menos quer manter-se senhor de si para cooperar ao sucesso comum à sua maneira.

É por isso que nos países democráticos os partidos suportam com tanta impaciência ser dirigidos e só se mostram subordinados quando o perigo que os ameaça é muito grande. Ainda assim, a autoridade dos líderes, que nessas circunstâncias pode chegar a fazer agir e falar, quase nunca se estende ao poder de fazer calar.

Nos povos aristocráticos, os membros das assembleias políticas são ao mesmo tempo os membros da aristocracia. Cada um deles possui por si mesmo um nível elevado e estável, e o lugar que ele ocupa na assembleia muitas vezes é menos importante a seus olhos do que aquele que ocupa no país. Isso o consola por não desempenhar um papel na discussão dos negócios e o dispõe a não buscar com ardor demais um papel medíocre.

Na América, o deputado em geral só é alguma coisa por sua posição na assembleia. Portanto, ele é constantemente atormentado pela necessidade de adquirir importância e sente um desejo petulante de a todo momento revelar suas ideias.

Ele não é levado a isso apenas por sua vaidade, mas pela de seus eleitores e pela contínua necessidade de agradá-los.

Nos povos aristocráticos, o membro da legislatura está raramente numa dependência estreita dos eleitores; muitas vezes, é para eles um representante de certo modo necessário; algumas vezes, ele os mantém em estreita dependência e, se chegam a recusar-lhe seu voto, ele facilmente se faz nomear alhures, ou, renunciando à carreira pública, encerra-se numa ociosidade que ainda possui certo esplendor.

Num país democrático, como os Estados Unidos, o deputado quase nunca tem influência duradoura sobre o espírito de seus eleitores. Por menor que seja um corpo eleitoral, a instabilidade democrática faz com que ele mude constantemente de face. É preciso cativá-lo todos os dias.

Ele nunca tem certeza a respeito de seus eleitores; e, se eles o abandonam, fica imediatamente sem recursos; pois ele não tem ao natural uma posição elevada o suficiente para ser facilmente percebido pelos que não estão próximos, e, na independência completa em que vivem os cidadãos, ele não pode esperar que seus amigos ou que o governo o imponham com facilidade a um corpo eleitoral que não o conheça. É, portanto, no cantão que ele representa que estão depositados todos os germes de sua fortuna; é desse pedaço de terra que ele precisa sair para elevar-se ao comando do povo e para influenciar os destinos do mundo.

Assim, é natural que, nos países democráticos, os membros das assembleias políticas pensem em seus eleitores mais do que em seu partido, ao passo que nas aristocracias eles se ocupam mais de seu partido do que de seus eleitores.

Ora, o que é preciso dizer para agradar aos eleitores nem sempre é o que convém fazer para bem servir a opinião política que eles professam.

O interesse geral de um partido é que o deputado membro nunca fale dos grandes assuntos de que não entende, que fale pouco dos pequenos que prejudicariam o andamento dos grandes e que, com mais frequência, ele se cale completamente. Guardar silêncio é o mais útil serviço que um orador medíocre pode fazer à coisa pública.

Mas não é assim que pensam os eleitores.

A população de um cantão encarrega um cidadão de participar do governo do estado porque tem uma ideia muito grande de seu mérito. Como os homens parecem maiores quanto mais estão cercados por objetos menores, é de crer que a opinião que se terá do mandatário será tanto maior quanto os talentos forem mais raros entre os que ele representa. Muitas vezes acontecerá, portanto, de os eleitores contarem tanto mais com seu deputado quanto menos tiverem a esperar dele; e por mais incapaz que ele possa ser, eles não poderiam deixar de exigir dele esforços notáveis que correspondam à posição que lhe atribuem.

Independentemente do legislador do estado, os eleitores ainda veem em seu representante o protetor natural do cantão junto à legislatura; eles não estão longe de considerá-lo como o procurador de cada um que o elegeu e gabam-se de que ele não empregará menos ardor a defender os interesses particulares de seus eleitores do que os do país.

Assim, os eleitores se consideram garantidos de antemão que o deputado que eles escolherão será um orador, que falará com frequência se puder e que, no caso de precisar restringir-se, ele se esforçará ao menos para conter em seus raros discursos o exame de todas as grandes questões do Estado, junto com a exposição de todas as pequenas queixas que eles próprios têm a fazer; de tal modo que, não podendo mostrar com frequência, ele demonstre a cada ocasião o que sabe fazer e que, em vez de se manifestar incessantemente, ele se contenha de tempos em tempo num pequeno volume, fornecendo assim uma espécie de resumo brilhante e completo de seus comitentes e de si mesmo. A esse preço, eles prometem seus próximos votos.

Isso leva ao desespero mediocridades honestas que, conhecendo-se, não teriam produzido a si mesmas. O deputado, assim excitado, toma a palavra para grande pesar de seus amigos e, lançando-se imprudentemente no meio dos mais célebres oradores, embaralha o debate e cansa a assembleia.

Todas as leis que tendem a tornar o eleito mais dependente do eleitor não modificam apenas a conduta dos legisladores, portanto, como observei em outra parte, mas também sua linguagem. Elas influenciam tanto os negócios quanto a maneira de falar sobre eles.

Não há, por assim dizer, membro do Congresso que consinta em voltar para sua casa sem ter feito ao menos um discurso, nem que suporte ser interrompido antes de poder ter encerrado dentro dos limites de sua arenga tudo o que se pode dizer de útil aos 24 estados que compõem a União, especialmente ao distrito que ele representa. Portanto, ele sucessivamente repassa diante do espírito de seus auditores grandes verdades gerais que muitas vezes ele próprio não percebe e que só indica confusamente, e pequenas particularidades muito tênues que ele tem muita facilidade para descobrir e expor. Assim, com frequência acontece que, dentro desse grande corpo, a discussão se torne vaga e confusa, e que pareça se arrastar para o objetivo proposto em vez de caminhar para ele.

Algo análogo sempre se manifestará, penso eu, nas assembleias públicas das democracias.

Felizes circunstâncias e boas leis poderiam conseguir atrair para a legislatura de um povo democrático homens muito mais notáveis do que os que são enviados pelos americanos ao Congresso; mas os homens medíocres nunca serão impedidos, lá estando, de se expor complacentemente, e de todos os lados, aos olhos de todos.

O mal não me parece inteiramente curável porque não se deve apenas ao regulamento da assembleia, mas à sua Constituição e à do país.

Os habitantes dos Estados Unidos parecem considerar a coisa sob esse ponto de vista e atestam seu longo uso da vida parlamentar, não se abstendo de maus discursos, mas submetendo-se com coragem a ouvi-los. Resignam-se a eles como a um mal que a experiência os fez reconhecer como inevitável.

Mostramos o pequeno lado das discussões políticas nas democracias; façamos ver o grande.

O que acontece há 150 anos dentro do Parlamento da Inglaterra nunca teve grande repercussão fora dele; as ideias e os sentimentos expressos pelos oradores sempre encontraram pouca simpatia entre os próprios povos que estavam mais próximos do grande teatro da liberdade britânica, ao passo que, desde os primeiros debates que ocorreram nas pequenas assembleias coloniais da América na época da revolução, a Europa ficou perturbada.

Isso não se deu apenas devido a circunstâncias particulares e fortuitas, mas devido a causas gerais e duradouras.

Não vejo nada mais admirável nem mais poderoso do que um grande orador discutindo grandes questões no seio de uma assembleia democrática. Como nunca há uma classe que tenha seus representantes encarregados de defender seus interesses, é sempre à nação inteira, e em nome da nação inteira, que se fala. Isso engrandece o pensamento e eleva a linguagem.

Como os precedentes têm pouco império dentro dela, como não há mais privilégios vinculados a certos bens, nem direitos inerentes a certos corpos ou a certos homens, o espírito é obrigado a recuar até verdades gerais retiradas da natureza humana para abordar uma questão particular que o ocupa. Daí nasce, nas discussões políticas de um povo democrático, por menor que ele seja, um caráter de generalidade que as torna muitas vezes fascinantes para o gênero humano. Todos os homens se interessam por elas porque se trata do homem, que em toda parte é o mesmo.

Entre os maiores povos aristocráticos, ao contrário, as questões mais gerais são quase sempre tratadas por algumas razões particulares tiradas dos usos de uma época ou dos direitos de uma classe, o que só interessa à classe de que se fala ou, no máximo, ao povo no seio do qual essa classe se encontra.

É a essa causa, tanto quanto à grandeza da nação francesa e às disposições favoráveis dos povos que a ouvem, que é preciso atribuir o grande efeito que nossas discussões políticas produzem às vezes no mundo.

Nossos oradores com frequência falam a todos os homens, mesmo que só se dirijam a seus concidadãos.

SEGUNDA PARTE
INFLUÊNCIA DA DEMOCRACIA NOS SENTIMENTOS DOS AMERICANOS

CAPÍTULO 1
POR QUE OS POVOS DEMOCRÁTICOS DEMONSTRAM UM AMOR MAIS ARDENTE E MAIS DURADOURO PELA IGUALDADE DO QUE PELA LIBERDADE

A primeira e mais intensa das paixões que a igualdade de condições faz nascer, não preciso dizer, é o amor por essa igualdade. Não surpreende, portanto, que se fale dela antes de todas as outras.

Todos observaram que, em nosso tempo, especialmente na França, essa paixão pela igualdade ocupava a cada dia um lugar maior no coração humano. Disseram cem vezes que nossos contemporâneos tinham um amor muito mais ardente e muito mais tenaz pela igualdade do que pela liberdade, mas não creio que se tenha recuado o suficiente até as causas desse fato. Vou tentar fazer isso.

Podemos imaginar um ponto extremo em que a liberdade e a igualdade se toquem e se confundam.

Suponhamos que todos os cidadãos contribuam para o governo e que cada um tenha um direito igual de contribuir.

Como nenhum cidadão difere de seus semelhantes, ninguém poderá exercer um poder tirânico; os homens serão perfeitamente livres porque serão absolutamente iguais, e serão perfeitamente iguais porque serão absolutamente livres. É para esse verso ideal que tendem os povos democráticos.

Essa é a forma mais completa que a igualdade pode ter na Terra; mas existem mil outras que, sem serem tão perfeitas, não são menos caras a esses povos.

A igualdade pode se estabelecer na sociedade civil e não reinar no mundo político. Os cidadãos podem ter o direito de se entregar aos mesmos prazeres, de entrar nas mesmas profissões, de se encontrar nos mesmos lugares; numa palavra, de viver da mesma maneira e perseguir a riqueza pelos mesmos meios, sem todos precisarem tomar a mesma parte no governo.

Uma espécie de igualdade pode inclusive se estabelecer no mundo político, ainda que a liberdade política não faça parte dele. O homem é igual a todos os seus semelhantes, menos um, que é, sem distinção, o senhor de todos e que também escolhe, entre todos, os agentes de seu poder.

Seria fácil pensar em várias outras hipóteses, segundo as quais uma grande igualdade facilmente poderia se combinar com instituições mais ou menos livres ou mesmo com instituições que não o seriam de modo algum.

Embora os homens não possam se tornar absolutamente iguais sem serem inteiramente livres, e, consequentemente, a igualdade em seu grau mais extremo se confunda com a liberdade, temos uma boa base para distinguir uma da outra.

O gosto que os homens têm pela liberdade e aquele que sentem pela igualdade são, de fato, duas coisas distintas e não temo acrescentar que, nos povos democráticos, duas coisas desiguais.

Se prestarmos atenção, veremos que em cada século há um fato singular e dominante ao qual os outros se vinculam; esse fato quase sempre dá origem a um pensamento-mãe ou a uma paixão principal que acaba atraindo para si e carregando em seu curso todos os sentimentos e todas as ideias. É como o grande rio para o qual cada um dos riachos circundantes parece correr.

A liberdade se manifestou aos homens em diferentes tempos e sob diferentes formas, ela não se vinculou exclusivamente a um estado social e pode ser encontrada em lugares que não são democracias. Portanto, não poderia formar o caráter distintivo dos séculos democráticos.

O fato particular e dominante que singulariza esses séculos é a igualdade das condições; a principal paixão que agita os homens nesses tempos é o amor por essa igualdade.

Não perguntem que encanto singular encontram os homens das eras democráticas em viver iguais nem as razões particulares que podem ter de se apegarem tão obstinadamente à igualdade em vez de a outros bens que a sociedade lhes apresenta: a igualdade forma o caráter distintivo da época em que vivem; isso basta para explicar que a prefiram a todo o resto.

No entanto, independentemente dessa razão, há várias outras que, em todos os tempos, geralmente levarão os homens a preferir a igualdade à liberdade.

Se um povo um dia conseguisse destruir ou apenas diminuir sozinho a igualdade que reina em seu seio, ele só conseguiria fazê-lo por meio de longos e penosos esforços. Seria preciso que modificasse seu estado social, abolisse as leis, renovasse suas ideias, mudasse seus hábitos, alterasse seus costumes. Para perder a liberdade política, no entanto, basta não retê-la e ela se escapa.

Os homens, portanto, não se apegam à igualdade apenas porque ela lhes é cara; eles se apegam a ela também porque acreditam que ela deve durar para sempre.

Que a liberdade política pode, em seus excessos, comprometer a tranquilidade, o patrimônio e a vida dos particulares, não há homem tão obtuso e frívolo que não descubra isso. Só as pessoas atentas e clarividentes, ao contrário, percebem os perigos com que a igualdade nos ameaça, e em geral elas evitam assinalá-los. Elas sabem que as misérias que temem estão distantes e estão convencidas de que só atingirão as gerações futuras, com que a geração presente pouco se preocupa. Os males que a liberdade traz às vezes são imediatos; eles são visíveis para todos, e todos, mais ou menos, os experimentam. Os males que a extrema igualdade pode produzir só se manifestam aos poucos; insinuam-se gradualmente no corpo social; só são vistos de longe em longe e, no momento em que se tornam mais violentos, o hábito já fez com que não sejam mais sentidos.

Os bens que a liberdade proporciona só se revelam a longo prazo, e é sempre fácil não reconhecer a causa que os faz nascer.

As vantagens da igualdade se fazem sentir desde o presente, e a cada dia nós as vemos emanar de sua fonte.

A liberdade política confere, de tempos em tempos, a certo número de cidadãos, prazeres sublimes.

A igualdade proporciona a cada dia um grande número de pequenos prazeres a cada homem. Os encantos da igualdade se fazem sentir a todo momento e estão ao alcance de todos; os de coração mais nobre não são insensíveis a eles, e as almas mais vulgares fazem deles suas delícias. A paixão que a igualdade faz nascer deve ser, portanto, ao mesmo tempo enérgica e geral.

Os homens não saberiam usufruir da liberdade política sem comprá-la com alguns sacrifícios, e sempre se apossam dela com muitos esforços. Mas os prazeres que a igualdade proporciona se oferecem por si mesmos. Cada um dos pequenos incidentes da vida privada parece fazê-los nascer e, para experimentá-los, basta viver.

Os povos democráticos amam a igualdade em todos os tempos, mas em certas épocas eles levam ao delírio a paixão que sentem por ela. Isso acontece quando a antiga hierarquia social, por muito tempo ameaçada, é destruída após uma última luta intestina, e quando as barreiras que separavam os cidadãos são enfim derrubadas. Os homens se precipitam então para a igualdade como para uma conquista, e se apegam a ela como a um bem precioso de que querem privá-los. A paixão pela igualdade penetra o coração humano por todos os lados, ela se espalha por ele e o preenche completamente. Não diga aos homens que, entregando-se assim cegamente a uma paixão exclusiva, eles comprometem seus mais caros interesses; eles são surdos. Não mostre que a liberdade escapa de suas mãos, enquanto olham para outra coisa; eles são cegos, ou melhor, em todo o universo veem um único bem digno de ser desejado.

O que precede se aplica a todas as nações democráticas. O que segue só diz respeito a nós mesmos.

Na maioria das nações modernas, e em particular em todos os povos do continente europeu, o gosto e a ideia da liberdade só começaram a nascer e a se desenvolver no momento em que as condições começaram a se igualar e como consequência dessa igualdade. Os reis absolutos foram os que mais trabalharam para nivelar as condições de seus súditos. Nesses povos, a igualdade precede a liberdade; a igualdade, portanto, era um fato antigo, ao passo que a liberdade ainda era uma coisa nova; uma já havia criado opiniões, usos, leis que lhe eram próprias, enquanto a outra se produzia sozinha, e pela primeira vez, à vista de todos. Assim, a segunda estava apenas nas ideias e nos gostos, enquanto a primeira já havia penetrado nos hábitos, invadido os costumes e dado um toque particular às menores ações da vida. Como se surpreender que os homens de nossos dias prefiram uma à outra?

Penso que os povos democráticos têm um gosto natural pela liberdade; entregues a si mesmos, buscam-na, amam-na e sofrem ao serem afastados dela. Mas eles sentem pela igualdade uma paixão ardente, insaciável, eterna, invencível; querem a igualdade na liberdade e, se não podem obter a segunda, ainda querem a segunda na escravidão. Suportarão a pobreza, a servidão, a barbárie, mas não suportarão a aristocracia.

Isso é verdade em todas as épocas, principalmente na nossa. Todos os homens e todos os poderes que quiserem lugar contra essa força irresistível serão derrubados e destruídos por ela. Em nossos dias, a liberdade não pode se estabelecer sem seu apoio e o próprio despotismo não poderia reinar sem ela.

CAPÍTULO 2
DO INDIVIDUALISMO NOS PAÍSES DEMOCRÁTICOS

Mostrei de que modo, nos séculos de igualdade, cada homem buscava em si mesmo suas crenças; quero mostrar de que modo, nos mesmos séculos, ele volta todos os seus sentimentos para si próprio.

O *individualismo* é uma expressão recente que uma nova ideia fez nascer. Nossos pais só conheciam o egoísmo.

O egoísmo é um amor apaixonado e exagerado por si mesmo, que leva o homem a buscar tudo para si mesmo e a se preferir a tudo o mais.

O individualismo é um sentimento ponderado e tranquilo, que dispõe cada cidadão a isolar-se da massa dos seus semelhantes e a manter-se à parte com sua família e amigos, de tal modo que, tendo criado uma pequena sociedade para seu uso, ele de bom grado deixa a grande sociedade entregue a si mesma.

O egoísmo nasce de um instinto cego; o individualismo provém de um julgamento errôneo mais do que de um sentimento corrompido. Ele se origina dos defeitos do espírito tanto quanto dos vícios do coração.

O egoísmo resseca o germe de todas as virtudes, o individualismo só esgota, a princípio, a fonte das virtudes públicas; a longo prazo, porém, ele ataca e destrói todas as outras e, por fim, é absorvido pelo egoísmo.

O egoísmo é um vício tão antigo quanto o mundo. Não pertence mais a uma forma de sociedade do que a outra.

O individualismo é de origem democrática e ameaça desenvolver-se à medida que as condições se igualam.

Nos povos aristocráticos, as famílias permanecem séculos no mesmo estado e, muitas vezes, no mesmo lugar. Isso torna contemporâneas, por assim dizer, todas as gerações. Um homem quase sempre conhece seus antepassados e os respeita; ele pensa já antever seus bisnetos e os ama. De bom grado atribui-se deveres em relação a uns e outros, e com frequência acontece-lhe de sacrificar seus prazeres pessoais a esses indivíduos que não existem mais ou ainda não existem.

As instituições aristocráticas têm, além disso, o efeito de ligar estreitamente cada homem a vários concidadãos.

Visto que as classes são muito distintas e imóveis no seio de um povo aristocrático, cada uma delas se torna para aquele que dela faz parte uma espécie de pequena pátria, mais visível e mais cara do que a grande.

Como os cidadãos, nas sociedades aristocráticas, têm posições fixas, uns acima dos outros, também resulta que cada um deles sempre vê acima de si um homem cuja proteção lhe é necessária, e abaixo de si um outro cujo auxílio pode solicitar.

Os homens que vivem nos séculos aristocráticos, portanto, quase sempre estão ligados de maneira estreita a algo que está fora deles e muitas vezes estão dispostos a esquecer de si mesmos. É verdade que, nesses mesmos séculos, a noção geral do *semelhante* é obscura e pouco se pensa em dedicação à causa da humanidade; mas muitas vezes as pessoas se sacrificam a certos homens.

Nos séculos democráticos, ao contrário, em que os deveres de cada indivíduo para com a espécie são muito mais claros, a dedicação a um homem se torna mais rara: o laço dos afetos humanos se estende e afrouxa.

Nos povos democráticos, novas famílias constantemente saem do nada e outras voltam a cair nele, e todas as que nele permanecem mudam de figura; a trama dos tempos se rompe a todo momento e o vestígio das gerações se apaga. As pessoas facilmente se esquecem dos que as precederam e não têm a mínima ideia dos que as sucederão. Os mais próximos são os únicos que interessam.

Cada classe se aproxima das outras e se mistura a elas, por isso seus membros se tornam indiferentes e como que estrangeiros entre si.

A aristocracia havia feito de todos os cidadãos uma longa cadeia que ia do camponês ao rei; a democracia rompe a cadeia e deixa cada elo isolado.

À medida que as condições se igualam, encontra-se um número cada vez maior de indivíduos que, nem tão ricos nem tão poderosos quanto antes para exercer uma grande influência sobre o destino de seus semelhantes, ainda assim adquiriram ou conservaram luzes e bens suficientes para poderem se bastar a si mesmos. Não devem nada a ninguém, não esperam nada de ninguém; acostumam-se a considerar a si mesmos sempre isoladamente e de bom grado imaginam que seu destino está todo em suas mãos.

Assim, não apenas a democracia faz a cada momento com que os antepassados sejam esquecidos como também oculta os descendentes e os separa de seus contemporâneos; ela constantemente os volta para si mesmos e ameaça encerrá-los por completo na solidão de seus próprios corações.

CAPÍTULO 3
COMO O INDIVIDUALISMO É MAIOR AO SAIR DE UMA REVOLUÇÃO DEMOCRÁTICA DO QUE EM OUTRA ÉPOCA

É principalmente no momento em que uma sociedade democrática acaba de se formar sobre os escombros de uma aristocracia que esse isolamento dos homens uns dos outros, e o egoísmo decorrente, mais facilmente chamam nossa atenção.

Essas sociedades não encerram apenas um grande número de cidadãos independentes, elas são diariamente enchidas de homens que, tendo chegado ontem à independência, estão inebriados de seu novo poder; eles têm uma presunçosa confiança em suas forças e, não imaginando que possam doravante precisar do auxílio de seus semelhantes, facilmente demonstram que só pensam em si mesmos.

Uma aristocracia em geral só sucumbe depois de uma luta prolongada, durante a qual inflamam-se entre as diferentes classes ódios implacáveis. Essas paixões sobrevivem à vitória, e podemos seguir seu rastro no meio da confusão democrática que a sucede.

Aqueles dentre os cidadãos que eram os primeiros na hierarquia destruída não conseguem esquecer na mesma hora sua antiga grandeza; por muito tempo, consideram-se como estrangeiros no seio da nova sociedade. Veem todos os iguais que essa sociedade lhes dá como opressores, cujo destino não é capaz de despertar sua simpatia; perderam de vista seus antigos iguais e não se sentem mais ligados por um interesse comum ao destino deles; cada um, colocando-se à parte, acredita-se portanto reduzido a ter que se ocupar apenas de si mesmo. Aqueles, ao contrário, que antigamente estavam na base da escala social, e que foram aproximados do nível comum por uma súbita revolução, gozam com uma espécie de inquietude secreta da independência recentemente adquirida; quando encontram a seu lado alguns de seus antigos superiores, lançam sobre eles olhares de triunfo e temor, e se afastam.

É, portanto, na origem das sociedades democráticas que comumente os cidadãos se mostram mais dispostos a se isolar.

A democracia leva os homens a não se aproximar de seus semelhantes; mas as revoluções democráticas os dispõem a fugir deles, e perpetuam no seio da igualdade os ódios que a desigualdade fez nascer.

A grande vantagem dos americanos é terem chegado à democracia sem passar por revoluções democráticas e terem nascido iguais em vez de terem se tornado iguais.

CAPÍTULO 4
COMO OS AMERICANOS COMBATEM O INDIVIDUALISMO COM INSTITUIÇÕES LIVRES

O despotismo que, por natureza, é temeroso, vê no isolamento dos homens a garantia mais certa de sua própria duração e costuma fazer de tudo para isolá-los. Não há vício no coração humano que mais lhe agrade do que o egoísmo: um déspota facilmente perdoa os governados por não o amarem, desde que eles não se amem entre si. Ele não pede que o ajudem a conduzir o Estado, basta que não queiram dirigi-lo por si mesmos. Chama de turbulentos e inquietos aqueles que querem unir esforços para criar a prosperidade comum e, mudando o sentido natural das palavras, chama de bons cidadãos aqueles que se fecham estreitamente em si mesmos.

Assim, os vícios que o despotismo faz nascer são exatamente aqueles que a igualdade favorece. As duas coisas se complementam e ajudam de maneira funesta.

A igualdade coloca os homens ao lado uns dos outros, sem laço comum que os retenha. O despotismo ergue barreiras entre eles e os separa. Ela os predispõe a não pensar em seus semelhantes, e ele faz da indiferença uma virtude pública para eles.

O despotismo, que é perigoso em todos os tempos, é, portanto, particularmente temível nos séculos democráticos.

É fácil ver que nesses mesmos séculos os homens têm uma necessidade particular da liberdade.

Quando os cidadãos são forçados a se ocupar dos negócios públicos, eles são necessariamente tirados de seus interesses individuais e arrancados, de tempos em tempos, de si mesmos.

A partir do momento em que os negócios comuns são tratados em comum, cada homem percebe não ser tão independente de seus semelhantes quanto a princípio pensava, e que, para obter o apoio deles, muitas vezes é preciso prestar-lhes seu auxílio.

Quando o público governa, não há homem que não sinta o valor da benevolência pública e que não procure cativá-la atraindo para si a estima e o afeto daqueles no meio dos quais precisa viver.

Várias paixões que gelam os corações e os dividem são então obrigadas a se retirar para o fundo da alma e se esconder. O orgulho se dissimula, o desprezo não ousa aparecer. O egoísmo tem medo de si mesmo.

Sob um governo livre, sendo eletiva a maioria das funções públicas, os homens cuja alma elevada ou cuja inquietude de seus desejos colocam à parte na vida privada, sentem a cada dia que não podem prescindir da população que os cerca.

Ocorre então que pensem em seus semelhantes por ambição e que, muitas vezes, encontrem algum tipo de interesse em esquecer de si mesmos. Sei que podem me contrapor aqui todas as intrigas que uma eleição faz nascer; ou os meios vergonhosos que os candidatos utilizam com frequência e as calúnias que seus inimigos espalham. São ocasiões de ódio, e elas ocorrem com tanto mais frequência quanto mais frequentes se tornam as eleições.

Esses males são grandes, sem dúvida, mas são passageiros, ao passo que os bens que nascem com eles permanecem.

A vontade de ser eleito pode momentaneamente levar certos homens a lutarem entre si, mas esse mesmo desejo a longo prazo leva todos os homens a se prestarem apoio mútuo; e, embora aconteça de uma eleição acidentalmente dividir dois amigos, o sistema eleitoral reaproxima de maneira permanente uma multidão de cidadãos que teriam permanecido estranhos uns aos outros para sempre. A liberdade cria ódios particulares, mas o despotismo faz nascer a indiferença geral.

Os americanos combateram por meio da liberdade o individualismo que a igualdade fazia nascer, e venceram.

Os legisladores da América não acreditaram que, para curar uma doença tão natural ao corpo social nos tempos democráticos e tão funesta, bastaria conceder à nação inteira uma representação de si mesma; eles pensaram que, além disso, convinha dar uma vida política a cada parte do território a fim de multiplicar ao infinito, para os cidadãos, as ocasiões de agir junto e de fazê-los sentir todos os dias que eles dependem uns dos outros.

Agiram com sabedoria.

Os negócios gerais da nação só ocupam os cidadãos principais. Estes só se reúnem de longe em longe nos mesmos locais e, como é comum eles logo depois se perderem de vista, não se estabelecem entre eles laços duráveis. No entanto, quando se trata de regular os negócios particulares de um cantão pelos homens que o habitam, os mesmos indivíduos estão sempre em contato e, de certo modo, são obrigados a se conhecer e relacionar.

Dificilmente se tira um homem de si mesmo para interessá-lo pelo destino de todo o Estado, porque ele pouco compreende a influência que o destino do Estado pode exercer sobre sua sorte. Mas basta passar uma estrada no limite de suas terras que ele verá na mesma hora que há uma relação entre esse pequeno negócio público e seus grandes negócios privados, e descobrirá, sem que lhe mostrem, o laço estreito que une, nesse caso, o interesse particular ao interesse geral.

Portanto, é encarregando os cidadãos da administração dos pequenos negócios, mais do que entregando a eles o governo dos grandes, que se pode interessá-los pelo bem público e fazê-los ver a necessidade que constantemente têm uns dos outros para produzi-lo.

É possível, por meio de uma ação espetacular, obter subitamente as graças de um povo; mas, para obter o amor e o respeito da população, é preciso uma longa sucessão de pequenos serviços prestados, de bons trabalhos obscuros, um hábito constante de benevolência e uma reputação de desprendimento bem estabelecido.

As liberdades locais, que fazem com que um grande número de cidadãos valorize o afeto de seus vizinhos e próximos, constantemente aproximam os homens uns dos outros, a despeito dos instintos que os separam, e obrigam-nos a se entreajudar.

Nos Estados Unidos, os cidadãos mais opulentos precisam não se isolar do povo; ao contrário, aproximam-se dele, ouvem-no de bom grado e falam com ele todos os dias. Eles sabem que os ricos das democracias sempre precisam dos pobres e que nos tempos democráticos ganha-se o pobre mais pelas maneiras do que por favores. A própria grandeza dos favores, que destaca a diferença de condições, causa uma irritação secreta naqueles que os recebem; mas a simplicidade das maneiras tem encantos quase irresistíveis: sua familiaridade seduz, e mesmo sua grosseria nem sempre desagrada.

Não é de uma só vez que essa verdade penetra no espírito dos ricos. Eles em geral resistem a ela enquanto a revolução democrática dura, e não a admitem nem mesmo logo depois de consumada essa revolução. Consentem de bom grado em fazer o bem ao povo, mas querem continuar a mantê-lo cuidadosamente a distância. Creem que isso basta, enganam-se. Arruinariam a si mesmos sem aquecer o coração da população que os cerca. Não é o sacrifício de seu dinheiro que ela exige, é o de seu orgulho.

Nos Estados Unidos, parece não haver imaginação que não se esgote inventando meios de aumentar a riqueza e de satisfazer as necessidades do público. Os habitantes mais esclarecidos de cada cantão constantemente se utilizam de suas luzes para descobrir segredos novos próprios a aumentar a prosperidade comum; quando encontram alguns, apressam-se em passá-los à multidão.

Examinando de perto os vícios e as fraquezas que os que governam demonstram com tanta frequência, ficamos espantados com a crescente prosperidade do povo, e nos enganamos. Não é o magistrado eleito que faz a democracia americana prosperar, ela prospera porque o magistrado é eletivo.

Seria injusto acreditar que o patriotismo dos americanos e o zelo que cada um demonstra pelo bem-estar de seus concidadãos nada tenham de real. Embora o interesse privado dirija a maioria das ações humanas, tanto nos Estados Unidos quanto em outros lugares, ele não regula todas elas.

Devo dizer que muitas vezes vi americanos fazerem grandes e verdadeiros sacrifícios à coisa pública, e observei cem vezes que, quando necessário, eles quase nunca deixavam de se prestar um fiel auxílio uns aos outros.

As instituições livres que os habitantes dos Estados Unidos possuem, e os direitos políticos de que eles tanto fazem uso, lembram constantemente, e de mil maneiras, a cada cidadão que ele vive em sociedade. Elas a todo momento trazem seu espírito para a ideia de que o dever dos homens, tanto quanto seu interesse, é tornarem-se úteis a seus semelhantes; e como não vê nenhum motivo particular para odiá-los, pois nunca é nem seu escravo nem seu mestre, seu coração facilmente tende para o lado da benevolência. Os homens se ocupam do interesse geral primeiro por necessidade, depois por escolha; o que era cálculo se torna instinto; e, de tanto trabalhar para o bem de seus concidadãos, finalmente adquirem o hábito e o gosto de servi-los.

Muitas pessoas, na França, consideram a igualdade de condições o primeiro dos males, e a liberdade política, o segundo. Quando são obrigadas a suportar uma, esforçam-se ao menos para escapar à outra. De minha parte, digo que, para combater os males que a igualdade pode produzir, só há um remédio eficaz: a liberdade política.

CAPÍTULO 5
DO USO QUE OS AMERICANOS FAZEM DA ASSOCIAÇÃO NA VIDA CIVIL

Não quero falar dessas associações políticas com a ajuda das quais os homens tentam se defender da ação despótica de uma maioria ou das usurpações do poder real. Já tratei desse tema em outro lugar. Está claro que, se cada cidadão, à medida que se tornasse individualmente mais fraco, e consequentemente mais incapaz de preservar isoladamente sua liberdade, não aprendesse a arte de se unir a seus semelhantes para defendê-la, a tirania necessariamente cresceria junto com a igualdade. Trata-se, aqui, de associações que se formam na vida civil e cujo objeto nada tem de político.

As associações políticas que existem nos Estados Unidos não constituem mais que um detalhe no imenso quadro do conjunto das associações.

Os americanos de todas as idades, de todas as condições, de todos os espíritos, se unem sem parar. Não apenas têm associações comerciais e industriais, das quais todos tomam parte, como também têm outras de milhares de tipos: religiosas, morais, sérias, fúteis, muito gerais e extremamente específicas, imensas e muito pequenas; os americanos se associam para organizar festas, fundar seminários, construir albergues, erguer igrejas, disseminar livros, enviar missionários aos antípodas; eles criam dessa maneira hospitais, prisões, escolas. Quando se trata de destacar uma verdade ou desenvolver um sentimento com o auxílio de um grande exemplo, eles se associam. Em todo lugar onde, à frente de uma nova empresa, você vê na França o governo e, na Inglaterra, um grande senhor, espere encontrar, nos Estados Unidos, uma associação.

Encontrei, na América, tipos de associações de que, confesso, nem tinha ideia, e com frequência admirei a arte infinita com que os habitantes dos Estados Unidos conseguiam fixar um objetivo comum aos esforços de um grande número de homens e fazê-lo funcionar livremente.

Percorri, depois, a Inglaterra, de onde os americanos tiraram algumas de suas leis e muitos de seus usos, e pareceu-me que se estava muito longe de fazer um emprego tão constante e hábil da associação.

Muitas vezes acontece de os ingleses executarem isoladamente coisas enormes, ao passo que não há empresa pequena demais à qual os americanos se unirem. É evidente que os primeiros consideram a associação um poderoso meio de ação; os outros, porém, parecem ver nela o único meio de agir.

Assim, o país mais democrático da Terra é aquele em que os homens mais aperfeiçoaram em nossos dias a arte de perseguir em comum o objeto de seus desejos em comum, e aplicaram ao maior número de objetos essa nova ciência.

Isso resulta de um acidente ou será que existe de fato uma relação necessária entre as associações e a igualdade?

As sociedades aristocráticas sempre encerram em seu seio, no meio de uma multidão de indivíduos que não podem nada por si mesmos, um pequeno número de cidadãos muito poderosos e muito ricos; cada um deles pode executar sozinho grandes empreendimentos.

Nas sociedades aristocráticas, os homens não precisam se unir para agir, porque são mantidos fortemente juntos.

Cada cidadão, rico e poderoso, constitui como que a cabeça de uma associação permanente e forçada que é composta por todos aqueles mantidos sob sua dependência e que ele faz participarem para a execução de seus planos.

Nos povos democráticos, ao contrário, todos os cidadãos são independentes e fracos; eles não podem quase nada por si mesmos, e nenhum deles poderia obrigar seus semelhantes a lhe prestarem seu concurso. Portanto, todos caem na impotência se não aprendem a se ajudar livremente.

Se os homens que vivem nos países democráticos não tivessem nem o direito nem o gosto de se unir com objetivos políticos, sua independência correria grandes riscos; mas eles poderiam conservar por muito tempo suas riquezas e suas luzes; ao passo que, se não adquirissem o costume de se associar na vida cotidiana, a própria civilização estaria em perigo.

Um povo em que os particulares perdessem o poder de fazer isoladamente grandes coisas sem adquirir a faculdade de produzi-las em comum logo voltaria à barbárie.

Infelizmente, o mesmo estado social que torna as associações tão necessárias aos povos democráticos as torna mais difíceis a eles do que a todos os outros.

Quando vários membros de uma aristocracia querem se associar, fazem-no com facilidade. Como cada um deles contribui com grande força na sociedade, o número de societários pode ser muito pequeno e, quando os societários são em pequeno número, é muito fácil para eles se conhecerem, compreenderem e estabelecerem regras fixas.

A mesma facilidade não é encontrada nas nações democráticas, onde sempre é preciso que os associados sejam muito numerosos para que a associação tenha alguma força.

Sei que há vários de meus contemporâneos que não se incomodam com isso. Eles afirmam que à medida que os cidadãos se tornam mais fracos, e mais incapazes, é preciso tornar o governo mais hábil e mais ativo, a fim de que a sociedade possa executar o que os indivíduos não podem mais fazer. Acreditam ter respondido a tudo ao dizer isso. Mas penso que se enganam.

Um governo poderia substituir algumas das maiores associações americanas, e, no seio da União, vários estados particulares já tentaram fazê-lo. Mas que poder político jamais estaria em condições de bastar à incontável multidão de pequenos empreendimentos que os cidadãos americanos executam todos os dias com o auxílio da associação?

É fácil prever que se aproxima o tempo em que o homem estará cada vez menos em condições de produzir sozinho as coisas mais comuns e mais necessárias à sua vida. A tarefa do poder social não cessará de aumentar, portanto, e seus esforços a tornarão cada dia mais vasta. Quanto mais ele se colocar no lugar das associações, mais os particulares, perdendo a ideia de se associar, precisarão que venha em seu auxílio: essas são causas e efeitos que se engendram sem parar. A administração pública acabará dirigindo todas as indústrias a que o cidadão isolado não pode prover? E se chegar o momento em que, em consequência da extrema divisão da propriedade fundiária, a terra se encontre dividida ao infinito, a ponto de só poder ser cultivada por associações de lavradores, será preciso que o chefe do governo deixe o timão do Estado para vir segurar o arado?

A moral e a inteligência de um povo democrático não correriam menores perigos do que seu negócio e sua indústria se o governo tomasse em toda parte o lugar das associações.

Os sentimentos e as ideias só se renovam, o coração só cresce e o espírito humano só se desenvolve pela ação recíproca dos homens uns sobre os outros.

Mostrei que essa ação é quase nula nos países democráticos. É preciso criá-la artificialmente, portanto. E é isso que somente as associações podem fazer.

Quando os membros de uma aristocracia adotam uma ideia nova ou experimentam um sentimento novo, eles de certo modo os colocam a seu lado no grande palco em que eles mesmos estão, e, expondo-os assim aos olhares da multidão, eles facilmente os introduzem no espírito ou no coração de todos os que os rodeiam.

Nos países democráticos só o poder social está naturalmente em condições de agir assim, mas é fácil ver que sua ação é sempre insuficiente e muitas vezes perigosa.

Um governo não poderia manter sozinho e renovar a circulação dos sentimentos e das ideias num grande povo, assim como não poderia conduzir todas as empresas industriais. Assim que ele tentasse sair da esfera política para se lançar nessa nova via, ele exerceria, sem nem mesmo querer, uma tirania insuportável; porque um governo só sabe ditar regras precisas, ele impõe os sentimentos e as ideias que ele favorece, e sempre é difícil discernir seus conselhos de suas ordens.

Seria ainda pior se ele realmente se acreditasse interessado em que nada mudasse. Ele se manteria imóvel e se deixaria entorpecer por um sono voluntário.

É necessário, portanto, que ele não aja sozinho.

São as associações que, nos povos democráticos, devem fazer as vezes dos particulares poderosos que a igualdade de condições fez desaparecer.

Assim que vários habitantes dos Estados Unidos concebem um sentimento ou uma ideia que eles querem produzir no mundo, eles se procuram e, quando se encontram, eles se unem. A partir desse momento, não são mais homens isolados, mas uma força que se vê de longe e cujas ações servem de exemplo; que fala e que é escutada.

A primeira vez que ouvi falar nos Estados Unidos que 100 mil homens tinham se comprometido publicamente a não fazer uso de bebidas fortes, a coisa me pareceu mais engraçada do que séria, e não vi direito, a princípio, por que esses cidadãos tão comedidos não se contentavam em beber água em suas famílias.

Acabei compreendendo que esses 100 mil americanos, assustados com os progressos que a embriaguez fazia à sua volta, quiseram conceber à sobriedade seu apoio. Tinham agido exatamente como um grande senhor que se vestisse com muita simplicidade a fim de inspirar aos simples cidadãos o desprezo pelo luxo. É de crer que, se esses 100 mil homens tivessem vivido na França, cada um deles teria se dirigido individualmente ao governo para pedir-lhe que fiscalizasse os cabarés em toda a extensão do reino.

Não há nada, a meu ver, que mereça mais atrair nossos olhares do que as associações intelectuais e morais da América. As associações políticas e industriais dos americanos são facilmente perceptíveis por nós, mas as outras nos escapam; quando as descobrimos, não as compreendemos bem, porque quase nunca vimos nada de análogo. Devemos reconhecer, porém, que elas são tão necessárias ao povo americano quanto as primeiras, e talvez mais.

Nos países democráticos, a ciência da associação é a ciência-mãe; o progresso de todas as outras depende dos progressos desta.

Entre as leis que regulam as sociedades humanas, há uma que parece mais precisa e mais clara do que todas as outras. Para que homens permaneçam ou se tornem civilizados, é preciso que entre eles a arte de se associar se desenvolva e se aperfeiçoe na mesma proporção que a igualdade de condições cresce.

CAPÍTULO 6
DA RELAÇÃO ENTRE ASSOCIAÇÕES E JORNAIS

Quando os homens não estão mais ligados entre si de maneira sólida e permanente, não se poderia conseguir que um grande número deles agisse em comum, a menos que se convencesse cada um daqueles cujo concurso é necessário de que seu interesse particular o obriga a voluntariamente unir seus esforços aos de todos os outros.

Isso só pode acontecer, de maneira corrente e cômoda, com o auxílio de um jornal; somente um jornal pode depositar ao mesmo tempo em mil espíritos o mesmo pensamento.

Um jornal é um conselheiro que não se precisa buscar, porque se apresenta por si mesmo e fala todos os dias e brevemente dos assuntos comuns sem perturbar os assuntos particulares.

Os jornais se tornam, portanto, mais necessários à medida que os homens são mais iguais, e o individualismo, mais temível. Seria diminuir sua importância acreditar que só servem para garantir a liberdade; eles mantêm a civilização.

Não negarei que, nos países democráticos, os jornais muitas vezes levam os cidadãos a fazer em comum coisas muito inconsideradas, mas se não houvesse jornais, quase não haveria ação comum. O mal que eles produzem é muito menor do que o mal que curam.

Um jornal não tem apenas o efeito de sugerir a um grande número de homens um mesmo propósito, ele lhes fornece os meios de executar em comum os propósitos que eles mesmos conceberam.

Os principais cidadãos que habitam um país aristocrático se veem de longe; quando querem reunir suas forças, caminham uns na direção dos outros levando uma multidão atrás deles.

É comum acontecer, ao contrário, nos países democráticos, que um grande número de homens que têm o desejo ou a necessidade de se associar não possam fazê-lo, porque, todos sendo muito pequenos e perdidos na multidão, não se veem e não sabem onde se encontrar. Surge um jornal que expõe aos olhares o sentimento ou a ideia que se apresentara simultaneamente, mas separadamente, a cada um deles. Todos imediatamente se dirigem para essa luz, e esses espíritos errantes, que se buscavam havia tempo nas trevas, finalmente se encontram e se unem.

O jornal os aproximou e continua a ser-lhes necessário para mantê-los juntos.

Para que, num povo democrático, uma associação tenha alguma força, é preciso que ela seja numerosa. Os que a compõem estão espalhados por um grande espaço, e cada um deles é retido no lugar em que vive pela mediocridade de sua fortuna e pelo grande número de pequenos cuidados que ela exige. Eles precisam encontrar um meio de se falar todos os dias sem se ver, e de caminhar juntos sem estar reunidos. Assim, não há associação democrática que possa prescindir de um jornal.

Existe, portanto, uma relação necessária entre as associações e os jornais: os jornais fazem as associações e as associações fazem os jornais; e, se foi verdade dizer que as associações devem se multiplicar à medida que as condições se igualam, não é menos certo que o número de jornais aumenta à medida que as associações se multiplicam.

Por isso, a América é o país do mundo onde mais encontramos associações e jornais.

Essa relação entre o número de jornais e o de associações nos leva a descobrir outra, entre o estado da imprensa periódica e a forma da administração do país, e nos informa que o número de jornais deve diminuir ou crescer num povo democrático à proporção que a centralização administrativa for mais ou menor. Pois, nos povos democráticos, não se poderia confiar o exercício dos poderes locais aos principais cidadãos, como nas aristocracias. É preciso abolir esses poderes ou entregar seu uso a um número muito grande de homens. Estes formam uma verdadeira associação estabelecida de maneira permanente pela lei para a administração de uma porção dos territórios, e precisam que um jornal venha encontrá-los a cada dia no meio de seus pequenos assuntos e lhes informe em que estado se encontram os assuntos públicos. Quanto mais numerosos forem os poderes locais, maior o número daqueles que a lei chama a exercê-los, e quanto mais essa necessidade se faz sentir a todo momento, mais os jornais abundam.

É o fracionamento extraordinário do poder administrativo, muito mais do que a grande liberdade política e a independência absoluta da imprensa, que multiplica tão singularmente o número de jornais na América. Se todos os habitantes da União fossem eleitores, sob o império de um sistema que limitasse seu direito eleitoral à escolha dos legisladores do estados, eles só precisariam de um pequeno número de jornais, porque só teriam algumas ocasiões muito importantes, mas muito raras, de agir juntos; no entanto, dentro da grande associação nacional, a lei estabeleceu em cada província, em cada cidade, e, por assim dizer, em cada aldeia, pequenas associações que têm por objeto a administração local. O legislador forçou cada americano a contribuir diariamente com alguns de seus concidadãos para uma obra comum, e cada um deles precisa de um jornal para lhe informar o que fazem todos os outros.

Penso que um povo democrático[3] que não tivesse representação nacional, mas um grande número de pequenos poderes locais, acabaria possuindo mais jornais do que outro onde uma administração centralizada existisse ao lado de uma legislatura eletiva. O que melhor explica o desenvolvimento prodigioso da imprensa cotidiana nos Estados Unidos é ver nos americanos a enorme liberdade nacional se combinar às liberdade locais de todo tipo.

Em geral se acredita, na França e na Inglaterra, que basta abolir os impostos que pesam sobre a imprensa para aumentar indefinidamente os jornais. É exagerar muito os efeitos de tal reforma. Os jornais não se multiplicam apenas segundo os preços, mas segundo a necessidade mais ou menos repetida que um grande número de homens tem de se comunicar e agir em comum.

---

3. Digo um *povo democrático*. A administração pode ser muito descentralizada num povo aristocrático sem que a necessidade de jornais se faça sentir, porque os poderes locais estão nas mãos de um pequeníssimo número de homens que agem isoladamente ou que se conhecem e facilmente podem se ver e ouvir.

Eu também atribuiria a força crescente dos jornais a razões mais gerais do que as que costumam ser usadas para explicá-la.

Um jornal só pode subsistir se reproduzir uma doutrina ou um sentimento comum a um grande número de homens. Um jornal sempre representa, portanto, uma associação de que são membros seus leitores habituais.

Essa associação pode ser mais ou menos definida, mais ou menos restrita, mais ou menos numerosa, mas ela existe ao menos em germe nos espíritos, e é somente por isso que o jornal não morre.

Isso nos leva a uma última reflexão que encerrará este capítulo.

Quanto mais as condições se tornam iguais, menos os homens são individualmente fortes, mais eles se deixam facilmente levar pela corrente da multidão e têm dificuldade de manter sozinhos uma opinião que esta abandona.

O jornal representa a associação, podemos dizer que ele fala a cada um de seus leitores em nome de todos os outros e que os incita com tanto mais facilidade quanto mais fracos eles forem individualmente.

Portanto, o império dos jornais cresce à medida que os homens se igualam.

CAPÍTULO 7
RELAÇÃO ENTRE ASSOCIAÇÕES CIVIS E ASSOCIAÇÕES POLÍTICAS

Há uma única nação na Terra em que todo dia a liberdade ilimitada de se associar é utilizada com fins políticos. Essa mesma nação é a única no mundo cujos cidadãos imaginaram fazer um uso contínuo do direito de associação na vida civil e conseguiram proporcionar-se, dessa maneira, todos os bens que a civilização pode oferecer.

Em todos os povos em que a associação política é proibida, a associação civil é rara.

Não é muito provável que isso seja o resultado de um acidente, devemos antes concluir que existe uma relação natural e talvez necessária entre esses dois tipos de associações.

Alguns homens por acaso têm um interesse comum em certo negócio. Trata-se de um empreendimento comercial a ser dirigido, de uma operação industrial a ser concluída; eles se encontram e se unem, aos poucos se familiarizam com a associação.

Quanto mais o número desses pequenos negócios comuns aumenta, mais os homens adquirem, mesmo sem perceber, a faculdade de perseguir juntos os grandes.

As associações civis facilitam, portanto, as associações políticas; por outro lado, porém, a associação política desenvolve e aperfeiçoa singularmente a associação civil.

Na vida civil, cada homem pode, a rigor, pensar que está em condições de ser autossuficiente. Em política, nunca se poderia imaginá-lo. Quando um povo tem uma vida pública, a ideia da associação e a vontade de se associar se apresentam, portanto, a cada dia ao espírito de todos os cidadãos: qualquer que seja a repulsa natural que os homens sintam a agir em comum, eles sempre estarão dispostos a fazê-lo no interesse de um partido.

Assim, a política generaliza o gosto e o hábito da associação; ela cria o desejo de se unir e ensina a arte de fazê-lo a uma multidão de homens que sempre teriam vivido sozinhos.

A política não faz nascer apenas muitas associações, ela cria associações vastíssimas.

Na vida civil, é raro que um mesmo interesse naturalmente atraia um grande número de homens para uma ação comum. Somente com muita arte se consegue criar um interesse semelhante.

Em política, a ocasião se apresenta a todo momento, por si mesma. Ora, somente em grandes associações o valor geral da associação se manifesta. Cidadãos individualmente fracos não têm previamente uma ideia clara da força que eles podem adquirir ao se unir; é preciso mostrar-lhes para que compreendam. Por isso muitas vezes é mais fácil reunir com vistas a um objetivo comum uma multidão do que alguns homens; mil cidadãos não veem o interesse que têm em se unir; 10 mil, sim. Em política, os homens se unem para grandes empreendimentos, e o proveito que tiram da associação nos negócios importantes ensina, de maneira prática, o interesse que teriam de se entreajudar nos pequenos.

Uma associação política puxa ao mesmo tempo um grande número de indivíduos para fora de si mesmos; por mais naturalmente separados que estejam pela idade, pelo espírito, pela fortuna, ela os aproxima e coloca em contato. Eles se encontram uma vez e aprendem a se encontrar sempre.

Só se pode entrar na maioria das associações civis expondo uma parte de seu patrimônio; assim é para todas as companhias industriais e comerciais. Quando os homens ainda são pouco versados na arte de se associar e ignoram suas principais regras, eles temem, ao se associar pela primeira vez dessa maneira, pagar caro pela experiência. Eles preferem, então, privar-se de um poderoso meio de sucesso a correr os riscos que o acompanham. Mas eles hesitam menos em tomar parte nas associações políticas, que lhes parecem sem perigo porque não arriscam seu dinheiro. Ora, eles não poderiam fazer parte dessas associações por muito tempo sem descobrir como se mantém a ordem entre um grande número de homens, e por que procedimentos consegue-se fazê-las avançar, de maneira harmoniosa e metódica, ao mesmo objetivo. Nelas, aprendem a submeter suas ideias às de todos os outros, e a subordinar seus esforços particulares à ação comum das vontades, o que não é menos necessário saber nas associações civis do que nas associações políticas.

As associações políticas podem ser consideradas como grandes escolas gratuitas, em que todos os cidadãos aprendem a teoria geral das associações.

Mesmo que a associação política não servisse diretamente ao progresso da associação civil, destruir a primeira ainda lhe seria prejudicial.

Quando os cidadãos só podem se associar em alguns casos, eles olham para a associação como um procedimento raro e singular, e só ousam pensar nela.

Quando os deixam associar-se livremente em todas as coisas, eles acabam vendo na associação o meio universal e, por assim dizer, único de que os homens podem se servir para alcançar os diversos fins a que se propõem. Cada nova necessidade desperta essa ideia. A arte da associação se torna, então, como afirmei acima, a ciência-mãe; todos a estudam e aplicam.

Quando certas associações são proibidas e outras permitidas, é difícil distinguir previamente as primeiras das segundas. Na dúvida, as pessoas se abstêm de todas, e estabelece-se uma espécie de opinião pública que tende a fazer uma associação qualquer ser considerada como um empreendimento ousado e quase ilícito.[4]

---

4. Isso é verdade principalmente quando o Poder Executivo é encarregado de permitir ou proibir as associações segundo sua vontade arbitrária. Quando a lei se limita a proibir certas associações e deixa aos tribunais o cuidado de punir os que a desobedecem, o mal é bem menor; cada cidadão sabe então mais ou menos de antemão o que esperar; ele de certo modo julga a si mesmo antes de seus juízes e, afastando-se das associações proibidas, dedica-se às associações permitidas. Foi assim que todos os povos livres sempre compreenderam que se podia restringir o direito de associação. Mas se acontecesse de o legislador encarregar um homem de triar de antemão as associações perigosas e as úteis, e o deixasse livre para destruir todas as associações em seu germe ou para deixá-las nascer, ninguém podendo prever de antemão em que casos era possível associar-se e em que outros era preciso abster-se de fazê-lo, o espírito de associação seria inteiramente atingido pela inércia. A primeira dessas duas leis atinge apenas certas associações, a segunda se dirige à própria sociedade e a fere. Entendo que um governo regular recorra à primeira, mas não reconheço a nenhum governo o direito à segunda.

É, portanto, uma ilusão acreditar que o espírito de associação, comprimido num ponto, não deixará de se desenvolver com o mesmo vigor em todos os outros, e que bastará permitir aos homens executar em comum certos empreendimentos para que eles se apressem a tentar fazê-lo. Quando os cidadãos tiverem a faculdade e o hábito de se associar para todas as coisas, eles se associarão tão naturalmente para as pequenas quanto para as grandes. Mas se só puderem se associar para as pequenas, não encontrarão nem mesmo a vontade e a capacidade de fazê-lo. Em vão lhes deixaríamos a total liberdade de se ocupar em comum de seu negócio: farão uso com muita negligência dos direitos que lhes são concedidos; e, depois de nos esgotarmos em esforços para afastá-los das associações proibidas, ficaremos surpresos de não poder convencê-los a constituir as associações permitidas.

Não digo que não possa haver associações civis num país em que a associação política é proibida; pois os homens nunca saberiam viver em sociedade sem se dedicar a algum empreendimento comum. Mas afirmo que, em tal país, as associações civis serão sempre em pequeníssimo número, fracamente concebidas, inabilmente conduzidas, e nunca abraçarão vastos propósitos ou fracassarão ao tentar executá-los.

Isso naturalmente me leva a pensar que a liberdade de associação em matéria política não é tão perigosa para a tranquilidade pública quanto se imagina, e que poderia acontecer de, depois de abalar o Estado por algum tempo, ela o consolidar.

Nos países democráticos, as associações políticas constituem, por assim dizer, os únicos particulares poderosos que aspiram a regular o Estado. Assim, os governos de nossos dias consideram esses tipos de associações com o mesmo olhar que os reis da Idade Média olhavam para os grandes vassalos da coroa: sentem uma espécie de horror instintivo por elas e combatem-nas a todo momento.

Eles sentem, ao contrário, uma benevolência natural pelas associações civis, porque facilmente descobriram que estas, em vez de dirigirem o espírito dos cidadãos para os assuntos públicos, servem para distraí-los destes, e, cada vez mais comprometendo-os em projetos que não podem ser realizados sem a paz pública, desviam-nos das revoluções. Mas não percebem que as associações políticas multiplicam e facilitam prodigiosamente as associações civis, e que, evitando um mal perigoso, privam-se de um remédio eficaz. Quando vemos os americanos se associarem livremente, todos os dias, com o objetivo de fazer prevalecer uma opinião política, de elevar um homem de Estado ao governo ou de arrancar o poder de outro, temos dificuldade para compreender que os homens tão independentes não caiam a todo momento na licenciosidade.

Se, por outro lado, considerarmos o número infinito de empreendimentos industriais que são conduzidos em comum nos Estados Unidos, e percebermos de todos os lados os americanos trabalhando sem descanso na execução de algum propósito importante e difícil, que a menor revolução poderia prejudicar, facilmente compreendemos por que essas pessoas tão ocupadas não são tentadas a perturbar o Estado ou destruir um repouso público do qual tiram proveito.

Será suficiente perceber essas coisas separadamente sem descobrir o nó oculto que as vincula? É no seio das associações políticas que os americanos de todas as condições, de todos os espíritos e de todas as idades adquirem a cada dia o gosto geral pela associação e se familiarizam com seu emprego. Nela, veem-se em grande número, conversam, se entendem e se animam em comum para todo tipo de empreendimento. Transportam para a vida civil, a seguir, as noções assim adquiridas e fazem com que sirvam para mil usos.

Portanto, é gozando de uma liberdade perigosa que os americanos aprendem a arte de tornar os perigos da liberdade menores.

Se escolhermos um certo momento da existência de uma nação, é fácil provar que as associações políticas perturbam o Estado e paralisam a indústria; mas se tomarmos a vida inteira de um povo, talvez seja fácil demonstrar que a liberdade de associação em matéria política é favorável ao bem-estar e mesmo à tranquilidade dos cidadãos.

Eu disse na primeira parte desta obra: "A liberdade ilimitada de associação não poderia ser confundida com a liberdade de escrever: uma é ao mesmo tempo menos necessária e mais perigosa que a outra. Uma nação pode limitá-la sem deixar de ser senhora de si mesma; ela às vezes precisa fazer isso para continuar a sê-lo". Também acrescentei: "Não se pode dissimular que a liberdade ilimitada de associação em matéria política é, de todas as liberdades, a última que um povo pode suportar. Se ela não o fizer cair na anarquia, faz, por assim dizer, com que a experimente a cada instante".

Não creio que uma nação possa deixar aos cidadãos o direito absoluto de se associar em matéria política, e duvido, inclusive, que em qualquer país e em qualquer época seja sensato não impor limites à liberdade de associação.

Um povo não poderia, dizem, manter a paz em seu seio, inspirar o respeito às leis ou fundar um governo duradouro se não encerrar o direito de associação dentro de limites estreitos. Tais bens são preciosos, sem dúvida, e imagino que, para adquiri-los ou conservá-los, uma nação consinta em impor-se momentaneamente grandes incômodos; mas ainda é bom que saiba exatamente quanto lhe custam esses bens.

Que, para salvar a vida de um homem, cortem seu braço, compreendo; mas não admito que me garantam que se mostrará tão hábil quanto se não fosse maneta.

CAPÍTULO 8
COMO OS AMERICANOS COMBATEM O INDIVIDUALISMO PELA DOUTRINA DO INTERESSE BEM COMPREENDIDO

Quando o mundo era conduzido por um pequeno número de indivíduos poderosos e ricos, estes gostavam de ter uma ideia sublime dos deveres do homem; gostavam de professar que é glorioso esquecer-se de si mesmo e que convém fazer o bem desinteressadamente, como o próprio Deus. Era a doutrina oficial desse tempo em matéria de moral.

Duvido que os homens fossem mais virtuosos nos séculos aristocráticos do que nos outros, mas é certo que falavam incessantemente das belezas da virtude, estudavam em segredo de que modo ela era útil; mas, à medida que a imaginação voa menos alto e que cada um se concentra em si mesmo, os moralistas se assustam com essa ideia de sacrifício e não ousam mais oferecê-lo ao espírito humano, reduzindo-se então a estudar se a vantagem individual dos cidadãos não seria trabalhar para a felicidade de todos e, quando descobrem um desses pontos em que o interesse particular coincide com o interesse geral, e se confunde com ele, apressam-se em trazê-lo à luz; pouco a pouco, observações semelhantes se multiplicam. O que não passava de uma observação isolada se torna uma doutrina geral, e, por fim, acredita-se perceber que o homem, servindo seus semelhantes, serve a si mesmo, e que seu interesse particular é fazer o bem.

Já mostrei, em vários lugares desta obra, como os habitantes dos Estados Unidos quase sempre sabiam combinar seu próprio bem-estar com o de seus cidadãos. O que quero observar aqui é a teoria geral por meio da qual chegam a isso.

Nos Estados Unidos, quase não se diz que a virtude é bela. Afirma-se que ela é útil, e prova-se isso todos os dias. Os moralistas americanos não dizem que é preciso sacrificar-se a seus semelhantes porque é grandioso fazê-lo, mas dizem ousadamente que tais sacrifícios são tão necessários àquele que os impõe a si mesmo quanto àquele que deles se beneficia.

Eles perceberam que, em seu país e em seu tempo, o homem era voltado para si mesmo por uma força irresistível, e, perdendo a esperança de detê-lo, pensaram apenas em conduzi-lo.

Não negam que cada homem possa seguir seu interesse, mas se dedicam a provar que o interesse de cada um deve ser honesto.

Não quero aqui entrar no detalhe de seus motivos, o que me afastaria de meu tema; basta-me dizer que convenceram seus concidadãos.

Há muito tempo, Montaigne disse: "Se eu não seguisse o caminho reto por sua retidão, eu o seguiria por ter descoberto por experiência que, no fim das contas, é comumente o mais feliz e o mais útil".

A doutrina do interesse bem compreendido não é nova, portanto, mas entre os americanos de nossos dias ela foi universalmente aceita; tornou-se popular: é encontrada na base de todas as ações; é percebida em todos os discursos. Não deixa de ser encontrada na boca do pobre tanto quanto na do rico.

Na Europa, a doutrina do interesse é muito mais grosseira do que na América, mas ao mesmo tempo menos disseminada e, sobretudo, menos evidente, e grandes devotamentos que já não existem ainda são fingidos todos os dias entre nós.

Os americanos, ao contrário, gostam de explicar, por meio do interesse bem compreendido, quase todos os atos de suas vidas; mostram complacentemente como o amor esclarecido por si mesmos os leva o tempo todo a se entreajudarem e os dispõe a sacrificar de bom grado para o bem do Estado uma parte de seu tempo e de suas riquezas. Penso que, nisso, acontece-lhes muitas vezes de não serem justos consigo mesmos; pois às vezes vemos nos Estados Unidos, como em outros lugares, os cidadãos se entregarem aos impulsos desinteressados e irrefletidos que são naturais ao homem, mas os americanos não confessam ceder a movimentos desse tipo, eles preferem honrar sua filosofia do que a si mesmos.

Eu poderia parar por aqui e não tentar julgar o que acabo de descrever. A extrema dificuldade do tema seria minha desculpa. Mas não quero tirar proveito disso e prefiro que meus leitores, vendo claramente meu objetivo, se recusem a me seguir do que deixá-los em suspenso.

O interesse bem compreendido é uma doutrina pouco elevada, mas clara e segura. Não tenta alcançar grandes objetivos, mas atinge sem grandes esforços todos aqueles a que visa. Como está ao alcance de todas as inteligências, cada um a compreende com facilidade e a retém sem problema. Adaptando-se maravilhosamente bem às fraquezas dos homens, com facilidade obtém um grande império e não lhe é difícil conservá-lo, porque volta o interesse pessoal contra ele mesmo e se utiliza, para dirigir as paixões, do aguilhão que as excita.

A doutrina do interesse bem compreendido não produz grandes devotamentos, mas sugere, todos os dias, pequenos sacrifícios; sozinha, não poderia fazer um homem virtuoso, mas forma uma multidão de cidadãos, regrados, sóbrios, moderados, previdentes, senhores de si; e, se não conduz diretamente à virtude pela vontade, dela progressivamente se aproxima pelos hábitos.

Se a doutrina do interesse bem compreendido viesse a dominar completamente o mundo moral, as virtudes extraordinárias sem dúvida seriam mais raras. Mas penso também que as grosseiras depravações seriam então menos comuns. A doutrina do interesse bem compreendido talvez impeça alguns homens de subir demais acima do nível comum da humanidade, mas um grande número de outros que caíam abaixo dele encontram-na e agarram-se a ela. Considerando alguns indivíduos, ela os rebaixa. Considerando a espécie, ela a eleva.

Eu não temeria dizer que a doutrina do interesse bem compreendido me parece, de todas as teorias filosóficas, a mais apropriada às necessidades dos homens de nosso tempo, e que vejo nela a mais poderosa garantia que lhes resta contra si mesmos. Portanto, é principalmente para ela que o espírito dos moralistas de nossos dias deve se voltar. Ainda que a julgassem imperfeita, deveriam adotá-la como necessária.

Não acredito, tendo considerado tudo, que haja mais egoísmo entre nós do que na América; a única diferença é que lá ele é esclarecido e, aqui, não. Cada americano sabe sacrificar uma parte de seus interesses particulares para salvar o resto. Nós queremos ficar com tudo e, muitas vezes, tudo nos escapa.

Só vejo a meu redor pessoas que parecem querer ensinar todos os dias a seus contemporâneos, por sua palavra e por seu exemplo, que o útil nunca é desonesto. Não descobrirei, por fim, que tentam fazê-los compreender como o honesto pode ser útil?

Não há poder sobre a Terra que possa impedir que a crescente igualdade de condições leve o espírito humano à busca do útil e disponha cada cidadão a fechar-se em si mesmo.

É preciso esperar, portanto, que o interesse individual se torne, mais do que nunca, o principal, se não o único móvel das ações dos homens; resta saber como cada homem entenderá seu interesse individual.

Se os cidadãos, tornando-se iguais, permanecessem ignorantes e grosseiros, é difícil prever até que estúpido excesso seu egoísmo poderia chegar, e não poderíamos dizer de antemão em que vergonhosas misérias eles mesmos mergulhariam, com medo de sacrificar algo de seu bem-estar à prosperidade de seus semelhantes.

Não creio que a doutrina do interesse, tal como pregada na América, seja evidente em todas as suas partes; mas ela encerra um grande número de verdades tão evidentes que basta esclarecer os homens para que eles possam vê-la. Eles devem, portanto, ser esclarecidos a qualquer preço; pois o século dos devotamentos cegos e das virtudes instintivas já corre longe de nós e vejo aproximar-se o tempo em que a liberdade, a paz pública e a própria ordem social não poderão dispensar as luzes.

CAPÍTULO 9
COMO OS AMERICANOS APLICAM A DOUTRINA DO INTERESSE BEM COMPREENDIDO EM MATÉRIA DE RELIGIÃO

Se a doutrina do interesse bem compreendido só tivesse em vista este mundo, estaria longe de ser suficiente, pois há um grande número de sacrifícios que só podem encontrar sua recompensa no outro e, qualquer que seja o esforço que façamos para provar a utilidade da virtude, sempre será difícil fazer com que um homem que não queira morrer viva bem.

É necessário, portanto, saber se a doutrina do interesse bem compreendido pode ser facilmente conciliada com as crenças religiosas.

Os filósofos que ensinam essa doutrina dizem aos homens que, para serem felizes na vida, devem zelar sobre as paixões e reprimir seus excessos com cuidado; que só se poderia alcançar uma felicidade duradoura recusando-se mil prazeres passageiros e que, por fim, é preciso constantemente vencer a si mesmo para melhor servir a si mesmo.

Os fundadores de quase todas as religiões disseram mais ou menos a mesma coisa. Sem indicar aos homens outro caminho, apenas fizeram o objetivo recuar; em vez de colocarem neste mundo o prêmio dos sacrifícios que impõem, colocaram-no no outro.

No entanto, recuso-me a crer que todos os que praticam a virtude pelo espírito de religião só ajam com uma recompensa em vista.

Conheci cristãos zelosos que constantemente esqueciam de si para trabalhar com mais afinco para a felicidade de todos e ouvi-os afirmar que só agiam assim para merecer os bens do outro mundo; mas não posso impedir-me de pensar que iludem a si mesmos. Respeito-os demais para acreditar nisso.

O cristianismo nos diz, é verdade, que é preciso preferir os outros a nós mesmos para ganhar o Céu; mas o cristianismo também nos diz que devemos fazer o bem a nossos semelhantes por amor a Deus. É uma expressão magnífica; o homem penetra por meio de sua inteligência no pensamento divino; ele vê que o objetivo de Deus é a ordem; ele se associa livremente a esse grande propósito e, sacrificando seus interesses particulares a essa ordem admirável de todas as coisas, não espera outras recompensas além do prazer de contemplá-la.

Não creio, portanto, que o único móvel dos homens religiosos seja o interesse; mas penso que o interesse é o principal meio de que as religiões se utilizam para conduzir os homens, e não duvido que seja por esse lado que elas conquistem a multidão e se tornem populares.

Não vejo com clareza, portanto, por que a doutrina do interesse bem compreendido afastaria os homens das crenças religiosas, e parece-me, ao contrário, que entendo como ela os aproxima dela.

Suponhamos que, para alcançar a felicidade nesse mundo, um homem resista a todo momento ao instinto e raciocine friamente todos os atos de sua vida; que em vez de ceder cegamente ao impulso de seus primeiros desejos, tenha aprendido a arte de combatê-los e que esteja acostumado a sacrificar sem esforços o prazer do momento ao interesse permanente de toda a sua vida.

Se tal homem tem fé na religião que professa, não lhe custará muito submeter-se aos incômodos que ela impõe. A própria razão o aconselha a fazê-lo e o costume o preparou de antemão para suportá-lo.

Porque se ele teve dúvidas sobre o objeto de suas esperanças, não se deixará facilmente deter e julgará que é sensato arriscar alguns dos bens desse mundo para conservar seus direitos à imensa herança que lhe prometem no outro.

"Enganar-se acreditando a religião cristã verdadeira", disse Pascal, "não se perde muito; mas que infortúnio enganar-se acreditando-a falsa!".

Os americanos não afetam uma indiferença grosseira para a outra vida; eles não manifestam um orgulho pueril em desprezar perigos dos quais eles esperam escapar.

Eles praticam sua religião sem vergonha e sem fraqueza, mas em geral vemos, mesmo em meio a seu zelo, não sei quê de tão tranquilo, tão metódico e tão calculado, que parece ser muito mais a razão do que o coração que os conduz ao pé dos altares.

Não apenas os americanos seguem sua religião por interesse, eles também localizam nesse mundo o interesse que se pode ter em segui-la. Na Idade Média, os sacerdotes só falavam da outra vida, eles não se preocupavam muito em provar que um cristão sincero pode ser um homem feliz nesse mundo.

Os predicadores americanos, porém, voltam constantemente à Terra e só com grande dificuldade conseguem tirar dela seus olhos. Para melhor comover os ouvintes, fazem-nos ver a cada dia como as crenças religiosas favorecem a liberdade e a ordem pública, e muitas vezes é difícil saber, ouvindo-os, se o objeto principal da religião é proporcionar a felicidade eterna no outro mundo ou o bem-estar neste.

CAPÍTULO 10
DO GOSTO PELO BEM-ESTAR NA AMÉRICA

Na América, a paixão pelo bem-estar material nem sempre é exclusiva, mas é geral; embora nem todos a experimentem da mesma maneira, todos a sentem. O cuidado de satisfazer às menores necessidades do corpo e de prover aos pequenos confortos da vida preocupa universalmente os espíritos.

Algo parecido surge cada vez mais na Europa.

Entre as causas que produzem esses efeitos semelhantes nos dois mundos, há várias que se aproximam de meu tema e que devo indicar.

Quando as riquezas estão fixadas hereditariamente nas mesmas famílias, vemos um grande número de homens que gozam do bem-estar material sem sentir o gosto exclusivo pelo bem-estar.

O que mais vivamente prende o coração humano não é a posse tranquila de um objeto precioso, mas o desejo imperfeitamente satisfeito de possuí-lo e o medo incessante de perdê-lo.

Nas sociedades aristocráticas, os ricos, que nunca conheceram uma condição diferente da deles, não temem mudá-la; mal conseguem imaginar outra. O bem-estar material não é, portanto, o objetivo de suas vidas; é uma maneira de viver. Eles a consideram, de certo modo, a vida e gozam dela sem pensar.

O gosto natural e instintivo que todos os homens sentem pelo bem-estar, assim satisfeito sem dificuldade e sem medo, a alma se volta para outra coisa e se apega a algum empreendimento mais difícil e maior, que a anima e carrega.

É assim que, mesmo em meio aos prazeres materiais, os membros de uma aristocracia costumam demonstrar um desprezo orgulhosos por esses mesmos prazeres e encontram forças singulares quando por fim precisam privar-se deles. Todas as revoluções, que perturbaram ou destruíram as aristocracias, mostraram com que facilidade as pessoas acostumadas ao supérfluo podiam renunciar ao necessário, enquanto homens que chegaram laboriosamente ao conforto mal podem viver depois de tê-lo perdido.

Se, dos níveis superiores, passo às classes baixas, verei efeitos análogos produzidos por causas diferentes.

Nas nações em que a aristocracia domina a sociedade e a mantém imóvel, o povo acaba se acostumando à pobreza como os ricos, à sua opulência. Uns não se preocupam com o bem-estar material porque o possuem sem dificuldade; os outros não pensam nele porque perderam as esperanças de adquiri-lo e porque não o conhecem o suficiente para desejá-lo.

Nesses tipos de sociedades, a imaginação do pobre é levada para o outro mundo, as misérias da vida real a restringem, mas ela escapa e vai buscar seus prazeres fora dela.

Quando, ao contrário, os níveis se confundem e os privilégios são destruídos, quando os patrimônios são divididos e a luz e a liberdade se espalham, a vontade de alcançar o bem-estar se apresenta à imaginação do pobre, e o medo de perdê-lo, ao espírito do rico. Estabelece-se um grande número de fortunas medíocres. Os que as possuem têm usufrutos materiais suficientes para conceber o gosto por esses usufrutos e não o suficiente para se contentarem com eles. Sempre as adquirem com esforço e só se entregam a elas tremendo.

Apegam-se, portanto, a perseguir ou a reter esses usufrutos tão preciosos, tão incompletos e tão fugitivos.

Busco uma paixão que seja natural a homens excitados e limitados por sua origem obscura e fortuna medíocre, e não vejo nada mais apropriado do que o gosto pelo bem-estar. A paixão pelo bem-estar material é essencialmente uma paixão de classe média: ela cresce e se amplia com essa classe, torna-se preponderante com ela. É a partir dela que chega aos níveis superiores da sociedade e desce ao seio do povo.

Não encontrei, na América, cidadão tão pobre que não lançasse um olhar de esperança e inveja sobre as fruições dos ricos, e cuja imaginação não se apossasse de antemão dos bens que o destino se obstinava a recusar-lhe.

Por outro lado, nunca vi entre os ricos dos Estados Unidos esse soberbo desdém pelo bem-estar material que às vezes se revela até no seio das aristocracias mais opulentas e mais dissolutas.

A maior parte desses ricos foi pobre; eles sentiram o aguilhão da necessidade, por muito tempo combateram uma fortuna inimiga, e, agora que a vitória foi alcançada, as paixões que acompanharam a luta os invadem; eles ficam como que inebriados no meio desses pequenos prazeres que perseguiram por quarenta anos.

Não é apenas nos Estados Unidos, mas também em outros lugares, que não se encontra um número grande o suficiente de ricos que, tendo seus bens por herança, possuem sem esforço uma opulência que não adquiriram. Mas não se mostram menos apegados aos prazeres da vida material. O amor pelo bem-estar se tornou o gosto nacional e dominante; a grande corrente de paixões humanas segue por esse caminho e leva tudo em seu curso.

CAPÍTULO 11
DOS EFEITOS PARTICULARES QUE O AMOR PELOS PRAZERES MATERIAIS PRODUZ NOS SÉCULOS DEMOCRÁTICOS

Poderíamos acreditar, segundo o que precede, que o amor pelos prazeres materiais deve constantemente arrastar os americanos para a desordem dos costumes, perturbar as famílias e comprometer o destino da própria sociedade.

Mas não é o que acontece: a paixão pelos prazeres materiais produz no seio das democracias efeitos diferentes do que os produzidos nos povos aristocráticos.

Às vezes acontece de a lassidão dos negócios, o excesso de riquezas, a ruína das crenças, a decadência do Estado, pouco a pouco, desviarem o coração de uma aristocracia apenas para os prazeres materiais. Outras vezes, o poder do príncipe ou a fraqueza do povo, sem tirar dos nobres suas fortunas, os forçam a se afastar do poder e, fechando-lhe a via aos grandes empreendimentos, os abandonam à inquietude de seus desejos; eles recaem então pesadamente sobre si mesmos e buscam nos prazeres do corpo o esquecimento de sua grandeza passada.

Quando os membros de um corpo aristocrático se voltam assim exclusivamente para o amor pelos prazeres materiais, eles em geral colocam nisso toda a energia que o longo hábito do poder lhes deu.

A tais homens a busca do bem-estar não basta; eles precisam de uma depravação suntuosa e de uma corrupção estridente. Eles prestam um culto magnífico à matéria e parecem rivalizar para se tornarem excelentes na arte de se embrutecer.

Quanto mais uma aristocracia for forte, gloriosa e livre, mais ela se mostrará depravada e, qualquer que tenha sido o esplendor de suas virtudes, ouso predizer que sempre será superado pelo estrondo de seus vícios.

O gosto pelos prazeres materiais não leva os povos democráticos a tais excessos. O amor pelo bem-estar se revela uma paixão tenaz, exclusiva, universal, mas contida. Não se trata de construir grandes palácios, de vencer ou enganar a natureza, de esgotar o universo para melhor saciar as paixões de um homem; trata-se de acrescentar algumas medidas a seus campos, plantar um pomar, ampliar uma casa, tornar a cada instante a vida mais fácil e mais cômoda, prevenir as dificuldades e satisfazer às menores necessidades sem esforço e quase sem custo. Esses objetos são pequenos, mas a alma se apega a eles: vê-os todos os dias e de bem perto; eles acabam escondendo-lhe o resto do mundo e às vezes colocam-se entre ela e Deus.

Isso, dirão alguns, só pode se aplicar àqueles cidadãos cuja fortuna é medíocre; os ricos mostrarão gostos análogos aos que demonstravam nos séculos de aristocracia. Contesto-os.

Em matéria de prazeres materiais, os mais opulentos cidadãos de uma democracia não mostrarão gostos muito diferentes dos do povo, seja porque, tendo saído do próprio povo, eles realmente os compartilham, seja porque acreditam dever submeter-se a eles. Nas sociedades democráticas, a sensualidade do público adquiriu certo ar moderado e tranquilo a que todas as almas devem se conformar. É tão difícil escapar à regra comum por seus vícios quanto por suas virtudes.

Os ricos que vivem entre as nações democráticas visam à satisfação de suas menores necessidades mais do que a prazeres extraordinários; eles contentam uma multidão de pequenos desejos e não se dedicam a nenhuma grande paixão desordenada. Assim, caem na indolência mais do que na devassidão.

Esse gosto particular que os homens dos séculos democráticos sentem pelos prazeres materiais não é naturalmente oposto à ordem; ao contrário, ele com frequência precisa da ordem para se satisfazer. Ele tampouco é inimigo da regularidade dos costumes, pois os bons costumes são úteis à tranquilidade pública e favorecem a indústria. Muitas vezes, ele chega a se combinar com uma espécie de moralidade religiosa; os homens querem ser o melhor possível nesse mundo sem renunciar às chances do outro.

Entre os bens materiais, há alguns cuja posse é criminosa; toma-se o cuidado de abster-se deles. Há outros que são permitidos pela religião e pela moral; a estes as pessoas entregam sem reserva seu coração, sua imaginação, sua vida, e perdem de vista, esforçando-se em apreendê-los, os bens mais preciosos que fazem a glória e a grandeza da espécie humana.

O que critico à igualdade não é levar os homens à busca dos prazeres proibidos, é absorvê-los inteiramente na busca de prazeres permitidos.

Assim, bem poderia se estabelecer no mundo uma espécie de materialismo honesto que não corromperia as almas, mas que as enfraqueceria e acabaria por silenciosamente afrouxar todas as suas forças.

CAPÍTULO 12
POR QUE CERTOS AMERICANOS EXIBEM UM ESPIRITUALISMO TÃO EXALTADO

Embora o desejo de adquirir os bens desse mundo seja a paixão dominante dos americanos, há momentos de descanso em que a alma deles parece romper subitamente todos os laços materiais que a retêm e escapar impetuosamente para o Céu.

Encontramos às vezes em todos os estados da União, mas principalmente nas regiões semipovoadas do oeste, predicadores ambulantes que levam de lugar em lugar a palavra divina.

Famílias inteiras, velhos, mulheres e crianças atravessam lugares difíceis e embrenham-se em florestas desertas para vir de muito longe ouvi-los; quando os encontram, esquecem por vários dias e várias noites, ouvindo-os, o cuidado com os negócios e até as mais prementes necessidades do corpo.

Encontramos aqui e ali, no seio da sociedade americana, almas cheias de um espiritualismo exaltado e quase feroz que não encontramos na Europa. De tempos em tempos surgem seitas bizarras que se esforçam em abrir caminhos extraordinários para a felicidade eterna. As loucuras religiosas são muito comuns.

Isso não deve nos surpreender.

Não foi o homem que deu a si mesmo o gosto pelo infinito e o amor pelo que é imortal. Esses instintos sublimes não nascem de um capricho de sua vontade: têm sua base inamovível em sua natureza, existem a despeito de seus esforços. Ele pode restringi-los e deformá-los, mas não destruí-los.

A alma tem necessidades que precisam ser satisfeitas; e, embora se tente distraí-la de si mesma, ela logo se entedia, se preocupa e se agita no meio dos prazeres sensoriais.

Se o espírito da grande maioria do gênero humano um dia se concentrasse apenas na busca dos bens materiais, poderíamos esperar que haveria uma reação prodigiosa na alma de alguns homens. Estes se lançariam perdidamente no mundo dos espíritos por medo de ficarem presos nos estreitos grilhões que o corpo quer lhes impor.

Não deveríamos nos surpreender se, no seio de uma sociedade que só pensasse na Terra, encontrássemos um pequeno número de indivíduos que só quisessem olhar para o Céu. Eu ficaria surpreso se, num povo unicamente preocupado com seu bem-estar, o misticismo não fizesse progressos.

Dizem que foram as perseguições dos imperadores e os suplícios do circo que povoaram os desertos da Tebaida; penso que foram antes as delícias de Roma e a filosofia epicurista da Grécia.

Se o estado social, as circunstâncias e as leis não mantivessem tão estreitamente o espírito americano na busca do bem-estar, seria de crer que, quando ele viesse a se ocupar das coisas imateriais, demonstraria mais reserva e mais experiência, e que se moderaria sem dificuldade. Mas ele se sente aprisionado dentro de limites dos quais não parecem querer deixá-lo sair. Assim que ultrapassa esses limites, não sabe onde se fixar e muitas vezes corre, sem parar, para além das fronteiras do senso comum.

CAPÍTULO 13
POR QUE OS AMERICANOS SE MOSTRAM TÃO INQUIETOS EM MEIO A SEU BEM-ESTAR

Às vezes encontramos em certos cantões retirados do antigo mundo pequenas populações que foram como que esquecidas no meio do tumulto universal e que permaneceram imóveis enquanto tudo se movia à volta delas. A maioria desses povos é muito ignorante e miserável; eles não se misturam aos negócios do governo e muitas vezes os governos os oprimem. No entanto, costumam demonstrar um rosto sereno e muitas vezes exibem um humor jovial.

Vi na América os homens mais livres e mais esclarecidos na condição mais feliz do mundo; pareceu-me que uma espécie de nuvem em geral cobria seus traços; pareceram-me graves e quase tristes até em seus prazeres.

A principal razão para isso é que os primeiros não pensam nos males que sofrem, enquanto os outros pensam o tempo todo nos bens que não possuem.

É estranho ver com que espécie de ardor febril os americanos perseguem o bem-estar e como se mostram atormentados por um vago medo de não terem escolhido o caminho mais curto que pode levar a ele.

O habitante dos Estados Unidos se apega aos bens desse mundo como se tivesse certeza de não morrer, e coloca tanto ardor em apreender aqueles que passam a seu alcance que parece temer a todo momento cessar de viver antes de poder usufruir deles. Ele se apossa de todos, mas sem os apertar, e logo os deixa escapar de suas mãos para correr atrás de novos prazeres.

Um homem nos Estados Unidos constrói com cuidado uma moradia para passar seus últimos dias e vende-a enquanto colocam a cumeeira; ele planta um pomar e o aluga quando ia experimentar seus frutos; lavra um campo e deixa a outros o cuidado de fazer a colheita. Ele escolhe uma profissão e a abandona. Fixa-se num lugar do qual parte pouco depois para levar seus cambiantes desejos a outro lugar. Seus negócios privados lhe dão uma trégua e ele logo mergulha no turbilhão da política. E quando, ao fim de um ano cheio de trabalho, ainda lhe resta um tempo de lazer, passeia sua curiosidade inquieta aqui e ali nos vastos limites dos Estados Unidos. Percorrerá 500 léguas em alguns dias para se distrair de sua felicidade.

A morte enfim sobrevém e o detém antes que ele tenha se cansado dessa busca inútil por uma felicidade completa que sempre foge.

A princípio ficamos espantados ao contemplar essa singular agitação que tantos homens felizes demonstram, mesmo em plena abundância. Esse espetáculo, porém, é mais velho que o mundo; o novo é ver todo um povo representá-lo.

O gosto pelos prazeres materiais deve ser considerado como a fonte primordial dessa secreta inquietação que se revela nas ações dos americanos, e dessa inconstância de que diariamente eles dão exemplo.

Aquele que restringiu seu coração exclusivamente à busca dos bens desse mundo está sempre com pressa, pois tem um tempo limitado para encontrá-los, tomá-los e gozar deles. A lembrança da brevidade da vida o aguilhoa o tempo todo. Independentemente dos bens que possui, ele imagina a cada instante mil outros que a morte o impedirá de experimentar se não se apressar. Esse pensamento o enche de perturbações, temores e arrependimentos, e mantém sua alma numa espécie de trepidação incessante que o leva a mudar a todo momento de propósitos e lugares.

Se ao gosto do bem-estar material vem se somar um estado social em que nem lei nem o costume mantêm ninguém no lugar, teremos uma grande excitação a mais para essa inquietação do espírito: veremos, então, os homens mudarem constantemente de rota, por medo de perder o caminho mais curto que os conduzirá à felicidade.

É fácil conceber, aliás, que se os homens que buscam com paixão os prazeres materiais os desejam vivamente, eles facilmente devem se cansar deles; como o objetivo final é fruir, o meio de chegar à fruição deve ser rápido e fácil, senão a dificuldade de alcançar o prazer superará o prazer. A maioria das almas é, portanto, ao mesmo tempo ardente e frouxa, violenta e fraca. Muitas vezes, a morte é menos temida do que a continuidade dos esforços para o mesmo objetivo.

A igualdade conduz por um caminho mais direto ainda a vários dos efeitos que acabo de descrever.

Quando todas as prerrogativas de nascimento e fortuna são destruídas, quando todas as profissões estão abertas a todos e quando se pode chegar por si mesmo ao topo de cada uma delas, uma carreira imensa e fácil parece se abrir diante da ambição dos homens e eles de bom grado se imaginam fadados a grandes destinos. Mas essa é uma visão errônea que a experiência corrige todos os dias. Essa mesma igualdade que permite a cada cidadão ter vastas esperanças torna todos os cidadãos individualmente fracos. Ela limita suas forças de todos os lados, ao mesmo tempo que permite que seus desejos se ampliem.

Não apenas eles são impotentes por si mesmos como encontram a cada passo imensos obstáculos que não haviam percebido.

Eles destruíram os privilégios incômodos de alguns de seus semelhantes; encontram a concorrência de todos. O limite mudou de forma mais que de lugar. Quando os homens são mais ou menos semelhantes e seguem um mesmo caminho, é muito fácil que algum deles caminhe rápido e atravesse a multidão uniforme que o cerca e pressiona.

Essa constante oposição que reina entre os instintos que a igualdade faz nascer e os meios que ela fornece para satisfazê-los atormenta e cansa as almas.

Podemos imaginar homens chegados a certo grau de liberdade que os satisfaça completamente. Eles desfrutam então de sua independência sem inquietude e sem ardor. Mas os homens nunca fundarão uma igualdade que lhes seja suficiente.

Por mais que um povo se esforce, ele não conseguirá tornar as condições perfeitamente iguais em seu seio, e se tivesse o infortúnio de chegar a esse nivelamento absoluto e completo ainda restaria a desigualdade das inteligências, que, vindo diretamente de Deus, sempre escapará às leis.

Por mais democrático que seja o estado social e a constituição política de um povo, podemos ter certeza de que cada um de seus cidadãos sempre verá perto de si vários pontos que o dominam, e podemos prever que voltará obstinadamente seus olhares somente para esse lado. Quando a desigualdade é a lei comum de uma sociedade, as desigualdades mais fortes não chamam a atenção de nosso olhar; quando tudo está mais o menos nivelado, as mínimas desigualdades o ferem. É por isso que o desejo de igualdade sempre se torna mais insaciável à medida que a igualdade aumenta.

Nos povos democráticos, os homens facilmente alcançam certa igualdade; eles não poderiam atingir a que desejam. Esta recua a cada dia diante deles sem nunca se furtar de seus olhares, e, retirando-se, atrai-os à sua busca. O tempo todo, acreditam que vão alcançá-la, mas ela escapa o tempo todo de sua captura. Eles a veem de perto o suficiente para conhecer seus encantos, mas não se aproximam o bastante para desfrutar dela e morrem antes de terem saboreado plenamente suas doçuras.

É a essas causas que se deve atribuir a singular melancolia que os habitantes das regiões democráticas costumam demonstrar em meio à sua abundância e os desgostos da vida que às vezes os invadem durante uma existência confortável e tranquila.

Na França, há queixas de que o número de suicídios aumenta; na América, o suicídio é raro, mas dizem que a demência é mais comum do que em qualquer outro lugar.

Esses são sintomas diferentes para o mesmo mal.

Os americanos não se matam, por mais agitados que sejam, porque a religião os proíbe de fazê-lo e porque entre eles o materialismo não existe, por assim dizer, ainda que a paixão pelo bem-estar material seja geral.

A vontade deles resiste, mas sua razão muitas vezes fraqueja.

Nos tempos democráticos, os prazeres são mais vivos do que nos séculos de aristocracia, e, principalmente, o número dos que os experimentam é infinitamente maior; por outro lado, é preciso reconhecer que as esperanças e os desejos costumam ser mais frequentemente frustrados, as almas são mais comovidas e mais inquietas, e as preocupações, mais virulentas.

CAPÍTULO 14
COMO O GOSTO PELOS PRAZERES MATERIAIS SE UNE, ENTRE OS AMERICANOS, AO AMOR PELA LIBERDADE E AO ZELO PELOS ASSUNTOS PÚBLICOS

Quando um estado democrático retorna à monarquia absoluta, a atividade que antes se voltava para os assuntos públicos e para os assuntos privados volta subitamente a se concentrar nestes últimos, e disso resulta, por algum tempo, numa grande prosperidade material; logo, porém, o movimento desacelera e o desenvolvimento da produção é interrompido.

Não sei se podemos citar um único povo manufatureiro e comerciante, dos tírios aos florentinos e ingleses, que não tenha sido um povo livre. Há, portanto, um laço estreito e uma relação necessária entre essas duas coisas: liberdade e indústria.

Isso é de modo geral verdadeiro para todas as nações, mas especialmente para as nações democráticas.

Mostrei acima como os homens que vivem nos séculos de igualdade tinham uma contínua necessidade da associação para obterem quase todos os bens que cobiçam e, por outro lado, mostrei como a grande liberdade política aperfeiçoava e vulgarizava em seu seio a arte de se associar. A liberdade, nesses séculos, é, portanto, particularmente útil à produção de riquezas. Podemos ver, ao contrário, que o despotismo lhe é particularmente inimigo.

A natureza do poder absoluto, nos séculos democráticos, não é nem cruel nem selvagem, mas minuciosa e intrometida. Um despotismo desse tipo, ainda que não pisoteie a humanidade, é diretamente oposto ao gênio do comércio e aos instintos da indústria.

Assim, os homens dos tempos democráticos precisam ser livres, a fim de obterem com mais facilidade os prazeres materiais a que aspiram sem parar.

Porém, às vezes o gosto excessivo que sentem por esses mesmos prazeres os entrega ao primeiro senhor que se apresenta. A paixão pelo bem-estar se volta então contra ela mesma e, sem perceber, afasta o objeto de sua cobiça.

Há, de fato, uma passagem muito perigosa na vida dos povos democráticos.

Quando o gosto pelos prazeres materiais se desenvolve num desses povos mais rapidamente do que as luzes e os hábitos da liberdade, chega um momento em que os homens são transportados, como que para fora de si mesmos, ao ver esses novos bens que estão prestes a apreender. Preocupados apenas em fazer fortuna, eles não percebem mais o laço estreito que une a fortuna particular de cada um deles à prosperidade de todos. Não é preciso arrancar de tais cidadãos os direitos que eles possuem; eles mesmos os deixam de bom grado escapar. O exercício de seus deveres políticos lhes parece um contratempo penoso que os distrai de sua indústria. Quando se trata de escolher seus representantes, de prestar mão forte à autoridade, de tratar em comum da coisa comum, falta-lhes tempo; eles não poderiam dissipar esse tempo tão precioso em trabalhos inúteis. São atividades ociosas que não convêm a homens sérios e ocupados com os interesses sérios da vida. Essas pessoas acreditam seguir a doutrina do interesse, mas têm uma ideia grosseira a seu respeito e, para melhor zelar pelo que chamam de seus negócios, negligenciam o principal, que é permanecer senhores de si mesmos.

Os cidadãos que trabalham não querem pensar na coisa pública, e a classe que poderia se encarregar disso para preencher seu tempo livre não existe mais, por isso o lugar do governo fica como que vazio.

Se, nesse momento crítico, um ambicioso hábil consegue tomar o poder, ele vê que a via para todas as usurpações está aberta.

Que zele por algum tempo a que todos os interesses materiais prosperem; facilmente o manterão isento do resto. Que garanta sobretudo a boa ordem. Os homens que têm paixão pelos prazeres materiais descobrem como as agitações da liberdade perturbam o bem-estar antes de perceber como a liberdade serve para alcançá-lo; e, ao menor ruído das paixões públicas que penetram no meio dos pequenos prazeres de sua vida privada, eles despertam e se preocupam; por muito tempo o medo da anarquia os mantém constantemente em suspenso e sempre prontos a se lançar para fora da liberdade à primeira desordem.

Admitirei sem dificuldade que a paz pública é um grande bem; mas não quero esquecer que é por meio da boa ordem que todos os povos chegaram à tirania. Não decorre disso que os povos devam desprezar a paz pública, mas ela não deve lhes bastar. Uma nação que só pede a seu governo a manutenção da ordem já é escrava no fundo do coração, ela é escrava de seu bem-estar e o homem que a deve agrilhoar pode aparecer.

O despotismo das facções não é menos temível do que o de um homem.

Quando a massa dos cidadãos só quer se ocupar dos assuntos privados, os menores partidos não devem perder a esperança de se tornarem senhores dos assuntos públicos.

Não é raro ver então, no grande palco do mundo, bem como em nossos teatros, uma multidão representada por alguns homens. Estes falam sozinhos em nome de uma massa ausente ou desatenta; sozinhos, agem no meio da imobilidade universal; dispõem, segundo seu capricho, de todas as coisas, mudam as leis e tiranizam à sua vontade os costumes; é espantoso ver o pequeno número de mão fracas e indignas em que pode cair um grande povo.

Até o presente, os americanos foram felizes em evitar todos os obstáculos que acabo de indicar; e nisso realmente merecem nossa admiração.

Talvez não haja país na Terra em que encontremos menos ociosos do que na América, e em que todos os que trabalham estejam mais inflamados na busca do bem-estar. Mas se a paixão dos americanos pelos prazeres materiais é violenta, ao menos ela não é cega, e a razão, impotente para moderá-la, a dirige.

Um americano se ocupa de seus interesses privados como se estivesse sozinho no mundo e, no momento seguinte, dedica-se à coisa pública como se os tivesse esquecido. Ele parece ora animado pela cupidez mais egoísta e ora pelo patriotismo mais vivo. O coração humano não poderia ser assim dividido. Os habitantes dos Estados Unidos atestam alternativamente uma paixão tão forte e tão parecida por seu bem-estar e por sua liberdade que é de se crer que essas paixões se unem e confundem em algum lugar de sua alma. Os americanos veem, de fato, em sua liberdade o melhor instrumento e a maior garantia de seu bem-estar. Eles amam essas duas coisas uma pela outra. Eles não pensam, portanto, que se envolver com os negócios públicos não seja sua tarefa; ao contrário, acreditam que sua principal tarefa é garantir por si mesmos um governo que lhes permita adquirir os bens que desejam e que não os proíba de experimentar em paz os que adquiriram.

CAPÍTULO 15
COMO AS CRENÇAS RELIGIOSAS DE TEMPOS EM TEMPOS DESVIAM A ALMA DOS AMERICANOS PARA OS PRAZERES IMATERIAIS

Nos Estados Unidos, quando chega o sétimo dia de cada semana, a vida comercial e industrial da nação parece suspensa, todos os ruídos cessam. Um profundo repouso, ou melhor, uma espécie de recolhimento solene a sucede, a alma finalmente entra na posse de si mesma e se contempla.

Durante esse dia, os lugares consagrados ao comércio ficam desertos; cada cidadão, cercado por seus filhos, dirige-se a um templo; lá, ouve estranhos discursos que parecem pouco feitos para seus ouvidos. Ele é informado dos inúmeros males causados pelo orgulho e pela cobiça Falam-lhe da necessidade de regrar seus desejos, dos delicados prazeres ligadas à virtude e da verdadeira felicidade que a acompanha.

De volta para casa, não o vemos correr aos registros de seu negócio. Ele abre o livro das Sagradas Escrituras, onde encontra pinturas sublimes e comoventes da grandeza e da bondade do Criador, da magnificência infinita das obras de Deus, do elevado destino reservado aos homens, de seus deveres e de seus direitos à imortalidade.

Assim, de tempos em tempos, o americano de certo modo se esconde de si mesmo e, arrancando-se por um momento das pequenas paixões que agitam sua vida e dos interesses passageiros que a preenchem, penetra de repente num mundo ideal onde tudo é grande, puro e eterno.

Busquei em outra parte desta obra as causas a que se devia atribuir a manutenção das instituições políticas dos americanos, e a religião me pareceu uma das principais. Hoje que me ocupo dos indivíduos, encontro-a e percebo que ela não é menos útil a cada cidadão do que a todo o Estado.

Os americanos mostram, por sua prática, que sentem toda a necessidade de moralizar a democracia pela religião. O que eles pensam a esse respeito sobre si mesmos é uma verdade que deve penetrar toda nação democrática.

Não duvido que a constituição social e política de um povo o disponha a certas crenças e a certos gostos, nos quais ele em seguida mergulha sem dificuldade; enquanto essas mesmas causas o afastam de certas opiniões e de certas inclinações, sem que ele trabalhe para isso e, por assim dizer, sem que perceba.

Toda a arte do legislador consiste em bem discernir de antemão essas inclinações naturais das sociedades humanas, a fim de saber onde é preciso auxiliar o esforço dos cidadãos e onde seria melhor desacelerá-lo. Pois suas obrigações diferem dependendo dos tempos. De imóvel só há o objetivo para o qual sempre deve tender o gênero humano; os meios de alcançá-lo variam sem cessar.

Se tivesse nascido num século aristocrático, no meio de uma nação em que a riqueza hereditária de uns e a pobreza irremediável dos outros desviassem igualmente os homens da ideia do melhor e mantivessem as almas como que entorpecidas na contemplação de um outro mundo, eu gostaria que me fosse possível estimular em tal povo o sentimento das necessidades, pensaria em descobrir meios mais rápidos e mais fáceis de satisfazer os novos desejos que eu teria feito surgir e, desviando para os estudos físicos os maiores esforços do espírito humano, trataria de incitá-lo à busca do bem-estar.

Se alguns homens se inflamassem inconsideradamente na busca da riqueza e demonstrassem um amor excessivo pelos prazeres materiais, eu não me alarmaria; esses traços particulares logo desapareceriam na fisionomia comum.

Os legisladores das democracias têm outras preocupações.

Dê aos povos democráticos luzes e liberdade e deixe-os agir. Eles sem dificuldade conseguirão retirar desse mundo todos os bens que ele pode oferecer; eles aperfeiçoarão cada uma das artes úteis e tornarão a cada dia a vida mais cômoda, mais fácil, mais suave; seu estado social naturalmente os leva para isso. Não temo que parem.

Mas enquanto o homem se compraz nessa busca honesta e legítima do bem-estar, é de se temer que por fim perca o uso de suas mais sublimes faculdades e que, querendo tudo melhorar à sua volta, acabe degradando a si mesmo. É nisso que está o perigo e não em outra coisa.

É preciso, portanto, que os legisladores das democracias e todos os homens honestos e esclarecidos que nelas vivem se dediquem sem descanso a elevar as almas e a mantê-las voltadas para o céu. É necessário que todos os que se interessam pelo futuro das sociedades democráticas se unam e que todos, de comum acordo, façam esforços contínuos para disseminar no seio dessas sociedades o gosto pelo infinito, o sentimento do grande, o amor pelos prazeres imateriais.

Se houver, entre as opiniões de um povo democrático, algumas dessas teorias prejudiciais que tendem a fazer crer que tudo perece com o corpo, os homens que as professam devem ser considerados inimigos naturais desse povo.

Há muitas coisas que me ferem nos materialistas. Suas doutrinas me parecem perniciosas e seu orgulho me revolta. Se seu sistema pudesse ter qualquer utilidade ao homem, parece que seria dando-lhe uma modesta ideia de si mesmo. Mas eles não demonstram que seja assim e, quando acreditam ter suficientemente estabelecido que não passam de brutos, mostram-se tão orgulhosos quanto se tivessem demonstrado serem deuses.

O materialismo é, em todas as nações, uma doença perigosa do espírito humano, mas deve-se particularmente temê-lo num povo democrático, porque ele se combina maravilhosamente bem com o vício de coração mais familiar a esses povos.

A democracia favorece o gosto pelos prazeres materiais. Esse gosto, quando se torna excessivo, logo dispõe os homens a crer que tudo não passa de matéria; e o materialismo, por sua vez, acaba de arrastá-los com insensato ardor para esses mesmos prazeres. Tal é o círculo fatal em que as nações democráticas são arrastadas. É bom que vejam o perigo e se retenham.

A maioria das religiões não passa de meios gerais, simples e práticos de ensinar aos homens a imortalidade da alma. Essa é a maior vantagem que um povo democrático retira das crenças e o que as torna mais necessárias a esse povo do que a todos os outros.

Portanto, quando uma religião qualquer lançar raízes profundas no seio de uma democracia, abstenha-se de abalá-la; conserve-a com cuidado, como a herança mais preciosa dos séculos aristocráticos; não tente arrancar dos homens suas antigas opiniões religiosas para substituí-las por novas, para que, na passagem de uma fé à outra, a alma não se veja por um momento vazia de crenças e o amor pelos prazeres materiais não venha a se espalhar e a preenchê-la totalmente.

Certamente a metempsicose não é mais razoável que o materialismo; no entanto, se fosse absolutamente necessário que uma democracia escolhesse um dos dois, eu não hesitaria e julgaria que seus cidadãos correriam menos risco de se embrutecer ao pensar que suas almas vão passar para o corpo de um porco do que acreditando que não são nada.

A crença num princípio imaterial e imortal, unido por um tempo à matéria, é tão necessária à grandeza do homem que ainda produz belos efeitos mesmo quando não se acrescenta a ideia das recompensas e dos castigos e quando se limitam a crer que depois da morte o princípio divino encerrado no homem se absorve em Deus ou vai animar outra criatura.

Estes consideram o corpo como a porção secundária e inferior de nossa natureza; e o desprezam mesmo quando sofrem sua influência; embora tenham uma estima natural e uma admiração secreta pela parte imaterial do homem, às vezes ainda se recusam a se submeter a seu império. Isso é suficiente para dar certo ar elevado a suas ideias e a seus gostos, e para fazê-los tender sem interesse, e como que por si mesmos, para os sentimentos puros e os grandes pensamentos.

Não é certo que Sócrates e sua escola tivessem opiniões bem definidas sobre o que devia acontecer com o homem na outra vida; mas a única crença sobre a qual tinham certeza, de que a alma não tem nada em comum com o corpo e que sobrevive a ele, bastou para dar à filosofia platônica essa espécie de impulso sublime que a distingue.

Quando lemos Platão, percebemos que nos tempos anteriores a ele e em seu tempo havia muitos escritores que preconizavam o materialismo. Esses escritores não chegaram até nós ou só chegaram de forma muito incompleta. Isso aconteceu em quase todos os séculos: a maioria das grandes reputações literárias se juntou ao espiritualismo. O instinto e o gosto do gênero humano sustentam essa doutrina; eles muitas vezes a salvam a despeito dos próprios homens e fazem os nomes dos que a sustentam sobreviver. Não se deve crer, portanto, que em qualquer tempo e sob qualquer estado político a paixão pelos prazeres materiais e as opiniões que se ligam a ela poderão bastar a todo um povo. O coração do homem é mais vasto do que se imagina; ele pode conter ao mesmo tempo o gosto pelos bens da Terra e o amor pelos do Céu; ele às vezes parece se entregar perdidamente a um dos dois, mas nunca fica muito tempo sem pensar no outro.

Se é fácil ver que é particularmente nos tempos de democracia que é importante fazer as opiniões espiritualistas reinarem, não é fácil dizer como os que governam os povos democráticos devem fazer para que elas reinem.

Não acredito na prosperidade nem na duração das filosofias oficiais e, quanto às religiões de Estado, sempre pensei que se, às vezes, podiam servir momentaneamente aos interesses do poder político, sempre se tornavam, cedo ou tarde, fatais à Igreja.

Também não conto entre os que julgam que, para elevar a religião aos olhos dos povos e honrar o espiritualismo que ela professa, é bom conceder indiretamente a seus ministros uma influência política que a lei lhes recusa.

Sinto-me tão impregnado dos perigos quase inevitáveis que correm as crenças quando seus intérpretes se intrometem nos negócios públicos e estou tão convencido de que é preciso a qualquer preço manter o cristianismo no seio das democracias novas que preferiria acorrentar os padres no templo do que deixá-los sair.

Que meios restam à autoridade para devolver os homens às opiniões espiritualistas ou para mantê-los na religião que as sugere?

O que vou dizer vai me prejudicar aos olhos dos políticos. Creio que o único meio eficaz que os governos podem utilizar parar honrar o dogma da imortalidade da alma é agir a cada dia como se eles mesmos acreditassem nele; e penso que somente ao se conformarem escrupulosamente à moral religiosa nos grandes negócios é que podem se gabar de ensinar os cidadãos a conhecê-la, amá-la e respeitá-la nos pequenos.

CAPÍTULO 16
COMO O AMOR EXCESSIVO PELO BEM-ESTAR PODE PREJUDICAR O BEM-ESTAR

Há mais ligação do que se pode pensar entre o aperfeiçoamento da alma e a melhoria dos bens do corpo; o homem pode deixar essas duas coisas separadas e considerar alternadamente cada uma delas, mas não poderia separá-las completamente sem perder de vista uma e outra.

Os animais têm os mesmos sentidos que nós e mais ou menos as mesmas cobiças: não há paixões materiais que não sejam comuns a nós e eles e cujo germe não seja encontrado tanto num cão quanto em nós mesmos.

Por que, então, os animais só sabem prover a suas primeiras e mais grosseiras necessidades, ao passo que nós variamos ao infinito nossos prazeres e os ampliamos sem cessar?

O que nos torna superiores aos animais nesse aspecto é empregarmos nossa alma para encontrar os bens materiais para os quais apenas o instinto os conduz. No homem, o anjo ensina ao bruto a arte de se satisfazer. É porque o homem é capaz de elevar-se acima dos bens do corpo e de desprezar até a vida, coisa que os animais não fazem nem mesmo ideia, que ele sabe multiplicar esses mesmos bens a um grau que eles tampouco poderiam conceber.

Tudo o que eleva, aumenta e amplia a alma torna-a mais capaz de vencer mesmo nos empreendimentos em que não se trata dela.

Tudo o que a debilita ou rebaixa, ao contrário, enfraquece-a para todas as coisas, tanto nas principais quanto nas menores, e ameaça torná-la quase tão impotente para umas como para outras. Assim, é preciso que a alma permaneça grande e forte, mesmo que apenas para poder, de tempos em tempos, colocar sua força e sua grandeza a serviço do corpo.

Se os homens um dia conseguissem se contentar com os bens materiais, é de se crer que pouco a pouco perderiam a arte de produzi-los e que acabariam desfrutando deles sem discernimento e sem progresso, como os animais.

CAPÍTULO 17
COMO, NOS TEMPOS DE IGUALDADE E DE DÚVIDA, É IMPORTANTE RECUAR O OBJETO DAS AÇÕES HUMANAS

Nos séculos de fé, coloca-se o objetivo final da vida depois da vida.

Os homens dessas épocas se acostumam naturalmente e, por assim dizer, sem querer, a considerar durante uma longa sequência de anos um objeto imóvel para o qual caminham sem cessar, e aprendem, por meio de imperceptíveis progressos, a reprimir mil pequenos desejos passageiros para melhor conseguirem satisfazer esse grande e permanente desejo que os atormenta. Quando os mesmos homens querem se ocupar das coisas da Terra, esses hábitos se reapresentam. Eles de bom grado fixam para suas ações neste mundo um objetivo geral e certo, para o qual todos os seus esforços se dirigem. Não os vemos se dedicarem a cada dia a novas tentativas, eles têm propósitos definidos que não se cansam de perseguir.

Isso explica por que os povos religiosos tantas vezes realizaram coisas tão duradouras. Ocupando-se do outro mundo, tinham encontrado o grande segredo para ter êxito neste.

As religiões conferem o hábito geral do comportamento com vistas ao futuro. Nisso, não são menos úteis à felicidade desta vida do que à felicidade da outra. É um de seus maiores lados políticos.

Mas à medida que as luzes da fé se obscurecem, a visão dos homens se estreita e é como se a cada dia o objeto das ações humanas lhes parece mais próximo.

Depois que se acostumam a não mais se ocupar do que deve acontecer depois de sua vida, vemo-los facilmente recaírem nessa indiferença completa e brutal pelo futuro, que está absolutamente de acordo com certos instintos da espécie humana. Assim que perdem o costume de colocar suas principais esperanças no longo prazo, são naturalmente levados a querer realizar sem demora seus menores desejos, e parece que assim que perdem a esperança de viver uma eternidade ficam dispostos a agir como se fossem existir um único dia.

Nos séculos de incredulidade sempre se deve temer, portanto, que os homens se entreguem constantemente ao acaso cotidiano de seus desejos e que, renunciando completamente a obter o que não pode ser obtido sem longos esforços, não criem nada de grande, tranquilo e duradouro.

Se acontece de, num povo assim disposto, o estado social se tornar democrático, o perigo que assinalo aumenta.

Quando cada um procura constantemente mudar de lugar, quando uma imensa concorrência está aberta a todos, quando as riquezas se acumulam e dissipam em poucos instantes no meio do tumulto da democracia, a ideia de uma fortuna súbita e fácil, de grandes bens facilmente adquiridos e perdidos, a imagem do acaso, sob todas as suas formas, se apresenta ao espírito humano. A instabilidade do estado social vem favorecer a instabilidade natural dos desejos. No meio dessas flutuações perpétuas do destino, o presente cresce; ele esconde o futuro que se apaga e os homens só pensam no dia seguinte.

Nos países em que, por um concurso infeliz, a irreligião e a democracia se encontram, os filósofos e os governantes precisam constantemente se dedicar a afastar dos olhos dos homens o objeto das ações humanas; esta é sua grande tarefa.

É preciso que, encerrando-se no espírito de seu século e de seu país, o moralista aprenda a se defender. Que a cada dia ele se esforce em mostrar a seus contemporâneos de que modo, em meio ao movimento perpétuo que os cerca, é mais fácil do que eles imaginam conceber e executar longos empreendimentos. Que ele lhes mostre que, embora a humanidade tenha mudado de face, os métodos com que os homens podem buscar a prosperidade desse mundo continuam os mesmos, e que, nos povos democráticos, como nos outros, é somente resistindo a mil pequenas paixões particulares de todos os dias que se pode conseguir satisfazer a paixão geral pela felicidade, que atormenta.

A tarefa dos governantes não está menos definida.

Em todas as épocas, o importante é que aqueles que dirigem as nações se conduzam tendo em vista o futuro. Mas isso é mais necessário nos séculos democráticos e incrédulos do que em todos os outros. Agindo assim, os chefes das democracias fazem não apenas prosperar os negócios públicos como também ensinam aos particulares, com seu exemplo, a arte de conduzir os negócios privados.

É preciso acima de tudo que se esforcem para banir o máximo possível o acaso do mundo político.

A elevação súbita e imerecida de um cortesão não produz mais que uma impressão passageira num país aristocrático, porque o conjunto das instituições e das crenças costumam forçar os homens a caminhar lentamente em vias das quais eles não podem sair.

Mas não há nada mais pernicioso do que tais exemplos oferecidos aos olhares de um povo democrático. Eles acabam precipitando seu coração para um declive em que tudo o arrasta. Portanto, é principalmente nos tempos de ceticismo e igualdade que se deve evitar, com cuidado, que o favor do povo ou do príncipe, cujo acaso favorece ou priva, faça as vezes da ciência e dos serviços. É desejável que cada progresso pareça o fruto de um esforço, de tal modo que não haja grandezas fáceis demais e que a ambição seja forçada a fixar seus olhares por muito tempo no objetivo antes de atingi-lo.

É preciso que os governos se devotem a restituir aos homens esse gosto pelo futuro, que não é mais inspirado pela religião e pelo estado social, e que, sem dizê-lo, ensinem a cada dia aos cidadãos, na prática, que a riqueza, o renome e o poder são os prêmios do trabalho, que os grandes sucessos se encontram ao fim de longos desejos e que nada de duradouro será obtido se não for adquirido com dificuldade.

Quando os homens se acostumam a prever com muita antecedência o que deve lhes acontecer neste mundo e a se alimentar de esperanças, torna-se desconfortável reter seu espírito dentro dos limites precisos da vida e eles se tornam prontos para ultrapassar esses limites e lançar seus olhares para além deles.

Não tenho dúvida de que ao acostumar os cidadãos a pensar no futuro neste mundo, eles pouco a pouco são aproximados, sem o saber, das crenças religiosas.

Assim, o meio que permite aos homens viver, até certo ponto, sem religião, talvez seja, no fim das contas, o único que nos resta para trazer o gênero humano, por um longo desvio, de volta à fé.

CAPÍTULO 18
POR QUE, ENTRE OS AMERICANOS, TODAS AS PROFISSÕES HONESTAS SÃO CONSIDERADAS HONRADAS

Nos povos democráticos, onde não há riquezas hereditárias, cada um trabalha para viver, ou trabalhou, ou nasceu de pessoas que trabalharam. A ideia do trabalho como condição necessária, natural e honesta da humanidade apresenta-se ao espírito humano, portanto, de todos os lados.

Não apenas o trabalho não é desonroso para esses povos como ele é muito estimado; o preconceito não é contra ele, é a seu favor. Nos Estados Unidos, um homem rico acredita ser como um dever à opinião pública dedicar seu tempo livre a alguma operação da indústria, do comércio ou a alguns deveres públicos. Ele se consideraria mal-afamado se só dedicasse sua vida a viver. É para se subtrair a essa obrigação do trabalho que tantos ricos americanos vêm para a Europa: aqui, encontram restos de sociedades aristocráticas entre as quais a ociosidade ainda é estimada.

A igualdade não reabilita apenas a ideia do trabalho, ela eleva a ideia do trabalho que gera lucro.

Nas aristocracias, não é exatamente o trabalho que é desprezado, é o trabalho que vise a um lucro. O trabalho é glorioso quando empreendido por ambição ou virtude. Sob a aristocracia, porém, é muito comum que aquele que trabalha por honra não seja insensível à sedução do lucro. Mas esses dois desejos só se encontram nas profundezas de sua alma. Ele toma todo o cuidado para ocultar de todos os olhares o lugar em que eles se unem. Esconde-o de si mesmo. Nos países aristocráticos, não há funcionário público que não afirme servir ao Estado desinteressadamente. Seu salário é um detalhe ao qual às vezes pensam um pouco e ao qual sempre fingem não pensar.

Assim, a ideia do lucro permanece distinta da do trabalho. Por mais que estejam unidas de fato, o pensamento as separa.

Nas sociedades democráticas, essas duas ideias estão sempre, ao contrário, visivelmente unidas. Como o desejo pelo bem-estar é universal, como as fortunas são medíocres e passageiras, como cada um precisa aumentar seus recursos ou preparar novos para seus filhos, todos veem com clareza que o lucro, se não em tudo, ao menos em parte, é o que os leva ao trabalho. Mesmo os que agem principalmente tendo em vista a glória necessariamente se familiarizam com esse pensamento de que não agem apenas com esse objetivo, e descobrem, não importa o que tenham, que o desejo de viver se mistura ao desejo de ilustrar suas vidas.

A partir do momento em que, por um lado, o trabalho parece a todos os cidadãos uma necessidade honrada da condição humana, e em que, por outro, o trabalho é sempre visivelmente feito, em todo ou em parte, tendo em vista o salário, o imenso espaço que separava as diferentes profissões nas sociedades aristocráticas desaparece. Se não são todas iguais, ao menos têm um traço semelhante.

Não há profissão em que não se trabalhe por dinheiro. O salário, que é comum a todas, confere a todas um ar familiar.

Isso serve para explicar as opiniões que os americanos têm das diversas profissões.

Os servidores americanos não se creem degradados porque trabalham, pois, em volta deles, todo mundo trabalha. Eles não se sentem rebaixados pela ideia de receberem um salário, pois o presidente dos Estados Unidos também trabalha por um salário. Ele é pago para comandar, tanto quanto eles, para servir.

Nos Estados Unidos, as profissões são mais ou menos árduas, mais ou menos lucrativas, mas nunca são elevadas ou baixas. Toda profissão honesta é honrada.

CAPÍTULO 19
O QUE FAZ COM QUE QUASE TODOS OS AMERICANOS SE INCLINEM PARA AS PROFISSÕES INDUSTRIAIS

Não sei se, de todas as artes úteis, a agricultura não é aquela que se aperfeiçoa o menos rapidamente nas nações democráticas. Muitas vezes, parece até estacionária, pois várias outras parecem correr.

Em contrapartida, quase todos os gostos e hábitos que nascem da igualdade naturalmente conduzem os homens para o comércio e para a indústria.

Imaginemos um homem ativo, esclarecido, livre, confortável, cheio de desejos. Ele é pobre demais para poder viver no ócio, é rico o suficiente para sentir-se acima do medo imediato da necessidade e pensa em melhorar seu sonho. Esse homem sentiu o gosto pelos prazeres materiais; mil outros se entregam a esse gosto sob seus olhos; ele mesmo começou a fazer o mesmo e arde de vontade de aumentar os meios de satisfazê-los ainda mais. No entanto, a vida passa, o tempo urge. O que fazer?

O cultivo da terra promete a seus esforços resultados quase certos, mas lentos. O homem enriquece pouco a pouco e com dificuldade. A agricultura só convém a ricos que já têm um grande supérfluo ou a pobres que não querem mais que sobreviver. A escolha está feita: vender seu campo, deixar sua casa e dedicar-se a alguma profissão arriscada, mas lucrativa.

Ora, as sociedades democráticas abundam em pessoas desse tipo; e, à medida que a igualdade de condições se torna mais ampla, seu número aumenta.

A democracia não multiplica apenas o número de trabalhadores, ela leva os homens a um trabalho mais do que a outro; e, enquanto os afasta da agricultura, dirige-os para o comércio e para a indústria.[5]

Esse espírito se manifesta mesmo nos cidadãos mais ricos.

Nos países democráticos, um homem, por mais opulento que o suponhamos, quase sempre está descontente com sua fortuna, porque se acha menos rico que seu pai e porque teme que seus filhos sejam menos que ele. A maioria dos ricos das democracias sonha sem cessar com os meios de adquirir riquezas e volta naturalmente seus olhos para o comércio e a indústria, que lhes parecem os meios mais rápidos e poderosos para obtê-las. Compartilham, nesse ponto, dos instintos do pobre sem ter as necessidades deste, ou melhor, são guiados pela mais imperiosa de todas as necessidades: a de não decair.

Nas aristocracias, os ricos são ao mesmo tempo os governantes. A atenção que constantemente dão aos grandes negócios públicos os desvia dos pequenos cuidados exigidos pelo comércio e pela indústria. Se a vontade de algum deles se dirige, por acaso, para o negócio, a vontade dos outros logo vem barrar-lhe o caminho; pois por mais que haja sublevação contra o império da maioria, nunca se escapa completamente a seu jugo e, mesmo no seio dos corpos aristocráticos que se recusam mais obstinadamente a reconhecer os direitos da maioria nacional, forma-se uma maioria particular que governa.[6]

Nos países democráticos, em que o dinheiro não conduz ao poder aquele que o possui, mas com frequência o afasta dele, os ricos não sabem o que fazer com seu tempo livre. A inquietude e a grandeza de seus desejos, a extensão de seus recursos, o gosto pelo extraordinário, quase sempre sentidos por aqueles que se elevam, qualquer que seja a maneira, acima da multidão, os impelem a agir. Somente o caminho do comércio está aberto para eles. Nas democracias, não há nada maior ou mais brilhante que o comércio; é ele que atrai os olhares

---

5. Observou-se várias vezes que os industriais e comerciantes estavam possuídos pelo gosto imoderado pelos prazeres materiais, e acusou-se o comércio e a indústria por causa disso, mas creio que nisso tomou-se o efeito pela causa. Não são o comércio e a indústria que sugerem o gosto pelos prazeres materiais aos homens, mas antes esse gosto que leva os homens para as carreiras industriais e comerciais, em que eles esperam se satisfazer mais completamente e mais rápido. Se o comércio e a indústria aumentam o desejo pelo bem-estar, isso decorre do fato de que toda paixão se fortalece quanto mais nos ocupamos dela, e cresce por todos os esforços que tentamos para saciá-la. Todas as causas que fazem predominar no coração humano o amor pelos bens desse mundo desenvolvem o comércio e a indústria. A igualdade é uma dessas causas. Ela favorece o comércio, não diretamente, dando aos homens o gosto pelo negócio, mas, indiretamente, fortalecendo e generalizando em suas almas o amor pelo bem-estar.

6. Ver a nota ao fim do volume. [p. 595 desta edição]

do público e enche a imaginação da multidão; para ele todas as paixões enérgicas se dirigem. Nada poderia impedir os ricos de se dedicarem a ele, nem seus próprios preconceitos nem os de qualquer pessoa. Os ricos das democracias nunca formam um corpo que tenha seus próprios costumes e regras; as ideias particulares de sua classe não os detêm e as ideias gerais do país os impulsionam. As grandes fortunas que vemos no seio de um povo democrático quase sempre tiveram, aliás, uma origem comercial, por isso é preciso que várias gerações se sucedam antes que seus detentores tenham perdido completamente os hábitos do negócio.

Comprimidos no estreito espaço que a política lhes deixa, os ricos das democracias se lançam no comércio por todos os lados; nele, podem se espalhar e fazer uso de suas vantagens naturais; de certo modo, é pela própria audácia e pela grandeza de seus empreendimentos industriais que se deve julgar o pouco caso que teriam feito da indústria se tivessem nascido no seio de uma aristocracia.

Uma mesma observação também é aplicável a todos os homens das democracias, sejam eles pobres ou ricos.

Os que vivem no meio da instabilidade democrática têm constantemente sob os olhos a imagem do acaso e acabam amando todos os empreendimentos em que o papel desempenha um papel.

Todos são levados para o comércio, portanto, não apenas por causa do lucro que ele lhes promete, mas também pelo amor às emoções que proporciona.

Os Estados Unidos da América só saíram há meio século da dependência colonial em que a Inglaterra os mantinha; o número das grandes fortunas é muito pequeno e os capitais ainda são raros. No entanto, não há povo na Terra que tenha feito progressos mais rápidos que os americanos no comércio e na indústria. Hoje eles são a segunda nação marítima do mundo; e embora suas manufaturas precisem lutar contra obstáculos naturais quase intransponíveis, elas não deixam de ter a cada dia novos desenvolvimentos.

Nos Estados Unidos, os maiores empreendimentos industriais são realizados sem dificuldade, porque a população inteira participa da indústria e porque tanto o mais pobre quanto o mais opulento cidadão unem de bom grado seus esforços nesse sentido. Por isso, é surpreendente ver a cada dia os imensos trabalhos executados sem dificuldade por uma nação que, por assim dizer, não possui ricos. Os americanos chegaram apenas ontem ao solo que habitam e já subverteram toda a ordem da natureza para seu proveito. Uniram o Hudson ao Mississipi e fizeram o Oceano Atlântico se comunicar com o Golfo do México por meio das mais de 500 léguas de continente que separam esses dois mares. As maiores estradas de ferro jamais construídas até nossos dias estão na América.

Mas o que mais me impressiona nos Estados Unidos não é a grandeza extraordinária de alguns empreendimentos industriais, é a incontável multidão de pequenos empreendimentos.

Quase todos os agricultores dos Estados Unidos juntaram algum comércio à agricultura; a maioria fez da agricultura um comércio.

É raro que um cultivador americano se fixe para sempre no solo que ocupa. Nas novas províncias do oeste, principalmente, desbrava-se um campo para revendê-lo e não para semeá-lo; constrói-se uma fazenda na previsão de que, vindo o estado do país logo a mudar devido ao crescimento de seus habitantes, será possível obter por ela um bom preço.

Todos os anos, um enxame de habitantes do norte desce para o sul e se estabelece nas regiões onde cresce o algodão e a cana-de-açúcar. Esses homens cultivam a terra com o objetivo de fazê-la produzir, em poucos anos, o suficiente para enriquecê-los, e já entreveem o momento em que poderão voltar para sua pátria e gozar da abastança assim adquirida. Os americanos transportam para a agricultura o espírito do negócio, portanto, e suas paixões industriais se revelam nisso como em outras coisas.

Os americanos fazem imensos progressos na indústria porque todos se ocupam da indústria; e pelo mesmo motivo estão sujeitos a crises industriais inesperadas e formidáveis.

Como todos fazem comércio, o comércio está submetido entre eles a influências tão numerosas e tão complicadas que é impossível prever de antemão os obstáculos que podem surgir. Como cada um participa mais ou menos da indústria, ao menor choque que os negócios sofrem todas as fortunas particulares tropeçam ao mesmo tempo e o Estado vacila.

Creio que o retorno das crises industriais é uma doença endêmica nas nações democráticas de nossos dias. Podemos torná-la menos perigosa, mas não curá-la, porque ela não decorre de um acidente, mas do próprio temperamento desses povos.

CAPÍTULO 20
COMO A ARISTOCRACIA PODERIA SAIR DA INDÚSTRIA

Mostrei como a democracia favorecia os desenvolvimentos da indústria e multiplicava desmedidamente o número de industriais; veremos agora por qual caminho esquivo a indústria poderia por sua vez trazer os homens de volta à aristocracia.

Já se reconheceu que quando um operário só se ocupa todos os dias do mesmo detalhe, chega-se mais facilmente, mais rapidamente e com mais economia à produção geral da obra.

Também se reconheceu que quanto mais uma indústria é empreendida em grande escala, com grandes capitais, grande crédito, mais seus produtos são baratos.

Essas verdades foram entrevistas há muito tempo, mas foram demonstradas em nossos dias. São aplicadas a várias indústrias muito importantes e, sucessivamente, as pequenas se apropriam delas.

Não vejo nada no mundo político que deva preocupar o legislador mais do que esses dois novos axiomas da ciência industrial.

Quando um artesão se dedica constante e unicamente à fabricação de um único objeto, ele acaba realizando esse trabalho com singular destreza. Ao mesmo tempo, porém, ele perde a capacidade geral de aplicar seu espírito na direção do trabalho. A cada dia ele se torna mais hábil e menos industrioso, e podemos dizer que, nele, o homem se degrada à medida que o operário se aperfeiçoa.

O que devemos esperar de um homem que ocupou vinte anos de sua vida fazendo cabeças de alfinetes? E em que pode ser aplicada, nele, essa poderosa inteligência humana, que tantas vezes remexeu o mundo, senão em buscar o melhor meio de fazer cabeças de alfinete?

Quando um operário consumiu dessa maneira uma porção considerável de sua existência, seu pensamento parou para sempre perto do objeto cotidiano de seus labores; seu corpo contraiu certos hábitos fixos dos quais não lhe é mais permitido desfazer-se. Em uma palavra, ele não pertence mais a si mesmo, mas à profissão que escolheu. Foi em vão que as leis e os costumes tomaram o cuidado de romper em torno desse homem todas as barreiras e abrir-lhe por todos os lados mil caminhos diferentes para a fortuna; uma teoria industrial mais poderosa que os costumes e as leis prendeu-o a um ofício e, muitas vezes, a um local que ele não pode abandonar. Ela lhe atribuiu na sociedade um determinado lugar do qual ele não pode sair. No meio do movimento universal, ela o tornou imóvel.

À medica que o princípio da divisão do trabalho recebe uma aplicação mais completa, o operário se torna mais fraco, mais limitado e mais dependente. A arte faz progressos, o artesão retrocede. Por outro lado, à medida que se descobre mais manifestamente que os produtos de uma indústria são tanto mais perfeitos e menos caros quanto maior forem a manufatura e o capital, homens muito ricos e muito esclarecidos se apresentam para explorar indústrias que, até então, tinham sido entregues a artesãos ignorantes ou sem recursos. A grandeza dos esforços necessários e a imensidão dos resultados a obter os atrai.

Assim, portanto, ao mesmo tempo que a ciência industrial constantemente rebaixa a classe dos operários, ela eleva a dos proprietários.

Enquanto o operário coloca cada vez mais sua inteligência no estudo de um único detalhe, o proprietário passeia seus olhos por um conjunto cada dia mais vasto e seu espírito se amplia na mesma proporção de que o do outro se estreita. Em pouco tempo o segundo só precisará da força física sem a inteligência; o primeiro precisa da ciência e quase do gênio para ter êxito. Um cada vez mais se parece com o administrador de um vasto império, e o outro, com um bruto.

O proprietário e o operário nada têm de semelhante, e a cada dia se diferenciam mais. São como os dois anéis extremos de uma longa cadeia. Cada um ocupa um lugar feito para ele, e do qual não sai. Um vive numa dependência contínua, estreita e necessária do outro, e parece nascido para obedecer, assim como o outro, para comandar.

O que é isso senão uma aristocracia?

Dado que as condições se igualam cada vez mais no corpo da nação, a necessidade de objetos manufaturados se generaliza e aumenta, e o bom preço que coloca esses objetos ao alcance das fortunas medíocres se torna um maior elemento de sucesso.

Vê-se então a cada dia que homens mais opulentos e mais esclarecidos dedicam à indústria suas riquezas e suas ciências, e buscam, abrindo grandes fábricas e dividindo estritamente o trabalho, satisfazer os novos desejos que se manifestam por toda parte.

Assim, à medida que a massa da nação se volta para a democracia, a classe particular que se ocupa da indústria se torna mais aristocrática. Os homens se mostram cada vez mais semelhantes numa, e cada vez mais diferentes na outra, e a desigualdade aumenta na pequena sociedade na proporção em que decresce na grande.

É por isso que, quando voltamos à fonte, parece que vemos a aristocracia sair por um esforço natural do próprio seio da democracia.

Mas essa aristocracia não se parece com as que a precederam.

Observaremos, primeiramente, que, só se aplicando à indústria e a algumas profissões industriais, ela é uma exceção, um monstro no conjunto do estado social.

As pequenas sociedades aristocráticas formadas por certas indústrias no meio da imensa democracia de nossos dias encerram, como as grandes sociedades aristocráticas dos tempos antigos, alguns homens muito opulentos e uma multidão de miseráveis. Esses pobres têm poucos meios de sair de sua condição e se tornarem ricos, mas os ricos se tornam ricos o tempo todo ou deixam o negócio depois de terem realizado seus lucros. Assim, os elementos que formam a classe dos pobres são mais ou menos fixos; mas os elementos que compõem a classe dos ricos não o são. Para dizer a verdade, embora existam ricos, a classe dos ricos não existe; pois esses ricos não têm espírito ou objetivos comuns nem tradições ou esperanças comuns. Há membros, mas não há corpo.

Não apenas os ricos não estão solidamente unidos entre si, mas podemos dizer que não há laço verdadeiro entre o pobre e o rico.

Eles não estão fixos para sempre um perto do outro; a cada instante o interesse os aproxima e afasta. O operário em geral depende dos patrões, mas não de um determinado patrão. Esses dois homens se veem na fábrica e não se conhecem fora dela, e embora se toquem num ponto, permanecem muito distantes em todos os outros. O manufatureiro só pede ao operário seu trabalho, e o operário só espera dele seu salário. Um não se compromete em proteger nem o outro em defender, e eles não estão ligados de maneira permanente nem pelo hábito nem pelo dever. A aristocracia criada pelo negócio quase nunca se fixa no meio da população industrial que ela dirige; seu objetivo não é governá-la, mas servir-se dela.

Uma aristocracia assim constituída não poderia ter grande influência sobre aqueles que emprega, e mesmo que conseguisse influenciá-los por um momento, eles logo lhe escapariam. Ela não sabe querer e não pode agir.

A aristocracia territorial dos séculos passados era obrigada pela lei, ou se acreditava obrigada pelos costumes, a vir em socorro de seus servidores e aliviar suas misérias. Mas a aristocracia manufatureira de nossos dias, depois de empobrecer e embrutecer os homens de que se serve, entrega-os em tempos de crise à caridade pública para que sejam alimentados. Esse é o resultado natural do que precede. Entre o operário e o patrão, as relações são frequentes, mas não há verdadeira associação.

Penso que, tudo levado em conta, a aristocracia manufatureira que vemos surgir diante de nossos olhos é uma das mais duras que surgiram na Terra; ao mesmo tempo, porém, é uma das mais restritas e menos perigosas.

No entanto, é para isso que os amigos da democracia devem constantemente levar com inquietude seus olhares, pois se a desigualdade permanente das condições e a aristocracia jamais penetrarem novamente no mundo, podemos prever que será por essa porta.

NOTA

Há aristocracias que fizeram o comércio com ardor e cultivaram a indústria com sucesso. A história do mundo oferece vários exemplos impactantes. No entanto, em geral devemos dizer que a aristocracia não é favorável ao desenvolvimento da indústria e do comércio. Somente as aristocracias de dinheiro fazem exceção a essa regra.

Nessas, não há desejo que não precise das riquezas para ser satisfeito. O amor pelas riquezas se torna, por assim dizer, o grande caminho das paixões humanas. Todos os outros levam a ele ou o atravessam.

O gosto pelo dinheiro e a sede de consideração e poder se confundem tanto, nas mesmas almas, que se torna difícil discernir se é por ambição que os homens são cúpidos ou se é por cupidez que são ambiciosos. É o que acontece na Inglaterra, onde se quer ser rico para obter honrarias, e onde se deseja honrarias como manifestação de riqueza. O espírito humano é então invadido por todos os lados e carregado para o comércio e para a indústria, que são os caminhos mais curtos que levam à opulência.

Isso, de resto, parece-me um fato excepcional e transitório. Quando a riqueza se torna o único signo da aristocracia, é muito difícil que os ricos se mantenham sozinhos no poder ou excluam dele todos os outros.

A aristocracia de nascimento e a pura democracia estão nos dois extremos do estado social e político das nações; no meio se encontra a aristocracia de dinheiro; esta se aproxima da aristocracia de nascimento porque confere a um pequeno número de cidadãos grandes privilégios; ela deve à democracia o fato de que os privilégios podem ser sucessivamente adquiridos por todos; ela muitas vezes constitui como que uma transição natural entre essas duas coisas e não poderíamos dizer se encerra o reino das instituições aristocráticas ou se já abre a nova era da democracia.

FIM DO TERCEIRO TOMO

QUARTO TOMO

SUMÁRIO DO QUARTO TOMO

Advertência 603

TERCEIRA PARTE
A influência da democracia sobre os costumes propriamente ditos 605

Capítulo 1
Como os costumes se tornam mais brandos à medida que as condições se igualam 605

Capítulo 2
Como a democracia torna as relações habituais dos americanos mais simples e mais fáceis 609

Capítulo 3
Por que os americanos demonstram tão pouca suscetibilidade em seu país e são tão suscetíveis no nosso 611

Capítulo 4
Consequências dos três capítulos anteriores 614

Capítulo 5
Como a democracia modifica as relações entre servidor e patrão 616

Capítulo 6
Como as instituições e os costumes democráticos tendem a elevar o preço e a encurtar a duração dos arrendamentos 623

Capítulo 7
Influência da democracia sobre os salários 626

Capítulo 8
Influência da democracia sobre a família 628

Capítulo 9
Educação das moças nos Estados Unidos 633

Capítulo 10
Como encontramos a moça sob os traços da esposa 635

Capítulo 11
Como a igualdade de condições contribui para manter os bons costumes na América 637

Capítulo 12
Como os americanos compreendem a igualdade entre o homem e a mulher 643

Capítulo 13
Como a igualdade naturalmente divide os americanos numa profusão de pequenas sociedades particulares 646

Capítulo 14
Algumas reflexões sobre as maneiras americanas 648

Capítulo 15
Da gravidade dos americanos, e por que ela não os impede de com frequência fazer coisas inconsideradas 651

Capítulo 16
Por que a vaidade nacional dos americanos é mais inquieta e mais querelante do que a dos ingleses 654

Capítulo 17
Como o aspecto da sociedade, nos Estados Unidos, é ao mesmo tempo agitado e monótono 656

Capítulo 18
Da honra nos Estados Unidos e nas sociedades democráticas 658

Capítulo 19
Por que encontramos nos Estados Unidos tantos ambiciosos e tão poucas grandes ambições 669

Capítulo 20
Da indústria das posições em certas nações democráticas 674

Capítulo 21
Por que as grandes revoluções se tornarão raras 676

Capítulo 22
Por que os povos democráticos naturalmente desejam a paz e os exércitos
democráticos naturalmente desejam a guerra 687

Capítulo 23
Qual é, nos exércitos democráticos, a classe mais guerreira e mais
revolucionária 693

Capítulo 24
O que torna os exércitos democráticos mais fracos que os outros
exércitos ao entrar em campanha, e mais temíveis quando a guerra
se prolonga 696

Capítulo 25
Da disciplina dos exércitos democráticos 700

Capítulo 26
Algumas considerações sobre a guerra nas sociedades democráticas 701

QUARTA PARTE
A influência que as ideias e os sentimentos democráticos exercem sobre
a sociedade política 707

Capítulo 1
A igualdade naturalmente dá aos homens o gosto pelas instituições
livres 707

Capítulo 2
As ideias dos povos democráticos em matéria de governo são naturalmente
favoráveis à concentração de poderes 708

Capítulo 3
Os sentimentos dos povos democráticos estão de acordo com suas ideias
para levá-los a concentrar o poder 711

Capítulo 4
De algumas causas particulares e acidentais que acabam levando um povo democrático a centralizar o poder ou que o afastam disso 714

Capítulo 5
Entre as nações europeias de nossos dias o poder soberano aumenta, embora os soberanos sejam menos estáveis 719

Capítulo 6
Que espécie de despotismo as nações democráticas devem temer 729

Capítulo 7
Continuação dos capítulos anteriores 734

Capítulo 8
Visão geral do tema 741

Notas 745

Apêndice 751

ADVERTÊNCIA

Os americanos têm um estado social democrático que lhes foi naturalmente sugerido por certas leis e certos costumes políticos.

Esse mesmo estado social fez nascer entre eles, além disso, um grande número de sentimentos e opiniões que eram desconhecidos nas velhas sociedades aristocráticas da Europa. Ele destruiu ou modificou relações que existiam antigamente e estabeleceu novas. O aspecto da sociedade civil não se viu menos modificado do que a fisionomia do mundo político.

Abordei o primeiro tema na obra publicada por mim há cinco anos sobre a democracia americana. O segundo é tema do presente livro. Essas duas partes se completam e formam uma só obra.

É preciso, desde já, prevenir o leitor de um erro que me seria muito prejudicial. Vendo-me atribuir tantos efeitos diversos à igualdade, ele poderia concluir que considero a igualdade a causa única de tudo o que acontece em nossos dias. Seria supor-me uma visão bastante estreita.

Há, em nossa época, uma profusão de opiniões, sentimentos e instintos que devem seu nascimento a fatos estranhos ou mesmo contrários à igualdade. Assim, se tomasse os Estados Unidos como exemplo, eu facilmente provaria que a natureza do país, a origem de seus habitantes, a religião dos primeiros fundadores, as luzes adquiridas por eles e seus hábitos anteriores exerceram e exercem ainda, independentemente da democracia, uma imensa influência sobre sua maneira de pensar e sentir. Causas diferentes, mas também distintas da igualdade, poderiam ser encontradas na Europa e explicariam uma grande parte do que ali acontece.

Reconheço a existência de todas essas diferentes causas e seu poder, mas meu tema não é falar sobre elas. Não pretendo explicar a razão de todas as nossas inclinações e de todas as nossas ideias; apenas quis mostrar de que modo a igualdade havia modificado ambas.

Talvez o leitor se espante que, defendendo firmemente a opinião de que a revolução democrática de que somos testemunhas é um fato irresistível contra o qual não seria desejável nem sensato lutar, tenha me acontecido muitas vezes neste livro dirigir palavras tão severas às sociedades democráticas criadas por essa revolução.

Responderei apenas que foi por não ser um adversário da democracia que eu quis ser sincero a seu respeito.

Os homens não aceitam a verdade vinda de seus inimigos, e seus amigos não a oferecem; foi por isso que eu a disse.

Pensei que muitos se encarregariam de anunciar os novos bens que a igualdade promete aos homens, mas que poucos ousariam assinalar de longe os perigos com que ela os ameaça. Portanto, é principalmente para esses perigos que dirigi meus olhares e, tendo acreditado descobri-los com clareza, não fui covarde para calá-los.

Espero que se encontre nesta segunda obra a imparcialidade que parece ter sido observada na primeira. Ocupando uma posição no meio das opiniões contraditórias que nos dividem, tentei momentaneamente destruir em meu coração as simpatias favoráveis ou os instintos contrários que cada uma delas me inspira. Se os que lerem meu livro encontrarem uma única frase cujo objetivo seja lisonjear um dos grandes partidos que agitaram nosso país, ou uma das pequenas facções que, em nossos dias, o perturbam e enfraquecem, que esses leitores ergam a voz e me acusem.

O tema que tentei abordar é imenso, pois compreende a maioria dos sentimentos e das ideias que o novo estado do mundo faz nascer. Tal tema sem dúvida supera minhas forças; abordando-o, não pude me satisfazer.

Mas se não pude alcançar o objetivo que busquei, os leitores ao menos reconhecerão que concebi e segui meu intento com um espírito que pudesse me tornar digno de ter êxito.

TERCEIRA PARTE
A INFLUÊNCIA DA DEMOCRACIA SOBRE OS COSTUMES PROPRIAMENTE DITOS

CAPÍTULO 1
COMO OS COSTUMES SE TORNAM MAIS BRANDOS À MEDIDA QUE AS CONDIÇÕES SE IGUALAM

Percebemos, há vários séculos, que as condições se igualam e, ao mesmo tempo, descobrimos que os costumes se abrandam. Essas duas coisas são apenas contemporâneas ou existe entre elas algum laço secreto, de modo que uma não possa avançar sem provocar o avanço da outra?

Há várias causas que podem concorrer para tornar os costumes de um povo menos rudes; porém, entre todas essas causas, a mais poderosa me parece ser a igualdade de condições. A igualdade de condições e o abrandamento dos costumes não são apenas, a meu ver, acontecimentos contemporâneos, mas também fatos correlativos.

Quando os fabulistas querem nos interessar pelas ações dos animais, atribuem a estes ideias e paixões humanas. O mesmo fazem os poetas quando falam dos gênios e dos anjos. Não há miséria tão profunda nem felicidade tão pura que possa deter nosso espírito e apreender nosso coração se não nos representar a nós mesmos sob outros traços.

Isso se aplica muito bem ao tema que nos ocupa presentemente.

Quando todos os homens são classificados de maneira irrevogável, segundo sua profissão, seus bens e seu nascimento, no seio de uma sociedade aristocrática, os membros de cada classe, considerando-se todos como filhos da mesma família, sentem uns pelos outros uma simpatia contínua e ativa que nunca pode ser encontrada no mesmo grau entre os cidadãos de uma democracia.

Mas isso não acontece com as diferentes classes em relação umas às outras.

Num povo aristocrático, cada casta tem suas opiniões, seus sentimentos, seus direitos, seus costumes, sua existência à parte. Assim, os homens que a compõem não se assemelham a todos os outros; eles não têm a mesma maneira de pensar ou sentir e mal acreditam fazer parte da mesma humanidade.

Eles não poderiam, portanto, compreender direito o que os outros sentem ou julgá-los por si mesmos.

Às vezes os vemos, porém, prestarem-se com ardor algum auxílio mútuo; mas isso não é contrário ao que precede.

Essas mesmas instituições aristocráticas, que haviam tornado tão diferentes os seres de uma mesma espécie, haviam-nos no entanto unido uns aos outros por um laço político muito estreito.

Embora o servo não se interessasse naturalmente pelo destino dos nobres, ele não se sentia menos obrigado a se dedicar àquele que era seu senhor; e embora o nobre acreditasse ter uma natureza diferente da dos servos, ele ainda assim julgava que seu dever e sua honra o obrigavam a defender, ao preço da própria vida, os que viviam em seus domínios.

É evidente que essas obrigações mútuas não nasciam do direito natural, mas do direito político, e que a sociedade obtinha mais do que a humanidade poderia ter obtido. Não era ao homem a que se acreditava dever prestar auxílio, era ao vassalo ou ao senhor. As instituições feudais sensibilizavam aos males de certos homens, mas não às misérias da espécie humana. Elas despertavam generosidade nos costumes, mais do que suavidade, e embora incitassem grandes devoções, não faziam nascer verdadeiras simpatias; pois só há real simpatia entre pessoas iguais, e, nos séculos aristocráticos, só se veem iguais entre os membros da mesma casta.

Quando os cronistas da Idade Média, que, por nascimento ou hábitos, sempre pertenciam à aristocracia, relatam o fim trágico de um nobre, as dores são infinitas; enquanto narram sem suspirar e sem pestanejar o massacre e as torturas das pessoas do povo.

Não que esses escritores sentissem um ódio habitual ou um desprezo sistemático pelo povo. A guerra entre as diversas classes do Estado ainda não era declarada. Eles obedeciam mais a um instinto do que a uma paixão; como não tinham uma ideia clara dos sofrimentos do pobre, pouco se interessavam por sua sorte.

O mesmo acontecia com os homens do povo assim que o laço feudal se rompia. Os mesmos séculos que viram tantos devotamentos heroicos da parte dos vassalos pelos senhores foram testemunha de crueldades inauditas, exercidas de tempos em tempos pelas classes baixas sobre as altas.

Não se deve acreditar que essa insensibilidade mútua se devesse apenas a uma ausência de ordem e luzes, pois encontramos seu rastro nos séculos seguintes, que, tornando-se regrados e esclarecidos, continuaram aristocráticos.

No ano de 1675, as classes baixas da Bretanha se insurgiram contra uma nova taxa. Esses movimentos revoltosos foram reprimidos com uma atrocidade sem igual. Eis como Madame de Sévigné, testemunha desses horrores, conta-os à filha:

> Aux Rochers, 3 de outubro de 1675.
> Meu Deus, minha filha, como sua carta de Aix é agradável. Ao menos releia suas cartas antes de enviá-las. Deixe-se surpreender por seu encanto e console-se, com esse prazer, do pesar que teve de escrever tanto. Então beijou toda a Provença? Não haveria satisfação em beijar toda a Bretanha, a menos que se gostasse de sentir o vinho. Gostaria de saber as novidades de Rennes? Criaram uma taxa de 100 mil escudos, e se ela não for paga em 24 horas, será duplicada e cobrada pelos soldados. Expulsaram e baniram toda uma grande rua e proibiram de acolher seus habitantes sob pena de morte; de modo que víamos todos esses miseráveis, mulheres, velhos, crianças, vagando aos prantos ao sair dessa cidade sem saber para onde ir, sem comida ou onde dormir. Anteontem, jogaram na prisão o homem que havia começado a pilhagem do papel timbrado; ele foi esquartejado e seus quatro pedaços, expostos nos quatro cantos da cidade. Sessenta burgueses foram pegos e amanhã começam os enforcamentos. Essa província é um belo exemplo para as outras, sobretudo de respeito aos governadores e governadoras, e de não se atirar pedras em seus jardins.[1]
> Madame de Tarente estava ontem em seu bosque, num dia encantador. Nada de quarto nem de colação. Ela entra pela barreira e volta da mesma forma...

Em outra carta, ela acrescenta:

> Você me fala com muito agrado de nossas misérias; não somos mais tão espancados assim; uma pessoa a cada oito dias, para manter a justiça. É verdade que o enforcamento me parece agora um refresco. Tenho uma ideia totalmente diferente da justiça desde que estou nessa região. Os galerianos de vocês me parecem uma sociedade de pessoas honestas que se retiraram do mundo para levar uma vida doce.

Seria um erro acreditar que Madame de Sévigné, que redigiu essas linhas, fosse uma criatura egoísta e bárbara: ela amava com paixão seus filhos e se mostrava muito sensível às tristezas de seus amigos, percebemos, ao lê-la, que tratava com bondade e indulgência seus vassalos e servidores. Mas Madame de Sévigné não concebia com clareza o que significava sofrer quando não se era fidalgo.

---

1. Para entender a propriedade deste último gracejo, é preciso lembrar que Madame de Grignan era governadora da Provença.

Em nossos dias, o homem mais duro, escrevendo à pessoa mais insensível, não ousaria se entregar de sangue-frio ao gracejo que acabo de reproduzir, e mesmo que seus costumes particulares lhe permitissem fazê-lo, os costumes gerais da nação lhe proibiriam.

De onde vem isso? Temos mais sensibilidade do que nossos pais? Não sei; mas com certeza nossa sensibilidade se volta para mais objetos.

Quando as classes são quase iguais num povo, tendo todos os homens mais ou menos a mesma maneira de pensar e sentir, cada um deles pode julgar num instante as sensações de todos os outros: ele lança um olhar rápido sobre si mesmo, isso lhe basta. Portanto, não há misérias que ele não conceba sem dificuldade e que um instinto secreto não lhe revele a extensão. Não importa que sejam estrangeiros ou inimigos: a imaginação o coloca de pronto no lugar deles. Ela mescla algo de pessoal à sua piedade e o faz sofrer quando dilaceram o corpo de seu semelhante.

Nos séculos democráticos, os homens raramente se devotam uns aos outros, mas demonstram uma compaixão geral por todos os membros da espécie humana. Não os vemos infligir males inúteis, e quando, sem se prejudicarem muito, eles podem aliviar as dores do próximo, sentem prazer em fazê-lo; não são desinteressados, mas são gentis.

Embora os americanos tenham, por assim dizer, transformado o egoísmo em teoria social e filosófica, eles não se mostram menos acessíveis à piedade.

Não há país em que a justiça criminal seja administrada com mais bondade do que nos Estados Unidos. Enquanto os ingleses parecem querer conservar preciosamente em sua legislação penal os vestígios sangrentos da Idade Média, os americanos quase fizeram desaparecer a pena de morte de seus códigos.

A América do Norte é, a meu ver, a única região da Terra em que, há cinquenta anos, ainda não se tirou a vida de nenhum cidadão por delitos políticos.

O que acaba de provar que a singular brandura dos americanos decorre principalmente de seu estado social é a maneira como eles tratam seus escravos.

Talvez não exista, afinal de contas, colônia europeia no Novo Mundo em que a condição física dos negros seja menos dura do que nos Estados Unidos. Contudo, os escravos ainda sofrem misérias terríveis e são constantemente expostos a punições muito cruéis.

É fácil descobrir que a sorte desses desafortunados inspira pouca piedade a seus senhores, e que estes veem na escravidão não apenas um fato do qual tiram proveito, como também um mal que não os atinge. Assim, o mesmo homem que está cheio de humanidade por seus semelhantes quando estes são ao mesmo tempo seus iguais, torna-se insensível a suas dores assim que a igualdade cessa. É, portanto, a essa igualdade que se deve atribuir sua brandura, muito mais do que à civilização e às luzes.

O que acabo de dizer dos indivíduos se aplica até certo ponto aos povos.

Quando cada nação tem suas opiniões, suas crenças, suas leis, seus usos à parte, ela se considera como que formando, sozinha, a humanidade inteira, e só se sente afetada pelas próprias dores. Se a guerra viesse a ser declarada entre dois povos assim dispostos, ela não deixaria de ser travada barbaramente.

Na época de suas maiores luzes, os romanos degolavam os generais inimigos depois de arrastá-los em triunfo atrás de um carro, e jogavam seus prisioneiros às feras para o divertimento do povo. Cícero, que solta tão grandes gemidos à ideia de um cidadão crucificado, não encontra nada a dizer sobre esses atrozes abusos da vitória. É evidente que a seus olhos um estrangeiro não é da mesma espécie humana que um romano.

À medida, porém, que os povos se tornam mais semelhantes uns dos outros, eles se mostram reciprocamente mais compassivos com suas misérias, e seus direitos se abrandam.

CAPÍTULO 2
COMO A DEMOCRACIA TORNA AS RELAÇÕES HABITUAIS DOS AMERICANOS MAIS SIMPLES E MAIS FÁCEIS

A democracia não prende fortemente os homens uns aos outros, mas ela torna suas relações habituais mais fáceis.

Dois ingleses se encontram por acaso nos antípodas, estão cercados de estranhos de que mal conhecem a língua e os costumes.

Esses dois homens se consideram, primeiramente, com muita curiosidade e com uma espécie de secreta inquietude; depois, se afastam ou, caso se abordem, tomam o cuidado de só se falarem com ar contido e distraído, e de dizerem coisas pouco importantes.

No entanto, não existe entre eles nenhuma inimizade; eles nunca se viram e se consideram reciprocamente muito honestos. Por que tomam tanto cuidado para se evitar?

É preciso voltar à Inglaterra para compreender.

Quando é apenas o nascimento que classifica os homens, independentemente da riqueza, cada um sabe exatamente o lugar que ocupa na escala social; ele não procura subir e não teme descer. Numa sociedade assim organizada, os homens das diferentes castas se comunicam pouco uns com os outros; mas quando o acaso os coloca em contato, eles se abordam de bom grado sem esperar ou temer se confundirem. Suas relações não se baseiam na igualdade, mas não são forçadas.

Quando a aristocracia de dinheiro sucede à aristocracia de nascimento, não é mais assim.

Os privilégios de alguns ainda não enormes, mas a possibilidade de obtê-los está aberta a todos; por isso os que os possuem estão constantemente preocupados em perdê-los ou ter que dividi-los; e os que ainda não os têm querem a qualquer preço possuí-los ou, se não o podem, querem ao menos parecer tê-los; o que não é impossível. Como o valor social dos homens não é mais determinado de maneira ostensiva e permanente pelo sangue, e varia ao infinito segundo a riqueza, as classes continuam existindo, mas não se vê mais com clareza e à primeira vista os que as ocupam.

Estabelece-se imediatamente uma guerra surda entre todos os cidadãos; uns se esforçam, por mil artifícios, para se infiltrar, real ou aparentemente, entre os que estão acima deles; os outros lutam constantemente para expulsar esses usurpadores dos seus direitos, ou melhor, o mesmo homem faz as duas coisas e, enquanto procura introduzir-se na esfera superior, luta sem descanso contra o esforço que vem de baixo.

Esse é, em nossos dias, o estado da Inglaterra, e penso que é principalmente a esse estado que se deve referir o que precede.

O orgulho aristocrático ainda é muito grande entre os ingleses e os limites da aristocracia se tornaram dúbios, por isso todos temem a cada instante ser surpreendidos em sua intimidade. Não podendo julgar à primeira vista qual a situação social das pessoas, evita-se prudentemente entrar em contato com elas. Teme-se, prestando pequenos serviços, sem querer travar uma amizade pouco conveniente; teme-se os bons ofícios e foge-se do reconhecimento indiscreto de um desconhecido tanto quanto de seu ódio.

Há muitas pessoas que explicam por meio de causas puramente físicas essa insociabilidade singular e esse humor reservado e taciturno dos ingleses. Admito que o sangue tenha de fato algo a ver com isso; mas creio que o estado social tenha muito mais. O exemplo dos americanos vem prová-lo.

Na América, onde os privilégios de nascimento nunca existiram e onde a riqueza não dá nenhum direito particular a quem a possui, desconhecidos se reúnem de bom grado nos mesmos lugares e não veem vantagem ou perigo em livremente comunicar seus pensamentos uns aos outros. Quando se encontram por acaso, não se procuram nem se evitam; seu contato é natural, franco e aberto; vemos que não esperam e não temem quase nada uns dos outros, e que tampouco se esforçam para mostrar ou esconder o lugar que ocupam. Embora sua compostura com frequência seja fria e séria, ela nunca é altiva ou constrita; e quando não se dirigem a palavra é porque não estão com vontade de falar, e não porque acreditam ser de seu interesse calar.

Num país estrangeiro, dois americanos se tornam amigos na mesma hora pelo simples fato de serem americanos. Não há preconceito que os afaste, e a comunhão de pátria os atrai. Para dois ingleses, o mesmo sangue não basta: é preciso que a mesma classe os aproxime.

Os americanos notam esse humor insociável dos ingleses tanto quanto nós, e não deixam de se surpreender por nós fazermos o mesmo. No entanto, os americanos estão ligados à Inglaterra pela origem, pela religião, pela língua e, em parte, pelos costumes; diferem apenas pelo estado social. Podemos dizer, portanto, que a reserva dos ingleses decorre muito mais da constituição do país do que da dos cidadãos.

CAPÍTULO 3
POR QUE OS AMERICANOS DEMONSTRAM TÃO POUCA SUSCETIBILIDADE EM SEU PAÍS E SÃO TÃO SUSCETÍVEIS NO NOSSO

Os americanos têm um temperamento vingativo, como todos os povos sérios e sensatos. Quase nunca esquecem uma ofensa; mas não é fácil ofendê-los e seu ressentimento demora tanto para se inflamar quanto para se apagar.

Nas sociedades aristocráticas, onde um pequeno número de indivíduos dirige todas as coisas, as relações externas dos homens entre si estão submetidas a convenções mais ou menos fixas. Cada um acredita saber de maneira precisa de que modo convém atestar seu respeito ou demonstrar sua benevolência, e a etiqueta é uma ciência cuja ignorância não é presumida.

Esses usos da primeira classe servem de modelo a todas as outas e, além disso, cada uma dessas cria para si um código à parte, ao qual espera-se que todos os seus membros se conformem.

As regras de cortesia formam, assim, uma legislação complicada, que é difícil apreender completamente e da qual não é permitido afastar-se sem perigo; de tal modo que, a cada dia, os homens estão o tempo todo sujeitos a infligir ou a receber involuntariamente ferimentos cruéis.

À medida que os diferentes níveis sociais se apagam, que homens diferentes pela educação e pelo nascimento se misturam e confundem nos mesmos lugares, é quase impossível que eles se entendam a respeito das regras de conveniência. Como a lei é incerta, desobedecer a ela não é um crime aos olhos dos que a conhecem; há muito mais apego ao fundo das ações do que à forma, e as pessoas são menos corteses e menos briguentas.

Há uma profusão de pequenas considerações a que um americano não se atém; ele julga que não lhe são devidas ou supõe que se ignora que lhe devam ser. Não percebe, portanto, que estão faltando, ou perdia essa falta; suas maneiras se tornam menos corteses e seus costumes, mais simples e mais viris.

Essa indulgência recíproca demonstrada pelos americanos e essa viril confiança que atestam também resulta de uma causa mais genérica e mais profunda. Já a indiquei no capítulo anterior.

Nos Estados Unidos, as classes diferem muito pouco na sociedade civil e não diferem em nada no mundo político; um americano não se acredita obrigado a prestar auxílios específicos a nenhum de seus semelhantes e tampouco pensa em exigi-los para si mesmo. Como não vê que seu interesse deva ser buscar com ardor a companhia de alguns de seus concidadãos, dificilmente imagina que repilam a sua; não desprezando ninguém em razão da condição, não imagina que alguém o despreze pelo mesmo motivo e, até que tenha percebido com clareza a injúria, não acredita que queiram ultrajá-lo.

O estado social naturalmente dispõe os americanos a não se ofenderem por pequenas coisas com facilidade. Por outro lado, a liberdade democrática de que desfrutam acaba de introduzir essa mansuetude nos costumes nacionais.

As instituições políticas dos Estados Unidos constantemente põem em contato cidadãos de todas as classes e forçam-nos a fazer em comum grandes empreendimentos. Pessoas assim ocupadas não têm tempo de pensar nos detalhes da etiqueta e, além disso, têm interesse demais de viver em harmonia para se preocupar com eles. Assim, facilmente se acostumam a considerar nas pessoas que encontram os sentimentos e as ideias, mais do que as maneiras, e não se deixam comover por bagatelas.

Observei várias vezes que, nos Estados Unidos, não é fácil fazer um homem entender que sua presença importuna. Para isso, as vias indiretas nem sempre bastam.

Contradigo um americano a cada instante, a fim de fazê-lo sentir que suas palavras me cansam, mas a cada instante vejo-o fazer novos esforços para me convencer; guardo um silêncio obstinado e ele pensa que reflito profundamente sobre as verdades que ele me apresenta; e quando por fim me subtraio subitamente de sua presença, ele supõe que algo urgente me chama em outro lugar. Esse homem não compreenderá que me exaspera sem que eu lhe diga, e só poderei me livrar dele tornando-me seu inimigo mortal.

O que surpreende à primeira vista é que esse mesmo homem, levado à Europa, adquire de repente um trato meticuloso e difícil, a tal ponto que muitas vezes encontro tanta dificuldade para não ofendê-lo quanto encontrava para aborrecê-lo. Esses dois efeitos tão diferentes são produzidos pela mesma causa.

As instituições democráticas costumam dar aos homens uma vasta ideia de sua pátria e de si mesmos. O americano sai de seu país com o coração inchado de orgulho. Ele chega à Europa e percebe que as pessoas não se preocupam com os Estados Unidos e com o grande povo que os habita tanto quanto ele imaginava. Isso começa a perturbá-lo.

Ele ouviu dizer que em nosso hemisfério não há igualdade de condições. Percebe, de fato, que entre as nações da Europa o vestígio dos níveis sociais não foi totalmente apagado; que a riqueza e o nascimento conservam privilégios incertos que lhe são igualmente difíceis de reconhecer e definir. Esse espetáculo o surpreende e inquieta, pois é totalmente novo para ele; nada do que ele viu em seu país o ajuda a compreendê-lo. Ele ignora profundamente, portanto, o lugar que lhe convém ocupar nessa hierarquia quase destruída, entre essas classes que são distintas o suficiente para se odiar e desprezar, e próximas o suficiente para que sejam confundidas. Ele teme colocar-se alto demais e, acima de tudo, ser posto baixo demais: esse duplo perigo deixa seu espírito constantemente incomodado e embaraça tanto suas ações quanto suas palavras.

A tradição lhe ensinou que, na Europa, o cerimonial variava ao infinito segundo as condições; essa lembrança de outros tempos acaba de perturbá-lo, e ele teme não obter as considerações que lhe são devidas por não saber precisamente em que elas consistem. Caminha, portanto, sempre como um homem cercado de armadilhas; para ele, a sociedade não é uma distração, mas um trabalho sério. Ele pesa as mínimas atitudes, interroga os olhares e analisa com cuidado todos os discursos, com medo que encerrem algumas alusões ocultas que o firam. Não sei se jamais houve fidalgo provinciano mais minucioso que ele quanto à educação; ele se esforça para obedecer às mínimas leis de etiqueta e não suporta que negligenciem alguma em relação a ele; é ao mesmo tempo cheio de escrúpulos e de exigências; gostaria de fazer o suficiente, mas teme fazer demais e, como não conhece bem os limites de um e de outra, mantém-se numa reserva embaraçada e altiva.

E não é tudo, eis outro rodeio do coração humano.

Um americano fala todos os dias da admirável igualdade que reina nos Estados Unidos; ele se orgulha em voz alta de seu país, mas aflige-se secretamente por si mesmo e aspira mostrar que, em relação a sua pessoa, é uma exceção à ordem geral que preconiza.

Não encontramos nenhum americano que não queira descender, por mínimo que seja, dos primeiros fundadores das colônias e, quanto aos filhos das grandes famílias da Inglaterra, a América me pareceu coberta deles.

Quando um americano opulento chega à Europa, seu primeiro cuidado é cercar-se de todas as riquezas do luxo; e ele tem tanto medo de ser considerado um simples cidadão de uma democracia que se desdobra de mil maneiras a fim de a cada dia apresentar uma nova imagem de sua riqueza. Ele costuma se hospedar no bairro mais visível da cidade; tem inúmeros servidores que estão sempre a seu redor.

Ouvi um americano se queixar de que, nos principais salões de Paris, só encontrava uma sociedade misturada. O gosto reinante não lhe parecia puro o suficiente e ele sugeria habilmente que, em sua opinião, faltava distinção nas maneiras. Não se acostumava a ver o espírito se esconder sob formas vulgares.

Tais contrastes não devem surpreender.

Se os traços de antigas distinções aristocráticas não estivessem tão completamente apagados nos Estados Unidos, os americanos se mostrariam menos simples e menos tolerantes em seu país, menos exigentes e menos embaraçados no nosso.

CAPÍTULO 4
CONSEQUÊNCIAS DOS TRÊS CAPÍTULOS ANTERIORES

Quando os homens sentem uma piedade natural pelos males uns dos outros, quando relações desembaraçadas e frequentes os aproximam a cada dia sem que nenhuma suscetibilidade os divida, é fácil compreender que, se preciso, eles se prestarão auxílio mútuo. Quando um americano solicita a ajuda de seus semelhantes, é muito raro que estes a recusem, e observei muitas vezes que a concediam espontaneamente com grande zelo.

Se algum acidente imprevisto acontece na via pública, as pessoas acorrem de todos os lados para socorrer a vítima; se algum grande infortúnio inesperado atinge uma família, as bolsas de mil desconhecidos se abrem sem dificuldade; dons módicos, mas muito numerosos, vêm em socorro de sua miséria.

Acontece com frequência, nas nações mais civilizadas do globo, de um miserável estar tão isolado no meio da multidão quanto o selvagem na floresta; isso quase não acontece nos Estados Unidos. Os americanos, que sempre são frios em suas maneiras, e muitas vezes grosseiros, quase nunca se mostram insensíveis, e embora não se apressem em oferecer serviços, não se recusam a prestá-los.

Nada disso é contrário ao que falei a respeito do individualismo. Vejo até que essas coisas se harmonizam, longe de se contradizerem.

A igualdade de condições, ao mesmo tempo que faz os homens sentirem suas independências, mostra-lhes suas fraquezas; eles são livres, mas estão expostos a mil acidentes, e a experiência não tarda a ensinar-lhes que, embora eles não tenham uma necessidade habitual do socorro do próximo, quase sempre sobrevém algum momento em que não poderiam ficar sem ele.

Vemos todos os dias na Europa que os homens de uma mesma profissão se entreajudam de bom grado; todos estão expostos aos mesmos males; isso basta para que procurem mutuamente se prevenir deles, por mais duros ou egoístas que sejam em outras coisas. Quando um deles está em perigo, portanto, e por um pequeno sacrifício passageiro ou um súbito impulso os outros podem livrá-lo dele, eles não deixam de tentar. Não que se interessem profundamente por sua sorte; pois, se por acaso os esforços que eles fazem para socorrê-los forem inúteis, eles logo o esquecem e voltam-se para si mesmos; mas surge entre eles uma espécie de acordo tácito e quase involuntário segundo o qual cada um deve aos outros um apoio momentâneo que por sua vez poderá ser exigido mais tarde.

Estenda a um povo o que digo de uma única classe e compreenderá meu pensamento.

Existe de fato entre todos os cidadãos de uma democracia uma convenção análoga à de que falo; todos se sentem sujeitos à mesma fraqueza e aos mesmos perigos, e seu interesse, tanto quanto sua simpatia, torna a prestação de assistência mútua, em caso de necessidade, uma lei.

Quanto mais as condições se tornam semelhantes, mais os homens demonstram essa disposição recíproca de se ajudar.

Nas democracias, onde não se concedem grandes benefícios, prestam-se bons ofícios constantemente. É raro ver um homem devotado, mas todos são prestativos.

CAPÍTULO 5
COMO A DEMOCRACIA MODIFICA AS RELAÇÕES ENTRE SERVIDOR E PATRÃO

Um americano que havia viajado por um bom tempo na Europa um dia me disse:

"Os ingleses tratam seus servidores com altivez e maneiras despóticas que nos surpreendem; por outro lado, os franceses às vezes usam de certa familiaridade com os seus, ou demonstram por eles certa cortesia que não poderíamos conceber. Como se temessem comandar. A atitude do superior e do inferior é mal observada".

Essa observação é correta, eu mesmo a fiz muitas vezes.

Sempre considerei a Inglaterra como o país do mundo em que, em nosso tempo, o laço da criadagem é mais apertado, e a França a região da Terra em que é mais frouxo. Em nenhum lugar o patrão me pareceu mais alto e mais baixo do que nesses dois países.

É entre esses extremos que os americanos se localizam.

Esse é o fato superficial e aparente. É preciso recuar bastante para descobrir suas causas.

Ainda não se viu uma sociedade em que as condições fossem tão iguais que não se encontrasse nela ricos ou pobres; e, consequentemente, patrões e servidores.

A democracia não impede que essas duas classes de homens existam, mas ela muda seu espírito e modifica suas relações.

Nos povos aristocráticos, os servidores formam uma classe particular, que não varia mais do que a dos patrões. Uma ordem fixa não tarda a nascer; na primeira e na segunda logo vemos surgir uma hierarquia, numerosas classificações, níveis definidos, e as gerações se sucedem sem que as posições mudem. São duas sociedades superpostas, sempre distintas, mas regidas por princípios análogos.

Essa constituição aristocrática influencia tanto as ideias e os costumes dos servidores quanto dos patrões, e, embora os efeitos sejam diferentes, é fácil reconhecer a mesma causa.

Ambos formam pequenas nações no meio da grande e acabam surgindo, no meio deles, certas noções permanentes em matéria do que é justo e injusto. Os diferentes atos da vida humana são considerados sob uma luz particular, que não muda. Tanto na sociedade dos servidores quanto na dos patrões, os homens exercem uma grande influência uns sobre os outros. Eles reconhecem regras fixas e, por falta de lei, encontram uma opinião pública que os dirige; reinam hábitos regrados, uma polícia.

Esses homens, cujo destino é obedecer, sem dúvida não entendem a glória, a virtude, a honestidade e a honra da mesma maneira que os patrões. Mas criaram uma glória, virtudes e uma honestidade de servidores, e concebem, se assim posso dizer, uma espécie de honra servil.[2]

Porque uma classe é baixa, não se deve acreditar que todos os que dela fazem parte tenham coração baixo. Seria um grande erro. Por mais inferior que esta classe seja, aquele que nela é o primeiro, e que dela não cogita sair, encontra-se numa posição aristocrática que lhe inspira sentimentos elevados, um nobre orgulho e um respeito por si mesmo que o tornam próprio às grandes virtudes e às ações pouco comuns.

Nos povos aristocráticos, não era raro encontrar, a serviço dos grandes, almas nobres e vigorosas que suportavam a servidão sem senti-la e que se submetiam às vontades de seus amos sem ter medo de sua cólera.

Mas isso quase nunca acontecia nas camadas inferiores da classe doméstica. Compreendemos que aquele que ocupa a última ponta de uma hierarquia de criados é bem baixo.

Os franceses haviam criado uma palavra especial para esse último dos servidores da aristocracia. Eles o chamavam de lacaio.

A palavra lacaio servia de termo extremo quando todos os outros faltavam para representar a baixeza humana; sob a antiga monarquia, quando se queria pintar num momento um ser vil e degradado, dizia-se que tinha uma *alma de lacaio*. Isso bastava. O sentido era completo e compreendido.

A desigualdade permanente das condições não confere apenas aos servidores certas virtudes e certos vícios particulares; ela também os coloca numa posição particular em relação aos amos.

Nos povos aristocráticos, o pobre é acostumado, desde à infância, à ideia de ser comandado. Para onde quer que dirija seu olhar, ele logo vê a imagem da hierarquia e o espetáculo da obediência.

Nos países onde reina a desigualdade permanente de condições, o patrão facilmente obtém de seus servidores, portanto, uma obediência instantânea, completa, respeitosa e fácil, porque estes reverenciam nele não apenas o

---

2. Se chegamos a examinar de perto e em detalhe as principais opiniões que guiam esses homens, a analogia parece ainda mais evidente, e nos surpreendemos de encontrar entre eles, tanto quanto entre os membros mais elevados de uma hierarquia feudal, o orgulho de nascimento, o respeito pelos antepassados e pelos descendentes, o desprezo pelo inferior, o medo do contato, o gosto pela etiqueta, tradições e antiguidade.

patrão, mas a classe dos patrões. Ele pesa sobre suas vontades com todo o peso da aristocracia.

Ele comanda os atos deles; também dirige, até certo ponto, seus pensamentos. O amo, nas aristocracias, muitas vezes exerce, mesmo sem saber, um prodigioso império sobre as opiniões, os hábitos e os costumes dos que lhe obedecem, e sua influência se estende ainda mais longe do que sua autoridade.

Nas sociedades aristocráticas, não apenas há famílias hereditárias de criados como também há famílias hereditárias de patrões; mas as mesmas famílias de criados se fixam, por várias gerações, ao lado das mesmas famílias de patrões (são como linhas paralelas que não se confundem nem se separam), o que modifica prodigiosamente as relações mútuas dessas duas ordens de pessoas.

Assim, embora o patrão e o servidor, na aristocracia, não tenham entre eles nenhuma semelhança natural, embora a fortuna, a educação, as opiniões e os direitos os coloquem, ao contrário, a uma imensa distância um do outro na escala social, o tempo, no entanto, acaba por uni-los. Uma longa comunhão de lembranças os vincula e, por mais diferentes que sejam, eles se assemelham; nas democracias, por outro lado, onde eles são naturalmente quase semelhantes, sempre permanecem estranhos um ao outro.

Nos povos aristocráticos, o patrão chega, portanto, a considerar seus servidores como uma parte inferior e secundária de si mesmo, e muitas vezes se interessa pela sorte deles, num último esforço do egoísmo.

Os servidores, por sua vez, não estão longe de considerar a si mesmos sob o mesmo ponto de vista, e às vezes se identificam a tal ponto com a pessoa do patrão que acabam se tornando seu acessório, tanto a seus próprios olhos quanto aos dele.

Nas aristocracias, o servidor ocupa uma posição subordinada da qual não pode sair; perto dele se encontra outro homem, que ocupa uma condição superior que não pode ser perdida. De um lado, a obscuridade, a pobreza e a obediência perpétuas; do outro, a glória, a riqueza e o comando perpétuos. Essas condições são sempre diversas e sempre próximas, e o laço que as une é tão duradouro quanto elas mesmas.

Nesse extremo, o servidor acaba se desinteressando de si mesmo; desapega-se, deserta de si mesmo, de certo modo, ou melhor, transporta-se por inteiro a seu patrão; é nele que cria para si uma personalidade imaginária. Complacentemente enfeita-se com as riquezas dos que o comandam; glorifica-se com sua glória, eleva-se com sua nobreza e deleita-se sem cessar com uma grandeza de empréstimo, à qual muitas vezes atribui mais valor do que os que a detêm de forma plena e verdadeira.

Há algo de comovente e ridículo em tão estranha confusão de duas existências.

Essas paixões de senhores, transportadas para as almas de criados, adquirem as dimensões naturais do lugar que ocupam; elas se estreitam e se rebaixam. O que era orgulho no primeiro se torna vaidade pueril e pretensão miserável nos segundos. Os servidores de um homem grande em geral se mostram muito implicantes a respeito das deferências que lhe são devidas e dão mais importância a seus mínimos privilégios do que ele mesmo.

Às vezes encontramos entre nós um desses velhos servidores da aristocracia; ele sobrevive à sua casta e logo desaparecerá com ela.

Nos Estados Unidos, não vi ninguém que se parecesse com ele. Além de os americanos não conhecerem o homem de quem falamos, é muito difícil fazê-los entender sua existência. Sua dificuldade em concebê-lo não é menor do que a nossa em imaginar o que era um escravo entre os romanos, ou um servo na Idade Média. Todos esses homens são, de fato, embora em graus diferentes, os produtos de uma mesma causa. Juntos recuam para longe de nossos olhares e a cada dia desaparecem mais na escuridão do passado junto com o estado social que os fez nascer.

A igualdade de condições faz, do servidor e do patrão, seres novos e estabelece entre eles novas relações.

Quando as condições são quase iguais, os homens mudam constantemente de lugar; ainda há uma classe de criados e uma classe de patrões, mas nem sempre são os mesmos indivíduos, e muito menos as mesmas famílias, que as compõem; e não há mais perpetuidade, nem no comando nem na obediência.

Os servidores não formam um povo à parte e por isso não têm usos, preconceitos e costumes que lhes sejam próprios; não observamos entre eles um certo traço de espírito nem uma maneira particular de sentir. Eles não conhecem nem vícios nem virtudes de posição social, mas compartilham as luzes, as ideias, os sentimentos, as virtudes e os vícios de seus contemporâneos; são honestos ou velhacos da mesma maneira que os patrões.

As condições não são menos iguais entre os servidores do que entre os patrões.

Como não há, na classe dos servidores, categorias fixas ou hierarquia permanentes, não se deve esperar encontrar a baixeza e a grandeza que se fazem ver tanto nas aristocracias de criados quanto em todas as outras.

Nunca vi nos Estados Unidos nada que pudesse me lembrar da ideia do servidor de elite, cuja lembrança conservamos na Europa; mas tampouco encontrei a ideia do lacaio. Os vestígios de ambos se perderam.

Nas democracias, os servidores não são apenas iguais entre si, podemos dizer que, de certo modo, são iguais a seus patrões.

Isso precisa ser explicado para poder ser bem compreendido.

A qualquer instante o servidor pode se tornar patrão e aspira tornar-se um; portanto, o servidor não é um homem diferente do patrão.

Por que então o primeiro tem o direito de comandar? E o que força o segundo a obedecer ao acordo momentâneo e livre dessas duas vontades? Naturalmente, eles não são inferiores um ao outro, apenas tornam-se momentaneamente assim por efeito do contrato. Nos limites desse contrato, um é o servidor e o outro é o patrão; fora dele, são dois cidadãos, dois homens.

O que peço que o leitor considere bem é que essa não é apenas a noção que os servidores têm da própria condição. Os patrões consideram a criadagem da mesma forma, e os limites precisos do comando e da obediência estão igualmente bem estabelecidos no espírito de ambos.

Quando a maioria dos cidadãos há muito tempo atingiu uma condição mais ou menos semelhante e a igualdade é um fato antigo e admitido, o senso público, que nunca é influenciado pelas exceções, atribui ao valor do homem, de maneira geral, certos limites acima ou abaixo dos quais é difícil para qualquer homem se manter por muito tempo.

Em vão a riqueza e a pobreza, o comando e a obediência, interpõem acidentalmente grandes distâncias entre dois homens, pois a opinião pública, que se baseia na ordem ordinária das coisas, os aproxima do nível comum e cria entre eles uma espécie de igualdade imaginária, a despeito da real desigualdade de suas condições.

Essa poderosa opinião acaba penetrando na própria alma daqueles cujo interesse poderia armar contra ela; ela modifica seus julgamentos e, ao mesmo tempo, subjuga suas vontades.

No fundo de suas almas, o patrão e o servidor não percebem mais entre eles uma dessemelhança profunda, e não esperam nem temem um dia encontrar alguma. Portanto, ao se encararem, não sentem nem desprezo nem raiva, e não se consideram nem humildes nem orgulhosos.

O patrão julga que no contrato está a única origem de seu poder, e o servidor nele percebe a única causa de sua obediência. Eles não discutem entre si a respeito da posição recíproca que ocupam, mas cada um vê a sua com facilidade e nela se mantém.

Em nossos exércitos, o soldado é mais ou menos recrutado nas mesmas classes que os oficiais e pode chegar às mesmas categorias; fora das fileiras, ele se considera perfeitamente igual a seus chefes, e o é de fato; sob a bandeira, porém, não tem dificuldade alguma em obedecer, e sua obediência, por ser voluntária e definida, não é menos instantânea, nítida e fácil.

Isso dá uma ideia do que acontece nas sociedades democráticas entre o servidor e o patrão.

Seria insensato acreditar que jamais pudesse nascer entre esses dois homens qualquer uma dessas afeições ardentes e profundas que às vezes surgem no seio da criadagem aristocrática, ou que devêssemos ver surgir exemplos notáveis de devotamento.

Nas aristocracias, o servidor e o patrão só se veem de longe em longe, e muitas vezes só se falam por meio de intermediários. No entanto, costumam contar firmemente um com o outro.

Nesses povos, o servidor se considera todos os dias como um passante na casa de seus patrões. Ele não conheceu os antepassados destes, não verá os descendentes, não tem nada a esperar de duradouro. Por que confundiria sua existência com a deles? E de onde viria esse singular abandono de si mesmo? A posição recíproca mudou; as relações devem também mudar.

Gostaria de poder me basear em tudo o que precede no exemplo dos americanos, mas para isso precisaria distinguir com cuidado as pessoas e os lugares.

No sul da União a escravidão existe. Tudo o que acabo de dizer não pode se aplicar a ela, portanto.

No norte, quase todos os servidores são libertos ou filhos de libertos. Esses homens ocupam na estima pública uma posição contestada: a lei os aproxima do nível de seu patrão; os costumes os afastam obstinadamente. Eles próprios não discernem com clareza seu lugar e quase sempre se mostram insolentes ou subservientes.

Mas, nessas mesmas províncias do norte, particularmente na Nova Inglaterra, encontramos um número bastante grande de brancos que consentem, mediante salário, a se submeter passageiramente às vontades de seus semelhantes. Ouvi dizer que esses servidores em geral cumprem os deveres de sua posição com correção e inteligência, e que, sem se acreditarem naturalmente inferiores àquele que os comanda, submetem-se sem dificuldade a obedecer-lhe.

Pareceu-me ver que estes transportavam para a servidão alguns dos hábitos viris que a independência e a igualdade fizeram nascer. Tendo escolhido uma condição dura, eles não procuram indiretamente escapar dela e respeitam a si mesmos o suficiente para não recusar a seus patrões uma obediência que prometeram livremente.

Os patrões, por sua vez, exigem de seus servidores apenas a leal e rigorosa execução do contrato; não lhes pedem deferências, não exigem seu amor nem seu devotamento; basta-lhes que sejam pontuais e honestos.

Não seria verdade dizer, portanto, que sob a democracia as relações entre servidor e patrão são desordenadas; elas são ordenadas de outra maneira; a regra é diferente, mas há uma regra.

Não quero aqui examinar se esse novo estado de coisas que acabo de descrever é inferior ao que o precedeu ou se apenas é diferente. Basta-me que seja regrado e fixo, pois o que mais importa encontrar entre os homens não é uma certa ordem, mas a ordem.

O que dizer, porém, dessas tristes e turbulentas épocas em que a igualdade se funda no meio do tumulto de uma revolução, enquanto a democracia, depois de se estabelecer no estado social, ainda luta com dificuldade contra os preconceitos e os costumes?

A lei e em parte a opinião já proclamam que não existe inferioridade natural e permanente entre o servidor e o patrão. Mas essa nova fé ainda não penetrou até o fundo do espírito deste, ou melhor, seu coração a repele. No segredo de sua alma, o patrão ainda estima ser de uma espécie particular e superior, mas não ousa dizê-lo e deixa-se levar tremendo para o nivelamento. Seu comando se torna ao mesmo tempo tímido e duro; ele já não sente por seus servidores os sentimentos protetores e benevolentes que um longo poder incontestado sempre desperta, e se surpreende que, tendo ele próprio mudado, seu servidor mude; ele quer que, por assim dizer não fazendo mais que passar pela criadagem, o servidor contraia hábitos regulares e permanentes, que se mostre satisfeito e orgulhoso de uma posição servil, de que cedo ou tarde deverá sair, que se dedique a um homem que não pode nem protegê-lo nem perdê-lo, e que por fim se vincule, por um laço eterno, a seres que se assemelham a ele e que não duram mais do que ele.

Nos povos aristocráticos, é comum que o estado de criadagem não rebaixe a alma dos que a ele se submete, porque eles não conhecem nem imaginam outros, e porque a prodigiosa desigualdade que percebe entre eles e o patrão lhes parece o efeito necessário e inevitável de alguma lei oculta da Providência.

Sob a democracia, o estado de criadagem nada tem de degradante, porque é livremente escolhido, passageiramente adotado, porque a opinião pública não o condena e porque ele não cria nenhuma desigualdade permanente entre o servidor e o patrão.

No entanto, durante a passagem de uma condição social à outra, quase sempre sobrevém o momento em que o espírito dos homens vacila entre a noção aristocrática da sujeição e a noção democrática da obediência.

A obediência perde então sua moralidade aos olhos daquele que obedece; ele não a considera mais uma obrigação de certa forma divina e não a vê ainda sob seu aspecto puramente humano; a seus olhos, ela não é nem santa nem justa, e ele se submete a ela como a um fato degradante e útil.

Nesse momento, a imagem confusa e incompleta da igualdade se apresenta ao espírito dos servidores; eles não discernem se é no próprio estado de criadagem ou fora dele que essa igualdade a que têm direito se encontra, e se revoltam no fundo de seus corações contra uma inferioridade a que eles mesmos se submeteram e da qual tiram proveito. Eles consentem em servir e têm vergonha de obedecer; amam as vantagens da servidão, mas não o patrão, ou melhor, não têm certeza de que não seja a vez deles de ser os patrões e estão dispostos a considerar aquele que os comanda como o injusto usurpador de seu direito.

Vemos então na casa de cada cidadão algo análogo ao triste espetáculo que a sociedade política apresenta. Trava-se constantemente uma guerra surda e intestina entre poderes sempre desconfiados e rivais: o patrão se mostra malevolente e doce, o servidor, malevolente e indócil; um quer se esquivar o tempo todo, por meio de restrições desonestas, da obrigação de proteger e retribuir, o outro, da de obedecer. Entre eles flutuam as rédeas da administração doméstica, que ambos tentam apreender. As linhas que dividem a autoridade da tirania, a liberdade da licenciosidade, o direito do fato, parecem aos olhos deles acavaladas e confusas, e ninguém sabe exatamente o que é, o que pode ou o que deve.

Semelhante situação não é democrática, mas revolucionária.

CAPÍTULO 6
COMO AS INSTITUIÇÕES E OS COSTUMES DEMOCRÁTICOS TENDEM A ELEVAR O PREÇO E A ENCURTAR A DURAÇÃO DOS ARRENDAMENTOS

O que eu disse dos servidores e patrões se aplica, até certo ponto, aos proprietários e arrendatários. O tema merece, porém, ser considerado à parte.

Na América, não há, por assim dizer, arrendatários; todo homem é possuidor do campo que cultiva.

É preciso reconhecer que as leis democráticas tendem fortemente a aumentar o número de proprietários e a diminuir o de arrendatários. No entanto, o que acontece nos Estados Unidos deve ser atribuído muito menos às instituições do país do que ao próprio país. Na América, a terra custa pouco e todos facilmente se tornam proprietários. Ela dá pouco e seus produtos só poderiam ser divididos entre um proprietário e um arrendatário com dificuldade.

A América é, portanto, única nessa como em várias outras coisas; seria um erro tomá-la como exemplo.

Penso que nos países democráticos, tanto quanto nas aristocracias, encontraremos proprietários e arrendatários; mas os proprietários e os arrendatários não estarão ligados da mesma maneira.

Nas aristocracias, os arrendamentos não são pagos apenas em dinheiro, mas em respeito, afeto e serviços. Nos países democráticos, eles só são pagos em dinheiro. Quando os patrimônios se dividem e mudam de mãos, e a relação permanente que existia entre as famílias e a terra desaparece, apenas o acaso colocam em contato o proprietário e o arrendatário. Eles se encontram por um momento para discutir as condições do contrato e logo depois se perdem de vista. São dois estranhos que o interesse aproxima e que discutem rigorosamente entre si um negócio cujo único objeto é o dinheiro.

À medida que os bens se dividem e que a riqueza se dispersa aqui e ali por toda a superfície do país, o Estado se enche de pessoas cuja antiga opulência está em declínio e de novos ricos cujas necessidades crescem mais rápido do que os recursos. Para todos eles, o menor lucro é importante, e nenhum deles se sente disposto a deixar qualquer de suas vantagens escapar nem a perder qualquer porção de sua renda.

Como as posições se confundem, e tanto as enormes quanto as mínimas fortunas se tornam mais raras, a cada dia há menos distância entre a condição social do proprietário e a do arrendatário; um não goza naturalmente de uma superioridade incontestável sobre o outro. Ora, entre dois homens iguais e pouco fortunados, qual pode ser a matéria do contrato de arrendamento senão o dinheiro?

Um homem que tem como propriedade todo um cantão e possui cem herdades compreende que se trata de ganhar ao mesmo tempo o coração de vários milhares de homens; isso lhe parece merecer sua dedicação. Para alcançar objetivo tão grande, facilmente faz alguns sacrifícios.

Aquele que possui 100 arpentos não se preocupa com tais coisas e pouco lhe interessa obter a benevolência particular de seu arrendatário.

Uma aristocracia não morre como um homem, num dia. Seu princípio é lentamente destruído no fundo das almas antes de ser atacado nas leis. Por muito tempo antes que a guerra estoure contra ela, portanto, vemos pouco a pouco afrouxar o laço que até então havia unido as altas classes às baixas. A indiferença e o desprezo se revelam de um lado; do outro, a inveja e o ódio; as relações entre o pobre e o rico se tornam mais raras e menos suaves; o preço dos arrendamentos se eleva. Este ainda não é o resultado da revolução democrática, mas com certeza seu anúncio. Pois uma aristocracia que deixou definitivamente escapar de suas mãos o coração do povo é como uma árvore morta nas raízes e facilmente derrubada pelos ventos quanto mais alta for.

Há cinquenta anos o preço dos arrendamentos aumenta prodigiosamente não apenas na França, mas na maior parte da Europa. Os progressos singulares da agricultura e da indústria, durante o mesmo período, não bastam, a meu ver, para explicar esse fenômeno. É preciso recorrer a outra causa mais poderosa e mais oculta. Penso que essa causa deve ser procurada nas instituições democráticas que vários povos europeus adotaram e nas paixões democráticas que mais ou menos agitam todos os outros.

Muitas vezes ouvi grandes proprietários ingleses se felicitarem de, em nossos dias, tirarem muito mais dinheiro de seus domínios do que seus pais.

Eles talvez tenham razão de se alegrar, mas com toda certeza não sabem de que se alegram. Acreditam ter um lucro líquido, mas fazem apenas uma troca. É sua influência que trocam por moeda soante; e o que ganham em dinheiro logo perdem em poder.

Há também outro sinal pelo qual facilmente podemos reconhecer que uma grande revolução democrática se produz ou se prepara.

Na Idade Média, quase todas as terras eram alugadas à perpetuidade ou ao menos a longuíssimo prazo. Quando estudamos a economia doméstica dessa época, vemos que os arrendamentos de 99 anos eram mais frequentes do que os de doze em nossos dias.

Acreditava-se então na imortalidade das famílias; as condições pareciam fixadas para sempre e a sociedade inteira parecia tão imóvel que não se imaginava que algo um dia pudesse ser perturbado em seu seio.

Nos séculos de igualdade, o espírito humano assume outra forma. Ele imagina com facilidade que nada permanece. A ideia de instabilidade o domina.

Com essa disposição, o proprietário e o próprio arrendatário sentem uma espécie de horror instintivo pelas obrigações de longo prazo; têm medo de um dia se verem limitados pela convenção de que hoje se aproveitam. Esperam vagamente alguma mudança súbita e imprevista em sua condição. Temem a si mesmos; vindo seu gosto a mudar, receiam ficar aflitos por não poder abandonar o que antes era objeto de sua cobiça, e têm razão desse receio; pois, nos séculos democráticos, o que há de mais cambiante, no meio do movimento de todas as coisas, é o coração do homem.

CAPÍTULO 7
INFLUÊNCIA DA DEMOCRACIA SOBRE OS SALÁRIOS

A maioria das observações que fiz acima, ao falar dos servidores e dos patrões, pode se aplicar aos patrões e aos operários.

À medida que as regras da hierarquia social são menos observadas, que os grandes se abaixam, os pequenos se elevam, e a pobreza, tanto quanto a riqueza, deixa de ser hereditária, vemos diminuir a cada dia a distância de fato e de opinião que separava o operário do patrão.

O operário tem uma ideia mais elevada de seus direitos, de seu futuro, de si mesmo; uma nova ambição, novos desejos o invadem, novas necessidades o perseguem. A todo momento ele lança olhares cheio de cobiça sobre os lucros daquele que o emprega; a fim de poder dividi-los, esforça-se em cobrar o mais alto preço por seu trabalho e, em geral, costuma ter êxito.

Nos países democráticos, como alhures, a maioria das indústrias são conduzidas a baixo custo por homens cujas riquezas e luzes não colocam acima do nível comum dos que são empregados. Esses empreendedores de indústria são muito numerosos; seus interesses diferem; eles não conseguiriam, portanto, se entender entre si e combinar seus esforços.

Por outro lado, quase todos os operários têm alguns recursos garantidos que lhes permitem recusar seus préstimos quando não querem conceder-lhes o que eles consideram como a justa retribuição do trabalho.

Na luta contínua que essas duas classes travam pelos salários, as forças estão divididas e os sucessos oscilam.

É de crer que, a longo prazo, o interesse dos operários prevaleça, pois os salários elevados que já obtiveram os tornam cada dia menos dependentes de seus patrões, e, quanto mais independentes forem, mais facilmente poderão obter a elevação dos salários.

Tomarei como exemplo a indústria que em nosso tempo ainda é a mais seguida por nós, bem como por quase todas as nações do mundo: o cultivo das terras.

Na França, a maioria dos que alugam seus serviços para cultivar a terra possuem eles próprios algumas parcelas que, a rigor, lhes permitem subsistir sem trabalhar para outra pessoa. Quando estes oferecem seus braços ao grande proprietário ou ao arrendatário vizinho, e quando estes se recusam a pagar-lhe um certo salário, eles se retiram para sua pequena propriedade e esperam que outra ocasião se apresente.

Penso que, considerando as coisas em seu conjunto, podemos dizer que a lenta e progressiva elevação dos salários é uma das leis gerais que regem as sociedades democráticas. À medida que as condições se tornam mais iguais, os salários se elevam, e à medida que os salários estão mais altos, as condições se tornam mais iguais.

Em nossos dias, porém, uma grande e infeliz exceção se faz notar.

Mostrei, num capítulo anterior, como a aristocracia, expulsa da sociedade política, havia se retirado para certas partes do mundo industrial e estabelecido seu império sob outra forma.

Isso influencia poderosamente o montante dos salários.

Como é preciso já ser muito rico para começar as grandes indústrias de que falo, o número dos que as empreendem é muito pequeno. Sendo pouco numerosos, eles facilmente podem se coligar e fixar o preço que quiserem para o trabalho.

Seus operários são, ao contrário, muito numerosos, e sua quantidade aumenta sem parar; pois de tempos em tempos acontecem prosperidades extraordinárias durante as quais os salários se elevam desmesuradamente e atraem para as manufaturas as populações circundantes. Ora, depois que os homens entram nessa carreira, vimos que não podem sair porque não demoram a contrair hábitos de corpo e espírito que os tornam impróprios a qualquer outro labor. Esses homens em geral têm poucas luzes, indústria e recursos; portanto, estão quase à mercê de seu patrão. Quando uma concorrência ou outras circunstâncias fortuitas fazem os ganhos deste diminuírem, ele pode restringir os salários quase segundo sua vontade e facilmente recuperar com eles o que a fortuna lhe retira.

Caso eles se recusem a trabalhar de comum acordo, o patrão, que é um homem rico, pode facilmente esperar, sem se arruinar, que a necessidade os traga de volta; eles, porém, precisam trabalhar todos os dias para não morrer, pois não têm outra propriedade além dos próprios braços. A opressão há muito tempo os empobrece e eles são mais fáceis de oprimir à medida que se tornam mais pobres. É um círculo vicioso do qual não poderiam sair.

Não devemos nos espantar se os salários, depois de se elevarem às vezes subitamente, baixam aqui de maneira permanente, enquanto nas outras profissões o preço do trabalho, que em geral só sobe aos poucos, aumenta sem parar.

Esse estado de dependência e de miséria em que se encontra, em nosso tempo, uma parte da população industrial é um fato excepcional e contrário a tudo o que o rodeia; mas, por isso mesmo, nenhum outro é mais grave ou merece atrair mais a atenção particular do legislador; pois é difícil, quando a sociedade inteira se agita, manter uma classe imóvel, e, quando a maioria constantemente abre para si novos caminhos para a fortuna, fazer com que alguns suportem em paz suas necessidades e seus desejos.

CAPÍTULO 8
INFLUÊNCIA DA DEMOCRACIA SOBRE A FAMÍLIA

Acabo de examinar como, nos povos democráticos, e em particular entre os americanos, a igualdade de condições modifica as relações dos cidadãos entre eles.

Quero ir além e entrar no seio da família. Meu objetivo, aqui, não é buscar novas verdades, mas mostrar como fatos já conhecidos se vinculam a meu tema.

Todo mundo observou que, em nossos dias, estabeleceram-se novas relações entre os diferentes membros da família, que a distância que antigamente separava o pai de seus filhos diminuiu e que a autoridade paterna foi, se não destruída, ao menos alterada.

Algo análogo, mas ainda mais surpreendente, se revela nos Estados Unidos.

Na América, a família, tomando essa palavra em seu sentido romano e aristocrático, não existe. Encontramos algum vestígio seu somente nos primeiros anos que seguem o nascimento dos filhos. O pai exerce então, sem oposição, a ditadura doméstica que a fraqueza dos filhos torna necessária, e que o interesse deles, bem como sua superioridade incontestável, justifica.

Mas à medida que o jovem americano se aproxima da virilidade, os laços de obediência filiais afrouxam a cada dia. Senhor de seus pensamentos, ele logo se torna o senhor de sua conduta. Na América, não há, para falar a verdade, adolescência. Ao sair da infância, o homem surge e começa a traçar o próprio caminho.

Seria um erro acreditar que isso acontece após uma luta intestina, na qual o filho obteria, por uma espécie de violência moral, a liberdade que seu pai lhe recusa. Os mesmos hábitos, os mesmos princípios que guiam um a se apoderar da independência dispõem o outro a considerar seu uso como um direito incontestável.

Não observamos no primeiro, portanto, nenhuma dessas paixões cheias de ódio e desordenadas que agitam os homens por muito tempo depois de terem se livrado de um poder estabelecido. O segundo não sente esse desgosto cheio de amargura e cólera que em geral sucede ao poder decaído: o pai percebe de longe os limites em que sua autoridade acabará; e quando o tempo o aproxima desses limites, ele abdica sem pesar. O filho prevê de antemão a época precisa em que sua própria vontade se tornará sua regra e se apodera da liberdade sem precipitação e sem esforços, como de um bem que lhe é devido e que ninguém procura arrebatar-lhe.[3]

Talvez não seja útil mostrar como essas mudanças que ocorrem na família estão estreitamente ligadas à revolução social e política que acaba de se realizar sob nossos olhos.

Há certos grandes princípios sociais que um povo introduz em tudo ou não deixa subsistir em parte alguma.

Nos países aristocrática e hierarquicamente organizados, o poder nunca se dirige diretamente ao conjunto dos governados. Visto que os homens sustentam uns aos outros, ele se limita a conduzir os primeiros. O resto segue. Isso se aplica à família e a todas as associações que têm um líder. Nos povos aristocráticos, a sociedade só conhece, para falar a verdade, o pai. Ela só chega aos filhos pelas mãos do pai; ela o governa e ele os governa. O pai não tem apenas um direito natural, portanto. Ele recebe um direito político de comandar. Ele é o autor e o sustento da família; o mesmo acontece com o magistrado.

Nas democracias, onde o braço do governo vai buscar cada homem em particular no meio da multidão para curvá-lo isoladamente às leis comuns, não há necessidade de tal intermediário; o pai, aos olhos da lei, é apenas um cidadão mais velho e mais rico que seus filhos.

Quando a maior parte das condições é muito desigual e a desigualdade de condições é permanente, a ideia do superior cresce na imaginação dos homens; se a lei não lhe concedesse prerrogativas, o costume e a opinião o fariam. Quando, ao contrário, os homens diferem pouco uns dos outros e não permanecem sempre dessemelhantes, a noção geral do superior se

---

3. Os americanos ainda não cogitaram, contudo, como fizemos na França, retirar dos pais um dos principais elementos do poder retirando-lhes a liberdade de dispor, após a morte, de seus bens. Nos Estados Unidos, a faculdade de deixar testamento é ilimitada. Nisso, como em quase todo o resto, é fácil observar que, se a legislação política dos americanos é muito mais democrática que a nossa, nossa legislação civil é infinitamente mais democrática que a deles. Isso se vê sem dificuldade. Nossa legislação civil teve por autor um homem que tinha interesse em satisfazer as paixões democráticas de seus contemporâneos em tudo que não fosse direta e imediatamente hostil a seu poder. Ele permitia de bom grado que alguns princípios populares regessem os bens e governassem as famílias, desde que não se tentasse introduzi-los na direção do Estado. Enquanto a torrente democrática extravasava sobre as leis civis, ele se mantinha confortavelmente ao abrigo delas atrás das leis políticas. Essa visão era ao mesmo tempo cheia de habilidade e de egoísmo; mas semelhante compromisso não podia ser duradouro. Pois a longo prazo a sociedade política não poderia deixar de se tornar a expressão e a imagem da sociedade civil; e é nesse sentido que podemos dizer que não há nada mais político num povo do que a legislação civil.

torna mais fraca e menos clara; em vão a vontade do legislador se esforça para colocar aquele que obedece muito abaixo daquele que comanda, pois os costumes aproximam esses dois homens um do outro e a cada dia os atrai para o mesmo nível.

Portanto, embora eu não veja na legislação de um povo aristocrático privilégios particulares concedidos ao chefe da família, não deixarei de ter certeza de que seu poder é muito respeitado e mais extenso do que no seio de uma democracia, pois sei que, quaisquer que sejam as leis, o superior sempre parecerá mais elevado e o inferior, mais baixo nas aristocracias do que nos povos democráticos.

Quando os homens vivem na lembrança do que foi, mais do que no cuidado do que é, e quando eles se preocupam muito mais com o que seus ancestrais pensaram do que procuram pensar por si mesmos, o pai é o laço natural e necessário entre o passado e o presente, o elo em que essas duas correntes acabam e se unem. Nas aristocracias, o pai não é apenas o chefe político da família, ele é o órgão da tradição, o intérprete dos hábitos, o árbitro dos costumes. Ele é ouvido com deferência, sempre abordado com respeito, e o amor que se sente por ele é sempre temperado pelo temor.

Quando o estado social se torna democrático e os homens adotam o princípio geral de que é bom e legítimo julgar todas as coisas por si mesmo, tomando as antigas crenças como informação e não como regra, o poder de opinião exercido pelo pai sobre os filhos se torna menor, bem como seu poder legal.

A divisão dos patrimônios provocada pela democracia talvez contribua mais do que todo o restante para mudar as relações entre pai e filhos.

Quando o pai de família tem poucos bens, seu filho e ele vivem o tempo todo no mesmo lugar e se ocupam juntos dos mesmos trabalhos. O hábito e a necessidade os aproximam e os obrigam a se comunicar a cada instante um com o outro; não pode deixar de se estabelecer entre eles, portanto, uma espécie de intimidade familiar que torna a autoridade menos absoluta e que pouco se ajusta às formas exteriores do respeito.

Ora, nos povos democráticos, a classe que possui essas pequenas fortunas é justamente a que dá força às ideias e direção aos costumes. Ela faz predominar em tudo suas opiniões e, ao mesmo tempo, suas vontades. E os mesmos que estão mais propensos a resistir a seus comandos acabam se deixando levar por seus exemplos. Vi inimigos ferozes da democracia sendo chamados de tu por seus filhos.

Assim, ao mesmo tempo que o poder escapa da aristocracia, vemos desaparecer o que havia de austero, convencional e legal no poder paterno, e uma espécie de igualdade se estabelece em torno do lar.

Não sei se, no fim das contas, a sociedade perde com essa mudança, mas sou levado a crer que o indivíduo ganha com ela. Penso que à medida que os costumes e as leis se tornam mais democráticos, as relações entre pai e filho se tornam íntimas e suaves, a regra e a autoridade se encontram menos presentes, a confiança e o afeto aumentam e o laço natural parece mais estreito, enquanto o laço social se afrouxa.

Na família democrática, o pai não exerce outro poder além daquele que se concede de bom grado à ternura e à experiência de um idoso. Suas ordens talvez não sejam consideradas, mas seus conselhos costumam ter muita força. Embora ele não seja cercado de respeitos oficiais, seus filhos o abordam com confiança. Não há fórmula reconhecia para dirigir-lhe a palavra, mas falam com ele constantemente e consultam-no de bom grado a cada dia. O patrão e o magistrado desapareceram; o pai permanece.

Basta, para julgar a diferença entre os dois estados sociais a esse respeito, percorrer as correspondências familiares deixadas pelas aristocracias. O estilo é sempre correto, cerimonioso, rígido e tão frio que o calor natural do coração mal pode ser sentido por meio das palavras.

Reina, ao contrário, em todas as palavras que um filho dirige a seu pai, nos povos democráticos, algo de livre, familiar e terno ao mesmo tempo, que revela logo à primeira vista que novas relações se estabeleceram no seio da família.

Uma revolução análoga modifica as relações entre os filhos.

Na família aristocrática, tanto quanto na sociedade aristocrática, todos os lugares estão definidos. Não apenas o pai ocupa uma posição à parte e goza de imensos privilégios; os filhos também não são iguais entre si; a idade e o sexo determinam irrevogavelmente a posição de cada um e lhe garantem certas prerrogativas. A democracia derruba ou abaixa a maioria dessas barreiras.

Na família aristocrática, o filho mais velho, herdando a maior parte dos bens e quase todos os direitos, torna-se o chefe e, até certo ponto, o senhor de seus irmãos. A ele, a grandeza e o poder; a eles, a mediocridade e a dependência. No entanto, seria errado acreditar que, nos povos aristocráticos, os privilégios do filho mais velho só eram vantajosos para ele mesmo, e que só despertassem à sua volta a inveja e o ódio.

O filho mais velho em geral se esforçava para proporcionar riqueza e poder aos irmãos, pois o esplendor geral da casa recaía sobre aquele que a representava; e os filhos mais novos procuravam facilitar ao mais velho todos os seus empreendimentos, pois a grandeza e a força do chefe da família o colocava cada vez mais em condições de elevar todos os irmãos.

Os diversos membros da família aristocrática estão, portanto, estreitamente ligados uns aos outros; seus interesses se sustentam, seus espíritos estão de acordo; mas é raro que seus corações se entendam.

A democracia também liga os irmãos uns aos outros, mas de outra maneira.

Sob as leis democráticas, os filhos são perfeitamente iguais e, consequentemente, independentes; nada necessariamente os aproxima, mas nada tampouco os afasta; e como eles têm uma origem comum, são criados sob o mesmo teto e objeto dos mesmos cuidados, e nenhuma prerrogativa particular os distingue ou separa, facilmente vemos nascer entre eles a doce e juvenil intimidade da primeira infância. Assim constituído o vínculo no início da vida, raras são as ocasiões de rompê-lo; pois a fraternidade os aproxima a cada dia sem incomodá-los.

Portanto, não é por interesses, mas pela comunhão de lembranças e pela livre simpatia das opiniões e dos gostos, que a democracia liga os irmãos uns aos outros. Ela divide a herança, mas permite que suas almas se confundam.

A doçura desses costumes democráticos é tão grande que os próprios defensores da aristocracia se deixam levar e, depois de terem-nos experimentado por algum tempo, não se sentem tentados a voltar às formas respeitosas e frias da família aristocrática. Eles de bom grado conservariam os hábitos domésticos da família desde que pudessem rejeitar seu estado social e suas leis. Mas essas coisas andam juntas e não se poderia usufruir de umas sem sofrer as outras.

O que acabo de dizer a respeito do amor filial e da ternura fraterna deve ser entendido sobre todas as paixões que espontaneamente se originam da própria natureza.

Quando uma certa maneira de pensar ou sentir é o produto de um estado particular da humanidade e esse estado vem a mudar, não sobra nada. Assim, a lei pode ligar muito estreitamente dois cidadãos um ao outro; abolida a lei, eles se separam. Não havia nada mais firme do que o nó que unia o vassalo ao senhor no mundo feudal. Hoje, esses dois homens não se conhecem mais. O temor, o reconhecimento e o amor que outrora os uniam desapareceram. Não encontramos mais seu rastro.

Mas isso não acontece com os sentimentos naturais à espécie humana. É raro que a lei, esforçando-se para dobrá-los de certa maneira, os enfraqueça; que querendo aumentá-los, lhes retire alguma coisa, e que eles não continuem sempre mais fortes quando entregues a si mesmos.

A democracia que destrói ou obscurece quase todas as antigas convenções sociais, e que impede os homens de se deterem em novas, faz desaparecer completamente a maioria dos sentimentos que nascem dessas convenções. Mas ela apenas modifica os outros, e muitas vezes confere a eles uma energia e uma doçura que não tinham.

Penso que não é impossível encerrar numa única frase todo o sentido desse capítulo e de vários outros que o precedem. A democracia afrouxa os laços sociais, mas estreita os laços naturais. Ela aproxima os familiares ao mesmo tempo que separa os cidadãos.

CAPÍTULO 9
EDUCAÇÃO DAS MOÇAS NOS ESTADOS UNIDOS

Nunca houve sociedades livres sem bons costumes e, assim como foi dito na primeira parte desta obra, é a mulher que os faz. Tudo o que influencia a condição das mulheres, seus hábitos e suas opiniões tem, portanto, um grande interesse político, a meu ver.

Em quase todas as nações protestantes, as moças são infinitamente mais senhoras de suas ações do que nos povos católicos.

Essa independência é ainda maior nos países protestantes que, como a Inglaterra, conservaram ou adquiriram o direito de governar a si mesmos. A liberdade penetra então na família por meio dos hábitos políticos e por meio das crenças religiosas.

Nos Estados Unidos, as doutrinas do protestantismo vêm se combinar a uma constituição muito livre e a um estado social muito democrático; em lugar algum a jovem moça está mais pronta e completamente entregue a si mesma.

Muito antes de a jovem americana ter atingido a idade núbil, ela pouco a pouco começa a ser libertada da tutela materna; ainda não saiu completamente da infância e já pensa por si mesma, fala livremente e age sozinha; diante dela é exposto o grande quadro do mundo; longe de tentarem privá-la dessa visão, a cada dia revelam-na mais a seus olhos e ensinam-lhe a considerá-la com olhar firme e tranquilo. Assim, os vícios e os perigos que a sociedade apresenta não tardam a ser-lhe revelados; ela os vê com clareza, julga sem ilusão e enfrenta sem temor, pois está cheia de confiança em suas forças e essa confiança parece compartilhada por todos os que a cercam.

Portanto, nunca se deve esperar encontrar na moça da América a candura virginal do meio dos desejos nascentes nem as graças inocentes e ingênuas que costumam acompanhar, na europeia, a passagem da infância à juventude. É raro que a americana, qualquer que seja sua idade, demonstre uma timidez e uma ignorância pueris. Como a moça da Europa, ela quer agradar; mas sabe exatamente a que preço. Embora não se entregue ao mal, pelo menos o conhece; tem costumes puros mais do que um espírito casto.

Muitas vezes fiquei surpreso e quase assustado ao ver a singular destreza e a feliz audácia com que essas jovens da América sabiam conduzir seus pensamentos e suas palavras no meio dos escolhos de uma conversa jovial; um filósofo teria tropeçado cem vezes no estreito caminho que elas percorriam sem acidentes e sem dificuldade.

É fácil reconhecer, de fato, que mesmo em meio à independência de sua primeira juventude a americana nunca deixa completamente de ser senhora de si; ela desfruta de todos os prazeres permitidos sem se entregar a nenhum deles, e sua razão não solta as rédeas, embora muitas vezes pareça deixá-las flutuar.

Na França, onde ainda colocamos em nossas opiniões e em nossos gostos, de maneira tão estranha, restos de todas as eras, é comum darmos às mulheres uma educação tímida, retraída e quase claustral, como nos tempos da aristocracia, e depois as abandonamos subitamente, sem guia e sem socorro, no ambiente das desordens inerentes de uma sociedade democrática.

Os americanos estão mais de acordo com si mesmos.

Eles viram que, no seio de uma democracia, a independência individual não podia deixar de ser enorme, a juventude, apressada, os gostos, mal contidos, o costume, cambiante, a opinião pública, frequentemente incerta ou impotente, a autoridade paterna, fraca, e o poder marital, contestado.

Nesse estado de coisas, julgaram que havia poucas chances de poder reprimir na mulher as paixões mais tirânicas do coração humano, e que era mais seguro ensinar-lhe a arte de combatê-las por conta própria. Como não podiam impedir que sua virtude estivesse com frequência em perigo, quiseram que ela soubesse defendê-la e contaram mais com o livre esforço de sua vontade do que com barreiras comprometidas ou destruídas. Em vez de mantê-la desconfiada de si mesma, procuram o tempo todo aumentar sua confiança em suas próprias forças. Não tendo nem a possibilidade nem o desejo de manter a jovem moça em perpétua e completa ignorância, apressaram-se a lhe dar um conhecimento precoce de todas as coisas. Longe de esconder-lhe as corrupções do mundo, quiseram que ela as visse desde o início e que tente fugir delas por si mesma, e preferiram garantir sua honestidade do que respeitar demais sua inocência.

Embora os americanos sejam um povo muito religioso, eles não recorreram apenas da religião para defender a virtude da mulher; eles procuraram armar sua razão. Nisso, como em várias outras circunstâncias, seguiram o mesmo método. Primeiro fizeram esforços incríveis para conseguir que a independência individual se regulasse por si mesma e só quando chegaram aos derradeiros limites da força humana é que finalmente chamaram a religião em socorro.

Sei que tal educação não está isenta de perigos; tampouco ignoro que tende a desenvolver o julgamento à custa da imaginação, e a fazer mulheres honestas e frias mais do que esposas ternas e amáveis companheiras do homem. Embora a sociedade fique mais tranquila e regrada, a vida privada costuma ter menos encantos. Mas esses são males secundários que devem ser enfrentados tendo em vista um interesse maior. Tendo chegado ao ponto em que estamos, não nos é permitido escolher, precisamos de uma educação democrática para defender a mulher dos perigos com que as instituições e os costumes da democracia a cercam.

CAPÍTULO 10
COMO ENCONTRAMOS A MOÇA SOB OS TRAÇOS DA ESPOSA

Na América, a independência da mulher se perde para sempre nos laços do casamento. Embora a jovem seja menos constrangida que em qualquer outro lugar, a esposa se submete a obrigações mais estritas. Uma faz da casa paterna um lugar de liberdade e prazer, a outra vive na do marido como num claustro.

Essas duas condições tão diferentes talvez não sejam tão opostas quanto se imagina, e é natural que os americanos passem por uma para chegar à outra.

Os povos religiosos e as nações industriais têm uma ideia particularmente severa do casamento. Uns o consideram a regra da vida de uma mulher como a melhor garantia e o sinal mais seguro da pureza de seus costumes. Os outros veem nela a caução segura da ordem e da prosperidade da casa.

Os americanos são uma nação puritana e, ao mesmo tempo, um povo comerciante; suas crenças religiosas, tanto quanto seus hábitos industriais, os levam, portanto, a exigir da mulher uma abnegação de si mesma e um sacrifício contínuo de seus prazeres em prol de suas tarefas, o que é raro pedirem-lhe na Europa. Assim, reina nos Estados Unidos uma opinião pública inexorável que encerra a mulher no pequeno círculo de interesses e deveres domésticos e a proíbe de sair.

Ao entrar no mundo, a jovem americana encontra essas noções firmemente estabelecidas; vê as regras que delas decorrem; não tarda a se convencer de que não poderia se subtrair por um momento sequer dos usos de seus contemporâneos sem imediatamente colocar em perigo sua tranquilidade, sua honra e mesmo sua existência social, e encontra na firmeza de sua razão e nos hábitos viris que sua educação lhe deram a energia para se submeter.

Podemos dizer que é do uso da independência que ela tira a coragem para padecer sem luta e sem reclamação o sacrifício quando chega o momento de enfrentá-lo.

A americana, aliás, nunca cai nos laços do casamento como numa armadilha armada para sua simplicidade e sua ignorância. Ensinaram-lhe previamente o que esperavam dela e é por si mesma e livremente que se coloca sob o jugo. Ela corajosamente suporta sua nova condição porque a escolheu.

Como na América a disciplina paterna é muito frouxa e o laço conjugal é muito teso, é com circunspecção e temor que uma jovem o contrai. Não vemos uniões precoces. As americanas se casam quando exercem sua razão com experiência e maturidade; em outros lugares, a maioria das mulheres só começa a exercer e amadurecer sua razão no casamento.

De resto, estou muito longe de acreditar que essa grande mudança que se opera em todos os hábitos das mulheres nos Estados Unidos, assim que elas se casam, deva ser atribuída unicamente à pressão da opinião pública. Elas muitas vezes a impõem a si mesmas por um simples esforço de suas vontades.

Quando chega a época de escolher um marido, a fria e austera razão que a livre visão de mundo esclareceu e fortaleceu indica à americana que um espírito leve e independente nos laços do casamento é um motivo de perturbação eterna, não de prazer, que os divertimentos da jovem moça não poderiam se tornar as distrações da esposa, e que, para a mulher, as fontes de felicidade estão na casa conjugal. Vendo de antemão e com clareza o único caminho que pode conduzir à felicidade doméstica, ela entra nele desde seus primeiros passos e o segue até o fim sem tentar voltar atrás.

Esse mesmo vigor da vontade que as jovens esposas da América demonstram ao se dobrarem subitamente e sem queixas aos austeros deveres de seu novo estado encontra-se de resto em todas as grandes provações de suas vidas.

Não há país no mundo em que as fortunas particulares sejam mais instáveis do que nos Estados Unidos. Não é raro que, no curso de sua existência, o mesmo homem suba e desça todos os degraus que conduzem da opulência à pobreza.

As mulheres da América suportam essas revoluções com tranquila e indomável energia. Seus desejos parecem se contrair, com sua sorte, tão facilmente quanto se expandem.

A maioria dos aventureiros que vai povoar a cada ano os desertos do oeste pertence, como afirmei em minha primeira obra, à antiga raça anglo-americana do norte. Vários desses homens que correm com tanta audácia para a riqueza já gozavam de conforto em sua região de origem. Eles levam consigo suas companheiras e dividem com elas os perigos e misérias sem fim que sempre marcam o início de tais iniciativas. Muitas vezes encontrei, até nos limites do deserto, jovens mulheres que, depois de terem sido criadas em meio a todas as delicadezas das grandes cidades da Nova Inglaterra, tinham passado quase sem transição da rica morada paterna para uma cabana mal protegida no meio de uma floresta. A febre, a solidão e o tédio não haviam rompido os laços de sua coragem. Seus traços pareciam alterados e enrugados, mas seus olhares eram firmes. Elas pareciam ao mesmo tempo tristes e decididas.

Não tenho dúvida de que essas jovens americanas reuniram essa força interna de que faziam uso na primeira educação que tiveram.

É, portanto, a jovem moça que, nos Estados Unidos, encontramos sob os traços da esposa; o papel mudou, os hábitos diferem, o espírito é o mesmo.

CAPÍTULO 11
COMO A IGUALDADE DE CONDIÇÕES CONTRIBUI PARA MANTER OS BONS COSTUMES NA AMÉRICA

Há filósofos e historiadores que disseram, ou insinuaram, que as mulheres eram mais ou menos severas em seus costumes segundo habitassem mais ou menos perto do equador. Saem do assunto pela tangente e, segundo eles, bastaria uma esfera e um compasso para resolver num instante um dos problemas mais difíceis que a humanidade apresenta.

Não vejo essa doutrina materialista estabelecida nos fatos.

As mesmas nações se mostraram, em diferentes épocas de sua história, castas ou dissolutas. A regularidade ou a desordem dos costumes devia-se, portanto, a algumas causas cambiantes e não apenas à natureza do país, que não mudava.

Não negarei que, em certos climas, as paixões que nascem da atração recíproca entre os sexos não sejam particularmente ardentes; mas penso que esse ardor natural sempre pode ser excitado ou contido pelo estado social e pelas instituições políticas.

Embora os viajantes que visitaram a América do Norte discordem a respeito de vários pontos, todos concordam em observar que os costumes são infinitamente mais severos que em qualquer outro lugar.

É evidente que, nesse ponto, os americanos são muito superiores a seus pais, os ingleses. Uma visão superficial das duas nações basta para demonstrá-lo.

Na Inglaterra, como em todas as outras regiões da Europa, a malignidade pública se exerce constantemente sobre as fraquezas das mulheres. É comum ouvirmos os filósofos e os homens de Estado se queixarem de que os costumes não são suficientemente regulares, e a literatura o mostra todos os dias.

Na América, todos os livros, sem excetuar os romances, mostram mulheres castas e ninguém conta aventuras galantes.

Essa grande regularidade dos costumes americanos deve-se sem dúvida em parte ao país, à raça e à religião. Mas todas essas causas, que também são encontradas em outros lugares, ainda não bastam para explicá-la. Para isso, é preciso recorrer a alguma razão particular.

Essa razão me parece ser a igualdade e as instituições que dela decorrem.

A igualdade de condições não produz por si mesma a regularidade dos costumes, mas não deveríamos duvidar que a facilita e aumenta.

Nos povos aristocráticos, o nascimento e a fortuna costumam fazer do homem e da mulher pessoas tão diferentes que eles nunca poderiam se unir um ao outro. As paixões os aproximam, mas o estado social e as ideias que ele sugere os impedem de se ligar de maneira permanente e ostensiva. Disso necessariamente nasce um grande número de uniões passageiras e clandestinas. A natureza, por meio delas, compensa em segredo os constrangimentos que as leis lhe impõem.

Isso não acontece quando a igualdade de condições derrubou todas as barreiras imaginárias ou reais que separavam o homem da mulher. Não há moça que não acredite poder se tornar a esposa do homem que a prefere; o que torna a desordem dos costumes antes do casamento bastante difícil. Pois, qualquer que seja a credulidade das paixões, não há meio de uma mulher se convencer de que a amamos quando estamos perfeitamente livres para desposá-la e não o fazemos.

A mesma causa age, embora de maneira mais indireta, no casamento.

Não há nada melhor para legitimar o amor ilegítimo aos olhos dos que o sentem, ou da multidão que o contempla, do que as uniões forçadas ou feitas ao acaso.[4]

---

[4]. É fácil convencer-se dessa verdade estudando as diferentes literaturas da Europa. Quando um europeu quer retraçar em suas ficções algumas das grandes catástrofes que vemos com tanta frequência entre nós, no seio do casamento, ele toma o cuidado de excitar de antemão a piedade do leitor

Num país onde a mulher sempre exerce livremente sua escolha e onde a educação a deixou em condições de escolher bem, a opinião pública é inexorável com seus erros.

O rigorismo dos americanos nasce, em parte, disso. Eles consideram o casamento um contrato muitas vezes oneroso, mas do qual se deve cumprir com rigor todas as cláusulas porque todas puderam ser conhecidas de antemão e porque se tem a plena liberdade de não se obrigar a nada.

O que torna a fidelidade mais obrigatória a torna mais fácil.

Nos países aristocráticos, o casamento tem como objetivo unir bens, mais do que pessoas; assim, costuma acontecer de se escolher o marido na escola e a mulher, ainda lactente. Não surpreende que o laço conjugal que mantém unidas as fortunas desses dois esposos deixem seus corações errarem ao acaso. Isso decorre naturalmente do espírito do contrato.

Quando, ao contrário, cada um sempre escolhe a companheira por conta própria, sem que nada externo o constranja ou dirija, em geral é apenas a semelhança de gostos e de ideias que aproxima o homem e a mulher; e essa mesma semelhança os retém e fixa um ao lado do outro.

Nossos pais tinham uma opinião singular em matéria de casamento.

Como perceberam que o pequeno número de casamentos por afeto que aconteciam em seu tempo quase sempre tinham um resultado funesto, eles concluíram firmemente que nessa matéria era muito perigoso consultar o próprio coração. O acaso lhes parecia mais prudente do que a escolha.

Não era difícil ver, porém, que os exemplos que eles tinham diante dos olhos não provavam nada.

Observarei, em primeiro lugar, que embora os povos democráticos concedam às mulheres o direito de escolher livremente o marido, eles tomam o cuidado de previamente fornecer luzes a seu espírito e força a sua vontade, que podem ser necessários para tal escolha; ao passo que as jovens que, nos povos aristocráticos, escapam furtivamente à autoridade paterna para se lançar sozinhas nos braços de um homem que não lhes deram nem o tempo de conhecer nem a capacidade de julgar, carecem de todas essas garantias. Não é uma

---

mostrando-lhe seres pouco fortunados ou coagidos. Embora uma longa tolerância tenha há muito tempo afrouxado nossos costumes, seria difícil nos interessarmos pelos infortúnios desses personagens se não começássemos desculpando seus erros. Esse artifício não deixa de ter êxito. O espetáculo cotidiano de que somos testemunhas nos prepara de longe à indulgência. Os escritores americanos não poderiam tornar verossímeis, aos olhos de seus leitores, tais desculpas; seus usos e suas leis se recusam a tanto e, perdendo a esperança de tornar a desordem amável, eles simplesmente não a retratam. É em parte a essa causa que se deve atribuir o pequeno número de romances publicados nos Estados Unidos.

surpresa que façam mau uso de seu livre arbítrio na primeira vez que o usam; nem que cometam tão graves erros quando, sem terem recebido a educação democrática, querem, ao se casarem, os costumes da democracia.

Mas há mais que isso.

Quando um homem e uma mulher querem se aproximar por meio das desigualdades do estado social aristocrático, eles têm imensos obstáculos a transpor. Depois de romper ou afrouxar os laços de obediência filial, eles precisam escapar, com um último esforço, do império do costume e da tirania da opinião; e quando finalmente chegam ao fim dessa rude tarefa, veem-se como estrangeiros no meio de seus amigos naturais e de seus próximos: o preconceito que superaram os separa. Essa situação não tarda a abater sua coragem e a amargurar seu coração.

Se acontece, portanto, de esposos unidos dessa maneira se sentirem primeiro infelizes e, depois, culpados, não se deve atribuir isso ao fato de terem se escolhido livremente, mas ao de viverem numa sociedade que não admite tais escolhas.

Não devemos esquecer, aliás, que o mesmo esforço que faz um homem sair violentamente de um erro comum quase sempre o arrasta para fora da razão; que, para ousar declarar uma guerra, mesmo legítima, às ideias de seu século e de seu país, é preciso ter no espírito uma certa disposição violenta e aventureira, e que as pessoas com esse caráter, seja qual for a direção que tomarem, raramente chegam à felicidade e à virtude. E, para dizê-lo de passagem, é isso que explica por que, nas revoluções mais necessárias e santas, encontram-se tão poucos revolucionários moderados e honestos.

Quando, num século de aristocracia, um homem por acaso decide não consultar, para a união conjugal, nenhuma outra conveniência que sua opinião particular e seu gosto, e a desordem dos costumes e a miséria não tardam a se introduzir em seu lar, não devemos nos espantar. Mas quando essa maneira de agir está na ordem natural e comum das coisas, quando o estado social a facilita, quando a força paterna consente com ela e quando a opinião pública a preconiza, não devemos duvidar que a paz interna das famílias se torne maior e que a fé conjugal não seja mais bem conservada.

Quase todos os homens das democracias têm uma carreira política ou exercem uma profissão, e, por outro lado, a mediocridade das fortunas obriga a mulher a se encerrar todos os dias dentro de sua casa a fim de presidir pessoalmente, e de muito perto, os detalhes da administração doméstica.

Todos esses trabalhos distintos e obrigatórios são como barreiras naturais que, separando os sexos, tornam as solicitações de um mais raras e menos vivas, e a resistência do outro, mais fácil.

Não que a igualdade de condições jamais possa chegar a tornar o homem casto, mas ela confere à desordem de seus costumes um caráter menos perigoso. Como ninguém mais tem tempo ou ocasião de atacar as virtudes que se quer defender, vemos ao mesmo tempo um grande número de cortesãs e uma profusão de mulheres honestas.

Semelhante estado de coisas produz deploráveis misérias individuais, mas não impede que o corpo social seja alerta e forte; ele não destrói os laços de família e não enfraquece os costumes nacionais. O que coloca a sociedade em perigo não é a grande corrupção de alguns, é o relaxamento de todos. Aos olhos do legislador, a prostituição é muito menos temível do que a galanteria.

Essa vida tumultuosa e constantemente agitada, que a igualdade dá aos homens, não os desvia do amor apenas tirando-lhes o tempo de se dedicar a ele; ela também os afasta dele por um caminho mais secreto, mas mais seguro.

Todos os homens que vivem nos tempos democráticos contraem mais ou menos os hábitos intelectuais das classes industriais e comerciantes; seu espírito adquire um ar sério, calculista e positivo; ele se desvia naturalmente do ideal para se dirigir a algum objetivo visível e próximo que se apresenta como o natural e necessário objeto dos desejos. A igualdade não destrói a imaginação, mas a limita e só lhe permite voar rente ao chão.

Não há ninguém menos sonhador do que o cidadão de uma democracia, e não vemos nenhum que queira se entregar a essas contemplações ociosas e solitárias que em geral precedem e produzem as grandes agitações do coração.

Ele dá grande importância à busca dessa espécie de afeição profunda, regular e tranquila que constitui o encanto e a segurança da vida; mas não corre de bom grado atrás das emoções violentas e caprichosas que a perturbam e abreviam.

Sei que tudo o que precede só é completamente aplicável à América e não pode, hoje, ser estendido de maneira geral à Europa.

No meio século em que as leis e os hábitos empurram com uma energia sem igual vários povos europeus para a democracia, não vemos nessas nações que as relações do homem e da mulher tenham se tornado mais regulares e mais castas. O contrário inclusive se deixa perceber em alguns lugares. Certas classes são mais regradas; a moralidade geral parece mais frouxa. Não temo observá-lo, pois não me sinto mais disposto a lisonjear meus contemporâneos do que a maldizê-los.

Esse espetáculo deve afligir, mas não surpreender. A feliz influência que um estado social democrático pode exercer sobre a regularidade dos hábitos é um desses fatos que só podem ser descobertos a longo prazo. Se a igualdade de condições é favorável aos bons costumes, o trabalho social, que torna as condições iguais, lhes é muito funesto.

Nós últimos cinquenta anos em que a França se transforma, raramente tivemos liberdade, mas sempre desordem. No meio dessa confusão universal das ideias e desse abalo geral das opiniões, entre essa mistura incoerente do justo e do injusto, do verdadeiro e do falso, do direito e do fato, a virtude pública se tornou incerta, e a moralidade privada, vacilante.

Mas todas as revoluções, quaisquer que fossem seu objeto e seus agentes, primeiro produziram efeitos semelhantes. As mesmas que acabaram apertando o laço dos costumes começaram por afrouxá-lo.

As desordens que muitas vezes testemunhamos não me parecem, portanto, um fato duradouro. Curiosos indícios já o anunciam.

Não há nada mais miseravelmente corrompido do que uma aristocracia que conserva suas riquezas perdendo seu poder e que, reduzida a prazeres vulgares, ainda possui imensos lazeres. As paixões enérgicas e os grandes pensamentos que outrora a animavam desaparecem, e não encontramos mais que uma profusão de pequenos vícios corrosivos que se agarram a ela, como vermes a um cadáver.

Ninguém contesta que a aristocracia francesa do último século foi muito dissoluta, enquanto velhos hábitos e velhas crenças ainda mantinham o respeito aos costumes nas outras classes.

Tampouco será difícil concordar que, em nossa época, uma certa severidade de princípios se faz ver por entre os escombros dessa mesma aristocracia, enquanto a desordem dos costumes parece estender-se nas camadas médias e inferiores da sociedade. De tal modo que as mesmas famílias que se mostravam, há cinquenta anos, mais dissolutas, hoje se mostram mais exemplares, e a democracia só parece ter moralizado as classes aristocráticas.

A revolução, dividindo a fortuna dos nobres, obrigando-os a se ocupar assiduamente de seus negócios e de suas famílias, encerrando-os com seus filhos sob o mesmo teto, dando enfim um aspecto mais sensato e mais grave a seus pensamentos, sugeriu-lhes, sem que eles mesmos percebessem, o respeito às crenças religiosas, o amor pela ordem, pelos prazeres pacatos, pelas alegrias domésticas e pelo bem-estar, enquanto o resto da nação, que naturalmente tinha os mesmos gostos, era arrastada para a desordem pelo mesmo esforço que era preciso fazer para derrubar as leis e os costumes políticos.

A antiga aristocracia francesa sofreu as consequências da revolução e não sentiu as paixões revolucionárias nem partilhou do entusiasmo anárquico que a produziu; é fácil conceber que sinta em seus costumes a influência salutar dessa revolução antes mesmo dos que a fizeram.

É permitido dizer, portanto, embora à primeira vista pareça surpreendente, que, em nossos dias, as classes mais antidemocráticas da nação são as que melhor demonstram a espécie de moralidade que é razoável esperar da democracia.

Não posso deixar de acreditar que, quando tivermos visto todos os efeitos da revolução democrática, depois que tivermos saído do tumulto que ela causou, o que hoje é verdade apenas para alguns aos poucos se tornará verdade para todos.

CAPÍTULO 12
COMO OS AMERICANOS COMPREENDEM A IGUALDADE ENTRE O HOMEM E A MULHER

Mostrei como a democracia destruía ou modificava as diversas desigualdades que a sociedade produzia; mas será tudo? Ela não conseguirá por fim agir sobre essa grande desigualdade entre o homem e a mulher, que pareceu, até nossos dias, ter seus fundamentos eternos na natureza?

Penso que o movimento social que aproxima do mesmo nível o filho e o pai, o servidor e o patrão, e, em geral, o inferior e o superior, eleva a mulher e deve cada vez mais igualá-la ao homem.

Mas é aqui, mais do que nunca, que sinto a necessidade de ser bem compreendido; pois não há assunto sobre o qual a imaginação grosseira e desordenada de nosso século se tenha dado mais livre curso.

Há pessoas na Europa que, confundindo os diversos atributos dos sexos, pretendem fazer do homem e da mulher seres não apenas iguais, mas semelhantes. Elas dão a ambos as mesmas funções, impõem-lhes os mesmos deveres e concedem-lhes os mesmos direitos; misturam-nos em todas as coisas, trabalhos, prazeres, negócios. É fácil conceber que, esforçando-se para igualar um sexo ao outro, ambos são degradados; e que dessa mistura grosseira das obras da natureza só poderiam resultar homens fracos e mulheres desonestas.

Não foi assim que os americanos compreenderam a espécie de igualdade democrática que pode se estabelecer entre a mulher e o homem. Eles pensaram que, como a natureza havia estabelecido uma variedade tão grande entre a constituição física e moral do homem e da mulher, seu objetivo claramente indicado era dar a suas diferentes faculdades um emprego diverso; e julgaram que o progresso não consistia em ter seres dissemelhantes fazendo mais ou menos as mesmas coisas, mas em conseguir que cada um deles realize sua tarefa o melhor possível. Os americanos aplicaram aos dois sexos o grande princípio de economia política que domina a indústria em nossos dias. Cuidadosamente dividiram as funções do homem e da mulher a fim de que o grande trabalho social fosse feito melhor.

A América é o país do mundo em que mais se tomou o cuidado constante de traçar aos dois sexos linhas de ação claramente separadas, e em que se quis que ambos caminhassem com passo igual, mas por caminhos sempre diferentes. Não vemos as americanas dirigirem os assuntos externos da família, conduzirem um negócio ou penetrarem na esfera política; mas tampouco encontramos americanas obrigadas a realizar os rudes trabalhos da lavoura ou em exercícios penosos que exigem o desenvolvimento da força física. Não há famílias tão pobres que por isso constituam exceção a essa regra. Embora a americana não possa escapar do pacato círculo de ocupações domésticas, por outro lado ela nunca é obrigada a sair dele.

É por isso que as americanas, que costumam demonstrar uma razão máscula e uma energia viril, em geral conservam uma aparência muito delicada e permanecem mulheres pelas maneiras, embora às vezes se mostrem homens pelo espírito e pelo coração.

Os americanos tampouco jamais imaginaram que a consequência dos princípios democráticos fosse derrubar o poder marital e introduzir a confusão das autoridades na família. Pensaram que toda associação, para ser eficaz, devia ter um chefe, e que o chefe natural da associação conjugal era o homem. Não recusam a este o direito de dirigir sua companheira, portanto, e acreditam que, na pequena sociedade do marido e da mulher, bem como na grande sociedade política, o objeto da democracia é regrar e legitimar os poderes necessários, e não destruir todo poder.

Essa opinião não é específica a um sexo e combatida pelo outro.

Não observei que as americanas considerassem a autoridade conjugal como uma feliz usurpação de seus direitos nem que acreditassem que se submeter a ela significasse rebaixar-se. Pareceu-me ver, ao contrário, que consideravam o voluntário abandono de suas vontades uma espécie de glória, e que viam grandeza em curvar-se por vontade própria ao jugo e não em evitá-lo. Esse é, ao menos, o sentimento que as mais virtuosas expressam: as outras se calam, e não se ouve nos Estados Unidos a esposa adúltera brigar ruidosamente pelos direitos da mulher, passando por cima de seus deveres mais sagrados.

Observou-se com frequência na Europa que um certo desprezo se revela no meio das lisonjas que os homens prodigalizam às mulheres: embora o europeu costume se fazer escravo da mulher, vemos que nunca sinceramente a acredita sua igual.

Nos Estados Unidos, as mulheres não são louvadas; mas a cada dia percebe-se que são estimadas.

Os americanos constantemente demonstram uma plena confiança na razão de sua companheira, e um respeito profundo por sua liberdade. Julgam que seu espírito é tão capaz quanto o do homem de conhecer a verdade nua e crua, e seu coração, firme o suficiente para segui-la; nunca tentaram colocar a virtude de um, mais que a do outro, ao abrigo dos preconceitos, da ignorância ou do medo.

Parece que na Europa, onde os homens tão facilmente se submetem ao império despótico das mulheres, alguns dos maiores atributos da espécie humana lhe são recusados, e elas são consideradas como seres sedutores e incompletos; e, o que não deveria causar muito espanto, as próprias mulheres acabam se vendo da mesma forma e não estão longe de considerar como um privilégio a faculdade que lhes concedem de se mostrarem fúteis, fracas e temerosas. As americanas não exigem direitos como esses.

Por outro lado, parece que, em matéria de costumes, concedemos ao homem uma espécie de imunidade singular; de tal modo que parece existir como que uma virtude para seu uso, e outra para o de sua companheira; e que, segundo a opinião pública, o mesmo ato pode ser ou um crime ou apenas um erro.

Os americanos desconhecem essa iníqua partilha de deveres e direitos. Entre eles, o sedutor é tão desonrado quanto sua vítima.

É verdade que os americanos raramente revelam pelas mulheres essas considerações solícitas de que na Europa gosta-se de rodeá-las; mas eles sempre demonstram, em sua conduta, que as consideram virtuosas e delicadas; e sentem um respeito tão grande por sua liberdade moral que, na presença delas, cada um mede muito bem suas palavras, por medo de que elas sejam obrigadas a ouvir uma linguagem que as fira. Na América, uma jovem pode empreender, sozinha e sem medo, uma longa viagem.

Os legisladores dos Estados Unidos, que suavizaram quase todas as disposições do Código Penal, punem de morte o estupro; e não há crime que a opinião pública condene com ardor mais inexorável. Isso se explica: como os americanos não concebem nada mais precioso que a honra da mulher, e nada mais respeitável que sua independência, eles julgam que não há castigo demasiado severo para os que as privam destas contra sua vontade.

Na França, onde ao mesmo crime são atribuídas penas muito mais brandas, costuma ser difícil encontrar um júri que o condene. Seria por desprezo ao pudor ou desprezo à mulher? Não posso me impedir de acreditar que pelas duas coisas.

Assim, os americanos não acreditam que o homem e a mulher tenham o dever ou o direito de fazer as mesmas coisas, mas demonstram a mesma estima pelo papel de cada um e os consideram como seres de igual valor, embora de destinos diferentes. Não atribuem à coragem da mulher a mesma forma e o mesmo emprego que à do homem, mas nunca duvidam de sua coragem; e embora estimem que o homem e sua companheira nem sempre devem empregar sua inteligência e sua razão da mesma maneira, ao menos julgam que a razão de uma é tão segura quanto a do outro, e sua inteligência, igualmente clara.

Os americanos, que deixaram subsistir na sociedade a inferioridade da mulher, elevaram-na com toda a sua força no mundo intelectual e moral ao mesmo nível do homem; nisso, parecem-me ter admiravelmente compreendido a verdadeira noção de progresso democrático.

De minha parte, eu não hesitaria em dizer: ainda que nos Estados Unidos a mulher não saia do círculo doméstico, e que ela seja, em vários aspectos, muito dependente, em nenhum outro lugar sua posição me pareceu mais elevada; e se, agora que me aproximo do fim deste livro, em que mostrei tantas coisas notáveis feitas pelos americanos, perguntassem-me a que devemos atribuir, acima de tudo, a prosperidade singular e a força crescente desse povo, responderei que à superioridade de suas mulheres.

CAPÍTULO 13
COMO A IGUALDADE NATURALMENTE DIVIDE OS AMERICANOS NUMA PROFUSÃO DE PEQUENAS SOCIEDADES PARTICULARES

Somos levados a acreditar que a consequência final e o efeito necessário das instituições democráticas é misturar os cidadãos tanto na vida privada quanto na vida pública, e forçá-los a levar uma existência comum.

Seria compreender, sob uma forma muito grosseira e tirânica, a igualdade que a democracia faz nascer.

Não há estado social nem leis que possam tornar os homens tão semelhantes que a educação, a fortuna e os gostos não criem alguma diferença entre eles, e embora homens diferentes possam às vezes ter interesse de fazer em comum as mesmas coisas, devemos acreditar que nunca encontrarão nelas o seu prazer. Sempre escaparão, portanto, não importa o que se faça, da mão do legislador; e, esquivando-se de alguma maneira do círculo em que tentam encerrá-los, eles estabelecerão, ao lado da grande sociedade política, pequenas sociedades privadas que terão por vínculo a similitude de condições, de hábitos e de costumes.

Nos Estados Unidos, os cidadãos não têm nenhuma preeminência uns sobre os outros; eles não se devem reciprocamente nem obediência nem respeito; eles administram juntos a justiça e governam o Estado, e em geral todos se reúnem para tratar dos assuntos que influem sobre o destino comum; mas nunca ouvi falar que se tentasse levar todos a se divertir da mesma maneira nem a se entreter confusamente nos mesmos lugares.

Os americanos, que tão facilmente se misturam no recinto das assembleias políticas e dos tribunais, se dividem com grande zelo, ao contrário, em pequenas associações muito distintas, para gozar à parte dos prazeres da vida privada. Cada um reconhece de bom grado todos os seus concidadãos como iguais, mas nunca acolhe mais do que um pequeno número entre seus amigos ou visitantes.

Isso me parece muito natural. À medida que o círculo da sociedade pública se expande, é preciso esperar que a esfera das relações privadas se retraia: em vez de imaginar que os cidadãos das sociedades novas vão acabar vivendo em comum, temo que acabem formando apenas pequeníssimas camarilhas.

Nos povos aristocráticos, as diferentes classes são como amplos recintos de onde não se pode sair e onde não se saberia entrar. As classes não se comunicam entre si, mas, dentro de cada uma delas, os homens necessariamente convivem todos os dias. Ainda que eles naturalmente não se frequentassem, a conveniência geral de uma mesma condição os aproxima.

Mas quando nem a lei nem o costume se encarregam de estabelecer relações frequentes e habituais entre certos homens, a semelhança acidental de opiniões e inclinações é decisiva. O que faz as sociedades particulares variarem ao infinito.

Nas democracias, onde os cidadãos nunca diferem muito uns dos outros e se encontram naturalmente tão próximos que a cada instante podem todos se confundir numa massa comum, surge um grande número de classificações artificiais e arbitrárias por meio das quais cada um tenta ficar à parte, por medo de ser arrastado a contragosto para a multidão.

Nunca poderia deixar de ser assim, pois podemos mudar as instituições humanas, mas não o homem: qualquer que seja o esforço geral de uma sociedade para tornar os cidadãos iguais e semelhantes, o orgulho particular dos indivíduos sempre tentará escapar ao nivelamento e procurará formar, em algum lugar, uma desigualdade de que possa tirar proveito.

Nas aristocracias, os homens são separados uns dos outros por altas barreiras imóveis; nas democracias, eles são divididos por uma multidão de pequenos fios quase invisíveis, rompidos a todo momento e constantemente mudados de lugar.

Assim, quaisquer que sejam os progressos da igualdade, sempre se formará nos povos democráticos um grande número de pequenas associações privadas no meio da grande sociedade política. Mas nenhuma delas se assemelhará, pelas maneiras, à classe superior que dirige as aristocracias.

CAPÍTULO 14
ALGUMAS REFLEXÕES SOBRE AS MANEIRAS AMERICANAS

Não há nada, à primeira vista, que pareça menos importante do que a forma exterior das ações humanas, e não há nada a que os homens deem mais valor; eles se acostumam a tudo, menos a viver numa sociedade que não tenha suas maneiras. A influência exercida pelo estado social e político sobre as maneiras merece, portanto, ser seriamente examinada.

As maneiras em geral saem de um fundo comum dos costumes e, ademais, às vezes resultam de uma convenção arbitrária entre certos homens. Elas são ao mesmo tempo naturais e adquiridas.

Quando os homens percebem que são os primeiros, sem contestação e sem dificuldade; quando têm todos os dias sob os olhos grandes objetos dos quais se ocupam, deixando a outros os detalhes; e quando vivem em meio a uma riqueza que não adquiriram e que não temem perder, compreendemos que sintam uma espécie de soberbo desdém pelos pequenos interesses e pelos cuidados materiais da vida, e que tenham no pensamento uma grandeza natural revelada pelas palavras e pelas maneiras.

Nos países democráticos, as maneiras em geral têm pouca grandeza, porque a vida privada é bastante pequena. Elas costumam ser vulgares porque o pensamento tem poucas ocasiões de se elevar acima da preocupação com os interesses domésticos.

A verdadeira dignidade das maneiras consiste em sempre estar sem seu devido lugar, nem acima nem abaixo; isso está ao alcance tanto do camponês quanto do príncipe. Nas democracias, todas as posições parecem duvidosas; por isso, as maneiras costumam ser orgulhosas e raramente dignas. Além disso, elas nunca são muito regradas e muito sensatas.

Os homens que vivem nas democracias são móveis demais para que um certo número deles consiga estabelecer um código de bons modos e possa fazer com que seja seguido. Cada um age mais ou menos como quer, portanto, e sempre reina uma certa incoerência nas maneiras, porque elas se conformam aos sentimentos e às ideias individuais de cada um, mais do que a um modelo ideal previamente sugerido à imitação de todos.

No entanto, isso é muito mais perceptível no momento em que a aristocracia acaba de cair do que quando ela foi destruída há muito tempo.

As novas instituições políticas e os novos costumes reúnem então nos mesmos lugares e muitas vezes obrigam à convivência homens que a educação e os hábitos tornam prodigiosamente dessemelhantes; o que a todo momento destaca grandes disparidades. As pessoas ainda se lembram que existiu um código preciso de cortesia, mas não sabem mais o que ele contém ou onde se encontra. Os homens perderam a lei comum das maneiras e ainda não decidiram dispensá-las; mas cada um se esforça para formar, com os restos dos antigos usos, uma certa regra arbitrária e cambiante; de tal modo que as maneiras não têm nem a regularidade nem a grandeza que com frequência demonstram nos povos aristocráticos, nem o ar simples e livre que às vezes se percebe nelas na democracia; são, ao mesmo tempo, constritas e sem cerimônia.

Esse não é seu estado normal.

Quando a igualdade é completa e antiga, todos os homens que tenham mais ou menos as mesmas ideias e façam mais ou menos as mesmas coisas não precisam se entender nem se copiar para agir e falar do mesmo jeito; constantemente vemos uma profusão de dissemelhanças em suas maneiras, mas não percebemos grandes diferenças. Eles nunca se parecem perfeitamente, porque não têm o mesmo modelo; nunca são muito dissemelhantes porque têm a mesma condição. À primeira vista, as maneiras de todos os americanos parecem ser exatamente iguais. Somente ao considerá-los bem de perto percebemos as particularidades que fazem todos diferir.

Os ingleses se divertiram muito à custa das maneiras americanas, e o que há de particular é que a maioria dos que nos pintaram um quadro tão divertido pertencia às classes médias da Inglaterra, às quais esse mesmo quadro se aplica muito bem. De modo que esses impiedosos detratores em geral são o próprio exemplo do que criticam nos Estados Unidos; eles não percebem que zombam de si mesmos, para grande alegria da aristocracia de seu país.

Nada prejudica mais a democracia do que a forma exterior de seus costumes. Muitas pessoas que de bom grado aceitariam seus vícios não podem suportar suas maneiras.

Eu não poderia admitir, porém, que não houvesse nada a louvar nas maneiras dos povos democráticos.

Nas nações aristocráticas, todos os que se avizinham da primeira classe costumam se esforçar para se assemelhar a ela, o que produz imitações muito ridículas e muito banais. Os povos democráticos, embora não tenham o modelo das grandes maneiras, ao menos escapam da obrigação de todos os dias ver cópias ruins destas.

Nas democracias, as maneiras nunca são tão refinadas quanto nos povos democráticos, mas tampouco se mostram tão grosseiras. Não ouvimos nem os palavrões do populacho nem as expressões nobres e elegantes dos grandes senhores. Costuma haver trivialidade nos costumes, mas não brutalidade nem baixeza.

Afirmei que, nas democracias, não poderia surgir um código preciso em matéria de bons modos. Isso tem inconvenientes e vantagens. Nas aristocracias, as regras de conveniência impõem a todos a mesma aparência; elas tornam todos os membros da mesma classe semelhantes, a despeito de suas inclinações particulares; elas ornam o natural e o escondem. Nos povos democráticos, as maneiras não são nem tão sensatas nem tão regulares, mas costumam ser mais sinceras. Elas formam como um véu leve e mal tecido através do qual os sentimentos verdadeiros e as ideias individuais de cada homem facilmente se deixam ver. A forma e o fundo das ações humanas geralmente se encontram em íntima relação, e embora o grande quadro da humanidade seja menos ornado, ele é mais verdadeiro. E é assim que, em certo sentido, podemos dizer que o efeito da democracia não é exatamente dar aos homens certas maneiras, mas impedir que tenham maneiras.

Às vezes podemos encontrar numa democracia sentimentos, paixões, virtudes e vícios da aristocracia, mas não suas maneiras. Estas se perdem e desaparecem para sempre quando a revolução democrática está completa.

Parece não haver nada mais duradouro que as maneiras de uma classe aristocrática, porque ela as conserva por algum tempo depois de ter perdido seus bens e seu poder; nem nada mais frágil, pois, assim que desaparecem, não encontramos mais seus vestígios e é difícil dizer quais eram assim que não são mais. Uma mudança no estado social opera esse prodígio; bastam algumas gerações.

As principais características da aristocracia permanecem gravadas na história depois que a aristocracia foi destruída, mas as formas delicadas e leves de seus costumes desaparecem da memória dos homens quase que imediatamente depois de sua queda. Eles não podem concebê-las assim que ela deixar de estar sob seus olhos. Elas lhes escapam sem que eles percebam e sintam.

Pois para experimentar essa espécie de prazer refinado proporcionado pela distinção e pela escolha de maneiras, é preciso que o hábito e a educação tenham preparado o coração. Além disso, com o uso perde-se facilmente o gosto por ele.

Assim, não apenas os povos democráticos não poderiam ter as maneiras da aristocracia como eles também não as concebem nem as desejam; eles não as imaginam; para eles, é como se nunca tivessem existido.

Não se deve atribuir muita importância a essa perda, mas é permitido lamentá-la.

Sei que mais de uma vez aconteceu de os mesmos homens terem costumes muito distintos e sentimentos muito vulgares; o interior das cortes mostrou muito bem que grandes aparências podiam esconder corações muito baixos. Mas, embora as maneiras da aristocracia não fizessem a virtude, elas às vezes ornavam a própria virtude. Não era ordinário o espetáculo de uma classe numerosa e potente em que todos os atos externos da vida pareciam revelar a cada instante a altura natural dos sentimentos e dos pensamentos, a delicadeza e a regularidade dos gostos, a urbanidade dos costumes.

As maneiras da aristocracia davam belas ilusões sobre a natureza humana, e embora o quadro geralmente fosse mentiroso, sentia-se um nobre prazer ao contemplá-lo.

CAPÍTULO 15
DA GRAVIDADE DOS AMERICANOS, E POR QUE ELA NÃO OS IMPEDE DE COM FREQUÊNCIA FAZER COISAS INCONSIDERADAS

Os homens que vivem nos países democráticos não estimam os tipos de divertimentos ingênuos, turbulentos e grosseiros aos quais o povo se entrega nas aristocracias; acham que são pueris ou insípidos. Não demonstram muito mais gosto pelos divertimentos intelectuais e refinados das classes aristocráticas; eles precisam de algo produtivo e substancial em seus prazeres, e querem mesclar prazeres à sua alegria.

Nas sociedades aristocráticas, o povo se entrega de bom grado aos impulsos de uma alegria tumultuosa e barulhenta que subitamente o arranca da contemplação de suas misérias; os habitantes das democracias não gostam de se sentir assim, violentamente puxados para fora de si mesmos, e é sempre a contragosto que se perdem de vista. A esses arrebatamentos frívolos eles preferem passatempos sérios e silenciosos que se pareçam com negócios e que não os façam esquecer completamente dos negócios.

Há um americano que, em vez de ir dançar alegremente em praça pública em seus momentos de lazer, como as pessoas de sua profissão continuam fazendo em grande parte da Europa, se retira sozinho para o fundo de sua casa para beber. Esse homem desfruta ao mesmo tempo de dois prazeres: ele pensa em seu negócio e se embriaga decentemente em família.

Eu achava que os ingleses constituíssem a nação mais séria da Terra, mas vi os americanos e mudei de opinião.

Não quero dizer que o temperamento não seja muito importante no caráter dos habitantes dos Estados Unidos. Penso, porém, que as instituições políticas contribuem ainda mais para ele.

Creio que a gravidade dos americanos nasce em parte de seu orgulho. Nos países democráticos, o próprio pobre tem uma elevada ideia de seu valor pessoal. Ele se contempla com complacência e acredita de bom grado que os outros olham para ele. Com essa disposição, ele zela com cuidado por suas palavras e seus atos, e não fala de si por medo de descobrir o que lhe falta. Pensa que, para parecer digno, precisa manter-se grave.

Mas percebo outra causa mais íntima e mais poderosa, que produz instintivamente nos americanos essa gravidade que me espanta.

Sob o despotismo, os povos se entregam de tempos em tempos aos arrebatamentos de uma louca alegria; em geral, porém, eles são plácidos e concentrados, porque têm medo.

Nas monarquias absolutas, temperadas pelos hábitos e pelos costumes, eles em geral demonstram um humor constante e alegre, porque, tendo alguma liberdade e uma grande segurança, estão longe dos cuidados mais importantes da vida; todos os povos livres, no entanto, são graves, porque seu espírito está geralmente absorvido por algum projeto perigoso ou difícil.

Isso acontece principalmente nos povos livres que estão constituídos em democracias. Encontra-se então, em todas as classes, um número infinito de pessoas que se preocupam o tempo todo com negócios sérios do governo; e os que não pensam em dirigir a fortuna pública estão totalmente dedicados aos cuidados de aumentar sua fortuna privada. Em tal povo, a gravidade não é particular a certos homens, ela se torna um hábito nacional.

Fala-se das pequenas democracias da Antiguidade, cujos cidadãos iam para a praça pública com coroas de rosas e passavam quase todo seu tempo em danças e espetáculos. Não acredito em tais repúblicas tanto quanto não acredito na de Platão; ou, se as coisas aconteciam como se conta, não temo afirmar que essas pretensas democracias eram formadas por elementos muito diferentes das nossas, e que não tinham com elas nada em comum além do nome.

Não se deve acreditar, de resto, que, no meio de todos os seus labores, as pessoas que vivem nas democracias se queixem: observamos o contrário. Não há homens que se agarrem tanto à sua condição quanto eles. Julgariam a vida sem sabor se os libertassem dos cuidados que os atormentam, e mostram-se mais apegados às suas preocupações do que os povos aristocráticos, a seus prazeres.

Pergunto-me por que os mesmos povos democráticos, que são tão sérios, às vezes se portam de maneira tão inconsiderada.

Os americanos, que quase sempre guardam uma atitude ponderada e um ar frio, deixam-se, no entanto, levar com frequência para longe dos limites da razão por uma paixão súbita ou uma opinião irrefletida, e acontece-lhes de fazer singulares maluquices com seriedade.

Esse contraste não deve surpreender.

Há uma espécie de ignorância que nasce da extrema publicidade. Nos estados despóticos, os homens não sabem como agir porque nada lhes é dito; nas nações democráticas, eles costumam agir ao acaso porque quiseram dizer-lhes tudo. Os primeiros não sabem, os outros esquecem. As principais características de cada quadro desaparecem para eles no meio de uma profusão de detalhes.

Ficamos surpresos com todas as palavras imprudentes que o homem público às vezes se permite nos estados livres, e principalmente nos estados democráticos, sem se comprometer; ao passo que, nas monarquias absolutas, algumas palavras que escapem por acaso bastam para revelá-lo para sempre e perdê-lo irremediavelmente.

Isso se explica pelo que precede. Quando se fala no meio de uma grande multidão, muitas palavras não são ouvidas ou se apagam imediatamente da lembrança dos que as ouvem; mas, no silêncio de uma multidão muda e imóvel, os mínimos cochichos machucam o ouvido.

Nas democracias, os homens nunca são fixos; mil acasos os fazem mudar de posição constantemente, e quase sempre reina algo de imprevisto e, por assim dizer, improvisado em suas vidas. Assim, costumam ser forçados a fazer o que mal aprenderam, a falar o que pouco compreendem e a se dedicar a trabalhos para os quais um longo aprendizado não os preparou.

Nas aristocracias, cada um tem um único objetivo, que é perseguido sem cessar; nos povos democráticos, a vida do homem é mais complicada, é raro o mesmo espírito não abraçar vários objetos ao mesmo tempo, com frequência objetos muito diferentes uns dos outros. Como não pode conhecer bem a todos eles, ele facilmente se satisfaz com noções imperfeitas.

Quando o habitante das democracias não é pressionado por suas necessidades, ele ainda o é por seus desejos, pois de todos os bens que o cercam, ele não vê nenhum que esteja completamente fora de seu alcance. Portanto, faz todas as coisas com pressa, contenta-se com o mais ou menos e nunca se detém mais do que um momento para considerar cada um de seus atos.

Sua curiosidade é ao mesmo tempo insaciável e satisfeita sem muito custo; pois ele quer saber rapidamente muita coisa em vez de saber bem.

Ele não tem muito tempo e logo perde o gosto de aprofundar-se nas coisas.

Assim, os povos democráticos são graves porque seu estado social e político constantemente os leva a se ocuparem de coisas sérias; e eles agem inconsideradamente porque conferem pouco tempo e atenção a cada uma dessas coisas.

O hábito da desatenção deve ser considerado como o maior vício do espírito democrático.

CAPÍTULO 16
POR QUE A VAIDADE NACIONAL DOS AMERICANOS É MAIS INQUIETA E MAIS QUERELANTE DO QUE A DOS INGLESES

Todos os povos livres se mostram orgulhosos de si mesmos, mas o orgulho nacional não se manifesta em todos da mesma maneira.

Os americanos, em suas relações com os estrangeiros, parecem impacientes com a mínima censura e insaciáveis de elogios. O menor elogio os agrada, e o maior raramente é suficiente para satisfazê-los; eles nos perseguem a todo momento para obter algum elogio; e se resistimos a suas instâncias, eles elogiam a si mesmos. Até parece que, duvidando do próprio mérito, querem a todo instante tê-lo sob os olhos. Sua vaidade não é apenas ávida, ela é inquieta e invejosa. Não concede nada e exige sem cessar. Ela é pedinchona e querelante ao mesmo tempo.

Digo a um americano que o país que ele habita é bonito. Ele replica: "É verdade, não há nada igual no mundo!". Admiro a liberdade de que gozam seus habitantes, e ele me responde: "É um dom precioso, a liberdade! Mas há poucos povos dignos de usufruir dela". Observo a pureza de costumes que reina nos Estados Unidos: "Compreendo", diz ele, "que um estrangeiro que ficou espantado com a corrupção que se vê em todas as outras nações fique impressionado com esse espetáculo". Deixo-o enfim na contemplação de si mesmo, mas ele volta até mim e não me larga enquanto não conseguir me fazer repetir o que acabo de lhe dizer. Não se poderia imaginar um patriotismo mais incômodo e mais tagarela. Ele cansa mesmo os que o honram.

Isso não acontece com os ingleses. O inglês goza tranquilamente das vantagens reais ou imaginárias que a seus olhos seu país possui. Embora não conceda nada às outras nações, tampouco pede algo para a sua. A crítica dos estrangeiros não o comove e o elogio deles não o envaidece. Ele se mantém em relação ao mundo inteiro numa reserva cheia de desdém e ignorância. Seu orgulho não precisa ser alimentado, vive de si mesmo.

Que dois povos saídos de uma mesma cepa se mostrem tão opostos um ao outro, na maneira de sentir e falar, é notável.

Nos países democráticos, os grandes possuem imensos privilégios, sobre os quais seu orgulho repousa, sem tentar se alimentar das pequenas vantagens que se relacionam a ele. Esses privilégios, tendo sido recebidos por herança, são considerados por eles, de certo modo, como uma parte de si mesmos, ou ao menos como um direito natural e inerente à sua pessoa. Eles têm, portanto, um sentimento tranquilo de sua superioridade; não pensam em louvar prerrogativas que todos percebem e que ninguém nega. Eles não se surpreendem o suficiente com elas para mencioná-las. Permanecem imóveis em sua grandeza solitária, certos de que todo mundo os vê sem que precisem tentar se mostrar, e certos de que ninguém tentará tirá-los de onde estão.

Quando uma aristocracia conduz os negócios públicos, seu orgulho nacional naturalmente toma essa forma reservada, despreocupada e altiva, e todas as outras classes da nação a imitam.

Quando, ao contrário, as condições diferem pouco, as mínimas vantagens têm importância. Como cada um vê a seu redor 1 milhão de pessoas em tudo semelhantes ou análogas, o orgulho se torna exigente e invejoso; ele se apega a misérias e as defende obstinadamente.

Nas democracias, onde as condições são muito móveis, os homens quase sempre recentemente adquiriram as vantagens que possuem; o que faz com que sintam um prazer infinito em expô-las aos olhos dos outros, para mostrar aos outros e a si mesmos que gozam delas; e como, a todo instante, pode acontecer que essas vantagens lhes escapem, eles estão constantemente em alarme e se esforçam para mostrar que ainda as têm. Os homens que vivem nas democracias amam seu país da mesma maneira que amam a si mesmos, e transferem os hábitos de sua vaidade privada para sua vaidade nacional.

A vaidade inquieta e insaciável dos povos democráticos deve-se tanto à igualdade e à fragilidade das condições que os membros da mais orgulhosa nobreza demonstram absolutamente a mesma paixão nas pequenas porções de suas vidas em que algo de instável e contestado acontece.

Uma classe aristocrática sempre difere profundamente das outras classes da nação pela extensão e perpetuidade das prerrogativas; mas às vezes acontece de vários de seus membros só diferirem entre si por pequenas vantagens fugidias que podem ser perdidas e adquiridas todos os dias.

Vimos os membros de uma poderosa aristocracia, reunidos numa capital ou numa corte, disputarem obstinadamente os privilégios frívolos que dependem do capricho da moda ou da vontade do senhor. Eles demonstravam exatamente uns pelos outros as mesmas invejas pueris que animam os homens das democracias, o mesmo ardor para se apoderar das mínimas vantagens que seus iguais lhes contestavam, e a mesma necessidade de expor a todos os olhares aquelas de que usufruíam.

Se os cortesãos um dia ousassem ter orgulho nacional, não duvido de que demonstrassem um igual ao dos povos democráticos.

CAPÍTULO 17
COMO O ASPECTO DA SOCIEDADE, NOS ESTADOS UNIDOS, É AO MESMO TEMPO AGITADO E MONÓTONO

Nada parece mais próprio a despertar e a alimentar a curiosidade do que o aspecto dos Estados Unidos. As fortunas, as ideias, as leis variam o tempo todo. A própria natureza imóvel parece móvel, de tanto que ela se transforma a cada dia sob a mão do homem.

A longo prazo, porém, a visão dessa sociedade tão agitada parece monótona e, depois de ter contemplado por algum tempo esse quadro tão cambiante, o espectador se entedia.

Nos povos aristocráticos, cada homem está mais ou menos fixo em sua esfera, mas os homens são prodigiosamente dissemelhantes; eles têm paixões, ideias, hábitos e gostos essencialmente diversos. Nada se move, tudo difere.

Nas democracias, ao contrário, todos os homens são semelhantes e fazem coisas mais ou menos semelhantes. Estão sujeitos, é verdade, a grandes e contínuas vicissitudes; mas, como os mesmos sucessos e os mesmos reveses voltam continuamente, somente o nome dos atores é diferente, a peça é a mesma. O aspecto da sociedade americana é agitado, porque os homens e as coisas mudam constantemente; e ele é monótono, porque todas as mudanças são iguais.

Os homens que vivem nos tempos democráticos têm muitas paixões, mas a maioria de suas paixões leva ao amor pelas riquezas, ou decorre dele. Isso não vem do fato de que suas almas sejam menores, mas de que a importância do dinheiro é, então, realmente maior.

Quando os cidadãos são todos independentes e indiferentes, é só pagando que se pode obter o concurso de cada um deles, o que multiplica ao infinito o uso da riqueza e aumenta seu valor.

Com o desaparecimento do prestígio que se atribuía às coisas antigas, o nascimento, a posição e a profissão não distinguem mais os homens ou pouco os distinguem; não resta nada além do dinheiro para criar diferenças muito visíveis entre eles e para colocar alguns à parte. A distinção que nasce da riqueza aumenta com o desaparecimento e com a diminuição de todos os outros.

Nos povos aristocráticos, o dinheiro só leva a alguns pontos da vasta circunferência dos desejos; nas democracias, ele parece levar a todos.

Em geral encontramos o amor pelas riquezas, portanto, como principal ou acessório, na base das ações dos americanos; o que dá a todas as suas paixões um ar familiar e não tarda a tornar seu quadro cansativo.

Esse perpétuo retorno da mesma paixão é monótono; os procedimentos particulares que essa paixão emprega para se satisfazer, também.

Numa democracia constituída e pacífica como a dos Estados Unidos, onde não se pode enriquecer nem pela guerra, nem pelos empregos públicos, nem pelas confiscações políticas, o amor pelas riquezas dirige principalmente os homens para a indústria. Ora, a indústria, que costuma levar a tão grandes desordens e tão grandes desastres, no entanto só poderia prosperar com a ajuda de hábitos muito regulares e por uma longa sucessão de pequenos atos muito uniformes. Os hábitos são tanto mais regulares e os atos, tanto mais uniformes quanto mais viva a paixão. Podemos dizer que é a própria violência de seus desejos que torna os americanos tão metódicos. Ela perturba a alma, mas organiza suas vidas.

O que digo da América se aplica, de resto, a quase todos homens de nossos dias. A variedade desaparece do seio da espécie humana; as mesmas maneiras de agir, de pensar e de sentir se encontram em todos os cantos do mundo. Isso não decorre apenas de que todos os povos convivem mais e se copiam mais fielmente, mas também de que em cada país os homens se afastam cada vez mais das ideias e dos sentimentos particulares a uma casta, a uma profissão, a uma família, chegam simultaneamente ao que mais se aproxima da constituição do homem, que é a mesma em toda parte. Eles se tornam semelhantes, embora não se tenham imitado. São como viajantes espalhados numa grande floresta cujos caminhos levam todos a um mesmo ponto. Se todos percebem ao mesmo tempo o ponto central e dirigem seus passos para ele, acabam se aproximando imperceptivelmente uns dos outros sem se procurar, sem se ver e sem se conhecer, e por fim ficarão surpresos de se ver reunidos no mesmo lugar. Todos os povos que tomam como objeto de seus estudos e de sua imitação não tal homem, mas o próprio homem, acabarão se encontrando nos mesmos costumes, como esses viajantes, no centro da floresta.

CAPÍTULO 18
DA HONRA NOS ESTADOS UNIDOS E NAS SOCIEDADES DEMOCRÁTICAS[5]

Os homens parecem utilizar dois métodos muito distintos no julgamento público que fazem das ações de seus semelhantes: ora julgam-nos segundo as simples noções de justo e injusto, disseminadas por toda a Terra; ora consideram-nas por meio de noções muito particulares que pertencem a um só país e a uma só época. Muitas vezes acontece de essas duas regras diferirem; outras vezes elas se combatem; mas elas nunca se confundem completamente nem se destroem.

A honra, na época de seu maior poder, rege a vontade mais do que a crença, e os homens, ainda que se submetessem sem hesitação e sem murmúrio a seus comandos, ainda sentem, por uma espécie de instinto obscuro, mas poderoso, que existe uma lei mais geral, mais antiga e mais santa à qual eles obedecem às vezes sem deixar de conhecê-la. Há ações que foram julgadas ao mesmo tempo honestas e desonrosas. A recusa de um duelo esteve muitas vezes nesse caso.

Creio que podemos explicar esses fenômenos de outro modo que não pelo capricho de certos indivíduos e de certos povos, como fizemos até aqui.

O gênero humano sente necessidades permanentes e gerais que fizeram nascer leis morais a que, quando não observadas, todos os homens naturalmente associaram, em todos os lugares e em todos os tempos, a ideia da

---

[5]. A palavra *honra* nem sempre é considerada no mesmo sentido em francês. Ela significa a estima, a glória, a consideração que se obtém dos semelhantes: é nesse sentido que dizemos *conquistar a honra*; a honra significa também o conjunto de regras por meio das quais se obtém essa glória, essa estima e essa consideração. É por isso que se diz *que um homem sempre se conformou estritamente às leis da honra; que ele faltou com a honra*. Ao escrever este capítulo, sempre considerei a palavra *honra* neste último sentido.

censura e da vergonha. Chamaram de *fazer mal* furtar-se a elas, e *fazer bem* submeter-se.

Estabelecem-se, além disso, no seio da vasta associação humana, associações mais restritas, que chamamos de povos, e, no meio destes, outras menores ainda, que chamamos de classes ou castas.

Cada uma dessas associações forma como que uma espécie particular no gênero humano; e, embora não difira essencialmente da massa dos homens, mantém-se um pouco à parte e sente necessidades que lhe são próprias. São essas necessidades especiais que modificam de certa maneira e em certos países o modo de se encarar as ações humanas e a estima que convém atribuir-lhes.

O interesse geral do gênero humano é que os homens não se matem uns aos outros, mas pode ser que o interesse particular e momentâneo de um povo ou de uma classe seja, em certos casos, justificar e mesmo honrar o homicídio.

A honra nada mais é que a regra particular com base num estado particular por meio da qual um povo ou uma classe distribui a censura ou o elogio.

Não há nada mais improdutivo para o espírito humano do que uma ideia abstrata. Apresso-me, portanto, para correr aos fatos. Um exemplo esclarecerá meu pensamento.

Escolherei a espécie de honra mais extraordinária que jamais surgiu no mundo, e a que melhor conhecemos: a honra aristocrática nascida no seio da sociedade feudal. Eu a explicarei por meio do que precede e explicarei o que precede por ela.

Não preciso investigar, aqui, quando e como a aristocracia da Idade Média nasceu, por que estava tão profundamente separada do resto da nação, o que fundou e fortaleceu seu poder. Encontro-a formada e procuro compreender por que ela considerava a maioria das ações humanas sob um ângulo tão particular.

O que mais me impressiona é que, no mundo feudal, as ações não eram sempre elogiadas ou censuradas em razão de seu valor intrínseco; acontecia, às vezes, de serem valorizadas unicamente em relação àquele que era seu autor ou seu objeto, coisa que repugna a consciência geral do gênero humano. Alguns atos eram indiferentes, portanto, quando feitos por um plebeu, mas desonrosos para um nobre; outros mudavam de caráter se a pessoa que os sofria pertencesse à aristocracia ou vivesse fora dela.

Quando essas diferentes opiniões surgiram, a nobreza formava um corpo à parte no meio do povo, que ela dominava das alturas inacessíveis às quais se retirara. Para manter essa posição particular que constituía sua força, ela não precisava apenas de privilégios políticos: ela precisava de virtudes e vícios para seu próprio uso.

Que tal virtude ou tal vício pertencesse à nobreza mais do que à plebe, que tal ação fosse indiferente quando tivesse um plebeu por objeto, ou condenável que se tratasse de um nobre — eis o que costumava ser arbitrário; mas que se atribuísse honra ou vergonha às ações de um homem dependendo de sua condição era o resultado da própria constituição de uma sociedade aristocrática. Isso se viu, de fato, em todos os países que tiveram uma aristocracia. Enquanto restar um único vestígio dela, essas singularidades serão encontradas: corromper uma moça de cor prejudica apenas a reputação de um americano, desposá-la o desonra.

Em certos casos, a honra feudal prescrevia a vingança e condenava o perdão das injúrias; em outros, comandava imperiosamente aos homens que se dominassem, ordenava o esquecimento de si. Ela não fazia da humanidade nem da suavidade uma lei; prezava a liberalidade mais do que a benevolência, permitia o enriquecimento pelo jogo e pela guerra, mas não pelo trabalho; preferia grandes crimes a pequenos ganhos. A cupidez a revoltava menos que a avareza, a violência a agradava com frequência, enquanto a astúcia e a traição sempre lhe pareciam desprezíveis.

Essas noções estranhas não haviam nascido somente do capricho dos que as haviam concebido.

Uma classe que conseguiu se colocar à frente e acima de todas as outras, e que faz constantes esforços para se manter nessa posição suprema, deve particularmente honrar as virtudes que tenham grandeza e brilho e que possam ser facilmente combinadas ao orgulho e ao amor pelo poder. Ela não teme perturbar a ordem natural da consciência para colocar essas virtudes acima de todas as outras. Compreendemos até que de bom grado eleve certos vícios audaciosos e brilhantes acima das virtudes pacíficas e modestas. De certo modo, é obrigada a isso por sua condição.

Acima de todas as virtudes, e no lugar de um grande número delas, os nobres da Idade Média colocavam a coragem militar.

Era uma opinião singular que necessariamente nascia da singularidade do estado social.

A aristocracia feudal nasceu pela guerra e para a guerra, encontrou nas armas seu poder e o mantém pelas armas; nada lhe é mais necessário, portanto, que a coragem militar; e era natural que ela a glorificasse acima de todo o resto. Tudo o que se manifestava externamente, mesmo à custa da razão e da humanidade, era, portanto, aprovado e muitas vezes ordenado por ela. O espaço para a imaginação dos homens só se encontrava no detalhe.

Que um homem considerasse uma injúria terrível receber uma bofetada e fosse obrigado a matar num combate singular aquele que assim o atingisse levemente, é arbitrário; mas que um nobre não pudesse receber pacatamente uma injúria e fosse desonrado se deixasse que o ferissem sem combater, isso decorria dos princípios e das necessidades de uma aristocracia militar.

Era verdade, portanto, até certo ponto, dizer que a honra tinha ares caprichosos, mas os caprichos da honra sempre estavam contidos dentro de certos limites necessários. Essa regra particular, chamada por nossos pais de honra, está tão longe de me parecer uma lei arbitrária que eu facilmente atribuiria a um pequeno número de necessidades fixas e invariáveis das sociedades feudais suas prescrições mais incoerentes e mais estranhas.

Se eu analisasse a honra feudal no campo da política, não teria maior dificuldade para explicar seus caminhos.

O estado social e as instituições políticas da Idade Média eram tais que o poder nacional nunca governava diretamente os cidadãos. Este não existia aos olhos deles, por assim dizer; cada um só conhecia um certo homem a quem era obrigado a obedecer. Era por esse homem que, sem saber, estava-se ligado a todos os outros. Nas sociedades feudais, toda a ordem pública dependia do sentimento de fidelidade à pessoa do senhor. Destruído isso, caía-se imediatamente na anarquia.

A fidelidade ao chefe político era, aliás, um sentimento cujo valor todos os membros da aristocracia percebiam a cada dia, pois cada um deles era ao mesmo tempo senhor e vassalo, e precisava tanto comandar quanto obedecer.

Permanecer fiel a seu senhor, sacrificar-se por ele, caso necessário, compartilhar de sua boa ou má sorte, essas foram as primeiras prescrições da honra feudal em matéria política. A traição do vassalo era condenada pela opinião com rigor extraordinário. Criou-se um nome particularmente infame para ela, *felonia*.

Encontramos na Idade Média, em contrapartida, poucos vestígios de uma paixão que dá vida às sociedades antigas. Estou falando do patriotismo. O próprio nome patriotismo não é antigo em nosso idioma.[6]

As instituições feudais ocultavam a pátria aos olhares; tornavam o amor por ela menos necessário. Elas faziam a nação ser esquecida, fazendo todos se apaixonarem por um homem. Assim, não vemos que a honra feudal jamais tenha feito da fidelidade a seu país uma lei estreita.

---

6. A palavra *pátria* só é encontrada em autores franceses a partir do século XVI.

Não que o amor pela pátria não existisse no coração de nossos pais; mas ele constituía apenas uma espécie de instinto fraco e obscuro que se tornou mais claro e mais forte à medida que as classes foram destruídas e o poder, centralizado.

Isso se vê bem pelos julgamentos contrários que os povos da Europa têm dos diferentes fatos de sua história, dependendo da geração que os julga. O que desonrava principalmente o condestável de Bourbon aos olhos de seus contemporâneos era ele pegar em armas contra seu rei; o que mais o desonra a nossos olhos é que ele entre em guerra contra seu país. Nós o condenamos tanto quanto nossos antepassados, mas por outras razões.

Escolhi, para esclarecer meu pensamento, a honra feudal, porque a honra feudal tem traços mais marcantes e mais conhecidos do que qualquer outra; poderia ter escolhido meu exemplo alhures, teria chegado ao mesmo objetivo por outro caminho.

Embora conheçamos menos bem os romanos do que nossos ancestrais, sabemos no entanto que existia entre eles, em matéria de glória e de desonra, opiniões particulares que não decorriam apenas das noções gerais do bem e do mal. Muitas ações humanas eram consideradas sob um ângulo diferente; conforme se tratasse de um cidadão ou de um estrangeiro, de um homem livre ou de um escravo; glorificavam-se certos vícios, certas virtudes foram elevadas acima de todas as outras.

"Ora, nesse tempo", disse Plutarco na vida de Coriolano, "a proeza era honrada e valorizada em Roma acima de todas as outras virtudes. O que prova isso é que a chamavam de *virtus*, com o mesmo nome da virtude, atribuindo o nome do gênero comum a uma espécie particular. Tanto que virtude em latim era o mesmo que dizer valentia". Quem não reconhece nisso a necessidade particular dessa associação singular que se formara para a conquista do mundo?

Cada nação se prestará a observações análogas, pois, como afirmei acima, todas as vezes que os homens se reúnem em sociedade particular, imediatamente se estabelece entre eles uma honra, isto é, um conjunto de opiniões que lhes é próprio sobre o que se deve elogiar ou censurar, e essas regras particulares sempre têm sua fonte nos hábitos especiais e nos interesses especiais da associação.

Isso se aplica, em certa medida, às sociedades democráticas tanto quanto às outras. Vamos encontrar a prova disso nos americanos.[7]

---

7. Falo aqui dos americanos que habitam as regiões em que a escravidão não existe. São os únicos que podem apresentar a imagem completa de uma sociedade democrática.

Ainda encontramos, dispersas entre as opiniões dos americanos, algumas noções retiradas da antiga honra aristocrática da Europa. Essas opiniões tradicionais talvez sejam muito poucas; elas têm poucas raízes e pouco poder. Como uma religião que subsiste em alguns templos, mas na qual não se acredita mais.

No meio dessas noções quase apagadas de uma honra exótica surgem algumas opiniões novas que constituem o que poderíamos chamar, em nossos dias, de honra americana.

Mostrei como os americanos eram constantemente levados para o comércio e para a indústria. Sua origem, seu estado social, as instituições políticas, o próprio lugar em que habitam os arrasta irresistivelmente para esse lado. Eles formam, então, no presente, uma associação quase exclusivamente industrial e comercial, situada num país novo e imenso que ela quer explorar como seu objetivo principal. Tal é o traço característico que, em nossos dias, distingue muito particularmente o povo americano de todos os outros.

Todas as virtudes pacíficas que tendem a dar um aspecto regular ao corpo social e a favorecer o negócio são, portanto, especialmente honradas nesse povo, e elas não poderiam ser negligenciadas sem se cair no desprezo público.

Todas as virtudes turbulentas que muitas vezes lançam brilho, mas, mais frequentemente, perturbações na sociedade, ocupam na opinião desse mesmo povo uma posição subalterna. Elas podem ser negligenciadas sem se perder a estima dos concidadãos, e talvez a pessoa se exponha a perder essa estima ao adquiri-las.

Os americanos não fazem uma classificação menos arbitrária dos vícios.

Há certas inclinações condenáveis aos olhos da razão geral e da consciência universal do gênero humano que estão de acordo com as necessidades particulares e momentâneas da associação americana; e esta só as reprova fracamente, às vezes as elogia; citarei particularmente o amor pelas riquezas e as inclinações secundárias a ela associadas. Para desbravar, fecundar e transformar esse vasto continente desabitado que é seu domínio, o americano precisa do apoio diário de uma paixão enérgica; essa paixão só poderia ser o amor pelas riquezas. Portanto, a paixão pelas riquezas não é condenada na América, e desde que não ultrapasse os limites que a ordem pública lhe atribui, é honrada. O americano chama de nobre e estimável ambição o que nossos pais da Idade Média chamam de cupidez servil; assim como dá o nome de furor cego e bárbaro ao ardor conquistador e ao humor guerreiro que os lançava a cada dia em novos combates.

Nos Estados Unidos, as fortunas se destroem e se reerguem sem dificuldade. O país é ilimitado e cheio de recursos inesgotáveis. O povo tem todas as necessidades e todos os apetites de um ser que cresce e, não importa os esforços que faça, está sempre cercado de mais bens do que pode ter. O que se deve temer em tal povo não é a ruína de alguns indivíduos, logo reparada, é a inatividade e a frouxidão de todos. A audácia nos empreendimentos industriais é a primeira causa de seus progressos rápidos, de sua força, de sua grandeza. A indústria é, para ele, como uma grande loteria em que um pequeno número de homens perde a cada dia, mas em que o Estado ganha o tempo todo; tal povo deve, portanto, ver com favor e honrar a audácia em matéria de indústria. Ora, todo empreendimento audacioso compromete a fortuna daquele que o empreende e a fortuna de todos os que confiam nele. Os americanos, que fazem da temeridade comercial uma espécie de virtude, em caso algum condenariam os temerários.

É por isso que, nos Estados Unidos, demonstra-se uma indulgência tão singular para o comerciante que vai à falência: a honra deste não sofre com esse acidente. Nisso, os americanos diferem não apenas dos povos europeus como de todas as nações comerciais de nossos dias; tampouco se assemelham, por sua posição e suas necessidades, a nenhuma delas.

Na América, trata-se com uma severidade desconhecida no resto do mundo todos os vícios que são de natureza a alterar a pureza dos costumes e a destruir a união conjugal. Isso contrasta estranhamente, à primeira vista, com a tolerância demostrada em outros pontos. Ficamos surpresos de encontrar no mesmo povo uma moral tão frouxa e tão austera.

Essas coisas não são tão incoerentes quanto se imagina. A opinião pública, nos Estados Unidos, só reprime frouxamente o amor pelas riquezas, que serve à grandeza industrial e à prosperidade da nação; e ela condena particularmente os maus costumes, que distraem o espírito humano da busca pelo bem-estar e perturbam a ordem interior da família, tão necessária ao sucesso dos negócios. Para serem estimados por seus semelhantes, os americanos são, portanto, obrigados a se curvar a hábitos regulares. É nesse sentido que podemos dizer que colocam sua honra em ser castos.

A honra americana concorda com a antiga honra da Europa a respeito de um ponto. Ela coloca a coragem à frente das virtudes, e faz dela a maior das necessidades morais para o homem; mas não considera a coragem sob o mesmo aspecto.

Nos Estados Unidos, o valor guerreiro é pouco valorizado; a coragem que melhor se conhece e que mais se estima é a que faz enfrentar a fúria do oceano para chegar mais cedo ao porto, suportar sem queixas as misérias do deserto e a solidão, mais cruel que todas as misérias; a coragem que torna quase insensível a perda súbita de uma fortuna penosamente adquirida, e sugere novos esforços para construir uma nova. A coragem desse tipo é necessária principalmente para a manutenção e para a prosperidade da associação americana, e é particularmente honrada e glorificada por ela. Ninguém pode se mostrar privado dela sem desonra.

Encontro uma última característica, que acabará de colocar em relevo a ideia deste capítulo.

Numa sociedade democrática como a dos Estados Unidos, onde as fortunas são pequenas e mal garantidas, todo mundo trabalha e o trabalho leva a tudo. Isso reorientou o ponto de honra e o dirigiu contra a ociosidade.

Encontrei algumas vezes na América pessoas ricas, jovens, inimigas, por temperamento, de todo esforço penoso, mas que eram obrigadas a ter uma profissão. Sua natureza e sua fortuna lhes permitiam permanecer ociosas; a opinião pública as proibia imperiosamente, e elas precisavam obedecer. Vi muitas vezes, ao contrário, nas nações europeias em que a aristocracia ainda luta contra a torrente que a arrasta, vi, eu dizia, homens cujas necessidades e desejos os incitavam constantemente a permanecer na ociosidade para não perder a estima de seus iguais, e se submeter mais facilmente ao tédio e à pobreza do que ao trabalho.

Quem não percebe nessas duas obrigações tão contrárias duas regras diferentes que, no entanto, emanam da honra?

O que nossos pais chamaram de honra por excelência nada mais era, para falar a verdade, que uma de suas formas. Eles deram um nome genérico ao que não passava de uma espécie. A honra se encontra, portanto, tanto nos séculos democráticos quanto nos tempos de aristocracia, mas não será difícil mostrar que nesta ela apresenta outra fisionomia.

Não apenas suas prescrições são diferentes, veremos que elas são menos numerosas e mais claras, e que suas leis são seguidas mais frouxamente.

Uma casta sempre está numa situação bem mais particular do que um povo. Não há nada de mais excepcional no mundo do que uma pequena sociedade sempre composta pelas mesmas famílias, como a aristocracia da Idade Média, por exemplo, cujo objetivo é concentrar e reter exclusivamente e hereditariamente em seu seio a luz, a riqueza e o poder.

Ora, quanto mais a posição de uma sociedade é excepcional, mais suas necessidades especiais são numerosas e mais as noções de sua honra, que correspondem a suas necessidades, aumentam.

As prescrições da honra sempre serão, portanto, menos numerosas num povo que não está dividido em castas do que em outro. Se surgirem nações em que seja até mesmo difícil encontrar classes, a honra se limitará a um pequeno número de preceitos, e esses preceitos cada vez menos se afastarão das leis morais adotadas pelo resto da humanidade.

Assim, as prescrições da honra serão menos estranhas e menos numerosas numa nação democrática do que numa aristocracia.

Elas também serão mais obscuras; isso é resultado, necessariamente, do que precede.

Os traços característicos da honra, sendo em menor número e menos singulares, com frequência são de difícil distinção.

Há outras razões ainda.

Nas nações aristocráticas da Idade Média, as gerações se sucediam em vãos umas às outras; cada família era como um homem imortal e perpetuamente imóvel; as ideias não variavam mais do que as condições.

Cada homem sempre tinha diante dos olhos, portanto, os mesmos objetos, que considerava do mesmo ponto de vista; seu olhar penetrava pouco a pouco nos mínimos detalhes, e sua percepção não podia deixar, com o tempo, de se tornar clara e distinta. Assim, não apenas os homens dos tempos feudais tinham opiniões muito extraordinárias que constituíam sua honra como cada uma dessas opiniões também surgia em seu espírito sob uma forma nítida e precisa.

Isso nunca aconteceria num país como a América, em que todos os cidadãos se movem, onde a sociedade, modificando-se todos os dias, muda suas opiniões conforme suas necessidades. Num país como esse, entrevê-se a regra da honra, raramente se tem tempo de considerá-la fixamente.

Mesmo que a sociedade fosse imóvel, ainda seria difícil parar o sentido que se deve dar à palavra honra.

Na Idade Média, cada classe tendo sua honra, a mesma opinião nunca era admitida ao mesmo tempo por um número muito grande de homens, o que permitia conferir-lhe uma forma fixa e precisa; tanto mais que todos os que a admitiam, tendo uma posição perfeitamente idêntica e muito excepcional, tinham como disposição natural concordar a respeito das prescrições de uma lei que era feita apenas para eles.

A honra se tornava, assim, um código completo e detalhado, onde tudo era previsto e ordenado previamente, e que apresentava uma regra fixa e sempre visível às ações humanas. Numa nação democrática como o povo americano, onde as posições se confundem e onde a sociedade inteira forma uma massa única, onde todos os elementos são análogos sem serem inteiramente semelhantes, nunca poderia haver concordância prévia a respeito do que é permitido e proibido pela honra.

Existem, no seio desse povo, certas necessidades nacionais que fazem nascer opiniões comuns, em matéria de honra; mas tais opiniões nunca se apresentam ao mesmo tempo, da mesma maneira, e com igual força ao espírito de todos os cidadãos; a lei da honra existe, mas costumam faltar-lhe intérpretes.

A confusão é ainda maior num país democrático como o nosso, em que as diferentes classes que compunham a antiga sociedade, vindo a se misturar sem terem podido se confundir, importam, a cada dia, para o seio umas das outras, as noções diversas e muitas vezes contrárias à honra; em que cada homem, seguindo seus caprichos, abandona uma parte das opiniões de seus pais e mantém outra; de tal modo que, no meio de tantas medidas arbitrárias, jamais se estabeleceria uma regra comum. É quase impossível dizer de antemão que ações serão honradas ou condenadas. São tempos miseráveis, mas que não duram.

Nas nações democráticas, a honra era mal definida, e necessariamente menos poderosa; pois é difícil aplicar com certeza e firmeza uma lei imperfeitamente conhecida. A opinião pública, que é a intérprete natural e soberana da lei da honra, não vendo distintamente de que lado convém fazer pender a crítica ou o elogio, só pronuncia seu juízo com hesitação. Às vezes acontece-lhe de se contradizer; muitas vezes ela se mantém imóvel e não intervém.

A fraqueza relativa da honra nas democracias ainda se deve a várias outras causas.

Nos países aristocráticos, a mesma honra nunca é admitida por mais do que certo número de homens, muitas vezes restrito e sempre separado do resto de seus semelhantes. A honra facilmente se mistura e confunde, no espírito deles, com a ideia de tudo o que os distingue. Ela lhes aparece como o traço distintivo de sua fisionomia; aplicam suas diferentes regras com todo o ardor do interesse pessoal e sentem, se assim posso dizer, paixão em obedecer-lhe.

Essa verdade se manifesta com muita clareza quando lemos as coletâneas de costumes da Idade Média no artigo dos duelos judiciários. Vemos que os nobres deviam, em suas querelas, utilizar a lança e a espada, enquanto os plebeus usavam entre si o bastão, "dado que", acrescentam os costumes, "*os plebeus não têm honra*". Isso não queria dizer, como hoje se imagina, que esses homens eram desprezíveis; significava apenas que suas ações não eram julgadas segundo as mesmas regras da aristocracia.

O que espanta, à primeira vista, é que quando a honra reina com esse pleno poder, suas prescrições costumam ser muito estranhas; de tal modo que parecemos obedecer-lhe melhor quanto mais ela parece se afastar da razão; por isso às vezes se concluiu que a honra era forte justamente por causa de sua extravagância.

Essas duas coisas têm, de fato, a mesma origem, mas não decorrem uma da outra.

A honra é estranha na medida em que representa necessidades mais particulares e sentidas por um menor número de homens; e é por representar necessidades dessa espécie que ela é poderosa. A honra não é poderosa porque é estranha, portanto; mas é estranha e poderosa pelo mesmo motivo.

Farei outra observação.

Nos povos aristocráticos, todas as posições diferem, mas todas as posições são fixas; cada um ocupa em sua esfera um lugar do qual não pode sair, e no qual vive no meio de outros homens fixos à sua volta da mesma maneira. Nessas nações, ninguém pode esperar ou temer não ser visto; não há homem em posição tão baixa que não tenha seu teatro, e que precise escapar, por sua obscuridade, da crítica ou do elogio.

Nos estados democráticos, ao contrário, onde todos os cidadãos se confundem na mesma multidão e se agitam constantemente, a opinião pública não tem alcance; seu objeto desaparece a cada instante, e lhe escapa. A honra será, portanto, menos imperiosa e menos premente, pois a honra só age tendo em vista o público, diferente, nisso, da simples virtude, que vive de si mesma e se satisfaz com o próprio testemunho.

Se o leitor compreendeu bem tudo o que precede, ele deve ter percebido que não existe, entre a desigualdade de condições e aquilo que chamamos de honra, uma relação estreita e necessária que, se não me engano, ainda não havia sido claramente indicada. Devo, portanto, fazer um último esforço para bem esclarecê-la.

Uma nação se coloca à parte no gênero humano. Independentemente de certas necessidades gerais inerentes à espécie humana, ela tem seus interesses e suas necessidades particulares. Imediatamente se estabelecem em seu seio, em matéria de crítica e de elogio, certas opiniões que lhe são próprias e que seus cidadãos chamam de honra.

No seio dessa mesma nação chega a se estabelecer uma casta que, separando-se por sua vez de todas as outras classes, adquire necessidades particulares, e estas, por sua vez, fazem nascer opiniões especiais. A honra dessa casta, estranho composto das noções particulares da nação e das noções ainda mais particulares da casta, se afastará, tanto quanto se possa imaginar, de opiniões simples e gerais dos homens. Atingimos o ponto extremo, agora regressemos.

As posições se misturam, os privilégios são abolidos. Os homens que compõem a nação, tendo se tornado semelhantes e iguais, têm interesses e necessidades que se confundem, e vemos se desvanecerem sucessivamente todas as noções singulares que cada casta chamava de honra; a honra agora só decorre das necessidades particulares da própria nação, ela representa sua individualidade entre os povos.

Por fim, se fosse permitido supor que todas as raças se confundissem, e que todos os povos do mundo chegassem a esse ponto de não mais se distinguir uns dos outros por nenhum traço característico, deixaríamos completamente de atribuir um valor convencional às ações humanas; todos as encarariam sob o mesmo ângulo; as necessidades gerais da humanidade, que a consciência revela a cada homem, seriam a medida comum. Então, só se encontrariam nesse mundo as simples e gerais noções de bem e mal, às quais se vinculariam, por um laço natural e necessário, as ideias de elogio e crítica.

Assim, para conter todo meu pensamento numa única fórmula, são as dissemelhanças e as desigualdades dos homens que criaram a honra; ela enfraquece à medida que essas diferenças se apagam e desaparece com elas.

CAPÍTULO 19
POR QUE ENCONTRAMOS NOS ESTADOS UNIDOS TANTOS AMBICIOSOS E TÃO POUCAS GRANDES AMBIÇÕES

A primeira coisa que chama a atenção nos Estados Unidos é a inumerável multidão dos que tentam sair de sua condição original; a segunda é o pequeno número de grandes ambições que se fazem notar no meio desse movimento universal da ambição. Não há americano que não se revele devorado pelo desejo de se elevar, mas não vemos quase nenhum que pareça alimentar esperanças muito vastas ou visar muito alto. Todos querem constantemente adquirir bens, reputação, poder; poucos encaram todas essas coisas em grande escala. Isso surpreende à primeira vista. Porque não se percebe nada, nem nos costumes nem nas leis da América, que deva limitar os desejos e impedi-los de se desenvolver em todas as direções.

Parece difícil atribuir à igualdade de condições esse singular estado de coisas; pois no momento em que essa mesma igualdade se estabeleceu entre nós, ela imediatamente fez surgir ambições quase sem limites. Creio, no entanto, que é principalmente no estado social e nos costumes democráticos dos americanos que devemos buscar a causa do que precede.

Toda revolução aumenta a ambição dos homens. Isso é verdade sobretudo da revolução que derruba uma aristocracia.

Com a queda súbita das antigas barreiras que separavam a multidão do renome e do poder, surge um movimento de ascensão impetuoso e universal na direção dessas grandezas por muito tempo cobiçadas, cujo usufruto finalmente é permitido. Nessa primeira exaltação do triunfo, nada parece impossível a ninguém. Não apenas os desejos não têm limites como o poder de satisfazê-los quase os perde totalmente também. No meio dessa renovação geral e súbita dos costumes e das leis, nessa grande mistura de todos os homens e de todas as regras, os cidadãos se elevam e caem com uma velocidade inaudita, e o poder passa tão rápido de mão em mão que ninguém perde as esperanças de tomá-lo por sua vez.

É preciso lembrar, aliás, que as pessoas que destroem uma aristocracia viveram sob suas leis, viram seus esplendores e se deixaram penetrar, sem saber, por seus sentimentos e por suas ideias. Assim, quando uma aristocracia se dissolve, seu espírito ainda flutua sobre a massa e seus instintos são conservados por muito tempo depois de ela ter sido vencida.

As ambições se mostrarão sempre muito grandes, portanto, enquanto durar a revolução democrática; o mesmo acontecerá por algum tempo depois de ela ter acabado.

A lembrança dos acontecimentos extraordinários de que eles foram testemunhas não se apaga num dia da memória dos homens. As paixões que a revolução havia sugerido não desaparecem com ela. O sentimento de instabilidade se perpetua em meio à ordem. A ideia da facilidade do sucesso sobrevive às estranhas vicissitudes que a haviam feito nascer. Os desejos permanecem muito vastos, enquanto os meios de satisfazê-los diminuem a cada dia. O gosto pelas grandes fortunas subsiste, embora as grandes fortunas se tornem raras, e de todas as partes vemos se inflamarem as ambições desproporcionais e infelizes que queimam em segredo e sem proveito o coração que as contém.

Pouco a pouco, porém, os últimos vestígios de luta se apagam; os restos da aristocracia acabam desaparecendo. Os grandes acontecimentos que acompanharam sua queda são esquecidos; o repouso sucede a guerra, o império da regra renasce no seio do Novo Mundo; os desejos se tornam proporcionais aos meios; as necessidades, as ideias e os sentimentos se associam; os homens acabam de se nivelar; a sociedade democrática foi finalmente estabelecida.

Se considerarmos um povo democrático que alcançou esse estado permanente e normal, ele nos apresentará um espetáculo absolutamente diferente daquele que acabamos de contemplar, e podermos julgar sem dificuldade que, embora a ambição se torne grande enquanto as condições se igualam, ela perde esse caráter quando estas são iguais.

Como as grandes fortunas são divididas e a ciência se disseminou, ninguém está absolutamente privado de luzes ou bens; abolidos os privilégios e as incapacidades de classe, e tendo os homens rompido para sempre os laços que os mantinham imóveis, a ideia de progresso se apresenta ao espírito de cada um deles; a vontade de se elevar nasce ao mesmo tempo em todos os corações; cada homem quer sair de sua posição. A ambição é o sentimento universal.

Mas embora a igualdade de condições dê a todos os cidadãos alguns recursos, ela impede que qualquer um deles tenha recursos muito extensos; o que necessariamente encerra os desejos dentro de limites bastante estreitos. Nos povos democráticos, a ambição é, portanto, ardente e contínua, mas não pode visar a muito alto, e a vida se passa em geral cobiçando com ardor pequenos objetos ao alcance das mãos.

O que mais desvia os homens das democracias da grande ambição não é a insignificância de sua fortuna, mas o violento esforço que eles fazem todos os dias para melhorá-la. Eles constrangem sua alma a empregar todas as suas forças para fazer coisas medíocres: o que logo não deixa de limitar sua visão e circunscrever seu poder. Eles poderiam ser muito mais pobres e ficar maiores.

O pequeno número de cidadãos opulentos que se encontram no seio de uma democracia não faz exceção a essa regra. Um homem que se eleva gradualmente à riqueza e ao poder contrai, nesse longo trabalho, hábitos de prudência e de contenção dos quais depois não consegue se livrar. Ninguém amplia gradualmente sua alma como se ampliasse sua casa.

Uma observação análoga se aplica aos filhos desse mesmo homem. Estes nasceram, é verdade, numa posição elevada, mas seus pais foram humildes; eles cresceram no meio de sentimentos e ideias de que, mais tarde, será difícil de subtrair-se; é de crer que ao mesmo tempo herdarão os instintos e os bens de seus pais.

Pode acontecer, ao contrário, que o mais pobre rebento de uma aristocracia poderosa demonstre uma ampla ambição, porque as opiniões tradicionais de sua raça e o espírito geral de sua casta ainda o sustentam por algum tempo acima de sua fortuna.

O que também impede que os homens dos tempos democráticos se entreguem facilmente à ambição das grandes coisas é o tempo que eles preveem ser preciso decorrer antes de estarem em condições de empreendê-las. "A qualidade é uma grande vantagem", disse Pascal, "desde os 18 ou 20 anos coloca um homem em boa posição que outro poderia alcançar aos 50; são 30 anos ganhos sem dificuldade." Esses 30 anos em geral faltam aos ambiciosos das democracias. A igualdade, que deixa a cada um a faculdade de chegar a tudo, impede que se cresça rapidamente.

Numa sociedade democrática, como em outras, só há um certo número de grandes fortunas a fazer, e como as carreiras que levam a elas estão abertas indistintamente a cada cidadão, os progressos de todos precisam se tornar mais lentos. Como os candidatos parecem mais ou menos iguais e é difícil fazer entre eles uma escolha sem violar o princípio de igualdade, que é a lei suprema das sociedades democráticas, a primeira ideia que se apresenta é fazer todos seguirem nos mesmos passos e submeter todos às mesmas provas.

À medida que os homens se tornam mais semelhantes e que o princípio de igualdade penetra mais serenamente e mais profundamente nas instituições e nos costumes, as regras de promoção se tornam mais inflexíveis; a promoção, mais lenta; a dificuldade de chegar rápido a um certo grau de grandeza aumenta.

Por ódio ao privilégio e por dificuldade de escolha, chega-se a obrigar todos os homens, qualquer que seja seu tamanho, a passar por um mesmo caminho, e todos são indistintamente submetidos a uma profusão de pequenos exercícios preliminares, em meio aos quais sua juventude se perde e sua imaginação se apaga; de tal modo que eles perdem a esperança de poder um dia gozar plenamente dos bens que lhe são oferecidos; e quando eles enfim chegam a poder fazer coisas extraordinárias, perderam o gosto por elas.

Na China, onde a igualdade de condições é muito grande e muito antiga, um homem só passa de uma função pública a outra depois de ter se submetido a um concurso. Essa prova surge a cada passo de sua carreira, e essa ideia está tão entranhada nos costumes que me lembro de ter lido um romance chinês em que o herói, após várias vicissitudes, finalmente toca o coração de sua amante depois de passar num teste. Grandes ambições respiram pouco à vontade em semelhante atmosfera.

O que digo da política se estende a todas as coisas; a igualdade produz os mesmos efeitos em tudo; quando a lei não se encarrega de regrar e retardar o movimento dos homens, a concorrência o faz.

Numa sociedade democrática bem estabelecida, as grandes e rápidas elevações são raras, portanto; elas formam exceções à regra comum. É a singularidade que faz esquecer seu pequeno número.

Os homens das democracias acabam entrevendo todas essas coisas; com o tempo, eles percebem que o legislador abre diante deles um campo ilimitado, no qual todos facilmente podem dar alguns passos, mas que ninguém pode se orgulhar de percorrer rapidamente. Entre eles e o vasto e final objetivo de seus desejos, eles veem uma profusão de pequenas barreiras intermediárias que precisam ser transpostas com lentidão; essa visão cansa de antemão sua ambição e a desencoraja. Eles então renunciam a essas distantes e duvidosas esperanças para procurar mais perto de si prazeres menos elevados e mais fáceis. A lei não limita seus horizontes, mas eles mesmos os estreitam.

Afirmei que as grandes ambições eram mais raras nos séculos democráticos do que nos tempos de aristocracia; acrescento que, quando, apesar desses obstáculos naturais, elas chegam a nascer, sua fisionomia é outra.

Nas aristocracias, a carreira da ambição costuma ser extensa, mas seus limites são fixos. Nos países democráticos, ela em geral se agita num campo estreito, mas quando consegue sair dele, parece não haver mais nada que a limite. Como os homens são fracos, isolados e móveis, como os precedentes têm pouco império e as leis, pouca duração, a resistência às novidades é frouxa, e o corpo social nunca parece muito alinhado ou firme em sua postura. De modo que, quando os ambiciosos enfim têm o poder na mão, eles acreditam poder ousar qualquer coisa; e quando ele lhes escapa, eles imediatamente pensam em derrubar o estado para recuperá-lo. Isso dá à grande ambição política um caráter violento e revolucionário que é raro de ver, no mesmo grau, nas sociedades aristocráticas.

Uma multidão de pequenas ambições muito sensatas, das quais surgem de longe em longe alguns grandes desejos mal regrados: tal é o quadro que as nações democráticas em geral apresentam. Uma ambição proporcionada, moderada e ampla nunca é encontrada.

Mostrei alhures por qual força secreta a igualdade fazia predominar, no coração humano, a paixão pelos prazeres materiais e o amor exclusivo pelo presente; esses diferentes instintos se mesclam ao sentimento de ambição e o tingem, por assim dizer, com suas cores.

Penso que os ambiciosos das democracias se preocupam menos do que todos os outros com os interesses e os julgamentos do futuro: o momento atual é a única coisa que os preocupa e absorve. Eles rapidamente concluem muitos empreendimentos, mais do que erguem alguns monumentos muito duradouros; eles amam o sucesso muito mais do que a glória. O que mais requerem dos homens é obediência. O que querem acima de tudo é influência. Os costumes quase sempre permanecem menos elevados do que sua condição, o que faz com que transportem com muita frequência para uma fortuna extraordinária gostos muito vulgares, e que pareçam só ter se elevado ao soberano poder para conseguir obter mais facilmente pequenos e grosseiros prazeres.

Creio que, em nossos dias, é muito necessário depurar, regrar e adaptar o sentimento de ambição, mas que seria muito perigoso querer empobrecê-lo e comprimi-lo demasiadamente. É preciso tentar atribuir-lhe previamente limites extremos que nunca poderão ser ultrapassados; mas deve-se evitar conter demais seu desenvolvimento dentro dos limites permitidos.

Confesso que temo muito menos a audácia, para as sociedades democráticas, do que a mediocridade dos desejos; o que me parece mais temível é que, no meio das pequenas ocupações incessantes da vida privada, a ambição perca seu impulso e sua grandeza, que as paixões humanas se acalmem e abaixem ao mesmo tempo, de modo que a cada dia o aspecto do corpo social se torne mais tranquilo e menos elevado.

Penso, portanto, que os chefes dessas sociedades novas errariam se quisessem adormecer os cidadãos numa felicidade unida e pacífica demais, e que é bom às vezes dar-lhes assuntos difíceis e perigosos, a fim de elevar a ambição e abrir-lhes um teatro.

Os moralistas se queixam sem cessar de que o vício favorito de nossa época é o orgulho.

Isso é verdade em certo sentido; não há ninguém, de fato, que não acredite valer mais que seu vizinho e que consinta em obedecer a seu superior; mas isso é muito falso em outro: pois esse mesmo homem, que não pode suportar nem a subordinação nem a igualdade, no entanto despreza a si mesmo a ponto de só se acreditar feito para saborear os prazeres vulgares. Ele de bom grado se detém em desejos medíocres sem ousar abordar os altos empreendimentos; mal os imagina.

Longe de acreditar que seja preciso recomendar a humildade a nossos contemporâneos, eu gostaria de que nos esforçássemos para dar-lhes uma ideia mais vasta de si mesmos e de sua espécie; a humildade não lhes é sadia; o que mais lhes falta, a meu ver, é orgulho. Eu de bom grado trocaria várias de nossas pequenas virtudes por esse vício.

CAPÍTULO 20
DA INDÚSTRIA DAS POSIÇÕES EM CERTAS NAÇÕES DEMOCRÁTICAS

Nos Estados Unidos, assim que um cidadão adquire algumas luzes e alguns recursos, ele procura enriquecer-se no comércio e na indústria ou então compra um campo coberto de florestas e se torna um pioneiro. Tudo o que ele pede ao Estado é que não venha perturbá-lo em seus labores e que lhe garanta seus frutos.

Na maioria dos povos europeus, quando um homem começa a sentir suas forças e ouvir seus desejos, a primeira ideia que se apresenta a ele é conseguir um emprego público. Esses diferentes efeitos, vindos de uma mesma causa, merecem que nos detenhamos um momento para considerá-los.

Quando as funções públicas são em pequeno número, mal retribuídas, instáveis, e quando, por outro lado, as carreiras industriais são numerosas e produtivas, é para a indústria e não para a administração que se dirigem os novos e impacientes desejos que a igualdade faz nascer a cada dia.

Mas quando, ao mesmo tempo que as posições se igualam, as luzes permanecem incompletas ou os espíritos, tímidos, ou o comércio e a indústria, atravancados em seu desenvolvimento, só oferecem meios difíceis e lentos de fazer fortuna, os cidadãos, perdendo as esperanças de melhorar por si mesmos sua sorte, correm tumultuosamente para o chefe de Estado e pedem sua ajuda. Colocar-se mais à vontade à custa do tesouro público lhes parece ser, senão a única via que têm, ao menos a via mais confortável e mais aberta a todos para sair de uma condição que não lhes basta mais: a procura das posições se torna a mais regular de todas as indústrias.

Deve ser assim, principalmente nas grandes monarquias centralizadas, onde o número de funções retribuídas é imenso e a existência dos funcionários, bastante segura; de tal modo que ninguém perde a esperança de obter um emprego e dele usufruir como de um patrimônio.

Não direi que esse desejo universal e imoderado das funções públicas é um grande mal social, que destrói, em cada cidadão, o espírito de independência, e espalha em todo o corpo da nação um humor venal e servil que sufoca as virtudes; tampouco observarei que uma indústria dessa espécie só cria uma atividade improdutiva e agita o país sem fecundá-lo: tudo isso se compreende com facilidade.

Mas quero observar que o governo que favorece semelhante tendência arrisca sua tranquilidade e coloca a própria vida em grande perigo.

Sei que, num tempo como o nosso, onde vemos o amor e o respeito que outrora estavam ligados ao poder se extinguirem gradualmente, pode parecer necessário aos governantes atrelar mais estreitamente cada homem, por seu interesse, e pode parecer-lhes cômodo se servir das próprias paixões para mantê-lo na ordem e no silêncio; mas isso não poderia durar muito tempo, e o que pode parecer por certo período uma causa de força, torna-se certamente a longo prazo um grande objeto de perturbação e fraqueza.

Nos povos democráticos, como em todos os outros, o número de empregos públicos acaba tendo limites, mas, nesses mesmos povos, o número de ambiciosos, não; cresce constantemente, por um movimento gradual e irresistível, à medida que as condições se igualam; só se limita quando faltam homens.

Portanto, quando a ambição só tem saída para a administração, o governo acaba necessariamente encontrando uma oposição permanente, pois sua tarefa é satisfazer com meios limitados desejos que se multiplicam sem limites. É preciso convencer-se de que, de todos os povos do mundo, o mais difícil de conter e dirigir é um povo de solicitadores. Quaisquer que sejam os esforços de seus chefes, eles nunca poderiam satisfazê-los, e sempre se deve temer de que eles por fim acabem derrubando a Constituição do país e mudando a face do Estado pela simples necessidade de criar vagas.

Os príncipes de nosso tempo, que se esforçam para atrair somente para si todos os novos desejos que a igualdade suscita, e contentá-los, acabarão, portanto, se não me engano, por se arrepender de terem se engajado em tal empresa; um dia descobrirão que arriscaram seu poder ao torná-lo tão necessário, e que teria sido mais honesto e mais seguro ensinar a cada um de seus súditos a arte de bastar a si mesmo.

CAPÍTULO 21
POR QUE AS GRANDES REVOLUÇÕES SE TORNARÃO RARAS

Um povo que viveu por séculos sob o regime de castas e classes só chega a um estado social democrático por meio de uma longa sequência de transformações mais ou menos penosas, por meio de esforços violentos e depois de inúmeras vicissitudes, durante as quais os bens, as opiniões e o poder mudam rapidamente de lugar.

Quando essa grande revolução termina, ainda vemos subsistir por muito tempo os hábitos revolucionários criados por ela, e profundas agitações lhe sucedem.

Como tudo isso acontece no momento em que as condições se igualam, conclui-se que existe uma relação oculta e um laço secreto entre a igualdade e as revoluções, de tal modo que uma não poderia existir sem que as outras nascessem.

A esse respeito, o raciocínio parece concordar com a experiência.

Num povo em que as posições são mais ou menos iguais, nenhum laço aparente reúne os homens e os mantém firmes em seu lugar. Nenhum deles tem o direito permanente nem o poder de comandar, e nenhum tem por condição obedecer; mas cada um, vendo-se provido de algumas luzes e alguns recursos, pode escolher sua via e avançar à parte de todos os seus semelhantes.

As mesmas causas que tornam os cidadãos independentes uns dos outros arrastam-nos a cada dia para novos e inquietos desejos, e os incitam sem cessar.

Parece, portanto, natural acreditar que, numa sociedade democrática, as ideias, as coisas e os homens devam eternamente mudar de formas e posições e que os séculos democráticos serão tempos de transformações rápidas e incessantes.

Será isso um fato? A igualdade de condições leva os homens de maneira habitual e permanente para as revoluções? Contém ela algum princípio perturbador que impede a sociedade de assentar-se e dispõe os cidadãos a renovar constantemente seus direitos, suas doutrinas e seus costumes? Não creio. O tema é importante; rogo ao leitor que me siga com atenção.

Quase todas as revoluções que mudaram a face dos povos foram feitas para consagrar ou destruir a desigualdade. Afaste as causas secundárias que produziram as grandes agitações dos homens e quase sempre chegará à desigualdade. Foram os pobres que quiseram se apropriar dos bens dos ricos ou os ricos que tentaram agrilhoar os pobres. Portanto, se você pudesse fundar um estado de sociedade em que cada um tivesse algo a guardar e pouco a tomar, teria feito muito pela paz do mundo.

Não ignoro que, num grande povo democrático, sempre se encontrem cidadãos muito pobres e cidadãos muito ricos; mas os pobres, em vez de formarem a imensa maioria da nação, como sempre acontece nas sociedades aristocráticas, existem em pequeno número, e a lei não os ligou uns aos outros pelos laços de uma miséria irremediável e hereditária.

Os ricos, por sua vez, são esparsos e impotentes; eles não têm privilégios que atraiam os olhares; sua riqueza, não estando mais incorporada à terra e representada por ela, é inapreensível e como que invisível. Assim como não há mais raças de pobres, não há mais raças de ricos; estes saem a cada dia do seio da multidão e a ela voltam constantemente. Eles não formam uma classe à parte, portanto, que possa facilmente ser definida e despojada; mantendo-se, aliás, por mil fios secretos à massa de seus concidadãos, o povo não poderia atingi-los sem atingir a si mesmo. Entre essas duas extremidades das sociedades democráticas encontra-se uma multidão inumerável de homens quase iguais que, sem serem exatamente ricos ou pobres, possuem bens o suficiente para desejar a ordem e não os têm em quantidade suficiente para despertar a inveja.

Estes são inimigos naturais dos movimentos violentos; sua imobilidade mantém em repouso tudo o que se encontra acima e abaixo deles, e garante o corpo social em seu equilíbrio.

Não que estes mesmos estejam satisfeitos com sua fortuna presente, nem que sintam um horror natural para uma revolução cujos despojos eles dividiriam sem viver seus males; eles desejam, ao contrário, com um ardor sem igual, enriquecer; mas o problema é saber de quem tomar. O mesmo estado social que lhe sugere desejos constantes encerra esses desejos dentro dos limites necessários. Ele dá aos homens mais liberdade de mudar e menos interesse pela mudança.

Não apenas os homens das democracias não desejam naturalmente as revoluções como também as temem.

Não há revolução que ameace mais ou menos a propriedade adquirida. A maioria dos que habitam os países democráticos são proprietários; eles não têm apenas propriedades, eles vivem na condição em que os homens mais atribuem valor à sua propriedade.

Se considerarmos atentamente cada uma das classes que compõem a sociedade, é fácil ver que não há nenhuma em que as paixões despertadas pela propriedade sejam mais amargas e mais tenazes do que nas classes médias.

Os pobres muitas vezes não se preocupam muito com o que possuem, porque muito mais sofrem com o que lhes falta do que usufruem do pouco que têm. Os ricos têm várias outras paixões a satisfazer além da paixão pelas riquezas, e aliás o longo e penoso uso de uma grande fortuna às vezes acaba tornando-os como que insensíveis a suas doçuras.

Mas os homens que vivem num conforto igualmente afastado da opulência e da miséria atribuem a seus bens um preço imenso. Como ainda estão muito próximos da pobreza, veem de perto seus rigores e os temem; entre ela e eles não há mais que um pequeno patrimônio no qual logo fixam seus temores e suas esperanças. A cada instante interessam-se mais pelas constantes preocupações que ele lhes dá e se prendem a ele pelos esforços cotidianos que fazem para aumentá-lo. A ideia de ceder a menor parte desse patrimônio lhes é insuportável e eles consideram sua perda total como a pior das desgraças. Ora, é o número desses pequenos proprietários ardentes e inquietos que a igualdade de condições faz crescer sem parar.

Assim, nas sociedades democráticas, a maioria dos cidadãos não vê claramente o que poderia ganhar com uma revolução e sente a cada instante, e de mil maneiras, o que poderia perder.

Mostrei, em outro lugar dessa obra, como a igualdade de condições naturalmente levava os homens às carreiras industriais e comerciais e como ela aumentava e diversificava a propriedade fundiária; mostrei como ela inspirava a cada homem um desejo ardente e constante de aumentar seu bem-estar. Não há nada mais contrário às paixões revolucionárias do que todas essas coisas.

Pode acontecer de que, por seu resultado final, uma revolução sirva à indústria e ao comércio; mas seu primeiro efeito quase sempre será arruinar os industriais e os comerciantes, porque ela não pode deixar de, em primeiro lugar, mudar o estado geral do consumo e inverter momentaneamente a proporção que existia entre a produção e as necessidades.

Não conheço nada mais oposto aos costumes revolucionários, aliás, do que os costumes comerciais. O comércio é naturalmente inimigo de todas as paixões violentas. Ele preza o equilíbrio, gosta de compromissos, foge com grande zelo da cólera. É paciente, flexível, insinuante, e só recorre aos meios extremos quando a mais absoluta necessidade o obriga a tanto. O comércio torna os homens independentes uns dos outros; faz com que tenham uma alta ideia de seu valor individual; leva-os a querer fazer os próprios negócios e ensina-os a ter êxito; dispõe-nos, portanto, à liberdade, mas afasta-os das revoluções.

Numa revolução, os possuidores de bens móveis têm mais a temer do que todos os outros; pois, por um lado, sua propriedade é muitas vezes fácil de ser tomada, e, por outro, pode a todo momento desaparecer completamente; coisa que têm menos a temer os proprietários fundiários, que, perdendo o rendimento de suas terras, esperam ao menos guardar, através das mudanças, a própria terra. Assim, vemos que uns têm muito mais medo que os outros da ideia dos movimentos revolucionários.

Os povos ficam menos dispostos às revoluções à medida que, entre eles, os bens móveis se multiplicam e diversificam e que o número dos que os possuem aumenta.

Qualquer que seja, aliás, a profissão dos homens e o tipo de bens de que eles desfrutam, um traço é comum a todos.

Ninguém está plenamente satisfeito com sua fortuna atual e todos se esforçam a cada dia, por mil meios diferentes, para aumentá-la. Considere cada um deles numa época qualquer de sua vida e o verá preocupado com novos planos para aumentar seu conforto; não lhe fale dos interesses e dos direitos do gênero humano; essa pequena empresa doméstica absorve no momento todos os seus pensamentos e o faz desejar adiar as agitações públicas para outro momento.

Isso não os impede apenas de fazer revoluções, também os desvia de querê-las. As violentas paixões políticas têm pouco alcance sobre homens que assim atrelaram toda sua alma à busca do bem-estar. O ardor que colocam nos pequenos assuntos os acalma sobre os grandes.

Surgem nas sociedades democráticas, é verdade, de tempos em tempos, cidadãos empreendedores e ambiciosos cujos imensos desejos não podem se satisfazer seguindo o caminho comum. Eles gostam das revoluções e as invocam, mas têm grande dificuldade para fazer com que surjam quando acontecimentos extraordinários não vêm a seu auxílio.

Ninguém luta com vantagem contra o espírito de seu século e de seu país; e um homem, por mais poderoso que o suponhamos, dificilmente fará com que seus contemporâneos partilhem dos sentimentos e das ideias que o conjunto de seus desejos e de seus sentimentos repele. Não se deve acreditar, portanto, que quando a igualdade de condições, tornando-se um fato antigo e incontestado, imprimiu aos costumes seu caráter, os homens facilmente se deixem levar a perigos seguindo um chefe imprudente ou um ousado inovador.

Não que resistam a ele de maneira aberta, por meio de combinações sensatas, ou mesmo por um intuito premeditado de resistir. Não o combatem com energia, às vezes até os aplaudem, mas não o seguem. Ao ímpeto dele, opõem secretamente sua inércia; a seus instintos revolucionários, seus interesses conservadores; seus gostos caseiros às paixões aventureiras; seu bom senso aos desvios de seu gênio; à poesia, sua prosa. Ele os levanta por um momento com mil esforços, e eles logo escapam, e, como que arrastados pelo próprio peso, voltam a cair. Ele se cansa tentando animar essa multidão indiferente e distraída, e por fim se vê reduzido à impotência, não porque tenha sido vencido, mas porque está sozinho.

Não pretendo que os homens que vivem nas sociedades democráticas sejam naturalmente imóveis; penso, ao contrário, que reina em tal sociedade um movimento eterno, e que ninguém conhece o repouso; mas creio que os homens se agitam dentro de certos limites que não são ultrapassados. Eles variam, alteram ou renovam a cada dia as coisas secundárias; são muito zelosos para não tocar nas principais. Gostam da mudança, mas temem as revoluções.

Embora os americanos modifiquem ou anulem constantemente algumas de suas leis, estão muito longe de demonstrar paixões revolucionárias. É fácil descobrir, pela prontidão com que param e se acalmam quando a agitação pública começa a se tornar ameaçadora e mesmo no momento em que as paixões parecem mais inflamadas, que eles temem uma revolução como a maior das desgraças e que cada um deles está internamente decidido a fazer grandes sacrifícios para evitá-la. Não há país no mundo em que o sentimento de propriedade se mostre mais ativo e mais inquieto do que nos Estados Unidos, e em que a maioria demonstre menos inclinações pelas doutrinas que ameacem alterar da maneira que for a constituição dos bens.

Observei muitas vezes que as teorias que são revolucionárias por natureza, no sentido de que só podem se realizar por uma mudança completa e às vezes súbita no estado da propriedade e das pessoas, são infinitamente são infinitamente menos apreciadas nos Estados Unidos do que nas grandes monarquias da Europa. Embora alguns homens as professem, a massa as repele com uma espécie de horror instintivo.

Não temo dizer que a maioria das máximas que na França costumamos chamar de democráticas seria proscrita pela democracia dos Estados Unidos. Isso é fácil de compreender. Na América, tem-se ideias e paixões democráticas, na Europa, ainda temos paixões e ideias revolucionárias.

Se a América algum dia sofrer grandes revoluções, elas serão provocadas pela presença dos negros no solo dos Estados Unidos; ou seja, não será a igualdade de condições, mas sua desigualdade, que as fará nascer.

Quando as condições são iguais, cada um de bom grado se isola em si mesmo e esquece o público. Se os legisladores dos povos democráticos não procurassem corrigir essa tendência funesta ou a favorecessem, pensando que ela desvia os cidadãos das paixões políticas e assim os afasta das revoluções, pode ser que eles mesmos acabassem provocando o mal que querem evitar, e que chegasse o momento em que as paixões desordenadas de alguns homens, ajudados pelo egoísmo desinteligente e pela pusilanimidade da maioria, acabassem por obrigar o corpo social a padecer estranhas vicissitudes.

Nas sociedades democráticas, somente as pequenas minorias desejam as revoluções, mas as minorias às vezes podem fazê-las.

Não digo, portanto, que as nações democráticas estão ao abrigo das revoluções, digo apenas que o estado social dessas nações não as leva a elas, e de preferência as afasta. Os povos democráticos, entregues a si mesmos, não entram em grandes aventuras com facilidade; eles só são arrastados para as revoluções sem saber; às vezes passam por elas, mas não as fazem. E acrescento que, quando lhes é permitido acumular luzes e experiência, não deixam que sejam feitas.

Sei bem que, nessa matéria, as instituições públicas podem muito; elas favorecem ou reprimem os instintos que nascem do estado social. Não afirmo, portanto, repito, que um povo esteja ao abrigo das revoluções somente porque, em seu seio, as condições são iguais; mas acredito que, quaisquer que sejam as instituições desse povo, as grandes revoluções sempre serão infinitamente menos violentas e mais raras do que se supõe; e facilmente entrevejo o estado político que, vindo a se combinar com a igualdade, tornará a sociedade mais estacionária do que ela jamais foi em nosso Ocidente.

O que acabo de dizer a respeito dos fatos se aplica em parte às ideias.

Duas coisas espantam nos Estados Unidos: a grande mobilidade da maioria das ações humanas e a singular fixidez de certos princípios. Os homens se movem sem cessar, o espírito humano parece quase imóvel.

Depois que uma opinião se espalhou pelo solo americano e criou raízes, nenhum poder sobre a Terra parece em condições de extirpá-la. Nos Estados Unidos, as doutrinas gerais, em matéria de religião, filosofia, moral e mesmo de política, não variam, ou ao menos só se modificam depois de um trabalho oculto e muitas vezes imperceptível; mesmo os preconceitos mais grosseiros só se apagam com uma lentidão inconcebível no meio desses atritos mil vezes repetidos das coisas com os homens.

Ouço dizer que é da natureza e dos hábitos das democracias mudar a todo momento de sentimentos e de pensamento. Isso pode ser verdade nas pequenas nações democráticas como as da Antiguidade, que podiam ser reunidas por inteiro numa praça pública e que eram agitadas ao sabor das palavras de um orador. Não vi nada de parecido no grande povo democrático que ocupa as margens opostas de nosso oceano. O que me surpreendeu nos Estados Unidos foi a dificuldade que se encontra para tirar a maioria de uma ideia errônea que ela concebeu e livrá-la de um homem que ela adotou. Nem escritos nem discursos poderiam fazê-lo; somente a experiência alcança o objetivo, e algumas vezes ainda é preciso que se repita.

Isso pode surpreender à primeira vista, mas um exame mais atento o explica.

Não creio que seja tão fácil quanto se imagina desenraizar os preconceitos de um povo democrático, mudar suas crenças, substituir seus princípios religiosos, filosóficos, políticos e morais estabelecidos por novos, em suma, fazer grandes e frequentes revoluções nas inteligências. Não que o espírito humano seja ocioso; ele se agita constantemente; mas antes se exercita a variar ao infinito as consequências dos princípios conhecidos e a descobrir novas consequências do que a buscar novos princípios. Ele gira com agilidade sobre si mesmo em vez de se lançar para frente com um esforço rápido e direto; aos poucos amplia sua esfera com pequenos movimentos contínuos e rápidos; não a desloca subitamente.

Homens iguais em direitos, educação, fortuna e, para dizer tudo com uma palavra, de condição igual, necessariamente têm necessidades, hábitos e gostos pouco dissemelhantes. Como percebem os objetos sob o mesmo aspecto, seu espírito naturalmente tende para ideias análogas e, embora cada um deles possa se afastar de seus contemporâneos e ter crenças próprias, todos acabam se encontrando, sem saber e sem querer, em certo número de opiniões comuns.

Quanto mais atentamente considero os efeitos da igualdade sobre a inteligência, mais me convenço de que a anarquia intelectual de que somos testemunhas não é, como muitos imaginam, o estado natural dos povos democráticos. Creio que se deve antes considerá-la como um acidente particular à juventude deles, e que ela só aparece nessa época de passagem em que os homens já romperam os antigos laços que os prendiam uns aos outros, mas ainda diferem prodigiosamente por sua origem, educação e costumes; de tal modo que, tendo conservado ideias, instintos e gostos muito diversos, nada mais os impede de produzi-los. As principais opiniões dos homens se tornam semelhantes à medida que as condições se assemelham. Tal me parece ser o fato geral e permanente; o resto é fortuito e passageiro.

Creio que raramente acontecerá que, no seio de uma sociedade democrática, um homem chegue a conceber, de uma só vez, um sistema de ideias muito distante daquele que seus contemporâneos adotaram; e se esse inovador surgisse, imagino que ele a princípio teria grande dificuldade para se fazer ouvir, e mais ainda para se fazer acreditar.

Quando as condições são quase iguais, um homem não se deixa convencer por outro com facilidade. Como todos se veem de muito perto, aprenderam juntos as mesmas coisas e levam a mesma vida, eles não estão naturalmente dispostos a tomar um deles como guia e segui-lo cegamente: ninguém acredita na palavra de seu semelhante ou de seu igual.

Não é apenas a confiança nas luzes de certos indivíduos que enfraquece nas nações democráticas, como afirmei em outro lugar, a ideia geral da superioridade intelectual que um homem qualquer pode adquirir sobre todos os outros não tarda a se obscurecer.

À medida que os homens se assemelham, o dogma da igualdade das inteligências pouco a pouco se insinua em suas crenças e se torna mais difícil a um inovador, qualquer que seja, adquirir e exercer um grande poder sobre o espírito de um povo. Nessas sociedades, as súbitas revoluções intelectuais são raras, portanto; pois se olharmos para a história do mundo, veremos que é muito menos a força de um raciocínio do que a autoridade de um nome que produz as grandes e rápidas mutações das opiniões humanas.

Note-se, aliás, que como os homens que vivem nas sociedades democráticas não estão ligados por nenhum laço uns aos outros, é preciso convencer cada um deles. Ao passo que nas sociedades aristocráticas é suficiente agir sobre o espírito de alguns, todos os outros vêm na sequência. Se Lutero tivesse vivido num século de igualdade, e não tivesse tido por ouvintes senhores e príncipes, talvez tivesse encontrado mais dificuldade para mudar a face da Europa.

Não que os homens das democracias estejam fortemente convencidos da certeza de suas opiniões e tenham muita firmeza em suas crenças; muitas vezes têm dúvidas que ninguém, a seus olhos, pode resolver. Pode acontecer, nesses tempos, que o espírito humano de bom grado mude de lugar, mas como nada o leva poderosamente nem o dirige, ele oscila sobre si mesmo e não se move.[8]

Quando se conquistou a confiança de um povo democrático, é ainda uma grande tarefa obter sua atenção. É muito difícil de se fazer ouvir por homens que vivem nas democracias quando não lhes falamos deles mesmos. Eles não ouvem as coisas que lhes dizemos porque estão sempre muito preocupados com as coisas que fazem.

Encontramos, de fato, poucos ociosos nas nações democráticas. A vida transcorre em meio a movimento e barulho, e os homens estão tão dedicados a agir que lhes resta pouco tempo para pensar. O que quero destacar, sobretudo, é que não apenas estão ocupados como, também, apaixonados por suas ocupações. Estão perpetuamente em ação, e cada uma dessas ações absorve suas almas: o ardor que colocam nos negócios os impede de se inflamar pelas ideias.

Penso que é muito difícil despertar o entusiasmo de um povo democrático por uma teoria qualquer que não tenha relação visível, direta e imediata com a prática cotidiana de sua vida. Esse povo não abandona facilmente suas antigas crenças. Pois é o entusiasmo que precipita o espírito humano para fora das estradas conhecidas e que faz tanto as grandes revoluções intelectuais quanto as grandes revoluções políticas.

---

8. Se investigo qual o estado de sociedade mais favorável às grandes revoluções da inteligência, descubro que se encontra em algum lugar entre a igualdade completa de todos os cidadãos e a separação absoluta das classes. Sob o regime de castas, as gerações se sucedem sem que os homens mudem de lugar; uns não esperam mais nada, e os outros não esperam nada melhor. A imaginação adormece no meio desse silêncio e dessa imobilidade universal, e a própria ideia de movimento não se apresenta mais ao espírito humano. Quando as classes são abolidas e as condições se tornam quase iguais, todos os homens se agitam sem cessar, mas cada um deles é isolado, independente e fraco. Esse último estado difere prodigiosamente do primeiro; no entanto, é análogo a ele num ponto. As grandes revoluções do espírito humano são muito raras. Mas entre esses dois extremos da história dos povos encontra-se uma era intermediária, época gloriosa e perturbada, em que as condições não são mais suficientemente fixas para que a inteligência durma, e em que elas são desiguais o bastante para que os homens exerçam um enorme poder sobre o espírito uns dos outros e para que alguns possam modificar as crenças de todos. É então que os poderosos reformadores se erguem e novas ideias mudam subitamente a face do mundo.

Assim, os povos democráticos não têm nem tempo nem gosto para ir em busca de opiniões novas. Mesmo quando chegam a duvidar das que possuem, conservam-nas porque precisariam de tempo e investigação demais mudá-las; guardam-nas não porque são certas, mas porque são estabelecidas.

Há outras razões ainda, e mais poderosas, que se opõem a que uma grande mudança facilmente se opere nas doutrinas de um povo democrático. Já indiquei-as no início deste livro.

Embora, no seio de um povo semelhante, as influências individuais sejam fracas e quase nulas, o poder exercido pela massa sobre o espírito de cada indivíduo é enorme. Apresentei os motivos para isso. O que quero dizer nesse momento é que nos enganaríamos se acreditássemos que isso depende apenas da forma de governo, e que a maioria deve perder seu império intelectual junto com seu poder político.

Nas aristocracias, os homens costumam ter uma grandeza e uma força que lhes são próprias. Quando se veem em contradição com a maioria de seus semelhantes, retiram-se para dentro de si mesmos, se amparam e se consolam. O mesmo não acontece nos povos democráticos. Entre eles, o favor público parece tão necessário quanto o ar que se respira, e, por assim dizer, estar em desacordo com a massa é o mesmo que não viver. Esta não precisa empregar as leis para dobrar os que não pensam como ela. Basta desaprová-los. O sentimento de isolamento e impotência logo os derruba e desespera.

Todas as vezes que as condições são iguais, a opinião geral cai com um peso imenso sobre o espírito de cada indivíduo; ela o envolve, dirige e oprime: isso se deve à própria constituição da sociedade, mais do que a suas leis políticas. À medida que todos os homens cada vez mais se assemelham, cada um se sente cada vez mais fraco diante de todos. Não vendo nada que o eleve muito acima deles e que o distinga, ele desconfia de si mesmo assim que eles o combatem; além de duvidar de suas forças, chega a duvidar de seu direito, e fica muito perto de reconhecer que errou quando a maioria assim afirma. A maioria não precisa reprimi-lo; ela o convence.

Seja como for que os poderes de uma sociedade democrática sejam organizados e equilibrados, sempre será muito difícil acreditar no que a massa rejeita e professar o que ela condena.

Isso favorece incrivelmente a estabilidade das crenças.

Quando uma opinião tomou pé num povo democrático e se estabeleceu no espírito da maioria, ela a seguir subsiste por si mesma e se perpetua sem esforço, porque ninguém a ataca. Os que a princípio a tinham rejeitado como falsa acabam recebendo-a como geral, e os que continuam a combatê-la no fundo de seus corações não o demonstram, tomam muito cuidado para não se comprometer numa luta perigosa e inútil.

É verdade que quando a maioria de um povo democrático muda de opinião ela pode operar, segundo sua vontade, estranhas e súbitas revoluções no mundo das inteligências; mas é muito difícil que sua opinião mude, e quase igualmente difícil constatar que mudou.

Às vezes acontece de o tempo, os acontecimentos ou o esforço individual e solitário das inteligências acabarem, aos poucos, por abalar ou destruir uma crença sem que nada se perceba de fora. Ela não é combatida abertamente. Ninguém se reúne para se opor a ela. Seus adeptos a deixam, um por um, sem fazer barulho; a cada dia alguns a abandonam, até que, por fim, ela só seja compartilhada por uma minoria.

Nesse estado, ela ainda reina.

Como seus inimigos continuam calados ou só comunicam seus pensamentos às escondidas, eles mesmos ficam muito tempo sem poder ter certeza de que uma grande revolução se realizou e, na dúvida, permanecem imóveis. Observam e calam. A maioria não acredita mais, mas ainda parece acreditar, e o vão fantasma da opinião pública é suficiente para paralisar os inovadores e mantê-los no silêncio e no respeito.

Vivemos numa época que viu as mais rápidas mudanças se operarem no espírito dos homens. Porém, pode ser que em breve as principais opiniões humanas sejam mais estáveis do que jamais foram nos séculos anteriores de nossa história; esse tempo ainda não chegou, mas talvez esteja próximo.

À medida que examino mais de perto as necessidades e os instintos naturais dos povos democráticos, convenço-me de que, se algum dia a igualdade se estabelecer de maneira geral e permanente no mundo, as grandes revoluções intelectuais e políticas se tornarão muito mais difíceis e raras do que se supõe.

Como os homens das democracias parecem sempre comovidos, incertos, ofegantes, prestes a mudar de vontade e lugar, imaginamos que vão subitamente abolir suas leis, adotar novas crenças e adquirir novos costumes. Não pensamos que, embora a igualdade leve aos homens à mudança, ela lhes sugere interesses e gostos que precisam da estabilidade para se satisfazer; ela os impele e ao mesmo tempo os detém, ela os incita e os prende à terra, ela inflama seus desejos e limita suas forças.

Isso não se descobre de primeira: as paixões que afastam os cidadãos uns dos outros numa democracia se manifestam por si mesmas. Mas não se percebe à primeira vista a força oculta que os retém e reúne.

Ousarei dizer isso no meio das ruínas que me cercam? O que mais temo para as gerações futuras não são as revoluções.

Se os cidadãos continuarem a se fechar cada vez mais estreitamente no círculo dos pequenos interesses domésticos, e a nele se agitarem sem descanso, podemos temer que acabem se tornando como que inacessíveis às grandes e poderosas emoções públicas que perturbam os povos, mas que os desenvolvem e renovam. Quando vejo a propriedade se tornar tão móvel, e o amor pela propriedade, tão inquieto e tão ardente, não posso deixar de temer que os homens cheguem ao ponto de considerar qualquer teoria nova um perigo, qualquer inovação uma perturbação incômoda, qualquer progresso social como um primeiro passo rumo à revolução, e que se recusem completamente a se mover, por medo de serem arrastados. Temo, confesso, que por fim se deixem invadir por um amor covarde pelos prazeres presentes, que o interesse de seu próprio futuro e de seus descendentes desapareça, e que prefiram seguir frouxamente o curso do destino do que fazer, se preciso, um súbito e enérgico esforço para endireitá-lo.

Muitos acreditam que as novas sociedades mudam de face a cada dia, mas eu temo que elas acabem ficando invariavelmente fixas nas mesmas instituições, nos mesmos preconceitos, nos mesmos costumes, de tal modo que o gênero humano se imobilize e se limite, que o espírito se dobre e se feche eternamente sobre si mesmo sem produzir novas ideias, que o homem se esgote em pequenos movimentos solitários e estéreis, e que, movendo-se sem parar, a humanidade deixe de avançar.

CAPÍTULO 22
POR QUE OS POVOS DEMOCRÁTICOS NATURALMENTE DESEJAM A PAZ E OS EXÉRCITOS DEMOCRÁTICOS NATURALMENTE DESEJAM A GUERRA

Os mesmos interesses, os mesmos temores e as mesmas paixões que afastam os povos democráticos das revoluções os afastam da guerra; o espírito militar e o espírito revolucionário enfraquecem ao mesmo tempo e pelas mesmas causas.

O número sempre crescente de proprietários amigos da paz, o desenvolvimento da riqueza mobiliária, que a guerra devora tão rapidamente, a mansuetude de costumes, a moleza de coração, a disposição à piedade que a igualdade inspira, a frieza da razão que se torna pouco sensível às poéticas e violentas emoções que nascem entre as armas, todas essas causas se unem para apagar o espírito militar.

Creio que podemos admitir como regra geral e constante que, nos povos civilizados, as paixões guerreiras se tornam mais raras e menos vivas à medida que as condições se tornam mais iguais.

A guerra, porém, é um acidente ao qual todos os povos estão sujeitos, tanto os democráticos quanto os demais. Qualquer que seja o gosto que essas nações tenham pela paz, é preciso que se mantenham prontas para repelir a guerra ou, em outras palavras, que tenham um exército.

A sorte, que fez coisas tão particulares a favor dos habitantes dos Estados Unidos, colocou-os no meio de um deserto onde eles, por assim dizer, não têm vizinhos. Alguns milhares de soldados são suficientes, mas isso é algo americano, e não democrático.

A igualdade de condições e os costumes, bem como as instituições que deles derivam, não subtraem um povo democrático da obrigação de manter exércitos, e seus exércitos sempre exercem uma enorme influência sobre seu destino. É particularmente importante, portanto, investigar quais são os instintos naturais daqueles que os compõem.

Nos povos aristocráticos, principalmente naqueles em que somente o nascimento determina a posição, a desigualdade é encontrada no exército tanto quanto na nação; o oficial é o nobre, o soldado é o servo. Um é necessariamente chamado a comandar, o outro a obedecer. Nos exércitos aristocráticos, a ambição do soldado tem limites muito estreitos, portanto.

A dos oficiais tampouco é ilimitada.

Um corpo aristocrático não faz parte apenas de uma hierarquia; ele sempre contém uma hierarquia dentro dele; os membros que a compõem estão posicionados uns abaixo dos outros de uma certa maneira que não varia. Este é naturalmente chamado pelo nascimento a comandar um regimento, e aquele, uma companhia; chegando a esses termos extremos de suas esperanças, param por si mesmos e se dão por satisfeitos com sua sorte.

Há, aliás, uma grande causa que, nas aristocracias, enfraquece o desejo de promoção no oficial.

Nos povos aristocráticos, o oficial, independentemente de sua posição no exército, ocupa uma posição elevada na sociedade; a primeira, a seus olhos, quase sempre não passa de um acessório da segunda; o nobre, ao abraçar a carreira das armas, obedece menos à ambição do que a uma espécie de dever que seu nascimento lhe impõe. Ele entra no exército a fim de passar honradamente os anos ociosos de sua juventude, e de poder levar para seus lares e entre seus semelhantes algumas lembranças honrosas da vida militar; mas seu principal objetivo não é adquirir bens, consideração ou poder, pois ele possui essas vantagens por si mesmo e goza delas sem sair de casa.

Nos exércitos democráticos, todos os soldados podem se tornar oficiais, o que generaliza o desejo de promoção e estende os limites da ambição militar quase ao infinito.

O oficial, por sua vez, não vê nada que natural e obrigatoriamente o detenha numa patente e não em outra, e cada patente tem um valor enorme a seus olhos, porque sua posição na sociedade quase sempre depende de sua posição no exército.

Nos povos democráticos, é comum acontecer de o oficial não ter outro bem além de seu soldo e só poder esperar consideração de suas honras militares. Todas as vezes que muda de função, ele muda de fortuna, e, de certo modo, se torna outro homem. O que era apenas o acessório da existência dos exércitos aristocráticos torna-se então o principal, o todo, a própria existência.

Sob a antiga monarquia francesa, os oficiais só recebem seu título de nobreza. Em nossos dias, só recebem seu título militar. Essa pequena mudança das formas da linguagem é suficiente para indicar que uma grande revolução se operou na constituição da sociedade e do exército.

No seio dos exércitos democráticos, o desejo de promoção é quase universal; ele é ardente, tenaz e contínuo; cresce acima de todos os outros desejos e só se extingue junto com a vida. Ora, é fácil ver que, de todos os exércitos do mundo, aqueles em que a promoção deve ser mais lenta em tempos de paz são os exércitos democráticos. Visto que o número de patentes é naturalmente limitado, que o número de concorrentes é quase incontável e que a lei inflexível da igualdade pesa sobre todos, ninguém pode fazer progressos rápidos e muitos não podem mudar de posição. Assim, a necessidade de promoção é maior, e a facilidade de promoção, menor que alhures.

Todos os ambiciosos de um exército democrático desejam a guerra com veemência, portanto, porque a guerra esvazia as posições e enfim permite violar o direito de antiguidade, que é o único privilégio natural à democracia.

Chegamos, assim, à singular consequência de que, de todos os exércitos, os que desejam mais ardentemente a guerra são os exércitos democráticos, e, entre os povos, os que mais amam a paz são os povos democráticos; o que acaba tornando isso extraordinário é que a igualdade produz ao mesmo tempo esses efeitos contrários.

Os cidadãos, sendo iguais, concebem a cada dia o desejo e descobrem a possibilidade de mudar sua condição e aumentar seu bem-estar; isso os predispõe a amar a paz, que faz prosperar a indústria e permite a cada um levar tranquilamente a cabo seus pequenos empreendimentos; e, por outro lado, essa mesma igualdade, aumentando o valor das honras militares aos olhos dos que seguem a carreira das armas, e tornando as honras acessíveis a todos, faz os soldados sonharem com campos de batalha. Nas duas partes, a inquietude do coração é a mesma, o gosto pelos prazeres é igualmente insaciável; a ambição também, somente o meio de satisfazê-la difere.

Essas disposições opostas da nação e do exército fazem as sociedades democráticas correrem grandes perigos.

Quando o espírito militar abandona um povo, a carreira militar cessa imediatamente de ser honrada, e os homens de guerra caem para a última posição dos funcionários públicos. São pouco estimados e ninguém mais os compreende. Acontece, então, o contrário do que se vê nos séculos aristocráticos. Não são mais os principais cidadãos que entram no exército, mas os menores. Eles só se dedicam à ambição militar quando nenhuma outra lhes é permitida. Isso forma um círculo vicioso do qual é difícil sair. A elite da nação evita a carreira militar porque essa carreira não é honrada, e ela não é honrada porque a elite da nação não entra mais nela.

Não surpreende, portanto, que os exércitos democráticos se mostrem com frequência inquietos, ameaçadores e insatisfeitos com sua sorte, embora a condição física seja em geral muito mais suave e a disciplina, menos rígida do que em todos os outros. O soldado se sente numa posição inferior, e seu orgulho ferido acaba lhe dando o gosto da guerra, que o torna necessário, ou o amor pelas revoluções, durante as quais ele espera conquistar, armas na mão, a influência política e a consideração individual que lhe contestam.

A composição dos exércitos democráticos torna esse último perigo muito temível.

Na sociedade democrática, quase todos os cidadãos têm propriedades a conservar; mas os exércitos democráticos são conduzidos, em geral, por proletários. A maioria deles tem pouco a perder nas desordens civis. A massa da nação naturalmente teme muito mais revoluções do que nos séculos de aristocracia, mas os chefes do exército as temem muito menos.

Além disso, como nos povos democráticos, conforme afirmei acima, os cidadãos mais ricos, mais instruídos e mais capazes não entram na carreira militar, acontece que o exército, em seu conjunto, acaba constituindo uma pequena nação à parte, onde a inteligência é menos disseminada e os hábitos, mais grosseiros que na grande. Ora, essa pequena nação incivilizada possui as armas e é a única a saber utilizá-las.

O que aumenta o perigo que o espírito militar e turbulento do exército faz os povos democráticos correrem é o humor pacífico dos cidadãos; não há nada mais perigoso que um exército no seio de uma nação que não é guerreira;

o amor excessivo de todos os cidadãos pela tranquilidade põe a cada dia a Constituição à mercê dos soldados.

Podemos, portanto, dizer, de modo geral, que embora os povos democráticos sejam naturalmente levados à paz por seus interesses e seus instintos, eles são constantemente atraídos para a guerra e para as revoluções por seus exércitos.

As revoluções militares, que quase nunca são a temer nas aristocracias, são sempre temíveis nas nações democráticas. Esses perigos devem ser considerados entre os mais temíveis de todos os que o futuro encerra; a atenção dos homens de Estado deve se dedicar sem descanso a descobrir-lhe uma solução.

Quando uma nação se sente internamente trabalhada pela ambição inquieta de seu exército, o primeiro pensamento que se apresenta é o de dar a guerra por objeto a essa ambição incômoda.

Não quero maldizer a guerra; a guerra quase sempre eleva o pensamento de um povo e seu coração. Há casos em que somente a guerra pode deter o desenvolvimento excessivo de certas inclinações que a igualdade naturalmente faz nascer, e outros em que é preciso considerá-la necessária para certas doenças inveteradas às quais as sociedades democráticas estão sujeitas.

A guerra tem grandes vantagens, mas não se deve gabar que diminua o perigo que acaba de ser assinalado. Ela apenas o suspende, ele retorna ainda mais terrível depois dela; pois o exército sofre com mais impaciência a paz depois de ter experimentado a guerra. A guerra só seria uma solução para um povo que sempre quisesse a glória.

Prevejo que todos os príncipes guerreiros que surgirem no seio das grandes democracias verão que lhes é mais fácil vencer com seu exército do que fazê-la viver em tempos de paz depois da vitória. Há duas coisas que um povo democrático sempre terá muita dificuldade de fazer: começar a guerra e concluí-la.

Se a guerra tem vantagens particulares para os povos democráticos, por outro lado ela os faz correr certos riscos que as aristocracias não precisam temer no mesmo grau. Citarei apenas dois.

Embora a guerra satisfaça o exército, ela incomoda e muitas vezes desespera a multidão incontável de cidadãos cujas pequenas paixões precisam, para se satisfazer, todos os dias, de paz. Ela corre o risco de fazer nascer, sob outra forma, a desordem que deveria prevenir.

Não há guerra longa que, num país democrático, não coloque a liberdade em grande risco. Não que se deva temer ver, depois de cada vitória, os generais vencedores tomarem à força o poder soberano, à maneira de Sila e César. O perigo é de outro tipo. A guerra nem sempre entrega os povos democráticos ao governo militar; mas ela não pode deixar de aumentar imensamente, nesses povos, as atribuições do governo civil; ela centraliza quase obrigatoriamente nas mãos deste a direção de todos os homens e o uso de todas as coisas. Embora não conduza imediatamente ao despotismo pela violência, leva suavemente a ele pelos hábitos.

Todos os que buscam destruir a liberdade no seio de uma nação democrática devem saber que o mais seguro e mais curto meio de fazê-lo é a guerra. Esse é o primeiro axioma da ciência.

Um remédio parece se apresentar por si mesmo quando a ambição dos oficiais e dos soldados se torna temível: aumentar o número de posições a dar, aumentando o exército. Isso alivia o mal presente, mas compromete mais o futuro.

Aumentar o exército pode produzir um efeito duradouro numa sociedade aristocrática, porque, nessas sociedades, a ambição militar é limitada a uma única espécie de homens, e se detém, para cada homem, em certo limite; de tal modo que podemos chegar a contentar mais ou menos todos os que a sentem.

Num povo democrático, porém, não se ganha nada aumentando o exército, porque o número de ambiciosos sempre cresce exatamente na mesma medida que o próprio exército. Aqueles que tiveram seu desejo satisfeitos com a criação de novos empregos são imediatamente substituídos por uma nova multidão que não pode ser satisfeita, e os primeiros logo também recomeçam a se queixar; pois a mesma agitação de espírito que reina entre os cidadãos de uma democracia se revela no exército; o que se quer não é chegar a certa patente, mas continuar sendo promovido. Um povo democrático que aumenta seu exército apenas atenua, por um momento, a ambição dos homens de guerra; mas logo esta se torna mais temível, porque os que a sentem são mais numerosos.

Penso, de minha parte, que um espírito inquieto e turbulento é um mal inerente à constituição dos exércitos democráticos, e que se deve renunciar a remediá-lo. Os legisladores das democracias não devem se gabar de encontrar uma organização militar que por si mesma a força a acalmar e conter os homens de guerra; eles se esgotariam em vãos esforços antes de ter êxito.

Não é no exército que se pode encontrar o remédio para os vícios do exército, mas no país.

Os povos democráticos temem naturalmente a perturbação e o despotismo. Trata-se apenas de transformar esses instintos em gostos ponderados, inteligentes e estáveis. Quando os cidadãos enfim aprenderam a fazer um pacífico e útil uso da liberdade e sentiram seus benefícios, quando contraíram um amor viril pela ordem e se curvaram voluntariamente à regra, esses mesmos cidadãos, entrando na carreira das armas, levam para, sem saber e como que a contragosto, esses hábitos e esses costumes. O espírito geral da nação, penetrando o espírito particular do exército, tempera as opiniões e os desejos que o estado militar desperta; ou, pela força onipotente da opinião pública, os comprime. Tenha cidadãos esclarecidos, regrados, firmes e livres e terá soldados disciplinados e obedientes.

Toda lei que, reprimindo o espírito turbulento do exército, tendesse a diminuir, no seio da nação, o espírito de liberdade civil e a obscurecer a ideia do direito e dos direitos, iria contra seu objeto. Ela favoreceria o estabelecimento da tirania militar, muito mais do que o prejudicaria.

No fim das contas, e não importa o que se faça, um grande exército, no seio de um povo democrático, sempre será um grande perigo; e o meio mais eficaz de diminuir esse perigo será reduzir o exército: mas este é um remédio que não pode ser utilizado por todos os povos.

CAPÍTULO 23
QUAL É, NOS EXÉRCITOS DEMOCRÁTICOS, A CLASSE MAIS GUERREIRA E MAIS REVOLUCIONÁRIA

É da essência de um exército democrático ser muito numeroso em relação ao povo que o constitui; mais tarde direi as razões para isso.

Por outro lado, os homens que vivem nos tempos democráticos não escolhem a carreira militar.

Os povos democráticos são logo levados a renunciar ao recrutamento voluntário para recorrer ao alistamento forçado. A necessidade de sua condição os obriga a recorrer a esse último meio, e podemos prever que todos o adotarão.

Sendo o serviço militar obrigatório, ele é dividido indistinta e igualmente entre todos os cidadãos. Isso necessariamente decorre da condição desses povos e de suas ideias. O governo pode fazer mais ou menos o que quiser, desde que se dirija a todos ao mesmo tempo; é a desigualdade do peso e não o peso em si que em geral faz com que se resista a ele.

Ora, sendo o serviço militar comum a todos os cidadãos, o resultado evidente é que cada um deles só fica um pequeno número de anos sob a bandeira.

Assim, está na natureza das coisas que o soldado só passe pelo exército, enquanto na maioria das nações aristocráticas o estado militar é um ofício que o soldado toma ou que lhe é imposto por toda a vida.

Isso tem grandes consequências. Entre os soldados que compõem um exército democrático, alguns se apegam à vida militar, mas a maioria assim levada a servir contra a vontade não se considera seriamente engajada na carreira militar e só pensa em sair dela.

Estes não contraem as necessidades dessa carreira e só dividem suas paixões pela metade. Eles se curvam a seus deveres militares, mas sua alma permanece presa aos interesses e aos desejos que a preenchiam na vida civil. Não assumem o espírito do exército, portanto; antes levam para o seio do exército o espírito da sociedade e o conservam. Nos povos democráticos, são os simples soldados que permanecem mais cidadãos; é sobre eles que os hábitos nacionais guardam mais influência, e a opinião pública, mais poder. É pelos soldados que se pode principalmente esperar fazer penetrar num exército democrático o amor pela liberdade e o respeito pelos direitos que se soube inspirar ao próprio povo. O contrário acontece nas nações aristocráticas, onde os soldados acabam não tendo nada em comum com seus concidadãos e vivem no meio deles como estrangeiros, muitas vezes como inimigos.

Nos exércitos aristocráticos, o elemento conservador é o oficial, porque somente o oficial manteve laços estreitos com a sociedade civil e nunca abandona a vontade de cedo ou tarde recuperar seu lugar; nos exércitos democráticos, é o soldado, e por motivos absolutamente semelhantes.

Acontece muitas vezes, ao contrário, que nos exércitos democráticos o oficial adquira gostos e desejos inteiramente à parte dos da nação. Isso é compreensível.

Nos povos democráticos, o homem que se torna oficial rompe todos os laços que o vinculavam à vida civil; ele sai dela para sempre e não tem interesse algum em voltar. Sua verdadeira pátria é o exército, pois ele só é alguma coisa graças à patente que ocupa; por isso, segue a fortuna do exército, eleva-se ou rebaixa-se com ele, e é somente para ele que dirige suas esperanças. Visto que o oficial tem necessidades muito distintas das do país, pode acontecer de ele desejar ardentemente a guerra ou trabalhar para uma revolução no exato momento em que a nação mais aspira à estabilidade e à paz.

No entanto, há causas que temperam nele o humor guerreiro e inquieto. Embora a ambição seja universal e contínua nos povos democráticos, vimos que ela raramente é grande. O homem que, saído das classes secundárias da nação, através dos postos inferiores do exército chegou até a patente de oficial, já deu um passo imenso. Ele fincou pé numa esfera superior à que ocupava na sociedade civil e adquiriu direitos que a maioria das nações democráticas considera sempre inalienáveis.[9] Ele de bom grado se detém depois desse grande esforço e pensa em desfrutar de sua conquista. O medo de comprometer o que ele possui enfraquece em seu coração a vontade de adquirir o que ele não tem. Depois de ter ultrapassado o primeiro e maior obstáculo que deteria seus progressos, ele se resigna com menos impaciência à lentidão de sua marcha. Esse enfraquecimento da ambição aumenta à medida que, subindo ainda mais de patente, ele encontra mais a perder com os acasos. Se não me engano, a parte menos guerreira e menos revolucionária de um exército democrático será sempre seu comando.

O que acabo de dizer a respeito do oficial e do soldado não se aplica a uma classe numerosa que, em todos os exércitos, ocupa entre eles o lugar intermediário; estou falando dos suboficiais.

Essa classe de suboficiais que, antes do século atual, ainda não havia surgido na história, é hoje chamada, creio eu, a desempenhar um papel.

Assim como o oficial, o suboficial rompeu em seu pensamento todos os laços que o prendiam à sociedade civil; assim como ele, fez da condição militar sua carreira e, talvez mais do que ele, dirigiu para esse lado todos os seus desejos; mas ainda não atingiu, como o oficial, um ponto elevado e sólido onde lhe seja possível parar e respirar à vontade, à espera de poder subir mais alto.

Pela própria natureza de suas funções, que ele não poderia mudar, o suboficial é condenado a levar uma vida obscura, estreita, desconfortável e precária. Ele só enxerga os perigos da condição militar. Só conhece as privações e a obediência, mais difícil de suportar que os perigos. Sofre ainda mais com suas misérias presentes, das quais pode poder libertar-se pela constituição da sociedade e pela do exército; de um dia para o outro, de fato, ele pode se tornar oficial. Ele comandará, então, terá honrarias, independência, direitos, prazeres; não apenas esse objeto de suas esperanças lhe parece imenso, mas antes de apreendê-lo ele nunca tem certeza de atingi-lo. Seu posto nada tem de irrevogável; está sujeito a cada dia à arbitrariedade de seus chefes; as necessidades da disciplina exigem imperiosamente que assim seja. Uma leve falta, um capricho sempre podem fazê-lo perder, num instante, o fruto de

---

9. A posição de oficial é, de fato, muito mais segura nos povos democráticos do que nos outros. Quanto menos o oficial existe por si mesmo, mais a patente tem valor e mais o legislador acha justo e necessário garantir seu usufruto.

vários anos de trabalhos e esforços. Até chegar à patente que cobiça, nada fez. Somente nela parece entrar na carreira. Num homem assim incitado o tempo todo por sua juventude, suas necessidades, suas paixões, o espírito de seu tempo, suas esperanças e seus temores, não pode deixar de se inflamar uma ambição desesperada.

O suboficial quer a guerra, portanto, ele a quer sempre e a qualquer preço, e se lhe recusam a guerra, deseja as revoluções que suspendem a autoridade das regras e durante as quais ele espera, por meio da confusão e das paixões políticas, expulsar seu oficial e tomar seu lugar; e não é impossível que as faça nascer, porque exerce uma grande influência sobre os soldados pela semelhança de origem e de hábitos, bem como difere muito deles pelas paixões e pelos desejos.

Seria um erro acreditar que as disposições diversas do oficial, do suboficial e do soldado se devem a um tempo ou a um país. Elas surgem em todas as épocas e em todas as nações democráticas.

Em todo exército democrático, sempre será o suboficial quem menos representará o espírito pacífico e regular do país, e o soldado quem melhor o representará. O soldado trará à carreira militar a força ou a fraqueza dos costumes nacionais; mostrará a imagem fiel da nação. Se ela for ignorante e fraca, ele se deixará levar à desordem por seus chefes, sem saber ou a contragosto. Se ela for esclarecida e enérgica, ele mesmo os manterá na ordem.

CAPÍTULO 24
O QUE TORNA OS EXÉRCITOS DEMOCRÁTICOS MAIS FRACOS QUE OS OUTROS EXÉRCITOS AO ENTRAR EM CAMPANHA, E MAIS TEMÍVEIS QUANDO A GUERRA SE PROLONGA

Todo exército que entra em campanha depois de um longo período de paz corre o risco de ser vencido; todo exército que guerreia por muito tempo tem grandes chances de vencer: essa verdade é particularmente aplicável aos exércitos democráticos.

Nas aristocracias, o estado militar, sendo uma carreira privilegiada, é honrado mesmo em tempos de paz. Homens que têm grandes talentos, grandes luzes e uma grande ambição o abraçam; o exército está, em todas as coisas, no nível da nação; muitas vezes ele o supera.

Vimos como, ao contrário, nos povos democráticos, a elite da nação aos poucos se afastava da carreira militar, para buscar, por outros caminhos, a consideração, o poder e, principalmente, a riqueza. Depois de uma longa paz, e nos tempos democráticos a paz é longa, o exército é sempre inferior ao país. É nesse estado que a guerra o encontra; e até que a guerra o tenha mudado, sempre há perigo para o país e para o exército.

Mostrei como, nos exércitos democráticos e em tempo de paz, o direito de antiguidade era a lei suprema e inflexível da promoção. Isso não decorre apenas, como afirmei, da constituição desses exércitos, mas da própria constituição do povo, e sempre decorrerá.

Além disso, como nesses povos o oficial só é alguma coisa no país por sua posição militar, e obtém dela toda sua consideração e todo seu conforto, ele só se retira ou é excluído do exército ao chegar ao fim da vida.

Resulta dessas duas causas que, quando, depois de um grande repouso, um povo democrático enfim pega em armas, todos os chefes de seu exército estão velhos. Não falo apenas dos generais, mas dos oficiais subalternos, a maioria dos quais permaneceu imóvel, ou só pôde avançar passo a passo. Se considerarmos um exército democrático depois de uma longa paz, vemos com surpresa que todos os soldados são vizinhos da infância e todos os chefes, do declínio; de tal modo que os primeiros carecem de experiência e os segundos, de vigor.

Isso é uma grande causa de reveses, pois a primeira condição para bem conduzir a guerra é ser jovem; eu não ousaria dizer isso se o maior capitão dos tempos modernos já não o tivesse dito.

Essas duas causas não agem da mesma maneira sobre os exércitos aristocráticos.

Como a promoção é por direito de nascença, mais do que por direito de antiguidade, sempre se encontra em todos os postos um certo número de homens jovens que levam à guerra toda a primeira energia do corpo e da alma.

Além disso, como os homens que buscam as honras militares num povo aristocrático têm uma posição segura na sociedade civil, eles raramente esperam que a aproximação da velhice os surpreenda no Exército. Depois de terem dedicado à carreira das armas os anos mais vigorosos de sua juventude, retiram-se por conta própria e vão gastar em suas casas o resto de sua idade madura.

Uma longa paz não apenas enche os exércitos democráticos de velhos oficiais, ela também dá a todos os oficiais hábitos de corpo e de espírito que os tornam pouco próprios à guerra. Aquele que viveu por muito tempo na atmosfera pacífica e morna dos costumes democráticos se dobra com dificuldade aos rudes trabalhos e aos austeros deveres que a guerra impõe.

Embora não perca totalmente o gosto pelas armas, ao menos adquire maneiras de viver que o impedem de vencer.

Nos povos aristocráticos, a languidez da vida civil exerce menos influência sobre os costumes militares porque, nesses povos, é a aristocracia que conduz o exército. Ora, uma aristocracia, por mais mergulhada em delícias que esteja, sempre tem várias outras paixões além da do bem-estar, e de bom grado faz o sacrifício momentâneo de seu bem-estar para melhor satisfazê-las.

Mostrei como, nos exércitos democráticos, em tempos de paz, a lentidão das promoções são extremas. Os oficiais suportam esse estado de coisas com impaciência, mas, a longo prazo, se inquietam e desesperam. Os que mais têm ambição e recursos saem do exército; os outros, proporcionando seus gostos e desejos à mediocridade de sua sorte, acabam considerando o estado militar sob um ângulo civil. O que mais apreciam é o conforto e a estabilidade que o acompanham; sobre a segurança dessa pequena boa fortuna baseiam toda a imagem de seu futuro e só querem poder desfrutá-la tranquilamente.

Assim, não apenas uma longa paz enche de velhos oficiais os exércitos democráticos, ela também costuma dar instintos de velhos aos que ainda estão no vigor da idade.

Também mostrei como, nas nações democráticas, em tempo de paz, a carreira militar era pouco honrada e mal seguida.

Esse desfavor público é um fardo muito pesado sobre o espírito do exército. As almas ficam como que dobradas; quando a guerra enfim chega, elas não conseguem num instante recuperar sua elasticidade e seu vigor.

Uma causa como essa de enfraquecimento moral não é encontrada nos exércitos aristocráticos. Os oficiais nunca se encontram rebaixados aos próprios olhos e aos de seus semelhantes, porque, independentemente de sua grandeza militar, são grandes por si mesmos.

Ainda que a influência da paz se fizesse sentir sobre os dois exércitos da mesma maneira, os resultados seriam diferentes.

Quando os oficiais de um exército aristocrático perdem o espírito guerreiro e o desejo de se elevar pelas armas, ainda lhes resta um certo respeito pela honra de sua condição, e um velho hábito de ser o primeiro a dar o exemplo. Mas quando os oficiais de um exército democrático não têm mais amor pela guerra e ambição militar, não resta nada.

Pensa, portanto, que um povo democrático, mais que os outros, corre o grande risco de ser vencido ao iniciar uma guerra depois de uma longa paz; mas ele não deve se deixar abater pelos reveses. Pois as chances de seu exército crescem com a própria duração da guerra.

Quando a guerra, ao se prolongar, finalmente arranca todos os cidadãos de seus trabalhos pacíficos e faz suas pequenas empresas falirem, acontece de as mesmas paixões que os faziam atribuir tanto preço à paz os voltem para as armas. A guerra, depois de ter destruído todas as indústrias, torna-se ela mesma a grande e única indústria, e é somente para ela que se dirigem então, de todas as partes, os ardentes e ambiciosos desejos que a igualdade fez nascer. É por isso que as mesmas nações democráticas que colocam tanta dificuldade para serem arrastadas aos campos de batalha às vezes fazem coisas prodigiosas quando finalmente se consegue colocar-lhes as armas na mão.

À medida que a guerra cada vez mais atrai para o exército todos os olhares, que a vemos criar em pouco tempo grandes reputações e grandes fortunas, a elite da nação segue a carreira das armas; todos os espíritos naturalmente empreendedores, orgulhosos e guerreiros, produzidos não apenas pela aristocracia, mas pelo país inteiro, são levados a ela.

Sendo imenso o número de concorrentes às honras militares, e levando a guerra rudemente cada um a seu lugar, sempre acabam surgindo grandes generais. Uma longa guerra produz sobre um exército democrático o que uma revolução produz sobre o povo. Ela rompe as regras e faz surgir todos os homens extraordinários. Os oficiais cuja alma e cujo corpo envelheceram na paz são afastados, se retiram ou morrem. Em seu lugar amontoa-se uma multidão de homens jovens que a guerra já endureceu e cujos desejos ela ampliou e inflamou. Estes querem crescer a qualquer preço e crescer sem parar; depois deles vêm outros que têm as mesmas paixões e os mesmos desejos; e depois desses outros, mais outros, sem encontrar limites além dos do exército. A igualdade permite a ambição de todos, e a morte se encarrega de fornecer chances a todas as ambições. A morte constantemente abre as fileiras, esvazia postos, fecha e abre a carreira.

Há, aliás, entre os costumes militares e os costumes democráticos, uma relação oculta que a guerra revela.

Os homens das democracias sentem naturalmente o desejo apaixonado de adquirir rapidamente os bens que cobiçam e de desfrutá-los facilmente. A maioria deles adora o acaso e teme muito menos a morte do que o castigo. É com esse espírito que conduz o comércio e a indústria; e esse mesmo espírito, transportado por eles para os campos de batalha, leva-os a expor a vida para garantirem para si, em algum momento, os prêmios da vitória. Não há grandeza que satisfaça mais a imaginação de um povo democrático do que a grandeza militar, grandeza brilhante e súbita que se obtém sem trabalho, somente arriscando a própria vida.

Assim, enquanto o interesse e os gostos afastam da guerra os cidadãos de uma democracia, os hábitos de sua alma os preparam para ela; eles facilmente se tornam bons soldados assim que se consegue arrancá-los de seus negócios e de seu bem-estar.

Se a paz é particularmente nociva aos exércitos democráticos, a guerra lhes garante vantagens que os outros exércitos nunca têm; e essas vantagens, ainda que a princípio pouco perceptíveis, com o tempo não deixam de garantir-lhes a vitória.

Um povo aristocrático que, lutando contra uma nação democrática, não consegue arruiná-la nas primeiras campanhas, sempre corre o grande risco de ser vencido por ela.

CAPÍTULO 25
DA DISCIPLINA DOS EXÉRCITOS DEMOCRÁTICOS

É uma opinião muito disseminada, principalmente entre os povos aristocráticos, que a grande igualdade social que reina nas democracias torna, a longo prazo, o soldado independente do oficial e, com isso, destrói o laço da disciplina.

É um erro. Há de fato dois tipos de disciplina que não se devem confundir.

Quando o oficial é o nobre e o soldado é o servo, um o rico e o outro o pobre, quando o primeiro é esclarecido e forte e o segundo, ignorante e fraco, é fácil estabelecer entre esses dois homens o laço mais estreito da obediência. O soldado é dobrado pela disciplina militar antes de entrar no exército, por assim dizer, ou melhor, a disciplina militar não passa de um aperfeiçoamento da servidão social. Nos exércitos aristocráticos, o soldado chega com muita facilidade a ficar como que insensível a todas as coisas, exceto à ordem de seus chefes. Ele age sem pensar, triunfa sem ardor e morre sem se queixar. Nesse estado, não é mais um homem, mas ainda é um animal muito temível adestrado para a guerra.

Os povos democráticos precisam perder as esperanças de algum dia obter de seus soldados essa obediência cega, minuciosa, resignada e sempre constante que os povos aristocráticos impõem sem dificuldade. O estado da sociedade não prepara para isso: correriam o risco de perder suas vantagens naturais ao querer adquiri-la artificialmente. Nos povos democráticos, a disciplina militar não deve tentar aniquilar o livre desenvolvimento das almas, ela só pode aspirar a dirigi-las; a obediência que ela cria é menos exata, mas mais impetuosa e mais inteligente. Sua raiz está na própria vontade daquele que obedece; ela não se baseia apenas em seu instinto, mas em sua razão; por isso costuma aumentar por si mesma, na medida em que o perigo a torna necessária. A disciplina de um exército aristocrático facilmente se afrouxa na guerra, porque essa disciplina se baseia nos hábitos, e a guerra perturba esses hábitos. A disciplina de um exército democrático, ao contrário, se fortalece diante do inimigo, porque cada soldado vê então com muita clareza que é preciso calar-se e obedecer para poder vencer.

Os povos que fizeram as coisas mais consideráveis por meio da guerra não conheceram outra disciplina além desta de que falo. Entre os antigos, os exércitos só recebiam homens livres e cidadãos, que diferiam pouco uns dos outros e estavam acostumados a se tratar como iguais. Nesse sentido, podemos dizer que os exércitos da Antiguidade eram democráticos, embora saíssem do seio da aristocracia; assim, reinava nesses exércitos uma espécie de confraternidade familiar entre o oficial e o soldado. Podemos nos convencer disso ao ler a vida dos grandes capitães de Plutarco. Os soldados falam o tempo todo e muito livremente com seus generais, e estes escutam de bom grado as palavras de seus soldados, e a elas respondem. É por meio de palavras e exemplos, muito mais do que por coerção e punições, que os conduzem. Parecem companheiros mais do que chefes.

Não sei se os soldados gregos e romanos jamais aperfeiçoaram ao mesmo ponto que os russos os pequenos detalhes da disciplina militar, mas isso não impediu Alexandre de conquistar a Ásia, e Roma, o mundo.

CAPÍTULO 26
ALGUMAS CONSIDERAÇÕES SOBRE A GUERRA NAS SOCIEDADES DEMOCRÁTICAS

Quando o princípio de igualdade não se desenvolve apenas numa nação, mas ao mesmo tempo em vários povos vizinhos, como se vê na Europa em nossos dias, os homens que habitam esses países diferentes, apesar da disparidade das línguas, dos usos e das leis, no entanto se assemelham num ponto: temem igualmente a guerra e sentem um mesmo amor pela paz.[10] Em vão, a ambição ou a cólera armam os príncipes, uma espécie de apatia e de benevolência uni-

---

10. O medo que os povos europeus demonstram pela guerra não se deve apenas ao progresso que a igualdade teve entre eles; não preciso, creio, lembrar isso ao leitor. Independentemente dessa causa permanente, há várias causas acidentais que são muito poderosas. Citarei, antes de todas as outras, o extremo cansaço que as guerras da revolução e do império deixaram.

versal os acalma a despeito de si mesmos e faz a espada cair de suas mãos: as guerras se tornam mais raras.

À medida que a igualdade, desenvolvendo-se ao mesmo tempo em vários países, leva simultaneamente para a indústria e para o comércio os homens que os habitam, não apenas seus gostos se assemelham, mas seus interesses se mesclam e confundem, de modo que nenhuma nação pode infligir às outras males que não voltem a cair sobre ela mesma, e todas acabam considerando a guerra uma calamidade quase tão grande para o vencedor quanto para o vencido.

Assim, por um lado é muito difícil, nos séculos democráticos, levar os povos a combater; mas, por outro, é quase impossível que dois deles combatam um ao outro isoladamente. Os interesses de todos estão tão entrelaçados, suas opiniões e suas necessidades são tão semelhantes que nenhum poderia ficar em repouso enquanto os outros se agitam. As guerras se tornam mais raras, portanto, mas quando nascem têm um campo mais vasto.

Povos democráticos que são vizinhos não se tornam apenas semelhantes em alguns pontos, como acabo de dizer; eles acabam se assemelhando em quase todos.[11]

Ora, essa similitude dos povos tem, quanto à guerra, consequências muito importantes.

Quando me pergunto por que a Confederação Helvética do século XV fazia tremer as maiores e mais poderosas nações da Europa, ao passo que, em nossos dias, seu poder está em relação direta com sua população, descubro que os

---

11. Isso não decorre apenas do fato de que esses povos têm o mesmo estado social, mas de que esse mesmo estado social é tal que leva naturalmente os homens a se imitar e confundir. Quando os cidadãos estão divididos em castas e em classes, além de diferirem uns dos outros, eles não têm nem o gosto nem o desejo de se assemelhar; cada um busca, ao contrário, cada vez mais, manter intactas suas opiniões e seus hábitos próprios e continuar sendo ele mesmo. O espírito de individualidade é muito vivaz. Quando um povo tem um estado social democrático, isto é, quando não existe mais em seu seio nem castas nem classes, e todos os cidadãos são mais ou menos iguais em luzes e bens, o espírito humano caminha em sentido contrário. Os homens se assemelham e, de certo modo, sofrem quando não se assemelham. Longe de querer conservar o que pode ainda singularizar cada um deles, eles só querem perder isso para se confundir na massa comum, a única que a seus olhos representa o direito e a força. O espírito de individualidade é quase destruído. Nos tempos de aristocracia, os mesmos que são naturalmente iguais aspiram a criar entre si diferenças imaginárias. Nos tempos de democracia, os mesmos que naturalmente não se assemelham querem se tornar semelhantes e se copiam, tanto o espírito de cada homem é sempre arrastado no movimento geral da humanidade. Algo semelhante também se faz notar de povo a povo. Dois povos que tivessem o mesmo estado social aristocrático poderiam permanecer muito distintos e diferentes, porque o espírito da aristocracia é individualizar-se. Mas dois povos vizinhos não poderiam ter um mesmo estado social democrático sem logo adotar opiniões e costumes semelhantes, porque o espírito da democracia faz os homens tenderem a se assemelhar.

suíços se tornaram semelhantes a todos os homens que os rodeiam, e estes aos suíços, de tal modo que, sendo apenas o número a fazer a diferença entre eles, a vitória cabe necessariamente aos maiores batalhões. Um dos resultados da revolução democrática que se opera na Europa, portanto, é fazer prevalecer, em todos os campos de batalha, a força numérica, e coagir todas as pequenas nações a se incorporar às grandes ou ao menos a entrar na política delas.

Sendo a razão determinante da vitória o número, resulta que cada povo deve tender com todos os seus esforços a levar o máximo de homens possível ao campo de batalha.

Quando era possível alistar uma espécie de tropa superior a todas as outras, como a infantaria suíça ou a cavalaria francesa do século XVI, não se considerava necessário ter exércitos muito grandes; mas isso não acontece mais quando todos os soldados se equivalem.

A mesma causa que faz nascer essa nova necessidade também fornece os meios de satisfazê-la. Pois, como afirmei, quando todos os homens são semelhantes, todos são fracos. O poder social é naturalmente muito maior nos povos democráticos do que em qualquer lugar. Esses povos, ao mesmo tempo que sentem o desejo de chamar toda a sua população viril às armas, têm, portanto, a faculdade de reuni-la: o que faz com que, nos séculos de igualdade, os exércitos pareçam crescer à medida que o espírito militar se apaga.

Nos mesmos séculos, a maneira de fazer a guerra também muda pelas mesmas causas.

Maquiavel diz em seu livro *O príncipe* "que é muito mais difícil subjugar um povo que tem por chefes um príncipe e barões do que uma nação que é conduzida por um príncipe e escravos". Coloquemos, para não ofender ninguém, funcionários públicos no lugar de escravos e teremos uma grande verdade muito aplicável a nosso tema.

É muito difícil para um grande povo aristocrático conquistar seus vizinhos e ser conquistado por eles. Ele não poderia conquistá-los, porque nunca pode reunir todas as suas forças e mantê-las juntas por muito tempo; e não pode ser conquistado, porque o inimigo encontra em toda parte focos de resistência que o detêm. Compararei a guerra num país aristocrático à guerra num país de montanhas: os vencidos encontram a todo instante a ocasião de se reunir em novas posições e aguentar firme.

O contrário justamente se revela nas nações democráticas.

Estas facilmente levam todas as suas forças disponíveis ao campo de batalha e, quando a nação é rica e numerosa, torna-se facilmente conquistadora; mas depois que a vencem e penetram em seu território, restam-lhe poucos recursos e, se chegarem a tomar sua capital, a nação estará perdida.

Isso se explica muito bem: como cada cidadão está individualmente muito isolado e é muito fraco, ninguém pode nem se defender nem apresentar a outros um ponto de apoio. Somente o Estado é forte num país democrático; estando a força militar do Estado destruída pela destruição de seu exército, e seu poder civil paralisado pela tomada da capital, o resto não forma mais que uma multidão sem regra e sem força que não pode lutar contra o poder organizado que a ataca; sei que se pode tornar o perigo menor criando liberdades e, consequentemente, existências provinciais, mas esse remédio será sempre insuficiente.

Além da população não poder mais continuar a guerra, será de temer que não queira sequer tentá-la.

Segundo o direito das pessoas adotado pelas nações civilizadas, as guerras não têm o objetivo de se apropriar os bens dos particulares, apenas se apoderar do poder político. Só se destrói a propriedade privada ocasionalmente e para atingir o segundo objetivo.

Quando uma nação aristocrática é invadida depois da derrota de seu exército, os nobres, embora sejam ao mesmo tempo os ricos, preferem continuar individualmente a se defender do que a se submeter; pois, se o vencedor se tornasse senhor do país, ele lhes retiraria o poder político, ao qual eles se apegam muito mais do que a seus bens: preferem, portanto, combates à conquista, que para eles é a pior das desgraças, e facilmente arrastam consigo o povo, porque o povo contraiu o longo uso de segui-los e obedecer-lhes, e aliás quase nada tem a arriscar na guerra.

Numa nação onde reina a igualdade de condições, cada cidadão só tem, ao contrário, uma pequena parte no poder político, e muitas vezes parte nenhuma; por outro lado, todos são independentes e têm bens a perder; de tal modo que se teme muito menos a conquista e muito mais a guerra do que um povo aristocrático. Sempre será muito difícil determinar uma população democrática a pegar em armas quando a guerra estiver em seu território. É por isso que é tão necessário dar a esses povos direitos e um espírito político que sugere a cada cidadão alguns dos interesses que fazem os nobres agir nas aristocracias.

É preciso que os príncipes e os outros chefes das nações democráticas se lembrem: somente a paixão e o hábito da liberdade podem lutar com vantagem contra o hábito e a paixão do bem-estar. Não imagino nada mais bem preparado para a conquista, em caso de revés, do que um povo democrático que não tenha instituições livres.

Antigamente se entrava em campanha com poucos soldados; travavam-se pequenos combates e faziam-se longos cercos. Agora, travam-se grandes batalhas e, assim que se pode marchar livremente, avança-se sobre a capital, a fim de terminar a guerra de uma só vez.

Napoleão inventou, diz-se, esse novo sistema. Não dependia de um homem, qualquer que ele fosse, criar um sistema semelhante. A maneira como Napoleão fez a guerra lhe foi sugerida pelo estado da sociedade de seu tempo, e ela o fez vencer porque era maravilhosamente apropriada a esse estado, e porque ele a colocava em uso pela primeira vez. Napoleão foi o primeiro a ter percorrido, à frente de um exército, o caminho de todas as capitais. Mas foi a ruína da sociedade feudal que lhe abriu esse caminho. É possível acreditar que, se esse homem extraordinário tivesse nascido há trezentos anos, ele não teria obtido os mesmos frutos de seu método, ou melhor, ele teria encontrado outro método.

Acrescentarei apenas mais uma palavra em relação às guerras civis, pois temo cansar a paciência do leitor.

A maioria das coisas que afirmei a respeito das guerras estrangeiras se aplica, com mais razão ainda, às guerras civis. Os homens que vivem nos países democráticos não têm ao natural o espírito militar: às vezes o adquirem quando são arrastados contra sua vontade para os campos de batalha; mas levantar-se em massa por si mesmos e expor-se voluntariamente às misérias da guerra, e sobretudo às que a guerra civil acarreta, é uma decisão a que o homem das democracias não se decide. Somente os cidadãos mais aventureiros aceitam se lançar em semelhante perigo; a massa da população permanece imóvel.

Mesmo que quisesse agir, não conseguiria fazê-lo com facilidade; pois não encontra em seu seio influências antigas e bem estabelecidas às quais queira se submeter, nem chefes conhecidos para reunir os descontentes, regrá-los e conduzi-los, nem poderes políticos situados acima do poder nacional e que venham apoiar eficazmente a resistência que lhe opõem.

Nas regiões democráticas, o poder moral da maioria é imenso, e as forças materiais de que elas dispõem são desproporcionais às que é possível reunir contra elas. O partido que se encontra no assento da maioria, que fala em seu nome e emprega seu poder, triunfa, então, num instante e sem dificuldade, sobre todas as resistências particulares. Ele não lhes dá nem o tempo de nascer; esmaga seu germe.

Aqueles que, nesses povos, querem fazer uma revolução pelas armas, não têm outros recursos que se apoderar de improviso da máquina já pronta do governo, o que pode ser executado mais por um golpe do que por uma guerra; pois, assim que há uma guerra, o partido que representa o Estado quase sempre tem a certeza de vencer.

O único caso em que a guerra civil poderia nascer seria aquele em que, com a divisão do exército, uma porção levasse o estandarte da revolta e a outra se mantivesse fiel. Um exército forma uma pequena sociedade muito estreitamente ligada e muito vivaz, que está em condição de bastar a si mesma por algum tempo. A guerra poderia ser sangrenta, mas não seria longa; pois ou o exército revoltado atrairia para si o governo com a simples demonstração de suas forças, ou com sua primeira vitória a guerra chegaria ao fim, ou então a luta começaria e a porção do exército que só se apoiasse na força organizada do Estado não tardaria a se dispersar por si mesmo ou a ser destruída.

Podemos admitir como verdade geral, portanto, que nos séculos de igualdade as guerras civis se tornarão muito mais raras e mais curtas.[12]

---

12. É claro que falo aqui das nações democráticas únicas e não das nações democráticas confederadas. Nas confederações, o poder preponderante sempre reside, apesar das dissimulações, nos governos de Estado e não no governo federal, as guerras civis não passam de guerras estrangeiras disfarçadas.

QUARTA PARTE
A INFLUÊNCIA QUE AS IDEIAS E OS SENTIMENTOS DEMOCRÁTICOS EXERCEM SOBRE A SOCIEDADE POLÍTICA

Preencherei mal o objetivo deste livro se, depois de ter mostrado as ideias e os sentimentos sugeridos pela igualdade, não mostrasse, por fim, qual a influência geral que esses mesmos sentimentos e essas mesmas ideias podem exercer sobre o governo das sociedades humanas.

Para ter êxito, serei obrigado a voltar muitas vezes sobre meus passos. Mas espero que o leitor não se recuse a me seguir, uma vez que caminhos que lhe são conhecidos o conduzirão a alguma verdade nova.

CAPÍTULO 1
A IGUALDADE NATURALMENTE DÁ AOS HOMENS O GOSTO PELAS INSTITUIÇÕES LIVRES

A igualdade, que torna os homens independentes uns dos outros, faz com que contraiam o hábito e o gosto de apenas seguir, em suas ações particulares, a própria vontade. A total independência de que gozam continuamente em relação a seus iguais e no uso da vida privada os dispõe a considerar com olhar descontente toda autoridade, e logo lhes sugere a ideia e o amor da liberdade política. Os homens que vivem nesses tempos caminham, portanto, num declive natural que os dirige para as instituições livres. Pegue um deles ao acaso; recue, se possível, a seus instintos primitivos: descobrirá que, entre os diferentes governos, o primeiro que ele concebe e o que mais estima é o governo cujo chefe ele elegeu e cujos atos ele controla.

De todos os efeitos políticos produzidos pela igualdade de condições, o amor pela independência é o que mais chama a atenção e o que mais assusta os espíritos tímidos, e não podemos dizer que estejam totalmente errados de se sentir assim, pois a anarquia tem características mais assustadoras nos países democráticos do que em outros. Como os cidadãos não têm nenhuma ação uns sobre os outros, no momento em que o poder nacional que os mantêm todos no lugar chega a faltar, a desordem logo parece chegar ao ápice e, com cada cidadão se afastando para seu canto, o corpo social parece que vai subitamente ser reduzido a pó.

Estou convencido, porém, de que a anarquia não é o principal mal que os séculos democráticos devem temer, mas o menor.

A igualdade produz, de fato, duas tendências: uma leva os homens diretamente à independência e pode subitamente levá-los à anarquia; a outra os conduz, por um caminho mais longo, mais secreto e mais seguro, para a servidão.

Os povos facilmente veem a primeira e resistem a ela; eles se deixam levar pela outra sem vê-la; é particularmente importante mostrá-la, portanto.

De minha parte, longe de criticar à igualdade a indocilidade que ela inspira, é principalmente por causa dela que a louvo. Admiro-a ao vê-la depositar no fundo do espírito e do coração de cada homem essa noção obscura e esse instintivo pendor à independência política, preparando assim o remédio ao mal que ela faz nascer. É por esse lado que me interesso por ela.

CAPÍTULO 2
AS IDEIAS DOS POVOS DEMOCRÁTICOS EM MATÉRIA DE GOVERNO SÃO NATURALMENTE FAVORÁVEIS À CONCENTRAÇÃO DE PODERES

A ideia de poderes secundários, colocados entre o soberano e os súditos, naturalmente se apresentava à imaginação dos povos aristocráticos, porque eles encerravam em seu seio indivíduos ou famílias que o nascimento, as luzes e as riquezas mantinham sem igual, e pareciam destinadas a comandar. Essa mesma ideia é naturalmente ausente do espírito dos homens nos séculos de igualdade por razões contrárias; ela só pode ser introduzida artificialmente e só é retida com dificuldade; enquanto isso, eles concebem, por assim dizer, sem pensar, a ideia de um poder único e central que leva todos os cidadãos a pensar por si mesmos.

Em política, aliás, como em filosofia e em religião, a inteligência dos povos democráticos recebe com delícias as ideias simples e gerais. Os sistemas complicados a repelem, e ela gosta de imaginar uma grande nação em que todos os cidadãos se assemelham a um único modelo e são dirigidos por um único poder.

Depois da ideia de um poder único e central, a que mais espontaneamente se apresenta ao espírito dos homens nos séculos de igualdade é a ideia de uma legislação uniforme. Como cada um deles se vê pouco diferente de seus vizinhos, ele não entende direito por que a regra que se aplica a um homem não seria igualmente aplicável a todos os outros. Os menores privilégios desagradam sua razão, portanto. As mais leves dissemelhanças nas instituições políticas do mesmo povo o ferem, e a uniformidade legislativa lhe parece ser a condição primeira de um bom governo.

Creio, ao contrário, que essa mesma noção de uma regra uniforme, igualmente imposta a todos os membros do corpo social, e como que estrangeira ao espírito humano nos séculos aristocráticos, ele não emprega ou rejeita.

Essas inclinações opostas da inteligência acabam, de parte a parte, tornando-se instintos tão cegos e hábitos tão invencíveis que elas ainda dirigem as ações, a despeito dos fatos particulares. Às vezes se encontravam, apesar da imensa variedade da Idade Média, alguns indivíduos perfeitamente semelhantes: o que não impedia que o legislador atribuísse a cada um deles deveres diversos e direitos diferentes. Em nossos dias, ao contrário, governos se extenuam tentando impor os mesmos usos e as mesmas leis a populações que ainda não se assemelham em nada.

À medida que as condições se igualam num povo, os indivíduos parecem menores e a sociedade parece maior, ou melhor, cada cidadão, tornando-se semelhante a todos os outros, se perde na multidão, e não enxergamos mais do que a vasta e magnífica imagem do próprio povo.

Isso naturalmente confere aos homens dos tempos democráticos uma opinião muito elevada dos privilégios da sociedade e uma ideia muito humilde dos direitos do indivíduo. Eles facilmente admitem que o interesse de um é tudo, e que o do outro é nada. De bom grado concordam que o poder que representa a sociedade possua muito mais luzes e sabedoria do que qualquer um dos homens que a compõem, e que seu dever, tanto quanto seu direito, é pegar cada cidadão pela mão e guiá-lo.

Se quisermos examinar de perto nossos contemporâneos e chegar até a raiz de suas opiniões políticas, encontraremos algumas das ideias que acabo de reproduzir e talvez nos espantemos por encontrar tanta harmonia entre pessoas que se fazem a guerra com tanta frequência.

Os americanos acreditam que, em cada estado, o poder social deve emanar diretamente do povo; mas, uma vez constituído esse poder, eles não imaginam para ele, por assim dizer, limites; reconhecem de bom grado que ele tem o direito de fazer tudo.

Quanto a privilégios particulares concedidos a cidades, famílias ou indivíduos, eles perderam até mesmo a ideia deles. Seu espírito nunca previu que não se pudesse aplicar uniformemente a mesma lei a todas as partes do mesmo Estado e a todos os homens que o habitam.

Essas mesmas opiniões se difundem cada vez mais na Europa; elas se introduzem até mesmo no seio das nações que repelem com mais violência o dogma da soberania do povo. Estas dão ao poder uma outra origem que os americanos, mas o encaram sob os mesmos ângulos. Em todas, a noção de poder intermediário se eclipsa e se apaga. A ideia de um direito inerente a certos indivíduos rapidamente desaparece do espírito dos homens; a ideia do direito onipotente e, por assim dizer, único da sociedade vem preencher seu lugar. Essas ideias se enraízam e crescem à medida que as condições se tornam mais iguais e os homens, mais semelhantes; a igualdade as faz nascer e elas, por sua vez, apressam os progressos da igualdade.

Na França, onde a revolução de que falo é mais avançada do que em qualquer outro povo da Europa, essas mesmas opiniões se apossaram completamente da inteligência. Basta ouvir com atenção a voz de nossos diferentes partidos, veremos que não há nenhum que não as adote. A maioria estima que o governo age mal; mas todos pensam que o governo deve agir sem cessar e colocar a mão em tudo. Os mesmos que se guerreiam mais rudemente não deixam de concordar sobre esse ponto. A unidade, a ubiquidade, a onipotência do poder social e a uniformidade de suas regras formam o traço proeminente que caracteriza todos os sistemas políticos surgidos em nossos dias. Eles são encontrados na base das utopias mais estranhas. O espírito humano ainda persegue essas imagens quando sonha.

Se tais ideias se apresentam espontaneamente ao espírito dos particulares, elas se oferecem mais naturalmente ainda à imaginação dos príncipes.

Enquanto o velho estado social da Europa se altera e se dissolve, os soberanos adquirem novas crenças sobre suas faculdades e sobre seus deveres; pela primeira vez, compreendem que o poder central que eles representam pode e deve administrar por si mesmo, e num plano uniforme, todos os negócios e todos os homens. Essa opinião, que, ouso dizer, nunca havia sido concebida antes de nosso tempo pelos reis da Europa, penetre no mais fundo da inteligência desses príncipes; elas se mantêm firmes no meio da agitação de todas as outras.

Os homens de nossos dias estão, portanto, muito menos divididos do que se imagina; eles brigam sem parar para saber em que mãos a soberania deve ser colocada, mas facilmente se entendem a respeito dos deveres e dos direitos da soberania. Todos concebem o governo sob a imagem de um poder único, simples, providencial e criador.

Todas as ideias secundárias, em matéria política, são móveis; esta permanece fixa, inalterável, igual a si mesma. Os publicistas e os homens de Estado a adotam; a multidão a toma avidamente; os governados e os governantes concordam em persegui-la com o mesmo ardor: ela vem primeiro, parece inata.

Portanto, não sai de um capricho do espírito humano; ela é uma condição natural do estado atual dos homens.

CAPÍTULO 3
OS SENTIMENTOS DOS POVOS DEMOCRÁTICOS ESTÃO DE ACORDO COM SUAS IDEIAS PARA LEVÁ-LOS A CONCENTRAR O PODER

Se, nos séculos de igualdade, os homens facilmente concebem a ideia de um grande poder central, não se pode duvidar, por outro lado, que seus hábitos e sentimentos os predispõem a reconhecer um tal poder e a apoiá-lo. Podemos demonstrá-lo em poucas palavras, pois a maior parte das razões já foi dada em outro lugar.

Visto que os homens que habitam os países democráticos não têm nem superiores, nem inferiores, nem associados habituais e necessários, eles naturalmente se fecham em si mesmos e se consideram isoladamente. Tive ocasião de demonstrá-lo em profundidade quando se tratou do individualismo.

Portanto, é sempre com esforço que esses homens se arrancam de seus negócios particulares para se ocupar dos negócios comuns; sua inclinação natural é deixar seu cuidado ao único representante visível e permanente dos interesses coletivos, que é o Estado.

Além de não terem naturalmente o gosto de se ocupar do público, com frequência lhes falta tempo para fazê-lo. A vida privada é tão ativa nos tempos democráticos, tão agitada, tão cheia de desejos e trabalhos que quase não resta aos homens energia ou tempo para a vida política.

Não cabe a mim negar que tais inclinações não sejam invencíveis, pois meu objetivo principal, ao escrever esse livro, foi combatê-las. Sustento apenas que, em nossos dias, uma força secreta as desenvolve sem cessar no coração humano, e que basta não detê-la para que o preencham.

Também tive ocasião de mostrar como o crescente amor pelo bem-estar e a natureza móvel da propriedade faziam os povos democráticos temer a desordem material. O amor pela tranquilidade pública é com frequência a única paixão política que esses povos conservam, e ela se torna, entre eles, mais ativa e mais poderosa à medida que todas as outras enfraquecem e morrem; isso naturalmente dispõe os cidadãos a dar sem cessar ou a deixar que sejam tomados novos direitos ao poder central, que lhes parece ter o interesse e o meio de defendê-los da anarquia ao defender a si próprio.

Como, nos séculos de igualdade, ninguém é obrigado a emprestar sua força a seu semelhante, e ninguém tem o direito de esperar de seu semelhante um grande apoio, cada um é ao mesmo tempo independente e fraco. Esses dois estados, que nunca se devem considerar separadamente nem confundir, conferem ao cidadão das democracias instintos muito contrários. Sua independência o enche de confiança e orgulho ao lado de seus iguais, e sua debilidade o faz sentir, de tempos em tempos, a necessidade de um socorro externo que ele não pode esperar de nenhum deles, pois todos são impotentes e frios. Nesse extremo, ele naturalmente volta seus olhos para esse ser imenso que se eleva sozinho em meio ao rebaixamento universal. É para ele que suas necessidades e sobretudo seus desejos o levam sem cessar, e é ele que acaba sendo visto como o único e necessário apoio à fraqueza individual.[13]

Isso faz compreender o que costuma acontecer nos povos democráticos, nos quais vemos homens que suportam superiores com tanta dificuldade, sofrendo pacientemente por seu senhor, e mostrando-se ao mesmo tempo orgulhosos e servis.

Os ódios que os homens sentem pelo privilégio aumenta à medida que os privilégios se tornam mais raros e menores, de tal modo que as paixões democráticas parecem se inflamar ainda mais quando encontram menos alimentos. Já mostrei a razão para esse fenômeno. Não há desigualdade grande demais que fira os olhares quando todas as condições são desiguais, ao passo que a menor dissemelhança parece chocante em meio à uniformidade geral; sua visão se torna mais insuportável quanto mais a uniformidade é completa.

---

13. Nas sociedades democráticas. não há apenas o poder central a possuir alguma estabilidade em sua posição e alguma permanência em seus empreendimentos. Todos os cidadãos se movem o tempo todo e se transformam. Ora, é da natureza de todo governo querer aumentar continuamente sua esfera. É, portanto, bastante difícil que, com o tempo, este não consiga ter êxito, pois ele age com um pensamento fixo e uma vontade contínua sobre homens cuja posição, ideias e desejos variam todos os dias. Acontece com frequência de os cidadãos trabalharem para ele sem querer. Os séculos democráticos são tempos de experiências, inovações e aventuras. Há, hoje, uma multidão de homens que está engajada num empreendimento difícil ou novo perseguido à parte, sem se preocupar com seus semelhantes. Estes admitem, por princípio geral, que o poder público não deve intervir nos negócios privados; mas, por exceção, cada um deles deseja que ele o ajude no negócio especial que o preocupa e procura atrair a ação do governo para seu lado, tentando, ao mesmo tempo, restringi-la para todos os outros. Uma multidão de pessoas tendo ao mesmo tempo sobre uma multidão de objetos diferentes essa visão particular, a esfera do poder central se estende imperceptivelmente para todos os lados, embora cada um deles deseje restringi-la. Um governo democrático aumenta, então, suas atribuições pelo simples fato de durar. O tempo trabalha a seu favor; todos os acidentes o beneficiam; as paixões individuais o ajudam, mesmo sem saber, e podemos dizer que ele se torna mais centralizado quanto mais velha a sociedade democrática.

É natural, portanto, que o amor pela igualdade aumente sem cessar junto com a própria igualdade; satisfazendo-a, ela se desenvolve.

Esse ódio imortal e cada vez mais inflamado que anima os povos democráticos contra os menores privilégios favorece singularmente a gradual concentração de todos os direitos políticos nas mãos do único representante do Estado. O soberano, estando necessariamente e sem contestação acima de todos os cidadãos, não desperta a inveja de nenhum deles, e cada um acredita retirar de seus iguais todas as prerrogativas que ele lhe concede.

O homem dos séculos democráticos só obedece com extrema repugnância a seu vizinho, que é seu igual; recusa-se a reconhecer-lhe luzes superiores às suas; desconfia de sua justiça e vê com inveja seu poder; ele o teme e despreza; gosta de fazê-lo sentir a cada instante a comum dependência em que ambos estão do mesmo senhor.

Todo poder central que segue seus instintos naturais ama a igualdade e a favorece; pois a igualdade facilita singularmente a ação de tal poder, ela a amplia e garante.

Também podemos dizer que todo governo central adora a uniformidade; a uniformidade lhe evita o exame de uma infinidade de detalhes dos quais deveria se ocupar se a regra fosse feita para os homens em vez de passar todos os homens indistintamente sob a mesma regra. Assim, o governo ama o que os cidadãos amam, e naturalmente odeia o que eles odeiam. Essa comunhão de sentimentos, que, nas nações democráticas, une continuamente num mesmo pensamento cada indivíduo ao soberano, estabelece entre eles uma secreta e permanente simpatia. O governo é perdoado por suas faltas em benefício de seus gostos; a confiança pública só o abandona com dificuldade em meio a seus excessos ou erros, e ela volta para ele assim que é chamada de volta. Os povos democráticos costumam odiar os depositários do poder central, mas sempre amam o poder em si.

Assim, por dois caminhos diferentes cheguei ao mesmo objetivo. Mostrei que a igualdade sugeria aos homens o pensamento de um governo único, uniforme e forte. Acabo de mostrar que ela lhes dá esse gosto; portanto, é para um governo desse tipo que tendem as nações de nossos dias. A inclinação natural de seu espírito e de seu coração as leva a tanto, e basta-lhes não se deter para chegarem a ele.

Penso que, nos séculos democráticos que vão se abrir, a independência individual e as liberdades locais sempre serão um produto da arte. A centralização será o governo natural.

CAPÍTULO 4
DE ALGUMAS CAUSAS PARTICULARES E ACIDENTAIS QUE ACABAM LEVANDO UM POVO DEMOCRÁTICO A CENTRALIZAR O PODER OU QUE O AFASTAM DISSO

Embora todos os povos democráticos sejam instintivamente levados à centralização dos poderes, eles tendem a ela de maneira desigual. Isso depende das circunstâncias particulares que podem desenvolver ou restringir os efeitos naturais do estado social. Essas circunstâncias são muito numerosas; falarei apenas de algumas.

Nos homens que por muito tempo viveram livres antes de se tornarem iguais, os instintos que a liberdade havia trazido combatem até certo ponto as inclinações sugeridas pela igualdade; e, ainda que entre eles o poder central aumente seus privilégios, os particulares nunca perdem totalmente a independência.

Mas quando a igualdade chega a se desenvolver num povo que nunca conheceu ou que não conhece há muito tempo a liberdade, como se vê no continente europeu, vindo os antigos hábitos da nação a se combinar subitamente e por uma espécie de atração natural aos hábitos e às doutrinas novas que o estado social faz nascer, todos os poderes parecem correr sozinhos para o centro; acumulam-se nele com surpreendente rapidez, e o Estado atinge de repente os limites extremos de sua força, enquanto os particulares se deixam cair até o último grau da fraqueza.

Os ingleses que, há três séculos, foram fundar nos desertos do Novo Mundo uma sociedade democrática, estavam todos acostumados, na pátria-mãe, a participar dos negócios públicos; eles conheciam o júri; tinham liberdade de expressão e de imprensa, liberdade individual, ideia de direito e o costume de recorrer a ele. Eles transportaram para a América essas instituições livres e esses costumes viris, e eles os sustentaram contra as intrusões do Estado.

Entre os americanos, é, portanto, a liberdade que é antiga; a igualdade é comparativamente nova. O contrário acontece na Europa, onde a igualdade introduzida pelo poder absoluto, e sob os olhos dos reis, já havia penetrado nos hábitos dos povos muito tempo antes da liberdade ter entrado em suas ideias.

Afirmei que, nos povos democráticos, o governo só se apresentava naturalmente ao espírito humano sob a forma de um poder único e central, e que a noção dos poderes intermediários não lhe era familiar. Isso é particularmente aplicável às nações democráticas que viram o princípio de igualdade triunfar com o auxílio de uma revolução violenta. Como as classes que dirigiam os negócios locais desapareceram subitamente nessa tempestade, e como a massa confusa restante ainda não tinha nem a organização nem os hábitos que lhe permitisse tomar em mãos a administração desses mesmos negócios, só vemos o próprio Estado capaz de se encarregar de todos os detalhes do governo. A centralização se torna um fato de certa forma necessário.

Não se deve nem elogiar nem criticar Napoleão por ter concentrado apenas em suas mãos quase todos os poderes administrativos, pois depois do brusco desaparecimento da nobreza e da alta burguesia, esses poderes chegavam a ele sozinhos; teria sido tão difícil para ele rejeitá-los quanto tomá-los. Uma necessidade semelhante, nunca se fez sentir aos americanos, que, não tendo tido uma revolução e tendo, desde a origem, governado a si mesmos, nunca precisaram encarregar seu Estado de servir-lhes momentaneamente de tutor.

Assim, a centralização não se desenvolve num povo democrático apenas segundo o progresso da igualdade, mas também segundo a maneira como essa igualdade se funda.

No início de uma grande revolução democrática, e quando a guerra entre as diferentes classes mal começa a surgir, o povo se esforça para centralizar a administração pública nas mãos do governo a fim de arrancar a direção dos negócios locais à aristocracia. Perto do fim dessa mesma revolução, ao contrário, é geralmente a aristocracia vencida que trata de entregar ao Estado a direção de todos os negócios, por temer a pequena tirania do povo, que se tornou seu igual e, muitas vezes, seu senhor.

Assim, nem sempre é a mesma classe de cidadãos que se dedica a aumentar as prerrogativas do poder; mas, enquanto durar a revolução democrática, sempre haverá na nação uma classe poderosa pelo número ou pela riqueza, que paixões especiais e interesses particulares levam a centralizar a administração pública, independentemente do ódio pelo governo do vizinho, que é um sentimento geral e permanente entre os povos democráticos. Podemos observar que, em nossos tempos, as classes inferiores da Inglaterra é que trabalham com todas as suas forças para destruir a independência local e para transferir a administração de todo os pontos da circunferência para o centro, enquanto as classes superiores se esforçam para manter essa mesma administração em seus antigos limites. Ouso prever que chegará o dia em que veremos um espetáculo exatamente contrário.

O que precede nos faz compreender por que o poder social sempre deve ser mais forte e o indivíduo, mais fraco, num povo democrático que chegou à igualdade por meio de um longo e penoso trabalho social, do que numa sociedade em que, desde a origem, os cidadãos sempre foram iguais. É o que o exemplo dos americanos acaba de provar.

Os homens que habitam os Estados Unidos nunca foram separados por nenhum privilégio; eles nunca conheceram a relação recíproca de inferior e senhor, e como não temem nem odeiam uns aos outros, nunca conheceram a necessidade de chamar o soberano a dirigir os pormenores de seus negócios. O destino dos americanos é singular: tiraram da aristocracia da Inglaterra a ideia dos direitos individuais e o gosto pelas liberdades locais; e puderam conservar os dois porque não precisaram combater nenhuma aristocracia.

Se, em todos os tempos, as luzes servem para que os homens defendam sua independência, isso é verdade sobretudo nos séculos democráticos. É fácil, quando todos os homens se assemelham, fundar um governo único e onipotente; os instintos bastam. Mas é preciso aos homens muita inteligência, ciência e arte para organizar e manter, nas mesmas circunstâncias, poderes secundários, e para criar, em meio à independência e à fraqueza individual dos cidadãos, associações livres que sejam capazes de lutar contra a tirania sem destruir a ordem.

A concentração dos poderes e a servidão individual crescerão nas nações democráticas, portanto, não apenas na proporção da igualdade, mas em razão da ignorância.

É verdade que, nos séculos pouco esclarecidos, o governo geralmente carece de luzes para aperfeiçoar o despotismo, e os cidadãos, para se livrarem dele. Mas o efeito não é o mesmo nas duas partes.

Por mais grosseiro que seja um povo democrático, o poder central que o dirige nunca é completamente desprovido de luzes, porque facilmente atrai para si as poucas que existem no país e porque, se necessário, vai buscá-las no exterior. Numa nação que é tão ignorante quanto democrática, logo não deixa de se manifestar uma diferença prodigiosa entre a capacidade intelectual do soberano e a de cada um de seus súditos. Isso facilmente acaba concentrando em suas mãos todos os poderes. O Poder Administrativo do Estado se estende sem cessar, porque ele é o único hábil o bastante para administrar.

As nações aristocráticas, por menos esclarecidas que as suponhamos, nunca apresentam o mesmo espetáculo, porque as luzes estão divididas de maneira suficientemente igual entre o príncipe e os principais cidadãos.

O paxá que hoje reina no Egito encontrou a população desse país composta por homens muito ignorantes e muito iguais, e se apropriou, para governá-la, da ciência e da inteligência da Europa. Quando as luzes particulares do soberano se combinaram à ignorância e à fraqueza democrática dos súditos, o último passo da centralização foi alcançado sem dificuldade e o príncipe pôde fazer do país sua manufatura e dos habitantes, seus operários.

Creio que a extrema centralização do poder político acaba debilitando a sociedade e, assim, enfraquecendo, com o passar do tempo, o próprio governo. Mas não nego que uma força social centralizada facilmente tem condições de executar, em dado tempo e em dado ponto, grandes empreendimentos. Isso é verdade sobretudo na guerra, na qual o sucesso depende muito mais da facilidade que se encontra para levar rapidamente todos os seus recursos a um dado ponto do que da extensão desses mesmos recursos. É principalmente na guerra, portanto, que os povos sentem o desejo, e muitas vezes a necessidade, de aumentar as prerrogativas do poder central. Todos os gênios guerreiros amam a centralização, que aumenta suas forças, e todos os gênios centralizadores amam a guerra, que obriga as nações a concentrar nas mãos do Estado todos os poderes. Assim, a tendência democrática que leva os homens a constantemente multiplicar os privilégios do Estado e a restringir os direitos dos particulares é muito mais rápida e contínua nos povos democráticos que estão sujeitos, por sua posição, a grandes e frequentes guerras, e cuja existência pode muitas vezes ser posta em perigo, do que em todos os outros.

Expus como o medo da desordem e o amor pelo bem-estar imperceptivelmente levavam os povos democráticos a aumentar as atribuições do governo central, único poder que lhes parece suficientemente forte, inteligente e estável por si mesmo para protegê-los da anarquia. Apenas preciso acrescentar que todas as circunstâncias particulares que tendem a tornar o estado de uma sociedade democrática perturbado e precário aumentam esse instinto geral e levam cada vez mais os particulares a sacrificarem seus direitos por sua tranquilidade.

Portanto, um povo nunca está tão disposto a aumentar as atribuições do poder central do que ao sair de uma revolução longa e sangrenta que, depois de ter arrancado os bens das mãos de seus antigos possuidores, abalou todas as crenças, encheu a nação de ódios furiosos, interesses opostos e facções contrárias. O gosto pela tranquilidade pública torna-se então uma paixão cega, e os cidadãos ficam sujeitos a uma paixão muito desordenada pela ordem.

Acabo de examinar vários acidentes que concorrem para a centralização do poder. Ainda não falei do principal.

A primeira das causas acidentais que, nos povos democráticos, podem levar às mãos do soberano a direção de todos os negócios é a própria origem desse soberano e de suas inclinações.

Os homens que vivem nos séculos de igualdade naturalmente amam o poder central e de bom grado ampliam seus privilégios; mas quando acontece de esse mesmo poder representar fielmente seus interesses e reproduzir exatamente seus instintos, a confiança que sentem por ele se torna quase ilimitada, e eles acreditam conceder a si mesmos tudo o que dão a ele.

A atração dos poderes administrativos para o centro será sempre menos fácil e menos rápida com reis que ainda se apegam por algum ponto à antiga ordem aristocrática do que com príncipes novos, filhos de suas obras, que parecem indissoluvelmente ligados à causa da igualdade pelo nascimento, pelos preconceitos, pelos instintos e pelos hábitos. Não quero dizer que os príncipes de origem aristocrática que vivem nos séculos de democracia não busquem a centralização. Creio que se dedicam a isso tão diligentemente quanto todos os outros. Para eles, as únicas vantagens da igualdade estão nisso; mas suas facilidades são menores, porque os cidadãos, em vez de naturalmente irem ao encontro de seus desejos, em geral se entregam a eles com dificuldade. Nas sociedades democráticas, a centralização será sempre tão grande quanto menos aristocrático for o soberano; esta é a regra.

Quando uma velha linhagem de reis dirige uma aristocracia e os preconceitos naturais do soberano se encontram em perfeito acordo com os preconceitos naturais dos nobres, os vícios inerentes às sociedades aristocráticas se desenvolvem livremente e não encontram remédio. O contrário acontece quando o representante da linhagem feudal é colocado à frente de um povo democrático. O príncipe a cada dia se inclina, por sua educação, seus hábitos e suas lembranças, para os sentimentos que a desigualdade de condições sugere; e o povo tende constantemente, por seu estado social, para os costumes que a igualdade faz nascer. É comum acontecer, então, que os cidadãos busquem conter o poder central, bem menos como tirânico do que como aristocrático; e que mantenham firmemente suas independências não apenas porque querem ser livres, mas principalmente porque querem permanecer iguais.

Uma revolução que derruba uma antiga família de reis para colocar homens novos à frente de um povo democrático pode enfraquecer momentaneamente o poder central; mas por mais anárquico que ele pareça a princípio, não devemos hesitar a prever que seu resultado final e necessário será ampliar e garantir as prerrogativas desse mesmo poder.

A primeira e, de certo modo, a única condição necessária para se chegar à centralização do poder público numa sociedade democrática é amar a igualdade ou fazer com que se acredite nesse amor. Assim, a ciência do despotismo, outrora tão complicada, se simplifica: ela se reduz, por assim dizer, a um princípio único.

CAPÍTULO 5
ENTRE AS NAÇÕES EUROPEIAS DE NOSSOS DIAS O PODER SOBERANO AUMENTA, EMBORA OS SOBERANOS SEJAM MENOS ESTÁVEIS

Se refletirmos sobre o que precede, ficaremos surpresos e assustados de ver como, na Europa, tudo parece concorrer para aumentar indefinidamente as prerrogativas do poder central e para tornar a cada dia a existência individual mais fraca, mais subordinada e mais precária.

As nações democráticas da Europa têm todas as tendências gerais e permanentes que levam os americanos para a centralização dos poderes e, além disso, estão submetidas a uma profusão de causas secundárias e acidentais que os americanos não conhecem. Cada passo que dão na direção da igualdade parece aproximá-las do despotismo.

Basta olhar em volta e para nós mesmos para nos convencermos disso.

Durante os séculos aristocráticos que precederam o nosso, os soberanos da Europa haviam sido privados de ou haviam renunciado a vários dos direitos inerentes a seu poder. Não faz nem cem anos que, na maioria das nações europeias, encontravam-se particulares ou corpos quase independentes que administravam a justiça, recrutavam e mantinham soldados, coletavam impostos e, muitas vezes, até faziam ou explicavam a lei. O Estado em toda parte retomou esses atributos naturais da potência soberana; em tudo o que diz respeito ao governo, não há mais intermediário entre ele e os cidadãos, e ele os dirige por si mesmo nos assuntos gerais. Estou longe de criticar essa concentração dos poderes; limito-me a mostrá-la.

Na mesma época, havia na Europa um grande número de poderes secundários que representavam interesses locais e administravam os negócios locais. A maioria dessas autoridades locais já desapareceu; todas tendem rapidamente a desaparecer ou a cair na mais completa dependência. De uma ponta à outra da Europa, os privilégios dos senhores, as liberdades das cidades e as administrações provinciais foram destruídos ou serão destruídos.

A Europa viveu, no último meio século, muitas revoluções e contrarrevoluções que a remexeram em sentidos contrários. Mas todos esses movimentos se assemelham num ponto: todos abalaram ou destruíram os poderes secundários. Privilégios locais, que a nação francesa não havia abolido nos países conquistados por ela, acabaram sucumbindo sob os esforços dos príncipes que a venceram. Esses príncipes rejeitaram todas as novidades que a revolução havia criado, exceto a centralização: ela foi a única coisa que consentiram em manter.

O que quero observar é que todos esses diversos direitos que em nossos tempos foram sucessivamente arrancados das classes, das corporações, dos homens, não serviram para erigir em base mais democrática novos poderes secundários, mas se concentraram em toda parte nas mãos do soberano. Em toda parte o Estado consegue cada vez mais dirigir por si mesmo os menores cidadãos e a conduzir sozinho cada um deles nos menores negócios.[14]

Quase todos os estabelecimentos de caridade da antiga Europa estavam nas mãos de particulares ou de corporações; todos caíram mais ou menos sob a dependência do soberano e, em vários países, são regidos por ele. É que o Estado, quase sozinho, dá pão aos que têm fome, presta socorro e asilo aos doentes, encontra trabalho aos ociosos; ele se tornou o reparador quase único de todas as misérias.

A educação, tanto quanto a caridade, tornou-se na maior parte dos povos de nossos dias uma questão nacional. O Estado recebe e muitas vezes toma a criança dos braços de sua mãe para confiá-la a seus agentes; ele se encarrega de inspirar sentimentos a cada geração e de fornecer-lhe ideias. A uniformidade reina nos estudos tanto quanto em todo o resto; a diversidade, como a liberdade, desaparece a cada dia.

Tampouco temo afirmar que em quase todas as nações cristãs de nossos dias, tanto as católicas quanto as protestantes, a religião encontra-se ameaçada de cair nas mãos do governo. Não que os soberanos se mostrem muito interessados em determinar eles mesmos o dogma, mas cada vez mais se apoderam das vontades daquele que o explica; retiram do clero suas propriedades,

---

14. Esse gradual enfraquecimento do indivíduo diante da sociedade se manifesta de mil maneiras. Citarei, entre outras, as que se referem aos testamentos. Nos países aristocráticos, costuma-se professar um profundo respeito pela derradeira vontade dos homens. Isso chegava, às vezes, nos antigos povos da Europa, à superstição: o poder social, longe de entravar os caprichos do moribundo, prestava ao menor deles sua força; garantia-lhes um poder perpétuo. Quando todos os vivos são fracos, a vontade dos mortos é menos respeitada. Atribuem-lhe um círculo mais estreito e, se ela vier a sair dele, o soberano a anula ou controla. Na Idade Média, o poder de deixar testamento não tinha, por assim dizer, limites. Entre os franceses de nossos dias não se pode distribuir o próprio patrimônio entre seus filhos sem que o Estado intervenha. Depois de ter regulado a vida inteira, ele ainda quer regular seu último ato.

atribuem-lhe um salário, desviam e utilizam para seu proveito próprio a influência que o sacerdote possui; transformam-no em um de seus funcionários e, muitas vezes, em um de seus servidores, e junto com ele penetram no fundo da alma de cada homem.[15]

Mas esta é apenas uma parte do quadro.

Não apenas o poder do soberano se ampliou, como acabamos de ver, em toda a esfera dos antigos poderes; esta não basta mais para contê-lo; ele a ultrapassa por todos os lados e se espalha ao domínio que até então estava reservado à independência individual. Uma profusão de ações que outrora escapavam inteiramente ao controle da sociedade foi a ele submetida em nossos dias, e seu número cresce sem parar.

Nos povos aristocráticos, o poder social em geral se limitava a dirigir e a vigiar os cidadãos em tudo o que tivesse ligação direta e visível com o interesse nacional; deixava-os a seu livre-arbítrio em todo o resto. Nesses povos, o governo parece com frequência esquecer que há um ponto em que as faltas e as misérias dos indivíduos comprometem o bem-estar universal, e que impedir a ruína de um particular deve às vezes ser um assunto público.

As nações democráticas de nosso tempo tendem a um excesso contrário.

É evidente que a maioria de nossos príncipes não quer apenas dirigir o povo inteiro; eles parecem se julgar responsáveis pelas ações e pelo destino individual de seus súditos, ter decidido conduzir e esclarecer cada um deles nos diferentes atos de sua vida e, se necessário, torná-lo feliz contra sua vontade.

Os particulares, por sua vez, cada vez mais consideram o poder social sob o mesmo ângulo; em todas as suas necessidades, apelam à sua ajuda, e a todo momento têm seus olhares voltados para ele, como se ele fosse um preceptor ou um guia.

Afirmo que não há país na Europa em que a administração pública não tenha se tornado não apenas mais centralizada como mais inquisitiva e detalhada; em toda parte, penetra mais fundo que outrora nos negócios privados; regula à sua maneira mais ações, e ações menores, e a cada dia se estabelece cada vez mais ao lado, em torno e acima de cada indivíduo, para assisti-lo, aconselhá-lo e contê-lo.

---

15. À medida que as atribuições do poder central aumentam, o número de funcionários que o representam cresce. Eles formam uma nação dentro de cada nação; e como o governo lhes confere estabilidade, eles cada vez mais se tornam substitutos da aristocracia. Em quase toda a Europa o soberano domina de duas maneiras: conduz uma parte dos cidadãos por meio do medo que eles sentem de seus agentes, e a outra parte, por meio da esperança que eles têm de se tornar seus agentes.

Outrora, o soberano vivia da renda de suas terras ou do produto das taxas. Hoje que suas necessidades cresceram junto com seu poder, não é mais assim. Nas mesmas circunstâncias em que outrora um príncipe estabelecia um novo imposto, hoje recorre-se a um empréstimo. Pouco a pouco, o Estado se torna o devedor da maioria dos ricos e centraliza em suas mãos os maiores capitais.

Ele atrai os menores de outra maneira.

À medida que os homens se misturam e que as condições se igualam, pobres têm mais recursos, luzes e desejos. Eles concebem a ideia de melhorar sua sorte e tentam fazê-lo por meio da poupança. A poupança faz nascer, portanto, a cada dia, um número infinito de pequenos capitais, frutos lentos e sucessivos do trabalho; eles crescem sem parar. Mas eles permaneceriam improdutivos se continuassem espalhados. Isso levou ao surgimento de uma instituição filantrópica que logo se tornará, se não me engano, uma de nossas maiores instituições políticas. Homens caridosos tiveram a ideia de recolher a poupança do pobre e utilizar seu produto. Em alguns países, essas associações beneficentes se mantiveram inteiramente distintas do Estado; em quase todos, porém, tendem visivelmente a se confundir com ele, e há mesmo algumas que foram substituídas pelo governo e este empreendeu a imensa tarefa de centralizar num só lugar, e valorizar com suas mãos, a poupança diária de vários milhões de trabalhadores.

Assim, o Estado atrai para si o dinheiro dos ricos por meio de empréstimos, e por meio das caixas econômicas ele dispõe das moedas do pobre. As riquezas do país afluem para seu entorno e para suas mãos sem parar; quanto mais a igualdade de condições aumenta, mais elas se acumulam; pois numa nação democrática somente o Estado inspira confiança aos particulares, visto que apenas ele lhes parece ter alguma força e alguma duração.[16]

O soberano, portanto, não se limita a dirigir a fortuna pública; ele também se introduz nas fortunas privadas; ele é o chefe de cada cidadão e muitas vezes seu senhor, e, além disso, torna-se seu intendente e seu caixa.

Não apenas o poder central preenche sozinho a esfera inteira dos antigos poderes, ampliando-a e ultrapassando-a, como ele também se movimenta com mais agilidade, força e independência do que outrora.

---

16. Por outro lado, quando o gosto pelo bem-estar aumenta sem parar, o Estado cada vez mais se apodera de todas as fontes de bem-estar. Os homens seguem para a servidão por dois caminhos distintos, portanto. O gosto pelo bem-estar os impede de participar do governo, e o amor pelo bem-estar os coloca numa dependência cada vez mais estreita dos governantes.

Todos os governos da Europa prodigiosamente aperfeiçoaram, em nossa época, a ciência administrativa; eles fazem mais coisas e fazem cada coisa com mais ordem, rapidez e menos custo; parecem enriquecer constantemente com todas as luzes que retiraram dos particulares. Cada dia, os príncipes da Europa mantêm seus delegados numa dependência mais estreita e inventam novos métodos para dirigi-los mais de perto e vigiá-los com menos dificuldade. Não é suficiente para eles conduzir todos os negócios por meio de seus agentes, eles dirigem a conduta de seus agentes em todos os negócios; de modo que a administração pública não depende apenas do mesmo poder, ela se condensa cada vez mais num mesmo lugar e se concentra em menos mãos. O governo centraliza sua ação ao mesmo tempo que aumenta suas prerrogativas: dupla causa de força.

Quando examinamos a constituição que o Poder Judiciário tinha na maioria das nações da Europa, duas coisas chamam a atenção: a independência desse poder e a extensão de suas atribuições.

Não apenas os tribunais de justiça decidiam quase todas as querelas entre particulares como em grande número de casos eles serviam de árbitros entre cada indivíduo e o Estado.

Não quero abordar aqui as atribuições políticas e administrativas que os tribunais haviam usurpado em alguns países, mas as atribuições judiciárias que eles possuíam em todos. Em todos os povos da Europa, havia e ainda há muitos direitos individuais, quase todos ligados ao direito geral de propriedade, que estavam sob a salvaguarda do juiz e que o Estado não podia violar sem a permissão deste.

Era esse poder semipolítico que sobretudo distinguia os tribunais da Europa de todos os outros, pois todos os povos têm seus juízes, mas nem todos deram aos juízes os mesmos privilégios.

Se examinarmos agora o que acontece nas nações democráticas da Europa que chamamos livres, tanto quanto nas outras, vemos que, por toda parte, ao lado desses tribunais são criados outros, mais dependentes, cujo objeto particular é decidir excepcionalmente as questões litigiosas que podem surgir entre a administração pública e os cidadãos. Deixa-se ao antigo Poder Judiciário sua independência, mas estreita-se sua jurisdição, e tende-se, cada vez mais, a fazer dele o único árbitro entre os interesses particulares.

O número desses tribunais especiais aumenta sem parar e suas atribuições também. O governo, portanto, escapa cada dia mais da obrigação de fazer suas vontades e seus direitos serem sancionados por um outro poder. Não podendo ficar sem juízes, quer ao menos escolher ele mesmo seus juízes e mantê-los sempre na mão, ou seja, entre ele e os particulares ainda coloca a imagem da justiça, mais do que a própria justiça.

Assim, não basta ao Estado atrair para si todos os negócios, ele ainda consegue, cada vez mais, decidir todos eles por si mesmo sem controle e sem recurso.[17]

Há, nas nações modernas da Europa, uma grande causa que, independentemente de todas as que acabo de indicar, contribui constantemente para ampliar a ação do soberano ou para aumentar suas prerrogativas: não se prestou nela atenção suficiente. Essa causa é o desenvolvimento da indústria, favorecido pelos progressos da igualdade.

A indústria em geral reúne uma multidão de homens no mesmo lugar; ela estabelece entre eles relações novas e complicadas. Ela os expõe a grandes e súbitas alternativas de abundância e de miséria, durante as quais a tranquilidade pública é ameaçada. Pode acontecer, enfim, que seus trabalhos comprometam a saúde e mesmo a vida dos que deles tiram proveito ou dos que os empreendem. Assim, a classe industrial tem maior necessidade de ser regulamentada, vigiada e contida do que as outras classes, e é natural que as atribuições do governo cresçam com ela.

Essa verdade é geralmente aplicável; mas eis o que mais particularmente se refere às nações da Europa.

Nos séculos que precederam aqueles em que vivemos, a aristocracia possuía o solo e era capaz de defendê-lo. A propriedade imobiliária foi, portanto, cercada de garantias, e seus possuidores gozaram de grande independência. Isso criou leis e hábitos que se perpetuaram, apesar da divisão das terras e da ruína dos nobres; em nossos dias, os proprietários fundiários e os agricultores ainda são, de todos os cidadãos, aqueles que mais facilmente escapam ao controle do poder social.

Nesses mesmos séculos aristocráticos, em que se encontram todas as fontes de nossa história, a propriedade mobiliária tinha pouca importância, e seus possuidores eram desprezados e fracos; os industriais formavam uma classe excepcional no meio do mundo aristocrático. Como não tinham patronagem garantida, não estavam protegidos e, muitas vezes, não podiam proteger a si mesmos.

Tornou-se então um hábito considerar a propriedade industrial como um bem de natureza particular, que não mereceria as mesmas considerações e que não devia obter as mesmas garantias que a propriedade em geral, e os

---

17. Há a esse respeito, na França, um singular sofisma. Quando chega a nascer um processo entre a administração e um particular, seu exame é recusado a um juiz ordinário, para, diz-se, não misturar o Poder Administrativo e o Poder Judiciário. Como se investir o governo do direito de julgar e administrar ao mesmo tempo não fosse misturar dois poderes, e misturá-los da maneira mais perigosa e tirânica que existe.

industriais como uma pequena classe à parte na ordem social, com uma independência de pouco valor e que convinha abandonar à paixão regulamentadora dos príncipes. Se de fato consultarmos os códigos da Idade Média, ficaremos surpresos de ver como, nesses séculos de independência individual, a indústria era constantemente regulada pelos reis, mesmo em seus mínimos detalhes; nesse ponto, a centralização é tão ativa e tão detalhada quanto poderia ser.

Desde então, uma grande revolução ocorreu no mundo; a propriedade industrial, que não passava de um germe, desenvolveu-se e cobre a Europa; a classe industrial se amplia, enriquecendo com os despojos de todas as outras; ela cresceu em número, em importância, em riqueza; ela cresce sem cessar; quase todos que não fazem parte dela a ela estão ligados, ao menos de algum modo; depois de ter sido a classe excepcional, ela ameaça tornar-se a classe principal e, por assim dizer, a classe única; no entanto, as ideias e os hábitos políticos, que outrora ela fizera nascer, permaneceram. Essas ideias e esses hábitos não mudaram, porque são velhos e, também, porque se encontram em perfeita harmonia com as novas e com os hábitos gerais dos homens de nossos dias.

A propriedade industrial não tem seus direitos aumentados junto com sua importância, portanto. A classe industrial não se torna menos dependente ao se tornar mais numerosa; ao contrário, ela parece levar o despotismo em seu seio e este parece se ampliar naturalmente à medida que ela se desenvolve.[18]

À medida que a nação se torna mais industrial, ela sente uma maior necessidade de estradas, canais, portos e demais obras de natureza semipública que facilitam a aquisição de riquezas, e à medida que ela é mais democrática,

---

18. Citarei, em apoio a isso, alguns fatos. É nas minas que se encontram as fontes naturais da riqueza industrial. À medida que a indústria se desenvolveu na Europa, que o produto das minas se tornou um interesse mais geral e sua boa exploração, mais difícil pela divisão dos bens que a igualdade traz, a maioria dos soberanos reclamou o direito de possuir o fundo das minas e de vigiar os trabalhos; o que não se via para as propriedades de outra espécie. As minas, que eram propriedades individuais submetidas às mesmas obrigações e providas das mesmas garantias que os outros bens imobiliários, caíram assim em domínio público. É o Estado que as explora ou que as concede; os proprietários são transformados em usuários; eles obtêm seus direitos do Estado e, além disso, o Estado reivindica, quase em toda parte, o poder de dirigi-los; traça regras, impõe métodos, submete a uma vigilância habitual e, quando eles resistem, um tribunal administrativo os desapossa, e a administração pública transfere para outros seus privilégios; de modo que o governo não possui somente as minas, ele tem todos os mineradores na mão. Todavia, à medida que a indústria se desenvolve, a exploração das antigas minas aumenta. Novas são abertas. A população das minas se amplia e cresce. A cada dia, os soberanos estendem sob nossos pés seu domínio e o povoam com seus servidores.

os particulares sentem mais dificuldade para executar tais obras, e o Estado, mais facilidade para fazê-las. Não temo afirmar que a tendência manifesta de todos os soberanos de nosso tempo é encarregarem-se sozinhos da execução de tais empreendimentos; assim, colocam as populações numa dependência mais estreita.

Por outro lado, à medida que o poder do Estado cresce, e que suas necessidades aumentam, ele mesmo consome uma quantidade sempre maior de produtos industriais, que em geral fabrica em seus arsenais e em suas manufaturas. É por isso que, em cada reino, o soberano se torna o maior dos industriais; ele atrai e mantém a seu serviço um número prodigioso de engenheiros, arquitetos, mecânicos e artesãos.

Ele não é apenas o primeiro dos industriais, ele tende cada vez mais a se tornar o chefe, ou melhor, o senhor de todos os outros.

Como os cidadãos se tornaram mais fracos ao se tornarem mais iguais, eles nada podem fazer na indústria sem se associar; ora, o poder público quer naturalmente colocar essas associações sob seu controle.

É preciso reconhecer que essas espécies de seres coletivos que chamamos de associações são mais fortes e mais temíveis que um simples indivíduo poderia ser, e que são menos responsáveis por seus próprios atos do que eles, do que resulta que parece sensato deixar a cada uma delas uma independência menor do poder social do que se deixaria a um particular.

Os soberanos têm muito mais inclinação a agir assim porque seus gostos o levam a tanto. Nos povos democráticos, somente por meio da associação a resistência dos cidadãos ao poder central pode existir; assim, este último sempre vê com desfavor as associações que não estão sob sua mão; e, o que é muito digno de nota, nesses povos democráticos, os cidadãos costumam encarar essas mesmas associações, do qual tanto necessitam, com um sentimento secreto de medo e inveja que os impede de defendê-las. O poder e a duração dessas pequenas sociedades particulares, no meio da fraqueza e da instabilidade geral, os espanta e inquieta, e eles não estão longe de considerar o livre emprego que cada uma delas faz de suas faculdades naturais como perigosos privilégios.

Todas essas associações que nascem em nossos dias são, aliás, como pessoas novas que não tiveram seus direitos consagrados pelo tempo e que chegam ao mundo numa época em que a ideia de direitos particulares é fraca e em que o poder social é ilimitado; não surpreende que percam sua liberdade ao nascer.

Em todos os povos da Europa, há certas associações que só podem se formar depois que o Estado examinou seus estatutos e autorizou sua existência.

Em vários, há esforços para estender essa regra a todas essas associações. É fácil ver para onde levaria o sucesso de tal empresa.

Se o soberano jamais tivesse o direito geral de autorizar, sob certas condições, as associações de todos os tipos, ele não tardaria a exigir o de vigiá-las e dirigi-las, a fim de que elas não pudessem se afastar da regra que ele lhes tivesse imposto. Dessa maneira, o Estado, depois de ter posto em sua dependência todos os que têm vontade de se associar, também colocaria todos os que associaram, isto é, quase todos os homens que vivem em nossos dias.

Os soberanos tomam cada vez, e colocam para seu uso, a maior parte dessa força nova que a indústria cria em nossa época no mundo. A indústria nos conduz, e eles a conduzem.

Dou tanta importância a tudo o que acabo de dizer que sou atormentado pelo medo de ter prejudicado meu pensamento ao tentar explicá-lo melhor.

Se o leitor achar que os exemplos citados em apoio a minhas palavras são insuficientes ou mal escolhidos, se pensar que exagerei em algum lugar os progressos do poder social e que, ao contrário, restringi demasiadamente a esfera em que ainda se move a independência individual, suplico-lhe que abandone este livro por um momento e considere por si mesmo os objetos que acabo de lhe mostrar. Que examine atentamente o que acontece a cada dia aqui e fora daqui; que interrogue seus vizinhos; que contemple a si mesmo, por fim; ou muito me engano ou ele chegará, sem guia e por outros caminhos, ao ponto a que quis conduzi-lo.

Ele verá que, durante o meio século que acaba de passar, a centralização cresceu em toda parte de mil maneiras diferentes. As guerras, as revoluções, as conquistas serviram a seu desenvolvimento; todos os homens trabalharam para aumentá-la. Durante esse mesmo período, durante o qual eles se sucederam com uma rapidez prodigiosa à frente dos negócios, suas ideias, seus interesses e suas paixões variaram ao infinito; mas todos quiseram centralizar de alguma maneira. O instinto de centralização foi como que o único ponto imóvel no meio da singular mobilidade de suas existências e de seus pensamentos.

E quando o leitor, tendo examinado esse detalhe dos negócios humanos, abraçar o vasto quadro em seu conjunto, ele ficará surpreso.

Por um lado, as mais firmes dinastias foram abaladas ou destruídas; em toda parte os povos escapam violentamente do império de suas leis; eles destroem ou limitam a autoridade de seus senhores ou de seus príncipes; todas as nações que não estão em revolução parecem ao menos inquietas e trêmulas; um mesmo espírito de revolta as anima. E, por outro, nesse mesmo tempo de anarquia e nesses mesmos povos tão indóceis, o poder social aumenta sem parar suas prerrogativas; ele se torna mais centralizado, mais empreendedor, mais absoluto, mais amplo. Os cidadãos a todo momento caem sob o controle da administração pública; eles são imperceptivelmente arrastados, e como que sem saber, a sacrificar-lhe todos os dias algumas novas partes de sua independência individual, e esses mesmos homens, que de tempos em tempos derrubam um trono e pisoteiam os reis, dobram-se cada vez mais, sem resistência, às mínimas vontades de um empregado.

Assim, portanto, duas revoluções parecem se operar em nossos dias em sentido contrário; uma enfraquece continuamente o poder, a outra o reforça sem cessar: em nenhuma outra época de nossa história ele pareceu tão fraco e tão forte.

Mas quando finalmente se chega a considerar mais de perto o estado do mundo, vemos que essas duas revoluções estão intimamente ligadas uma à outra, que partem da mesma fonte e que, depois de ter tido um curso diverso, por fim conduzem os homens para o mesmo lugar.

Não temerei repetir uma última vez o que já disse ou indiquei em vários lugares deste livro: é preciso cuidar para não confundir o fato da igualdade com a revolução que acaba de introduzi-la no estado social e nas leis; é nisso que se encontra a razão de quase todos os fenômenos que nos surpreendem.

Todos os antigos poderes políticos da Europa, maiores tanto quanto os menores, foram fundados nos séculos de aristocracia e representavam ou defendiam mais ou menos o princípio de desigualdade e de privilégio. Para fazer prevalecer no governo as necessidades e os interesses novos que a crescente igualdade sugeria, foi, portanto, preciso que os homens de nossos dias derrubassem ou contivessem os antigos poderes. Isso os levou a fazer revoluções, e inspirou um grande número deles a esse gosto selvagem pela desordem e pela independência que todas as revoluções, qualquer que seja seu objeto, sempre fazem nascer.

Não creio que haja uma única região na Europa em que o desenvolvimento da igualdade não tenha precedido ou sido seguido por algumas mudanças violentas no estado da propriedade e das pessoas, e quase todas essas mudanças foram acompanhadas por muita anarquia e licenciosidade, porque eram feitas pela porção menos civilizada da nação contra a que mais o era.

Disso surgiram as duas tendências contrárias que mostrei anteriormente. Enquanto a revolução democrática estava em sua efervescência, os homens ocupados em destruir os antigos poderes aristocráticos que a combatiam se mostravam animados por um grande espírito de independência, e à medida que a vitória da igualdade se tornava mais completa, eles pouco a pouco se entregavam aos instintos naturais que essa mesma igualdade faz nascer, e reforçavam e centralizavam o poder social. Tinham desejado ser livres para poder se fazer iguais, e, à medida que a igualdade se estabelecia com a ajuda da liberdade, ela lhes tornava a liberdade mais difícil.

Esses dois estados nem sempre foram sucessivos. Nossos pais mostraram como um povo podia organizar uma imensa tirania em seu seio no exato momento em que escapava da autoridade dos nobres e enfrentava o poder de todos os reis, ao mesmo tempo ensinando ao mundo a maneira de conquistar sua independência e perdê-la.

Os homens de nosso tempo percebem que os antigos poderes se esfacelam por toda parte; veem todas as antigas influências que morrem, todas as antigas barreiras que caem; isso perturba o julgamento dos mais hábeis; eles só prestam atenção na prodigiosa revolução que se opera sob seus olhos e acreditam que o gênero humano cairá para sempre na anarquia. Se pensassem nas consequências finais dessa revolução, talvez tivessem outros temores.

De minha parte, não confio, confesso, no espírito de liberdade que parece animar meus contemporâneos; vejo que as nações de nossos dias são turbulentas, mas não percebo claramente que sejam liberais, e temo que, ao sair dessas agitações que fazem todos os tronos vacilarem, os soberanos se vejam mais poderosos do que foram.

CAPÍTULO 6
QUE ESPÉCIE DE DESPOTISMO AS NAÇÕES DEMOCRÁTICAS DEVEM TEMER

Eu havia observado, durante minha estada nos Estados Unidos, que um estado social democrático, semelhante ao dos americanos, poderia oferecer facilidades singulares ao estabelecimento do despotismo, e vi, ao voltar para a Europa, como a maioria de nossos príncipes já tinha se servido das ideias, dos sentimentos e das necessidades que esse mesmo estado social fazia nascer para ampliar o círculo de seus poderes.

Isso me levou a crer que as nações cristãs talvez acabassem sofrendo alguma opressão igual à que outrora pesou sobre vários povos da Antiguidade.

Um exame mais detalhado do tema, e cinco anos de novas meditações, não diminuíram meus temores, mas mudaram seu objeto.

Nunca se viu, nos séculos passados, um soberano tão absoluto e tão poderoso que tenha conseguido administrar por si mesmo, e sem o auxílio de poderes secundários, todas as partes de um grande império; não há nenhum que tenha tentado sujeitar indistintamente todos os seus súditos aos pormenores de uma regra uniforme nem que tenha descido até cada um deles para regê-lo e conduzi-lo. A ideia de semelhante empresa nunca se apresentara ao espírito humano e, se tivesse ocorrido a um homem de concebê-la, a insuficiência das luzes, a imperfeição dos procedimentos administrativos e, principalmente, os obstáculos naturais que a desigualdade de condições suscitava, logo o teriam detido na execução de tão vasto desígnio.

Vemos que, na época do maior poder dos césares, os diferentes povos que habitavam o mundo romano ainda tinham conservado costumes e modos diversos: embora submetida ao mesmo monarca, a maioria das províncias era administrada à parte; elas estavam cheias de municipalidades poderosas e ativas, e, embora todo o governo do império estivesse concentrado nas mãos do imperador, e que este sempre permanecesse, se necessário, o árbitro de todas as coisas, os detalhes da vida social e da existência individual costumavam escapar a seu controle.

Os imperadores possuíam, é verdade, um poder imenso e sem contrapeso que lhes permitia se dedicar livremente à estranheza de suas inclinações e empregar, para satisfazê-las, a força inteira do Estado; aconteceu-lhes muitas vezes de abusar desse poder para retirar arbitrariamente de um cidadão seus bens ou sua vida: sua tirania pesava prodigiosamente sobre alguns, mas não se estendia a um grande número; atrelava-se a alguns grandes objetos principais e negligenciava o resto; era violenta e restrita.

Parece que, se o despotismo viesse a se estabelecer em nações democráticas em nossos dias, ele teria outras características: seria mais extenso e mais doce, e degradaria os homens sem atormentá-los.

Não duvido que, nos séculos de luzes e igualdade como os nossos, os soberanos conseguissem mais facilmente reunir todos os poderes públicos em suas mãos e penetrar mais habitual e profundamente no círculo dos interesses privados do que jamais pôde fazer qualquer um dos da Antiguidade. Mas essa mesma igualdade que facilita o despotismo o tempera; vimos como, à medida que os homens são mais semelhantes e mais iguais, os costumes públicos se tornam mais humanos e mais doces; quando nenhum cidadão tem um grande poder nem grandes riquezas, a tirania carece, de certo modo, de ocasião e palco. Sendo todas as fortunas medíocres, as paixões são naturalmente contidas, a imaginação, limitada, os prazeres, simples. Essa moderação universal modera o próprio soberano e detém em certos limites o impulso desordenado de seus desejos.

Independentemente dessas razões retiradas da própria natureza do estado social, eu poderia acrescentar muitas outras que poderia tomar fora de meu tema; mas quero me manter dentro dos limites que me coloquei.

Os governos democráticos poderão se tornar violentos e mesmo cruéis em certos momentos de grande efervescência e de grandes perigos, mas essas crises serão raras e passageiras.

Quando penso nas pequenas paixões dos homens de nossos dias, na frouxidão de seus costumes, na extensão de suas luzes, na pureza de sua religião, na doçura de sua moral, em seus hábitos laboriosos e ordenados, na circunspecção que quase todos mantêm tanto no vício quanto na virtude, não temo que encontrem tiranos em seus chefes, mas antes tutores.

Penso, portanto, que a espécie de opressão que ameaça os povos democráticos não se assemelhará a nada do que a precedeu no mundo; nossos contemporâneos não poderiam encontrar uma imagem em suas lembranças. Em vão busco em mim mesmo uma expressão que reproduza exatamente a ideia que faço e que a encerra; as antigas palavras despotismo e tirania não convêm. A coisa é nova, deve-se então defini-la, pois não posso nomeá-la.

Quero imaginar sob que novos traços o despotismo poderia se produzir no mundo: vejo uma multidão incontável de homens semelhantes e iguais que giram sem descanso sobre si mesmos para se proporcionarem pequenos e vulgares prazeres com que enchem suas almas. Cada um deles, retirado à parte, se sente como que estrangeiro ao destino de todos os outros, seus filhos e seus amigos particulares formam para ele toda a espécie humana; quanto ao restante de seus concidadãos, está ao lado deles, mas não os vê; toca-os e não os sente; ele só existe em si mesmo e para si mesmo, e quando ainda lhe resta uma família, podemos dizer que não tem mais pátria.

Acima desses se eleva um poder imenso e tutelar que se encarrega sozinho de garantir seus prazeres e de zelar por seu destino. Ele é absoluto, detalhado, regular, previdente e doce. Ele se pareceria com o poder paterno se, como este, tivesse por objetivo preparar os homens para a idade viril; mas ele só procura, ao contrário, fixá-los irrevogavelmente na infância; gosta que os cidadãos se alegrem, desde que eles só pensem em se alegrar. Ele de bom grado trabalha para a felicidade deles, mas quer ser o único agente e o único árbitro; provê sua segurança, prevê e garante suas necessidades, facilita seus prazeres, conduz seus principais negócios, dirige sua indústria, normatiza suas sucessões, divide suas heranças; por que não pode retirar-lhe totalmente o problema de pensar e a dificuldade de viver?

É por isso que, todos os dias, torna menos útil e mais raro o emprego do livre-arbítrio; que encerra a ação da vontade num espaço menor e pouco a pouco retira de cada cidadão até mesmo o uso de si próprio. A igualdade preparou os homens para todas essas coisas; ela os dispôs a sofrê-las e muitas vezes até a considerá-las como um benefício.

Depois de ter assim tomado em suas poderosas mãos cada indivíduo sucessivamente, e de tê-lo moldado a seu gosto, o soberano estende seus braços sobre a sociedade inteira; cobre a superfície dela com uma rede de pequenas regras complicadas, minuciosas e uniformes, por meio das quais os espíritos mais originais e as almas mais vigorosas não poderiam vir à tona para ultrapassar a multidão; ele não quebra as vontades, mas as amolece, dobra e dirige; raramente força a agir, mas constantemente se opõe a que se aja; ele não destrói, ele impede de nascer; ele não tiraniza, ele incomoda, comprime, enfraquece, apaga, entorpece e, por fim, reduz as nações a não ser mais que um rebanho de animais tímidos e industriosos, cujo pastor é o governo.

Sempre acreditei que esse tipo de servidão regrada, doce e pacata, que acabo de retratar, poderia se combinar melhor do que se imagina a algumas das formas externas da liberdade, que não lhe seria impossível estabelecer-se à própria sombra da soberania do povo.

Nossos contemporâneos são incessantemente atormentados por duas paixões inimigas: sentem a necessidade de ser conduzidos e a vontade de permanecer livres. Não podendo destruir nem um nem outro desses instintos contrários, eles se esforçam para satisfazer os dois ao mesmo tempo. Imaginam um poder único, tutelar, onipotente, mas eleito pelos cidadãos. Combinam a centralização com a soberania do povo. Isso lhes dá certo alívio. Eles se consolam de estar sob tutela, pensando terem escolhido seus tutores. Cada indivíduo suporta que o prendam porque vê que não é um homem nem uma classe, mas o próprio povo que segura a ponta da corrente.

Nesse sistema, os cidadãos saem um momento da dependência para indicar seu senhor, depois voltam a ela.

Há, em nossos dias, muitas pessoas que se acomodam com muita facilidade a esse tipo de compromisso entre o despotismo administrativo e a soberania do povo, e que pensam ter garantido suficientemente a liberdade dos indivíduos quando é ao poder nacional que a entregam. Isso não me basta. A natureza do senhor me importa muito menos do que a obediência.

Não negarei, contudo, que uma constituição como essa é infinitamente preferível àquela que, depois de ter concentrado todos os poderes, os deposita nas mãos de um homem ou de um corpo irresponsável. De todas as diferentes formas que o despotismo democrático poderia assumir, essa com certeza seria a pior.

Quando o soberano é eletivo ou vigiado de perto por uma legislatura realmente eletiva e independente, a opressão que ele causa aos indivíduos às vezes é maior; mas ela sempre é menos degradante, porque cada cidadão, enquanto é oprimido e reduzido à impotência, ainda pode pensar que, ao obedecer, só se submete a si mesmo, e que é a uma de suas vontades que sacrifica todas as outras.

Também compreendo que, quando o soberano representa a nação e depende dela, as forças e os direitos retirados de cada cidadão não servem apenas ao chefe do Estado como beneficiam o próprio Estado, e que os particulares retiram algum fruto do sacrifício que fizeram ao público de sua independência.

Criar uma representação nacional num país muito centralizado é, portanto, diminuir o mal que a extrema centralização pode produzir, mas não é destruí-lo.

Vejo bem que, dessa maneira, conserva-se a intervenção individual nos negócios mais importantes, mas não se deixa de suprimi-la nos negócios pequenos e particulares. Esquece-se que é sobretudo nos pormenores que é perigoso sujeitar os homens. De minha parte, eu seria levado a acreditar que a liberdade é menos necessária nas grandes coisas do que nas menores, se pensasse que fosse possível ter a certeza de uma sem possuir a outra.

A sujeição nos pequenos negócios se manifesta todos os dias e se faz sentir indistintamente por todos os cidadãos. Ela não os desespera, mas os contraria sem cessar, e os leva a renunciar ao uso de sua vontade. Assim, ela pouco a pouco apaga seus espíritos e enfraquece suas almas; ao passo que a obediência, que só é devida num pequeno número de circunstâncias muito sérias, mas muito raras, só mostra a servidão de longe em longe, e só a faz pesar sobre alguns homens. Seria vão encarregar esses mesmos cidadãos, que foram tornados tão dependentes do poder central, de escolher de tempos em tempos os representantes desse poder; esse uso tão importante, mas tão breve e tão raro de seu livre-arbítrio não impedirá que pouco a pouco percam a faculdade de pensar, sentir e agir por si mesmos, e que caiam gradualmente abaixo do nível da humanidade.

Acrescento que eles logo se tornarão incapazes de exercer o grande e único privilégio que lhes resta. Os povos democráticos que introduziram a liberdade na esfera política aumentaram o despotismo na esfera administrativa e, ao mesmo tempo, foram conduzidos a singularidades muito estranhas. Quando é preciso dirigir pequenos negócios em que o simples bom senso é suficiente, eles julgam que os cidadãos são incapazes de fazê-lo; quando se trata do governo de todo o Estado, confiam a esses cidadãos imensas prerrogativas; fazem deles, alternadamente, os joguetes do soberano e de seus senhores, mais de reis e menos de homens. Depois de ter esgotado todos os diferentes sistemas de eleição sem encontrar um que lhes convenha, ficam espantados e continuam procurando, como se o mal que veem não se devesse muito mais à constituição do país do que à do corpo eleitoral.

De fato, é difícil entender como homens que renunciaram completamente ao hábito de dirigir a si mesmos poderiam conseguir escolher bem os que devem conduzi-los; e é difícil acreditar que um governo liberal, enérgico e sensato jamais possa ser o resultado dos sufrágios de um povo de servidores.

Uma constituição que fosse republicana na cabeça e ultramonárquica em todas as outras partes sempre me pareceu um monstro efêmero. Os vícios dos governantes e a imbecilidade dos governados não tardariam a provocar sua ruína; e o povo, cansado de seus representantes e de si mesmo, criaria instituições mais livres ou logo voltaria a se curvar aos pés de um único senhor.

CAPÍTULO 7
CONTINUAÇÃO DOS CAPÍTULOS ANTERIORES

Creio que é mais fácil estabelecer um governo absoluto e despótico num povo em que as condições são iguais do que em outro, e penso que se tal governo fosse estabelecido em semelhante povo, não apenas ele oprimiria os homens como também, com o passar do tempo, tomaria de cada um deles vários dos principais atributos da humanidade.

O despotismo me parece, portanto, particularmente temível nas eras democráticas.

Penso que teria amado a liberdade em todas as épocas, mas sinto-me inclinado a adorá-la na época em que estamos.

Estou convencido, por outro lado, que todos aqueles que, nos séculos em que entramos, tentarem apoiar a liberdade no privilégio e na aristocracia fracassarão. Todos os que quiserem atrair e reter a autoridade no seio de uma única classe fracassarão. Não há, em nossos dias, soberano hábil o suficiente e forte o bastante para fundar o despotismo restabelecendo distinções permanentes entre seus súditos; tampouco há legislador tão sábio e tão poderoso que seja capaz de manter instituições livres se não tomar a igualdade como primeiro princípio e símbolo. É preciso, portanto, que todos os nossos contemporâneos que querem criar ou garantir a independência e a dignidade de seus semelhantes se mostrem amigos da igualdade; é o único meio digno de se mostrarem como tais e sê-lo: o sucesso de sua santa ação depende disso.

Assim, não se trata de reconstruir uma sociedade aristocrática, mas de fazer a liberdade sair do seio da sociedade democrática em que Deus nos faz viver.

Essas duas primeiras verdades me parecem simples, claras e fecundas, e naturalmente me levam a considerar que espécie de governo livre pode se estabelecer num povo em que as condições são iguais.

O resultado da própria constituição das nações democráticas e de suas necessidades é que, nelas, o poder do soberano deve ser mais uniforme, mais centralizado, mais amplo, mais penetrado e mais poderoso do que alhures. A sociedade é naturalmente mais ativa e mais forte, o indivíduo, mais subordinado e mais fraco; uma faz mais, o outro, menos; isso é inevitável.

Não se deve esperar que, nas regiões democráticas, o círculo da independência individual algum dia seja tão amplo quanto nos países de aristocracia. Mas isso não é desejável, pois, nas nações aristocráticas, a sociedade muitas vezes é sacrificada ao indivíduo, e a prosperidade da maioria, à grandeza de alguns.

É ao mesmo tempo necessário e desejável que o poder central que dirige um povo democrático seja ativo e poderoso. Não se trata de torná-lo fraco ou indolente, apenas de impedi-lo de abusar de sua agilidade e de sua força.

O que mais contribuía para garantir a independência dos particulares nos séculos aristocráticos era que o soberano não se encarregava sozinho de governar e administrar os cidadãos; ele era obrigado a deixar parte desses cuidados aos membros da aristocracia; de tal modo que o poder social, estando sempre dividido, nunca pesava por inteiro e da mesma maneira sobre cada homem.

Além de o soberano não fazer tudo por si mesmo como a maioria dos funcionários que agia em seu lugar, tirando seu poder do próprio nascimento, e não dele, ele não estava sem cessar em suas mãos. Ele não podia criá-la ou destruí-la a cada instante, segundo seus caprichos, e dobrar todos uniformemente a suas menores vontades. Isso também garantia a independência dos particulares.

Compreendo que, em nossos dias, não se possa recorrer aos mesmos meios; mas vejo procedimentos democráticos que os substituem.

Em vez de entregar somente ao soberano todos os poderes administrativos, que são retirados das corporações ou dos nobres, pode-se confiar uma parte a corpos secundários temporariamente formados por simples cidadãos; dessa maneira, a liberdade dos particulares será mais segura sem que sua igualdade seja menor.

Os americanos, que não dão tanto valor às palavras quanto nós, conservaram o nome condado para se referir à maior de suas circunscrições administrativas, mas substituíram o conde por uma assembleia provincial.

Admito sem dificuldade que numa época de igualdade como a nossa seria injusto e insensato instituir funcionários hereditários, mas nada impede que estes sejam substituídos, em certa medida, por funcionários eletivos. A eleição é um expediente democrático que garante a independência do funcionário em relação ao poder central, tanto e mais do que a hereditariedade podia fazer entre os povos aristocráticos.

Os países aristocráticos estão cheios de particulares ricos e influentes que são autossuficientes e que não se consegue oprimir com facilidade nem em segredo; eles mantêm o poder em hábitos gerais de moderação e comedimento.

Sei que as regiões democráticas não apresentam naturalmente indivíduos como esses, mas pode-se criar artificialmente algo análogo.

Creio firmemente que não seria possível fundar de novo uma aristocracia no mundo; mas penso que os simples cidadãos, associando-se, podem constituir seres muito opulentos, muito influentes e muito fortes, numa palavra, pessoas aristocráticas.

Dessa maneira, obteríamos várias das maiores vantagens políticas da aristocracia, sem suas injustiças e sem seus perigos. Uma associação política, industrial, comercial ou mesmo científica e literária é um cidadão esclarecido e poderoso que não poderia ser dobrado à vontade nem oprimido na sombra, e que, defendendo seus direitos particulares contra as exigências do poder, salva as liberdades comuns.

Nos tempos de aristocracia, cada homem sempre está ligado de maneira muito estreita a vários de seus concidadãos, de tal modo que não se poderia atacá-lo sem que os outros viessem em seu auxílio. Nos séculos de igualdade, cada indivíduo está naturalmente isolado; ele não tem amigos hereditários cuja ajuda possa exigir, nem classe cujas simpatias lhe estejam garantidas; ele é facilmente posto à parte e impunemente passado por cima. Em nossos dias, um cidadão oprimido só tem um meio de se defender: dirigir-se à nação inteira e, se ela lhe for surda, ao gênero humano; e ele só tem um meio para fazê-lo: a imprensa. Assim, a liberdade de imprensa é infinitamente mais preciosa nas nações democráticas do que em todas as outras; somente ela pode curar a maioria dos males que a igualdade pode produzir. A igualdade isola e enfraquece os homens, mas a imprensa coloca ao lado de cada um deles uma arma muito poderosa, da qual o mais fraco e mais isolado pode fazer uso. A igualdade retira de cada indivíduo o apoio de seus próximos, mas a imprensa lhe permite invocar o auxílio de todos os seus concidadãos e de todos os seus semelhantes. A imprensa acelerou os progressos da igualdade e é um de seus melhores corretivos.

Penso que os homens que vivem nas aristocracias podem, a rigor, dispensar a liberdade de imprensa; mas os que habitam as regiões democráticas, não. Para garantir a independência pessoal destes, não confio nas grandes assembleias políticas, nas prerrogativas parlamentares, na proclamação da soberania do povo. Todas essas coisas se conciliam, até certo ponto, com a servidão individual; mas essa servidão não poderia ser completa com a imprensa livre.

Direi algo análogo sobre o Poder Judiciário.

É da essência do Poder Judiciário ocupar-se de interesses particulares e naturalmente pousar seus olhos em pequenos objetos expostos à sua vista; também é da essência desse poder não ir por si mesmo ao socorro dos oprimidos, mas estar constantemente à disposição do mais humilde deles. Este, por mais fraco que o suponhamos, sempre pode forçar o juiz a ouvir sua queixa e responder a ela: isso decorre da própria constituição do Poder Judiciário.

Semelhante poder é, portanto, especialmente aplicável às necessidades da liberdade num tempo em que o olho e a mão do soberano se introduzem o tempo todo entre os mínimos detalhes das ações humanas e em que os particulares, fracos demais para se protegerem, estão isolados demais para poder contar com o socorro de seus semelhantes. A força dos tribunais foi, em todos os tempos, a maior garantia que se possa oferecer à independência individual; mas isso é verdade principalmente nos séculos democráticos; os direitos e os interesses particulares sempre estão em perigo se o Poder Judiciário não cresce e se amplia à medida que as condições se igualam.

A igualdade sugere aos homens várias inclinações perigosas para a liberdade, para as quais o legislador sempre deve ter o olho aberto. Lembrarei apenas as principais.

Os homens que vivem nos séculos democráticos não compreendem facilmente a utilidade das formas; eles sentem um desdém instintivo por elas. Mostrei alhures o motivo para isso. As formas excitam seu desprezo e, muitas vezes, seu ódio. Como em geral só aspiram a prazeres fáceis e presentes, lançam-se impetuosamente para o objeto de cada um de seus desejos; os mínimos atrasos os desesperam. Esse temperamento, que transportam para a vida política, os indispõe contra as formas, que os atrasam ou interrompem a cada dia em alguns de seus projetos.

Esse inconveniente que os homens das democracias encontram nas formas é, no entanto, o que as torna tão úteis à liberdade, sendo seu principal mérito servir de barreira entre o forte e o fraco, o governante e o governado, retardando um e dando ao outro tempo de se reconhecer. As formas são mais necessárias quanto mais ativo e poderoso é o soberano e quanto mais indolentes e débeis se tornam os particulares. Assim, os povos democráticos naturalmente precisam mais das formas que os outros povos, e naturalmente as respeitam menos. Isso merece séria atenção.

Não há nada mais miserável que o desdém soberbo da maioria de nossos contemporâneos pelas questões de forma; pois as menores questões de forma adquiriram em nossos dias uma importância que nunca tiveram até então. Vários dos maiores interesses da humanidade estão ligados a elas.

Penso que se os homens de Estado que viviam nos séculos aristocráticos às vezes podiam desprezar impunemente as formas e se elevar acima delas, os que conduzem os povos hoje devem considerar com respeito a menor delas e só negligenciá-la quando uma imperiosa necessidade o obriga. Nas aristocracias, tinha-se a superstição das formas; precisamos ter um culto esclarecido e refletido por elas.

Outro instinto muito natural aos povos democráticos, e muito perigoso, é o que os leva a desprezar os direitos individuais e a pouco levá-los em conta.

Os homens em geral se apegam a um direito e têm respeito por ele em razão de sua importância ou do longo uso que fizeram dele. Os direitos individuais que se encontram nos povos democráticos são em geral pouco importantes, muito recentes e muito instáveis; isso faz com que costumem ser sacrificados sem dificuldade e violados quase sempre sem remorso.

Ora, acontece que, nessa mesma época e nessas mesmas nações em que os homens sentem um desprezo natural pelos direitos dos indivíduos, os direitos da sociedade se estendem naturalmente e se fortalecem; isto é, os homens se tornam menos apegados aos direitos particulares no momento em que seria mais necessário reter e defender o pouco que resta deles.

É principalmente nos tempos democráticos em que estamos, portanto, que os verdadeiros amigos da liberdade e da grandeza humana devem constantemente se manter de pé e prontos para impedir que o poder social sacrifique ainda que levemente os direitos particulares de alguns indivíduos para a execução geral de seus projetos. Não há, nesses tempos, cidadão tão obscuro que não seja muito perigoso oprimir nem direitos individuais tão pouco importantes que se possa impunemente entregar ao arbitrário. A razão é simples: quando se viola o direito particular de um indivíduo, numa época em que o espírito humano está impregnado da importância e da santidade dos direitos dessa espécie, só se faz mal àquele que se despoja; mas violar um direito semelhante em nossos dias é corromper profundamente os costumes nacionais e colocar em perigo a sociedade inteira; porque a própria ideia desse tipo de direito tende constantemente entre nós a se alterar e a se perder.

Há certos hábitos, certas ideias, certos vícios que são próprios ao estado de revolução, e que uma longa revolução não pode deixar de fazer nascer e generalizar, qualquer que seja, aliás, seu caráter, seu objeto e seu palco.

Quando uma nação qualquer, num curto espaço de tempo, muda de chefes, opiniões e leis, os homens que a compõem acabam contraindo o gosto pelo movimento e se habituando a que todos os movimentos se operem rapidamente por meio da força. Eles sentem então, naturalmente, um desprezo pelas formas cuja impotência veem a cada dia e só suportam com impaciência o império da regra que tantas vezes se deixou de lado sob seus olhos.

Como as noções comuns de equidade e moral não bastam para explicar e justificar todas as novidades que a revolução faz nascer a cada dia, depende-se do princípio de utilidade social, cria-se o dogma da necessidade política e acostuma-se de bom grado a sacrificar sem escrúpulo os interesses particulares e a pisar nos direitos individuais, a fim de alcançar mais prontamente o objetivo geral que se busca.

Esses hábitos e essas ideias que chamarei de revolucionários, porque todas as revoluções os produzem, se mostram no seio das aristocracias tanto quanto nos povos democráticos; mas nas primeiras eles em geral são menos poderosos e sempre menos duradouros, porque encontram hábitos, ideias, defeitos e imperfeições que lhes são contrários. Eles se apagam por si mesmos, portanto, assim que a revolução chega ao fim, e a nação volta para suas antigas maneiras políticas. Isso nem sempre acontece nas regiões democráticas, onde sempre se deve temer que os instintos revolucionários, se atenuando e regularizando sem se apagar, gradualmente se transformem em costumes governamentais e em hábitos administrativos.

Não conheço país em que as revoluções sejam mais perigosas do que nos países democráticos, porque, independentemente dos males acidentais e passageiros que elas nunca poderiam deixar de causar, elas sempre correm o risco de criar males permanentes e, por assim dizer, eternos.

Creio que há resistências honestas e rebeliões legítimas. Não digo, portanto, de maneira absoluta, que os homens dos tempos democráticos não devam jamais fazer revoluções; mas penso que têm razão de hesitar mais que todos os outros antes de empreendê-las, e que é melhor para eles sofrer muitos incômodos do estado presente do que recorrer a tão perigoso remédio.

Terminarei com uma ideia geral que encerra não apenas todas as ideias particulares que foram expressas no presente capítulo como também a maioria das que este livro tem o objetivo de expor.

Nos séculos de aristocracia que precederam o nosso, havia particulares muito poderosos e uma autoridade social muito débil. A própria imagem da sociedade era obscura e se perdia o tempo todo no meio de todos os poderes diferentes que regiam os cidadãos. O principal esforço dos homens desses tempos precisou se dirigir a desenvolver e fortalecer o poder social, a aumentar e a garantir suas prerrogativas e, ao contrário, a conter a independência individual dentro de limites mais estreitos e a subordinar o interesse particular ao interesse geral.

Outros perigos e outros cuidados esperam os homens de nossos dias.

Na maioria das nações modernas, o soberano, quaisquer que sejam sua origem, sua constituição e seu nome, tornou-se quase onipotente, enquanto os particulares caem, cada vez mais, no último grau da fraqueza e da dependência.

Tudo era diferente nas antigas sociedades. A unidade e a uniformidade não eram encontradas em lugar algum. Tudo ameaça tornar-se tão semelhante nas nossas que a figura particular de cada indivíduo logo se perderá completamente na fisionomia comum. Nossos pais estavam sempre prontos para abusar da ideia de que os direitos particulares são respeitáveis, e nós somos naturalmente levados a exagerar essa outra de que o interesse de um indivíduo sempre deve se dobrar diante do interesse de vários.

O mundo político muda; agora é preciso buscar novos remédios a novos males.

Fixar para o poder social limites extensos, mas visíveis e imóveis; dar aos particulares certos direitos e garantir-lhes o gozo incontestável desses direitos; conservar para o indivíduo o pouco de independência, força e originalidade que lhe restam; reerguê-lo ao lado da sociedade e sustentá-lo diante dela: tal me parece ser o primeiro objetivo do legislador na era em que entramos.

Os soberanos de nosso tempo só parecem buscar fazer grandes coisas com os homens. Eu gostaria que pensassem um pouco mais em fazer grandes homens, que dessem menos valor à obra e mais ao operário, e que se lembrassem sempre que uma nação não pode permanecer forte por muito tempo quando cada homem é individualmente fraco, e que ainda não foram encontradas formas sociais ou combinações políticas que possam constituir um povo enérgico compondo-o com cidadãos pusilânimes e moles.

Vejo em nossos contemporâneos duas ideias contrárias, mas igualmente funestas.

Uns só veem na igualdade as tendências anárquicas que ela faz nascer. Eles temem seu livre-arbítrio; têm medo de si mesmos.

Os outros, em menor número, mas mais esclarecidos, têm outra visão. Ao lado da estrada que, partindo da igualdade, conduz à anarquia, eles enfim descobriram o caminho que parece levar invencivelmente os homens para a servidão. Eles de antemão dobram sua alma a essa servidão necessária e, perdendo a esperança de permanecer livres, já adoram no fundo de seu coração o senhor que logo deve chegar.

Os primeiros abandonam a liberdade porque a estimam perigosa; os segundos, porque a julgam impossível.

Se eu tivesse essa última crença, não teria escrito a obra que se acabou de ler; teria me limitado a gemer em segredo o destino de meus semelhantes.

Quis expor à vista de todos os perigos que a igualdade faz a independência humana correr, porque acredito firmemente que esses perigos são os mais formidáveis e os menos previsíveis de todos que o futuro encerra. Mas não creio que sejam intransponíveis.

Os homens que vivem nos séculos democráticos em que entramos têm o gosto natural da independência. Naturalmente, suportam a regra com impaciência: a própria permanência do estado que preferem os cansa. Eles amam o poder, mas estão propensos a desprezar e a odiar aquele que o exerce, e facilmente escapam de suas mãos por causa de sua pequenez e de sua mobilidade.

Esses instintos sempre serão encontrados, porque saem do fundo do estado social que não mudará. Por muito tempo, eles impedirão que qualquer despotismo possa se estabelecer e fornecerão novas armas a cada nova geração que quiser lutar a favor da liberdade dos homens.

Tenhamos do futuro, portanto, esse salutar temor que faz zelar e combater e não essa espécie de terror frouxo e ocioso que abate os corações e os enfraquece.

CAPÍTULO 8
VISÃO GERAL DO TEMA

Eu gostaria, antes de deixar para sempre o caminho que acabo de percorrer, poder abarcar com um último olhar todos os diversos traços que marcam a face do Novo Mundo, e julgar por fim a influência geral que a igualdade deve exercer sobre o destino dos homens; mas a dificuldade de tal tarefa me detém; na presença de um objeto tão grande, sinto minha visão se turvar e minha razão vacilar.

Essa nova sociedade que tentei pintar e que quero julgar está nascendo. O tempo ainda não definiu sua forma; a grande revolução que a criou ainda dura e, no que acontece em nossos dias, é quase impossível discernir o que deve passar com a revolução e o que deve permanecer depois dela.

O mundo que surge ainda está parcialmente sob os escombros do mundo que cai e, no meio da imensa confusão que os assuntos humanos apresentam, ninguém poderia dizer o que ficará de pé das velhas instituições e dos antigos costumes e o que acabará desaparecendo.

Embora a revolução que se opera no estado social, nas leis, nas ideias e nos sentimentos dos homens ainda esteja longe de terminar, já não poderíamos comparar suas obras com nada do que se viu anteriormente no mundo. Volto de século em século até a Antiguidade mais recuada; não vejo nada que se assemelhe ao que tenho sob os olhos. Como o passado não ilumina mais o futuro, o espírito avança nas trevas.

No entanto, no meio desse quadro tão vasto, tão novo, tão confuso, já entrevejo alguns traços principais que se desenham, e os indico:

Vejo que os bens e os males se dividem bastante igualmente no mundo. As grandes riquezas desaparecem; o número de pequenas fortunas aumenta; os desejos e os prazeres se multiplicam; não há mais propriedades extraordinárias nem misérias irremediáveis. A ambição é um sentimento universal, há poucas ambições vastas. Cada indivíduo é isolado e fraco; a sociedade é ágil, previdente e forte; os particulares fazem pequenas coisas, e o estado, imensas.

As almas não são enérgicas; mas os costumes são doces e as legislações, humanas. Embora encontremos poucos grandes devotamentos, virtudes muito elevadas, muito brilhantes e muito puras, os hábitos são ordenados, a violência é rara, a crueldade é quase desconhecida. A vida dos homens se torna mais longa e sua propriedade, mais segura. A vida não é muito ornada, mas muito confortável e muito pacífica. Há poucos prazeres muito delicados e muito grosseiros, pouca polidez nas maneiras e pouca brutalidade nos gostos. Não encontramos homens muito sábios nem populações muito ignorantes. O gênio se torna mais raro e as luzes, mais comuns. O espírito humano se desenvolve pelos pequenos esforços combinados de todos os homens e não pelo impulso potente de alguns deles. Há menos perfeição, mas mais fecundidade nas obras. Todos os laços de raça, classe e pátria se afrouxam; o grande laço da humanidade se estreita.

Se, entre todos esses traços diversos, busco aquele que me parece o mais geral e o mais impactante, consigo ver que o que se observa nas fortunas se apresenta sob mil outras formas. Quase todos os extremos se atenuam e amortecem; quase todos os pontos salientes se apagam para dar lugar a algo mediano que é ao mesmo tempo menos alto e menos baixo, menos brilhante e menos obscuro do que o que se via no mundo.

Passeio meu olhar por essa multidão incontável composta por seres semelhantes, na qual nada se eleva nem se abaixa. O espetáculo dessa uniformidade universal me entristece e me gela, e fico tentado a lamentar a sociedade que não existe mais.

Quando o mundo estava cheio de homens muito grandes e muito pequenos, muito ricos e muito pobres, muito sábios e muito ignorantes, eu desviava meu olhar dos segundos para fixá-lo apenas nos primeiros, e estes alegram minha vista; mas compreendo que esse prazer nascia de minha fraqueza: é por não poder ver ao mesmo tempo tudo o que me cerca que posso escolher e colocar à parte, entre tantos objetos, os que me agradam contemplar. O mesmo não acontece com o Ser onipotente e eterno cujo olho necessariamente envolve o conjunto das coisas e que vê distintamente, embora ao mesmo tempo, todo o gênero humano e cada homem.

É natural acreditar que o que mais satisfaz os olhares desse criador e desse conservador de homens não é a prosperidade singular de alguns, mas o maior bem-estar de todos; o que me parece uma decadência é, a seus olhos, um progresso; o que me fere, ele aprecia. A igualdade talvez seja menos elevada, mas ela é mais justa e sua justiça faz sua grandeza e sua beleza.

Esforço-me para penetrar nesse ponto de vista de Deus; e é com base nele que procuro considerar e julgar as coisas humanas.

Ninguém na Terra ainda pode afirmar de maneira absoluta e geral que o novo estado das sociedades seja superior ao estado antigo; mas já é fácil ver que é diferente.

Há certos vícios e certas virtudes que estavam ligados à constituição das nações aristocráticas e que são tão contrários ao gênio dos povos novos que não se poderia introduzi-los em seu seio. Há boas inclinações e maus instintos que eram estrangeiros aos primeiros e que são naturais aos segundos; há ideias que se apresentam por si mesmas à imaginação de uns e que o espírito dos outros rejeita. São como duas humanidades distintas, em que cada uma tem vantagens e inconvenientes particulares, bens e males que lhe são próprios.

Portanto, é preciso evitar julgar as sociedades que nascem com as ideias retiradas das que não existem mais. Seria injusto, pois essas sociedades, diferindo prodigiosamente entre si, são incomparáveis.

Tampouco seria sensato perguntar aos homens de nosso tempo as virtudes particulares que decorriam do estado social de seus ancestrais, pois esse estado social caiu e arrastou confusamente em sua queda todos os bens e todos os males que levava consigo.

Mas essas coisas ainda são mal compreendidas em nossos dias.

Percebo um grande número de meus contemporâneos que faz uma escolha entre as instituições, as opiniões, as ideias que nasciam da constituição aristocrática da antiga sociedade; eles abandonariam de bom grado umas, mas gostariam de reter outras e transportá-las consigo para o Novo Mundo.

Penso que consomem seu tempo e suas forças num trabalho honesto e estéril.

Não se trata de manter as vantagens particulares que a desigualdade de condições proporciona aos homens, mas de assegurar os novos bens que a igualdade pode oferecer. Não devemos tender a nos tornar semelhantes a nossos pais, mas nos esforçar para alcançar a espécie de grandeza e de felicidade que nos é própria.

Para mim que, tendo chegado a esse derradeiro limite de minha caminhada, vejo de longe, mas ao mesmo tempo, todos os diversos objetos que contemplei à parte ao passar, sinto-me cheio de temores e de esperanças. Vejo grandes perigos que é possível conjurar; grandes males que podemos evitar ou restringir, e cada vez mais consolido a crença de que, para serem honestas e prósperas, as nações democráticas só precisam querer.

Não ignoro que vários de meus contemporâneos pensaram que os povos nunca são senhores de si mesmo neste mundo, e que necessariamente obedecem a não sei que força intransponível e desinteligente que nasce dos acontecimentos anteriores, da raça, do solo ou do clima.

Essas são falsas e baixas doutrinas que nunca poderiam produzir mais que homens fracos e nações pusilânimes: a Providência não criou o gênero humano inteiramente independente nem totalmente escravo. Ela traça, é verdade, em torno de cada homem um círculo fatal do qual ele não pode sair; mas dentro desses vastos limites, o homem é poderoso e livre; assim como os povos.

As nações de nossos dias não poderiam fazer com que em seu seio as condições não fossem iguais; mas depende delas que a igualdade as conduza à servidão ou à liberdade, às luzes ou à barbárie, à prosperidade ou às misérias.

NOTAS

1

Encontro, no diário de minha viagem, o seguinte trecho que acabará mostrando a que provações com frequência se submeteram as mulheres da América que consentem em acompanhar o marido ao deserto. Não há nada que recomende essa pintura ao leitor além de sua grande verdade.

... Encontramos de tempos em tempos novos terrenos desbravados. Todos se parecem. Vou descrever aquele em que paramos esta noite, ele me deixará uma imagem de todos os outros.

A sineta que os pioneiros têm o cuidado de pendurar no pescoço dos animais para encontrá-los nos bosques nos anunciaram de longe a proximidade do terreno desbravado; logo ouvimos o som do machado derrubando as árvores da floresta. À medida que nos aproximávamos, rastros de destruição nos anunciaram a presença do homem civilizado. Galhos cortados cobrem o caminho; troncos semicalcinados pelo fogo ou mutilados pelas machadadas ainda se mantêm de pé em nossa passagem. Continuamos nossa marcha e chegamos a uma floresta em que todas as árvores parecem ter tido uma morte súbita; no meio do verão, apresentavam a imagem do inverno; examinando-as mais de perto, percebemos que foram traçadas em suas cascas um círculo profundo que, interrompendo a circulação da seiva, não tardou a fazê-las perecer; descobrimos que é assim, de fato, que o pioneiro começa. Como ele não pode, durante o primeiro ano, cortar todas as árvores que preenchem sua nova propriedade, ele semeia milho sob seus galhos e, matando-as, impede que façam sombra sobre sua colheita. Depois desse campo, esboço incompleto, primeiro passo da civilização no deserto, avistamos de repente a cabana do proprietário; está colocada no centro de um terreno mais cuidadosamente cultivado que o resto, mas onde o homem ainda mantém uma luta desigual contra a floresta; as árvores estão cortadas, mas não arrancadas, seus troncos ainda preenchem e atravancam o terreno que outrora sombreavam. Em torno desses destroços ressecados, trigo, brotos de carvalho, plantas de todo tipo, ervas de toda natureza crescem desordenadamente e crescem juntos numa terra indócil e quase selvagem. É no meio dessa vegetação vigorosa e variada que se eleva a casa do pioneiro, ou, como a chamam no país, a *log house*. Assim como o campo que a cerca, essa morada rústica anuncia uma obra recente e precipitada; seu comprimento não parece ultrapassar 30 pés, sua altura, 17; as paredes e o teto são formados por troncos de árvores não talhadas, entre as quais se colocou musgo e terra para impedir o frio e a chuva de penetrar no interior.

Com a proximidade da noite, decidimos ir pedir abrigo ao proprietário da *log house*.

Ao ruído de nossos passos, crianças que rolavam no meio dos destroços da floresta se levantam precipitadamente e fogem na direção da casa como que assustadas ante a visão de um homem, enquanto dois grandes cachorros quase selvagens, orelhas eretas e focinho alongado, saem da cabana e vêm rosnando cobrir a fuga de seus jovens mestres. O pioneiro aparece à porta de sua morada; ele nos lança um olhar rápido e perscrutador, faz sinal aos cachorros para voltarem à cabana e dá o exemplo sem demonstrar que tenhamos despertado sua curiosidade ou sua inquietação.

Entramos na *log house*: o interior não lembra em nada as cabanas de camponeses da Europa; encontramos mais o supérfluo e menos o necessário.

Há uma única janela à qual se pendura uma cortina de musselina; numa lareira de terra batida crepita um grande fogo que ilumina tudo dentro da casa; acima desse fogo, vemos uma bela carabina raiada, uma pele de gamo, penas de águia; à direita da chaminé está aberto um mapa dos Estados Unidos, que o vento levanta e agita introduzindo-se pelos interstícios da parede; perto dele, sobre uma prateleira feita com uma tábua mal talhada, alguns volumes: vejo a Bíblia, os seis primeiros cantos de Milton e dois dramas de Shakespeare; nas paredes há malas no lugar de armários; no centro, um mesa grosseiramente trabalhada, com pés feitos em madeira ainda verde e não despojada da casca que parecem ter crescido do próprio solo que ocupam; vejo sobre essa mesa um bule de porcelana inglesa, colheres de prata, algumas xícaras lascadas e jornais.

O dono dessa casa tem traços angulosos e os membros esguios que distinguem o habitante da Nova Inglaterra; é evidente que esse homem não nasceu na solidão em que estamos: sua constituição física basta para anunciar que seus primeiros anos transcorreram no seio de uma sociedade intelectual e que ele pertence a essa raça inquieta, sensata e aventureira que faz friamente o que somente o ardor das paixões explica e que se submete por um tempo à vida selvagem a fim de melhor vencer e civilizar o deserto.

Quando o pioneiro percebe que entramos em sua casa, ele vem a nosso encontro e nos estende a mão, conforme o costume; mas sua fisionomia permanece rígida; ele é o primeiro a tomar a palavra para nos interrogar sobre o que acontece no mundo, e, depois de satisfazer sua curiosidade, ele se cala; parece cansado dos importunos e do barulho. Nós o interrogamos por nossa vez e ele nos dá todas as informações de que precisamos; depois, ele se ocupa sem pressa, mas com diligência, de satisfazer nossas necessidades. Vendo-o assim, dedicando-se a esses cuidados bondosos, por que sentimos nosso reconhecimento gelar? Porque ele, exercendo sua hospitalidade, parece se submeter a uma necessidade penosa de seu destino: vê nisso um dever que sua posição lhe impõe, não um prazer.

Do outro lado do fogo está sentada uma mulher que embala uma criança no colo; ela nos faz um sinal com a cabeça sem se interromper. Como o pioneiro, essa mulher está na flor da idade, sua aparência parece superior à sua condição, sua roupa anuncia até mesmo um gosto por ornamentos ainda presente: mas seus membros mais delicados parecem enfraquecidos, seus traços estão cansados, seu olhar é doce e grave; vemos espalhada por toda sua fisionomia uma resignação religiosa, uma profunda paz das paixões e não sei que firmeza natural e tranquila que enfrenta todos os males da vida sem temê-los nem enfrentá-los.

Seus filhos estão a seu redor, cheios de saúde, turbulência e energia; são verdadeiros filhos do deserto: a mãe se volta para eles de tempos em tempos com olhos cheios de melancolia e alegria; ao ver sua força e sua fraqueza, ela parece esgotada por ter-lhes dado a vida e não lamenta o que lhes custaram.

A casa habitada pelos emigrantes não tem divisórias internas nem sótão. No único aposento que contém, a família inteira busca refúgio à noite. Essa casa forma, por si mesma, como que um pequeno mundo; ela é a arca da civilização perdida no meio de um oceano de folhagem. Cem passos adiante, a eterna floresta estende ao redor sua sombra e a solidão recomeça.

2

Não é a igualdade de condições que torna os homens imorais e irreligiosos. Mas quando os homens são imorais e irreligiosos ao mesmo tempo que iguais, os efeitos da imoralidade e da irreligião facilmente se revelam por fora, porque os homens têm pouca ação uns sobre os outros e porque não existe classe que possa se encarregar de policiar a sociedade. A igualdade de condições nunca cria a corrupção dos costumes, mas às vezes a deixa transparecer.

3

Se pusermos de lado todos os que não pensam e os que não ousam dizer o que pensam, ainda veremos que a imensa maioria dos americanos parece satisfeita com as instituições políticas que a regem; e, de fato, creio que está realmente. Olho essas disposições da opinião pública como um indício, mas não como uma prova, da qualidade absoluta das leis americanas. O orgulho nacional, a satisfação dada pelas legislações a certas paixões dominantes, acontecimentos fortuitos, vícios despercebidos e, mais que tudo isso, o interesse de uma maioria que cala a boca dos opositores pode por muito tempo iludir todo um povo tanto quanto um homem.

Vejam a Inglaterra em todo o curso do século XVIII. Nação alguma jamais se incensou tanto; nenhum povo jamais esteve mais perfeitamente satisfeito consigo mesmo; tudo estava bem em sua constituição, tudo era irretocável, até seus defeitos mais visíveis. Hoje, uma multidão de ingleses parece só estar ocupada em provar que essa mesma constituição era defeituosa em mil coisas. Quem leva a melhor, o povo inglês do século passado ou o povo inglês de nossos dias?

A mesma coisa acontece na França. É certo que sob Luís XIV a grande massa da nação estava apaixonada pela forma de governo que regia então a sociedade. Enganam-se muito aqueles que acreditam que houve um rebaixamento no caráter francês de então. Naquela época, podia haver servidão na França sob certos aspectos, mas o espírito de servidão com certeza estava ausente. Os escritores da época sentiam uma espécie de entusiasmo verdadeiro ao elevar o poder real acima de todos os outros, e mesmo até o mais obscuro camponês se orgulhava em sua cabana da glória do soberano e morria com alegria gritando "Viva o rei!". Essas mesmas formas se tornaram odiosas. Quem se está enganando, os franceses de Luís XIV ou os franceses de nossos dias?

Portanto, não é apenas nas disposições de um povo que devemos nos basear para julgar suas leis, pois de um século a outro elas mudam, mas em motivos mais elevados e numa experiência mais geral.

O amor que um povo demonstra por suas leis só prova uma coisa: que não devemos nos apressar para mudá-las.

4

Mostrei no capítulo 17, terceira parte, quarto tomo, um perigo; quero indicar outro mais raro, mas que, quando aparece, é muito mais temível.

Se o amor pelos prazeres materiais e o gosto pelo bem-estar que a igualdade naturalmente sugere aos homens, apoderando-se do espírito de um povo democrático, chegassem a preenchê-lo por inteiro, os costumes nacionais se tornariam tão antipáticos ao espírito militar que os próprios exércitos talvez acabassem amando a paz, a despeito do interesse particular que os leva a desejar a guerra. No meio dessa moleza universal, os soldados acabariam pensando que mais vale elevar-se gradualmente mas comodamente e sem esforço em meio à paz do que comprar uma promoção rápida ao preço das fadigas e misérias da vida dos acampamentos. Com esse espírito, o exército tomaria suas armas sem ardor e as usaria sem energia; ele se deixaria levar ao inimigo, mais do que marcharia contra ele.

Não se deve acreditar que essa disposição pacífica do exército o afasta das revoluções, pois as revoluções, e principalmente as revoluções militares que costumam ser muito rápidas, geralmente causam grandes perigos, mas não longos trabalhos; elas satisfazem a ambição com menos custos do que a guerra; arrisca-se somente a vida, à qual os homens das democracias se apegam menos do que a seus confortos.

Não há nada mais perigoso para a liberdade e para a tranquilidade de um povo do que um exército que teme a guerra, porque, sem buscar sua grandeza e sua influência nos campos de batalha, ele quer encontrá-los alhures. Poderia acontecer, portanto, que os homens que compõem um exército democrático perdessem os interesses do cidadão sem adquirir as virtudes do soldado, e que o exército cessasse de ser guerreiro sem deixar de ser turbulento.

Repetirei aqui o que já disse acima. O remédio para tais perigos não está no exército, mas no país. Um povo democrático que conserva costumes viris sempre encontrará em seus soldados, quando necessário, costumes guerreiros.

5

Os homens colocam a grandeza da ideia de unidade nos meios; Deus a coloca no fim. É por isso que a ideia de grandeza nos leva a mil pequenezas. Obrigar todos os homens a caminhar do mesmo jeito, para o mesmo objetivo, eis uma ideia humana. Introduzir uma variedade infinita nos atos, mas combiná-los de maneira a que todos esses atos conduzam, por mil vias distintas, à realização de um grande desígnio, eis uma ideia divina.

A ideia humana de unidade é quase sempre estéril, a de Deus, imensamente fecunda. Os homens acreditam dar provas de sua grandeza ao simplificar o meio; é o objetivo de Deus que é simples, seus meios variam ao infinito.

6 (referente ao fim do capítulo 3 da quarta parte)

Um povo democrático não é levado apenas por seus gostos a centralizar o poder; as paixões de todos os que o conduzem o levam a isso sem cessar.

Podemos prever com facilidade que quase todos os cidadãos ambiciosos e capazes de um país democrático trabalharão sem descanso para ampliar as atribuições do poder social, porque todos esperam dirigi-lo um dia. É perda de tempo querer provar a eles que a extrema centralização pode ser prejudicial ao Estado, pois eles centralizam para si mesmos.

Entre os homens públicos das democracias, somente as pessoas muito desinteressadas ou muito medíocres querem descentralizar o poder. As primeiras são raras, e as outras, impotentes.

7 (referente ao capítulo 6 da quarta parte)

Perguntei-me muitas vezes o que aconteceria se, em meio à frouxidão dos costumes democráticos e em consequência do espírito inquieto do exército, algum dia surgiria, em algumas das nações de nossos dias, um governo militar.

Penso que o próprio governo não se afastaria do quadro que tracei no capítulo a que esta nota se refere, e que não reproduziria as características selvagens da oligarquia militar.

Estou convencido de que, nesse caso, haveria uma espécie de fusão entre os hábitos do funcionário e os do soldado. A administração adquiriria algo do espírito militar, e o militar, alguns usos da administração civil. O resultado seria um comando regular, claro, nítido, absoluto; o povo se tornaria uma imagem do exército, e a sociedade seria gerida como uma caserna.

8 (referente ao fim do capítulo 6 da quarta parte)

Não podemos dizer, de maneira absoluta e geral, que o maior perigo de nossos dias é a licença ou a tirania, a anarquia ou o despotismo. Um e outro são igualmente temíveis e podem surgir com igual facilidade de uma única e mesma causa que é *a apatia geral*, fruto do individualismo; é essa apatia que faz com que, no dia em que o Poder Executivo reúne algumas forças, ele esteja em condições de oprimir, e que no dia seguinte, em que um partido pode colocar trinta homens em guerra, ele também esteja em condição de oprimir. Como nem um nem outro podem fundar nada de duradouro, o que os faz triunfar com facilidade os impede de triunfar por muito tempo. Eles se elevam porque nada lhes resiste e caem porque nada os sustenta.

O que é importante combater é muito menos a anarquia ou o despotismo do que a apatia que pode criar quase indiferentemente um ou outro.

FIM DO QUARTO TOMO

APÊNDICE

O senhor Antoine-Elisée Cherbuliez, professor de direito público na Academia de Genebra, publicou uma obra sobre as instituições e os costumes políticos de seu país intitulada *A democracia na Suíça*, e honrou com um exemplar a Academia de Ciências Morais.

Pareceu-me, senhores, que a importância do assunto tratado pelo autor merecia um livro especial de análise; pensando que tal análise poderia oferecer alguma utilidade, decidi fazê-la.

Minha intenção é colocar-me inteiramente fora das preocupações do momento, como convém fazer nesse recinto, silenciar os fatos atuais que não dependem de nós, e ver, na Suíça, menos os atos da sociedade política do que a própria sociedade, as leis que a constituem, sua origem, suas tendências, seu caráter. Espero que, assim circunscrito, o quadro ainda seja digno de interesse. O que acontece na Suíça não é um fato isolado. É um movimento particular no meio do movimento geral que precipita para a ruína todo o antigo edifício das instituições da Europa. Embora o palco seja pequeno, o espetáculo tem grandeza; ele tem sobretudo uma originalidade singular. Em nenhum lugar a revolução democrática que agita o mundo teria se produzido no meio de circunstâncias tão complicadas e estranhas. Um mesmo povo, composto por várias raças, falando várias línguas, professando várias crenças, diferentes seitas dissidentes, duas igrejas igualmente constituídas e privilegiadas; todas as questões políticas logo virando questões de religião, e todas as questões de religião levando a questões de política; duas sociedades, enfim, uma muito antiga, a outra muito jovem, casadas apesar da diferença de idade. Esse é o quadro oferecido pela Suíça. Para pintá-lo bem, seria preciso, a meu ver, colocar-se mais algo do que fez o autor. Cherbuliez declara em seu prefácio, e considero a afirmação como muito sincera, ter-se imposto a lei da imparcialidade. Ele teme que o caráter completamente imparcial de sua obra lance uma espécie de monotonia sobre o tema. Esse temor sem dúvida não tem fundamento. O autor quer ser imparcial, de fato, mas não consegue. Em seu livro há ciência, perspicácia, um verdadeiro talento, uma boa-fé evidente mesmo em meio a apaixonadas aprovações; mas, o que não se vê é justamente a imparcialidade. Encontramos ao mesmo tempo muito espírito e pouca liberdade de espírito.

Para que formas de sociedade política tende o autor? Isso primeiro parece bastante difícil de dizer. Embora ele em certa medida aprove a conduta política que os católicos mais ardentes seguiram na Suíça, ele é um adversário decidido do catolicismo, a ponto de não estar longe de querer que se impeça, legislativamente, a religião católica de se estender para os lugares onde ela não reina. Por outro lado, é um grande inimigo das seitas dissidentes do protestantismo. Oposto ao governo do povo, também é do da nobreza. Em religião, uma igreja protestante regida pelo Estado; em política, um Estado regido por uma aristocracia burguesa: tal parece ser o ideal do autor. É Genebra antes de suas últimas revoluções.

Mas embora nem sempre distingamos com clareza o que ele admira, percebemos sem dificuldade o que ele odeia. O que ele odeia é a democracia. Atingido em suas opiniões, em suas amizades, em seus interesses, talvez, pela revolução democrática que descreve, ele sempre fala como um inimigo. Não ataca apenas a democracia por tais ou tais consequências, mas por seus princípios; ele não vê as qualidades que ela possui, ele persegue os defeitos que ela tem. Ele não distingue, entre os males que podem surgir, o que é fundamental e permanente e o que é acidental e passageiro; o que é preciso suportar dela como inevitável e o que se deve tentar corrigir. Talvez o assunto não pudesse ser considerado dessa maneira por um homem tão envolvido quanto Cherbuliez nas agitações de seu país. Pode-se lamentar isso. Veremos, ao longo desta análise, que a democracia suíça precisa muito que a imperfeição de suas leis sejam esclarecidas. Mas, para fazê-lo com eficácia, a primeira condição é não odiá-la.

Cherbuliez intitulou sua obra *A democracia na Suíça*. O que poderia levar a crer que, aos olhos do autor, a Suíça é um país no qual se possa fazer sobre a democracia uma obra doutrinária, e em que seja permitido julgar as instituições democráticas em si mesmas. Esta é, a meu ver, a principal fonte de onde saíram quase todos os erros do livro. Seu verdadeiro título deveria ser *A revolução democrática na Suíça*. A Suíça, de fato, é um país em revolução há quinze anos. A democracia, ali, é menos uma forma regular de governo do que uma arma habitualmente utilizada para destruir e às vezes defender a antiga sociedade. Podemos estudar os fenômenos particulares que acompanham o estado revolucionário na era democrática em que estamos, mas não retratar a democracia em seu estado permanente e tranquilo. Quem não tiver o tempo todo em mente esse ponto de partida só compreenderá com dificuldade o quadro que as instituições da Suíça apresentam; e, de minha parte, sentirei uma dificuldade intransponível para explicar como julgo o que é, sem dizer como compreendo o que foi.

Em geral tem-se uma ilusão do que era a Suíça quando a Revolução Francesa estourou. Como os suíços viviam há muito tempo em república, facilmente pensou-se que estavam muito mais próximos do que os outros habitantes do continente europeu das instituições que constituem e do espírito que anima a liberdade moderna. É o contrário do que se deveria pensar.

Embora a independência dos suíços tivesse nascido no meio de uma insurreição contra a aristocracia, a maioria dos governos que se fundaram então tomaram da aristocracia seus usos, suas leis e até suas opiniões e suas inclinações. A liberdade só se apresentou aos olhos deles sob a forma de um privilégio, e a ideia de um direito geral e preexistente que todos os homens teriam de ser livres, essa ideia permaneceu tão estranha a seu espírito quanto podia ser aos próprios príncipes da casa de Áustria, que eles tinham vencido. Todos os poderes não tardaram, portanto, a ser atraídos e retidos no seio de pequenas aristocracias formadas ou recrutadas por elas mesmas. No norte, essas aristocracias assumiram um caráter industrial; no sul, uma constituição militar. Dos dois lados, porém, foram igualmente restritas, igualmente exclusivas. Na maioria dos cantões, três quartos dos habitantes foram excluídos de qualquer participação, seja direta, seja indireta, na administração do país; além disso, cada cantão teve populações submetidas.

Essas pequenas sociedades, que tinham se formado no meio de uma agitação tão grande, logo se tornaram tão estáveis que mais nenhum movimento se fazia sentir. A aristocracia, não se vendo nem levada pelo povo, nem guiada por um rei, manteve o corpo social imóvel nos velhos trajes da Idade Média.

Os progressos do tempo já faziam há muito tempo penetrar o novo espírito nas sociedades mais monárquicas da Europa, mas a Suíça ainda lhe permanecia fechada.

O princípio da divisão dos poderes era admitido por todos os publicistas, mas não se aplicava na Suíça. A liberdade de imprensa, que existia ao menos de fato em várias monarquias absolutas do continente, não existia na Suíça nem de fato nem de direito; a faculdade de se associar politicamente não era nem exercida nem reconhecida; a liberdade de palavra era restrita dentro de limites muito estreitos. A igualdade de encargos, para a qual tendiam todos os governos esclarecidos, não se encontrava ali mais do que a dos direitos. A indústria lá encontrava mil entraves; a liberdade individual não tinha nenhuma garantia legal. A liberdade religiosa, que começava a penetrar até o seio dos estados mais ortodoxos, ainda não surgira na Suíça. Os cultos dissidentes eram inteiramente proibidos em vários cantões, intimidados em todos. A diferença de crenças criava incapacidades políticas em quase toda parte.

A Suíça ainda estava nesse estado em 1798, quando a Revolução Francesa penetrou à mão armada em seu território. Ela derrubou por um momento as velhas instituições, mas não colocou nada de sólido e estável em seu lugar. Napoleão, que, alguns anos depois, tirou os suíços da anarquia por meio da mediação, deu-lhes a igualdade, mas não a liberdade; as leis políticas que impôs foram combinadas de maneira que a vida pública ficou paralisada. O poder, exercido em nome do povo, mas colocado muito longe dele, foi entregue por inteiro nas mãos do Poder Executivo.

Quando, poucos anos depois, a mediação caiu junto com seu autor, os suíços não ganharam a liberdade; eles também perderam a igualdade. Em toda parte as antigas aristocracias retomaram as rédeas do governo e recolocaram em vigor os princípios exclusivos e datados que haviam reinado antes da revolução. As coisas voltaram, então, diz com razão Cherbuliez, mais ou menos ao ponto onde estavam em 1798. Os reis coalizados foram acusados de ter imposto, à força, essa restauração à Suíça. Ela foi feita em concordância com eles, mas não por eles. A verdade é que os suíços foram arrastados, como os outros povos do continente, por essa reação passageira, mas universal, que reavivou subitamente em toda a Europa a velha sociedade; e, como entre eles a restauração não foi consumada por príncipes cujo interesse, no fim das contas, era pouco distinto do dos antigos privilegiados, mas pelos próprios antigos privilegiados..., ela foi mais completa, mais cega e mais obstinada do que no resto da Europa. Ela não se mostrou tirânica, mas extremamente exclusiva. Um Poder Legislativo inteiramente subordinado ao Poder Executivo; este exclusivamente possuído pela aristocracia de nascença; a classe média excluída dos negócios; o povo inteiro privado da vida política: tal é o espetáculo apresentado pela Suíça em quase todas as suas partes até 1830.

Foi então que se abriu para ela a nova era da democracia!

Essa breve exposição teve o objetivo de fazer com que se compreendesse duas coisas:

A primeira, que a Suíça é um dos países da Europa onde a revolução foi menos profunda, e a restauração que a seguiu, mais completa. De tal modo que as instituições estrangeiras ou hostis ao espírito novo, tendo conservado ou recuperado muito império, o impulso revolucionário precisou se conservar maior.

A segunda, que na maior parte da Suíça, o povo, até nossos dias, nunca havia tomado a menor parte no governo; que as formas judiciárias que garantem a liberdade civil, a liberdade de associação, a liberdade de expressão, a liberdade de imprensa, a liberdade religiosa, sempre tinham sido tão desconhecidas da grande maioria desses cidadãos das repúblicas quanto podiam ser, na mesma época, dos súditos da maioria das monarquias, se não mais ainda.

Eis o que Cherbuliez costuma perder de vista, mas que deve constantemente estar presente em nosso pensamento, no exame cuidadoso que faremos das instituições que a Suíça se atribuiu.

Todo mundo sabe que na Suíça a soberania está dividida em duas partes: de um lado encontra-se o poder federal, do outro, os governos cantonais.

Cherbuliez começa falando do que acontece nos cantões, e tem razão; pois é neles que está o verdadeiro governo da sociedade. Seguirei o mesmo caminho e me ocuparei, como ele, das constituições cantonais.

Todas as constituições cantonais são hoje democráticas; mas a democracia não se mostra sob os mesmos traços.

Na maioria dos cantões, o povo entregou o exercício de seus poderes a assembleias que o representam, e em alguns conservou-o para si mesmo. Ele se reúne em assembleia e governa. Cherbuliez chama o governo dos primeiros de *democracias representativas*, e o dos outros de *democracias puras*.

Pedirei à Academia permissão de não seguir o autor no exame muito interessante que ele faz das democracias puras. Tenho várias razões para agir assim. Embora os cantões que vivem sob a democracia pura tenham desempenhado um grande papel na história, e ainda possam desempenhar um considerável na política, eles dariam lugar a um estudo curioso, em vez de útil.

A democracia pura é um fato mais ou menos único no mundo moderno e muito excepcional, mesmo na Suíça, pois somente uma parte da população é governada dessa maneira. Além disso, é um fato passageiro. Sabemos o suficiente que nos cantões suíços onde o povo mais conservou o exercício do poder existe um corpo representativo no qual repousa em parte os cuidados com o governo. Ora, é fácil ver, ao estudar a história recente da Suíça, que os negócios de que o povo se ocupa na Suíça existem em menor número, e que, ao contrário, os que seus representantes tratam se tornam cada dia mais numerosos e variados. Assim, o princípio da democracia pura perde um terreno que o princípio contrário ganha. Um se torna imperceptivelmente a exceção, o outro, a regra.

As democracias puras da Suíça pertencem, aliás, a outra era; elas não podem ensinar nada quanto ao presente nem quanto ao futuro. Embora sejamos obrigados a utilizar, para designá-las, um nome tirado da ciência moderna, elas só vivem no passado. Cada século tem seu espírito dominante ao qual nada resiste. Se vierem a se introduzir sob seu reinado princípios que lhe sejam estrangeiros ou contrários, ele não tarda a penetrá-los e, quando não pode anulá-los, apropria-se deles e os assimila. A Idade Média acabou moldando aristocraticamente até a liberdade democrática. No meio das leis mais republicanas, ao lado do sufrágio universal, havia colocado crenças religiosas, opiniões, sentimentos, hábitos, associações, famílias que se mantinham fora do povo, o verdadeiro poder. Não se deve considerar os pequenos cantões suíços apenas como governos democráticos na Idade Média. Eles são os últimos e respeitáveis escombros de um mundo que não existe mais.

As democracias representativas da Suíça são, ao contrário, filhas do espírito moderno. Todas foram fundadas sobre as ruínas de uma antiga sociedade aristocrática; todas procedem do princípio da soberania do povo; todas fizeram uma aplicação quase semelhante em suas leis.

Veremos que essas leis são muito imperfeitas, e elas bastariam para indicar, no silêncio da história, que na Suíça a democracia e mesmo a liberdade são poderes novos e sem experiência.

É preciso observar, primeiro, que mesmo nas democracias representativas da Suíça o povo manteve em suas mãos o exercício direto de uma parte de seu poder. Em alguns cantões, depois que as leis principais receberam o assentimento da legislatura, elas ainda precisam ser submetidas ao veto do povo. O que faz, para esses casos particulares, a democracia representativa degenerar em democracia pura.

Em quase todos, o povo deve ser consultado de tempos em tempos, geralmente em intervalos regulares, para saber se ele quer modificar ou manter a Constituição. O que abala ao mesmo tempo e periodicamente todas as leis.

Todos os poderes legislativos que o povo não manteve em suas mãos foram confiados a uma única assembleia, que age sob seus olhos e em seu nome. Em nenhum cantão a legislatura está dividida em duas casas; em toda parte ela é composta por um corpo único; não apenas seus movimentos não são atrasados pela necessidade de entendimento com uma outra assembleia como suas vontades não encontram nem mesmo o obstáculo de uma deliberação prolongada. As discussões das leis gerais são submetidas a certas formalidades que as prolongam, mas as decisões mais importantes podem ser propostas, discutidas e aprovadas num instante, sob o nome de decretos. Os decretos fazem das leis secundárias uma coisa tão importante, tão rápida e tão irresistível quanto as paixões de uma multidão.

Fora da legislatura, não há nada que resista. A separação e principalmente a independência relativa dos poderes Legislativo, Administrativo e Judiciário na realidade não existem.

Em nenhum cantão os representantes do Poder Executivo são eleitos diretamente pelo povo. É a legislatura que os escolhe. O Poder Executivo não está dotado de nenhuma força que lhe seja própria, portanto. Ele não passa da criação de outro poder e nunca pode ser mais que o agente servil desse outro poder. A essa causa de fraqueza se juntam várias outras. Em nenhum lugar o Poder Executivo é exercido por um único homem. Ele é confiado a uma pequena assembleia, em que sua responsabilidade se divide e sua ação se exerce. Vários dos direitos inerentes ao Poder Executivo lhe são, aliás, recusados. Ele não exerce veto ou exerce um veto insignificante sobre as leis. Está privado do direito de agraciar, não nomeia nem destitui seus agentes. Podemos até mesmo dizer que não tem agentes, pois costuma ser obrigado a utilizar apenas magistrados comuns.

Mas é sobretudo pela má constituição e pela má composição do Poder Judiciário que as leis da democracia suíça são defeituosas. Cherbuliez observa isso, mas não o suficiente, a meu ver. Ele não parece compreender direito que é o Poder Judiciário que está principalmente destinado, nas democracias, a ser ao mesmo tempo a barreira e a salvaguarda do povo.

A ideia de independência do Poder Judiciário é uma ideia moderna. A Idade Média não a havia percebido, ou ao menos só a havia concebido muito confusamente. Podemos dizer que em todas as nações da Europa o Poder Executivo e o Poder Judiciário começaram misturados; mesmo na França, onde por uma feliz exceção a justiça teve de boa hora uma existência individual muito vigorosa, ainda é possível afirmar que a divisão dos dois poderes havia permanecido bastante incompleta. Não era, é verdade, a administração que detinha a justiça, foi a justiça que atraiu em parte para seu seio a administração. A Suíça, ao contrário, foi de todos os países da Europa aquele talvez em que a justiça mais se confundiu com o poder político e se tornou mais completamente um de seus atributos. Podemos dizer que a ideia que temos da justiça, desse poder imparcial e livre que se interpõe entre todos os interesses e entre todos os poderes para muitas vezes chamá-los todos ao respeito da lei, essa ideia sempre esteve ausente do espírito dos suíços e até hoje permanece muito incompletamente presente.

As novas constituições sem dúvida deram aos tribunais um lugar mais separado do que aqueles que ocupam entre os antigos poderes, mas não uma posição mais independente. Os tribunais inferiores são eleitos pelo povo e submetidos à reeleição; o tribunal supremo de cada cantão é escolhido não pelo Poder Executivo, mas pelo Poder Legislativo, e nada garante seus membros dos caprichos diários da maioria.

Não apenas o povo ou a assembleia que o representa escolhe os juízes como também não se impõe para escolhê-los nenhum obstáculo. Em geral, não há condição de capacidade exigida. O juiz, além disso, simples executor da lei, não tem o direito de investigar se essa lei está de acordo com a Constituição. Para falar a verdade, é a própria maioria que julga pelo órgão dos magistrados.

Na Suíça, aliás, ainda que o Poder Judiciário tivesse recebido da lei a independência e os direitos que lhe são necessários, o poder ainda teria dificuldade para desempenhar seu papel, pois a justiça é um poder de tradição e de opinião que precisa se apoiar em ideias e costumes judiciários.

Eu facilmente poderia destacar os defeitos que se encontram nas instituições que acabo de descrever e provar que todas tendem a tornar o governo do povo irregular em sua marcha, precipitado em suas resoluções e tirânico em seus atos. Mas isso me levaria longe demais. Limito-me a apresentar em relação a essas leis aqueles que uma sociedade democrática mais antiga, mais pacata e mais próspera se deu.

Cherbuliez pensa que as instituições imperfeitas dos cantões suíços são as únicas que a democracia possa sugerir ou queira sofrer. A comparação que farei provará o contrário e mostrará como, do princípio da soberania do povo, foi possível obter, com mais experiência, mais arte e mais sabedoria, consequências diferentes. Tomarei por exemplo o estado de Nova York, que contém sozinho tantos habitantes quanto a Suíça inteira.

No estado de Nova York, como nos cantões suíços, o princípio de governo é a soberania do povo, posta em ação pelo sufrágio universal. Mas o povo só exerce sua soberania num único dia, por meio da escolha de seus delegados. Ele não costuma guardar para si mesmo, em nenhum caso, nenhuma parte do Poder Legislativo, Executivo ou Judiciário. Ele escolhe aqueles que devem governar em seu nome e abdica até a próxima eleição.

Embora as leis sejam cambiantes, seu fundamento é estável. Ninguém imaginou submeter de antemão, como na Suíça, a Constituição a revisões sucessivas e periódicas cuja vinda ou cuja espera mantém o corpo social em suspenso. Quando uma nova necessidade se faz sentir, a legislatura constata que uma modificação da Constituição se tornou necessária, e a legislatura seguinte a opera.

Embora o Poder Legislativo não possa, tanto quanto na Suíça, se subtrair à direção da opinião pública, ele está organizado de tal maneira a resistir a seus caprichos. Nenhuma proposta pode se tornar lei antes de ter sido submetida ao exame de duas assembleias. Essas duas partes da legislatura são eleitas da mesma maneira e compostas pelos mesmos elementos; ambas são igualmente do povo, portanto, mas não o representam exatamente da mesma maneira: uma é encarregada sobretudo de reproduzir suas impressões cotidianas, a outra, seus instintos habituais e suas inclinações permanentes.

Em Nova York, a divisão dos poderes não existe apenas na aparência, mas na realidade.

O Poder Executivo é exercido não por um homem, mas por um homem que sozinho carrega toda a responsabilidade por ele e exerce com decisão e força seus direitos e prerrogativas. Eleito pelo povo, ele não é, como na Suíça, a criatura e o agente da legislatura; ele caminha como seu igual, representa como ela, embora em outra esfera, o soberano em nome do qual ambos agem. Ele obtém sua força da mesma fonte onde ela tira a sua. Ele não tem apenas o nome do Poder Executivo, ele exerce suas prerrogativas naturais e legítimas. Ele é o chefe das Forças Armadas, das quais nomeia os principais oficiais; ele escolhe vários dos grandes funcionários do estado; ele exerce o direito de misericórdia, o veto que pode opor às vontades da legislatura, sem ser absoluto mas sendo eficaz. Embora o governador do estado de Nova York seja muito menos poderoso, sem dúvida, do que um rei constitucional da Europa, ele ao menos é infinitamente mais do que um pequeno conselho da Suíça.

Mas é sobretudo na organização do Poder Judiciário que a diferença se acentua.

O juiz, embora emane do povo e dependa dele, é um poder ao qual o próprio povo se submete.

O Poder Judiciário ocupa essa posição excepcional por sua origem, sua permanência, sua competência e principalmente pelos costumes públicos e pela opinião.

Os membros dos tribunais superiores não são escolhidos, como na Suíça, pela legislatura, poder coletivo que, muitas vezes, é apaixonado, às vezes, cego, e sempre irresponsável, mas pelo governador do estado. O magistrado, uma vez instituído, é considerado inamovível. Nenhum processo lhe escapa, nenhuma sentença poderia ser pronunciada por outra pessoa que não ele. Além de interpretar a lei, podemos dizer que ele a julga; quando a legislatura, no movimento rápido dos partidos, se afasta do espírito ou da letra da Constituição, os tribunais a trazem de volta a eles recusando-se a aplicar suas decisões; de modo que se o juiz não pode obrigar o povo a manter sua Constituição, ele ao menos o força a respeitá-la enquanto ela existir. Ele não o dirige, mas o constrange e limita. O Poder Judiciário, que mal existe na Suíça, é o verdadeiro moderador da democracia americana.

Agora, se examinarmos essa Constituição nos mínimos detalhes, não descobriremos sequer um átomo de aristocracia. Nada que se assemelhe a uma classe, nenhum privilégio, em toda parte os mesmos direitos, todos os poderes saindo do povo e a ele retornando, um só espírito animando todas as instituições, mil tendências em confronto: o princípio da democracia penetrou em tudo e domina tudo. E, no entanto, esses governos tão completamente democráticos têm uma aparência bastante estável, uma marcha muito mais pacata e movimentos muito mais regulares do que os governos democráticos da Suíça.

Podemos dizer que isso decorre em parte da diferença das leis.

As leis do estado de Nova York, que acabo de descrever, estão dispostas de maneira a lutar contra os defeitos naturais da democracia; as instituições suíças cujo quadro tracei parecem feitas, ao contrário, para desenvolvê-los. Aqui elas contêm o povo, lá elas o empurram. Na América, teme-se que seu poder seja tirânico, enquanto na Suíça parece ter-se tentando torná-lo irresistível.

Não exagero a influência que o mecanismo das leis pode exercer sobre o destino dos povos. Sei que são a causas mais gerais e mais profundas que se deve principalmente atribuir os grandes acontecimentos desse mundo; mas não podemos negar que as instituições têm uma certa virtude que lhes é própria, e que por si mesmas elas contribuem para a prosperidade ou para as misérias das sociedades.

Se, em vez de repelir de maneira absoluta quase todas as leis de seu país, Cherbuliez tivesse mostrado o que elas têm de defeituoso e como se poderia aperfeiçoar suas disposições sem alterar seu princípio, ele teria escrito um livro mais digno da posteridade e mais útil a seus contemporâneos.

Depois de ter mostrado o que é a democracia nos cantões, o autor investiga a influência que ela exerce sobre a própria confederação.

Antes de seguir Cherbuliez nesse caminho, é necessário fazer o que ele não fez, indicar o que é o governo federal, como ele está organizado de direito e de fato e como ele funciona.

Seria permitido perguntar-se, primeiro, se os legisladores da Confederação Suíça quiseram fazer uma Constituição Federal ou apenas estabelecer uma liga, ou seja, se quiseram sacrificar uma porção da soberania dos cantões ou não alienar nenhuma parte dela. Se considerarmos que os cantões se proibiram vários dos direitos que são inerentes à soberania e que os concederam de maneira permanente ao governo federal, se pensarmos sobretudo que quiseram que nas questões assim entregues a esse governo a maioria fizesse a lei, não teremos dúvida de que os legisladores da Confederação Suíça quiseram estabelecer uma verdadeira Constituição Federal, e não uma simples liga. Mas é preciso convir que agira muito mal para ter êxito.

Não hesitarei em dizer que a meu ver a Constituição Federal da Suíça é a mais imperfeita de todas as constituições desse gênero que jamais surgiram até hoje no mundo. Temos a impressão de estar de volta, ao lê-la, à Idade Média, e ficamos surpresos ao pensar que essa obra confusa e incompleta é o produto de um século tão sábio e tão experiente quanto o nosso.

Repete-se com frequência, e não sem razão, que o pacto limitou desmesuradamente os direitos da Confederação, que deixou de fora da ação do governo que a representa certos objetos de natureza essencialmente nacional e que naturalmente deveriam entrar na competência da Dieta: por exemplo a administração dos cargos, o regulamento dos pesos e medidas, a cunhagem das moedas... E atribui-se a fraqueza do poder federal ao pequeno número de atribuições que lhe são confiadas.

É bem verdade que o pacto deixou de fora da Constituição do governo da Confederação vários dos direitos que cabem naturalmente e mesmo necessariamente a esse governo, mas não é nisso que reside a verdadeira causa de sua fraqueza, pois os direitos que o pacto lhe deu bastariam, se ele pudesse fazer uso deles, para adquirir todos os que lhe faltam, ou, em todo caso, para conquistá-los.

A Dieta pode reunir tropas, coletar dinheiro, fazer a guerra, conceder a paz, assinar tratados de comércio, nomear embaixadores. As constituições cantonais e os grandes princípios de igualdade diante da lei são postos sob sua salvaguarda, o que lhe permitiria, se necessário, imiscuir-se em todos os negócios locais.

Os pedágios e os direitos sobre as estradas, etc. são regulados pela Dieta, o que a autoriza a dirigir ou a controlar as grandes obras públicas.

Por fim, a Dieta, diz o artigo 4 do pacto, *toma todas as medidas necessárias para a segurança interna e externa da Suíça*, o que lhe dá a faculdade de fazer tudo.

Os governos federais mais fortes não tiveram maiores prerrogativas que essas, e longe de acreditar que na Suíça a competência do poder central seja limitada demais, sou levado a crer que seus limites não foram cuidadosamente fixados.

Por que, então, com tão belos privilégios, o governo da Confederação tem, em geral, tão pouco poder? A resposta é simples: porque não lhe deram os meios de fazer o que lhe concederam, o direito de querer.

Nunca houve governo melhor mantido na inércia e mais condenado à impotência pela imperfeição de seus órgãos.

É da essência dos governos federais agir não em nome do povo, mas em nome dos estados que compõem a Confederação. Se não fosse assim, a Constituição deixaria imediatamente de ser federal.

Resulta disso, entre outras consequências necessárias e inevitáveis, que os governos federais são geralmente menos ousados em suas resoluções e mais lentos em seus movimentos do que os outros.

A maioria dos legisladores das confederações se esforçou, com o auxílio de procedimentos mais ou menos engenhosos, em cujo exame não quero entrar, a corrigir em parte esse vício natural do sistema federal. Os suíços o tornaram infinitamente mais sensível que em qualquer outro lugar pelas formas particulares que adotaram. Entre eles, não apenas os membros da Dieta só agem em nome dos diferentes cantões que representam, como em geral não tomam nenhuma decisão que não tenha sido prevista ou aprovada por estes. Quase nada é deixado a seu livre-arbítrio; cada um deles se crê ligado a um mandato imperativo, imposto de antemão; de tal modo que a Dieta é uma assembleia deliberante onde, para falar a verdade, não se tem interesse algum em deliberar, onde não se fala diante dos que devem tomar a decisão, mas diante dos que apenas têm o direito de aplicá-la. A Dieta é um governo que não quer nada por si mesmo, mas que se limita a realizar o que 22 outros governos decidiram separadamente; um governo que, qualquer que seja a natureza dos acontecimentos, não pode decidir nada, prever nada, prover nada. Não poderíamos imaginar uma combinação mais própria a aumentar a inércia natural do governo federal e a transformar sua nobreza numa espécie de debilidade senil.

Há várias outras causas que, independentemente dos vícios inerentes a todas as constituições federais, explicam a impotência habitual do governo da Confederação Suíça.

Além da Confederação ter um governo débil, também podemos dizer que ela não tem um governo que lhe seja próprio. Sua Constituição, nesse sentido, é única no mundo. A Confederação coloca à sua frente chefes que não a representam. O diretório, que forma o Poder Executivo da Suíça, é escolhido não pela Dieta, menos ainda pelo povo helvético; é um governo de circunstância que a Confederação toma emprestado a cada dois anos de Berna, Zurique ou Lucerna. Esse poder eleito pelos habitantes de um cantão para dirigir os negócios de um cantão torna-se acessoriamente a cabeça e o braço de todo o país. Essa certamente pode ser considerada uma das maiores curiosidades políticas da história das leis humanas. Os efeitos de tal estado de coisas sempre são deploráveis e costumam ser muito extraordinários. Não há nada mais estranho, por exemplo, do que o que aconteceu em 1839. Naquele ano, a Dieta se reunia em Zurique, e a Confederação tinha por governo o diretório do estado de Zurique. Sobrevém em Zurique uma revolução cantonal. Uma insurreição popular derruba as autoridades constituídas. A Dieta imediatamente se vê sem presidente e a via federal permanece suspensa até que o cantão decida se dar outras leis e outros chefes. O povo de Zurique, mudando sua administração, sem querer havia decapitado a Suíça.

Ainda que a Confederação tivesse um Poder Executivo próprio, o governo ainda seria impotente para se fazer obedecer, por falta de ação direta e imediata sobre os cidadãos. Essa causa de fraqueza é mais fecunda em si mesma do que todas as outras juntas; mas, para que seja bem compreendida, é preciso fazer mais do que apenas indicá-la.

Um governo federal pode ter uma esfera de ação bastante limitada e ser forte se nessa esfera estreita ele puder agir por si mesmo, sem intermediários, como em geral os governos fazem na esfera ilimitada em que se movem, se tiver funcionários que forçam cada cidadão a se submeter a suas leis; ele se faz obedecer facilmente, porque tem apenas resistências individuais a temer e porque todas as dificuldades que lhe são interpostas terminam em processos.

Um governo federal pode, ao contrário, ter uma esfera de ação muito ampla e só gozar de uma autoridade muito fraca e muito precária, se, em vez de se dirigir individualmente aos cidadãos, for obrigado a se dirigir aos governos cantonais, pois quando estes resistem, o poder federal logo se vê diante de um rival, mais do que um súdito, que só pode ser vencido pela guerra.

O poder de um governo federal portanto reside muito menos na extensão dos direitos que lhe são conferidos do que na faculdade mais ou menos grande que lhe deixam exercer por si mesmo; ele sempre é forte quando pode comandar os cidadãos; ele sempre é fraco quando é reduzido a comandar apenas os governos locais.

A história das confederações apresenta exemplos desses dois sistemas. Mas em nenhuma confederação, que eu saiba, o poder central foi tão completamente privado de qualquer ação direta sobre os cidadãos quanto na Suíça. Lá, não há, por assim dizer, nenhum de seus direitos que o governo federal possa exercer por si mesmo. Nenhum funcionário que dependa dele, nenhum tribunal que representa exclusivamente sua soberania. Ele parece um ser ao qual se tivesse dado a vida, mas que tivesse sido privado de órgãos.

Tal é a Constituição Federal como o pacto a fez. Vejamos agora, em poucas palavras, com o autor do livro que analisamos, qual a influência exercida pela democracia sobre ela.

Não poderíamos negar que as revoluções democráticas que sucessivamente mudaram quase todas as constituições cantonais nos últimos quinze anos tiveram sobre o governo federal uma grande influência; mas essa influência se enfraqueceu em dois sentidos bastante opostos. É muito necessário entender bem esse duplo fenômeno.

As revoluções democráticas que ocorreram nos cantões tiveram o efeito de dar à vida local mais atividade e mais poder. Os governos novos, criados por essas revoluções, apoiando-se no povo e empurrados por ele, se viram ao mesmo tempo com uma força maior e com uma ideia mais elevada de sua força do que podiam demonstrar os governos que eles haviam derrubado. E como uma renovação como essa não havia acontecido ao mesmo tempo no governo federal, devia resultar, e de fato resultou, que este se viu comparativamente mais débil em relação a eles do que havia sido até então. O orgulho cantonal, o instinto de independência local, a impaciência de tudo controlar nos negócios internos de cada cantão, a inveja de uma autoridade central e suprema são exemplos de sentimentos que se tornaram mais fortes depois do estabelecimento da democracia; e, sob esse ponto de vista, podemos dizer que ela enfraqueceu o governo já muito fraco da Confederação, e ele tornou sua tarefa cotidiana e habitual mais laboriosa e mais difícil.

Mas, sob outros aspectos, ela lhe deu energia e, por assim dizer, uma existência que ele não tinha.

O estabelecimento das instituições democráticas na Suíça levou a duas coisas inteiramente novas.

Até então, cada cantão tinha um interesse à parte, um espírito à parte. A chegada da democracia dividiu todos os suíços, não importa o cantão a que pertencessem, em dois partidos: um, favorável aos princípios democráticos; o outro, contrário. Ela criou interesses comuns, ideias, paixões comuns que sentiram a necessidade, para serem satisfeitas, de um poder geral e comum que se estendesse sobre todo o país. O governo federal pela primeira vez teve uma grande força que sempre lhe faltara; ele pôde se apoiar num partido; força perigosa, mas indispensável nos países livres, onde o governo não pode quase nada sem ela.

Ao mesmo tempo que a democracia dividia a Suíça em dois partidos, ela colocava a Suíça num dos grandes partidos que dividiam o mundo; criou-lhe uma política externa; se lhe dava amizades naturais, criava-lhe inimizades necessárias; para cultivar e conter umas, vigiar e repelir as outras, fez-lhe sentir a necessidade irresistível de um governo. Ao espírito público local fazia suceder um espírito público nacional.

Tais foram os efeitos diretos pelos qual ela fortalecia o governo federal. A influência indireta que ela exerceu e exercerá sobretudo a longo prazo não é menor.

As resistências e as dificuldades que um governo federal encontra são tanto mais numerosas e fortes quanto as populações confederadas forem mais dissemelhantes por suas instituições, seus sentimentos, seus costumes e suas ideias. É menos a similitude de interesses quanto à perfeita analogia de leis, opiniões e condições sociais que torna a tarefa do governo da União americana tão fácil. Podemos dizer da mesma forma que a estranha fraqueza do antigo federal na Suíça se devia sobretudo à prodigiosa diferença e à singular oposição que havia entre o espírito, as visões e as leis das diferentes populações que ele precisava reger. Manter sob uma mesma direção e encerrar numa mesma política homens tão naturalmente afastados e tão dissemelhantes uns dos outros era a obra mais laboriosa. Um governo muito mais bem constituído e provido de uma organização mais sábia não teria conseguido. O efeito da revolução democrática que se opera na Suíça é fazer prevalecer sucessivamente em todos os cantões certas instituições, certas máximas de governo, certas ideias semelhantes; se a revolução democrática aumenta o espírito de independência dos cantões em relação ao poder central, ela facilita, por outro lado, a ação desse poder; ela em grande parte suprime as causas de resistência e, sem dar aos governos cantonais mais vontade de obedecer ao governo federal, ela torna a obediência a suas vontades infinitamente mais fácil.

É necessário estudar com grande cuidado os dois efeitos contrários que acabo de descrever para compreender o estado presente e prever o estado futuro do país.

Prestando atenção apenas a uma dessas duas tendências é que somos levados a crer que o surgimento das democracias nos governos cantonais terá como efeito imediato e como resultado fácil ampliar legislativamente a esfera do governo federal, concentrar em suas mãos a direção habitual dos negócios locais; numa palavra, modificar, no sentido da centralização, toda a economia do pacto. Estou convencido, de minha parte, que tal revolução ainda encontrará, por muito tempo, mais obstáculos do que se supõe. Os governos cantonais de hoje não mostrarão muito mais gosto que seus predecessores por uma revolução dessa espécie, e farão tudo o que puderem para evitá-la.

Penso, no entanto, que, apesar dessas resistências, o governo federal está destinado a acumular a cada dia mais poder. As circunstâncias o ajudarão mais do que as leis. Ele talvez não aumente muito visivelmente suas prerrogativas, mas fará um uso diferente e mais frequente delas. Ele crescerá muito de fato, mesmo que permaneça o mesmo em direito; ele se desenvolverá mais pela interpretação do que pela mudança do pacto, e dominará a Suíça antes de estar em condições de governá-la.

Também podemos prever que os mesmos que até o momento mais se opuseram à sua extensão regular não tardarão a desejá-la, seja para escapar à pressão intermitente de um poder tão mal constituído, seja para se proteger da tirania mais próxima e mais pesada dos governos locais.

O certo é que, doravante, quaisquer que sejam as modificações levadas à letra do pacto, a Constituição Federal da Suíça estará profunda e irrevogavelmente alterada. A Confederação mudou de natureza. Ela se tornou, na Europa, uma coisa nova; uma política de ação se sucedeu a uma política de inércia e neutralidade; de puramente municipal, sua existência se tornou nacional; existência mais laboriosa, mais turbulenta, mais precária e maior.

Alexis de Tocqueville

Mapa criado para a obra intitulada
A democracia na América
de Alexis de Tocqueville
1834

1 LEGENDA
F. *Fundação do estado*
P.A. *População atual*
T. *Território*

OBSERVAÇÕES
Superfície do território dos Estados Unidos: 295.000 léguas quadradas
Altura média das Montanhas Rochosas: de 15.000 a 18.000 pés
Altura média dos Allegheny: de 5.000 a 6.000 pés
Superfície do Vale do Mississipi: 228.000 léguas quadradas
Número de brancos e negros nos estados onde a escravidão foi abolida:
  Brancos: 6.565.434
  Negros: 120.520
Número de brancos e negros nos estados onde a escravidão persiste:
  Brancos: 3.960.814
  Negros: 2.208.102

2 América Russa

3 América Inglesa

4 República dos Estados Unidos / estados escravagistas

5 República dos Estados Unidos / estados da Nova Inglaterra

6 Limites do grande deserto, segundo Long, planícies cobertas de areia que não podem ser cultivadas, cobertas de pedras graníticas e privadas de água no verão, nelas só se encontram grandes rebanhos de búfalos e de cavalos selvagens, também algumas hordas de índios, mas em pequeno número.

7 México

8 Linha além da qual, segundo Derby, não se pode mais cultivar cereais

9 Linha que indica a separação das águas e que divide o continente em duas vastas regiões

10 Limites dos treze estados que se confederaram em 1774

11 Mar do Sul

12 Oceano Atlântico

13 Golfo do México

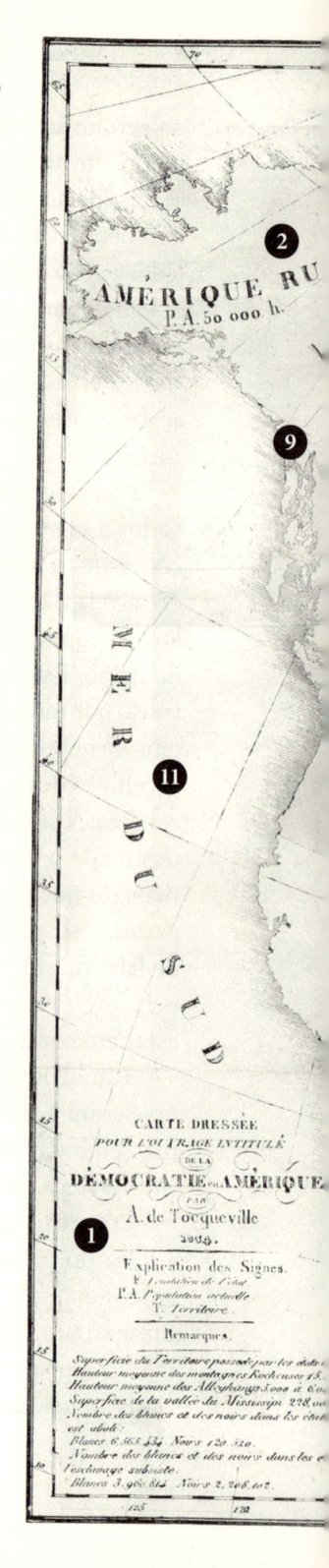

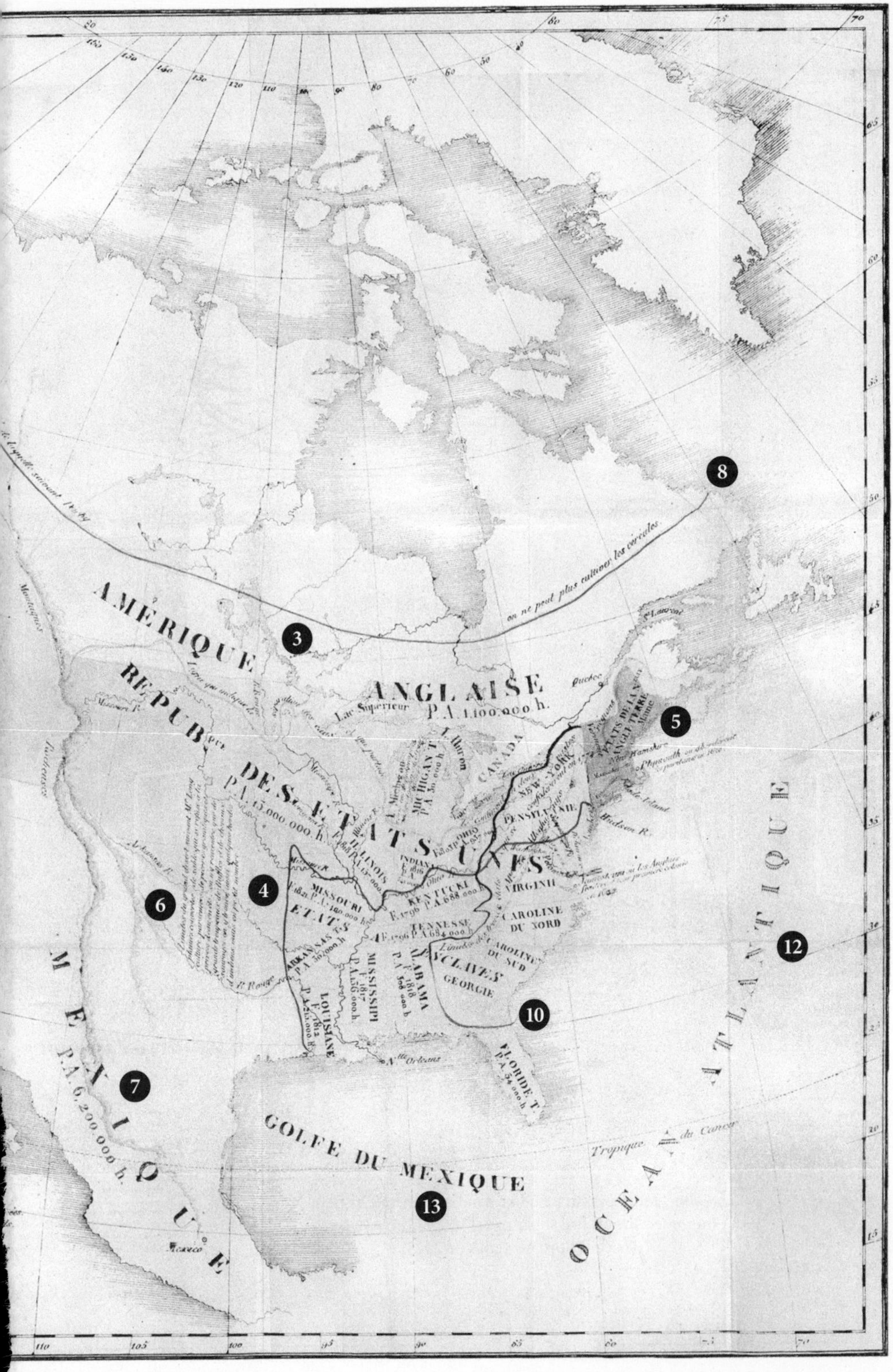
AMÉRIQUE ANGLAISE
P.A. 1.100.000 h.
REPUB. DES ETATS UNIS
P.A. 15.000.000 h.
on ne peut plus cultiver les céréales
Lac Superieur
Quebec
St Laurent
CANADA
MICHIGAN
NEW-YORK
PENSYLVANIE
OHIO
INDIANA
ILLINOIS
MISSOURI
KENTUCKI
P.A. 688.000 h.
VIRGINIE
TENNESSE
CAROLINE DU NORD
CAROLINE DU SUD
GEORGIE
ESCLAVES
ALABAMA
MISSISSIPI
LOUISIANE
ARKANSAS
FLORIDE
Nlle Orleans
MEXIQUE
P.A. 6.200.000 h.
Mexico
GOLFE DU MEXIQUE
OCEAN ATLANTIQUE
Tropique du Cancer
3
4
5
6
7
8
10
12
13

Este livro foi impresso pelo Lar Anália Franco (Grafilar)
em fonte Minion Pro sobre papel Ivory Slim 65 g/m²
para a Edipro no verão de 2025.